法律硕士联考

重要法条释解

主　编　朱力宇　孟　唯

副主编　白文桥　郭志京

中国人民大学出版社

·北京·

前　言

综观十多年法律硕士全国联考，在专业课考试中，与法条相关的试题一直占很高的比例。因此，对法条的理解显得尤为重要。

从考试命题的角度来看，第一，由于指定教材的局限性、理论上对于某些问题的争论以及法条本身的明确性，直接考查法条内容便成为出题的首选。所以考生对于法条，特别是重要法条应当熟练掌握。第二，目前法学知识偏重于解释性法学，教材多是对法条的解释与说明，法条是“主人”，教材是“仆人”。因此，只有熟练掌握法条规定的基本精神，才能更好地掌握书本知识。第三，历年法硕联考中，直接和间接考法条的试题比例很高。如专业课试题中，除了法条分析题和案例分析题直接涉及法条，客观性试题中涉及法条的比例也很高。因此，学会熟练应用法条解决理论和实践问题，方能顺利通过法律硕士专业课的考试。

从学习和研究的角度来看，法条是对法学理论的一种浓缩和提炼，例如，2004 年宪法修正案第 24 条就是对人权理论的浓缩和提炼；《民法典》第 172 条就是对表见代理理论的升华。因此，掌握了法条的精要，就掌握了理论的精髓。

从知识点涵盖的范围看，法条囊括了各种知识点。例如，当我们复习《民法典》第 527 条时，就会发现该条文囊括了如下知识点：不安抗辩权中止履行的四种适用情形、不安抗辩权行使的主体（先履行方）、不安抗辩权行使的条件、无确切证据中止履行应当承担的法律后果（违约责任）等，而这些知识点恰恰是法律硕士联考的重点。

从学习方法看，深刻理解和熟练掌握法条是学习法学的正确方法。例如，对于累犯概念的理解，考生首先应该了解刑法对累犯是如何规定的，然后再考虑有关累犯的其他知识点。不能想象，对刑法中有关累犯的规定一知半解的考生，会熟练掌握累犯的其他知识点。可见，舍本逐末、本末倒置的学习方法实不可取。

本书按照法律硕士联考考试大纲章节编排顺序，同时兼顾刑法和民法典的编纂体例，将法律硕士联考中的核心法条列举出来，先从正面进行释解分析，然后从反面找出相关易混淆、易出错的内容，并指出各种出题思路。同时，还依据核心法条，列举了历年真题范例，提供了相关试题练习。

本书除了对刑法学、民法学、中国宪法学的重要核心法条进行释解以外，还对中国法制史经典古文进行了分析释解，同时对综合课中法理学的论述题予以总结概括，将经典论述题进行分析释解，给出答题要点。这无疑有助于考生全面复习法律硕士联考专业课。

目　　录

第一部分　刑法学

第二部分　民法学

第三部分　中国宪法学

第一部分

刑法学

一、导　论

核心法条

> **第3条**　法律明文规定为犯罪行为的，依照法律定罪处刑；法律没有明文规定为犯罪行为的，不得定罪处刑。

释解分析

1. 本条规定的是我国刑法的基本原则之一——罪刑法定原则。我国在制定1979年刑法时没有规定刑法的基本原则，1997年3月14日修订后的刑法在第3条明确规定了该原则。罪刑法定原则是刑法最基本、最显著的原则，是理解刑法基本特征的关键。

2. 内容：罪刑法定原则的经典表述为“法无明文规定不为罪，法无明文规定不处罚”，即要求罪和刑必须是法律明确规定的，而不仅仅是看行为有什么样的社会危害后果以及社会危害后果是否严重。关键要看该种行为构成犯罪有无法律的明文规定。其基本内容包括以下两个方面：（1）法定化，即犯罪和刑罚必须事先由法律作出明确规定，不允许法官自由擅断。具体要求表现为：1）禁止类推解释；2）排斥习惯法，即实行成文法；3）排斥绝对不定期刑，我国刑法确定的是相对确定法定刑主义；4）禁止事后法即禁止重法溯及既往，我国刑法在时间效力上实行的是从旧兼从轻原则。（2）明确化：1）对于什么行为是犯罪以及犯罪所产生的具体法律后果，都必须作出实体性的规定。2）刑法条文必须用清晰的文字表述确切的意思，不得含糊其词或模棱两可。

3. 表现：该原则在刑事立法中具体表现为：（1）《刑法》第13条明文规定了犯罪概念，为区分犯罪与非罪行为确立了总的标准；（2）《刑法》第14条至第18条明文规定了犯罪构成的共同要件，为认定犯罪提供了一般的规格和标准；（3）刑法分则条文对每一具体的犯罪构成要件作了明确规定，为认定个罪提供了具体的法律依据；（4）《刑法》第32条至第35条明确规定了刑罚的种类，即5种主刑、3种附加刑以及对犯罪的外国人单独适用的附加刑，为依法处刑提供了根据；（5）明确规定了量刑的原则，包括《刑法》第61条规定的一般量刑原则以及具备各种法定情节的量刑原则，如自首、立功、累犯等；（6）刑法分则条文明确规定了各种具体犯罪的法定刑，为对个罪的正确量刑提供了具体的法律标准。该原则在司法中的适用表现为：（1）司法机关在办理个案时，必须以事实为根据，严格按照刑法明文规定的各种犯罪的罪状和法定刑，以刑法总则规定的原则为指导，准确认定犯罪，恰当判处刑罚，严格依照法条的规定定罪处罚；（2）司法机关在忠于法律规定的原意和符合法律规范含义的范围内正确进行司法解释，指导具体的定罪量刑活动，不得任意修改、补充或变更立法内容，不得脱离法律条文的规定去创制新的法律规范，不得以司法解释代替刑事立法。

4. 运用：在考试中不但以直接的形式出现，更多的是间接性考查，要求考生在学习刑法分则各具体罪名时有以下观念：（1）刑法分则分别详细规定了各具体犯罪的构成要件及其法定刑，因此是否构成犯罪要看刑法分则各具体条文之规定；（2）明确刑法总则中犯罪的概念、罪数等基本问题首先是一个分则问题，掌握的要领是熟悉各具体罪之规定；（3）虽然某种行为的危害程度可能很大，但是根据刑法分则找不到具体条文所规定的犯罪构成与其相对应，则只能按无罪处理。

易混易错

1. 罪刑法定禁止类推解释和溯及既往，但是不禁止有利于被告人的类推解释和溯及既往（轻法溯及既往）。

2. 罪刑法定原则中的“法”仅指全国人大及其常委会制定的法律。

试题范例

1. (2016年真题) 单项选择题

"过失犯罪，法律有规定的才负刑事责任。"刑法的这一规定体现的原则是（　　）。

A. 罪刑法定

B. 主客观相统一

C. 罪责刑相适应

D. 刑法适用平等

答案：A

2. (2016年真题) 单项选择题

下列行为可以构成犯罪的是（　　）。

A. 参加传销组织

B. 多次敲诈勒索他人财物

C. 雇用童工清理客房

D. 拐卖15周岁的男孩

答案：B

3. (2018年真题) 多项选择题

甲在街头摆气球射击摊，因向顾客提供的六只枪形物被鉴定为枪支，被法院以非法持有枪支罪判处有期徒刑同时宣告缓刑。法院的做法符合（　　）。

A. 罪刑法定原则

B. 罪责刑相适应原则

C. 从旧兼从轻原则

D. 主客观相统一原则

答案：ABD

4. (2019年真题) 单项选择题

下列关于我国刑法中罪刑法定原则的理解，正确的是（　　）。

A. 简单罪状因缺乏明确性不符合罪刑法定原则

B. 将习惯法视为刑法的渊源不违反罪刑法定原则

C. 罪刑法定原则不允许有利于被告人的新法溯及既往

D. 罪刑法定原则中的"法"不包括行政法规

答案：D

5. (2021年真题) 多项选择题

某刑法教科书中提出"盗窃行为并不限于秘密窃取"。这种解释属于（　　）。

A. 无权解释

B. 文理解释

C. 类推解释

D. 论理解释

答案：AD

6. 多项选择题

下列选项中，符合罪刑法定原则的有（　　）。

A. 犯罪与刑罚必须由立法明确规定

B. 禁止重法效力溯及既往

C. 禁止采用习惯法

D. 禁止对犯罪人判处不定期刑

答案：ABCD

7. 单项选择题

下列做法中不违背罪刑法定原则要求的是（　　）。

A. 重法效力溯及既往

B. 法律规定不确定的刑罚

C. 适用行为后的轻法

D. 适用类推解释

答案：C

8. 单项选择题

关于罪刑法定原则，下列哪一选项是正确的？（　　）

A. 罪刑法定原则的思想基础之一是民主主义，而习惯最能反映民意，因此将习惯作为刑法的渊源并不违反罪刑法定原则

B. 罪刑法定原则中的"法"不仅包括国家立法机关制定的法，而且包括国家最高行政机关制定的法

C. 罪刑法定原则禁止不利于行为人的溯及既往，但允许有利于行为人的溯及既往

D. 刑法分则的部分条文对犯罪的状况不作具体描述，只是表述该罪的罪名，这种立法体例违反罪刑法定原则

答案：C

9. 单项选择题

甲男与乙女于某日中午公开在某公园内发生性关系，引起游客的极大愤慨，造成恶劣的社会影响。对甲、乙的行为应如何认定？（　　）

A. 聚众淫乱罪

B. 组织淫秽表演罪

C. 寻衅滋事罪

D. 无罪

答案：D

核心法条

第5条　刑罚的轻重，应当与犯罪分子所犯罪行和承担的刑事责任相适应。

释解分析

1. 本条规定的是罪责刑相适应原则。该原则的基本含义是：罪行大小与刑事责任的大小、刑罚轻重应当相称，重罪重判，轻罪轻判，罪刑相称，罚当其罪。罪行、刑事责任与刑罚是刑法中的三个基本范畴，三者的关系为：罪行→刑事责任→刑罚，即犯罪人的罪行（包括主客观方面）是其承担刑事责任的前提，刑罚则是行为人负刑事责任的法律后果，罪行的轻重直接影响刑事责任的大小，刑事责任的大小则又决定着刑罚的轻重。

2. 基本要求：罪责刑相适应原则，要求刑法给予的处罚不仅与犯罪行为的危害程度相适应，而且与行为人的刑事责任相适应，即结合行为人的主观恶性和人身危险性，把握罪行和罪犯各个方面的因素，确定刑事责任的程度，适用轻重相适的刑罚。罪责刑相适应原则内含着主客观相统一的原则。

3. 罪责刑相适应原则的表现：刑法充分体现了这个原则：（1）刑法分则对每一个罪都根据其犯罪的性质、情节和对于社会的危害程度规定了相应的法定刑，体现了对重罪适用重刑，对轻罪适用轻刑。（2）刑法总则中规定量刑原则："对于犯罪分子决定刑罚的时候，应当根据犯罪的事实、犯罪的性质、情节和对于社会的危害程度，依照本法的有关规定判处"，体现了在裁量刑罚时，应尽量使刑罚与具体犯罪行为的社会危害性相适应，罚当其罪。（3）刑法总则还规定：1）对累犯从重处罚、不得假释、不得缓刑；2）对未成年人、又聋又哑的人、限制刑事责任能力人、自首和立功的人从宽处理；3）对中止犯处罚明显宽大于未遂犯、预备犯；4）对过失犯处罚明显宽大于故意犯等，体现了刑罚与犯罪人主观恶性、人身危险性相适应。

易混易错

1. 注意罪责刑相适应原则与罪刑法定原则的关系。在刑事司法过程中，不能为了追求罪责刑相一致而违背罪刑法定原则。罪刑法定原则是刑法中的"帝王条款"，必须在罪刑法定原则允许的范围内追求罪责刑相适应。

2. 罪责刑相适应原则贯穿于我国刑事立法和司法的全过程，对该原则不仅要知其然，而且要知其所以然。如刑法对犯罪预备、未遂、中止三种未完成形态规定了不同的处罚原则，对未成年人犯罪的从宽处罚、对累犯从重处罚、对自首和立功的鼓励原则等就体现了罪责刑相适应原则的要求。

试题范例

1.（2014 年真题）单项选择题

下列选项中，体现罪责刑相适应原则的是（　　）。

A. 刑法关于空间效力范围的规定

B. 刑法关于怀孕的妇女不适用死刑的规定

C. 刑法关于享有外交特权的外国人刑事责任的规定

D. 刑法关于放火罪与失火罪构成要件及法定刑的不同规定

答案：D

2.（2015 年真题）单项选择题

原铁道部部长刘某因受贿罪、滥用职权罪被追究刑事责任。有人认为，在对刘某量刑时"应考虑他对中国高铁建设的贡献"。这种说法违背了我国刑法中的（　　）。

A. 罪刑法定原则

B. 刑法适用平等原则

C. 罪责刑相适应原则

D. 主客观相统一原则

答案：C

3. 多项选择题

下列哪些情形体现罪责刑相适应原则？（　　）

A. 对不满 18 周岁的人犯罪，应当从轻或减轻处罚

B. 对中止犯处罚宽大于未遂犯、预备犯

C. 对自首、立功的人从宽处罚

D. 对累犯从重处罚

答案：ABCD

4. 多项选择题

下列关于罪责刑相适应原则的说法，哪些是正确的？（　　）

A. 罪责刑相适应原则要求刑法不溯及既往

B. 罪责刑相适应原则要求刑事立法制定合理的刑罚体系

C. 罪责刑相适应原则要求刑罚与犯罪性质、犯罪情节和罪犯的人身危险性相适应

D. 罪责刑相适应原则要求在行刑中合理地运用减刑、假释等制度

答案：BCD

核心法条

第6条 凡在中华人民共和国领域内犯罪的，除法律有特别规定的以外，都适用本法。

凡在中华人民共和国船舶或者航空器内犯罪的，也适用本法。

犯罪的行为或者结果有一项发生在中华人民共和国领域内的，就认为是在中华人民共和国领域内犯罪。

相关法条

第10条 凡在中华人民共和国领域外犯罪，依照本法应当负刑事责任的，虽然经过外国审判，仍然可以依照本法追究，但是在外国已经受过刑罚处罚的，可以免除或者减轻处罚。

第11条 享有外交特权和豁免权的外国人的刑事责任，通过外交途径解决。

第90条 民族自治地方不能全部适用本法规定的，可以由自治区或者省的人民代表大会根据当地民族的政治、经济、文化的特点和本法规定的基本原则，制定变通或者补充的规定，报请全国人民代表大会常务委员会批准施行。

释解分析

1. 本条（指核心法条。下同）规定的是我国刑法效力适用的属地管辖原则，其与《刑法》第10条、第11条共同构成了属地管辖原则的内容。属地管辖原则针对的对象是国内犯（即无论国籍为何，只要是在我国领域内犯罪），在刑法的空间效力体系中，属地管辖原则处于基础性地位，《刑法》第7条至第9条所规定的三个管辖原则是对其的补充与拓展。

2. 注意“领域”的含义：既包括领土、领水、领空，也包括我国领域的自然延伸——我国的航空器和船舶，不论是民用或军用，也不论是航行或停泊在公海或外国领域内。但不包括国际列车，也不包括我国驻外使领馆。对于此二者，应分别按双边协议和国际法规定解决。

3. 属地管辖原则的“地”，既包括行为地，也包括结果地，而且采取“择一主义”，即二者只要具备其一即可。“行为地”不仅包括犯罪行为实行地，也包括犯罪行为预备地；共同犯罪部分行为人的犯罪行为在国内，对该共同犯罪都可适用我国刑法；在未遂犯的场合，行为地与行为人希望结果发生之地、可能发生之地，均为犯罪地。

4. 对“法律有特别规定”的理解：（1）《刑法》第11条规定：享有外交特权和豁免权的外国人的刑事责任，通过外交途径解决。（2）《刑法》第90条规定：民族自治地方不能全部适用本法规定的，可以由自治区或者省的人民代表大会根据当地民族的政治、经济、文化的特点和本法规定的基本原则，制定变通或者补充的规定，报请全国人民代表大会常务委员会批准施行。（3）关于港、澳、台地区，根据两个基本法的规定，适应“一国两制”的要求，我国刑法不在香港、澳门地区适用。

5. 我国刑法在域外的适用。刑法的空间效力主要是对域内的适用问题，我国刑法在域外的适用主要由《刑法》第10条规定：凡在中华人民共和国领域外犯罪，依照本法应当负刑事责任的，虽然经过外国审判，仍然可以依照本法追究，但是在外国已经受过刑罚处罚的，可以免除或者减轻处罚。

6. “本法”是指广义刑法，而非狭义刑法。狭义刑法，即中国的刑法典；广义刑法除了包括刑法典外，还包括单行刑法和附属刑法的形式。刑法修正案属于刑法典的组成部分，与刑法典具有同等的法律效力。1997年3月刑法修订后，全国人大常委会共颁布了1个单行刑法和11个刑法修正案，即1998年12月29日公布的《全国人民代表大会常务委员会关于惩治骗购外汇、逃汇和非法买卖外汇犯罪的决定》；1999年12月25日公布的《中华人民共和国刑法修正案》、2001年8月31日公布的《中华人民共和国刑法修正案（二）》、2001年12月29日公布的《中华人民共和国刑法修正案（三）》、2002年12月28日公布的《中华人民共和国刑法修正案（四）》、2005年2月28日公布的《中华人民共和国刑法修正案（五）》、2006年6月29日公布的《中华人民共和国刑法修正案（六）》、2009年2月28日公布的《中华人民共和国刑法修正案（七）》、2011年2月25日公布的《中华人民共和国刑法修正案（八）》、2015年8月29日公布的《中华人民共和国刑法修正案（九）》、

2017年11月4日公布的《中华人民共和国刑法修正案（十）》、2020年12月26日公布的《中华人民共和国刑法修正案（十一）》。

试题范例

1.（2020年真题）单项选择题

无国籍人甲在美国通过网络对正在中国旅游的英国人乙实施诈骗，骗得巨额钱款。对甲的行为，我国司法机关（　　）。

A. 没有刑事管辖权

B. 依属地原则享有刑事管辖权

C. 依保护原则享有刑事管辖权

D. 依普遍原则享有刑事管辖权

答案：B

2.（2021年真题）单项选择题

下列选项中，符合我国刑法关于空间效力规定的是（　　）。

A. 我国国家工作人员在我国领域外犯我国刑法规定之罪的，应适用我国刑法

B. 犯罪行为没有发生在我国领域内，则不应认为是在我国领域内犯罪

C. 外国人在我国领域外对我国公民犯罪，且按我国刑法规定，最低刑为3年以上有期徒刑的应适用我国刑法

D. 凡在我国领域外犯罪，依照我国刑法应当负刑事责任，虽然经过外国审判，依然应按照我国刑法追究刑事责任

答案：A

3. 单项选择题

某外国商人甲在我国领域内犯重婚罪，对甲应如何处置？（　　）

A. 适用我国刑法追究其刑事责任

B. 通过外交途径解决

C. 适用该外国刑法追究其刑事责任

D. 直接驱逐出境

答案：A

4. 多项选择题

下列哪些犯罪行为应实行属地管辖原则？（　　）

A. 外国人乘坐外国民航飞机进入中国领空后实施犯罪行为

B. 中国人乘坐外国船舶，当船舶行驶于公海上时实施犯罪行为

C. 外国人乘坐中国民航飞机进入法国领空后实施犯罪行为

D. 中国国家工作人员在外国实施我国刑法规定的犯罪行为

答案：AC

5. 多项选择题

根据我国刑法规定，对下列哪些情形适用属地管辖原则？（　　）

A. 外国人甲在中国境外打猎，因疏忽大意击中中国境内的外国公民斯某，致其重伤

B. 外国人乙乘坐外国航空器，当该航空器进入中国领空时在该航空器上实施犯罪

C. 中国人丙乘坐中国民用航空器，当该航空器进入外国领空时在该航空器上实施犯罪

D. 中国人丁在中国境内打猎，因过于自信的过失造成中国境外外国公民布某重伤

答案：ABCD

核心法条

第7条　中华人民共和国公民在中华人民共和国领域外犯本法规定之罪的，适用本法，但是按本法规定的最高刑为三年以下有期徒刑的，可以不予追究。

中华人民共和国国家工作人员和军人在中华人民共和国领域外犯本法规定之罪的，适用本法。

释解分析

本条规定的是我国刑法效力适用的属人管辖原则，适用于本国公民在国外犯罪的情形（国人域外犯）。掌握本条应注意：

1. 凡属于中国公民，不论其在国外何地，基于国家主权原则，其犯罪行为都应适用我国刑法。

2. 明确“一般”与“一律”的问题：普通公民在国外犯罪的，一般适用我国刑法追究刑事责任，但犯轻罪的（法定最高刑为3年以下），可以不予追究；凡国家工作人员和军人在域外犯罪的，一律适用我国刑法。

易混易错

1. 本条第1款规定的“最高刑为三年以下有期徒刑”，是指法定最高刑，而非宣告刑，也非法定最低刑，注意不要和《刑法》第8条“最低刑为三年以上有期徒刑”的规定相混淆。

刑法学

2. 本条第1款规定的是“可以不予追究”，而非“应当不予追究”。类似“可以”和“应当”的不同表述，在刑法总则中多有体现，应注意两者的区别。

试题范例

1.（2019年真题）单项选择题

我国公民甲在某国杀害乙（无国籍人），被该国法院判处有期徒刑12年。如甲在该国服刑完毕回到我国，我国司法机关依照刑法对甲行使刑事管辖权的根据是（　　）。

A. 属地原则　　B. 属人原则

C. 保护原则　　D. 普遍管辖原则

答案：B

2. 多项选择题

下列关于中国刑法适用范围的说法，哪些是错误的？（　　）

A. 中国公民胡某从甲国贩卖毒品到乙国后回到中国，由于胡某的犯罪行为不在中国境内，行为也没有危害中国国家或公民的利益，所以不能适用中国刑法

B. 中国公民在境外犯罪，只有当地法律也认为是犯罪，中国刑法才有管辖权

C. 中国军人李某在域外实施了法定刑为3年以下有期徒刑的侮辱罪，不适用中国刑法

D. 中国公民在域外实施的犯罪行为，按照中国刑法规定最高刑为3年以下有期徒刑的，可以适用中国刑法追究刑事责任

答案：ABC

核心法条

第8条　外国人在中华人民共和国领域外对中华人民共和国国家或者公民犯罪，而按本法规定的最低刑为三年以上有期徒刑的，可以适用本法，但是按照犯罪地的法律不受处罚的除外。

释解分析

本条规定的是我国刑法效力适用的保护管辖原则，是针对外国人在国外犯罪的情形（外国人域外犯）。保护管辖原则的适用有严格的条件限制，应同时满足以下条件：（1）行为主体必须是外国人，包括无国籍的人，否则适用《刑法》第7条规定的属人管辖原则；（2）行为地必须是在我国领域外，否则适用《刑法》第6条规定的属地管辖原则；（3）行为针对的对象必须是“中华人民共和国国家或者公民”，即侵犯的是我国国家或公民的合法利益；（4）行为性质比较严重，其判断标准是该犯罪行为的最低法定刑为3年以上有期徒刑；（5）行为符合“双重评价”，即行为地的法律与我国刑法将该行为规定或评价为犯罪，否则不适用该原则。

易混易错

1. 凡域外犯罪（不论国籍），虽经外国审判仍可适用我国刑法（《刑法》第10条），但已经受过处罚的可以免除处罚或者减轻处罚。这对于上述属人管辖原则和保护管辖原则的理解具有很强的现实意义。因为这两种原则适用的前提是行为人在域外犯罪，行为地的司法机关完全有可能对其行为已经进行了司法审判甚至已经因此而执行了刑罚，此时行为人若进入我国境内，我国司法机关对该犯罪行为仍有处理追究的权力。

2. 适用本条要求犯罪行为必须是重罪，即“最低刑为三年以上有期徒刑”的犯罪，注意是“最低刑”，而非“最高刑”；本条规定“可以”适用本法，而非“应当”。

3. 对属人管辖原则与保护管辖原则中所包含的“3年”的理解。依据属人管辖原则，中国公民在中国领域外犯罪，适用我国刑法，但如果是普通中国公民（非国家工作人员、军人），按我国刑法规定的最高刑为3年以下有期徒刑的，可以不予追究（当然也可以追究）。这说明，即使是普通中国公民在领域外犯罪，所犯罪的法定最高刑为超过3年有期徒刑也不是我国刑法行使管辖权的条件。依据保护管辖原则，外国人对中华人民共和国国家或者公民犯罪，必须满足两个条件：（1）法定最低刑为3年以上有期徒刑的犯罪。（2）按犯罪地的法律也受处罚。因此，所犯罪的法定最高刑为超过3年有期徒刑是我国刑法行使管辖权的条件。

试题范例

1.（2017年真题）单项选择题

甲国公民乘坐乙国飞机飞越丙国领空时，殴打中国籍乘客刘某致其重伤。甲国公民对刘某的犯罪，适用我国刑法的依据是（　　）。

A. 属地管辖原则

B. 保护管辖原则

C. 属人管辖原则

D. 普遍管辖原则

答案：B

2. 多项选择题

适用保护管辖原则必须同时符合以下条件（　　）。

A. 侵犯的是我国国家或公民的利益
B. 外国人在域外犯罪
C. 行为必须为重罪（法定最低刑为 3 年以上有期徒刑的）
D. 双方的法律都认为是犯罪
答案：ABCD

核心法条

第 9 条　对于中华人民共和国缔结或者参加的国际条约所规定的罪行，中华人民共和国在所承担条约义务的范围内行使刑事管辖权的，适用本法。

释解分析

本条规定的是我国刑法效力适用的普遍管辖原则，其针对的是国际犯罪，如毒品犯罪、劫持民用航空器罪、恐怖主义犯罪、战争罪等。这种依据国际法确定国内法对有关国际犯罪的刑法适用范围，掌握时应注意：（1）普遍管辖原则只有在属地管辖原则、属人管辖原则、保护管辖原则都不能适用的情形下方能适用。（2）根据该原则所确立的管辖不受犯罪发生地、犯罪受害人、犯罪人国籍的限制。

试题范例

1.（2014 年真题）多项选择题

对于下列毒品犯罪，我国可按照普遍管辖原则行使刑事管辖权的有（　　）。

A. 无国籍人在外国生产毒品，后来到我国旅游，被我国司法机关抓获
B. 他国公民从第三国购买毒品回本国贩卖，被本国通缉，后被我国司法机关抓获
C. 我国公民在外国乘坐外国客机将毒品带往第三国贩卖，被他国司法机关抓获
D. 他国公民携带贩卖的毒品乘坐他国飞机在我国机场换乘时，被我国司法机关抓获
答案：AB

2. 单项选择题

如果某犯罪案件不是发生在中国领域，且该案犯罪人不是中国公民，被害人也不是中国国家或者中国公民，但中国对此案仍能行使刑事管辖权的，是基于（　　）。

A. 属地管辖原则
B. 普遍管辖原则
C. 保护管辖原则
D. 属人管辖原则
答案：B

核心法条

第 12 条　中华人民共和国成立以后本法施行以前的行为，如果当时的法律不认为是犯罪的，适用当时的法律；如果当时的法律认为是犯罪的，依照本法总则第四章第八节的规定应当追诉的，按照当时的法律追究刑事责任，但是如果本法不认为是犯罪或者处刑较轻的，适用本法。

本法施行以前，依照当时的法律已经作出的生效判决，继续有效。

释解分析

本条是关于刑法时间效力的规定。刑法的效力范围分为空间效力和时间效力两个方面，《刑法》第 6 条至第 11 条是关于刑法空间效力的规定。刑法的时间效力主要解决刑法在何时生效（生效时间）、在何时失效（失效时间）以及对其生效前行为有无追溯效力（溯及力）的问题，其中最主要的是刑法的溯及力问题。根据罪刑法定原则，定罪判刑应以行为时有法律的明文规定为限，行为人只能根据行为之际的有效法律预见其行为后果，行为之后才实施的法律原则上不能对该行为生效，但如果法律发生变更，考虑到有利于被告人的原则，故产生了刑法时间效力的“从旧兼从轻”原则。具体包括：（1）首先要考虑的是适用旧法，即行为时的法律（从旧）。（2）当新旧刑法规定不同时，适用新法的基本条件是其处罚较轻或不认为是犯罪，这体现了“有利于被告人”的原则，因此，如果新旧两法对某一行为的定性处罚不一致，就看谁对被告人有利，处罚轻重的比较应以法定刑轻重为依据。（3）刑法溯及力适用的对象只能是未决犯，即未决的案件，包括对一审裁判的上诉和抗诉案件。对于已决犯（已决案件）则不适用。（4）如果犯罪行为由新法生效前持续到新法生效后，即呈现连续状态（连续犯），对于这类跨法犯，新旧法都认为是犯罪的，适用新法。即使新法处罚较重，也要适用新

刑法学

法，但在量刑上可以酌定从轻处罚。（5）如果当时的法律不认为是犯罪，但行为继续或连续到新法生效以后，且新法认为该行为是犯罪的，则对新法生效后的该部分行为依法追究刑事责任。

易混易错

1. 我国刑法溯及力采用的是从旧兼从轻原则，从旧是原则，从轻是例外。原则上都适用旧法，只有在新法处罚较轻的情况下，才考虑适用新法。这是罪刑法定原则的要求。

2. 注意刑法的溯及力和追诉时效的区别：前者解决的是根据新法还是旧法来追究行为人的刑事责任，而后者解决的是是否应当追究行为人的刑事责任。

3. 普遍管辖原则中我国刑法与国际条约的适用关系：依据普遍管辖原则，我国缔结或者参加的国际条约所规定的罪行，我国在承担条约义务的范围内行使刑事管辖权，要么适用我国刑法定罪处刑；要么按照我国参加、缔结的国际条约实行引渡（或起诉或引渡）。但无论如何定罪量刑的依据不可能是我国参加、缔结的国际条约，因为我国参加、缔结的国际条约仅仅表明我国司法机关对此案有管辖权，且国际条约并无具体刑法裁量的规定。

试题范例

1.（2018年真题）单项选择题

关于我国刑法溯及力的适用，下列表述中正确的是（　　）。

A. 司法解释应适用从新兼从轻原则

B. 处刑较轻是指法院判处的宣告刑较轻

C. 应以“审判时”作为新旧法选择适用的判断基础

D. 按照审判监督程序重新审判的案件适用行为时的法律

答案：D

2. 单项选择题

甲于1997年8月实施了故意杀人行为，于2004年7月被抓获归案。在1979年刑法和1997年刑法中故意杀人罪的定罪处刑标准、法定刑完全相同。对本案（　　）。

A. 应适用1997年刑法

B. 应适用1979年刑法

C. 由审理本案的法院的审判委员会决定适用1979年刑法还是1997年刑法

D. 报请最高人民法院裁定适用1979年刑法还是1997年刑法

答案：B

刑法学

二、犯罪概念与犯罪构成

核心法条

第 13 条 一切危害国家主权、领土完整和安全，分裂国家、颠覆人民民主专政的政权和推翻社会主义制度，破坏社会秩序和经济秩序，侵犯国有财产或者劳动群众集体所有的财产，侵犯公民私人所有的财产，侵犯公民的人身权利、民主权利和其他权利，以及其他危害社会的行为，依照法律应当受刑罚处罚的，都是犯罪，但是情节显著轻微危害不大的，不认为是犯罪。

释解分析

本条是关于犯罪概念的规定。由于《刑法》第 13 条包含着丰富的内容，要正确理解该条，必须从犯罪的三大基本特征入手，同时应准确理解该条“但书”的规定，该“但书”是在刑法罪刑法定原则下灵活适用法律的基本依据，在刑法中具有重要地位。还要从量化方面更准确地理解犯罪，就必须掌握犯罪的基本构成，故在释解第 13 条时也对犯罪构成的基本理论作出概括。

1. 犯罪是具有社会危害性且应当受刑罚处罚的刑事违法行为。犯罪具有三个基本特征：(1) 犯罪是具有严重的社会危害性的行为，即社会危害性是犯罪的本质特征。它揭示了国家将某种行为规定为犯罪的原因，阐明了犯罪与社会的关系，揭示了犯罪的社会政治本质。因为刑法之所以将某一行为规定为犯罪，其内在的驱动力就在于该行为具有社会危害性。如果一个行为不具有社会危害性，国家就不能将它规定为犯罪而加以惩罚。行为虽然具有社会危害性，但是情节显著轻微没有达到一定的严重程度的，国家也没有必要规定为犯罪而用刑罚加以制裁。理解犯罪的社会危害性特征时应当注意：1) 犯罪的社会危害性不是抽象的，而是具体的，表现为刑法分则规定的对国家安全的危害、对公共安全的危害、对社会经济秩序的危害、对公民人身权利和民主权利的危害、对财产的危害、对社会秩序的危害、对国家国防利益和军事利益的危害、对国家公务活动秩序和公务活动廉洁性的危害等。2) 犯罪的社会危害性具有多种表现形式。有的表现为实际的危害结果，有的表现为发生严重危害后果的现实危险，有的表现为物质性的危害结果，有的表现为精神性的危害。3) 犯罪的社会危害性不仅是指行为对社会造成的客观危害，还包括行为人的主观恶性，是行为的客观危害和行为人的主观恶性的统一。4) 影响犯罪的社会危害性及其程度的因素或变量很多，主要有：行为侵犯的客体；行为的手段、方法以及时间、地点；行为造成的危害结果；行为人的个人情况；行为人的主观心理状态。(2) 犯罪是触犯刑律的行为，即刑事违法性是犯罪的基本法律特征。刑事违法性不仅指违反刑法的规定，还包括违反国家立法机关颁布的单行刑事法律的规定和行政、经济法律中规定的刑事责任条款；不仅指违反刑法分则性规范的规定，而且包括违反刑法总则性规范的规定。刑事违法性是划分犯罪行为与一般违法行为的基本界限，体现了刑法的限制和保障机能。刑事违法性也是划分犯罪行为与一般违法行为的基本界限。如果一个行为没有违反刑法的规定，不符合刑法规定的犯罪构成，即使具有严重的社会危害性，也不可能构成犯罪。在罪刑法定原则支配下，刑事违法性是犯罪的基本法律特征。其与社会危害性的关系表现为：一方面，行为的社会危害性是刑事违法性的基础。一个行为如果不具有社会危害性就不应当被刑法规定为犯罪，已经被规定为犯罪的行为如果丧失了社会危害性，则应当及时地进行非犯罪化处理。另一方面，刑事违法性是社会危害性在刑法上的体现。一个具有严重的社会危害性的行为，必然会产生犯罪化的内在要求，而或早或晚地被国家立法机关规定在刑法中。一个行为一旦符合刑法规定的犯罪构成，一般也就表明其具有严重的社会危害性。刑事违法性作为犯罪的基本法律特征，体现了刑法的限制和保障机能。只有当一个行为既具有严重的社会危害性，同时也违反刑法规范，符合刑法规定的犯罪构成，具有刑事违法性，才能被认定为犯罪。(3) 犯罪是应受刑罚惩罚的行为，即具有应受刑罚惩罚性。如果说严重的社会危害性是从犯罪与社会的关系角度说明犯罪的社会特征，刑事违法性是从犯罪与刑法的关系角度说明犯罪的法律特征，那么应受刑罚惩罚性则是从犯罪与刑罚的关系方面说明犯罪的另一个重要特征。在立法层面，应受刑罚惩罚性是用来进一步说明严重的社会危害性的；在司法层面，应受刑罚惩罚性则是用来进一步说明刑事违法性的。应受刑罚惩罚性是我国刑法规定的犯罪的一个基本特征。一个行为如果不具有应受刑罚惩罚性，则不能认定为犯罪。实施了违反刑法的犯罪行为则应当负刑事责任，承担受国家刑罚处罚的法律后果。犯罪是刑罚的前提，刑罚是犯罪的法律后果。

在理解应受刑罚惩罚性时应当注意两点：

一是其与刑事违法性的关系。一般情况下，有刑事违法性就有应受刑罚惩罚性，二者是统一的，但又由于有第 13 条“但书”的规定，有刑事违法性可能因为“情节显著轻微危害不大”而不具有应受刑罚惩罚性，从而不认为是犯罪，典型的是 2006 年《最高人民法院关于审理未成年人刑事案件具体应用法律若干问题的解释》第 6、7 条规定：已满 14 周岁不满 16 周岁的人偶尔与幼女发生性行为，情节轻微、未造成严重后果的以及已满 14 周岁不满 16 周岁的人使用轻微暴力或者威胁，强行索要其他未成年人随身携带的生活、学习用品或者钱财数量不大，且未造成被害人轻微伤以上或者不敢正常到校学习、生活等危害后果的，不认为是犯罪。已满 16 周岁不满 18 周岁的人具有上述规定情形的，一般也不认为是犯罪。从刑事违法性上看，未成年人的上述两行为完全已经构成了强奸罪和抢劫罪，而已满 14 周岁不满 16 周岁的人对这两种行为均需负刑事责任，但正是考虑了《刑法》第 13 条“但书”的规定，才使得其虽然满足刑事违法性，但不具有应受刑罚惩罚性，因而不认为是犯罪。

二是其与实受刑罚惩罚的关系。应当不应当受刑罚惩罚解决行为是否构成犯罪的问题，只有应受刑罚惩罚的行为才能构成犯罪，不应受刑罚惩罚的行为则不能认定为犯罪。而需要不需要受刑罚惩罚则是在行为构成犯罪、应当受刑罚惩罚的前提下，对具体案件的具体行为人是否实际受刑罚惩罚的问题。在应受刑罚惩罚（犯罪问题）与实受刑罚惩罚（量刑问题）之间之所以出现不一致的情况，正是量刑情节（在此是广义上讲，不仅包括刑法总则中的情节也包括刑法分则中的情节，总则中的情节不仅包括典型的自首、立功、累犯等，也包括特殊主体、犯罪的未完成形态、共同犯罪中的从犯等）起作用的结果，在某些情况下，可能会减轻或免除处罚。例如，根据案件的具体情况，如情节轻微，行为人是未成年人，犯罪后具有自首、立功表现，认为不需要受刑罚惩罚的，则可以免予处罚。免予处罚不是对行为构成犯罪应当受刑罚惩罚的否定，而是以行为构成犯罪应当受刑罚惩罚为前提，否则也就谈不上免予处罚。

严重的社会危害性、刑事违法性和应受刑罚惩罚性是犯罪的基本特征，缺一不可。其中，严重的社会危害性是犯罪的本质特征，反映了犯罪与社会的关系，说明了国家将一定行为规定为犯罪并以刑罚惩罚的理由，揭示了犯罪的社会政治内容。刑事违法性是犯罪的法律特征，揭示了犯罪与刑法的关系，反映了罪刑法定原则的基本要求，表明了犯罪的法定性。应受刑罚惩罚性反映了犯罪与刑罚的关系，揭示了犯罪的法律后果。严重的社会危害性决定刑事违法性和应受刑罚惩罚性，而刑事违法性和应受刑罚惩罚性则反过来说明和体现严重的社会危害性。犯罪的定义应当是：“刑法规定应当受到刑罚惩罚的严重危害社会的行为。”

2.《刑法》第 13 条的意义。《刑法》第 13 条的犯罪定义既含定性要求又含定量要求，对于合理认定处罚犯罪具有重要的意义。该犯罪定义不仅从性质上明确了犯罪具有危害性和违法性，而且还设置了定量要求：“情节显著轻微危害不大的，不认为是犯罪”。这被称作犯罪定义的“但书”。“但书”的意义具体体现在：

(1) “但书”表明认定犯罪不仅仅需要正确“定性”，还需要合理确定危害的“程度”或“量”。

(2)“但书”是区分“违法行为”与“犯罪行为”的宏观标准，适应了我国法律的结构。我国对危害行为的惩罚体制由两个层次的法律构成：其一是《治安管理处罚法》以及工商、海关、税务等行政、经济法规中的处罚规定，违反这些规定属于“违法行为”；其二才是刑法，违反刑法的属于“犯罪”。

(3) “但书”的刑事政策意义在于：1) “但书”通过对犯罪的实质特征提出定量的要求，赋予司法机关酌情排除犯罪的权力，避免过分拘泥于法律形式而作出刻板教条的判决。2) 可以缩小犯罪或刑事处罚的范围，从而避免给一些轻微的危害行为（或违法行为）打上犯罪的标记，有利于行为人改过自新；还可以合理配置司法资源，集中力量惩罚严重的犯罪。

（4）“但书”对分则的指导作用：与《刑法》第13条犯罪定义的定量要求相呼应，分则条文对有些犯罪特意规定程度方面的限制要件，如盗窃罪、诈骗罪、抢夺罪、敲诈勒索罪、故意毁坏财物罪等，均有“数额较大”的限制；侮辱罪、诽谤罪等，有“情节严重”的限制；寻衅滋事罪、遗弃罪、虐待罪等，有“情节恶劣”的限制。在经济犯罪中，往往有“销售额”“偷逃应缴税额”“非法经营额”“违法所得”等数量限制。

（5）理解“但书”时应当注意：1）“但书”与罪刑法定的关系：对“但书”的认定仍然要靠罪刑法定，例如2000年2月13日《最高人民法院关于审理强奸案件有关问题的解释》规定，已满14周岁不满16周岁的人与幼女发生性关系，情节轻微、尚未造成严重后果的，不认为是犯罪等。2）“但书”与犯罪的三个特征及罪刑法定原则的关系：“但书”首先排除了一些轻微的违法行为犯罪化，即在刑法上不将其规定为犯罪，当然不满足犯罪的三个特征，即使较严重的违法行为，有一定的社会危害性，但由于种种原因，也可能没有在刑法上明文规定为犯罪，那么就没有刑事违法性和应受刑罚惩罚性，同样不认为是犯罪。需要特别注意的是，罪刑法定原则还包括刑罚法定，具备刑事违法性和应受刑罚惩罚性就一定构成了犯罪，但是否实际受到处罚是刑罚的问题，免予刑事处罚仍然是以构成犯罪为前提，即免予刑事处罚的行为仍然是犯罪行为，仍然满足犯罪的三个基本特征。总之，要真正掌握犯罪的定义和特征，就必须将其与刑法的基本原则（特别是罪刑法定原则与罪责刑相适应原则）和量刑情节（指广义）结合起来，以罪刑法定原则为中心，其直接体现是犯罪的刑事违法性，其社会基础是严重的社会危害性，有严重的社会危害性而不一定有刑事违法性正是罪刑法定原则“控制”的结果，因此罪刑法定原则与刑事违法性是罪与非罪的基本界限。又由于有“但书”的规定，有刑事违法性可能因为“情节显著轻微危害不大”而不具有应受刑罚惩罚性，从而不认为是犯罪。

3. 犯罪构成要件的分类。

（1）根据犯罪构成形态方面的特点，可以将犯罪构成分为基本的犯罪构成与修正的犯罪构成。基本的犯罪构成，是指符合刑法条文关于某种犯罪的完成形态规定的犯罪构成。我国刑法分则条文规定的各种具体犯罪，都是以犯罪既遂为完成形态而规定的。修正的犯罪构成，是指以基本的犯罪构成为标准，根据故意犯罪在行为发展阶段可能出现的预备、中止、未遂等不同的表现形态，以及在共同犯罪中具体共同犯罪人的不同情况，对基本的犯罪构成中个别要件的具体要求作相应的修改或者变更后形成的犯罪构成。其主要指预备犯、中止犯、未遂犯等故意犯罪过程中几种未完成形态的犯罪构成和共同犯罪中主犯、从犯、胁从犯和教唆犯等共同犯罪人的犯罪构成。

（2）根据犯罪行为的社会危害程度方面的特点，可以将犯罪构成分为标准的犯罪构成与派生的犯罪构成。标准的犯罪构成，又称独立的犯罪构成，是指符合刑法分则条文对具有标准的社会危害程度行为所规定的犯罪构成要件，是犯罪构成的基本形式。派生的犯罪构成，是指在标准的犯罪构成的基础上，根据刑法分则条文在标准的犯罪构成个别方面的特别规定而形成的犯罪构成，包括加重的犯罪构成和减轻的犯罪构成两种。前者又称严重危害的犯罪构成，是指犯罪行为符合刑法分则在犯罪主体、犯罪情节或危害结果方面的特别规定，由于行为的社会危害性因此增大，法律相应地规定了加重或从重处罚的犯罪构成；后者又称危害较轻的犯罪构成，是指由于犯罪情节较轻，行为的社会危害性因而较小，法律相应地规定减轻处罚的犯罪构成。

4. 研究犯罪构成的意义主要有以下几点：

（1）在刑法理论中，犯罪构成是核心和基础。只有研究和掌握犯罪构成理论，才能正确地理解和掌握我国刑法关于犯罪的基本规定。

（2）只有研究和掌握犯罪构成理论，才能准确地把握住我国刑法规定的各种犯罪的罪与非罪的界限，才能更准确地区分此罪与彼罪的界限。运用犯罪构成理论可以使我们比较准确地掌握刑法规定的各种犯罪的界限。具体而言：1）是成立犯罪的标准。在司法实践中，某人的行为事实完全具备犯罪构成，才成立犯罪，依法追究刑事责任。2）是成立一罪还是数罪的标准。行为人的行为具备一个犯罪构成的，成立一罪；具备数个犯罪构成的，成立数罪。3）是区分此罪与彼罪的标准。每一种犯罪都有其特有的构成要件，不同的犯罪，其犯罪构成是不同的。4）是判断犯罪既遂、未遂的标准。犯罪人的行为完整地实现了刑法分则条文所规定的全部犯罪构成事实的是犯罪既遂。5）是量刑的根据。通过确定犯罪，一罪与数罪，此罪与彼罪，重罪与轻罪，为正确量刑提供根据。

(3) 犯罪构成理论是保障公民免受非法追究的重要手段。坚持犯罪构成理论，有利于我们健全社会主义法制，有利于稳、准、狠地同犯罪作斗争，有利于保护公民的合法利益，免受非法的刑事追究。

5. 犯罪构成的共同要件。我国刑法规定的犯罪都必须具备犯罪客体、犯罪的客观方面、犯罪主体和犯罪的主观方面这四个共同要件。这里重点掌握与本条紧密相关的犯罪客体与犯罪的客观方面。

(1) 犯罪客体，是指我国刑法所保护的，而为犯罪行为所侵害的社会主义社会关系。根据犯罪所侵害的社会关系范围的不同，犯罪客体可以分为一般客体、同类客体和直接客体。1) 一般客体，又称共同客体，是指一切犯罪所共同侵害的客体。在我国，犯罪的一般客体就是刑法所保护的作为整体的社会主义社会关系。2) 同类客体，是指某一类犯罪所共同侵犯的客体。我国刑法分则就是根据犯罪侵犯的同类客体，将犯罪归纳为十类，建立了刑法分则体系。3) 直接客体，是指某一具体犯罪直接侵害的客体。根据犯罪所直接侵犯的具体社会关系的个数，其可以分为简单客体和复杂客体。前者又称单一客体，是指一种犯罪直接侵犯的客体只包含了一种具体的社会关系；后者是指一种犯罪直接侵犯的客体包含了两种以上的具体社会关系。

犯罪客体与犯罪对象的关系。1) 犯罪客体是我国刑法所保护的，而为犯罪行为所侵害的社会主义社会关系。犯罪对象是危害社会行为所直接作用的物或者人。其中，物是具体社会关系的物质表现；人是社会关系的主体。2) 犯罪客体与犯罪对象的联系主要表现在：犯罪对象是社会关系存在的前提和条件，是犯罪客体的物质载体或者主体承担者；犯罪对象在不同的场合会表现为不同的犯罪客体，不同的犯罪对象在一定场合也可能表现为相同的犯罪客体。3) 犯罪客体与犯罪对象的区别主要表现在：犯罪客体是任何犯罪构成的必备要件，能够决定犯罪的性质，而犯罪对象则不一定具有这种法律属性；任何犯罪都要使一定的犯罪客体受到侵害，而犯罪对象则不一定受到损害。

(2) 犯罪的客观方面，亦称犯罪客观要件，是指刑法规定的构成犯罪在客观活动方面所必须具备的条件。其中，最重要的是危害行为、危害结果和刑法因果关系。

刑法中的危害行为，是指表现人的犯罪心理态度，为刑法所禁止的危害社会的行为。其有多种多样表现形式，按违反法律规范的不同可以分为作为与不作为这两大类。所谓作为，是指行为人用积极的动作来实施的危害社会的行为；所谓不作为，是指行为人有义务且能够实施某种行为，消极地不去履行这种义务，因而造成严重的危害后果的行为。不作为是人的一种消极行为，刑法上的不作为，必须具备以下条件：1) 行为人负有实施某种行为的特定义务，这是构成不作为危害行为的前提。刑法中的特定义务，不是一般的道德义务，而是行为人在特定的社会关系领域内，基于特定的事实和条件而产生的法律上的义务。这种义务来源有：法律明文规定的义务；职务或业务上要求履行的义务；由行为人已经实施的行为所产生的责任，这主要是指行为人由于自己的行为，而使法律所保护的某种利益处于危险状态时，负有防止危害结果发生的义务。2) 行为人有可能履行这种义务。3) 行为人不履行特定义务而引起危害社会的结果。不作为犯罪在刑法理论上又分为纯正不作为犯和不纯正不作为犯：前者是指根据刑法规定只能由行为人以不作为形式来实施的犯罪，如遗弃罪；后者是指根据刑法规定行为人以不作为形式实施的通常以作为形式实施的犯罪，如母亲故意不给婴儿喂奶使其饿死而构成的故意杀人罪。

危害结果，是指危害社会的行为对我国刑法所保护的社会关系所造成的损害。我国刑法对危害结果作出了种种规定，这些规定反映出在不同犯罪中危害结果的不同意义。1) 构成要件：①在过失犯罪中，将实际造成一定程度的物质性危害结果作为构成犯罪的必要条件。是否具有一定的物质性危害结果，是区分这些罪的罪与非罪的界限。②在有些故意犯罪中，把发生法定结果或者发生法定结果的可能性，作为构成犯罪的必要条件。2) 既遂条件。在直接故意犯罪中发生法定结果或者发生法定结果的可能性，作为认定既遂的标准。这通常存在于故意犯罪且惩罚该未完成罪的场合。3) 加重法定刑。有些条文规定如果犯罪行为发生了某种严重的危害结果，则加重其法定刑，如抢劫、强奸致人重伤、死亡等。4) 发生某种结果的可能性（危险）作为：①构成要件，如生产、销售劣药罪，对人体健康造成严重危害是构成该罪的要件；②既遂条件，如破坏交通工具罪，足以使交通工具发生倾覆、毁坏危险是该罪既遂条件。

刑法因果关系，是指人的危害社会的行为与危害结果之间存在的引起与被引起的关系。刑法上的因果关系具有客观性、相对性、必然性、复杂性。

犯罪的时间、地点和方法。任何犯罪都是在一定时间和地点，采取一定的方法实施的。犯罪的时间、地点和方法，虽然都是犯罪客观方面的选择要件。但是，研究犯罪的时间、地点和方法却有重要的意义，表现在：1）作为构成要件。在法律明文规定的条件下，是否具有法律要求的时间、地点和方法，是划分罪与非罪的重要标准。2）作为法定量刑情节。在法律对犯罪时间、地点和方法没有明确要求的案件中，由于犯罪在不同的时间、地点，采用不同的方法，对社会产生的震动和危害不同，因此，犯罪的时间、地点和方法，对于确定犯罪的危害程度，会有一定意义。

易混易错

1. 本条中“情节显著轻微危害不大的，不认为是犯罪”，是指该行为根本不构成犯罪，而不是说该行为已构成犯罪，只是不按犯罪处理而已。

2. 注意区别犯罪客体与犯罪对象，有的犯罪没有犯罪对象，如脱逃罪、偷越国（边）境罪。

3. 危害行为分为作为与不作为，作为即违反禁止性规范，是“不应为而为之”；而不作为是违反命令性规范，“应为而不为之”。不作为犯罪又分为纯正的不作为犯和不纯正的不作为犯，应掌握两者的区别以及典型罪名。

4. 因果关系与刑事责任的关系。因果关系与刑事责任是既有联系又有区别的两个问题。因果关系问题的解决，仅仅解决了使行为人负刑事责任的客观基础，要使行为人对自己的行为造成的危害结果负刑事责任，还必须全面地分析犯罪构成的其他条件，特别要查明行为人主观上是否具有故意或者过失。如果行为人主观上缺乏犯罪的故意或者过失，即使他的行为与结果之间存在因果关系，也不应负刑事责任。

5. 还应注意特殊情形下因果关系的认定。

（1）介入其他因素时因果关系的认定。介入因素是否会影响因果关系关键看该因素介入后因果关系是否中断，而判断因果关系是否中断的关键是看介入因素是否独立于原行为（先行行为）。如果介入因素独立于原行为，则原行为与危害结果之间的因果关系被切断而导致不存在刑法意义上的因果关系；反之，则原因果关系不受影响。

（2）在特定条件下行为导致结果。如殴打行为与被害人患有疾病等特异体质的情况（如脾肿大、心脏病、高血压、白血病、血小板缺少症）相遇，发生死亡结果；或遭遇恶劣条件发生结果，如甲在穷乡僻壤致乙受伤，走两天的路程才找到一所简陋的医院，乙不治身亡。

（3）行为与被害人行为相遇导致结果。如私设电网遇到被害人钻电网触电身亡；驾车劫持人质时人质从疾驰的车上跳下逃生摔死等。

（4）两行为相接导致结果。如甲强令工人乙违章作业造成事故；甲强令司机乙违章驾驶发生交通事故；甲教唆乙杀人致人死亡等。

（5）不作为犯罪中的因果关系。不作为犯罪中也存在因果关系。在不作为犯罪中，危害行为是以不作为形式表现出来的。它虽然不是主动地促使危害结果发生的原因，却是使防止危害结果发生的措施失败的原因，因此，危害社会的不作为是以行为人具有实施某种行为的义务为条件的，如果查明行为人不具有特定义务，那就没有必要去研究他的不作为与某一危害结果之间有无因果关系的问题。

试题范例

1.（2017 年真题）单项选择题

下列选项中，构成纯正不作为犯罪的是（　　）。

A. 甲将生活不能自理的母亲锁在家中，外出数天致母亲饿死

B. 乙（纳税人）作假账，少缴纳税款数额巨大且占应纳税额的 20%

C. 丙（司机）驾驶时，离开公交车驾驶岗位与乘客斗殴，造成交通事故

D. 丁（医生）在飞机上目睹乘客心脏病突发未予施救，该乘客不治身亡

答案：B

2.（2017 年真题）单项选择题

甲基于杀人故意实施的下列行为，与乙的死亡之间具有刑法上因果关系的是（　　）。

A. 甲劝乙乘坐长途汽车去山区旅行，乙旅行时因汽车坠崖死亡

B. 甲在家中“作法”诅咒与其有矛盾的乙，后乙突发急病死亡

C. 甲殴打乙致其轻伤，乙在去医院途中被高楼上坠落的花盆砸中死亡

D. 甲持木棍对乙穷追不舍，乙迫不得已跳入

冰冷的河中因痉挛而溺水死亡

答案：D

3.（2018年真题）单项选择题

我国刑法规定，故意杀人，情节较轻的，处三年以上十年以下有期徒刑。本条规定属于故意杀人罪的（　　）。

A. 修正的犯罪构成

B. 标准的犯罪构成

C. 加重的犯罪构成

D. 减轻的犯罪构成

答案：D

4.（2018年真题）单项选择题

下列选项中，既可以由作为实行，也可以由不作为实行的是（　　）。

A. 洗钱罪

B. 遗弃罪

C. 玩忽职守罪

D. 拒不履行信息网络安全管理义务罪

答案：C

5.（2019年真题）单项选择题

下列情形中，成立不作为犯罪的是（　　）。

A. 某县法院院长甲目睹身为县财政局局长的妻子收受其下属的巨额贿赂，不予阻止

B. 乙见室友在门口遭遇持刀抢劫，因害怕将房门反锁导致室友无处躲藏被刺成重伤

C. 收养人丙发现所收养的两岁小孩患有先天性心脏病，将孩子独自留在家中致其饿死

D. 丁在妻子难产时拒绝在剖腹产手术同意书上签字，妻子难忍疼痛从病房楼跳下身亡

答案：C

6.（2019年真题）多项选择题

下列对于我国《刑法》第13条中“……但是情节显著轻微危害不大的，不认为是犯罪”的理解，正确的有（　　）。

A. 避免给轻微的违法行为打上“犯罪”的标记

B. 表明认定犯罪需要正确“定性”及合理“定量”

C. 是区分“违法行为”与“犯罪行为”的宏观标准

D. 合理配置司法资源以集中力量惩罚“严重违法行为”

答案：ABCD

7.（2020年真题）单项选择题

不作为犯罪的主观方面（　　）。

A. 只能是过失

B. 只能是故意

C. 不要求故意及过失

D. 可以是故意也可以是过失

答案：D

8.（2020年真题）单项选择题

下列关于刑法因果关系的说法中，正确的是（　　）。

A. 因果关系的认定必须考虑行为人的主观认识

B. 因果关系的存在是行为人承担刑事责任的充分条件

C. 危害行为与危害结果之间存在条件关系即可认定因果关系存在

D. 不作为犯罪中不作为与危害结果之间的因果关系是客观存在的

答案：D

9.（2021年真题）多项选择题

下列关于犯罪客体的理解中，正确的有（　　）。

A. 一般客体是指社会主义社会关系的整体

B. 重婚犯罪侵害的直接客体是婚姻自由权利

C. 犯罪客体与犯罪对象之间是本质与现象的关系

D. 我国刑法分则体系主要以同类客体为基础加以构建

答案：ACD

10. 多项选择题

关于犯罪客体，下列说法错误的有（　　）。

A. 犯罪客体决定着犯罪的性质

B. 犯罪客体同犯罪对象都是犯罪构成的必备要件

C. 针对同一对象的犯罪行为，所侵犯的犯罪客体也是相同的

D. 每一种犯罪行为，只能侵犯某一种犯罪客体

答案：BCD

11. 单项选择题

甲唆使乙在某学校食堂的面粉中投放“毒鼠强”一包，造成数十人中毒死亡的结果。法院认定甲构成投放危险物质罪。甲的行为具备（　　）。

A. 标准的犯罪构成

B. 复杂的犯罪构成

C. 基本的犯罪构成

D. 修正的犯罪构成

答案：D

12. 单项选择题

甲于夜晚在一条封闭的高速公路上驾车正常行驶时，乙突然翻越护栏横穿公路，甲刹车不及将乙撞死。交警认定甲的行为不构成交通肇事罪。下列说法中，不应当作为交警认定依据的是（　　）。

A. 甲的行为与乙的死亡结果之间没有刑法上的因果关系

B. 甲的行为不违反交通法律法规，缺乏构成交通肇事罪的客观条件

C. 本案属于意外事件

D. 甲对乙的死亡结果没有罪过

答案：A

13. 多项选择题

下列关于刑法因果关系的说法，哪些是正确的？（　　）

A. 甲欲杀害其女友，某日故意破坏其汽车的刹车装置。女友如驾车外出，10 分钟后遇一陡坡，必定会坠下山崖死亡。但是，女友将汽车开出 5 分钟后，即遇山洪暴发，泥石流将其冲下山摔死。死亡结果的发生和甲的杀害行为之间没有因果关系

B. 乙欲杀其仇人苏某，在山崖边对其砍了 5 刀，苏某重伤昏迷。乙以为苏某已经死亡，遂离去。但苏某自己醒来后，刚迈了两步即跌下山崖摔死。苏某的死亡和乙的危害行为之间不存在因果关系

C. 丙追杀情敌赵某，赵狂奔逃命。赵的仇人赫某早就想杀赵，偶然见赵慌不择路，在丙尚未赶到时，即向其开枪射击，致赵死亡。赵的死亡和丙的追杀之间没有因果关系

D. 丁持上膛的手枪闯入其前妻钟某住所，意图杀死钟某。在两人厮打时，钟某自己不小心触发扳机遭枪击死亡。钟的死亡和丁的杀人行为之间存在因果关系，即使丁对因果关系存在认识错误，也构成故意杀人罪既遂

答案：ABD

14. 单项选择题

甲离婚后嫌才 3 个月的女儿乙累赘，某日将乙一人留在家中，自己锁门外出。甲 5 天后回家，乙已经死在摇篮里。法院判决甲构成故意杀人罪，甲属于（　　）。

A. 纯正的不作为犯

B. 不纯正的不作为犯

C. 纯正的作为犯

D. 结果加重犯

答案：B

15. 单项选择题

下列哪一种情形，尚不能认为是犯罪行为？（　　）

A. 甲打电话邀约其朋友李某一起去实施抢劫

B. 乙向其朋友赵某表示要杀掉仇人陈某

C. 丙为了盗窃张某家财产，毒死了张某家的看家犬

D. 丁为方便对刘某实施抢劫，对刘某的活动规律进行跟踪调查

答案：B

16. 单项选择题

甲男（15 岁）与乙女（13 岁）在同一所中学上学，二人在参加校文体活动时相识并成为好友，关系日渐密切。某日二人在公园发生性关系时被发现。据甲交代，二人还曾在家中发生过一次性关系。甲、乙均表示是双方自愿。乙的家长要求追究甲的刑事责任。经调查，二人确属自愿且未造成其他严重后果。甲的行为（　　）。

A. 构成奸淫幼女罪

B. 构成强奸罪

C. 情节显著轻微、危害不大，不认为是犯罪

D. 构成儿童罪

答案：C

17. 单项选择题

甲因为重男轻女，将妻子刚生下才 3 天的女婴包裹好放在医院门口，躲在一边观察。见有群众围观、议论，便放心离开。第二天一早，甲又到医院门口查看，见女婴还在，但女婴却因晚间气温过低被冻死。法官据此判决甲构成遗弃罪。甲的行为属于（　　）。

A. 纯正的作为犯

B. 不纯正的作为犯

C. 纯正的不作为犯

D. 不纯正的不作为犯

答案：C

核心法条

第 14 条　明知自己的行为会发生危害社会的结果，并且希望或者放任这种结果发生，因而构成犯罪的，是故意犯罪。

故意犯罪，应当负刑事责任。

刑法学

第15条 应当预见自己的行为可能发生危害社会的结果，因为疏忽大意而没有预见，或者已经预见而轻信能够避免，以致发生这种结果的，是过失犯罪。

过失犯罪，法律有规定的才负刑事责任。

释解分析

第14、15条是关于犯罪构成要件中主观方面的规定，犯罪的主观方面除了犯罪故意和过失外，还包括犯罪的目的、动机、认识错误等知识点，在解释第14、15条时也顺便对这些知识点作出概括。考生应把重点放在准确理解故意、过失的深刻内涵上，并对罪过的各种形式作出区分。

1. 第14条是关于犯罪故意的规定，第15条是关于犯罪过失的规定，二者共同构成犯罪的主观方面。所谓犯罪主观方面，又称犯罪主观要件或罪过，是指行为人对自己的危害社会的行为及其结果所持的故意或过失的心理态度。犯罪主观方面的内容，是由认识因素和意志因素两方面构成。认识因素是指对该行为及其后果有没有认识到以及认识的程度，可分为三种情形：一是认识到自己的行为及其结果必然会发生；二是认识到该行为及其结果可能会发生；三是没有认识到该行为及其结果会发生。意志因素是指对该行为所导致的后果持何态度，其意志上能否控制，有没有控制，分为四种情形：(1) 希望，即积极追求；(2) 放任，即无所谓，听之任之，结果出现与否都可以接受的态度；(3) 轻信，即行为人盲目自信，已经预见自己的行为可能发生危害社会的结果而轻信能够避免，以致发生社会危害的意志状态；(4) 疏忽，即粗心大意、麻痹松懈，没有认识到，意志上对这个行为所引起的后果是疏忽大意、没想到的。

认识因素和意志因素有不同的结合方式，具体用图1-1表示：

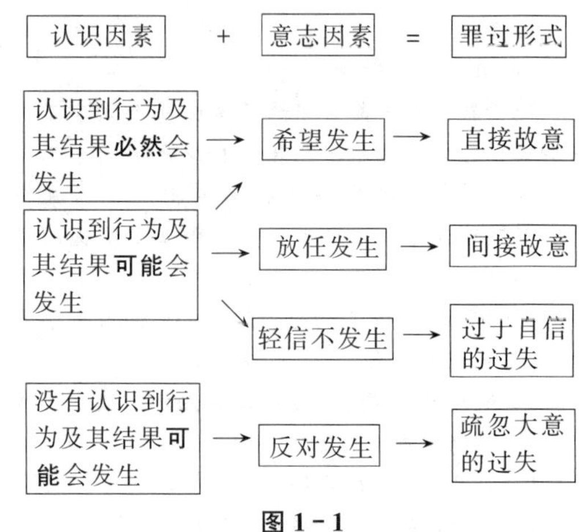

图1-1

对图1-1的解析如下：(1) 认识行为及其结果必然发生，它只能是和希望的意志心态联系起来，形成的罪过形式就是所谓的直接故意。(2) 认识行为及其结果可能会发生，行为人主观愿望上可能是有所不同的：1) 希望结果出现。如甲意识到自己从10层高楼上往下扔一块砖头，大街上可能会有人被砸死，当他看到自己的仇人乙正好走在这条大街上时，甲就希望砸死乙，于是甲将砖头向乙扔去，此时对乙的死亡，甲主观上就是直接故意。2) 放任，即认识到某种结果可能会发生，对此抱着听之任之的心态。例如甲虽然看到乙从楼下经过，但甲的朋友丙与乙并肩而行，甲为砸死乙而不顾砖头可能击中丙的危险，结果扔下的砖头没有砸中乙却砸中了丙，此时甲对丙的死亡应当是放任的心态，这就是间接故意的罪过形式。此外，还有一种情形，即认识到这种结果可能发生，但意识因素是轻信它不会发生，此时就是所谓的过于自信的过失。(3) 没有认识到这个结果会发生，心态是疏忽的、大意的，即所谓的疏忽大意的过失。(4) 罪过包括犯罪故意和犯罪过失，故意包括直接故意和间接故意，过失包括过于自信的过失和疏忽大意的过失。

2. 犯罪目的和动机。

(1) 犯罪目的，是指行为人通过实施犯罪行为所要达到的具体目标、所追求的某种危害后果。犯罪目的直接指出了行为人追求的目标，间接故意具有伴随性，犯罪过失对危害结果具有否定性，都不可能具有犯罪目的，只有直接故意才能具有犯罪目的。犯罪目的的意义：1) 犯罪目的经常可以直接说明犯罪在主观方面的状况。2) 犯罪目的经常是实践中查明行为人主观方面状态首先要解决的对象。3) 是否具有法律所要求的犯罪目的，是某些犯罪能否成立的必要条件之一。4) 犯罪目的的内容是说明此罪与彼罪的重要标准。由于犯罪目的不同，同一种行为就构成不同的犯罪。

(2) 犯罪动机，指推动犯罪人实施犯罪行为的内心起因。它说明犯罪人基于何种心理原因实施犯罪行为。犯罪动机虽然一般不是犯罪构成的主观要素，但它反映犯罪人的主观恶性，对量刑具有重要的意义。犯罪动机往往是重要的法定或者酌定量刑情节。

(3) 犯罪动机与犯罪目的的关系。犯罪动机是推动行为人追求某种犯罪目的的原因，犯罪目的是行为人希望通过实施某种行为实现某种结果的心理态度。1）就刑法而言，其更注重行为人对犯罪结果的态度，因此当行为人把某一犯罪结果作为其追求目标时，该心理内容就是犯罪目的。例如甲为骗取保险金而杀害被保险人乙。对故意杀人罪而言，其犯罪目的是乙的死亡结果；骗取保险金是动机，但是对于保险诈骗罪而言，其骗取保险金是犯罪目的。脱离对犯罪结果的态度，难以确定犯罪的目的或动机。2）同一犯罪行为可能出于各种不同的犯罪动机，如杀人可能出于奸情、仇恨、图财、激愤等不同的动机；同一犯罪动机可能实施各种不同的犯罪，如仇视社会的心理可能推动人实施杀人、放火、爆炸等不同的犯罪。

3. 刑法上的认识错误。

刑法上的认识错误，是指行为人对自己行为的法律性质和事实的认识错误，主要是解决行为人主观上对自己行为的性质和事实情况发生误解时的刑事责任。刑法上的认识错误分为法律上的认识错误和事实上的认识错误两大类。

（1）法律上的认识错误。包括三种情形：一是将有罪行为误认为无罪行为（假想不犯罪）；二是将无罪行为误认为有罪行为（假想犯罪，又称“幻觉犯”）；三是对罪行定性和处罚轻重的误认。处理法律上认识错误的总原则是：行为人的刑事责任依刑法判定，不因主观上的认识错误而发生变化。

（2）事实上的认识错误。即行为人所认识、所意欲的行为与实际情况、客观事实不一致，具体包括以下几种情形：1）目标的认识错误，表现为客体错误、对象错误等。假想防卫、假想避险是典型的客体认识错误。甲为杀乙，而将乙的弟弟当成乙杀掉，则是典型的对象认识错误。2）犯罪手段的认识错误，如果危害结果没有发生，行为人只负犯罪未遂的刑事责任。3）因果关系的认识错误，如甲以杀人的故意用匕首刺乙，使乙受伤，但乙为血友病患者，因流血过多而死亡；再如，甲以杀人故意向乙开枪射击，乙为了避让而后退，结果坠入悬崖而死亡。这两种情形下，对行为人仍根据主客观相一致原则处理，即甲对乙的死亡负既遂的刑事责任。4）行为偏差（打击错误），如甲举枪射击乙，但因没有瞄准而没有击中乙，却击中了乙身边的丙，导致丙死亡。

法律后果：事实上的认识错误对定罪量刑是否会造成影响和造成怎样的影响是研究这一问题的目的。虽然从具体上看，事实上的认识错误会有不同的法律后果，但总体上也存在一些共同的规律。尽管存在不同的学说和不同的事实上的认识错误有不同的定罪量刑方法，但总体上看，对事实上的认识错误，通常采取“法定符合说”，即：1）行为人预想事实与实际发生的事实法律性质相同的，不能阻却行为人对因错误而发生的危害结果承担故意的责任。反之，法律性质不相同的，则阻却行为人对因错误而发生的危害结果承担故意的责任。因此，对事实上的认识错误定罪关键是看行为人的预想事实与实际发生的事实法律性质是否相同。2）在确定了行为人的预想事实与实际发生的事实法律性质是否相同后，应当在主客观统一的范围内认定犯罪。即不能仅根据行为人的故意内容或仅根据行为人的客观事实认定犯罪，而应当在二者相统一的范围内认定犯罪。

同时需要注意的是：研究刑法上的认识错误虽然关注的焦点是如何解决行为人对因错误而发生的危害结果承担责任的问题，但实际上还存在行为人对所预想的事实发生的危害结果承担责任的问题。笼统来讲是按照“法定符合”原则，但实务上往往应当先考虑前者，即根据行为人预想的事实与实际发生的事实法律性质是否相同来决定行为人是否对所预想的事实发生的危害结果承担故意的责任，进而根据“法定符合”原则决定对因认识错误而发生的危害结果，行为人是否构成相应的犯罪。当然，即使根据“法定符合”原则行为人对因认识错误而发生的危害结果不承担故意的责任，但也可能承担过失的责任，行为人对因认识错误而发生的危害结果不承担任何责任，但也可能对其预想的事实发生的危害结果承担责任。

易混易错

1. 两种故意的区别。

犯罪故意分为直接故意和间接故意。虽然在绝大多数情况下，区分二者只具有理论上的意义，于实务影响不大，但在两种情形下，二者有较大差异：

（1）直接故意是犯罪预备、犯罪未遂、犯罪中止存在的前提条件，其他罪过形式都不存在未完成犯罪形态问题。间接故意的问题在于其与过于自信的过失的区别。

（2）特定结果的发生与否，对两种故意支配下的危害行为定罪是不同的：对于直接故意而言，法定的结果发生与否是犯罪是否既遂的标志；而对于间接故意而言，法定的结果发生与否则是成立何种罪行或构成犯罪与否的标志。如同是开枪射击他人的行为，如果出于直接故意，则不论是否导致他人死亡或受伤，都构成故意杀人罪（只不过在未死亡的情形下属于故意杀人未遂而已）。如果是出于放任的间接故意，则定性问题应具体分析：若击中他人并导致死亡的，成立故意杀人罪；若击中但未导致死亡而仅是受伤的，则可能成立故意伤害罪；若未击中，则不构成犯罪。

2. 区分间接故意与过于自信的过失。（1）两者的相似之处：在认识方面，两者都认识到自己行为的危害结果，并且都预见到这种结果发生的可能；在意志方面，两者都不希望危害结果的发生。（2）两者的原则性区别：首先，在认识方面，间接故意仅仅认识了与犯罪有关的事实，而对哪些是可能防止危害结果发生的事实和条件没有认识或不予关心；过于自信的过失不仅对行为的社会危害性和犯罪的基本事实都有认识，而且对其他可能防止危害结果发生的事实和条件也有一定的认识。其次，二者的关键区别在于意识因素不同：间接故意对后果的发生是放任的，持无所谓的态度，是不反对的、容忍的；过于自信的过失对结果的发生是反对的，但由于过于自信，没有想到真的会发生。对行为所导致的结果有无否定、反对的态度并凭借了一定的避免条件和措施是二者区别的关键。行为人过于自信是在认识到结果发生具有一定的可能性，但同时确实凭借了一定的主客观条件而认为当时不会发生危害结果，从而作出错误的判断，如果没有任何的外界条件，则不能认定为过于自信的过失，可能是间接故意。

3. 在判断罪过类型、运用罪过理论解决案例过程中应注意以下几点：（1）“罪过与行为同时存在”，罪过是行为当时、行为之际而非行为之前、行为之后的主观心态，这有助于理解“另起犯意”等问题。（2）罪过形式判断的基准在于危害结果，是故意还是过失不在于对危害行为本身的认识而在于对该行为所造成的危害结果的心理态度，如交通肇事罪是典型的过失犯罪，并不是说肇事人对其违章驾驶行为没有认识到，而是说肇事人对其肇事结果的出现是反对的、没有想到的。（3）刑法是以惩罚故意犯罪为原则，以惩罚过失犯罪为例外，所有过失犯罪要求有严重损害结果出现才构成犯罪，且过失犯罪不能适用死刑。

试题范例

1.（2017年真题）单项选择题

甲想用水果刀伤害张三，却失手将张三旁的李四捅伤。这种情形在我国刑法中属于（　　）。

A. 因果关系错误　　B. 打击错误

C. 行为性质错误　　D. 意外事件

答案：B

2.（2018年真题）单项选择题

下列选项中，主观方面可以表现为过失的是（　　）。

A. 放火罪　　B. 虐待罪

C. 危险驾驶罪　　D. 食品监管渎职罪

答案：D

3.（2018年真题）单项选择题

甲误把张某当作李某推入水井，意图将其淹死，但事实上井中无水，结果张某摔死。这属于（　　）。

A. 客体错误　　B. 工具错误

C. 打击错误　　D. 因果关系错误

答案：D

4.（2019年真题）单项选择题

甲看见猎物旁边有猎人赵某潜伏，虽明知自己枪法不好，仍向猎物开枪，结果将赵某打死。甲对赵某死亡的心理态度属于（　　）。

A. 直接故意　　B. 疏忽大意的过失

C. 间接故意　　D. 过于自信的过失

答案：C

5. 单项选择题

甲明知自己的枪法很差，但为了杀乙，也顾不了那么多了，遂从100米外向乙开枪，没想到居然打中了乙，致乙死亡。此案中甲杀害乙的罪过形式是（　　）。

A. 直接故意　　B. 间接故意

C. 疏忽大意的过失　　D. 过于自信的过失

答案：A

6. 单项选择题

根据我国的刑法学说和司法实践，最有可能排除某种犯罪故意的认识错误是（　　）。

A. 法律上的认识错误　　B. 对象认识错误

C. 手段认识错误　　D. 客体认识错误

答案：D

7. 单项选择题

行为人在实施不纯正不作为犯罪时，其罪过（　　）。

A. 只能是故意

B. 只能是过失

C. 既可以是故意，也可以是过失

D. 只能是间接故意

答案：C

8. 单项选择题

黄某意图杀死张某，当其得知张某当晚在单

位值班室值班时，即放火将值班室烧毁，其结果却是将顶替张某值班的李某烧死。下列哪些判断符合黄某对李某死亡所持的心理态度？（　　）

A. 间接故意　　B. 过于自信的过失

C. 疏忽大意的过失　　D. 意外事件

答案：A

9. 单项选择题

养花专业户李某为防止他人偷花，在花房周围私拉电网。一日晚，白某偷花不慎触电，经送医院抢救，不治身亡。李某对这种结果的主观心理态度是什么？（　　）

A. 直接故意　　B. 间接故意

C. 过于自信的过失　　D. 疏忽大意的过失

答案：B

10. 单项选择题

朱某因婚外恋产生杀害妻子李某之念。某日早晨，朱某在给李某炸油饼时投放了可以致死的“毒鼠强”。朱某为防止其6岁的儿子吃饼中毒，将其子送到幼儿园，并嘱咐其子等他来接。不料李某当日提前下班后将其子接回，并与其子一起吃油饼。朱某得知后，赶忙回到家中，其妻、子已中毒身亡。关于本案，下列哪一说法是正确的？（　　）

A. 朱某对其妻、子的死亡具有直接故意

B. 朱某对其子的死亡具有间接故意

C. 朱某对其子的死亡具有过失

D. 对朱某而言，其子的死亡属于意外事件

答案：C

11. 单项选择题

某医院妇产科护士甲值夜班时，一新生婴儿啼哭不止，甲为了止住其哭闹，遂将仰卧的婴儿翻转成俯卧，并将棉被盖住婴儿头部。半小时后，甲再查看时，发现该婴儿已无呼吸，该婴儿经抢救无效死亡。经医疗事故鉴定委员会鉴定，该婴儿系俯卧使口、鼻受压迫，窒息而亡。甲对婴儿的死亡结果有何种主观罪过？（　　）

A. 间接故意　　B. 直接故意

C. 疏忽大意的过失　　D. 过于自信的过失

答案：C

核心法条

第16条　行为在客观上虽然造成了损害结果，但是不是出于故意或者过失，而是由于不能抗拒或者不能预见的原因所引起的，不是犯罪。

释解分析

本条是关于不可抗力和意外事件的规定。“不能抗拒”是指行为在客观上虽然造成了损害结果，但行为人没有能力抗衡或者阻止危害结果发生。“不能预见”是指行为人未预见，且根据当时的客观情况和行为人的主观认识能力，也不可能预见，损害结果的发生完全出乎行为人的意料。不可抗力和意外事件是免责的事由，只要能够证明危害结果的发生是由于不可抗力或意外事件造成的，就说明行为人主观上没有罪过，也就不必承担刑事责任。

易混易错

注意区别意外事件与疏忽大意的过失。两者在行为当时对危害结果都没有预见到，区别的关键是行为人应当不应当认识到，有没有预见能力和预见义务。判断的标准是主客观相统一：一方面根据正常人的标准，即具有正常生活经验的人在当时应当不应当预见到；另一方面则要看具体行为人的职务和业务，如其具体的工作岗位、职业素养、业务能力等，看其应当不应当预见到。

试题范例

单项选择题

甲在高速公路上正常行驶，乙从高速路上方天桥跳下，正好被甲驾驶的汽车撞上，造成乙当场死亡，则甲的行为应如何定性？（　　）

A. 交通肇事　　B. 故意杀人

C. 过失杀人　　D. 意外事件

答案：D

核心法条

第17条　已满十六周岁的人犯罪，应当负刑事责任。

已满十四周岁不满十六周岁的人，犯故意杀人、故意伤害致人重伤或者死亡、强奸、抢劫、贩卖毒品、放火、爆炸、投放危险物质罪的，应当负刑事责任。

已满十二周岁不满十四周岁的人，犯故意杀人、故意伤害罪，致人死亡或者以特别残忍手段致人重伤造成严重残疾，情节恶劣，经最高人民检察院核准追诉的，应当负刑事责任。

对依照前三款规定追究刑事责任的不满十八周岁的人，应当从轻或者减轻处罚。

因不满十六周岁不予刑事处罚的，责令其父母或者其他监护人加以管教；在必要的时候，依法进行专门矫治教育。

第17条之一 已满七十五周岁的人故意犯罪的，可以从轻或者减轻处罚；过失犯罪的，应当从轻或者减轻处罚。

释解分析

1. 本条是关于刑事责任年龄的规定。自然人成为犯罪主体必须具备三个条件：实施了危害社会的行为；达到法定刑事责任年龄；具有刑事责任能力。刑事责任年龄，又称责任年龄，是指刑法规定的应当对自己实施的危害行为负刑事责任的年龄。我国刑法对刑事责任年龄作了四分法规定：(1) 完全不负刑事责任时期：不满12周岁的人，不应当受刑事处罚。(2) 相对负刑事责任时期：可分为两种情况：一是已满12周岁不满14周岁的人，应当对故意杀人、故意伤害，致人死亡或者以特别残忍手段致人重伤造成严重残疾的行为负刑事责任；二是已满14周岁不满16周岁的人，应当对故意杀人、故意伤害致人重伤或者死亡、强奸、抢劫、贩卖毒品、放火、爆炸、投放危险物质罪负刑事责任。(3) 完全负刑事责任时期：已满16周岁的人，对一切犯罪行为都应负刑事责任。(4) 减轻刑事责任时期：已满12周岁不满18周岁的人犯罪，应当从轻或者减轻处罚。而对于已满75周岁的人来说，只有过失犯罪的，才应当从轻或者减轻处罚，同时也不适用死刑。

2. 对12周岁至14周岁未成年人追究刑事责任，要符合几个条件：(1) 犯故意杀人、故意伤害罪指的是故意实施了杀人、伤害行为。如果是在绑架、强奸、抢劫等严重暴力犯罪过程中又故意杀人、伤害的，也可依法适用。(2) 结果是致人死亡，或者以特别残忍手段致人重伤造成严重残疾。(3) 主客观方面综合评价要求情节恶劣，包括行为人主观恶性很大、有预谋有组织地实施、采取残忍手段、多次实施、致多人死亡或者重伤造成严重残疾、造成恶劣的社会影响等情形。(4) 程序上要求经最高人民检察院核准追诉，最后由人民法院根据事实和法律依法判决，具体办案程序将在实践中进一步总结和规定。

3. 已满14周岁不满16周岁的人，应当负刑事责任的范围限于8种严重故意犯罪，其中故意伤害罪包括故意伤害致人重伤与故意伤害致人死亡两种情形，而不包括轻伤害。强奸罪则包括强奸妇女与强奸幼女两种情形（注：奸淫幼女罪的罪名已取消，并入强奸罪）。毒品犯罪中，已满14周岁不满16周岁的人仅对贩卖毒品的行为负刑事责任，对于走私、制造、运输毒品则不负刑事责任。

4. 已满14周岁不满16周岁的人实施了本条规定以外的行为，如果同时触犯本条款规定的，应依本条款的规定确定罪名，定罪处罚。如行为人实施绑架行为过程中故意杀死被害人的，应以故意杀人罪定罪处罚。已满14周岁不满16周岁的人盗窃、诈骗、抢夺他人财物，为窝藏赃物、抗拒抓捕或者毁灭罪证，当场使用暴力，故意伤害致人重伤或者死亡，或者故意杀人的，应当分别以故意伤害罪或者故意杀人罪定罪处罚。已满16周岁不满18周岁的人犯盗窃、诈骗、抢夺罪，为窝藏赃物、抗拒抓捕或者毁灭罪证而当场使用暴力或者以暴力相威胁的，应当依照《刑法》第269条的规定（抢劫罪）定罪处罚；情节轻微的，可不以抢劫罪定罪处罚。

5. 周岁的计算原则，应以实足年龄为准，按照公历的年、月、日计算，从周岁生日的第二天起算。本条所列的年龄均指实施犯罪行为时（而非犯罪结果出现时或被追究刑事责任时）犯罪人的实足年龄。对于没有充分证据证明被告人实施被指控的犯罪时已经达到法定刑事责任年龄且确实无法查明的，应当推定其没有达到相应法定刑事责任年龄。相关证据足以证明被告人实施被指控的犯罪时已经达到法定刑事责任年龄，但是无法准确查明被告人具体出生日期的，应当认定其达到相应法定刑事责任年龄。

6. 行为人在达到法定刑事责任年龄前后均实施了犯罪行为的，只能依法追究其达到法定刑事责任年龄后实施的犯罪行为的刑事责任。行为人在年满18周岁前后实施了不同种犯罪行为，对其年满18周岁以前实施的犯罪应当依法从轻或者减轻处罚。行为人在年满18周岁前后实施了同种犯罪行为，在量刑时应当考虑对年满18周岁以前实施的犯罪，适当给予从轻或者减轻处罚。

7. 所有的过失犯罪，不论危害程度如何，已满12周岁不满16周岁的人都不负刑事责任。

8. 对于已满12周岁不满18周岁的人犯罪，在适用刑罚时应遵循两个原则：一是应当（而不是"可以"）从轻或者减轻处罚；二是不适用死刑

（包括死缓）。

9. 注意《刑法修正案（八）》对未成年人和老年人犯罪从宽处理的新规定。一是对犯罪时不满18周岁的人不作为累犯。二是对未满18周岁的人犯罪被判处5年有期徒刑以下刑罚的，免除其前科报告义务。三是对不满18周岁的人和已满75周岁的人犯罪，只要符合缓刑条件的，应当予以缓刑。四是对已满75周岁的人故意犯罪的，可以从轻或者减轻处罚，过失犯罪的，应当从轻或者减轻处罚。五是对已满75周岁的人原则上不适用死刑。

10. 对于不满16周岁不予刑事处罚的，如何处理？首先应考虑责令其父母或者其他监护人加以管教；其次在必要的时候依法进行专门矫治教育。

11. 根据考试大纲的要求，还应该掌握于2006年1月施行的《最高人民法院关于审理未成年人刑事案件具体应用法律若干问题的解释》，该司法解释对未成年人有诸多特殊宽大的规定，归纳如下：

（1）不认为是犯罪的情形：

1）已满14周岁不满16周岁的人偶尔与幼女发生性行为，情节轻微、未造成严重后果的。

2）已满14周岁不满16周岁的人使用轻微暴力或者威胁，强行索要其他未成年人随身携带的生活、学习用品或者钱财数量不大，且未造成被害人轻微伤以上或者不敢正常到校学习、生活等危害后果的。已满16周岁不满18周岁的人具有上述规定情形的，一般也不认为是犯罪。

3）已满16周岁不满18周岁的人盗窃自己家庭或者近亲属财物，或者盗窃其他亲属财物但其他亲属要求不予追究的。

4）已满16周岁不满18周岁的人实施盗窃行为未超过三次，盗窃数额虽已达到“数额较大”标准，但案发后能如实供述全部盗窃事实并积极退赃，且具有下列三种情形之一的：系又聋又哑的人或者盲人；在共同盗窃中起次要或者辅助作用，或者被胁迫；具有其他轻微情节的。

5）已满16周岁不满18周岁的人盗窃未遂或者中止的。

（2）定罪方面的其他特殊规定：

1）已满16周岁不满18周岁的人出于以大欺小、以强凌弱或者寻求精神刺激，随意殴打其他未成年人、多次对其他未成年人强拿硬要或者任意损毁公私财物，扰乱学校及其他公共场所秩序，情节严重的，以寻衅滋事罪定罪处罚。

2）已满14周岁不满16周岁的人盗窃、诈骗、抢夺他人财物，为窝藏赃物、抗拒抓捕或者毁灭罪证，当场使用暴力，故意伤害致人重伤或者死亡，或者故意杀人的，应当分别以故意伤害罪或者故意杀人罪定罪处罚。

已满16周岁不满18周岁的人犯盗窃、诈骗、抢夺罪，为窝藏赃物、抗拒抓捕或者毁灭罪证而当场使用暴力或者以暴力相威胁的，应当依照《刑法》第269条的规定定罪处罚；情节轻微的，可不以抢劫罪定罪处罚。

（附注：《刑法》第269条规定，犯盗窃、诈骗、抢夺罪，为窝藏赃物、抗拒抓捕或者毁灭罪证而当场使用暴力或者以暴力相威胁的，依照本法第263条的规定定罪处罚。《刑法》第263条规定，以暴力、胁迫或者其他方法抢劫财物的，处3年以上10年以下有期徒刑，并处罚金；有下列情形之一的，处10年以上有期徒刑、无期徒刑或者死刑，并处罚金或者没收财产：入户抢劫的；在公共交通工具上抢劫的；抢劫银行或者其他金融机构的；多次抢劫或者抢劫数额巨大的；抢劫致人重伤、死亡的；冒充军警人员抢劫的；持枪抢劫的；抢劫军用物资或者抢险、救灾、救济物资的。）

（3）未成年人的部分量刑标准：

1）对未成年罪犯适用刑罚，应当充分考虑是否有利于未成年罪犯的教育和矫正。对未成年罪犯量刑应当依照《刑法》第61条的规定，并充分考虑未成年人实施犯罪行为的动机和目的、犯罪时的年龄、是否初次犯罪、犯罪后的悔罪表现、个人成长经历和一贯表现等因素。对符合管制、缓刑、单处罚金或者免予刑事处罚适用条件的未成年罪犯，应当依法适用管制、缓刑、单处罚金或者免予刑事处罚。

（附注：《刑法》第61条规定，对于犯罪分子决定刑罚的时候，应当根据犯罪的事实、犯罪的性质、情节和对于社会的危害程度，依照本法的有关规定判处。）

2）行为人在达到法定刑事责任年龄前后均实施了犯罪行为，只能依法追究其达到法定刑事责任年龄后实施的犯罪行为的刑事责任。行为人在年满18周岁前后实施了不同种犯罪行为，对其年满18周岁以前实施的犯罪应当依法从轻或者减轻处罚。行为人在年满18周岁前后实施了同种犯罪行为，在量刑时应当考虑对年满18周岁以前实施的犯罪，适当给予从轻或者减轻处罚。

3）对未成年罪犯实施刑法规定的“并处”没

收财产或者罚金的犯罪，应当依法判处相应的财产刑；对未成年罪犯实施刑法规定的“可以并处”没收财产或者罚金的犯罪，一般不判处财产刑。

对未成年罪犯判处罚金刑时，应当依法从轻或者减轻判处，并根据犯罪情节，综合考虑其缴纳罚金的能力，确定罚金数额。但罚金的最低数额不得少于500元人民币。对被判处罚金刑的未成年罪犯，其监护人或者其他人自愿代为垫付罚金的，人民法院应当允许。

4）刑事附带民事案件的未成年被告人有个人财产的，应当由本人承担民事赔偿责任，不足部分由监护人予以赔偿，但单位担任监护人的除外。被告人对被害人物质损失的赔偿情况，可以作为量刑情节予以考虑。

5）未成年罪犯同时具备三种情形法院应当宣告缓刑。对未成年罪犯符合《刑法》第72条第1款规定的，可以宣告缓刑。

（附注：《刑法》第72条第1款规定了人民法院量刑时“可以”宣告缓刑的条件，“对于被判处拘役、三年以下有期徒刑的犯罪分子”，犯罪情节较轻，有悔罪表现，没有再犯罪的危险，宣告缓刑对所居住社区没有重大不良影响的，可以宣告缓刑。）

司法解释则进一步明确了人民法院量刑时“应当”宣告缓刑的情形：如果同时具有下列情形之一，对其适用缓刑确实不致再危害社会的，应当宣告缓刑：初次犯罪；积极退赃或赔偿被害人经济损失；具备监护、帮教条件。

6）未成年罪犯根据其所犯罪行，可能被判处拘役、3年以下有期徒刑，如果悔罪表现好，并具有下列6种情形之一的，应当依照《刑法》第37条的规定免予刑事处罚。

这6种情形是：系又聋又哑的人或者盲人；防卫过当或者避险过当；犯罪预备、中止或者未遂；共同犯罪中从犯、胁从犯；犯罪后自首或者有立功表现；其他犯罪情节轻微不需要判处刑罚的。

（附注：《刑法》第37条规定，对于犯罪情节轻微不需要判处刑罚的，可以免予刑事处罚，但是可以根据案件的不同情况，予以训诫或者责令具结悔过、赔礼道歉、赔偿损失，或者由主管部门予以行政处罚或者行政处分。）

7）对未成年罪犯的减刑、假释，在掌握标准上可以比照成年罪犯依法适度放宽。未成年罪犯能认罪服法，遵守监规，积极参加学习、劳动的，即可视为“确有悔改表现”予以减刑，其减刑的幅度可以适当放宽，间隔的时间可以相应缩短。符合《刑法》第81条第1款规定的，可以假释。未成年罪犯在服刑期间已经成年的，对其减刑、假释可以适用上述规定。

（附注：《刑法》第81条第1款规定，被判处有期徒刑的犯罪分子，执行原判刑期1/2以上，被判处无期徒刑的犯罪分子，实际执行13年以上，如果认真遵守监规，接受教育改造，确有悔改表现，没有再犯罪的危险的，可以假释。如果有特殊情况，经最高人民法院核准，可以不受上述执行刑期的限制。）

（4）审理未成年人刑事案件，应当查明被告人实施被指控的犯罪时的年龄。裁判文书中应当写明被告人出生的年、月、日。对于没有充分证据证明被告人实施被指控的犯罪时已经达到法定刑事责任年龄且确实无法查明的，应当推定其没有达到相应法定刑事责任年龄。相关证据足以证明被告人实施被指控的犯罪时已经达到法定刑事责任年龄，但是无法准确查明被告人具体出生日期的，应当认定其达到相应法定刑事责任年龄。

易混易错

已满14周岁不满18周岁的人犯罪，应当从轻或者减轻处罚；而对于已满75周岁的人来说，只有过失犯罪的，才应当从轻或者减轻处罚。

试题范例

1.（2016年真题）多项选择题

甲（76周岁）因生活琐事与妻子发生争执，盛怒之下用水果刀将妻子一刀捅死。对于甲的刑事责任，下列选项中正确的有（　　）。

A. 对甲可以适用死刑

B. 对甲不能适用死刑

C. 对甲可以从轻或者减轻处罚

D. 对甲可以判处死刑缓期执行，同时决定对其限制减刑

答案：BC

2.（2021年真题）单项选择题

甲（15周岁）实施的下列行为中，构成犯罪的是（　　）。

A. 为勒索财物绑架同学，并将其打成重伤

B. 打破汽车玻璃，拿走车内贵重物品

C. 积极参加其堂兄领导的黑社会性质组织

D. 在燃放爆竹时不慎引燃邻居住宅，造成重大财产损失

答案：A

3. 单项选择题

甲因遭丈夫乙的虐待而被迫离家独居。某日其女儿丙（13 岁）来看望甲，甲叫丙把家中的老鼠药放到乙喝的酒中。丙按甲的吩咐行事，致乙死亡。对此案，下列说法中正确的是（　）。

A. 甲、丙构成共同犯罪

B. 甲构成投放危险物质罪

C. 甲是故意杀人罪的教唆犯

D. 甲单独构成故意杀人罪

答案：D

4. 多项选择题

下列关于对未成年人和老年人犯罪从宽处理的表述，不正确的有（　）。

A. 对不满 18 周岁的人和已满 75 周岁的人犯罪，刑罚执行完毕或者赦免以后，在 5 年以内再犯应当判处有期徒刑以上刑罚之罪的不作为累犯

B. 对不满 18 周岁的人和已满 75 周岁的人犯罪，只要符合缓刑条件的，应当予以缓刑

C. 对不满 18 周岁的人和已满 75 周岁的人故意犯罪的，可以从轻或者减轻处罚；过失犯罪的，应当从轻或者减轻处罚

D. 对不满 18 周岁的人和已满 75 周岁的人犯罪，都不适用死刑

答案：ACD

5. 单项选择题

甲 15 周岁，系我国某边镇中学生。甲和乙一起上学，在路上捡到一手提包。打开后，发现内有 1 000 元钱和 4 小袋白粉末。甲说："这袋上有中文'海洛因'和英文'heroin'及'50g'的字样。我在电视上看过，这东西就是白粉，我们把它卖了，还能发一笔财。"二人遂将 4 袋白粉均分。甲先将一袋白粉卖与他人，后在学校组织去邻国旅游时，携带另一袋白粉并在境外出售。甲的行为（　）。

A. 构成走私毒品罪

B. 构成非法持有毒品罪

C. 构成贩卖毒品罪

D. 构成走私、贩卖毒品罪

答案：C

6. 单项选择题

路某（15 岁）先后唆使张某（15 岁）盗窃他人财物折价 1 万余元；唆使李某（19 岁）绑架他人勒索财物计 2 000 余元；唆使王某（15 岁）抢劫他人财物计 1 500 元。路某的行为构成（　）。

A. 盗窃罪

B. 抢劫罪

C. 绑架罪

D. 抢劫罪、绑架罪

答案：B

7. 多项选择题

对下列哪些情形应当追究刑事责任？（　）

A. 15 周岁的甲在聚众斗殴中致人死亡

B. 15 周岁的乙非法拘禁他人使用暴力致人重伤

C. 15 周岁的丙贩卖海洛因 8 000 克

D. 15 周岁的丁使用暴力奸淫幼女

答案：ABCD

核心法条

第 18 条 精神病人在不能辨认或者不能控制自己行为的时候造成危害结果，经法定程序鉴定确认的，不负刑事责任，但是应当责令他的家属或者监护人严加看管和医疗；在必要的时候，由政府强制医疗。

间歇性的精神病人在精神正常的时候犯罪，应当负刑事责任。

尚未完全丧失辨认或者控制自己行为能力的精神病人犯罪的，应当负刑事责任，但是可以从轻或者减轻处罚。

醉酒的人犯罪，应当负刑事责任。

相关法条

第 19 条 又聋又哑的人或者盲人犯罪，可以从轻、减轻或者免除处罚。

释解分析

1. 上述两条是关于刑事责任能力的特殊规定。通常达到刑事责任年龄的人也就具备了刑法意义上的辨认和控制自己行为的能力，或者说被法律推定为具备这种能力，即具有刑事责任能力。但是有些人由于精神或生理上的缺陷而丧失或减弱辨认或控制自己行为的能力。法律对此特殊情况作出了规定：

（1）精神病人在不能辨认或者不能控制自己行为的时候造成危害结果，经法定程序鉴定确认的，不负刑事责任，但是应当责令他的家属或者

监护人严加看管和医疗；在必要的时候，由政府强制医疗。

认定精神病人无刑事责任能力须同时具备两个要件：1）医学标准：行为人患有精神病；2）心理学标准：行为人在行为时完全丧失了对自己行为的辨认能力或者控制能力。

（2）间歇性精神病人，在精神正常的时候犯罪，应当负刑事责任。

（3）尚未完全丧失辨认或者控制自己行为能力的精神病人犯罪的，应当负刑事责任，但是可以从轻或者减轻处罚。

（4）醉酒的人犯罪，应当负刑事责任。

（5）又聋又哑的人或者盲人犯罪，可以从轻、减轻或者免除处罚。他们属于有刑事责任能力人，但鉴于存在生理缺陷，影响其辨认或控制能力，故减轻其责任。应注意，所谓又聋又哑的人指既聋且哑的人。

应特别注意的是：刑事责任能力是指行为人实行犯罪行为时的生理和心理状态。在实践中，有些人在犯罪时精神正常，而在犯罪后患了精神病。因为刑事责任能力以犯罪时的精神状况为准，所以属于有刑事责任能力人，应当对犯罪行为承担刑事责任。但是，对罪行的追诉应在行为人精神病愈后进行。反之，行为人在犯罪时精神错乱而在犯罪后恢复正常的，仍然属于无刑事责任能力人。不过，对精神病人刑事责任能力的判断往往是在事后进行的，这种情况是很难证实的。

2. 与精神病人不同，醉酒的人不属于无刑事责任能力人。醉酒的人犯罪，应当负刑事责任。又聋又哑的人或者盲人不属于无刑事责任能力人，不能免除其应负的刑事责任，但可以（而不是“应当”）从轻、减轻或者免除处罚。

3. 虽然行为时完全丧失辨认能力或者控制能力的精神病人不负刑事责任，但应当责令他的家属或者监护人严加看管和医疗；在必要的时候，由政府强制医疗。这是一种社会保护措施。如果造成损害的，行为人或监护人应承担民事赔偿责任。

试题范例

1.（2014年真题）单项选择题

甲醉酒驾驶，撞死一行人后逃逸，在被追赶时精神病复发。对甲（　　）。

A. 不追究刑事责任

B. 应当追究刑事责任

C. 应当追究刑事责任，但是可以从轻或者减轻处罚

D. 应当追究刑事责任，但是可以减轻或者免除处罚

答案：B

2. 单项选择题

尚未完全丧失辨认或者控制能力的精神病人，实施严重危害社会行为的（　　）。

A. 不负刑事责任

B. 应当负刑事责任，但应当减轻或者免除处罚

C. 应当负完全的刑事责任

D. 应当负刑事责任，但可以从轻或者减轻处罚

答案：D

三、正当防卫与紧急避险

核心法条

第 20 条 为了使国家、公共利益、本人或者他人的人身、财产和其他权利免受正在进行的不法侵害，而采取的制止不法侵害的行为，对不法侵害人造成损害的，属于正当防卫，不负刑事责任。

正当防卫明显超过必要限度造成重大损害的，应当负刑事责任，但是应当减轻或者免除处罚。

对正在进行行凶、杀人、抢劫、强奸、绑架以及其他严重危及人身安全的暴力犯罪，采取防卫行为，造成不法侵害人伤亡的，不属于防卫过当，不负刑事责任。

释解分析

1. 本条是关于正当防卫的规定。正当防卫成立必须具备五个条件：（1）起因条件，是指存在着具有社会危害和侵害紧迫性的不法侵害行为。①必须有不法侵害存在；②不法侵害并非限于犯罪行为，还包括违法行为；③不法侵害必须是现实存在的；④不法行为通常应是人所实施的。事实上不存在不法行为，行为人误认为存在不法侵害而对臆想中的侵害者进行防卫，属假想防卫。（2）时间条件，是指正当防卫只能在不法侵害正在进行之时实行，不能实行事前防卫和事后防卫。（3）对象条件，是指正当防卫只能针对不法侵害者本人实行，不能及于第三者。不法侵害者是否达到法定刑事责任年龄、是否具有刑事责任能力，并不影响正当防卫的成立。（4）主观条件，是指防卫人主观上必须出于正当防卫的目的，即使国家、公共利益、本人或者他人的人身、财产和其他权利免受不法侵害。（5）限度条件，是指正当防卫不能明显超过必要限度且造成重大损害，这是区分防卫的合法与非法、正当与过当的一个标志。

正当防卫制度的知识体系见表 1－1。

表 1－1

条　　件	否 则 为	不符合条件的处理	说　　明
起因条件：现实的不法侵害	假想防卫	有过失的为过失犯罪；没有过失的属意外事件	不法侵害通常是犯罪行为，也不排除违法行为
时间条件：不法侵害正在进行	防卫不适时（事前防卫或事后防卫）	符合刑法规定的犯罪构成要件的，按犯罪处理	不法侵害结束的情形：自动中止、被制服、丧失侵害能力、逃离现场
对象条件：针对不法侵害人本人	假想防卫或紧急避险，也有可能是故意犯罪	有过失且刑法有规定的为过失犯罪，没有过失的属意外事件，也有可能是故意犯罪	不论不法侵害者是否达到法定刑事责任年龄，是否具有刑事责任能力
主观条件：具有防卫意图	防卫挑拨、相互的非法侵害、偶然防卫。保护非法利益等不具有防卫意识	因不具有正当的防卫意图，以具体的故意犯罪处理	保护的合法权益既可以是自己的也可以是他人的
限度条件：没有明显超过必要限度造成重大损害	防卫过当	正当防卫明显超过必要限度造成重大损害的，应当负刑事责任，但应当减轻或者免除处罚	防卫过当造成的重大损害，一般为过失，成立具体的过失犯罪，但也不排除间接故意下成立的犯罪

2. 本条第2款是关于防卫过当的规定。防卫过当也属于防卫行为，只不过不符合第五个条件即限度条件，而完全符合前四个条件。防卫过当的基本特征是：(1) 防卫人客观上实施了明显超过必要限度的行为，并对不法侵害人造成了重大的损害。(2) 防卫人主观上对过当行为及其结果具有罪过。防卫行为的必要限度应同时从两个方面把握：一方面要看防卫行为是否为制止不法侵害所必需，另一方面要看防卫行为与不法侵害行为是否基本相适应。至于造成的"重大损害"，是指过当行为造成不法侵害人重伤、死亡或者财产的重大损失。行为人对过当行为造成的重大损害一般是过失，但也不排除间接故意。防卫过当应负刑事责任，对其定罪应根据防卫人主观上的罪过形式及客观上造成的具体危害后果来确定罪名，防卫过当本身不是罪名。对防卫过当的行为，应当综合考虑防卫目的、过当程度、罪过形式以及权益性质等因素而减轻或者免除处罚。

3. 本条第3款是关于特别防卫的规定。特别防卫，也称特殊防卫或无过当的防卫，是指公民在某些特定情况下所实施的正当防卫行为，没有必要限度的限制，对其防卫行为的任何后果均不负刑事责任的情形。实施特别防卫，必须符合正当防卫成立的上述除限度条件以外的相关条件。特别防卫成立的最重要的条件是，对正在进行行凶、杀人、抢劫、强奸、绑架以及其他严重危及人身安全的暴力犯罪进行防卫。(1) 特别防卫的对象必须是严重危及人身安全的暴力性犯罪行为，而非一般的不法侵害行为，也非所有的暴力性行为。如果仅是针对财产的暴力也不能适用特别防卫，即要求"暴力性"和"严重危及人身安全的犯罪"这两点同时具备。(2) 刑法条文中的杀人、抢劫、强奸、绑架主要是对严重危及人身安全的暴力犯罪的列举性规定，但并不限于列举的上述犯罪，还包括爆炸罪，抢劫枪支、弹药罪，劫持航空器罪等。"杀人"仅限于故意杀人；"行凶"主要是严重危及人身安全暴力犯罪方式的举例，其本身包括了故意杀人或故意造成他人重伤或死亡的情形。

试题范例

1. (2016年真题) 单项选择题

张某深夜撬门进入甲家，被甲安装在保险柜上的防盗装置击中头部受轻伤。甲的行为属于（　　）。

A. 事先防卫　　B. 正当防卫

C. 假想防卫　　D. 防卫过当

答案：B

2. (2019年真题) 单项选择题

债权人王某伙同他人将债务人甲关在办公室中长达十几个小时并持续辱骂，甲求救未果后持水果刀将王某刺成重伤。甲的行为应认定为（　　）。

A. 防卫过当　　B. 假想防卫

C. 偶然防卫　　D. 正当防卫

答案：A

3. (2020年真题) 单项选择题

假想防卫不属于正当防卫，主要是因为欠缺正当防卫成立的（　　）。

A. 主观条件　　B. 起因条件

C. 限度条件　　D. 时间条件

答案：B

4. (2021年真题) 案例分析题

王某驾车在某中学门口等红灯期间，发现道路前方一人（甲）拿着书包奔跑，一人（乙）在后面边追边喊："你给我站住!"王某以为甲实施了抢劫犯罪，遂猛踩油门，开车将甲撞倒，致使甲受重伤。

请结合上述材料，回答下列问题并说明理由：

(1) 如果事后查明，甲当时是盗窃后逃跑，王某的行为是否构成正当防卫？

(2) 如果事后查明，甲当时是在和同学乙打闹，王某的行为是否构成正当防卫？

答案：(1) 如果事后查明，甲当时是盗窃后逃跑，王某的行为不构成正当防卫，是防卫过当。刑法规定：为了使国家、公共利益、本人或者他人的人身、财产和其他权利免受正在进行的不法侵害，而采取的制止不法侵害的行为，对不法侵害人造成损害的，属于正当防卫，不负刑事责任。对于盗窃、抢劫财产犯罪而言，行为虽然已经既遂，但在现场还来得及挽回损失的情形下，就视为不法侵害尚未结束，可以实行正当防卫。本案中，王某以为甲实施了抢劫犯罪（实际上实施了盗窃），王某为了使他人权利免受正在进行的不法侵害，遂猛踩油门，开车将甲撞倒的行为满足正当防卫的起因条件、时间条件、对象条件、主观条件，但不满足正当防卫的限度条件。因为从行为上看，甲已经在逃跑，王某驱车猛撞甲的行为明显超过了必要限度，从结果上看，最后致使甲重伤，造成了重大损害，甲的行为是明显超过了必要限度造成重大损害的防卫行为，属于防卫过当，应当减轻或者免除处罚。

(2) 如果事后查明，甲当时是在和同学乙打闹，王某的行为不构成正当防卫，属于假想防卫。

正当防卫的起因条件是有不法侵害行为发生。如果不存在不法侵害，行为人误以为存在不法侵害而实施了防卫的，是“假想防卫”，不能成立正当防卫。本案中，由于王某误以为存在不法侵害，而实际上却不存在，其假想的防卫行为不构成故意犯罪。当时王某在中学门口，应当预见到可能是学生之间的打闹行为，但疏忽大意没有预见。因此，王某对重伤结果有过失，应认定为过失致人重伤罪。

5. 多项选择题

关于正当防卫，下列表述中正确的是（　　）。

A. 正当防卫的起因条件是有不法侵害行为发生

B. 正当防卫的时间条件是不法侵害行为即将发生或者正在进行。特殊情况下，对已经结束的侵害也可以正当防卫

C. 防卫的目的是保护合法权利免受不法侵害

D. 正当防卫与防卫过当区别的关键在于是否明显超过必要限度造成重大损害

答案：ACD

6. 多项选择题

甲误认为遭到乙的紧急的不法侵害，而对乙实行防卫行为，致乙死亡。事后证实乙的行为不具有不法侵害的性质。甲的行为（　　）。

A. 可能构成故意杀人罪

B. 可能构成过失致人死亡罪

C. 可能属于意外事件

D. 可能属于防卫过当

答案：BC

7. 单项选择题

甲外出时在自己的住宅内安放了防卫装置。某日晚，乙撬门侵入甲的住宅后，被防卫装置击为轻伤。甲的行为是什么性质？（　　）

A. 故意伤害罪

B. 正当防卫

C. 防卫不适时

D. 民事侵权行为，不构成犯罪

答案：B

8. 多项选择题

《刑法》第20条第3款规定：“对正在进行行凶、杀人、抢劫、强奸、绑架以及其他严重危及人身安全的暴力犯罪，采取防卫行为，造成不法侵害人伤亡的，不属于防卫过当，不负刑事责任。”关于刑法对特殊正当防卫的规定，下列哪些理解是错误的？（　　）

A. 对于正在进行杀人等严重危及人身安全的暴力犯罪，采取防卫行为，没有造成不法侵害人伤亡的，不能称为正当防卫

B.“其他严重危及人身安全的暴力犯罪”的表述，不仅说明其前面列举的抢劫、强奸、绑架必须达到严重危及人身安全的程度，而且说明只要列举之外的暴力犯罪达到严重危及人身安全的程度，也应适用特殊正当防卫的规定

C. 由于特殊正当防卫针对的是严重危及人身安全的暴力犯罪，而这种犯罪一旦着手实行便会造成严重后果，所以，应当允许防卫时间适当提前，即严重危及人身安全的暴力犯罪处于预备阶段时，也应允许进行特殊正当防卫

D. 由于针对严重危及人身安全的暴力犯罪进行防卫时可以杀死不法侵害人，所以，在严重危及人身安全的暴力犯罪结束后，当场杀死不法侵害人的，也属于特殊正当防卫

答案：ACD

核心法条

第21条　为了使国家、公共利益、本人或者他人的人身、财产和其他权利免受正在发生的危险，不得已采取的紧急避险行为，造成损害的，不负刑事责任。

紧急避险超过必要限度造成不应有的损害的，应当负刑事责任，但是应当减轻或者免除处罚。

第一款中关于避免本人危险的规定，不适用于职务上、业务上负有特定责任的人。

释解分析

1. 本条是关于紧急避险的规定。紧急避险的成立必须具备以下条件：（1）起因条件，是指必须有需要避免的危险存在。危险是指某种有可能立即对合法权益造成危害的紧迫事实状态；如果危险事实并不存在，而行为人误认为存在，进而进行紧急避险的，为假想避险。（2）时间条件，是指危险必须正在发生，即已经发生的危险将立即造成损害或正在造成损害而尚未结束。危险尚未发生或者已经结束，行为人实行避险的，属于避险不适时。（3）对象条件，这是紧急避险的本质特征，即为了保全一个较大的合法权益，而将

其面临的危险转嫁给另一个较小的合法权益。(4)主观条件，是指行为人必须有正当避险意图，即避险人对正在发生的危险有明确的认识，并希望以避险手段保护较大合法权益的心理状态。(5)限制条件。紧急避险只能出于迫不得已，即当危险发生之时，除了损害第三者的合法权益之外，不可能用其他方法来保全另一合法权益。(6)限度条件，是指紧急避险不能超过必要限度造成不应有的损害，紧急避险行为所引起的损害必须小于所避免的损害。

紧急避险制度的知识体系见表1-2。

表1-2

条　　件	否则为	不符合条件的处理	说　　明
起因条件：合法权益面临现实侵害	假想避险	有过失的为过失犯罪；没有过失的属意外事件	危险的来源有：人的危害行为；自然灾害；动物的侵袭；人的生理、病理疾病
时间条件：危险正在发生	避险不适时	同防卫不适时的处理方式类似	同正当防卫时间条件相同
对象条件：无辜第三者的权益	如果是针对不法侵害者，则为防卫行为	防卫行为	对来自人的危害行为之外的危险的直接对抗，不具有法律评价意义
主观条件：具有避险意图	故意引起危险后避险的属于故意犯罪	故意犯罪行为	保护的合法权益既可以是自己的也可以是他人的，但避免本人危险时，不适用于职务上、业务上有特定责任的人
限制条件：不得已而为之、别无他法	在可以采取其他合法方法避险时，如行为人采取避险行为的，应承担刑事责任	应视行为人的主观心理状态和客观损害分别认定为故意犯罪、过失犯罪或意外事件	没有其他合法方法或其他方法造成的损害更重时，方允许；损害的是第三人的合法权益
限度条件：没有超过必要限度	避险过当	紧急避险超过必要限度造成不应有损害的，应当负刑事责任，但应当减轻或者免除处罚	必要限度的认定：生命权高于健康权，健康权大于财产权，财产权之间可进行价值比较

2. 本条第2款是关于避险过当的规定。避险过当本质上也是一种避险行为，只不过是超过必要限度并造成不应有损害的避险行为，其符合紧急避险的前五个条件，但其避险行为所导致的合法权益的损害大于或者等于所避免的损害。避险过当具有两个法律特征：(1)行为人在客观上实施了超过必要限度的行为，并造成合法权益不应有的损害；(2)行为人在主观上对避险过当行为具有罪过，一般为过失，但也不排除间接故意的可能。对避险过当的，应当减轻或者免除处罚。

3. 紧急避险与正当防卫的异同。

两者的相同之处：(1)目的相同，都是保护国家、公共利益、本人或者他人的合法权益；(2)前提相同，都必须是合法权益正在受到侵害时才能实施；(3)责任相同，两者超过法定的限度造成相应损害后果的，都应负刑事责任，但应减轻或者免除处罚。

两者的区别在于：(1)危害的来源不同。前者的来源既可能是人的不法侵害，也可能来自自然灾害，还可能是动物的侵袭或人的生理、病理疾患等；后者的危害来源只能是人的违法犯罪行为。(2)行为的对象不同。前者只能针对第三者，是合法行为对他人合法权益的损害；后者只能针对不法侵害者本人，不能针对第三者。(3)行为的限制不同。前者必须出于迫不得已，除此别无他法；后者则出于必要，即使能够用其他方法避免不法侵害，也允许进行正当防卫。(4)行为的限度不同。前者对第三者合法权益所造成的损害，只能小于危险可能造成的损害；后者所造成的损害，既可以小于也可以大于不法侵害行为可能造成的损害。(5)主体的限定不同。前者不适用于职务上、业务上负有特定责任的人；后者则是每个公民的法定权利，是人民警察执行职务时的法定义务。

试题范例

1.(2017年真题)单项选择题

甲下夜班回家，目睹一男将一女强行拉进小巷，女子大叫："放开我!"甲以为该男子欲行不轨，遂冲上去，用砖头将男子打成轻伤。事后查明，该男女系夫妻关系，事发时男子阻止女子回娘家。甲的行为成立（　　）。

A. 事前防卫　　B. 假想防卫

C. 正当防卫　　D. 防卫过当

答案：B

2. 单项选择题

关于正当防卫与紧急避险，下列说法正确的是（　　）。

A. 正当防卫明显超过必要限度造成重大损害的，应当以防卫过当罪定罪，但是应当酌情减轻或者免除处罚

B. 紧急避险用于解决紧迫情况下合法利益之间的冲突

C. 防卫过当的场合，其罪过形式通常是直接故意

D. 对于“事后防卫”的，通常按照防卫过当处理

答案：B

四、故意犯罪的停止形态

准确理解犯罪停止形态的前提是熟练掌握犯罪的完成形态，由于我国刑法分则具体条文所规定的犯罪构成都是以犯罪既遂为模式的基本犯罪构成，总则中没有直接规定完成形态的条文。故在释解有关故意犯罪的停止形态的法条前，先对犯罪的完成形态与停止形态理论作一概括介绍。

1. 犯罪既遂是故意犯罪的完成形态。关于犯罪既遂的标准，有结果说、目的说和构成要件说三种观点，构成要件说是我国刑法学的通说。根据这种观点，判断既遂未遂的标准是犯罪行为是否符合特定犯罪构成的全部要件。凡符合特定犯罪构成全部要件的，为既遂；否则为犯罪未遂。根据我国刑法分则对各种直接故意犯罪构成要件的规定，犯罪既遂形态主要有三种：（1）结果犯，是指不仅要求行为人实施刑法分则规定的具体犯罪构成客观要件的行为，而且要求犯罪行为造成法定的损害结果，如故意杀人罪、盗窃罪、侮辱罪；（2）危险犯，是指行为人实施刑法分则规定的具体犯罪构成客观要件的行为并造成法定损害的现实危险，如放火罪、破坏交通工具罪；（3）行为犯，是指行为人实施完毕刑法分则规定的实行行为的即视为犯罪既遂，如诬告陷害罪，脱逃罪，组织、领导、参加黑社会性质组织罪。

需要注意的是，我国刑法分则具体条文所规定的犯罪构成是以犯罪既遂为模式的基本犯罪构成，具体条文的法定刑是以犯罪基本构成为模式设置的，对故意犯罪既遂犯的处罚，按照刑法总则的一般量刑原则和刑法分则各具体犯罪的法定刑处罚。

2. 故意犯罪的停止形态，是指故意犯罪在犯罪过程中的不同阶段由于各种原因停止下来而呈现出的不同形态，包括犯罪的完成形态（即犯罪既遂）和犯罪的未完成形态（包括犯罪预备、犯罪未遂和犯罪中止）。只有故意犯罪而且是直接故意犯罪才有犯罪停止的问题，间接故意犯罪以及过失犯罪都无所谓犯罪既遂、预备、未遂和中止问题，而仅存在罪与非罪的问题。

参见图1-2。

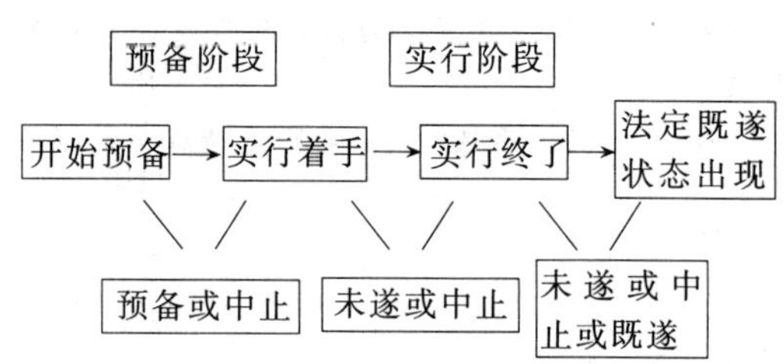

图1-2 不同犯罪阶段可能出现的犯罪停止状态

试题范例

（2015年真题）单项选择题

下列犯罪中，属于结果犯的是（　　）。

A. 放火罪

B. 故意毁坏财物罪

C. 私放在押人员罪

D. 参加黑社会性质组织罪

答案：B

核心法条

第22条　为了犯罪，准备工具、制造条件的，是犯罪预备。

对于预备犯，可以比照既遂犯从轻、减轻处罚或者免除处罚。

释解分析

1. 本条是关于犯罪预备的规定。犯罪预备，是指行为人已经实施犯罪的预备行为，由于意志以外的原因而未能着手实行犯罪的犯罪停止形态。其具有三个特征：（1）行为人已经实施犯罪预备行为，即必须实施了刑法所规定的为了犯罪准备工具、制造条件的行为。（2）犯罪预备行为必须在着手实行犯罪前停顿下来，这是区别于犯罪未遂的基本特征。如果已经着手实行犯罪行为而由于行为人意志以外的原因停止下来的，则成立犯罪未遂。（3）犯罪预备行为停顿在预备阶段必须是由于行为人意志以外的原因，这是与犯罪预备阶段的犯罪中止的基本区别。

2. 犯罪预备行为是着手实施犯罪前的行为，如果行为人已经着手实施犯罪构成要件的行为，则不属于犯罪预备行为；犯罪预备行为又不同于犯意表示（具有犯罪意图的人通过一定的形式单纯地将自己的犯罪意图表示出来的外部活动，如甲扬言要杀掉乙），只有犯意表示，没有为实施犯罪准备工具、制造条件的，不能成立犯罪预备行为；预备行为也不同于实行行为，两者分属于故意犯罪的两个不同阶段。

常见的犯罪预备行为包括：准备犯罪工具、调查犯罪场所和被害人行踪、出发前往犯罪现场或诱骗被害人赶赴犯罪现场、追踪被害人或守候被害人到来、排除实施犯罪的障碍、拟订实施犯罪的计划等。

对于预备犯，可以（而非“应当”）比照既遂犯从轻、减轻或者免除处罚。

试题范例

1. （2019年真题）单项选择题

甲意图杀死范某，持刀潜伏在范某家门口树林里，久等未见范某归来，因惧怕受到法律惩罚，弃刀回家。甲的行为应认定为（　　）。

A. 犯罪预备　　B. 犯罪中止

C. 犯罪未遂　　D. 不构成犯罪

答案：B

2. 多项选择题

下列表述中，正确的是（　　）。

A. 犯罪预备与犯罪未遂相区别的关键在于是否着手实施刑法分则所规定的犯罪实行行为

B. 犯罪预备与犯罪中止相区别的关键在于是否处于犯罪过程中

C. 犯罪行为实行终了，就不能成立犯罪中止

D. 过失犯罪不存在犯罪未遂形态

答案：AD

3. 单项选择题

药店营业员李某与王某有仇。某日王某之妻到药店买药为王某治病，李某将一包砒霜混在药中交给王妻。后李某后悔，于第二天到王家欲取回砒霜，而王某谎称已服完。李某见王某没有什么异常，就没有将真相告诉王某。几天后，王某因服用李某提供的砒霜而死亡。李某的行为属于（　　）。

A. 犯罪中止　　B. 犯罪既遂

C. 犯罪未遂　　D. 犯罪预备

答案：B

4. 多项选择题

下列有关犯罪预备的说法，哪些是正确的？（　　）

A. 犯罪预备既可以是为了自己实行犯罪而预备，也可以是为了他人实行犯罪而预备

B. 实施预备行为后由于行为人意志以外的原因而未着手实行的，属于犯罪预备

C. 犯罪预备阶段的行为既可能成立犯罪中止，也可能成立犯罪预备

D. 对于预备阶段的中止犯，除了适用中止犯的规定减免刑罚之外，还应同时适用预备犯的减免规定

答案：ABC

5. 单项选择题

甲前往乙住所杀乙，到达乙居住地附近，发现周围停有多辆警车，并有警察在活动，感到无法下手，遂返回。甲的行为属于（　　）。

A. 犯罪预备　　B. 犯罪中止

C. 犯罪未遂　　D. 没有犯罪行为

答案：A

核心法条

第23条　已经着手实行犯罪，由于犯罪分子意志以外的原因而未得逞的，是犯罪未遂。

对于未遂犯，可以比照既遂犯从轻或者减轻处罚。

释解分析

1. 本条是关于犯罪未遂的规定。犯罪未遂具有三个特征：（1）已经着手实施犯罪，即行为人已经开始实施刑法分则规定的某种具体犯罪构成要件客观方面的行为，这是区别于犯罪预备的标志。（2）犯罪没有得逞，即犯罪行为没有完全符合刑法分则规定的特定犯罪构成全部要件，这是区别于犯罪既遂的重要标志。（3）犯罪没有得逞是由于犯罪分子意志以外的原因，这是区别于犯罪中止的基本标志。意志以外的原因，是指违背犯罪分子主观愿望和意图的主客观原因。从司法实践来看，其包括：①行为人以外的客观原因，如遭遇被害人的强烈反抗，遭遇第三人的制止，

被害人的有效逃避，自然力的破坏，犯罪的时间、地点不适于犯罪，遇到难以克服的障碍等；②行为人自身的客观原因，如行为人智能低下、犯罪技术拙劣、犯罪时突发疾病使犯罪难以继续；③行为人主观认识错误，如对犯罪对象的认识错误、对犯罪工具的认识错误、对犯罪因果关系的认识错误、对犯罪时周围环境的认识错误等。

2. 掌握犯罪未遂的分类。（1）根据犯罪行为是否实行终了，犯罪未遂可以分为实行终了的未遂和未实行终了的未遂。前者是指行为人已着手实施犯罪，并且自认为已将实现犯罪意图所必需的全部行为实施完毕，但由于意志以外的原因而未达到既遂状态；后者是指行为人已着手实施犯罪，但由于意志以外的原因，使其未将他认为实现犯罪意图所必需的全部行为实行完毕，因而未能达到既遂状态。两者的区别关键在于，如何认定行为是否实行终了。目前有主观说、客观说和折中说之分。通说是修正主观说，主张在法定犯罪构成要件所限定的客观行为范围内，行为是否实行终了应以行为人是否自认为已经将实现犯罪意图所必需的全部行为实行完毕为标准予以认定。

（2）根据犯罪行为是否实际达到既遂，可以把犯罪未遂分为能犯未遂和不能犯未遂。前者是指犯罪实际有可能达到既遂，但由于行为人意志以外的原因未能达到既遂而停止下来的情况。后者是指行为人对有关犯罪事实的认识错误，而使该犯罪行为在当时不可能达到既遂的情况，具体包括工具不能犯未遂和对象不能犯未遂。工具不能犯未遂是指行为人由于认识错误而使用了按其客观性质不能实现犯罪意图、不能达到既遂状态的犯罪工具；对象不能犯未遂是指行为人由于认识错误而针对本不存在的犯罪对象实施了犯罪行为而未能达到既遂状态。不能犯未遂是由于行为人认识错误而在客观上不可能实际造成预期的犯罪结果，但行为人主观上有明确的犯罪意图，客观上实施了犯罪行为，具有社会危害性，同样应当追究刑事责任，但在处罚上一般应当轻于能犯未遂。

3. 犯罪未遂的处罚。《刑法》第23条第2款规定：对于未遂犯，可以比照既遂犯从轻或者减轻处罚。

易混易错

迷信犯、愚昧犯与不能犯未遂的区别：（1）迷信犯、愚昧犯是行为人犯了常识错误，如认为能把人咒死、发气功弄死，这种认识从常识上讲是错误的。而不能犯未遂没有犯常识错误，如毒药能毒死人，炸弹能炸死人，这种认识从常识上讲，并没有错误。（2）迷信犯、愚昧犯预定实施的行为与实际实施的行为是一致的，如想用诅咒的方法“杀人”，实际使用的也是诅咒的方法。不能杀死人，不是因为实际使用的方法与预定的方法不一致，而是犯了常识错误，诅咒方法根本就不能致人于死。相反，在不能犯未遂的场合，行为人实际使用的犯罪方法与预想使用的犯罪方法不一致，以致犯罪不能既遂。如用错了药。

区别的意义在于涉及罪与非罪。对于不能犯未遂，认为是构成犯罪、按照未遂犯处罚的。而对于“迷信犯”或者“愚昧犯”，即使按照现代观念也认为是不为罪不可罚。

试题范例

1.（2014年真题）单项选择题

甲和乙意图置常某于死地，甲持匕首向常某刺去，常某急忙躲闪，匕首刺中了乙，乙流血过多死亡。甲的行为应认定为（　　）。

A. 故意杀人罪（既遂）

B. 过失致人死亡罪

C. 故意杀人罪（未遂）

D. 故意杀人罪（未遂）与过失致人死亡罪

答案：A

2. 多项选择题

下列表述中，正确的是（　　）。

A. 甲盗走铁路上钢轨10米，因铁路巡道员发现钢轨被盗，采取紧急措施，才避免了火车倾覆事故的发生。对甲按照破坏交通设施罪的既遂适用法律

B. 乙为一15周岁的未成年人，绑架他人作为人质后，因勒索财物未成而杀害被绑架人，应当追究乙的刑事责任

C. 丙是某国有仓库保管员，利用职务之便，盗窃其保管的物资价值2万元。后听说单位要来盘点物资，担心事发，遂将所盗物资送回仓库，丙的行为成立犯罪中止

D. 丁设立一家公司，专门用于虚开增值税专用发票，谋取非法利益。对此虚开增值税专用发票的行为，应当按照自然人犯罪处理

答案：ABD

3. 单项选择题

下列案例中哪一项成立犯罪未遂？（　　）

A. 甲对胡某实施诈骗行为，被胡某识破骗局。但胡某觉得甲穷困潦倒，实在可怜，就给其 3 000 元钱，甲得款后离开现场

B. 乙为了杀死刘某，持枪尾随刘某，行至偏僻处时，乙向刘某开了一枪，没有打中；在还可以继续开枪的情况下，乙害怕受刑罚处罚，没有继续开枪

C. 丙绑架赵某，并要求其亲属交付 100 万元。在提出勒索要求后，丙害怕受刑罚处罚，将赵某释放

D. 丁抓住妇女李某的手腕，欲绑架李某然后出卖。李为脱身，便假装说："我有性病，不会有人要。"丁信以为真，于是垂头丧气地离开现场

答案：A

4. 单项选择题

甲深夜潜入乙家行窃，发现留长发穿花布睡衣的乙正在睡觉，意图奸淫，便扑在乙身上强脱其衣。乙惊醒后大声喝问，甲发现乙是男人，慌忙逃跑时被抓获。甲的行为（　　）。

A. 属于强奸预备　　B. 属于强奸未遂

C. 属于强奸中止　　D. 不构成强奸罪

答案：B

核心法条

第 24 条　在犯罪过程中，自动放弃犯罪或者自动有效地防止犯罪结果发生的，是犯罪中止。

对于中止犯，没有造成损害的，应当免除处罚；造成损害的，应当减轻处罚。

释解分析

1. 本条是关于犯罪中止的规定。犯罪中止包括自动放弃犯罪的犯罪中止（普通的犯罪中止）和自动有效地防止犯罪结果发生的犯罪中止（特殊的犯罪中止）。自动放弃犯罪的犯罪中止具有下列特征：（1）必须是在犯罪预备或犯罪实行过程中放弃犯罪，这是犯罪中止成立的前提条件。（2）必须是自动放弃犯罪，即行为人出于自己的意志而放弃了自认为可以继续实施和完成的犯罪。这是犯罪中止的实质性条件，也是犯罪中止区别于犯罪预备和犯罪未遂的基本特征。（3）必须是彻底放弃犯罪，即行为人是彻底打消了继续并完成犯罪的念头，彻底放弃实施自认为可以继续实施并完成的犯罪行为。

自动有效地防止犯罪结果发生的犯罪中止，是指行为人实施完毕犯罪行为后、犯罪结果出现之前，自动采取措施避免犯罪结果发生，因而使犯罪未完成的犯罪停止形态。这种犯罪中止必须发生在犯罪行为实施完毕、犯罪结果出现以前的过程中，并且具有放弃犯罪的自动性和彻底性；同时还必须具有防止犯罪结果发生的有效性，即行为人必须自动、积极地采取各种必要措施，有效地防止其所实施完毕的犯罪行为发生法定的危害结果。

注意关于放弃能够重复实施的行为的定性：应把犯罪行为理解为一个行为整体，一个由多个具体动作或数个单独行为组成的具有内在联系的发展过程，应认为其符合犯罪中止的特征，按犯罪中止论处。

2. 犯罪中止的处罚。我国对犯罪中止采取必减免主义的处罚原则。对于中止犯，只要其犯罪行为没有实际造成损害结果，则定其罪而免其刑；如果造成一定损害结果的，则应当减轻处罚。

易混易错

1. 成立犯罪中止必须是彻底放弃继续实施该罪的意图。如果行为人仅仅是考虑犯罪的时机、条件不成熟而暂时停止犯罪，待时机、条件成熟后再实施的，是犯罪的撤退。因为犯罪人继续犯罪的危险性依然存在，不成立犯罪中止。自动中止犯罪的原因多种多样，主要有：出于真诚的悔悟；基于对被害人的怜悯；受到别人的规劝；害怕受到刑罚惩罚等。不管出于何种原因，只要是犯罪分子认为自己能够把犯罪进行到底而自动停止犯罪行为，或者自动有效地防止犯罪结果发生，都可以成立犯罪中止。

2. 三种未完成犯罪形态之间的区别。（1）从时空阶段上看：犯罪预备只存在于预备阶段；犯罪未遂只存在于实行阶段；预备阶段与实行阶段的临界点是"实行着手"，而犯罪中止则既可以存在于预备阶段，也可以存在于实行阶段。（2）从停止的原因来看：犯罪中止的一个最基本特征是"自动性"，即行为人出于自己的意志而放弃自认为当时本可以继续实施和完成的犯罪，这是犯罪中止和犯罪预备、犯罪未遂相区别的关键所在。

刑法学

犯罪预备、犯罪未遂是由于“客观障碍”即违背行为人主观愿望和意图、足以阻止其继续实施和完成其犯罪行为的各种因素，即所谓的意志以外的原因而被迫停止下来；犯罪中止的本质是“能达目的而不欲”；而犯罪未遂与犯罪预备则是“欲达目的而不能”。(3) 从处罚的原则来看：未遂犯和预备犯都是以既遂犯的处罚为参照，“可以”适当从宽处罚；而中止犯则是“应当”从宽处罚。对中止犯的处罚关键看是否造成损害结果，造成损害结果的，应当减轻处罚；未造成损害结果的，应当免除处罚。

试题范例

1. (2013 年真题) 法条分析题

我国《刑法》第 24 条规定：在犯罪过程中，自动放弃犯罪或者自动有效地防止犯罪结果发生的，是犯罪中止。

对于中止犯，没有造成损害的，应当免除处罚；造成损害的，应当减轻处罚。

请分析：

(1) 本条文中“犯罪过程”的含义。

(2) 本条文中“自动有效地防止犯罪结果发生”的含义。

(3) 如果行为人将被害人砍成重伤后，放弃杀人意图并将被害人送往医院救治，避免了死亡结果发生，行为人的刑事责任应如何定性。

答案：本条是关于犯罪中止的规定，犯罪中止，是指在犯罪过程中，行为人自动放弃犯罪或者自动有效地防止犯罪结果发生，因而未完成犯罪的一种犯罪停止形态。

(1) 本条文中“犯罪过程”是指从开始实施犯罪预备行为到犯罪实行行为结束前的全部过程。

(2) 本条文中“自动有效地防止犯罪结果发生”是指行为人实施完毕犯罪行为后、犯罪结果出现之前，自动采取措施有效地避免犯罪结果发生，因而使犯罪未完成的犯罪停止形态。

(3) 如果行为人将被害人砍成重伤后，放弃杀人意图并将被害人送往医院救治，避免了死亡结果发生，这属于“自动有效地防止犯罪结果发生”，应当按照犯罪中止论处，即犯罪行为没有实际造成损害结果，则定其罪而免其刑。如果其犯罪行为造成了一定损害结果的，则应当减轻处罚。

2. (2015 年真题) 单项选择题

甲男将女同事汪某骗至宾馆，要求与之发生性关系，否则在网上散布汪某的不雅照。汪某对甲破口大骂，甲觉得无趣，遂打消奸淫念头离去。甲的行为属于（　　）。

A. 犯罪预备　　B. 犯罪未遂
C. 犯罪中止　　D. 犯罪既遂

答案：C

3. (2016 年真题) 单项选择题

甲在丈夫的水杯中投毒，意图杀害丈夫，丈夫中毒后呕吐不止，甲见状不忍，将丈夫送到医院，使之得救。甲的行为属于（　　）。

A. 犯罪预备　　B. 犯罪未遂
C. 犯罪中止　　D. 犯罪既遂

答案：C

4. (2021 年真题) 单项选择题

下列有关犯罪形态的理解中，正确的是（　　）。

A. 间接故意犯罪可以存在未遂形态
B. 在犯罪预备阶段，可以成立犯罪中止
C. 自动放弃重复侵害行为的应认定为犯罪既遂
D. 准备用于预备行为的工具的，应认定为犯罪预备

答案：B

5. (2021 年真题) 单项选择题

甲欲杀乙，将毒药掺入乙饭后服用的药物中，乙服药后呕吐不止，甲见状后，于心不忍，将乙送到医院抢救，乙脱离危险。经查乙呕吐的原因为食物中毒，甲的行为成立（　　）。

A. 犯罪预备　　B. 犯罪中止
C. 犯罪未遂　　D. 犯罪既遂

答案：B

6. 单项选择题

甲携带凶器拦路抢劫，黑夜中遇到乙便实施暴力，乙发现是自己的熟人甲，便喊甲的名字，甲一听便住手，还向乙道歉说：“对不起，认错人了。”甲的行为属于下列哪一种情形？（　　）

A. 实行终了的犯罪未遂
B. 预备阶段的犯罪中止
C. 未实行终了的犯罪未遂
D. 实行阶段的犯罪中止

答案：D

7. 单项选择题

根据犯罪主观要件、犯罪形态的理论分析，下列关于犯罪中止的表述正确的是（　　）。

A. 甲为杀人而与李某商量并委托李某购买毒药，李某果然为其买来了剧毒药品。但 10 天后甲放弃了杀人意图，将毒药抛入河

中。甲成立犯罪中止，而李某不应成立犯罪中止

B. 乙基于杀人的意图对他人实施暴力，见被害人流血不止而心生怜悯，将其送到医院，被害人经治疗后仍鉴定为重伤。乙不是犯罪中止

C. 丙对仇人王某猛砍 20 刀后离开现场。2 小时后，丙为寻找、销毁犯罪工具回到现场，见王某仍然没有死亡，但极其可怜，即将其送到医院治疗。丙的行为属于犯罪中止

D. 丁为了杀害李四而对其投毒，李四服毒后极端痛苦，于是丁将李四送往医院抢救脱险。经查明，毒物只达到致死量的 50%，即使不送到医院，李四也不会死。丁将被害人送到医院的行为和被害人的没有死亡之间，并无因果关系，所以丁不能成立犯罪中止

答案：A

8. 多项选择题

犯罪中止可以发生在（　　）。

A. 犯罪的预备阶段

B. 犯罪的实行阶段

C. 犯罪行为尚未实行完毕的情况下

D. 犯罪行为已经实行完毕的情况下

答案：ABCD

9. 单项选择题

甲因为男友乙不忠而生恨意，决定杀乙。某日把乙引到家中将一瓶安眠药（50 片）掺入咖啡让乙喝下。乙在甲的床上昏睡，甲离家到附近一座山上打算自杀。甲在山上犹豫徘徊一昼夜，心生悔意急回家，发现乙已经被人送医院抢救，未死。甲大喜过望。对甲（　　）。

A. 按既遂犯处罚

B. 可以比照既遂犯从轻、减轻或者免除处罚

C. 可以比照既遂犯从轻或者减轻处罚

D. 应当免除处罚

答案：C

五、共同犯罪形态

核心法条

第 25 条　共同犯罪是指二人以上共同故意犯罪。

二人以上共同过失犯罪，不以共同犯罪论处；应当负刑事责任的，按照他们所犯的罪分别处罚。

释解分析

本条是关于共同犯罪的规定，该规定从表面看似简单，实则包含丰富的内容。要掌握共同犯罪，必须从其构成要件、分类、与犯罪形态的关系、刑事责任等方面进行。

1. 共同犯罪成立的条件是：（1）主体条件，是指共同犯罪的主体必须是二人以上。这里的“人”是指符合刑法规定的作为犯罪主体条件的人，不仅包括达到刑事责任年龄、具备刑事责任能力的自然人，也包括法人、单位等法律拟制的人。具体而言，包括两个以上自然人所构成的共同犯罪、两个以上单位所构成的共同犯罪、单位与自然人所构成的共同犯罪。（2）主观条件，是指各共同犯罪人必须有共同的犯罪故意，即要求各共同犯罪人通过意思联络，认识到他们的共同犯罪行为会发生危害社会的结果，并决意参加共同犯罪，希望或放任这种结果发生的心理状态。（3）客观要件，是指各犯罪人必须具有共同的犯罪行为，即各犯罪人为追求同一危害社会结果，完成同一犯罪而实施相互联系、彼此配合的犯罪行为，各共犯人的行为与危害结果之间存在因果关系。共同行为的表现形式分为三种：共同作为、共同不作为、作为与不作为的结合；共同直接实施犯罪；存在分工的共同犯罪行为。

2. 不构成共同犯罪的情形：（1）共同过失犯罪行为不成立共同犯罪，行为人根据个人的过失犯罪情况分别承担相应的刑事责任。（2）一方故意与一方过失的犯罪不成立共同犯罪，行为人根据个人的罪过形式和行为形态分别负相应的刑事责任。（3）实施犯罪时故意内容不同不成立共同犯罪。（4）同时犯不成立共同犯罪，即没有共同实行犯罪的意思联络，而是在同一时间同一场合实施同一性质的犯罪行为，对此应作为单独犯罪分别论处。（5）实行过限行为不属于共同犯罪，即超出共同故意范围之外的犯罪行为不属于共犯范畴。共犯人超过共同犯罪故意又犯其他罪的，对其他罪只能由实行该种犯罪行为的人独自负责，其他共犯人对此不负刑事责任。（6）事先无通谋的事后帮助行为不成立共犯，主要指事后窝藏包庇、窝赃、销赃等行为，对这种事后行为应单独定罪。

3. 共犯的分类。（1）根据是否能依据法律规定任意形成，分为任意共犯和必要共犯。前者是指刑法分则规定可以由一个人单独实施的犯罪，当二人以上共同实施时所构成的共同犯罪；后者是指刑法分则规定的只能以二人以上的共同犯罪作为犯罪构成要件的犯罪，在我国刑法中有两种形式：一是聚合性共犯，如聚众冲击国家机关罪，二是集团性共犯，如组织、领导、参加黑社会性质组织罪。（2）根据共同犯罪故意形成的时间，分为事前通谋的共犯（事前共犯）和事前无通谋的共同犯罪（事中共犯）。前者是指共同犯罪人在着手实行犯罪以前进行了商议和策划，从而形成共同故意的犯罪；后者是指在刚着手实行犯罪或实行犯罪的过程中形成共同犯罪故意的共同犯罪。（3）根据共犯人之间有无分工，分为简单共同犯罪（共同实行犯）和复杂共同犯罪（复杂犯罪）。前者是指二人以上共同直接实行刑法分则规定的某一具体犯罪的构成要件的行为；后者是指各共同犯罪人因在共同犯罪中所处的地位和分工的不同而形成的共同犯罪。（4）根据共同犯罪有无组织形式，分为一般共同犯罪（一般共犯，非集团性共犯）和特殊共同犯罪（特殊共犯，有组织的共同犯罪，集团共同犯罪）。前者是指没有特殊组织形式的共同犯罪；后者是指三人以上为共同实施犯罪而组成的较为固定的犯罪组织。

4. 共同犯罪与犯罪的停止形态。共同犯罪是二人以上共同故意实施的犯罪，在实施同一个犯罪中，各共同犯罪人一般会经历犯罪预备、实行的过程，直至取得共同指向的犯罪结果，则成立共同犯罪既遂。然而由于各共同犯罪人在犯罪过程中可能发生的变化，如有的共同犯罪人可能在犯罪预备阶段自动放弃犯罪的实施，则有中止犯和预备犯的成立；还如有的共同犯罪人可能在犯罪实行阶段自动放弃犯罪并阻止犯罪结果发生的，则有中止犯和未遂犯的成立。因此，研究共同犯罪与犯罪的停止形态之间的对应关系具有重要意义。

（1）共同实行犯罪。1）在共同实行犯罪的场合，其中一人使犯罪既遂的，共同犯罪整体既遂，全体共犯人承担既遂的罪责。对其他共犯人不需要考虑未完成罪的问题，只是考虑作用大小区分主犯、从犯。例如，甲、乙二人共谋杀害丙，共同持刀刺杀丙，甲刺中丙心脏，致丙死亡，乙仅仅刺中腿部。乙作为共犯人之一，同甲共同承担故意杀人既遂罪责。不因为乙仅仅扎中腿部，不是致死原因，而认为成立未遂。2）如果整个共同犯罪归于未遂的，全体共同犯罪人也都成立犯罪未遂。3）如果全体共犯人一致中止犯罪的，自然所有共同犯罪人都成立犯罪中止。

（2）复杂共同犯罪。在复杂共同犯罪的场合，除实行犯以外，还存在着教唆犯或者帮助犯。

第一，对于既遂、未遂、预备的场合，通常按照整个共同犯罪的进程“从属于实行犯”进程的原则认定。具体而言：①如果实行犯实行犯罪既遂的，教唆犯或者帮助犯也就按既遂犯处理。②如果实行犯实行犯罪未遂的，教唆犯或者帮助犯也是未遂犯，适用第 23 条未遂犯的规定处罚。③在犯罪预备的场合，因为还没有人着手实行犯罪，实行犯实际上还没有出现。如果打算实行犯罪的人因为意志以外的原因没有着手的，属于预备犯，其教唆犯、帮助犯也属于预备犯。

第二，对于中止的场合：

1）全体共犯人一致中止。如果全体共犯人一致中止犯罪的，自然所有共同犯罪人都成立犯罪中止。

2）部分共犯人中止。

△条件：必须具备有效性。在共同犯罪中其中部分共犯人退出或放弃犯罪的，可以成立中止。但除必须具备犯罪中止的一般要件外，还必须具备“有效性”，即有效地阻止共同犯罪结果发生或者有效地消除自己先前参与行为对共同犯罪的作用。缺乏有效性不能单独成立中止。在共同犯罪中，共同犯罪人消极退出犯罪或自动放弃犯罪，阻止共同犯罪结果未奏效的，不能单独成立犯罪中止。例如，甲、乙共同杀害丙，约定甲在外放风，乙负责作案。甲在外放风期间，见楼下驶来一辆警车，甲害怕，于是悄悄跑回家。乙入室对丙连砍数刀后见丙苦苦哀求，于是将丙送往医院抢救，但丙因失血过多而死亡。由于缺乏有效性，甲、乙均不能成立犯罪中止。特别应当注意的是，如果不是共同犯罪，甲、乙的行为都能成立犯罪中止。

△效力。中止的效力仅及于本人，不及于其他共犯人。部分共同犯罪人自动放弃犯罪且具备有效性的，单独成立犯罪中止，但是其中止的效力不及于其他共同犯罪人。甲、乙为杀害丙将丙推下深渊，甲乘乙离开时又将丙救起。甲有效地阻止了共同犯罪结果发生，单独成立犯罪中止。其效力不及于乙，对乙而言属于意志以外原因未得逞，成立犯罪未遂。

△中止犯与其他共犯人的犯罪形态对应关系。

①如共同实行犯中的一部分实行犯自动停止犯罪，并阻止其他实行犯继续实行犯罪或防止结果发生时，则成立中止犯，而另一部分未自动停止犯罪的实行犯则成立未遂犯。②如教唆犯或帮助犯自动中止教唆行为或帮助行为，并阻止实行犯的实行行为以及结果发生的，成立教唆犯的中止犯或帮助犯的中止犯，实行犯的未遂犯。③如实行犯自动中止犯罪，对于教唆犯或帮助犯来说则成立未遂犯，实行犯则成立中止犯。

易混易错

1. 注意共同犯罪的主观条件只要求在刑法规定的范围内相同，并不要求犯罪故意的具体形式和内容必须完全相同，如一方是直接故意，另一方是间接故意，只要双方有共同的犯罪行为即可成立共犯。二人以上通过共同的犯罪故意，使各人的行为形成一个共同的有机整体，因而比单独犯罪具有更大的社会危害性。另外，并非所有共同犯罪人之间都必须存在犯意联络。

2. 仅有事先通谋（共谋）而未参与犯罪实行的，也构成共同犯罪。这是因为，单个人的犯罪预谋可能属于犯意表示，尚未进入犯罪预备，因而一般不构成犯罪，但共谋行为属于犯罪预备行为，而犯罪预备行为也属于犯罪行为；另外在事先通谋后，如果一部分人未参与犯罪实行，但参与犯罪实行的其他人有可能将犯罪行为进行到底，从而达到既遂，整个共同犯罪也属于既遂状态，这时仅有事先通谋（共谋）而未参与犯罪实行者构成共同犯罪（既遂）。例如甲、乙共谋杀丙，在临行前甲因害怕事情败露而找借口未前往犯罪地点，乙独自一人将丙杀死，则甲、乙均承担故意杀人既遂的刑事责任。

3. 特殊情形下的共同犯罪。（1）法律要求必须是特殊主体，不具有特殊主体身份者可以构成共同犯罪。这些规定主要有：贪污罪、受贿罪、挪用公款罪、职务侵占罪等，在这些犯罪中，不具有特殊主体身份者不可能单独构成犯罪，但可以与具有特殊主体身份者构成共同犯罪。不同特殊主体相互勾结，利用各自的职务便利或者一般主体与特殊主体实施共同犯罪的，按照主犯的性质定罪处罚。例如甲为某超市仓储管理员，甲利用职务便利另外配制了仓库的钥匙，其后甲将该钥匙交给乙，并且告诉乙仓库的位置和名贵化妆品所在位置，还要求乙盗窃销赃后要“感谢”他。乙成功盗窃名贵化妆品价值 4 万元，销赃后送给甲 1 万元。则甲、乙成立职务侵占罪的共犯。（2）刑法分则中规定的一些应以共犯论处的情形。除了根据上述构成共同犯罪的一般条件认定外，还可以根据刑法分则中规定的一些应以共犯论处的情形直接加以认定。1）保险诈骗罪的特殊共犯。根据《刑法》第 198 条的规定，保险事故的鉴定人、证明人、财产评估人故意提供虚假的证明文件，为他人诈骗提供条件的，以保险诈骗的共犯论处。2）交通肇事罪的共犯。交通肇事后，单位主管人员、机动车辆所有人、承包人或者乘车人指使肇事人逃逸，致使被害人因得不到救助而死亡的，以交通肇事罪的共犯论。3）毒品犯罪的共犯。对于居间介绍买卖毒品的，无论是否获利，均以贩卖毒品罪的共犯论处。

4. 刑法分则中还特别规定了一些特殊情形，对这些情形不能认定为共同犯罪。有些两人以上参与的犯罪，完全满足或完全不满足刑法总则规定的条件，但是由于刑法分则已将其规定为单独的罪名或规定为共同犯罪，因此不能认定为共同犯罪或必须认定为共同犯罪，这些刑法分则中的特别规定主要有：（1）《刑法》第 307 条。“指使他人作伪证”的行为，表面看似乎是伪证罪的“教唆犯”，其实，这种行为属于《刑法》第 307 条规定的妨害作证罪的行为，直接按照妨害作证罪定罪处罚，不适用共犯的规定。（2）《刑法》第 358 条。对于帮助组织卖淫的行为，表面看是组织卖淫罪的共犯（帮助犯），但是《刑法》第 358 条两款专门把它们规定为独立的罪名，也只需要直接按照组织卖淫罪和协助组织卖淫罪定罪处罚，不按卖淫共犯论处。（3）分则中规定的“结合性”行为：如买—卖毒品；受贿—行贿；拐卖妇女儿童与收买被拐卖的妇女儿童。（4）其他分则中类似的规定：第 171 条出售、购买、运输假币罪；第 191 条洗钱罪；第 307 条妨害作证罪；第 310 条窝藏、包庇罪；第 312 条掩饰、隐瞒犯罪所得、犯罪所得收益罪；第 347 条走私、贩卖、运输、制造毒品罪；第 362 条按第 310 条窝藏、包庇罪处罚的情形。

试题范例

1.（2017 年真题）单项选择题

甲约乙去偷笔记本电脑，乙不敢去偷，但答应负责找销路。甲得手后将盗得的 10 台电脑交给乙，乙找到经营电子产品的丙，丙觉得电脑的来路不明，就以 10 000 元的价格收购了价值 45 000 元的电脑。对此，下列说法正确的是（　　）。

A. 甲、乙的行为构成盗窃罪的共同犯罪

B. 甲、乙、丙的行为构成盗窃罪的共同犯罪

C. 乙的行为构成盗窃罪和掩饰、隐瞒犯罪所得罪

D. 乙、丙的行为构成掩饰、隐瞒犯罪所得罪的共同犯罪

答案：A

2. 多项选择题

甲与乙共谋次日共同杀丙，但次日甲因腹泻未能前往犯罪地点，乙独自一人杀死丙。关于本案，下列哪些说法是正确的？（　　）

A. 甲与乙构成故意杀人罪的共犯

B. 甲与乙不构成故意杀人罪的共犯

C. 甲承担故意杀人预备的刑事责任，乙承担故意杀人既遂的刑事责任

D. 甲与乙均承担故意杀人既遂的刑事责任

答案：AD

3. 单项选择题

甲、乙共谋伤害丙，进而共同对丙实施伤害行为，导致丙身受一处重伤，但不能查明该重伤由谁的行为引起。对此，下列说法正确的是（　　）。

A. 由于证据不足，甲、乙均无罪

B. 由于证据不足，甲、乙成立故意伤害（轻伤）罪的共犯，但都不对丙的重伤负责

C. 由于证据不足，认定甲、乙成立过失致人重伤罪较为合适

D. 甲、乙成立故意伤害（重伤）罪的共犯

答案：D

4. 多项选择题

下列哪些情形成立共同犯罪？（　　）

A. 甲与乙共谋共同杀丙，但届时乙因为生病而没有前往犯罪地点，由甲一人杀死丙

B. 甲在境外购买了毒品，乙在境外购买了大量淫秽物品，然后，二人共谋共雇一条走私船回到内地，后被海关查获

C. 甲发现某商店失火后，便立即叫乙："现在是趁火打劫的好时机，我们一起去吧!"乙便和甲一起跑到失火地点，窃取了商品后各自回到自己家中

D. 医生甲故意将药量加大10倍，护士乙发现后请医生改正，医生说："那个家伙（指患者）太坏了，他死了由我负责。"乙没有吭声，便按甲开的处方给患者用药，导致患者死亡

答案：ACD

5. 多项选择题

甲请乙为其在丙家盗窃时望风，乙同意，某日晚，甲、乙按约定前往丙家，乙在门外望风，甲进入丙家后，见丙一人在家，便对丙实施暴力，抢劫了丙的1万元现金。对本案应如何认定？（　　）

A. 甲、乙构成抢劫罪的共犯

B. 甲、乙在盗窃罪范围内构成共犯

C. 甲与乙都成立抢劫罪

D. 甲成立抢劫罪、乙成立盗窃罪

答案：BD

核心法条

第26条　组织、领导犯罪集团进行犯罪活动的或者在共同犯罪中起主要作用的，是主犯。

三人以上为共同实施犯罪而组成的较为固定的犯罪组织，是犯罪集团。

对组织、领导犯罪集团的首要分子，按照集团所犯的全部罪行处罚。

对于第三款规定以外的主犯，应当按照其所参与的或者组织、指挥的全部犯罪处罚。

相关法条

第97条　本法所称首要分子，是指在犯罪集团或者聚众犯罪中起组织、策划、指挥作用的犯罪分子。

释解分析

1. 本条是关于主犯的规定。主犯是指在共同犯罪中起主要作用的犯罪分子。根据刑法的有关规定，主犯分为三种：一是在犯罪集团中起组织、策划、指挥作用的犯罪分子；二是聚众犯罪中起组织、策划、指挥作用的犯罪分子；三是其他在犯罪集团或一般共同犯罪中起主要作用的犯罪分子，既可以是实行犯，也可以是教唆犯。

2. 关于主犯的刑事责任，可分两种情形：（1）对组织、领导、指挥犯罪集团的首要分子，不论其是否参与、策划和知悉，都要按照集团所犯的全部罪行处罚。注意是按"集团"所犯全部罪行处罚，而不是按"全体成员"所犯的全部罪行处罚，即集团某些或某一成员超过犯罪集团的犯罪计划，独自实施的犯罪行为，不能归入该犯罪集团的罪行，属实行过限。（2）对于犯罪集团首要分子以外的其他主犯，应按照其所参与或组织、指挥的全部犯罪处罚。

易混易错

1. 注意犯罪集团、聚众犯罪的首要分子与主犯的关系。犯罪集团的特征：人数是3人以上，目的是共同实施某种或某种特定的犯罪，组织较为固定；首要分子只存在于犯罪集团和聚众犯罪中，是在其中起着组织、领导、策划作用的犯罪分子。主犯与首要分子的关系：首要分子原则上都属于主犯，但也有例外，在聚众犯罪的情形中，即刑法明确规定对某些聚众犯罪仅仅处罚首要分子而不处罚其他参加者；而在具体案件中，首要分子是一个人的情形下，是不存在所谓主犯的；主犯的范围远大于首要分子，如犯罪集团除了首要分子是主犯外，起着主要作用的骨干分子也是主犯。

2. 主犯并不是从重处罚的法定情节，而是按其所参与或组织、指挥的全部犯罪行为，根据《刑法》分则的法定刑直接处罚。因此在这一点上不同于从犯，而且对从犯的从宽处罚并不是比照主犯进行的。

试题范例

1.（2021年真题）单项选择题

下列关于主犯和首要分子的理解中，正确的是（　　）。

A. 主犯一定是首要分子

B. 首要分子一定是主犯
C. 首要分子只存在于共同犯罪中
D. 主犯不一定是首要分子，首要分子不一定是主犯

答案：D

2. 单项选择题

根据我国刑法规定，下列关于首要分子的表述哪一项是正确的？（　　）

A. 首要分子只能是组织、领导犯罪集团的人
B. 首要分子只能是在聚众犯罪中起组织、策划、指挥作用的犯罪分子
C. 首要分子都是主犯
D. 首要分子既可以是主犯，也可以不是主犯

答案：D

核心法条

第 27 条　在共同犯罪中起次要或者辅助作用的，是从犯。

对于从犯，应当从轻、减轻处罚或者免除处罚。

释解分析

本条是关于从犯及其处罚原则的规定。从犯是指在共同犯罪中起次要或辅助作用的犯罪分子，从犯分为两种：一是在共同犯罪中起次要作用的，即次要的实行犯，相对于主要的实行犯而言，它是指虽然直接实行犯罪，但在整个犯罪活动中其作用居于次要地位的实行犯；二是在共同犯罪中起辅助作用的，即帮助犯，它是指未直接实行犯罪，而在犯罪前后或犯罪过程中给组织犯、实行犯、教唆犯以各种帮助的犯罪人。对于从犯，应当从轻、减轻处罚或者免除处罚。

易混易错

1. 实行犯并非一律是主犯，也可能属于从犯，关键是看其在共同犯罪中的作用。对于主、从犯的认定，可全面综合考察以下因素：（1）看起因，即谁是起意者；（2）看实行行为，即谁是直接实行者；（3）看因果关系，即谁的行为对犯罪结果的原因力较大；（4）看犯罪收益的分配情况等。

2. 对从犯的处罚原则是“应当”而非“可以”从宽处罚。值得注意的是，主犯本身并非从重处罚的法定情节，而应按照其所参与或组织、指挥的全部犯罪，根据刑法分则的法定刑直接处罚即可，而对于从犯的从宽处罚并不是“比照主犯”进行的。

试题范例

1. 多项选择题

甲教唆乙杀丁，丙知情后，给乙提供一把匕首，乙将丁杀害。关于本案，下列说法中正确的是（　　）。

A. 本案的共同犯罪是复杂共同犯罪
B. 本案的共同犯罪是必要共同犯罪
C. 甲、乙一般可以认定为主犯
D. 丙一般可以认定为从犯

答案：AD

2. 单项选择题

下列关于从犯的说法，正确的是（　　）。

A. 从犯是相对于主犯而言的，没有主犯就没有从犯，没有从犯也就没有主犯
B. 对于从犯，可以从轻、减轻或免除处罚
C. 对于从犯，可以比照主犯从宽处理
D. 实行犯不可能是从犯

答案：A

核心法条

第 28 条　对于被胁迫参加犯罪的，应当按照他的犯罪情节减轻处罚或者免除处罚。

释解分析

本条是关于胁从犯的规定。胁从犯是指被胁迫参加共同犯罪的犯罪分子。被胁迫参加犯罪，即在他人暴力、威胁等精神强制下，被迫参加犯罪。在这种情况下行为人没有完全丧失意志自由，因此仍应对其犯罪行为承担刑事责任，但应当（而非“可以”）按照其犯罪情节减轻处罚或免除处罚。

易混易错

对于胁从犯，应当注意：（1）胁从犯仅包括被胁迫而参加犯罪的，不包括被诱骗而参加犯罪的情形（被诱骗而参加并无共同犯罪的故意，不

存在共犯问题）。（2）被胁迫参加犯罪的并非完全丧失意志自由，仅是不完全自愿，尚有选择的自由，如果行为人的身体完全受到外在的暴力限制，完全丧失了选择行动的自由，可以认定为不可抗力或紧急避险而不负刑事责任。（3）刚开始被胁迫、不自愿地参与犯罪，但后来转为主动积极从事犯罪行为的，不能认为仍然属于胁从犯，可能变为从犯或主犯了。

试题范例

1.（2018 年真题）单项选择题

犯罪分子为日后向甲勒索财物，用枪威逼甲杀死一名路人并录像。甲的杀人行为属于（　　）。

A. 正当防卫　　B. 紧急避险

C. 自救行为　　D. 犯罪行为

答案：D

2.（2021 年真题）法条分析题

《中华人民共和国刑法》第 28 条规定：对于被胁迫参加犯罪的，应当按照他的犯罪情节减轻处罚或者免除处罚。

请分析：

（1）如何理解“被胁迫参加犯罪”？

（2）如何理解“减轻处罚”？

（3）如何理解“免除处罚”？

答案：（1）被胁迫参加犯罪是指犯罪人是在他人的暴力强制或者精神威逼之下被迫参加犯罪的。犯罪人虽有一定程度选择的余地，但并非自愿。

（2）减轻处罚，是指判处低于法定最低刑的刑罚。注意以下问题：第一，法定最低刑，并非笼统地指特定犯罪的法定刑的最低刑，而是指与行为人所实施的特定具体犯罪相适应的量刑幅度中的最低刑。第二，减轻处罚既包括刑种的减轻，也包括刑期的减轻。第三，减轻处罚不能判处法定最低刑，只能在法定最低刑之下判处刑罚，否则将同从轻处罚相混淆；减轻处罚也不能减轻到免除处罚的程度，否则将同免除处罚相混淆。

（3）免除处罚不等于无罪判决或免予起诉，免除处罚的前提是有罪判决，指对犯罪分子作出有罪宣告，但是免除其刑罚处罚。

3. 多项选择题

下列关于主犯、从犯和胁从犯的说法，哪些是错误的？（　　）

A. 胁从犯是被胁迫、被诱骗参加犯罪的人

B. 首要分子不一定是主犯

C. 在共同犯罪中，不可能只有从犯而没有主犯

D. 对于从犯，应当比照主犯从轻、减轻或者免除处罚

答案：AD

核心法条

第 29 条　教唆他人犯罪的，应当按照他在共同犯罪中所起的作用处罚。教唆不满十八周岁的人犯罪的，应当从重处罚。

如果被教唆的人没有犯被教唆的罪，对于教唆犯，可以从轻或者减轻处罚。

释解分析

1. 本条是关于教唆犯的规定。教唆犯是指故意唆使他人犯罪的犯罪分子，其特点是：本人不亲自实行犯罪，而故意唆使他人产生犯罪意图并实行犯罪。成立教唆犯必须具备下列条件：一是客观上具有教唆他人犯罪的行为，即用各种方法唆使他人去实行某一具体犯罪，教唆的对象是本无犯罪意图的人，或者虽有犯罪意图但犯罪意志不坚决的人。教唆行为只能以作为方式构成。二是主观上具有教唆他人犯罪的故意，可以是直接故意，也可以是间接故意。教唆犯是按照分工分类法产生的一类共同犯罪人，按照分工分类法，共同犯罪人分为教唆犯、实行犯、帮助犯和组织犯。

2. 对教唆犯的处罚，具体如下：（1）对教唆犯应当按照其在共同犯罪中所起的作用处罚，这是处罚教唆犯的一般原则。（2）如果被教唆的人没有犯被教唆的罪，对于教唆犯，可以从轻或者减轻处罚。（3）教唆不满 18 周岁的人犯罪的，应根据不同情况分别处理：一是教唆已满 16 周岁不满 18 周岁的人犯任何罪，都应当照《刑法》第 29 条第 1 款的规定从重处罚。因为《刑法》第 17 条第 1 款规定：已满 16 周岁的人犯罪，应当负刑事责任。二是教唆已满 14 周岁不满 16 周岁的人犯故意杀人、故意伤害致人死亡等八种罪（或行为）的，应当对教唆犯从重处罚。因为我国《刑法》第 17 条第 2 款规定：已满 14 周岁不满 16 周岁的人犯故意杀人、故意伤害致人重伤或者死亡、强奸、抢劫、贩卖毒品、放火、爆炸、投放危险物质罪的，应当负刑事责任。二是教唆已满 14 周岁不满 16 周岁的人犯我国《刑法》第 17 条第 2 款规

定以外之罪，以及教唆不满 14 周岁的人犯任何罪，由于被教唆人未达法定刑事责任年龄，缺乏成为犯罪主体的条件，他们实施的刑法规定为犯罪的行为则不构成犯罪，因而教唆者不能成为教唆犯，实际上他是把被教唆者当作犯罪工具来达到自己的犯罪目的，完全符合间接正犯的特征，应当按照间接正犯处理并从重处罚。

3. 注意教唆未遂的几种情形：（1）被教唆者并没有接受教唆者所教唆的犯罪意图；（2）被教唆者当时接受了教唆者关于犯某种罪的教唆，但实际上他所犯的不是教唆者所教唆的罪；（3）教唆者对被教唆者进行教唆时，被教唆者已有实施该种犯罪的故意，即被教唆者实施犯罪不是教唆者的教唆所引起的。如果被教唆者接受教唆之罪后，在具体实施教唆罪的过程中，没有得逞或自动放弃的，此种情形下被教唆者可能属于犯罪预备、犯罪未遂或犯罪中止，而教唆者仍属于教唆既遂，但并非犯罪既遂，教唆既遂并非必然是犯罪既遂。

易混易错

1. 区别《刑法》第 295 条的传授犯罪方法罪与教唆犯罪。教唆犯仅仅是起意犯，而传授犯罪方法则是将具体的实施某种犯罪的方法、技巧传授给他人，至于唆使他人去实施犯罪的目的则在所不问；传授犯罪方法的行为有独立的罪名与法定刑，如果行为人对同一犯罪内容同时实施教唆行为和传授犯罪方法的行为，或者用传授犯罪方法的手段使他人产生犯罪决意，则从一重罪论处。

2. 并非所有教唆他人犯罪的行为都属于共同犯罪中的教唆犯，如果刑法分则已将该教唆行为规定为独立犯罪（即规定为实行行为）的，对教唆者应按分则条文的具体规定定罪处罚。如《刑法》第 353 条规定的引诱、教唆、欺骗他人吸毒罪，煽动类型的犯罪等。

试题范例

1.（2020 年真题）多项选择题

下列选项中，应认定为共同犯罪中的教唆犯的有（　　）。

A. 甲引诱 17 岁的王某盗窃了巨额财物

B. 乙唆使已有自杀决意的高某赶快自杀

C. 丙在演讲中煽动听众实施分裂国家的活动

D. 丁说服丈夫刘某利用职权向他人索取巨额财物

答案：AD

2. 单项选择题

甲为投身恐怖主义活动而参加了某国际恐怖主义组织，法院认定甲构成参加恐怖组织罪。甲的行为属于（　　）。

A. 预备犯　　B. 实行犯

C. 帮助犯　　D. 未遂犯

答案：B

3. 多项选择题

甲唆使乙杀丙，乙将丙杀死。甲和乙属于（　　）。

A. 必要共犯　　B. 任意共犯

C. 简单共犯　　D. 复杂共犯

答案：BD

4. 多项选择题

甲唆使乙盗窃丙的财物，乙为抗拒抓捕而当场使用暴力致使丙死亡。对此，下列说法正确的是（　　）。

A. 甲、乙构成抢劫罪的共犯

B. 甲构成盗窃罪

C. 乙构成抢劫罪

D. 对甲而言，被教唆人没有犯被教唆罪

答案：BC

5. 多项选择题

下列帮助、教唆行为中，能独立构成犯罪，不按共犯处理的有哪些？（　　）

A. 协助他人实施组织卖淫犯罪

B. 煽动他人颠覆国家政权

C. 有查禁犯罪活动职责的国家机关工作人员，向犯罪分子通风报信、提供便利，帮助犯罪分子逃避处罚

D. 帮助当事人毁灭、伪造证据，情节严重

答案：ABCD

六、单位犯罪

核心法条

第 30 条 公司、企业、事业单位、机关、团体实施的危害社会的行为，法律规定为单位犯罪的，应当负刑事责任。

第 31 条 单位犯罪的，对单位判处罚金，并对其直接负责的主管人员和其他直接责任人员判处刑罚。本法分则和其他法律另有规定的，依照规定。

释解分析

1. 第 30 条是关于单位犯罪的规定。单位犯罪必须具备以下条件：(1) 客观方面，单位实施的犯罪行为必须是我国法律明文禁止单位实施的危害社会的行为。(2) 主体方面，单位犯罪必须是公司、企业、事业单位、机关和团体，既包括国有、集体所有的公司、企业、事业单位，也包括依法设立的合资经营、合作经营企业和具有法人资格的独资、私营等公司、企业、事业单位。(3) 主观方面，单位犯罪目的是为该单位谋取非法利益，主观上体现了单位的意志和整体利益。故单位的刑事责任是单位整体的刑事责任，而非单位内部全体成员的刑事责任。(4) 行为方面，单位犯罪行为的实施必须与单位的工作或业务相联系并常常以单位的名义实施。

2. 第 31 条是关于单位犯罪处罚的规定。单位犯罪原则上实行双罚制，既处罚单位又处罚单位中的自然人。这里的自然人是指直接责任者，包括两类人，一类是直接负责的主管人员（如厂长、副厂长等)，另一类是其他直接责任者（如具体承办人员等)。但也有例外，即“本法分则和其他法律另有规定的，依照规定”。我国刑法中单罚制是仅处罚单位犯罪中的自然人（直接责任人员）而不处罚单位，如《刑法》第 137 条的工程重大安全事故罪，第 161 条的违规披露、不披露重要信息罪，第 244 条之一的雇用童工从事危重劳动罪，第 396 条的私分国有资产罪、私分罚没财物罪。

3. 注意不以单位犯罪论处的情形：(1) 个人为进行违法犯罪活动而设立公司、企业、事业单位的；(2) 公司、企业、事业单位设立后，以实施犯罪为主要活动的；(3) 盗用单位名义实施犯罪，违法所得由实施犯罪的个人私分的；(4) 无法人资格的独资、合伙企业犯罪的。

易混易错

1. 单位犯罪的行为主体是单位，但其刑事责任的承担有可能是直接责任者（个人)，这时，犯罪的主体既不是直接责任者，也不是该单位与直接责任者共同犯罪，而是该单位本身，直接责任者只是该单位犯罪行为刑事责任的具体承担者，这也正是单位犯罪的刑事责任承担方式不同于个人犯罪的地方。

2. 对于单位犯罪，无论是采取“双罚”制，还是“单罚”制，由于都需要处罚直接负责的主管人员和其他直接责任人员（以下简称责任人员)，因此责任人员的认定成为一个至关重要的问题。直接负责的主管人员是指在单位实施的犯罪中起决定、批准、授意、纵容、指挥等作用的人员，一般是单位的主管负责人，包括法定代表人。其他直接责任人员是指在单位犯罪中具体实施犯罪并起较大作用的人员，既可以是单位的经营管理人员，也可以是单位的职工，包括聘用、雇用的人员。但是，对于受单位领导指派而参与实施了一定犯罪的人员，一般不宜认定为直接责任人员。同时，在认定责任人员时需要注意：单位犯罪中的直接负责的主管人员和其他直接责任人员不是当然的主、从犯关系，应根据其在单位犯罪中的地位、作用和犯罪情节，分清主、从犯，分别处以相应的刑罚。

试题范例

1. (2017 年真题) 多项选择题

下列情形中，可以成立单位犯罪的有（　　）。

A. 甲设立公司，主要从事为他人虚开增值税

专用发票活动以牟利

B. 乙与公司股东商议后，以公司名义走私香烟，所得收益归公司所有

C. 丙为使其公司承建工程，向国有投资公司主管人员支付巨额回扣

D. 丁以公司名义吸收公众存款，并将违法所得用来购买豪华别墅

答案：BC

2.（2018年真题）单项选择题

下列关于单位犯罪的表述，正确的是（　　）。

A. 没有可执行财产的单位分支机构不会构成单位犯罪

B. 我国刑法中有关单位犯罪的规定不适用于外国公司、企业

C. 两个以上单位以共同故意实施犯罪的可不区分主犯、从犯

D. 对单位犯罪直接负责的主管人员和其他直接责任人员可不区分主犯、从犯

答案：D

3.（2019年真题）法条分析题

《中华人民共和国刑法》第30条规定：公司、企业、事业单位、机关、团体实施的危害社会的行为，法律规定为单位犯罪的，应当负刑事责任。

请分析：

(1) 该条中的“公司、企业、事业单位”的范围应如何理解？

(2) 如果单位实施刑法未规定追究单位刑事责任的严重危害社会的行为，应如何处理？

答案：(1)“公司、企业、事业单位”，既包括国有、集体所有的公司、企业、事业单位，也包括依法设立的合资经营、合作经营企业和具有法人资格的独资、私营等公司、企业、事业单位。

(2) 公司、企业、事业单位、机关、团体实施刑法规定的危害社会的行为，刑法分则和其他法律未规定追究单位的刑事责任的，对组织、策划、实施该危害社会行为的人依法追究刑事责任。

4.（2021年真题）单项选择题

下列关于单位犯罪的表述中，正确的是（　　）。

A. 依法成立的一人公司，不能成为单位犯罪的主体

B. 以单位内设机构名义实施犯罪的，不应认定为单位犯罪

C. 个人为进行违法犯罪活动而设立的企业实施犯罪的，不以单位犯罪论处

D. 符合我国法人资格条件的外国企业犯罪的，不应按照单位犯罪的规定追究刑事责任

答案：C

5. 单项选择题

下列有关单位犯罪的说法，哪一项是错误的？（　　）

A. 信用卡诈骗罪的主体可以是单位，但贷款诈骗罪的主体只能是自然人

B. 行政机关可以成为单位犯罪的主体

C. 不具备法人资格的私营企业不能成为单位犯罪的主体

D. 经企业领导集体研究决定并实施的盗窃电力的行为，可以成立单位犯罪，但不对单位判处罚金，只处罚作出该决定的单位领导和直接实施盗窃行为的责任人员

答案：D

6. 多项选择题

下列哪些行为不构成单位犯罪？（　　）

A. 甲、乙、丙出资设立一家有限责任公司专门从事走私犯罪活动

B. 甲、乙、丙出资设立的公司成立后以生产、销售伪劣产品为主要经营活动

C. 某公司董事长及总经理以公司名义印刷非法出版物，所获收入由他们二人平分

D. 某公司董事长及总经理组织职工对前来征税的税务工作人员使用暴力，拒不缴纳税款

答案：ABCD

七、刑罚的概念和种类

核心法条

第 32 条 刑罚分为主刑和附加刑。

第 33 条 主刑的种类如下：

（一）管制；

（二）拘役；

（三）有期徒刑；

（四）无期徒刑；

（五）死刑。

第 34 条 附加刑的种类如下：

（一）罚金；

（二）剥夺政治权利；

（三）没收财产。

附加刑也可以独立适用。

相关法条

第 35 条 对于犯罪的外国人，可以独立适用或者附加适用驱逐出境。

释解分析

1. 首先要掌握刑罚与刑罚目的。刑罚是刑法中明文规定的由国家审判机关依法对犯罪人所适用的限制或剥夺某种权益的最严厉的法律制裁方法。刑罚与民事制裁、行政制裁、经济制裁和妨害诉讼的强制措施等其他法律制裁方法的区别主要表现在适用对象、严厉程度、适用机关、适用根据和适用程序、法律后果的不同。刑罚目的，是指国家制定刑罚、适用刑罚和执行刑罚所预期达到的效果。我国刑罚目的包括特殊预防和一般预防。特殊预防是通过刑罚适用，预防犯罪人重新犯罪；一般预防是通过对犯罪人适用刑罚，预防尚未犯罪的人实施犯罪。

2. 第 32 条、第 33 条和第 34 条是关于刑罚种类的规定。主刑是对犯罪分子适用的主要的刑罚方法，其特点是：只能独立适用，不能附加适用。对于一个犯罪，只能适用一个主刑，不能适用两个以上主刑。主刑包括管制、拘役、有期徒刑、无期徒刑和死刑 5 种刑罚方法。附加刑（从刑）是补充主刑适用的刑罚方法，其特点是：既能独立适用，又能附加适用。当附加适用时，可以同时适用两个以上的附加刑。附加刑包括罚金、剥夺政治权利和没收财产。对于犯罪的外国人，可以独立适用或者附加适用驱逐出境，驱逐出境是特殊的附加刑。

3. 驱逐出境适用于外国人，不适用于中国公民。对于犯罪的外国人，“可以”而非“应当”适用驱逐出境。驱逐出境的日期，单独判处的，从判决生效之日起执行；附加判处的，从主刑执行完毕之日起执行。

4. 五种主刑知识的简单比较见表 1－3。

表 1－3

内容 刑种	性质	刑期	羁押时间折抵刑期比例	主要内容	执行机关
管制	限制自由	3 个月至 2 年，最多 3 年	1∶2	执行社会化（不予关押）；劳动同工同酬；遵守五项法定义务	公安机关
拘役	剥夺自由	1 个月至 6 个月，最多 1 年	1∶1	就近关押执行；酌量劳动报酬；每月可回家一两天	公安机关
有期徒刑	剥夺自由	6 个月至 15 年，最多 25 年	1∶1	强制劳动改造；适用广泛（任何罪名法定刑均规定）	监狱

续前表

内容 刑种	性质	刑期	羁押时间折抵刑期比例	主要内容	执行机关
无期徒刑	剥夺自由	终身	无	强制劳动改造；终身监禁与有期变通（通过减刑、假释）	监狱
死刑	剥夺生命	无	无	死刑政策：严格限制；适用对象的例外：审判时怀孕者和已满75周岁者（以特别残忍手段致人死亡的除外），犯罪时不满18周岁者；执行方式：立即执行与缓期执行	法院（立即执行）与监狱（缓期执行）

试题范例

多项选择题

下列关于剥夺政治权利附加刑如何执行问题的说法，哪些是正确的？（　　）

A. 被判处无期徒刑的罪犯，一般要剥夺政治权利，其刑期与主刑一样，同时执行

B. 被判处有期徒刑的罪犯，被剥夺政治权利的，从有期徒刑执行完毕或假释之日起，执行剥夺政治权利附加刑

C. 被判处拘役的罪犯，被剥夺政治权利的，从拘役执行完毕或假释之日起，执行剥夺政治权利附加刑

D. 被判处管制的罪犯，被剥夺政治权利的，附加刑与主刑刑期相等，同时执行

答案：BD

核心法条

第36条　由于犯罪行为而使被害人遭受经济损失的，对犯罪分子除依法给予刑事处罚外，并应根据情况判处赔偿经济损失。

承担民事赔偿责任的犯罪分子，同时被判处罚金，其财产不足以全部支付的，或者被判处没收财产的，应当先承担对被害人的民事赔偿责任。

释解分析

本条是关于赔偿经济损失的规定。犯罪行为是严重的侵权行为，如果行为人的犯罪行为造成了他人的经济损失，行为人除了应当承担刑事责任外，还要承担民事赔偿责任。民事责任与刑事责任发生竞合时，按照“先民后刑”的顺次，旨在保障被害人的合法权益。本条适用的关键在于犯罪分子的刑事责任包括财产刑责任（罚金或没收财产），而其财产不足以支付罚金刑数额或直接被判处没收财产之时，则优先承担对被害人的民事赔偿责任。

试题范例

单项选择题

承担民事赔偿责任的犯罪分子，同时被判处罚金，其财产不足以全部支付的（　　）。

A. 按照先刑事后民事的原则，先执行罚金，剩余部分再支付民事赔偿

B. 应当先承担民事赔偿责任，剩余部分再执行罚金

C. 以犯罪分子的财产为限，民事赔偿和罚金各占50%

D. 先执行罚金，民事赔偿部分暂缓支付

答案：B

核心法条

第39条　被判处管制的犯罪分子，在执行期间，应当遵守下列规定：

（一）遵守法律、行政法规，服从监督；

（二）未经执行机关批准，不得行使言论、出版、集会、结社、游行、示威自由的权利；

（三）按照执行机关规定报告自己的活动情况；

（四）遵守执行机关关于会客的规定；

（五）离开所居住的市、县或者迁居，应当报经执行机关批准。

对于被判处管制的犯罪分子，在劳动中应当同工同酬。

相关法条

第38条　管制的期限，为三个月以上二年以下。

判处管制，可以根据犯罪情况，同时禁止犯罪分子在执行期间从事特定活动，进入特定区域、场所，接触特定的人。

对判处管制的犯罪分子，依法实行社区矫正。

违反第二款规定的禁止令的，由公安机关依照《中华人民共和国治安管理处罚法》的规定处罚。

释解分析

1. 本条是关于被判处管制的犯罪分子的权利和义务的规定。管制是我国主刑中最轻的一种刑罚方法，属于限制自由刑，是指对犯罪分子不予关押，但限制其一定自由，由公安机关予以执行的刑罚方法。管制犯在刑罚执行期间，应遵守上述五种法定义务，同时享有与其他服刑罪犯不同的权利，即劳动中同工同酬。管制的刑期，从判决执行之日起计算；判决执行以前先行羁押的，羁押1日折抵刑期2日。

2. 第38条是对管制刑罚的基本规定，《刑法修正案（八）》对此作了修改：（1）增加对被判处管制的犯罪分子作出禁止令的规定，主要是三个方面：第一，判处管制的，可以根据犯罪情况，同时禁止犯罪分子在执行期间从事特定活动，进入特定区域、场所，接触特定的人。理解时应当注意：这种禁止令是“可以”而非必须判处，而第39条关于被判处管制的犯罪分子义务的规定是法定必须遵守的义务，但是如果法院在判处管制的情况下，根据情况同时作出禁止令，则犯罪分子还必须遵守此禁止令，违反禁止令的后果是由公安机关依照《中华人民共和国治安管理处罚法》的规定处罚。第二，禁止令的期限，既可以与管制执行、缓刑考验的期限相同，也可以短于管制执行、缓刑考验的期限，但判处管制的，禁止令的期限不得少于3个月，宣告缓刑的，禁止令的期限不得少于2个月。判处管制的犯罪分子在判决执行以前先行羁押以致管制执行的期限少于3个月的，禁止令的期限不受上述规定的最短期限的限制。第三，禁止令由司法行政机关指导管理的社区矫正机构负责执行。（2）对判处管制的犯罪分子的执行，由原来的公安机关执行变为实行社区矫正，由于社区矫正是一项综合性很强的工作，需要各有关部门分工配合，并充分动员社会各方面力量，共同做好工作。因此，《刑法修正案（八）》对此作了修改后，并非意味着公安机关不再承担对被判处管制的犯罪分子的监管职责，而是仍然发挥重要作用。

易混易错

1. 不要混淆管制犯所遵守的几项法定义务与第75条规定的缓刑犯、第84条规定的假释犯应遵守的法定义务。管制犯、缓刑犯、假释犯都属于有一定人身自由的不在监执行刑罚的罪犯，其在行刑期间所应遵守的法定义务具有极大的相似性，本条款的第1、3、4、5项内容与第75条、第84条基本一致，而最大的不同在于第2项是后两条所没有的，言论等“六大自由权”是否被剥夺是管制犯与缓刑犯、假释犯的关键区别。同时，判处管制的犯罪分子，如果根据情况同时作出禁止令的，还需要遵守人民法院的禁止犯罪分子在执行期间从事特定活动，进入特定区域、场所，接触特定的人的禁止令。

2. 管制犯与拘役犯在参加劳动时，劳动报酬上的权利有所不同：前者是“同工同酬”，后者是“可以酌量发给报酬”。

3.《刑法修正案（八）》对管制刑及缓刑、假释的执行方式作出修改，对管制犯、缓刑犯、假释犯等犯罪分子均实行社区矫正。

试题范例

1.（2018年真题）单项选择题

下列关于管制的表述，不正确的是（　　）。

A. 在劳动中同工同酬

B. 依法实行社区矫正

C. 可同时适用禁止令

D. 刑期从判决宣告之日起计算

答案：D

2. (2021年真题)单项选择题

下列有关禁止令的理解中,正确的是( )。

A. 禁止令由公安机关负责执行

B. 禁止令属于附加刑的具体种类

C. 禁止令的期限应与缓刑、管制执行的期限相同

D. 禁止令的执行期限从缓刑、管制执行之日起计算

答案:D

3. 多项选择题

在管制的判决和执行方面,下列说法哪些是不正确的?( )

A. 管制的期限为3个月以上2年以下,数罪并罚时不得超过3年

B. 被判处管制的犯罪分子,由公安机关执行

C. 对于被判处管制的犯罪分子,在劳动中应酌量发给报酬

D. 管制的刑期从判决执行之日起计算,判决执行以前先行羁押的,羁押1日折抵刑期1日

答案:CD

核心法条

第48条 死刑只适用于罪行极其严重的犯罪分子。对于应当判处死刑的犯罪分子,如果不是必须立即执行的,可以判处死刑同时宣告缓期二年执行。

死刑除依法由最高人民法院判决的以外,都应当报请最高人民法院核准。死刑缓期执行的,可以由高级人民法院判决或者核准。

相关法条

第49条 犯罪的时候不满十八周岁的人和审判的时候怀孕的妇女,不适用死刑。

审判的时候已满七十五周岁的人,不适用死刑,但以特别残忍手段致人死亡的除外。

释解分析

1. 第48条是关于死刑适用范围和程序的规定。对于死刑的适用,我国历来采取少杀、慎杀政策,通过刑法总则规定和刑法分则规定相结合的方式来控制死刑数量,限制死刑适用。这里的“罪行极其严重”,是指犯罪行为对国家和人民的利益危害特别严重,社会危害性极为巨大,可从两方面加以理解:(1)死刑的适用要与犯罪行为所造成的客观危害相适应;(2)死刑的适用必须与犯罪分子的主观恶性相适应。判断犯罪分子是否属于“罪行极其严重”,应坚持主观罪过与客观危害相统一的原则,全面衡量,慎重考虑。第49条也是对死刑适用对象的限制性规定。死刑的适用在犯罪主体上有三点限制:(1)未成年人不适用死刑。首先,未成年人是指不满18周岁的人;其次,不满18周岁是以犯罪时为准,而不是以审判时为准;再次,不适用死刑指既不能判处死刑立即执行,也不能判处死缓。(2)怀孕的妇女不适用死刑。首先,怀孕的妇女是以审判时为准,而不是犯罪时,这与上述未成年人犯罪的情形不同;其次,这里的“审判的时候”是指从羁押到执行的整个刑事诉讼过程,而不仅仅指法院审理阶段;再次,在审判期间,即使怀孕的妇女实施人工流产的,也不能适用死刑。(3)审判的时候已满75周岁的人,不适用死刑,但以特别残忍手段致人死亡的除外。

2. 死刑核准权问题。死刑除依法由最高人民法院判决的以外,都应当报请最高人民法院核准。这里的死刑,特指“死刑立即执行”,因为死刑缓期执行的核准权属于各高级人民法院,无须再上报。根据全国人大常委会《关于修改〈中华人民共和国人民法院组织法〉的决定》,从2007年1月1日起,死刑核准权统一由最高人民法院行使。

3. 死刑缓期2年执行不是一种独立的刑种,而是一种运用死刑的刑罚制度。适用死缓必须具备两个条件:(1)罪该处死,这是宣告死缓的前提条件。在罪犯被判处死刑的情况下,才有适用死缓的可能性。(2)不是必须立即执行,这是宣告死缓的实质条件。一般包括:一是犯罪分子行为的客观危害十分严重,但其主观恶性并不大;二是犯罪分子虽然主观恶性较大,但其行为的客观危害并不是特别严重;三是犯罪分子虽然主观恶性和行为的客观危害都比较大,但具有从宽处罚的情节。

易混易错

(1)对于未成年人来说,指的是犯罪的时候不满18周岁,对于怀孕的妇女和老年人来说,是指审判时为孕妇或已满75周岁。(2)对犯罪的时候不满18周岁的人和审判时怀孕的妇女来说是无条件不适用死刑,而对审判的时候已满75周岁的

人来说，是有条件不适用死刑，即非以特别残忍手段致人死亡。(3)《刑法修正案（八）》不仅对管制刑，而且对缓刑、假释的执行方式也作出修改，对管制犯、缓刑犯、假释犯等非监禁执行的犯罪分子均实行社区矫正，考生应一并掌握。

试题范例

1.（2015年真题）多项选择题

下列选项中，依法不得适用死刑的有（　　）。

A. 审判时怀孕的妇女

B. 审判时已满75周岁的人

C. 犯罪时不满18周岁的人

D. 犯罪时又聋又哑的人

答案：AC

2. 多项选择题

依据法律规定，下列关于死刑的说法哪些是不正确的？（　　）

A. 对不属于罪行极其严重的犯罪分子，既不能判处死刑立即执行，也不能判处死刑缓期执行

B. 死刑缓期执行的判决，可以由高级人民法院核准

C. 对犯罪时不满18周岁的人，不能判处死刑立即执行，但可以判处死刑同时宣告缓期2年执行

D. 对审判时怀孕的妇女，可以判处死刑，但必须在其生育或者流产后才能执行死刑判决

答案：CD

3. 多项选择题

下列情形不适用死刑的有（　　）。

A. 审判的时候怀孕的妇女

B. 羁押受审期间已自然流产的妇女

C. 羁押受审期间已人工流产的妇女

D. 犯罪时不满18周岁的人

答案：ABCD

核心法条

第50条　判处死刑缓期执行的，在死刑缓期执行期间，如果没有故意犯罪，二年期满以后，减为无期徒刑；如果确有重大立功表现，二年期满以后，减为二十五年有期徒刑；如果故意犯罪，情节恶劣的，报请最高人民法院核准后执行死刑；对于故意犯罪未执行死刑的，死刑缓期执行的期间重新计算，并报最高人民法院备案。

对被判处死刑缓期执行的累犯以及因故意杀人、强奸、抢劫、绑架、放火、爆炸、投放危险物质或者有组织的暴力性犯罪被判处死刑缓期执行的犯罪分子，人民法院根据犯罪情节等情况可以同时决定对其限制减刑。

相关法条

第51条　死刑缓期执行的期间，从判决确定之日起计算。死刑缓期执行减为有期徒刑的刑期，从死刑缓期执行期满之日起计算。

释解分析

第50条是关于死刑缓期执行变更制度的规定。对于被判处死刑缓期执行的犯罪分子，在死刑缓期执行期满后，有三种处理办法：(1) 在死刑缓期执行期间，如果没有故意犯罪，2年期满以后，减为无期徒刑。没有故意犯罪，是对被判处死刑缓期执行的犯罪分子裁定减为无期徒刑的实质条件。没有故意犯罪包含两层意思：一是犯罪分子没有犯罪；二是犯罪分子所犯的是过失犯罪，而非故意犯罪。(2) 在死刑缓期执行期间，如果确有重大立功表现，2年期满以后，减为25年有期徒刑。被判处死缓的犯罪分子减为有期徒刑所必须具备的前提条件是2年期满而没有故意犯罪，在此期间，如果犯罪分子又有重大立功表现，才能减为25年有期徒刑。(3) 在死刑缓期执行期间，如果故意犯罪，情节恶劣的，报请最高人民法院核准后执行死刑。首先，只要犯罪分子在死刑缓期执行期间故意犯罪，无论何时都可以核准执行死刑；其次，在死刑缓期执行期间故意犯罪，情节恶劣，是核准执行死刑的必要条件。它包含两层意思：一是死缓执行期间又犯新罪；二是所犯新罪必须是故意犯罪情节恶劣。

第51条是关于死刑缓期执行期限的规定。(1) 死刑缓期执行的2年期间应当从判决确定之日起计算。“判决确定之日”就是死刑缓期执行判决的生效之日，即死缓判决或裁定的法律文书宣告或送达之日起计算。判决之前的羁押期限不计算在内。(2) 死缓如果减为无期徒刑，因无期徒刑是“无期的、终身的”，故不存在刑期起算问题；

如减为有期徒刑的，应当从死缓执行期满之日起计算。即使 2 年期满后，未能立即作出减刑裁定而在以后的一段时间才作出的，也应当从缓期 2 年期满之日起计算，而不应从减刑裁定生效之日起计算。(3) 对于故意犯罪未执行死刑的，死刑缓期执行的期间重新计算，并报最高人民法院备案。

易混易错

1.《刑法修正案（八）》对第 50 条作出了修改，规定对被判处死刑缓期执行的累犯以及因故意杀人、强奸、抢劫、绑架、放火、爆炸、投放危险物质或者有组织的暴力性犯罪被判处死刑缓期执行的犯罪分子，人民法院根据犯罪情节等情况可以同时决定对其限制减刑。这实际上是严格限制对被判处死刑缓期执行犯罪分子的减刑，延长其实际服刑期，以体现刑法罪刑相适应的原则，对此应当注意与以下规定区分：

(1) 对累犯以及因故意杀人、强奸、抢劫、绑架、放火、爆炸、投放危险物质或者有组织的暴力性犯罪分子，只有被判处 10 年以上有期徒刑、无期徒刑的，才不得假释。

(2) 对正在进行行凶、杀人、抢劫、强奸、绑架以及其他严重危及人身安全的暴力犯罪，采取防卫行为，造成不法侵害人伤亡的，不属于防卫过当，不负刑事责任。

(3) 危害国家安全犯罪、恐怖活动犯罪、黑社会性质的组织犯罪的犯罪分子，在刑罚执行完毕或者赦免以后，在任何时候再犯上述任一类罪的，都以累犯论处。

2. 死刑缓期执行的期间从“判决确定之日”起计算，不要混淆为“执行之日”，死刑缓期执行减为有期徒刑的刑期不要混淆为从减刑裁定生效之日起计算。

3.《刑法》第 51 条的刑期计算不同于第 41 条规定的管制、第 44 条规定的拘役、第 47 条规定的有期徒刑的刑期起算点，后三者的刑期起算点都一样，即从判决执行之日起计算，且判决执行以前先行羁押的期限可以折抵刑期。

试题范例

1. 单项选择题

死刑缓期执行转为死刑立即执行的核准机关是（　　）。

A. 原审法院　　B. 原核准法院

C. 高级人民法院　　D. 最高人民法院

答案：D

2. 单项选择题

孙某因犯抢劫罪被判处死刑，缓期 2 年执行。在死刑缓期执行期间，孙某在劳动时由于不服管理，违反规章制度，造成重大伤亡事故。对孙某应当如何处理？（　　）

A. 其所犯之罪查证属实的，由最高人民法院核准，立即执行死刑

B. 其所犯之罪查证属实的，由最高人民法院核准，2 年期满后执行死刑

C. 2 年期满后减为无期徒刑

D. 2 年期满后减为 15 年以上 20 年以下有期徒刑

答案：C

3. 单项选择题

死刑缓期执行的期间，从何时起计算？（　　）

A. 判决宣布之日　　B. 判决确定之日

C. 判决执行之日　　D. 判决作出之日

答案：B

4. 单项选择题

甲因犯故意杀人罪于 2004 年 7 月被二审法院判处死刑缓期 2 年执行，2006 年 7 月 5 日死刑缓期执行 2 年考验期期满，同年 7 月 30 日法院裁定减为有期徒刑 18 年，则甲有期徒刑从何时开始起算？（　　）

A. 2006 年 7 月 5 日　　B. 2006 年 7 月 6 日

C. 2006 年 7 月 30 日　　D. 无法计算

答案：A

5. 单项选择题

对于犯绑架罪的犯罪分子，下列表述正确的有（　　）。

A. 不得对其减刑

B. 不得对其假释

C. 采取防卫行为，造成其伤亡的，不负刑事责任

D. 在刑罚执行完毕或者赦免以后，在任何时候再犯绑架罪的，都以累犯论处

答案：C

核心法条

第 53 条　罚金在判决指定的期限内一次或者分期缴纳。期满不缴纳的，强制缴纳。对于不能全部缴纳罚金的，人民法院在任何时候发现被执行人有可以执行的财产，应当随时追缴。

由于遭遇不能抗拒的灾祸等原因缴纳确实有困难的，经人民法院裁定，可以延期缴纳、酌情减少或者免除。

释解分析

本条是关于罚金刑执行的规定。根据我国刑法分则的规定，罚金适用的方式有四种：（1）选处罚金，即罚金作为一种选择的法定刑，可以适用也可不适用，如果适用，只能独立适用不能附加适用；（2）单处罚金，即罚金只能单独适用，而不能附加适用，这种情况只对单位适用；（3）并处罚金，即罚金只能附加适用且必须适用，而不能单独适用；（4）并处或单处罚金，即罚金既可以附加适用，也可以单独适用。罚金的执行方式主要有：（1）限期一次缴纳。（2）限期分期缴纳。（3）强制缴纳，适用的条件是：①犯罪分子或犯罪单位有能力缴纳罚金；②犯罪分子或犯罪单位拒不缴纳罚金；③判决所确定的缴纳期限已过。（4）随时追缴，适用的条件是：①犯罪分子或犯罪单位不能全部缴纳罚金；②犯罪分子或犯罪单位不能全部缴纳罚金的原因，并非由于遭遇不可抗拒的灾祸而使缴纳出现困难；③人民法院发现被执行人有可以执行的财产。（5）减免缴纳，即由于遭遇不能抗拒的灾祸等原因缴纳确实有困难的，经人民法院裁定，可以延期缴纳、酌情减少或者免除。

试题范例

1.（2017年真题）单项选择题

下列关于罚金的表述，符合我国刑法规定的是（　　）。

A. 对未成年人判处的罚金，不得由其监护人垫付

B. 是否判处罚金，不应考虑犯罪人的经济条件

C. 应根据犯罪情节，决定判处罚金的数额

D. 对累犯应当并处罚金

答案：C

2.（2018年真题）单项选择题

下列关于罚金的表述，正确的是（　　）。

A. 对于未成年罪犯不得适用罚金刑

B. 罚金的最低数额可由法官酌情确定

C. 一人犯数罪分别判处罚金的应合并执行

D. 一人犯数罪同时并处罚金和没收全部财产的应合并执行

答案：C

3. 多项选择题

罚金刑的执行方式有（　　）。

A. 一次缴纳　　B. 分期缴纳

C. 强制缴纳　　D. 随时追缴

答案：ABCD

4. 单项选择题

刑法分则某条文规定：犯A罪的，“处三年以下有期徒刑，并处或单处罚金”。被告人犯A罪，但情节较轻，且其身无分文。对此，下列哪一判决符合该条规定？（　　）

A. 甲法官以被告人身无分文为由，判处有期徒刑6个月

B. 乙法官以被告人身无分文且犯罪情节较轻为由，判处有期徒刑1年，缓期2年执行

C. 丙法官以被告人的犯罪情节较轻为由，判处拘役6个月

D. 丁法官以被告人的犯罪情节较轻为由，判处罚金人民币1 000元

答案：D

核心法条

第54条　剥夺政治权利是剥夺下列权利：

（一）选举权和被选举权；

（二）言论、出版、集会、结社、游行、示威自由的权利；

（三）担任国家机关职务的权利；

（四）担任国有公司、企业、事业单位和人民团体领导职务的权利。

相关法条

第55条　剥夺政治权利的期限，除本法第五十七条规定外，为一年以上五年以下。

判处管制附加剥夺政治权利的，剥夺政治权利的期限与管制的期限相等，同时执行。

第57条　对于被判处死刑、无期徒刑的犯罪分子，应当剥夺政治权利终身。

在死刑缓期执行减为有期徒刑或者无期徒

刑减为有期徒刑的时候，应当把附加剥夺政治权利的期限改为三年以上十年以下。

第 56 条 对于危害国家安全的犯罪分子应当附加剥夺政治权利；对于故意杀人、强奸、放火、爆炸、投毒、抢劫等严重破坏社会秩序的犯罪分子，可以附加剥夺政治权利。

独立适用剥夺政治权利的，依照本法分则的规定。

第 58 条 附加剥夺政治权利的刑期，从徒刑、拘役执行完毕之日或者从假释之日起计算；剥夺政治权利的效力当然施用于主刑执行期间。

被剥夺政治权利的犯罪分子，在执行期间，应当遵守法律、行政法规和国务院公安部门有关监督管理的规定，服从监督；不得行使本法第五十四条规定的各项权利。

释解分析

第 54 条是关于剥夺政治权利的规定。被剥夺政治权利的犯罪分子在服刑期间所应依法遵守的义务，除了本条规定的 4 种义务外，还有《刑法》第 58 条第 2 款的义务，即遵守法律、行政法规和国务院公安部门有关监督管理的规定，服从监督。不要混淆本条第 3 项与第 4 项的内容：被剥夺政治权利者不能担任国家机关的职务，既包括领导职务，也包括一般职务；而不能担任国有公司、企业、事业单位和人民团体的职务则仅限于领导职务，而不包括一般职务；至于担任非国有单位的领导职务则不在限制范围之内。

第 55、57 条是关于剥夺政治权利期限的规定。剥夺政治权利期限有以下几种情况：（1）适用独立剥夺政治权利或主刑是有期徒刑、拘役附加剥夺政治权利的，期限为 1 年以上 5 年以下；（2）判处管制附加剥夺政治权利的期限与管制的期限相等；（3）判处死刑、无期徒刑的犯罪分子，应当剥夺政治权利终身；（4）死刑缓期执行减为有期徒刑或者无期徒刑减为有期徒刑的时候，应当把附加剥夺政治权利的期限改为 3 年以上 10 年以下。

第 56 条是关于剥夺政治权利适用对象和范围的规定。剥夺政治权利作为一种附加刑，既可以附加适用，也可以独立适用。当它附加适用时，是作为一种严厉的刑罚手段适用于重罪。结合《刑法》第 57 条的规定，剥夺政治权利的附加适用有三种情况：（1）对于危害国家安全的犯罪分子“应当”附加剥夺政治权利。（2）对于故意杀人、强奸、放火、爆炸、投放危险物质、抢劫等严重破坏社会秩序的犯罪分子，“可以”附加剥夺政治权利。对故意伤害、盗窃等严重破坏社会秩序的犯罪，犯罪分子主观恶性较深、犯罪情节恶劣、罪行严重的，也可以依法附加剥夺政治权利。（3）对于被判处死刑、无期徒刑的犯罪分子，“应当”剥夺政治权利终身。

剥夺政治权利独立适用时，是作为一种不剥夺人身自由的轻刑而适用于较轻的犯罪，剥夺政治权利的独立适用由刑法分则加以规定，刑法分则条文中没有规定独立适用剥夺政治权利的，不得独立适用剥夺政治权利。

第 58 条是关于剥夺政治权利刑期计算的规定。结合《刑法》第 55 条第 2 款的规定，随主刑的不同而有以下几种情况：（1）判处管制附加剥夺政治权利的，剥夺政治权利的刑期与管制的期限相等，同时起算。（2）判处拘役附加剥夺政治权利的，剥夺政治权利的刑期从拘役执行完毕之日起计算；在拘役执行期间，当然不享有政治权利。（3）判处有期徒刑附加剥夺政治权利的，剥夺政治权利的刑期从有期徒刑执行完毕之日或者从假释之日起计算；在有期徒刑执行期间，当然不享有政治权利。（4）死刑缓期执行减为有期徒刑或者无期徒刑减为有期徒刑时，附加剥夺政治权利的期限改为 3 年以上 10 年以下，该剥夺政治权利的刑期，应从减轻以后的有期徒刑执行完毕之日或者从假释之日起计算，在主刑执行期间，当然不享有政治权利。但是，如果被判处拘役、有期徒刑而没有附加剥夺政治权利的，则在主刑执行期间罪犯仍享有政治权利，只不过其政治权利是有一定限制的，如不可能享有被选举权等；而被判处管制的，即使不附加剥夺政治权利，未经执行机关批准，行为人也不能行使言论、出版、集会、结社、游行、示威自由的政治权利。

剥夺政治权利由公安机关执行。被剥夺政治权利的犯罪分子，在执行期间，应当遵守法律、行政法规和国务院公安部门有关监督管理的规定，服从监督；不得行使《刑法》第 54 条规定的各项权利。

试题范例

1.（2017 年真题）单项选择题

下列选项中，不属于“应当”附加剥夺政治权利的是（　　）。

A. 危害公共安全的犯罪分子

B. 被判处无期徒刑的犯罪分子

C. 危害国家安全的犯罪分子

D. 被判处死刑的犯罪分子

答案：A

2.（2020年真题）单项选择题

下列关于危害国家安全罪的说法中，正确的是（　　）。

A. 危害国家安全罪的主体是一般主体

B. 危害国家安全罪的主观方面可以是过失

C. 对于危害国家安全的犯罪分子都可以判处死刑

D. 对于危害国家安全的犯罪分子应当附加剥夺政治权利

答案：D

3.（2020年真题）单项选择题

下列关于剥夺政治权利的最高期限的说法中，正确的是（　　）。

A. 单处剥夺政治权利的期限不得超过10年

B. 判处管制，附加剥夺政治权利的期限不得超过5年

C. 判处有期徒刑，附加剥夺政治权利的期限不得超过5年

D. 从无期徒刑减为有期徒刑时，附加剥夺政治权利的期限不得超过15年

答案：C

4. 单项选择题

赵某犯A罪，依法应当附加剥夺政治权利。合议庭提出以下四种量刑意见，其中必定错误的意见是（　　）。

A. 判处有期徒刑2年，附加剥夺政治权利1年

B. 判处有期徒刑2年，缓刑3年，附加剥夺政治权利1年

C. 判处管制2年，附加剥夺政治权利1年

D. 判处拘役6个月，附加剥夺政治权利1年

答案：C

5. 多项选择题

剥夺政治权利的内容包括下列何种权利？（　　）

A. 选举权和被选举权

B. 担任国家机关职务的权利

C. 担任国有企业一般职务的权利

D. 迁徙权

答案：AB

6. 多项选择题

下列有关剥夺政治权利的说法，哪些是正确的？（　　）

A. 刑法总则规定，对于故意杀人、强奸等严重破坏社会秩序的犯罪分子，可以附加剥夺政治权利。因此，对于严重盗窃、故意重伤等犯罪分子，也可以附加剥夺政治权利

B. 附加剥夺政治权利的刑期，从徒刑执行完毕之日或从假释之日起计算，剥夺政治权利的效力当然施用于主刑执行期间

C. 被剥夺政治权利的犯罪分子，无权参加村民委员会的选举

D. 刑法总则规定：对于危害国家安全的犯罪分子应当附加剥夺政治权利。但如果人民法院对危害国家安全的犯罪分子独立适用剥夺政治权利，则不能再附加剥夺政治权利

答案：ABCD

7. 多项选择题

下列关于剥夺政治权利附加刑如何执行问题的说法，哪些是正确的？（　　）

A. 被判处无期徒刑的罪犯，一般要剥夺政治权利，其刑期与主刑一样，同时执行

B. 被判处有期徒刑的罪犯，被剥夺政治权利的，从有期徒刑执行完毕或假释之日起，执行剥夺政治权利附加刑

C. 被判处拘役的罪犯，被剥夺政治权利的，从拘役执行完毕之日起，执行剥夺政治权利附加刑

D. 被判处管制的罪犯，被剥夺政治权利的，附加刑与主刑刑期相等，同时执行

答案：BCD

核心法条

第59条　没收财产是没收犯罪分子个人所有财产的一部或者全部。没收全部财产的，应当对犯罪分子个人及其扶养的家属保留必需的生活费用。

在判处没收财产的时候，不得没收属于犯罪分子家属所有或者应有的财产。

相关法条

第60条　没收财产以前犯罪分子所负的正当债务，需要以没收的财产偿还的，经债权人请求，应当偿还。

刑法学

释解分析

第59条是关于没收财产刑的规定。没收财产，是指将犯罪分子个人所有的一部或全部财产强制无偿地收归国有的刑罚方法。没收财产的适用方式有以下三种：（1）并处没收财产，即应当附加适用没收财产；（2）可以并处没收财产，即量刑时既可以附加没收财产，也可以不附加没收财产；（3）并处罚金或者没收财产，即没收财产和罚金可以择一判处，而无论选择罚金还是没收财产，都只能附加适用，并且必须适用。没收财产的范围仅限于犯罪分子个人现有的财产，且限于合法财产，如果是犯罪所得，则属于依法追缴的问题，而非没收财产刑的范围。人民法院决定没收全部财产的，应当对犯罪分子个人及其扶养的家属保留必需的生活费用。无论是独立适用还是附加适用，均由人民法院执行；必要时可以会同公安机关执行。在判处没收财产的时候，应区分财产的性质与范围，犯罪分子家属所有或者应有的财产不在没收的范围之内。

第60条是关于没收财产与民事债务关系的规定。在没收财产的执行中，以没收的财产偿还债务，应当具备以下条件：（1）必须是犯罪分子在没收财产以前所负的债务，即应当是在判决生效以前所负的合法债务，故诉讼期间所负的债务也可能属于其范围。（2）必须是正当债务，即由正常的买卖、租赁、借贷、雇用等民事关系所产生的债务，而不能是由于违法犯罪行为所造成的债务，如赌债。（3）该债务需要以没收的财产偿还。如果犯罪分子的财产被没收后还有其他财产可供偿还债务，就不能以没收的财产偿还债务。（4）必须经债权人请求。

试题范例

1.（2020年真题）单项选择题

公司经理甲利用职务上的便利，侵吞本单位财物数额巨大。对此犯罪，我国刑法规定的法定刑是“处五年以上有期徒刑，可以并处没收财产”。根据本条对甲量刑（　　）。

A. 最高可判处15年有期徒刑，并处没收财产

B. 最高可判处20年有期徒刑，并处没收财产

C. 最高可判处25年有期徒刑，不并处没收财产

D. 如果判处5年有期徒刑，则不能并处没收财产

答案：A

2. 多项选择题

甲武装掩护走私毒品，法院判决其构成走私毒品罪，判处无期徒刑，并处没收财产。甲的下列哪些财产可纳入适用没收财产刑予以没收的范围？（　　）

A. 甲在走私毒品中使用的枪支

B. 甲被查获的毒品和贩毒资金

C. 甲在银行账户上的500万元存款

D. 甲所有的2辆豪华轿车

答案：CD

3. 多项选择题

下列关于没收财产说法正确的有（　　）。

A. 没收财产可以没收犯罪分子家属所有的财产

B. 没收财产应当为犯罪分子个人保留必需的生活费用

C. 没收财产可以没收全部财产，也可以没收部分财产

D. 没收全部财产的，应对犯罪分子所扶养的家属保留必需的生活费用

答案：BCD

4. 多项选择题

以没收的财产偿还债务，应当具备的条件是（　　）。

A. 犯罪分子在没收财产以前所负的债务

B. 正当的债务

C. 债务需以没收的财产偿还

D. 经债权人请求

答案：ABCD

八、量　刑

核心法条

第 62 条　犯罪分子具有本法规定的从重处罚、从轻处罚情节的，应当在法定刑的限度以内判处刑罚。

第 63 条　犯罪分子具有本法规定的减轻处罚情节的，应当在法定刑以下判处刑罚；本法规定有数个量刑幅度的，应当在法定量刑幅度的下一个量刑幅度内判处刑罚。

犯罪分子虽然不具有本法规定的减轻处罚情节，但是根据案件的特殊情况，经最高人民法院核准，也可以在法定刑以下判处刑罚。

释解分析

这两条是关于法定情节适用的规定。法定情节是指刑法明文规定的在量刑时应予以考虑的情节。法定情节有从重、从轻、减轻和免除处罚的情节。从轻情节是指在法定刑幅度内选择判处比没有该情节的类似犯罪相对较轻的刑种或刑期；从重处罚是指在法定刑幅度内选择判处比没有该情节的类似犯罪相对较重的刑种或刑期。需要注意的是：法定刑幅度是指与特定具体犯罪相适应的法定刑限度之内具体的量刑幅度；从轻处罚，不允许在法定最低刑之下判处刑罚；从重处罚，不允许在法定最高刑之上判处刑罚。

减轻处罚分为法定减轻处罚（一般减轻处罚）和酌定减轻处罚（特殊减轻处罚）。减轻处罚必须判处低于法定最低刑的刑罚。掌握减轻处罚情节的基本适用规则，应注意以下问题：首先，法定最低刑并非笼统地指特定犯罪的法定刑的最低刑，而是指与行为人所实施的特定具体犯罪相适应的法定刑所包括的具体量刑幅度的最低刑；其次，减轻处罚既包括刑种的减轻，也包括刑期的减轻；再次，减轻处罚不能判处法定最低刑，只能在法定最低刑之下判处刑罚，本法规定有数个量刑幅度的，应当在法定量刑幅度的下一个量刑幅度内判处刑罚。否则将同从轻处罚相混淆；减轻处罚也不能减轻到免除处罚的程度，否则同免除处罚相混淆。对犯罪分子适用酌定减轻处罚，还必须符合下列条件：（1）犯罪分子不具有法定减轻处罚的情节；（2）案件具有特殊情况；（3）经最高人民法院核准。

免除处罚，根据《刑法》第 37 条的规定，是对犯罪分子作有罪宣告，但免除其刑罚处罚。适用免除处罚的情节，除应当明确各种总则性和分则性免除处罚情节的具体内容外，必须把握三个基本条件：（1）行为人的行为已构成犯罪；（2）行为人所构成的犯罪情节轻微；（3）因犯罪情节轻微而不需要判处刑罚。只有同时符合这三项条件，才能对犯罪分子免除处罚，否则不能适用免除处罚。

同时存在多个量刑情节的，不得任意改变量刑情节所具有的功能，两个从重处罚的情节不能简单相加成为“加重”；两个“从轻”情节不得任意改变为“减轻”情节；同时存在从宽情节与从严情节的，不能采取简单的折抵办法；存在多功能多个情节的，应依法定顺序分别考量，再综合具体案情最后作出处罚；同时也禁止重复评价同一量刑情节。

易混易错

法定量刑情节在刑法总则和分则中都有规定，就总则中的情节而言，不仅有自首、立功、累犯等典型情节，而且还包括犯罪构成中的“特殊主体”（如未成年人等）、共同犯罪中的主从犯、犯罪的未完成形态等（以下简称总则中的其他法定量刑情节）；分则中的法定情节规定在各具体罪名下。近年的案例题中一般是综合这些情节一并考查，考生往往容易想到自首、立功、累犯等典型情节而忽视其他量刑情节，因此在学习时必须一并进行。总则中的其他法定量刑情节在前面相应部分已经论述，分则情节将在各具体罪名中讲述，这里只讲自首、立功、累犯等典型情节。

试题范例

1. 单项选择题

假如甲罪的法定刑为“三年以上十年以下有期徒刑”，下列关于量刑的说法正确的是（　　）。

A. 如果法官对犯甲罪的被告人判处7年以上10年以下有期徒刑，就属于从重处罚；如果判处3年以上7年以下有期徒刑，就属于从轻处罚

B. 法官对犯甲罪的被告人判处3年有期徒刑时，属于从轻处罚与减轻处罚的竞合

C. 由于甲罪的法定最低刑为3年以上有期徒刑，所以，法官不得对犯甲罪的被告人宣告缓刑

D. 如果犯甲罪的被告人不具有刑法规定的减轻处罚情节，法官就不能判处低于3年有期徒刑的刑罚，除非根据案件的特殊情况，报经最高人民法院核准

答案：D

2. 多项选择题

对犯罪分子决定刑罚时，应当根据（　　），依照刑法的有关规定判处。

A. 犯罪的事实

B. 犯罪的性质

C. 犯罪的情节

D. 犯罪对社会的危害程度

答案：ABCD

3. 多项选择题

下列属于从重处罚的情节有（　　）。

A. 累犯

B. 教唆未成年人犯罪的教唆犯

C. 冒充人民警察招摇撞骗的

D. 索贿的

答案：ABCD

4. 多项选择题

下列属于可以从轻或减轻处罚的情节有（　　）。

A. 未遂犯

B. 犯罪后自首的

C. 犯罪分子有立功表现的

D. 从犯

答案：ABC

5. 多项选择题

下列属于应当减轻或免除处罚的情节有（　　）。

A. 防卫过当

B. 避险过当

C. 胁从犯

D. 未成年人犯罪的

答案：ABC

6. 多项选择题

下列属于可以从轻、减轻或免除处罚的情节有（　　）。

A. 又聋又哑的人犯罪的

B. 盲人犯罪的

C. 预备犯

D. 教唆未遂的教唆犯

答案：ABC

7. 多项选择题

下列关于从重处罚的表述，正确的是（　　）。

A. 从重处罚是指应当在犯罪所适用刑罚幅度的中线以上判处

B. 从重处罚是在法定刑以上判处刑罚

C. 从重处罚是指在法定刑的限度以内判处刑罚

D. 从重处罚不一定判处法定最高刑

答案：CD

核心法条

第65条　被判处有期徒刑以上刑罚的犯罪分子，刑罚执行完毕或者赦免以后，在五年以内再犯应当判处有期徒刑以上刑罚之罪的，是累犯，应当从重处罚，但是过失犯罪和不满十八周岁的人犯罪的除外。

前款规定的期限，对于被假释的犯罪分子，从假释期满之日起计算。

相关法条

第66条　危害国家安全犯罪、恐怖活动犯罪、黑社会性质的组织犯罪的犯罪分子，在刑罚执行完毕或者赦免以后，在任何时候再犯上述任一类罪的，都以累犯论处。

释解分析

1. 第65条是关于一般累犯的规定。累犯是指因犯罪而受过一定的刑罚处罚，在刑罚执行完毕或赦免以后，在法定期限内又犯一定之罪的罪犯。一般累犯的构成条件是：(1) 前罪与后罪都是故意犯罪，这是构成累犯的主观条件。如果行为人

实施的前罪与后罪均为过失犯罪，或前罪与后罪之一是过失犯罪，都不能构成累犯。（2）前罪被判处有期徒刑以上刑罚，后罪也应当被判处有期徒刑以上刑罚，这是构成累犯的刑度条件。也就是说，前后两罪判处的刑罚均须为有期徒刑以上的刑罚。（3）后罪发生在前罪的刑罚执行完毕或赦免以后5年之内，这是构成累犯的时间条件。所谓刑罚执行完毕，是指主刑执行完毕，不包括附加刑在内。主刑执行完毕5年内又犯罪，即使附加刑未执行完毕，仍构成累犯。（4）前罪和后罪的犯罪分子都必须是年满18周岁，这是构成累犯的主体条件。

被假释的犯罪分子，如果在假释考验期内又犯新罪，不构成累犯，而应在撤销假释之后，适用数罪并罚。被假释的犯罪分子，如果在假释考验期满5年以内又犯新罪，则构成累犯，因为假释考验期满视为原判刑罚已经执行完毕。

被判处有期徒刑宣告缓刑的犯罪分子，如果在缓刑考验期满后又犯罪的，不构成累犯，因为缓刑是附条件地不执行刑罚，考验期满原判的刑罚就不再执行，而不是刑罚已经执行完毕，不符合累犯的构成条件。被判有期徒刑宣告缓刑的犯罪分子，如果在缓刑考验期内又犯新罪，同样不构成累犯，应当在撤销缓刑之后，适用数罪并罚。

2. 第66条是关于特别累犯的规定。特别累犯是相对于一般累犯而言的，是指因犯危害国家安全犯罪、恐怖活动犯罪、黑社会性质的组织犯罪受过刑罚处罚，刑罚执行完毕或赦免以后，在任何时候再犯上述任一类罪的犯罪分子。特别累犯的构成条件是：（1）前罪和后罪均为危害国家安全犯罪、恐怖活动犯罪、黑社会性质的组织犯罪；（2）前罪被判处的刑罚和后罪应判处的刑罚种类及其轻重不受限制；（3）前罪的刑罚执行完毕或者赦免以后，任何时候再犯前罪，都构成特别累犯，不受前后两罪相距时间长短的限制。与一般累犯相比，特别累犯没有刑度条件和时间条件的限制，但犯罪性质是特定的，即仅限于前后两罪均为危害国家安全犯罪、恐怖活动犯罪、黑社会性质的组织犯罪。

易混易错

1. 根据有关的司法解释，前罪判处的刑罚已经执行完毕或赦免，在1997年9月30日以前又犯应当判处有期徒刑以上刑罚之罪，是否构成累犯，适用修订前《刑法》第61条的规定，即时间条件是3年；1997年10月1日以后又犯应当判处有期徒刑以上刑罚之罪的，是否构成累犯，适用修订后《刑法》第65条的规定，即行为跨越新刑法实施之际的，时间条件是5年。

2. 根据本条及第74条、第81条，累犯的法律后果有三：一是应当从重处罚；二是不能适用缓刑；三是不能适用假释。

3. 累犯与再犯不同。再犯是指再次犯罪的人，其与累犯的区别在于：（1）累犯前后实施的犯罪必须是特定的犯罪，再犯前后实施的犯罪并无此方面的限制；（2）累犯一般必须以前后两罪被判处或应判处一定刑罚为构成要件，而构成再犯并不要求前后两罪必须被判处一定刑罚；（3）累犯所犯之后罪，一般必须是在前罪刑罚执行完毕或赦免以后的法定期限内实施的，而再犯的前后两罪之间并无时间方面的限制。

4. 《刑法修正案（八）》对特别累犯作了修改：一是将范围由危害国家安全犯罪扩大到恐怖活动犯罪、黑社会性质的组织犯罪的犯罪分子；二是规定在刑罚执行完毕或者赦免以后，在任何时候再犯上述任一类罪的，都以累犯论处。即不论前后罪是否相同，只要前后罪在上述三种犯罪范围内，则成立累犯。

试题范例

1. （2015年真题）单项选择题

甲17周岁时因运输毒品被判处3年有期徒刑，刑满释放后不久，又因参加黑社会性质组织贩卖毒品被逮捕。甲属于（　　）。

A. 再犯　　B. 初犯

C. 一般累犯　　D. 特别累犯

答案：A

2. 单项选择题

下列哪一种情形不成立累犯？（　　）

A. 张某犯故意伤害罪被判处有期徒刑3年，缓刑3年，缓刑期满后的第3年又犯盗窃罪，被判处有期徒刑10年

B. 李某犯强奸罪被判处有期徒刑5年，刑满释放后的第4年，又犯妨害公务罪，被判处有期徒刑6个月

C. 王某犯抢夺罪被判处有期徒刑4年，执行3年后被假释，于假释期满后的第5年又犯故意杀人罪被判处无期徒刑

D. 田某犯叛逃罪被判处管制2年，管制期满后20年又犯为境外刺探国家秘密罪，被

判处拘役6个月

答案：A

3. 多项选择题

符合下列哪些情形而在5年以内再犯应当判处有期徒刑以上刑罚之罪的可以构成累犯？（　　）

A. 前罪的刑罚执行完毕以后

B. 前罪的刑罚被赦免以后

C. 缓刑考验期满以后

D. 假释考验期满以后

答案：ABD

4. 多项选择题

2000年8月21日，甲因犯诈骗罪被人民法院判处有期徒刑3年，缓刑5年。2005年6月20日，甲又犯盗窃罪。对于甲的量刑，下列表述哪些是正确的？（　　）

A. 甲具有法定从重处罚情节

B. 甲不构成累犯

C. 对甲的盗窃罪不能适用缓刑

D. 对甲应当数罪并罚

答案：BD

5. 多项选择题

累犯的法律后果是（　　）。

A. 应当从重处罚

B. 可以从重处罚

C. 不得适用假释

D. 不得适用缓刑

答案：ACD

6. 单项选择题

关于累犯，下列哪一选项是正确的？（　　）

A. 甲因故意伤害罪被判处7年有期徒刑，刑期自1990年8月30日至1997年8月29日。甲于1995年5月20日被假释，于1996年8月25日犯交通肇事罪。甲构成累犯

B. 乙因盗窃罪被判处3年有期徒刑，2002年3月25日刑满释放，2007年3月20日因犯盗窃罪被判处有期徒刑4年。乙构成累犯

C. 丙因危害国家安全罪被判处5年有期徒刑，1996年4月21日刑满释放，2006年4月20日再犯恐怖活动犯罪。丙不构成累犯

D. 丁因失火罪被判处3年有期徒刑，刑期自1995年5月15日至1998年5月14日。丁于1998年5月15日在出狱回家途中犯故意伤害罪。丁构成累犯

答案：B

核心法条

第67条　犯罪以后自动投案，如实供述自己的罪行的，是自首。对于自首的犯罪分子，可以从轻或者减轻处罚。其中，犯罪较轻的，可以免除处罚。

被采取强制措施的犯罪嫌疑人、被告人和正在服刑的罪犯，如实供述司法机关还未掌握的本人其他罪行的，以自首论。

犯罪嫌疑人虽不具有前两款规定的自首情节，但是如实供述自己罪行的，可以从轻处罚；因其如实供述自己罪行，避免特别严重后果发生的，可以减轻处罚。

释解分析

1. 本条是关于自首的规定。自首是指犯罪分子犯罪以后自动投案，如实供述自己罪行的行为，或者被采取强制措施的犯罪嫌疑人、被告人和正在服刑的罪犯，如实供述司法机关还未掌握的本人其他罪行的行为。前者是一般自首，后者是特别自首（准自首）。

2. 一般自首的成立条件是：

（1）自动投案，是指犯罪分子在犯罪之后、归案之前，出于本人的意志而向有关机关或个人承认自己实施了犯罪，并自愿置于有关机关或个人的控制之下，等待进一步交代犯罪事实，并最终接受国家的审查和裁判的行为。①投案行为必须发生在犯罪人尚未归案之前，这是对自动投案的时间限定。根据司法解释，自动投案，是指犯罪事实或者犯罪嫌疑人未被司法机关发觉，或者虽被发觉，但犯罪嫌疑人尚未受到讯问、未被采取强制措施时，主动、直接向公安机关、人民检察院或者人民法院投案。此外，犯罪嫌疑人向其所在单位、城乡基层组织或者其他有关负责人员投案的；犯罪嫌疑人因病、伤或者为了减轻犯罪后果，委托他人先代为投案，或者先以信电投案的；罪行尚未被司法机关发觉，仅因形迹可疑，被有关组织或者司法机关盘问、教育后，主动交代自己的罪行的；犯罪后逃跑，在被通缉、追捕过程中，主动投案的；经查实确已准备去投案，或者正在投案途中，被公安机关捕获的，应当视为自动投案。②必须是基于犯罪分子本人的意志而自动归案，这是认定自动投案是否成立的关键条件。投案的动机不影响归案行为的自动性。并

非出于犯罪嫌疑人主动，而是经亲友规劝、陪同投案的；公安机关通知犯罪嫌疑人的亲友，或者亲友主动报案后，将犯罪嫌疑人送去投案的，也应当视为自动投案。③必须向有关机关或个人承认自己实施了特定犯罪，这是自动投案的对象和具体性的条件。④必须自愿置于有关机关或个人的控制之下，等待进一步交代犯罪事实，并最终接受国家的审查和裁判，这是自动投案的基本构成要素。在认定自动投案时需要注意：一是犯罪人自动投案并供述罪行后又隐匿、逃脱的；自动投案并供述罪行后又推翻供述，意图逃避制裁的；委托他人代为自首而本人拒不到案的，都属于拒不接受国家审查和裁判的行为。二是犯罪分子自动投案并如实供述罪行后，为自己进行辩护，或提出上诉，或补充或更正某些事实，应当允许，不能视为拒不接受国家审查和裁判的行为。

（2）如实供述自己的罪行，这是自首成立的基本条件。①投案人所供述的必须是犯罪的事实。②投案人所供述的必须是自己的犯罪事实，犯有数罪的犯罪嫌疑人仅如实供述所犯数罪中部分犯罪的，只对如实供述部分犯罪的行为，认定为自首。共同犯罪案件中的犯罪嫌疑人，除如实供述自己的罪行，还应当供述所知的同案犯，主犯则应当供述所知其他同案犯的共同犯罪事实，才能认定为自首。③投案人必须如实供述所犯罪行，即犯罪嫌疑人自动投案后，如实交代自己的主要犯罪事实。犯罪嫌疑人自动投案并如实供述自己的罪行后又翻供的，不能认定为自首；但在一审判决前又能如实供述的，应当认定为自首。

3. 特别自首的成立条件是：

（1）成立特别自首的主体必须是被采取强制措施的犯罪嫌疑人、被告人和正在服刑的罪犯。

（2）必须如实供述司法机关尚未掌握的本人其他罪行，这是关键性条件。①所供述的必须是司法机关尚未掌握的罪行，即司法机关不了解的犯罪事实；②所供述的必须是司法机关已掌握的罪行以外的其他罪行；③所供述的必须是本人的罪行，即必须供述犯罪人本人实施的犯罪事实；④所供述的罪行与司法机关已掌握的罪行在罪名上是否一致，其法律后果有所不同。被采取强制措施的犯罪嫌疑人、被告人和已宣判的罪犯，如实供述司法机关尚未掌握的本人其他罪行的法律后果，分为两种：一是被采取强制措施的犯罪嫌疑人、被告人和已宣判的罪犯，如实供述司法机关尚未掌握的罪行，与司法机关已掌握的或者判决确定的罪行属不同种罪行的，以自首论。二是被采取强制措施的犯罪嫌疑人、被告人和已宣判的罪犯，如实供述司法机关尚未掌握的罪行，与司法机关已掌握的或者判决确定的罪行属同种罪行的，可以酌情从轻处罚；如实供述的同种罪行较重的，一般应当从轻处罚。

4. 注意自首与坦白的界限。所谓坦白，是指犯罪分子被动归案之后，如实交代自己被指控的犯罪事实，并接受国家司法机关审查和裁判的行为。

（1）两者的相同之处在于：①均以自己实施了犯罪行为为前提；②在犯罪人归案之后都如实交代了自己的犯罪事实；③犯罪人都有接受国家司法机关审查和裁判的行为；④都是从宽处罚的情节。

（2）两者的区别在于：①自首是犯罪人自动归案之后，主动如实供述自己的犯罪事实的行为，或者被动归案后，如实交代司法机关尚未掌握的本人其他罪行的行为；而坦白是犯罪人被动归案以后，如实交代自己被指控的犯罪事实的行为。②两者所反映的犯罪人的人身危险性不同，自首犯的人身危险性相对较小，坦白者的人身危险性相对较大。③自首是法定的从宽处罚情节，而坦白只是酌定的从宽处罚情节，一般情况下，自首比坦白从宽处罚的幅度要大。

5. 自首犯的刑事责任。对于自首的犯罪分子，可以从轻或者减轻处罚。其中，犯罪较轻的，可以免除处罚。具体确定从轻、减轻还是免除处罚，应当根据犯罪轻重，并考虑自首的具体情节。对于自首犯的刑事责任，应注意：（1）对于犯有数罪，投案后仅如实供述一罪的，只对这一罪按自首从宽处罚，如实供述主要罪行的，也可以对全案按自首处理；（2）在共同犯罪中，部分罪犯自首的仅对自首者按自首处理；（3）对于被采取强制措施的犯罪嫌疑人、被告人和已宣判的罪犯，如实供述司法机关尚未掌握的本人非同种或同种罪行的，应分别不同情况予以论处。

易混易错

虽然《刑法修正案（八）》在刑法第 67 条中增加一款作为第 3 款，规定犯罪嫌疑人虽不具有前两款规定的自首情节，但是如实供述自己罪行的，可以从轻处罚；因其如实供述自己罪行，避免特别严重后果发生的，可以减轻处罚。但这一规定仅仅是增加了类似于自首的减轻处罚的法定情节，并不是对自首条件的修改，即仅如实供述自己罪行的，不能构成自首，也不能免除处罚。

试题范例

1. （2016 年真题）单项选择题

甲因涉嫌受贿被逮捕，在受讯问时如实供述了受贿罪行，并举报同监室的一名犯罪嫌疑人企图脱逃，经查证属实。下列选项中，正确的是（　　）。

A. 甲具有自首情节，对其可以从轻处罚

B. 甲具有立功情节，对其可以免除处罚

C. 甲具有坦白情节，对其可以从轻处罚

D. 甲具有重大立功情节，对其应当免除处罚

答案：C

2. （2017 年真题）单项选择题

甲因涉嫌抢劫被公安机关逮捕后，主动供述自己曾入户盗窃。甲供述盗窃的行为属于（　　）。

A. 坦白　　B. 一般自首

C. 立功　　D. 特别自首

答案：D

3. （2018 年真题）多项选择题

下列选项中，应认定为自首中"自动投案"的有（　　）。

A. 在接受强制戒毒期间，主动向警方交代了自己抢劫他人的事实

B. 因形迹可疑被父母捆绑到派出所后，如实交代了自己杀人的事实

C. 匿名报案后在事故现场接受询问时，向警方交代了自己交通肇事的事实

D. 在涉嫌诈骗被取保候审期间潜逃，途中找警方交代了自己绑架他人的事实

答案：ACD

4. （2020 年真题）多项选择题

自动投案的罪犯的下列行为中，应认定为属于自首中"如实供述自己的罪行"的有（　　）。

A. 供述时对所知的同案犯未作供述的

B. 如实供述行为事实但对行为性质加以辩解的

C. 在司法机关掌握其主要犯罪事实之前主动交代的

D. 供述的身份与真实情况有差别但未影响定罪量刑的

答案：BCD

5. 单项选择题

甲因盗窃罪被捕，在侦查人员对其审讯期间，他又交代了自己与李某合伙诈骗 4 万元的犯罪事实，并提供了李某可能隐匿的地点，根据这一线索，侦查机关顺利将李某追捕归案。对甲盗窃罪的处罚，下列哪一项是正确的？（　　）

A. 应当减轻或者免除处罚

B. 应当从轻或者减轻处罚

C. 可以从轻或者减轻处罚

D. 可以减轻或者免除处罚

答案：C

核心法条

第 68 条　犯罪分子有揭发他人犯罪行为，查证属实的，或者提供重要线索，从而得以侦破其他案件等立功表现的，可以从轻或者减轻处罚；有重大立功表现的，可以减轻或者免除处罚。

释解分析

1. 本条是关于立功的规定。所谓立功，是指犯罪分子揭发他人犯罪行为，查证属实的，或者提供重要线索，从而得以侦破其他案件等行为。立功分为一般立功和重大立功两种，其法律后果是依法受到的从宽处罚程度有所不同。（1）一般立功表现的情形包括：共同犯罪案件中的犯罪分子揭发同案犯共同犯罪以外的其他犯罪，经查证属实；提供侦破其他案件的重要线索，经查证属实；阻止他人犯罪活动；协助司法机关抓捕其他犯罪嫌疑人（包括同案犯）；具有其他有利于国家和社会的突出表现的。共同犯罪案件的犯罪分子到案后，揭发同案犯共同犯罪事实的，可以酌情予以从轻处罚。（2）重大立功表现的情形包括：犯罪分子有检举、揭发他人重大犯罪行为，经查证属实；提供侦破其他重大案件的重要线索，经查证属实；阻止他人重大犯罪活动；协助司法机关抓捕其他重大犯罪嫌疑人（包括同案犯）；对国家和社会有其他重大贡献等表现的。前述所称"重大犯罪""重大案件""重大犯罪嫌疑人"，一般是指犯罪嫌疑人、被告人可能被判处无期徒刑以上刑罚或者案件在本省、自治区、直辖市或者全国范围内有较大影响等情形。

2. 立功犯的刑事责任。对于立功犯应分别依照以下不同情况予以从宽处罚：（1）犯罪分子有一般立功表现的，可以从轻或者减轻处罚；（2）犯罪分子有重大立功表现的，可以减轻或者免除处罚。

试题范例

1.（2014 年真题）多项选择题

犯罪嫌疑人协助司法机关抓获其他犯罪嫌疑人的下列情形中，可认定为立功的有（　　）。

A. 带领侦查人员抓获其他犯罪嫌疑人的

B. 按照司法机关的安排，当场指认其他犯罪嫌疑人的

C. 提供司法机关尚未掌握的其他案件犯罪嫌疑人的藏匿地点的

D. 按照司法机关的安排，打电话将其他犯罪嫌疑人约至指定地点的

答案：ABCD

2. 单项选择题

某检察机关在查处一贪污案时，找证人王某了解情况。谈话结束时，侦查人员顺便问："你自己有无问题需要说清楚？"王某一时语塞，侦查人员见状便予以政策教育，王某遂交代了自己受贿 5 万元的犯罪事实，并提供了本单位领导李某受贿的线索。经反贪污贿赂局侦查，侦破了李某受贿 60 余万元的特大案件。根据刑法规定，对王某受贿罪量刑时应如何处理？（　　）

A. 应当从轻或者减轻处罚

B. 应当减轻或者免除处罚

C. 可以减轻或者免除处罚

D. 可以从轻或者减轻处罚

答案：C

3. 单项选择题

甲和乙共同入户抢劫并致人死亡后分头逃跑，后甲因犯强奸罪被抓获归案。在羁押期间，甲向公安人员供述了自己和乙共同所犯的抢劫罪行，并提供了乙因犯故意伤害罪被关押在另一城市的看守所的有关情况，使乙所犯的抢劫罪受到刑事追究。对于本案，下列哪一选项是正确的？（　　）

A. 甲的行为属于坦白，但不成立特别自首

B. 甲的行为成立特别自首，但不成立立功

C. 甲的行为成立特别自首和立功，但不成立重大立功

D. 甲的行为成立特别自首和重大立功

答案：D

核心法条

第 69 条　判决宣告以前一人犯数罪的，除判处死刑和无期徒刑的以外，应当在总和刑期以下、数刑中最高刑期以上，酌情决定执行的刑期，但是管制最高不能超过三年，拘役最高不能超过一年，有期徒刑总和刑期不满三十五年的，最高不能超过二十年，总和刑期在三十五年以上的，最高不能超过二十五年。

数罪中有判处有期徒刑和拘役的，执行有期徒刑。数罪中有判处有期徒刑和管制，或者拘役和管制的，有期徒刑、拘役执行完毕后，管制仍须执行。

数罪中有判处附加刑的，附加刑仍须执行，其中附加刑种类相同的，合并执行，种类不同的，分别执行。

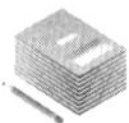

相关法条

第 70 条　判决宣告以后，刑罚执行完毕以前，发现被判刑的犯罪分子在判决宣告以前还有其他罪没有判决的，应当对新发现的罪作出判决，把前后两个判决所判处的刑罚，依照本法第六十九条的规定，决定执行的刑罚。已经执行的刑期，应当计算在新判决决定的刑期以内。

第 71 条　判决宣告以后，刑罚执行完毕以前，被判刑的犯罪分子又犯罪的，应当对新犯的罪作出判决，把前罪没有执行的刑罚和后罪所判处的刑罚，依照本法第六十九条的规定，决定执行的刑罚。

释解分析

1. 第 69 条是关于数罪并罚一般原则的规定。数罪并罚是指人民法院对一行为人在法定时间界限内所犯数罪分别定罪量刑后，按照法定的并罚原则及刑期计算方法决定应执行的刑罚的制度。这种制度的实质在于，依一定准则，解决或协调行为人所犯数罪的各个宣告刑（包括同一判决中数个宣告刑或两个以上不同判决中的数个宣告刑）与执行刑之间的关系。数罪并罚的特点有三：（1）必须一行为人犯有数罪，这是适用数罪并罚的事实前提。（2）一行为人所犯的数罪必须发生于法定的时间界限之内。（3）必须在对数罪分别定罪量刑的基础上，依照法定的并罚原则、并罚范围和并罚方法（刑期计算方法），决定执行的刑罚，这是适用数罪并罚的程序规则和实际操作准则。

刑法学

数罪并罚的原则主要有以下四种：（1）并科原则（相加原则），即将一人所犯数罪分别宣告的各罪刑罚绝对相加、合并执行。（2）吸收原则，即对一人所犯数罪采用重罪吸收轻罪或者重罪刑吸收轻罪刑的合并处罚规则。（3）限制加重原则（限制并科原则），即以一人所犯数罪中法定（应当判处）或已判处的最重刑罚为基础，再在一定限度之内对其予以加重作为执行刑罚的合并处罚规则。（4）折中原则（混合原则），即对一人所犯数罪的合并处罚不单纯采取并科原则、吸收原则或限制加重原则，而是根据法定的刑罚性质及特点兼采并科原则、吸收原则或限制加重原则，以分别适用于不同刑种和宣告刑结构的合并处罚规则。

我国的数罪并罚采取的是以限制加重原则为主、以吸收原则和并科原则为补充的折中原则，具体适用范围和基本适用规则如下：（1）判决宣告的数个主刑中有数个死刑或最重刑为死刑的，采用吸收原则，仅应决定执行一个死刑，而不得决定执行两个以上的死刑或其他主刑。（2）判决宣告的数个主刑中有数个无期徒刑或最重刑为无期徒刑的，采用吸收原则，只应决定执行一个无期徒刑，而不得决定执行两个以上的无期徒刑，或者将两个以上的无期徒刑合并升格执行死刑，或者决定执行其他主刑。（3）判决宣告的数个主刑为有期自由刑即有期徒刑、拘役、管制的，采取限制加重原则合并处罚。具体表现为：①判决宣告的数个主刑均为有期徒刑的，应当在总和刑期以下、数刑中最高刑期以上，酌情决定执行的刑期，但是有期徒刑总和刑期不满 35 年的，最高不能超过 20 年，总和刑期在 35 年以上的，最高不能超过 25 年。②判决宣告数个主刑均为拘役的，应当在总和刑期以下、数刑中最高刑期以上，酌情决定执行的刑期，但最高不能超过 1 年。③判决宣告的数个主刑均为管制的，应当在总和刑期以下、数刑中最高刑期以上，酌情决定执行的刑期，但最高不能超过 3 年。④数罪中有判处有期徒刑和管制，或者拘役和管制的，有期徒刑、拘役执行完毕后，管制仍须执行。⑤数罪中有判处附加刑的，采用并科原则，附加刑仍须执行。其中附加刑种类相同的，合并执行，种类不同的，分别执行。

2. 第 70 条是关于刑罚执行期间发现漏罪的合并处罚规则的规定。该规则的特征如下：（1）必须在判决宣告以后、刑罚执行完毕以前发现漏罪，且漏罪是指被判刑的犯罪分子在判决宣告以前实施的并未判决的罪。（2）对于新发现的漏罪，无论其罪数如何（数罪应为异种数罪），与前罪的性质是否相同，都应当单独作出判决。（3）应当把前后两个判决所判处的刑罚，即前罪所判处的刑罚与漏罪所判处的刑罚，按照相应的数罪并罚原则，决定执行的刑罚。（4）在计算刑期时，应当将已经执行的刑期，计算在新判决决定的刑期之内，即前一判决已经执行的刑期，应当从前后两个判决所判处的刑罚合并而执行的刑期中扣除。该种计算刑期的方法可概括为“先并后减”。

在审判实践中，适用该条所规定的合并处罚规则，应注意以下几个问题：（1）在原判认定犯罪人犯有数罪且予以合并处罚的法律条件下，应将漏罪所判处的刑罚与原判决所认定的数罪的刑罚即数个宣告刑，依照相应原则决定执行的刑罚。（2）刑满释放后再犯罪并发现漏罪的，如果漏罪与新罪分属于不同种罪，即应对漏罪与刑满释放后犯的新罪分别定罪量刑，并依照《刑法》第 69 条的规定，实行数罪并罚；如果漏罪与新罪属于同一种罪，可判处一罪从重处罚，不必数罪并罚。（3）在缓刑考验期限内发现漏判之罪的，根据《刑法》第 77 条的规定，应当撤销缓刑，对新发现的罪作出判决，把前罪和后罪所判处的刑罚，依照《刑法》第 69 条的规定，决定执行的刑罚。（4）在假释考验期限内发现漏判之罪的，根据《刑法》第 86 条的规定，应当撤销假释，依照《刑法》第 70 条的规定实行数罪并罚。

3. 第 71 条是关于刑罚执行期间犯新罪的合并处罚规则的规定。该规则的特点是：（1）必须在判决宣告以后、刑罚执行完毕以前被判刑的犯罪分子犯新罪，即在刑罚执行期间犯罪分子实施了新的犯罪。（2）对于犯罪分子所实施的犯罪，无论其罪数如何（数罪应为异种数罪），与前罪的性质是否相同，都应单独作出判决。（3）应把前罪没有执行的刑罚和后罪所判处的刑罚，依照刑法规定的相应原则，决定执行的刑罚，即首先应从前罪判决决定执行的刑罚中减去已经执行的刑罚，然后将前罪未执行的刑罚与后罪所判处的刑罚并罚。该种计算刑期的方法可概括为“先减后并”。

在刑事审判实践中，适用该条所规定的合并处罚规则，应注意以下几个问题：（1）判决宣告以后，刑罚执行完毕以前，被判刑的犯罪分子犯数个新罪的，应首先对数个新罪分别定罪量刑，而后将判决所宣告的数个刑罚即数个宣告刑与前罪未执行的刑罚并罚。（2）判决宣告以后，刑罚执行完毕以前，被判刑的犯罪分子不仅犯有新罪，而且被发现有漏判罪行的，应采取分别判决、顺应并罚的方法，即在对漏判之罪和新犯之罪分别定罪量刑的基础上，对漏罪和新罪分别适用“先并后减”和“先减后并”的方法作出判决，并按照漏罪在先、新罪在后的顺序进行两次数罪并罚，所得结果即为整个数罪并罚的结果。（3）在缓刑考验期限内犯新罪的，根据《刑法》第77条的规定，应当撤销缓刑，对新犯的罪作出判决，把前罪和后罪所判处的刑罚，依照《刑法》第69条的规定，决定执行的刑罚。（4）在假释考验期限内犯新罪的，根据《刑法》第86条的规定，应当撤销假释，依照《刑法》第71条的规定实行数罪并罚。

试题范例

1.（2017年真题）单项选择题

判决宣告前，一人犯数罪，分别被判处有期徒刑的，对于数个有期徒刑的并罚，应采用（　　）。

A. 吸收原则

B. 简单相加原则

C. 并科原则

D. 限制加重原则

答案：D

2.（2021年真题）单项选择题

“数罪中有判处有期徒刑和管制或者拘役和管制的，有期徒刑、拘役执行完毕后管制仍需执行”，这一规定体现的并罚原则是（　　）。

A. 加重原则　　B. 吸收原则

C. 并科原则　　D. 限制加重原则

答案：C

3. 单项选择题

关于数罪并罚，下列哪一选项是错误的？（　　）

A. 甲在刑罚执行完毕以前发现漏罪的，应当按照“先并后减”的原则实行数罪并罚

B. 乙在刑罚执行完毕以前犯新罪的，应当按照“先减后并”的原则实行数罪并罚

C. 丙在刑罚执行完毕以前犯新罪，同时又发现漏罪的，应当先将漏罪与原判决的罪实行“先并后减”；再对新罪与前一罪并罚后尚未执行完毕的刑期实行“先减后并”

D. “先减后并”在一般情况下使犯罪人受到的实际处罚比“先并后减”轻

答案：D

4. 单项选择题

下列何种情况下，适用“先并后减”的数罪并罚原则？（　　）

A. 在刑罚执行过程中犯新罪的

B. 在刑罚执行过程中发现漏罪的

C. 在假释考验期内犯新罪的

D. 死刑缓期执行过程中又故意犯罪的

答案：B

5. 单项选择题

刑罚执行过程中犯新罪的，适用哪一项数罪并罚规则？（　　）

A. 先并后减　　B. 先减后并

C. 合并原则　　D. 吸收原则

答案：B

6. 多项选择题

下列情形中，应当数罪并罚的有（　　）。

A. 判决宣告前，查明甲分别实施了三次受贿行为，数额分别为2万元、3万元、5万元

B. 乙因受贿被判处有期徒刑2年，缓刑3年，在缓刑考验期内，又查明其另外一起受贿2万元的罪行

C. 丙因故意伤害罪被判处有期徒刑3年，在服刑期间又犯故意伤害罪

D. 丁因盗窃罪被判处有期徒刑2年，执行完毕后，又发现其在该次盗窃以前还有一起重大盗窃犯罪行为

答案：BC

核心法条

第72条　对于被判处拘役、三年以下有期徒刑的犯罪分子，同时符合下列条件的，可以宣告缓刑，对其中不满十八周岁的人、怀孕的妇女和已满七十五周岁的人，应当宣告缓刑：

（一）犯罪情节较轻；

（二）有悔罪表现；

（三）没有再犯罪的危险；

（四）宣告缓刑对所居住社区没有重大不良影响。

宣告缓刑，可以根据犯罪情况，同时禁止犯罪分子在缓刑考验期限内从事特定活动，进入特定区域、场所，接触特定的人。

被宣告缓刑的犯罪分子，如果被判处附加刑，附加刑仍须执行。

第74条　对于累犯和犯罪集团的首要分子，不适用缓刑。

相关法条

第 449 条 在战时，对被判处三年以下有期徒刑没有现实危险宣告缓刑的犯罪军人，允许其戴罪立功，确有立功表现时，可以撤销原判刑罚，不以犯罪论处。

第 73 条 拘役的缓刑考验期限为原判刑期以上一年以下，但是不能少于二个月。

有期徒刑的缓刑考验期限为原判刑期以上五年以下，但是不能少于一年。

缓刑考验期限，从判决确定之日起计算。

第 75 条 被宣告缓刑的犯罪分子，应当遵守下列规定：

（一）遵守法律、行政法规，服从监督；

（二）按照考察机关的规定报告自己的活动情况；

（三）遵守考察机关关于会客的规定；

（四）离开所居住的市、县或者迁居，应当报经考察机关批准。

第 76 条 对宣告缓刑的犯罪分子，在缓刑考验期限内，依法实行社区矫正，如果没有本法第七十七条规定的情形，缓刑考验期满，原判的刑罚就不再执行，并公开予以宣告。

第 77 条 被宣告缓刑的犯罪分子，在缓刑考验期限内犯新罪或者发现判决宣告以前还有其他罪没有判决的，应当撤销缓刑，对新犯的罪或者新发现的罪作出判决，把前罪和后罪所判处的刑罚，依照本法第六十九条的规定，决定执行的刑罚。

被宣告缓刑的犯罪分子，在缓刑考验期限内，违反法律、行政法规或者国务院有关部门关于缓刑的监督管理规定，或者违反人民法院判决中的禁止令，情节严重的，应当撤销缓刑，执行原判刑罚。

释解分析

第 72 条是关于缓刑的规定。缓刑属于刑罚暂缓执行，即对原判刑罚附条件不执行的一种刑罚制度，是指人民法院对于被判处拘役、3 年以下有期徒刑的犯罪分子，根据犯罪分子的犯罪情节和悔罪表现，确实没有再犯罪危险的，规定一定的考验期，暂缓其刑罚的执行，若犯罪分子在考验期内没有发生法定撤销缓刑的情形，原判刑罚就不再执行的制度，这是我国刑法中的一般缓刑制度。缓刑不是刑种，而是刑罚具体运用的一种制度，宣告缓刑必须以判处刑罚为先决条件。缓刑的基本特征是：判处刑罚，同时宣告暂缓执行，但又在一定时期内保持执行所判刑罚的可能性。

适用一般缓刑的条件分为可以宣告缓刑的条件和应当宣告缓刑的条件。（1）可以宣告缓刑的条件是：1）对象条件：犯罪分子被判处拘役或 3 年以下有期徒刑的刑罚，这表明缓刑适用的对象都是罪行较轻的犯罪分子，而管制犯本身就是在社会上执行，是限制自由而非剥夺自由，故管制犯不适用缓刑。2）根本性条件：犯罪情节较轻；有悔罪表现；没有再犯罪的危险；宣告缓刑对所居住社区没有重大不良影响。3）禁止性条件：犯罪分子不得是累犯和犯罪集团的首要分子。根据《刑法》第 74 条的规定，无论是一般累犯还是特别累犯，都不能适用缓刑。（2）应当宣告缓刑的条件是：除了满足上述一般缓刑的条件外，还要求犯罪分子是不满 18 周岁的人、怀孕的妇女和已满 75 周岁的人；没有再犯罪的危险；对所居住社区没有重大不良影响。

我国刑法除规定一般缓刑制度外，还规定了特殊缓刑制度，即第 449 条规定的适用于军人的战时缓刑制度。根据该条规定，战时缓刑制度是指在战时对被判处 3 年以下有期徒刑没有现实危险的犯罪军人，暂缓其刑罚执行，允许其戴罪立功，确有立功表现的，可以撤销原判刑罚，不以犯罪论处的制度。战时缓刑的条件是：（1）时间条件：必须是在战时，即国家宣布进入战争状态、部队受领作战任务或者遭敌突然袭击时；部队执行戒严任务或者处置突发性暴力事件时，以战时论；在和平时期或非战时条件下，不适用特殊缓刑。（2）适用对象：只能是被判处 3 年以下有期徒刑（包括被判处拘役）的犯罪军人。根据《刑法》第 74 条“对于累犯，不适用缓刑”的规定，构成累犯的军人不能适用战时缓刑。（3）根本条件：在战争条件下宣告缓刑没有现实危险。应根据犯罪军人所犯罪行的性质、情节、危害程度以及犯罪军人的悔罪表现和一贯表现作出综合评判。战时缓刑的法律后果是：适用战时缓刑的犯罪军人在确有立功表现的条件下，原判刑罚可予以撤销，不以犯罪论处，即罪与刑可以同时消灭。

第 73 条是关于缓刑考验期的规定。缓刑考验期是对被宣告缓刑的犯罪分子进行考察的一定期间。缓刑犯是暂缓执行原判刑期，暂不执行原判刑罚并不是一缓了之，还有一个考验的问题，即依法为缓刑犯设置一定的考验期，并在该考验期内为其设定一定的法定义务（即《刑法》第 75 条的规定）。有期徒刑的缓刑考验期限为：原判刑期≤考验期限≤5 年（但同时不少于 1 年）；拘役的缓刑考验期限为：原判刑期≤考验期限≤1 年（但同时不少于 2 个月）。缓刑考验期限，从判决确定之日即判决发生法律效力之日起计算。判决以前先行羁押的日期，不能折抵缓刑考验期。

第 75、76 条是关于缓刑考验期限内的考察的规定。第 75 条是被宣告缓刑者应当遵守的行为规定，即缓刑犯应遵守的法定义务。第 76 条规定了缓刑的执行。对宣告缓刑的犯罪分子，在缓刑考验期限内，依法实行社区矫正。缓刑考察的内容，是考察被宣告缓刑的犯罪分子，在缓刑考验期内是否具有《刑法》第 77 条规定的情形，即是否犯新罪或者发现漏罪，以及是否违反法律、行政法规或者国务院有关部门关于缓刑的监督管理规定和根据第 72 条第 2 款规定的（《刑法修正案（八）》新增）人民法院判决中的禁止令，且情节严重的；若没有发生这些情形，缓刑考验期满，原判刑罚就不再执行，并公开予以宣告。

第 77 条是关于一般缓刑的法律后果的规定。缓刑的法律后果因成功的缓刑还是失败的缓刑而有所不同。

（1）成功的缓刑，即缓刑犯遵守了法定义务，缓刑期间没有被发现依法应当撤销缓刑的情形，考验期满原判刑罚就不再执行。对此应注意两个问题：一是考验期满后就不再执行原判刑罚，仅是针对主刑而言，如果犯罪分子同时被判处附加刑的，根据第 72 条第 2 款，无论缓刑是否被撤销，附加刑仍须执行。二是原判刑罚不再执行，说明犯罪分子没有被执行刑罚，此时也无须执行，但其有罪判决的宣告仍然是有效的，即犯罪分子是曾经受过有罪判决的人，具有刑事前科。但在战时缓刑中，如果犯罪的军人确有立功表现，法院应当完全撤销原判刑罚，对行为人不视为受过有罪判决和不视为有刑事前科。

（2）失败的缓刑，即被撤销的缓刑，表明缓刑犯没有遵守法定义务而不应当适用缓刑。撤销缓刑的法定情形有三：①在缓刑考验期内犯新罪；②在缓刑考验期内发现漏罪；③违反法律、行政法规或者国务院有关部门关于缓刑的监督管理规定，或者违反人民法院判决中的禁止令，情节严重的（简称为“严重犯规者”）。前两种情形不仅要撤销缓刑，而且还存在数罪并罚的问题；第三种情形仅是直接撤销缓刑、收监执行原判刑罚（实刑）的问题。

把握缓刑的法律后果，需要注意的是：

（1）对于新罪，强调的是犯罪时间在缓刑考验期内，不论是否在考验期内被发现；对于漏罪，强调的是发现时间在考验期内，才可撤销缓刑。

（2）被宣告缓刑的犯罪分子，如果在缓刑考验期间有重大立功表现的，可以参照《刑法》第 78 条的规定，予以减刑，同时相应地缩减其缓刑考验期限。减刑后实际执行的刑期不能少于原判刑期的 1/2，相应缩减的缓刑考验期限不能低于减刑后实际执行的刑期；判处拘役的缓刑考验期限不能少于 2 个月，判处有期徒刑的缓刑考验期限不能少于 1 年。

试题范例

1.（2016 年真题）单项选择题

甲在死刑缓期执行期间，因过失造成另一罪犯重伤。二年期满后，对甲应（　　）。

A. 减为无期徒刑

B. 减为 20 年有期徒刑

C. 执行死刑

D. 减为 25 年有期徒刑

答案：A

2.（2017 年真题）多项选择题

下列选项中，属于量刑制度的有（　　）。

A. 累犯　　B. 缓刑

C. 自首　　D. 假释

答案：ABC

3. 多项选择题

下列属于一般缓刑适用对象的有（　　）。

A. 累犯

B. 被判处管制的犯罪分子

C. 被判处拘役的犯罪分子

D. 被判处 3 年以下有期徒刑的犯罪分子

答案：CD

4. 多项选择题

下列关于特别缓刑的说法，正确的有（　　）。

A. 只适用于战时

B. 可适用于被判处 5 年以下有期徒刑的犯罪军人

C. 必须是在战争条件下宣告缓刑没有现实危险

D. 适用战时缓刑的犯罪军人在确有立功表现的条件下，原判刑罚可予以撤销，不以犯

罪论处

答案：ACD

5. 多项选择题

下列关于缓刑考验期的说法，正确的是（　　）。

A. 有期徒刑的缓刑考验期最低为 1 年

B. 拘役的缓刑考验期最高为 1 年

C. 缓刑考验期从判决确定之日起计算

D. 有期徒刑的缓刑考验期最高为 4 年

答案：ABC

6. 多项选择题

被宣告缓刑的犯罪分子，应当遵守的义务有（　　）。

A. 未经执行机关批准，不得行使言论、出版、集会、结社、游行、示威自由的权利

B. 按照考察机关的规定报告自己的活动情况

C. 遵守考察机关关于会客的规定

D. 离开所居住的市、县或者迁居，应当报经考察机关批准

答案：BCD

7. 多项选择题

下列关于缓刑的说法，哪些是错误的？（　　）

A. 对累犯以及实施杀人等暴力性犯罪的人，不得宣告缓刑

B. 拘役的缓刑考验期为原判刑期以上 1 年以下，但是不能少于 1 个月

C. 被宣告缓刑的犯罪分子，在缓刑考验期内，遵守有关缓刑的规定，只要没有犯新罪的，缓刑考验期满，原判刑罚就不再执行

D. 被宣告缓刑的犯罪分子，在缓刑考验期内犯新罪的，应当撤销缓刑，将前罪和后罪所判处的刑罚，依照先减后并的方法决定应当执行的刑罚

答案：ABCD

8. 单项选择题

对不满 18 周岁的人、怀孕的妇女和已满 75 周岁的人犯罪，均适用的是（　　）。

A. 被判处拘役、3 年以下有期徒刑，同时符合犯罪情节较轻，有悔罪表现，没有再犯罪的危险，宣告缓刑对所居住社区没有重大不良影响的应当宣告缓刑

B. 都不能被判处死刑

C. 都应当从轻或者减轻处罚

D. 刑罚执行完毕或者赦免以后，在 5 年以内再犯应当判处有期徒刑以上刑罚之罪的不成立累犯

答案：A

九、刑罚执行制度

核心法条

第78条 被判处管制、拘役、有期徒刑、无期徒刑的犯罪分子，在执行期间，如果认真遵守监规，接受教育改造，确有悔改表现的，或者有立功表现的，可以减刑；有下列重大立功表现之一的，应当减刑：

（一）阻止他人重大犯罪活动的；

（二）检举监狱内外重大犯罪活动，经查证属实的；

（三）有发明创造或者重大技术革新的；

（四）在日常生产、生活中舍己救人的；

（五）在抗御自然灾害或者排除重大事故中，有突出表现的；

（六）对国家和社会有其他重大贡献的。

减刑以后实际执行的刑期不能少于下列期限：

（一）判处管制、拘役、有期徒刑的，不能少于原判刑期的二分之一；

（二）判处无期徒刑的，不能少于十三年；

（三）人民法院依照本法第五十条第二款规定限制减刑的死刑缓期执行的犯罪分子，缓期执行期满后依法减为无期徒刑的，不能少于二十五年，缓期执行期满后依法减为二十五年有期徒刑的，不能少于二十年。

释解分析

本条是关于减刑的规定。减刑是指由于犯罪分子在刑罚执行期间认真遵守监规，接受教育改造，确有悔改或者立功表现，而适当减轻其原判刑罚的制度。减轻原判刑罚既可以是将较长的刑期减为较短刑期，也可以是将较重的刑种减为较轻的刑种。减刑分为可以减刑（酌定减刑）和应当减刑（法定减刑、绝对减刑）两种，两者的对象条件和限度条件相同，只是实质条件有所区别。对于犯罪分子适用减刑，必须符合以下条件：（1）对象条件，是指减刑只适用于被判处管制、拘役、有期徒刑、无期徒刑的犯罪分子。被判处死刑立即执行的犯罪分子不能适用减刑；死刑缓期执行的减刑，随主刑刑种的性质改变而引起的附加刑的相应改变以及罚金刑的酌情减少或者免除，均不属于本条规定的减刑制度的范围。（2）实质条件，因减刑的种类不同而有所区别。犯罪分子只要认真遵守监规，接受教育改造，确有悔罪表现或者立功表现的，即可以获得减刑；而应当减刑的条件是有重大立功表现，即有本条规定的重大立功表现，就必须给予犯罪分子减刑的奖励。（3）限度条件。减刑的限度是指犯罪分子经过减刑后，应当实际执行的最低刑期。减刑以后实际执行的刑期，判处管制、拘役、有期徒刑的，不能少于原判刑期的二分之一；判处无期徒刑的，不能少于13年；对于死刑缓期二年执行的罪犯减为无期徒刑、有期徒刑后又被减刑的，其实际执行的刑期不能少于15年；对被判处死刑缓期执行的累犯以及因故意杀人、强奸、抢劫、绑架、放火、爆炸、投放危险物质或者有组织的暴力性犯罪而限制减刑的死刑缓期执行的犯罪分子，缓期执行期满后依法减为无期徒刑的，不能少于25年，缓期执行期满后依法减为25年有期徒刑的，不能少于20年。

减刑后刑期的计算，因原判刑罚的种类不同而有所区别：对于原判管制、拘役、有期徒刑的，减刑后的刑期自原判决执行之日起计算，原判刑期已经执行的部分，应计入减刑以后的刑期之内；对于原判无期徒刑减为有期徒刑的，刑期从裁定减刑之日起计算。

另注意减刑的程序，即由执行机关向中级以上人民法院提出减刑建议书。人民法院应当组成合议庭进行审理，对确有悔改或者立功事实的，裁定予以减刑。非经法定程序不得减刑。

易混易错

根据《刑法修正案（八）》的规定，对被判处死刑缓期执行的累犯以及因故意杀人、强奸、抢劫、绑架、放火、爆炸、投放危险物质或者有组织的暴力性犯罪被判处死刑缓期执行的犯罪分子，人民法院根据犯罪情节等情况可以同时决定对其限制减刑。理解时应注意：一是这里的“同时”是指判处死刑缓期执行的同时，不是在死刑缓期执行2年期满后减刑的“同时”。二是“限制减刑”是指对犯罪分子虽然可以适用减刑，但其实际执行期比其他死缓犯减刑后的实际执行期更长。即适用《刑法》第78条第2款第3项的规定：人民法院依照本法第50条第2款规定限制减刑的死刑缓期执行的犯罪分子，缓期执行期满后依法减为无期徒刑的，不能少于25年，缓期执行期满后依法减为25年有期徒刑的，不能少于20年。这实际上是严格限制对被判处死刑缓期执行犯罪分子的减刑，延长其实际服刑期，以体现刑法罪责刑相适应的原则。三是注意与之相关的特定犯罪的法律后果：对累犯以及因故意杀人、强奸、抢劫、绑架、放火、爆炸、投放危险物质或者有组织的暴力性犯罪被判处10年以上有期徒刑、无期徒刑的犯罪分子，不得假释；对正在进行行凶、杀人、抢劫、强奸、绑架以及其他严重危及人身安全的暴力犯罪，采取防卫行为，造成不法侵害人伤亡的，不属于防卫过当，不负刑事责任；危害国家安全犯罪、恐怖活动犯罪、黑社会性质的组织犯罪的犯罪分子，在刑罚执行完毕或者赦免以后，在任何时候再犯上述任一类罪的，都以累犯论处。同时应当注意，对适用缓刑的限制为累犯和犯罪集团的首要分子，并不包括这些暴力性犯罪和有组织的犯罪，当然这也源于缓刑的适用对象是被判处拘役或者3年以下有期徒刑的犯罪分子，但从理论上看缓刑的适用对象并没有排除这些类型的犯罪。

试题范例

1.（2019年真题）单项选择题

下列对于我国刑法中“终身监禁”的理解，正确的是（　　）。

A. 终身监禁属于一种新的刑罚种类而非刑罚执行方式

B. 终身监禁作出后不得根据服刑表现进行减刑或假释

C. 终身监禁应适用于国家工作人员实施的各种职务犯罪

D. 判处死刑缓期执行的罪犯减为无期徒刑时应适用终身监禁

答案：B

2.（2020年真题）多项选择题

下列选项中，减刑的适用对象有（　　）。

A. 被判处管制的犯罪分子

B. 被判处拘役的犯罪分子

C. 被判处有期徒刑的犯罪分子

D. 被判处无期徒刑的犯罪分子

答案：ABCD

3. 单项选择题

按照刑法的规定，下列犯罪人中，不可能被减刑的对象是（　　）。

A. 被判处管制的犯罪分子

B. 被单处罚金的犯罪分子

C. 作为累犯被判处有期徒刑的犯罪分子

D. 被宣告缓刑的犯罪分子

答案：B

4. 单项选择题

被判处无期徒刑的犯罪分子被减刑后，实际执行的刑期不得少于（　　）。

A. 8年　　B. 10年

C. 13年　　D. 14年

答案：C

核心法条

第81条　被判处有期徒刑的犯罪分子，执行原判刑期二分之一以上，被判处无期徒刑的犯罪分子，实际执行十三年以上，如果认真遵守监规，接受教育改造，确有悔改表现，没有再犯罪的危险的，可以假释。如果有特殊情况，经最高人民法院核准，可以不受上述执行刑期的限制。

对累犯以及因故意杀人、强奸、抢劫、绑架、放火、爆炸、投放危险物质或者有组织的暴力性犯罪被判处十年以上有期徒刑、无期徒刑的犯罪分子，不得假释。

对犯罪分子决定假释时，应当考虑其假释后对所居住社区的影响。

相关法条

第83条　有期徒刑的假释考验期限，为没有执行完毕的刑期；无期徒刑的假释考验期限为十年。

假释考验期限，从假释之日起计算。

第84条 被宣告假释的犯罪分子，应当遵守下列规定：

（一）遵守法律、行政法规，服从监督；

（二）按照监督机关的规定报告自己的活动情况；

（三）遵守监督机关关于会客的规定；

（四）离开所居住的市、县或者迁居，应当报经监督机关批准。

第85条 对假释的犯罪分子，在假释考验期限内，依法实行社区矫正，如果没有本法第八十六条规定的情形，假释考验期满，就认为原判刑罚已经执行完毕，并公开予以宣告。

第86条 被假释的犯罪分子，在假释考验期限内犯新罪，应当撤销假释，依照本法第七十一条的规定实行数罪并罚。

在假释考验期限内，发现被假释的犯罪分子在判决宣告以前还有其他罪没有判决的，应当撤销假释，依照本法第七十条的规定实行数罪并罚。

被假释的犯罪分子，在假释考验期限内，有违反法律、行政法规或者国务院有关部门关于假释的监督管理规定的行为，尚未构成新的犯罪的，应当依照法定程序撤销假释，收监执行未执行完毕的刑罚。

释解分析

第81条是关于假释的一般规定。假释是对被判处有期徒刑、无期徒刑的犯罪分子，在执行一定刑期之后，因其认真遵守监规，接受教育改造，确有悔改表现，没有再犯罪的危险，而附条件地将其予以提前释放的制度。假释是对犯罪分子附条件地提前释放，并在一定时期内保持继续执行未执行的部分刑罚的可能性。对犯罪分子适用假释，必须符合下列条件：

（1）对象条件。假释只能适用于被判处有期徒刑、无期徒刑的犯罪分子，包括原判为死刑缓期执行2年后被减为无期徒刑或有期徒刑者。

（2）根本性条件（实质条件）。即认真遵守监规，接受教育改造，确有悔改表现，没有再犯罪的危险，同时还应当考虑其假释后对所居住社区的影响。所谓悔改表现，是指同时具备以下四个方面情形：认罪服法；认真遵守监规，接受教育改造；积极参加政治、文化、技术学习；积极参加劳动，完成生产任务。所谓没有再犯罪的危险，是指罪犯在刑罚执行期间一贯表现好，确有悔改表现，不致违法、重新犯罪，或是年老、身体有残疾（不含自伤、自残），并丧失作案能力。

（3）限度条件（同减刑相一致，同时尚有例外）。无期徒刑犯实际执行13年以上、有期徒刑犯实际执行原判刑期一半以上的，方可适用假释，具有特殊情况的，也可不受该最低实际执行期限限制，但必须报最高人民法院核准。如果原判为死刑缓期执行的罪犯，减为无期徒刑或者有期徒刑后，依法适用假释时，实际执行的最低刑分别为25年和20年。

（4）禁止性条件。有两类犯罪分子是禁止适用假释的：一是累犯；二是因故意杀人、强奸、抢劫、绑架、放火、爆炸、投放危险物质或者有组织的暴力性犯罪被判处10年以上有期徒刑、无期徒刑的犯罪分子。

对于犯罪分子适用假释的程序，与适用减刑的程序相同，即由执行机关向中级以上人民法院提出假释建议书。人民法院应当组成合议庭进行审理，对符合条件的，裁定予以假释。非经法定程序不得假释。

第83、84条是关于假释考验期及其考察的规定。第83条规定的是假释的考验期，有期徒刑以剩余刑期为考验期限，无期徒刑的假释考验期限统一为10年；被假释的罪犯，除有特殊情况，一般不得减刑，其假释的考验期也不能缩短。第84条规定的是被宣告假释的犯罪分子的法定义务，与缓刑犯的法定义务相同，注意与管制犯法定义务的区别。被假释的犯罪分子，在假释考验期限内，依法实行社区矫正。

第85、86条是关于假释的法律后果的规定。同缓刑犯一样，假释的法律后果有二：成功的假释或失败的假释。

（1）成功的假释，即假释犯遵守了法定义务，在假释考验期间没有被发现依法应撤销假释的情形，假释考验期满后就视为原判刑罚已经执行完毕，并公开予以宣告。

（2）失败的假释，即被撤销的假释。根据第86条的规定，撤销假释的法定情形有三：①在假释考验期限内犯新罪，依照《刑法》第71条的规定实行数罪并罚；②在假释考验期限内发现漏罪，依照《刑法》第70条的规定实行数罪并罚；③违反法律、行政法规或者国务院有关部门关于假释的监督管理规定的，应收监执行未执行完毕的刑罚。

犯罪分子被假释后，原判有附加刑的，附加刑仍须继续执行。原判有附加剥夺政治权利的，附加剥夺政治权利的刑期从假释之日起计算。

易混易错

1. 假释犯的考察同管制犯的考察（《刑法》第39条）、缓刑犯的考察（《刑法》第75条）的关系。

（1）相同点：1）特点相同：都是放在社会上执行刑罚，都是非监禁状态。2）共同遵守的义务规范基本一致。①遵守法规，服从监督；②报告义务；③遵守会客规定；④不得擅自离开所居住的市、县或迁居。

（2）不同点：1）性质、适用条件等方面均有重大差别，详见各自分解。2）遵守义务仅有一个区别：《刑法》第39条关于管制多了一个义务：未经执行机关批准，不得行使言论、出版、集会、结社、游行、示威自由。

2. 假释与相关制度的关系。

（1）假释与减刑的区别。1）适用范围不同。假释只适用于被判处有期徒刑和无期徒刑的犯罪分子；减刑适用于被判处管制、拘役、有期徒刑、无期徒刑的犯罪分子。2）适用次数不同。假释只能宣告一次；减刑不受次数的限制，可以减刑一次，也可以减刑数次。3）法律后果不同。假释附有考验期限，如果发生法定情形，就撤销假释；减刑没有考验期限，即使犯罪分子犯新罪，已减的刑期也不恢复。4）适用方法不同。对被假释人当即解除监禁，予以附条件释放；对被减刑人则要视其减刑后是否有余刑，才能决定是否释放，有未执行完的刑期的，仍需在监继续执行。

（2）假释与缓刑。相同点：都是有条件地不执行原判刑罚，都有一定的考验期，都以发生法定情形为撤销条件。不同点：1）适用范围不同。假释适用于被判处无期徒刑和有期徒刑的犯罪分子；缓刑只适用于被判处拘役和3年以下有期徒刑的犯罪分子。2）适用时间不同。假释是在刑罚执行过程中，根据犯罪分子的表现，以裁定作出的；缓刑则是在判决的同时宣告的。3）适用根据不同。适用假释的根据，是犯罪分子在刑罚执行中的表现以及假释后没有再犯罪的危险；适用缓刑的根据，是犯罪分子的犯罪情节和悔罪表现以及适用缓刑没有再犯罪的危险。4）不执行的刑期不同。假释必须先执行原判刑期的一部分，而对尚未执行完的刑期，附条件地不执行；缓刑是对原判决的全部刑期有条件地不执行。

（3）假释与监外执行的区别。1）适用对象不同。假释只适用于被判处无期徒刑和有期徒刑的罪犯；监外执行则适用于被判处有期徒刑和拘役的罪犯。2）适用条件不同。假释适用于执行了一定刑期，认真遵守监规，接受教育改造，确有悔改表现，已没有再犯罪危险的犯罪分子；监外执行适用于因法定特殊情况不宜在监内执行的犯罪分子。3）收监条件不同。假释只有在假释考验期内发生法定情形，才能撤销；监外执行则在监外执行的法定条件消失，且刑期未满的情况下收监执行。4）期间计算不同。假释犯若被撤销假释，其假释的期间，不能计入原判执行的刑期之内。监外执行的期间，无论是否收监执行，均计入原判执行的刑期之内。

3. 注意对假释禁止性条件的正确理解。

（1）原判决为10年以上有期徒刑的暴力性犯罪，后被依法适用减刑、原判刑期被减为10年以下有期徒刑，根据相关司法解释，不能适用假释。

（2）对于一人所犯数罪的，只要有一罪属于故意杀人、爆炸、抢劫、强奸、绑架等暴力性犯罪且被判处10年以上有期徒刑、无期徒刑的，则不能适用假释。相反，如果一人犯数罪中，每罪都不符合上述禁止性情形，即使最终执行刑在10年以上有期徒刑、无期徒刑的，也可以适用假释。

试题范例

1.（2015年真题）单项选择题

下列情形中，不得适用假释的是（　　）。

A. 因诈骗罪被判处12年有期徒刑

B. 因叛逃罪被判处15年有期徒刑

C. 因放火罪被判处13年有期徒刑

D. 因故意杀人罪被判处5年有期徒刑

答案：C

2. 单项选择题

无期徒刑的假释考验期为（　　）。

A. 8年　　B. 10年

C. 15年　　D. 20年

答案：B

3. 多项选择题

下列关于假释的说法，哪些是错误的？（　　）

A. 对于因杀人、绑架等暴力性犯罪被判处10年以上有期徒刑的犯罪分子，不得假释；当他们被减刑后，如果剩余刑期低于10年有期徒刑，则可以假释

B. 被假释的犯罪分子，在假释考验期限内犯新罪的，应当撤销假释，按照先并后减的原则实行数罪并罚

C. 被假释的犯罪分子，在假释考验期内，遵守了各种相关规定，没有犯新罪，也没有发现以前还有其他罪没有判决的，假释考验期满，剩余刑罚就不再执行

D. 被判处有期徒刑的犯罪分子，执行原判刑期 1/2 以上，如果符合假释条件的，可以假释，如果有特殊情况，经高级人民法院核准，可以不受上述执行刑期的限制

答案：ABCD

4. 多项选择题

对刑法关于撤销假释的规定，下列哪些理解是正确的？（　　）

A. 只要被假释的犯罪分子在假释考验期内犯新罪，即使假释考验期满后才发现，也应当撤销假释

B. 在假释考验期满后，发现被假释的犯罪分子在判决宣告以前还有其他罪没有判决的，不能撤销假释

C. 被假释的犯罪分子，在假释考验期内犯新罪的，应当按先减后并的方法实行并罚，但“先减”是指减去假释前已经实际执行的刑期

D. 在假释考验期内，发现被假释的犯罪分子在判决宣告以前还有其他罪没有判决的，撤销假释后，按照先并后减的方法实行并罚，假释经过的考验期，应当计算在新决定的刑期之内，因为假释视为执行刑罚

答案：ABC

5. 多项选择题

按照刑法的规定，不得假释的犯罪分子包括（　　）。

A. 因抢劫罪被判处 15 年有期徒刑的某甲

B. 因受贿罪被判处 10 年有期徒刑同时附加剥夺政治权利 3 年的某乙

C. 因贩卖毒品罪被判处无期徒刑的某丙

D. 因构成累犯而被从重处罚判处有期徒刑 7 年的某丁

答案：AD

十、刑罚消灭制度

核心法条

第 87 条 犯罪经过下列期限不再追诉：

（一）法定最高刑为不满五年有期徒刑的，经过五年；

（二）法定最高刑为五年以上不满十年有期徒刑的，经过十年；

（三）法定最高刑为十年以上有期徒刑的，经过十五年；

（四）法定最高刑为无期徒刑、死刑的，经过二十年。如果二十年以后认为必须追诉的，须报请最高人民检察院核准。

相关法条

第 88 条 在人民检察院、公安机关、国家安全机关立案侦查或者在人民法院受理案件以后，逃避侦查或者审判的，不受追诉期限的限制。

被害人在追诉期限内提出控告，人民法院、人民检察院、公安机关应当立案而不予立案的，不受追诉期限的限制。

第 89 条 追诉期限从犯罪之日起计算；犯罪行为有连续或者继续状态的，从犯罪行为终了之日起计算。

在追诉期限以内又犯罪的，前罪追诉的期限从犯后罪之日起计算。

释解分析

1. 第 87 条是关于追诉时效的规定。时效是指经过一定的期限，对犯罪不得追诉或对所判刑罚不得执行的一项制度。时效分为追诉时效和行刑时效两种，我国刑法只规定了追诉时效，未规定行刑时效。追诉时效，是指依法对犯罪分子追究刑事责任的有效时限。在法定期限内，司法机关有权追究犯罪分子的刑事责任；超过这个期限，除法定最高刑为无期徒刑、死刑的，经最高人民检察院特别核准必须追诉的以外，都不得再追究犯罪分子的刑事责任，已经追究的，应当撤销案件，或者不起诉，或者终止审理。追诉时效期限的长短，应与犯罪的社会危害性程度、刑罚的轻重相适应。追诉时效的设置具有档次性，即以法定最高刑为基础分为 5 年、10 年、15 年和 20 年四个档次：（1）法定刑最高刑为不满 5 年的，追诉时效为 5 年；（2）法定最高刑为 5 年以上不满 10 年的，追诉时效为 10 年；（3）法定最高刑为 10 年以上的，追诉时效为 15 年；（4）法定最高刑为无期徒刑、死刑的，追诉时效为 20 年。如果 20 年以后认为必须追诉的，须报请最高人民检察院核准。根据《刑法》第 99 条的规定，“以上”、“以下”和“以内”都包括本数在内，“不满”则不包括本数。

2. 第 89 条是关于追诉时效如何计算的规定。所谓犯罪之日，应理解为犯罪成立之日。具体而言，对行为犯应从犯罪行为完成之日起计算；对举动犯应从犯罪行为实施之日起计算；对结果犯应从犯罪结果发生之日起计算；对结果加重犯应从加重结果发生之日起计算；对预备犯、未遂犯、中止犯，应分别从犯罪预备、犯罪未遂、犯罪中止成立之日起计算。所谓犯罪行为有连续或继续状态的，是指连续犯和继续犯，其追诉期限从犯罪行为终了之日起计算。

本条第 2 款是关于时效中断的规定。时效中断，是指在追诉期限内，因发生法定事由而使已经过的时效期间归于无效，法定事由消失后重新计算追诉期限的制度。只要犯罪分子在追诉期限内又犯罪（相对于前罪而言犯了新罪），不论新罪的性质和刑罚的轻重，也不论是故意犯罪还是过失犯罪，前罪所经过的时效期间均归于无效，前罪的追诉期限从犯新罪之日起重新计算。

3. 犯罪行为有继续状态的，说明该犯罪是继续犯（亦称持续犯）。所谓继续犯，是指犯罪行为自着手实行之时直至其构成既遂、且通常在既遂之后至犯罪行为终了的一定时间内，该犯罪行为及其所引起的不法状态同时处于持续过程中的犯罪形态。非法拘禁罪、窝藏罪、窝藏赃物罪、遗弃罪等是典型的继续犯。

4. 犯罪行为有连续状态的，说明该犯罪是连续犯。所谓连续犯，是指行为人基于数个同一的犯罪故意，连续多次实施数个性质相同的犯罪行为，触犯同一罪名的犯罪形态。

易混易错

1. 如果某罪的法定最高刑为有期徒刑的最高限——15 年，那么该罪的追诉时效仍为 15 年而非 20 年，因为追诉时效为 20 年的前提是法定最高刑期为无期徒刑或死刑的情形。

2. 注意区分本条与《刑法》第 88 条关于时效延长的规定。所谓时效延长，是指在追诉期限内，因发生法定事由而使追究犯罪人的刑事责任不受追诉期限限制的规定。其依法包括三种情形：(1) 案件已经立案或受理而逃避侦查或审判的。这种时效延长的期限必须同时具备两个条件：一是被人民检察院、公安机关、国家安全机关立案侦查或者人民法院受理了该案件；二是行为人逃避侦查或审判。具备这两个条件，不论经过多长时间，任何时候都可以追诉。(2) 被害人在追诉时效内已经提出控告的。这种时效延长的期限应同时具备两个条件：一是被害人在追诉期限内向公检法机关提出了控告；二是公检法机关应当立案而不予立案。需要注意的是，在上述两种情形下，若行为人在逃期间又实施其他罪行的，则该新罪行的追诉时效问题按照正常情形处理。如行为人的甲罪被司法机关立案侦查，但行为人逃避侦查与审判，其后又犯了乙罪，先前的甲罪虽然不受追诉期限的限制，但后来的乙罪仍受追诉期限的限制。(3) 最高人民检察院核准的。根据《刑法》第 87 条的规定，经最高人民检察院核准而不受追诉时效限制的前提是该罪法定最高刑为无期徒刑、死刑，认为 20 年之后仍需要追诉的。

3. 法定最高刑为不满 5 年、不满 10 年的均不包含 5 年和 10 年，而我国刑法分则条文中，处 5 年以下、10 年以下等均包含 5 年、10 年在内。因此，如果某罪被规定为处 5 年以下有期徒刑，则其追诉时效为 10 年而非 5 年。

试题范例

1.（2013 年真题）单项选择题

2000 年 3 月 1 日，甲因犯盗窃罪被公安机关立案侦查后逃往外地。甲又因在 2009 年 9 月 7 日犯抢劫罪，于 2010 年 6 月 7 日被抓获。甲所犯盗窃罪的追诉期限（　　）。

A. 不受限制
B. 应从 2000 年 3 月 1 日起计算
C. 应从 2009 年 9 月 7 日起计算
D. 应从 2010 年 6 月 7 日起计算

答案：A

2.（2015 年真题）单项选择题

甲涉嫌犯聚众斗殴罪，在 2010 年 8 月 9 日被抓捕时逃跑。2014 年 6 月 5 日，甲抢夺他人财物，数额特别巨大。下列选项中，正确的是（　　）。

A. 甲所犯抢夺罪的追诉期限为 5 年
B. 甲所犯聚众斗殴罪因其逃跑而不受追诉期限的限制
C. 甲所犯聚众斗殴罪的追诉期限从 2010 年 8 月 9 日起计算
D. 甲所犯聚众斗殴罪的追诉期限从 2014 年 6 月 5 日起计算

答案：B

3.（2016 年真题）单项选择题

2014 年 6 月 20 日，甲持枪抢劫后逃至外地。同年 11 月 8 日，甲因琐事将他人殴打成重伤。对甲的抢劫犯罪（　　）。

A. 经过 20 年一般不再追诉
B. 从 2014 年 6 月 20 日起计算追诉期限
C. 因为甲逃避侦查，其追诉期限不受限制
D. 如果 20 年后认为必须追诉的，报请公安部核准

答案：A

4.（2019 年真题）单项选择题

追诉期限的长短应与犯罪的社会危害性程度、刑罚的轻重相适应。下列对于追诉时效的表述，正确的是（　　）。

A. 法定最高刑为死刑的犯罪，经过 20 年，则一律不再追诉
B. 被害人在追诉期限内提出控告，公安机关应当立案而不予立案的，超过 20 年即不再追诉
C. 挪用公款归个人使用进行非法活动的，追诉期限从挪用行为实施完毕之日起计算
D. 玩忽职守行为造成的重大损失当时没有发生，而是在玩忽职守行为后一定时间发生的，应从玩忽职守行为时起计算追诉期限

答案：C

5.（2021 年真题）多项选择题

刑罚消灭的法定事由包括（　　）。

A. 经特赦免除刑罚
B. 超过追诉时效
C. 犯罪人死亡
D. 被害人谅解

答案：ABC

刑法学

6. 单项选择题

楚某1997年3月5日犯甲罪，追诉期限应为10年，2002年3月5日又犯乙罪，乙罪的追诉期限也是10年。这时甲罪的追诉期限应（　　）。

A. 从犯乙罪之日起计算，共计20年，即以甲罪的追诉期限10年加乙罪的追诉期限10年

B. 从犯乙罪之日起计算，共计15年，即以甲罪追诉期限剩余的5年加乙罪的追诉期限10年

C. 从犯乙罪之日起计算，还有5年

D. 从犯乙罪之日起计算，还有10年

答案：D

7. 单项选择题

甲故意伤害致人重伤，其追诉时效为（　　）。

A. 5年

B. 10年

C. 15年

D. 不受追诉时效限制

答案：C

十一、危害国家安全罪

核心法条

第 110 条 有下列间谍行为之一，危害国家安全的，处十年以上有期徒刑或者无期徒刑；情节较轻的，处三年以上十年以下有期徒刑：

（一）参加间谍组织或者接受间谍组织及其代理人的任务的；

（二）为敌人指示轰击目标的。

相关法条

第 109 条 国家机关工作人员在履行公务期间，擅离岗位，叛逃境外或者在境外叛逃的，处五年以下有期徒刑、拘役、管制或者剥夺政治权利；情节严重的，处五年以上十年以下有期徒刑。

掌握国家秘密的国家工作人员叛逃境外或者在境外叛逃的，依照前款的规定从重处罚。

第 111 条 为境外的机构、组织、人员窃取、刺探、收买、非法提供国家秘密或者情报的，处五年以上十年以下有期徒刑；情节特别严重的，处十年以上有期徒刑或者无期徒刑；情节较轻的，处五年以下有期徒刑、拘役、管制或者剥夺政治权利。

第 282 条 以窃取、刺探、收买方法，非法获取国家秘密的，处三年以下有期徒刑、拘役、管制或者剥夺政治权利；情节严重的，处三年以上七年以下有期徒刑。

非法持有属于国家绝密、机密的文件、资料或者其他物品，拒不说明来源与用途的，处三年以下有期徒刑、拘役或者管制。

第 398 条 国家机关工作人员违反保守国家秘密法的规定，故意或者过失泄露国家秘密，情节严重的，处三年以下有期徒刑或者拘役；情节特别严重的，处三年以上七年以下有期徒刑。

非国家机关工作人员犯前款罪的，依照前款的规定酌情处罚。

释解分析

第 110 条是关于间谍罪的规定。

间谍罪的构成特征：（1）侵犯客体是中华人民共和国的国家安全。（2）客观方面表现为：参加间谍组织；接受间谍组织及其代理人的任务；为敌人指示轰击目标。具有上述三种间谍行为之一的，即成立间谍罪。（3）犯罪主体为一般主体，包括中国公民、外国人和无国籍人士。（4）主观方面表现为直接故意，即明知是间谍组织而有意参加，明知是间谍任务而有意接受，明知对方是敌人而向其指示轰击目标，追求危害国家安全的结果发生。

易混易错

1. 注意间谍罪与叛逃罪的界限。叛逃罪系国家工作人员的叛逃行为，叛逃后参加间谍组织的或者接受间谍任务的，应以间谍罪和叛逃罪两罪实行数罪并罚。仅有叛逃行为而未实行间谍行为的，仍成立一个叛逃罪；国家机关工作人员实行间谍行为，而不具有叛逃性质的，只成立一个间谍罪。

2. 划清间谍罪与为境外窃取、刺探、收买、非法提供国家秘密、情报罪的界限。两者的主要区别在于：（1）主观上明知对方为间谍组织而为其窃取、刺探、收买、非法提供国家秘密、情报的，构成间谍罪；后罪中的境外机构、组织、个人是非间谍性质的。（2）后罪在客观上仅限于窃取、刺探、收买、非法提供国家秘密、情报，而间谍罪除了得到国家秘密、情报外，还有参加间谍组织、为敌人指示轰击目标或接受间谍组织及其代理人的其他派遣，危害国家安全的行为。

3. 划清间谍罪，为境外窃取、刺探、收买、非法提供国家秘密、情报罪与非法获取国家秘密罪，非法持有国家秘密罪，故意泄露国家秘密罪的界限。如果构成法条竞合，关键看行为服务对象是境内还是境外机构、组织、人员。

（1）如果一般主体仅仅非法获取国家秘密的，

只成立非法获取国家秘密罪；如果是为间谍组织或其他境外机构“服务”或故意泄露而非法获取国家秘密的，成立相应的罪。

（2）如果特定的主体（第398条规定的主体）没有“特定的服务对象”，仅仅是以互联网等形式发布、泄露国家秘密，情节严重的，按第398条规定的故意泄露国家秘密罪定罪处罚。

（3）只有当不能证明或拒绝交代其所持有的国家秘密之来源时才成立非法持有国家秘密罪。如果是非法获取国家秘密后又持有的，只成立非法获取国家秘密罪。

试题范例

1.（2014年真题）单项选择题

下列行为中，应以间谍罪（既遂）定罪处罚的是（　　）。

A. 甲非法获取国家秘密后，出售给外国间谍组织

B. 乙在境外参加外国间谍组织，回国后没来得及从事收集情报工作即被抓获

C. 丙为境外的公司刺探国内公司的相关商业秘密，尚未送出该秘密即被抓获

D. 丁将通过职务行为获得的国家秘密上传到互联网上，该秘密被外国间谍组织获取

答案：B

2. 多项选择题

间谍罪的客观行为方式为（　　）。

A. 参加间谍组织

B. 接受间谍组织的任务

C. 接受间谍组织代理人的任务

D. 为敌人指示攻击目标

答案：ABCD

十二、危害公共安全罪

核心法条

第 114 条 放火、决水、爆炸以及投放毒害性、放射性、传染病病原体等物质或者以其他危险方法危害公共安全，尚未造成严重后果的，处三年以上十年以下有期徒刑。

第 115 条第 1 款 放火、决水、爆炸以及投放毒害性、放射性、传染病病原体等物质或者以其他危险方法致人重伤、死亡或者使公私财产遭受重大损失的，处十年以上有期徒刑、无期徒刑或者死刑。

释解分析

上述条文规定了放火、决水、爆炸、投放危险物质和以危险方法危害公共安全的犯罪行为。这五种行为方式不论是故意还是过失实施的，都有可能构成犯罪。该类犯罪的主体只能是自然人，且已满 14 周岁不满 16 周岁的自然人只对常见多发的放火、爆炸、投放危险物质这三种危害行为负刑事责任，对其他危害公共安全的行为不负刑事责任。这里需重点掌握放火罪和以危险方法危害公共安全罪。

1. 放火罪。(1) 放火罪的行为方式，既可以是作为也可以是不作为。如故意纵火的行为构成作为；不作为的方式如负有防火义务的油区安全员，发现油区有着火的危险，能够采取措施防止而不防止，结果发生火灾，致公司财产遭受重大损失的。(2) 放火罪既遂的标准——独立燃烧说。放火罪是危险犯，实施放火行为焚烧财产，足以危害公共安全的即构成犯罪。如果还没有将放火的对象物点燃或刚刚点燃还未能脱离引火物独立燃烧，则不能认为是放火罪的既遂。对象物尚未点燃，即因行为人意志以外的原因而停止放火行为的，构成放火罪的未遂。完成放火行为后火灾是否实际发生、是否造成危害公共安全的严重后果，对确定放火罪的既遂与未遂没有影响。(3) 放火罪的罪数。实践中，犯罪分子往往在犯罪后，如故意杀人、盗窃、贪污后以放火的方法毁灭罪证，对此，如果该放火的行为足以危及公共安全的，则以放火罪与前面所实施的故意杀人罪或盗窃罪等并罚；如果该放火行为不危及公共安全，则直接以前面所实施的相应犯罪论处。

2. 以危险方法危害公共安全罪。该罪是指使用与放火、决水、爆炸、投放危险物质方法的危险性相当的其他危险方法，危害公共安全的行为。这里的危险方法，一方面必须是足以产生与放火、决水、爆炸、投放危险物质行为危险性相当的严重危害行为，另一方面该危险行为不能归纳为放火、决水、爆炸、投放危险物质或者被其包含。根据司法实践，该罪的表现形式主要有：以驾车撞人的危险方法危害公共安全、以传播病毒或泄漏放射性物质的危险方法危害公共安全、非法私设电网等。本罪具有囊括、补充和兜底的功能，如果某种行为符合其他犯罪的构成要件，应当认定为其他犯罪；如果不构成其他犯罪并且该行为具有严重的破坏性的，则认定为本罪。

易混易错

(1) 注意第 114 条和第 115 条的关系。从第 114 条规定看，这 5 种危害公共安全的犯罪属于危险犯，只要行为足以危害公共安全，尚未造成严重后果的，即可构成本条之罪的既遂。第 115 条的规定是该罪的结果加重犯，不是该罪既遂、未遂的标准。

(2) 放火罪与失火罪的区别。关键在于行为人对其行为所引起火灾的危险或后果持何态度，不在于点火行为是不是故意的。放火罪是危险犯，失火罪是结果犯，失火行为必须造成人身伤亡或公私财物重大损失的严重后果，才能构成犯罪。

(3) 放火罪与以放火方法实施的其他犯罪的界限。①放火罪与故意毁坏财物罪的界限：以放火的方法损毁公私财物的行为，如果已经危及或者足以危及公共安全的，应当以放火罪论处；若没有危及公共安全的，则以故意毁坏财物罪论处。②放火罪与破坏交通工具罪等罪的界限：如果以纵火焚烧的方法破坏交通工具、交通设施、电力设备、易燃易爆设备、电视电信设施，其行为具有放火罪和破坏交通工具罪等罪的特征的，鉴于破坏交通工具罪等罪的破坏方法已经包含了放火方法，且破坏交通工具罪等罪的对象是法定的（法条竞合，依“特别条款优先于普通条款”的原则处理），对此情况应按破坏交通工具罪等罪论处，而不再定放火罪。③放火罪与故意杀人罪、故意伤害罪的界限。行为人企图以放火的方法烧死或烧伤特定的个人的，如果其放火行为不足以危及公共安全，则应以故意杀人罪或故意伤害罪论处；如果其放火行为足以危害公共安全的，则以放火罪论处。

试题范例

1.（2016 年真题）单项选择题

甲误将黄色染料当硫黄，制造了“炸弹”，并投掷到邻居刘某家，意图杀死刘某，但“炸弹”未能爆炸，刘家五口人安然无恙。甲的行为应认定为（　　）。

A. 投放虚假危险物质罪（既遂）

B. 故意杀人罪（未遂）

C. 爆炸罪（未遂）

D. 投放危险物质罪（未遂）

答案：C

2.（2018 年真题）单项选择题

乘客甲明知擅自打开飞机应急舱门会危及飞行安全，在飞机被牵引车推出阶段故意将应急舱门打开，地勤人员发现应急充气滑梯弹出后将飞机迫停。甲的行为应认定为（　　）。

A. 破坏交通工具罪

B. 暴力危及飞行安全罪

C. 重大飞行事故罪

D. 以危险方法危害公共安全罪

答案：D

3.（2019 年真题）单项选择题

甲饥饿难耐，夜入位于高层住宅一楼的小超市行窃，尚未得手便惊醒了一直住在超市里的店主夫妇。甲用超市内销售的菜刀砍死前来查看的店主，砍伤店主妻子并点燃现场易燃物后逃离。火势在蔓延之前被邻居扑灭，但浓烟导致店主妻子窒息死亡。下列对于甲行为性质的认定，正确的是（　　）。

A. 甲进入超市实施盗窃，应属于紧急避险

B. 甲进入超市实施盗窃，不属于入户盗窃

C. 甲用刀砍死店主，应认定为故意杀人罪

D. 甲放火致人死亡，应认定为放火罪一罪

答案：D

4.（2019 年真题）案例分析题

甲因犯非法持有枪支罪被判处有期徒刑 1 年，2015 年 1 月 7 日刑满释放。2018 年 2 月 2 日，甲吸毒后驾驶汽车闯红灯，与一辆正常行驶的汽车发生剐蹭。甲慌忙驾车高速逃离现场，途中又接连撞坏 4 辆汽车，撞伤 6 名行人。甲下车后听到有人报警，遂留在现场，并在公安人员赶到后如实说明事发经过。在案件办理过程中，甲带领公安人员抓获了向自己销售毒品的毒贩。

请根据上述材料，回答下列问题并说明理由：

（1）甲的行为应如何定罪？

（2）甲具备哪些法定量刑情节及相应量刑情节的处理原则是什么？

答案：（1）甲的行为构成以危险方法危害公共安全罪。

甲违反法律规定驾车，与正常行驶的车辆发生剐蹭，因没有发生重大损害结果，不构成交通肇事罪。但是甲在发生交通事故后逃离现场，途中又接连撞坏 4 辆汽车，撞伤 6 名行人，甲对其撞坏汽车、撞伤行人的危害后果，采取放任的态度，主观方面是间接故意。甲驾车横冲直撞，危险性与放火、爆炸、决水、投放危险物质相当，故成立以危险方法危害公共安全罪。

（2）甲的法定量刑情节有：累犯、自首和立功。

甲因犯非法持有枪支罪被判处有期徒刑 1 年，刑满释放后 5 年内又犯应被判处有期徒刑以上刑罚之罪，是累犯，应当从重处罚，不得缓刑、不得假释。甲在下车后留在事故现场，在公安人员赶到后如实说明事发经过，属于自首，可以从轻或者减轻处罚。甲带领公安人员抓获毒贩，属于立功，可以从轻或者减轻处罚。

5.（2021 年真题）单项选择题

甲喝醉后在家耍酒疯，随手将笔记本电脑从 15 楼扔出窗外，正好砸中在小区散步的王某并致其重伤。甲的行为应认定为（　　）。

A. 以危险方法危害公共安全罪

B. 故意伤害罪

C. 过失致人重伤罪

D. 不构成犯罪

答案：A

6. 多项选择题

下列选项中，应以投放危险物质罪定罪处罚的有（　　）。

A. 甲在其竞争对手销售的面粉中掺入毒鼠强
B. 乙为了吸引顾客在火锅底料中掺入罂粟壳
C. 丙工厂违反规定，向河流中排放有毒废物后造成下游大量农作物绝收
D. 丁意图报复本单位领导，在单位的公共饮水机中投放无色无味的剧毒农药

答案：AD

核心法条

第116条 破坏火车、汽车、电车、船只、航空器，足以使火车、汽车、电车、船只、航空器发生倾覆、毁坏危险，尚未造成严重后果的，处三年以上十年以下有期徒刑。

相关法条

第118条 破坏电力、燃气或者其他易燃易爆设备，危害公共安全，尚未造成严重后果的，处三年以上十年以下有期徒刑。

第119条第1款 破坏交通工具、交通设施、电力设备、燃气设备、易燃易爆设备，造成严重后果的，处十年以上有期徒刑、无期徒刑或者死刑。

释解分析

本条规定的是破坏交通工具罪。

1. 重点把握本罪的客体和犯罪对象。（1）本罪侵犯的客体是交通运输安全，犯罪对象只限于正在使用中的火车、汽车、电车、船只、航空器，不包括三轮车、自行车、马车等非机动车和摩托车、拖拉机等机动车。但如果破坏特定时期或农村用作交通工具的拖拉机，足以危害公共安全的，也可以构成本罪。破坏其他交通工具不足以危害公共安全的，如果造成人员伤亡或财产损失，构成犯罪的，则可分别按故意杀人罪、故意伤害罪或者故意毁坏财物罪论处。（2）本罪的犯罪对象还必须是正在使用中的交通工具，包括正在运行、航行中的交通工具，也包括临时停放在车库、路边、码头、机场上的已经投入交通运输，随时都可能开动的交通工具。如果破坏的是没有交付使用的正在制造、维修或者储存中的交通工具，则不能构成本罪。破坏没有投入运输的交通工具造成财产损失的，可按故意毁坏财物罪论处。

2. 划清使用爆炸、放火的方法破坏交通工具的爆炸罪、放火罪与破坏交通工具罪的界限。刑法对破坏交通工具罪的犯罪对象作了特别明文规定，这一规定相对于爆炸罪、放火罪的规定具有特别法的性质。根据特别法优于普通法的原理，行为人采用爆炸、放火等方法破坏正在使用中的交通工具，只要足以使交通工具发生颠覆、毁坏危险，因而危害公共安全的，应以破坏交通工具罪论处；只有采用爆炸、放火等方法破坏尚未交付使用的交通工具，危害公共安全的，才以爆炸罪、放火罪论处。

3. 区分破坏交通工具罪与盗窃罪、故意毁坏财物罪的界限。区别的关键在于犯罪对象与侵犯客体不同：破坏交通工具罪的犯罪对象必须是正在使用中的交通工具，侵犯客体是交通运输安全；盗窃罪和故意毁坏财物罪的犯罪对象为一般公私财物，侵犯客体是公私财产所有权。如果行为人盗窃正在使用中的交通工具的重要部件、设施，足以使交通工具发生颠覆、毁坏危险，危害公共安全的，应以破坏交通工具罪论处。如果行为人故意毁坏正在使用中的交通工具足以使交通工具发生颠覆、毁坏危险，危害公共安全的，应以破坏交通工具罪论处。

4. 掌握破坏交通工具罪既遂与未遂的界限。根据刑法规定，行为人破坏交通工具，只要足以使交通工具发生颠覆、毁坏危险的，无论是否造成严重后果，均构成犯罪的既遂。是否造成严重后果不是划分本罪既遂与未遂的标准。本罪属于危险犯，构成本罪既遂的标准应当是行为人的破坏行为造成交通工具发生颠覆、毁坏的现实危险。一般而言，行为人实施完毕破坏交通工具行为，就会产生这种现实危险。破坏行为是否实行终了也就成为判断既遂与未遂的重要标志。

5. 划清破坏交通工具罪与破坏交通设施罪的界限。交通设施是从事交通运输的基础物质条件，破坏交通设施往往会导致交通工具倾覆、毁坏的严重后果，破坏交通工具也往往会损毁交通设施。两者的区分应视破坏行为的直接指向而定。如果行为直接指向的是正在使用中的交通工具，交通工具的倾覆、毁坏间接造成了交通设施损毁的后果的，则应当以破坏交通工具罪论处；如果行为直接指向的是正在使用中的交通设施，对交通设施的破坏间接造成了交通工具倾覆、毁坏的后果的，则应当以破坏交通设施罪论处。

易混易错

1. 注意破坏交通工具罪、破坏交通设施罪与相关犯罪的竞合。在实际生活中，行为人通常是为了窃取交通工具、交通设施上的零部件而毁坏有关交通工具、设备，危害公共安全，从而形成典型的想象竞合犯。处理的办法是：（1）如果破坏交通工具罪、破坏交通设施罪与以危险的方法危害公共安全等罪竞合，按破坏交通工具罪、破坏交通设施罪处罚；（2）如果与盗窃罪发生竞合时，不排除盗窃罪较重而以盗窃罪处罚的可能性。

2. 破坏电力设备罪与盗窃罪的竞合。根据相关司法解释的规定，破坏电力设备罪中的电力设备，是指处于运行、应急等使用中的电力设备；已经通电使用，只是由于枯水季节或电力不足等原因暂停使用的电力设备；已经交付使用但尚未通电的电力设备。但不包括尚未安装完毕，或者已经安装完毕但尚未交付使用的电力设备。区分破坏电力设备罪与盗窃罪的关键看犯罪对象是否“正在使用的”电力设备，如果是盗窃尚未安装完毕、尚未交付使用或者已废弃的电力设备，则应以盗窃罪等定性，但如果是盗窃“正在使用的”电力设备，则属于盗窃罪与破坏电力设备罪的想象竞合，应当从一重罪论处。对偷割已经安装完毕，但还未供电的电力线路的行为，应分别不同情况处理。如果偷割的是未正式交付电力部门使用的线路，应按盗窃案件处理。如果行为人明知线路已交付电力部门使用而偷割电线的，应定为破坏电力设备罪。对拆盗某些排灌站、加工厂等生产单位正在使用中的电机设备等，没有危及社会公共安全，但应当追究刑事责任的，可以根据案件的不同情况，按盗窃罪、破坏生产经营罪或者故意毁坏财物罪处理。

试题范例

1. （2021 年真题）单项选择题

甲偷割正在使用中的高速公路紧急信息警示屏的电源线，价值 5 000 元。甲的行为应认定为（　　）。

A. 盗窃罪

B. 破坏交通工具罪

C. 故意毁坏财物罪

D. 破坏交通设施罪

答案：D

2. 单项选择题

甲开办一间小汽修店，因修理一进口轿车缺零配件，便于晚间在一停车场将一同型号小轿车备用轮胎一个（价值 1 200 元）和发动机（价值 50 000 元）拆下盗走，甲的行为（　　）。

A. 构成盗窃罪和破坏交通工具罪，数罪并罚

B. 构成盗窃罪和破坏交通工具罪，属想象竞合犯，从一重罪即破坏交通工具罪定罪处罚

C. 只构成破坏交通工具罪

D. 只构成盗窃罪

答案：D

3. 多项选择题

下列说法正确的有（　　）。

A. 破坏交通工具罪是故意犯罪

B. 破坏交通工具罪的犯罪对象必须是正在使用中的交通工具

C. 破坏交通工具罪是危险犯

D. 破坏交通工具罪的刑事责任年龄是 14 周岁

答案：ABC

核心法条

第 120 条　组织、领导恐怖活动组织的，处十年以上有期徒刑或者无期徒刑，并处没收财产；积极参加的，处三年以上十年以下有期徒刑，并处罚金；其他参加的，处三年以下有期徒刑、拘役、管制或者剥夺政治权利，可以并处罚金。

犯前款罪并实施杀人、爆炸、绑架等犯罪的，依照数罪并罚的规定处罚。

相关法条

第 120 条之六　明知是宣扬恐怖主义、极端主义的图书、音频视频资料或者其他物品而非法持有，情节严重的，处三年以下有期徒刑、拘役或者管制，并处或者单处罚金。

释解分析

本条规定的是组织、领导、参加恐怖组织罪。本罪的犯罪构成特征为：（1）侵犯客体是社会公共安全，即不特定的多数人的生命、健康或重大公私财产的安全。（2）客观方面表现为组织、领

导、积极参加或参加恐怖活动组织的行为。所谓组织，是指为首策划、鼓动、教唆、召集、引诱多人成立专门或主要从事恐怖犯罪活动的组织的行为；所谓积极参加，是指多次参加恐怖活动组织的活动、态度积极，或者偶然参加恐怖活动组织的活动，但在其中起主要作用的行为；所谓参加，是指除了组织、领导、积极参加恐怖活动组织以外的其他参加恐怖活动组织活动的行为。本罪的客观要件属于选择性要件，只要行为人的行为符合组织、领导、积极参加或者参加恐怖活动组织的行为之一的，即构成本罪。(3) 犯罪主体是一般主体。(4) 主观方面表现为故意。

第120条之六规定的是非法持有宣扬恐怖主义、极端主义物品罪。从构成特征看，其犯罪客体是复杂客体，一方面表现为对公共安全造成侵犯的威胁或危险；另一方面表现为对宣扬恐怖主义、极端主义物品管制秩序的侵犯。在客观方面表现为行为人非法持有宣扬恐怖主义、极端主义的物品，情节严重的行为。犯罪主体是自然人一般主体，主观方面是故意。认定该罪注意三点：一是该条中“持有”行为的认定。在我国的法律规范中，“持有”是指行为人对国家规定的管制物品事实上的支配或控制。在该条中具体表现为直接占有、藏有、存放或者以其他方法支配宣扬恐怖主义、极端主义的物品。只要行为人认识到其存在，能够对之进行管理或者支配就都可以认定为持有。二是本罪与一般的持有型犯罪不同，有“情节严重”的限制。是否达到“情节严重”的程度应当根据行为人持有的宣扬恐怖主义、极端主义的物品的数量的多少，其所包含的信息量大小以及是否已经为此接受过行政处罚等因素来加以确定。另外，该罪中的“明知”应当解释为“明知或应当知道”。三是要注意该罪与组织、领导、参加恐怖组织罪等其他恐怖主义犯罪罪名的界限。其核心在于考察行为人非法持有这些物品后是否用于实施上述其他犯罪，只要有证据证实行为人非法持有这些物品后是用于实施上述其他犯罪的，就应当以相应的其他罪名论处。

易混易错

1. 注意恐怖活动组织的行为方式：(1) 具有高度的组织性（有组织犯罪的典型）；(2) 犯罪手段具有暴力性；(3) 行为后果引起社会的恐惧性、恐怖性与恐慌性；(4) 恐怖活动组织具有特定的目的性（政治性、社会性等）。恐怖活动组织具有极大的社会危害性，只要行为人具有组织、领导或参加恐怖活动组织的行为，就构成本罪。如果行为人在组织、领导或参加恐怖活动组织后，具体实施了杀人、爆炸、绑架等犯罪的，应当将所实施的具体犯罪行为和本罪实行数罪并罚。

2. 注意对于资助恐怖活动组织或者实施恐怖活动的个人，不是作为共同犯罪论处，而是作为单独的犯罪即资助恐怖活动罪论处。

3.《刑法修正案（九）》规定了准备实施恐怖活动罪，将本属犯罪预备的行为上升为实行行为，规定为独立犯罪，并配置较重的法定刑。同时，尽管非法持有宣扬恐怖主义、极端主义物品与恐怖活动的危害后果尚有一段距离，但《刑法修正案（九）》规定其为独立犯罪，即规定了非法持有宣扬恐怖主义、极端主义物品罪。

试题范例

多项选择题

魏某受恐怖活动组织的指派潜入大陆进行恐怖活动，先后杀害3人，绑架1人。魏某的行为构成（　　）。

A. 参加恐怖组织罪

B. 故意杀人罪

C. 绑架罪

D. 以危险方法危害公共安全罪

答案：ABC

核心法条

第121条　以暴力、胁迫或者其他方法劫持航空器的，处十年以上有期徒刑或者无期徒刑；致人重伤、死亡或者使航空器遭受严重破坏的，处死刑。

释解分析

1. 本条规定的是劫持航空器罪。该罪的构成特征为：(1) 侵犯客体是航空运输安全，即不特定的多数旅客、机组人员的生命健康以及航空器及其运载物品的安全。犯罪对象是正在使用中的民用航空器，如飞机、飞艇等，军用航空器不是本罪的犯罪对象。(2) 客观方面表现为以暴力、胁迫或者其他方法劫持航空器的行为。所谓暴力，是指行为人对机上人员特别是机组人员实施捆绑、殴打、伤害甚至杀害，迫使机组人员改变航向或者直接控制航空器；所谓胁迫，是指行为人以爆炸航空器、杀害人质等相威胁，迫使机组人员改变航向或者直接控制航空器；所谓其他方法，是指以暴力、胁迫以外的其他方法迫使机组人员改变航向或者直接控制航空器。（3）犯罪主体是一般主体。（4）主观方面表现为故意。

2. 劫持航空器罪是行为犯。只要行为人以暴力、胁迫或者其他方法实施了劫持航空器的行为，并将航空器置于自己的控制之下，即构成既遂；否则为犯罪未遂。至于行为人的犯罪目的是否达到、有没有造成危害后果，则与犯罪行为的既遂与未遂无关。

易混易错

如果行为人以杀人、伤害或者故意损毁航空器的方法劫持航空器，因而致人死亡、重伤或者使航空器遭受严重毁坏的，其杀人行为、伤害行为、故意损毁航空器的行为不过是刑法规定的劫持航空器的犯罪方法行为，应当作为方法行为被作为目的行为的劫持航空器罪吸收。但如果在劫持航空器之后滥杀无辜或强奸妇女的，则应当对滥杀无辜或强奸妇女等犯罪单独定罪，与劫持航空器罪实行数罪并罚。

试题范例

多项选择题

劫持航空器的行为符合下列条件之一的，可以适用死刑（　　）。

A. 故意致人伤害　　B. 故意致人死亡

C. 致使航空器毁灭　　D. 过失致人死亡

答案：ABCD

核心法条

第122条　以暴力、胁迫或者其他方法劫持船只、汽车的，处五年以上十年以下有期徒刑；造成严重后果的，处十年以上有期徒刑或者无期徒刑。

释解分析

本条规定的是劫持船只、汽车罪。本罪侵犯的客体是公共安全，主要是指船只、汽车的交通运输安全和不特定多数旅客的生命、健康及财产安全。本罪的犯罪对象只能是正在使用中的船只、汽车。本罪在客观方面表现为以暴力、胁迫或者其他方法劫持船只、汽车的行为。暴力，是指对船只、汽车上的人员，特别是驾驶人员、售票人员，实施捆绑、殴打、伤害等行为，迫使船只、汽车改变方向或自己亲自控制。胁迫，是指对乘务人员施以精神恐吓和强制，如以车、船相威胁，使驾驶、操纵人员不敢反抗，听凭其指挥或自己亲自操纵驾驶。其他方法是指上述暴力、胁迫方法以外的任何其他劫持方法，如使用麻醉品将驾驶人员致醉、致昏等，使驾驶人员处于不能反抗或不知反抗的状态，从而达到劫持船只、汽车的目的。这里的劫持，是指犯罪分子以上述手段按照自己的意志强行控制船只、汽车的行为。本罪的主体为一般主体。本罪在主观方面表现为故意，但对犯罪目的没有要求，行为人劫持船只、汽车，不论出于何种目的，都不影响本罪的成立。

劫持船只、汽车罪是行为犯，不是结果犯。只要行为人实施了以暴力、胁迫或者其他方法劫持船只、汽车的行为，即构成本罪既遂，而不论其犯罪目的是否实现。

易混易错

1. 罪与非罪的界限。司法实践中，在认定某种行为是否构成劫持船只、汽车罪时，主要应把握该行为是否具有相当严重的社会危害性，是否具备本条规定的劫持船只、汽车罪的构成要件。司法实践中，特别要注意把劫持船只、汽车罪同正当的执行公务行为、紧急避险行为等区别开来。劫持船只、汽车罪中的劫持应是非法的，如果行为人出于正当的公务活动的需要或者出于紧急避险而强行使用船只、汽车的，不构成劫持船只、汽车罪。

2. 本罪与破坏交通工具罪的界限。劫持船只、汽车罪与破坏交通工具罪都是故意犯罪，侵犯的客体都是交通运输安全，但有明显区别：（1）犯罪客观方面不同。劫持船只、汽车罪的行为人通常是采取暴力、胁迫或者其他方法劫持船只、汽车，且一般是在船只、汽车内公然实施的；破坏交通工具罪的行为人通常是采取盗窃、爆炸等手段破坏船只、汽车等交通工具，一般容易导致船只、汽车等交通工具的倾覆或者毁坏，且多是秘密实施的。(2) 犯罪对象不同。劫持船只、汽车罪的犯罪对象仅限于船只、汽车；破坏交通工具罪的犯罪对象则不限于船只、汽车，还包括火车、航空器等。(3) 犯罪主观目的不同。劫持船只、汽车罪的行为人也可能对船只、汽车进行破坏，但其犯罪目的不是使船只、汽车发生倾覆或毁坏危险，而是劫夺和控制船只、汽车；破坏交通工具罪的行为人是通过破坏船只、汽车等交通工具而使船只、汽车等交通工具倾覆或毁坏。

3. 本罪与抢劫罪的界限。两罪的主体都为一般主体，主观方面都是出于故意，客观方面都可表现为暴力、胁迫或者其他方法，但两者具有以下区别：(1) 主观目的完全不同。本罪的行为意在控制船只、汽车按自己的意图行驶；抢劫罪的目的在于非法占有财物。(2) 所侵犯的客体不同。本罪所侵害的客体为公共安全，包括交通运输安全和不特定乘客的生命健康安全；抢劫罪的客体则是公私财物的所有权和特定公民的人身健康权利。(3) 所侵犯的对象不同。本罪的对象仅限于船只和汽车；抢劫罪的对象则是包括船只、汽车在内的一切有形的动产，对象比本罪广泛得多。(4) 在客观方面表现不完全相同。本罪由于意在控制船只、汽车，一旦达到其目的，往往会离船、离车而去，或者将所劫船只、汽车予以毁坏；抢劫罪由于意在占有所劫之物，通常会在一段时间继续使用或出卖所劫船只、汽车。如果行为人出于非法占有的目的，劫取正在使用中的船只、汽车，其行为虽同时触犯本罪，但无须实行数罪并罚。如果查不清行为人的具体目的，则可以本罪论处。

核心法条

第 125 条　非法制造、买卖、运输、邮寄、储存枪支、弹药、爆炸物的，处三年以上十年以下有期徒刑；情节严重的，处十年以上有期徒刑、无期徒刑或者死刑。

非法制造、买卖、运输、储存毒害性、放射性、传染病病原体等物质，危害公共安全的，依照前款的规定处罚。

单位犯前两款罪的，对单位判处罚金，并对其直接负责的主管人员和其他直接责任人员，依照第一款的规定处罚。

相关法条

第 126 条　依法被指定、确定的枪支制造企业、销售企业，违反枪支管理规定，有下列行为之一的，对单位判处罚金，并对其直接负责的主管人员和其他直接责任人员，处五年以下有期徒刑；情节严重的，处五年以上十年以下有期徒刑；情节特别严重的，处十年以上有期徒刑或者无期徒刑：

（一）以非法销售为目的，超过限额或者不按照规定的品种制造、配售枪支的；

（二）以非法销售为目的，制造无号、重号、假号的枪支的；

（三）非法销售枪支或者在境内销售为出口制造的枪支的。

第 128 条　违反枪支管理规定，非法持有、私藏枪支、弹药的，处三年以下有期徒刑、拘役或者管制；情节严重的，处三年以上七年以下有期徒刑。

依法配备公务用枪的人员，非法出租、出借枪支的，依照前款的规定处罚。

依法配置枪支的人员，非法出租、出借枪支，造成严重后果的，依照第一款的规定处罚。

单位犯第二款、第三款罪的，对单位判处罚金，并对其直接负责的主管人员和其他直接责任人员，依照第一款的规定处罚。

释解分析

非法制造、买卖、运输、邮寄、储存枪支、弹药、爆炸物罪，是指违反国家有关枪支、弹药、爆炸物管理的法律规定，非法制造、买卖、运输、邮寄、储存枪支、弹药、爆炸物的行为。

非法制造、买卖、运输、邮寄、储存枪支、弹药、爆炸物罪的构成特征：

1. 侵犯客体是社会公共安全，即不特定多数人的生命、健康和重大公私财产的安全。犯罪对象是枪支、弹药和爆炸物。

2. 客观方面表现为违反国家有关枪支、弹药、爆炸物管理的法律规定，实施了非法制造、买卖、运输、邮寄、储存枪支、弹药、爆炸物的行为之一。本罪属于选择性罪名，其中既有犯罪行为的选择，又有犯罪对象的选择，只要行为人针对枪支、弹药、爆炸物三种犯罪对象之一实施了非法

刑法学

制造、买卖、运输、邮寄或者储存行为之一的，即构成本罪。如果行为人同时针对枪支、弹药、爆炸物三种犯罪对象实施了两种以上行为的，也只能以本罪一罪论处。

3. 犯罪主体是一般主体，凡达到刑事责任年龄、具有刑事责任能力的自然人都可以成为本罪的主体。此外，单位也可以成为本罪的主体。

4. 主观方面表现为故意，即明知是国家禁止非法制造、买卖、运输、邮寄、储存的枪支、弹药、爆炸物而故意非法制造、买卖、运输、邮寄、储存。如果因误解、无知或者被蒙骗等原因而实施了上述行为的，不能构成本罪。

易混易错

上述三个法条规定的是有关“涉枪”的几个常见犯罪，掌握这些犯罪的关键是准确理解它们之间的区别。

1. 划清本罪与盗窃、抢夺枪支、弹药、爆炸物罪及抢劫枪支、弹药、爆炸物罪的界限。这三种犯罪的侵犯客体和犯罪对象不完全相同，其主要区别在于：(1) 客观方面表现不同。本罪表现为实施非法制造、买卖、运输、邮寄、储存枪支、弹药、爆炸物的行为之一，而后两罪则表现为实施了盗窃、抢夺枪支、弹药、爆炸物行为之一或者实施了抢劫行为。(2) 犯罪主体不同。本罪主体除自然人外，还包括单位，而后两罪的犯罪主体则只能是自然人。

2. 划清本罪与非法持有、私藏枪支、弹药罪的界限。行为人因非法储存枪支、弹药、爆炸物而构成本罪的，与非法持有、私藏枪支、弹药罪极易混淆。其主要区别在于：(1) 犯罪对象的范围不同。本罪的犯罪对象包括枪支、弹药、爆炸物，而非法持有、私藏枪支、弹药罪的对象则仅限于枪支、弹药。(2) 客观方面的表现不同。本罪一般是违反国家法律规定，私自储存数量较大的枪支、弹药、爆炸物，而非法持有、私藏枪支、弹药罪则一般是不具备配枪资格而非法携带、持有枪支或者私自收藏少量枪支、弹药。(3) 犯罪主体的范围不同。本罪的主体包括自然人和单位，而非法持有、私藏枪支、弹药罪的主体则只限于自然人。

3. 划清本罪与非法出租、出借枪支罪的界限。主要区别在于：(1) 犯罪对象不同。本罪的犯罪对象包括枪支、弹药、爆炸物，而后罪的犯罪对象则仅限于枪支。(2) 客观方面表现不同。本罪表现为非法制造、买卖、运输、邮寄、储存枪支、弹药、爆炸物的行为，而非法出租、出借枪支罪则表现为非法出租或者非法出借枪支的行为之一。(3) 犯罪主体不同。本罪的主体是一般主体，自然人和单位都可以成为本罪主体，而非法出租、出借枪支罪的犯罪主体则是特殊主体，即必须是依法配备公务用枪或者依法配置民用枪支的人员或单位。

4. 划清本罪与违规制造、销售枪支罪的界限。主要区别在于：(1) 犯罪对象不同。非法制造、买卖、运输、邮寄、储存枪支、弹药、爆炸物罪的犯罪对象包括枪支、弹药、爆炸物；而后罪的犯罪对象则仅限于枪支。(2) 客观方面表现不同。非法制造、买卖、运输、邮寄、储存枪支、弹药、爆炸物罪表现为具有非法制造、买卖、运输、邮寄、储存枪支、弹药、爆炸物的行为之一；而后罪则表现为超过限额或者不按规定的品种制造、配售枪支，制造无号、重号、假号的枪支，非法销售枪支或在境内销售为出口制造枪支的行为之一。(3) 犯罪主体不同。非法制造、买卖、运输、邮寄、储存枪支、弹药、爆炸物罪的主体是一般主体，自然人和单位都可以构成；而后罪的犯罪主体则是特殊主体，且只能是单位，即必须是依法被指定、确定的枪支制造企业、销售企业。(4) 主观故意的内容不同。非法制造、买卖、运输、邮寄、储存枪支、弹药、爆炸物罪在主观上无法定目的的要求；而后罪有非法销售的目的要求。

5. 违规制造、销售枪支的行为应当是以销售为目的或者存在违法销售的行为，如果不是服务于目的的违规制造行为，不以违规制造、销售枪支罪定罪处罚。

6. 私藏枪支、弹药罪是指依法配备、配置枪支、弹药的人员，在配备、配置枪支、弹药的条件消除后，违反枪支管理法律法规的规定，私自藏匿所配备的枪支、弹药且拒不交出的行为。其与盗窃、抢夺枪支、弹药、爆炸物罪区别的关键是私藏枪支、弹药罪的行为是单独的行为，在盗窃、抢夺枪支、弹药后构成犯罪的，其藏匿行为属于后续行为，不再单独定罪。

7. 关于非法持有、私藏枪支、弹药罪，应当注意：(1) 划清罪与非罪的界限。实践中发生的依法配置枪支的人员（如猎人）未及时按规定领取配备枪支（如猎枪）许可证，经指明又补领了许可证的，应属情节显著轻微危害不大的持有、私藏枪支行为，不以犯罪论处。对这种情况可以进行必要的治安处罚。（2）本罪的犯罪形态。按照《刑法》第128条第1款的规定，本罪属于行为犯，即故意违反枪支管理规定，非法持有、私藏枪支、弹药的行为，就构成本罪的既遂。（3）非法持有、私藏枪支、弹药罪的行为人的行为是在不构成非法制造、买卖、运输、邮寄、储存枪支、弹药、爆炸物罪的基础上的非法持有、私藏，如果是在非法制造、买卖、运输、邮寄、储存枪支、弹药、爆炸物罪基础上的非法持有、私藏，则属于这些犯罪之后的后续行为，不再单独定非法持有、私藏枪支、弹药罪，而是以上述犯罪处罚之。

核心法条

第133条　违反交通运输管理法规，因而发生重大事故，致人重伤、死亡或者使公私财产遭受重大损失的，处三年以下有期徒刑或者拘役；交通运输肇事后逃逸或者有其他特别恶劣情节的，处三年以上七年以下有期徒刑；因逃逸致人死亡的，处七年以上有期徒刑。

相关法条

第133条之一　在道路上驾驶机动车，有下列情形之一的，处拘役，并处罚金：

（一）追逐竞驶，情节恶劣的；

（二）醉酒驾驶机动车的；

（三）从事校车业务或者旅客运输，严重超过额定乘员载客，或者严重超过规定时速行驶的；

（四）违反危险化学品安全管理规定运输危险化学品，危及公共安全的。

机动车所有人、管理人对前款第三项、第四项行为负有直接责任的，依照前款的规定处罚。

有前两款行为，同时构成其他犯罪的，依照处罚较重的规定定罪处罚。

第133条之二　对行驶中的公共交通工具的驾驶人员使用暴力或者抢控驾驶操纵装置，干扰公共交通工具正常行驶，危及公共安全的，处一年以下有期徒刑、拘役或者管制，并处或者单处罚金。

前款规定的驾驶人员在行驶的公共交通工具上擅离职守，与他人互殴或者殴打他人，危及公共安全的，依照前款的规定处罚。

有前两款行为，同时构成其他犯罪的，依照处罚较重的规定定罪处罚。

释解分析

本条规定的是交通肇事罪。

1. 交通肇事罪的构成特征是：（1）侵犯客体是交通运输安全。（2）客观方面表现为违反交通运输管理法规，因而发生重大事故，致人重伤、死亡或者使公私财产遭受重大损失的行为。根据相关司法解释，具有下列情形之一的，处3年以下有期徒刑或者拘役：死亡1人或者重伤3人，负事故全部或者主要责任的；死亡3人以上，负事故同等责任的；造成公共财产或者他人财产直接损失，负事故全部或主要责任，无力赔偿数额在30万元以上的。另外，交通肇事致1人以上重伤，负事故全部或者主要责任，并具有下列情形之一的，以交通肇事罪定罪处罚：酒后、吸食毒品后驾驶机动车辆的；无驾驶资格驾驶机动车辆的；明知是安全装置不全或者安全机件失灵的机动车辆而驾驶的；明知是无牌证或已报废的机动车辆而驾驶的；严重超载驾驶的；为逃避法律责任逃离事故现场的。（3）犯罪主体是一般主体。（4）主观方面表现为过失，可以是疏忽大意的过失，也可以是过于自信的过失。

2. “交通运输肇事后逃逸”，是指在发生交通事故后，为逃避法律追究而逃跑的行为；“因逃逸致人死亡”，是指行为人在交通肇事后为逃避法律责任而逃跑，致使被害人因得不到救助而死亡的情形。

3. 第133条之一规定的是危险驾驶罪。危险驾驶行为主要包括四种情形：追逐竞驶，情节恶劣的；醉酒驾驶机动车的；从事校车业务或者旅客运输，严重超过额定乘员载客，或者严重超过规定时速行驶的；违反危险化学品安全管理规定运输危险化学品，危及公共安全的。

4. 有危险驾驶行为，同时构成其他犯罪的，依照处罚较重的规定定罪处罚，不实行数罪并罚。

5. 第133条之二规定的是妨害安全驾驶罪。犯罪的行为主体是一般主体，即行驶中的公共交通工具上的驾驶人员和乘客。客观方面表现为两种：第一，乘客对行驶中的公共交通工具的驾驶人员使用暴力或者抢控驾驶操纵装置，干扰公共交通工具正常行驶，危及公共安全；第二，行驶中的公共交通工具的驾驶人员擅离职守，与他人互殴或者殴打他人，危及公共安全。该罪行为须发生在公共交通工具上，所谓公共交通工具，是指公共汽车、公路客运车，大、中型出租车等车辆。侵犯的客体是公共交通安全，行为人主观上表现为故意。

易混易错

1. 交通肇事罪的犯罪主体不是特殊主体，公共交通的参与者都可构成该罪的犯罪主体。但应注意以下特殊情形：(1) 即使行为人是无照驾驶者，或者是偷开他人机动车辆，如果违反了交通运输法规而造成重大损失的，也应依照交通肇事罪定罪处罚。(2) 单位主管人员、机动车辆所有人或者机动车辆承包人指使、强令他人违章驾驶造成重大交通事故的，按照交通肇事罪定罪处罚。(3) 交通肇事后，单位主管人员、机动车辆所有人、承包人或者乘车人指使肇事人逃逸，致使被害人因得不到救助而死亡的，以交通肇事罪的共犯论处。

2. 行为人利用交通工具杀害特定的个人，如开车撞死自己的仇人，应按故意杀人罪论处；如果出于泄愤报复或者其他反社会动机，驾驶汽车等交通工具在街道或其他公共场所横冲直撞，制造事端，造成不特定的多人死亡或者重大公私财产损失的，应以以危险方法危害公共安全罪论处。

3. 关于交通肇事罪的逃逸问题：(1) 一般逃逸，应在 3 年以上 7 年以下幅度内处罚（情节加重）。(2) 因逃逸而致人死亡，应在 7 年以上幅度内处罚（结果加重）。(3) 行为人在交通肇事后为了逃避法律追究，将被害人带离事故现场后隐藏或者遗弃，致使被害人无法得到救助而死亡或者严重残疾的，应以故意杀人罪或者故意伤害罪定罪处罚。(4) 行为人在交通肇事后，为了杀人灭口，而又故意将伤者撞死或者在交通肇事后明知被害人受伤，仍然驾车挂带被车钩住的被害人逃跑，致使被害人死亡的，其行为另行构成故意杀人罪或故意伤害罪，应和交通肇事罪进行数罪并罚。

4. 关于交通肇事罪的时空范围：(1) 在公共交通管理的范围外，驾驶机动车辆或者使用其他交通工具致人伤亡或者致使公共财产或者他人财产重大损失，构成犯罪的，分别依照重大责任事故罪、重大劳动安全事故罪、过失致人死亡罪等规定定罪处罚。(2) 交通肇事罪中“交通工具”的范围，除了驾驶机动车辆可以构成交通肇事罪外，在内河或海上违规驾驶、操作轮船，发生严重碰撞事故，也可以构成交通肇事罪。但是航空器或铁路上的交通肇事行为，则成立《刑法》第 131 条、第 132 条的重大飞行事故罪、铁路运营安全事故罪。(3) 交通肇事罪要求必须是在交通运输活动中，如果与此无关，如在停车场上练习驾车，或者出于玩耍或好奇的目的发动车辆，不慎将人轧死，可能构成过失致人死亡罪。(4) 如果驾驶非机动车辆，该车辆被用来从事交通运输活动或与正在进行的有关交通运输活动直接关联的情况下，行为人违章肇事，构成犯罪的，也应以交通肇事罪论处。

5. 注意妨害安全驾驶罪与“以危险方法危害公共安全罪”的关系。妨害安全驾驶罪仍属于危害公共安全的犯罪，但与此前所适用的“以危险方法危害公共安全罪”的罪名相比，在构成要件上更具体、更有针对性。此外，以危险方法危害公共安全罪的危险犯要求达到“危害”公共安全的危险程度，理论上称之为具体危险犯；妨害安全驾驶罪则只需达到“危及”公共安全的程度，理论上称之为抽象危险犯，只要行为人实施了符合妨害安全驾驶罪构成要件的行为，就认为具备抽象危险，而无须作具体的危险判断。因此，认定成立妨害安全驾驶罪的标准更低。相应地，妨害安全驾驶罪的法定刑也低于以危险方法危害公共安全罪的法定刑，从而达到罪责刑相适应的效果。同时，《刑法》第 133 条之二第 3 款规定：“有前两款行为，同时构成其他犯罪的，依照处罚较重的规定定罪处罚。”这就意味着，如果实施了危害公共交通工具行驶安全的犯罪行为，又进一步造成了严重结果，根据行为人对结果的主观心态不同，又可能构成以危险方法危害公共安全罪的实害犯（对实害结果持故意心态）或交通肇事罪（对实害结果持过失心态）。这种情况属于一个行为触犯数罪名的想象竞合犯，应当择一重罪处断。

试题范例

1. (2016 年真题) 单项选择题

甲在封闭的居民小区内醉酒驾驶，拐弯时因采取措施不当，将人行道上的 2 人撞成重伤。甲的行为应认定为（　　）。

A. 危险驾驶罪

B. 交通肇事罪

C. 故意伤害罪

D. 过失致人重伤罪

答案：D

2.（2017年真题）法条分析题

《中华人民共和国刑法》第133条规定："违反交通运输管理法规，因而发生重大事故，致人重伤、死亡或者使公私财产遭受重大损失的，处三年以下有期徒刑或者拘役；交通运输肇事后逃逸或者有其他特别恶劣情节的，处三年以上七年以下有期徒刑；因逃逸致人死亡的，处七年以上有期徒刑。"

请分析：

（1）本条中的"交通运输肇事后逃逸"如何理解？

（2）本条中的"因逃逸致人死亡"如何理解？

答案：（1）"交通运输肇事后逃逸"，是指行为人具有法定情形，在发生交通事故后，为逃避法律追究而逃跑的行为。

（2）"因逃逸致人死亡"，是指行为人在交通肇事后为逃避法律追究而逃跑，致使被害人因得不到救助而死亡的情形。

3. 单项选择题

根据刑法规定与相关司法解释，下列哪一选项符合交通肇事罪中的"因逃逸致人死亡"？（　　）

A. 交通肇事后因害怕被现场群众殴打，逃往公安机关自首，被害人因得不到救助而死亡

B. 交通肇事致使被害人当场死亡，但肇事者误以为被害人没有死亡，为逃避法律责任而逃逸

C. 交通肇事致人重伤后误以为被害人已经死亡，为逃避法律责任而逃逸，导致被害人得不到及时救助而死亡

D. 交通肇事后，将被害人转移至隐蔽处，导致其得不到救助而死亡

答案：C

4. 单项选择题

甲驾驶一辆跑车在高速公路上行驶，被乙快速超过，顿生不快，遂加速超乙，乙见甲超过自己，又加速超过甲，后两人相互追逐竞驶，正在前面行驶的丙躲让不及撞上在侧道行驶的一辆车，造成一系列车连环相撞，数十人重伤或死亡。经查乙属于酒后驾车，则下列表述正确的是（　　）。

A. 甲不构成犯罪，乙构成过失致人死亡罪

B. 甲、乙均构成交通肇事罪

C. 甲、乙均构成以危险方法危害公共安全罪

D. 甲、乙均应当承担刑事责任

答案：D

5. 单项选择题

某市公交公司驾驶员李某驾驶公交车正常行驶，途中，乘客刘某错过下车站点，要求立即下车，李某按照规定未予停车，刘某遂抢夺方向盘并殴打李某，二人在车辆行进中持续互殴，其他乘客对此未予制止。此时公交车已驶入对面车道，为躲避迎面车辆，李某猛打方向盘，公交车失控坠入江中。对刘某和李某的行为，下列认定正确的是（　　）。

A. 刘某构成以危险方法危害公共安全罪，李某不构成犯罪

B. 刘某构成妨害安全驾驶罪，李某构成危险驾驶罪

C. 二人均构成妨害安全驾驶罪

D. 二人均构成以危险方法危害公共安全罪

答案：D

核心法条

第134条　在生产、作业中违反有关安全管理的规定，因而发生重大伤亡事故或者造成其他严重后果的，处三年以下有期徒刑或者拘役；情节特别恶劣的，处三年以上七年以下有期徒刑。

强令他人违章冒险作业，或者明知存在重大事故隐患而不排除，仍冒险组织作业，因而发生重大伤亡事故或者造成其他严重后果的，处五年以下有期徒刑或者拘役；情节特别恶劣的，处五年以上有期徒刑。

第134条之一　在生产、作业中违反有关安全管理的规定，有下列情形之一，具有发生重大伤亡事故或者其他严重后果的现实危险的，处一年以下有期徒刑、拘役或者管制：

（一）关闭、破坏直接关系生产安全的监控、报警、防护、救生设备、设施，或者篡改、隐瞒、销毁其相关数据、信息的；

（二）因存在重大事故隐患被依法责令停产停业、停止施工、停止使用有关设备、设施、场所或者立即采取排除危险的整改措施，而拒不执行的；

（三）涉及安全生产的事项未经依法批准或者许可，擅自从事矿山开采、金属冶炼、建筑施工，以及危险物品生产、经营、储存等高度危险的生产作业活动的。

刑法学

释解分析

第134条第1款规定的是重大责任事故罪。其构成特征为：(1) 侵犯客体是生产、作业安全。(2) 客观方面表现为在生产、作业中违反有关安全管理的规定，因而发生重大伤亡事故或者造成其他严重后果的行为。本罪的构成以行为人违反规章制度为前提条件，且必须在生产、作业过程中实施了违反规章制度的行为。本罪是结果犯，只有当违反规章制度的行为造成了重大伤亡事故或者造成了其他严重后果的，才能以本罪论处。造成重大伤亡事故，是指致1人以上死亡或者致3人以上重伤；严重后果，是指造成直接经济损失5万元以上，或者经济损失虽不足上述数额，但情节严重，使工作、生产受到重大伤害。(3) 犯罪主体是一般主体。(4) 主观方面表现为过失。

第134条第2款规定的是强令、组织他人违章冒险作业罪。原第2款规定的是强令违章冒险作业罪，其行为方式只有一种，即强令他人违章冒险作业，是一种作为式犯罪。《刑法修正案（十一）》与之前相比，增加了组织冒险作业犯罪的情形，即明知存在重大事故隐患而不排除，仍冒险组织作业。具体而言，行为人如果明知存在不及时排除可能会发生重大伤亡事故或者造成其他严重后果的重大事故隐患，仍冒险组织作业，并且因此发生重大伤亡事故或者造成其他严重后果的，就构成本罪。

第134条之一规定的是危险作业罪。《刑法修正案（十一）》增加危险作业罪，将刑事处罚阶段适当前移，对于特别危险的重大隐患行为，没有发生现实危害结果的也追究刑事责任。在理解本条时应当注意：一是构成本罪首先要求“具有发生重大伤亡事故或者造成其他严重后果的现实危险”；二是对重大危险作业行为明确列举，对一般违反安全生产管理的情况不作为犯罪处理；三是构成本罪不要求实际危害结果。

易混易错

1. 在厂（矿）区机动车作业期间发生的伤亡事故案件，应当根据不同情况，区别对待：在公共交通管理范围内发生重大事故的，因违反交通运输规章制度，应按交通肇事罪定罪处罚；在公共交通管理范围外发生重大事故的，应当定重大责任事故罪。

2. 注意区别重大责任事故罪与相关犯罪。

(1) 与失火罪、过失爆炸罪的界限：区别的关键要看是否在生产、作业过程中。重大责任事故罪是在生产、作业过程中，由于违反有关安全管理的规定而造成严重后果；而失火罪等是在日常生活中用火、用电等不慎而引起火灾等严重后果。如某工厂车间因失火而造成严重后果，不一定构成重大责任事故罪，关键要看引起火灾的原因是否在生产、作业过程中。

(2) 与具体事故罪的界限：重大责任事故罪与重大飞行事故罪、铁路运营安全事故罪、重大劳动安全事故罪等具体事故罪的关系是一般与特殊的关系，适用法条竞合特别规定优先适用的原则解决。

(3) 与污染环境罪的界限：1) 犯罪主体不尽相同。前者的犯罪主体只能是自然人；后者的犯罪主体既可以是自然人，也可以是单位。2) 行为方式不同。前者表现为违反有关安全管理的规定，或者强令他人违章冒险作业，因而发生严重后果；后者表现为违反国家有关排放、倾倒或者处置危险废物的规定，因而严重污染环境。3) 侵犯客体不同。前者侵犯的客体是生产、作业安全；后者侵犯的客体为国家对环境保护和污染防治的管理活动。

3. 注意《刑法修正案（六）》已将原法条作了修改，主要表现为：(1) 只规定在生产、作业中，并未限于工厂、矿山、林场、建筑企业；(2) 不再要求行为人是否服从管理，只要其违反有关安全管理的规定，并因此发生重大事故即构成重大责任事故罪；(3) 对于强令他人违章冒险作业从而导致重大责任事故的，直接以强令违章冒险作业罪论处，并加大了刑罚力度。

4. 理解危险作业罪注意把握以下方面：一是严格划定犯罪条件，构成危险作业罪首先要求“具有发生重大伤亡事故或者造成其他严重后果的现实危险”，即已经出现了重大险情，虽然基于各种偶然因素，最终没有发生重大伤亡事故或者造成其他严重后果。只有重大危险才能认定为“现实危险”，不能将一般的、数量众多的违反安全生产管理规定的行为纳入刑事制裁。二是对重大危险作业行为明确分项列举，不设置兜底项，包括破坏直接关系生产安全的有关设备设施或者相关监测预警数据、因重大事故隐患被依法责令整改而拒不执行、安全生产事项未经批准从事高度危险作业活动三种情况，不能因为企业有重大事故隐患就予以刑事处罚。三是注意区分危险作业罪与其他犯罪的界限和罪数适用，特别是第三项的有关行为，可能同时构成非法采矿罪，非法运输、储存危险物质等其他犯罪，应当根据案件具体情况从一重罪处罚或者数罪并罚。四是符合本条规定的行为，如果发生了安全事故，达到重大责任事故罪等相关犯罪的量刑标准时，适用重大责任事故罪等相关犯罪处罚，不适用本条规定；如果发生的后果是小事故，尚不够重大责任事故罪等相关犯罪定罪量刑的标准，但同时具有造成更多事故的现实危险，符合本条规定的，仍应适用本条规定处罚。

5. 上述规定的安全生产事故犯罪有两点需要注意：一是现行刑法中，涉及生产安全事故领域的犯罪基本也是“结果犯”，属于事后追责。而《刑法修正案（十一）》明确将安全生产事前违法行为入刑，“结果犯”和“危险犯”均予以考虑，将刑事处罚阶段适当前移，对于特别危险的重大隐患行为，没有发生现实危害结果的也追究刑事责任。二是传统安全生产事故犯罪为过失犯罪，过失犯罪的刑罚配置较之于故意犯罪一般要轻，普遍提高过失犯罪的刑罚还需要慎重。《刑法修正案（十一）》区分了情况，只对主观上明知存在重大隐患，但为了短期利益置之不理，极其轻率、鲁莽，客观上又冒险作业情节特别恶劣、发生的后果又特别严重的情况加重刑罚。

试题范例

1.（2015年真题）单项选择题

甲公司将3 000公斤生产废料直接倒入河中，该废料遇水反应生成毒气，毒气随风飘至附近数个村庄，致上百村民呼吸系统受损，并造成直接经济损失100多万元。甲公司的行为构成（　　）。

A. 污染环境罪

B. 重大责任事故罪

C. 投放危险物质罪

D. 以危险方法危害公共安全罪

答案：A

2. 单项选择题

甲在生产作业期间，违反操作规程造成供电线路短路，引起火灾，烧毁厂房，致3名工人死亡，造成直接经济损失1 000万元。甲的行为构成（　　）。

A. 失火罪

B. 过失致人死亡罪

C. 重大责任事故罪

D. 失火罪和过失致人死亡罪

答案：C

3. 单项选择题

某矿山企业存在重大事故隐患，为完成生产指标，负责人甲违反安全生产管理规定，组织工人继续作业，被安监局发现后责令停产停业。则甲的行为应认定为（　　）。

A. 不构成犯罪

B. 重大责任事故罪

C. 危险作业罪

D. 强令、组织他人违章冒险作业罪

答案：A

核心法条

第136条　违反爆炸性、易燃性、放射性、毒害性、腐蚀性物品的管理规定，在生产、储存、运输、使用中发生重大事故，造成严重后果的，处三年以下有期徒刑或者拘役；后果特别严重的，处三年以上七年以下有期徒刑。

释解分析

本条规定的是危险物品肇事罪。本罪的客体是危险物品在生产、储存、运输、使用中的安全；客观方面表现为违反危险物品的管理规定，在生产、储存、运输、使用中发生重大事故，造成严重后果的行为；主体是一般主体，主要是从事生产、储存、运输、使用危险物品的职工；主观方面表现为过失。

试题范例

单项选择题

刘某、郭某雇用工人张小丽在家生产烟花火药，在用改装面条机碾轧先前购买的150公斤硝酸钾、50公斤硫黄及部分自制木炭时，成药爆燃，引燃原料，致张小丽死亡。则刘某、郭某的行为构成（　　）。

A. 以危险方法危害公共安全罪

B. 非法携带危险物品危及公共安全罪

C. 危险物品肇事罪

D. 爆炸罪

答案：C

十三、破坏社会主义市场经济秩序罪

核心法条

第140条 生产者、销售者在产品中掺杂、掺假，以假充真，以次充好或者以不合格产品冒充合格产品，销售金额五万元以上不满二十万元的，处二年以下有期徒刑或者拘役，并处或者单处销售金额百分之五十以上二倍以下罚金；销售金额二十万元以上不满五十万元的，处二年以上七年以下有期徒刑，并处销售金额百分之五十以上二倍以下罚金；销售金额五十万元以上不满二百万元的，处七年以上有期徒刑，并处销售金额百分之五十以上二倍以下罚金；销售金额二百万元以上的，处十五年有期徒刑或者无期徒刑，并处销售金额百分之五十以上二倍以下罚金或者没收财产。

相关法条

第149条 生产、销售本节第一百四十一条至第一百四十八条所列产品，不构成各该条规定的犯罪，但是销售金额在五万元以上的，依照本节第一百四十条的规定定罪处罚。

生产、销售本节第一百四十一条至第一百四十八条所列产品，构成各该条规定的犯罪，同时又构成本节第一百四十条规定之罪的，依照处罚较重的规定定罪处罚。

第150条 单位犯本节第一百四十条至第一百四十八条规定之罪的，对单位判处罚金，并对其直接负责的主管人员和其他直接责任人员，依照各该条的规定处罚。

释解分析

1. 本条是关于生产、销售伪劣产品罪的规定。该罪的构成特征是：(1) 侵犯客体是国家对普通产品质量的管理制度。(2) 客观方面表现为生产者、销售者违反国家的产品管理法律、法规，生产、销售伪劣产品的行为。具体表现为：掺杂、掺假，以假充真，以次充好和以不合格产品冒充合格产品。生产、销售伪劣产品的金额达到5万元以上是构成该罪在客观上所要求的内容。这里的金额是指销售金额，即指生产者、销售者出售伪劣产品后所得的全部违法收入。未及销售而当场被查获的伪劣产品价值15万元（即3倍）以上的，以生产、销售伪劣产品罪（未遂）定罪处罚。(3) 犯罪主体是个人和单位，表现为产品的生产者和销售者两类人，至于其是否具有合法的生产许可证或者营业执照不影响本罪成立。(4) 主观方面表现为故意，一般具有非法牟利的目的。

特别注意：本条的犯罪对象——伪劣产品，尽管范围广泛，但不包括建筑工程这种特殊的产品，因为对此已有《刑法》第137条规定的工程重大安全事故罪的规范。

2. 本罪与《刑法》第141条至第148条所规定的犯罪之间存在法条竞合关系，即第140条属于普通法，第141条至第148条属于特别法，应当按照特别法优先于普通法的原则适用特别法，但如果一般法的处罚重于特别法的处罚，则应适用一般法。

易混易错

1. 实施生产、销售伪劣商品犯罪，同时构成侵犯知识产权、非法经营等其他犯罪的，依照处罚较重的规定定罪处罚。这里涉及想象竞合犯的问题。所谓想象竞合犯，是指行为人基于一个犯罪意图所支配的数个不同的罪过，实施一个危害行为，而触犯两个以上异种罪名的犯罪形态。其构成特征为：(1) 行为人必须基于一个犯罪意图所支配的数个不同的罪过而实施犯罪行为，这是想象竞合犯的主观特征；(2) 行为人只实施了一个危害社会行为，这是想象竞合犯的客观特征之一；(3) 行为人所实施的一个行为必须侵犯数个不同的直接客体，这是想象竞合犯的另一个客观特征；(4) 行为人实施的一个行为，必须同时触犯数个罪名，这是想象竞合犯的法律特征。对想象竞合犯应采用“从一重处断”原则予以论处，即应依照其犯罪行为所触犯的数罪中最重的犯罪论处。

2. 伪劣产品尚未销售，货值金额达到《刑法》第 140 条规定的销售金额 3 倍以上的，以生产、销售伪劣产品罪（未遂）定罪处罚。

3. 注意本罪与生产、销售劣药罪的区别。根据《刑法》第 149 条第 1 款的规定，生产、销售劣药，未对人体健康造成严重危害的，不构成生产、销售劣药罪，但是销售金额为 5 万元以上的，应认定为生产、销售伪劣产品罪，同时构成这两个罪的，应按处罚较重的生产、销售劣药罪定罪处罚。

4. 实施生产、销售伪劣商品犯罪，又以暴力、威胁方法抗拒查处，构成其他犯罪的，实行数罪并罚。

试题范例

1.（2018 年真题）多项选择题

生产、销售伪劣产品罪的客观方面表现为，在生产、销售的产品中（　　）。

A. 以次充好　　B. 以假充真

C. 掺杂　　D. 掺假

答案：ABCD

2.（2020 年真题）单项选择题

甲在其制作的玉米馒头中违规超量添加色素，销售金额累计达 22 万元。此种色素为合法食品添加剂，超量使用不足以造成严重食物中毒事故或者其他严重食源性疾病。甲的行为应认定为（　　）。

A. 不构成犯罪

B. 生产、销售伪劣产品罪

C. 生产、销售有毒、有害食品罪

D. 生产、销售不符合安全标准的食品罪

答案：B

3. 多项选择题

甲未获烟草专卖许可，擅自购进明知是假冒的“中华”牌香烟 100 箱进行批发和零售，在被查获时已销售出 80 箱，收款 120 万元。经检验该批香烟属于不合格产品。甲的行为（　　）。

A. 触犯非法经营罪

B. 触犯销售假冒注册商标的商品罪

C. 触犯销售伪劣产品罪

D. 属于想象竞合犯，从一重罪定罪处罚

答案：ABCD

核心法条

第 141 条　生产、销售假药的，处三年以下有期徒刑或者拘役，并处罚金；对人体健康造成严重危害或者有其他严重情节的，处三年以上十年以下有期徒刑，并处罚金；致人死亡或者有其他特别严重情节的，处十年以上有期徒刑、无期徒刑或者死刑，并处罚金或者没收财产。

药品使用单位的人员明知是假药而提供给他人使用的，依照前款的规定处罚。

相关法条

第 142 条　生产、销售劣药，对人体健康造成严重危害的，处三年以上十年以下有期徒刑，并处罚金；后果特别严重的，处十年以上有期徒刑或者无期徒刑，并处罚金或者没收财产。

药品使用单位的人员明知是劣药而提供给他人使用的，依照前款的规定处罚。

第 142 条之一　违反药品管理法规，有下列情形之一，足以严重危害人体健康的，处三年以下有期徒刑或者拘役，并处或者单处罚金；对人体健康造成严重危害或者有其他严重情节的，处三年以上七年以下有期徒刑，并处罚金：

（一）生产、销售国务院药品监督管理部门禁止使用的药品的；

（二）未取得药品相关批准证明文件生产、进口药品或者明知是上述药品而销售的；

（三）药品申请注册中提供虚假的证明、数据、资料、样品或者采取其他欺骗手段的；

（四）编造生产、检验记录的。

有前款行为，同时又构成本法第一百四十一条、第一百四十二条规定之罪或者其他犯罪的，依照处罚较重的规定定罪处罚。

释解分析

本条规定的是生产、销售、提供假药罪。生产、销售、提供假药罪，是指生产者、销售者、提供者违反国家药品管理法规，生产、销售、提供假药的行为。生产、销售、提供假药罪的构成特征：(1) 侵犯客体是复杂客体，既侵犯了国家对药品的管理制度，又侵犯了不特定多数人的身体健康权利。(2) 客观方面表现为生产者、销售者、提供者违反国家的药品管理法律、法规，生产、销售、提供假药，而生产、销售、提供假药对人体健康造成严重危害的则属结果加重犯，对其处以较重的刑罚。(3) 犯罪主体为个人和单位，表现为假药的生产者、销售者、提供者。(4) 主观方面表现为故意，一般是出于营利的目的。

第142条规定的是生产、销售、提供劣药罪。本罪的客体是复杂客体，既包括国家对药品的管理制度，又包括公民的健康权利。客观方面表现为生产、销售、提供劣药，对人体健康造成严重危害的行为。所谓"对人体健康造成严重危害"，主要是指造成用药人残疾或者其他严重后遗症，或因服用劣药延误治疗，致使病情加剧而引起危害、死亡等严重后果。犯罪主体是一般主体，既包括自然人，也包括单位。本罪在主观方面表现为故意，过失不能构成本罪。

第142条之一规定的是妨害药品管理罪。该罪的构成特征是：行为人主观上只能是故意；犯罪主体包括单位和个人；客观方面行为人有违反药品管理法规的行为。

易混易错

1. 关于生产、销售、提供假药罪的犯罪形态，在《刑法修正案（八）》对该条文作出修改后，本罪由原危险犯（足以严重危害人体健康）相应地变为行为犯，即只要有生产、销售、提供假药的行为即构成犯罪，法定危害结果的出现不再是本罪的构成要件，而作为加重处罚的情节。

2. 生产、销售、提供假药罪与生产、销售、提供劣药罪的区别界限：(1) 犯罪对象不同：一个是假药，一个是劣药。(2) 犯罪形态不同：生产、销售、提供假药罪是行为犯，而生产、销售、提供劣药罪是实害犯，即对人体健康造成严重危害的方构成犯罪。

3. 生产、销售、提供劣药罪与生产、销售伪劣产品罪的界限。区别有两点：一是犯罪对象不同。生产、销售、提供劣药罪仅限于药品，而生产、销售伪劣产品罪则包括所有产品。二是构成犯罪的标准不同。生产、销售、提供劣药罪的构成必须具备"对人体健康造成严重危害"，而生产、销售伪劣产品罪的构成要求"销售金额在5万元以上"。行为人如果生产、销售、提供劣药未对人体健康造成严重危害，但销售金额在5万元以上的，应依照生产、销售伪劣产品罪定罪处罚。生产、销售、提供劣药，构成生产、销售、提供劣药罪，同时又构成生产、销售伪劣产品罪的，依照处罚较重的规定定罪处罚。

4.《刑法修正案（十一）》删除了第141条和142条假药、劣药的认定以《中华人民共和国药品管理法》的规定为准的认定条款，这意味着刑法上假药、劣药的认定不再以以往行政管理标准认定的假药、劣药作为认定标准，而是以药品是否会导致"足以严重危害人体健康"的严重危害后果作为假药、劣药的认定标准。对生产、销售违反《药品管理法》中生产、销售要求的"药"，不当然认定为假药、劣药，如果实质上不会危害人体健康和生命安全，不以犯罪论处。

此外，修正案扩大了生产、销售假药或劣药罪的犯罪主体，细化了渎职犯罪情形，明确了药品使用单位人员的相关刑事责任。这意味着药品使用单位的人员若明知药品是假药或者劣药而提供给他人使用，提供药品的行为亦构成生产、销售假药或者劣药罪。

5. 理解适用妨害药品管理罪需要注意：一是药品研发、生产坚持有效性和安全性并重，是一项严格的科学试验过程。原则上，未经批准擅自生产药品，或者随意添加各种成分自创新药等，都应当直接认定为"足以严重危害人体健康"，按照违反药品管理秩序犯罪追究刑事责任。对销售少量根据民间传统配方私自加工的药品等少数情形，可以进一步判断是否足以严重危害人体健康。二是违反药品管理秩序的行为，同时构成生产、销售、提供假药罪，生产、销售、提供劣药罪，生产、销售伪劣产品罪，侵犯知识产权罪，非法经营罪等相关犯罪的，应当依照处罚较重的规定定罪处罚。

试题范例

(2016年真题) 单项选择题

甲将面粉制作的小丸冒充消炎药卖给某药店，获利巨大。对甲的行为（　　）。

A. 应以诈骗罪定罪处罚

B. 只能以生产、销售假药罪定罪处罚

C. 只能以生产、销售伪劣产品罪定罪处罚

D. 应以生产、销售假药罪与生产、销售伪劣产品罪择一重罪处断

答案：D

核心法条

第 143 条　生产、销售不符合食品安全标准的食品，足以造成严重食物中毒事故或者其他严重食源性疾病的，处三年以下有期徒刑或者拘役，并处罚金；对人体健康造成严重危害或者有其他严重情节的，处三年以上七年以下有期徒刑，并处罚金；后果特别严重的，处七年以上有期徒刑或者无期徒刑，并处罚金或者没收财产。

第 144 条　在生产、销售的食品中掺入有毒、有害的非食品原料的，或者销售明知掺有有毒、有害的非食品原料的食品的，处五年以下有期徒刑，并处罚金；对人体健康造成严重危害或者有其他严重情节的，处五年以上十年以下有期徒刑，并处罚金；致人死亡或者有其他特别严重情节的，依照本法第一百四十一条的规定处罚。

释解分析

1. 第 143 条规定的是生产、销售不符合安全标准的食品罪。本罪侵犯的客体是复杂客体，即国家食品卫生管理制度和公民的生命权、健康权。本罪在客观方面表现为违反食品卫生管理法规，生产、销售不符合食品安全标准的食品，足以造成严重食物中毒事故或者其他严重食源性疾病的行为。本罪的主体为一般主体，达到刑事责任年龄并具有刑事责任能力的任何人均可构成本罪。同时，单位亦可构成本罪。单位犯本罪的，实行双罚制。本罪在主观方面只能由故意构成，即行为人明知生产、销售的食品不符合食品安全标准而仍故意予以生产、销售。

2. 第 144 条规定的是生产、销售有毒、有害食品罪。该罪的构成特征是：（1）本罪侵犯的客体为复杂客体，包括国家对食品卫生的监督管理秩序和广大消费者即不特定的多数人的生命、健康权利。（2）客观方面表现为在生产、销售的食品中掺入有毒、有害的非食品原料，或者销售明知掺有有毒、有害的非食品原料的食品的行为。（3）本罪的主体是一般主体，包括自然人和单位，单位犯本罪的，实行双罚制。（4）本罪在主观方面只能由故意构成，本罪为行为犯。

3. 生产、销售有毒、有害食品罪的认定。

（1）根据相关司法解释的规定，生产、销售的有毒、有害食品被食用后，造成轻伤、重伤或者其他严重后果的，应认定为《刑法》第 144 条规定的“对人体健康造成严重危害”。生产、销售的有毒、有害食品被食用后，致人严重残疾、3 人以上重伤、10 人以上轻伤或者造成其他特别严重后果的，应认定为“对人体健康造成特别严重危害”。

（2）犯本条所定之罪，又以暴力、威胁方法抗拒查处，构成其他犯罪的，依照数罪并罚的规定处罚。

（3）单位犯本条所定之罪的，对单位判处罚金，并对直接负责的主管人员和其他直接责任人员依照本条的规定追究刑事责任。

易混易错

1. 罪与非罪的界限。

（1）违反食品卫生法规是构成生产、销售有毒、有害食品罪的前提，不违法就不构成犯罪。

（2）判断食品是否有毒、有害，要由专业的食品卫生监督机关进行鉴定。如果无毒、无害或者毒性很小，危险性也很小，则不构成犯罪。

（3）行为人主观上是否出于故意。如果行为人出于过失，不知道生产、销售的食品是有毒、有害的食品且没有造成严重后果，则不构成犯罪。

2. 生产、销售有毒、有害食品罪与生产、销售伪劣产品罪的界限。

生产、销售有毒、有害食品罪的犯罪对象也属于伪劣产品的概念范围之内，所以生产、销售有毒、有害食品罪与生产、销售伪劣产品罪存在一些相似之处。但生产、销售有毒、有害食品罪由于其客体受到法律的特殊保护而独立出来，并与生产、销售伪劣产品罪相排斥，故而在犯罪对象、犯罪客体及认定犯罪的标准上都存在明显的区别。如果行为人在生产、销售的食品中既掺入有毒、有害的非食品原料，违法销售金额又在 5 万元以上的，应依《刑法》第 149 条第 2 款的规定，依照处刑较重的规定定罪处罚。

3. 生产、销售有毒、有害食品罪与生产、销售不符合安全标准的食品罪的界限。两罪的区别在于：

（1）犯罪对象不同。生产、销售有毒、有害食品罪生产、销售的是有毒、有害的食品，即掺入有毒、有害的非食品原料的食品；而生产、销

售不符合安全标准的食品罪的犯罪对象只是不符合食品安全标准的食品，该食品中未掺入有毒、有害的非食品原料。

(2) 客观方面不同。生产、销售有毒、有害食品罪须具有在生产、销售的食品中掺入有毒、有害的非食品原料的行为；而生产、销售不符合安全标准的食品罪尽管也掺入有毒、有害物质从而造成食品不符合安全标准，但加入的物质仍然是食品原料，只不过是变质、腐败或被污染了。

(3) 生产、销售有毒、有害食品罪是行为犯，只要实施客观方面要求的行为即可构成既遂；生产、销售不符合安全标准的食品罪是危险犯，只有造成严重食物中毒事故或者其他严重食源性疾病，对人体健康造成严重危害或者有其他严重情节的，才能构成既遂。

4. 生产、销售有毒、有害食品罪与重大责任事故罪和玩忽职守罪的界限。区别的关键在于主观方面不同：生产、销售有毒、有害食品罪是在生产、销售的食品中故意掺入有毒、有害的非食品原料，而重大责任事故罪和玩忽职守罪对食品中掺入有毒、有害的非食品原料在主观上是过失的。

5. 生产、销售有毒、有害食品罪与以危险方法危害公共安全罪的界限。生产、销售有毒、有害食品罪既侵犯消费者的生命健康权利，在客观上往往也造成多数人伤亡的严重后果，所以它与以危险方法危害公共安全罪存在一些相似之处，区分二者的关键在于把握两罪的主观方面，生产、销售有毒、有害食品罪的故意内容不包括对人体健康严重危害后果的积极追求，而只是放任此危害结果的发生；以危险方法危害公共安全罪的主观故意中包括对危害结果的发生积极追求的意志内容。所以，如果在生产、销售的食品中掺入有毒、有害的非食品原料，目的在于对不特定的多数人的生命健康造成危害，就应构成投放危险物质罪或以危险方法危害公共安全罪。

6. 生产、销售有毒、有害食品罪与投放危险物质罪的界限。

(1) 犯罪的目的不同：生产、销售有毒、有害食品罪的目的是获取非法利益，虽然行为人对掺入有毒、有害的非食品原料是明知的，但并不追求危害结果的发生；投放危险物质罪的目的是使不特定的多数人死亡或受到伤害，追求危害结果的发生。

(2) 主观方面不同。生产、销售有毒、有害食品罪与过失投放危险物质罪的区别关键在于对在食品中掺入有毒、有害的非食品原料的主观心理态度不同：过失投放危险物质罪不是故意在食品中掺入有毒、有害的非食品原料，而是由于疏忽大意或过于自信造成的；本罪则是故意在食品中掺入有毒、有害的非食品原料。

(3) 犯罪主体范围不同。投放危险物质罪的主体为一般主体且只能是自然人；生产、销售有毒、有害食品罪的主体为生产者、销售者，既可以是年满16周岁的自然人，也可以是单位。

试题范例

1. (2021年真题) 多项选择题

下列选项中，应认定为生产、销售有毒、有害食品罪的有（　　）。

A. 甲使用洗衣粉加工油条并出售

B. 乙使用工业盐腌制鸭蛋并出售

C. 丙在屠宰过程中给牛肉注水并出售

D. 丁在勾兑白酒时加入工业酒精并出售

答案：ABD

2. 单项选择题

2012年1月起，被告人吐某在没有办理相关手续的情况下，在泽普县泽普镇古勒巴格乡路口开设了“佳吾海尔快餐”，从事煮（烤）鸡肉销售生意。7月25日，其存放在冰箱里的15只生鸡肉变质坏掉（腐烂），吐某在明知这一情况后，仍然把这些鸡肉煮（卤）（烤）好后销售给顾客。7月25日早晨至7月26日18时，先后有53名顾客分别购买了变质腐烂的烤鸡57只，造成古某等193人食用后中毒，并造成古某和阿某2人中毒死亡。则吐某的行为构成（　　）。

A. 生产、销售有毒、有害食品罪

B. 生产、销售伪劣产品罪

C. 非法经营罪

D. 生产、销售不符合安全标准的食品罪

答案：D

核心法条

第153条　走私本法第一百五十一条、第一百五十二条、第三百四十七条规定以外的货物、物品的，根据情节轻重，分别依照下列规定处罚：

（一）走私货物、物品偷逃应缴税额较大或者一年内曾因走私被给予二次行政处罚后又走私的，处三年以下有期徒刑或者拘役，并处偷逃应缴税额一倍以上五倍以下罚金。

（二）走私货物、物品偷逃应缴税额巨大或者有其他严重情节的，处三年以上十年以下有期徒刑，并处偷逃应缴税额一倍以上五倍以下罚金。

（三）走私货物、物品偷逃应缴税额特别巨大或者有其他特别严重情节的，处十年以上有期徒刑或者无期徒刑，并处偷逃应缴税额一倍以上五倍以下罚金或者没收财产。

单位犯前款罪的，对单位判处罚金，并对其直接负责的主管人员和其他直接责任人员，处三年以下有期徒刑或者拘役；情节严重的，处三年以上十年以下有期徒刑；情节特别严重的，处十年以上有期徒刑。

对多次走私未经处理的，按照累计走私货物、物品的偷逃应缴税额处罚。

相关法条

第 154 条　下列走私行为，根据本节规定构成犯罪的，依照本法第一百五十三条的规定定罪处罚：

（一）未经海关许可并且未补缴应缴税额，擅自将批准进口的来料加工、来件装配、补偿贸易的原材料、零件、制成品、设备等保税货物，在境内销售牟利的；

（二）未经海关许可并且未补缴应缴税额，擅自将特定减税、免税进口的货物、物品，在境内销售牟利的。

第 155 条　下列行为，以走私罪论处，依照本节的有关规定处罚：

（一）直接向走私人非法收购国家禁止进口物品的，或者直接向走私人非法收购走私进口的其他货物、物品，数额较大的；

（二）在内海、领海、界河、界湖运输、收购、贩卖国家禁止进出口物品的，或者运输、收购、贩卖国家限制进出口货物、物品，数额较大，没有合法证明的。

第 157 条　武装掩护走私的，依照本法第一百五十一条第一款的规定从重处罚。

以暴力、威胁方法抗拒缉私的，以走私罪和本法第二百七十七条规定的阻碍国家机关工作人员依法执行职务罪，依照数罪并罚的规定处罚。

释解分析

1. 本条是关于走私普通货物、物品罪的规定。该罪的构成特征是：（1）侵犯客体是国家对普通货物、物品进出口的监督管理制度和关税征管制度。（2）客观方面表现为行为人违反海关法规，逃避海关监管，走私普通货物、物品，偷逃数额较大或一年内曾因走私被给予二次行政处罚后又走私关税的行为；这里的数额较大指偷逃应缴税额 5 万元以上。所谓“应缴税额”，是指进出口货物、物品应当缴纳的进出口关税和进口环节海关代征税的税额。“对多次走私未经处理的”，按累计数额处罚；这里的“对多次走私未经处理的”是指对多次走私未经行政处罚处理的。（3）犯罪主体为单位和个人。（4）主观方面表现为直接故意，具有偷逃关税的目的。这里的直接故意（明知），只要求走私犯罪嫌疑人具有走私犯罪故意，如果对其走私的具体对象不明确的，不影响走私犯罪构成，应当根据实际的走私对象定罪处罚，但是有证据证明行为人因受蒙骗而对走私对象发生认识错误的可以从轻处罚。

2. 与走私罪犯通谋，为其提供贷款、资金、账号、发票、证明，或者为其提供运输、保管、邮寄或者其他方便的，以走私罪的共犯论处。

3. 武装掩护走私的，仍构成走私普通货物、物品罪，但是依照《刑法》第 151 条第 1 款的规定从重处罚。以暴力、威胁方法抗拒缉私的，以走私罪和妨害公务罪，依照数罪并罚的规定处罚。

易混易错

1. 注意第 154 条规定的是“变相走私行为”（变相偷逃关税的行为），即关于保税货物和特定减税、免税的货物、物品的走私行为。这些行为虽然没有直接逃避海关监管，但是擅自在境内将前述的保税货物和特定减税、免税的货物、物品销售牟利，并且未补交关税，从而属于变相偷逃关税的行为。注意该条规定的在境内“销售牟利”是指行为人主观上为谋取非法利益而擅自销售海关监管的保税货物和特定减税、免税的货物、物品。是否构成犯罪取决于偷逃应缴数额是否达 5 万元以上，实际获利与否或者获利多少不影响对其定罪。

2. 第 155 条规定的是“间接走私”，又分为两

刑法学

种：一是“直接向走私人非法收购”走私的物品。注意，这里是“直接向走私人非法收购”的构成走私罪，但如果是后续的收购（间接收购）则不能认为是走私行为，而有可能构成“非法经营”等相应罪。二是在内海、领海、界河、界湖运输特定物品（即仅限国家禁止进出口物品以及国家限制进出口货物、物品）的，而且要求数额较大，并且没有合法证明。

3. 按原刑法的规定，构成走私普通货物、物品罪必须走私货物、物品偷逃应缴税额较大，为了打击这种“蚂蚁搬家”式的走私行为，《刑法修正案（八）》增加规定：如果1年内曾因走私被给予二次行政处罚后又走私的，即便没有达到数额较大，也构成走私普通货物、物品罪。应当注意区别于《刑法》第201条——逃税罪的规定：纳税人采取欺骗、隐瞒手段进行虚假纳税申报或者不申报，逃避缴纳税款数额较大并且占应纳税额10%以上的，经税务机关依法下达追缴通知后，补缴应纳税款，缴纳滞纳金，已受行政处罚的，不予追究刑事责任；但是，5年内因逃避缴纳税款受过刑事处罚或者被税务机关给予二次以上行政处罚的除外。

试题范例

1. （2015年真题）单项选择题

空姐甲长期在国外购买化妆品，经无申报通道携带入境，交由其表妹在网店销售，偷逃高额海关关税，获利数额巨大。甲的行为应认定为（　　）。

A. 逃税罪

B. 走私普通货物、物品罪

C. 非法经营罪

D. 为亲友非法牟利罪

答案：B

2. （2018年真题）单项选择题

下列关于走私罪的表述，正确的是（　　）。

A. 走私的废物中混有普通货物的，构成走私废物罪

B. 基于走私目的向海关人员行贿数额巨大的，应数罪并罚

C. 走私普通货物偷逃关税数额特别巨大的，可以判处死刑

D. 具有走私故意但对走私具体对象不明确而走私的，应认定无罪

答案：A

3. 单项选择题

下列表述正确的是（　　）。

A. 如果1年内曾因走私被给予二次行政处罚后又走私的，达到数额较大，则构成走私普通货物、物品罪

B. 5年内因逃避缴纳税款被税务机关给予二次以上行政处罚后又逃税的构成逃税罪

C. 在走私普通货物、物品过程中，以暴力、威胁方法抗拒缉私的应当实行数罪并罚

D. 在走私毒品过程中，以暴力方法抗拒检查，情节严重的应当实行数罪并罚

答案：C

核心法条

第163条　公司、企业或者其他单位的工作人员，利用职务上的便利，索取他人财物或者非法收受他人财物，为他人谋取利益，数额较大的，处三年以下有期徒刑或者拘役，并处罚金；数额巨大或者有其他严重情节的，处三年以上十年以下有期徒刑，并处罚金；数额特别巨大或者有其他特别严重情节的，处十年以上有期徒刑或者无期徒刑，并处罚金。

公司、企业或者其他单位的工作人员在经济往来中，违反国家规定，收受各种名义的回扣、手续费，归个人所有的，依照前款的规定处罚。

国有公司、企业或者其他国有单位中从事公务的人员和国有公司、企业或者其他国有单位委派到非国有公司、企业以及其他单位从事公务的人员有前两款行为的，依照本法第三百八十五条、第三百八十六条的规定定罪处罚。

释解分析

本条规定的是非国家工作人员受贿罪。本罪的构成特征是：（1）侵犯客体是国家对公司、企业或者其他单位工作人员职务活动的管理制度。（2）客观方面表现为利用职务上的便利，索取他人财物或者非法收受他人财物，为他人谋取利益，数额较大的行为。公司、企业或者其他单位的工作人员在经济往来中，违反国家规定，收受各种名义的回扣、手续费，归个人所有的，以非国家工作人员受贿罪论处。（3）犯罪主体是特殊主体，即公司、企业或者其他单位的工作人员。在国有

公司、企业或者其他国有单位中从事公务的人员和国有公司、企业委派到非国有公司、企业以及其他单位从事公务的人员利用职务上的便利受贿的，应依照《刑法》第385条、第386条的受贿罪定罪处罚。这也是区别本罪与受贿罪的关键。(4) 主观方面表现为故意。

试题范例

多项选择题

下列关于非国家工作人员受贿罪的说法，正确的有（　　）。

A. 该罪是选择性罪名

B. 本罪是特殊主体，即只有公司、企业或者其他单位的工作人员才能构成本罪

C. 其客观方面必须是利用职务上的便利

D. 公司、企业或者其他单位的工作人员在经济往来中，违反国家规定，收受各种名义的回扣、手续费，归个人所有的，以非国家工作人员受贿罪论处

答案：ABCD

核心法条

第170条 伪造货币的，处三年以上十年以下有期徒刑，并处罚金；有下列情形之一的，处十年以上有期徒刑或者无期徒刑，并处罚金或者没收财产：

(一) 伪造货币集团的首要分子；

(二) 伪造货币数额特别巨大的；

(三) 有其他特别严重情节的。

相关法条

第171条 出售、购买伪造的货币或者明知是伪造的货币而运输，数额较大的，处三年以下有期徒刑或者拘役，并处二万元以上二十万元以下罚金；数额巨大的，处三年以上十年以下有期徒刑，并处五万元以上五十万元以下罚金；数额特别巨大的，处十年以上有期徒刑或者无期徒刑，并处五万元以上五十万元以下罚金或者没收财产。

银行或者其他金融机构的工作人员购买伪造的货币或者利用职务上的便利，以伪造的货币换取货币的，处三年以上十年以下有期徒刑，并处二万元以上二十万元以下罚金；数额巨大或者有其他严重情节的，处十年以上有期徒刑或者无期徒刑，并处二万元以上二十万元以下罚金或者没收财产；情节较轻的，处三年以下有期徒刑或者拘役，并处或者单处一万元以上十万元以下罚金。

伪造货币并出售或者运输伪造的货币的，依照本法第一百七十条的规定定罪从重处罚。

第172条 明知是伪造的货币而持有、使用，数额较大的，处三年以下有期徒刑或者拘役，并处或者单处一万元以上十万元以下罚金；数额巨大的，处三年以上十年以下有期徒刑，并处二万元以上二十万元以下罚金；数额特别巨大的，处十年以上有期徒刑，并处五万元以上五十万元以下罚金或者没收财产。

释解分析

上述三个法条规定了有关“货币”的三个常见犯罪，其中伪造货币罪是大纲要求掌握的罪名，对于出售、购买、运输假币罪和持有、使用假币罪，大纲虽没有直接要求，但由于这两个罪名的学习直接涉及对伪造货币罪罪数的认定，同时也与有关信用卡的三个主要犯罪容易混淆，因此专门进行解析，考生应一并掌握。

对伪造货币罪，应注意伪造货币构成犯罪的数额标准问题。刑法虽未规定数额，但仍需遵循《刑法》第13条“但是情节显著轻微危害不大的，不认为是犯罪”的“但书”规定。2000年9月14日发布的《最高人民法院关于审理伪造货币等案件具体应用法律若干问题的解释》规定，伪造货币的总面额在2 000元以上或者币量在200张（枚）以上的，应依法追究刑事责任。

关于伪造货币罪，还应该注意：

(1) 该罪所谓的“货币”是指可在国内市场流通或兑换的人民币和境外货币。

(2) 伪造货币罪的实行行为及共犯的认定：行为人制造货币版样或与他人事前通谋，为他人伪造货币提供版样的，以伪造货币罪定罪处罚。

(3) 罪与非罪的界限：因为假币犯罪是一种严重破坏金融管理秩序的犯罪，只要有证据证明行为人实施了出售、购买、运输、使用假币行为，且款额较大，就构成犯罪。伪造货币的总面额在2 000元以上，或币量200张（枚）以上的，就认

刑法学

为数额较大。

(4) 犯罪形态：只要实施伪造行为，不论是否完成全部印制工序，即构成该罪。如果尚未制造出成品，无法计算伪造、销售假币面额的，或者制造、销售用于伪造货币的版样的，不认定犯罪数额，依据犯罪情节决定刑罚。

(5) 伪造货币罪的罪数问题。1) 伪造货币并出售或者运输的，伪造货币并持有或者使用的定罪处罚，按照《刑法》第 171 条第 3 款的规定，行为人伪造货币并出售或者伪造货币并运输的，不能认定为数罪进行并罚处理，而应按一个伪造货币罪定罪从重处罚。2) 对于本人伪造货币后而持有，其持有行为不单独成立犯罪，而是包含在伪造货币行为之中，自应以一个伪造货币罪定罪处罚。3) 对于本人伪造货币后而使用的，符合行为人为牟利而伪造货币的同一个犯意，其使用自己伪造的货币也应按照一个伪造货币罪定罪处罚。持有、使用伪造的货币单独成立犯罪必须是没有证据证明是自己伪造的货币，即明知是他人伪造的货币而有意识占有的状态或者使用的行为。

易混易错

上述三个法条规定了有关"货币"的三个常见犯罪，很容易混淆，考生应注意区分。

1. 出售、购买、运输假币罪和持有、使用假币罪中的假币不包括自己伪造的货币，伪造货币之后又持有、使用、运输、出售的，直接以伪造货币罪定罪从重处罚。

2. 行为人购买假币后又使用的，以购买假币罪定罪，并从重处罚；行为人购买假币后又出售、运输的，直接以出售、购买、运输假币罪论处；行为人出售、运输假币构成犯罪，同时又有使用假币行为的，以出售、运输假币罪和使用假币罪并罚。

3. 以假币为对象的购买、持有、使用、运输、出卖五个行为之间的连动关系。

(1) 如果是双方买卖时被当场抓获，则卖方是出售假币罪，买方是购买假币罪，这种情形属于同案犯但通常不以共犯论处的特殊情况。

(2) 如果是在双方（甲和乙）交易后，乙被抓获，则分情况分别处理：如果能找到卖方甲取证，则乙构成购买假币罪；如果无法找到卖方甲取证，但能找到乙的"下手"丙（乙欲联系出售的人），则乙成立出售假币罪；如果既不能找到甲取证，也不能找到丙取证，则对乙而言，如果能找到运输方面的证据，则构成运输假币罪，若找不到运输方面的证据也不能证实假币的来源（是否购买）和用途（是否出售），则只能构成持有假币罪。

4. 应特别注意上述三个法条规定了有关"货币"的三个常见犯罪之间的关系与有关信用卡的三个主要犯罪之间的关系的区别。

试题范例

（2021 年真题）单项选择题

下列行为如满足规定条件，应认定为伪造货币罪的是（　　）。

A. 临摹欧元收藏

B. 铸造珍稀古钱币

C. 将英镑揭层一分为二

D. 用黄金铸造流通的纪念金币

答案：D

核心法条

第 175 条之一　以欺骗手段取得银行或者其他金融机构贷款、票据承兑、信用证、保函等，给银行或者其他金融机构造成重大损失的，处三年以下有期徒刑或者拘役，并处或者单处罚金；给银行或者其他金融机构造成特别重大损失或者有其他特别严重情节的，处三年以上七年以下有期徒刑，并处罚金。

单位犯前款罪的，对单位判处罚金，并对其直接负责的主管人员和其他直接责任人员，依照前款的规定处罚。

释解分析

本条规定的是骗取贷款、票据承兑、金融票证罪。

骗取贷款、票据承兑、金融票证罪，是指以虚构事实或者隐瞒真相的欺骗手段取得银行或者其他金融机构贷款、票据承兑、信用证、保函等，给银行或者其他金融机构造成重大损失的行为。其构成特征为：

1. 侵犯的客体是金融秩序与安全。

2. 客观方面表现：(1) 手段：以欺骗手段取得银行或者其他金融机构贷款、票据承兑、信用证、保函等，给银行或者其他金融机构造成重大损失的行为。该行为的手段是欺骗，所指对象是银行等金融机构的金融资产，即以虚构事实、隐瞒真相的方式骗取银行的贷款和信用。如谎报贷款用途、编造或夸大偿还能力等，从银行等金融机构获得贷款或骗取银行开具以金融机构信用为基础的票据承兑、信用证、保函等。(2) 造成重大损失：由于欺骗导致银行或者其他金融机构的金融资金无法收回，从而造成了银行等金融机构的重大损失是本罪在客观方面的结果表现。

3. 犯罪主体是一般主体，包含自然人和单位。

4. 主观方面表现为故意。自然人犯本罪的，主观罪过仅指不具有非法占有目的的情形，这一点是本罪与以非法占有为目的的贷款诈骗罪的主要区别点，如果有充分、确实的证据认定或者推定行为人具有非法占有金融资金的目的而骗取了银行等金融机构的贷款，应以贷款诈骗罪论处；反之，如果没有充分、确实的证据能够证明行为人具有非法占有的目的，则可以骗取贷款罪论处。

易混易错

1. 划清罪与非罪的界限。《刑法修正案（十一）》删除了本罪起刑档中“有其他严重情节”这一犯罪后果的规定，调整了骗取贷款罪的入罪门槛，骗取贷款罪在起刑档中成为了单纯的结果犯，受害主体仅限于银行或者其他金融机构，且必须造成重大损失。这意味着民营企业出于经营需要，即便在从银行或者其他金融机构获取贷款的融资过程中存在一些违规行为，但主观上无非法占有目的，客观上未给银行或者其他金融机构造成重大损失的，一般不作为犯罪处理。

2. 注意本罪为选择性罪名，即本罪包含了骗取贷款、票据承兑、金融票证的三种行为。当行为人实施了其中一种行为时，即可构成本罪；当行为人实施了其中两种以上的行为时，仍成立本罪一罪，不实行数罪并罚。

核心法条

第191条　为掩饰、隐瞒毒品犯罪、黑社会性质的组织犯罪、恐怖活动犯罪、走私犯罪、贪污贿赂犯罪、破坏金融管理秩序犯罪、金融诈骗犯罪的所得及其产生的收益的来源和性质，有下列行为之一的，没收实施以上犯罪的所得及其产生的收益，处五年以下有期徒刑或者拘役，并处或者单处罚金；情节严重的，处五年以上十年以下有期徒刑，并处罚金：

（一）提供资金账户的；

（二）将财产转换为现金、金融票据、有价证券的；

（三）通过转账或者其他支付结算方式转移资金的；

（四）跨境转移资产的；

（五）以其他方法掩饰、隐瞒犯罪所得及其收益的来源和性质的。

单位犯前款罪的，对单位判处罚金，并对其直接负责的主管人员和其他直接责任人员，依照前款的规定处罚。

释解分析

本条规定的是洗钱罪。本罪的构成特征为：(1) 侵犯客体是国家关于金融活动的管理制度和社会治安管理秩序。(2) 客观方面表现为行为人故意采用各种手段使毒品犯罪、黑社会性质的组织犯罪、恐怖活动犯罪、走私犯罪、贪污贿赂犯罪、破坏金融秩序犯罪、金融诈骗犯罪的所得及其产生的收益转换为“合法财产”的行为。(3) 犯罪主体是个人和单位。(4) 主观方面表现为故意。

洗钱是指通过转移、转化等方式掩饰、隐瞒犯罪所得及其收益的行为，即通常说的“洗黑钱”，第三人帮助他人“洗黑钱”属于犯罪。“自洗钱”是指行为人在实施上游犯罪之后，对违法犯罪所得及其收益进行“清洗”以使之合法化的行为。自己犯罪后洗钱的“自洗钱”是否独立定罪是长期以来讨论的问题。刑法理论上一般认为，犯罪后掩饰、隐瞒犯罪所得是犯罪后自然延伸行为，被上游犯罪吸收，可作为量刑情节处理，不宜单独成罪。在《刑法修正案（十一）》之前，我国《刑法》第191条并未对洗钱罪的主体作出明确具体的规定，“自洗钱”这一行为在实践中一般作为上游犯罪的量刑情节予以考虑。但《刑法修正案（十一）》删除了洗钱罪条款中“明知”和“协助”的表述，主要就是为了将“自洗钱”行为纳入刑法规制领域，将实施《刑法》第191条严重上游犯罪后的“自洗钱”明确规定为犯罪。修正案生效后，特定的上游犯罪的行为人一旦“自洗钱”的，则将单独构成洗钱罪。

易混易错

1. 掌握洗钱罪除牢记七种特定的上游犯罪外，还要牢记洗钱行为与一般的包庇、窝藏等行为的不同。洗钱行为主要是通过银行等现代化的金融手段，掩饰、隐瞒上述犯罪所得的来源与性质，使其表面上合法化。

2. 如果行为人不知是上述犯罪获得的“黑钱”，而提供了资金账户等，不构成洗钱罪，但可能构成窝藏、转移、收购、销售赃物罪。洗钱罪的犯罪对象是毒品犯罪、黑社会性质的组织犯罪、恐怖活动犯罪、走私犯罪、贪污贿赂犯罪、破坏金融秩序犯罪、金融诈骗犯罪七种犯罪的违法所得及其产生的收益。

3. 如果行为人与上述七种犯罪人通谋事后为其洗钱，则构成共犯，不单独成立洗钱罪。

4. 理解本规定应当注意把握：一是“洗钱”要求行为人主观上具有“为掩饰、隐瞒犯罪所得及其产生的收益的来源和性质”的目的，客观上实施了明显的转移、转换等清洗行为，对于本人或者他人犯罪后自然地占有、使用、处分等行为，不宜认定为洗钱。二是在认定时应当区分“自窝赃”和“自洗钱”的不同，对“自窝赃”不单独定罪处罚。三是修正案仅对“自洗钱”可以构成犯罪作了明确，对“自洗钱”与上游犯罪从一重罪处罚还是数罪并罚未作规定，实践中应当进一步总结经验，按照罪责刑相适应的原则确定。

试题范例

1.（2019 年真题）单项选择题

下列选项中，不属于洗钱罪的上游犯罪的是（　　）。

A. 毒品犯罪

B. 贪污犯罪

C. 走私犯罪

D. 组织传销活动犯罪

答案：D

2. 多项选择题

洗钱罪中的“钱”是指下列哪些犯罪的违法所得及其产生的收益？（　　）

A. 毒品犯罪

B. 贪污犯罪

C. 走私犯罪

D. 黑社会性质的组织犯罪

答案：ABCD

3. 多项选择题

洗钱罪的行为方式主要有（　　）。

A. 提供资金账户的

B. 协助将财产转换为现金、金融票据或有价证券的

C. 通过转账协助资金转移的

D. 协助将资金汇往境外的

答案：ABCD

4. 多项选择题

哪些犯罪的违法所得及其产生的收益，为掩饰、隐瞒其来源和性质而提供资金账户的，构成洗钱罪？（　　）

A. 恐怖活动犯罪

B. 毒品犯罪

C. 受贿犯罪

D. 走私犯罪

答案：ABCD

核心法条

第 192 条　以非法占有为目的，使用诈骗方法非法集资，数额较大的，处三年以上七年以下有期徒刑，并处罚金；数额巨大或者有其他严重情节的，处七年以上有期徒刑或者无期徒刑，并处罚金或者没收财产。

单位犯前款罪的，对单位判处罚金，并对其直接负责的主管人员和其他直接责任人员，依照前款的规定处罚。

相关法条

第 176 条第 1 款　非法吸收公众存款或者变相吸收公众存款，扰乱金融秩序的，处三年以下有期徒刑或者拘役，并处或者单处罚金；数额巨大或者有其他严重情节的，处三年以上十年以下有期徒刑，并处罚金；数额特别巨大或者有其他特别严重情节的，处十年以上有期徒刑，并处罚金。

释解分析

第 192 条规定的是集资诈骗罪。本罪的构成特征为：(1) 侵犯客体是出资人的财产所有权和

国家对金融活动的管理秩序。(2) 客观方面表现为行为人使用诈骗方法非法集资，数额较大的行为。非法集资是指单位或个人，未经有关机关批准，向社会公众募集资金的行为。(3) 犯罪主体是个人和单位。(4) 主观方面表现为故意，并具有非法占有出资人财产的目的。

第 176 条规定的是非法吸收公众存款罪。本罪的构成特征为：(1) 主体可以是自然人，也可以是单位。(2) 行为人在主观上具有非法吸收公众存款或者变相吸收公众存款的故意。但行为人不能有非法占有的目的。(3) 在犯罪的客观方面，行为人实施了非法向公众吸收存款或者变相吸收存款的行为。这里所谓“公众”意即吸收存款对象的不特定性，指社会上大多数人。这里的“变相吸收公众存款”，是指行为人不以存款的名义而是通过其他形式吸收公众资金，从而达到吸收公众存款的目的的行为。如有些单位和个人，未经批准成立各种基金会吸收公众的资金，或者以投资、集资入股等名义吸收公众资金，但并不按正常投资的形式分配利润、股息，而是以一定的利息进行支付的行为。(4) 本罪侵犯的客体是国家的金融管理秩序。

易混易错

1. 划清集资诈骗罪与非法吸收公众存款罪的界限。集资诈骗罪具有非法占有集资款的目的，诈骗方法是本罪行为手段的特点，侵犯客体是出资人的财产所有权和国家对金融活动的管理秩序，这些都与非法吸收公众存款罪不同。

2. 集资诈骗罪与诈骗罪之间是特殊法与一般法的关系，应当根据特殊法优于一般法适用的规则，适用特殊法。

试题范例

单项选择题

集资诈骗罪与非法吸收公众存款罪区别的关键是（　　）。

A. 是否涉及巨额资金

B. 是否涉及众多被害人

C. 是否具有非法占有目的

D. 是否由单位组织实施

答案：C

核心法条

第 193 条　有下列情形之一，以非法占有为目的，诈骗银行或者其他金融机构的贷款，数额较大的，处五年以下有期徒刑或者拘役，并处二万元以上二十万元以下罚金；数额巨大或者有其他严重情节的，处五年以上十年以下有期徒刑，并处五万元以上五十万元以下罚金；数额特别巨大或者有其他特别严重情节的，处十年以上有期徒刑或者无期徒刑，并处五万元以上五十万元以下罚金或者没收财产：

（一）编造引进资金、项目等虚假理由的；

（二）使用虚假的经济合同的；

（三）使用虚假的证明文件的；

（四）使用虚假的产权证明作担保或者超出抵押物价值重复担保的；

（五）以其他方法诈骗贷款的。

释解分析

本条规定的是贷款诈骗罪。

贷款诈骗罪，是指以非法占有为目的，编造引进资金、项目等虚假理由，使用虚假的经济合同，使用虚假的证明文件，使用虚假的产权证明作担保，超出抵押物价值重复担保或者以其他方法，诈骗银行或者其他金融机构的贷款，数额较大的行为。

1. 构成条件。

本罪侵犯的客体是双重客体，既侵犯了银行或者其他金融机构对贷款的所有权，还侵犯了国家金融管理制度。本罪在客观方面表现为采用虚构事实、隐瞒真相的方法诈骗银行或者其他金融机构的贷款，数额较大的行为。所谓虚构事实，是指编造客观上不存在的事实，以骗取银行或者其他金融机构的信任；所谓隐瞒真相，是指有意掩盖客观存在的某些事实，使银行或者其他金融机构产生错觉。本罪的主体是一般主体，单位不能成为本罪的主体。本罪在主观上由故意构成，且以非法占有为目的。如果行为人不具有非法占有的目的，虽然其在申请贷款时使用了欺骗手段，也不能按犯罪处理，可由银行根据有关规定给予停止发放贷款、提前收回贷款或者加收贷款利息等办法处理。在司法实践中，对于行为人通过诈骗的方法非法获取资金，造成数额较大资金不能归还，并具有下列情形之一的，可以认定为具有非法占有的目的：明知没有归还能力而大量骗取资金的；非法获取资金后逃跑的；肆意挥霍骗取资金的；使用骗取的资金进行违法犯罪活动的；抽逃、转移资金、隐匿财产，以逃避返还资金的；隐匿、销毁账目，或者搞假破产、假倒闭，以逃避返还资金的；其他非法占有资金、拒不返还的行为。但是，在处理具体案件的时候，对于有证据证明行为人不具有非法占有目的的，不能单纯以财产不能归还就按金融诈骗罪处罚。

2. 情节认定。

目前我国司法实践中，贷款诈骗罪“数额较大”的标准应为2万元。

所谓情节严重，是指数额巨大或者有其他严重情节的情况。其中数额巨大，根据有关司法解释的规定，是指贷款诈骗数额在5万元以上的。其他严重情节，则是指下列情节之一者：为骗取贷款，向银行或者其他金融机构的工作人员行贿，数额较大的；挥霍贷款，或者用贷款进行违法活动，致使贷款到期无法偿还的；隐匿贷款去向，贷款期限届满后，拒不偿还的；提供虚假的担保申请贷款，贷款期限届满后，拒不偿还的；假冒他人名义申请贷款，贷款期限届满后，拒不偿还的。

所谓情节特别严重，是指贷款诈骗数额特别巨大或者有其他特别严重的情节。参照有关司法解释，前者即数额特别巨大，是指贷款诈骗数额在20万元以上的。后者即特别严重情节，是指下列情节之一者：为骗取贷款，向银行或者其他金融机构的工作人员行贿，数额巨大的；携带贷款逃跑的；使用贷款进行犯罪活动的。

3. 共同犯罪。

司法实践中，对于银行或者其他金融机构的工作人员与实施贷款诈骗行为的犯罪分子事前通谋，为贷款诈骗活动提供帮助的，一般是以贷款诈骗罪的共犯论处。但如果贷款诈骗行为是在银行或者其他金融机构的工作人员的组织、策划下，与外部人员共同实施的，外部人员只起了辅助作用，则犯罪的性质就变成贪污罪或者职务侵占罪，而不能认定为贷款诈骗罪。

如果银行或者其他金融的工作人员与实施贷款诈骗行为的犯罪分子没有事前通谋，也就是没有主观上的共同犯罪故意，而是单方违反国家规定发放贷款，数额巨大或者造成重大损失的，虽然在客观上致使贷款诈骗罪的犯罪分子行为得逞，对该银行或者其他金融机构的工作人员也不应以贷款诈骗罪的共犯论处，而应当依照《刑法》第186条的规定，以违法发放贷款罪定罪处罚。

4. 一罪与数罪。

贷款诈骗罪的行为人在实施贷款诈骗过程中又触犯其他罪名的，应分别情况作出处理。如行为人采用伪造国家机关的公文、证件、印章的方式诈骗贷款，其行为又触犯伪造国家机关公文、证件、印章罪的，应按牵连犯的处罚原则，从一重罪论处，定贷款诈骗罪。如行为人在诈骗贷款的过程中，采用收买、行贿等手段骗取贷款，其行为又构成行贿罪的，应对贷款诈骗行为和行贿行为分别定罪，按数罪并罚原则处理。

易混易错

1. 罪与非罪的界限。

“以非法占有为目的”是区别罪与非罪界限的重要标准。在认定贷款诈骗罪时，不能简单地认为，只要贷款到期不能偿还，就以贷款诈骗罪论处。实际生活中，贷款不能按期偿还的情况时有发生，其原因也很复杂，如因为经营不善或者市场行情的变动，使营利计划无法实现不能按时偿还贷款，这种情况中，行为人虽然主观有过错，但其没有非法占有贷款的目的，故不能以本罪认定；又如本人对自己的偿还能力估计过高，以致不能按时还贷，这种情形中，行为人主观上虽然具有过失，但其没有非法占有的目的，也不应以本罪论处。只有那些以非法占有为目的，采用欺骗的方法取得贷款的行为，才构成贷款诈骗罪。因此要把贷款诈骗与借贷纠纷区别开来，应将上述因素综合起来考察，通过多方做客观行为分析，全面考察行为人主观心态，从而得出是否具有非法占有贷款的目的。

2. 与诈骗罪的区分。

（1）犯罪对象不同。本罪的对象仅是指银行等金融机构的贷款，受害人是银行或者其他金融机构；诈骗罪的对象既包括货币，也包括财物，对象不仅指银行或者其他金融机构，其范围比贷款诈骗罪广泛得多。

（2）发生的领域不同。本罪发生在金融领域进行贷款的过程中；诈骗罪的领域则极为广泛，可以涉及任何领域，自然也包括金融领域在内。

（3）侵害的客体不同。本罪不仅会对国家、公众贷款的所有权造成侵害，同时亦侵害了国家有关金融信贷的管理制度，其属于复杂客体；诈骗罪的客体则是公私财物的所有权。

（4）客观行为的表现方式不完全相同。两者行为的本质特征虽然都是虚构事实或者隐瞒真相，但本罪所使用的方法却是围绕骗取贷款进行的，所使用的具体方法都是与贷款所需的文件有关，如虚构引进资金、项目，使用虚假的经济合同等就是如此；诈骗罪的行为方式则更多样化。

（5）犯罪的起点额不同。根据《最高人民检察院、公安部关于公安机关管辖的刑事案件立案追诉标准的规定（二）》第 50 条之规定，本罪的追诉起点金额为 2 万元；诈骗罪的起点数额一般是在 3 000 元左右。

3. 与合同诈骗罪的区分。

合同诈骗罪和贷款诈骗罪虽然都是以非法占有为目的，骗取对方财物的欺诈性犯罪，但两者之间有着本质上的区别：

（1）两者侵犯的客体不同。尽管两者侵犯的都是复杂客体，且都包括侵犯了财产所有权，但侧重点不同。合同诈骗罪侵犯的客体主要是合同监管制度；贷款诈骗罪侵犯的客体则主要是金融管理秩序。

（2）两者发生的场合不同。合同诈骗罪发生在签订、履行合同的过程中；贷款诈骗罪发生在行为人向银行或者其他金融机构贷款的过程中。

（3）两者侵害的直接对象有所不同。合同诈骗罪直接侵害的对象是对方当事人的财物或者贷款；贷款诈骗罪侵害的对象是银行或者其他金融机构的贷款。

合同诈骗罪与贷款诈骗罪在法条的规定内容中有包容交叉之处，即法条竞合的现象。遵循特别法优于一般法的原则，由于贷款合同相对于一般合同是特殊合同，所以使用虚假的经济合同诈骗银行或者其他金融机构的贷款诈骗罪，相对于合同诈骗罪是“特别法”，二者法条竞合时，优先适用贷款诈骗罪。

4. 关于银行工作人员实施诈骗贷款行为。

这是关于特殊主体犯罪的定性问题。贷款诈骗罪的犯罪主体虽然是一般主体，但是如果是银行或者其他金融机构的工作人员利用职务上的便利，冒用他人名义或者虚构假名骗取贷款的，则不能以贷款诈骗罪定罪处罚。实践中，冒名贷款主要有“顶名贷款”、“搭名贷款”、“盗名贷款”和“假名贷款”几种。如果银行或者其他金融机构的工作人员采用了上述欺骗手段取得贷款，并将贷款非法占有或者挪作他用，则应当分别根据刑法关于贪污罪、职务侵占罪或者挪用公款罪、挪用资金罪的规定定罪处罚。

核心法条

第 196 条　有下列情形之一，进行信用卡诈骗活动，数额较大的，处五年以下有期徒刑或者拘役，并处二万元以上二十万元以下罚金；数额巨大或者有其他严重情节的，处五年以上十年以下有期徒刑，并处五万元以上五十万元以下罚金；数额特别巨大或者有其他特别严重情节的，处十年以上有期徒刑或者无期徒刑，并处五万元以上五十万元以下罚金或者没收财产：

（一）使用伪造的信用卡，或者使用以虚假的身份证明骗领的信用卡的；

（二）使用作废的信用卡的；

（三）冒用他人信用卡的；

（四）恶意透支的。

前款所称恶意透支，是指持卡人以非法占有为目的，超过规定限额或者规定期限透支，并且经发卡银行催收后仍不归还的行为。

盗窃信用卡并使用的，依照本法第二百六十四条的规定定罪处罚。

第 177 条之一　有下列情形之一，妨害信用卡管理的，处三年以下有期徒刑或者拘役，并处或者单处一万元以上十万元以下罚金；数量巨大或者有其他严重情节的，处三年以上十年以下有期徒刑，并处二万元以上二十万元以下罚金：

（一）明知是伪造的信用卡而持有、运输的，或者明知是伪造的空白信用卡而持有、运输，数量较大的；

（二）非法持有他人信用卡，数量较大的；

（三）使用虚假的身份证明骗领信用卡的；

（四）出售、购买、为他人提供伪造的信用卡或者以虚假的身份证明骗领的信用卡的。

窃取、收买或者非法提供他人信用卡信息资料的，依照前款规定处罚。

银行或者其他金融机构的工作人员利用职务上的便利，犯第二款罪的，从重处罚。

相关法条

第177条 有下列情形之一，伪造、变造金融票证的，处五年以下有期徒刑或者拘役，并处或者单处二万元以上二十万元以下罚金；情节严重的，处五年以上十年以下有期徒刑，并处五万元以上五十万元以下罚金；情节特别严重的，处十年以上有期徒刑或者无期徒刑，并处五万元以上五十万元以下罚金或者没收财产：

（一）伪造、变造汇票、本票、支票的；

（二）伪造、变造委托收款凭证、汇款凭证、银行存单等其他银行结算凭证的；

（三）伪造、变造信用证或者附随的单据、文件的；

（四）伪造信用卡的。

单位犯前款罪的，对单位判处罚金，并对其直接负责的主管人员和其他直接责任人员，依照前款的规定处罚。

释解分析

上述三个法条规定的是有关信用卡的三个主要犯罪，其中前两个是大纲要求必须掌握的内容，第177条规定的是伪造、变造金融票证罪，虽不在大纲要求之列，但了解此罪有助于对前两个罪的掌握。

1. 第196条规定的是信用卡诈骗罪。“信用卡”是指由商业银行或者其他金融机构发行的具有消费支付、信用贷款、转账结算、存取现金等全部功能或者部分功能的电子支付卡。本罪的构成特征：(1) 侵犯的客体是国家有关信用卡的管理制度和公私财产的所有权。(2) 客观方面表现为违反信用卡管理法规，进行信用卡诈骗活动，骗取数额较大财物的行为，具体表现为本条规定的上述五种客观行为方式，其中“使用以虚假的身份证明骗领的信用卡的”是《刑法修正案(五)》新增加的内容。(3) 犯罪主体是一般主体。(4) 主观方面表现为故意，并具有非法占有他人财物的目的。盗窃信用卡并使用的，依照盗窃罪定罪处罚。

2. 第177条之一第1款规定的是妨害信用卡管理罪。

(1) 主要是掌握四种行为和两个特殊，即“窃取、收买或者非法提供他人信用卡信息资料的，依照前款规定处罚”和“银行或者其他金融机构的工作人员利用职务上的便利，犯第二款罪的，从重处罚”。

(2) 妨害信用卡管理罪与非罪的界限。对于持有、运输伪造的空白信用卡以及非法持有他人信用卡的两种行为，数量达到较大的才成立本罪，未达较大数量的不成立犯罪。对于伪造的信用卡、伪造的空白信用卡持有、运输的，只有主观上是明知的才构成犯罪，不能证明是确切知道或推定其应当知道的，则不成立犯罪。

(3) 妨害信用卡管理罪为选择性罪名，既包含妨害行为（持有、运输、出售、购买、非法提供、骗领）的选择，也包含对象（伪造的信用卡、他人信用卡）的选择，行为人只要实施一种行为侵害一种对象即可以成立本罪；行为人实施了两种以上行为，侵害两种对象的，仍为一罪，不实行并罚。

3. 第177条之一第2款规定的是窃取、收买、非法提供信用卡信息罪。

(1) 重点是掌握客观方面的表现：窃取、收买或者非法提供他人信用卡信息资料。所谓窃取，是指在持卡人不知情的情况下，将持卡人的账号、密码等信用卡的信息资料获取。目前常见的窃取方式有直接偷窥信息资料、以蒙骗手段获得信息资料等。所谓收买，是指以金钱或财物向持有持卡人信用卡信息资料者交换获得持卡人的信用卡信息资料的。所谓非法提供，是指持有持卡人信息资料者违反规定，未经持卡人同意而向他人提供持卡人信用卡信息资料的。行为人具有窃取、收买、非法提供行为之一的，即符合本罪的客观要件。

(2) 窃取、收买、非法提供信用卡信息罪与非罪的界限。关键是看行为人窃取、收买、非法提供的信息资料是否是信用卡信息资料。信用卡信息资料是发卡银行在发卡时使用专用设备写入信用卡磁条中的，作为POS机、ATM机等终端机识别合法用户的数据，是一组有关发卡行代码、持卡人账户、账号、密码等内容的加密电子数据。而一般的电话号码、家庭地址、职业状况等个人信息资料则不属于信用卡信息资料，窃取、收买、非法提供这类信息资料的属于民事侵权行为，不能以犯罪论处。

易混易错

1. 注意上述三个犯罪的区分：主要是从其客观表现上加以区分，如果行为人单纯伪造信用卡，可以伪造金融票证罪论处；如果具体使用伪造的信用卡，可以信用卡诈骗罪论处；如果没有证据证明其具体使用行为的性质，但非法持有、运输、出售、购买伪造的信用卡以及骗领信用卡的，可以妨害信用卡管理罪论处；如果行为人既实施了妨害信用卡管理的行为，又有信用卡诈骗的行为，原则上以信用卡诈骗罪论处。

2. 注意上述三个犯罪的联系：一般情况下，行为人伪造信用卡是为了从事其他犯罪，此时，该行为被其他犯罪行为所吸收，以各具体犯罪论处；同理，如果行为人既实施了妨害信用卡管理的行为，又从事信用卡方面的其他犯罪的，原则上以各具体犯罪论处。

3. 信用卡诈骗的行为均表现为非法“使用”信用卡，但如果是盗窃他人信用卡后又使用的，且数额较大，则构成盗窃罪。

4. 窃取、收买、非法提供信用卡信息罪与有关信用卡类犯罪的关系。窃取、收买、非法提供信用卡信息资料的行为，实质上是伪造信用卡行为的伪造金融票证罪、信用卡诈骗罪的预备行为，为有效遏止和防范信用卡诈骗犯罪活动，立法上将其独立成罪。当实践中这几类犯罪行为交织发生时，应仔细区分犯罪行为停止在何种阶段，即窃取、收买、非法提供他人信用卡信息资料的当时或之后，但尚未利用这些信息资料伪造他人信用卡之前案发，则成立本罪与伪造金融票证罪的预备罪的想象竞合犯，按从一重处断原则，应以本罪论处；当用窃取、收买、非法提供的他人信用卡信息伪造了信用卡之后案发，则成立本罪与伪造金融票证罪的牵连犯，根据从一重处断原则，应以伪造金融票证罪论处；当用窃取、收买、非法提供的他人信用卡信息伪造了信用卡并实施了信用卡诈骗后案发，则成立本罪与伪造金融票证罪、信用卡诈骗罪三罪的牵连犯，根据从一重处断原则，应以信用卡诈骗罪论处。

试题范例

1.（2017 年真题）单项选择题

下列选项中，属于信用卡诈骗罪中冒用他人信用卡情形的是（　　）。

A. 盗窃他人信用卡并使用

B. 使用作废的信用卡

C. 使用伪造的信用卡

D. 拾得他人信用卡并使用

答案：D

2.（2021 年真题）单项选择题

甲伪造身份证骗领了 5 张信用卡，用其在网上银行套取 10 万元，用于个人消费后将卡销毁。甲的行为应认定为（　　）。

A. 盗窃罪

B. 信用卡诈骗罪

C. 伪造身份证件罪

D. 妨害信用卡管理罪

答案：B

3. 单项选择题

关于刑法中法条竞合关系的表述，错误的是（　　）。

A. 法条竞合关系的表现形式之一是一些条文之间在内容上存在交叉关系

B. 对法条竞合关系的处理原则是，在一般情况下依照特别法条优于普通法条的原则，适用特别法条

C. 诈骗罪与信用卡诈骗罪之间存在法条竞合关系

D. 行贿罪与受贿罪之间存在法条竞合关系

答案：D

核心法条

第 198 条　有下列情形之一，进行保险诈骗活动，数额较大的，处五年以下有期徒刑或者拘役，并处一万元以上十万元以下罚金；数额巨大或者有其他严重情节的，处五年以上十年以下有期徒刑，并处二万元以上二十万元以下罚金；数额特别巨大或者有其他特别严重情节的，处十年以上有期徒刑，并处二万元以上二十万元以下罚金或者没收财产：

（一）投保人故意虚构保险标的，骗取保险金的；

（二）投保人、被保险人或者受益人对发生的保险事故编造虚假的原因或者夸大损失的程度，骗取保险金的；

（三）投保人、被保险人或者受益人编造未曾发生的保险事故，骗取保险金的；

（四）投保人、被保险人故意造成财产损失的保险事故，骗取保险金的；

（五）投保人、受益人故意造成被保险人死亡、伤残或者疾病，骗取保险金的。

有前款第（四）项、第（五）项所列行为，同时构成其他犯罪的，依照数罪并罚的规

刑法学

定处罚。

单位犯第一款罪的，对单位判处罚金，并对其直接负责的主管人员和其他直接责任人员，处五年以下有期徒刑或者拘役；数额巨大或者有其他严重情节的，处五年以上十年以下有期徒刑；数额特别巨大或者有其他特别严重情节的，处十年以上有期徒刑。

保险事故的鉴定人、证明人、财产评估人故意提供虚假的证明文件，为他人诈骗提供条件的，以保险诈骗的共犯论处。

释解分析

本条规定的是保险诈骗罪。本罪的构成特征是：（1）侵犯客体是国家的保险制度和保险人的财产所有权。（2）客观方面表现为违反保险法规，采取虚构保险标的、保险事故或者制造保险事故等方法，骗取较大数额保险金的行为，具体表现为上述五种行为方式。（3）犯罪主体为个人和单位，具体指投保人、被保险人、受益人。（4）主观方面表现为故意，并具有非法占有保险金的目的，过失不构成本罪。

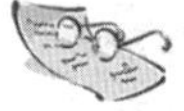

易混易错

1. 实施保险诈骗活动，故意以纵火、杀人、伤害、遗弃、虐待等行为方式制造财产损失、被保险人死亡、伤残等结果，骗取保险金的，应实行数罪并罚。

2. 保险事故的鉴定人、证明人、财产评估人故意提供虚假的证明文件，为他人诈骗提供条件的，以保险诈骗的共犯论处，而不定《刑法》第229条的“中介组织人员提供虚假证明文件罪”。

3. 如果保险公司的工作人员利用职务上的便利，故意编造未曾发生的保险事故进行虚假理赔，骗取保险金的，应按《刑法》第183条的规定，区分主体身份分别定职务侵占罪或贪污罪。

试题范例

1.（2017年真题）单项选择题

甲以自己为受益人给妻子购买了人身意外伤害险，后设计杀害了妻子，并以妻子意外死亡为由，申请并获得保险金80万元。甲的行为应认定为（　　）。

A. 合同诈骗罪一罪

B. 保险诈骗罪和故意杀人罪

C. 故意杀人罪一罪

D. 保险诈骗罪一罪

答案：B

2. 案例分析题

甲为了骗取保险金，花1万元买来一辆二手名牌轿车，通过在某国有保险公司担任业务员的好友乙经办，向该保险公司谎报轿车价值为20万元，投保车辆盗抢、毁损险。之后，甲找到中学生丙（男，15岁），给丙5 000元报酬，请丙将停在甲自家平房前的轿车烧毁。丙问为什么，甲说那是邻居的车，要烧掉报复邻居。丙说没问题，10天以内解决。丙拿钱带上同学丁（男，15岁）一起吃喝、上网吧。丁问丙哪来这么多钱，丙告以实情，并请丁帮忙，丁答应，并搞来一大瓶汽油放在丙家，准备点火用。

此间，甲担心轿车离自己家太近，烧车会烧到自家和邻居的房屋，就打电话告诉丙放弃烧车，并让丙将5 000元钱退回。丙已将钱花去大半，无法偿还，听后十分着急，一边答应停止行动，过几天退钱，一边通知丁就在当晚行动。丁答应，约定当晚在烧车地点会合。晚上，丙带上汽油瓶到烧车地点，丁因害怕未去。丙久等丁未果，遂决定单独行动。丙将汽油泼到车上，点火烧车，然后躲在一边察看动静。丙见火越烧越大，十分害怕，急忙打电话报火警，并急叫附近四邻灭火。由于丙报警、喊人救火及时，仅烧毁轿车、烤煳了邻近该轿车的几间房屋的门窗和屋檐，未造成其他后果。

事后，甲向保险公司索赔，保险公司派乙核定险损事故。乙明知甲虚报保险标的价值、恶意制造了这起保险事故，但考虑是朋友关系，还是给其出具了保险事故评估证明，致使保险公司全额赔付甲20万元保险金。

案发后，乙在审讯期间主动交代：在3个月前曾利用职务上便利虚构一起车险事故，从本公司骗领到5万元赔款，据为己有。

阅读分析上述案例后，请回答以下问题：

（1）甲、乙、丙各构成何罪或何罪的共犯（只需指明甲、乙、丙分别就哪一事实成立何罪或何罪之共犯，不必说明理由）？

（2）丁的行为是何种犯罪形态（既遂、未遂、预备、中止）？并简要说明理由。

（3）根据本案给出的事实，指出哪些被告人具有何种法定量刑情节。

答案：略

3. 单项选择题

保险受益人甲故意杀害被保险人乙，造成乙死亡，骗取了20万元保险金。对甲应当（　　）。

A. 以故意杀人罪定罪处罚

B. 以保险诈骗罪定罪处罚

C. 以保险诈骗罪和故意杀人罪的牵连犯择一重罪处罚

D. 以故意杀人罪和保险诈骗罪数罪并罚

答案：D

核心法条

第202条 以暴力、威胁方法拒不缴纳税款的，处三年以下有期徒刑或者拘役，并处拒缴税款一倍以上五倍以下罚金；情节严重的，处三年以上七年以下有期徒刑，并处拒缴税款一倍以上五倍以下罚金。

相关法条

第201条 纳税人采取欺骗、隐瞒手段进行虚假纳税申报或者不申报，逃避缴纳税款数额较大并且占应纳税额百分之十以上的，处三年以下有期徒刑或者拘役，并处罚金；数额巨大并且占应纳税额百分之三十以上的，处三年以上七年以下有期徒刑，并处罚金。

扣缴义务人采取前款所列手段，不缴或者少缴已扣、已收税款，数额较大的，依照前款的规定处罚。

对多次实施前两款行为，未经处理的，按照累计数额计算。

有第一款行为，经税务机关依法下达追缴通知后，补缴应纳税款，缴纳滞纳金，已受行政处罚的，不予追究刑事责任；但是，五年内因逃避缴纳税款受过刑事处罚或者被税务机关给予二次以上行政处罚的除外。

第203条 纳税人欠缴应纳税款，采取转移或者隐匿财产的手段，致使税务机关无法追缴欠缴的税款，数额在一万元以上不满十万元的，处三年以下有期徒刑或者拘役，并处或者单处欠缴税款一倍以上五倍以下罚金；数额在十万元以上的，处三年以上七年以下有期徒刑，并处欠缴税款一倍以上五倍以下罚金。

第204条 以假报出口或者其他欺骗手段，骗取国家出口退税款，数额较大的，处五年以下有期徒刑或者拘役，并处骗取税款一倍以上五倍以下罚金；数额巨大或者有其他严重情节的，处五年以上十年以下有期徒刑，并处骗取税款一倍以上五倍以下罚金；数额特别巨大或者有其他特别严重情节的，处十年以上有期徒刑或者无期徒刑，并处骗取税款一倍以上五倍以下罚金或者没收财产。

纳税人缴纳税款后，采取前款规定的欺骗方法，骗取所缴纳的税款的，依照本法第二百零一条的规定定罪处罚；骗取税款超过所缴纳的税款部分，依照前款的规定处罚。

第205条 虚开增值税专用发票或者虚开用于骗取出口退税、抵扣税款的其他发票的，处三年以下有期徒刑或者拘役，并处二万元以上二十万元以下罚金；虚开的税款数额较大或者有其他严重情节的，处三年以上十年以下有期徒刑，并处五万元以上五十万元以下罚金；虚开的税款数额巨大或者有其他特别严重情节的，处十年以上有期徒刑或者无期徒刑，并处五万元以上五十万元以下罚金或者没收财产。

单位犯本条规定之罪的，对单位判处罚金，并对其直接负责的主管人员和其他直接责任人员，处三年以下有期徒刑或者拘役；虚开的税款数额较大或者有其他严重情节的，处三年以上十年以下有期徒刑；虚开的税款数额巨大或者有其他特别严重情节的，处十年以上有期徒刑或者无期徒刑。

虚开增值税专用发票或者虚开用于骗取出口退税、抵扣税款的其他发票，是指有为他人虚开、为自己虚开、让他人为自己虚开、介绍他人虚开行为之一的。

第205条之一 虚开本法第二百零五条规定以外的其他发票，情节严重的，处二年以下有期徒刑、拘役或者管制，并处罚金；情节特别严重的，处二年以上七年以下有期徒刑，并处罚金。

单位犯前款罪的，对单位判处罚金，并对其直接负责的主管人员和其他直接责任人员，依照前款的规定处罚。

释解分析

上述法条是有关危害税收征管方面的主要犯罪。

1. 关于虚开发票，实际上是三种行为：一是虚假开具增值税专用发票；二是虚假开具用于骗取出口退税、抵扣税款的其他发票；三是虚开除上述两种发票以外的其他发票。

虚开的具体行为方式，按《刑法》第205条第3款的规定，包括为他人虚开、为自己虚开、让他人为自己虚开、介绍他人虚开四种。行为人具备上述四种行为之一的，即成立犯罪。

2. 关于逃税罪，主要应掌握：

(1) 犯罪主体是特殊主体，即纳税人、扣缴义务人，包括个人和单位。

(2) 逃税罪是数额犯，逃税情节严重是逃税罪构成的必要条件。情节严重是指以下两种情形之一：1）纳税人逃税数额较大且占应纳税额10%以上；2）逃税数额巨大且占应纳税额30%以上的。

(3) 逃税数额的计算。多次实施第201条第1、2款行为，未经处理的，按累计数额计。

(4) 行为人实施上述所列行为之一，并具有上述所列情节之一的，即成立逃税罪。同一个行为人实施上述两种以上行为，仍构成一个逃税罪，量刑时应体现出处罚更重的特点。

(5) 《刑法修正案（七）》对逃税罪的修改：1）对逃税行为和情节作了更加概括简明的规定；2）对扣缴义务人和纳税人的情节严重作了相同规定；3）对行政责任和刑事责任的关系作了更明确的规定。

(6) 对于逃税罪还应注意：1）对多次犯有逃税行为，未经处理的，按照累计数额计算。未经处理是指纳税人或扣缴义务人在5年内多次实施逃税行为，但每次逃税数额均未达到《刑法》第201条规定的构成犯罪的数额标准，且未受行政处罚的情形。2）使用伪造、变造、盗窃的武装部队车辆号牌，不缴或者少缴应纳的车辆购置税、车辆使用税等税款，逃税数额占应纳税额10%以上的，以逃税罪定罪处罚。3）逃税数额占应纳税额的百分比，是指一个纳税年度中的各种逃税总额与该纳税年度应纳税总额的比例。无照经营的，不免除其纳税义务，故不妨碍追究其逃税罪的刑事责任。

3. 关于抗税罪，主要应掌握：

(1) 本罪的构成特征：1）侵犯客体是复杂客体，既破坏了国家对税收的管理秩序，又侵犯了依法征税的税务人员的人身权利，被侵害的对象是依法征管税收的税务工作人员。2）客观方面表现为采用暴力、威胁方法拒不缴纳税款的行为。3）犯罪主体为纳税人中的个人，单位不构成抗税罪，这与逃税罪的犯罪主体不同。4）主观方面表现为故意，目的在于抗拒缴纳税款。

(2) 纳税人或者扣缴义务人共同实施抗税行为的，以抗税罪的共犯依法处罚。如果有暴力抗税的行为，又构成故意伤害罪、故意杀人罪的，按照转化后的犯罪定性处罚。如果在暴力抗税中因过失致税务人员重伤、死亡的，可依情节严重的抗税罪论处，过失罪中不存在转化罪问题。

4. 第203条规定的是逃避追缴欠税罪；第204条规定的是骗取出口退税罪。此两罪不为大纲所要求，但与逃税罪有关，在此列出，以便与逃税罪比较。

易混易错

1. 税务人员利用职务上的便利，索取纳税人（包括自然人和法人）财物的，或者非法收受纳税人财物为纳税人谋取利益的，以受贿罪论处；非法所得虽未达到追究受贿罪的数额标准，但情节较重的，也应以受贿罪论处。但是如果税务人员与纳税人相互勾结，共同实施逃税行为，情节严重的，以逃税共犯论处，从重处罚。

2. 划清本罪与逃税罪、骗取出口退税罪的界限。

(1) 在虚开增值税专用发票或者用于骗取出口退税、抵扣税款的其他发票的行为中，只限虚假开具上述发票的行为，不包含逃税、骗取出口退税的行为。如系同一个行为人，为逃税、骗取出口退税，而虚开用于骗取出口退税、抵扣税款发票，构成本罪与逃税罪、骗取出口退税罪的，成立牵连犯，从一重处断。根据《刑法》第205条的规定，虚开增值税专用发票或用于骗取国家出口退税、抵扣税款的其他发票，骗取国家税款，数额特别巨大，情节特别严重，给国家利益造成特别重大损失的，直接定本罪予以最严厉处罚。

(2) 如果行为人根本没有纳税，而是捏造纳税的事实，并编造出口的事实，骗取“出口退税”的是骗取出口退税罪。如果纳税人缴纳税款后，采取假报出口的欺骗方法，骗取所缴纳的税款的，以逃税罪定罪处罚；骗取税款超过所缴纳的税款部分，以骗取出口退税罪定罪处罚。

(3) 如果行为人仅仅虚开了可抵扣税款的发票，偷逃税收，但不是直接用于抵扣增值税款，而是通过虚开做大支出成本，降低收入，从而达到偷逃税的目的，属于一般的逃税行为，而不是特定的以虚开发票直接抵扣税款（增值税）的方式逃税，不构成虚开用于抵扣税款发票罪。

3. 注意虚开增值税专用发票、用于骗取出口退税、抵扣税款发票罪与相关犯罪的罪数问题。

（1）非法购买增值税专用发票或者购买伪造的增值税专用发票，又虚开或出售的，分别以虚开增值税专用发票罪、出售伪造的增值税专用发票罪定罪处罚，不需要数罪并罚。

（2）盗窃增值税专用发票或者用于骗取出口退税、抵扣税款的其他发票的，以盗窃罪定罪处罚。

（3）使用欺骗手段骗取增值税专用发票或者用于骗取出口退税、抵扣税款的其他发票的，以诈骗罪定罪处罚。

试题范例

多项选择题

关于骗取出口退税罪和虚开增值税专用发票罪的说法，下列哪些选项是正确的？（　　）

A. 甲公司具有进出口经营权，明知他人意欲骗取国家出口退税款，仍违反国家规定允许他人自带客户、自带货源、自带汇票并自行报关，骗取国家出口退税款。对甲公司应以骗取出口退税罪论处

B. 乙公司虚开用于骗取出口退税的发票，并利用该虚开的发票骗取数额巨大的出口退税，其行为构成虚开用于骗取出口退税发票罪与骗取出口退税罪，实行数罪并罚

C. 丙公司缴纳 200 万元税款后，以假报出口的手段，一次性骗取国家出口退税款 400 万元，丙公司的行为分别构成逃税罪与骗取出口退税罪，实行数罪并罚

D. 丁公司虚开增值税专用发票并骗取国家税款，数额特别巨大，情节特别严重，给国家利益造成特别重大损失。对丁公司应当以虚开增值税专用发票罪论处

答案：ACD

核心法条

第 213 条 未经注册商标所有人许可，在同一种商品、服务上使用与其注册商标相同的商标，情节严重的，处三年以下有期徒刑，并处或者单处罚金；情节特别严重的，处三年以上十年以下有期徒刑，并处罚金。

释解分析

本条规定的是假冒注册商标罪。本罪的构成特征为：（1）侵犯客体是他人的注册商标专用权和国家的商标管理制度。注册商标专用权，是指商标所有人对其注册的商标享有专门使用和独立拥有并禁止他人擅自使用的权利。（2）客观方面表现为违反国家商标管理法规，未经注册商标所有人许可而擅自使用其注册商标，情节严重的行为。（3）犯罪主体是个人和单位。（4）主观方面表现为故意。实践中多具有营利或谋取非法利益的目的。

易混易错

1. 划清假冒注册商标罪与非罪行为的界限：（1）被假冒的商标必须是经国家商标局注册的商标。未经注册的商标不受法律保护，不享有商标专用权，他人冒用的不构成犯罪。（2）一般的商标侵权行为不构成犯罪，只有当假冒他人注册商标的行为达到情节严重时才成立本罪。区别界限的关键在于：①限定在假冒范围，即未经注册商标所有人同意而擅自使用的；②情节严重的假冒行为，对于情节轻微的假冒行为，按一般商标侵权行为处理。

2. 划清假冒注册商标罪与相关犯罪的界限：以本条所规定的方法生产、销售伪劣产品的，应按照 2001 年 4 月 9 日发布的《最高人民法院、最高人民检察院关于办理生产、销售伪劣商品刑事案件具体应用法律若干问题的解释》第 10 条的规定，择一重罪处罚。

核心法条

第 217 条 以营利为目的，有下列侵犯著作权或者与著作权有关的权利的情形之一，违法所得数额较大或者有其他严重情节的，处三年以下有期徒刑，并处或者单处罚金；违法所得数额巨大或者有其他特别严重情节的，处三年以上十年以下有期徒刑，并处罚金：

刑法学

（一）未经著作权人许可，复制发行、通过信息网络向公众传播其文字作品、音乐、美术、视听作品、计算机软件及法律、行政法规规定的其他作品的；

（二）出版他人享有专有出版权的图书的；

（三）未经录音录像制作者许可，复制发行、通过信息网络向公众传播其制作的录音录像的；

（四）未经表演者许可，复制发行录有其表演的录音录像制品，或者通过信息网络向公众传播其表演的；

（五）制作、出售假冒他人署名的美术作品的；

（六）未经著作权人或者与著作权有关的权利人许可，故意避开或者破坏权利人为其作品、录音录像制品等采取的保护著作权或者与著作权有关的权利的技术措施的。

第218条 以营利为目的，销售明知是本法第二百一十七条规定的侵权复制品，违法所得数额巨大或者有其他严重情节的，处五年以下有期徒刑，并处或者单处罚金。

释解分析

1. 第217条规定的是侵犯著作权罪。其构成特征是：(1) 侵犯客体是著作权人的著作权或者与著作权有关的权利和国家关于著作权的管理制度。(2) 客观方面表现为侵犯著作权或者与著作权有关的权利的违法所得数额较大或者有其他严重情节的行为。《刑法》第217条规定了六种侵犯著作权或者与著作权有关的权利的行为，行为人只要具备该六种行为之一的，即符合侵犯著作权罪客观方面的特征。(3) 犯罪主体是个人和单位。(4) 主观方面是故意，并且具有营利目的。以刊登收费广告等方式直接或间接收取费用的情形，属于本条规定的“以营利为目的”。

认定侵犯著作权罪主要根据以下两点：一是行为人实施了侵犯著作权或者与著作权有关的权利的行为，但违法所得数额未达较大或者不具有其他严重情节的，按一般的侵权行为追究其民事责任，而不以侵犯著作权罪论处。只有当侵权行为违法所得数额较大时或具有其他严重情节时才成立犯罪。违法所得数额较大和其他严重情节，依据2004年12月22日起施行的《最高人民法院、最高人民检察院关于办理侵犯知识产权刑事案件具体应用法律若干问题的解释》第5条处理。二是行为人在客观上虽有侵犯著作权或者与著作权有关的权利的行为，但主观上不具有营利目的的，不构成犯罪，应按《中华人民共和国著作权法》规定的法律责任处理。

2. 第218条规定的是销售侵权复制品罪。销售侵权复制品罪的认定主要把握客观上是否达到违法所得数额巨大或者有其他严重情节的法定要求，根据《最高人民法院、最高人民检察院关于办理侵犯知识产权刑事案件具体应用法律若干问题的解释》第6条之规定，违法所得数额在10万元以上的属于巨大。主观上是否“明知”，即根据案件事实、证据综合判断明知的存在，“以营利为目的”是主观方面必备的要件。

易混易错

侵犯著作权罪一罪与数罪的界限。实施《刑法》第217条的侵犯著作权罪，又销售该侵权复制品，构成犯罪的，应当以侵犯著作权罪一罪论处。实施侵犯著作权罪，又销售明知是他人的侵权复制品，构成犯罪的，应当以侵犯著作权罪和销售侵权复制品罪二罪实行并罚。

试题范例

1.（2014年真题）多项选择题

下列行为中，应以侵犯著作权罪定罪处罚的有（　　）。

A. 甲复制外国的淫秽影片出售，获利数额较大

B. 乙未经录像制作者许可，复制其制作的录像，获利数额较大

C. 丙未经权利人许可，复制发行他人计算机软件并出售牟利，获利数额较大

D. 丁未经拍摄者许可，将其拍摄的大量视频文件上传到网络免费供他人下载

答案：BC

2.（2016年真题）多项选择题

下列行为中，可以构成侵犯著作权罪的有（　　）。

A. 出售假冒某画家署名的油画

B. 出版某出版社享有专有出版权的考试辅导书

C. 未经某作家许可，复制发行其创作的历史小说

D. 未经某音像公司许可，复制发行其制作的音乐唱片

答案：ABCD

核心法条

第 219 条　有下列侵犯商业秘密行为之一，情节严重的，处三年以下有期徒刑，并处或者单处罚金；情节特别严重的，处三年以上十年以下有期徒刑，并处罚金：

（一）以盗窃、贿赂、欺诈、胁迫、电子侵入或者其他不正当手段获取权利人的商业秘密的；

（二）披露、使用或者允许他人使用以前项手段获取的权利人的商业秘密的；

（三）违反保密义务或者违反权利人有关保守商业秘密的要求，披露、使用或者允许他人使用其所掌握的商业秘密的。

明知前款所列行为，获取、披露、使用或者允许他人使用该商业秘密的，以侵犯商业秘密论。

本条所称权利人，是指商业秘密的所有人和经商业秘密所有人许可的商业秘密使用人。

释解分析

本条规定的是侵犯商业秘密罪。该罪的构成特征为：（1）侵犯客体是商业秘密的权利人对商业秘密的专有权和国家对商业秘密的管理制度。商业秘密，是指不为公众所知悉，能为权利人带来经济利益，具有实用性并经权利人采取保密措施的技术信息和经营信息，是一种无形资产；权利人，是指商业秘密的所有人和经商业秘密所有人许可的商业秘密使用人。（2）客观方面表现为违反《反不正当竞争法》第 10 条的规定，侵犯商业秘密，情节严重的行为。（3）犯罪主体是个人和单位，包括商业秘密权利人的竞争对手、第三者、有保密义务的个人和单位。（4）主观方面表现为故意，包括直接故意和间接故意。具体表现在认识因素上分明知和应知两种情况：明知是指行为人确已认识到自己的行为侵犯权利人的商业秘密或者确已认识到是他人通过非法手段获取的商业秘密；应知是指行为人应当认识到自己的行为侵犯权利人的商业秘密或者应当认识到是他人通过非法手段获取的商业秘密。在意志因素上有希望和放任两种情形。

易混易错

应特别注意侵犯商业秘密罪的客观表现中包含盗窃、贿赂、欺诈、胁迫、电子侵入或者其他不正当手段。如果犯罪人利用这些手段获取商业秘密的，按侵犯商业秘密罪定罪处罚，而不构成相应的盗窃罪、敲诈勒索罪等。

核心法条

第 224 条　有下列情形之一，以非法占有为目的，在签订、履行合同过程中，骗取对方当事人财物，数额较大的，处三年以下有期徒刑或者拘役，并处或者单处罚金；数额巨大或者有其他严重情节的，处三年以上十年以下有期徒刑，并处罚金；数额特别巨大或者有其他特别严重情节的，处十年以上有期徒刑或者无期徒刑，并处罚金或者没收财产：

（一）以虚构的单位或者冒用他人名义签订合同的；

（二）以伪造、变造、作废的票据或者其他虚假的产权证明作担保的；

（三）没有实际履行能力，以先履行小额合同或者部分履行合同的方法，诱骗对方当事人继续签订和履行合同的；

（四）收受对方当事人给付的货物、货款、预付款或者担保财产后逃匿的；

（五）以其他方法骗取对方当事人财物的。

释解分析

本条规定的是合同诈骗罪。该罪的构成特征为：（1）侵犯客体是国家对合同的管理制度、诚实信用的市场经济秩序和合同当事人的财产所有权。（2）客观方面表现为在签订、履行合同的过程中，骗取合同一方当事人的财物，数额较大的行为，具体表现为上述五种行为方式。（3）犯罪主体是个人和单位。（4）主观方面是故意，并具有非法占有合同当事人财产的目的。

划清本罪与诈骗罪的界限：两者在侵犯他人财产所有权、主观上具有非法占有的目的、使用欺诈手段等方面有相同之处，区分的关键是，合同诈骗罪采用特定的利用签订、履行合同手段进行诈骗，

刑法学

不是泛指的手段，其侵犯的客体也具有复杂性。合同诈骗罪与一般诈骗罪之间是特殊法和一般法的关系，根据特殊法优于一般法的适用原则，在发生法条竞合的情况下，应适用合同诈骗罪的规定。

试题范例

（2014 年真题）多项选择题

下列行为中，应以合同诈骗罪定罪处罚的有（　　）。

A. 甲以虚构的单位与某公司签订合同，骗取数额较大的财物后潜逃

B. 乙与电脑公司签订代销合同，在收到对方送来的代销电脑后携带电脑潜逃

C. 丙谎称手中有优质投资项目，吸引公众投资，收取巨额投资款后挥霍一空

D. 丁以假房产证作担保，与银行签订借款合同，骗取巨款后购买豪车

答案：AB

核心法条

第 225 条　违反国家规定，有下列非法经营行为之一，扰乱市场秩序，情节严重的，处五年以下有期徒刑或者拘役，并处或者单处违法所得一倍以上五倍以下罚金；情节特别严重的，处五年以上有期徒刑，并处违法所得一倍以上五倍以下罚金或者没收财产：

（一）未经许可经营法律、行政法规规定的专营、专卖物品或者其他限制买卖的物品的；

（二）买卖进出口许可证、进出口原产地证明以及其他法律、行政法规规定的经营许可证或者批准文件的；

（三）未经国家有关主管部门批准非法经营证券、期货、保险业务的，或者非法从事资金支付结算业务的；

（四）其他严重扰乱市场秩序的非法经营行为。

相关法条

第 224 条之一　组织、领导以推销商品、提供服务等经营活动为名，要求参加者以缴纳费用或者购买商品、服务等方式获得加入资格，并按照一定顺序组成层级，直接或者间接以发展人员的数量作为计酬或者返利依据，引诱、胁迫参加者继续发展他人参加，骗取财物，扰乱经济社会秩序的传销活动的，处五年以下有期徒刑或者拘役，并处罚金；情节严重的，处五年以上有期徒刑，并处罚金。

释解分析

本条是关于非法经营罪的规定。本罪的构成特征为：（1）侵犯客体是国家依法管理的市场秩序。（2）客观方面表现为违反国家规定，非法经营，情节严重的行为，具体表现为本条规定的几种行为方式。（3）犯罪主体为个人和单位。（4）主观方面为故意。

非法经营罪中所谓“其他严重扰乱市场秩序的非法经营行为”，主要有：（1）在国家规定的交易场所外非法买卖外汇，扰乱市场秩序情节严重的；（2）非法从事出版物的出版、印刷、复制、发行，不构成刑法规定的其他犯罪，却严重扰乱社会秩序的；（3）违反国家规定，采取租用国际专线、私设转接设备或者其他方法，擅自经营国际电信业务或者港澳台电信业务进行营利活动，扰乱电信市场管理秩序的；（4）传销或者变相传销，扰乱市场秩序，情节严重的；（5）未经国家批准擅自发行、销售彩票，构成犯罪的；（6）违反国家在预防、控制突发传染病疫情等灾害期间有关市场经营、价格管理等规定，哄抬物价、牟取暴利，严重扰乱市场秩序，违法所得数额较大或有其他严重情节的。

掌握上述常见“非法经营行为”有助于对本罪的准确认定。

第 224 条之一规定的是组织、领导传销活动罪。对于此罪，最主要的是要把握：（1）主体：只有组织、领导传销活动者才能构成犯罪，对一般的传销参与人员，可给予行政处罚和教育。（2）传销的五方面的特征：以推销商品、提供服务等经营活动为名；按照一定顺序组成层级；直接或者间接以发展人员的数量作为计酬或者返利依据，引诱、胁迫参加者继续发展他人参加；骗取财物——这是传销活动的最本质特征；扰乱经济社会秩序。

易混易错

非法经营罪与组织、领导传销活动罪的区别：(1) 客观表现不同。非法经营罪的基本表现是没有相应的经营资格而从事经营活动，其有确定的对象，一般是生产或销售商品；组织、领导传销活动罪的基本表现是根本没有产品销售，或者只以价格与价值严重背离的“道具商品”为幌子，不从事实际的经营活动。(2) 处罚对象不同。组织、领导传销活动罪只处罚组织者、领导者，而不处罚一般的传销参与人员；非法经营罪则不限于此。

试题范例

1. (2015 年真题) 多项选择题

下列行为中，应以非法经营罪（不考虑数额或者情节）定罪处罚的有（　　）。

A. 甲在生产的饲料中添加“瘦肉精”

B. 乙私设转接设备，擅自经营国际电信业务

C. 丙组织多人出卖人体器官，并从中获取介绍费

D. 丁用 POS 机为他人刷信用卡套取现金，赚取手续费

答案：ABD

2. (2018 年真题) 多项选择题

在情节严重的情况下，下列行为应认定为非法经营罪的有（　　）。

A. 使用伪造的药品经营许可证，非法经营药品

B. 长期以暴力手段强迫他人向自己借款，赚取利息

C. 以营利为目的，长期通过网络有偿提供删除信息服务

D. 非法生产具备赌博功能的电子游戏机，供他人开设赌场

答案：ACD

3. 单项选择题

下列情形中，构成非法经营罪的是（　　）。

A. 甲医药公司擅自从事假药生产、销售，违法所得数额巨大

B. 乙国有图书公司明知是盗版图书仍然进行销售，违法所得数额巨大

C. 丙公司倒卖窃取的商业秘密，违法所得数额巨大

D. 丁公司未经许可擅自倒卖烟草，违法所得数额巨大

答案：D

核心法条

第 226 条　以暴力、威胁手段，实施下列行为之一，情节严重的，处三年以下有期徒刑或者拘役，并处或者单处罚金；情节特别严重的，处三年以上七年以下有期徒刑，并处罚金：

（一）强买强卖商品的；

（二）强迫他人提供或者接受服务的；

（三）强迫他人参与或者退出投标、拍卖的；

（四）强迫他人转让或者收购公司、企业的股份、债券或者其他资产的；

（五）强迫他人参与或者退出特定的经营活动的。

释解分析

1. 本条规定的是强迫交易罪。本罪不仅侵犯了交易相对方的合法权益，而且侵犯了商品交易市场秩序。本罪在客观方面表现为以暴力、威胁手段强买强卖商品，强迫他人提供或者接受服务，强迫他人参与或者退出投标、拍卖，强迫他人转让或者收购公司、企业的股份、债券或者其他资产，强迫他人参与或者退出特定的经营活动，情节严重的行为。本罪主体为一般主体，凡达到刑事责任年龄且具备刑事责任能力的自然人均能构成本罪。单位亦能构成本罪。单位犯本罪的，实行两罚制，即对单位判处罚金，对其直接负责的主管人员和其他直接责任人员依本条规定追究刑事责任。本罪在主观方面表现为直接故意。

2. 本罪的认定。(1) 行为人用轻微的威胁手段进行强买强卖、强迫他人接受或者提供服务，行为很有节制、获利很有限，情节显著轻微危害不大的，属于一般违法行为，不能认为是犯罪。(2) 本条中“暴力”是指行为人对被害人的身体实行打击或者强制，使其不得不向行为人提供服务或者不得不接受行为人的服务。这里的“威胁”，是指行为人对被害人以立即实行暴力侵害相威胁，或者以其他方式进行精神强制，使被害人出于恐惧而不得不向行为人提供服务或者不得不接受行为人的服务。(3) 本罪必须发生在商品交

易或者服务交易中，行为人与被害人之间有交易事实存在，虽然这种不平等交易，是一方强求另一方接受的交易。如果没有这种交易存在，行为人以非法占有为目的，当场使用暴力、胁迫或者其他方法，强行立即劫取财物的，应当认定为抢劫行为，而不构成强迫交易罪。（4）一罪与数罪的认定。强迫交易罪在实施过程中，因行为人的暴力可能致人伤亡。如果致人伤亡的，尽管在强迫交易罪与伤害（包括故意与过失）、杀人（故意与过失）的犯罪之间有牵连关系，但是不应当以牵连犯处罚，而应当分别定罪量刑，以想象竞合的原则处罚。

易混易错

1. 本罪与抢劫罪的区别。二罪比较，犯罪的前提条件不同，犯罪侵犯的客体不同，犯罪目的不同，犯罪的客观方面也有所不同。抢劫罪无须任何前提条件，而强迫交易罪则必须在行为人与被害人之间存在交易关系；抢劫罪侵犯的客体是公私财物所有权和公民人身权利，强迫交易罪侵犯的客体是交易相对方的合法权益和商品交易市场秩序；抢劫罪的目的是将公私财物非法占有，强迫交易罪的目的是在不合理的价格或者不正当的方式下进行交易；抢劫罪在客观方面表现为以暴力、胁迫或者其他方法抢劫公私财物的行为，而强迫交易罪在客观方面则表现为以暴力、威胁手段强买强卖商品，强迫他人提供或者接受服务，强迫他人参与或者退出投标、拍卖，强迫他人转让或者收购公司、企业的股份、债券或者其他资产，强迫他人参与或者退出特定的经营活动，情节严重的行为；抢劫罪的行为人完全是无偿占有被害人财物，强迫交易罪的行为人则在强迫对方达成交易后一般会给付对方一定数额的货币或者商品作为代价。

2. 本罪与敲诈勒索罪的区别。（1）客体不同。本罪侵犯的客体是复杂客体，即市场交易秩序和他人的人身权、财产权或者其他合法权益；敲诈勒索罪侵犯的客体是简单客体，即公私财产的所有权。（2）客观方面不同。本罪的行为人对被害人可使用暴力、威胁方法；敲诈勒索罪则只能使用威胁、要挟方法，若行为人当面对被害人使用暴力，则超出了敲诈勒索罪的范围。另外，本罪的行为人在强迫对方达成交易后一般会给付对方一定数额的货币或者商品作为代价；敲诈勒索罪的行为人则完全是无偿占有被害人财物。（3）主观方面不同。本罪的行为人实施强迫交易行为主观上是为了达成交易，牟取不法利益；敲诈勒索罪的行为人主观上则是为了非法占有公私财物。（4）主体不同。本罪自然人和单位均可构成；敲诈勒索罪只能由自然人构成。

3. 本罪与寻衅滋事罪的区别。寻衅滋事罪在客观方面也可表现为强拿硬要行为，两罪的区别在于：（1）客体不同。本罪侵犯的客体是复杂客体，即市场交易秩序和他人的人身权、财产权或者其他合法权益；寻衅滋事罪侵犯的则是简单客体，即社会管理秩序。（2）客观方面不同。本罪的行为人在强迫对方达到交易后一般会给付对方一定数额的货币或者商品；寻衅滋事罪的行为人则多是无偿占有被害人财物。（3）主观方面不同。本罪的行为人主观上是为了达成交易，牟取不法利益；寻衅滋事罪的行为人主观上则是为了寻欢作乐，无事生非。（4）主体不同。本罪自然人和单位均可构成；寻衅滋事罪只能由自然人构成。

试题范例

单项选择题

甲开出租车正在行驶，乘客乙上车后，在前往机场途中，甲要求乙支付480元出租车车费，乙不从，甲即以语言威胁，并对乙强行搜身，搜出650元。将乙送至目的地后，应乙的请求，甲退还乙150元，强行收取了剩余的500元。则甲的行为构成（　　）。

A. 抢劫罪　　B. 抢夺罪

C. 强迫交易罪　　D. 敲诈勒索罪

答案：C

十四、侵犯公民人身权利、民主权利罪

核心法条

第 232 条 故意杀人的，处死刑、无期徒刑或者十年以上有期徒刑；情节较轻的，处三年以上十年以下有期徒刑。

释解分析

本条规定的是故意杀人罪。

1. 本罪的对象是“人”，无论是何人，即使行为人主观上发生对象错误认识但只要其意欲的对象与实际针对的对象都是法律意义上的“人”，则不影响本罪的成立。如将甲误认为乙而杀死的，同样构成故意杀人罪。人的生命自胎儿分离出母体并能够独立呼吸时开始，自大脑停止活动时结束。故溺婴是故意杀人罪，而堕胎的行为则不构成犯罪。行为人误将尸体当作活人杀害的，属于对象不能犯的未遂，构成故意杀人罪（未遂）。

2. 本罪的客观方面表现为非法剥夺他人的生命。其特点是直接或间接作用于人的机体，使人的生命在自然死亡之前终结。杀人的行为方式一般表现为作为，有时也表现为不作为，如妇女故意不给自己的婴儿喂奶，将其活活饿死；负有营救落水儿童职责的保育员，有能力救助而坐视不救，致使儿童死亡等情形，这表明故意杀人罪是不纯正不作为犯。

3. 关于自杀案件的认定与处理。对于涉及自杀问题的案件，一般分为以下情况区别对待：(1) 以暴力、威胁的方法逼迫别人自杀的，或者以相约自杀的方式欺骗他人自杀而本人并不自杀的，实质上是借助于被害人之手完成故意杀人的行为，应以故意杀人罪论处。(2) 诱骗、帮助未满 14 周岁的人或者丧失辨认或控制能力的人自杀的，实质上也是借助被害人之手完成故意杀人的行为，应以故意杀人罪论处。(3) 实施刑法规定的作为或不作为而造成他人自杀身亡的，他人自杀身亡的情况应作为一个定罪或量刑的情节，结合案件其他情节加以综合考虑。如侮辱、诽谤他人造成他人自杀的案件，强奸妇女引起被害妇女自杀身亡的案件。(4) 教唆、帮助意志完全自由的人自杀的，即他人本无自杀之意而诱发他人产生自杀之意而自杀，他人已有自杀之意而在精神上加以鼓励使其坚定自杀意图或者在客观上提供便利使其自杀意图得以实现的情形，不以犯罪论。

易混易错

掌握故意杀人罪的重点和难点是与其他犯罪相关的“杀人行为”的处理，现归纳如下：

1. 与其他犯罪相关的“杀人行为”的处理。

(1) 与危害公共安全罪相关。行为人以放火、决水、爆炸、投放危险物质、破坏交通工具、破坏交通设备等方式杀人，行为人的行为既构成故意杀人罪又构成危害公共安全罪，形成想象竞合的情况，应按照从一重罪处断原则加以解决。

行为人实施杀人行为又造成不特定众多人的生命、健康或重大公私财产的损失而希望或者放任这一危害结果的发生，则成立相应的危害公共安全罪。

(2) 行为人在组织、领导或参加恐怖活动组织（或黑社会性质的组织）后，具体实施了杀人行为的，应当以故意杀人罪和组织、领导、参加恐怖组织（或黑社会性质的组织）罪实行数罪并罚。

(3) 行为人以杀人、伤害或者故意损毁航空器的方法劫持航空器，致人死亡的以劫持航空器罪处罚。但是，如果在劫持并控制航空器之后滥杀无辜，则以故意杀人罪与劫持航空器罪实行数罪并罚。

(4) 绑架后致使被绑架人死亡或者杀害被绑架人的，只能定一个绑架罪。

(5) 犯拐卖妇女、儿童罪又造成被拐卖的妇女、儿童或者其亲属重伤、死亡或者其他严重后果的，以拐卖妇女、儿童罪加重处罚。但行为人对被害人进行故意重伤、杀害的，应将故意伤害罪、故意杀人罪与拐卖妇女、儿童罪实行数罪并罚。

（6）行为人实施暴力干涉他人婚姻自由造成被害人伤亡的：①如果过失致被害人死亡或被害人自己因此而自杀的，依暴力干涉婚姻自由罪的结果加重犯处理。②如果是故意伤害致死或故意杀死的，依故意伤害罪、故意杀人罪定罪处罚。

（7）在抢劫、强奸过程中，使用暴力或者其他方法致人重伤、死亡的，不以故意伤害罪或者故意杀人罪论处，也不以抢劫罪、强奸罪和故意伤害罪或者故意杀人罪数罪并罚，应以抢劫罪、强奸罪定罪处刑。

在抢劫、强奸行为完成之后，行为人出于灭口或者其他目的而杀死被害人的，应以抢劫罪、强奸罪和故意杀人罪实行数罪并罚。

（8）行为人在暴力抗拒执行人民法院的判决、裁定中，杀害执行人员的，应择一重罪处断，即按故意杀人罪论处。

（9）行为人在犯妨害公务罪、寻衅滋事罪的过程中，故意杀害被害人的，视为想象竞合犯，从一重罪即故意杀人罪定罪处罚。

2. 以故意杀人罪论处的情形。

（1）非法拘禁、刑讯逼供、暴力取证、虐待被监管人、聚众斗殴致人死亡的。

（2）抗税行为中使用暴力危及税务人员的生命、身体健康的。如果在暴力抗税中因过失致税务人员重伤、死亡的，可依情节严重的抗税罪论处。

试题范例

1.（2020年真题）单项选择题

下列选项中，应按故意杀人罪一罪定罪处罚的是（　　）。

A. 甲为索取债务将孙某关在宾馆房间，其间多次毒打孙某致其死亡

B. 乙为勒索财物绑架钱某，从钱某家人处获得赎金后将钱某杀害

C. 丙为牟取暴利组织多人偷越国境，其间将被组织者吴某殴打致死

D. 丁为劫取财物杀死曹某，并按照计划将曹某驾驶的车辆变卖获利

答案：A

2. 单项选择题

按照刑法规定，以下情形中，应当以故意杀人罪定罪处罚的是（　　）。

A. 拐卖妇女造成被害人死亡的

B. 暴力干涉婚姻自由致使被害人死亡的

C. 抢劫致被害人死亡的

D. 刑讯逼供致被害人死亡的

答案：D

3. 单项选择题

下列行为中，应以故意杀人罪定罪处罚的是（　　）。

A. 甲在与钱某争吵中，突然抽出随身携带的匕首向钱某刺一刀后扬长而去，致其重伤

B. 乙在非法拘禁孙某过程中，使用暴力致孙某死亡

C. 丙在绑架李某、向李某家属勒索财物过程中，杀害李某

D. 丁对公共建筑物放火，大火烧毁该建筑物，并且烧死2人

答案：B

核心法条

第233条　过失致人死亡的，处三年以上七年以下有期徒刑；情节较轻的，处三年以下有期徒刑。本法另有规定的，依照规定。

释解分析

本条规定的是过失致人死亡罪。

1. 本罪与故意杀人罪的界限。两者区别的关键在于主观方面不同，前者是过失，后者是故意。过于自信的过失致人死亡和间接故意杀人，在客观上都造成了他人死亡结果的发生。两者的区别主要有：（1）行为人对他人死亡结果发生的认识程度不同；（2）行为人对他人死亡结果发生的态度不同。

2. 本罪与因意外事件致人死亡的界限。两者区别的关键是行为人能否预见自己的行为可能致人死亡和行为人能否防止他人死亡结果的发生。根据行为本身的危险程度、行为人的智力水平、经验以及客观环境条件，行为人能够预见或者能够防止他人死亡结果发生的，应以过失致人死亡罪论处，否则应按意外事件处理。

3. 本罪与刑法另有规定的致人死亡的过失犯罪的界限。“本法另有规定的，依照规定”是指：（1）刑法规定以他人死亡作为法定犯罪构成要件或要件之一的过失犯罪，如失火罪、交通肇事罪、重大责任事故罪等过失犯罪致人死亡的，应分别

依照有关条文定罪量刑，不以过失致人死亡罪论处。这种情况下发生法条竞合关系，应按照特别法优于普通法的原则处理。（2）还有一些故意犯罪的结果加重犯，如强奸，抢劫，非法行医，生产、销售假药、劣药致人死亡的，也包括过失致人死亡的情况，对此应按有关故意犯罪的结果加重犯定罪处罚。

试题范例

1.（2020 年真题）单项选择题

工休期间，建筑工人甲在工地上将与自己相互嬉闹的工友乙推倒，致乙跌落摔死。甲的行为应认定为（　　）。

A. 意外事件

B. 重大责任事故罪

C. 故意伤害罪

D. 过失致人死亡罪

答案：D

2. 单项选择题

张某带两岁的女儿甲在村头玩耍，一个五岁的小男孩乙从后面跑上来将甲推倒，张某一把抓住乙顺手一推，乙倒地头部碰在石头上，一动不动，张某认为乙已死，就把乙抱到村外准备埋掉，掩埋时，突然感觉乙好像动了一下，以为乙没死，就用石头砸乙头部后将乙埋掉离去。案发后，经鉴定，张某用石头砸之前乙已死亡。张某的行为构成（　　）。

A. 过失致人死亡罪

B. 过失致人死亡罪与故意杀人罪（既遂）数罪

C. 过失致人死亡罪与故意杀人罪（未遂）数罪

D. 故意杀人罪

答案：C

核心法条

第 234 条　故意伤害他人身体的，处三年以下有期徒刑、拘役或者管制。

犯前款罪，致人重伤的，处三年以上十年以下有期徒刑；致人死亡或者以特别残忍手段致人重伤造成严重残疾的，处十年以上有期徒刑、无期徒刑或者死刑。本法另有规定的，依照规定。

相关法条

第 234 条之一　组织他人出卖人体器官的，处五年以下有期徒刑，并处罚金；情节严重的，处五年以上有期徒刑，并处罚金或者没收财产。

未经本人同意摘取其器官，或者摘取不满十八周岁的人的器官，或者强迫、欺骗他人捐献器官的，依照本法第二百三十四条、第二百三十二条的规定定罪处罚。

违背本人生前意愿摘取其尸体器官，或者本人生前未表示同意，违反国家规定，违背其近亲属意愿摘取其尸体器官的，依照本法第三百零二条的规定定罪处罚。

第 302 条　盗窃、侮辱、故意毁坏尸体、尸骨、骨灰的，处三年以下有期徒刑、拘役或者管制。

第 95 条　本法所称重伤，是指有下列情形之一的伤害：

（一）使人肢体残废或者毁人容貌的；

（二）使人丧失听觉、视觉或者其他器官机能的；

（三）其他对于人身健康有重大伤害的。

释解分析

1. 本条规定的是故意伤害罪。该罪的犯罪构成特征是：（1）侵犯客体是他人的健康权利。（2）客观方面表现为非法损害他人身体健康的行为，具体有三个特征：①伤害行为必须是非法的，因执行职务、命令、正当防卫、紧急避险等合法行为造成他人伤害的，不构成犯罪。②伤害的对象只能是他人，故意伤害自己身体的一般不构成犯罪；但如果现役军人在战时为了逃避军事义务而自伤身体的，构成战时自伤罪；如果是为了诬告陷害而自伤自己身体的，应以诬告陷害罪论处。③伤害行为必须是损害他人身体健康的行为，即损害他人身体组织的完整性和人体器官正常功能的行为。轻伤、重伤和伤害致死是法定的三种伤害结果，直接影响故意伤害罪的轻重程度进而影响到量刑幅度。（3）犯罪主体是一般主体，但年满 14 周岁并具有刑事责任能力的人应对故意伤害致人重伤或死亡的犯罪负刑事责任。（4）主观方面表现为故意。

2. 应特别注意本条“本法另有规定的，依照规定”的理解，具体参见本条释解分析5。

3. 划清本罪与故意杀人罪，尤其是故意伤害致死与故意杀人既遂，故意伤害与故意杀人未遂之间的区别。故意伤害罪与故意杀人罪的主要区别是犯罪故意的内容不同。故意伤害罪的故意只有伤害他人身体健康的内容，而没有剥夺他人生命的内容，他人死亡是由于过失所致；故意杀人罪的故意具有剥夺他人生命的内容，仅造成他人伤害而没有造成他人死亡的，则是由于行为人意志以外的原因所致。

4. 划清故意伤害（致人死亡）与过失致人死亡罪的界限。两者区分的关键是行为人是否有伤害的故意，行为人对于死亡结果的发生均出于过失，但故意伤害罪的行为人只有伤害的故意而无杀人的故意，而过失致人死亡罪的行为人既无杀人的故意，也无伤害的故意。行为人基于轻伤或重伤他人的故意而过失地造成他人死亡的，以故意伤害（致人死亡）论处；行为人并无伤害、杀害他人故意而过失地造成他人死亡结果发生的，以过失致人死亡罪论处。

故意伤害罪与寻衅滋事罪的界限：寻衅滋事与故意伤害都包含殴打致人轻伤的内容，至于具体构成何罪，取决于是否“事出有因”，事出有因而打人致伤的，是故意伤害罪；“无事生非”而殴打他人致伤（仅限轻伤）的，认定为寻衅滋事罪。但是对于那些在寻衅滋事的过程中，携带凶器，动辄伤人，不计后果的行为可以认定为故意伤害罪或故意杀人罪，实践中一般以结果论：如果发生死亡结果的，认定为故意杀人罪，如果仅仅发生伤害结果的，认定为故意伤害罪。

5. 划清故意伤害罪与包含伤害要件的其他犯罪的界限。“本法另有规定的，依照规定”是指行为人在实施其他故意犯罪的过程中，故意伤害他人，刑法其他条文另有规定的，应依照有关条文定罪量刑，不以故意伤害罪论。如强奸、抢劫、拐卖妇女等犯罪致人死亡的，依照各相关条文定罪量刑，不以故意伤害罪论处。但是，犯非法拘禁罪使用暴力致人伤残的、犯刑讯逼供罪或暴力取证罪致人伤残的、犯虐待被监管人员罪致人伤残的、聚众“打砸抢”致人伤残的、犯聚众斗殴罪致人重伤的等情形，应以故意伤害罪论处。其他包含伤害要件的犯罪可参见：包含故意杀人要件的情形下，各相关犯罪的处理。

6. 故意伤害罪的罪数问题。

（1）按结果加重犯从一重罪处理：刑法中有些条文规定“致人重伤”或者“致人死亡”作为某种犯罪加重法定刑的结果，则按照有关刑法条文的规定定罪量刑，不按故意伤害罪定罪处罚。这些规定主要有：犯绑架罪，拐卖妇女、儿童罪，强奸罪，抢劫罪，放火罪，决水罪，爆炸罪，投放危险物质罪，以危险方法危害公共安全罪，破坏交通工具罪，破坏交通设施罪，致人重伤或死亡的。

（2）按想象竞合犯从一重罪处罚：行为人在犯妨害公务罪、寻衅滋事罪的过程中，故意伤害他人致人重伤的，从一重罪即故意伤害罪定罪处罚。

（3）按法条竞合或转化犯处理：在刑讯逼供、暴力取证、非法拘禁、虐待被监管人，聚众斗殴、寻衅滋事等犯罪中故意伤害致人轻伤的，直接按有关犯罪定罪处罚，不定故意伤害罪。但是，如果造成重伤结果的，则通常应当按照故意伤害罪定罪处罚。

易混易错

1. 故意伤害罪与非罪的界限：（1）只有伤害行为造成了轻伤以上结果的，才追究刑事责任，不过由于故意伤害有可能是自诉案件，即使造成了轻伤的结果，如果是由被害人自诉的，也允许当事人之间和解。（2）行为人没有重伤或者轻伤他人的故意，亦无抗税、强迫交易、侮辱、刑讯逼供、逼取证人证言、虐待被监管人、干涉他人婚姻自由、虐待、抢劫、妨害公务、妨害作证等犯罪故意，而殴打他人造成他人暂时性肉体痛苦或轻微伤害的，不以犯罪论处。但是，随意殴打他人，情节恶劣的，以寻衅滋事罪论处。

2. 未经本人同意摘取其器官，或者摘取不满18周岁的人的器官，或者强迫、欺骗他人捐献器官的，直接按故意伤害罪定罪处罚；如果导致死亡的，则按故意杀人罪定罪处罚。但是，在本人去世后，违背本人生前意愿摘取其尸体器官，或者本人生前未表示同意，违反国家规定，违背其近亲属意愿摘取其尸体器官的，则依照盗窃、侮辱尸体罪定罪处罚。

试题范例

1.（2017年真题）单项选择题

下列选项中，应认定为故意伤害罪的是（　　）。

A. 抢劫未果却造成被害人轻伤的

B. 强奸过程中造成被害人重伤的

C. 刑讯逼供时造成犯罪嫌疑人伤残的

D. 拐卖儿童过程中造成被拐卖儿童重伤的

答案：C

2.（2020 年真题）单项选择题

医生甲明知夏某不满 18 周岁，仍应夏某要求，摘取其左肾移植给自己的病人。卖肾所得 5 万元全部交给夏某。甲的行为应认定为（　　）。

A. 不构成犯罪　　B. 非法行医罪

C. 非法经营罪　　D. 故意伤害罪

答案：D

3. 单项选择题

医生甲借给乙做手术之机偷偷摘取乙的某器官卖给丙，后乙因感染而导致死亡，则甲构成（　　）。

A. 盗窃罪

B. 组织出卖人体器官罪

C. 故意杀人罪

D. 诈骗罪

答案：C

4. 单项选择题

下列行为，可以判处死刑的有（　　）。

A. 故意伤害他人造成伤害结果的

B. 以残忍的手段故意伤害他人但没有造成他人残疾的

C. 过失伤害他人，并致人残疾的

D. 以特别残忍的手段故意伤害他人并造成严重残疾的

答案：D

核心法条

第 236 条　以暴力、胁迫或者其他手段强奸妇女的，处三年以上十年以下有期徒刑。

奸淫不满十四周岁的幼女的，以强奸论，从重处罚。

强奸妇女、奸淫幼女，有下列情形之一的，处十年以上有期徒刑、无期徒刑或者死刑：

（一）强奸妇女、奸淫幼女情节恶劣的；

（二）强奸妇女、奸淫幼女多人的；

（三）在公共场所当众强奸妇女、奸淫幼女的；

（四）二人以上轮奸的；

（五）奸淫不满十周岁的幼女或者造成幼女伤害的；

（六）致使被害人重伤、死亡或者造成其他严重后果的。

相关法条

第 236 条之一　对已满十四周岁不满十六周岁的未成年女性负有监护、收养、看护、教育、医疗等特殊职责的人员，与该未成年女性发生性关系的，处三年以下有期徒刑；情节恶劣的，处三年以上十年以下有期徒刑。

有前款行为，同时又构成本法第二百三十六条规定之罪的，依照处罚较重的规定定罪处罚。

释解分析

1. 本条规定的是强奸罪。该罪的构成特征为：（1）侵犯客体是妇女性的不可侵犯的权利或者幼女的身心健康。侵害对象包括年满 18 周岁的成年妇女、已满 14 周岁不满 18 周岁的少女以及不满 14 周岁的幼女。（2）客观方面表现为以暴力、胁迫或者其他手段强奸妇女的行为。性交行为违背妇女意志，这是强奸行为的内在属性；性交行为被强迫进行，这是强奸行为的外在属性。（3）犯罪主体是一般主体，即年满 14 周岁并具有刑事责任能力的男子。妇女单独不能成立强奸罪的主体，但可以成为强奸罪的共犯或间接实行犯。（4）主观方面表现为强行奸淫妇女的故意，即行为人明知自己的行为违背妇女的意志而强行与妇女性交。

2. 行为人明知是精神病患者或者程度严重的痴呆者而与其发生性行为的，不管犯罪分子采取何种手段，都应以强奸罪论处；与间歇性精神病患者在未发病期间发生性行为，妇女本人同意的，不构成强奸罪。

3. 行为人明知是不满 14 周岁的幼女而与其发生性关系的，不论幼女是否自愿（包括自愿卖淫），均应以强奸罪从重论处。行为人确实不知对方是不满 14 周岁的幼女，双方自愿发生性关系，未造成严重后果，情节显著轻微的，不认为是犯罪。

4. 强奸罪的罪数问题：行为人在强奸的过程中，因为使用暴力压制反抗或者因为强奸行为粗暴致使被害人重伤、死亡或造成其他严重后果的，属于强奸罪的结果加重犯，以强奸罪一罪定罪处

刑法学

罚。但是，如果行为人在强奸行为实施终了以后，为了杀人灭口或者泄愤报复等又对被害人实施杀害、伤害行为的，应当以强奸罪与故意杀人罪、故意伤害罪数罪并罚。

5. 强奸行为的内在属性和外在属性，必须同时具备，缺一不可，在认定时应当注意以下几点：（1）所谓其他手段，是指利用暴力、胁迫以外的，使被害妇女不知抗拒或者无法抗拒的手段。例如，利用妇女患重病、熟睡之机，进行奸淫；以醉酒、药物麻醉，以及利用或者假冒治病，利用催眠术使妇女不知反抗等方法对妇女进行奸淫。（2）在认定是否违背妇女意志时，不能以被害妇女作风好坏来划分。强行与作风不好的妇女发生性行为的，也应定强奸罪。（3）认定强奸罪不能以被害妇女是否有反抗表示作为必要条件。对被害妇女未作反抗表示或者反抗表示不明显的，要具体分析、加以区别。奸淫幼女是一种特殊形式的强奸罪，一般来说不论行为人采用什么手段，也不论被害幼女是否同意或者是否抗拒，只要与幼女发生性行为，就构成犯罪。

6. 强奸罪的六种加重处罚情节：（1）强奸妇女、奸淫幼女情节恶劣的。情节恶劣，是指下列四种情节以外的，有其他恶劣情节者，如动机卑鄙、手段残酷、多次强奸妇女、奸淫幼女等。（2）强奸妇女、奸淫幼女多人的。多人，当指三人以上。（3）在公共场所当众强奸妇女、奸淫幼女的。当众，是指能为三个以上的不特定的人所见所闻的情形。（4）二人以上轮奸的。轮奸，是指两个以上的男子对同一妇女在同一时间内进行强奸。（5）奸淫不满10周岁的幼女或者造成幼女伤害的。（6）致使被害人重伤、死亡或者造成其他严重后果的。致使被害人重伤、死亡，是指强奸妇女、奸淫幼女导致被害人性器官严重损伤，或者其他严重伤害，甚至当场死亡或者经抢救无效死亡。

7. 第236条之一规定的是负有照护职责人员性侵罪。负有特殊职责人员与已满14周岁不满16周岁的未成年女性发生性关系的，无论未成年女性是否同意，对负有特殊职责（如监护、看护、医护等特殊职责）的人都应追究刑事责任。理解本条规定需要注意：一是没有普遍提高性同意年龄。本条将犯罪主体规定为“负有监护、收养、看护、教育、医疗等特殊职责的人员”，是考虑到这类人由于优势地位、身份等容易对该未成年女性形成控制，因此立法严格禁止负有特殊职责人员与该未成年女性发生性关系。二是如果负有特殊职责人员采用暴力、胁迫等手段强行与该未成年女性发生性关系的，将同时构成强奸罪，依照处罚较重的规定定罪处罚。

易混易错

1. 划清强奸罪与男女在恋爱过程中自愿发生的不正当性行为的界限。未婚男女在恋爱过程中发生性行为，属道德领域内的问题，不能用刑事方法解决。在恋爱期间，男方采取强制手段与女方发生性交，女方当时并未告发，但后来男女双方感情破裂，女方告发男方强奸的，不宜认定为强奸罪。

2. 划清强奸罪与通奸行为的界限。通奸与强奸有着本质的区别，本不难区分，但应当注意以下几方面的问题：（1）有的妇女与人通奸，一旦翻脸，关系恶化，或者事情败露怕丢面子，或者为推卸责任、嫁祸于人等情况，把通奸说成强奸的，不能定为强奸罪。在办案中，对于所谓半推半就的问题，要对双方平时的关系如何，性行为在什么环境和情况下发生的，事情发生后女方的态度怎样，又在什么情况下告发等事实和情节，认真审查清楚，作全面的分析，不是确系违背妇女意志的，一般不宜按强奸罪论处。如果确系违背妇女意志的，以强奸罪惩处。（2）第一次性行为违背妇女意志，但事后并未告发，后来女方又多次自愿与该男子发生性行为的，一般不宜以强奸罪论处。（3）犯罪分子强奸妇女后，对被害妇女实施精神上的威胁，迫使其继续忍辱屈从的，应以强奸罪论处。（4）男女双方先通奸，后来女方不愿意继续通奸，而男方纠缠不休，并以暴力或者以破坏名誉等进行胁迫，强行与其发生性行为的，以强奸罪论处。

3. 求奸未成与强奸未遂的界限。求奸未成，是指行为人以不正当的请求与女方发生性行为，而未获女方同意的情形。虽然求奸者主观上意图与女方发生性行为，客观上往往也有拉衣扯裤、拥抱猥亵等行为，但求奸者主观上无强行奸淫的故意，客观上无强行性交的行为，一旦妇女坚决拒绝，便即停手，不能以强奸罪论处。强奸未遂则是指行为人已经着手实施强奸行为，但由于意志以外的原因，强行性交的行为没有完成。

试题范例

1.（2017年真题）单项选择题

下列选项中，应以强奸罪一罪追究刑事责任

的是（　　）。

A. 甲利用业务关系，在女推销员半推半就的情况下与之发生性行为

B. 乙在拐卖过程中，违背被拐卖妇女的意志与之发生性行为

C. 丙宣传迷信，以“行为治疗法”蒙骗求医女性与之发生性行为

D. 丁将男性同事灌醉，趁其熟睡与之发生同性性行为

答案：C

2.（2020 年真题）单项选择题

李某遭甲强奸后，逃离时滑落河中。甲看到李某在水中挣扎，仍离开现场，李某溺水身亡。甲的行为应认定为（　　）。

A. 强奸罪

B. 故意杀人罪

C. 强奸罪和故意杀人罪

D. 强奸罪和过失致人死亡罪

答案：A

3.（2020 年真题）单项选择题

下列关于强奸罪的说法中，正确的是（　　）。

A. 强奸罪的犯罪对象可以是男性

B. 强奸罪的犯罪主体不可以是女性

C. 只要与幼女发生性关系就应以强奸罪论处

D. 强奸引起被害人自杀的，不属于强奸“致使被害人死亡”

答案：D

4. 多项选择题

下列情形中，应以强奸罪定罪处罚的有（　　）。

A. 利用迷信手段欺骗妇女与其发生性关系的

B. 在拐卖妇女过程中，奸淫被拐卖的妇女的

C. 利用妇女极度疲劳昏睡之机，冒充其丈夫与其发生性关系的

D. 谎称自己有能力为妇女办理出国手续，要求与妇女发生性关系，妇女为达到出国目的，与其发生性关系的

答案：AC

5. 案例分析题

甲（女，1984 年 7 月 20 日生）因其同居男友乙另有新欢丙而生恨意。2004 年 6 月 7 日，甲得知当晚丙一人独居于郊外的出租屋，遂叫来好友丁（男，1986 年 12 月 13 日生），要其晚上去强奸丙，并给了丁 500 元“报酬”，丁同意。晚 9 点，甲领着丁来到丙住处附近，指认了出租屋，并给了丁一把其从男友处偷来的钥匙。晚 10 点左右，丁找到出租屋，因房门未锁而顺利进入房间，正欲强奸时，遭到被害人极力反抗。黑暗中丁用力反复将被害人头部向墙体撞去，见被害人不再反抗，于是拉开电灯。丁准备强奸时发现被害人已没有了气息，遂匆忙逃走。回家后，丁越想越怕，便告知父母。其父母反复规劝，并硬拉着丁到公安机关交代了罪行。案发后查明：①甲已有三个月身孕；②甲于 2003 年 1 月 4 日因盗窃罪被判处有期徒刑 6 个月，缓刑 1 年，并处罚金 500 元；③被害女子并非丙，而是丙的另一同室女友戊，丙当晚因加班未归；④戊因丁的暴力而死亡。

阅读分析上述案例后，请回答以下问题：

（1）甲、丁的犯罪行为构成何罪？构成一罪还是数罪？并简要说明理由。

（2）甲、丁原想强奸丙，实际上加害了丙的同室女友戊。这对甲、丁的定罪量刑有无影响？为什么？

（3）对甲能否判处死刑缓期 2 年执行？为什么？

（4）甲是否构成累犯？为什么？

（5）指出丁具备的法定量刑情节及其处罚原则。

答案：（1）甲、丁的行为构成了强奸罪一罪，不构成数罪；甲教唆丁实施强奸行为，并为丁的强奸行为提供了准备条件的帮助行为，丁接受教唆并实施强奸行为，符合强奸罪的构成要件，甲成立教唆犯，丁是实行犯，甲的帮助行为为教唆行为所吸收，不再独立评价。两人的行为成立强奸罪共同犯罪；丁在实施强奸中致被害人死亡的行为不需要单独定罪，因为刑法明确规定，强奸致使被害人死亡的属于强奸罪的结果加重犯，甲也应对戊的死亡结果承担责任。

（2）这一事实对甲、丁的定罪量刑没有影响。因为戊虽然不是甲、丁预期的犯罪对象，但这属于法律性质相同的对象认识错误，甲也应对戊的死亡结果承担责任。

（3）不能对甲适用死刑缓期 2 年执行。因为死缓只是死刑的一种执行方法，对审判时怀孕的妇女不能判处死刑包括死刑缓期 2 年执行。

（4）甲不构成累犯。因为甲犯强奸罪是在盗窃罪的缓刑考验期满以后，且没有刑法规定的撤销缓刑的法定事由。根据刑法规定，此情形是原判刑罚不再执行，不是刑罚执行完毕，不符合累犯的成立条件。

（5）丁犯罪时不满 18 周岁，应当从轻或者减轻处罚；丁被其父母硬拉到公安机关交代罪行的行为，符合自首的成立条件，成立自首，可以从轻或者减轻处罚。

核心法条

第 237 条 以暴力、胁迫或者其他方法强制猥亵他人或者侮辱妇女的，处五年以下有期徒刑或者拘役。

聚众或者在公共场所当众犯前款罪的，或者有其他恶劣情节的，处五年以上有期徒刑。

猥亵儿童的，处五年以下有期徒刑；有下列情形之一的，处五年以上有期徒刑：

（一）猥亵儿童多人或者多次的；

（二）聚众猥亵儿童的，或者在公共场所当众猥亵儿童，情节恶劣的；

（三）造成儿童伤害或者其他严重后果的；

（四）猥亵手段恶劣或者有其他恶劣情节的。

释解分析

本条是关于强制猥亵、侮辱罪和猥亵儿童罪的规定。强制猥亵、侮辱罪的构成特征为：(1) 侵犯客体是人格尊严、人身安全和名誉权利。强制猥亵行为的对象是他人，既可以是妇女（已满 14 周岁），也可以是男子；侮辱行为的对象只能是妇女。(2) 客观方面表现为违背他人意志，以暴力、胁迫或者其他方法使他人处于不能抗拒、不敢抗拒或者不知抗拒的状态而强制猥亵他人或侮辱妇女的行为。所谓猥亵是指对他人实施奸淫行为以外的，能够使行为人自己或同伴得到性欲上的刺激、兴奋或者满足的有伤风化的淫秽行为；所谓侮辱是指对妇女实施使其倍感难堪、羞辱的淫秽下流行为。(3) 犯罪主体是一般主体。(4) 主观方面是直接故意，但不是以奸淫为目的，其动机通常是寻求性刺激。

猥亵儿童罪，是指对年龄不满 14 周岁的儿童实施猥亵的行为。所谓的猥亵是指以刺激或满足实施者性欲为目的，用性交以外的方法对儿童（包括男童和女童）实施的淫秽行为。构成猥亵儿童罪并不要求以暴力、胁迫或者其他方法强制进行。只要对儿童实施了猥亵行为，就构成猥亵儿童罪。《刑法修正案（十一）》对猥亵儿童的“恶劣情节”作了列举式规定，进一步细化猥亵儿童罪从重处罚的规定，从而加大了对猥亵儿童行为的惩罚力度。其中，“其他严重后果”包括导致儿童自杀、严重残疾等后果。“猥亵手段恶劣或者有其他恶劣情节的”主要是指采取侵入身体等猥亵方式，以及猥亵过程中伴随对儿童进行摧残、凌辱等情况。

易混易错

1. 强制猥亵、侮辱罪与非罪的界限。主要是指强制猥亵、侮辱罪与一般猥亵、侮辱的违法行为的界限。区别的关键就是看行为人是否使用了强制性手段和方法，以及这种强制性是否达到了犯罪的程度。如果行为人对他人实施猥亵行为或者对妇女实施侮辱行为并未使用暴力、胁迫或其他使他人或者妇女处于不能抗拒、不敢抗拒或者不知抗拒状态的强制性手段，就不能以犯罪论处；或者即使使用了强制性手段，但是情节显著轻微危害不大的，也不能以犯罪论处。

2. 以妇女为对象的强制猥亵、侮辱罪与强奸罪（未遂）的界限。由于这两种犯罪都是以妇女为侵害的对象，所使用的犯罪手段基本一致，具体行为的表现方式也有较多相似之处，因而在强奸未遂的情况下往往容易将二者混淆。二者的区别主要表现在以下几方面：(1) 主观故意的内容不同。强奸罪是以与妇女发生性交行为为目的；以妇女为对象的强制猥亵、侮辱罪则不是以与妇女发生性交行为为目的。这是区分二者的关键所在。(2) 客观方面的行为不完全相同。以妇女为对象的强制猥亵、侮辱罪是对妇女实施性交行为以外的猥亵、侮辱行为，没有与妇女发生性交的行为；强奸罪则是对妇女实施性交行为，即使由于行为人自身原因而致性交行为未能完成，也应认定为强奸罪（未遂）。(3) 犯罪主体的范围不完全相同。以妇女为对象的强制猥亵、侮辱罪的实行犯既可以是男子，也可以是妇女；强奸罪目的行为（即与妇女的性交行为）的实行犯则只能是男子。

3. 以妇女为对象的强制猥亵、侮辱罪与侮辱罪的界限。以妇女为对象的强制猥亵、侮辱罪与侮辱罪很相似，两者都可以采取暴力、胁迫或其他方法，区别在于：(1) 对象情况不同。前者一般是以不特定的妇女为对象；后者是针对特定的对象实施的。(2) 目的动机不同。前者中对妇女进行的侮辱，一般是出于闹事取乐，寻求精神刺激；后者中对妇女进行的侮辱，一般是出于个人恩怨、嫉妒或报复，目的是贬损特定妇女的人格和名誉。(3) 前者要求采取暴力、威胁等强制方法；后者不要求采取方法。(4) 前者不要求公然进行；后者要求公然进行。(5) 前者不以情节严重为要件，且不属于亲告罪；后者要求情节严重才构成犯罪，属于亲告罪。

4. 实施猥亵儿童犯罪，造成儿童轻伤以上后果，同时符合《刑法》第 234 条或者第 232 条的规定，构成故意伤害罪或者故意杀人罪的，依照处罚较重的规定定罪处罚。

对已满 14 周岁的未成年男性实施猥亵，造成被害人轻伤以上后果，符合《刑法》第 234 条或者第 232 条规定的，以故意伤害罪或者故意杀人罪和强制猥亵罪的想象竞合犯处理。

5. 注意区分奸淫不满 14 周岁幼女的强奸行为与猥亵儿童的行为。二者都可能表现为抠摸下身、吸吮、搂抱等行为，且都不需要采取暴力、胁迫或者其他手段等强制性方法，有相似之处。但两者之间有着本质的不同，主要有：(1) 行为的主体不同。前行为的主体必为男子，后行为的主体既可以为男子也可以为女子；前行为的主体年满 14 周岁即可构成犯罪，后行为的主体则要求年满 16 周岁才能构成其罪。(2) 有无奸淫的目的不同。前行为的目的在于奸淫不满 14 周岁的幼女，即与之发生性关系；后行为则无此目的，其是为了通过猥亵儿童来满足、兴奋自己的畸形、变态的性欲。(3) 行为的方式不同。前行为的方式为奸淫的行为，只能发生在异性之间；后行为的方式则为除性关系以外的所有淫秽、下流行为，既可以发生在异性之间，也可以发生在同性之间。(4) 所侵害的对象不同。前行为所侵害的对象为未满 14 周岁的幼女；后行为所侵害的对象则为未满 14 周岁的儿童，既可以是女性儿童即幼女，又可以是男性儿童。

行为人在奸淫幼女的前后，实施了抠摸幼女下身、要幼女为之玩弄、吸吮生殖器等猥亵行为的，属吸收犯，后行为被前行为所吸收，应以吸收行为即前行为构成的强奸罪依法追究行为人的刑事责任。

核心法条

第 238 条　非法拘禁他人或者以其他方法非法剥夺他人人身自由的，处三年以下有期徒刑、拘役、管制或者剥夺政治权利。具有殴打、侮辱情节的，从重处罚。

犯前款罪，致人重伤的，处三年以上十年以下有期徒刑；致人死亡的，处十年以上有期徒刑。使用暴力致人伤残、死亡的，依照本法第二百三十四条、第二百三十二条的规定定罪处罚。

为索取债务非法扣押、拘禁他人的，依照前两款的规定处罚。

国家机关工作人员利用职权犯前三款罪的，依照前三款的规定从重处罚。

释解分析

1. 本条是关于非法拘禁罪的规定。本罪是持续犯，只要行为人实施了非法剥夺他人人身自由的行为即构成本罪，行为持续时间长短不影响本罪的成立，但应作为量刑的情节予以考虑。

2. 应注意本条第 3 款中的“债务”既包括合法债务，也包括非法债务，如高利贷、赌债等。

3. 非法拘禁罪存在结果加重犯，即在非法拘禁过程中致人重伤、死亡的，刑法规定了加重的法定刑。这里的“致人重伤、死亡”是行为人过失造成的，如果是故意致人重伤、死亡的，则按转化的情形处理。

4. 非法拘禁罪的转化。犯非法拘禁罪，使用暴力致人伤残、死亡的，应以故意伤害罪、故意杀人罪论处。这种转化应具备两个条件：(1) 行为人必须是以暴力方法犯非法拘禁罪，即行为人的行为具备非法拘禁罪的基本构成，而且客观上以暴力为手段，主观上行为人也认识到自己以暴力为手段实施非法拘禁的行为；(2) 客观上必须造成被害人重伤、死亡结果的发生。

易混易错

1. 非法拘禁罪结果加重犯与故意伤害罪和故意杀人罪的界限：见本条释解分析 3 和 4。

2. 非法拘禁罪与其他侵犯自由犯罪的界限：区别的关键点是目的和行为方式不同。非法拘禁罪是侵犯自由类犯罪的基本类型，除为索取债务扣押人质这种特殊情形外，对主观目的和侵犯自由的方式均无特别的规定，其他两种侵犯自由的犯罪则对主观目的或行为方式有特别限定。拐卖妇女、儿童罪限于以出卖为目的，绑架罪限于以非法索取财物或其他不法要求为目的。

试题范例

1.（2017 年真题）多项选择题

下列选项中，构成非法拘禁罪的有（　　）。

A. 甲（警察）因私怨与刘某发生口角，用手

铐将刘某铐在警车内

B. 乙为索取合法债务，非法扣押债务人涂某的妻子

C. 丙为了索要劳务报酬，偷走龙某出生不久的儿子

D. 丁为了追索高利贷，扣留债务人钱某

答案：ABD

2.（2018年真题）案例分析题

甲因故意伤害罪被判处二年有期徒刑。刑满释放后第二年，甲得知李某欠朋友乙2万元赌债，遂于一天夜晚，伙同乙将李某堵在某宾馆房间内，甲殴打李某致其轻伤，并索要"赌债"。李某表示自己没有带钱，乙威逼李某给家人打电话，要求李某告知家人送3万元现金急用。第二天上午9时，李某的家人送来3万元现金，之后甲将李某释放。

请根据上述材料，回答下列问题并说明理由：

（1）甲、乙的行为构成何罪？

（2）甲、乙具有哪些量刑情节？

答案：（1）甲、乙为索取赌债非法扣押李某，且索取的数额与所欠债务的数额之间差异不明显，根据有关司法解释，构成非法拘禁罪。二人具有共同的犯罪故意与犯罪行为，构成非法拘禁罪的共同犯罪。

（2）甲的行为成立累犯，甲因故意犯罪被判处二年有期徒刑，刑满释放后不满五年，在非法拘禁过程中，殴打他人，应从重处罚，因此属于在五年以内再犯应当判处有期徒刑以上的故意犯罪，符合累犯的成立条件。根据案情，甲在共同犯罪中起主要作用，是主犯；乙起次要作用，是从犯。

3.（2020年真题）单项选择题

下列关于继续犯的理解中，正确的是（　　）。

A. 继续犯属于法定的一罪

B. 非法拘禁罪是典型的继续犯

C. 继续犯的追诉时效从犯罪之日起计算

D. 继续犯的不法状态发生于不法行为结束之后

答案：B

4.（2021年真题）单项选择题

甲为索取赌债扣押赌友李某数天。甲的行为应认定为（　　）。

A. 绑架罪

B. 非法拘禁罪

C. 抢劫罪

D. 敲诈勒索罪

答案：B

5. 单项选择题

刘某欠赌债不还，钱某邀朋友林某、涂某一起将刘某骗到一空房内捆绑起来吊在房梁上，用竹板抽打，逼其还钱。2天后，刘某被闻讯赶来的公安人员解救。经法医鉴定，刘某为轻微伤。对钱某等三人的行为应当（　　）。

A. 以非法拘禁罪从重处罚

B. 以故意伤害罪从重处罚

C. 以非法拘禁罪和故意伤害罪并罚

D. 以绑架罪定罪处罚

答案：A

核心法条

第239条　以勒索财物为目的绑架他人的，或者绑架他人作为人质的，处十年以上有期徒刑或者无期徒刑，并处罚金或者没收财产；情节较轻的，处五年以上十年以下有期徒刑，并处罚金。

犯前款罪，杀害被绑架人的，或者故意伤害被绑架人，致人重伤、死亡的，处无期徒刑或者死刑，并处没收财产。

以勒索财物为目的偷盗婴幼儿的，依照前两款的规定处罚。

释解分析

1. 本条是关于绑架罪的规定。本罪的客观方面表现为绑架他人或偷盗婴幼儿的行为。所谓绑架，是指以暴力、胁迫、麻醉或者其他强制性手段将他人劫持，置于自己的控制之下，使其失去行动自由的行为。本罪的主观方面是故意，并以勒索财物或劫持他人作为人质为目的。

2. 绑架后只有杀害被绑架人的，或者故意伤害被绑架人，致人重伤、死亡的，才处无期徒刑或者死刑，并处没收财产，不包括过失致死的情况。

3. 绑架罪是目的犯，必须主观上具备勒索财物或者劫持他人作为人质的目的；绑架罪是行为犯，只要行为人完全控制了被害人，即犯罪既遂，而不能以是否获得财物、是否实现绑架目的作为既遂与未遂的判断标准。

易混易错

1. 绑架罪与非罪的界限。由于对绑架罪的处

罚极其严厉，认定时应当注意：绑架罪通常表现为绑架人质勒索巨额赎金或提出重大的非法要求。但如果行为人扣押人质，索取微不足道的财物或者提出其他不法要求，没有造成任何后果的，可以认为情节显著轻微危害不大，不认为是犯罪。

2. 绑架罪与其他罪的界限。

（1）与抢劫罪的界限。相同点：二者都实施了暴力、胁迫等行为，在主观上都有非法占有他人财物的目的，在客体方面都属于复杂客体。区别：1）手段不同，绑架罪以绑架人质为手段，抢劫罪不包括这种手段。2）强取财物的时间、地点不同，绑架罪是向第三人索要财物，抢劫罪是向被害人直接强取财物。3）伤害对象不同，绑架罪除侵犯了被害人的权利外，还侵犯了人质的亲属及相关人员的权利，而抢劫罪仅侵犯了被害人的人身权利和财产权利。

（2）绑架罪与敲诈勒索罪的界限。二者区别的关键是是否使用绑架、劫持人质的行为方式索取财物，敲诈勒索罪只能是使用绑架、劫持人质的方式之外的方式来非法勒索财物。应特别注意两种情形：1）如果行为人以谎称绑架人质的方式索取财物的，仍然属于敲诈勒索罪。2）如果行为人为了勒索财物或其他非法利益而绑架人质，致人质死亡或者杀害人质之后，向被害人有关的人员谎称人质仍然活着，继续勒索的，应当认定为绑架罪。

（3）绑架罪与非法拘禁罪的界限：区别的关键是目的不同，非法拘禁罪没有勒索财物或其他不法利益的目的。对于为索债而绑架、扣押人质的一般以非法拘禁罪论处，但也要分具体情形而定：1）如果行为人索要的超出债务范围不大，可以仍按非法拘禁罪处罚。2）如果行为人索要的超出债务范围过大，甚至名为索债，实为绑架人质非法索取财产，应按绑架罪论处。

3. 绑架罪的既遂问题：只要犯罪人实际控制或劫持了人质就构成既遂，不以行为人开始向第三人索要财物为必要，也不以行为人实现了索取财物或者满足不法要求的目的为必要。对于犯罪人绑架人质之后，自动释放人质的，一般也不认为成立犯罪中止。

试题范例

1.（2016年真题）案例分析题

甲谎称邢某欠自己20万元货款未还，请乙帮忙“要账”。乙信以为真，答应帮忙。二人遂强行劫持了邢某，驾车将其带至外地一宾馆捆绑起来，由乙看管。甲背着乙将邢某随身佩戴的手表、项链、戒指等贵重物品搜走，并两次给邢某的妻子打电话，勒索人民币20万元，称不给钱就杀人。邢某趁甲不在告诉乙，自己并不欠甲一分钱，请求乙将自己放走。乙不相信，要邢某老实点，还抽了邢某一巴掌。

请根据上述案情，回答下列问题并说明理由：

（1）甲的行为应认定为何罪？

（2）乙的行为应认定为何罪？

（3）甲、乙的行为是否构成共同犯罪？

答案：（1）甲的行为应认定为绑架罪。理由是：甲实施了劫持人质的行为和勒索财物的行为；甲具有勒索他人财物的意思；甲绑架邢某后搜走其财物，该行为同时触犯抢劫罪罪名，应依照重罪绑架罪定罪处罚。

（2）乙的行为应认定为非法拘禁罪。理由是：乙实施了剥夺他人人身自由的行为；乙剥夺他人人身自由是基于解决债务纠纷的目的，而不具有非法占有他人财物或者勒索财物的意图。

（3）甲、乙的行为在限制他人自由的范围内构成共同犯罪。甲请求乙帮助自己限制邢某的人身自由，乙基于为甲追偿债务的目的答应帮助其限制邢某的人身自由，二人形成了限制邢某人身自由的合意，并且实施了限制人身自由的行为。甲勒索财物的行为，超出了二人共同故意的范围。

2. 法条分析题

《刑法》第239条规定：“以勒索财物为目的绑架他人的，或者绑架他人作为人质的，处十年以上有期徒刑或者无期徒刑，并处罚金或者没收财产；情节较轻的，处五年以上十年以下有期徒刑，并处罚金。

犯前款罪，杀害被绑架人的，或者故意伤害被绑架人，致人重伤、死亡的，处无期徒刑或者死刑，并处没收财产。

以勒索财物为目的偷盗婴幼儿的，依照前两款的规定处罚。”

试说明：

（1）本条规定中的“以勒索财物为目的绑架他人”的含义应如何理解？

（2）本条规定中的“绑架他人作为人质”的含义应如何理解？

（3）以非法占有为目的劫持他人并强迫被劫持人当场交付财物的行为，应当如何定罪？为什么？

（4）以勒索财物为目的抢劫婴儿的行为应如

何处理？为什么？

答案：（1）本条规定中的“以勒索财物为目的绑架他人”的含义是指以勒索财物为目的绑架他人，利用其他人对被绑架者安危的担忧，向被绑架者以外的其他人或组织提出财产要求的行为。

（2）本条规定中的“绑架他人作为人质”的含义是指绑架他人作为人质，利用其他人对被绑架者安危的担忧，向被绑架人以外的其他人或组织提出财物以外的其他要求的行为。

（3）以非法占有为目的劫持他人并强迫被劫持人当场交付财物的行为，应以抢劫罪定罪处罚。因为绑架罪是以被绑架人作为人质向第三人提出要求的行为，以非法占有为目的劫持他人并强迫被劫持人当场交付财物的行为，不符合绑架罪的这一要件，而完全符合抢劫罪的构成要件。

（4）以勒索财物为目的抢劫婴儿的行为，应按照绑架罪定罪处罚。因为刑法规定以勒索财物为目的偷盗婴幼儿的要以绑架罪定罪处罚，而以勒索财物为目的抢劫婴儿的行为，是比以勒索财物为目的偷盗婴幼儿的行为更为严重的行为，尽管刑法没有将这种行为作出直接规定，但根据论理解释，当然可以解释到绑架罪当中，所以应当以绑架罪定罪处罚。

核心法条

第 240 条　拐卖妇女、儿童的，处五年以上十年以下有期徒刑，并处罚金；有下列情形之一的，处十年以上有期徒刑或者无期徒刑，并处罚金或者没收财产；情节特别严重的，处死刑，并处没收财产：

（一）拐卖妇女、儿童集团的首要分子；

（二）拐卖妇女、儿童三人以上的；

（三）奸淫被拐卖的妇女的；

（四）诱骗、强迫被拐卖的妇女卖淫或者将被拐卖的妇女卖给他人迫使其卖淫的；

（五）以出卖为目的，使用暴力、胁迫或者麻醉方法绑架妇女、儿童的；

（六）以出卖为目的，偷盗婴幼儿的；

（七）造成被拐卖的妇女、儿童或者其亲属重伤、死亡或者其他严重后果的；

（八）将妇女、儿童卖往境外的。

拐卖妇女、儿童是指以出卖为目的，有拐骗、绑架、收买、贩卖、接送、中转妇女、儿童的行为之一的。

相关法条

第 262 条　拐骗不满十四周岁的未成年人，脱离家庭或者监护人的，处五年以下有期徒刑或者拘役。

释解分析

1. 本条是关于拐卖妇女、儿童罪的规定。所谓拐卖，是指以出卖为目的，实施拐骗、绑架、收买、贩卖、接送、中转妇女、儿童的行为之一的。其中，以出卖为目的偷盗婴幼儿的，即可构成本罪。本罪的对象仅限于妇女、儿童，不包括已满 14 周岁的男子（可构成非法拘禁罪）。这里的妇女包括中国国籍的妇女，也包括具有外国国籍和无国籍的妇女。本罪既是目的犯，也是行为犯。

2. 注意本罪加重处罚的 8 种情形：其中第 3 项情节，是指行为人在拐卖妇女的过程中，与被拐卖的妇女（包括幼女）发生性关系，不论行为人是否使用了暴力、胁迫等强制手段，也不论被拐卖的妇女是否有反抗表示；第 7 项情节，不包括故意伤害、杀人的情形，行为人对被害人进行故意重伤、杀害的，应将故意伤害罪、故意杀人罪与本罪实行数罪并罚。

3. 第 262 条规定的是拐骗儿童罪。本罪的客体是他人的家庭关系和儿童的合法权益，侵犯的对象是不满 14 周岁的未成年人。本罪在客观方面表现为拐骗不满 14 周岁的未成年人脱离家庭或者监护人的行为，所谓拐骗，即指使用欺骗、引诱等方法将儿童弄走，使之脱离家庭和监护人。本罪在主观方面是出于直接故意，犯罪的目的大多是收养，有的也可能是供自己使唤、奴役。本罪主体为一般主体，即自然人。本罪是行为犯，只要行为人实施了拐骗行为，将不满 14 周岁的未成年人带走，从而使该未成年人脱离家庭或者监护人的，原则上就构成本罪，应当立案追究。

易混易错

1. 本罪的认定。

（1）本罪中的拐卖包括绑架他人出卖的行为，以出卖被害人为目的对被害人使用了绑架手段的，仍然是拐卖妇女、儿童罪。

（2）构成本罪原则上不以是否违背被害对

象——被拐卖的妇女、儿童的意志为条件，只要行为人是为了牟取暴利而将妇女、儿童出卖的，就构成本罪。

（3）出卖自己子女或亲属的，要区别对待：1）没有营利目的，因迫于生活困难或受重男轻女思想影响，而出卖亲生子女或收养子女的可不作为犯罪处理。但对于出卖亲生子女确属情节恶劣的，可按遗弃罪处罚。2）对以营利为目的，出卖不满 14 周岁的子女，情节恶劣的，以拐卖儿童罪论处。3）出卖 14 周岁以上女性亲属或其他不满 14 周岁亲属的，以拐卖妇女、儿童罪论处。4）其他人收养、收买儿童之后，转手倒卖的，或者捡拾儿童后出卖的，一律应当以拐卖儿童罪论处。

（4）如果行为人借为男女双方作婚介而索取财物即收取中介费的，不以犯罪论。但如果行为人与所谓的被害妇女通谋，将该妇女假“卖给”某人成婚后双双逃走，诈骗数额较大的，则成立诈骗罪；如果是借收养名义拐卖儿童的，应当以拐卖儿童罪论处。

2. 拐卖妇女、儿童罪与绑架罪的界限：犯罪目的不同，前者以出卖为目的，后者以勒索财物或扣押人质为目的；犯罪对象不同，前者的对象仅限于妇女、儿童，后者的对象可以是任何人。

3. 拐骗儿童罪与拐卖儿童罪的界限。两者有相似之处：对象都是不满 14 周岁的儿童，都主要使用蒙骗、利诱手段。但二者有严格区别：拐骗儿童罪的行为人主观上是为了收养或使唤、奴役等，拐卖儿童罪的行为人主观上是为了贩卖牟利，因此，行为人是否具有出卖的目的，是区分两罪的关键。如果拐骗儿童是为了贩卖牟利，则应以拐卖儿童罪论处。根据相关司法解释的规定，医疗机构、社会福利机构等单位的工作人员以非法获利为目的，将所诊疗、护理、抚养的儿童出卖给他人的，以拐卖儿童罪论处。

4. 拐骗儿童罪与绑架罪的界限。两者也有相同之处，但后者是拐骗他人作为人质，用以向其家长、监护人、亲属等人勒索钱财或实现其他不法要求，二者的性质与危害存在很大区别。拐骗儿童后产生出卖或勒赎目的，进而出卖儿童或者以暴力、胁迫等手段对儿童进行实力支配以勒索钱财的，应分别认定为拐卖儿童罪或绑架罪，与拐骗儿童罪实行并罚。

5. 由于拐卖妇女、儿童罪中的拐卖行为包含了拐骗、绑架、收买、贩卖、接送、中转六个行为，故若以出卖为目的，为拐卖妇女的犯罪分子接送、中转被拐卖的妇女、儿童的，不以拐卖妇女、儿童罪的帮助犯论，而直接以拐卖妇女、儿童罪论处。

6. 本罪的罪数问题。在拐卖妇女过程中，如果行为人奸淫被拐卖的妇女的或者强迫、引诱被拐卖的妇女卖淫的都作为拐卖妇女罪法定加重情节的情况，不数罪并罚。但是，对被拐卖的妇女犯其他罪的，比如杀害被拐卖的妇女的，应当数罪并罚。

试题范例

（2015 年真题）案例分析题

2010 年 3 月 1 日，甲（男，1992 年 12 月 10 日出生）和乙（女，1995 年 8 月 1 日出生）为购买高档手机骗走邻居家 3 岁的小孩，准备将其卖出。两人将孩子关在城郊一处废弃库房后，甲去外地寻找买主，并安排乙看管孩子。孩子哭闹不休，乙难以忍受，离开库房，弃之不顾。甲得知乙不在库房，就要求乙返回，乙不予理会，最终导致孩子饿死。

请根据上述案情，回答下列问题并说明理由：

（1）甲的行为如何定罪？

（2）乙的行为如何定罪？

（3）甲和乙是否构成共同犯罪？

答案：（1）甲的行为构成拐卖儿童罪。

依据刑法规定，以出卖为目的拐骗儿童的，构成拐卖儿童罪。甲年满 16 周岁，为取得非法利益，将邻居家的小孩骗走后准备卖出，且已实行拐卖行为，成立拐卖儿童罪。甲拐卖儿童过程中将其关在城郊废弃库房中，虽非法剥夺了小孩的人身自由，但由于拐卖儿童行为包含非法拘禁行为的内容，因此不单独成立非法拘禁罪。甲过失造成被拐卖人死亡，属于拐卖儿童罪加重处罚的情形。

（2）乙的行为构成故意杀人罪。乙与甲合谋共同实行拐卖儿童行为，但由于乙已满 14 周岁不满 16 周岁，对拐卖儿童行为不负刑事责任，故不构成拐卖儿童罪。乙明知不看管 3 岁儿童可能导致死亡结果，却放任死亡结果的发生，由于乙已满 14 周岁，故对故意杀人负刑事责任，构成故意杀人罪。

（3）甲和乙不构成共同犯罪。甲和乙共同实施了拐卖儿童行为，但乙对拐卖儿童行为不负刑事责任，故二者不成立拐卖儿童罪的共同犯罪。甲为过失，乙为故意，故二者也不构成故意杀人罪的共同犯罪。

刑法学

核心法条

第 241 条 收买被拐卖的妇女、儿童的，处三年以下有期徒刑、拘役或者管制。

收买被拐卖的妇女，强行与其发生性关系的，依照本法第二百三十六条的规定定罪处罚。

收买被拐卖的妇女、儿童，非法剥夺、限制其人身自由或者有伤害、侮辱等犯罪行为的，依照本法的有关规定定罪处罚。

收买被拐卖的妇女、儿童，并有第二款、第三款规定的犯罪行为的，依照数罪并罚的规定处罚。

收买被拐卖的妇女，儿童又出卖的，依照本法第二百四十条的规定定罪处罚。

收买被拐卖的妇女、儿童，对被买儿童没有虐待行为，不阻碍对其进行解救的，可以从轻处罚；按照被买妇女的意愿，不阻碍其返回原居住地的，可以从轻或者减轻处罚。

刑法学

释解分析

第 241 条规定的是收买被拐卖的妇女、儿童罪。

1. 侵犯客体是被害妇女、儿童的人身自由权利和人格尊严。犯罪对象是被拐卖的妇女、儿童。

2. 客观方面表现为以金钱或其他财物收买被拐卖的妇女或者儿童，并对被拐卖人实施人身控制的行为。

3. 犯罪主体是一般主体。

4. 主观方面表现为直接故意，即明知是被拐卖的妇女、儿童而予以收买。过失不构成犯罪。实践中多出于买来做妻子或子女的动机，不具有再出卖的目的。

易混易错

1. 此罪与彼罪的界限。以“收买”形式构成的拐卖妇女、儿童罪与收买被拐卖的妇女、儿童罪在形式上很相似，但二者在主观故意和客观表现上有着明显区别：收买被拐卖的妇女、儿童罪要求行为人不具有出卖的目的，而是意图与被拐卖人建立婚姻家庭关系或其他相对稳定的社会关系；在客观上要求行为人没有将收买的妇女、儿童出卖的行为。但是，实践中要注意正确处理以下两种情形：（1）行为人收买被拐卖的妇女、儿童后又出卖的。有的买主在收买被拐卖的妇女、儿童时并不是以出卖为目的，但在收买后，由于种种原因又将收买的妇女、儿童卖与他人。对于这种情形，根据刑法规定应以拐卖妇女、儿童罪处罚。（2）行为人事先与“人贩子”有约定的。这种情形很复杂，应区别对待：行为人指使他人拐卖妇女、儿童，然后再予收买的，是拐卖妇女、儿童罪的共犯，不能认定为收买被拐卖的妇女、儿童罪；虽与“人贩子”有约定，甚至已先期交钱，但并没有参与其他行为的，仍应认定为收买被拐卖的妇女、儿童罪。

2. 本罪与本罪转化罪或者数罪的界限。（1）根据本条规定，行为人收买被拐卖的妇女、儿童，并有下列行为的，应依照本法转化犯的规定处罚：①收买被拐卖的妇女，强行与其发生性关系的，依照本法第 236 条（强奸罪）的规定定罪处罚。②收买被拐卖的妇女、儿童，非法剥夺、限制其人身自由或者有伤害、侮辱等犯罪行为的，依照本法的有关规定定罪处罚。（非法拘禁罪、故意伤害罪、侮辱罪等）（2）对收买被拐卖、绑架妇女、儿童，并犯有下列罪行的，一般也依照本法转化犯的规定处罚：①明知被拐卖的妇女有配偶而与之结婚，或形成事实婚姻，构成重婚罪的。②与被收买的不满 14 周岁的幼女发生性行为，构成强奸罪的。（3）收买被拐卖的妇女、儿童，并有上述第 1 项和第 2 项情形的，应当按照本罪和相应的犯罪数罪并罚。

3. 可以从轻或者减轻处罚的情形。（1）可以从轻处罚的情节：对被买儿童没有虐待行为，不阻碍对其进行解救的。这里的不阻碍对被买儿童进行解救，是指当被买儿童的家属或有关组织或部门得知其下落，前去领回时，行为人没有强行阻拦。（2）可以从轻或者减轻处罚的情节：按照被买妇女的意愿，不阻碍其返回原居住地的。如果被买妇女与收买人已经成婚，并愿意留在当地与收买人共同生活，在这种情况下，对收买人应视为“按照被买妇女的意愿，不阻碍其返回原居住地”。

核心法条

第 243 条 捏造事实诬告陷害他人，意图使他人受刑事追究，情节严重的，处三年以下有期徒刑、拘役或者管制；造成严重后果的，处三年以上十年以下有期徒刑。

国家机关工作人员犯前款罪的，从重处罚。

不是有意诬陷，而是错告，或者检举失实的，不适用前两款的规定。

相关法条

第254条　国家机关工作人员滥用职权、假公济私，对控告人、申诉人、批评人、举报人实行报复陷害的，处二年以下有期徒刑或者拘役；情节严重的，处二年以上七年以下有期徒刑。

释解分析

第243条规定的是诬告陷害罪。

1. 主观方面表现为故意，并具有使他人受到刑事追究的目的。但是，被诬陷人是否实际受到刑事追究，行为人的犯罪动机如何，都不影响本罪的成立。

2. 客观方面表现为捏造他人犯罪的事实，并向国家机关或者有关单位与人员告发，或者采取其他足以引起司法机关追究活动的行为。具体来说包括以下三点：（1）诬告陷害必须有捏造犯罪事实的行为。（2）诬告陷害行为必须向有关机关或者人员告发，或者采用了足以引起司法机关追究活动的方法。（3）诬告陷害行为必须指向特定的人。如果没有特定的诬告陷害对象，而只是虚报案情，没有明示或者暗示是谁作案的，不构成本罪。

3. 诬告陷害行为，情节严重的，才构成犯罪，否则不构成犯罪。

4. 本罪既遂未遂的认定。本罪属于行为犯，但并非行为人一旦完成行为就成立既遂，一般认为，行为人的诬告行为如果导致被害人作为刑事侦查的对象而卷入刑事诉讼，就侵犯了其人身权利，即可认定既遂。

5. 本罪的罪数问题。行为人在实施诬告行为的过程中，也可能伴随一些相关的犯罪行为。（1）如果诬告证据或作伪证的行为可能触犯伪证罪，这时其伪证行为可以视为是诬告陷害行为的组成部分，不需单独定罪处罚。（2）若诬告的过程中有损害他人人格、名誉的行为，从而具有诽谤性质的，也视为诬告陷害罪本身的组成部分，不另追究诽谤的责任。

第254条规定的是报复陷害罪，其构成特征为：（1）侵犯客体是公民的民主权利即控告权、申诉权、批评监督权和国家机关的正常活动。（2）客观方面表现为滥用职权、假公济私，对控告人、申诉人、批评人、举报人实行报复陷害的行为。（3）犯罪主体是特殊主体，即国家机关工作人员。（4）主观方面表现为故意。

易混易错

1. 诬告陷害罪与非罪的界限。诬告陷害行为，情节严重的才构成犯罪，情节达不到严重主要是指两种情形：第一种情形是捏造他人违法、违纪、违反道德的事实，进行告发，意图使他人受到党纪、政纪的处分，或者阻挠他人任职升迁的，因不具备诬告陷害罪的主客观要件不认为是犯罪；第二种情形是诬告陷害他人的程度未达到造成比较严重的后果，或者捏造他人犯罪的事实不严重，诬告的手段不恶劣等。

2. 划清诬告与错告、检举失实的界限。诬告的行为人具有诬告陷害他人的故意，并以使他人受到刑事追究为目的，客观上具有捏造他人犯罪事实并告发的行为；错告或者检举失实的行为人没有诬告陷害他人的故意和意图使他人受刑事追究的目的，行为人认为自己所告发的事实是真实的而不是虚伪的。因此，诬告陷害他人情节严重的，以犯罪论。不是有意诬陷，而是错告，或者检举失实的，不以诬告陷害罪论。

3. 划清报复陷害罪与诬告陷害罪的界限。两者的主要区别是：（1）犯罪客体不同。报复陷害罪的犯罪客体是公民的民主权利即公民的控告权、申诉权、批评监督权和国家机关的正常活动；诬告陷害罪的犯罪客体是公民的人身权利和国家司法机关的正常活动。（2）犯罪对象不同。报复陷害罪的对象是控告人、申诉人、批评人、举报人；诬告陷害罪的对象可以是任何公民。（3）犯罪行为方式不同。报复陷害罪表现为滥用职权、假公济私，对控告人、申诉人、批评人、举报人实行报复陷害的行为；诬告陷害罪表现为捏造他人犯罪的事实，并向国家机关或者有关单位与人员告发，或者采取其他足以引起司法机关追究活动的行为。（4）犯罪主体不同。报复陷害罪的主体是特殊主体，即国家机关工作人员；诬告陷害罪的主体是一般主体，可以是任何达到刑事责任年龄并具有刑事责任能力的自然人。（5）犯罪目的不同。报复陷害罪的犯罪目的是报复；诬告陷害罪的目的是使他人受到刑事追究。

4. 划清诽谤罪与诬告陷害罪的界限。两者的共同点都表现为捏造事实，而且诽谤罪也可能捏造犯罪事实。两者的主要区别在于：（1）犯罪客体不同。诬告陷害罪的犯罪客体是公民的人身权利和国家司法机关的正常活动；诽谤罪的犯罪客体是他人的人格与名誉。（2）犯罪客观方面不同。诬告陷害罪在客观上表现为捏造犯罪事实，并且向国家机关或者其他有关部门单位告发或者采用了足以引起司法机关追究活动的行为；诽谤罪则表现为捏造损害他人人格、名誉的事实，并向他人散布，但并没有向国家机关或者有关部门单位告发。（3）犯罪主观方面不同。诬告陷害罪的目的在于使他人受到刑事追究；诽谤罪的目的在于损害他人人格、名誉，而不是使他人受到刑事追究。

试题范例

（2017 年真题）单项选择题

甲为了报复素有矛盾的刘某，捏造刘某贪污的材料向检察机关举报，导致刘某被逮捕。甲的行为构成（　　）。

A. 诬告陷害罪　　B. 诽谤罪

C. 报复陷害罪　　D. 伪证罪

答案：A

核心法条

第 244 条之一　违反劳动管理法规，雇用未满十六周岁的未成年人从事超强度体力劳动的，或者从事高空、井下作业的，或者在爆炸性、易燃性、放射性、毒害性等危险环境下从事劳动，情节严重的，对直接责任人员，处三年以下有期徒刑或者拘役，并处罚金；情节特别严重的，处三年以上七年以下有期徒刑，并处罚金。

有前款行为，造成事故，又构成其他犯罪的，依照数罪并罚的规定处罚。

相关法条

第 244 条　以暴力、威胁或者限制人身自由的方法强迫他人劳动的，处三年以下有期徒刑或者拘役，并处罚金；情节严重的，处三年以上十年以下有期徒刑，并处罚金。

明知他人实施前款行为，为其招募、运送人员或者有其他协助强迫他人劳动行为的，依照前款的规定处罚。

单位犯前两款罪的，对单位判处罚金，并对其直接负责的主管人员和其他直接责任人员，依照第一款的规定处罚。

释解分析

1.《刑法修正案（四）》增加的第 244 条之一是关于雇用童工从事危重劳动罪的规定。其构成要件为：（1）侵犯客体是未成年人的身心健康，犯罪对象是童工。“童工”，是指未满 16 周岁，与单位或者个人发生劳动关系，从事有经济收入的劳动或者从事个体劳动的少年儿童。（2）客观方面表现为违反劳动管理法规，雇用未满 16 周岁的未成年人从事超强度体力劳动，或者高空、井下作业，或者在爆炸性、易燃性、放射性、毒害性等危险环境下从事劳动，情节严重的行为。违反劳动管理法规，是指违反《中华人民共和国劳动法》及其他劳动行政法规，这是本罪构成的前提条件。行为人只要具有雇用童工从事上述三种形式的危重劳动中的一种即符合本罪的客观要件。（3）犯罪主体既可以是单位，也可以是自然人。按照法律规定，单位犯该罪，只追究“直接责任人员”（含直接负责的主管人员和其他直接责任人员）的刑事责任。（4）主观方面表现为故意，包括直接故意和间接故意。

2.《刑法修正案（八）》新修订的《刑法》第 244 条是关于强迫劳动罪的规定。其客观方面表现为以暴力、威胁或者限制人身自由的方法强迫他人劳动。

易混易错

1. 划清雇用童工从事危重劳动罪与非罪行为的界限。按照法律规定，雇用童工从事危重劳动的行为，必须达到情节严重的程度才能构成犯罪。因此，情节是否严重应该是区分本罪与一般违反劳动管理法规行为的界限。“情节严重”一般是指雇用多名童工或多次非法雇用童工或长时间非法雇用童工从事法律禁止的危重劳动；还指因从事法律禁止的危重劳动造成严重后果，影响未满 16

周岁未成年人的身心健康和正常发育等。

2. 划清非法雇用童工与合法招用童工的界限。法律禁止使用童工，但是法律允许文艺、体育单位经未成年人的父母或其他监护人的同意招用不满16周岁的专业文艺工作者、运动员，并保障其身心健康和接受义务教育的权利。

3. 正确理解“有前款行为，造成事故，又构成其他犯罪的，依照数罪并罚的规定处罚”。即在非法雇用童工从事危重劳动构成本罪的同时，如果还有以限制人身自由的方法强迫劳动或者造成其他事故，又构成其他犯罪（如强迫劳动罪、重大劳动安全事故罪等）的，应当与本罪进行数罪并罚。

4. 明知他人实施强迫他人劳动的行为，为其招募、运送人员或者有其他协助强迫他人劳动行为的，不是共同犯罪，而直接以强迫劳动罪处罚。

试题范例

单项选择题

甲为一砖厂老板，由乙负责为其招募若干小工（均未满16周岁）从事砖块生产，规定任何时候都不得离开厂区，并指令在监工丙的命令和监视下每人每天必须干16小时，如遇反抗则遭到毒打或罚加班两小时，其中一小工丁被乙毒打致残，小工戊在点火时不小心引发特大火灾。则（　　）。

A. 甲、乙、丙均构成雇用童工从事危重劳动罪、强迫劳动罪、故意伤害罪、重大劳动安全事故罪，应当数罪并罚

B. 甲、乙、丙均构成雇用童工从事危重劳动罪、强迫劳动罪、故意伤害罪、重大劳动安全事故罪，应当择一重罪处罚

C. 甲构成雇用童工从事危重劳动罪、乙构成强迫劳动罪、丙构成故意伤害罪

D. 甲构成雇用童工从事危重劳动罪、强迫劳动罪、故意伤害罪、重大劳动安全事故罪，数罪并罚；乙构成强迫劳动罪、故意伤害罪；丙构成强迫劳动罪

答案：D

核心法条

第245条　非法搜查他人身体、住宅，或者非法侵入他人住宅的，处三年以下有期徒刑或者拘役。

司法工作人员滥用职权，犯前款罪的，从重处罚。

释解分析

本条规定的是非法搜查罪、非法侵入住宅罪。

1. 非法侵入住宅罪的客体是公民住宅不可侵犯的权利，个人的居住平稳、安宁；客观方面表现为非法侵入他人住宅的行为，即非法强行闯入他人住宅，或者经要求退出仍拒绝退出，影响他人正常生活和居住安宁的行为；主体为一般主体；主观方面表现为故意，误入他人住宅，经要求后立即退出，不构成本罪。

2. 非法侵入住宅罪客观方面的认定。非法侵入住宅罪中“非法”是指违背住宅内成员的意愿，或者没有法律根据。“侵入”有两种方式，一是未经住宅权人同意、许可进入他人住宅，以及不顾权利人的反对、劝阻，强行进入他人住宅；二是“拒不退出”，是指经权利人要求退出，仍不退出的行为，这是一种不作为犯。实践中，行为人非法侵入他人住宅后，经要求退出仍不退出的，是非法侵入住宅罪的一种加重情节。“住宅”是指供他人家庭生活和与外界相对隔离的房屋，以居住为目的的封闭空间都应当定义为住宅。住宅不强调所有权，只要是合法居住者都存在居住的安宁权和其他相关私权利。非法侵入有人居住的住宅还是无人居住的住宅，均不影响对“住宅”的认定。但在界定某一场所为“住宅”时，应满足住宅的三个基本特征：用于生活居住，相对隔绝，现实占有。

特殊情形的非法侵入住宅的认定。一是为实施其他犯罪行为而非法侵入他人住宅的，手段行为与目的行为之间具有牵连关系，一般应按照牵连犯的处罚原则从一重罪定罪处罚。但如果目的行为不构成犯罪，则按所牵连的手段行为定罪，如入室盗窃，由于盗窃数额达不到追诉的标准，或未遂依法尚不应追究其盗窃罪的刑事责任，就可以非法侵入住宅的行为定罪处罚。二是现实生活中，因民事纠纷，或其他纠纷等产生矛盾，或为了“讨说法”而非法侵入他人住宅的，应以非法侵入住宅的行为定罪处罚。三是当事人为达到某种目的，为了自己的私利，采取非法侵入住宅的方法威胁别人，施加压力，强迫他人为自己解决问题，也应按非法侵入住宅罪处罚。四是国家机关工作人员非经法定程序无权随意检查和搜查

刑法学

公民的住宅，如凭借其权威而随意进入公民住宅，亦构成非法侵入住宅罪，并从重处罚。

3. 非法侵入住宅罪的罪数。非法侵入住宅的行为往往与其他犯罪行为结合在一起，如入室盗窃、抢劫、强奸、杀人等。对这种情况，应以行为人实施的目的行为定性，而不另定非法侵入住宅罪实行数罪并罚。

试题范例

单项选择题

犯罪嫌疑人李某与被害人郝某系同居关系且已同居两年，二人因琐事经常发生争吵，关系日渐恶化，郝某便正式提出分手，搬回父母家居住。某日晚，李某酒后来到郝某的父母家，借着酒劲使劲敲门，并以解决问题为由，强行闯入，郝某及其父母要求李某离开，李某非但不离开，还摔打家中物品，威胁如报警就将郝某的隐私照片发到网上，后便在客厅住下。直到次日上午 10 时许，郝某趁李某熟睡之际报警，后在出警人员的劝解下李某离开。则李某的行为构成（　　）。

A. 不构成犯罪　　B. 敲诈勒索罪

C. 抢劫罪　　D. 非法侵入住宅罪

答案：D

核心法条

第 246 条　以暴力或者其他方法公然侮辱他人或者捏造事实诽谤他人，情节严重的，处三年以下有期徒刑、拘役、管制或者剥夺政治权利。

前款罪，告诉的才处理，但是严重危害社会秩序和国家利益的除外。

通过信息网络实施第一款规定的行为，被害人向人民法院告诉，但提供证据确有困难的，人民法院可以要求公安机关提供协助。

相关法条

第 98 条　本法所称告诉才处理，是指被害人告诉才处理。如果被害人因受强制、威吓无法告诉的，人民检察院和被害人的近亲属也可以告诉。

释解分析

本条是关于侮辱罪和诽谤罪的规定。

1. 侮辱罪的客观方面表现为以暴力或者其他方法公然侮辱他人，损害他人人格和名誉的行为。(1) 侮辱必须采取暴力或者其他方法进行，侮辱行为的方法主要包括暴力、言词、文字图画三种方法；(2) 侮辱行为必须公然进行，即在众多人在场的情况下进行；(3) 必须针对特定的人进行，特定的人可以是一人，也可以是多人。侮辱行为，必须是情节严重的才构成侮辱罪，否则不构成犯罪。

2. 诽谤罪的客观方面表现为伪造并散布某种虚构的事实，损害他人人格与名誉的行为。(1) 诽谤必须以捏造事实的方法进行，即无中生有，凭空虚构事实；(2) 必须散布所捏造的事实；(3) 诽谤行为必须针对特定的人进行，这一点与侮辱罪相同。诽谤行为，情节严重的，才能构成诽谤罪。

3. 侮辱罪和诽谤罪，告诉的才处理，即被害人告诉才处理，但是严重危害社会秩序和国家利益的除外。如果被害人因受强制、威吓无法告诉的，人民检察院和被害人的近亲属也可以告诉。同时，如果通过信息网络实施侮辱、诽谤行为，被害人向人民法院告诉，但提供证据确有困难的，人民法院可以要求公安机关提供协助。此外，侵占罪、虐待罪、暴力干涉婚姻自由罪也属于告诉才处理的案件。

易混易错

1. 侮辱罪与非罪的界限。侮辱罪只有情节严重的才构成犯罪，所谓的情节严重是指采取暴力方法侮辱他人，不仅严重损害他人名誉、人格尊严，而且使他人身心受到严重摧残。因此，一般的谩骂、戏弄等轻微侮辱行为不构成犯罪。同时，对于公民正当行使知情权、批评权、舆论监督权等权利的，只要内容真实或基本属实就不能认为是侮辱行为。

2. 侮辱罪与故意伤害罪的界限。在主观方面，侮辱罪意图损害他人的名誉、尊严，而故意伤害罪是损害他人的健康；在客观方面，侮辱罪不要求造成伤害的结果，而故意伤害罪要求造成轻伤以上结果。因此，在暴力侮辱他人的场合，如果没有造成轻伤以上结果的，只能以侮辱罪追究刑事责任。

3. 侮辱罪的罪数问题。(1) 使用暴力侮辱他人的同时又造成轻伤以上损害后果的，从一重罪处罚，一般以故意伤害罪处罚。（2）在犯其他罪的场合，又有侮辱行为的，如非法拘禁他人有侮辱情节的，在公共场所强奸、强制猥亵、侮辱妇女又同时损害被害人名誉、人格的，按照有关的犯罪定罪处罚，不实行数罪并罚。（3）如果收买被拐卖的妇女，又有侮辱行为情节严重的，应当以收买被拐卖的妇女罪与侮辱罪并罚。

4. 诽谤罪与非罪的界限。捏造事实诽谤他人的行为必须情节严重，足以损害他人的名誉和人格才能构成犯罪。情节严重是指手段恶劣或者后果严重的情况，主要表现为引起被害人自杀或精神失常，造成恶劣的社会影响等。达不到上述情节严重者为一般侵权行为，主要有两种情况：一是行为人有诽谤他人的故意和行为，但是尚未达到情节严重程度，不构成犯罪，但可追究其民事侵权责任。二是行为人没有诽谤他人的故意，因新闻报道等严重失实而使他人名誉受到损害的，不构成犯罪，应按侵权处理（侵害名誉权）。

5. 划清侮辱罪与诽谤罪的界限。两者在犯罪主体、侵犯客体和主观方面都有相同或相似之处，区别的关键在于：（1）行为方式不同。前者的行为方式可以是口头、文字图画的方式，也可以是暴力的方式；后者的行为方式只能是口头或者文字图画的方式，不可能是暴力的方式。（2）行为手段不同。前者可以不用具体事实，也可以用具体真实的被害人的隐私来损害被害人的人格和名誉，但不可能使用捏造并散布事实的方法；后者则必须是捏造事实，并以公然散布这一事实为必要。

试题范例

1.（2015年真题）多项选择题

下列犯罪中，属于我国刑法所规定的告诉才处理的有（　　）。

A. 重婚罪

B. 侮辱罪

C. 暴力干涉婚姻自由罪

D. 遗弃罪

答案：BC

2. 单项选择题

甲（男）和乙（女）发生纠纷，乙将脏物泼在甲的身上，甲恼羞成怒，便揪住乙的上衣，在有众多村民围观的情况下，对乙的下身猛击几拳，乙还手打骂不止，甲便扒下乙的裤子，叫来自家养的大公狗扑在乙的身上。甲的行为构成（　　）。

A. 强制猥亵、侮辱妇女罪

B. 公然侮辱罪

C. 侮辱罪

D. 诽谤罪

答案：C

核心法条

第247条　司法工作人员对犯罪嫌疑人、被告人实行刑讯逼供或者使用暴力逼取证人证言的，处三年以下有期徒刑或者拘役。致人伤残、死亡的，依照本法第二百三十四条、第二百三十二条的规定定罪从重处罚。

相关法条

第94条　本法所称司法工作人员，是指有侦查、检察、审判、监管职责的工作人员。

释解分析

本条是关于刑讯逼供罪和暴力取证罪的规定。这两个罪的构成特征是：（1）侵犯客体是公民的人身权利和司法机关的正常活动。（2）客观方面表现为对犯罪嫌疑人、被告人使用肉刑或者变相使用肉刑，逼取口供的行为。（3）犯罪主体是特殊主体，即司法工作人员，指具有侦查、检察、审判、监管职责的工作人员。（4）主观方面表现为故意，目的在于逼取口供。

易混易错

刑讯逼供造成重伤、死亡时的罪数认定：

若刑讯造成轻伤结果的，只认定为刑讯逼供罪。但是如果刑讯行为造成伤残、死亡的，则应依故意伤害罪、故意杀人罪从重处罚。但要注意正确理解这里的伤残和死亡。

（1）致人伤残是指直接造成被害人重伤、残疾的结果，但不包括被害人自伤、自残而发生伤残后果的情况，后者一般作为认定处罚刑讯逼供罪的情节考虑。

（2）致人死亡是指直接造成被害人死亡的结果。1）如果行为人在刑讯过程中虽然实施了足以致人伤残的行为，但是对于自己的刑讯行为造成死

刑法学

亡的结果缺乏故意时，一般也只认定为故意伤害罪（致人死亡）。2）如果行为人仅仅实施了一般的刑讯行为，但被害人因此而自杀死亡的，不应认定为刑讯逼供致人死亡，一般按刑讯逼供罪定罪处罚。

核心法条

第253条之一 违反国家有关规定，向他人出售或者提供公民个人信息，情节严重的，处三年以下有期徒刑或者拘役，并处或者单处罚金；情节特别严重的，处三年以上七年以下有期徒刑，并处罚金。

违反国家有关规定，将在履行职责或者提供服务过程中获得的公民个人信息，出售或者提供给他人的，依照前款的规定从重处罚。

窃取或者以其他方法非法获取公民个人信息的，依照第一款的规定处罚。

单位犯前三款罪的，对单位判处罚金，并对其直接负责的主管人员和其他直接责任人员，依照各该款的规定处罚。

释解分析

本条规定的是侵犯公民个人信息罪。

侵犯公民个人信息罪是指违反国家有关规定，向他人出售或者提供公民个人信息，情节严重的行为。违反国家有关规定，将在履行职责或者提供服务过程中获取的公民个人信息，出售或者提供给他人的，应当从重处罚。“公民个人信息”，是指以电子或者其他方式记录的能够单独或者与其他信息结合识别特定自然人身份或者反映特定自然人活动情况的各种信息，包括姓名、身份证件号码、通信通讯联系方式、住址、账号密码、财产状况、行踪轨迹等。其中，“违反国家有关规定”是指违反法律、行政法规、部门规章有关公民个人信息保护的规定；“提供公民个人信息”是指向特定人提供公民个人信息，以及通过信息网络或者其他途径发布公民个人信息；未经被收集者同意，将合法收集的公民个人信息向他人提供的，属于“提供公民个人信息”，但是经过处理无法识别特定个人且不能复原的除外。

“情节严重”的情形则包括：（1）出售或者提供行踪轨迹信息，被他人用于犯罪的；（2）知道或者应当知道他人利用公民个人信息实施犯罪，向其出售或者提供的；（3）非法获取、出售或者提供行踪轨迹信息、通信内容、征信信息、财产信息50条以上的；（4）非法获取、出售或者提供住宿信息、通信记录、健康生理信息、交易信息等其他可能影响人身、财产安全的公民个人信息500条以上的；（5）非法获取、出售或者提供第3项、第4项规定以外的公民个人信息5 000条以上的；（6）数量未达到第3项至第5项规定标准，但是按相应比例合计达到有关数量标准的；（7）违法所得5 000元以上的；（8）将在履行职责或者提供服务过程中获得的公民个人信息出售或者提供给他人，数量或者数额达到第3项至第7项规定标准一半以上的；（9）曾因侵犯公民个人信息受过刑事处罚或者2年内受过行政处罚，又非法获取、出售或者提供公民个人信息的；（10）其他情节严重的情形。

易混易错

本罪的认定中，要特别注意以下问题：（1）设立用于实施非法获取、出售或者提供公民个人信息违法犯罪活动的网站、通讯群组，情节严重的，应当依照《刑法》第287条之一的规定，以非法利用信息网络罪定罪处罚；同时构成侵犯公民个人信息罪的，依照侵犯公民个人信息罪定罪处罚。（2）网络服务提供者拒不履行法律、行政法规规定的信息网络安全管理义务，经监管部门责令采取改正措施而拒不改正，致使用户的公民个人信息泄露，造成严重后果的，应当依照《刑法》第286条之一的规定，以拒不履行信息网络安全管理义务罪定罪处罚。

核心法条

第256条 在选举各级人民代表大会代表和国家机关领导人员时，以暴力、威胁、欺骗、贿赂、伪造选举文件、虚报选举票数等手段破坏选举或者妨害选民和代表自由行使选举权和被选举权，情节严重的，处三年以下有期徒刑、拘役或者剥夺政治权利。

释解分析

本条规定的是破坏选举罪。破坏选举罪的构成特征为：（1）侵犯客体是公民的民主权利即选举权与被选举权和国家的选举制度。（2）客观方面表现为在选举各级人民代表大会代表和国家机关领导人员时，以暴力、威胁、欺骗、贿赂、伪造选举文件、虚报选举票数等手段破坏选举或者妨害选民和代表自由行使选举权和被选举权，情节严重的行为。(3) 犯罪主体是一般主体。(4) 主观方面表现为直接故意，并具有破坏选举的目的。

易混易错

1. 罪与非罪的界限。(1) 注意本罪“选举”范围的特定性，特指选举各级人民代表大会代表和国家机关领导人员，对公司领导等其他选举活动进行干扰、破坏的不能构成本罪。(2) 破坏选举的行为，必须是情节严重的，才构成犯罪，否则不构成犯罪。“情节严重”，一般指手段恶劣、后果严重或者造成很坏社会影响等情形。

2. 本罪的罪数。(1) 行为人使用暴力手段破坏选举时，其暴力行为可能触犯其他罪名，如故意伤害罪、妨害公务罪等，此时可按想象竞合犯择一重罪处罚。(2) 行为人使用贿赂手段破坏选举时，可能同时触犯贿赂罪，此时贿赂行为可视为破坏选举行为的一部分，因此，仍以破坏选举罪定罪处罚。

试题范例

(2019 年真题) 单项选择题

下列对于破坏选举罪构成要件的理解，正确的是（　　）。

A. 主体包括自然人和单位

B. 主观方面包括故意和过失

C. 客体包括选民的选举权和被选举权

D. 客观方面限于暴力、威胁、欺骗或贿赂行为

答案：C

核心法条

第 258 条 有配偶而重婚的，或者明知他人有配偶而与之结婚的，处二年以下有期徒刑或者拘役。

释解分析

本条规定的是重婚罪。重婚罪的构成特征为：(1) 侵犯客体是一夫一妻的婚姻制度。(2) 客观方面表现为有配偶者即已婚者又与他人结婚，或者无配偶者明知他人有配偶而与之结婚。这里所谓结婚，包括登记结婚和事实婚姻两种情况。(3) 犯罪主体是特殊主体，即已经有配偶的人即已婚者，或者是虽无配偶但是明知对方有配偶而与之结婚的人。(4) 主观方面表现为故意，过失者不构成本罪。

易混易错

1. 准确理解刑法规定的“有配偶的人”。刑法规定的“有配偶的人”是指已经依法登记结婚的人，不包括未经依法登记结婚而与他人具有事实婚姻关系的人。因此，仅有事实婚姻关系的人又与其他无配偶的人建立事实婚姻关系的，不构成重婚罪；依法登记结婚的，也不构成重婚罪。行为人已经与他人依法登记结婚又与其他人建立事实婚姻关系的，应认定构成重婚罪。

2. 对妇女在特殊情况下重婚的，不认为是犯罪。因遭受自然灾害外流谋生而重婚的；因配偶长期外出下落不明，造成家庭生活严重困难，又与他人结婚的；因强迫、包办婚姻或者因婚后受虐待外逃重婚的；被拐卖后再婚的，由于行为人主观上缺乏国家和社会期待其作出合法行为的可能性，不应以犯罪论处。

核心法条

第 260 条 虐待家庭成员，情节恶劣的，处二年以下有期徒刑、拘役或者管制。

犯前款罪，致使被害人重伤、死亡的，处二年以上七年以下有期徒刑。

第一款罪，告诉的才处理，但被害人没有能力告诉，或者因受到强制、威吓无法告诉的除外。

相关法条

第 260 条之一 对未成年人、老年人、患病的人、残疾人等负有监护、看护职责的人虐待被监护、看护的人，情节恶劣的，处三年以下有期徒刑或者拘役。

单位犯前款罪的，对单位判处罚金，并对

其直接负责的主管人员和其他直接责任人员，依照前款的规定处罚。

有第一款行为，同时构成其他犯罪的，依照处罚较重的规定定罪处罚。

第 261 条 对于年老、年幼、患病或者其他没有独立生活能力的人，负有扶养义务而拒绝扶养，情节恶劣的，处五年以下有期徒刑、拘役或者管制。

释解分析

1. 第 260 条规定的是虐待罪。虐待罪的构成特征为：(1) 侵犯客体是共同生活的家庭成员在家庭生活中的平等权利与被害人的人身权利。(2) 客观方面表现为对共同生活的家庭成员经常以打骂、捆绑、冻饿、有病不给治、强迫超体力劳作、限制自由等方式，从肉体上或者精神上摧残、折磨的行为。(3) 犯罪主体是特殊主体，即共同生活的家庭成员。本罪的主体与被害人之间存在亲属关系，如父母、夫妻、子女（包括继父母、养子女）、祖父母、兄弟姐妹等，非家庭成员之间发生的虐待行为不构成本罪。(4) 主观方面表现为故意。

2. 第 260 条之一规定的是虐待被监护、看护人罪。其构成特征为：(1) 本罪侵犯的客体是被监护人、被看护人的人身权利。(2) 本罪客观方面表现为行为人违反监护或者看护义务，实施了虐待未成年人、老年人、患病的人、残疾人的行为，且情节恶劣。(3) 本罪的犯罪主体为特殊主体，即对未成年人、老年人、患病的人、残疾人等负有监护、看护职责的人，且监护、看护人与被监护、被看护人不具有家庭成员的关系。自然人和单位都可以构成本罪的犯罪主体。(4) 本罪在主观方面表现为故意，即行为人明知自己虐待被监护、看护人会造成他们肉体上和精神上损害的后果，而希望或者放任这种后果发生。

3. 第 261 条规定的是遗弃罪。遗弃罪的构成特征为：(1) 侵犯客体是家庭成员之间相互扶养的权利义务关系。(2) 客观方面表现为对于年老、年幼、患病或者其他没有独立生活能力的人，负有扶养义务而拒绝扶养的行为。拒绝扶养，是指拒不履行法定扶养义务，如离被扶养人而去，将被扶养人赶走或者置于自己不能扶养的场所，不向被扶养人提供物质帮助和必要的照料等。遗弃行为，是一种典型的不作为。遗弃罪只能由不作为的行为方式构成，是一种典型的纯正不作为犯。(3) 犯罪主体是特殊主体，即对被遗弃者负有法律上的扶养义务而且有扶养能力的人。(4) 主观方面表现为故意。

易混易错

1. 虐待罪与非罪界限。虐待家庭成员的行为，情节恶劣的，才构成犯罪，应当根据虐待的手段、虐待持续的时间、虐待造成的后果、虐待的动机以及被害人的具体情况等进行全面分析。一般来说，虐待动机特别卑鄙的，虐待手段特别残忍的，长期虐待家庭成员屡教不改的，虐待因年老、年幼、患重病或者残疾无独立生活能力的人等，被认为是情节恶劣。

2. 虐待罪与故意伤害罪、故意杀人罪的界限。如果在虐待的过程中，某一次虐待行为过失导致死亡结果的，或者由于被虐待人因长期遭受虐待，体弱多病发生死亡结果的，一般认为是结果加重犯。但是，如果在虐待的过程中，行为超过了虐待的限度，明显具有伤害、杀人的恶意且实施了严重的暴力行为，直接将被害人打成重伤或将被害人杀死的，应认定为故意伤害罪或故意杀人罪。

3. 虐待罪的罪数。行为人虐待家庭成员的过程中，故意重伤或杀害被虐待人的，是否需要数罪并罚要区分情况：(1) 如果平时就存在虐待行为且构成虐待罪的，某一次虐待行为过程中故意重伤或杀害被虐待人的，应当数罪并罚。(2) 如果平时就存在虐待行为但没有构成虐待罪（未达到情节恶劣）的，某一次虐待行为过程中故意重伤或杀害被虐待人的，不实行数罪并罚，而直接按故意伤害罪或故意杀人罪定罪处罚。

4. 遗弃罪的认定。认定本罪时需要注意，遗弃行为，情节恶劣的才构成犯罪，否则不构成犯罪。情节是否恶劣需要根据行为的手段、后果、行为人的动机等因素综合评价。

5. 虐待罪与遗弃罪的界限。(1) 犯罪目的不同。虐待罪的目的是摧残折磨被害人；遗弃罪的目的是逃避履行扶养义务。(2) 行为方式不同。虐待罪往往是积极的作为方式；遗弃罪往往是消极的不作为方式。(3) 犯罪对象不完全相同。虐待罪的对象是家庭中的任何成员；遗弃罪的对象仅限于年老、年幼、患病等没有独立生活能力的人。

6. 虐待被监护、看护人罪的罪数。犯本罪，同时构成其他犯罪的，依照处罚较重的规定定罪处罚，而不数罪并罚。

7. 虐待被监护、看护人罪与非罪的界限。一是要考察涉案人员与被害人是否存在监护、看护责任关系，如果双方不存在监护、看护责任关系，即使行为人实施了有关虐待行为也不成立本罪。二是要考察行为人是否实施了“情节恶劣”的虐待行为。虽然行为人已着手实施虐待行为，但并没有达到“情节恶劣”程度（后果）的，也不应当以犯罪论处。三是行为人还必须具有履行监护、看护义务的能力，如果行为人因为不具备某种能力而造成被害人陷于受虐待地位的，不能以犯罪论处。比如，行为人因为自己生存能力不足而致使被监护人、被看护人经常忍饥挨饿、无力送医就诊的，即便属于“情节恶劣”的情况，也不能以本罪论处。

8. 虐待被监护、看护人罪与虐待罪的区别。二者区别的关键是：虐待罪的行为主体与行为对象具有家庭成员关系，而虐待被监护、看护人罪的行为主体与行为对象不具有家庭成员关系。

试题范例

（2019 年真题）单项选择题

幼儿园教师甲在幼儿园卫生间多次用针刺戳肖某等 10 余名幼儿的臀部，虽未造成伤害后果，但情节十分恶劣。甲的行为应认定为（　　）。

A. 侮辱罪

B. 猥亵儿童罪

C. 虐待被监护、看护人罪

D. 故意伤害罪

答案：C

十五、侵犯财产罪

核心法条

第 263 条 以暴力、胁迫或者其他方法抢劫公私财物的，处三年以上十年以下有期徒刑，并处罚金；有下列情形之一的，处十年以上有期徒刑、无期徒刑或者死刑，并处罚金或者没收财产：

（一）入户抢劫的；

（二）在公共交通工具上抢劫的；

（三）抢劫银行或者其他金融机构的；

（四）多次抢劫或者抢劫数额巨大的；

（五）抢劫致人重伤、死亡的；

（六）冒充军警人员抢劫的；

（七）持枪抢劫的；

（八）抢劫军用物资或者抢险、救灾、救济物资的。

相关法条

第 269 条 犯盗窃、诈骗、抢夺罪，为窝藏赃物、抗拒抓捕或者毁灭罪证而当场使用暴力或者以暴力相威胁的，依照本法第二百六十三条的规定定罪处罚。

释解分析

1. 本条是关于抢劫罪的规定。本罪侵犯客体是复杂客体，即侵犯财产所有权和他人的人身权利；客观方面表现为对公私财物的所有人、保管人、看护人或者持有人当场使用暴力、胁迫或其他方法，迫使其立即交出财物或者立即将财物抢走的行为。“当场劫取财物”是认定抢劫罪的关键点。

2. 正确认定本罪的关键是准确理解其客观表现。(1) 关于“暴力方法”：该暴力方法具有公然性、攻击性、强制性。同时注意：①暴力的目的是当场取得财物。②暴力所针对的对象一般是被害人，但如果当着被害人的面而对其在场近亲属或其他利害关系人进行暴力打击，迫使“被害人”交出财物，也构成抢劫罪。③我国刑法对暴力的程度没有限制，只要达到致使被害人不能或者不敢反抗即可。在程度上甚至可达致人死亡。(2) 关于“胁迫方法”，有两个特征：暴力性、当场性。如果行为人以某种方式引起他人恐惧，但不符合这两个特征的，即使非法获得了财物，也不构成抢劫罪。(3) 关于其他方法。其他方法是指除上述两方法之外的使被害人处于不知反抗或不能反抗状态的方法，典型的如用药物麻醉、用酒灌醉、使用催眠术等。

3. 抢劫罪主观方面表现为故意，并且具有非法占有公私财物的目的。因此，抢劫的财物通常属于“他人所有”。如果抢劫本人所有但在他人占有或公务机关扣押下的财物的，通常也能构成抢劫罪。但是，如果行为人没有非法占有的目的，强抢在他人控制下的本人财物的，不构成抢劫罪。

4. 犯罪主体是一般主体。凡年满 14 周岁并具有刑事责任能力的自然人，均可以构成抢劫罪的主体。

5. 抢劫特定财物时的处理。(1) 以毒品、假币、淫秽物品等违禁品和赌资、犯罪所得的赃款赃物为对象实施抢劫的，以抢劫罪论。抢劫这些物品后又以这些物品实施其他犯罪的，以抢劫罪与实施的具体犯罪数罪并罚。(2) 为个人使用，以暴力、威胁等手段取得家庭成员或近亲属财产的，一般不以抢劫罪论，可能构成其他犯罪的，依照刑法的相关规定处理。但如果是教唆或伙同他人采取暴力、威胁等手段劫取家庭成员或近亲属财产的，可以构成抢劫罪。

6. 必须正确理解这些加重处罚的情形，尤其要准确理解入户抢劫（参见本法条试题范例部分）。

7. 抢劫罪的犯罪进度形态。因抢劫罪侵犯的是复杂客体，既侵犯财产权利又侵犯人身权利，具备劫取财物或者造成他人轻伤以上后果两者之一的，属抢劫既遂；既未劫取财物也未造成他人轻伤以上后果的，是抢劫未遂。《刑法》第 263 条规定的8种加重处罚情节中，除“抢劫致人重伤、死亡”这一结果加重情节之外，其余7种情节同样存在未完成形态问题。在认定时首先要明确抢劫罪的既遂标准，抢劫的着手通常是开始暴力、胁迫的行为，如果是抢劫未遂的，应当根据刑法关于这些加重情节的法定刑规定，并结合未遂犯的处罚原则量刑。

8. 抢劫罪的罪数。(1) 在抢劫的过程中致人重伤或死亡的，是抢劫罪的结果加重犯，这里的抢劫的过程中致人重伤或死亡包括行为人为劫取财物而故意杀害他人和在劫取财物的过程中为制服被害人反抗而故意杀人的情形。(2) 特定情形如为了争夺遗产而杀害其他继承人的、为了骗取保险金而杀害被保险人的等“图财害命”的情形下，应当认定为故意杀人罪。(3) 下列情形下应当实行数罪并罚：1) 行为人实施抢劫后，为灭口而杀人的，以抢劫罪和故意杀人罪并罚。2) 行为人具有杀人的目的，在杀死被害人后临时起意拿走被害人身上财物，数额较大的，应以故意杀人罪与盗窃罪（或侵占罪）并罚。3) 行为人实施伤害、强奸等犯罪行为，在被害人失去知觉，不能反抗的情形下，临时起意劫取他人财物的，应当以此前实施的具体犯罪与抢劫罪并罚；在被害人失去知觉或者没有发觉的情形下，以及实施故意杀人犯罪行为之后，临时起意拿走他人财物的，应当以此前实施的具体犯罪与盗窃罪并罚。

9. 区别本罪与故意伤害罪、故意杀人罪的界限：(1) 在抢劫过程中，使用暴力或者其他方法致人重伤、死亡的，不以故意伤害罪或故意杀人罪论处，也不实行数罪并罚，应以抢劫罪定罪处罚。(2) 如果出于复仇或者其他个人目的而伤害或杀死被害人后，乘机将其财物拿走的，不以抢劫罪论处，而应以故意伤害罪或故意杀人罪和盗窃罪实行数罪并罚。(3) 在抢劫行为完成以后，行为人出于灭口或者其他目的而杀死被害人的，应定抢劫罪和故意杀人罪，实行数罪并罚。

10. 理解转化型抢劫罪的构成要件。《刑法》第269条规定了“准抢劫罪”，适用该规定必须同时具备以下三个条件：(1) 行为人实施了盗窃、诈骗、抢夺任何一种犯罪行为，这是前提条件。实施的上列行为虽未达到数额较大，但如果当场使用暴力或以暴力相威胁，情节严重的，仍可以按照抢劫罪论处。(2) 行为人的目的是窝藏赃物、抗拒抓捕或者毁灭罪证。(3) 行为人必须是当场使用暴力或者以暴力相威胁。所谓当场，是指犯罪分子实施犯罪的现场，或者刚一离开现场就被人发觉追捕的过程。

11. 掌握抢劫罪加重处罚的8种情形。具体的解释参见《最高人民法院关于审理抢劫、抢夺刑事案件适用法律若干问题的意见》。

易混易错

1. 抢劫罪与非罪的界限。

(1) 要划清情节显著轻微危害不大的抢劫行为与抢劫罪的界限。由于抢劫罪是一种侵犯财产的严重犯罪，所以法律上对抢劫财物的数额、情节没有作出限定，但这不意味着在认定抢劫罪时不需要考虑抢劫的数额、情节和对社会的危害程度。实践中，对于强索少量财物、抢吃少量食品等情节显著轻微危害不大的行为，根据《刑法》第13条但书规定，就不应以抢劫罪论处。

(2) 要划清民事纠纷中强拿或者扣留对方财物与抢劫罪的界限。在借贷等民事纠纷中，强行拿走或者扣留对方财物，用以抵债抵物，或者借以偿还债务的，虽然其行为手段具有不正当性，但因无非法占有他人财物的目的，不构成抢劫罪。

(3) 行为人实施盗窃、诈骗、抢夺行为，未达到“数额较大”，为窝藏赃物、抗拒抓捕或者毁灭罪证当场使用暴力或者以暴力相威胁，情节较轻、危害不大的，一般不以犯罪论处；但具有下列情节之一的，可依照《刑法》第269条的规定，以抢劫罪定罪处罚：1) 盗窃、诈骗、抢夺接近“数额较大”标准的；2) 入户或在公共交通工具上盗窃、诈骗、抢夺后在户外或交通工具外实施上述行为的；3) 使用暴力致人轻微伤以上后果的；4) 使用凶器或以凶器相威胁的；5) 具有其他严重情节的。

2. 与寻衅滋事罪的界限。因为寻衅滋事行为也可能采取强拿硬要等类似于抢劫的手段，二者的区别主要有：(1) 抢劫罪主观上只具有非法占有他人财物的目的，而寻衅滋事罪具有逞强好胜等目的，强拿硬要财物也是以满足此目的为主。(2) 抢劫罪通常采取以暴力、胁迫等严重损害他人人身权利的手段劫取财物，而寻衅滋事罪通常不采取以暴力、胁迫等严重损害他人人身权利的手段劫取财物。不过实践中，对于未成年人使用轻微暴力强抢财产的行为，一般不以抢劫罪处罚，但有可能构成寻衅滋事罪。

3. 划清抢劫罪与绑架罪的界限。两者的主要区别在于：(1) 犯罪客体不尽相同。抢劫罪是复杂客体，同时侵犯了公私财产所有权和公民人身权利，主要侵犯的客体为财产所有权，因而归入侵犯财产罪；绑架罪侵犯的客体是单一客体即人身权利，但以勒索财物为目的的绑架罪也同时侵犯了财产权利和人身权利，其与抢劫罪的不同之处在于，以勒索财物为目的的绑架罪主要侵犯的客体为公民的人身权利，因而绑架罪归入侵犯公民人身权利、民主权利罪。(2) 客观行为方式有不同。抢劫罪是以暴力、胁迫或其他方法施加于被害人，当场强行劫取财物的行为；绑架罪是将人掳走限制其自由后，以杀害、重伤或长期禁闭被害人，威胁被害人家属或有关人员，迫使其在一定限期内交出索取的财物或提出非法要求。(3) 犯罪目的不完全相同。抢劫罪以非法占有他人财物为目的；绑架罪则以勒索财物或者劫持他人作人质为目的。

4. 与其他相似犯罪的界限。

(1) 对于驾驶机动车、非机动车（以下简称“驾驶车辆”）夺取他人财物的，一般以抢夺罪从重处罚。但具有下列情形之一，应当以抢劫罪定罪处罚：1) 驾驶车辆，逼挤、撞击或强行逼倒他人以排除他人反抗，乘机夺取财物的；2) 驾驶车辆强抢财物时，因被害人不放手而采取强拉硬拽方法劫取财物的；3) 行为人明知其驾驶车辆强行夺取他人财物的手段会造成他人伤亡的后果，仍然强行夺取并放任造成财物持有人轻伤以上后果的。

(2) 行为人冒充正在执行公务的人民警察“抓赌”“抓嫖”，没收赌资或者罚款的行为，构成犯罪的，以招摇撞骗罪从重处罚；在实施上述行为中使用暴力或者暴力威胁的，以抢劫罪定罪处罚。行为人冒充治安联防队员“抓赌”“抓嫖”，没收赌资或者罚款的行为，构成犯罪的，以敲诈勒索罪定罪处罚；在实施上述行为中使用暴力或者暴力威胁的，以抢劫罪定罪处罚。

(3) 从事正常商品买卖、交易或者劳动服务的人，以暴力、胁迫手段迫使他人交出与合理价钱、费用相差不大钱物，情节严重的，以强迫交易罪定罪处罚；以非法占有为目的，以买卖、交易、服务为幌子采用暴力、胁迫手段迫使他人交出与合理价钱、费用相差悬殊的钱物的，以抢劫罪定罪处刑。在具体认定时，既要考虑超出合理价钱、费用的绝对数额，还要考虑超出合理价钱、费用的比例，加以综合判断。

5. 抢劫毒品时的处理。抢劫毒品的，应当定抢劫罪，但在认定数额时，以抢劫毒品的实际数量计算；抢劫毒品后又实施其他犯罪的，应当数罪并罚。

试题范例

1. (2015 年真题) 单项选择题

甲冒充公安干警，将正在赌博的张某等四人用手铐铐住，拿走其赌资及随身携带的财物 2 万余元。甲的行为应认定为（　　）。

A. 诈骗罪　　B. 抢劫罪

C. 招摇撞骗罪　　D. 敲诈勒索罪

答案：B

2. (2018 年真题) 单项选择题

下列情形中，应认定为入户抢劫的是（　　）。

A. 甲冒充煤气抄表员进入受害人家中实施抢劫

B. 客房服务员乙进入客人入住的酒店房间实施抢劫

C. 丙入户盗窃后将追赶的失主在公寓楼道内打成重伤

D. 丁在房屋中介人员带领其进入他人居住的出租房内查看时发现贵重财物实施抢劫

答案：A

3. (2021 年真题) 单项选择题

甲到某银行办理业务，发现李某使用 ATM 机后忘记拔卡，遂用李某的银行卡连续取款共 12 000 元。李某收到取款提示短信后返回银行，要求正在取款的甲交还钱款，甲转身逃跑并将尾随追赶的李某打成轻微伤。甲的行为应认定为（　　）。

A. 抢劫罪

B. 侵占罪

C. 盗窃罪

D. 信用卡诈骗罪

答案：A

核心法条

第 264 条　盗窃公私财物，数额较大的，或者多次盗窃、入户盗窃、携带凶器盗窃、扒窃的，处三年以下有期徒刑、拘役或者管制，并处或者单处罚金；数额巨大或者有其他严重情节的，处三年以上十年以下有期徒刑，并处罚金；数额特别巨大或者有其他特别严重情节的，处十年以上有期徒刑或者无期徒刑，并处罚金或者没收财产。

相关法条

第265条　以牟利为目的，盗接他人通信线路、复制他人电信码号或者明知是盗接、复制的电信设备、设施而使用的，依照本法第二百六十四条的规定定罪处罚。

释解分析

1. 本条是关于盗窃罪的规定。盗窃罪的主体是个人，单位组织、指使盗窃，符合本条及司法解释有关规定的，以盗窃罪追究组织者、指使者、直接实施者的刑事责任。本罪客观方面表现为秘密窃取公私财物的行为。所谓秘密窃取，是指犯罪分子采取主观上自认为不会被财物所有人、管理人、持有人发觉的方法，将公私财物据为己有。因此，秘密窃取中的“秘密”是指行为人采用自认为不被他人发觉的方法占有他人财物，即使客观上已被他人发觉或注视，也不影响盗窃行为的性质。

本罪秘密窃取公私财物的行为必须是数额较大或多次盗窃、入户盗窃、携带凶器盗窃、扒窃。所谓数额较大是指盗窃公私财物价值1 000元至3 000元以上（具体由各省、自治区、直辖市高级人民法院、人民检察院根据本地区实际在此范围内确定）。多次盗窃是指2年内盗窃3次以上。入户盗窃是指非法进入供他人家庭生活，与外界相对隔离的住所盗窃。认定“入户盗窃”时，应注意三个问题：一是“户”的范围。“户”在这里是指住所，其特征表现为供他人家庭生活和与外界相对隔离两个方面，前者是功能特征，后者为场所特征。一般情况下，集体宿舍、旅店宾馆、临时搭建工棚等不应认定为“户”。二是“入户”目的的非法性。进入他人住所须以实施盗窃等犯罪行为为目的。盗窃行为虽然发生在户内，但行为人不以实施盗窃等犯罪目的进入他人住所，而是在户内临时起意实施盗窃等，不属于“入户盗窃”。三是入户实施盗窃被发现，行为人为窝藏赃物、抗拒抓捕或者毁灭罪证而当场使用暴力或以暴力相威胁的则转化为抢劫罪。携带凶器盗窃是指行为人随身携带枪支、爆炸物、管制刀具等国家禁止个人携带的器械进行盗窃或者为了实施犯罪而携带其他足以危害他人人身安全的器械进行盗窃的行为。行为人随身携带国家禁止个人携带的器械以及其他器械抢夺，但有证据证明该器械确实不是为了实施犯罪准备的，不能认定携带凶器。需要特别注意的是，这里的“携带凶器”是指行为人携带凶器进行盗窃而未使用的情况，如果行为人在携带凶器时，为了窝藏赃物、抗拒抓捕或者毁灭罪证而当场使用凶器施暴或以暴力相威胁的则转化为抢劫罪。同时注意与携带凶器进行抢夺之不同后果的对比，携带凶器抢夺的，不管行为人是否实际使用或以凶器相威胁，均以抢劫罪论处。扒窃是指在公共场所或公共交通工具上窃取他人随身携带的财物的行为。

2. 主观方面表现为直接故意，并且具有非法占有公私财物的目的。如果误把公共财物或他人财物当作自己的财物拿走的，或者将债务人的财物拿作抵押的，由于行为人不具有非法占有的目的，故不能以盗窃罪论处。

3. 关于盗窃的对象。盗窃罪侵犯的对象是公私财物，这里的财物是他人占有的公私财物，一般是动产，与不动产可以分离的附着物，也能成为盗窃的对象。这种公私财物的一般特征是：能够被人们所控制和占有；具有一定的经济价值，这种经济价值是客观的，可以用货币来衡量的，如有价证券等；能够被移动；他人的财物，盗窃犯不可能盗窃自己的财物，他所盗窃的对象是“他人的财物”，虽然是自己的财物，但由他人合法占有或使用，亦视为“他人的财物”。一些特殊的财物尽管具备上述四个特征，仍不能成为盗窃对象，如枪支、弹药，正在使用的变压器等。另外，偷拿家庭成员或近亲属的财物，根据《最高人民法院、最高人民检察院关于办理盗窃刑事案件适用法律若干问题的解释》一般可不认为是犯罪；追究刑事责任的，应当酌情从宽。同时，特殊情况下的财物尽管不具备上述四个特征，但仍然成立盗窃罪，例如盗窃信用卡并使用的，以牟利为目的盗接他人通信线路、复制他人电信码号或者明知是盗接、复制的电信设备、设施而使用的，以及盗窃发票的，均可成立盗窃罪。盗窃无形财产中的技术成果等智力财产的，则应以侵犯商业秘密罪论。

4. 关于盗窃罪的数额。盗窃罪的数额大小不仅决定定罪，而且直接影响量刑，因此应当结合相关司法解释予以掌握。根据《最高人民法院、最高人民检察院关于办理盗窃刑事案件适用法律若干问题的解释》，盗窃公私财物价值1 000元至3 000元以上、3万元至10万元以上、30万元至50万元以上的，应当分别认定为“数额较大”“数额巨大”“数额特别巨大”。各省、自治区、直辖市高级人民法院、人民检察院可以根据本地区经济发展状况，并考虑社会治安状况，在前款规定的数额幅度内，确定本地区执行的具体数额标准，报最高人民法院、最高人民检察院批准。盗窃公私财物，具有下列情形之一的，“数额较大”的标准可以按照前述规定标准的50%确定：(1) 曾因盗窃受过刑事处罚的；(2) 1年内曾因盗窃受过行政处罚的；(3) 组织、控制未成年人盗窃的；(4) 自然灾害、事故灾害、社会安全事件等突发事件期间，在事件发生地盗窃的；(5) 盗窃残疾人、孤寡老人、丧失劳动能力人的财物的；(6) 在医院盗窃病人或者其亲友财物的；(7) 盗窃救灾、抢险、防汛、优抚、扶贫、移民、救济款物的；(8) 因盗窃造成严重后果的。

5. 关于盗窃罪的情节。盗窃公私财物，具有上述第3项至第8项规定情形之一，或者入户盗窃、携带凶器盗窃，数额达到前述“数额巨大”“数额特别巨大”50%的，可以分别认定为“其他严重情节”或者“其他特别严重情节”。

易混易错

1. 盗窃罪与非罪的界限。以非法占有为目的，盗窃公私财物数额较大或者多次盗窃、入户盗窃、携带凶器盗窃、扒窃的行为才构成盗窃罪。因此通常情况下认定盗窃罪就必须考虑：盗窃财物的数额是否达到了数额较大的标准；行为人是否是多次盗窃、入户盗窃、携带凶器盗窃、扒窃。但是以下情况应特别注意：

(1) 盗窃公私财物数额较大，行为人认罪、悔罪，退赃、退赔，且具有下列情形之一，情节轻微的，可以不起诉或者免予刑事处罚；必要时，由有关部门予以行政处罚：1) 具有法定从宽处罚情节的；2) 没有参与分赃或者获赃较少且不是主犯的；3) 被害人谅解的；4) 其他情节轻微、危害不大的。

(2) 偷拿家庭成员或者近亲属的财物同在社会上盗窃作案的区别。社会上的盗窃行为，只要达到盗窃财物数额较大的标准，或者2年内盗窃3次以上，或者入户盗窃、携带凶器盗窃、扒窃的，即可构成盗窃罪。偷拿家庭成员或者近亲属的财物，获得谅解的，一般可不按犯罪处理。只对确有追究刑事责任必要的，才作犯罪处理，但在处罚上也应与社会上盗窃作案有所区别，应当酌情从宽。

2. 与其他犯罪的界限及罪数。

(1) 盗窃罪与盗窃交通工具、交通设备、电力燃气设备、易燃易爆设备、通信设备或者上述设备的重要零部件，足以使这些设备不能正常运转，因而构成危害公共安全的犯罪的界限。区别的关键在于，盗窃这些设备及其零部件是否危害或者足以危害公共安全。如果盗窃正在使用的设备及其重要零部件价值数额不大，但危害公共安全，已经构成犯罪的，或者盗窃上述设备及其重要零部件并造成危害公共安全之严重后果的，应以危害公共安全的犯罪追究刑事责任。盗窃上述设备及其重要零部件数额较大，并危害公共安全的，同时构成盗窃罪与相应的危害公共安全罪，应当从一重罪论处。例如，盗窃通信设施数额特别巨大，情节特别严重，应当依照《刑法》第264条的规定，以盗窃罪定罪处罚，可以判处无期徒刑，但是，如果按照破坏广播电视设施、公用电信设施罪，最高只能判处15年有期徒刑。

(2) 偷开他人机动车的处理：1) 偷开机动车，导致车辆丢失的，以盗窃罪定罪处罚。2) 为盗窃其他财物，偷开机动车作为犯罪工具使用后非法占有车辆，或者将车辆遗弃导致丢失的，被盗车辆的价值计入盗窃数额。3) 为实施其他犯罪，偷开机动车作为犯罪工具使用后非法占有车辆，或者将车辆遗弃导致丢失的，以盗窃罪和其他犯罪数罪并罚；将车辆送回未造成丢失的，按照其所实施的其他犯罪从重处罚。

(3) 盗窃公私财物并造成财物损毁的处理：1) 采用破坏性手段盗窃公私财物，造成其他财物损毁的，以盗窃罪从重处罚；同时构成盗窃罪和其他犯罪的，择一重罪从重处罚。2) 实施盗窃犯罪后，为掩盖罪行或者报复等，故意毁坏其他财物构成犯罪的，以盗窃罪和构成的其他犯罪数罪并罚。3) 盗窃行为未构成犯罪，但损毁财物构成其他犯罪的，以其他犯罪定罪处罚。

(4) 盗窃文物的处理：盗窃国有馆藏一般文物、三级文物、二级以上文物的，应当分别认定为“数额较大”“数额巨大”“数额特别巨大”。盗窃多件不同等级国有馆藏文物的，三件同级文物可以视为一件高一级文物。盗窃民间收藏的文物的，根据司法解释的规定认定盗窃数额。

(5) 盗窃毒品时的处理。盗窃毒品的，应当定盗窃罪，但在认定盗窃罪数额时，可以参考毒品非法交易的价格；盗窃毒品后又实施其他犯罪的，应当数罪并罚。

3. 盗窃的特殊存在形式。

(1) 以盗窃罪处罚的情形：1)《刑法》第196条第3款：盗窃信用卡并使用的；2) 第210条盗

窃增值税专用发票或者用于骗取出口退税、抵扣税款的其他发票的；3）第265条以牟利为目的，盗接他人通信线路、复制他人电信码号或者明知是盗接、复制的电信设备、设施而使用的；4）将电信卡非法充值后使用，造成电信资费损失数额较大的。

（2）以其他相应具体犯罪处罚的情形：盗窃技术成果等商业秘密、国家秘密、枪支弹药爆炸物、国家机关公文、证件、印章、为境外窃取国家秘密、利用职务上的便利秘密窃取公私财物的。

4. 盗窃罪的犯罪形态。对盗窃罪的既遂，在刑法理论上一直存在控制说与失控说之争。在实务上，除个别情况有司法解释可依外，绝大多数情况都是在坚持从宽认定既遂的原则的前提下，根据具体情况区别对待。盗窃未遂，具有下列情形之一的，应当依法追究刑事责任：（1）以数额巨大的财物为盗窃目标的；（2）以珍贵文物为盗窃目标的；（3）其他情节严重的情形。盗窃既有既遂，又有未遂，分别达到不同量刑幅度的，依照处罚较重的规定处罚；达到同一量刑幅度的，以盗窃罪既遂处罚。

5. 盗窃他人财物，在所偷来的财物中无意发现有枪支、弹药或者毒品等特殊物品的，由于行为人并无盗窃这些特殊物品的故意，仍应以盗窃罪论处；但如果行为人又利用枪支、弹药等特殊物品进行其他犯罪活动的，应分别定罪，并与盗窃罪数罪并罚。

试题范例

1.（2013年真题）案例分析题

某公司会计甲，因欠下赌债，产生了占有单位资金的念头。甲偷配了一把由财务部经理保管的、存放现金的铁皮柜的钥匙。在公司发放工资之日，甲趁财务部无人，用偷配的钥匙打开铁皮柜，取走了工资款20万元，携款回老家。财务部经理发现工资款不见了，遂向公安机关报案。甲回家后，经家人劝说，返回公司，将20万元工资款交给董事长并表示歉意。之后，在董事长的陪同下，甲到派出所供述了上述事实，同时反映某宾馆内经常有人聚赌。公安机关根据甲提供的线索，捣毁了设于该宾馆的赌场，缴获赌资30万元，并抓获数十名涉赌人员。之后，检察机关以贪污罪对甲提起公诉，被告人辩称其行为属于职务侵占罪，法院判决甲的行为构成盗窃罪。

根据上述案情，请回答以下问题并分别说明理由：

（1）甲的行为应如何定罪？

（2）甲具有哪些法定量刑情节？

答案：（1）甲的行为构成盗窃罪。盗窃罪是指以非法占有为目的，秘密窃取公私财物数额较大或者多次盗窃、入户盗窃、携带凶器盗窃、扒窃的行为。

贪污罪的主体是特殊主体，即国家工作人员，包括国有公司、企业或者其他国有单位中从事公务的人员和国有公司、企业或者其他国有单位委派到非国有公司、企业以及其他单位从事公务的人员。本题中甲为某公司会计，并没有标明是国有公司，因此不构成贪污罪。

职务侵占罪和盗窃罪区别的关键是职务侵占罪利用了职务上的便利，即只有行为人利用本人职责范围内的、对单位财物的一定权限而实施的侵占行为，才属于利用职务上的便利而实施的侵占单位财物的犯罪，应当认定为职务侵占罪。如果行为人与非法占有的单位财物没有职责上的权限或直接关联，仅仅只是利用了工作中易于接触他人管理、经手中的单位财物，或者熟悉作案环境的便利条件，则属于利用工作便利，由此实施的财产犯罪，应当根据行为人具体采用的非法占有单位财物的不同手段，分别认定为盗窃、诈骗或者侵占罪。本题中“甲偷配了一把由财务部经理保管的、存放现金的铁皮柜的钥匙”属于工作便利而非职务便利，因此不构成职务侵占罪，而构成盗窃罪。

（2）甲具备自首情节：“甲回家后，经家人劝说，返回公司，将20万元工资款交给董事长”的行为属于“应当视为自动投案”，因而构成自首，对其可以从轻或者减轻处罚。甲也具备立功情节：甲提供重要线索，从而得以侦破其他案件的行为，构成一般立功表现，可以从轻或者减轻处罚。

2.（2016年真题）单项选择题

下列表述中，符合我国刑法关于盗窃罪规定的是（　　）。

A. 在长途汽车上显露匕首后窃取财物的，属于携带凶器盗窃

B. 在公共场所窃取他人所穿衣服口袋内财物的，属于扒窃

C. 一年之内在公共场所扒窃两次的，属于多次盗窃

D. 进入宾馆客房窃取财物的，属于入户盗窃

答案：B

3.（2016年真题）多项选择题

下列选项中，应以故意毁坏财物罪定罪处罚

刑法学

的有（　　）。

A. 甲发现所盗手表是仿制品，将其丢弃

B. 乙偷开朋友的摩托车，导致车辆丢失

C. 丙为泄愤，将多辆大货车中的柴油偷偷放掉

D. 丁到某办公室盗窃时未发现现金，遂砸毁办公室内多台电脑

答案：CD

4.（2018年真题）单项选择题

甲在候车室以需要紧急联络为名，向赵某借得高档手机，边打电话边向候车室外移动，出门后拔腿就跑，已经有所警觉的赵某猛追未果。甲的行为应认定为（　　）。

A. 抢夺罪　　B. 盗窃罪

C. 侵占罪　　D. 抢劫罪

答案：B

5.（2019年真题）单项选择题

下列选项中，与盗窃罪存在法条竞合关系的是（　　）。

A. 侵占罪　　B. 贪污罪

C. 诈骗罪　　D. 抢夺罪

答案：B

6. 单项选择题

王某见一男子喝得酩酊大罪，神志模糊，躺在马路边，旁边放着一只皮包。王某对周围的人谎称该男子为其朋友，将该男子扶到偏僻无人之处，悄悄拿走其皮包（内有现金3 500余元）。王某的行为构成（　　）。

A. 诈骗罪　　B. 盗窃罪

C. 抢劫罪　　D. 抢夺罪

答案：B

7. 多项选择题

下列行为中，构成盗窃罪的有（　　）。

A. 王某在商场盗窃他人信用卡后，随即用该信用卡在商场购买了价值6 000余元的手表

B. 李某在商场试衣间试穿大衣是否合适的时候，趁售货员与别的顾客聊天的机会，将价值6 000元的大衣穿走

C. 张某在商店购买首饰的时候，趁售货员不注意，将自己准备好的假首饰与从售货员那里拿来的价值8 000元的真首饰调换

D. 郑某潜入他人家中，将他人价值2万元的海洛因拿走

答案：ABCD

8. 单项选择题

甲盗割正在使用中的铁路专用电话线，在构成犯罪的情况下，对甲应按照下列哪一选项处理？（　　）

A. 破坏公用电信设施罪

B. 破坏交通设施罪

C. 盗窃罪与破坏交通设施罪中处罚较重的犯罪

D. 盗窃罪与破坏公用电信设施罪中处罚较重的犯罪

答案：C

9. 单项选择题

甲系私营速递公司卸货员，主要任务是将公司收取的货物从汽车上卸下，再按送达地重新装车。某晚，乘公司监督人员上厕所之机，甲将客户托运的一台价值一万元的摄像机夹带出公司大院，藏在门外沟渠里，并伪造被盗现场。关于甲的行为，下列哪一选项是正确的？（　　）

A. 诈骗罪　　B. 职务侵占罪

C. 盗窃罪　　D. 侵占罪

答案：C

10. 多项选择题

关于盗窃罪的认定，下列结论哪些是正确的？（　　）

A. 甲因饮酒过量醉卧街头。乙向围观群众声称甲系其好友，将甲扶于无人之处，掏走甲身上1 000余元离去。乙的行为构成盗窃罪

B. 甲与乙在火车上相识，下车后同到一饭馆就餐。乙殷勤劝酒，将甲灌醉，掏走甲身上1 000余元离去。乙的行为构成盗窃罪

C. 甲去一餐馆吃晚饭，时值该餐馆打烊，服务员已下班离去，只有老板乙在清账理财。在甲再三要求之下，乙无奈亲自下厨准备饭菜。甲趁机将厨房门反锁，致乙欲出不能，只能从递菜窗口眼看着甲打开柜台抽屉拿走1 000余元离去。甲的行为构成盗窃罪

D. 甲在街头出售报纸时发现乙与一摊主因买东西发生纠纷，其携带的箱子（内有贵重物品）放在身旁的地上，便提起该箱子悄悄溜走。乙发现后紧追不舍。为摆脱乙的追赶，甲将手中剩余的几张报纸卷成一团扔向乙，击中乙脸，乙受惊吓几乎滑倒。随之又追，终于抓住甲。甲的行为构成盗窃罪

答案：AD

11. 多项选择题

下列哪些说法是错误的？（　　）

A. 甲盗窃乙的存折后，假冒乙的名义从银行取出存折中的 5 万元存款。甲的行为构成盗窃罪与诈骗罪

B. 甲盗窃了乙的 200 克海洛因，因本人不吸毒，就将海洛因转卖给丙。甲的行为构成盗窃罪和贩卖毒品罪

C. 甲盗窃了博物馆的一件国家珍贵文物，以 20 万元的价格转卖给乙。甲的行为构成盗窃罪和倒卖文物罪

D. 甲盗窃了乙的一块名表，以 2 万元的价格转卖给丙，甲的行为构成盗窃罪和销售赃物罪

答案：AD

核心法条

第 266 条　诈骗公私财物，数额较大的，处三年以下有期徒刑、拘役或者管制，并处或者单处罚金；数额巨大或者有其他严重情节的，处三年以上十年以下有期徒刑，并处罚金；数额特别巨大或者有其他特别严重情节的，处十年以上有期徒刑或者无期徒刑，并处罚金或者没收财产。本法另有规定的，依照规定。

释解分析

本条是关于诈骗罪的规定。（1）诈骗罪的行为模式是：行为人以非法占有为目的而实施欺诈行为→致使对方产生错误认识→对方基于错误认识而处分财产→行为人取得财产→被害人财产权受到损害。（2）诈骗的表现形式有二：一是虚构事实，即捏造不存在的事实，骗取被害人的信任；二是隐瞒真相，即对受害人掩盖客观存在的某种事实，使之产生错误认识。（3）诈骗数额较大的才构成犯罪，根据最高人民法院司法解释，以 2 000 元以上为标准。

易混易错

1. 诈骗罪与包含诈骗手段的相关犯罪之间的关系：

（1）诈骗罪与金融诈骗罪一节中规定的 8 个特殊诈骗罪是法条竞合关系，竞合时适用特别法的规定。

（2）诈骗罪与商业欺诈行为的关系：如非法经营罪，生产、销售伪劣商品的 8 个犯罪，假冒注册商标罪，假冒专利罪，侵犯著作权罪等，都可能包含商业欺诈行为，但构成这些犯罪一般都具有合理的交易内容和形式。如果没有特定的交易内容和形式，则有可能构成诈骗罪或合同诈骗罪。

2. 诈骗罪的特殊形式：

（1）以虚假、冒用的身份证办理入网手续并使用移动电话，造成电信资费损失数额较大的，以诈骗罪论处。

（2）使用伪造、变造、盗窃的武装部队车辆号牌，骗免养路费、通行费等各种规费，数额较大的，以诈骗罪论处。

3. 诈骗罪与相关犯罪的界限：

（1）与盗窃罪：区分的关键是，通过欺骗使他人自愿交出财物的是诈骗罪，以秘密手段或其他手段（包括欺骗手段）窃取财物的是盗窃罪。犯两罪都有可能采取欺骗手段，因此，手段不是两罪的本质区分。但现实中有一些特殊情况应该特别注意：1）行为人在车站、码头等公共场所，以“调包”的形式窃取他人财物的，尽管有欺骗性手段，但对非法获取财物起主要作用的是秘密窃取，欺骗手段仅起次要作用，故应以盗窃罪论处。2）如果行为人从不具有民事行为能力的未成年人、精神病人手中骗取财物，则构成盗窃罪。

（2）与敲诈勒索罪：一般情况下，诈骗罪是通过虚构的事实使他人误解，从而自愿交出财物；而敲诈勒索是通过威胁、要挟，使他人感到害怕、恐惧而不得不交出财物。但在现实中，在敲诈时，行为人可能也会虚构事实，使用欺骗的手段，因此两罪区别的关键不在于行为手段，而在于是通过欺骗使他人自愿交付财物还是迫使他人不得不交出财物，即敲诈勒索往往使他人感到恐惧，表面上有“自愿”的意思，实际上是被强迫。

试题范例

1.（2017 年真题）多项选择题

下列选项中，应认定为诈骗罪的有（　　）。

A. 甲伪造名画，冒充真迹卖给他人

B. 乙设立赌博网站，招揽小学生参与赌博

C. 丙用冰糖冒充冰毒卖给他人，获利 4 000 元

D. 丁用短信将邻居从家中骗出，趁机进入邻居家拿走 1 万元现金

答案：AC

2.（2018年真题）单项选择题

甲加盖违章建筑，并串通负责房屋征收的国家机关工作人员乙。乙利用职务上的便利帮甲违法多得了200万元征收补偿款，事后，甲将其中的5万元送给乙。甲的行为应认定为（　　）。

A. 诈骗罪　　B. 贪污罪

C. 行贿罪　　D. 侵占罪

答案：A

3.（2019年真题）单项选择题

下列选项中，不属于继续犯的是（　　）。

A. 诈骗罪　　B. 遗弃罪

C. 非法拘禁罪　　D. 非法持有毒品罪

答案：A

4.（2020年真题）单项选择题

甲向乙表示自己愿意出高价"买"妻，乙与其妻丙商量，让丙假扮为被拐卖妇女，并将丙"出卖"给甲。三天后，乙协助丙逃离甲家。对此，下列选项中正确的是（　　）。

A. 甲构成拐卖妇女罪

B. 乙构成拐卖妇女罪

C. 乙构成诈骗罪

D. 丙不构成犯罪

答案：C

5.（2020年真题）单项选择题

甲从王某处借得一辆价值10万元的竞赛用自行车，因急需用钱，甲将该车质押给典当行，得款6万元。在王某索要时，甲无力赎回该车，又向李某借得一辆价值15万元的竞赛用自行车，将该车质押给同一典当行，得款10万元后赎回王某的自行车。甲将自行车交还给王某后潜逃，导致李某的自行车期满未赎。甲诈骗的金额为（　　）。

A. 6万元　　B. 10万元

C. 15万元　　D. 25万元

答案：C

6. 法条分析题

《刑法》第266条规定："诈骗公私财物，数额较大的，处三年以下有期徒刑、拘役或者管制，并处或者单处罚金；数额巨大或者有其他严重情节的，处三年以上十年以下有期徒刑，并处罚金；数额特别巨大或者有其他特别严重情节的，处十年以上有期徒刑或者无期徒刑，并处罚金或者没收财产。本法另有规定的，依照规定。"

请分析：

(1) 请用犯罪构成理论分析本条确认的犯罪构成。

(2) 本条中"并处或者单处罚金"的含义是什么？

(3) 本条中"本法另有规定的，依照规定"的含义是什么？

(4) 假如甲诈骗数额特别巨大，法官却判处甲8年有期徒刑，作出这种判决的依据可能是什么？

答案：(1) ①犯罪客体是公私财产的所有权；②客观方面表现为实施了虚构事实、隐瞒真相、骗取数额较大财物的行为；③犯罪主体为已满16周岁、具有辨认和控制自己行为能力的人；④犯罪的主观方面是故意，并且以非法占有为目的。

(2) ①判处主刑的同时，必须并处罚金；②可不判处主刑，单处罚金。

(3) 刑法如果已将某些诈骗行为另外规定为特别诈骗罪，如合同诈骗罪、金融诈骗罪等，在本条与这些特别条款竞合时，特别条款优先适用，排斥本条适用。

(4) ①甲具有法定的减轻处罚情节；②甲虽不具有法定的减轻处罚情节，但根据案件特殊情况，需要在法定最低刑以下判处刑罚，但需报最高人民法院核准。

核心法条

第267条　抢夺公私财物，数额较大的，或者多次抢夺的，处三年以下有期徒刑、拘役或者管制，并处或者单处罚金；数额巨大或者有其他严重情节的，处三年以上十年以下有期徒刑，并处罚金；数额特别巨大或者有其他特别严重情节的，处十年以上有期徒刑或者无期徒刑，并处罚金或者没收财产。

携带凶器抢夺的，依照本法第二百六十三条的规定定罪处罚。

释解分析

本条是关于抢夺罪的规定。

1. 本罪的客观方面表现为公然夺取公私财物的行为。所谓公然夺取，是指当着财物所有人、保管人、看管人、持有人的面或者在上述被害人可以立即发现的情况下，乘其不备，公开夺取财物。行为人在夺取财物时并没有使用暴力或以暴力相威胁，这是与抢劫罪区别的关键。

2. 关于本罪规定的数额。抢夺公私财物价值1 000元至3 000元以上、3万元至8万元以上、20万元至40万元以上的，应当分别认定为“数额较大”“数额巨大”“数额特别巨大”。各省、自治区、直辖市高级人民法院、人民检察院可以根据本地区经济发展状况，并考虑社会治安状况，在上述规定的数额幅度内，确定本地区执行的具体数额标准，报最高人民法院、最高人民检察院批准。抢夺公私财物，具有下列情形之一的，“数额较大”的标准按照前述规定标准的50%确定：(1) 曾因抢劫、抢夺或者聚众哄抢受过刑事处罚的；(2) 1年内曾因抢夺或者哄抢受过行政处罚的；(3) 1年内抢夺3次以上的；(4) 驾驶机动车、非机动车抢夺的；(5) 组织、控制未成年人抢夺的；(6) 抢夺老年人、未成年人、孕妇、携带婴幼儿的人、残疾人、丧失劳动能力人的财物的；(7) 在医院抢夺病人或者其亲友财物的；(8) 抢夺救灾、抢险、防汛、优抚、扶贫、移民、救济款物的；(9) 自然灾害、事故灾害、社会安全事件等突发事件期间，在事件发生地抢夺的；(10) 导致他人轻伤或者精神失常等严重后果的。

3. 关于本罪规定的情节。抢夺公私财物，具有下列情形之一的，应当认定为“其他严重情节”：(1) 导致他人重伤的；(2) 导致他人自杀的；(3) 具有上述第3项至第10项规定的情形之一，数额达到前述“数额巨大”50%的。抢夺公私财物，具有下列情形之一的，应当认定为“其他特别严重情节”：(1) 导致他人死亡的；(2) 具有上述第3项至第10项规定的情形之一，数额达到前述“数额特别巨大”50%的。

易混易错

1. 罪与非罪的界限：以非法占有为目的，公然夺取数额较大的公私财物或者多次抢夺的行为才能构成抢夺罪。抢夺公私财物数额较大，但未造成他人轻伤以上伤害，行为人系初犯，认罪、悔罪，退赃、退赔，且具有下列情形之一的，可以认定为犯罪情节轻微，不起诉或者免予刑事处罚；必要时，由有关部门依法予以行政处罚：(1) 具有法定从宽处罚情节的；(2) 没有参与分赃或者获赃较少，且不是主犯的；(3) 被害人谅解的；(4) 其他情节轻微、危害不大的。

2. 与盗窃罪的界限。区分的关键是“公然夺取”还是“秘密窃取”，这里的公然性仅以当着财物所有人或者占有人的面为条件，而不以他人在场为条件。

3. 实施抢夺公私财物行为，构成抢夺罪，同时造成被害人重伤、死亡等后果，构成过失致人重伤罪、过失致人死亡罪等犯罪的，依照处罚较重的规定定罪处罚。这属于想象竞合犯。

4. 与抢劫罪的关系：(1) 转化为抢劫罪：实施抢夺行为，又当场使用暴力或以暴力相威胁，情节严重的，按抢劫罪论处。(2) 视为抢劫罪：携带凶器抢夺的（不管行为人是否实际使用凶器或以凶器相威胁），以抢劫罪论处。(3) 根据相关司法解释，对于驾驶机动车、非机动车等“驾驶车辆”夺取他人财物的，一般以抢夺罪从重处罚。但是在以下三种情况下应当以抢劫罪定罪处罚：①夺取他人财物时因被害人不放手而强行夺取的；②驾驶车辆逼挤、撞击或者强行逼倒他人夺取财物的；③明知会致人伤亡仍然强行夺取并放任造成财物持有人轻伤以上后果的。

5. 抢夺特定财物，如枪支、弹药、爆炸物或国家机关公文、证件、印章等，依刑法有关规定论处，不构成本罪。

试题范例

1. (2016年真题) 单项选择题

甲、乙二人驾驶摩托车夺取吴某挎包，因车速过快将吴某带倒，致其重伤。甲、乙的行为应认定为（　　）。

A. 抢夺罪

B. 故意伤害罪

C. 抢劫罪

D. 抢夺罪和过失致人重伤罪

答案：C

2. 单项选择题

甲、乙二人合谋抢夺财物。一日，甲向一坐在汽车内的妇女假装问路，乙乘该妇女不备，拉开车门，从其手中抢过提包就跑，甲也随即与乙一同逃跑，当场被群众抓获。群众从甲、乙二人身上各搜出一把匕首。甲、乙二人的行为构成（　　）。

A. 盗窃罪　　B. 抢夺罪

C. 抢劫罪　　D. 诈骗罪

答案：C

核心法条

第270条 将代为保管的他人财物非法占

刑法学

为己有，数额较大，拒不退还的，处二年以下有期徒刑、拘役或者罚金；数额巨大或者有其他严重情节的，处二年以上五年以下有期徒刑，并处罚金。

将他人的遗忘物或者埋藏物非法占为己有，数额较大，拒不交出的，依照前款的规定处罚。

本条罪，告诉的才处理。

释解分析

1. 本条是关于侵占罪的规定。本罪的客观方面表现为非法占有代为保管的他人财物或者将他人的遗忘物、埋藏物非法占为己有，数额较大拒不退还或拒不交出的行为。侵占罪的对象仅限于代为保管的他人财物、他人的遗忘物、埋藏物。正确理解本罪的关键是区别侵占罪与其他侵犯财产罪，区别的核心在于这里的侵占包括两个密不可分的行为特征，即合法持有并非法侵吞：行为人将自己业已合法持有、控制下的他人财物非法转归为己有，并且拒不交出、拒不交还的。另外，应注意区别遗忘物与遗失物。

2. 本罪与盗窃罪区别的关键：参见本法条试题范例部分。

3. 本罪与职务侵占罪的界限：(1) 犯罪客观行为方式不同。前者表现为将他人的财物占为己有，其占有与职务上的便利无关；后者表现为利用职务上的便利，将本单位的财物非法占有。(2) 犯罪对象不同。前者的对象是行为人代为保管的他人财物、行为人拾得的他人的遗忘物或者发掘的埋藏物；后者的对象是行为人所在公司、企业等单位的财物。(3) 犯罪主体不同。前者的主体是一般主体；后者是特殊主体，即公司、企业或者其他单位的工作人员。

4. 本罪与盗窃罪的界限：

(1) 犯罪故意产生的时间不同。侵占罪的行为人在持有公私财物之后才产生犯罪故意，产生非法占有公私财物的目的；盗窃罪的行为人是在没有占有财物之前就产生了非法占有他人财物的目的。

(2) 犯罪对象不尽相同。侵占罪的对象是行为人业已持有的公私财物，公私财物已经在行为人的控制之下；盗窃罪的对象则是他人所有、管理、持有的公私财物，公私财物在被害人的控制之下。

(3) 客观方面不尽相同。侵占罪的客观方面表现为侵占行为，即将自己已经控制下的公私财物非法占有；盗窃罪的客观方面表现为秘密窃取行为，行为人采取自以为不会被财物的所有人、保管人、看护人、持有人等发觉的方法窃取其财物。

(4) 侵占罪是亲告罪，盗窃罪不是亲告罪。

试题范例

多项选择题

以下案件哪些不构成侵占罪？(　　)

A. 某游戏厅早上八点刚开门，甲就进来玩耍，发现一游戏机上有一个手机，就装进口袋逃离。事后查明，该手机是游戏厅老板打扫房间时顺手放在游戏机上的。甲被抓后称其始终以为该手机是其他顾客遗忘的财物

B. 乙得知邻居李某的 6 岁小孩被他人绑架，李某可能会按照歹徒的要求交付赎金，就悄悄跟在李某身后，见李某把钱塞入桥洞下离开后，将口袋取出，得现金 20 万元

C. 丙购买了价值两万元的货物，委托三轮车夫田某运输，丙骑自行车跟在田某的三轮车后面，经过一路口时，丙被警察拦住检查自行车证，田某见状即将货物拉走倒卖，获款 5 000 元

D. 丁闲极无聊在一自动取款机按键上胡乱敲击，无意中触动了一按钮，取款机吐出一张 100 元钞票，丁就不断地操作，直至取出现金 5 000 元后离去

答案：ABCD

核心法条

第 271 条　公司、企业或者其他单位的工作人员，利用职务上的便利，将本单位财物非法占为己有，数额较大的，处三年以下有期徒刑或者拘役，并处罚金；数额巨大的，处三年以上十年以下有期徒刑，并处罚金；数额特别巨大的，处十年以上有期徒刑或者无期徒刑，并处罚金。

国有公司、企业或者其他国有单位中从事公务的人员和国有公司、企业或者其他国有单位委派到非国有公司、企业以及其他单位从事公务的人员有前款行为的，依照本法第三百八十二条、第三百八十三条的规定定罪处罚。

相关法条

第 183 条　保险公司的工作人员利用职务上的便利，故意编造未曾发生的保险事故进行虚假理赔，骗取保险金归自己所有的，依照本法第二百七十一条的规定定罪处罚。

国有保险公司工作人员和国有保险公司委派到非国有保险公司从事公务的人员有前款行为的，依照本法第三百八十二条、第三百八十三条的规定定罪处罚。

释解分析

本条是关于职务侵占罪的规定。职务侵占罪的构成特征为：(1) 侵犯客体是公司、企业或者其他单位的财产所有权。犯罪对象是行为人所属的公司、企业或者其他单位的财物，包括动产和不动产，有形财产和无形财产。(2) 客观方面表现为利用职务上的便利，将本单位财物非法占为己有，数额较大的行为。利用职务上的便利，是指行为人利用自己在本单位所具有的一定职务，即主管、管理、经手本单位财物的便利条件。不是利用职务之便，而是利用工作之便，侵占本单位财物的行为，不构成本罪。非法占为己有，是指行为人将自己主管、管理、经手的本单位财物非法占有，排斥本单位对于此项财产的所有权。非法占有的方式通常表现为侵吞、盗窃、骗取等非法手段。(3) 犯罪主体是特殊主体，即公司、企业或者其他单位的工作人员。但是，国有公司、企业或者其他国有单位中从事公务的人员和国有公司、企业或者其他国有单位委派到非国有公司、企业以及其他单位从事公务的人员不能成为本罪的主体。(4) 主观方面表现为直接故意，并以非法占有为目的。

易混易错

1. 国有公司、企业或者其他国有单位中从事公务的人员和国有公司、企业或者其他国有单位委派到非国有公司、企业以及其他单位从事公务的人员不能成为本罪的主体，其利用职务上的便利侵占财物的行为，按照贪污罪定罪处罚。

2. 保险公司的工作人员利用职务上的便利，故意编造未曾发生的保险事故进行虚假理赔，骗取保险金归自己所有的，以职务侵占罪定罪处罚。

3. 农村村民小组组长利用职务上的便利，将村民小组集体财产非法占为己有，数额较大的行为，应以职务侵占罪定罪处罚。

4. 划清职务侵占罪与盗窃罪、诈骗罪的界限。职务侵占罪和盗窃罪、诈骗罪同属于侵犯财产罪，都侵犯了公私财物的所有权，都是以非法占有他人财物为目的，行为方式上，职务侵占罪有时也表现为以盗窃、诈骗的手段非法占有他人财物。它们的主要区别是：(1) 犯罪客观行为方式不同。职务侵占罪的行为方式有两个特点，一是行为人利用职务上的便利，二是行为人采取多种非法手段占有他人财物，既有盗窃、诈骗手段，也有侵占和其他手段；盗窃罪、诈骗罪的行为人没有利用职务之便，而且在非法占有他人财物的手段上仅限于窃取或诈骗。如果采取其他非法手段，则不能以盗窃罪或诈骗罪论处。(2) 犯罪对象范围不同。职务侵占罪的犯罪对象只限行为人所在单位的财物；盗窃罪、诈骗罪的犯罪对象没有任何限制。(3) 犯罪主体不同。职务侵占罪的主体为公司、企业或者其他单位的工作人员，是特殊主体；盗窃罪、诈骗罪为一般主体。

试题范例

(2015 年真题) 单项选择题

某私营健身机构经理安排会计甲将收取的 50 万元会员费存入甲的存折，供单位日常开支。三个月后，甲取走存折中全部资金潜逃。甲的行为构成（　　）。

A. 盗窃罪　　　　B. 职务侵占罪

C. 侵占罪　　　　D. 挪用资金罪

答案：B

核心法条

第 272 条　公司、企业或者其他单位的工作人员，利用职务上的便利，挪用本单位资金归个人使用或者借贷给他人，数额较大、超过三个月未还的，或者虽未超过三个月，但数额较大、进行营利活动的，或者进行非法活动的，处三年以下有期徒刑或者拘役；挪用本单位资金数额巨大的，处三年以上七年以下有期徒刑；数额特别巨大的，处七年以上有期徒刑。

国有公司、企业或者其他国有单位中从事

公务的人员和国有公司、企业或者其他国有单位委派到非国有公司、企业以及其他单位从事公务的人员有前款行为的，依照本法第三百八十四条的规定定罪处罚。

有第一款行为，在提起公诉前将挪用的资金退还的，可以从轻或者减轻处罚。其中，犯罪较轻的，可以减轻或者免除处罚。

释解分析

1. 本条第 1 款是关于挪用资金罪的规定。本罪的客观方面表现为利用职务上的便利，挪用本单位资金归个人使用或者借贷给他人使用的行为，具体表现为：(1) 行为人未经合法批准手续而擅自将本单位资金挪作他用。(2) 挪用本单位资金的行为是利用职务上的便利实施的。(3) 挪用本单位资金归个人使用或者借贷给他人，包括：①归个人使用或者借贷给他人，数额较大、超过 3 个月未还的；②虽未超过 3 个月，但数额较大、进行营利活动的；③用于非法活动的。

2. 本罪与职务侵占罪的主要区别：(1) 犯罪客体不尽相同。两罪虽然都侵犯了财产的所有权，但本罪侵犯了所有权的一部分，即侵犯了资金的使用权和收益权，未侵犯处置权；后者侵犯了财产所有权的全部权能。(2) 犯罪对象不尽相同。本罪的对象是本单位资金；后者则是本单位财物，外延广于资金。(3) 犯罪故意内容不同。本罪只是暂时挪用，准备日后归还；后者则是将财物非法占有，完全不打算归还。

3. 本罪与挪用特定款物罪的区别：(1) 主体不同。挪用特定款物罪的主体是特定的，仅限于主管、经营、经手特定款物的工作人员。(2) 对象不同。挪用特定款物罪的对象仅限于救灾、抢险、防汛、优抚、扶贫、移民、救济这 7 项特定款物。本罪则不限于此。

4. 本罪与挪用公款罪的区别：主要是主体范围不同，后者仅限国家工作人员，具体见下易混易错。

易混易错

1. 国有公司、企业或者其他国有单位中从事公务的人员和国有公司、企业或者其他国有单位委派到非国有公司、企业以及其他单位从事公务的人员利用职务上的便利挪用资金的，依照挪用公款罪定罪处罚。

2. 对于受国家机关、国有公司、企业、事业单位、人民团体委托，管理、经营国有财产的非国家工作人员，利用职务上的便利，挪用国有资产归个人使用构成犯罪的，应当依照挪用资金罪定罪处罚。但是如果这类人员将国有资金非法据为己有的，依《刑法》第 382 条第 2 款的规定应定贪污罪。

核心法条

第 274 条 敲诈勒索公私财物，数额较大或者多次敲诈勒索的，处三年以下有期徒刑、拘役或者管制，并处或者单处罚金；数额巨大或者有其他严重情节的，处三年以上十年以下有期徒刑，并处罚金；数额特别巨大或者有其他特别严重情节的，处十年以上有期徒刑，并处罚金。

释解分析

1. 本条是关于敲诈勒索罪的规定。本罪是指以非法占有为目的，对公私财物的所有人、管理人实施威胁或者要挟，强行索取数额较大公私财物或者多次敲诈勒索的行为。其行为模式为：行为人以非法占有目的对他人实施威胁→致使对方（被害人）产生恐惧心理→对方基于恐惧心理而处分财产→行为人取得财产→对方财产权受到损害。

2. 本罪与抢劫罪的区别：(1) 行为的内容不同。抢劫罪以当场实施暴力、暴力相威胁为其行为内容；本罪仅限于威胁，不当场实施暴力，而且威胁的内容不只是暴力，还包括非暴力威胁。(2) 犯罪行为方式不同。抢劫罪的威胁当着被害人的面实施，一般是用言语或动作来表示；本罪的威胁可以当着被害人的面，也可以是通过第三者来实现，可以口头表示，也可通过书信的方式来表示。(3) 非法取得财物的时间不同。抢劫罪是当场取得财物；本罪可以是当场，也可以是在实施威胁、要挟之后取得他人财物。行为人以暴力相威胁迫使被害人限期交出财物的行为，不应定为抢劫罪，而应以本罪论处。(4) 构成犯罪的数额要求不同。法律不要求劫取财物必须达到数额较大才构成抢劫罪；刑法规定以数额较大作为敲诈勒索罪的必要要件。

3. 本罪与诈骗罪的区别：区别的关键看交出财物、处分财产是否“自愿”。本罪是被害人基于恐惧、害怕而被迫；诈骗罪则是被害人受蒙蔽而“自愿”。

试题范例

1.（2018 年真题）单项选择题

下列选项中，应认定为敲诈勒索罪的是（　　）。

A. 冒充人民警察敲诈他人巨额财物

B. 敲诈勒索亲属财物但获得对方谅解

C. 以在网上发帖相要挟获得职务晋升

D. 以公开不雅视频相要挟向他人借巨款后无力偿还

答案：A

2. 单项选择题

下列哪种行为构成敲诈勒索罪？（　　）

A. 甲到乙的餐馆吃饭，在食物中发现一只苍蝇，遂以向消费者协会投诉为由进行威胁，索要精神损失费 3 000 元。乙迫于无奈付给甲 3 000 元

B. 甲到乙的餐馆吃饭，偷偷在食物中投放一只事先准备好的苍蝇，然后以砸烂桌椅进行威胁，索要精神损失费 3 000 元。乙迫于无奈付给甲 3 000 元

C. 甲捡到乙的手机及身份证等财物后，给乙打电话，索要 3 000 元，并称若不付钱就不还手机及身份证等物。乙迫于无奈付给甲 3 000 元现金赎回手机及身份证等财物

D. 甲妻与乙通奸，甲获知后十分生气，将乙暴打一顿，乙主动写下一张赔偿精神损失费 2 万元的欠条。事后，甲持乙的欠条向其索要 2 万元，并称若乙不从，就向法院起诉乙

答案：B

核心法条

第 275 条　故意毁坏公私财物，数额较大或者有其他严重情节的，处三年以下有期徒刑、拘役或者罚金；数额巨大或者有其他特别严重情节的，处三年以上七年以下有期徒刑。

相关法条

第 276 条　由于泄愤报复或者其他个人目的，毁坏机器设备、残害耕畜或者以其他方法破坏生产经营的，处三年以下有期徒刑、拘役或者管制；情节严重的，处三年以上七年以下有期徒刑。

释解分析

1. 第 275 条规定的是故意毁坏财物罪。其构成特征是：（1）本罪侵犯的客体是公私财物的所有权。（2）本罪在客观方面表现为毁灭或者损坏公私财物数额较大或者有其他严重情节的行为。故意毁坏公私财物行为，必须达到数额较大或有其他严重情节的才构成犯罪。所谓情节严重，是指毁坏重要物品损失严重的；毁坏手段特别恶劣的；毁坏急需物品引起严重后果的；动机卑鄙企图嫁祸于人的；等等。“情节特别严重”，是指毁坏个人财物，导致他人精神失常的；破坏生产、经营设备设施，造成停产或经营停止，引起重大损失的；破坏手段极其恶劣的；等等。（3）本罪的主体是一般主体，凡达到刑事责任年龄且具备刑事责任能力的自然人均能构成本罪。（4）本罪在主观方面表现为故意。

2. 第 276 条规定的是破坏生产经营罪。其构成特征是：（1）本罪所侵犯的客体是生产经营的正常活动。（2）本罪在客观方面表现为以毁坏机器设备、残害耕畜或其他方法破坏生产经营的行为。但不论方式如何，采用的手段怎样，破坏的对象都必须与生产经营活动直接相联系。如果是毁坏闲置不用或在仓库备用的机器设备、已经收获并未用于加工生产的粮食、水果，残害已经丧失畜役力的待售肉食牲畜的行为，则由于它们与生产经营活动无关，可能构成故意毁坏财物罪等，不构成本罪。（3）本罪的主体是一般主体，凡达到刑事责任年龄且具备刑事责任能力的自然人均可构成本罪。（4）本罪在主观方面表现为直接故意。

易混易错

1. 故意毁坏财物罪与破坏交通工具罪、破坏交通设施罪、破坏易燃易爆设备罪、破坏公用电信设施罪等危害公共安全罪以及破坏生产经营罪

的区别：后列这些犯罪破坏的是特定的财产，侵犯的是其他独立客体，刑法对其已单独规定有罪名，应该按这些特定犯罪定罪处罚。

2. 故意毁坏财物罪与放火罪、决水罪、爆炸罪、投放危险物质罪的界限。行为人故意毁坏财物，同时也触犯了上述危害公共安全罪，应从一重处理，按照危害公共安全罪论处。毁坏公私财物的方法有多种多样，但如果行为人使用放火、决水、投放危险物质、爆炸等危险方法破坏公私财物，危害公共安全的，应当以危害公共安全罪中的有关犯罪论处。

3. 故意毁坏财物罪与寻衅滋事罪的区别。

故意毁坏财物罪与寻衅滋事罪中的故意损毁公私财物行为的主要区别是：(1) 侵害的客体不同。故意毁坏财物罪侵犯的客体只限于公私财物的所有权，而寻衅滋事罪侵犯的客体是公共秩序。(2) 主观方面的表现不同。寻衅滋事罪主观上是无事生非、起哄闹事、逞强好胜；而故意毁坏财物罪主观上有损坏他人财产的目的。前者虽然也有损坏他人财产的目的，但只是为了通过损坏他人财产来达到自己要威风、破坏秩序的最终目的；而后者也有可能出于报复、泄愤，但其最终目的是损坏他人财物。

4. 破坏生产经营罪与放火罪、决水罪、爆炸罪、投放危险物质罪的界限。

上述方法也可能被用来破坏生产经营，这时，行为人不仅触犯了破坏生产经营罪，同时也触犯了上述危害公共安全罪，应从一重处理，按照危害公共安全罪论处。

5. 破坏生产经营罪与破坏交通工具罪、破坏交通设施罪、破坏电力设备罪、破坏易燃易爆设备罪的界限。

破坏上述特定对象，往往会直接或者间接地使生产经营遭到破坏，对这种破坏行为定性，主要从犯罪对象和客体上分析，凡破坏生产过程中的上述工具、设备，危害的主要是生产经营的，定破坏生产经营罪；凡破坏的是用于公共生活的上述工具、设备，危害的主要是公共安全的，分别按破坏交通工具罪、破坏交通设施罪、破坏电力设备罪、破坏易燃易爆设备罪定性。

6. 破坏生产经营罪与重大责任事故罪的界限。

区别这两种罪，关键要查明行为人主观罪过的形式，首先查明破坏行为是故意实施的还是过失实施的，其次查明行为人有无泄愤报复等个人动机。过失实施破坏行为，给生产造成重大损失的，构成重大责任事故罪；而出于泄愤报复等个人目的故意实施破坏生产经营行为的，构成破坏生产经营罪。

7. 破坏生产经营罪与故意毁坏财物罪的界限。

(1) 主观的目的不同。破坏生产经营罪采用毁坏机器设备、残害耕畜等手段，虽然会造成财物的毁坏，但这不是行为人的目的，行为人的目的是通过上述手段来破坏生产经营，进而达到自己泄愤报复或者其他不法目的，毁坏机器设备、残害耕畜等仅仅是实现其目的的手段；而故意毁坏财物罪其目的就是将公私财物加以毁坏，使其部分甚或全部丧失价值或使用价值。

(2) 所侵害的对象不同。破坏生产经营罪的对象是特定的财物，即与生产经营活动直接相关的已经投入使用的机器设备、服役期间的耕畜等，通过对这些直接关系到生产经营活动的财物的毁坏进而实现破坏生产经营的意图。倘若与生产经营无关，如在仓库中备用或闲置不用的财物，即使是机器设备，亦不能成为破坏生产经营罪的对象，但可以构成故意毁坏财物罪的对象，后者还包括生活资料。

(3) 直接客体不同。破坏生产经营罪所侵害的是国家的、集体的以及个人的正常生产经营活动；而故意毁坏财物罪所侵害的则是公私财物的所有权。

试题范例

1. (2018 年真题) 单项选择题

甲破解了张某的股票账户密码，偷偷登录其账户买卖股票“练手”，案发时造成张某股票账户资金实亏 15 万元。甲的行为应认定为（　　）。

A. 盗窃罪

B. 非法经营罪

C. 故意毁坏财物罪

D. 非法侵入计算机信息系统罪

答案：C

2. (2020 年真题) 单项选择题

甲被公司处分后心怀不满，毁坏公司正在铺设的在建地铁专用电缆，造成重大财产损失。甲的行为构成（　　）。

A. 破坏交通设施罪

B. 破坏生产经营罪

C. 破坏电力设备罪

D. 以危险方法危害公共安全罪

答案：B

3.（2021年真题）单项选择题

甲从竞争对手的网络店铺大量虚假购买商品，电商平台因此认定该店铺恶意刷单，给予该店铺以搜索降权处理，导致该店铺的商品难以被消费者检索到，造成经济损失35万元。甲的行为应认定为（　　）。

A. 不构成犯罪

B. 破坏生产经营罪

C. 非法侵入计算机信息系统罪

D. 损害商业信誉罪

答案：B

十六、妨害社会管理秩序罪

核心法条

第 277 条 以暴力、威胁方法阻碍国家机关工作人员依法执行职务的，处三年以下有期徒刑、拘役、管制或者罚金。

以暴力、威胁方法阻碍全国人民代表大会和地方各级人民代表大会代表依法执行代表职务的，依照前款的规定处罚。

在自然灾害和突发事件中，以暴力、威胁方法阻碍红十字会工作人员依法履行职责的，依照第一款的规定处罚。

故意阻碍国家安全机关、公安机关依法执行国家安全工作任务，未使用暴力、威胁方法，造成严重后果的，依照第一款的规定处罚。

暴力袭击正在依法执行职务的人民警察的，处三年以下有期徒刑、拘役或者管制；使用枪支、管制刀具，或者以驾驶机动车撞击等手段，严重危及其人身安全的，处三年以上七年以下有期徒刑。

释解分析

本条是关于妨害公务罪和袭警罪的规定。本条第 1 款是典型的妨害公务罪，第 2、3、4、5 款规定的是特殊情形的妨害公务行为。妨害公务罪的犯罪对象是正在依法执行职务的国家机关工作人员，还包括人大代表、红十字会工作人员。妨害公务罪需注意：(1) 如果是以暴力、威胁方法阻碍人大代表执行职务而构成妨害公务罪的，要求必须是依法执行代表职务。(2) 如果是以暴力、威胁方法阻碍红十字会工作人员依法履行职责的，必须是发生在自然灾害或突发事件中，这是特定的时间要件。(3) 对于故意阻碍国家安全机关、公安机关依法执行国家安全工作任务，并不要求使用暴力、威胁方法为特定的手段要件，但此种情形要有两个条件：一是依法执行的是国家安全工作任务；二是要求必须造成严重后果（本条前三款并无此要求）。(4) 如果采用了暴力、威胁的手段，阻碍国家安全机关、公安机关依法执行国家安全工作任务，即使未造成严重后果，也可构成妨害公务罪，这符合本条第 1 款的规定。如果暴力袭击正在依法执行职务的人民警察的，则构成袭警罪。

妨害公务罪的主观方面是故意，即明知是有关人员，而以暴力、威胁或者其他方法阻碍，希望迫使其停止执行职务或者改变执行职务。如果不知其正在执行职务，或者虽然明知，而不是意在阻碍其执行职务，而是为了其他目的，则不构成妨害公务罪。

易混易错

1. 妨害公务罪与非罪、与其他罪的界限：(1) 妨害公务罪发生在前述四类人员依法执行职务期间，如果不是发生在这一特定的时间，而是在上述人员依法执行职务之后对其实施的报复行为，根据具体情况，构成相应的犯罪。(2) 妨害公务罪是一般犯罪，只有在相关特殊妨害公务罪不成立的情况下才构成。

2. 注意准确判断妨害公务犯罪过程中的罪数问题。(1) 妨害公务行为采用暴力、威胁等方法，但行为人采用的暴力不能包括故意致人重伤或者杀死的行为，如果以重伤或者杀死的方法阻碍执行职务，属于想象竞合犯，从一重罪处断，即以故意伤害罪（重伤）或者故意杀人罪论处。但仅仅造成轻伤结果的，一般仍以妨害公务罪一罪处罚。(2) 妨害公务行为可能成为其他犯罪的手段，此时原则上应从一重罪论处，但刑法有特别规定的除外。这些特殊规定主要有：《刑法》第 157 条第 2 款关于走私犯罪中的妨害公务问题、第 318 条与第 321 条关于组织或运送他人偷越国（边）境犯罪中的妨害公务问题。另外，妨害公务罪中的暴力手段如果触犯其他罪名的，如暴力致人重伤而触犯故意伤害罪的，原则上应从一重罪，以故意伤害罪论处。(3) 数罪并罚的情形：在《刑法》第 140～148 条（生产、销售伪劣商品罪）、第151～155条（走私罪）等类犯罪的情形下，有妨害公务行为的，妨害公务罪与其并罚。

3. 袭警罪与故意杀人罪、故意伤害罪的关系。《刑法修正案（十一）》规定了暴力袭击警察犯罪——袭警罪，这是一个独立的罪名。但是在袭击警察过程中实施杀害或者伤害行为的，就要定一个重罪——故意杀人罪或者故意伤害罪。

试题范例

1.（2017年真题）单项选择题

下列选项中，在情节严重的情况下，应认定为妨害公务罪的是（　　）。

A. 甲多次煽动他人在镇政府门前广场非法聚集

B. 乙为了解决医疗纠纷，带领多人封堵公立医院大门

C. 丙纠集多人打砸警车，阻止警察带走涉嫌诈骗的丈夫

D. 丁纠集多名亲友，在村口阻碍警察带走被收买的儿童

答案：C

2. 单项选择题

下列行为，不属于妨害公务罪的是（　　）。

A. 甲以暴力、威胁方法阻碍工商行政管理机关工作人员依法查处伪劣商品的行为

B. 乙以暴力、威胁方法阻碍国有公司经理依法履行组织生产经营职责的行为

C. 丙以暴力、威胁方法阻碍市人大代表依法执行代表职务的行为

D. 在发生重大洪灾中，丁以暴力、威胁方法阻碍红十字会工作人员依法履行防疫职责的行为

答案：B

核心法条

第279条　冒充国家机关工作人员招摇撞骗的，处三年以下有期徒刑、拘役、管制或者剥夺政治权利；情节严重的，处三年以上十年以下有期徒刑。

冒充人民警察招摇撞骗的，依照前款的规定从重处罚。

释解分析

本条是关于招摇撞骗罪的规定。本罪的实质是冒充国家机关工作人员的身份谋取非法利益。客观方面表现为冒充国家机关工作人员进行招摇撞骗的行为。所谓冒充国家机关工作人员，是指冒充国家机关中依法从事公务的人员的身份或职位。有三种情况：（1）非国家机关工作人员冒充国家机关工作人员。（2）国家机关的下级工作人员冒充上级工作人员。（3）此种部门的国家机关工作人员冒充彼种部门的国家机关工作人员。所谓招摇撞骗，是指利用人们对国家机关工作人员的信任，假冒国家机关工作人员的身份并到处炫耀，寻找机会骗取非法利益，如骗取金钱、待遇、地位、荣誉或者玩弄女性等。冒充国家机关工作人员与进行招摇撞骗这两种行为必须同时具备并且存在有机联系。如果行为人主观上没有谋取某种非法利益的目的，虽然实施了冒充国家工作人员的行为，但只是为了抬高自己，满足个人虚荣心，对此不应以犯罪论处。

易混易错

1. 本罪与诈骗罪的界限：本罪仅限于冒充国家机关工作人员行骗，不仅谋取物质性利益，也可以谋取非物质性的利益；诈骗罪则不限定以冒充国家机关工作人员的方式骗取财物。如果行为人以冒充国家机关工作人员的方式招摇撞骗，骗取了包括财产在内的各种利益，应以招摇撞骗罪论处；如果所骗取的财物数额特别巨大，应按想象竞合犯的原则，择一重罪处断，即按诈骗罪论处。

2. 关于冒充军警人员进行犯罪活动的处理：（1）冒充军警人员进行抢劫的，应作为抢劫罪的情节加重犯，在10年以上有期徒刑、无期徒刑或死刑的范围内处罚；（2）冒充人民警察招摇撞骗的，应以招摇撞骗罪从重处罚；（3）冒充军人招摇撞骗的，应定冒充军人招摇撞骗罪。

核心法条

第280条第1款　伪造、变造、买卖或者盗窃、抢夺、毁灭国家机关的公文、证件、印章的，处三年以下有期徒刑、拘役、管制或者剥夺政治权利，并处罚金；情节严重的，处三

年以上十年以下有期徒刑，并处罚金。

第3款 伪造、变造、买卖居民身份证、护照、社会保障卡、驾驶证等依法可以用于证明身份的证件的，处三年以下有期徒刑、拘役、管制或者剥夺政治权利，并处罚金；情节严重的，处三年以上七年以下有期徒刑，并处罚金。

相关法条

第280条之二 盗用、冒用他人身份，顶替他人取得的高等学历教育入学资格、公务员录用资格、就业安置待遇的，处三年以下有期徒刑、拘役或者管制，并处罚金。

组织、指使他人实施前款行为的，依照前款的规定从重处罚。

国家工作人员有前两款行为，又构成其他犯罪的，依照数罪并罚的规定处罚。

释解分析

第280条第1款是关于伪造、变造、买卖国家机关公文、证件、印章罪和盗窃、抢夺、毁灭国家机关公文、证件、印章罪的规定。这两个罪的侵犯对象仅限于国家机关的公文、证件、印章。行为人伪造、变造、买卖国家机关公文、证件、印章往往是为了进一步实施其他犯罪活动，如诈骗罪、招摇撞骗罪等，因而发生牵连关系，应当按照牵连犯的处理原则予以认定和处罚。

第280条第3款规定的是伪造、变造、买卖身份证件罪。本罪的主体为一般主体，即年满16周岁具有刑事责任能力的自然人。主观方面是故意，而且只能是直接故意，即明知是伪造、变造、买卖身份证件的行为而实施该行为，并希望将意欲伪造、变造的身份证件伪造、变造出来。客观方面表现为伪造、变造、买卖居民身份证、护照、社会保障卡、驾驶证等依法可以用于证明身份的证件的行为。

第280条之二规定的是冒名顶替罪。本条分为三款，第1款是关于个人实施冒名顶替行为构成犯罪及其处罚的规定。根据本款规定，盗用、冒用他人身份，顶替他人取得的高等学历教育入学资格、公务员录用资格、就业安置待遇的，才能构成犯罪。这里的“盗用、冒用他人身份”是指盗用、冒用能够证明他人身份的证件、证明文件、身份档案、材料信息以达到自己替代他人的社会或法律地位，行使他人相关权利的目的。这里的“高等学历教育入学资格、公务员录用资格、就业安置待遇”是“他人取得的”，即相关资格和待遇与他人的身份一一对应。行为人要实施“顶替”他人取得的资格和待遇，才能构成本罪。第2款是关于组织、指使他人实施冒名顶替行为，实践中主要是组织、指使他人帮助实现冒名顶替，即构成冒名顶替行为的共同犯罪，如伪造、变造、买卖国家机关公文、证件、印章、身份证件等行为。根据该款，组织、指使他人实施冒名顶替行为的，依照第1款的规定从重处罚。第3款是关于国家工作人员实施冒名顶替相关行为如何处罚的规定。根据本款规定，国家工作人员实施冒名顶替犯罪或者组织、指使他人实施冒名顶替犯罪，又构成其他犯罪的，依照数罪并罚的规定处罚。

易混易错

要注意伪造、变造、买卖身份证件罪与使用虚假身份证件、盗用身份证件罪的区别。后者是指在依照国家规定应当提供身份证明的活动中，使用伪造、变造的或者盗用他人的居民身份证、护照、社会保障卡、驾驶证等依法可以用于证明身份的证件，情节严重的行为。有上述行为，同时构成其他犯罪的，依照处罚较重的规定定罪处罚。

核心法条

第284条之一 在法律规定的国家考试中，组织作弊的，处三年以下有期徒刑或者拘役，并处或者单处罚金；情节严重的，处三年以上七年以下有期徒刑，并处罚金。

为他人实施前款犯罪提供作弊器材或者其他帮助的，依照前款的规定处罚。

为实施考试作弊行为，向他人非法出售或者提供第一款规定的考试的试题、答案的，依照第一款的规定处罚。

代替他人或者让他人代替自己参加第一款规定的考试的，处拘役或者管制，并处或者单处罚金。

释解分析

本条共包括三个罪名：组织考试作弊罪，非法出售、提供试题、答案罪，代替考试罪。

组织考试作弊罪，是指在法律规定的国家考试中，组织作弊或者为他人提供作弊器材或者其他帮助的行为。所谓“法律规定的国家考试”，是指由国家所颁布的法律中所规定的，由国家相关主管部门确定实施，由经批准的实施考试的机构承办，面向社会公众，统一进行的各种考试。所谓“组织”，是指倡导、发起、策划、安排他人进行作弊的行为，组织的对象不限于考生，还可以包括考生家长、教师等。所谓“作弊”，即违反公平、公正原则，通过不正当途径参加考试，或者在考试过程中在考试不允许的范围内寻求或者试图寻求答案的行为。

非法出售、提供试题、答案罪，是指为实施考试作弊行为，向他人非法出售或者提供法律规定的国家考试的试题、答案的行为。

代替考试罪，是指代替他人或者让他人代替自己参加法律规定的国家考试的行为。

易混易错

1. 罪与非罪的界限。构成本条所规定的犯罪，所涉及的考试都必须是法律所规定的相关国家考试。在非法律规定的相关考试中，进行上述组织作弊，帮助他人组织作弊，非法出售、提供试题、答案和替考行为的均不构成本条所规定之犯罪。

2. 非法出售、提供试题、答案罪与故意泄露国家秘密罪的界限。故意泄露国家秘密罪，是指违反保守国家秘密法的规定，故意泄露国家秘密，情节严重的行为。由于法律规定的国家考试的试题、答案，多属于国家秘密。向他人出售、提供这些试题、答案，即泄露国家秘密的行为。非法出售、提供试题、答案罪与故意泄露国家秘密罪的区别在于：（1）在客体上，非法出售、提供试题、答案罪侵犯的是国家的考试管理秩序以及考生公平参加考试的权利，故意泄露国家秘密罪侵犯的是国家的保密制度。（2）客观方面，非法出售、提供试题、答案罪表现为向他人非法出售、提供的行为即可，故意泄露国家秘密罪表现为口头的、书面的、或提供给他人阅读、或非法复制或窃取后送给他人等，且需达到情节严重要求。（3）主体上，非法出售、提供试题、答案罪为一般主体，故意泄露国家秘密罪的主体主要是国家机关工作人员，但非国家机关工作人员也可构成。（4）主观方面，两者均为故意，但是非法出售、提供试题、答案罪是为了实施考试作弊行为，而故意泄露国家秘密罪对动机、目的未作要求。

如果行为人为了实施考试作弊行为，向他人出售或提供属于国家秘密的试题、答案，情节严重的，既构成非法出售、提供试题、答案罪，也构成故意泄露国家秘密罪，属于想象竞合犯，应当从一重处断。如果未达情节严重，如出售、提供属于国家秘密级的试题、答案的，应以非法出售、提供试题、答案罪论处。

如果行为人并非为了实施考试作弊行为的目的，而是出于炫耀，以显示自己消息灵通等目的，向他人提供属于国家秘密的试题、答案，且情节严重的，应当认定为故意泄露国家秘密罪，未达情节严重的，不构成犯罪。

如果行为人向他人非法出售属于国家秘密的试题、答案进行牟利的，可以推定行为人主观上有为实施考试作弊的目的。

核心法条

第 285 条　违反国家规定，侵入国家事务、国防建设、尖端科学技术领域的计算机信息系统的，处三年以下有期徒刑或者拘役。

违反国家规定，侵入前款规定以外的计算机信息系统或者采用其他技术手段，获取该计算机信息系统中存储、处理或者传输的数据，或者对该计算机信息系统实施非法控制，情节严重的，处三年以下有期徒刑或者拘役，并处或者单处罚金；情节特别严重的，处三年以上七年以下有期徒刑，并处罚金。

提供专门用于侵入、非法控制计算机信息系统的程序、工具，或者明知他人实施侵入、非法控制计算机信息系统的违法犯罪行为而为其提供程序、工具，情节严重的，依照前款的规定处罚。

单位犯前三款罪的，对单位判处罚金，并对其直接负责的主管人员和其他直接责任人员，依照各该款的规定处罚。

释解分析

1. 本条第 1 款规定的是非法侵入计算机信息系统罪。本罪侵犯的客体是国家重要领域和要害部门的计算机信息系统安全。本罪在客观方面表现为行为人实施了违反国家规定侵入国家重要计算机信息系统的行为。所谓国家重要的计算机信息系统，是指国家事务、国防建设、尖端科学技术领域的计算机信息系统。所谓计算机信息系统，是指由计算机及其相关的和配套的设备、设施（含网络）构成的，按照一定的应用目标和规则对信息采集、加工、存储、传输、检索等处理的人机系统。所谓“侵入”，是指未取得国家有关主管部门合法授权或批准，通过计算机终端访问国家重要计算机信息系统或者进行数据截收的行为。本罪的主体是一般主体。本罪在主观方面是故意，即行为人明知自己的行为违反国家规定会产生非法侵入国家重要计算机信息系统的危害结果，而希望这种结果发生。

2. 罪与非罪的界限。非法侵入计算机信息系统罪的设立是出于对国家事务、国防建设、尖端科学技术领域的计算机信息系统安全的特殊保护，只有侵入这些领域的计算机信息系统，才构成本罪。对侵入其他领域的计算机信息系统的，不以本罪论。虽然本罪是行为犯，但是，对于情节显著轻微危害不大的，可以不以犯罪论处。

试题范例

单项选择题

从2014年开始，甲利用“黑客”技术，在全国范围内侵入车牌选号系统，非法获取北京、四川、山东、江苏、广西等24个省区市的1 500余万副号牌资源，并非法获取百度、网易等个人通行证数据2亿多条，通过微信、淘宝等平台大量招募各省市贩卖车牌代理人及黄牛，非法贩卖车牌靓号。则甲的行为构成（　　）。

A. 非法控制计算机信息系统罪

B. 非法侵入计算机信息系统罪

C. 非法经营罪

D. 破坏计算机信息系统罪

答案：B

核心法条

第286条之一第1款 网络服务提供者不履行法律、行政法规规定的信息网络安全管理义务，经监管部门责令采取改正措施而拒不改正，有下列情形之一的，处三年以下有期徒刑、拘役或者管制，并处或者单处罚金：

（一）致使违法信息大量传播的；

（二）致使用户信息泄露，造成严重后果的；

（三）致使刑事案件证据灭失，情节严重的；

（四）有其他严重情节的。

相关法条

第287条之二第1款 明知他人利用信息网络实施犯罪，为其犯罪提供互联网接入、服务器托管、网络存储、通讯传输等技术支持，或者提供广告推广、支付结算等帮助，情节严重的，处三年以下有期徒刑或者拘役，并处或者单处罚金。

释解分析

第286条之一规定的是拒不履行信息网络安全管理义务罪，是指网络服务提供者不履行法律、行政法规规定的信息网络安全管理义务，经监管部门责令采取改正措施而拒不改正，有法定情形的行为。本罪的主体包括自然人和单位。本罪客观方面表现在三个方面：一是行为违法，即网络服务提供者不履行法律、行政法规规定的信息网络安全管理义务；二是拒不改正，即经监管部门责令采取改正措施而拒不改正；三是产生后果，即导致了违法信息大量传播、或用户信息泄露并造成严重后果、或刑事案件证据灭失情节严重、或有其他严重情节的后果的产生。

所谓“网络服务提供者”，是指通过信息网络向公众提供信息或者为获取网络信息等目的提供服务的机构，包括网络上的一切提供设施、信息和中介、接入等技术服务的个人用户、网络服务商以及非营利组织。所谓“法律、行政法规规定的信息网络安全管理义务”，是指国家对于“网络服务提供者”在履行网络安全管理义务的相关规定。

第287条之二规定的是帮助信息网络犯罪活动罪，是指明知他人利用信息网络实施犯罪，为其犯罪提供互联网接入、服务器托管、网络存储、通讯传输等技术支持，或者提供广告推广、支付结算等帮助，情节严重的行为。

易混易错

1. 犯拒不履行信息网络安全管理义务罪同时

又构成其他犯罪的，依照处罚较重的规定定罪处罚，不实行数罪并罚。

2. 帮助他人利用信息网络实施犯罪构成共同犯罪的处理。对于网络犯罪的帮助行为，按照共犯处理，一般需要查明帮助者的共同犯罪故意，但网络犯罪不同环节人员之间往往互不相识，没有明确的意思联络。无法查证共同犯罪故意，无法适用传统共同犯罪处理的情形适用帮助信息网络犯罪活动罪定罪处罚。为了准确反映立法精神，应当准确界分帮助信息网络犯罪活动罪与共同犯罪，对于可以成立共同犯罪的网络帮助行为作出妥当处理。根据《刑法》第 287 条之二第 1 款的规定，帮助信息网络犯罪活动罪的主观方面要件为“明知他人利用信息网络实施犯罪”。而根据《刑法》第 287 条之二第 3 款的规定，实施帮助信息网络犯罪活动的行为，同时构成其他犯罪的，依照处罚较重的规定定罪处罚。因此，帮助信息网络犯罪活动的行为，可能具有共同犯罪故意，从而成立共同犯罪。对此，应当根据《刑法》第 287 条之二第 1 款、第 3 款的规定确定适用的刑法规定：（1）按照行为人在共同犯罪中所起作用，处罚较轻的，应当依照《刑法》第 287 条之二第 1 款的规定，以帮助信息网络犯罪活动罪论处。（2）按照行为人在共同犯罪中所起作用，处罚较重的，应当依照《刑法》第 287 条之二第 3 款的规定，以共同犯罪论处。

核心法条

第 293 条　有下列寻衅滋事行为之一，破坏社会秩序的，处五年以下有期徒刑、拘役或者管制：

（一）随意殴打他人，情节恶劣的；

（二）追逐、拦截、辱骂、恐吓他人，情节恶劣的；

（三）强拿硬要或者任意损毁、占用公私财物，情节严重的；

（四）在公共场所起哄闹事，造成公共场所秩序严重混乱的。

纠集他人多次实施前款行为，严重破坏社会秩序的，处五年以上十年以下有期徒刑，可以并处罚金。

相关法条

第 293 条之一　有下列情形之一，催收高利放贷等产生的非法债务，情节严重的，处三年以下有期徒刑、拘役或者管制，并处或者单处罚金：

（一）使用暴力、胁迫方法的；

（二）限制他人人身自由或者侵入他人住宅的；

（三）恐吓、跟踪、骚扰他人的。

第 292 条　聚众斗殴的，对首要分子和其他积极参加的，处三年以下有期徒刑、拘役或者管制；有下列情形之一的，对首要分子和其他积极参加的，处三年以上十年以下有期徒刑：

（一）多次聚众斗殴的；

（二）聚众斗殴人数多，规模大，社会影响恶劣的；

（三）在公共场所或者交通要道聚众斗殴，造成社会秩序严重混乱的；

（四）持械聚众斗殴的。

聚众斗殴，致人重伤、死亡的，依照本法第二百三十四条、第二百三十二条的规定定罪处罚。

释解分析

第 293 条规定的是寻衅滋事罪，即肆意挑衅，惹是生非，起哄闹事，进行扰乱破坏，情节恶劣的行为。本条列举的寻衅滋事罪的四种行为方式，都要求“情节恶劣”或“情节严重”。

第 293 条之一规定的是催收非法债务罪。在此之前的司法实践中，企业和个人在非法发放高利贷后，以暴力或者软暴力催讨债务的行为被认定为寻衅滋事、非法拘禁、敲诈勒索等罪，有部分还被认定为恶势力团伙、恶势力犯罪集团甚至是黑社会性质组织。《刑法修正案（十一）》将采取暴力、软暴力等手段催收高利放贷等产生的非法债务的行为，独立规定为犯罪，釜底抽薪，断绝支撑“套路贷”“高利贷”“裸贷”等非法金融活动存在的重要条件。本条规定的“催收高利放贷等产生的非法债务”有以下含义：一是行为人实施了“催收”行为，其目的是为了将高利放贷等产生的非法债务明确化、固定化、收讫化。二是行为人催收的是“高利放贷等产生的非法债

刑法学

务”，这里的非法是指违反国家规定的贷款利率、实施高利放贷产生的债务。这里的“产生”，既包括因高利放贷等非法行为直接产生，也包括由非法债务产生、延伸的所谓孳息、利息等。这里的“等”，包括赌债、毒债等违法行为产生的债务。本条规定，催收非法债务要情节严重才构成本罪。

第 292 条规定的是聚众斗殴罪。聚众斗殴罪侵犯的客体是公共秩序。聚众斗殴罪的客观方面表现为纠集众人结伙殴斗的行为。聚众斗殴主要是指出于私仇、争霸或者其他不正当目的而成伙结帮地殴斗。“聚众”，一般是指人数众多，至少不得少于 3 人；斗殴，主要是指采用暴力相互搏斗，但使用暴力的方式各有所别。聚众斗殴罪的主体是一般主体，凡年满 16 周岁且具备刑事责任能力的自然人均能构成聚众斗殴罪。但并非所有参加聚众斗殴者均构成聚众斗殴罪，只有聚众斗殴的首要分子和其他积极参加者，才能成为聚众斗殴罪的主体。所谓首要分子，是指在聚众斗殴中起组织、策划、指挥作用的犯罪分子；所谓其他积极参加者，是指除首要分子以外的在聚众斗殴中起重要作用的犯罪分子。对于一般参加者，只能依治安管理处罚法追究行政责任。聚众斗殴罪的主观方面表现为故意。

易混易错

1. 罪与非罪的界限。根据《刑法》第 293 条规定，寻衅滋事必须是“情节恶劣”或“情节严重”的才能构成犯罪。情节恶劣，是指多次随意殴打他人取乐或者殴打他人致伤，结伙、持械追逐、拦截、辱骂、恐吓他人造成恶劣影响或者严重后果的。情节严重，是指多次强拿硬要或者损毁、占用公私财物，或者强拿硬要、毁损、占用公私财物数额较大的，或在公共场所起哄闹事，造成公共场所秩序严重混乱的，等等。如果行为人寻衅滋事尚未达到情节恶劣或情节严重的程度，不能认为是犯罪。

2. 寻衅滋事罪与故意伤害罪的区别：(1) 犯罪动机不同。寻衅滋事罪是基于打人取乐发泄或者显示威风、无端寻衅之动机，而故意伤害罪则往往产生于一定的事由或恩怨。(2) 行为对象不同。寻衅滋事罪的行为对象是不特定的，而故意伤害罪则往往是特定事情的关系人。因寻衅滋事致人轻伤的，仍应按寻衅滋事罪论处，致人重伤、死亡的，则应按故意伤害罪或故意杀人罪论处。

3. 寻衅滋事罪与抢劫罪的主要区别：寻衅滋事罪行为人在大庭广众之下要威风，占便宜，其并不在意财物价值，也不顾忌被害人、群众知悉或告发；抢劫罪则以非法占有为目的，劫取被害人有价值或所有的财物，并尽量避免被害人辨认或他人知悉。

4. 寻衅滋事罪与聚众斗殴罪的区别：(1) 起因与表现形式不同。聚众斗殴罪是指聚集多人进行斗殴的行为，客观方面往往表现为基于某种原因（多出于逞强争霸、报复泄愤等动机）而实施。这里的聚众一般是指一方纠集三人以上，同时从立法本意来看，双方必须都有聚众的故意和行为。寻衅滋事罪是指寻衅滋事、破坏社会秩序的行为。其一般基于目无法纪、藐视社会公德的原因，其犯罪故意往往产生于寻衅滋事行为的同时，没有事先的准备和明确固定的侵害对象，侵害或殴打的对象一般很随机。如果寻衅滋事后行为人召集其他多人聚集，对特定个人或多人进行殴打，则应视为此时的寻衅滋事行为已具有聚众斗殴行为性质，具备想象竞合犯特征，应择一重罪处罚。(2) 对暴力的要求不同。聚众斗殴罪对暴力的程度没有特别的要求，只要是聚众斗殴的首要分子和其他积极参加者即构成本罪。寻衅滋事罪则对暴力有特别要求，只有下列行为之一的，才构成该罪，即随意殴打他人，情节恶劣的；追逐、拦截、辱骂、恐吓他人，情节恶劣的；强拿硬要或者任意损毁、占用公私财物，情节严重的；在公共场所起哄闹事，造成公共场所秩序严重混乱的。(3) 惩罚对象不同。聚众斗殴罪处罚的对象是首要分子和积极参加者，而对于一般参加者不予刑事处罚。寻衅滋事罪则无此要求，行为人只要实施了寻衅滋事的行为，破坏社会秩序的，即构成该罪。

5. 聚众斗殴罪与故意杀人罪、故意伤害罪的界限。在聚众斗殴活动中，一旦造成他人重伤、死亡的，一律按故意伤害罪、故意杀人罪定罪处罚。聚众斗殴致人重伤、死亡的，对首要分子和明确的直接责任人，以故意伤害罪或者故意杀人罪定罪处罚；难以分清致人重伤、死亡的直接责任人的，对首要分子和共同加害人按故意伤害罪或者故意杀人罪定罪处罚。在认定聚众斗殴罪转化为故意伤害罪、故意杀人罪时，对一些特殊情况要具体分析，如果聚众斗殴的首要分子与某些积极参加者事先预谋，不仅聚众与对方斗殴，还要杀死或重伤对方某个参与者，并在斗殴中将预定的对象杀死或杀伤，对这些预谋者应以故意杀人罪、故意伤害罪与聚众斗殴罪予以并罚。如果斗殴者商定只进行斗殴，但在斗殴中，某个参加者为报私仇，趁此将对方某个斗殴参与者杀死，那么只能对该人以故意杀人罪直接定罪，其他人则按所触犯罪名处罚。

6. 适用催收非法债务罪时应当注意：一是对于以暴力、软暴力等行为催收合法债务的，构成相应的犯罪，不构成本罪。例如对于索取合法债务非法拘押、拘禁他人，伤害他人身体甚至是杀害债务人的，应分别依照非法拘禁罪、故意伤害罪、故意杀人罪定罪处罚。对债务人采取跟踪、纠缠、恐吓、辱骂等方式追讨合法债务的，也不宜简单认定构成寻衅滋事罪，要根据案件的具体情况依法认定。二是行为人使用暴力、威胁方法是为了催收高利放贷等产生的非法债务。如果是为了其他目的，则可能涉嫌其他犯罪。例如行为人当场使用暴力、胁迫抢劫公私财物，可以抢劫罪定罪处罚；行为人对公私财物的所有人、保管人使用威胁或者要挟的方法，勒索财物的，可以敲诈勒索罪定罪处罚。三是为催收高利放贷等产生的非法债务而限制他人人身自由，还需要情节严重才能构成本罪；否则只能给予行政处罚。而如果不是以催收高利放贷等产生的非法债务为目的，实施拘禁他人或以其他方法非法剥夺他人人身自由的，可以非法拘禁罪定罪处罚。四是如果行为人侵入他人住宅的目的是为了催收非法债务，且具有恶劣手段等严重情节的，则可依照本罪定罪处罚。如果行为人侵入他人住宅，具有严重危害性的，则可以非法侵入他人住宅罪定罪处罚。五是如果行为人实施恐吓、辱骂、骚扰行为构成寻衅滋事罪，同时其目的是为了催收非法债务，且具有严重情节的，则应按照处罚较重的规定定罪处罚。

试题范例

1.（2018年真题）单项选择题

下列选项中，应认定为寻衅滋事罪的是（　　）。

A. 因宅基地纠纷将邻居家电视机砸毁

B. 因感情纠纷随意殴打路人情节恶劣

C. 因债务纠纷率众人拿走债务人财物

D. 因医患纠纷将主治医生困在办公室

答案：B

2.（2018年真题）多项选择题

下列聚众斗殴的情形中，属于“持械”的有（　　）。

A. 牵引恶犬参与斗殴

B. 携带非法持有的枪支参与斗殴

C. 在斗殴现场抢夺对方棍棒并使用

D. 斗殴时使用事先藏匿在斗殴地点的砍刀

答案：BD

3. 多项选择题

下列符合寻衅滋事罪的客观行为方式的有（　　）。

A. 随意殴打他人，情节恶劣的

B. 追逐、拦截、辱骂、恐吓他人，情节恶劣的

C. 强拿硬要或者任意损毁、占用公私财物的

D. 在私人住宅起哄闹事，造成公共场所秩序严重混乱的

答案：AB

核心法条

第294条　组织、领导黑社会性质的组织的，处七年以上有期徒刑，并处没收财产；积极参加的，处三年以上七年以下有期徒刑，可以并处罚金或者没收财产；其他参加的，处三年以下有期徒刑、拘役、管制或者剥夺政治权利，可以并处罚金。

境外的黑社会组织的人员到中华人民共和国境内发展组织成员的，处三年以上十年以下有期徒刑。

国家机关工作人员包庇黑社会性质的组织，或者纵容黑社会性质的组织进行违法犯罪活动的，处五年以下有期徒刑；情节严重的，处五年以上有期徒刑。

犯前三款罪又有其他犯罪行为的，依照数罪并罚的规定处罚。

黑社会性质的组织应当同时具备以下特征：

（一）形成较稳定的犯罪组织，人数较多，有明确的组织者、领导者，骨干成员基本固定；

（二）有组织地通过违法犯罪活动或者其他手段获取经济利益，具有一定的经济实力，以支持该组织的活动；

（三）以暴力、威胁或者其他手段，有组织地多次进行违法犯罪活动，为非作恶，欺压、残害群众；

（四）通过实施违法犯罪活动，或者利用国家工作人员的包庇或者纵容，称霸一方，在一定区域或者行业内，形成非法控制或者重大影响，严重破坏经济、社会生活秩序。

相关法条

第226条 以暴力、威胁手段，实施下列行为之一，情节严重的，处三年以下有期徒刑或者拘役，并处或者单处罚金；情节特别严重的，处三年以上七年以下有期徒刑，并处罚金：

（一）强买强卖商品的；

（二）强迫他人提供或者接受服务的；

（三）强迫他人参与或者退出投标、拍卖的；

（四）强迫他人转让或者收购公司、企业的股份、债券或者其他资产的；

（五）强迫他人参与或者退出特定的经营活动的。

释解分析

1. 本条第1款是关于组织、领导、参加黑社会性质组织罪的规定。所谓黑社会性质组织是指同时满足本条所列四个特征的组织；对组织、领导和参加行为区别对待，同时对“参加者”也区分积极参加和一般参加而给予不同的处罚。

2. 组织、领导和参加黑社会性质组织后又实施其他犯罪的，应以本罪与其他犯罪实行数罪并罚。

易混易错

1. “包庇”黑社会性质组织罪的行为方式包括通风报信、隐匿、毁灭证据、阻止他人作证或指使他人作证、提供财物帮助逃匿、阻挠其他国家机关工作人员依法查禁等。如果是一般主体实施上述“包庇”行为可能构成包庇罪、妨害作证罪、窝藏罪、帮助犯罪分子逃避处罚罪、妨害公务罪等，但如果国家工作人员实施上述行为的，直接认定为包庇黑社会性质组织罪。

2. 敲诈勒索、以暴力或者暴力威胁等手段非法攫取经济利益，严重侵害公民合法权益，破坏经济社会秩序。一些犯罪分子时常纠集他人，横行乡里，严重扰乱社会治安秩序，扰乱人民群众的正常生活、严重破坏社会秩序。因此，敲诈勒索、强迫交易、寻衅滋事往往是黑社会性质组织经常采取的犯罪形式，在认定上述三类犯罪行为时应当注意区分是否具备黑社会性质组织的性质，如果是属于黑社会性质组织所采取的犯罪，则应当以黑社会性质组织罪与相应犯罪实行数罪并罚。

试题范例

1.（2016年真题）单项选择题

某组织采用暴力、威胁手段长期控制某地长途汽车客运业务。甲参加该组织后，按照组织的指示，将一名“不听话”的司机打成重伤。甲的行为应认定为（　　）。

A. 故意伤害罪

B. 参加恐怖组织罪

C. 参加黑社会性质组织罪

D. 参加黑社会性质组织罪和故意伤害罪

答案：D

2.（2021年真题）多项选择题

2012年至2018年，甲与其两名兄弟纠集数十名社会闲散人员，在某豌豆主产区要求农民低价出售豌豆给他们。多年来，数名不服从要求的农民被打成重伤，其他农民不得不将豌豆低价出售。甲的行为应认定为（　　）。

A. 组织、领导黑社会性质组织罪

B. 强迫交易罪

C. 故意伤害罪

D. 寻衅滋事罪

答案：ABC

3. 多项选择题

关于黑社会性质组织犯罪的认定问题，下列说法哪些是正确的？（　　）

A. 黑社会性质组织是犯罪集团，具有犯罪集团的一般属性

B. 黑社会性质组织所从事的危害行为，既包括犯罪行为，又包括违法行为

C. 组织、领导、参加黑社会性质组织罪，既包括组织、领导、参加黑社会性质组织的行为，又包括在该黑社会性质组织统一策划、指挥下从事的其他犯罪行为

D. 具有国家工作人员的非法保护，是认定黑社会性质组织的必要条件

答案：AB

核心法条

第305条 在刑事诉讼中，证人、鉴定人、记录人、翻译人对与案件有重要关系的情节，故意作虚假证明、鉴定、记录、翻译，意图陷害他人或者隐匿罪证的，处三年以下有期徒刑或者拘役；情节严重的，处三年以上七年以下有期徒刑。

相关法条

第 307 条　以暴力、威胁、贿买等方法阻止证人作证或者指使他人作伪证的，处三年以下有期徒刑或者拘役；情节严重的，处三年以上七年以下有期徒刑。

帮助当事人毁灭、伪造证据，情节严重的，处三年以下有期徒刑或者拘役。

司法工作人员犯前两款罪的，从重处罚。

释解分析

1. 本条是关于伪证罪的规定。本罪的构成要件需注意的是：（1）本罪的犯罪主体是特定的，仅限于刑事诉讼中的证人、鉴定人、记录人、翻译人；（2）本罪发生的时空条件也是特定的，仅限于刑事诉讼活动中；（3）行为人所作的虚假证明、鉴定、记录、翻译是与案件有重要关系的情节；（4）伪证罪是目的犯，行为人主观上具有陷害他人或者隐匿罪证、包庇犯罪的特定目的。

2. 第 307 条第 1 款规定的是妨害作证罪。其构成要件为：（1）客体是国家司法机关的正常诉讼活动和公民依法作证的权利。采用暴力或威胁手段妨害证人作证的，还侵害了公民的人身权利，是复杂客体。（2）客观方面表现为行为人采用暴力、威胁、贿买等方法阻止证人依法作证或者指使他人作伪证。（3）主体为一般主体，凡是年满 16 周岁、具有刑事责任能力的自然人都可以成为妨害作证罪的主体。司法工作人员犯妨害作证罪的，从重处罚。（4）主观方面表现为故意，且为直接故意，即行为人明知自己的行为会妨害国家司法机关正常的诉讼活动和他人的作证权利或人身权利，仍决意实施妨害作证行为，希望这种社会危害性的发生，行为人往往出于个人利益或他人利益之动机。

易混易错

1. 划清本罪与诬告陷害罪的界限。两者在主观方面、客观方面都有相同之处，其区别在于：（1）行为对象不完全相同：本罪的行为对象主要是人犯，后罪的行为对象是任何公民。（2）行为方式不同：本罪是对与案件有重要关系的重要情节作伪证，后罪则是捏造整个犯罪事实。（3）犯罪主体不同：本罪是特殊主体，仅限于证人、鉴定人、记录人、翻译人，后罪则是一般主体。（4）行为内容不同：本罪的行为内容包括陷害他人或包庇犯罪，后罪则是陷害他人。（5）行为实施的时间不同：本罪发生在立案以后的刑事诉讼过程中，后罪则发生在立案侦查之前。

2. 妨害作证罪与伪证罪共犯的界限。

妨害作证罪可以发生在刑事诉讼活动中，也可以发生在民事诉讼、经济诉讼或行政诉讼中，范围较广。但是如果行为人在刑事侦查或审判过程中，采用强迫、威胁、唆使或贿买等方法使证人作伪证，而且证人构成伪证罪的，行为人构成伪证罪的共同犯罪；证人没有构成伪证罪，行为人如果是辩护人、诉讼代理人则成立辩护人、诉讼代理人毁灭证据、伪造证据、妨害作证罪。如果证人是不具备刑事责任能力的人，则行为人单独构成伪证罪或辩护人、诉讼代理人毁灭证据、伪造证据、妨害作证罪。

3. 妨害作证罪与伪证罪的界限。

（1）主体不同。妨害作证罪的主体要件是一般主体；而伪证罪的主体要件仅限于证人、鉴定人、翻译人、记录人四种，属特殊主体。

（2）主观方面不同。妨害作证罪与伪证罪虽同是直接故意犯罪，但具体罪过内容和犯罪目的不同。前者一般是出于为自己或他人谋利的目的；而后者则出于陷害他人或隐匿罪证的目的。

（3）客观方面不同。妨害作证罪客观方面表现为实施妨害证人依法作证或指使他人作伪证的行为；而伪证罪的客观方面则表现为在刑事诉讼中对与案件有重要关系的情节作虚假的陈述。

（4）发生的时间、空间不同。妨害作证罪可以发生在诉讼提起之前，也可以发生在诉讼活动过程中，既可以发生在刑事诉讼活动中，也可以发生在民事、行政诉讼活动中，发案范围较广；而伪证罪则只能发生在刑事诉讼活动中，发案范围较窄。

核心法条

第 310 条　明知是犯罪的人而为其提供隐藏处所、财物，帮助其逃匿或者作假证明包庇的，处三年以下有期徒刑、拘役或者管制；情节严重的，处三年以上十年以下有期徒刑。

犯前款罪，事前通谋的，以共同犯罪论处。

刑法学

相关法条

第 362 条 旅馆业、饮食服务业、文化娱乐业、出租汽车业等单位的人员，在公安机关查处卖淫、嫖娼活动时，为违法犯罪分子通风报信，情节严重的，依照本法第三百一十条的规定定罪处罚。

释解分析

本条是关于窝藏、包庇罪的规定。掌握本罪的构成要件应注意：（1）主观方面要求行为人明知是犯罪的人而故意加以窝藏或者包庇。（2）犯罪对象是特定的，仅限于实施了犯罪行为的人，既包括未决犯，也包括已决犯。（《刑法》第 362 条的规定是例外）（3）行为方式包括窝藏和包庇：窝藏是指为犯罪分子提供隐藏处所、财物等，帮助其逃匿的行为，窝藏行为主要针对犯罪分子本人；包庇主要针对的是犯罪证据，为犯罪分子作假证明，以使其逃避法律制裁的行为，如隐匿罪证、伪造或破坏犯罪现场等。

易混易错

1. 如果行为人包庇的对象为走私、贩卖、运输、制造毒品的犯罪分子这一特定对象，则不定包庇罪，而应定《刑法》第 349 条的包庇毒品犯罪分子罪。

2. 如果国家机关工作人员包庇黑社会性质组织的犯罪分子，也不定包庇罪，而定《刑法》第 294 条第 3 款的包庇、纵容黑社会性质组织罪。

3. 本罪中，窝藏、包庇行为必须是在犯罪分子犯罪之后实施的，且同犯罪分子事前没有通谋；如果事前有通谋，在犯罪分子犯罪后又加以窝藏、包庇的，应作为犯罪分子实施特定犯罪的共犯论处。

4. 注意区别本罪与修订后的《刑法》第 312 条的掩饰、隐瞒犯罪所得、犯罪所得收益罪。后罪的主观方面也要求行为人“明知”，客观方面也表现为窝藏、转移、收购、代销等掩饰、隐瞒行为，因此容易与窝藏、包庇罪混淆。二者区分的关键是犯罪对象不同。

5. 本罪与一般知情不举的行为界限。知情不举是指明知是犯罪分子而不检举告发的行为。由于知情不举者没有实施窝藏、包庇犯罪分子的行为，加之我国刑法未将一般知情不举的行为规定为犯罪，因此，对知情不举的行为，不能认为是犯罪。

6. 包庇罪与伪证罪的界限。两者在提供虚假证明这一点相似，两者的主要区别是：（1）犯罪主体不同。本罪的主体是一般主体；后罪的主体是特殊主体，即只能是刑事诉讼中的证人、鉴定人、记录人和翻译人。（2）犯罪的场合不同。本罪可以发生在刑事诉讼之前、之中和之后；后罪则只能发生在刑事诉讼之中。（3）包庇的对象不同。本罪包庇的对象包括已决犯和未决犯；后罪的对象只能是未决犯。（4）犯罪目的不同。本罪的目的是使犯罪分子逃避法律制裁；后罪的目的既包括隐匿罪证使犯罪分子逃避法律制裁，也包括陷害他人使无罪者受到刑事追究。

7. 本罪与事前有通谋的共同犯罪的界限。若行为人事前有事后予以窝藏、包庇的通谋，说明行为人有共同犯罪的故意，行为人在共同犯罪中窝藏或作虚假证明来掩盖罪行的，不能以本罪论处，而应以共同犯罪论处。

8. 注意包庇罪的特殊形式（见《刑法》第 362 条的规定）。

试题范例

1.（2016 年真题）单项选择题

甲明知王某是逃犯，在公安人员前来抓捕王某时，给其 3 000 元帮他逃跑。甲的行为构成（　　）。

A. 窝藏罪

B. 妨害公务罪

C. 包庇罪

D. 私放在押人员罪

答案：A

2.（2018 年真题）单项选择题

下列关于包庇罪的表述，正确的是（　　）。

A. 行为方式必须是作为

B. 行为主体必须是特殊主体

C. 行为时间必须发生在审查起诉之后

D. 行为对象必须是判决确定的犯罪分子

答案：A

3.（2019 年真题）单项选择题

甲目睹了朋友乙抢劫王某的全过程后实施的下列行为，可以构成窝藏罪的是（　　）。

A. 劝说乙不要自首

B. 转账 5 000 元给乙供其外出躲避

C. 经法院通知无正当理由拒不出庭作证

D. 对侦查人员表示：乙只是捡拾了王某掉落的财物

答案：B

4.（2021年真题）单项选择题

甲驾车闯红灯，当场撞死行人王某。甲的朋友乙闻讯后让甲离开，并在交警调查时谎称是自己开车肇事。乙的行为应认定为（　　）。

A. 交通肇事罪

B. 包庇罪

C. 窝藏罪

D. 伪证罪

答案：B

5. 多项选择题

下列行为中，构成包庇罪的有哪些？（　　）

A. 明知是走私犯罪的违法所得，为掩饰、隐瞒其来源和性质而提供资金账户

B. 明知是犯罪的人而作假证明包庇

C. 包庇贩卖毒品的犯罪分子

D. 旅馆业、饮食服务业人员，在公安机关查处卖淫、嫖娼活动时，为违法犯罪分子通风报信，情节严重的

答案：BD

核心法条

第312条　明知是犯罪所得及其产生的收益而予以窝藏、转移、收购、代为销售或者以其他方法掩饰、隐瞒的，处三年以下有期徒刑、拘役或者管制，并处或者单处罚金；情节严重的，处三年以上七年以下有期徒刑，并处罚金。

单位犯前款罪的，对单位判处罚金，并对其直接负责的主管人员和其他直接责任人员，依照前款的规定处罚。

释解分析

本条是关于掩饰、隐瞒犯罪所得、犯罪所得收益罪的规定。

1. 其构成特征为：（1）本罪的客体是司法机关的正常活动（正常查明犯罪，追缴犯罪所得及其产生的收益的活动）。本罪的犯罪对象是犯罪所得及其产生的收益。犯罪所得及其产生的收益的基本特征是：第一，须是犯罪所得的财物。犯罪所得及其产生的收益是指犯罪所得的物或者财产上利益及其产生的天然孳息和法定孳息。第二，须是他人犯罪所得及其产生的收益。自己犯罪取得的财物加以窝藏、转移、销售的是一种不可罚的事后行为，因此不能成为掩饰、隐瞒犯罪所得、犯罪所得收益罪的对象。（2）客观方面的表现，掩饰、隐瞒除了窝藏、转移、收购、代为销售四种行为以外还有其他方法，如提供资金账户、协助将财产转为现金、金融票据、有价证券等，通过转账方式协助资金转移、汇往境外。实际上这是一个开放的体系，只要掩饰、隐瞒赃物都有可能构成该罪。（3）主观方面表现为故意，即行为人明知是犯罪所得的赃物而予以窝藏、转移、收购或者代为销售。

2. 本罪是选择性罪名，行为人只要实施了其中一种行为，即可构成相应的犯罪，实施了其中几种行为，也不能实行数罪并罚，只能按本罪论处。

易混易错

1. 与共同犯罪的区别。本罪掩饰、隐瞒赃物的行为是在他人犯罪获取赃物之后实施的。如果在作案前有通谋，作案后帮助掩饰、隐瞒赃物的，构成相应的共同犯罪。

2. 注意本罪及共同犯罪的特殊类型：（1）对明知是盗窃、抢劫所得机动车而予以拆解、改装、拼装、典当、倒卖的视为窝藏、转移、收购、代为销售，构成本罪。（2）明知是赃车而介绍买卖的，以本罪的共犯处罚。

3. 罪与非罪的界限。对于一时贪图便宜，对来路不明的物品加以收买的；偶尔窝藏、转移或代为销售少量赃物的，都不宜以犯罪论处。此外，犯罪分子将本人犯罪所得赃物自行窝藏、转移的，属于其原先犯罪行为的事后不可罚行为，不单独构成本罪。

4. 本罪与窝藏罪的界限。本罪中的窝赃行为与窝藏罪有些相似，两罪的主要区别是：（1）行为对象不同。本罪窝藏的是犯罪所得及其产生的收益；后者窝藏的则是实施犯罪的人。（2）故意的内容不同。本罪故意的内容是为了赃物不被司法机关发觉，从而继续非法占有公私财物；后者是帮助犯罪分子逃匿，使其逍遥法外。

核心法条

第313条　对人民法院的判决、裁定有能力执行而拒不执行，情节严重的，处三年以下有期徒刑、拘役或者罚金；情节特别严重的，处三年以上七年以下有期徒刑，并处罚金。

单位犯前款罪的，对单位判处罚金，并对其直接负责的主管人员和其他直接责任人员，依照前款的规定处罚。

释解分析

本条规定的是拒不执行判决、裁定罪。

1. 本罪的构成特征：（1）客观方面表现为对人民法院的判决、裁定有能力执行而拒不执行，情节严重的行为。“人民法院的判决、裁定”，是指人民法院依法作出的具有执行内容并已发生法律效力的判决、裁定。人民法院为依法执行支付令、生效的调解书、仲裁裁决、公证债权文书等所作的裁定属于该条规定的裁定。所谓拒不履行，是指行为人采取各种手段拒绝履行人民法院判决、裁定中所确定的义务。（2）犯罪主体是特殊主体，指负有执行人民法院判决、裁定义务的当事人，包括单位和个人。（3）主观方面表现为故意，即对已生效的判决、裁定，有义务、有能力履行，而拒不履行。

2. 拒不执行判决、裁定的行为，只有情节严重才能构成犯罪。参见全国人大常委会 2002 年 8 月 29 日通过的关于本条的立法解释所规定的 5 种情形。

易混易错

1. 本罪与妨害公务罪的区别。（1）主体不同。本罪的主体是特殊主体；妨害公务罪的主体是一般主体。（2）对象不同。本罪妨害的是法院执行判决、裁定的行为；妨害公务罪妨害的是普通的公务活动。（3）行为方式不同。本罪不限于采取暴力、威胁的方式；妨害公务罪则限于采取暴力、威胁的方式。如果采取暴力、威胁的方式拒不执行判决、裁定的，构成本罪“情节严重的情形”。

2. 本罪与故意杀人罪或故意伤害罪的界限。行为人在暴力抗拒执行人民法院判决、裁定中，杀害、重伤执行人员的，应择一重罪处断，即按故意杀人罪或故意伤害罪论处。

核心法条

第 316 条 依法被关押的罪犯、被告人、犯罪嫌疑人脱逃的，处五年以下有期徒刑或者拘役。

劫夺押解途中的罪犯、被告人、犯罪嫌疑人的，处三年以上七年以下有期徒刑；情节严重的，处七年以上有期徒刑。

释解分析

本条是关于脱逃罪和劫夺被押解人员罪的规定。这两个罪的主体是特殊主体，必须是依法被关押的罪犯、犯罪嫌疑人或者被告人；既可以是已决犯，也可以是未决犯。未被羁押的犯罪嫌疑人、被告人不构成本罪。本罪属于典型的行为犯，只要行为人摆脱了监管机关与监管人员的实际支配（控制），就属于既遂。行为人使用暴力逃跑，如果造成监管人员死亡或重伤，应按牵连犯的处理原则，择一重罪处断，即以故意杀人罪或故意伤害罪论处。

核心法条

第 330 条 违反传染病防治法的规定，有下列情形之一，引起甲类传染病以及依法确定采取甲类传染病预防、控制措施的传染病传播或者有传播严重危险的，处三年以下有期徒刑或者拘役；后果特别严重的，处三年以上七年以下有期徒刑：

（一）供水单位供应的饮用水不符合国家规定的卫生标准的；

（二）拒绝按照疾病预防控制机构提出的卫生要求，对传染病病原体污染的污水、污物、场所和物品进行消毒处理的；

（三）准许或者纵容传染病病人、病原携带者和疑似传染病病人从事国务院卫生行政部门规定禁止从事的易使该传染病扩散的工作的；

（四）出售、运输疫区中被传染病病原体污染或者可能被传染病病原体污染的物品，未进行消毒处理的；

（五）拒绝执行县级以上人民政府、疾病预防控制机构依照传染病防治法提出的预防、控制措施的。

单位犯前款罪的，对单位判处罚金，并对其直接负责的主管人员和其他直接责任人员，依照前款的规定处罚。

甲类传染病的范围，依照《中华人民共和国传染病防治法》和国务院有关规定确定。

相关法条

第 332 条 违反国境卫生检疫规定，引起检疫传染病传播或者有传播严重危险的，处三年以下有期徒刑或者拘役，并处或者单处罚金。

单位犯前款罪的，对单位判处罚金，并对其直接负责的主管人员和其他直接责任人员，依照前款的规定处罚。

释解分析

第 330 条规定的是妨害传染病防治罪。本罪侵害的客体是国家关于传染病防治的管理制度。本罪在客观方面表现为违反传染病防治法的规定，引起甲类传染病以及依法确定采取甲类传染病预防、控制措施的传染病传播或者有传播严重危险的行为。本罪的主体是一般主体，单位也可以构成本罪。本罪在主观方面表现为过失，即虽然行为人违反传染病防治法规定的行为是故意的，但行为人对引起甲类传染病以及依法确定采取甲类传染病预防、控制措施的传染病传播或者有传播严重危险这一结果是不明知的。如果行为人明知会引起甲类传染病以及依法确定采取甲类传染病预防、控制措施的传染病传播或者有传播严重危险而仍实施违反传染病防治法规定的行为的，则不能以本罪论处。

本罪属危险犯，必须以发生法定的危害，即引起甲类传染病以及依法确定采取甲类传染病预防、控制措施的传染病传播或者有传播严重危险为必备构成要件，引起甲类传染病以及依法确定采取甲类传染病预防、控制措施的传染病传播和有传播严重危险是本罪危害结果的选择性构成要件。具备上述二种危害结果之一，并同时符合本罪的其他构成特征，即可构成本罪。

第 332 条规定的是妨害国境卫生检疫罪，是指违反国境卫生检疫规定，引起检疫传染病传播或者有传播严重危险的行为。本罪侵犯的客体是国家对国境卫生检疫的正常管理活动。违反国境卫生检疫规定，是指入境、出境时采取逃避、蒙混或者其他手段，不接受国境卫生检疫机关对人身或者物品的医学检查、卫生检查和必要的卫生处理，以及其他违反应当接受国境卫生检疫义务的行为。

易混易错

1. 妨害传染病防治罪与非罪的界限。构成本罪，必须是引起甲类传染病以及依法确定采取甲类传染病预防、控制措施的传染病传播或者有传播严重危险的行为。因此，认定本罪应当与一般违法行为区别开来。一般违法行为没有造成甲类传染病以及依法确定采取甲类传染病预防、控制措施的传染病传播的结果，也不可能有甲类传染病以及依法确定采取甲类传染病预防、控制措施的传染病传播的严重危险。违反传染病防治法规定的一般行为，不构成本罪。

2. 妨害传染病防治罪与以危险方法危害公共安全罪、妨害公务罪的界限。行为人抗拒疫情防控措施的行为，可能构成以危险方法危害公共安全罪、妨害传染病防治罪和妨害公务罪，应当从以下四个方面对三个罪进行界定。(1) 犯罪主体范围不同。以危险方法危害公共安全罪的主体为特定主体，包括两类人：传染病病人、疑似传染病病人。妨害传染病防治罪的主体为一般主体，包括单位和个人。妨害公务罪的主体为一般主体，限于自然人。(2) 犯罪主观方面表现不同。以危险方法危害公共安全罪的主观方面是故意，不仅传播病毒行为是故意的，而且对危害后果也是故意的，包括希望的直接故意和放任的间接故意。妨害传染病防治罪的主观方面是混合过错，行为人抗拒疫情防控措施的行为是故意的，对危害后果则是不明知的，这也是该罪的特殊之处。妨害公务罪的主观方面是故意，行为人对妨害公务的行为是故意为之。(3) 犯罪行为方式和危害后果不同。以危险方法危害公共安全罪的客观方面表现为两种行为方式：一是已经确诊的传染病人、病原携带者，拒绝隔离治疗或者隔离期未满擅自脱离隔离治疗，并进入公共场所或者公共交通工具的。这种行为方式既处罚危险犯，也处罚结果犯。二是传染病人拒绝隔离治疗或者隔离期未满擅自脱离隔离治疗，并进入公共场所或者公共交通工具，造成病毒传播的。这种行为方式仅处罚结果犯。妨害传染病防治罪的客观方面表现为除上述两类特殊主体实施的两种行为方式之外的，其他拒绝执行卫生防疫机构依照传染病防治法提出的防控措施，引起病毒传播或者有传播严重危险的行为。妨害公务罪的客观方面表现为以暴力、威胁方法阻碍疫情防控公务人员依法履行为防控疫情而采取的防疫、检疫、强制隔离、隔离治疗等措施的行为。(4) 犯罪侵犯客体不尽相同。这三个罪都侵犯了疫情防控秩序，但同时还侵犯了其他客体。以危险方法危害公共安全罪侵犯的客体主要是公共安全；妨害传染病防治罪侵犯的客体主要是公共卫生；妨害公务罪侵犯的客体主要是公共秩序。

3. 法条竞合问题和罪数。实践中除了按照以危险方法危害公共安全罪定罪处罚的两类特定主体实施的两种行为方式外，对于行为人实施的其他拒绝执行卫生防疫机构依照传染病防治法提出的防控措施，引起甲类传染病以及依法确定采取甲类传染病预防、控制措施的传染病传播或者有传播严重危险的行为，应当按照妨害传染病防治罪定罪处罚。

对于已经确诊的传染病人、病原携带者和疑似病人，如果拒绝隔离治疗或者隔离期未满擅自脱离隔离治疗，但其并没有进入公共场所或者公共交通工具，如果引起了甲类传染病以及依法确定采取甲类传染病预防、控制措施的传染病传播或者有传播严重危险的，这种行为实际上也危害了公共安全，但根据相关司法解释之规定不构成以危险方法危害公共安全罪，而是构成妨害传染病防治罪。这种情况属于法条竞合时“特别法优于一般法”的适用原则。

在具体案件中，如果行为人不符合以危险方法危害公共安全罪限定的两类特殊主体实施的两种行为方式，但符合妨害传染病防治罪的犯罪构成，同时能够证明行为人故意传播甲类传染病以及依法确定采取甲类传染病预防、控制措施的传染病并且造成他人重伤、死亡等严重后果，危害公共安全的，这种行为实际上同时构成以危险方法危害公共安全罪。由于妨害传染病防治罪最高法定刑为7年有期徒刑，根据罪责刑相适应的基本原则，如果需要对行为人判处7年以上有期徒刑刑罚的，则应当择一重罪即按照以危险方法危害公共安全罪定罪处罚。这种情况属于法条竞合时“重罪优于轻罪”的适用原则。

对于行为人以暴力、威胁方法阻碍国家机关工作人员依法履行为防控疫情而采取的防疫、检疫、强制隔离、隔离治疗等措施的行为，并没有引起疫情传播或者有传播严重危险的，则按照妨害公务罪定罪处罚；如果引起疫情传播或者有传播严重危险的，则同时构成妨害传染病防治罪或者以危险方法危害公共安全罪，对此应当数罪并罚。

4. 妨害传染病防治罪与妨害国境卫生检疫罪的界限。两罪存在一些相同之处，如都妨害了社会管理秩序，都可能引起某种严重危险，二者的主要区别在于：(1) 犯罪的直接客体不同。前者侵害的是国家关于传染病防治的管理秩序；后者侵害的是国家国境卫生检疫的管理制度。(2) 客观要件不同。前者是违反了传染病防治法的有关规定的行为；后者是违反了国境卫生检疫法的有关规定的行为。(3) 法律规定的具体对象不同。前者的行为引起的危险的对象是甲类传染病以及依法确定采取甲类传染病预防、控制措施的传染病；后者的行为引起的危险的对象是检疫传染病，包括鼠疫、霍乱、黄热病、天花、艾滋病等传染病，范围比甲类传染病广。

行为人在入境时拒绝执行国境卫生检疫机关的检疫措施，引起传染病传播或者有传播严重危险的，构成妨害国境卫生检疫罪。行为人在入境后拒绝执行卫生防疫机构的防控措施，引起病毒传播或者有传播严重危险的，构成妨害传染病防治罪。如果行为人既有拒绝执行国境卫生检疫机关检疫措施的行为，又有在入境后拒绝执行卫生防疫机构防控措施的行为，同时构成妨害传染病防治罪和妨害国境卫生检疫罪的，一般应当依照处罚较重的规定定罪处罚。

试题范例

单项选择题

李某在新冠肺炎疫情期间，从美国返回中国后隐瞒美国旅行史，多次乘坐公共交通工具，出入公共场所，致55名密切接触者（其中包括上海市第六人民医院金山分院医护人员11名）被隔离。则李某的行为构成（　　）。

A. 以危险方法危害公共安全罪

B. 妨害国境卫生检疫罪

C. 妨害传染病防治罪

D. 妨害公务罪

答案：C

核心法条

第335条　医务人员由于严重不负责任，造成就诊人死亡或者严重损害就诊人身体健康的，处三年以下有期徒刑或者拘役。

相关法条

第336条　未取得医生执业资格的人非法行医，情节严重的，处三年以下有期徒刑、拘役或者管制，并处或者单处罚金；严重损害就诊人身体健康的，处三年以上十年以下有期徒刑，并处罚金；造成就诊人死亡的，处十年以上有期徒刑，并处罚金。

未取得医生执业资格的人擅自为他人进行节育复通手术、假节育手术、终止妊娠手术或者摘取宫内节育器，情节严重的，处三年以下有期徒刑、拘役或者管制，并处或者单处罚金；严重损害就诊人身体健康的，处三年以上十年以下有期徒刑，并处罚金；造成就诊人死亡的，处十年以上有期徒刑，并处罚金。

释解分析

本条是关于医疗事故罪的规定。本罪主体为特殊主体，即医务人员，包括国家、集体医疗单位的医生、护士、药剂人员以及经主管部门批准的个体行医人员。本罪发生在诊疗、护理过程中，因医务人员的过失而造成事故。

本罪与非法行医罪的区别：(1) 主体不同。本罪行为人具有医生执业资格；后罪行为人无医生执业资格。(2) 主观方面不同。本罪是过失；后罪是故意。(3) 客观方面不同。本罪是从事合法的诊疗、护理活动；后罪限于非法的诊治活动。(4) 客观行为后果不同。本罪要求具有造成就诊人死亡或者严重损害就诊人身体健康的情形，而且这些严重后果只有在医务人员严重不负责任时所致；后罪只要非法行医达到情节严重。

试题范例

多项选择题

下列关于医疗事故罪的说法，不正确的有(　　)。

A. 该罪的犯罪主体是特殊主体

B. 该罪的行为后果要求造成就诊人死亡或者严重损害就诊人身体健康

C. 该罪的主观罪过与非法行医罪的主观罪过相同

D. 该罪与非法行医罪的犯罪主体相同

答案：CD

核心法条

第 347 条　走私、贩卖、运输、制造毒品，无论数量多少，都应当追究刑事责任，予以刑事处罚。

走私、贩卖、运输、制造毒品，有下列情形之一的，处十五年有期徒刑、无期徒刑或者死刑，并处没收财产：

(一) 走私、贩卖、运输、制造鸦片一千克以上、海洛因或者甲基苯丙胺五十克以上或者其他毒品数量大的；

(二) 走私、贩卖、运输、制造毒品集团的首要分子；

(三) 武装掩护走私、贩卖、运输、制造毒品的；

(四) 以暴力抗拒检查、拘留、逮捕，情节严重的；

(五) 参与有组织的国际贩毒活动的。

走私、贩卖、运输、制造鸦片二百克以上不满一千克、海洛因或者甲基苯丙胺十克以上不满五十克或者其他毒品数量较大的，处七年以上有期徒刑，并处罚金。

走私、贩卖、运输、制造鸦片不满二百克、海洛因或者甲基苯丙胺不满十克或者其他少量毒品的，处三年以下有期徒刑、拘役或者管制，并处罚金；情节严重的，处三年以上七年以下有期徒刑，并处罚金。

单位犯第二款、第三款、第四款罪的，对单位判处罚金，并对其直接负责的主管人员和其他直接责任人员，依照各该款的规定处罚。

利用、教唆未成年人走私、贩卖、运输、制造毒品，或者向未成年人出售毒品的，从重处罚。

对多次走私、贩卖、运输、制造毒品，未经处理的，毒品数量累计计算。

相关法条

第 348 条　非法持有鸦片一千克以上、海洛因或者甲基苯丙胺五十克以上或者其他毒品数量大的，处七年以上有期徒刑或者无期徒刑，并处罚金；非法持有鸦片二百克以上不满一千克、海洛因或者甲基苯丙胺十克以上不满五十克或者其他毒品数量较大的，处三年以下有期徒刑、拘役或者管制，并处罚金；情节严重的，处三年以上七年以下有期徒刑，并处罚金。

第356条 因走私、贩卖、运输、制造、非法持有毒品罪被判过刑，又犯本节规定之罪的，从重处罚。

释解分析

本条是关于走私、贩卖、运输、制造毒品罪的规定。（1）本罪是选择性罪名，走私、贩卖、运输、制造毒品的行为，是本罪客观方面的选择要件，只要实施四种行为之一，即构成本罪。（2）本罪的主体既可以是自然人，也可以是单位。自然人为本罪主体的，其中贩卖毒品罪可以由已满14周岁不满16周岁、具有责任能力的人构成。（3）本罪的主观方面为故意，应当要求行为人明知走私、贩卖、运输、制造的是毒品。如果不是明知，而是被别人利用或受蒙蔽而实施上述行为的，不构成犯罪。（4）应特别注意本罪的犯罪构成原则上没有数量限制，无论毒品数量多少，都应追究刑事责任，但对量刑有影响，因此第357条第2款又规定毒品的数量以查证属实的数量计算，不以纯度折算。（5）对于居间介绍买卖毒品的，无论是否获利，均以贩卖毒品罪的共犯论。

易混易错

1. 本罪与诈骗罪的界限。对于将假毒品冒充真毒品，诱骗他人上当而购买的，应以诈骗罪论处；对于不明知是假毒品，而误认为是真毒品进行走私、贩卖、运输、制造的，属于对象认识错误，应以未遂处理；如果行为人在非毒品中掺入毒品贩卖，只要贩卖物中含有毒品，均应按贩卖毒品罪论处。

2. 行为人在走私、贩卖、运输、制造毒品的犯罪过程中，如果以暴力抗拒检查、拘留、逮捕的，仍以本罪论，不另定妨害公务罪。

3. 本罪与非法持有毒品罪不同。后者是数量犯，在客观方面必须具备三个要求：一是持有毒品是非法的；二是对毒品具有实际占有或支配的状态和事实；三是非法持有的毒品数量较大。

4. 毒品犯罪的再犯问题。因走私、贩卖、运输、制造、非法持有毒品罪被判过刑，又犯本节规定之罪的，系毒品再犯，应从重处罚。对此应该注意：（1）构成毒品犯罪的再犯，前罪仅限走私、贩卖、运输、制造、非法持有毒品罪，后罪不限该五种罪（即包括其他有关毒品的犯罪）。（2）与一般累犯的关系。二者在前后罪的范围、所判刑罚种类、中间时间间隔等方面要求不同，但如果毒品犯罪的再犯满足了一般累犯的条件，则也能适用有关累犯的规定，如不得缓刑、假释、从重处罚等。

5. 走私毒品罪与一般走私犯罪的关系。（1）直接向走私人非法收购走私进口的走私品或在内海领海运输、收购、贩卖“物品”的均成立相应的走私罪。（2）武装掩护走私的，均应以情节加重处理，但暴力抗拒缉私的，走私毒品者仍以情节加重处理，而一般走私则应与妨害公务罪数罪并罚。（3）构成走私毒品罪无数额限制，一般走私罪的构成有数额限制。（4）“后续犯罪”问题。1）窝藏、包庇犯罪分子的，若是毒品犯罪分子成立包庇毒品犯罪分子罪，一般的成立窝藏、包庇罪；2）窝藏、转移、隐瞒犯罪所得的，若是毒品犯罪所得，成立窝藏、转移隐瞒毒品、毒赃罪，一般走私所得者成立隐瞒、掩饰犯罪所得、犯罪所得收益罪；3）对毒品走私所得，还有可能成立洗钱罪。

试题范例

1.（2016年真题）单项选择题

下列选项中，应以一罪定罪处罚的是（　　）。

A. 运送他人偷越国境，并杀害检查人员的

B. 生产伪劣产品，并以威胁方法抗拒查处的

C. 收买被拐卖妇女，并非法限制其人身自由的

D. 走私毒品，并以暴力方法抗拒检查，情节严重的

答案：D

2.（2020年真题）单项选择题

甲毒瘾发作，委托乙到住在同一小区的毒贩（另案处理）处代购毒品，并向乙支付了“劳务费”。乙购买了2小包海洛因交给甲吸食。对此，下列说法中正确的是（　　）。

A. 甲构成贩卖毒品罪

B. 乙构成贩卖毒品罪

C. 乙构成非法持有毒品罪

D. 甲、乙均不构成犯罪

答案：B

3. 多项选择题

关于走私、贩卖、运输、制造毒品罪，下列说法正确的是（　　）。

A. 走私、贩卖、运输、制造毒品的，无论数量多少，都应当追究刑事责任

B. 单位可以成为走私、贩卖、运输、制造毒品罪的主体

C. 以暴力抗拒检查、拘留、逮捕的，不另成立妨害公务罪

D. 运输毒品罪仅限于在境内运输毒品，而不包括从境外运往境内和从境内运往境外

答案：ABCD

核心法条

第 358 条　组织、强迫他人卖淫的，处五年以上十年以下有期徒刑，并处罚金；情节严重的，处十年以上有期徒刑或者无期徒刑，并处罚金或者没收财产。

组织、强迫未成年人卖淫的，依照前款的规定从重处罚。

犯前两款罪，并有杀害、伤害、强奸、绑架等犯罪行为的，依照数罪并罚的规定处罚。

为组织卖淫的人招募、运送人员或者有其他协助组织他人卖淫行为的，处五年以下有期徒刑，并处罚金；情节严重的，处五年以上十年以下有期徒刑，并处罚金。

相关法条

第 359 条　引诱、容留、介绍他人卖淫的，处五年以下有期徒刑、拘役或者管制，并处罚金；情节严重的，处五年以上有期徒刑，并处罚金。

引诱不满十四周岁的幼女卖淫的，处五年以上有期徒刑，并处罚金。

第 361 条　旅馆业、饮食服务业、文化娱乐业、出租汽车业等单位的人员，利用本单位的条件，组织、强迫、引诱、容留、介绍他人卖淫的，依照本法第三百五十八条、第三百五十九条的规定定罪处罚。

前款所列单位的主要负责人，犯前款罪的，从重处罚。

第 362 条　旅馆业、饮食服务业、文化娱乐业、出租汽车业等单位的人员，在公安机关查处卖淫、嫖娼活动时，为违法犯罪分子通风报信，情节严重的，依照本法第三百一十条的规定定罪处罚。

释解分析

上述四个法条是有关卖淫罪的规定，其中组织卖淫罪、强迫卖淫罪是大纲要求掌握的罪名。其他几个罪名虽不要求掌握，但和要求掌握的三个法条联系紧密，在此列出一并掌握。

1. 关于组织卖淫罪。

（1）构成特征。1）客观方面表现为组织多人卖淫的行为。组织多人卖淫，是指以招募、雇用、引诱、容留等手段，控制 3 人或 3 人以上女人或男人从事卖淫活动。通常表现为两种形式：①没有固定的卖淫场所，行为人通过掌握控制的卖淫人员，有组织地进行卖淫。②设置卖淫场所或变相的卖淫场所，控制一些卖淫人员在该场所内卖淫。2）犯罪主体只能是卖淫活动的组织者，可以是一人，也可以是数人。3）主观方面是故意，一般是以营利为目的，也可以是出于其他目的。

（2）组织卖淫罪的罪数问题。1）在组织他人卖淫的犯罪活动中，对被组织卖淫的人有引诱、容留、介绍卖淫行为，不实行数罪并罚，因为这些行为是组织他人卖淫的手段和行为的组成部分，不能独立成罪。但是，如果对被组织者以外的其他人实施上述行为的，则应分别定罪，实行数罪并罚。2）组织他人卖淫，并有杀害、伤害、强奸、绑架等犯罪行为的，依照数罪并罚的规定处罚。

（3）组织卖淫罪的特殊形式。根据《刑法》第 361 条规定，旅馆业、饮食服务业、文化娱乐业、出租汽车业等单位的人员，利用本单位的条件，组织他人卖淫的，依照个人犯本罪处罚，所列单位的主要负责人犯本罪的从重处罚。

2. 关于强迫卖淫罪。客观方面表现为强迫他人卖淫的行为。“强迫卖淫”，指违背他人意志，采用强制手段，迫使受害者卖淫。强制手段有：对他人的人身采用暴力；对他人采用暴力威胁、精神胁迫；除暴力和胁迫以外的其他强制被害人的方法。“他人”即强迫卖淫的对象，包括妇女、幼女、男子。

易混易错

1. 强迫卖淫罪的认定。划清本罪与组织卖淫罪的界限。二罪的区别表现在三个方面：一是侵

刑法学

犯的客体不同。组织卖淫罪侵犯的是社会道德风尚及社会治安管理秩序；本罪除侵犯社会道德风尚及社会治安管理秩序外，还包括他人的人身权利。二是实施行为的内容不同。组织卖淫的行为，是指以招募、雇用、引诱、容留的手段，控制多人从事卖淫活动，不违背受害人意志；本罪是采用强迫手段，违背受害人意志。三是故意的内容不同。组织卖淫罪的行为人主观上具有组织多人的故意；本罪的行为人在主观上则具有强迫的故意。

2. 与卖淫有关的单独的协助、帮助等行为由于刑法已将这种行为规定为独立的罪名，即分别以协助组织卖淫罪与引诱、容留、介绍卖淫罪，而不以共犯论处。

试题范例

1.（2019年真题）单项选择题

下列选项中，属于成立组织卖淫罪必须具备的条件的是（　　）。

A. 卖淫人员在三人以上

B. 组织者在三人以上

C. 非法获利数额巨大

D. 设置固定的卖淫场所

答案：A

2. 多项选择题

下列关于组织卖淫罪的说法，正确的有（　　）。

A. 在组织卖淫的过程中，强奸被组织的妇女的，按照组织卖淫罪与强奸罪数罪并罚

B. 在组织卖淫的过程中，过失造成被组织者死亡的，不另定过失致人死亡罪

C. 在组织卖淫的过程中，故意造成被组织者死亡的，不另定故意杀人罪

D. 组织卖淫罪的犯罪对象只能是女性

答案：AB

十七、贪污贿赂犯罪

核心法条

第 382 条 国家工作人员利用职务上的便利，侵吞、窃取、骗取或者以其他手段非法占有公共财物的，是贪污罪。

受国家机关、国有公司、企业、事业单位、人民团体委托管理、经营国有财产的人员，利用职务上的便利，侵吞、窃取、骗取或者以其他手段非法占有国有财物的，以贪污论。

与前两款所列人员勾结，伙同贪污的，以共犯论处。

相关法条

第 394 条 国家工作人员在国内公务活动或者对外交往中接受礼物，依照国家规定应当交公而不交公，数额较大的，依照本法第三百八十二条、第三百八十三条的规定定罪处罚。

第 91 条 本法所称公共财产，是指下列财产：

（一）国有财产；

（二）劳动群众集体所有的财产；

（三）用于扶贫和其他公益事业的社会捐助或者专项基金的财产。

在国家机关、国有公司、企业、集体企业和人民团体管理、使用或者运输中的私人财产，以公共财产论。

第 93 条 本法所称国家工作人员，是指国家机关中从事公务的人员。

国有公司、企业、事业单位、人民团体中从事公务的人员和国家机关、国有公司、企业、事业单位委派到非国有公司、企业、事业单位、社会团体从事公务的人员，以及其他依照法律从事公务的人员，以国家工作人员论。

释解分析

本条是关于贪污罪的规定。

1. 本罪的构成特征是：

（1）侵犯客体是复杂客体，即国家工作人员职务行为的廉洁性和公共财产的所有权。犯罪对象是公共财产，即《刑法》第 91 条规定的范围。

（2）客观方面表现为利用职务上的便利，侵吞、窃取、骗取或者以其他手段非法占有公共财物的行为。所谓利用职务之便，是指行为人利用本人职务范围内的权力和地位形成的有利条件，具体表现为主管、保管、支配、供用或经手等便利条件。

（3）犯罪主体为特殊主体，即国家工作人员以及受委托管理、经营国有财产的人员，即《刑法》第 93 条和本条第 2 款规定的范围。具体来说包括：1）国家工作人员：①国家机关中从事公务的人员；②国有公司、企业、事业单位、人民团体中从事公务的人员；③国家机关、国有公司、企业、事业单位委派到非国有公司、企业、事业单位、社会团体从事公务的人员；④其他依照法律从事公务的人员。《刑法》第 93 条第 2 款规定的其他依照法律从事公务的人员应当具备两个特征：一是在特定条件下行使国家管理职能；二是依照法律规定从事公务。通常包括：依法履行职责的各级人民代表大会代表；依法履行审判职责的人民陪审员；特定情况下协助乡镇人民政府、街道办事处从事行政管理工作的村民委员会、居民委员会等农村和城市基层组织人员；其他由法律授权从事公务的人员。2）受国家机关、国有公司、企业、事业单位、人民团体委托管理、经营国有财产的人员，视为其他依照法律从事公务的人员，以国家工作人员论，可以成为本罪的主体。国家工作人员以外的其他人与上述国家工作人员勾结，伙同贪污的，以共犯论处。但是，公司、企业或其他单位中，不具有国家工作人员身份的人与国家工作人员勾结，分别利用各自的职务便利，共同将本单位财物非法据为己有的，按主犯的犯罪性质定罪。

(4) 主观方面表现为故意，并具有非法占有公共财物的目的。

2. 贪污罪的犯罪形态。应当以行为人实际控制财物作为既遂的标准。虽然行为人利用职务上的便利实施了贪污行为，但该公共财物尚未实际转移，未被行为人实际控制就被查获的，应当认定为贪污未遂。

3. 贪污罪的共同犯罪问题。(1) 如果国家工作人员以外的其他人与上述国家工作人员勾结，伙同贪污的，以共犯论处。(2) 如果其他单位不具有国家工作人员身份的人与国家工作人员勾结，分别利用各自的职务便利，共同将本单位的财物非法占为己有的，按照主犯的性质定罪。如果共同犯罪人在共同犯罪中的地位、作用相当的，可以定贪污罪。

4. 贪污罪处罚的特殊规定：犯贪污罪被判处死刑缓期执行的，人民法院根据犯罪情节等情况可以同时决定在其死刑缓期执行 2 年期满依法减为无期徒刑后，终身监禁，不得减刑、假释。

易混易错

1. 利用职务上的便利是指利用职务上的主管、管理、经手公共财物的权力及方便条件。利用因工作关系熟悉作案环境、凭工作人员身份便于接近作案目标等与职权无关的便利条件，不属于利用职务上的便利。

2. 国家工作人员在国内公务活动或者对外交往中接受礼物，依照国家规定应当交公而不交公，数额较大的，以贪污罪定罪处罚。

3. 村民委员会等村基层组织人员协助人民政府从事下列行政管理工作时，属于《刑法》第 93 条第 2 款规定的“其他依照法律从事公务的人员”：(1) 救灾、抢险、防汛、优抚、移民、救济款物的管理和发放；(2) 社会捐助公益事业款物的管理和发放；(3) 土地的经营、管理和宅基地的管理；(4) 土地征用补偿费用的管理和发放；(5) 代征、代缴税款；(6) 有关计划生育、户籍、征兵工作；(7) 协助人民政府从事的其他行政管理工作。但村民小组组长利用职务上的便利，将村民小组集体财产非法占为己有数额较大的，应以职务侵占罪定罪处罚，而不构成贪污罪。

4. 贪污罪与盗窃罪、诈骗罪、侵占罪的界限主要表现在犯罪客观方面、犯罪客体与对象、犯罪主体的不同。

5. 贪污罪与职务侵占罪的界限主要表现在犯罪客体和犯罪主体的不同。

试题范例

1. (2021 年真题) 单项选择题

某国有资本参股公司财务总监甲（非国家工作人员）勾结该公司董事乙（国家工作人员），分别利用各自的职务便利，共同将公司财物占为己有，数额特别巨大。对甲、乙行为性质的认定正确的是（　　）。

A. 按照甲的身份性质定罪

B. 按照乙的身份性质定罪

C. 按照主犯的犯罪性质定罪

D. 按照甲、乙的犯罪性质分别定罪

答案：C

2. 单项选择题

下列表述中，正确的是（　　）。

A. 村民委员会主任甲利用职务之便侵吞救济款物，构成贪污罪

B. 普通公民乙利用受聘担任国有公司经理职务的便利条件，侵吞国有财物，不构成贪污罪

C. 国家工作人员利用职务上的便利向他人索取财物，但未为他人谋取利益，不构成受贿罪

D. 丁采用暴力方法阻碍国家机关工作人员执行公务，并致使该工作人员重伤，以妨害公务罪从重处罚

答案：A

核心法条

第 384 条　国家工作人员利用职务上的便利，挪用公款归个人使用，进行非法活动的，或者挪用公款数额较大、进行营利活动的，或者挪用公款数额较大、超过三个月未还的，是挪用公款罪，处五年以下有期徒刑或者拘役；情节严重的，处五年以上有期徒刑。挪用公款数额巨大不退还的，处十年以上有期徒刑或者无期徒刑。

挪用用于救灾、抢险、防汛、优抚、扶贫、移民、救济款物归个人使用的，从重处罚。

释解分析

1. 本条是关于挪用公款罪的规定。本罪的构

成特征为：(1) 侵犯的客体是复杂客体，即国家工作人员职务行为的廉洁性、国家财经管理制度以及公款使用权。(2) 客观方面表现为利用职务之便挪用公款归个人使用，进行非法活动的，或者挪用公款数额较大、进行营利活动的，或者挪用公款数额较大、超过 3 个月未还的。所谓利用职务之便，是指利用主管、经手、管理公共财物的便利。(3) 犯罪主体为特殊主体，即国家工作人员。(4) 主观方面表现为故意，并以归个人使用为目的。

2. 挪用公款归个人使用是指：(1) 将公款供本人、亲友或者其他自然人使用的；(2) 以个人名义将公款供其他单位使用的；(3) 个人决定以单位名义将公款供其他单位使用，谋取个人利益的。

3. 挪用公款数额巨大不退还的，是指挪用公款数额巨大，因客观原因在一审宣判前不能退还的。如果是主观上不愿意归还的，则属于犯意转化，按贪污罪定罪处罚。

易混易错

1. 本罪与贪污罪的区别主要表现在犯罪目的、行为对象、客体、行为手段、主体范围等的不同。携带挪用的公款潜逃的，按贪污罪定罪处罚。同时，挪用公款罪条文中的“不退还”，是指主观上想还而还不了的，如果在主观上就想非法占有挪用款，即构成贪污罪，应当按照贪污罪定罪处罚。

2. 因挪用公款而索取、收受贿赂构成犯罪的，依照数罪并罚的规定处罚；如果行为人挪用公款进行非法活动，而该非法活动本身构成犯罪的，依数罪并罚的规定处罚。

3.《刑法》第 273 条所规定的挪用特定款物不是挪作个人使用，如果国家工作人员挪用特定款物归个人使用或者他人使用，构成犯罪的应以挪用公款罪从重处罚。

4. 挪用公款给他人使用，如果使用人与挪用人共谋，指使或者参与策划取得挪用公款的，以挪用公款罪的共犯论处。但如果使用人仅仅知道是行为人利用职务之便挪用来的公款而使用的，并不构成共犯。

5. 本罪与挪用资金罪、挪用特定款物罪的区别见挪用资金罪法条释解。

6. 挪用公款罪的处罚。(1) 挪用用于救灾、抢险、防汛、扶贫、移民、救济款物归个人使用的，从重处罚。(2) 行为人在案发前已经部分或全部归还本息的，可以分别情节从轻或减轻处罚，情节较轻的，可以免除处罚。(3) 多次挪用的，按累计数计算。

试题范例

1.（2017 年真题）案例分析题

某县扶贫办副主任甲，利用职务将一项造价 20 万元的扶贫工程定价 40 万元，对外招标。甲冒用 A 公司的营业执照、安全许可证等证明材料，参与该项目招标，又通过职权运作使“A 公司”中标。之后，甲以“A 公司”的名义将工程交给村民乙承建，并在工程完工验收后，利用职权将 40 万元工程款存到自己的银行账户，再向乙支付了 20 万元。

此后，乙承建并完成该县另一项扶贫工程。但因工程迟迟得不到验收，乙无法得到 50 万元的工程余款。乙找到负责验收的甲，甲要乙“意思一下”。乙遂送 3 万元现金给甲。甲随即对该项目予以验收，乙顺利拿到工程余款。

乙的朋友丙得知乙送钱给甲的事情后，打电话给甲，要甲给其“保密费”10 万元，否则向检察院举报。甲担心事情闹大，不得已给了丙 10 万元。

请根据上述材料，回答下列问题并说明理由：

(1) 甲的行为构成何罪？

(2) 乙的行为是否构成行贿罪？

(3) 丙的行为构成何罪？

答案：(1) 贪污罪和受贿罪。甲是负责扶贫工作的国家工作人员，利用职务上的便利，通过欺骗手段取得扶贫工程项目，非法占有了虚高工程款，其行为符合贪污罪的构成要件。甲负责验收时，公然索贿，在收受他人财物后才进行验收，其行为构成受贿罪。

(2) 不构成行贿罪。乙为了促使甲验收工程，以获得工程余款，在甲索贿的情形下送给甲钱财，并不是为了谋取不正当利益，其行为不构成行贿罪。

(3) 敲诈勒索罪。丙以非法占有为目的，利用甲的违法犯罪行为威胁甲使之产生恐惧，并向自己交付 10 万元，其行为构成敲诈勒索罪。

2.（2019 年真题）单项选择题

国有公司负责人甲的下列行为，应当认定为挪用公款归个人使用的是（　　）。

A. 经单位集体决定后将公款供其他私人公司使用

B. 经单位集体决定后将公款供个人承包企业使用

C. 以个人名义将公款供其他国有资本控股企业使用

D. 个人决定以单位名义将公款供其他单位使用但没有谋取个人利益

答案：C

3. 多项选择题

下列哪些情形，属于挪用公款归个人使用，从而可能构成挪用公款罪？（　　）

A. 国有公司经理甲将公款供亲友使用

B. 国有企业财会人员乙以个人名义将公款供其他国有单位使用

C. 国家机关负责人丙个人决定以单位名义将公款供其他单位使用，但未谋取个人利益

D. 国有企业的单位领导集体研究决定将公款给私有企业使用

答案：AB

核心法条

第385条　国家工作人员利用职务上的便利，索取他人财物的，或者非法收受他人财物，为他人谋取利益的，是受贿罪。

国家工作人员在经济往来中，违反国家规定，收受各种名义的回扣、手续费，归个人所有的，以受贿论处。

相关法条

第386条　对犯受贿罪的，根据受贿所得数额及情节，依照本法第三百八十三条的规定处罚。索贿的从重处罚。

第388条　国家工作人员利用本人职权或者地位形成的便利条件，通过其他国家工作人员职务上的行为，为请托人谋取不正当利益，索取请托人财物或者收受请托人财物的，以受贿论处。

释解分析

本条是关于受贿罪的规定。

1. 本罪的主体是国家工作人员，同于挪用公款罪，不同于贪污罪。

2. 客观方面表现，即利用职务上的便利，实施下列行为之一的：（1）索取他人财物；（2）非法收受他人财物，为他人谋取利益的，至于行为人是为他人谋取正当还是不正当、合法还是非法的利益，不影响本罪的成立；（3）国家工作人员在经济往来中，违反国家规定，收受各种名义的回扣、手续费，归个人所有的；（4）斡旋受贿，即国家工作人员利用本人职权或者地位形成的便利条件，通过其他国家工作人员职务上的行为，为请托人谋取不正当利益，索取请托人财物或者收受请托人财物的。

3. 本罪规定的“利用职务上的便利”，既包括利用本人职务上主管、负责、承办某项公共事务的职权，也包括利用职务上有隶属、制约关系的其他国家工作人员的职权。

4. 为他人谋取利益，是指行为人意图为他人谋取利益，或者承诺为他人谋取利益，或者实际已经为他人谋取了利益，而不一定要实际上为他人谋取到利益。

5. 受贿罪的共同犯罪问题。（1）国家工作人员以外的其他人与上述国家工作人员勾结，伙同受贿的，以共犯论处。（2）国家工作人员的近亲属向国家工作人员代为转达请托事项，收受请托人财物并告知该国家工作人员，或国家工作人员明知其近亲属收受他人财物，仍然按照近亲属的要求利用职权为他人谋取利益的，对近亲属以受贿罪的共犯论。

易混易错

1. 国家工作人员利用职务上的便利为请托人谋取利益，并与请托人约定，在其离退休后收受请托人财物，构成犯罪的，以受贿罪论处。

2. 国家工作人员收受他人贿赂而为他人谋取了不正当利益，而后谋取不正当利益的行为本身又触犯其他罪名的，原则上应按牵连犯的处断原则，即“择一重罪处断”，但因挪用公款索取、收受他人财物构成犯罪的，应数罪并罚。

3. 本罪与敲诈勒索罪、诈骗罪的界限：如果国家工作人员未利用职务上的便利，且并不打算为请托人谋取利益或者利用对方的困境而要挟、索取财物的，则可能成立诈骗罪或敲诈勒索罪。

4. 国家工作人员在国内公务活动中或者对外交往中接受礼物的，一般以贪污罪论；但如果能够证明送礼人是出于谋取不正当利益，且行为人接受礼物后确为他人谋取了不正当利益的，应认定为受贿罪。

国家工作人员在经济往来中收受各种名义的回

扣、手续费并据为己有的，如果收受的各种回扣、手续费是违反国家规定的，且收受后归个人所有的，应认定为受贿罪；如果收受的回扣、手续费虽没有违反国家规定，但属于应交公的，行为人没有交公而据为己有，数额较大则应认定为贪污罪。

试题范例

1.（2017 年真题）单项选择题

甲（建委主任）与妻子乙商议后，由乙出面收受请托人现金 300 万元，甲为请托人办理建筑审批手续。乙的行为（　　）。

A. 构成受贿罪

B. 构成利用影响力受贿罪

C. 不构成犯罪

D. 构成受贿罪和利用影响力受贿罪

答案：A

2.（2018 年真题）单项选择题

甲加盖违章建筑，并串通负责房屋征收的国家机关工作人员乙。乙利用职务上的便利帮甲违法多得了 200 万元征收补偿款，事后，甲将其中的 5 万元送给乙。乙的行为应认定为（　　）。

A. 诈骗罪　　B. 贪污罪

C. 受贿罪　　D. 职务侵占罪

答案：C

3.（2020 年真题）单项选择题

监狱司法工作人员甲接受在押人员乙的妻子请托，在押送乙外出就医途中，违规打开乙的戒具，并暗示乙逃跑。乙成功逃跑后，甲收受了乙妻所送的 50 万元。对此，下列说法中正确的是（　　）。

A. 对甲按私放在押人员罪和受贿罪并罚

B. 对甲按脱逃罪（共犯）和受贿罪并罚

C. 对甲按私放在押人员罪和受贿罪从一重处断

D. 对甲按脱逃罪（共犯）和受贿罪从一重处断

答案：A

核心法条

第 388 条之一　国家工作人员的近亲属或者其他与该国家工作人员关系密切的人，通过该国家工作人员职务上的行为，或者利用该国家工作人员职权或者地位形成的便利条件，通过其他国家工作人员职务上的行为，为请托人谋取不正当利益，索取请托人财物或者收受请托人财物，数额较大或者有其他较重情节的，处三年以下有期徒刑或者拘役，并处罚金；数额巨大或者有其他严重情节的，处三年以上七年以下有期徒刑，并处罚金；数额特别巨大或者有其他特别严重情节的，处七年以上有期徒刑，并处罚金或者没收财产。

离职的国家工作人员或者其近亲属以及其他与其关系密切的人，利用该离职的国家工作人员原职权或者地位形成的便利条件实施前款行为的，依照前款的规定定罪处罚。

释解分析

利用影响力受贿罪是指国家工作人员的近亲属或者其他与该国家工作人员关系密切的人，通过该国家工作人员职务上的行为，或者利用该国家工作人员职权或者地位形成的便利条件，通过其他国家工作人员职务上的行为，为请托人谋取不正当利益，索取请托人财物或者收受请托人财物，数额较大或者有其他较重情节的行为；或者是离职的国家工作人员或其近亲属以及关系密切人，利用该离职的国家工作人员原职权或地位形成的便利条件，通过其他国家工作人员职务上的行为，为请托人谋取不正当利益，索取请托人财物，或者非法收受请托人财物，数额较大或有其他较重情节的行为。

利用影响力受贿罪本质特征是行为人的利用行为有双重性，即先利用了国家工作人员或者自己（主要指离职的国家工作人员）对其他国家工作人员的影响，进而又利用了其他国家工作人员的职权行为。“利用影响力”反映出《中华人民共和国刑法修正案（七）》第 13 条所规定之犯罪与其他贿赂犯罪的根本区别。行为人利用影响力，为他人谋取不正当利益，获取或者索取财物，也严重侵犯了国家工作人员的职务廉洁性以及国家机关、国有企事业单位的正常工作秩序，属于一种特殊的受贿犯罪，因而在罪名中出现“受贿”二字能够鲜明地体现出本条犯罪的本质特征。

主观方面为直接故意，表现为该行为人认识到自己是某国家工作人员的关系密切人，与该国家工作人员有着特殊的关系，足以让第三人相信其能够利用该国家工作人员的职务行为或该国家工作人员职权或地位形成的便利条件，通过其他国家工作人员职务上的行为，为请托人谋取不正当利益，即认识到其是在以某种方式利用着该国家工作人员的职务便利，为请托人谋取不正当利益，并且希望请托人能够给付财物或自己主动向请托人索贿。

易混易错

1. 与受贿罪的区别。利用影响力受贿罪的主体虽然不是国家工作人员，但其与国家工作人员有着特殊关系，实质上是变相或间接利用国家工作人员的职务便利，其所侵犯的客体与受贿罪所侵犯的客体存在着相似性，但两者之间还是存在着一定的差别的。二者除了主体不同外，还表现为受贿罪是国家工作人员直接利用自己的职务便利，而利用影响力受贿罪中该关系密切人是间接利用某国家工作人员的职务便利。

2. 与斡旋受贿行为（间接受贿）的区别。从上面关于利用影响力受贿罪的规定可以看出，除了第1款第一种情形外，第二种情形和第2款的规定与我国《刑法》第388条的规定很相似，都是利用国家工作人员的职权和地位形成的便利条件，通过其他国家工作人员职务上的行为，为请托人谋取不正当利益，并索取或收受请托人的财物，即他们都是在请托人和其他国家工作人员之间起到斡旋作用的，但两者之间也是存在着巨大差别的。二者区别的关键是利用职权地位形成的便利条件的主体不同：间接受贿行为是国家工作人员利用本人职权或地位形成的便利条件，通过其他国家工作人员职务上的行为，为请托人谋取不正当利益，索取请托人财物，或者收受请托人财物的行为；利用影响力受贿罪是国家工作人员的近亲属或者其他与该国家工作人员关系密切的人，通过该国家工作人员职务上的行为，或者利用该国家工作人员职权或者地位形成的便利条件，通过其他国家工作人员职务上的行为，为请托人谋取不正当利益。

3. 与受贿罪的共同犯罪。如果国家工作人员的近亲属或者其他与该国家工作人员关系密切的人与国家工作人员通谋，由国家工作人员利用职务上的便利为请托人谋取不正当利益，而由其近亲属或者其他与该国家工作人员关系密切的人索取或收受他人财物，则应构成受贿罪的共同犯罪。

4. 利用影响力受贿罪与非国家工作人员受贿罪的区别。两者的主体都不是国家工作人员，两者都是利用一定的职务便利去受贿，这是两者相似的地方，但两者之间也是存在着巨大差别的，有以下几点：（1）主体不同。非国家工作人员受贿罪的主体是公司、企业或者其他单位的工作人员；利用影响力受贿罪的主体是国家工作人员的关系密切人、离职的国家工作人员及其关系密切人。（2）客观方面不同。非国家工作人员受贿罪的客观方面表现为公司、企业或者其他单位的工作人员利用职务上的便利，索取他人财物或者非法收受他人财物，为他人谋取利益，数额较大的行为；利用影响力受贿罪的客观方面表现为关系密切人通过该国家工作人员职务上的行为，或利用该国家工作人员职权或地位形成的便利条件，通过其他国家工作人员职务上的行为，为请托人谋取不正当利益，索取请托人财物，或者非法收受请托人财物，数额较大或有其他较重情节的行为。（3）非国家工作人员受贿罪中为他人谋取的利益不分正当与否；利用影响力受贿罪中的必须为不正当利益。

5. 离职的国家工作人员或其关系密切人，利用该离职的国家工作人员原职权或地位形成的便利条件，通过其他国家工作人员职务上的行为，为请托人谋取不正当利益，索取请托人财物，或者非法收受请托人财物，数额较大或有其他较重情节的行为构成利用影响力受贿罪，但如果离职的国家工作人员在职时为他人谋取利益，约定在离职后收受财物，并且收受了财物的，应当以受贿罪定罪处罚。

试题范例

1.（2016年真题）单项选择题

法官甲违背事实和法律，判决赵某的儿子无罪。事后，赵某按照和甲事前的约定，将5万元现金送给甲的妻子乙，乙打电话向甲问明情况后收下礼金。关于甲、乙的行为，判断正确的是（　　）。

A. 甲只构成徇私枉法罪，乙构成受贿罪

B. 甲只构成徇私枉法罪，乙构成利用影响力受贿罪

C. 甲构成徇私枉法罪和受贿罪，乙构成受贿罪

D. 甲构成受贿罪，乙不构成犯罪

答案：C

2.（2019年真题）单项选择题

交通协管员甲以真实身份从多名请托人处收受巨额财物，后向与之关系密切的某交警“打招

呼”，让其对请托人的违章行为减免处罚。甲的行为应认定为（　　）。

A. 诈骗罪　　B. 受贿罪

C. 职务侵占罪　　D. 利用影响力受贿罪

答案：D

3.（2021年真题）单项选择题

市政府工作人员甲接受请托人乙的30万元，通过妹夫刘某（市公安局干警）违规撤销了对乙的网上追逃信息。甲的行为应认定为（　　）。

A. 滥用职权罪

B. 受贿罪

C. 介绍贿赂罪

D. 利用影响力受贿罪

答案：D

核心法条

第389条　为谋取不正当利益，给予国家工作人员以财物的，是行贿罪。

在经济往来中，违反国家规定，给予国家工作人员以财物，数额较大的，或者违反国家规定，给予国家工作人员以各种名义的回扣、手续费的，以行贿论处。

因被勒索给予国家工作人员以财物，没有获得不正当利益的，不是行贿。

第390条之一第1款　为谋取不正当利益，向国家工作人员的近亲属或者其他与该国家工作人员关系密切的人，或者向离职的国家工作人员或者其近亲属以及其他与其关系密切的人行贿的，处三年以下有期徒刑或者拘役，并处罚金；情节严重的，或者使国家利益遭受重大损失的，处三年以上七年以下有期徒刑，并处罚金；情节特别严重的，或者使国家利益遭受特别重大损失的，处七年以上十年以下有期徒刑，并处罚金。

相关法条

第393条　单位为谋取不正当利益而行贿，或者违反国家规定，给予国家工作人员以回扣、手续费，情节严重的，对单位判处罚金，并对其直接负责的主管人员和其他直接责任人员，处五年以下有期徒刑或者拘役，并处罚金。因行贿取得的违法所得归个人所有的，依照本法第三百八十九条、第三百九十条的规定定罪处罚。

释解分析

第389条规定的是行贿罪。本罪的构成特征为：(1) 侵犯客体是国家工作人员职务行为的廉洁性。(2) 客观方面表现为给予国家工作人员以财物的行为。在经济往来中，违反国家规定，给予国家工作人员以财物，数额较大的，或者违反国家规定，给予国家工作人员以各种名义的回扣、手续费的，以行贿论。这里的违反国家规定，是指违反国家法律、行政法规关于经济往来中给予国家工作人员礼物、回扣、手续费，只能在账内公开给予，而不得在账外暗中给予的规定。(3) 犯罪主体是自然人一般主体。(4) 主观方面表现为故意，并且具有谋取不正当利益的目的。

第390条之一规定的是对有影响力的人行贿罪，是指为谋取不正当利益，向国家工作人员的近亲属或者其他与该国家工作人员关系密切的人，或者向离职的国家工作人员或者其近亲属以及其他与其关系密切的人行贿的行为。在认定对有影响力的人行贿时，要注意本罪的主体，单位可以构成本罪。

易混易错

1. 行贿罪的认定。行贿行为只限于主动行为，谋取不正当利益是主观要件。这就是说，行为人只要在谋取不正当利益的主观意图支配下，主动给国家工作人员以财物的，就可以认为是行贿。至于最终是否实际上谋取了不正当利益，不影响行贿罪的成立。但是，如果是被勒索而给予国家工作人员以财物，没有获得不正当利益的，不是行贿，不构成犯罪。

2. 对有影响力的人行贿罪与行贿罪的界限。

行贿罪，是指为谋取不正当利益，给予国家工作人员以财物的行为。对有影响力的人行贿罪与行贿罪的主要区别在于犯罪对象不同，行贿罪的犯罪对象为在职的国家工作人员，如果是离职的国家工作人员，双方必须有事前约定，而对有影响力的人行贿罪的犯罪对象为国家工作人员的近亲属或者其他与该国家工作人员关系密切的人，或者离职的国家工作人员或者其近亲属以及其他与其关系密切的人。行贿罪的对向性犯罪为受贿

刑法学

罪，对有影响力的人行贿罪的对向性犯罪为利用影响力受贿罪。

行为人为了谋取不正当利益，经在职的国家工作人员的授意，由国家工作人员的近亲属或者其他与该国家工作人员关系密切的人收受财物的，应当认定为行贿罪，国家工作人员和其近亲属或者其他与该国家工作人员关系密切的人，均应认定为受贿罪。行为人为了谋取不正当利益，而向在职的国家工作人员的近亲属或者其他与该国家工作人员关系密切的人行贿，该在职国家工作人员知情，且行贿人知道该国家工作人员知情的，也应当认定为行贿罪，国家工作人员和其近亲属或者其他与该国家工作人员关系密切的人，均应认定为受贿罪。

行为人为了谋取不正当利益，而向在职的国家工作人员的近亲属或者其他与该国家工作人员关系密切的人行贿，该在职国家工作人员不知情的，应当认定为对有影响力的人行贿罪，国家工作人员的近亲属或者其他与该国家工作人员关系密切的人，应认定为利用影响力受贿罪。行为人为了谋取不正当利益，而向在职的国家工作人员的近亲属或者其他与该国家工作人员关系密切的人行贿，该在职国家工作人员实际知情，而行贿人并不知晓该在职国家工作人员知情的，也应当认定为对有影响力的人行贿罪，该国家工作人员和其近亲属或者其他与该国家工作人员关系密切的人，均应当认定为受贿罪。

行为人为了谋取不正当利益，而向在职的国家工作人员的近亲属或者其他与该国家工作人员关系密切的人行贿，该在职国家工作人员不知情，而行贿人误认为该在职国家工作人员知情的，属于认识错误，应当认定为行贿罪，国家工作人员的近亲属或者其他与该国家工作人员关系密切的人，应当认定为利用影响力受贿罪。行为人为了谋取不正当利益，而向在职的国家工作人员的近亲属或者其他与该国家工作人员关系密切的人行贿，该在职国家工作人员知情，而行贿人误认为该在职国家工作人员不知情的，属于认识错误，应当认定为对有影响力的人行贿罪，国家工作人员和其近亲属或者其他与该国家工作人员关系密切的人，均应当认定为受贿罪。

十八、渎职罪

核心法条

第 397 条 国家机关工作人员滥用职权或者玩忽职守，致使公共财产、国家和人民利益遭受重大损失的，处三年以下有期徒刑或者拘役；情节特别严重的，处三年以上七年以下有期徒刑。本法另有规定的，依照规定。

国家机关工作人员徇私舞弊，犯前款罪的，处五年以下有期徒刑或者拘役；情节特别严重的，处五年以上十年以下有期徒刑。本法另有规定的，依照规定。

相关法条

第 414 条 对生产、销售伪劣商品犯罪行为负有追究责任的国家机关工作人员，徇私舞弊，不履行法律规定的追究职责，情节严重的，处五年以下有期徒刑或者拘役。

释解分析

本条是关于滥用职权罪和玩忽职守罪的规定。这两个罪侵犯客体都是国家机关的正常管理活动，犯罪主体都是特殊主体，即国家工作人员。两罪的区别在于：(1) 滥用职权罪的客观方面表现为违反法律规定的权限和程序，滥用职权，致使公共财产、国家和人民利益遭受重大损失的行为。“滥用职权”在客观上有两种情形：一是不认真履行职务范围内的权力；二是过度运用职务范围内的权力。玩忽职守罪的客观方面表现为行为人严重不负责任，工作中草率马虎，不履行或不正确履行职务，致使公共财产、国家和人民利益遭受重大损失。“不履行职务”包括擅离职守和未履行职守；“不正确履行职务”指应该而且能够履行职务，但因不严肃认真导致错误地履行职务。(2) 主观方面不同。滥用职权的主观方面是故意，玩忽职守罪的主观方面是过失。

易混易错

《刑法》第 397 条所规定的滥用职权罪和玩忽职守罪与刑法另有规定的具体滥用职权罪和玩忽职守罪（如危害公共安全罪中的有关事故罪）的关系是一般与特别的关系。行为人的行为同时触犯《刑法》第 397 条和其他有关条款规定的，应选择特别规定定罪处罚。

试题范例

（2016 年真题）单项选择题

质监局局长甲明知某食品加工厂违法使用食品添加剂，但未依法采取措施，致食用该厂食品的多名消费者食物中毒，社会影响恶劣。甲的行为应认定为（　　）。

A. 食品监管渎职罪

B. 玩忽职守罪

C. 放纵制售伪劣商品犯罪行为罪

D. 滥用职权罪

答案：A

核心法条

第 398 条 国家机关工作人员违反保守国家秘密法的规定，故意或者过失泄露国家秘密，情节严重的，处三年以下有期徒刑或者拘役；情节特别严重的，处三年以上七年以下有期徒刑。

非国家机关工作人员犯前款罪的，依照前款的规定酌情处罚。

释解分析

本条规定的是故意泄露国家秘密罪、过失泄

露国家秘密罪。故意泄露国家秘密罪的构成特征是：(1) 侵犯客体是国家的保密制度。行为对象是国家秘密，即国家法律、法规所规定的禁止泄露的有关国家安全、政治、经济、军事等各种利益的信息，这些信息在一定时间内只限于特定范围的人员知悉。(2) 客观方面表现为违反保守国家秘密法的规定，泄露国家秘密情节严重的行为。所谓泄露，是指行为人把自己掌握的或知道的国家秘密泄露给不应知悉的人。(3) 犯罪主体一般是国家机关工作人员，非国家机关工作人员也可构成本罪。(4) 主观方面表现为故意，即行为人明知是国家秘密而故意泄露。

易混易错

1. 本罪与侵犯商业秘密罪的界限。两者在侵犯客体、行为对象和行为主体上均不同。如果国家机关工作人员将自己知悉的属于国家秘密范畴的商业秘密泄露出去，则是一行为触犯数罪名即想象竞合的情形，应择一重罪论处。

2. 本罪与间谍罪及为境外窃取、刺探、收买、非法提供国家秘密罪的界限。本罪的对象只能是国家秘密，且“泄露”的对象原则上限于境内，而后二者的对象还包括国家情报，“提供”的对象是间谍性组织或境外的机构、组织和人员。

3. 故意泄露国家秘密罪与非法获取国家秘密罪的界限。故意泄露国家秘密罪的主体通常是有权知悉国家秘密或掌管国家秘密的人员，因此，不存在非法获取的问题。如果行为人在获取国家秘密时采用的是非法的手段，即使具有上述国家机关工作人员的身份，也应当以非法获取国家秘密罪论；如果在非法获取之后又向他人泄露的，是非法获取行为的后续行为，也定非法获取国家秘密罪，不单独构成泄露国家秘密罪。

试题范例

单项选择题

下列关于故意泄露国家秘密罪的说法，正确的是（　　）。

A. 该罪的犯罪主体是特殊主体

B. 该罪的主观方面必须是故意

C. 该罪是妨害社会管理秩序的犯罪

D. 非国家工作人员不能构成本罪的主体

答案：B

核心法条

第399条 司法工作人员徇私枉法、徇情枉法，对明知是无罪的人而使他受追诉、对明知是有罪的人而故意包庇不使他受追诉，或者在刑事审判活动中故意违背事实和法律作枉法裁判的，处五年以下有期徒刑或者拘役；情节严重的，处五年以上十年以下有期徒刑；情节特别严重的，处十年以上有期徒刑。

在民事、行政审判活动中故意违背事实和法律作枉法裁判，情节严重的，处五年以下有期徒刑或者拘役；情节特别严重的，处五年以上十年以下有期徒刑。

在执行判决、裁定活动中，严重不负责任或者滥用职权，不依法采取诉讼保全措施、不履行法定执行职责，或者违法采取诉讼保全措施、强制执行措施，致使当事人或者其他人的利益遭受重大损失的，处五年以下有期徒刑或者拘役；致使当事人或者其他人的利益遭受特别重大损失的，处五年以上十年以下有期徒刑。

司法工作人员收受贿赂，有前三款行为的，同时又构成本法第三百八十五条规定之罪的，依照处罚较重的规定定罪处罚。

释解分析

本条是关于徇私枉法罪，民事、行政枉法裁判罪，执行判决、裁定失职罪，执行判决、裁定滥用职权罪四个罪名的规定，其中重点掌握前两罪。

1. 徇私枉法罪发生在刑事诉讼的过程中，本罪认定的关键在于客观方面表现为两种起因、三种行为。两种起因即徇私或徇情；三种行为：(1) 对明知是无罪的人而使他受追诉；(2) 对明知是有罪的人而故意包庇不使他受追诉；(3) 在刑事审判活动中故意违背事实和法律作枉法裁判。有三种行为之一的，即可构成本罪。

2. 徇私枉法罪：犯罪主体是特殊主体，即司法工作人员。所谓司法工作人员，根据《刑法》第94条的规定，是指有侦查、检察、审判、监管职责的工作人员。

3. 民事、行政枉法裁判罪的构成特征为：(1) 侵犯客体是人民法院的正常审判活动与审判公正。(2) 客观方面表现为在民事、行政审判活动中作出违背事实和法律的判决、裁判的行为。

所谓违背事实和法律的判决、裁定，是指依照事实和法律本应判决当事人胜诉或者败诉的，行为人却故意颠倒黑白地判决该当事人败诉或者胜诉，或者对本应承担较重民事、行政责任的当事人违法判定减轻其责任，对本应承担较轻民事、行政责任的当事人违法判定加重其责任，或者有充分的事由和证据应予立案而有意裁定不予立案的，等等。(3) 犯罪主体是特殊主体，限于在民事、行政诉讼活动中负有审判职责的人员。(4) 主观方面表现为故意，即行为人明知案件的事实或应当适用的法律而故意地违背事实和法律作枉法裁判。如果行为人过失地作出不公正判决或者因为业务水平不高而作出错误判决，都不能以犯罪论处。

易混易错

1. 民事、行政枉法裁判罪与徇私枉法罪的区别在于：(1) 主体范围不同。前者为法院中具体从事民事、行政审判的工作人员和主管人员；后者主要为公检法机关中具体负责办理刑事案件的人员及主管人员。(2) 发生的时空条件不同。前者只发生在民事、行政审判活动中；后者发生在刑事案件的侦查、审查起诉、审判等刑事诉讼活动中。

2. 司法工作人员收受贿赂，其行为又构成徇私枉法罪，民事、行政枉法裁判罪，执行判决、裁定失职罪，执行判决、裁定滥用职权罪的，与受贿罪构成牵连关系，从一重罪处断。

3. 划清徇私枉法罪与帮助毁灭、伪造证据罪的界限。两罪的主要区别是：(1) 侵犯的客体不同。徇私枉法罪侵犯的客体是司法机关的正常活动与司法公正；后者侵犯的客体是社会管理秩序中的司法秩序。(2) 客观方面不同。徇私枉法罪在枉法追诉、包庇、裁判过程中必须利用司法职权；后者无此限制。(3) 犯罪主体不同。徇私枉法罪的主体是特殊主体，限于司法工作人员；后者主体无此限制。

4. 划清徇私枉法罪与伪证罪的界限。两罪的主要区别是：(1) 侵犯的客体不同。徇私枉法罪侵犯的客体是司法机关的正常活动与司法公正；后罪侵犯的客体是社会管理秩序中的司法秩序。(2) 客观方面不同。徇私枉法罪限于利用司法职务之便；后罪的实施者中的证人、翻译人并无利用司法职务之便的行为特征。(3) 犯罪主体不同。徇私枉法罪的主体限于司法工作人员；后罪的主体则为证人、鉴定人、翻译人和记录人。

5. 徇私枉法罪与受贿罪的联系和区别。根据《刑法》第 399 条第 4 款的规定，司法工作人员因受贿而枉法追诉、裁判的，应择一重罪处断，不实行数罪并罚。

6. 根据《刑法》第 399 条第 2 款之规定，在民事、行政审判活动中枉法裁判情节严重的，才能构成犯罪。关于情节严重，目前尚无立法与司法解释，一般认为，下列情况应属于情节严重：(1) 枉法裁判造成国家或公民利益重大损失的；(2) 枉法裁判造成恶劣的社会影响的；(3) 多次枉法裁判的。

7. 民事、行政枉法裁判罪与受贿罪的关系。根据《刑法》第 399 条第 4 款的规定，司法工作人员贪赃枉法，同时又构成受贿罪的，依照处罚较重的规定定罪处罚。因此，对司法工作人员贪赃而枉法裁判，犯民事、行政枉法裁判罪和受贿罪的，应择一重罪定罪判刑，不实行数罪并罚。

试题范例

1. (2014 年真题) 单项选择题

下列选项中，属于渎职罪的是（　　）。

A. 贪污罪

B. 强令违章冒险作业罪

C. 医疗事故罪

D. 执行判决、裁定滥用职权罪

答案：D

2. 单项选择题

下列情形中，构成徇私枉法罪的是（　　）。

A. 某看守所警察甲利用值班之机，徇私情故意放跑因受贿罪被关押的犯罪嫌疑人刘某

B. 某法院法官乙在行政案件审判中故意曲解法律，偏袒原告，作出违背事实与法律的判决，情节严重

C. 警察丙在对陈某的抢夺行为进行侦查过程中，因接受陈某家属的吃请而隐匿陈某犯罪的证据

D. 警察丁为使其仇人王某受刑事追究，捏造王某犯罪的事实，向人民检察院举报，致使王某被无辜羁押 100 天

答案：C

核心法条

第 408 条之一　负有食品药品安全监督管理职责的国家机关工作人员，滥用职权或者玩

忽职守，有下列情形之一，造成严重后果或者有其他严重情节的，处五年以下有期徒刑或者拘役；造成特别严重后果或者有其他特别严重情节的，处五年以上十年以下有期徒刑：

（一）瞒报、谎报食品安全事故、药品安全事件的；

（二）对发现的严重食品药品安全违法行为未按规定查处的；

（三）在药品和特殊食品审批审评过程中，对不符合条件的申请准予许可的；

（四）依法应当移交司法机关追究刑事责任不移交的；

（五）有其他滥用职权或者玩忽职守行为的。

徇私舞弊犯前款罪的，从重处罚。

释解分析

本条规定的是食品、药品监管渎职罪。

1. 构成本罪的主体是负有食品药品安全监督管理职责的国家机关工作人员。目前，负有食品药品安全监督管理职责的主要是各级市场监管、药品监管部门的工作人员。客观方面，上述人员构成本罪必须有滥用职权或者玩忽职守的行为。滥用职权是指国家机关工作人员超越职权，违法决定、处理其无权决定、处理的事项或者违反规定处理公务的行为。玩忽职守是指国家机关工作人员严重不负责任，不履行或者不认真履行其职责的行为。具体包括五种食品药品监管渎职行为。构成本罪还必须造成严重后果或者有其他严重情节。造成严重后果包括导致发生重大食品安全事故、重大药品安全事件、疫苗安全事件等，以及其他严重后果。有其他严重情节是指虽未造成严重后果，但滥用职权、玩忽职守的情节严重，如滥用职权、玩忽职守的时间较长、次数较多、涉及面广、社会影响恶劣等。

2. 本罪的罪数。在渎职过程中受贿的，应当以食品、药品监管渎职罪和受贿罪实行数罪并罚。

易混易错

1. 食品、药品监管渎职罪与滥用职权罪、玩忽职守罪的区别。卫生行政部门、农业行政主管部门、质量监督部门、工商行政管理部门等有关国家机关工作人员在对食品药品安全履行监管职责过程中，因渎职失职造成严重后果或者有其他严重情节的，则定食品、药品监管渎职罪；如果没有发生上述后果，则应按滥用职权罪、玩忽职守罪定罪处罚。

3. 徇私舞弊型的食品、药品监管渎职罪，与《刑法》第 414 条规定的放纵制售伪劣商品犯罪行为罪，在罪状表述上有重合之处，食品、药品可以作为制售伪劣商品犯罪的危害对象，发生在食品药品监管领域的放纵制售伪劣商品犯罪行为可能是徇私舞弊型的食品、药品监管渎职犯罪行为，应当从法条竞合犯角度选择罪名。由于放纵制售伪劣商品犯罪行为罪最高法定刑为 5 年有期徒刑，而徇私舞弊型的食品、药品监管渎职罪基础刑最高法定刑为 5 年有期徒刑，造成特别严重后果或者有其他特别严重情节的，处 5 年以上 10 年以下有期徒刑，而且应从重处罚。因此，在司法适用时，徇私舞弊型的食品、药品监管渎职罪与放纵制售伪劣商品犯罪行为罪，在罪名选择上，应当按特别法优于一般法的原则，认定为食品、药品监管渎职罪。

试题范例

（2019 年真题）单项选择题

食品安全监管人员甲收受张某的巨额财物后，对其销售不符合安全标准食品的行为不履行监管职责，导致了重大食品安全事故，后果特别严重。甲的行为应当（　　）。

A. 直接以受贿罪一罪定罪处罚

B. 以食品监管渎职罪与受贿罪并罚

C. 直接以食品监管渎职罪一罪定罪处罚

D. 以食品监管渎职罪与受贿罪从一重罚处断

答案：B

第二部分

民法学

一、民法概述

核心法条

《民法典》第2条 民法调整平等主体的自然人、法人和非法人组织之间的人身关系和财产关系。

释解分析

本条规定的是我国民法的概念和调整对象。民法是调整平等主体之间发生的人身关系和财产关系的法律规范的总和。从性质上看，民法是私法，是调整市场经济关系的基本法，是调整市民社会关系的基本法，是权利法和实体法。从调整对象上看，民法的调整对象包括人身关系和财产关系两个方面。

人身关系是指与民事主体的人身不可分离，以特定精神利益为内容的社会关系。民法调整的人身关系，是指平等主体之间基于人格或身份而发生的，与人身不可分离，不具有直接财产内容的权利义务关系。民法调整的人身关系包括人格关系和身份关系。人格关系包括具体人格关系和一般人格关系。具体人格关系包括生命权、健康权、身体权、名誉权、荣誉权、隐私权、肖像权、姓名权、名称权等人格关系。一般人格关系包括人格独立、人格尊严、人格平等和人格自由等关系。身份关系包括配偶权、抚养权、扶养权、监护权等关系。民法调整的人身关系具有如下特点：(1) 主体地位平等。(2) 与人身不可分离。(3) 民法所调整的人身关系虽然不具有直接的财产内容，但是某些人身关系是财产关系产生的前提条件。同时，对民事主体的人身权进行侵害会导致民事主体的财产损失。

财产关系是指人们在物质资料的生产、分配、交换、消费的过程中形成的具有经济内容的社会关系。民法调整的财产关系，是指平等主体之间以财产归属和财产流转为主要内容的权利义务关系。财产关系的内容包括财产归属关系和财产流转关系，财产归属关系如物权关系，财产流转关系如债权关系，财产关系当然还包括继承关系等。民法调整的财产关系具有如下特点：(1) 主体地位平等。(2) 主体意思表示自由。(3) 民法所调整的财产关系的基本内容是财产归属关系和财产流转关系。(4) 在利益实现方面大多具有有偿的特点。

易混易错

1. 形式意义上的民法和实质意义上的民法。形式意义上的民法，指由立法机关系统编纂成《民法典》的民法规范体系。实质意义上的民法，指具备民法实质内容的民事法律规范体系，包括《民法典》和其他民事法律、法规。

2. 民法调整财产关系的有偿特点。民法所调整的财产关系大多具有有偿的特点，但并非所有财产关系都是有偿的，例如赠与、借用、遗赠、保证担保等，也属于财产关系，但却是无偿的。

3. 出题方式。本部分内容的出题方式主要是选择题和简答题，简答题如简述民法的性质。在法学方向研究生入学考试中，民法的性质还可以考查论述题。

试题范例

1. (2019年真题) 单项选择题

下列行为中，由民法调整的是（　　）。

A. 甲与网友相约一起参加电子竞技

B. 乙大学拒绝授予郑某硕士学位

C. 丙在相亲活动中与王某成功“牵手”

D. 丁公安局发布公告：“提供破案线索者，奖励3 000元”

答案：D

2. 单项选择题

下列选项中，不属于民法性质的是（　　）。

A. 权利法

B. 实体法

C. 公法

D. 市民社会关系基本法

答案：C

核心法条

《民法典》第4条 民事主体在民事活动中的法律地位一律平等。

释解分析

本条规定的是平等原则。平等原则，是我国民法将平等主体之间的财产关系和人身关系作为其调整对象的必然体现。民法的平等原则集中反映了民法所调整的社会关系的本质特征，也是全部民事法律制度的基础。市场经济最本质的特征就体现在主体之间的平等性上。

现代法治社会以贯彻平等原则为特征，而自然人在法律面前的平等，具体体现为民法所确认的主体的平等地位和责任自负原则，造成损害应根据损益相当准则进行赔偿原则，对自然人、法人和非法人组织的合法权益平等保护的原则等。

平等原则具体表现在以下4个方面：(1) 自然人的民事权利能力一律平等。任何自然人在法律上不分尊卑贵贱、财富多寡、种族差异、性别差异，其抽象人格都是平等的。民事权利能力与生俱来，为自然人终身享有，且自然人的民事权利能力在范围上是平等的。除法律特别规定的以外，任何单位和个人不得限制和剥夺自然人的民事权利能力。(2) 不同民事主体参与民事法律关系适用同一法律，处于平等的地位。这尤其表现在合同关系中，无论参与合同关系的当事人在事实上是否具有隶属关系或不平等的地位，在合同关系中认为当事人之间完全平等。即使国家在参与民事关系时也要适用民法的规定，不允许有任何特殊之处。任何民事主体在民事关系中的地位都是平等的，即使具有隶属关系的上下级单位，在民事关系中其法律地位也一律平等，无领导者和被领导者之分，上级单位不能因为其享有行政权力而凌驾于下属单位之上。(3) 民事主体在民事法律关系中必须平等协商。任何一方当事人不得将自己的意志强加给另一方当事人。(4) 对权利予以平等的保护。在法律上，无论具体的人具有何种事实上的差异，当其权利受到侵害时，法律都给予平等保护。任何主体都不能比其他主体享有更多的保护，即使公有财产从政治层面上神圣不可侵犯，但是在民法中仍应与私人财产受到同等的保护。

易混易错

1. 民法的基本原则及其功能。民法基本原则是指效力贯穿于民法始终的基本准则，是对民事立法、民事行为和民事司法具有普遍指导意义的基本准则。民法基本原则具有如下3项功能：(1) 指导功能。民法基本原则的功能突出表现在它的指导性。民法基本原则对民事立法、民事行为和民事司法均有指导意义。(2) 约束功能。民法基本原则对民事立法、民事行为和民事司法有约束力。(3) 补充功能。民法基本原则在民事法律规范中处于指导和统帅的地位，但是通常在民事法律规范有具体规定的情况下，必须适用具体规定，不能直接适用民法基本原则。

2.《民法典》确立的基本原则。根据我国《民法典》规定，民法的基本原则包括7项：平等原则（第4条）、自愿原则（第5条）、公平原则（第6条）、诚实信用原则（第7条）、合法原则、公序良俗原则（第8条）和绿色原则（第9条）。有人认为《民法典》第3条（民事主体的人身权利、财产权利以及其他合法权益受法律保护，任何组织或者个人不得侵犯）即民事权益受法律保护原则也是民法基本原则，但本书认为，《民法典》第3条仅是倡导性规范，不是民法的基本原则。

3. 出题方式。本内容的出题方式为选择题和简答题，简答题如民法基本原则的功能、平等原则的内容等。在法学方向研究生入学考试中，民法基本原则、平等原则、自愿原则、诚实信用原则还可以考查论述题。就平等原则而言，考生应当从平等原则的含义、意义、内容等方面作答该论述题。就自愿原则而言，考生应当从自愿原则的含义、意义、内容和限制四方面作答该论述题。就诚实信用原则而言，考生应当从诚实信用原则的含义、意义和要求等方面作答该论述题，此外，诚实信用原则在民法中的体现也是论述题的重点考查方向。

试题范例

多项选择题

下列选项中，体现平等原则要求的有（　　）。

A. 自然人的民事权利能力一律平等

B. 不同民事主体参与民事法律关系适用同一法律，处于平等的地位

C. 民事主体在民事法律关系中必须平等协商

D. 对权利予以平等保护

答案：ABCD

核心法条

《民法典》第5条 民事主体从事民事活动，应当遵循自愿原则，按照自己的意思设立、变更、终止民事法律关系。

释解分析

本条规定的是自愿原则。自愿原则又称意思自治原则、私法自治原则，是指民事主体在从事民事活动时，在法律允许的范围内自由表达自己的意愿，并按其意愿设立、变更、终止民事法律关系的原则。自愿原则是私法自治和民法理念的体现，民法最重要的使命就是确认并保证民事主体自由的实现。

自愿原则在民法中具体体现为所有权保护、合同自由、婚姻自由、家庭自治、遗嘱自由以及过错责任等民法的基本理念，其内涵主要表现在赋予民事主体在法律范围内的广泛行为自由。自愿原则具体表现在以下3个方面：(1) 民事主体有权自主决定是否参加民事活动以及如何参加民事活动。也就是说，当事人可以对所参与的民事法律关系的相对人、内容、行为方式、形式等依据其意志自由选择。(2) 民事主体应当以平等协商的方式从事民事活动，就民事法律关系的设立、变更、终止达成合意。(3) 在法律允许的范围内，民事主体有权依其意愿自主作出决定，并对其自由表达的真实意愿负责，任何组织和个人不得非法干预。根据私法自治原则，当事人只要不违反法律、行政法规的强制性规定和不违背公序良俗，国家及其机关以及其他组织和个人就不能进行干预，这对于确认行政机关干预私法自治的合理范围、保护当事人的意思自由十分必要。

自20世纪以来，国家加强了对经济领域的干预，私法自治原则受到了越来越多的限制。但是，该原则在民法中仍然处于支配地位，并始终被认为是民法最基本的精神和原则。

试题范例

单项选择题

下列民事法律关系中，不体现自愿原则的是(　　)。

A. 合同自由

B. 婚姻自由

C. 遗嘱自由

D. 物权设定自由

答案：D

核心法条

《民法典》第6条 民事主体从事民事活动，应当遵循公平原则，合理确定各方的权利和义务。

释解分析

本条规定的是公平原则。公平原则是指民事主体应当本着公平的理念从事民事活动，司法机关应当根据公平的理念处理民事纠纷。

公平的理念贯彻在整个民事法律制度的设计当中，情事变更规则、显失公平制度、合同关系中的等价有偿、侵权责任中的法定分担损失规则等，都体现了公平原则。公平原则具体表现在以下2个方面：(1) 民事主体在从事民事法律活动时，应当本着公平的理念合理地确定权利义务关系，并且正当地行使权利、履行义务，兼顾他人利益和社会公共利益。(2) 司法机关在处理民事纠纷的过程中应当做到公平合理。在法律没有明文规定时，司法机关依据公平原则获得自由裁量权，本着公平、正义的理念进行裁判，解决民事纠纷。

试题范例

多项选择题

下列民事制度中，体现公平原则的有(　　)。

A. 情事变更规则

B. 显失公平制度

C. 法定分担损失规则

D. 司法机关公平合理处理民事纠纷

答案：ABCD

核心法条

《民法典》第7条 民事主体从事民事活动，应当遵循诚信原则，秉持诚实，恪守承诺。

释解分析

本条规定的是诚信原则。诚信原则是诚实信用原则的简称，是指民事主体从事民事活动时，应当诚实守信，正当地行使民事权利并履行民事义务，不实施欺诈和规避法律的行为，在不损害他人利益和社会利益的前提下追求自己的利益。

诚实信用原则是市场经济活动中的一项基本道德准则。民法将这一道德准则上升为法律原则，要求民事主体在民事活动的过程中维持民事主体之间的利益平衡以及当事人利益与社会利益之间的平衡。

诚实信用原则具体表现在以下3个方面：(1) 民事主体在从事民事活动时，必须将有关事项和真实情况如实告知对方，禁止隐瞒事实真相和欺骗对方当事人。(2) 民事主体之间一旦作出意思表示并且达成合意，就必须重合同、守信用，正当地行使权利和履行义务。法律禁止当事人背信弃义、擅自毁约的行为。(3) 民事活动过程中发生损害，民事主体双方均应及时采取合理的补救措施，避免和减少损失。

试题范例

1. 单项选择题

下列选项中，不属于民法典规定的基本原则的是（　　）。

A. 平等原则　　B. 等价有偿原则

C. 意思自治原则　　D. 诚实信用原则

答案：B

2. 单项选择题

甲商店将一双国产皮鞋标为意大利产皮鞋卖给顾客乙。就民法的基本原则而言，甲商店违反了（　　）。

A. 公平原则　　B. 公序良俗原则

C. 诚实信用原则　　D. 自愿原则

答案：C

核心法条

《民法典》第8条　民事主体从事民事活动，不得违反法律，不得违背公序良俗。

释解分析

本条规定的是公序良俗原则。公序良俗是由“公共秩序”和“善良风俗”两个概念构成的，在法国民法典中被统称为公序良俗。公序良俗原则中的公序即公共秩序，良俗即善良风俗。公序良俗原则是指民事主体从事民事活动的内容和目的不得违背公共秩序和善良风俗。

公序良俗包括如下2个方面的内容：(1) 公序。公序即公共秩序，主要包括社会公共秩序和生活秩序。危害社会公共秩序的行为通常也就是违反强制性规范的行为。(2) 良俗。良俗即善良风俗，也就是社会公共道德或社会公共生活准则(社会公德)。社会公共道德是指由全体社会成员所普遍认许、遵循的道德准则；社会公共生活准则是在我国人民长期的共同生活中培植形成的，它对于调整人与人之间的正常关系、建设社会主义精神文明具有重要的作用。公序良俗原则不仅适用于财产关系，而且适用于人身关系。

违背公序良俗原则的行为类型有：(1) 危害国家公序的行为。如规避课税的合意。(2) 危害家庭关系的行为。如断绝亲子关系的协议。(3) 违反性道德的行为。如为开设妓院、性交会所而签订房屋买卖合同或租赁合同。(4) 射幸行为。射幸行为是指以他人的损失作为自己获得偶然利益的行为，如保险、赌博、彩票等。其中，保险、彩票属于合法的射幸行为，而赌博或者地下博彩等则属于不合法的射幸行为。(5) 违反人权或者有损人格尊严的行为。如卖身契或以债务人人身作为抵押的合同。(6) 限制经济自由的行为。如垄断强势企业封锁市场的行为。(7) 违反公平竞争的行为。如招标过程中的围标行为。(8) 违反消费者保护规定的行为。如欺诈交易。(9) 违反劳动者保护规定的行为。如某企业“工伤概不负责”的免责条款。(10) 暴利行为。如显失公平的民事行为。

试题范例

1. 单项选择题

下列选项中，违反公序良俗原则的民事行为是（　　）。

A. 以姘居为条件的赠与

B. 以停止违法行为为条件的赠与

C. 以房屋作为抵押物的担保契约

D. 以自己的意愿设立的遗嘱

答案：A

2. 多项选择题

体现一般道德观念的民法基本原则有（　　）。

A. 公平原则　　B. 诚实信用原则
C. 平等原则　　D. 公序良俗原则
答案：ABD

核心法条

《民法典》第 9 条　民事主体从事民事活动，应当有利于节约资源、保护生态环境。

释解分析

本条规定的是绿色原则。绿色原则是指民事主体的民事活动应当符合资源的有效利用和环境保护的要求。绿色原则是代际正义的要求，当代社会经济的发展不能牺牲未来的社会资源和环境。这里的“代际正义”是关于当代人和后代人之间如何公平地分配各种社会和自然资源、享有和传承人类文明成果的正义问题。绿色原则也是社会可持续发展的要求，对于民事活动中民事责任承担的利益考量，应当符合绿色原则，例如在生态、环境侵权等特殊侵权构成中基于绿色原则而确定其特殊的构成要件。

绿色原则也是倡导性的原则规定，倡导民事主体的民事活动应有利于节约资源、保护生态环境。民事主体应当选择低能耗、对环境友好的生产、生活方式，以实现节约资源、保护环境、绿色发展的理念。将绿色原则作为倡导性原则规定，有助于突出绿色原则作为民法典的基本价值取向，更为全面地体现绿色原则在民事主体行使民事权利、履行民事义务和承担民事责任等民事活动各领域的引导和规范作用，是我国民法典回应 21 世纪资源和生态环境日益恶化这一时代特征的重要立法举措，也是对传统民法基本原则体系的重要创新。

绿色原则的主要功能有 3 项：(1) 指导功能。绿色原则对民事立法、民事活动和民事司法均有指导意义。(2) 约束功能。绿色原则对民事立法、民事活动和民事司法均有约束力。(3) 补充功能。法官在审理案件时，若无具体规范可供适用，可依绿色原则裁判案件。

试题范例

单项选择题

体现创新理念的民法基本原则是（　　）。

A. 公序良俗原则　　B. 绿色原则
C. 诚实信用原则　　D. 平等原则
答案：B

核心法条

《民法典》第 10 条　处理民事纠纷，应当依照法律；法律没有规定的，可以适用习惯，但是不得违背公序良俗。

释解分析

本条规定的是处理民事纠纷的依据（民法的渊源）。处理民事纠纷，应当依照法律；法律没有规定的，可以适用民事习惯。根据本条规定，习惯正式成为我国民法的渊源，但法理仍然不能成为处理民事纠纷的依据，即法理不能成为我国民法的渊源。

民法的渊源包括：(1) 宪法。(2) 民事法律。(3) 行政法规。(4) 地方性法规。(5) 规章。规章包括部门规章和地方政府规章，规章中的民事规范属于民法的渊源。(6) 司法解释。司法解释主要是指最高人民法院所作的司法解释等。(7) 国际条约。我国签订的国际条约对于我国国内的自然人、法人也具有与国内法一样的约束力。(8) 民事习惯。民事习惯，是指当事人所知悉或实践的生活和交易习惯。不过，习惯作为民法的渊源是受限制的，只有不违背公序良俗并经国家认可的习惯，才具有民法渊源的意义。在适用上，在存在具体法律规则时，应当优先适用具体的法律规则，而不能直接适用习惯；只有在不存在具体的法律规则时，才能考虑适用习惯，且在考虑适用习惯时，不得违背公序良俗。

试题范例

单项选择题

下列选项中，不能成为民法渊源的是（　　）。

A. 民事习惯

B. 司法解释

C. 法理和学说

D. 国际条约

答案：C

核心法条

《民法典》第 130 条　民事主体按照自己的意愿依法行使民事权利，不受干涉。

《民法典》第 131 条　民事主体行使权利时，应当履行法律规定的和当事人约定的义务。

《民法典》第 132 条　民事主体不得滥用民事权利损害国家利益、社会公共利益或者他人合法权益。

释解分析

上述条文规定的是民事权利及其行使。民事权利是指民事主体为实现某种利益而依法为某种行为或不为某种行为的自由。民事权利的特征包括：(1) 权利人依法直接享有某种利益，或者实施一定行为的自由。(2) 权利人可以请求义务人为一定行为或不为一定行为，以保证其享有实现某种利益的自由。(3) 这种自由是有保障的自由，它表现为在权利受到侵犯时，具有请求有权国家机关予以保护的可能性。

民事权利的行使也就是民事权利内容的实现。民事权利的行使是实现民事权利内容的过程，民事权利的实现是民事权利行使的结果。任何民事权利的实现，不仅关系到权利人的利益，而且关系到义务人的利益以及国家和社会的利益。因此，民事主体在行使其民事权利时，应尊重他人的利益，不得滥用民事权利。行使民事权利的方法多种多样，主要包括事实行为和民事法律行为两种。

民事权利的行使应当遵循以下原则：(1) 民事权利的行使必须符合国家法律和社会公共利益的要求。权利意味着主体的意志自由，但这种自由是有一定限度的。人们必须在法律规定的限度内行使自己的权利，只有在这个限度内，人们才可能依自己的意志从事一定的行为。这个界限就是不得损害国家利益、社会公共利益和他人合法权益。我国法律、法规不仅通过许多强制性规范确立了民事权利行使的目的和界限，而且民法也确立了诚实信用、公序良俗等原则，以维护社会公共利益和公共道德，这是个人利益和社会利益统一的表现。(2) 不得滥用权利损害国家利益、社会公共利益或者他人合法权益。民事主体在行使自由和权利的时候，不得损害国家的、社会的、集体的和其他民事主体的合法的自由和权利，这就是禁止滥用权利。我国民法禁止任何人滥用权利。(3) 民事权利的行使必须符合诚实信用原则。诚实信用原则作为我国民法的基本原则和合同法的基本原则，适用于民事权利的设立、变更和行使等各种法律关系，尤其是在民事权利的行使方面，只有严格遵循诚实信用原则，民事权利人才能正当地行使民事权利，建立和谐的经济生活秩序，保障财产流转的正常进行。

民事权利的行使应当受到法律规定的限制，但法律上的限制必须出于维护社会公共利益的目的，这对保护自然人享有财产权和人身权是十分必要的。我国民法禁止权利主体滥用民事权利，这具体表现在以下两个方面：(1) 民事主体行使民事权利不得超越法律、政策和社会公德的正当限制，不得损害他人合法权益和社会公共利益。(2) 民事主体对其背离权利应有的社会目的或超越权利应有的限度，损害他人合法权益和社会公共利益的行为应当承担相应的民事责任。

易混易错

1. 民事权利的分类。(1) 财产权和人身权。财产权如物权、债权、知识产权、继承权等。人身权如隐私权、健康权、亲属权等。(2) 支配权、请求权、抗辩权、形成权。支配权如物权、人身权、知识产权、继承权等。请求权如债权。抗辩权分为永久性（消灭性）抗辩权和延期（延缓）抗辩权。永久性抗辩权如存在合同请求权时，合同的履行、提存、债务免除、解除合同、时效经过等抗辩权。延期抗辩权如同时履行抗辩权、先履行抗辩权、不安抗辩权和先诉抗辩权。形成权如追认权、抵销权、撤销权、选择权、否认权、解除权、介入权等。(3) 绝对权和相对权。绝对权如物权、人身权、知识产权、继承权等。相对权如债权。(4) 主权利和从权利。(5) 既得权和期待权。大多数权利为既得权。期待权如附条件的权利、附期限的权利、保险合同受益人的权利、含有所有权保留条款的买卖合同等。

2.《民法典》规定的民事权利。《民法典》系统全面地确认了民事主体所享有的各项民事权利，在第五章中具体规定了民事权利：人身自由权、人格尊严权（第 109 条），各类人格权（第 110 条），个人信息权益（第 111 条），身份权（第 112 条），物权（第 114 条），债权（第 118 条），知识产权（第 123 条），继承权（第 124 条），股权和其他投资性权利（第 125 条），数据和网络虚拟财产权（第 127 条）等。

3. 民事权利的救济。民事权利的救济包括私力救济和公力救济。私力救济包括依法向侵权行为人提出请求、从事自卫行为和实施自助行为等。公力救济包括起诉、民间调解、民事仲裁、依法请求国家机关给予保护等。

4. 出题方式。本部分内容出题方式包括选择题和简答题。在法学方向研究生入学考试中，民事权利的行使和民事权利的保护还可以以论述题的形式考查。

试题范例

1.（2015 年真题）单项选择题

下列民事权利中，属于支配权的是（　　）。

A. 甲对无权代理的追认权

B. 乙对自身肖像的使用权

C. 丙因受欺诈享有的撤销合同的权利

D. 丁被他人打伤享有的请求赔偿的权利

答案：B

2. 单项选择题

下列权利中，属于形成权的是（　　）。

A. 代位权　　B. 介入权

C. 著作权　　D. 隐私权

答案：B

核心法条

《民法典》第 109 条　自然人的人身自由、人格尊严受法律保护。

《民法典》第 110 条　自然人享有生命权、身体权、健康权、姓名权、肖像权、名誉权、荣誉权、隐私权、婚姻自主权等权利。

法人、非法人组织享有名称权、名誉权和荣誉权。

《民法典》第 111 条　自然人的个人信息受法律保护。任何组织或者个人需要获取他人个人信息的，应当依法取得并确保信息安全，不得非法收集、使用、加工、传输他人个人信息，不得非法买卖、提供或者公开他人个人信息。

《民法典》第 112 条　自然人因婚姻家庭关系等产生的人身权利受法律保护。

释解分析

上述条文规定的是人身权。人身权是指民事主体依法享有的与其人身密不可分，而又没有直接财产内容的民事权利。人身权可以分为人格权和身份权。

人格权是指民事主体依法享有的为维护其独立法律人格所必备的基本民事权利。人格权分为一般人格权和具体人格权。《民法典》第 109 条规定了一般人格权。一般人格权是指民事主体基于人身自由以及人格尊严等根本人格利益而享有的人格权。一般人格权具有产生具体人格权、解释具体人格权和补充具体人格权三项功能。《民法典》第 110 条规定了具体人格权。具体人格权是指民事主体基于具体人格权利而享有的人格权。具体人格权包括生命权、身体权、健康权、姓名权、名称权、肖像权、名誉权、荣誉权、隐私权、个人信息权益（《民法典》第 111 条）等。具体人格权分为物质性人格权和精神性人格权。物质性人格权包括生命权、身体权和健康权，精神性人格权包括姓名权、名称权、肖像权、名誉权、荣誉权、隐私权、个人信息权益等。

《民法典》第 112 条规定了身份权。身份权是指民事主体基于在特定的社会关系中的地位和资格而依法享有的民事权利，包括因婚姻家庭关系而产生的配偶权和亲属权。人格权和身份权的区别主要表现在：（1）权利主体不同。人格权的权利主体包括自然人、法人和非法人组织，身份权的权利主体限于自然人。（2）客体不同。人格权以人格要素为客体，如姓名、肖像、名誉等，身份权的客体是基于一定身份关系形成的身份。（3）取得根据不同。人格权源于民事主体的出生或者成立，身份权源于事件或者行为。（4）权利的存续期间不同。民事主体具有独立人格期间皆享有人格权，人格权没有特别的期限限制。身份权是以一定的身份为前提，并以身份的存续为权利存续的前提。

试题范例

1. 单项选择题

下列有关人格权和身份权异同的表述，正确的是（　　）。

A. 人格权和身份权和财产内容无关

B. 人格权属于支配权，身份权属于请求权

C. 人格权受到侵害后权利人可以请求损害赔

民法学

偿，身份权则不可以

D. 人格权始于出生或者成立，身份权源于事件或者行为

答案：D

2. 单项选择题

下列权利中，属于一般人格权的是（　　）。

A. 人格尊严　　B. 个人信息权益

C. 婚姻自主权　　D. 亲属扶养权

答案：A

核心法条

《民法典》第 114 条　民事主体依法享有物权。

物权是权利人依法对特定的物享有直接支配和排他的权利，包括所有权、用益物权和担保物权。

释解分析

本条规定的是物权。物权是权利主体依法直接支配特定的物并享受其利益的排他性权利，包括所有权、用益物权和担保物权。对物权的概念需要把握如下四点内容：（1）物权是一种财产权，具有直接的财产内容。（2）物权是直接支配物的权利。所谓“直接”，是指物权人对标的物的支配无须他人意思或行为的介入便可实现。所谓“支配”，是指依权利主体的意思，对物加以管领处理。（3）物权是支配特定物的权利。该特定物可以是动产，也可以是不动产；可以是权利人合法所有的自有物，也可以是权利人根据法律、合同所支配的他人的物。作为物权客体的物，在内容、范围上均须确定，否则，将因物的归属不明、利用无度而导致社会生活陷于混乱。需要指出的是，某些类型的物权也可以以权利为客体，如权利质权即是以权利为客体的物权，再如建设用地使用权、土地承包经营权、地役权等权利可以成为抵押权的客体。物权以物之外的权利为客体的，须有法律的明确规定。（4）物权具有排除他人干涉的效力。物权人得就特定的物为独立支配从而享受其利益，而无须他人积极配合，也当然排除他人干涉。当物权人行使权利遇到不法妨碍时，可以凭借物权直接请求排除妨碍。

物权具有如下特征（物权和债权的区别）：(1) 权利性质不同。在权利的性质上，物权是支配权，而债权则是一种请求权。物权以物为支配对象，包括对物的全面支配和限定支配。物权人无须借助他人的行为就能行使其权利，并通过对标的物的直接管领、支配来实现自己的利益。对物进行支配，不是物权人的目的而是物权人的手段，物权人的目的在于通过支配而取得物之利益。债权人不能直接支配债务人的财产，只能请求债务人为或不为一定行为。（2）权利效力范围不同。在权利效力范围上，物权是绝对权，债权是相对权。物权的义务主体是权利人以外的一切人，故又称为对世权，而债权人则只能向特定的义务主体（债务人）主张权利，故债权又称为对人权。(3) 权利客体不同。在权利的客体上，物权的客体是物，且原则上为有体物，而债权的客体则为行为。（4）权利效力不同。在权利的效力上，物权具有优先效力、追及效力、排他效力，而债权则没有这些效力。（5）权利发生不同。在权利的发生上，物权的设定采取法定主义，而债权（合同之债）的设定则采取任意主义。（6）权利保护方法不同。在权利的保护方法上，物权的保护以恢复权利人对物的支配为主要目的，偏重于“物上请求权”的方法，赔偿损失仅为补充方法，而债权的保护则主要采取赔偿损失的方法。

物权的效力是指为实现物权的内容，法律上所赋予权利人的权能。它反映了法律保障物权人能够对标的物进行支配并排除他人干涉的范围与程度，基本内容为如何实现物权。（1）物权的优先效力。在现实生活中，就同一标的物既会发生债权与物权间的冲突，如出卖的标的物上同时存在他人的抵押权；也会发生不同物权间的冲突，如同一动产上既存在质权也存在抵押权等。为解决这些冲突，法律赋予了物权的优先效力。物权的优先效力包括物权对于债权的优先效力和物权相互之间的优先效力两个方面。1）物权对于债权的优先效力。物权对于债权的优先效力体现在当物权与债权可能发生权利冲突时，物权原则上具有优先于债权的效力。如同一物上既有物权，又有以其为给付标的物的债权时，物权优先于债权。典型者为在一物数卖的场合，已经取得物之所有权的买受人，其所有权优先于未取得所有权的买受人之债权。不过，物权优先于债权也有例外，个别情形下法律赋予某些债权以优先于物权的效力，这里的“个别情形”主要指如下情形：①物权不能优先于办理了预告登记的债权。《民法典》第 221 条第 1 款规定：当事人签订买卖房屋的协议或者签订其他不动产物权的协议，为保障将来

实现物权，按照约定可以向登记机构申请预告登记。预告登记后，未经预告登记的权利人同意，处分该不动产的，不发生物权效力。据此，房屋所有权人在与购房者签订了房屋买卖合同并办理了房屋所有权转移的预告登记之后，该所有权人对房屋的处分权受到了限制，购房者虽然只是享有债权，但是该债权的效力强于所有权，否则不足以保障购房者将来取得房屋的所有权。②买卖不破租赁。在不动产租赁中，先设定的租赁权优先于在后的所有权或者抵押权。根据《民法典》第405条的规定，抵押权设立前，抵押财产已经出租并转移占有的，原租赁关系不受该抵押权的影响。《民法典》第725条规定：租赁物在承租人按照租赁合同占有期限内发生所有权变动的，不影响租赁合同的效力。③物权不能优先于法律赋予了优先效力的某些债权。例如，对于消费者交付购买商品房的全部或者大部分款项后，承包人就该商品房享有的工程价款优先受偿权不得对抗买受人，而建设工程的承包人的优先受偿权又优于抵押权和其他债权。2）物权相互之间的优先效力。物权相互之间的优先效力，是指同一物上并存多项物权时，设立在先的物权优先于设立在后的物权。设立时间相同的，两个物权的地位平等。例如，《民法典》第414条第1款规定：同一财产向两个以上债权人抵押的，拍卖、变卖抵押财产所得的价款依照下列规定清偿：①抵押权已经登记的，按照登记的时间先后确定清偿顺序；②抵押权已经登记的先于未登记的受偿；③抵押权未登记的，按照债权比例清偿。此外，如果同一物上既存在所有权又存在某一他物权，由于他物权是对所有权的限制，故当然具有优先于所有权的效力。倘若同一物上存在两项以上性质互不相容的物权，则先设立的物权有效，后设立的物权无效。例如，同一块土地上已经设立了建设用地使用权，则在该土地上不得再设立建设用地使用权。物权相互之间的优先效力要解决的是能够并存且可能发生权利冲突的若干个物权之间何者优先的问题。该问题的解决规则是原则上成立在先则效力优先，但是法律另有规定的除外。这里的“法律另有规定的除外”，例如，《民法典》第456条规定：同一动产上已经设立抵押权或者质权，该动产又被留置的，留置权人优先受偿。（2）物权的追及效力。物权的追及效力是指作为物权客体的物无论辗转流向何处，权利人均得追及于物的所在，行使其权利。但物权的追及效力会受到善意取得制度的阻却。（3）物权的排他效力。《民法典》第114条第2款将物权界定为“权利人依法对特定的物享有直接支配和排他的权利”。该款中的“排他”一词，就是指物权的排他效力或对世效力。物权的排他效力意味着同一物上不能同时存在两个或两个以上内容互不相容的物权，如一物之上只能存在一个所有权，此所谓“一物一权原则”。例如，一部电脑上不可能同时存在两个所有权，也就是说，这部电脑要么属于甲，要么属于乙，它不可能既归甲、又归乙。

根据本条规定，物权是权利人依法对“特定的物”享有直接支配和排他的权利，包括所有权、用益物权和担保物权。这表明，物权的客体是特定的，这涉及物权客体特定原则。物权客体特定原则也称为“一物一权原则”，即所谓“一物不能容二主”，是指物权的客体必须是特定的，至少在实现该物权时，其客体是可以特定的。倘无特定之客体，则物权的权利人的管领或处置将无的放矢。物权客体特定的唯一要求是物权客体的特定化，其内容包括：（1）物权的客体限于在经济上和功能上完整的、独立的一物，物的组成部分不能成为物权的客体。（2）一物之上只能成立一个所有权。该原则与以下情形并不矛盾：①多人对同一物共享一项物权。例如，甲与乙对某一栋别墅共同拥有一个所有权即共有权，这是完全可以的。②内容互不冲突的物权并存于一物之上，如所有权与他物权并存、用益物权与担保物权并存、担保物权与担保物权并存。物权客体特定原则并不意味着物权的客体仅限于物，权利也可以成为物权的客体，即便权利成为物权的客体，也须特定化。例如，在《民法典》第396条规定的动产浮动抵押权中，抵押权设立之时，其客体并不特定，包括抵押人“现有的以及将有的生产设备、原材料、半成品、产品”，然而，在浮动抵押权实现之时，该抵押财产必须特定（《民法典》第411条）。

根据对标的物的支配范围的不同，可以将物权分为完全物权和定限物权（限制物权、他物权）。完全物权是对标的物为永久全面支配的物权。所有权是最完整、最充分的物权，也是唯一的完全物权。所有权人对自己的不动产或者动产，依法享有占有、使用、收益和处分的权利。《民法典》第二编第二分编对所有权作出了规定。为充分发挥物的效用，从所有权中可以分离、派生出其他各种物权。定限物权是仅能在特定范围内支配标的物的物权。定限物权除特殊情况外，均设立于他人的所有物上，所以又称之为他物权，包括用益物权和担保物权。用益物权是指用益物权人对他人所有的不动产或者动产，依法享有占有、使用和收益的权利。《民法典》第二编第三分编对用益物权作出了规定。担保物权是指担保物权人在债务人不履行到期债务或者发生当事人约定的实现担保物权的情形，依法享有就担保财产优先受偿的权利，但是法律另有规定的除外。《民法典》第二编第四分编对担保物权作出了规定。用益物权和担保物权的区别表现在：(1) 目的不同。用益物权以使用收益为目的，即其目的在于实现物的使用价值；担保物权以确保债权实现为目的，即其目的在于实现物的交换价值。(2) 权利性质不同。用益物权一般是独立的主权利，多具有独立性，其存在并不以其他权利的存在为前提条件；担保物权属于从权利，具有从属性，其存在以权利人对物之所有人或其关系人享有的债权为前提。(3) 权利客体不同。用益物权的客体为有体物，包括动产和不动产，但多为不动产；担保物权的客体既包括动产和不动产，还包括权利。(4) 客体价值形态的变化对权利人利益的影响不同。如果用益物权客体的价值形态发生变化，就会对权利人的使用收益权产生直接的影响，甚至导致该权利的消灭；担保物权客体价值形态的变化，并不影响担保物权的存在。(5) 权利实现方式不同。用益物权人取得用益物权时即可实现其权利；担保物权人取得担保物权后，只有在所担保的债权未获清偿时才可以行使变价受偿权。(6) 设立条件不同。用益物权的设立以占有标的物为条件；担保物权的设立，除了质权和留置权外，其他担保物权不以占有标的物为条件。

易混易错

1. 根据物和其产出的关系，可以将物分为原物和孳息。孳息分为天然孳息和法定孳息。天然孳息是指果实、动物的出产物以及其他依物的用法收取的利益，如鸡蛋、牛犊、鹿茸、耕种土地收取的粮食等。法定孳息是指依法律关系取得的利益，如利息等。但是，本书认为，股息不属于孳息。此外，开垦的农田，输送的电力、热力、煤气等，不能认定为孳息。

2. 孳息必须是独立的物。如果孳息未与原物分离，不能认定为孳息。如摘下的果实为孳息，但是树上的果实，因尚未与树分离，不能认定为孳息。

3. 孳息的取得。《民法典》第 321 条规定，天然孳息，由所有权人取得；既有所有权人又有用益物权人的，由用益物权人取得。当事人另有约定的，按照其约定。法定孳息，当事人有约定的，按照约定取得；没有约定或者约定不明确的，按照交易习惯取得。

4. 主物、从物和原物、孳息的区别。孳息属于收益，而从物不属于原物的收益，而是配合主物发挥其经济效能的物。主物和从物的划分标准是：两个物在物理属性上相互独立、在经济用途上相互联系。主物和从物都是独立的物，从物不能成为主物的组成部分，而且主物和从物的所有权必须属于同一人。从物的所有权随主物的所有权的转移而转移，除非当事人之间有特别约定或者法律有特别规定。下面各组的物都属于主物和从物的关系：电视机和遥控器、空调和遥控器、船和船桨、门和钥匙、汽车和备用轮胎、领带和领带夹等。但是，汽车和轮胎、大米和装米的麻袋、窗帘和房屋等，因不具有独立性或者没有经济上的必然联系而不能认定为主物和从物的关系。

5. 物权客体类型的差异。物权的客体包括动产、不动产和权利，各类物权的客体在类型上差异较大，具体而言：(1) 只能以动产作为客体的物权是留置权。(2) 只能以不动产作为客体的物权包括地役权、建设用地使用权、土地承包经营权、宅基地使用权、居住权和海域使用权等。(3) 客体既可以是动产，也可以是不动产的物权是所有权。(4) 客体既可以是动产，也可以是权利的物权是质权。(5) 客体既可以是动产，也可以是不动产，还可以是权利的物权是抵押权。

6. 物权的种类及其分类标准。物权可以按照不同的标准进行分类。(1) 根据对标的物的支配范围的不同，物权分为完全物权（所有权）和定限物权（限制物权、他物权）。在物权体系中，只有所有权属于完全物权，其余物权类型都属于他物权。(2) 按照标的物的支配内容上的差异，可以将定限物权分为用益物权和担保物权。用益物权是指权利人对他人所有的不动产或者动产依法享有的占有、使用和收益的定限物权。传统民法中的用益物权主要包括地上权、永佃权、用益权、典权等。《民法典》规定的用益物权主要包括土地承包经营权、建设用地使用权、居住权、宅基地使用权、地役权和特种用益物权（如海域使用权）。担保物权是指以确保债务履行为目的的定限物权。《民法典》规定的担保物权有抵押权、质权和留置权。其中，抵押权和质权为约定担保物权，留置权为法定担保物权。(3) 根据标的物种类的不同（即物权客体种类的不同），物权分为动产物权和不动产物权。动产物权包括动产所有权、动产抵押权、动产质权和留置权。不动产物权包括不动产所有权、地役权、建设用地使用权、土地承包经营权、宅基地使用权和居住权等。(4) 以物权有无从属性为标准，可以将物权分为主物权和从物权。主物权是指能够独立存在的物权，如所有权、建设用地使用权、土地承包经营权、宅基地使用权等。从物权是指必须依附于其他权利而存在的物权，如地役权、抵押权、质权和留置权。

7. 法律硕士联考中，本内容出题方式包括各类题型。出题思路：选择题为物的分类、物权客体的类型、物权的种类判定等；简答题为物权的含义和特征（物权和债权的区别）；在法学方向研究生入学考试中，物权的效力可以成为论述题的考查方向。

试题范例

1. (2021年真题) 单项选择题

下列选项中，构成原物与孳息关系的是（　　）。

A. 水库与水库里的鱼
B. 果树与果树上的果实
C. 名画原件与其复制品
D. 母牛与其产下的牛犊

答案：D

2. 单项选择题

关于主物和从物关系的表述，错误的是（　　）。

A. 主物所有权转移，从物所有权亦转移，除非有相反约定
B. 主物不符合约定导致合同被解除的，解除的效力及于从物，除非有特别约定
C. 对主物设定抵押权的，从物也应一并抵押
D. 动产质权的效力及于质物的从物，无论从物是否转移占有

答案：D

核心法条

《民法典》第118条　民事主体依法享有债权。

债权是因合同、侵权行为、无因管理、不当得利以及法律的其他规定，权利人请求特定义务人为或者不为一定行为的权利。

释解分析

本条规定的是债权。民法上的债，是指特定的当事人之间可以请求为特定行为的民事法律关系。债具有如下特征：债是存在于特定当事人之间的法律关系，债是特定当事人之间请求为特定行为的法律关系，债是能够以货币衡量、评价的财产法律关系，债是按照法律规定或者法律行为而产生的法律关系。债的存在表明债权人的利益还没有得到满足，在债权人的利益得到满足时，债的关系即消灭，故在本质上，债体现的是债权人实现自身特定利益的法律手段。债作为一种民事法律关系，是由主体、内容和客体三要素构成的。债的主体，即债的当事人，包括债权人和债务人，其中，享有权利的人是债权人，负有义务的人是债务人。债权人和债务人均必须是特定的。按照合同约定或者法律规定，债权人与债务人之间发生特别结合关系。债原则上仅在特定当事人之间产生效力，但在法律有特别规定的情况下，债也可以发生对第三人的效力。债的内容即债权和债务。债权和债务具有特定性和对应性，债权是请求为特定行为的权利，债务是为该特定行为的义务，债是债权和债务的统一体。债的客体即债的标的，是债权和债务共同指向的对象。法学通说认为，债的客体是债务人的特定行为，也称为给付。给付包括积极给付和消极给付。积极给付是以作为为内容的给付，消极给付是以不作为为内容的给付。给付可以在债的关系成立时确定，也可以在债的履行时确定。

债权是指债权人享有的以请求债务人为一定给付为内容的权利。债权具有如下特征：(1) 债权为请求权。债权是债权人得请求债务人为特定行为的权利，在债务人作出给付前，债权人不能直接支配债务人应给付的标的物，也不能以支配债务人的人身来强制债务人作出给付，只能请求债务人履行债务来实现利益。(2) 债权为相对权。债权人只能向债务人主张权利，请求债务人履行债务，除法律有明确规定外，即使因第三人的原因致使债权不能实现，债权人也只能以债之关系为基础向债务人主张权利。(3) 债权具有任意性。当事人在不违反强行法规定的情况下可以任意设定债的关系，法律并不加以限制；即使是法定之债，当事人也可以通过协商确定债的内容。(4) 债权具有非排他性。债权人仅能够向债务人提出给付的请求，不能对债务人应交付的标的物或者债务人的行为予以直接支配，而且，以同一给付为标的而成立

的数个内容相同的债权相互之间不发生权利上的冲突，尽管此种情形下可能只有一个债权最终得以实现，但其他债权仍然有效，债权人可以以债务不履行为由向债务人主张违约责任。(5) 债权具有平等性。对于同一债务人先后成立的数个债权，效力一律平等。在该债务人陷入破产时，数个债权人则根据债权数额的比例接受清偿。

债权具有如下权能：(1) 请求权能。作为一种请求权，债权人可以直接请求债务人履行债务，也可以通过诉讼方式以国家强制力来实现其请求。(2) 保持受领权能。债权的存在是债权人受领债务人给付的合法原因。债务人履行债务或受强制执行提出给付时，债权人有接受给付的权利并有权保持因此获得的利益。(3) 保全权能。当债务人的某些行为对债权人造成损害时，债权人可以向人民法院请求以自己的名义代位行使债务人的债权，或者请求人民法院撤销债务人的行为。债权人享有的债权保全权能是对债的相对性原理的突破。(4) 处分权能。债权人可通过抵销、免除、让与债权和设定债权质权等方式对享有的债权予以处分。上述权能齐备的债权为完全债权，否则为不完全债权，但欠缺保持受领权能的债权不再是债权。

债的发生原因是指能够在特定当事人之间引起债之关系发生的法律事实。引起债之关系发生的法律事实既可以是行为，也可以是事件，其中，行为包括表示行为和事实行为。根据本条第 2 款的规定，债的发生原因包括合同、侵权行为、无因管理、不当得利和法律的其他规定。其中，合同之债为意定之债，而侵权之债、不当得利之债和无因管理之债等为法定之债。具体而言，债的发生原因有：(1) 合同。合同依法成立后，当事人之间即产生债权债务关系。故合同是债的发生原因之一。合同之债为意定之债，即债的内容和形式等，是依据当事人的自由意志确定的，民法基本原则中的"自愿原则"，在合同之债中体现得最为充分。(2) 侵权行为。侵权行为发生后，侵权人与受害人之间即产生债权债务关系。故侵权行为也是债的发生原因之一。(3) 无因管理。无因管理能够依法在管理人与受益人之间引起债的关系，故无因管理是债发生的法定原因之一。(4) 不当得利。不当得利是可以引起债发生的法律事实之一。因不当得利所产生的债，称为不当得利之债。(5) 法律的其他规定。法律的其他规定，如因单方允诺、缔约过失、遗赠等事实而发生。单方允诺是指表意人向相对人作出的为自己设定某种义务，使相对人取得某种权利的意思表示。单方允诺包括设定幸运奖、悬赏广告(《民法典》将其纳入合同范畴，从这个角度分析，悬赏广告不属于"法律的其他规定")等。悬赏广告是指悬赏人以广告的形式声明对完成悬赏广告中规定的特定行为的人，给付广告中约定报酬的行为。这里的"广告"，是指商品经营者或者服务提供者承担费用、通过一定的媒介和形式发布的信息，包括在橱窗、路牌、霓虹灯等发布信息，也可以在微信朋友圈中发布悬赏信息等。所谓的"报酬"，是指悬赏广告中所声明给付的报酬，包括金钱、财物等。《民法典》第 499 条规定，悬赏人以公开方式声明对完成特定行为的人支付报酬的，完成该行为的人可以请求其支付。

易混易错

1. 债权与债务相对应。债务具有如下特征：(1) 债务具有特定性。在任何债之关系中，债务人均是特定的，且债务的内容也是特定的。依法成立的债务非依法律规定或者经当事人协商不得变更。(2) 债务具有期限性。任何债务都有确定或者可确定的期限。(3) 债务的履行具有强制性。债务在本质上是债务人应承担的负担，当债务人不履行债务时，债权人有权追究债务人的民事责任以满足其利益。责任是债务人履行债务的一种担保，无责任的债务无法律约束力。

2. 出题方式。本部分内容的出题方式包括各类题型。出题思路一般集中在债权的特征、债的发生原因等。在法学方向研究生入学考试中，债权的权能可以成为论述题的考查方向。

试题范例

单项选择题

下列情形中，不产生债的关系的是(　　)。

A. 超市为吸引顾客而举行抽奖活动

B. 甲依法收养孤儿 1 名

C. 乙公司未经许可擅自将他人肖像用于其生产的食品包装上

D. 丙将代为朋友保管的电脑卖给丁

答案：B

核心法条

《民法典》第123条　民事主体依法享有知识产权。

知识产权是权利人依法就下列客体享有的专有的权利：

（一）作品；

（二）发明、实用新型、外观设计；

（三）商标；

（四）地理标志；

（五）商业秘密；

（六）集成电路布图设计；

（七）植物新品种；

（八）法律规定的其他客体。

释解分析

本条规定的是知识产权及其客体。知识产权是指民事主体对创造性智力成果依法享有的权利的总称。知识产权有广义和狭义之分。广义的知识产权包括著作权、邻接权、商标权、商号权、商业秘密权、产地标记权、专利权、集成电路布图设计权、植物新品种权等各种权利。狭义的知识产权即传统意义上的知识产权包括著作权、专利权和商标权，其中，专利权和商标权合称工业产权。知识产权具有如下特征：（1）专有性。专有性即独占性、排他性。知识产权的专有性表现在：一方面，同一智力成果之上不能有两项以上完全相同的知识产权并存；另一方面，权利主体依法享有独占使用智力成果的权利，没有法律规定或未经权利人许可，任何人不得擅自使用权利人的智力成果。同时，知识产权属于绝对权、对世权和支配权。（2）地域性。知识产权的地域性是指一项知识产权只在其产生的特定国家或地区的领域内有效，不具有域外效力，其他国家没有必须给予保护的义务。权利人要想使自己的知识产权得到他国的法律保护，必须依有关国际条约、双边协议或按互惠原则，按照该国知识产权法的规定在该国获得知识产权。而有形财产的保护，原则上没有地域的限制。（3）时间性。时间性意味着依法产生的知识产权一般只在法律规定的期限内有效，超出知识产权的法定保护期后，该知识产权消灭，有关智力成果进入公有领域，人们可以自由使用。大多数知识产权都受到保护期的限制，例如，著作权的保护期为作者终生及死后50年（至第50年的12月31日，但图书、期刊版式设计权的保护期为10年），发明专利权的期限为20年，实用新型专利权的期限为10年，外观设计专利权的期限为15年，注册商标专用权的期限为10年。根据《植物新品种保护条例》的规定，植物新品种权的保护期自授权之日起，藤本植物、林木、果林和观赏树木为20年，其他植物为15年。根据《集成电路布图设计保护条例》的规定，布图设计专有权的保护期为10年。但是，无论是否登记或者投入商业利用，布图设计自创作完成之日起15年，不再受保护。但商业秘密权和地理标志权不具有时间性，即商业秘密和地理标志的保护不受期限的限制。当然，商业秘密一旦泄露，不论是合法泄露还是非法泄露，则不再受到法律保护。须强调的是，不同知识产权的时间性呈现的是不同的特色，如商标权的期限届满后可通过续展依法延长保护期；少数知识产权没有时间限制，只要符合有关条件，法律可长期予以保护，如商业秘密权、地理标志权、商号权等。（4）客体的无形性。知识产权的客体是智力成果，而智力成果是不具有物质形态的，这是知识产权与其他民事权利的重大区别。

本条规定采取了广义的知识产权的概念。本条规定的知识产权客体有：（1）作品。作品是著作权的客体。作品是指文学、艺术和科学领域内具有独创性并能以一定形式表现的智力成果。（2）发明、实用新型、外观设计。发明、实用新型和外观设计是专利权的客体。发明是指对产品、方法或者其改进所提出的新的技术方案。实用新型是指对产品的形状、构造或者其结合所提出的适于实用的新的技术方案。外观设计是指对产品的整体或者局部的形状、图案或者其结合以及色彩与形状、图案的结合所作出的富有美感并适于工业应用的新设计。（3）商标。商标是商标权的客体。商标是指商标权人在自己的商品或者服务上使用的文字、图形、字母、数字、三维标志、颜色组合和声音等，以及上述要素的组合的标志。（4）地理标志。地理标志是表明某一种商品来源于一成员方地域内，或此地域内的一地区并且该产品的特定品质、信誉或其他特征，主要与该地理来源相关联的标志。（5）商业秘密。商业秘密是指不为公众所知悉、具有商业价值并经权利人采取相应保密措施的技术信息、经营信息等商业信息。其中，技术信息和经营信息包括设计、程序、产品配方、制作工艺、制作方法、管理诀窍、客户名单、货源情报、产销策略、招投标中的标底及标书内容等信息。从上述定义中可以看出，商业秘密具有以下构成要件：①非公知性，即不为公众所知悉。有关信息不为其所属领域的相关人员普遍知悉和容易获得，应当认定为“不为公众所知悉”。②具有商业价值。这要求作为商业秘密的有关信息应当具有现实的或者潜在的商业价值，能为权利人带来竞争优势。③保密性。这要求权利人为防止信息泄露应当采取与其商业价值等具体情况相适应的合理保护措施。此外，《反不正当竞争法》第 9 条规定：“经营者不得实施下列侵犯商业秘密的行为：（一）以盗窃、贿赂、欺诈、胁迫、电子侵入或者其他不正当手段获取权利人的商业秘密；（二）披露、使用或者允许他人使用以前项手段获取的权利人的商业秘密；（三）违反保密义务或者违反权利人有关保守商业秘密的要求，披露、使用或者允许他人使用其所掌握的商业秘密；（四）教唆、引诱、帮助他人违反保密义务或者违反权利人有关保守商业秘密的要求，获取、披露、使用或者允许他人使用权利人的商业秘密。经营者以外的其他自然人、法人和非法人组织实施前款所列违法行为的，视为侵犯商业秘密。第三人明知或者应知商业秘密权利人的员工、前员工或者其他单位、个人实施本条第一款所列违法行为，仍获取、披露、使用或者允许他人使用该商业秘密的，视为侵犯商业秘密。”（6）集成电路布图设计。根据《集成电路布图设计保护条例》第 2 条的规定，集成电路布图设计是指集成电路中至少有一个是有源元件的两个以上元件和部分或者全部互连线路的三维配置，或者为制造集成电路而准备的上述三维配置。权利人对集成电路布图设计享有专有权，该专有权属于一种知识产权。（7）植物新品种。根据《植物新品种保护条例》第 2 条的规定，植物新品种是指经过人工培育的或者对发现的野生植物加以开发，具备新颖性、特异性、一致性和稳定性并有适当命名的植物品种。根据《专利法》的规定，对于植物新品种，不能授予专利权，但可以根据《植物新品种保护条例》授予植物新品种权。植物新品种权也是一种知识产权。（8）法律规定的其他客体。如产地标记、域名等。不过，《民法典》未将产地标记、域名、科学发现、商号等一一列明。

本条是关于知识产权及其客体的宣示性规定。虽然知识产权是民法的重要组成部分，但知识产权在民法典中并未独立成编，即并未作出规定，因其内容非常庞杂，且随着科技的进步需要频繁进行修改，而民法典具有稳定性，因而不宜将知识产权编入民法典中，而应当将其在民法典之外作为民法的特别法单独规定。

试题范例

1.（2016 年真题）多项选择题

甲公司买通乙公司员工，获得乙公司的产品制造方法及客户名单等保密信息，其后甲公司以乙公司的名义与乙公司客户进行交易。甲公司的行为侵害了乙公司的（　　）。

A. 专利权　　B. 商业秘密

C. 名称权　　D. 隐私权

答案：BC

2.（2019 年真题）多项选择题

下列知识产权中，对其法律保护没有时间限制的有（　　）。

A. 甲公司的保密除虫剂配方

B. 乙制作的电影《问道昆仑》

C. 丙企业的驰名商标“云南白药及图”

D. 丁行业协会的“阳澄湖大闸蟹”地理标志

答案：AD

3. 单项选择题

商业秘密的核心要件是（　　）。

A. 非公知性　　B. 具有商业价值

C. 保密性　　D. 新颖性

答案：C

4. 多项选择题

下列选项中，能够成为知识产权的客体的有（　　）。

A. 地理标志　　B. 集成电路布图设计

C. 植物新品种　　D. 作品

答案：ABCD

核心法条

《民法典》第 124 条　自然人依法享有继承权。

自然人合法的私有财产，可以依法继承。

释解分析

本条规定的是继承权。继承权是指自然人根据法律的规定或者有效遗嘱的指定取得被继承人遗产的权利。继承权具有如下特征：（1）继承权是自然人享有的权利。（2）继承权的产生是基于法律的规定或有效遗嘱的指定。(3)继承权的客体是遗产。(4)继承权是于被继承人死亡时才实际享有的权利。(5)继承权不得转让。

合法的私有财产是指属于自然人私人享有的物权、债权、知识产权、股权和其他投资性权益以及数据、网络虚拟财产权益的全部财产。自然人合法的私有财产在其死亡时转为“遗产”，遗产是继承权的客体。遗产是被继承人死亡时遗留的个人合法财产（《民法典》第1122条）。对合法的私有财产和遗产的保护是相辅相成的。

试题范例

多项选择题

下列选项中，可以作为自然人合法的私有财产继承的是（　　）。

A. 股权　　B. 著作财产权

C. 网络虚拟财产　　D. 不动产物权

答案：ABCD

核心法条

《民法典》第125条 民事主体依法享有股权和其他投资性权利。

《民法典》第126条 民事主体享有法律规定的其他民事权利和利益。

《民法典》第127条 法律对数据、网络虚拟财产的保护有规定的，依照其规定。

释解分析

上述法条规定的是股权等其他民事权利。《民法典》第125条规定了如下两项权利：(1)股权。从广义上讲，股权是指股东可以向公司主张的各种权利；从狭义上讲，股权是指股东因出资而取得的，依法律或者公司章程的规定和程序参与公司事务并在公司中享受财产利益的，具有可转让性的权利。股权实际上是成员权或社员权的一种类型。对股权内容，我国《公司法》已经作出了相关的规定。(2)其他投资性权利，主要是指民事主体通过各种投资而取得的权利，如通过购买基金、保险等而取得的权利。

《民法典》第126条规定实际上是一个兜底性的条款，不仅使民事权利的保护形成了完整的体系，而且，使得对私权的保护进一步地保持开放性。

《民法典》第127条规定的是数据、网络虚拟财产等权利。数据，是指表示客观事物的未经加工的原始素材，是信息的表现形式和载体。本条所称数据，是指计算机数据或者网络数据，即通过计算机技术在互联网上收集、存储、传输、处理和产生的各种电子数据。网络虚拟财产，是指在网络环境下，以0/1位元的数字化形式存在且能为人力所支配的信息资源。《民法典》第127条只是一条指引性规定，因为本条自身没有对数据、网络虚拟财产的概念、范围、分类等作出规定，也没有对其保护设定专门的方法和救济，而是指向其他法律的规定。在解释上，“法律对数据、网络虚拟财产的保护有规定的”，既包含本法其他条文可能的规定，也包含其他法律可能的规定；既包括已有的相关法律规定，也包括将来制定颁布的法律规定等。

试题范例

单项选择题

甲利用担任A有限公司游戏中心客户服务部组长的职务便利，将300余个“上游棋牌”用户的账号和密码复制到自己家中的计算机内。在辞职离开公司后，甲将300余个用户账号、密码及1 500余万枚价值人民币共3万余元的游戏金币出售给乙，乙明知是赃物仍然购买并又转卖给他人。对此，下列表述错误的是（　　）。

A. 甲的行为构成侵权，应当承担侵权责任

B. 乙的行为构成侵权，应当承担侵权责任

C. 甲、乙所售赃物在性质上是网络虚拟财产

D. 乙可以善意取得甲出售的赃物的所有权

答案：D

核心法条

《民法典》第176条 民事主体依照法律规定或者按照当事人约定，履行民事义务，承担民事责任。

相关法条

《民法典》第177条 二人以上依法承担按份责任，能够确定责任大小的，各自承担相

应的责任；难以确定责任大小的，平均承担责任。

《民法典》第178条 二人以上依法承担连带责任的，权利人有权请求部分或者全部连带责任人承担责任。

连带责任人的责任份额根据各自责任大小确定；难以确定责任大小的，平均承担责任。实际承担责任超过自己责任份额的连带责任人，有权向其他连带责任人追偿。

连带责任，由法律规定或者当事人约定。

释解分析

本条规定的是民事责任。民事责任是指民事主体违反民事义务应当承担的法律后果。民事责任是法律责任的一种类型。民事责任的特征包括：(1)民事责任是民事主体一方对他方承担的责任。(2)民事责任主要是为了补偿权利人所受损失和恢复民事权利的圆满状态。民事责任侧重于补偿，一般不具有惩罚性。(3)民事责任既有过错责任又有无过错责任。有些民事责任的构成以民事主体有过错为要件，有些民事责任的构成不以民事主体有过错为要件。(4)民事责任的内容可以由民事主体在法律允许的范围内协商。

民事责任可以分为按份责任和连带责任。按份责任是指在数个责任主体承担共同责任的情况下，每一个责任主体只对其应当承担的责任份额负清偿义务，不与其他责任主体发生连带关系的民事责任。按份责任的承担规则是：二人以上依法承担按份责任，能够确定责任大小的，各自承担相应的责任；难以确定责任大小的，平均承担责任。连带责任是指数个责任主体作为一个整体共同承担责任，其中的任何一个责任主体都有义务对全部损害或者义务承担民事责任，在责任主体之一(或者部分人)对全部损害或者义务承担了民事责任之后，其有权向未承担责任的其他责任主体追偿，请求偿付其应当承担的份额。连带责任的承担规则是：二人以上依法承担连带责任的，权利人有权请求部分或者全部连带责任人承担责任。连带责任人的责任份额根据各自责任大小确定；难以确定责任大小的，平均承担责任。实际承担责任超过自己责任份额的连带责任人，有权向其他连带责任人追偿。连带责任，由法律规定或者当事人约定。按份责任和连带责任既存在于违约责任中，也存在于侵权责任中。

易混易错

1. 按份责任、连带责任和补充责任。以数个责任主体对另一方承担责任的情况为标准，可以将民事责任分为按份责任、连带责任和补充责任。在民法典侵权责任编还有补充责任的规定，例如，《民法典》第1198条关于违反安全保障义务的侵权责任的规定。民法典侵权责任编上的补充责任主要发生于一个侵权行为造成的损害事实产生了两个相互重合的侵权责任请求权，于此情形，法律规定被侵权人必须按照先后顺序行使请求权，只有排在后位的责任主体有过错的，才能请求排在后位的责任主体承担侵权责任，排在后位的责任主体所承担的侵权责任就是补充责任。在立法语言表述上，行为人承担补充责任都表述为承担“相应的补充责任”，这里的“相应的”，是指与其过错程度相当。“相应的补充责任”不同于“相应的责任”。在民法典侵权责任编，还有行为人承担“相应的责任”的立法表述，例如，《民法典》第1191条第2款规定，劳务派遣期间，被派遣的工作人员因执行工作任务造成他人损害的，由接受劳务派遣的用工单位承担侵权责任；劳务派遣单位有过错的，承担相应的责任。“相应的补充责任”和“相应的责任”的区别在于：相应的补充责任存在向第三人(侵权人)追偿的问题，而相应的责任不存在向第三人追偿的问题。

2. 民事责任的其他分类。民事责任可以作如下分类：(1)财产责任和非财产责任。财产责任是指以一定的财产为内容的责任，例如赔偿损失等。非财产责任是指不具有财产内容的责任，如消除影响等。(2)违约责任、侵权责任和其他责任。违约责任是指因违反合同义务而产生的责任。侵权责任是指因侵害他人的财产权益或者人身权益而产生的责任。其他民事责任是指违约责任与侵权责任之外的民事责任，主要包括基于不当得利和无因管理产生的责任等。(3)无限责任和有限责任。无限责任是指责任主体以自己的全部财产承担责任。有限责任是指责任主体以其有限的财产承担责任，例如《海商法》规定的海事赔偿责任限制、有限责任公司股东以其出资为限对公司债务承担责任。(4)单独责任和共同责任。单独责任是指由一个民事主体独立承担的责任。共同责任是指两个以上的民事主体共同承担的责任。根据各责任主体的共同关系，还可以将共同责任分为按份责任、连带责任和补充责任。

试题范例

单项选择题

下列责任方式中，适用于违约责任的是（ ）。

A. 赔礼道歉

B. 恢复名誉

C. 修理、重作、更换

D. 返还财产

答案：C

核心法条

《民法典》第 179 条 承担民事责任的方式主要有：

（一）停止侵害；

（二）排除妨碍；

（三）消除危险；

（四）返还财产；

（五）恢复原状；

（六）修理、重作、更换；

（七）继续履行；

（八）赔偿损失；

（九）支付违约金；

（十）消除影响、恢复名誉；

（十一）赔礼道歉。

法律规定惩罚性赔偿的，依照其规定。

本条规定的承担民事责任的方式，可以单独适用，也可以合并适用。

释解分析

本条规定的是民事责任的承担方式。本条规定的 11 种民事责任形式是：（1）停止侵害。行为人实施的侵害他人财产和人身的行为仍在继续进行中时，受害人可以请求法院责令侵害人停止其侵害行为，对尚未发生或业已停止的侵权行为则不能适用。该责任形式仅适用于侵权行为。（2）排除妨碍。不法行为人实施的侵权行为使受害人无法行使或不能正常行使自己的财产权利、人身权利的，受害人有权请求排除妨碍。该责任形式仅适用于侵权行为。（3）消除危险。行为人的行为对他人人身和财产安全造成威胁，或存在侵害他人人身或财产的可能，他人有权请求行为人采取有效措施消除危险。该责任形式仅适用于侵权行为。（4）返还财产。返还财产是一种普遍适用于侵权责任、违约责任和返还不当得利的责任形式。返还财产责任都是因不法行为人非法占有财产而产生的。（5）恢复原状。恢复原状既可适用于违约责任，也可适用于侵权责任。恢复原状有广义和狭义之分。广义的恢复原状是指恢复权利被侵犯前的原有状态，如恢复名誉使受到非法侵害的名誉权得到恢复，又如将财产返还使财产恢复到合同订立前的状态。狭义的恢复原状是指将受损害的财产修复，如甲将乙的电视机损坏，乙可要求甲修复，其费用由甲负担。（6）修理、重作、更换。该责任形式仅适用于违约责任，具体而言，是因违反合同质量条款而应当承担的民事责任方式。修理是指使受损害的财产或者不符合质量约定的标的物具有应当具备的功能、质量。重作是指重新加工、制作标的物，主要适用于承揽合同。更换是指以符合质量要求的标的物替代已交付的质量不符合要求的标的物。（7）继续履行。继续履行是指在合同债务人不履行合同义务或者履行合同义务不符合约定条件时，债权人要求违约方继续按照合同的约定履行义务。继续履行仅适用于违约责任。我国合同法确立了以继续履行为主、以赔偿损失为辅的救济原则。（8）赔偿损失。赔偿损失是指行为人因违反合同或侵权行为给他人造成财产或人身损害，应以其财产赔偿受害人所受损害的一种民事责任方式。赔偿损失既适用于违约责任，也适用于侵权责任，是适用得最广泛的责任方式。（9）支付违约金。支付违约金是指依据法律规定或者当事人的约定，一方不履行或不适当履行合同时应当向对方支付一定数额的金钱。该责任形式仅适用于违约责任。（10）消除影响、恢复名誉。消除影响是指行为人因其侵害了自然人、法人或非法人组织的人格权，故应承担在影响所及的范围内消除不良后果的一种责任形式。消除影响的责任形式仅适用于侵害人格权的侵权行为。恢复名誉是指行为人因其行为侵害了自然人、法人或非法人组织的名誉，故应在影响所及的范围内将受害人的名誉恢复至未受侵害时的状态的一种责任形式。恢复名誉的责任形式适用于侵害人身权的侵权行为。（11）赔礼道歉。赔礼道歉是指责令违法行为人向受害人公开认错、表示歉意。该责任形式主要适用于侵害人身权的侵权行为。

在民事责任形式中，还有惩罚性赔偿这种特殊的民事责任承担方式。惩罚性赔偿，又称为惩戒性赔偿，是加害人给付受害人超过其实际损害数额的一种金钱赔偿，是一种集补偿、惩罚、遏制等功能于一身的赔偿制度。适用惩罚性赔偿，须有法律的规定。我国民法典规定的惩罚性赔偿有：(1)《民法典》第1185条规定，故意侵害他人知识产权，情节严重的，被侵权人有权请求相应的惩罚性赔偿。(2)《民法典》第1207条规定，明知产品存在缺陷仍然生产、销售，或者没有依据前条规定采取补救措施，造成他人死亡或者健康严重损害的，被侵权人有权请求相应的惩罚性赔偿。(3)《民法典》第1232条规定，侵权人违反法律规定故意污染环境、破坏生态造成严重后果的，被侵权人有权请求相应的惩罚性赔偿。

民事责任的承担方式，可以单独适用，也可以合并适用。

试题范例

1.（2019年真题）多项选择题

宋某和赵某分别住在同一栋住宅楼的一层和二层。宋某在小区围墙与该楼之间自建平房，给住宅楼造成严重的安全隐患。不久，宋某在平房内开办门窗加工厂，加工生产的噪音严重干扰了赵某的正常生活。对此，赵某有权要求宋某（　　）。

A. 赔礼道歉　　B. 消除危险
C. 恢复原状　　D. 停止侵害

答案：BCD

2. 单项选择题

下列民事责任形式中，既可以适用于侵权责任，也可以适用于违约责任的是（　　）。

A. 恢复原状　　B. 支付违约金
C. 恢复名誉　　D. 停止侵害

答案：A

核心法条

《民法典》第180条　因不可抗力不能履行民事义务的，不承担民事责任。法律另有规定的，依照其规定。

不可抗力是不能预见、不能避免且不能克服的客观情况。

《民法典》第590条　当事人一方因不可抗力不能履行合同的，根据不可抗力的影响，部分或者全部免除责任，但是法律另有规定的除外。因不可抗力不能履行合同的，应当及时通知对方，以减轻可能给对方造成的损失，并应当在合理期限内提供证明。

当事人迟延履行后发生不可抗力的，不免除其违约责任。

释解分析

上述法条规定的是不可抗力。不可抗力是不能预见、不能避免且不能克服的客观情况。不可抗力具有如下特征：(1)不可抗力是不能预见的特殊情况。(2)不可抗力是不能避免且不能克服的情况。(3)不可抗力是一种客观情况。

根据《民法典》第180条第1款的规定，除法律另有规定外，原则上不可抗力都可以作为免责事由。但是，如果法律有特别规定，即使发生不可抗力，也不能完全免责，则应当依据法律规定认定当事人的责任。例如，《民法典》第1238条规定：民用航空器造成他人损害的，民用航空器的经营者应当承担侵权责任；但是，能够证明损害是因受害人故意造成的，不承担责任。该条虽然没有列举不可抗力，但实际上表明，不可抗力不能作为民用航空器事故责任的免责事由。《民法典》第180条将不可抗力规定为法定免责事由。不可抗力发生以后，将导致当事人被免除责任。不过，不可抗力发生后，并不意味着当事人被全部免除责任。在某些情况下，不可抗力只是导致合同部分不能履行或暂时不能履行，这样，当事人只能部分被免除责任。

不可抗力既是侵权责任的免责事由，也是违约责任的免责事由。根据《民法典》第590条的规定，在不可抗力发生以后，当事人一方因不可抗力的原因而不能履行合同，应当及时通知对方，告知合同不能履行或者需要部分履行的事由，并应当在合理期限内提供相关证明。同时也应当尽最大的努力消除事件的影响，减少因不可抗力所造成的损失。当事人未按期履行合同，在逾期的时间内发生不可抗力，当事人仍构成违约责任。道理很简单，如果当事人按期履行合同，则本应避免不可抗力对合同履行的阻碍。故按照过错责任原则，逾期履行合同而遭受不可抗力，致使合同不能履行、不能全部履行或再逾期履行合同，当事人仍然构成违约责任。当事人迟延履行后发生不可抗力的，也不免除其违约责任。

试题范例

单项选择题

下列情形中，不可抗力可以成为免责事由的是（　　）。

A. 甲有偿保管的他人汽车因遭遇洪水而灭失，甲可以免责

B. 甲在晚上回家经过乙家旧墙时，因当时连日暴雨，旧墙忽然倒塌将甲砸死，乙可以免责

C. 为避免与一辆违章汽车相撞而造成翻车死人，公交车司机向右急拐而撞坏路边的货摊，对于货摊摊主的财产损失，司机可以免责

D. 病人在动手术前，其家属在保证书上签字以表明对发生的后果医院概不负责，医院就此对手术后的医疗事故免责

答案：A

核心法条

《民法典》第 181 条　因正当防卫造成损害的，不承担民事责任。

正当防卫超过必要的限度，造成不应有的损害的，正当防卫人应当承担适当的民事责任。

释解分析

本条规定的是正当防卫。正当防卫是指为了使公共利益、本人或者他人的人身、财产或者其他合法利益免受正在进行的不法侵害，而对不法侵害人所采取的合理的防卫行为。根据本条规定，正当防卫的构成要件有：(1) 正当防卫的目的是保护公共利益、本人或他人的财产、人身或者其他合法利益免受侵害。(2) 防卫手段针对的对象只能是不法侵害人。(3) 防卫所针对的行为必须是正在实施的不法侵害行为。正当防卫不得针对尚未发生或者已经发生的侵权行为，否则构成假想防卫和事后防卫。(4) 正当防卫必须是必要的。(5) 正当防卫不得超过必要的限度。如果正当防卫超过必要的限度造成不应有的损害的，防卫人应当承担适当的民事责任。

因正当防卫造成损害的，不承担民事责任。正当防卫超过必要的限度，造成不应有的损害的，正当防卫人应当承担适当的民事责任。

试题范例

单项选择题

根据民法典的规定，下列选项中，不能成为免责事由的是（　　）。

A. 不可抗力　　B. 超过诉讼时效

C. 过失相抵　　D. 第三人过错

答案：B

核心法条

《民法典》第 182 条　因紧急避险造成损害的，由引起险情发生的人承担民事责任。

危险由自然原因引起的，紧急避险人不承担民事责任，可以给予适当补偿。

紧急避险采取措施不当或者超过必要的限度，造成不应有的损害的，紧急避险人应当承担适当的民事责任。

释解分析

本条规定的是紧急避险。紧急避险是指为了使公共利益、本人或者他人的人身、财产或者其他合法权益免受正在发生的危险，而不得已采取的损害另一较小合法利益从而保全更大利益的行为。紧急避险的构成要件有：(1) 危险具有紧迫性。紧急避险要求合法利益处于受到现实存在的某种有可能使其遭受损害的危险状态之中。(2) 紧急避险是必要的。所谓"必要"，是指如果不采取紧急避险的行为就不足以制止侵害行为和避免损害结果的发生和扩大。(3) 紧急避险不得超过必要的限度。

根据本条规定，紧急避险产生如下法律效力：(1) 因紧急避险造成损害的，由引起险情发生的人承担民事责任。所谓引起险情发生，是指因实施一定的行为危及公共利益或他人利益。引起险情发生的人可以是避险人、受益人、受害人，也可以是其他人，其在主观上既可能出于过失，也可能是故意。至于某个所有人或管理人因故意或过失致使其所有的或管理的动物、物件构成危险，也应视为所有人或管理人引起险情发生。(2) 危险由自然原因引起的，紧急避险人不承担民事责任，可以给予适当补偿。根据本条第 2 款的规定，如果危险由自然原因引起的，可以产生如下两种效果：第一，免责。因为在某些情况下，如果危险的发生非常紧急，给行为人带来极大的危险，而行为人选择了以给他人造成较小损失的方式来避险。此时，行为人就不承担责任。第二，适当补偿。也就是说，避险人为了自己的利益而避险，给他人造成了损害，可以进行适当补偿。在

民法学

某些情况下，紧急避险人实施避险行为，可能会使受害人受益，如果受害人从中有所获益，则其应当承担相应的损失。

试题范例

单项选择题

根据民法典的有关规定，关于紧急避险，下列说法正确的是（　　）。

A. 甲、乙互殴，甲误以为看热闹的丙为乙的帮凶，遂将丙打伤，甲对丙存在紧急避险的免责事由

B. 客人住宿后不给住宿费，旅馆有权扣留客人携带的财物，旅馆存在对扣留行为紧急避险的免责事由

C. 甲为躲避母猪的猛跑而向右拐，将乙的玉器撞碎两件，甲对撞碎乙的玉器存在紧急避险的免责事由

D. 甲为了躲避乙的追杀而窜入人群，为了杀出血路而拿刀在人群中乱砍，甲的乱砍行为存在紧急避险的免责事由

答案：C

核心法条

《民法典》第 183 条　因保护他人民事权益使自己受到损害的，由侵权人承担民事责任，受益人可以给予适当补偿。没有侵权人、侵权人逃逸或者无力承担民事责任，受害人请求补偿的，受益人应当给予适当补偿。

释解分析

本条规定的是“见义勇为”时的侵权责任和补偿责任。因保护他人民事权益使自己受到损害的，应当由侵权人承担民事责任，倘若没有侵权人、侵权人逃逸或者无力承担民事责任的，受益人应当给予适当补偿。据此，受益人给予适当补偿的条件有：（1）必须实施了防止、制止他人民事权益被侵害的行为。（2）必须是受害人因保护他人民事权益而使自己遭受了损害。也就是说，实施见义勇为行为和受害人遭受损害之间应当存在因果关系。（3）没有侵权人、侵权人逃逸或者无力承担民事责任。对受害人遭受的损害而言，首先应当是由侵权人承担赔偿责任，毕竟侵权人是直接不法行为人，因此，从责任承担的顺序来看，受害人应当首先向侵权人请求赔偿。但若出现了下述情况，则受害人无法请求侵权人赔偿：第一，没有侵权人。没有侵权人主要是指因自然原因等导致受益人处于危险状态，受害人因见义勇为而遭受损害。例如，因刮台风使受益人的房屋处于危险状况，受害人为加固房屋而被倒塌的房屋砸伤，就属于没有侵权人的情形。第二，侵权人逃逸。即在实施侵权行为以后，无法找到侵权人。第三，侵权人无力承担民事责任。即侵权人虽然能够找到，但其没有足够的赔偿能力或者完全没有能力赔偿。在以上情形下，受害人有权请求受益人在受益范围内对受害人的损害予以适当补偿。（4）受害人向受益人请求补偿。受益人承担补偿责任的前提是，受害人向其提出了请求，因为在发生补偿责任的情况下，受益人本身是第二位的责任人。受害人遭受了损害以后，其首先应当向侵权人请求损害赔偿。只有在侵权人逃逸或者无力赔偿时，才能请求受益人“补偿”，这里规定的是“补偿”，而非“赔偿”。当然，即使在受害人没有向受益人请求补偿的前提下，受益人自愿给予补偿，法律也并不禁止。此外，在因见义勇为使自己遭受损害的情形下，受益人给予的补偿应是“适当”的。

试题范例

1.（2019 年真题）单项选择题

甲闻到邻居乙的房间有刺鼻煤气味，便破门而入关闭煤气管道阀门，此时煤气爆炸，甲、乙均被炸伤。对此，下列选项正确的是（　　）。

A. 乙应当对甲给予适当补偿

B. 乙应当赔偿甲的全部损失

C. 甲、乙各自承担自己的损失

D. 甲应当赔偿乙的房门损失

答案：A

2. 单项选择题

甲在公共汽车上偷窃乙的钱包，被丙发现，丙因制止甲的偷窃行为而被甲刺伤。甲乘机逃跑，杳无音信。根据民法典规定，下列表述正确的是（　　）。

A. 乙、丙构成对甲的共同侵权

B. 甲应向丙承担侵权损害赔偿责任

C. 因甲杳无音信，乙应当承担丙的全部损失

D. 丙的行为构成无因管理，有权基于管理行为请求乙支付必要费用

答案：B

核心法条

《民法典》第186条　因当事人一方的违约行为，损害对方人身权益、财产权益的，受损害方有权选择请求其承担违约责任或者侵权责任。

释解分析

本条规定的是违约责任与侵权责任的竞合。民事责任竞合是指同一事实符合数个责任的构成要件，同时产生数个责任。从请求权角度来看，它也称为请求权竞合，是指同一法律事实发生后产生多项请求权。民事责任竞合和请求权竞合是同一问题的两个不同的方面。违约责任与侵权责任的竞合是指行为人实施某一违法行为，同时违反了合同规范和侵权规范，并符合违约责任与侵权责任的构成要件，导致违约责任与侵权责任同时产生，又相互排斥、彼此不能包容的法律现象。

民事责任可以分为侵权责任与违约责任。违约责任是指当事人不履行或者不适当履行合同义务而应当承担的民事责任。侵权责任是指行为人因其侵权行为而依法应当承担的民事法律责任。这两类责任的区别主要表现在：(1) 从违反义务的性质来看，违约责任是因为违反了合同约定义务而产生的责任，侵权责任是行为人违反法定义务即民法典所设定的任何人不得侵害他人财产和人身的普遍性义务以及其他法定义务所产生的责任。(2) 从侵害的对象来看，违约行为侵害的是相对权即合同债权，侵权行为所侵害的是绝对权，如物权、人身权等。(3) 从事先是否存在合同关系来看，在一般情况下，当侵权行为发生时，行为人与受害人之间不存在某种法律关系，而只是因为侵权行为的发生双方才发生了损害赔偿关系；对违约行为来说，当事人双方事先必然存在合同关系，因为违约行为的发生是以当事人之间存在合同权利、义务为前提的。(4) 从侵害后果来看，违约损害赔偿仅限于财产损失赔偿，而且因为违约造成的损失并非都应当由违约方赔偿，只有那些违约方在订约时能够合理预见到的损失才应由违约方赔偿。侵权损害赔偿，则既包括财产损失，也包括人身伤害和精神伤害，只要是因为侵权所造成的各种损失，无论是直接损失还是间接损失，都应当由侵权行为人赔偿。区分违约责任与侵权责任的主要意义在于：二者在归责原则、举证责任、义务内容、诉讼时效、责任构成要件、免责事由、责任形式、责任范围、对第三人责任以及诉讼管辖等方面都存在重大区别。

违约责任与侵权责任竞合的原因有：(1) 当事人实施了侵权性的违约行为，即侵权行为直接构成违约的原因。如保管人依据保管合同占有对方的财产以后，非法使用对方的财产，造成财产毁损或灭失。(2) 当事人实施了违约性的侵权行为，即违约行为造成了侵权的后果。例如，供电部门因违约中止供电，致对方当事人的财产和人身遭受损害。

在违约责任与侵权责任发生竞合时，受损害方有权选择其中一种责任请求对方承担，不能同时主张两种责任。由于违约责任与侵权责任存在诸多不同，故受害人选择不同的责任，对其权益的保护有着重大的影响。

试题范例

多项选择题

甲在乙商场购买了一辆汽车，在开回家的路上因刹车失灵而翻车受伤。对此，下列表述正确的是（　　）。

A. 甲可以请求乙商场承担违约责任

B. 甲可以请求乙商场同时承担违约责任和侵权责任

C. 甲可以请求乙商场承担侵权责任

D. 甲只能请求乙商场承担侵权责任

答案：AC

二、民事主体

核心法条

《民法典》第 13 条 自然人从出生时起到死亡时止，具有民事权利能力，依法享有民事权利，承担民事义务。

《民法典》第 14 条 自然人的民事权利能力一律平等。

《民法典》第 15 条 自然人的出生时间和死亡时间，以出生证明、死亡证明记载的时间为准；没有出生证明、死亡证明的，以户籍登记或者其他有效身份登记记载的时间为准。有其他证据足以推翻以上记载时间的，以该证据证明的时间为准。

《民法典》第 16 条 涉及遗产继承、接受赠与等胎儿利益保护的，胎儿视为具有民事权利能力。但是，胎儿娩出时为死体的，其民事权利能力自始不存在。

释解分析

上述条文规定的是自然人的民事权利能力。自然人的民事权利能力是指民事法律赋予自然人享有民事权利、承担民事义务的资格。自然人的民事权利能力具有如下特征：（1）民事权利能力是一种资格，而不是实际的权利。民事权利能力是法律赋予民事主体享有民事权利和承担民事义务的一种可能性，还没有为民事主体带来实际的利益，但是它是民事主体获得民事权利的前提。（2）民事权利能力的内容既包括民事主体取得民事权利的资格，也包括民事主体承担民事义务的资格。自然人享有民事权利和承担民事义务的前提都是自然人必须具有民事权利能力，所以它既可以称为民事权利能力，也可以称为民事义务能力。（3）民事权利能力的内容和范围具有法定性。民事权利能力的内容和范围都是由法律加以规定的，与民事主体的个人意志无关。我国《民法典》第 14 条规定，自然人的民事权利能力一律平等。（4）民事权利能力具有与民事主体人身的不可分离性。民事权利能力是一种资格，这种资格是由法律赋予的，不能转让或者放弃，除非法律有特别规定，任何民事主体的民事权利能力不受限制和剥夺。

自然人的民事权利能力始于出生，终于死亡。对于自然人的出生时间和死亡时间的确认，以出生证明、死亡证明记载的时间为准；没有出生证明、死亡证明的，以户籍登记或者其他有效身份登记记载的时间为准。有其他证据足以推翻以上记载时间的，以该证据证明的时间为准。对于尚未出生的胎儿，只有涉及遗产继承、接受赠与等胎儿利益保护的，才视为具有民事权利能力。但是如果胎儿娩出时为死体的，应当认定胎儿的民事权利能力自始不存在。

试题范例

1. 单项选择题

下列关于民事权利能力的表述，正确的是（　　）。

A. 民事权利能力不能转让，但可以抛弃

B. 民事权利能力是一种实际权利

C. 民事权利能力是自然人承担民事义务的前提

D. 民事权利能力反映了民事主体的个人意志

答案：C

2. 单项选择题

下列选项中，可以认定胎儿具有民事权利能力的是（　　）。

A. 涉及胎儿遗产继承的

B. 签订保胎协议的

C. 拒绝接受赠给胎儿肚兜的

D. 为胎儿办理人寿保险的

答案：A

核心法条

《民法典》第 17 条 十八周岁以上的自然人为成年人。不满十八周岁的自然人为未成年人。

《民法典》第 18 条　成年人为完全民事行为能力人，可以独立实施民事法律行为。

十六周岁以上的未成年人，以自己的劳动收入为主要生活来源的，视为完全民事行为能力人。

释解分析

本条规定的是自然人的完全民事行为能力。完全民事行为能力是指法律赋予达到一定年龄和精神状态正常的自然人通过自己的独立行为参加民事法律关系，取得民事权利和承担民事义务的能力。具备完全民事行为能力的条件有：（1）年满 18 周岁。根据《民法典》第 17 条和第 18 条的规定，18 周岁以上的自然人为成年人。不满 18 周岁的自然人为未成年人。16 周岁以上的未成年人，以自己的劳动收入为主要生活来源的，视为完全民事行为能力人。“视为”亦即“即是”。所谓“以自己的劳动收入为主要生活来源”是指：①具有一定的劳动收入，即依靠自己的劳动获得了一定的收入，这种收入是固定的，而不是临时性的、不确定的，或者射幸的。②此劳动收入构成其主要生活来源，即其劳动收入能够维持其生活，不需要借助于其他人经济上的资助，也可以维持当地群众的一般生活水平。（2）精神状况健康正常。自然人具有行为能力必须以能够正确理解法律规范和社会生活共同规则，理智地实施民事行为为前提条件。因患有精神病等原因而不能辨认自己行为的人，即使年满 18 周岁，也不属于完全民事行为能力人。

易混易错

自然人的民事行为能力是指法律确认的自然人通过自己的行为从事民事活动，参加民事法律关系，取得民事权利和承担民事义务的能力。影响自然人民事行为能力的因素包括年龄、智力、精神健康状态等，至于自然人的财产状况、民族、种族、性别、宗教信仰等，均不考虑。依据上述影响民事行为能力的因素，可以将民事行为能力分为完全民事行为能力、限制民事行为能力和无民事行为能力。

试题范例

单项选择题

甲年满 17 周岁，接受祖父赠与的 20 万元。甲靠此笔款项丰衣足食并支付了自己的学费。甲（　　）。

A. 是完全民事行为能力人

B. 视为完全民事行为能力人

C. 是限制民事行为能力人

D. 视为限制民事行为能力人

答案：C

核心法条

《民法典》第 19 条　八周岁以上的未成年人为限制民事行为能力人，实施民事法律行为由其法定代理人代理或者经其法定代理人同意、追认；但是，可以独立实施纯获利益的民事法律行为或者与其年龄、智力相适应的民事法律行为。

《民法典》第 22 条　不能完全辨认自己行为的成年人为限制民事行为能力人，实施民事法律行为由其法定代理人代理或者经其法定代理人同意、追认；但是，可以独立实施纯获利益的民事法律行为或者与其智力、精神健康状况相适应的民事法律行为。

《民法典》第 145 条　限制民事行为能力人实施的纯获利益的民事法律行为或者与其年龄、智力、精神健康状况相适应的民事法律行为有效；实施的其他民事法律行为经法定代理人同意或者追认后有效。

相对人可以催告法定代理人自收到通知之日起三十日内予以追认。法定代理人未作表示的，视为拒绝追认。民事法律行为被追认前，善意相对人有撤销的权利。撤销应当以通知的方式作出。

释解分析

上述条文规定的是自然人的限制民事行为能力。限制民事行为能力是指法律赋予那些达到一定年龄但尚未成年和虽已成年但精神不健全、不能完全辨认自己行为后果的自然人所享有的，可以从事与自己的年龄、智力和精神健康状况相适应的民事活动的能力。根据《民法典》的规定，限制民事行为能力人有两种：一是 8 周岁以上的未成年人。他们已经具有一定的智力水平，对事物具有一定的识别能力和判断能力，因此法律确认其具有限制民事行为能力。但考虑他们是未成年人，智力发育尚未健全，不能独立地理解和判断自己的行为及其后果，所以只具有部分行为能力，而不具有完全行为能力。二是不能完全辨认自己行为的成年人。所谓不能完全辨认自己行为，是指对比较复杂的事物和比较重大的行为，缺乏独立的判断能力，也不能完全意识到自己的行为后果。不能完全辨认自己行为的成年人，包括精神病人、智力障碍者、精神障碍人等。对于不能完全辨认自己行为的成年人，他们并没有完全丧失其意思能力，也能够进行适当的民事行为，但又不具有完全辨认能力，因此属于限制民事行为能力人。对于限制民事行为能力人实施的民事法律行为，应由其法定代理人（监护人）代理或者经其法定代理人同意或追认后有效。根据《民法典》第 145 条的规定，限制民事行为能力人实施的行为属于效力待定的民事法律行为，即限制民事行为能力人实施的纯获利益的民事法律行为或者与其年龄、智力、精神健康状况相适应的民事法律行为有效；实施的其他民事法律行为经法定代理人同意或者追认后有效。相对人可以催告法定代理人自收到通知之日起 30 日内予以追认。法定代理人未作表示的，视为拒绝追认。民事法律行为被追认前，善意相对人有撤销的权利。撤销应当以通知的方式作出。但限制民事行为能力人可以独立实施纯获利益的民事法律行为或者与其智力、精神健康状况相适应的民事法律行为，纯获利益的民事法律行为如接受奖励、赠与、报酬、遗赠等。

易混易错

限制民事行为能力人实施的民事法律行为属于效力待定的民事法律行为，但限制民事行为能力人实施的结婚、收养、立遗嘱等行为，应当认定为无效。此外，限制民事行为能力人实施的合法的事实行为，如创作作品、发明创造、无因管理、先占、拾得遗失物等，因上述事实行为并非民事法律行为，因而不受民事行为能力的限制。

试题范例

1.（2017 年真题）单项选择题

公司职员甲办理了某银行信用卡，在商场持卡消费 2 万余元，在向银行还款前，甲突患精神病。对此，下列说法正确的是（　　）。

A. 甲与银行之间的合同、甲与商场之间的合同均有效

B. 甲与银行之间的合同、甲与商场之间的合同均无效

C. 甲与银行之间的合同有效、甲与商场之间的合同无效

D. 甲与银行之间的合同无效、甲与商场之间的合同有效

答案：A

2. 多项选择题

王某智力超群，是 15 周岁的大学生。下列表述正确的是（　　）。

A. 王某可视为完全民事行为能力人

B. 王某为限制民事行为能力人

C. 王某对其创作的作品享有署名权

D. 王某对其合法的发明创造可经其父母申请享有专利权

答案：BCD

核心法条

《民法典》第 20 条　不满八周岁的未成年人为无民事行为能力人，由其法定代理人代理实施民事法律行为。

《民法典》第 21 条　不能辨认自己行为的成年人为无民事行为能力人，由其法定代理人代理实施民事法律行为。

八周岁以上的未成年人不能辨认自己行为的，适用前款规定。

《民法典》第 144 条　无民事行为能力人实施的民事法律行为无效。

释解分析

上述条文规定的是自然人的无民事行为能力。无民事行为能力人是指法律规定的完全不具有以自己的行为从事民事活动以取得民事权利和承担民事义务资格的行为人。无民事行为能力人包括两类：一是不满 8 周岁的未成年人。此类自然人年龄尚小，正处于生长发育的最初阶段。虽然这些未成年人有一定的智力，但不能理性地从事民事活动，否则既容易使自己蒙受损害，也不利于交易的安全。二是不能辨认自己行为的成年人和 8

周岁以上不能辨认自己行为的未成年人。因为这些人不具有识别能力和判断能力，从保护其利益出发，法律规定为无民事行为能力人。

无民事行为能力人不能独立实施民事法律行为，应当由其法定代理人代理实施民事法律行为，否则，无民事行为能力人实施的民事法律行为无效。但一般认为，无民事行为能力人实施的下列两类行为有效：一是接受奖励、赠与、报酬的行为有效。二是日常生活必需的细小的行为有效，例如入学儿童持卡乘坐公交车或地铁、购买零食或文具等。

试题范例

单项选择题

下列选项中，具有相应民事行为能力的是（　　）。

A. 刚满1周岁的婴儿

B. 会从高处拿到香蕉的狒狒

C. 9岁的小学生

D. 不能辨认自己行为的妇女

答案：C

核心法条

《民法典》第25条　自然人以户籍登记或者其他有效身份登记记载的居所为住所；经常居所与住所不一致的，经常居所视为住所。

《民法典》第63条　法人以其主要办事机构所在地为住所。依法需要办理法人登记的，应当将主要办事机构所在地登记为住所。

释解分析

上述条文规定的是住所。住所包括自然人的住所和法人的住所。

自然人的住所是自然人参与的各种法律关系集中发生的中心地域。法律确定住所的意义主要在于：确定自然人的民事主体状态、决定债务的清偿地、决定婚姻登记的管辖地点、在涉外民事关系中确定法律适用的准据法。根据《民法典》的规定，自然人以户籍登记或者其他有效身份登记记载的居所为住所；经常居所与住所不一致的，经常居所视为住所。这里的“户籍”是指我国行政法上以户为单位记载自然人有关事项的行政管理的法律文件。户籍既是行政管理的文件，也是证明有关自然人身份的文件，同时也用来确定住所。“经常居所”即经常居住地，自然人离开住所地最后连续居住1年以上的地方，为经常居所，但住医院治病的除外。自然人由其户籍所在地迁出后至迁入另一地之前，无经常居所的，仍以其户籍登记或者其他有效身份登记记载的居所为住所。

法人的住所是法人必不可少的，它是法人的主要活动地点，法人在该地点设立银行账户。法人的住所也涉及债务的履行、诉讼的管辖及清算地点的确定等。确定住所也可以明确法律文书和其他函件的送达地，在涉外民事法律关系中，法人的住所也有助于解决法律规范之间的冲突。根据《民法典》的规定，法人以其主要办事机构所在地为住所。依法需要办理法人登记的，应当将主要办事机构所在地登记为住所。所谓办事机构所在地，是指执行法人的业务活动、决定和处理法人事务的法人机构所在地。法人的办事机构所在地可能与法人的厂址不在同一个地方，但应以办事机构所在地来确定法人的住所，如果办事机构为多个，并且分别位于不同的地方，以其主要办事机构所在地为住所。法人的住所不同于法人的“场所”，法人的场所是法人从事生产经营的地方，法人的场所包括法人的住所。

试题范例

1.（2018年真题）单项选择题

李某于2012年7月将户籍由甲市迁往乙市，因遗失户籍迁移证而未能落户，后李某因工作需要，自2013年8月起租住在丙市，并在2014年9月至2015年12月期间因重病在丁市某医院住院治疗。2015年10月时李某的住所在（　　）。

A. 甲市　　B. 乙市

C. 丙市　　D. 丁市

答案：C

2. 单项选择题

王某户籍所在地为济南，在上海打工1年后到天津常住3年，后因病到北京医治已经2年。王某的住所为（　　）。

A. 上海　　B. 北京

C. 济南　　D. 天津

答案：D

3. 单项选择题

法人的住所为（　　）。

A. 主要办事机构所在地

B. 法人清算地
C. 法人的场所
D. 法人的厂址
答案：A

核心法条

《民法典》第27条 父母是未成年子女的监护人。

未成年人的父母已经死亡或者没有监护能力的，由下列有监护能力的人按顺序担任监护人：

（一）祖父母、外祖父母；

（二）兄、姐；

（三）其他愿意担任监护人的个人或者组织，但是须经未成年人住所地的居民委员会、村民委员会或者民政部门同意。

《民法典》第28条 无民事行为能力或者限制民事行为能力的成年人，由下列有监护能力的人按顺序担任监护人：

（一）配偶；

（二）父母、子女；

（三）其他近亲属；

（四）其他愿意担任监护人的个人或者组织，但是须经被监护人住所地的居民委员会、村民委员会或者民政部门同意。

《民法典》第32条 没有依法具有监护资格的人的，监护人由民政部门担任，也可以由具备履行监护职责条件的被监护人住所地的居民委员会、村民委员会担任。

相关法条

《民法典》第1045条第2款 配偶、父母、子女、兄弟姐妹、祖父母、外祖父母、孙子女、外孙子女为近亲属。

释解分析

上述条文规定的是法定监护人。法定监护人包括未成年人的法定监护人和无民事行为能力或者限制民事行为能力的成年人的法定监护人。

未成年人的法定监护人分为以下情况：（1）未成年人的父母是未成年人的法定监护人。父母是未成年子女与生俱来的、当然的监护人，法律只不过加以确认而已。未成年人被他人收养后，收养人即应为其法定监护人，生父母则不应为监护人。在父母离婚后，抚养子女的一方应是未成年子女的监护人。同时，由于另一方也有抚养和教育子女的权利和义务，故在抚养子女的一方不履行监护职责时，另一方可以请求法院撤销原来的裁决，由自己来抚养子女，并担任监护人。（2）除父母之外的未成年人的法定监护人。未成年人的父母已经死亡或者没有监护能力的，由下列有监护能力的人按顺序担任监护人：①祖父母、外祖父母；②兄、姐；③其他愿意担任监护人的个人或者组织，但是须经未成年人住所地的居民委员会、村民委员会或者民政部门同意。（3）没有依法具有监护资格的人的，监护人由民政部门担任，也可以由具备履行监护职责条件的被监护人住所地的居民委员会、村民委员会担任。

无民事行为能力或者限制民事行为能力的成年人，由下列有监护能力的人担任法定监护人：（1）配偶；（2）父母、子女；（3）其他近亲属；（4）其他愿意担任监护人的个人或者组织，但是须经被监护人住所地的居民委员会、村民委员会或者民政部门同意。上述“近亲属”包括配偶、父母、子女、兄弟姐妹、祖父母、外祖父母、孙子女、外孙子女。上述法定监护人受到担任监护人顺序的限制。没有上述依法具有监护资格的人的，监护人由民政部门担任，也可以由具备履行监护职责条件的被监护人住所地的居民委员会、村民委员会担任。

易混易错

监护的种类。（1）未成年人监护和成年人监护。根据《民法典》规定的需要监护的人的类型，监护主要包括未成年人监护和成年人监护两大类。未成年人监护是指以未成年人为被监护人的监护。成年人监护是指依据法律规定和约定对无民事行为能力或者限制民事行为能力的成年人所实施的监护。（2）法定监护、指定监护、遗嘱监护、协议监护和意定监护。根据监护权的发生依据，可以将监护划分为法定监护（《民法典》第27条、第28条）、指定监护（《民法典》第31条）、遗嘱监护（《民法典》第29条）、协议监护（《民法典》第30条）和意定监护（《民法典》第33条）等不同的类型。所谓法定监护，是指由法律直接规定的人担任监护人而形成的监护。指定监护是指具有监护资格的人之间对担任监护人有争议，或者都要求担任监护人，或者都不愿意担任监护人，由有关组织和人民法院依法指定监护人而形成的监护。遗嘱监护是指被监护人的父母作为监护人通过遗嘱指定监护人的监护。协议监护是指具有监护资格的人协议确定由其中一人或数人担任监护人而形成的监护。意定监护是指具有完全民事行为能力的成年人，可以与其近亲属、其他愿意担任监护人的个人或者组织事先协商，以书面形式确定自己的监护人，在自己丧失或者部分丧失民事行为能力时，由该监护人履行监护职责。

试题范例

1.（2015 年真题）单项选择题

甲系精神病人，有亲属如下：母亲，75 周岁，瘫痪在床；弟弟，48 周岁，工人；儿子，20 周岁，在校大学生；女儿，17 周岁，无业。甲的监护人应为（　　）。

A. 甲母　　B. 甲弟

C. 甲子　　D. 甲女

答案：C

2. 单项选择题

未成年人甲的父母已经死亡，能够成为甲的法定监护人的是（　　）。

A. 甲的病重的祖父

B. 甲的穷困潦倒的哥哥

C. 甲的在读研究生的姐姐

D. 甲的忘年之交的朋友，但未经居委会同意

答案：C

核心法条

《民法典》第 33 条　具有完全民事行为能力的成年人，可以与其近亲属、其他愿意担任监护人的个人或者组织事先协商，以书面形式确定自己的监护人，在自己丧失或者部分丧失民事行为能力时，由该监护人履行监护职责。

释解分析

本条规定的是意定监护。意定监护是指具有完全民事行为能力的成年人，可以与其近亲属、其他愿意担任监护人的个人或者组织事先协商，以书面形式确定自己的监护人，在自己丧失或者部分丧失民事行为能力时，由该监护人履行监护职责。确定意定监护制度的意义在于：在尊重成年人自主决定权的基础上，由其预先给自己选定监护人，防止出现无人监护的状态。意定监护既着重强调对被监护人意思自治等方面的尊重，又能更好地维护老年人的利益，保护其人身和财产权益。

意定监护具有如下要点：（1）意定监护仅适用于具有完全民事行为能力的成年人。无民事行为能力人或者限制民事行为能力人无法通过协议确定自己的监护人。（2）意定监护的监护人的范围不限于法定监护人，也不受法定监护人顺序的限制。意定监护的监护人范围并不限于法定监护人，设定意定监护的成年人的近亲属、其他愿意担任监护人的个人或者组织都可以成为其监护人。（3）意定监护需要采用书面形式。（4）在设定意定监护的成年人丧失或者部分丧失民事行为能力时，监护人才开始履行监护职责。因为在其未完全或者部分丧失民事行为能力时，在客观上并不需要监护。

试题范例

1.（2019 年真题）单项选择题

甲、乙系夫妻，1998 年 5 月儿子丙出生。2017 年 10 月甲与侄子丁签订书面协议，约定在甲丧失民事行为能力时，丁担任甲的监护人。一年后甲丧失民事行为能力，其好友戊表示愿意担任甲的监护人，并得到甲住所地居委会的同意。此时甲的监护人是（　　）。

A. 乙　　B. 丙

C. 丁　　D. 戊

答案：C

2. 单项选择题

成年协议监护的监护人履行监护职责的时间是（　　）。

A. 监护协议生效时

B. 成年人丧失或者部分丧失民事行为能力时

C. 成年人病危时

D. 监护人表示愿意承担监护职责时

答案：B

核心法条

《民法典》第 34 条　监护人的职责是代理被监护人实施民事法律行为，保护被监护人的人身权利、财产权利以及其他合法权益等。

监护人依法履行监护职责产生的权利，受法律保护。

监护人不履行监护职责或者侵害被监护人合法权益的，应当承担法律责任。

因发生突发事件等紧急情况，监护人暂时无法履行监护职责，被监护人的生活处于无人照料状态的，被监护人住所地的居民委员会、村民委员会或者民政部门应当为被监护人安排必要的临时生活照料措施。

《民法典》第35条 监护人应当按照最有利于被监护人的原则履行监护职责。监护人除为维护被监护人利益外，不得处分被监护人的财产。

未成年人的监护人履行监护职责，在作出与被监护人利益有关的决定时，应当根据被监护人的年龄和智力状况，尊重被监护人的真实意愿。

成年人的监护人履行监护职责，应当最大程度地尊重被监护人的真实意愿，保障并协助被监护人实施与其智力、精神健康状况相适应的民事法律行为。对被监护人有能力独立处理的事务，监护人不得干涉。

释解分析

上述条文规定的是监护人的职责。在监护关系中，监护人负担的是监护职责。监护人的监护职责包括如下内容：（1）代理被监护人实施民事法律行为。在法定监护中，监护人是被监护人的法定代理人，代理被监护人实施民事法律行为。在意定监护中，监护人也是在被监护人丧失或者部分丧失民事行为能力时才开始履行监护职责，监护人也需要代理被监护人实施部分民事法律行为。（2）保护被监护人的人身权利、财产权利以及其他合法权益。监护制度的重要目的是对被监护人进行照管，因此，保护被监护人的人身权利、财产权利以及其他合法权益也是监护人监护职责的重要内容。根据第34条第3款的规定，监护人不履行监护职责或者侵害被监护人合法权益的，应当承担法律责任。例如，甲天天毒打患有精神病的儿子，就属于不履行监护职责而侵害被监护人合法权益的情形。根据第34条第4款的规定，因发生突发事件等紧急情况，监护人暂时无法履行监护职责，被监护人的生活处于无人照料状态的，被监护人住所地的居民委员会、村民委员会或者民政部门应当为被监护人安排必要的临时生活照料措施。本款规定的意义在于，倘若监护人因患病被隔离，被监护人缺乏照料的状况需要国家相关部门托底保障，通过及时提供临时照料的生活措施，以避免被监护人无人照顾引发悲剧事件。

监护人在依据法律规定或者约定履行监护职责时，任何个人或者组织不得进行非法干涉。根据第35条的规定，监护人履行监护职责应当遵循如下原则：（1）按照最有利于被监护人的原则履行监护职责。所谓最有利于被监护人，是指监护人要根据被监护人的实际情况来履行监护职责，充分地保护被监护人的人身权利、财产权利以及其他合法权益。例如，被监护人有财产的，监护人应努力使被监护人的财产保值、增值，而不能浪费；如果被监护人生病的，则监护人应当使被监护人尽量获得好的医疗；如果被监护人处于受教育阶段的，则监护人应当使被监护人尽量获得好的教育。（2）不得擅自处分被监护人的财产。监护人在履行监护职责时，一般只是对被监护人的财产进行管理，而不能通过被监护人的财产为自己牟利。对于被监护人财产的经营和处分，监护人应尽善良管理人的注意，具言之，监护人除为维护被监护人利益外，不得处分被监护人的财产。监护人可以处分被监护人财产的条件是为维护被监护人利益。例如，为维护被监护人的利益而接受赠与、为被监护人支付医疗费等，倘若是处分被监护人所有的房产等损害被监护人利益的事情，就损害了被监护人的利益，应当赔偿损失。（3）尊重被监护人的真实意愿。未成年人的监护人履行监护职责，在作出与被监护人利益有关的决定时，应当根据被监护人的年龄和智力状况，尊重被监护人的真实意愿。成年人的监护人履行监护职责，应当最大程度地尊重被监护人的真实意愿，保障并协助被监护人实施与其智力、精神健康状况相适应的民事法律行为。对被监护人有能力独立处理的事务，监护人不得干涉。

试题范例

1.（2016年真题）单项选择题

甲为精神病人乙的监护人。甲的下列行为中，属于依法履行监护职责的是（　　）。

A. 免除丙欠乙的1万元债务

B. 撤销乙患病前低价卖表给丁的合同

C. 用乙的存款为乙支付医疗费

D. 为防止乙出门用铁链将其锁在家里

答案：C

2.（2021年真题）多项选择题

监护人因发生突发事件等紧急情况暂时无法履行监护职责，被监护人的生活处于无人照料状态的，应当为被监护人安排必要的临时生活照料措施的组织有（　　）。

A. 被监护人住所地的居民委员会

B. 被监护人住所地的村民委员会

C. 被监护人住所地的民政部门

D. 监护人的所在单位

答案：ABC

核心法条

《民法典》第36条　监护人有下列情形之一的，人民法院根据有关个人或者组织的申请，撤销其监护人资格，安排必要的临时监护措施，并按照最有利于被监护人的原则依法指定监护人：

（一）实施严重损害被监护人身心健康的行为；

（二）怠于履行监护职责，或者无法履行监护职责且拒绝将监护职责部分或者全部委托给他人，导致被监护人处于危困状态；

（三）实施严重侵害被监护人合法权益的其他行为。

本条规定的有关个人、组织包括：其他依法具有监护资格的人，居民委员会、村民委员会、学校、医疗机构、妇女联合会、残疾人联合会、未成年人保护组织、依法设立的老年人组织、民政部门等。

前款规定的个人和民政部门以外的组织未及时向人民法院申请撤销监护人资格的，民政部门应当向人民法院申请。

《民法典》第37条　依法负担被监护人抚养费、赡养费、扶养费的父母、子女、配偶等，被人民法院撤销监护人资格后，应当继续履行负担的义务。

《民法典》第38条　被监护人的父母或者子女被人民法院撤销监护人资格后，除对被监护人实施故意犯罪的外，确有悔改表现的，经其申请，人民法院可以在尊重被监护人真实意愿的前提下，视情况恢复其监护人资格，人民法院指定的监护人与被监护人的监护关系同时终止。

释解分析

上述条文规定的是监护的撤销。监护的撤销是指监护人不履行监护职责而依法撤销其监护人资格的制度。监护人有下列情形之一的，人民法院根据有关个人或者组织的申请，撤销其监护人资格，安排必要的临时监护措施，并按照最有利于被监护人的原则依法指定监护人：（1）实施严重损害被监护人身心健康的行为；（2）怠于履行监护职责，或者无法履行监护职责且拒绝将监护职责部分或者全部委托给他人，导致被监护人处于危困状态；（3）实施严重侵害被监护人合法权益的其他行为。依法负担被监护人抚养费、赡养费、扶养费的父母、子女、配偶等，被人民法院撤销监护人资格后，应当继续履行负担的义务。被监护人的父母或者子女被人民法院撤销监护人资格后，除对被监护人实施故意犯罪的外，确有悔改表现的，经其申请，人民法院可以在尊重被监护人真实意愿的前提下，视情况恢复其监护人资格，人民法院指定的监护人与被监护人的监护关系同时终止。

试题范例

单项选择题

下列监护人实施的行为中，应当撤销其监护人资格的是（　　）。

A. 甲对被监护人长期实施家庭暴力

B. 乙将被监护人委托给他人照料

C. 丙丧失行为能力

D. 丁未对被监护人实施疾病治疗

答案：A

核心法条

《民法典》第39条　有下列情形之一的，监护关系终止：

（一）被监护人取得或者恢复完全民事行为能力；

（二）监护人丧失监护能力；

（三）被监护人或者监护人死亡；

（四）人民法院认定监护关系终止的其他情形。

监护关系终止后，被监护人仍然需要监护的，应当依法另行确定监护人。

民法学

释解分析

本条规定的是监护的终止。监护因一定事实而发生，也因一定的法律事实而终止。监护设立的根据不同，终止的原因也不相同。监护主要因下列原因而终止：(1) 被监护人取得或者恢复完全民事行为能力。对于未成年人的监护，自被监护人成年之日起，监护即终止。如果是成年人，则经利害关系人或者有关组织申请，人民法院可以根据其智力、精神健康恢复的状况，认定该成年人恢复为完全民事行为能力人。有关组织包括居民委员会、村民委员会、学校、医疗机构、妇女联合会、残疾人联合会、依法设立的老年人组织、民政部门等。(2) 监护人丧失监护能力。监护关系的成立以监护人具有行为能力为条件，监护人如果不具有行为能力，也就根本不可能履行监护职责，从而自然应当导致监护关系终止。(3) 被监护人或者监护人死亡。被监护人或者监护人死亡的，监护自然终止。(4) 人民法院认定监护关系终止的其他情形。例如，监护人资格被依法剥夺，监护人依法辞去指定监护等。

试题范例

多项选择题

下列情形导致监护关系终止的是（　　）。

A. 被监护人取得或者恢复完全民事行为能力

B. 监护人丧失监护能力

C. 被监护人死亡

D. 监护人死亡

答案：ABCD

核心法条

《民法典》第 40 条　自然人下落不明满二年的，利害关系人可以向人民法院申请宣告该自然人为失踪人。

《民法典》第 42 条　失踪人的财产由其配偶、成年子女、父母或者其他愿意担任财产代管人的人代管。

代管有争议，没有前款规定的人，或者前款规定的人无代管能力的，由人民法院指定的人代管。

《民法典》第 43 条　财产代管人应当妥善管理失踪人的财产，维护其财产权益。

失踪人所欠税款、债务和应付的其他费用，由财产代管人从失踪人的财产中支付。

财产代管人因故意或者重大过失造成失踪人财产损失的，应当承担赔偿责任。

《民法典》第 45 条　失踪人重新出现，经本人或者利害关系人申请，人民法院应当撤销失踪宣告。

失踪人重新出现，有权请求财产代管人及时移交有关财产并报告财产代管情况。

释解分析

上述条文规定的是宣告失踪。宣告失踪是指经利害关系人申请，由法院依照法律规定的条件和程序，判决宣告下落不明满法定期限的自然人为失踪人的民事法律制度。

宣告失踪的条件和程序是：(1) 须有自然人离开其住所下落不明满 2 年的事实。自然人下落不明的时间从其失去音讯之日起计算。战争期间下落不明的，下落不明的时间自战争结束之日或者有关机关确定的下落不明之日起计算。(2) 须由利害关系人向法院提出申请。利害关系人包括：配偶；父母、子女；兄弟姐妹、祖父母、外祖父母、孙子女、外孙子女；其他有民事权利义务关系的人，如债权人、债务人、合伙人、有限责任公司的股东等。(3) 须由人民法院依照法定程序宣告。人民法院依照民事诉讼程序审理宣告失踪案件，查明被宣告失踪人的财产，指定财产代管人或者采取诉讼保全措施，发出寻找失踪人的公告。公告期为 3 个月。期间届满后，人民法院根据被申请宣告失踪人失踪的事实是否得到确认，作出相应的终结审理的裁定或者宣告失踪的判决。

宣告失踪的法律后果是为失踪人指定财产代管人（或发生财产代管关系）。失踪人的财产由其配偶、成年子女、父母或者其他愿意担任财产代管人的人代管。代管有争议，没有上述人员的，或者上述人员无代管能力的，由人民法院指定的人代管。财产代管人应当妥善管理失踪人的财产，维护其财产权益。失踪人所欠税款、债务和应付的其他费用，由财产代管人从失踪人的财产中支付。这里的“其他费用”，包括赡养费、扶养费、抚育费和因代管财产所需的管理费等必要的费用。财产代管人因故意或者重大过失造成失踪人财产损失的，应当承担赔偿责任。财产代管人不履行代管职责、侵害失踪人财产权益或者丧失代管能力的，失踪人的利害关系人可以向人民法院申请变更财产代管人。财产代管人有正当理由的，可以向人民法院申请变更财产代管人。人民法院变更财产代管人的，变更后的财产代管人有权请求原财产代管人及时移交有关财产并报告财产代管情况。

失踪人重新出现，经本人或者利害关系人申请，人民法院应当撤销失踪宣告。失踪人重新出现，有权请求财产代管人及时移交有关财产并报告财产代管情况。

试题范例

1.（2015年真题）多项选择题

甲离家出走，下落不明已满5年。下列人员中，可向人民法院申请甲为失踪人的有（　　）。

A. 甲的妻子　　B. 甲的姐姐

C. 甲的债权人　　D. 甲的外祖父

答案：ABCD

2.（2017年真题）多项选择题

甲被依法宣告失踪，乙为甲的财产代管人。下列选项中，由乙从甲的财产中支付的有（　　）。

A. 甲所欠税款

B. 甲所欠债务

C. 甲应该支付的赡养费

D. 乙代管财产的管理费

答案：ABCD

3. 单项选择题

自然人被宣告失踪所产生的法律后果是（　　）。

A. 财产发生继承　　B. 财产发生代管

C. 婚姻关系解除　　D. 民事权利能力终止

答案：B

核心法条

《民法典》第46条　自然人有下列情形之一的，利害关系人可以向人民法院申请宣告该自然人死亡：

（一）下落不明满四年；

（二）因意外事件，下落不明满二年。

因意外事件下落不明，经有关机关证明该自然人不可能生存的，申请宣告死亡不受二年时间的限制。

《民法典》第47条　对同一自然人，有的利害关系人申请宣告死亡，有的利害关系人申请宣告失踪，符合本法规定的宣告死亡条件的，人民法院应当宣告死亡。

《民法典》第49条　自然人被宣告死亡但是并未死亡的，不影响该自然人在被宣告死亡期间实施的民事法律行为的效力。

《民法典》第50条　被宣告死亡的人重新出现，经本人或者利害关系人申请，人民法院应当撤销死亡宣告。

《民法典》第51条　被宣告死亡的人的婚姻关系，自死亡宣告之日起消除。死亡宣告被撤销的，婚姻关系自撤销死亡宣告之日起自行恢复。但是，其配偶再婚或者向婚姻登记机关书面声明不愿意恢复的除外。

《民法典》第52条　被宣告死亡的人在被宣告死亡期间，其子女被他人依法收养的，在死亡宣告被撤销后，不得以未经本人同意为由主张收养行为无效。

《民法典》第53条　被撤销死亡宣告的人有权请求依照本法第六编取得其财产的民事主体返还财产；无法返还的，应当给予适当补偿。

利害关系人隐瞒真实情况，致使他人被宣告死亡而取得其财产的，除应当返还财产外，还应当对由此造成的损失承担赔偿责任。

释解分析

上述条文规定的是宣告死亡。宣告死亡是指经利害关系人申请，由法院依照法律规定的条件和程序，判决宣告下落不明满法定期限的自然人死亡的民事法律制度。

宣告死亡的条件和程序是：（1）自然人下落不明达到法定的期间。一般而言，自然人下落不明满4年，利害关系人才能申请宣告该自然人死亡，但因意外事件下落不明满2年的，利害关系人就可以向人民法院申请宣告该自然人死亡。这里的“意外事件”，是指某些特别危险如地震、海难、泥石流、龙卷风、飞机失事及其他重大灾变。此外，因意外事件下落不明，经有关机关证明该自然人不可能生存的，申请宣告死亡不受2年时间的限制。（2）须有利害关系人的申请。申请宣告死亡的利害关系人的范围包括：配偶；父母、子女；兄弟姐妹、祖父母、外祖父母、孙子女、外孙子女；其他与被申请宣告死亡人有民事权利义务关系的人，如债权人、债务人、合伙人、有限责任公司的股东等。（3）须由人民法院依照法

民法学

定程序宣告。法院受理宣告死亡申请后，应当发出寻找失踪人的公告，公告期为1年；因意外事件下落不明经有关机关证明该自然人不可能生存的，公告期为3个月。期间届满以后法院根据被申请宣告死亡人死亡的事实是否得到确认，作出终结审理的裁定或者宣告死亡的判决。

自然人被宣告死亡后，产生与自然死亡相同的法律后果，其民事主体资格消灭，民事权利能力终止，婚姻关系自动解除，个人财产作为遗产继承。被宣告死亡的人，人民法院宣告死亡的判决作出之日视为其死亡的日期；因意外事件下落不明宣告死亡的，意外事件发生之日视为其死亡的日期。

被宣告死亡的人重新出现，经本人或者利害关系人申请，人民法院应当撤销死亡宣告。死亡宣告被撤销后，依法产生如下法律后果：（1）自然人被宣告死亡但是并未死亡的，不影响该自然人在被宣告死亡期间实施的民事法律行为的效力。（2）被宣告死亡的人的婚姻关系，自死亡宣告之日起消除。死亡宣告被撤销的，婚姻关系自撤销死亡宣告之日起自行恢复。但是，其配偶再婚或者向婚姻登记机关书面声明不愿意恢复的除外。（3）被宣告死亡的人在被宣告死亡期间，其子女被他人依法收养的，在死亡宣告被撤销后，不得以未经本人同意为由主张收养行为无效。（4）被撤销死亡宣告的人有权请求依照民法典继承编取得其财产的民事主体返还财产；无法返还的，应当给予适当补偿。利害关系人隐瞒真实情况，致使他人被宣告死亡而取得其财产的，除应当返还财产外，还应当对由此造成的损失承担赔偿责任。

宣告失踪不是宣告死亡的必经程序。自然人下落不明，符合申请宣告死亡的条件，利害关系人可以不经申请宣告失踪而直接申请宣告死亡。对同一自然人，有的利害关系人申请宣告死亡，有的利害关系人申请宣告失踪，符合民法典规定的宣告死亡条件的，人民法院应当宣告死亡。

试题范例

1.（2019年真题）单项选择题

甲外出务工多年未与家中联系，经其配偶乙申请，法院宣告甲死亡。甲的好友丙替甲偿还了欠丁的1万元。后乙与丙组成家庭。一日，甲返乡。对此，下列说法正确的是（　　）。

A. 甲和乙之间的婚姻关系自动恢复

B. 乙和丙之间的婚姻关系自动解除

C. 乙、丙婚后，丙可向乙主张1万元债权

D. 无论甲、乙是否恢复婚姻关系，丙均有权要求甲偿还1万元债务

答案：D

2. 单项选择题

甲被宣告死亡后，其妻乙再婚嫁给丙。丙死亡后1年，甲父丁得知甲仍然在世，经过通讯联络后，依法向法院申请撤销甲的死亡宣告。死亡宣告撤销后，甲、乙的婚姻关系（　　）。

A. 自行恢复

B. 视为自行恢复

C. 不能自行恢复

D. 经婚姻登记机关书面声明后恢复

答案：C

核心法条

《民法典》第56条　个体工商户的债务，个人经营的，以个人财产承担；家庭经营的，以家庭财产承担；无法区分的，以家庭财产承担。

农村承包经营户的债务，以从事农村土地承包经营的农户财产承担；事实上由农户部分成员经营的，以该部分成员的财产承担。

释解分析

本条规定的是个体工商户和农村承包经营户对外承担的财产责任。自然人从事工商业经营，经依法登记，为个体工商户。农村集体经济组织的成员，依法取得农村土地承包经营权，从事家庭承包经营的，为农村承包经营户。个体工商户和农村承包经营户对外承担无限责任。个体工商户的债务，个人经营的，以个人财产承担；家庭经营的，以家庭财产承担；无法区分的，以家庭财产承担。这里的“家庭财产”，其外延宽于“夫妻共有财产”。农村承包经营户的债务，以从事农村土地承包经营的农户财产承担；事实上由农户部分成员经营的，以该部分成员的财产承担。

试题范例

单项选择题

甲用积攒的工资开设一个小卖部，其收益用

于家庭成员共同生活。后来因经营不善倒闭，则该小卖部所欠债务（　　）。

A. 由甲承担

B. 由甲的家庭承担

C. 以甲积攒的工资额承担

D. 由甲及妻子乙共同承担

答案：B

核心法条

《民法典》第57条　法人是具有民事权利能力和民事行为能力，依法独立享有民事权利和承担民事义务的组织。

释解分析

本条规定的是法人的概念。法人是具有民事权利能力和民事行为能力，依法独立享有民事权利和承担民事义务的组织。法人的特征包括：(1) 法人是社会组织。法人是具有合法性的社会组织。不具有合法性的组织体，如妓院、赌场、烟馆等，不是法人。(2) 法人是具有民事权利能力和民事行为能力的组织体。不具有相应民事权利能力和民事行为能力的组织体，如在校研究生组成的研习小组、学生自发组成的学生会等，不是法人。(3) 法人是独立享有民事权利和承担民事义务的组织。不能独立享有民事权利和承担民事义务的组织，如某机构的办事处、工厂的车间、机关的科室、法人的分支机构、公司的股东大会等都不能独立享有民事权利和承担民事义务，都不是法人。

易混易错

1. 法人的分类。法人可以从不同角度进行分类，大陆法系国家有关社团法人和财团法人的分类较具有实质意义。凡是以人的集合为成立基础的法人是社团法人，典型的社团法人如有限责任公司、股份有限公司、国有独资公司、各类银行、保险公司、各种协会、学会、出版社、电视台、报社等。凡是以捐助的财产为基础而成立的法人是财团法人，典型的财团法人如修道院、寺院、养老院、感化院、救济院、基金会、博物馆、国家图书馆、医院、科学研究机构、慈善机构等。我国民法未采取社团、财团以及社团法人、财团法人的称谓，因此，大陆法系国家的社团法人与我国的社会团体法人是不同的。

2. 我国法人的分类。我国《民法典》将法人分为营利法人、非营利法人和特别法人。营利法人包括有限责任公司、股份有限公司和其他企业法人等。非营利法人包括事业单位、社会团体、基金会、社会服务机构等。机关法人、农村集体经济组织法人、城镇农村的合作经济组织法人、基层群众性自治组织法人，为特别法人。

3. 分公司和子公司。分公司和法人的分支机构不具有法人资格，但子公司具有法人资格。

4. 法人的分支机构。法人可以依法设立分支机构。法律、行政法规规定分支机构应当登记的，依照其规定。法人的分支机构只是隶属于法人的机构，不能作为独立的民事权利主体，因此，分支机构以自己的名义从事民事活动，产生的民事责任由法人承担；也可以先以该分支机构管理的财产承担，不足以承担的，由法人承担。

试题范例

1.（2015年真题）单项选择题

下列选项中，具备法人资格的是（　　）。

A. 合伙企业

B. 个体工商户

C. 个人独资企业

D. 一人有限责任公司

答案：D

2.（2020年真题）多项选择题

下列选项中，属于非营利法人的有（　　）。

A. 基层群众性自治组织法人

B. 社会团体法人

C. 事业单位法人

D. 农村合作经济组织法人

答案：BC

3. 单项选择题

下列选项中，具有法人资格的是（　　）。

A. 中国人民保险公司北京分公司

B. 股份有限公司下设子公司

C. 某大学保卫处

D. 外交部拉美司

答案：B

4. 单项选择题

下列选项中，属于大陆法系国家社团法人的是（　　）。

A. 信托投资公司　　B. 基金会

C. 基督教教堂　　D. 养老院

答案：A

核心法条

《民法典》第 58 条　法人应当依法成立。

法人应当有自己的名称、组织机构、住所、财产或者经费。法人成立的具体条件和程序，依照法律、行政法规的规定。

设立法人，法律、行政法规规定须经有关机关批准的，依照其规定。

释解分析

本条规定的是法人成立的条件。法人的成立必须具备如下条件：（1）依法成立。依法成立就是依照法律规定而成立。法人是法律赋予其民事主体地位的团体，其成立必须符合法律的规定。所谓依法成立，一是指法人的目的、成立宗旨、组织机构、经营范围、经营方式合法，不得违反宪法和其他法律的规定；二是指其成立的审核和登记程序要合法，需要有关部门批准的，必须依法取得批准后才能成立。（2）有财产或经费。财产或经费是法人独立进行民事活动、承担民事义务的物质保障。“有财产或经费”是指法人应当有与其开展的各项业务相适应的一定数量的财产或经费。（3）有自己的名称、组织机构和住所。①法人的名称。法人的名称是法人之间相互区别的标志，法人只能使用一个名称。②法人的组织机构。法人的组织机构是实现法人意志的机关，是对内管理法人事务、对外代表法人从事民事活动的机构。③法人的住所。法人必须有自己的住所，且法人的住所只能有一个。法人以其主要办事机构所在地为住所。依法需要办理法人登记的，应当将主要办事机构所在地登记为住所。

试题范例

多项选择题

法人成立的条件有（　　）。

A. 依法成立

B. 有财产或经费

C. 有自己的名称、组织机构和住所

D. 能够独立承担民事责任

答案：ABC

核心法条

《民法典》第 59 条　法人的民事权利能力和民事行为能力，从法人成立时产生，到法人终止时消灭。

释解分析

本条规定的是法人的民事权利能力和民事行为能力。法人的民事权利能力是指法人作为民事主体，享有民事权利、承担民事义务的资格。法人和自然人在民事权利能力的区别上主要体现在：（1）法人不能享有某些属于自然人固有的因年龄、亲属关系等而产生的权利义务关系。（2）法人的民事权利能力受法律、行政命令和法人章程、目的的限制，自然人的民事权利能力都是相同的。（3）法人的民事权利能力于法人成立时发生，于法人依法撤销或解散时终止；自然人的民事权利能力则始于出生，终于死亡。

法人的民事行为能力是指法人以自己的意思独立进行民事活动，取得民事权利并承担民事义务的能力。法人民事行为能力的主要特征有：（1）法人的民事行为能力与其民事权利能力同时发生，同时消灭。法人一经成立，即产生民事权利能力和民事行为能力，并在法人的存续期间始终存在。自然人的民事权利能力始于出生，终于死亡。但其民事行为能力则受到年龄、智力、精神状况的限制，并非与其民事权利能力同时发生，也不是同时消灭。（2）法人的民事行为能力与其民事权利能力在范围上是一致的。法人能够以自己的行为取得民事权利和承担民事义务，不得超出其民事权利能力所限定的范围，但由于法人的宗旨和经营范围等因素的限制，不同类型的法人，其民事行为能力的范围各不相同。自然人的民事行为能力和民事权利能力不具有这个特点，其民事行为能力因年龄和精神状况的不同分为完全民事行为能力、限制民事行为能力和无民事行为能力。（3）法人的民事行为能力是由其机关来实现的。法人具有团体性，其民事行为能力由其法定代表人、其他工作人员实现，或由法人代理人来实现，以体现法人的意志。自然人的民事行为能力则是靠自己来实现。

易混易错

法人和自然人在享有权利类型上的差异体现

在：(1) 就物权而言，法人和自然人一般都可以享有，但法人不能享有宅基地使用权、居住权。(2) 就人格权而言，法人和自然人虽然都可以享有名誉权、荣誉权，但法人不能享有生命权、身体权、健康权、姓名权、肖像权、隐私权、个人信息权益。当然，法人享有名称权，而自然人则不能享有名称权。(3) 就身份权而言，如亲属权、配偶权、探望权等，法人不能享有。(4) 就知识产权而言，虽然法人享有著作权、专利权和商标权，但知识产权中的身份权，如著作权和专利权中的某些身份权，法人不能享有。(5) 就继承权而言，法人不能享有继承权，但可以享有受遗赠权。

试题范例

多项选择题

下列民事权利中，法人可以享有的有(　　)。

A. 荣誉权　　B. 名称权

C. 地役权　　D. 债权

答案：ABCD

核心法条

《民法典》第 60 条　法人以其全部财产独立承担民事责任。

释解分析

本条规定的是法人的独立责任。法人具有民事责任能力，因此能够独立承担民事责任。既然法人能够独立承担民事责任，那么法人的财产就应当与其创始人或其成员的财产是分离的，法人的创始人或其成员对法人不承担民事责任，这就是法人的“有限责任”，即法人仅以自己所有的财产承担责任，如果法人的财产不足以清偿债务，即便法人被清算、解散或破产，法人也仅以其所有的财产承担责任，此时也不能对法人的创始人或其成员进行追偿，这不同于自然人、个体工商户、农村承包经营户或普通合伙企业，因为自然人、个体工商户、农村承包经营户或普通合伙企业要承担无限清偿责任。法人有限责任的特点是：(1) 法人应当以自己的独立财产对其债务承担清偿责任。法人作为独立的主体，其财产是与法人的设立人及其成员的财产相分离的。所以，法人只能以自己的独立财产对其自身的债务承担清偿责任。(2) 在法人的资产不足以清偿全部债务时，尽管会出现责任在范围上小于债务范围的情况，但法人的债权人仍不得请求法人的出资人承担超过其出资义务的责任，法人也不得将其债务转移到其出资人身上。(3) 法人成员或者出资人的责任具有受限制性，即法人只能自己承担清偿债务的责任，法人的创立人及其成员仅以自己的出资额对法人的债务负责，超出出资额，则不负责任。

试题范例

单项选择题

下列关于法人责任的表述，正确的是(　　)。

A. 法人以其全部财产独立承担责任

B. 法人及其成员对债务承担无限连带责任

C. 法人财产不足以清偿债务的，法人成员承担相应的补充责任

D. 法人成员对超出出资额的债务承担连带责任

答案：A

核心法条

《民法典》第 61 条　依照法律或者法人章程的规定，代表法人从事民事活动的负责人，为法人的法定代表人。

法定代表人以法人名义从事的民事活动，其法律后果由法人承受。

法人章程或者法人权力机构对法定代表人代表权的限制，不得对抗善意相对人。

《民法典》第 62 条　法定代表人因执行职务造成他人损害的，由法人承担民事责任。

法人承担民事责任后，依照法律或者法人章程的规定，可以向有过错的法定代表人追偿。

释解分析

上述条文规定的是法定代表人。依照法律或者法人章程的规定，代表法人从事民事活动的负责人，为法人的法定代表人。法定代表人具有如下特征：(1) 法定代表人是由法律或者法人章程规定的自然人。法定代表人应当依照法律或者法人章程的规定加以明确，并在工商行政管理机关登记备案。(2) 法定代表人以法人名义从事民事活动，其法律后果由法人承受。法定代表人根据法律或者法人章程的规定，有权代表法人对外行

为，法定代表人依法代表法人行为时，其本身是法人的一个组成部分，法定代表人的行为就是法人的行为，因此，其法律后果由法人承受。对于法定代表人签订的合同，法人也应负责。《民法典》第504条规定，法人的法定代表人或者非法人组织的负责人超越权限订立的合同，除相对人知道或者应当知道其超越权限外，该代表行为有效，订立的合同对法人或者非法人组织发生效力。《民法典》第505条规定，当事人超越经营范围订立的合同的效力，应当依照本法总则编第六章第三节（民事法律行为的效力）和本编（合同编）的有关规定确定，不得仅以超越经营范围确认合同无效。（3）法定代表人是法人的主要负责人。法定代表人和法人的其他工作人员都能代表法人行为，但法定代表人是法人的主要负责人，如公司的董事长、总经理等。法人章程或者法人权力机构可以对法定代表人的代表权作出限制，但不得对抗善意第三人。法定代表人因执行职务造成他人损害的，由法人承担民事责任。法人承担民事责任后，依照法律或者法人章程的规定，可以向有过错的法定代表人追偿。

易混易错

法定代表人和法定代理人的区别。法定代表人的行为就是法人的行为，因此，法定代表人对外从事民事活动，不需要事先获得法人的特别授权。在这一点上，法定代表人和法定代理人不同。

试题范例

单项选择题

下列职务不能成为法人的法定代表人的是（　　）。

A. 公司董事长　　B. 公司总经理

C. 企业法人的厂长　　D. 公司高级会计师

答案：D

核心法条

《民法典》第67条　法人合并的，其权利和义务由合并后的法人享有和承担。

法人分立的，其权利和义务由分立后的法人享有连带债权，承担连带债务，但是债权人和债务人另有约定的除外。

释解分析

本条规定的是法人的合并和分立。法人的合并属于法人组织形态的变更，即将两个以上的法人合并成为一个新的法人。法人的合并又包括创设式合并和吸收式合并，前者是指两个以上的法人合并为一个新法人，原来的法人消灭；后者是指一个法人归并到一个现存的法人中去。法人的分立也属于法人组织形态的变更，即一个法人分为两个以上的法人。法人的分立又包括创设式分立和存续式分立，前者是指解散原法人分立为两个以上的新法人；后者是指原法人继续存续，但从中分出新的法人。无论何种形态的变更，都应当依法向登记机关申请变更登记。法人合并的，其权利和义务由合并后的法人享有和承担。法人分立的，其权利和义务由分立后的法人享有连带债权，承担连带债务，但是债权人和债务人另有约定的除外。

试题范例

1.（2018年真题）单项选择题

甲公司欠乙公司货款50万元，乙公司欠甲公司租金50万元，后甲公司被乙公司兼并。甲公司与乙公司之间的债消灭的原因是（　　）。

A. 混同　　B. 免除

C. 抵销　　D. 清偿

答案：A

2. 单项选择题

A公司与B公司合并为C公司，则A公司欠B公司的债务因（　　）而消灭。

A. 混合　　B. 混同

C. 解除　　D. 免除

答案：B

核心法条

《民法典》第68条　有下列原因之一并依法完成清算、注销登记的，法人终止：

（一）法人解散；

（二）法人被宣告破产；

（三）法律规定的其他原因。

法人终止，法律、行政法规规定须经有关机关批准的，依照其规定。

《民法典》第69条　有下列情形之一的，法人解散：

（一）法人章程规定的存续期间届满或者法人章程规定的其他解散事由出现；

（二）法人的权力机构决议解散；

（三）因法人合并或者分立需要解散；

（四）法人依法被吊销营业执照、登记证书，被责令关闭或者被撤销；

（五）法律规定的其他情形。

释解分析

上述条文规定的是法人的终止及其原因。法人的终止是指法人法律上人格的丧失。法人的终止，其意义如同自然人的死亡，法人终止后即不再具有民事主体资格。但作为组织体，法人的终止与自然人的死亡毕竟不同，法人的终止须有法定原因和遵循法定程序。法人终止的原因有：（1）法人解散。有下列情形之一的，法人解散：①法人章程规定的存续期间届满或者法人章程规定的其他解散事由出现；②法人的权力机构决议解散；③因法人合并或者分立需要解散；④法人依法被吊销营业执照、登记证书，被责令关闭或者被撤销；⑤法律规定的其他情形。法人解散的，除合并或者分立的情形外，清算义务人应当及时组成清算组进行清算。法人的董事、理事等执行机构或者决策机构的成员为清算义务人。法律、行政法规另有规定的，依照其规定。清算义务人未及时履行清算义务，造成损害的，应当承担民事责任；主管机关或者利害关系人可以申请人民法院指定有关人员组成清算组进行清算。清算期间法人存续，但是不得从事与清算无关的活动。法人清算后的剩余财产，根据法人章程的规定或者法人权力机构的决议处理。法律另有规定的，依照其规定。清算结束并完成法人注销登记时，法人终止；依法不需要办理法人登记的，清算结束时，法人终止。（2）法人被宣告破产。法人被宣告破产的，依法进行破产清算并完成法人注销登记时，法人终止。（3）法律规定的其他原因。例如，因国家机关的机构调整而导致机关法人的终止。法人终止，法律、行政法规规定须经有关机关批准的，依照其规定。

试题范例

1.（2018年真题）单项选择题

下列情形中，不属于法人解散原因的是（　　）。

A. 被吊销营业执照

B. 被吊销登记证书

C. 章程规定的存续期间届满

D. 变更名称

答案：D

2.（2020年真题）单项选择题

营利法人依法解散进行清算期间，营利法人（　　）。

A. 主体资格消灭，不能进行任何民事活动

B. 主体资格消灭，但可以从事与清算有关的活动

C. 主体资格不消灭，可以进行各种民事活动

D. 主体资格不消灭，但不得从事与清算无关的活动

答案：D

3. 多项选择题

下列行为可导致法人终止的是（　　）。

A. 法人被清算

B. 法人被解散

C. 法人被宣告破产

D. 法人被责令停产停业

答案：BC

核心法条

《民法典》第75条　设立人为设立法人从事的民事活动，其法律后果由法人承受；法人未成立的，其法律后果由设立人承受，设立人为二人以上的，享有连带债权，承担连带债务。

设立人为设立法人以自己的名义从事民事活动产生的民事责任，第三人有权选择请求法人或者设立人承担。

释解分析

本条规定的是设立中的法人。设立中的法人是指法人从设立开始至法人成立之前，专门负责法人设立的组织体，如公司筹备处等。由于设立中的法人在从事设立行为过程中也要从事一些民事行为，如借款、举债、购买必要的建筑材料等，从而发生一定的债权债务关系，这就需要在法律上明确由谁来承担责任。民法典赋予设立中的法人相对的民事权利能力，并就设立人应当承担的责任作出规定。

设立人为设立法人从事的民事活动，其法律后果由法人承受；法人未成立的，其法律后果由

设立人承受，设立人为二人以上的，享有连带债权，承担连带债务。设立人为设立法人以自己的名义从事民事活动产生的民事责任，第三人有权选择请求法人或者设立人承担。

试题范例

1.（2019年真题）单项选择题

甲为设立蓝天公司，以自己的名义承租乙公司的房屋作为蓝天公司筹备处的办公场所，约定租金2万元。蓝天公司成立后，乙公司对到期未付的租金（　　）。

A. 只能请求甲支付

B. 只能请求蓝天公司支付

C. 有权选择请求甲或蓝天公司支付

D. 有权请求甲和蓝天公司承担按份责任

答案：C

2. 单项选择题

甲、乙、丙筹备有限责任公司的设立，在筹备过程中拖欠银行贷款30万元，后因该有限责任公司的设立不符合公司法规定而未成立。则该30万元债务由（　　）。

A. 甲承担

B. 乙承担

C. 丙承担

D. 甲、乙、丙承担连带责任

答案：D

核心法条

《民法典》第76条　以取得利润并分配给股东等出资人为目的成立的法人，为营利法人。

营利法人包括有限责任公司、股份有限公司和其他企业法人等。

相关法条

《民法典》第77条　营利法人经依法登记成立。

《民法典》第78条　依法设立的营利法人，由登记机关发给营利法人营业执照。营业执照签发日期为营利法人的成立日期。

《民法典》第79条　设立营利法人应当依法制定法人章程。

释解分析

本条规定的是营利法人。营利法人是指以取得利润并分配给股东等出资人为目的成立的法人。营利法人的“营利”是指以取得利润并分配给股东等出资人为目的的行为。营利法人是市场经济活动的基本单位，也是社会生产经营活动的主体。营利法人的存在在于独立从事经营活动。营利法人的特征有：（1）营利法人是社团法人的一种类型。营利法人和非营利法人是社团法人的两种类型。《民法典》第76条第2款列举了营利法人包括有限责任公司、股份有限公司和其他企业法人等，这些都是以人的集合为基础的法人。因此，营利法人通常都要有成员。而且，为了保障营利法人的正常运行，营利法人的成员需要按照约定出资。（2）营利法人设立的目的是分配利润给出资人。营利法人和非营利法人的区别并不在于是否营利，而在于是否将利润分配给其成员。事实上，某些非营利法人也可能从事某些经营活动，并取得利润。例如，基金会也可能将其管理的资产用于投资，并取得利润；再如，寺庙也可能对外收取门票，但这些非营利法人并不将利润分配给其成员。（3）营利法人主要从事经营活动。营利法人通常都是从事市场经济活动的组织体，所以，对营利法人的规范涉及交易秩序和交易安全，需要民事特别法，比如《公司法》等予以规定。（4）营利法人终止后将剩余财产分配给其成员。营利法人终止后，如果还有剩余财产的，则将该剩余财产分配给其成员。

根据本条规定，营利法人的类型有：（1）有限责任公司。有限责任公司是指股东以其认缴的出资额为限对公司承担责任的公司。设立有限责任公司，必须在公司名称中标明“有限责任公司”或者“有限公司”字样。有限责任公司包括一般有限责任公司、国有独资公司和一人有限责任公司。（2）股份有限公司。股份有限公司是指股东以其认缴的股份为限对公司承担责任的公司。设立股份有限公司，必须在公司名称中标明“股份有限公司”或者“股份公司”字样。（3）其他企业法人。其他企业法人又称为非公司企业法人，主要是指全民所有制企业（如中国工商银行）、集体所有制企业以及三资企业（中外合资经营企业、中外合作经营企业、外商独资企业）。

设立营利法人必须要办理登记。依法设立的营利法人，由登记机关发给营利法人营业执照。营业执照签发日期为营利法人的成立日期。

设立营利法人应当依法制定法人章程。所谓章程，是指营利法人成员订立的规范法人活动范围、组织结构、议事规则、盈余分配、内部成员之间的权利义务及其他重要事项的法律文件。章程是营利法人的“小宪法”。章程在性质上是当事人合意的产物，必须以书面形式记载，因而是要式法律行为。

试题范例

单项选择题

下列选项中，属于我国营利法人的是（　　）。

A. 社会服务机构　　B. 股份有限公司

C. 居民委员会　　D. 基金会

答案：B

核心法条

《民法典》第80条　营利法人应当设权力机构。

权力机构行使修改法人章程，选举或者更换执行机构、监督机构成员，以及法人章程规定的其他职权。

《民法典》第81条　营利法人应当设执行机构。

执行机构行使召集权力机构会议，决定法人的经营计划和投资方案，决定法人内部管理机构的设置，以及法人章程规定的其他职权。

执行机构为董事会或者执行董事的，董事长、执行董事或者经理按照法人章程的规定担任法定代表人；未设董事会或者执行董事的，法人章程规定的主要负责人为其执行机构和法定代表人。

《民法典》第82条　营利法人设监事会或者监事等监督机构的，监督机构依法行使检查法人财务，监督执行机构成员、高级管理人员执行法人职务的行为，以及法人章程规定的其他职权。

释解分析

上述条文规定的是营利法人的机构。营利法人的机构包括权力机构、执行机构和监督机构。(1) 权力机构。营利法人的权力机构是其意志的产生机构。营利法人是社团法人的一种，以人的集合为基础，为了形成营利法人的共同意志，应当设立权力机构。例如，股份有限公司应当设立股东大会，作为其权力机构。权力机构的职责有：行使修改法人章程，选举或者更换执行机构、监督机构成员，以及法人章程规定的其他职权。(2) 执行机构。营利法人的执行机构是指依据法律规定和章程，执行权力机构的决定，从事日常管理的机构。执行机构为董事会或者执行董事的，董事长、执行董事或者经理按照法人章程的规定担任法定代表人；未设董事会或者执行董事的，法人章程规定的主要负责人为其执行机构和法定代表人。例如，公司的董事会或执行董事，就是其执行机构。再如，国有企业设立的总经理为其执行机构。营利法人必须由执行机构从事具体的经营活动，并对外代表法人。执行机构是由权力机构选举或决定的。执行机构的职权有：行使召集权力机构会议，决定法人的经营计划和投资方案，决定法人内部管理机构的设置，以及法人章程规定的其他职权。(3) 监督机构。监督机构是指营利法人中监督执行机构的组织机构。例如，公司的监事会就是典型的监督机构。监督机构的职权有：依法行使检查法人财务，监督执行机构成员、高级管理人员执行法人职务的行为，以及法人章程规定的其他职权。由于营利法人的权力机构组成人员分散，可能不具备经营事务和财务方面的专业能力，为了防止执行机构的成员和高级管理人员等执行职务违反法律和章程，需要权力机构选出对法人经营业务的执行情况和法人财务进行专门检查和监督的监督机构，可以是监事会或监事等。与权力机构和执行机构不同，《民法典》并没有要求所有的营利法人都必须设置监督机构。我国《公司法》虽然规定有限责任公司要设置监事会，但是《民法典》规定的营利法人比公司更为宽泛。例如，取得法人资格的独资企业，因为其规模较小，也不一定都必须设置监事会。对于规模较大的可以设置监事会，对于规模较小的可以只设置一名监事。

试题范例

单项选择题

下列选项中，属于营利法人执行机构的职权的是（　　）。

A. 修改法人章程

B. 监督高级管理人员的行为

C. 决定法人的经营计划

D. 更换监督机构成员

答案：C

核心法条

《民法典》第 83 条　营利法人的出资人不得滥用出资人权利损害法人或者其他出资人的利益；滥用出资人权利造成法人或者其他出资人损失的，应当依法承担民事责任。

营利法人的出资人不得滥用法人独立地位和出资人有限责任损害法人债权人的利益；滥用法人独立地位和出资人有限责任，逃避债务，严重损害法人债权人的利益的，应当对法人债务承担连带责任。

释解分析

本条规定的是营利法人出资人的责任。

本条第 1 款规定主要针对的是出资人滥用出资人权利损害法人或者其他出资人利益的现象。例如，大股东掏空公司财产并将之移转至新设立的公司，进而损害公司债权人及其他出资人的利益。滥用出资人权利造成法人或者其他出资人损失的，应当依法承担民事责任。出资人滥用权利的行为，在某种意义上就是一般的侵权行为，往往也会侵害法人或者其他出资人的利益，应当承担一定的民事责任。但是出资人权利滥用的行为，应当是在其合法享有的权利基础上进行的行为，如果不是基于出资人的权利，也不构成出资人权利滥用的行为。出资人承担的民事责任属于一般的过错责任。

本条第 2 款规定的是“法人人格否认”制度或者“揭开公司面纱”制度，该制度以营利法人具有独立人格为前提，其设立目的是更好地保护债权人和营利法人的利益。司法实践中，一些不法行为人通过滥用公司的有限责任损害债权人的利益，其中最突出的问题就是一些个人在兴办各种公司以后，利用法人的有限责任逃避债务，严重损害公司债权人的利益。所谓“法人人格否认”制度，是指司法审判人员在特殊情形下，对公司的股东特别是董事在管理公司的事务中从事各种不正当行为严重损害公司债权人的利益时，应当不考虑公司的独立人格，而要求公司的股东对公司的债权人承担连带责任的制度。本条第 2 款中规定的连带责任，是指法人和出资人对法人债务负连带的清偿责任。因此，不论法人对债权人的债务是否超出出资人的出资额，出资人都要负责。所以，这种责任可以看成是出资人有限责任的例外。也就是说，在营利法人的出资人滥用法人独立地位和出资人有限责任损害法人债权人的利益的情况下，要允许债权人直接向出资人提出请求，排除法人独立人格的障碍。

试题范例

单项选择题

张某为甲公司的大股东，甲公司欠乙公司 100 万元债务。为了逃避这笔债务，张某将甲公司账户上的 200 万元现金转入自己的私人账户，致使甲公司无力偿还乙公司的到期债务。对于该笔债务（　　）。

A. 张某清偿

B. 甲公司和乙公司按照各自的过错承担相应的责任

C. 甲公司清偿

D. 张某和甲公司承担连带清偿责任

答案：D

核心法条

《民法典》第 84 条　营利法人的控股出资人、实际控制人、董事、监事、高级管理人员不得利用其关联关系损害法人的利益；利用关联关系造成法人损失的，应当承担赔偿责任。

释解分析

本条规定的是不当关联交易。关联关系是指公司的控股股东、实际控制人、董事、监事、高级管理人员与其直接或者间接控制的企业之间的关系，以及可能导致公司利益转移的其他关系。关联关系主要存在于受直接或间接控制与被控制的企业之间以及可能导致企业利益转移的公司之间，而关联人员如控股股东、实际控制人、高级管理人员等利用其双重身份，实施了有利于实际控制或控股股东身份企业的行为，而损害了受控制企业或其所在公司担任高级管理人员的企业的利益。在市场经济条件下，关联交易本身并不一定都是有害的，也并不当然都损害债权人利益和交易安全。在市场经济社会，关联交易现象时有发生，特别是在较大的公司和上市公司中。如果交易双方存在关联关系，只要交易价格是正当且公平合理的，存在关联关系的交易双方进行谈判，能够节约大量的谈判成本，提高效率。尤其是在企业集团化的情况下，子公司遇到其转变经营方式，扩大经营销路，这些都有利于企业的发展。但问题在于，如果利用关联交易进行利益输送，有损公司利益和债权人利益时，则应当是法律所禁止的。因此，有必要设置关联交易的禁止规则。《民法典》规定关联交易禁止规则的意义在于，和《公司法》比较，《民法典》扩大了禁止关联交易的适用对象，由单纯地适用于公司扩大到适用于全部营利法人，尤其适用于国企和以营利为目的的事业单位，如出版社，这就有利于对这些法人的活动进行规范。

试题范例

单项选择题

甲公司的实际控股股东张某是乙（一人）有限公司的董事。甲公司和乙公司签订一份租赁合同，甲公司将其自有的某大厦顶楼物业广告位租给乙公司，租金为每月 3 万元。张某又以乙公司董事的身份，将该广告位租给丙公司，租金为每月 5 万元。为此，张某每月获利 2 万元。张某的行为属于（　　）。

A. 关联交易的行为
B. 滥用法人独立人格的行为
C. 滥用法人有限责任的行为
D. 合法行为

答案：A

核心法条

《民法典》第 85 条　营利法人的权力机构、执行机构作出决议的会议召集程序、表决方式违反法律、行政法规、法人章程，或者决议内容违反法人章程的，营利法人的出资人可以请求人民法院撤销该决议。但是，营利法人依据该决议与善意相对人形成的民事法律关系不受影响。

释解分析

本条规定的是营利法人作出的决议的撤销制度。营利法人的权力机构和执行机构都可以作出决议，但是，如果决议的程序和内容违反了法律或者章程的规定，出资人可以请求撤销该决议。从广义上来说，这属于可撤销民事法律行为的一种类型。具体而言，从程序角度来看，决议违反法律、行政法规或法人章程时，可以撤销该决议；从内容角度来说，决议违反法人章程的，也可以撤销该决议。不过，出于维护交易安全的考虑，本条特别规定，营利法人依据该决议与善意相对人形成的民事法律关系不受影响。这就是说，撤销不应当产生对抗善意相对人的效力。

试题范例

单项选择题

甲公司章程规定，公司董事会和法定代表人不得对外签订超出 1 000 万元标的额的合同。甲公司董事长李某与乙公司签订购置成套设备的买卖合同，总金额为 2 000 万元。如果乙公司对甲公司章程的规定一无所知，则该买卖合同（　　）。

A. 无效　　　　B. 有效
C. 效力待定　　D. 可撤销

答案：B

核心法条

《民法典》第 87 条　为公益目的或者其他非营利目的成立，不向出资人、设立人或者会员分配所取得利润的法人，为非营利法人。

非营利法人包括事业单位、社会团体、基金会、社会服务机构等。

释解分析

本条规定的是非营利法人。为公益目的或者其他非营利目的成立，不向出资人、设立人或者会员分配所取得利润的法人，为非营利法人。非营利法人包括事业单位、社会团体、基金会、社会服务机构等。非营利法人的特征有：（1）基于公益目的而设立。营利法人是基于私益的目的而设立，通常都是为了设立人或者成员的利益，例如，公司的设立就是为了股东获得利润。而非营利法人的设立目的是公益的、“非营利”的，“非营利”是指目的上的非营利，至于该类法人在日常运行中开展了某些营利性活动，甚至从中获取了营利收入，并不影响其作为非营利法人的性质。(2) 不向出资人、设立人或者会员分配利润或者剩余财产。营利法人所取得的利润可以分配给其出资人、设立人或者会员，例如，上市公司可以向其股东分红，而非营利法人则不允许这种利润分配。(3) 组织机构的特殊性。营利法人都有成员，因此其组织机构中应当包含成员大会（股东会、股东大会）。而非营利法人除了社会团体法人以外，其他类型的非营利法人并不设立成员大会。

试题范例

多项选择题

下列法人中，属于我国非营利法人的是（　　）。

A. 事业单位法人

B. 社会团体法人

C. 基金会法人

D. 社会服务机构法人

答案：ABCD

核心法条

《民法典》第 88 条　具备法人条件，为适应经济社会发展需要，提供公益服务设立的事业单位，经依法登记成立，取得事业单位法人资格；依法不需要办理法人登记的，从成立之日起，具有事业单位法人资格。

《民法典》第 89 条　事业单位法人设理事会的，除法律另有规定外，理事会为其决策机构。事业单位法人的法定代表人依照法律、行政法规或者法人章程的规定产生。

释解分析

上述条文规定的是事业单位法人。事业单位法人是指具备法人条件，为适应经济社会发展需要，提供公益服务而设立的事业单位。事业单位法人如从事新闻、出版、广播、电视、电影、教育、文艺、科研、医疗等事业的法人。事业单位法人属于非营利法人的一种类型。对于事业单位法人的成立，多数事业单位法人应当办理登记，但在例外情况下，法律允许事业单位不办理登记。例如，银保监会、证监会等参照公务员管理的事业单位，都不需要办理登记。对不需要办理登记的事业单位法人，从成立时起具有事业单位法人资格。事业单位法人需要设立组织机构，包括决策机构和法定代表人。事业单位法人的决策机构是理事会，例如，不少公立高校都制定了大学章程，同时也设立了理事会，校长等管理者都应当依据理事会决定和大学章程，对学校进行管理。事业单位法人的法定代表人依照法律、行政法规或者法人章程的规定产生。事业单位法人的法定代表人称谓不一，如校长、会长、台长、社长等。

试题范例

单项选择题

下列关于事业单位法人的表述，正确的是（　　）。

A. 成立事业单位法人不需要办理登记

B. 基金会法人是事业单位法人

C. 事业单位法人是特别法人

D. 理事会是事业单位法人的决策机构

答案：D

核心法条

《民法典》第 90 条　具备法人条件，基于会员共同意愿，为公益目的或者会员共同利益等非营利目的设立的社会团体，经依法登记成立，取得社会团体法人资格；依法不需要办理法人登记的，从成立之日起，具有社会团体法人资格。

《民法典》第 91 条　设立社会团体法人应当依法制定法人章程。

社会团体法人应当设会员大会或者会员代表大会等权力机构。

社会团体法人应当设理事会等执行机构。理事长或者会长等负责人按照法人章程的规定担任法定代表人。

释解分析

上述条文规定的是社会团体法人。社会团体法人是指具备法人条件，基于会员共同意愿，为公益目的或者会员共同利益等非营利目的而设立的社会团体。社会团体法人基于会员的共同意愿设立，并具有非营利性，这里的“非营利性”，可以是出于公益目的，也可以为追求会员共同利益。社会团体法人包括社会公益、文学艺术、学术研究、宗教等活动的各类法人，例如，工会、妇女联合会、工商业联合会、佛教协会等。设立社会团体法人应当依法制定法人章程。社会团体法人的组织机构有：(1) 权力机构。社会团体法人的权力机构可以是会员大会或者会员代表大会。会员大会或者会员代表大会作为权力机构，可以享有修改法人章程、决定执行机构成员、决定法定代表人以及法人章程规定的其他职权。(2) 执行机构。社会团体法人应当设置理事会等执行机构。社会团体法人可以将理事会作为执行机构，也可以将其他机构作为执行机构，具体选择因各社会团体法人的内部治理结构而有所不同。《民法典》没有对社会团体法人是否设立监督机构作出规定，是否设立由社会团体法人根据其章程予以确认。(3) 法定代表人。社会团体法人的法定代表人是理事长或者会长，理事长或者会长等负责人按照法人章程的规定担任法定代表人。

试题范例

单项选择题

下列法人中，属于社会团体法人的是（　　）。

A. 律师事务所

B. 青少年发展基金会

C. 佛教协会

D. 佛教寺院

答案：C

核心法条

《民法典》第 92 条　具备法人条件，为公益目的以捐助财产设立的基金会、社会服务机构等，经依法登记成立，取得捐助法人资格。

依法设立的宗教活动场所，具备法人条件的，可以申请法人登记，取得捐助法人资格。法律、行政法规对宗教活动场所有规定的，依照其规定。

《民法典》第 93 条　设立捐助法人应当依法制定法人章程。

捐助法人应当设理事会、民主管理组织等决策机构，并设执行机构。理事长等负责人按照法人章程的规定担任法定代表人。

捐助法人应当设监事会等监督机构。

相关法条

《民法典》第 94 条　捐助人有权向捐助法人查询捐助财产的使用、管理情况，并提出意见和建议，捐助法人应当及时、如实答复。

捐助法人的决策机构、执行机构或者法定代表人作出决定的程序违反法律、行政法规、法人章程，或者决定内容违反法人章程的，捐助人等利害关系人或者主管机关可以请求人民法院撤销该决定。但是，捐助法人依据该决定与善意相对人形成的民事法律关系不受影响。

《民法典》第 95 条　为公益目的成立的非营利法人终止时，不得向出资人、设立人或者会员分配剩余财产。剩余财产应当按照法人章程的规定或者权力机构的决议用于公益目的；无法按照法人章程的规定或者权力机构的决议处理的，由主管机关主持转给宗旨相同或者相近的法人，并向社会公告。

释解分析

上述条文规定的是捐助法人。捐助法人是指具备法人条件，为公益目的以捐助财产设立的基金会、社会服务机构等，经依法登记成立，取得捐助法人资格。捐助法人具有如下特点：(1) 捐助法人具有非营利性，即捐助法人的设立目的具有公益性。例如，慈善组织应当以开展慈善活动为宗旨，并且不能为发起人谋求经济利益。(2) 不能将利润分配给捐助人。捐助法人也可能从事一定的经营活动，但其不能将利润分配给捐助人。(3) 捐助法人在性质上属于大陆法系国家的财团法人，因而是财产的集合。例如，基金会就是由各类组织以及个人自愿的捐赠所形成的。这些自愿捐赠的资金脱离了捐助人之后，具有独立性，所有权也从原捐助人转移至捐助法人，为该法人所享有。(4) 没有成员或者会员。捐助法人以财产集合为中心，因此没有成员或者会员，捐助人也不能当然成为捐助法人的管理人员。捐助法人也没有意思机关，捐助法人依据法人章程的规定进行运作，而且理事会等管理机构都不得改变法人章程。(5) 捐助

民法学

法人应当依法登记设立并制定章程。具备法人条件，为公益目的以捐助财产设立的基金会、社会服务机构等，经依法登记成立，取得捐助法人资格。例如，捐助人要设立以救助艾滋病患者为目的的基金会，这一目的就要通过章程固定下来。

捐助法人的机构包括执行机构、法定代表人和监督机构。捐助法人是典型的财团法人，没有成员，因此不可能设置成员大会。但是，捐助法人必须设置广义上的执行机构，包括决策机构和狭义的执行机构。捐助法人应当设理事会、民主管理组织等决策机构，并设执行机构。理事长等决策机构的负责人应当作为捐助法人的法定代表人。捐助法人应当设监事会等监督机构。

捐助人具有如下权利：（1）捐助人查询捐助财产的使用、管理情况，有权提出意见和建议。捐助人有权向捐助法人查询捐助财产的使用、管理情况，并提出意见和建议，捐助法人应当及时、如实答复。（2）捐助人可以请求人民法院撤销捐助法人的违法决定。捐助法人的决策机构、执行机构或者法定代表人作出决定的程序违反法律、行政法规、法人章程，或者决定内容违反法人章程的，捐助人等利害关系人或者主管机关可以请求人民法院撤销该决定。但是，捐助法人依据该决定与善意相对人形成的民事法律关系不受影响。

宗教活动场所法人作为一种捐助法人，是指取得捐助法人资格的宗教活动场所。宗教活动场所如寺院、宫观、清真寺、教堂以及其他固定宗教活动场所。宗教活动场所法人在性质上属于财团法人，是财产的集合。宗教活动场所法人不同于佛教协会、道教协会、伊斯兰教协会、天主教爱国会、基督教三自爱国运动委员会等宗教团体，宗教团体属于社会团体法人，而宗教活动场所属于财团法人。

试题范例

1.（2019年真题）多项选择题

我国《民法总则》依据法人存在的目的，将法人分为营利法人、非营利法人和特别法人。下列选项中，属于特别法人的有（　　）。

A. 机关法人

B. 事业单位法人

C. 捐助法人

D. 农村集体经济组织法人

答案：AD

2.（2021年真题）单项选择题

下列关于捐助法人的表述，正确的是（　　）。

A. 捐助人是捐助法人的法定代表人

B. 捐助法人是为公益目的设立的非营利法人

C. 捐助法人终止时应将剩余财产返还给捐助人

D. 捐助法人无须设立决策机构

答案：B

3. 单项选择题

下列关于捐助法人的表述，正确的是（　　）。

A. 捐助法人属于社会团体法人

B. 捐助法人的捐助人是捐助法人的成员

C. 捐助法人应当将取得的利润分配给捐助人

D. 理事会可以作为捐助法人的决策机构

答案：D

核心法条

《民法典》第96条　本节规定的机关法人、农村集体经济组织法人、城镇农村的合作经济组织法人、基层群众性自治组织法人，为特别法人。

释解分析

本条规定的是特别法人。特别法人包括机关法人、农村集体经济组织法人、城镇农村的合作经济组织法人、基层群众性自治组织法人。特别法人主要有如下类型：（1）机关法人。有独立经费的机关和承担行政职能的法定机构从成立之日起，具有机关法人资格，可以从事为履行职能所需要的民事活动。机关法人被撤销的，法人终止，其民事权利和义务由继任的机关法人享有和承担；没有继任的机关法人的，由作出撤销决定的机关法人享有和承担。（2）农村集体经济组织法人。（3）城镇农村的合作经济组织法人。（4）基层群众性自治组织法人。居民委员会、村民委员会具有基层群众性自治组织法人资格，可以从事为履行职能所需要的民事活动。未设立村集体经济组织的，村民委员会可以依法代行村集体经济组织的职能。

试题范例

单项选择题

下列选项中，属于我国特别法人的是（　　）。

A. 某大学　　　　B. 某电视台

C. 某有限公司　　　D. 某居民委员会

答案：D

核心法条

《民法典》第 102 条　非法人组织是不具有法人资格，但是能够依法以自己的名义从事民事活动的组织。

非法人组织包括个人独资企业、合伙企业、不具有法人资格的专业服务机构等。

释解分析

本条规定的是非法人组织。非法人组织是不具有法人资格，但是能够依法以自己的名义从事民事活动的组织。非法人组织应当依照法律的规定登记。设立非法人组织，法律、行政法规规定须经有关机关批准的，依照其规定。非法人组织包括个人独资企业、合伙企业、不具有法人资格的专业服务机构等。非法人组织具有如下特征：(1) 非法人组织是具有稳定性的人合组织。(2) 非法人组织具有相应的民事权利能力和民事行为能力。非法人组织不具有一般意义上的民事权利能力和民事行为能力。(3) 非法人组织不能完全独立承担民事责任。非法人组织的财产不足以清偿债务的，其出资人或者设立人承担无限责任。法律另有规定的，依照其规定。

有下列情形之一的，非法人组织解散：(1) 章程规定的存续期间届满或者章程规定的其他解散事由出现；(2) 出资人或者设立人决定解散；(3) 法律规定的其他情形。非法人组织解散的，应当依法进行清算。

试题范例

1. 单项选择题

下列选项中，不属于非法人组织的是（　　）。

A. 合伙企业　　　B. 私人独资公司

C. 有限责任公司　　　D. 工商银行省分行

答案：C

2. 单项选择题

甲、乙共同设立一社会服务机构，该机构不具有法人资格。甲、乙在从事社会服务活动时欠债 20 万元，对于该笔债务的承担，下列表述正确的是（　　）。

A. 应由甲清偿该笔债务

B. 应由乙清偿该笔债务

C. 应以甲、乙出资额为限承担责任

D. 应由甲、乙承担无限连带责任

答案：D

核心法条

《合伙企业法》第 2 条　本法所称合伙企业，是指自然人、法人和其他组织依照本法在中国境内设立的普通合伙企业和有限合伙企业。

普通合伙企业由普通合伙人组成，合伙人对合伙企业债务承担无限连带责任。本法对普通合伙人承担责任的形式有特别规定的，从其规定。

有限合伙企业由普通合伙人和有限合伙人组成，普通合伙人对合伙企业债务承担无限连带责任，有限合伙人以其认缴的出资额为限对合伙企业债务承担责任。

释解分析

本条规定的是合伙企业。合伙企业是指民事主体依法设立的，由各合伙人订立合伙协议，共同出资、合伙经营、共享收益、共担风险的营利性组织。合伙企业从性质上看，属于非法人组织。合伙企业分为普通合伙企业和有限合伙企业。普通合伙企业是根据合伙协议而组成的，所有的合伙人对外都要承担无限连带责任的组织体。国有独资公司、国有企业、上市公司以及公益性的事业单位、社会团体不得成为普通合伙人。有限合伙企业是由至少一名普通合伙人和至少一名有限合伙人组成的有机体。有限合伙人向有限合伙企业出资，但不参与企业的经营，仅以出资额为限对有限合伙企业债务承担清偿责任。

试题范例

单项选择题

下列单位不能成为普通合伙人的是（　　）。

A. 营利性事业单位　B. 上市公司

C. 私营独资企业　　D. 一人有限公司

答案：B

民法学

核心法条

《合伙企业法》第 14 条 设立合伙企业，应当具备下列条件：

（一）有二个以上合伙人。合伙人为自然人的，应当具有完全民事行为能力；

（二）有书面合伙协议；

（三）有合伙人认缴或者实际缴付的出资；

（四）有合伙企业的名称和生产经营场所；

（五）法律、行政法规规定的其他条件。

《合伙企业法》第 61 条 有限合伙企业由二个以上五十个以下合伙人设立；但是，法律另有规定的除外。

有限合伙企业至少应当有一个普通合伙人。

释解分析

本条规定的是合伙企业的设立条件。设立普通合伙企业，应当具备下列条件：（1）有 2 个以上合伙人。合伙人为自然人的，应当具有完全民事行为能力。（2）有书面合伙协议。（3）有合伙人认缴或者实际缴付的出资。合伙人可以用货币、实物、知识产权、土地使用权或者其他财产权利出资，也可以用劳务出资。（4）有合伙企业的名称和生产经营场所。（5）法律、行政法规规定的其他条件。普通合伙企业名称中应当标明“普通合伙”字样。

有限合伙企业除了满足普通合伙企业的设立条件外，还应当具备如下条件：（1）除法律另有规定外，合伙人为 2 个以上 50 个以下，且至少应当有 1 个普通合伙人。（2）国有独资公司、国有企业、上市公司以及公益性的事业单位、社会团体不得成为普通合伙人。（3）有限合伙人可以用货币、实物、知识产权、土地使用权或者其他财产权利作价出资，但不得以劳务出资。（4）有限合伙企业名称中应当标明“有限合伙”字样。

试题范例

1.（2014 年真题）多项选择题

根据合伙企业法规定，有限合伙人（ ）。

A. 不执行合伙事务

B. 有权对外代表合伙企业

C. 可以用实物和知识产权出资

D. 对合伙企业的债务承担有限责任

答案：ACD

2. 多项选择题

下列关于合伙企业的说法，正确的是（ ）。

A. 合伙企业的合伙人应当对所欠的债务承担无限连带责任

B. 有限合伙企业的合伙人仅以出资额为限对所欠的债务承担责任

C. 国有企业不得成为普通合伙人

D. 合伙企业的某一合伙人在其合伙财产上设定抵押权的，应当经全体合伙人一致同意

答案：CD

核心法条

《合伙企业法》第 31 条 除合伙协议另有约定外，合伙企业的下列事项应当经全体合伙人一致同意：

（一）改变合伙企业的名称；

（二）改变合伙企业的经营范围、主要经营场所的地点；

（三）处分合伙企业的不动产；

（四）转让或者处分合伙企业的知识产权和其他财产权利；

（五）以合伙企业名义为他人提供担保；

（六）聘任合伙人以外的人担任合伙企业的经营管理人员。

相关法条

《合伙企业法》第 22 条第 1 款 除合伙协议另有约定外，合伙人向合伙人以外的人转让其在合伙企业中的全部或者部分财产份额时，须经其他合伙人一致同意。

释解分析

本条规定的是合伙协议一致表决事项。合伙人对合伙企业有关事项作出决议，按照合伙协议约定的表决办法办理。合伙协议未约定或者约定不明确的，实行合伙人一人一票并经全体合伙人过半数通过的表决办法。但合伙企业的下列事项应当经全体合伙人一致同意，除非合伙协议另有约定：（1）改变合伙企业的名称；（2）改变合伙

企业的经营范围、主要经营场所的地点；（3）处分合伙企业的不动产；（4）转让或者处分合伙企业的知识产权和其他财产权利；（5）以合伙企业名义为他人提供担保；（6）聘任合伙人以外的人担任合伙企业的经营管理人员。此外，除合伙协议另有约定外，合伙人向合伙人以外的人转让其在合伙企业中的全部或者部分财产份额时，须经其他合伙人一致同意。

试题范例

（2021年真题）单项选择题

甲、乙结婚后，乙与丙、丁、戊设立一合伙企业，四人的出资比例是1∶2∶3∶4。五年后，甲与乙协议离婚，双方约定将乙在合伙企业中的财产份额全部转让给甲。甲取得合伙人地位的条件是（　　）。

A. 丙、丁同意即可

B. 丁、戊同意即可

C. 丙、戊同意即可

D. 经丙、丁、戊一致同意

答案：D

核心法条

《合伙企业法》第43条 新合伙人入伙，除合伙协议另有约定外，应当经全体合伙人一致同意，并依法订立书面入伙协议。

订立入伙协议时，原合伙人应当向新合伙人如实告知原合伙企业的经营状况和财务状况。

《合伙企业法》第44条 入伙的新合伙人与原合伙人享有同等权利，承担同等责任。入伙协议另有约定的，从其约定。

新合伙人对入伙前合伙企业的债务承担无限连带责任。

释解分析

上述条文规定的是入伙。入伙是指在合伙存续期间，第三人加入合伙企业并取得合伙人资格的行为。第三人入伙应当以接受原合伙协议的基本内容为前提，并经全体合伙人一致同意，签订入伙协议成为新的合伙人。入伙的新合伙人与原合伙人享有同等权利，承担同等义务。入伙协议另有约定的，从其约定。新合伙人对入伙前合伙企业的债务承担无限连带责任。

试题范例

单项选择题

甲、乙、丙成立一合伙企业，甲为合伙企业的负责人，后丁想要入伙。如果合伙协议对入伙没有约定，则（　　）。

A. 经甲、乙同意，丁可以入伙

B. 经甲、丙同意，丁可以入伙

C. 经甲同意，丁就可以入伙

D. 未经乙同意，丁不得入伙

答案：D

核心法条

《合伙企业法》第45条 合伙协议约定合伙期限的，在合伙企业存续期间，有下列情形之一的，合伙人可以退伙：

（一）合伙协议约定的退伙事由出现；

（二）经全体合伙人一致同意；

（三）发生合伙人难以继续参加合伙的事由；

（四）其他合伙人严重违反合伙协议约定的义务。

《合伙企业法》第46条 合伙协议未约定合伙期限的，合伙人在不给合伙企业事务执行造成不利影响的情况下，可以退伙，但应当提前三十日通知其他合伙人。

《合伙企业法》第47条 合伙人违反本法第四十五条、第四十六条的规定退伙的，应当赔偿由此给合伙企业造成的损失。

《合伙企业法》第48条 合伙人有下列情形之一的，当然退伙：

（一）作为合伙人的自然人死亡或者被依法宣告死亡；

（二）个人丧失偿债能力；

（三）作为合伙人的法人或者其他组织依法被吊销营业执照、责令关闭、撤销，或者被宣告破产；

（四）法律规定或者合伙协议约定合伙人必须具有相关资格而丧失该资格；

（五）合伙人在合伙企业中的全部财产份额被人民法院强制执行。

民法学

合伙人被依法认定为无民事行为能力人或者限制民事行为能力人的，经其他合伙人一致同意，可以依法转为有限合伙人，普通合伙企业依法转为有限合伙企业。其他合伙人未能一致同意的，该无民事行为能力或者限制民事行为能力的合伙人退伙。

退伙事由实际发生之日为退伙生效日。

《合伙企业法》第49条 合伙人有下列情形之一的，经其他合伙人一致同意，可以决议将其除名：

（一）未履行出资义务；

（二）因故意或者重大过失给合伙企业造成损失；

（三）执行合伙事务时有不正当行为；

（四）发生合伙协议约定的事由。

对合伙人的除名决议应当书面通知被除名人。被除名人接到除名通知之日，除名生效，被除名人退伙。

被除名人对除名决议有异议的，可以自接到除名通知之日起三十日内，向人民法院起诉。

相关法条

《合伙企业法》第53条 退伙人对基于其退伙前的原因发生的合伙企业债务，承担无限连带责任。

释解分析

上述条文规定的是退伙。退伙是指合伙人退出合伙组织而丧失合伙人资格的事实。退伙分为声明退伙（第45条）、法定退伙（第48条）和除名退伙（第49条）。声明退伙是指出于合伙人自己的意思而退伙。合伙协议约定合伙期限的，在合伙企业存续期间，发生约定情形如合伙协议约定的退伙事由出现、经全体合伙人一致同意、发生合伙人难以继续参加合伙的事由等，合伙人可以声明退伙。合伙协议未约定合伙期限的，合伙人在不给合伙企业事务执行造成不利影响的情况下，可以退伙，但应当提前30日通知其他合伙人。合伙人违反上述规定退伙的，应当赔偿由此给合伙企业造成的损失。法定退伙又称为当然退伙，其原因主要包括作为合伙人的自然人死亡或者被依法宣告死亡，作为合伙人的法人或者其他组织依法被吊销营业执照、责令关闭、撤销，或者被宣告破产，个人丧失偿债能力，合伙人在合伙企业中的全部财产份额被人民法院强制执行等。合伙人被依法认定为无民事行为能力人或者限制民事行为能力人的，经其他合伙人一致同意，可以依法转为有限合伙人，普通合伙企业依法转为有限合伙企业。其他合伙人未能一致同意的，该无民事行为能力或者限制民事行为能力的合伙人退伙。除名退伙则是指当合伙人的行为如未能履行出资义务、执行合伙事务时有不正当行为等危害了全体合伙人的合法权益时，经其他合伙人一致同意，强制将其清除合伙的情况。

合伙人退伙，其他合伙人应当与该退伙人按照退伙时的合伙企业财产状况进行结算，退还退伙人的财产份额。退伙人对基于其退伙前的原因发生的合伙企业债务，承担无限连带责任。对于合伙经营期间发生亏损，合伙人退出合伙时未按约定分担或者未合理分担合伙债务的，退伙人对原合伙的债务，应当承担清偿责任；退伙人已分担合伙债务的，对其参加合伙期间的全部债务仍负连带责任。

易混易错

应当注意有限合伙企业入伙与退伙的例外规定。有限合伙企业中合伙人的入伙与退伙，原则上适用普通合伙企业的相关规定，但有例外规定。这些例外规定主要有：（1）新入伙的有限合伙人对入伙前有限合伙企业的债务，以其认缴的出资额为限承担责任。有限合伙人退伙后，对基于其退伙前的原因发生的有限合伙企业的债务，以其退伙时从有限合伙企业中取回的财产承担责任。（2）个人丧失偿债能力不是有限合伙人的当然退伙事由。（3）作为有限合伙人的自然人在有限合伙企业存续期间丧失民事行为能力的，其他合伙人不得因此要求其退伙。（4）作为有限合伙人的自然人死亡、被依法宣告死亡或者作为有限合伙人的法人及其他组织终止时，其继承人或者权利承受人可以依法取得该有限合伙人在有限合伙企业中的资格。

试题范例

（2018年真题）多项选择题

甲、乙、丙设立一合伙企业。2014年8月，该合伙企业欠星月公司货款36万元，同年10月，丙经甲、乙同意退伙，依约承担了 15 万元的合伙债务。2015 年 2 月，丁经甲、乙同意入伙，并约定：丁对入伙前该合伙企业所欠债务不承担责任。对该合伙企业欠星月公司的债务应承担无限连带责任的有（　　）。

A. 甲　　B. 乙　　C. 丙　　D. 丁

答案：ABCD

核心法条

《合伙企业法》第 55 条第 1、2 款　以专业知识和专门技能为客户提供有偿服务的专业服务机构，可以设立为特殊的普通合伙企业。

特殊的普通合伙企业是指合伙人依照本法第五十七条的规定承担责任的普通合伙企业。

相关法条

《合伙企业法》第 57 条　一个合伙人或者数个合伙人在执业活动中因故意或者重大过失造成合伙企业债务的，应当承担无限责任或者无限连带责任，其他合伙人以其在合伙企业中的财产份额为限承担责任。

合伙人在执业活动中非因故意或者重大过失造成的合伙企业债务以及合伙企业的其他债务，由全体合伙人承担无限连带责任。

《合伙企业法》第 58 条　合伙人执业活动中因故意或者重大过失造成的合伙企业债务，以合伙企业财产对外承担责任后，该合伙人应当按照合伙协议的约定对给合伙企业造成的损失承担赔偿责任。

释解分析

上述条文规定的是特殊的普通合伙企业。特殊的普通合伙企业是指以专业知识和专门技能为客户提供有偿服务，并依法承担有限责任或无限责任的普通合伙企业，如律师事务所、会计师事务所等。此类合伙企业具有如下特点：（1）设立的特殊性。与一般的合伙企业不同，这类企业一般不需要到工商行政管理部门办理注册登记，而是需要经过相应主管部门进行审批，并按照法定程序成立。（2）业务范围的特殊性。普通合伙企业主要是从事生产经营活动的企业。特殊的普通合伙企业通常是以专业知识和专门技能为客户提供有偿服务的专业服务机构，如律师事务所为当事人代理案件，会计师事务所为企业进行审计等。（3）责任承担方式的特殊性。普通合伙企业中，各普通合伙人对合伙企业的债务承担无限连带责任。特殊的普通合伙企业中，根据合伙企业债务产生的原因，合伙人承担责任的方式有两种：①合伙人在执业活动中因故意或者重大过失造成合伙企业债务的，有过错的合伙人应当承担无限连带责任，而其他合伙人以其在合伙企业中的财产份额为限承担责任。②合伙人在执业活动中非因故意或者重大过失造成合伙企业债务以及合伙企业的其他债务，由全体合伙人承担无限连带责任。

试题范例

（2016 年真题）单项选择题

甲、乙、丙三人共同设立一会计师事务所，该事务所为特殊的普通合伙企业。甲、乙在办理一笔业务时，因重大过失造成客户损失 10 万元。该损失应由（　　）。

A. 甲、乙、丙承担按份责任

B. 甲、乙、丙承担无限连带责任

C. 甲、乙承担按份责任，丙承担补充责任

D. 甲、乙承担无限连带责任，丙承担有限责任

答案：D

三、民事法律行为

核心法条

《民法典》第 133 条 民事法律行为是民事主体通过意思表示设立、变更、终止民事法律关系的行为。

释解分析

本条规定的是民事法律行为。民事法律行为是民事主体通过意思表示设立、变更、终止民事法律关系的行为。民事法律行为是从契约、婚姻、收养、遗嘱等具体行为中抽象出来的概念，最早由《德国民法典》采纳。“设立”如成立婚姻、设立遗嘱、成立合同关系等，“变更”如变更遗嘱、变更合同等，“终止”如解除合同、离婚等。民事法律行为具有如下特征：（1）民事法律行为以意思表示为基本要素。意思表示是民事法律行为的要素，指向外部表明意欲发生一定私法上效果的意思的行为。意思表示是民事法律行为的基本构成要素，没有意思表示，就没有民事法律行为。民事法律行为和意思表示密不可分，但民事法律行为不能等同于意思表示。例如，法律行为可以由一个意思表示构成，如授予代理权、行使解除权、设立遗嘱等，但更多的法律行为并不是指单个的意思表示本身，如买卖合同包括了买卖双方的两个意思表示所进行的相互行为，而合伙协议则往往是由多个意思表示构成。还有，法律行为与意思表示成立的时间也往往不同。对于单方法律行为而言，原则上以意思表示的作出或到达为成立。对于双方或多方法律行为，以当事人的意思表示之间达成合意为成立。对于实践法律行为而言，不仅需要当事人意思表示合意达成，还要完成一定的实际交付行为。意思表示具有如下特征：①意思表示的表意人具有旨在使法律关系发生变动的意图，该意图不违反法律强制性规定和公序良俗，因而发生当事人所预期的效力。从这个意义上说，意思表示是实现意思自治的工具，行为人可以依据自己的主观意志与外界发生法律关系，从而塑造与自身有关的私法秩序，形成了民法特殊的调整方法。②意思表示是一个意思由内到外的表示过程。单纯的停留在内心的主观意思是没有法律意义的，该意思必须表示在外，能够为人所知晓。③意思表示依据是否符合生效要件，法律赋予其不同的效力。符合法定生效要件的意思表示可以发生当事人预期的法律效果，不符合法定生效要件的意思表示发生的法律效果可能与当事人的意思不尽一致。（2）民事法律行为是以设立、变更、终止民事法律关系为目的的行为。民事法律行为所要达到的目的必须是设立、变更、终止民事法律关系，并能引起行为人预期的法律后果。不以设立、变更、终止民事法律关系为目的的行为，或者虽然以设立、变更、终止民事法律关系为目的，但所产生的法律后果与行为人预期的法律后果相反的行为，都不是民事法律行为。

易混易错

1. 民事法律行为和准民事法律行为的区别。民事法律行为是基于表意人的表示行为才能发生法律效力，而准民事法律行为并非基于表意人的表意行为，而是基于法律规定发生法律效力的行为。准民事法律行为的特征是：不论表示人内心是否意欲发生一定的法律效果，法律均使其直接发生某种法律效果。准民事法律行为的典型例子如意思通知（要约拒绝、履行催告、选择权行使催告等）、观念通知（承诺迟到通知、瑕疵通知、债权让与通知、债务的承认等）、感情表示（被继承人的宽恕和原谅、收到货款的意思表示）等。准民事法律行为和民事法律行为的关键区别在于：准民事法律行为效力的发生主要取决于法律规定，民事法律行为的发生则是基于当事人的意思。

2. 民事法律行为和事实行为的区别。事实行为是指行为人主观上不一定具有发生、变更或消灭正常民事法律关系的意思，但客观上能够引起这种后果的行为。典型的事实行为如生产、收益、先占、添附、拾得遗失物、发现埋藏物、善意取得、建造房屋、无因管理、侵权行为、创作作品、实施发明创造、正当防卫、紧急避险以及作为债权标的的给付行为等。民事法律行为和事实行为的区别在于：(1) 民事法律行为必须以意思表示为构成要素，而事实行为则不以意思表示为构成要素，当事人实施行为的目的也并不是追求民事法律后果。(2) 当事人实施民事法律行为必须具有相应的民事行为能力，而事实行为并不要求当事人具有相应的民事行为能力。对于事实行为，不受行为人有无行为能力的限制，例如，限制民事行为能力人或无民事行为能力人从事无因管理、创作作品、实施发明创造等行为，应当认定为有效。

3. 民事法律行为的分类。(1) 单方行为、双方行为和多方行为。单方行为如授权行为、订立遗嘱、放弃债权、免除债务、抛弃所有权、追认无权代理、行使撤销权、善意相对人行使催告权、行使抵销权、接受或放弃受遗赠等。双方行为如赠与合同等各类合同与遗赠扶养协议等。多方行为如公司股东会的决议、3 人以上的合伙协议等。(2) 要式行为和不要式行为。要式行为如房屋买卖合同、保证担保、各类担保物权合同、设立遗嘱(含设立口头遗嘱)、婚姻成立、遗赠扶养协议等。不要式行为如买卖合同、赠与合同等。(3) 主行为和从行为。例如，第三人为债务人的债务提供保证担保，其中，债权合同为主行为，而保证合同、抵押合同、质押合同等为从行为。(4) 负担行为和处分行为。负担行为如单独行为（如捐助行为）和合同行为（如设定买卖合同、委托合同、行纪合同、租赁合同）等。处分行为如抛弃所有权、债权转让、免除债务等。(5) 有因行为和无因行为。绝大多数法律行为都是有因行为。无因行为如票据行为。

4. 意思表示的生效。(1) 以对话方式作出的意思表示，相对人知道其内容时生效。以非对话方式作出的意思表示，到达相对人时生效。以非对话方式作出的采用数据电文形式的意思表示，相对人指定特定系统接收数据电文的，该数据电文进入该特定系统时生效；未指定特定系统的，相对人知道或者应当知道该数据电文进入其系统时生效。当事人对采用数据电文形式的意思表示的生效时间另有约定的，按照其约定。(2) 无相对人的意思表示，表示完成时生效。法律另有规定的，依照其规定。(3) 以公告方式作出的意思表示，公告发布时生效。(4) 行为人可以明示或者默示作出意思表示。沉默只有在有法律规定、当事人约定或者符合当事人之间的交易习惯时，才可以视为意思表示。

5. 意思表示的撤回。行为人可以撤回意思表示。撤回意思表示的通知应当在意思表示到达相对人前或者与意思表示同时到达相对人。

6. 意思表示的解释。有相对人的意思表示的解释，应当按照所使用的词句，结合相关条款、行为的性质和目的、习惯以及诚信原则，确定意思表示的含义。无相对人的意思表示的解释，不能完全拘泥于所使用的词句，而应当结合相关条款、行为的性质和目的、习惯以及诚信原则，确定行为人的真实意思。

7. 出题方式。法律硕士联考中，本内容的出题方式为选择题、简答题和法条分析题。出题思路：简答题为民事法律行为的含义和特征。法条分析题应从民事法律行为的含义、特征、有效条件等方面考查。

试题范例

1. (2015 年真题) 单项选择题

下列行为中，属于从法律行为的是（　　）。

A. 行纪合同　　B. 协议离婚

C. 履行行为　　D. 抵押合同

答案：D

2. (2016 年真题) 单项选择题

下列民事法律关系中，需要两个法律事实才能产生的是（　　）。

A. 抵押关系　　B. 遗嘱继承关系

C. 侵权赔偿关系　　D. 婚姻关系

答案：B

3. (2016 年真题) 单项选择题

下列选项中，属于民事法律行为的是（　　）。

A. 甲到烈士陵园缅怀先烈

B. 乙开车不慎将行人撞倒

C. 丙邀请朋友到自家聚餐

D. 丁向同事转让一架钢琴

答案：D

4. (2018 年真题) 单项选择题

甲（13 周岁）因考试成绩不理想将自己的书包扔掉。甲扔掉书包的事实属于（　　）。

A. 事件

B. 事实行为

C. 民事法律行为

D. 不具有法律意义的事实

答案：C

5. (2019 年真题) 多项选择题

下列关于意思表示生效的表述，正确的有

（　　）。

A. 以对话方式作出的意思表示，相对人知道其内容时生效

B. 以非对话方式作出的意思表示，到达相对人时生效

C. 无相对人的意思表示，法律无特别规定的，表示完成时生效

D. 以公告方式作出的意思表示，公告发布时生效

答案：ABCD

6. 多项选择题

下列选项中，属于事实行为的是（　　）。

A. 拾得遗失物　　B. 先占

C. 无因管理　　D. 侵权行为

答案：ABCD

7. 多项选择题

确定意思表示的含义而对意思表示进行解释应当遵循的方法有（　　）。

A. 文义解释　　B. 习惯解释

C. 诚信解释　　D. 目的解释

答案：ABCD

核心法条

《民法典》第 136 条　民事法律行为自成立时生效，但是法律另有规定或者当事人另有约定的除外。

行为人非依法律规定或者未经对方同意，不得擅自变更或者解除民事法律行为。

释解分析

本条规定的是民事法律行为的生效。民事法律行为的生效是指已经成立的民事法律行为因符合法定的生效要件，从而能产生法律上的约束力。民事法律行为能够产生法律上的拘束力，从表面上看是当事人意思自治的结果，或者说是当事人自愿选择的结果，但从实质上看，民事法律行为的法律约束力不仅来源于当事人的意志，而且来源于法律的赋予。也就是说，由于当事人的意志符合国家的意志和社会利益，因此国家赋予当事人的意志以拘束力，并且使当事人实施的法律行为能够产生预期的效果。

民事法律行为的生效往往与民事法律行为的成立联系密切，因为当事人从事某一法律行为，旨在产生一定的法律关系变动的效果。民事法律行为的成立，是指符合民事法律行为的构成要素的客观情况。一般认为，民事法律行为的成立包括有行为人、行为人作出意思表示和有标的这 3 个要件。除了上述民事法律行为成立的一般条件外，有的民事法律行为的成立还需要一些特别要素，如实践性法律行为要求标的物的交付，此为民事法律行为的特别成立要件。民事法律行为自成立时生效，即民事法律行为一经成立，便产生一定的法律效力，这是一般原则，但是法律另有规定或者当事人另有约定的除外，这里的“法律另有规定”，是指无效的民事行为、可撤销的民事行为或效力待定的民事行为。此外，在特殊情况下，民事法律行为的成立并不一定产生一定的法律效力，要产生法律效力，必须要符合法定的生效要件，在这里就要区分民事法律行为的成立与生效：（1）从性质上看，民事法律行为的成立仅涉及当事人个人意思的问题，而民事法律行为的生效则意味着法律采取一定的标准对当事人的意思表示作出评价或干预。（2）民事法律行为的成立主要体现了当事人的意思，民事法律行为成立后未必生效，有可能是无效的、可撤销的或效力待定的；民事法律行为的生效则依法产生有效性。（3）民事法律行为的成立要件包括有行为人、行为人作出意思表示和有标的；民事法律行为的生效要件包括行为人具有相应的民事行为能力、意思表示真实和不违反法律、行政法规的强制性规定，不违背公序良俗。

民事法律行为生效后，行为人非依法律规定或者未经对方同意，不得擅自变更或者解除民事法律行为。

试题范例

多项选择题

民事法律行为成立的一般条件包括（　　）。

A. 有行为人

B. 有标的

C. 行为人作出意思表示

D. 内容合法

答案：ABC

核心法条

《民法典》第 143 条　具备下列条件的民

事法律行为有效：

（一）行为人具有相应的民事行为能力；

（二）意思表示真实；

（三）不违反法律、行政法规的强制性规定，不违背公序良俗。

释解分析

本条规定的是民事法律行为的有效条件（实质要件）。根据本条规定，民事法律行为的实质要件包括：（1）行为人合格。行为人合格是指行为人具有相应的民事行为能力。民事法律行为是设立、变更或消灭民事法律关系的行为，没有民事行为能力的主体，不能正确判断自己行为的性质和正确预见自己的行为后果，就不能独立实施民事法律行为，所以，当事人的民事行为能力是民事法律行为的首要条件。“相应的民事行为能力”是指行为能力与其所进行的民事法律行为要相适应。如完全民事行为能力人可以独立进行法律允许的一切民事活动；8周岁以上的未成年人可以进行与其年龄、智力相适应的民事法律行为，法人在进行民事法律行为时，也须在法定活动范围内，或在核准登记的经营范围内实施。（2）意思表示真实。所谓意思表示真实，是指行为人的外部表示与其内心的真实意思相一致。实际生活中，造成行为人意思表示不真实的主要有两种情况：一是由于相对人或者第三人的胁迫、欺诈，使行为人在违背真实意思的情况下而为民事行为；二是由于行为人自己对该行为的重大误解，使其行为与其内在意思不一致。对意思表示不真实的行为，根据不同的情况，应当认定为无效或可撤销。（3）不违反法律、行政法规的强制性规定，不违背公序良俗。不违反法律和不违背公序良俗是民事法律行为有效的重要条件。不违反法律是指行为内容和形式都不违法。如不得买卖禁止流通物，否则行为无效。又如中外合资经营企业合同必须经审批机构批准，否则合同不生效。公序良俗是公共秩序和善良风俗的合称，民事主体进行民事活动必须与公序良俗相符，违背公序良俗的行为是无效的。

易混易错

1. 民事法律行为的生效要件包括实质要件和形式要件。在绝大多数情况下，民事法律行为只要具备实质要件就发生法律效力，但在某些特殊情况下，民事法律行为还须具备形式要件才发生效力。对于要式法律行为，如果没有采取相应的形式，该行为无效；对于不要式法律行为，当事人应在法律允许的范围内选择适用口头形式或书面形式，也可采取其他形式。

2. 出题方式。本部分内容的出题方式主要是主观题，如法条分析题，可以将条文中某些术语的含义作为出题方向，例如：如何理解条文中的“法律”“相应的民事行为能力”“意思表示真实”？在法学方向研究生入学考试中，民事法律行为的有效条件可以出论述题。

试题范例

多项选择题

民事法律行为的生效条件包括（　　）。

A. 行为人具有相应的民事行为能力

B. 意思表示真实

C. 行为形式合法

D. 不违反法律、行政法规的强制性规定，不违背公序良俗

答案：ABD

核心法条

《民法典》第144条 无民事行为能力人实施的民事法律行为无效。

《民法典》第146条 行为人与相对人以虚假的意思表示实施的民事法律行为无效。

以虚假的意思表示隐藏的民事法律行为的效力，依照有关法律规定处理。

《民法典》第153条 违反法律、行政法规的强制性规定的民事法律行为无效。但是，该强制性规定不导致该民事法律行为无效的除外。

违背公序良俗的民事法律行为无效。

《民法典》第154条 行为人与相对人恶意串通，损害他人合法权益的民事法律行为无效。

释解分析

上述条文规定的是无效的民事法律行为。无效的民事法律行为是指因欠缺民事法律行为的有效条件而不产生法律效力的民事法律行为。无效的民事法律行为在法律上当然无效，其不需要任何人主张。无效的民事法律行为，从行为开始时起就没有法律约束力。但无效的民事法律行为也是一种民事法律行为，不能说无效的民事法律行为没有任何法律效力，它也能产生一定的法律后果，只是无效的民事法律行为不能产生行为人进行民事行为时所预期的后果。例如，甲私自倒卖黄金给乙，甲是希望得到价金，乙是希望得到黄金，但由于黄金是限制流通物，甲和乙私下交易属于内容违法，标的物和价金被依法收缴，双方预期的结果都未达到，因为是一种无效的民事法律行为。无效的民事法律行为的特征有：（1）无效的民事法律行为具备了民事法律行为的成立要件，但不具备有效要件，因此，不能发生当事人所预期的法律后果。（2）无效的民事法律行为绝对、确定无效，没有任何事实可以使其有效，且包括当事人在内的任何人均有权主张该行为无效。（3）无效的民事法律行为自始当然无效，无须任何人主张。

无效的民事法律行为的情形有：（1）无民事行为能力人实施的民事法律行为无效。例如，不满8周岁的未成年人和不能辨认自己行为的8周岁以上的无民事行为能力人实施的民事行为无效。但无民事行为能力人实施的与年龄、智力相适应的民事法律行为，虽然《民法总则》没有作出规定，但不能一概认定为无效，如乘坐公交车、接受赠与等。（2）行为人与相对人以虚假的意思表示实施的民事法律行为无效。虚假的民事法律行为是指行为人与相对人共同实施了虚假的民事法律行为，也称为通谋虚伪表示、虚假表示。例如，为逃避债务而虚假赠与财产。隐藏的民事法律行为简称为隐藏行为，是指表意人为虚假的意思表示，但其真意为发生另外法律效果的意思表示。例如，为了逃税，当事人订立了“黑白合同”，其中的“白合同”就是虚假的意思表示，而“黑合同”就是隐藏的民事法律行为。再例如，名为借用房屋，实为租赁房屋的合同。隐藏的民事法律行为可能是合法的，也可能是不合法的，不能一概认定为无效，必须依据相关法律规定来认定。例如，在“黑白合同”中，“黑合同”是被隐藏的，但是，“黑合同”也可能是合法的。所以，必须要依据具体情形判断。总之，如果被隐藏的民事法律行为是合法的，则该隐藏行为是有效的；如果被隐藏的民事法律行为是非法的，则该民事法律行为是无效的。但是，对于以合法形式掩盖非法目的的隐藏行为则是无效的。（3）违反法律、行政法规的强制性规定的民事法律行为无效。例如，购买枪支的合同、走私毒品的合同等。需要指出的是，对于违反法律、行政法规的强制性规定的行为，是否有必要进一步区分管理性强制性规定和效力性强制性规定？所谓管理性强制性规定，是指该规定对违法者加以制裁，以禁遏其行为，但并不否认实施的行为在私法上的效力。对于违反管理性强制性规定的，法院应当根据具体情形认定其效力，如果不导致民事法律行为无效的，则该民事法律行为有效。所谓“不导致该民事法律行为无效”，就是指该规范并不是属于效力性强制性规定，而是管理性的强制性规范，违反管理性强制性规范的，并不一定导致该民事法律行为无效。（4）违背公序良俗的民事法律行为无效。公序良俗是公共秩序和善良风俗的合称。违背公共秩序的行为和违背善良风俗的行为，都是无效的。例如，夫妻在离婚时约定禁止任何一方在离婚后再婚。（5）恶意串通的民事法律行为无效。恶意串通的民事法律行为是指双方当事人恶意串通，进行某种民事法律行为，对国家、集体或第三人利益造成损害的行为。例如，企业的委托人与托管人恶意串通，借企业托管经营故意损害债权人利益。

试题范例

1.（2017年真题）单项选择题

甲、乙未婚同居。乙谎称怀孕，迫使甲承诺：甲付给乙“结婚保证金”50万元，如半年内不与乙结婚不得要求返还。甲、乙之间的约定（　　）。

A. 因甲受胁迫可撤销

B. 因甲受欺诈可撤销

C. 因违反公序良俗原则而无效

D. 因违反法律的强制性规定而无效

答案：C

2. 单项选择题

下列民事法律行为无效的是（　　）。

A. 行为人与相对人以虚假的意思表示实施的民事法律行为

B. 基于重大误解实施的民事法律行为

C. 一方以欺诈手段，使对方在违背真实意思的情况下实施的民事法律行为

D. 一方利用对方处于危困状态、缺乏判断能力等情形，致使民事法律行为成立时显失公平的

答案：A

3. 单项选择题

下列选项中，属于无效合同的是（ ）。

A. 甲、乙签订的购买针孔摄像机的合同

B. 甲超越代理权限与乙签订的购买木料的合同

C. 甲乘乙处于危困状态而逼迫乙将其住房以极低的价格卖给甲

D. 甲、乙签订的5年期限的房屋租赁合同

答案：A

核心法条

《民法典》第145条 限制民事行为能力人实施的纯获利益的民事法律行为或者与其年龄、智力、精神健康状况相适应的民事法律行为有效；实施的其他民事法律行为经法定代理人同意或者追认后有效。

相对人可以催告法定代理人自收到通知之日起三十日内予以追认。法定代理人未作表示的，视为拒绝追认。民事法律行为被追认前，善意相对人有撤销的权利。撤销应当以通知的方式作出。

《民法典》第171条 行为人没有代理权、超越代理权或者代理权终止后，仍然实施代理行为，未经被代理人追认的，对被代理人不发生效力。

相对人可以催告被代理人自收到通知之日起三十日内予以追认。被代理人未作表示的，视为拒绝追认。行为人实施的行为被追认前，善意相对人有撤销的权利。撤销应当以通知的方式作出。

行为人实施的行为未被追认的，善意相对人有权请求行为人履行债务或者就其受到的损害请求行为人赔偿。但是，赔偿的范围不得超过被代理人追认时相对人所能获得的利益。

相对人知道或者应当知道行为人无权代理的，相对人和行为人按照各自的过错承担责任。

释解分析

上述条文规定的是效力待定的民事法律行为。效力待定的民事法律行为是指民事法律行为成立之后，是否能发生效力尚不能确定，有待享有形成权的第三人作出追认或拒绝的意思表示来使之有效或无效的民事法律行为。效力待定的民事法律行为的特征有：(1) 效力待定的民事法律行为已经成立，但因缺乏处分权或行为能力而使效力不齐备。效力待定的民事法律行为本身表明了法律行为的成立和生效是有区别的。对一般法律行为来说，只要当事人的合意符合法定的实质要件和形式要件，就当然有效成立。但是对效力待定的民事法律行为而言，在法律行为成立之后，法律行为并不当然发生拘束力。一方面，此类法律行为因当事人意思表示一致已经宣告成立，如果在此类法律行为中存在意思表示不真实的情况，如欺诈、胁迫等，那么就可能成为可撤销的民事法律行为；另一方面，此类法律行为虽然已经成立，但因为主体缺乏缔约能力和处分能力，所以不完全符合法律行为的有效条件，其效力是不齐备的。不过，尽管其效力不齐备，也不是当然无效的。(2) 效力待定的民事法律行为的效力既非完全无效，也非完全有效，而是处于一种效力不确定的中间状态。其原因在于，一方面，效力待定的民事法律行为即使在追认之前，对当事人也并非当然无效，只是处于一种不确定的状态，否则就难以与无效的民事法律行为相区别；另一方面，在追认之前它并非完全有效，也不同于可撤销的民事法律行为，因为可撤销的民事法律行为在未被撤销之前是有效的。(3) 效力待定的民事法律行为是否发生效力尚不能确定，有待于其他行为或事实使之确定。效力待定的民事法律行为本身是一种效力不齐备的法律行为，但它并没有违反强行法的规定和违背公序良俗，因而法律对这种法律行为并不实行国家干预，强行使其无效，而是把选择法律行为是否有效的权利赋予当事人和真正权利人，在这一点上，也充分体现了法律行为自由和私法自治精神，并贯彻了鼓励交易原则。

效力待定的民事法律行为包括两类：(1) 限制民事行为能力人从事的依法不能从事的民事法律行为。这类行为须经法定代理人予以追认后才能有效，如果法定代理人事后拒绝追认，则该行为归于无效。法律在赋予限制民事行为能力人的法定代理人的追认权的同时，还赋予了相对人的催告权和撤销权。在法定代理人尚未追认之前，相对人可以催告法定代理人自收到通知之日起30日内予以追认。法定代理人未作表示的，视为拒绝追认。民事法律行为被追认前，善意相对人有撤销的权利。撤销应当以通知的方式作出。(2) 无权代理行为。行为人没有代理权、超越代理权或

民法学

者代理权终止后，仍然实施代理行为，未经被代理人追认的，对被代理人不发生效力。相对人可以催告被代理人自收到通知之日起30日内予以追认。被代理人未作表示的，视为拒绝追认。行为人实施的行为被追认前，善意相对人有撤销的权利。撤销应当以通知的方式作出。

效力待定的民事法律行为的效力确定基于以下不同法律事实：（1）真正的权利人行使追认权，对效力待定的民事法律行为进行事后追认。效力待定的民事法律行为必须经过追认才能生效。所谓追认，是指权利人对无缔约能力人、无权代理人与他人从事的有关法律行为的事后承认，在权利人尚未追认以前，效力待定的民事法律行为虽然已经实施，但并没有实际生效。追认是一种单方意思表示，无须相对人的同意即可发生法律效力。（2）善意相对人行使撤销权，从而使效力待定的民事法律行为归于无效。对效力待定的民事法律行为而言，如果善意相对人行使撤销权，则可以使该民事法律行为归于无效。在效力待定的民事法律行为中，与限制民事行为能力人、无权代理人从事法律行为的另一方当事人，如果在从事法律行为时出于善意，即对对方无相应民事行为能力、无代理权的事实处于不知或不应知的状态，那么其在法律行为成立以后，依法享有撤销该法律行为的权利。一旦其行使撤销权，该法律行为归于无效。（3）效力待定的民事法律行为会因特定事实的出现而补正其效力。效力待定的民事法律行为可因继承、遗赠、接受赠与等方式，以及行为人成年或恢复完全民事行为能力等，使效力待定的民事法律行为有效，例如，小张为庆祝第二天生日而购买一辆摩托车，此时为效力待定合同，但因第二天成年而成为完全民事行为能力人后，该合同不必经过法定代理人追认即可有效。

易混易错

1. 限制民事行为能力人实施的民事法律行为的效力，可以归纳为：（1）限制民事行为能力人实施的纯获利益的民事法律行为或者与其年龄、智力、精神健康状况相适应的民事法律行为有效；实施的其他民事法律行为经法定代理人同意或者追认后有效。所谓“纯获利益”，是指限制民事行为能力人无须履行义务，而从另一方获取利益。所谓“与其年龄、智力、精神健康状况相适应”，是指限制民事行为能力人能够理解行为的性质、内容和结果，如购买小额商品。这些行为不必经其法定代理人事先同意或事后追认就应当认定为有效。（2）限制民事行为能力人从事的依法不能从事的民事法律行为，如立遗嘱、收养、监护、结婚等，限制民事行为能力人不能为之；对于限制民事行为能力人本人无法亲自实施的行为，如变更姓名、参加诉讼等，应由其法定代理人代为实施。

2. 法律硕士联考中，本内容的出题方式为选择题、法条分析题和案例分析题。出题思路：选择题和案例分析题主要集中在限制民事行为能力人订立合同效力的认定上。法条分析题一般围绕着限制民事行为能力人订立合同效力的认定、条文规定中相关用语的含义（例如：如何理解本条规定中“催告”“撤销”的含义）命题。

试题范例

1. （2015年真题）单项选择题

甲16周岁，无业，依靠父母生活。某日，甲向朋友乙借款2万元，用其中的1万元买了名牌包送给男友丙，用200元为自己的手机充值，用余款购买了一张美发店的消费卡。下列选项中，正确的是（　　）。

A. 甲与乙之间的借款合同有效

B. 甲与乙之间的赠与合同无效

C. 甲为手机充值的行为可撤销

D. 甲购买消费卡的行为效力待定

答案：D

2. 单项选择题

下列选项中，属于效力待定的民事法律行为的是（　　）。

A. 限制民事行为能力人从事的依法不能从事的民事法律行为

B. 无民事行为能力人实施的民事法律行为

C. 表见代理行为

D. 滥用代理权行为

答案：A

3. 单项选择题

甲（14岁）购买了一辆摩托车，在甲的法定代理人实施追认前，该买卖摩托车的合同的效力为（　　）。

A. 无效　　　　B. 效力待定

C. 可撤销　　　D. 有效

答案：B

4. 单项选择题

小张为庆祝第二天满18周岁生日，在一家商场购买了一辆摩托车。生日过后，该合同的效力为（　　）。

A. 有效　　B. 无效

C. 效力待定　　D. 可撤销

答案：A

5. 单项选择题

甲（15岁）为抖音女主播打赏2万元。甲的打赏行为（　　）。

A. 有效　　B. 无效

C. 可撤销　　D. 效力待定

答案：D

核心法条

《民法典》第147条　基于重大误解实施的民事法律行为，行为人有权请求人民法院或者仲裁机构予以撤销。

《民法典》第148条　一方以欺诈手段，使对方在违背真实意思的情况下实施的民事法律行为，受欺诈方有权请求人民法院或者仲裁机构予以撤销。

《民法典》第149条　第三人实施欺诈行为，使一方在违背真实意思的情况下实施的民事法律行为，对方知道或者应当知道该欺诈行为的，受欺诈方有权请求人民法院或者仲裁机构予以撤销。

《民法典》第150条　一方或者第三人以胁迫手段，使对方在违背真实意思的情况下实施的民事法律行为，受胁迫方有权请求人民法院或者仲裁机构予以撤销。

《民法典》第151条　一方利用对方处于危困状态、缺乏判断能力等情形，致使民事法律行为成立时显失公平的，受损害方有权请求人民法院或者仲裁机构予以撤销。

《民法典》第152条　有下列情形之一的，撤销权消灭：

（一）当事人自知道或者应当知道撤销事由之日起一年内、重大误解的当事人自知道或者应当知道撤销事由之日起九十日内没有行使撤销权；

（二）当事人受胁迫，自胁迫行为终止之日起一年内没有行使撤销权；

（三）当事人知道撤销事由后明确表示或者以自己的行为表明放弃撤销权。

当事人自民事法律行为发生之日起五年内没有行使撤销权的，撤销权消灭。

释解分析

上述条文规定的是可撤销的民事法律行为。可撤销的民事法律行为是指由于欠缺有效条件，当事人有权依照法律规定请求人民法院或者仲裁机构予以撤销的民事法律行为。此种民事法律行为不是当然无效，而是必须由当事人向人民法院或者仲裁机构请求裁定。可撤销的民事法律行为的特征有：(1) 可撤销的民事法律行为主要是因意思表示不真实而发生的民事法律行为。意思表示不真实往往只有当事人才知晓，这就需要由当事人自己决定是否撤销不真实的意思表示。(2) 可撤销的民事法律行为须由撤销权人主动行使撤销权。由于可撤销的民事法律行为主要涉及当事人意思表示不真实的问题，而当事人的意思表示是否真实，局外人通常难以判断，即使局外人已得知一方当事人因意思表示不真实而受到损害，如果当事人不主动提出撤销而自愿承担损害的后果，法律也应允许这种行为有效。所以，法律要将是否主张撤销的权利留给撤销权人，由其决定是否撤销法律行为。对此类法律行为的撤销问题，法院应采取不告不理的态度，如果当事人不主张提出撤销，法院不能主动地撤销法律行为。撤销权在性质上属于形成权，并且必须在法律规定的一定的除斥期间内行使。撤销权人通过单方的意思表示行使撤销权，可导致可撤销的民事法律行为的效力溯及既往地消灭。(3) 可撤销的民事法律行为在被撤销前仍然是有效的。可撤销的民事法律行为在未被撤销前，既非效力待定，又非当然无效，可被认为自成立之时起已经生效。这是此类法律行为与无效和效力待定的民事法律行为的区别所在。当事人仍应依民事法律行为规定履行义务，任何一方不得以民事法律行为具有可撤销的因素为由而拒不履行其义务。

可撤销的民事法律行为的情形有：(1) 重大误解的民事法律行为。重大误解的民事法律行为是指行为人对于民事行为产生错误的理解，并基于这种错误理解而为的民事法律行为。关于重大误解的民事法律行为，应当注意如下几点：①误解既可以是单方的误解（如出卖人误将某一标的物当作另一物），也可以是双方的误解（如买卖双方误将本为复制品的油画当成真品买卖）。②误解包括：对行为性质的误解，例如，把买卖合同误解为赠与行为；对标的物的误解，例如，把复制品当作原件；对价金的误解，例如，误将3 000元标价为1 000元；对当事人的误解，例如，把甲当作乙。③误解必须是重大的。即所发生的误解对当事人之间的权利义务会有重大影响。④误解是由误解方自己的过错造成的，而不是受他人欺骗或不正当影响造成的，这是重大误解的民事法律行为和因受欺诈、胁迫实施的民事法律行为的关键区别。（2）因受欺诈实施的民事法律行为。因受欺诈实施的民事法律行为有如下两种：1）一方以欺诈手段使对方在违背真实意思的情况下实施的民事法律行为。欺诈是指行为人故意实施的，以引起、强化或维持他人的错误认识并使其基于此错误认识而作出意思表示为目的的欺骗行为。例如，某人在出售商品时，将该商品不具有某种功能而吹嘘成具有某种功能。2）第三人实施欺诈行为，使一方在违背真实意思的情况下实施的民事法律行为。第三人欺诈，是指民事法律行为当事人以外的第三人故意实施的，以引起、强化或维持他人的错误认识并使其基于此错误认识而作出意思表示为目的的欺骗行为。例如，生产者从事虚假广告宣传，导致消费者上当受骗，由于合同关系是在消费者和销售者之间订立的，而生产者是第三人，因此，此类情形构成欺诈。关于因第三人实施欺诈的民事法律行为，应当注意如下要点：①第三人欺诈是欺诈的一种类型，第三人欺诈的目的仍然是使他人陷于错误的认识并基于该错误认识作出意思表示。只不过与一般的欺诈不同，在第三人欺诈的情形下，受欺诈方并非向欺诈行为人作出意思表示，而是向欺诈人以外的其他民事主体作出意思表示。②“第三人”应当是当事人以外的第三人，如果当事人之间实施欺诈行为，则不是第三人欺诈。当然，如果当事人的代理人、代表人或者当事人委托的人实施了欺诈行为，也不属于第三人欺诈。③相对人知道或者应当知道第三人实施了欺诈行为。在第三人实施了欺诈行为后，相对人知道或者应当知道第三人实施欺诈行为，才能主张撤销。在前例中，如果销售者对生产者的虚假广告宣传并不知情，也不应当知情，则消费者不得主张撤销合同；如果销售者知道或者应当知道生产者进行了虚假宣传，则消费者有权撤销合同。（3）一方或者第三人以胁迫手段，使对方在违背真实意思的情况下实施的民事法律行为。胁迫是指一方当事人或第三人向对方或其亲属预告危害，使其发生恐惧心理，并基于这种恐惧心理而作出的违背其真实意思的行为。例如，一方向另一方作出的强买威胁：“如果不买我的货物，就砍掉你的一根手指头”，此即胁迫。（4）显失公平的民事法律行为。显失公平的民事法律行为是指在双方、有偿的民事法律行为中，一方利用对方处于危困状态、缺乏判断能力等情形，致使民事法律行为成立时显失公平的民事法律行为。“利用危困状态”一般是指利用某人因陷入某种暂时性的急迫困境，从而急需金钱或有其他急需的状态。“利用对方缺乏判断能力”一般是指利用对方欠缺一般的生活经验或交易经验，但对于欠缺特殊经验的，例如，当事人进行股票交易或者期货交易等，当事人不得以不了解股票交易规则或期货交易规则为由而撤销交易。需要注意的是，显失公平仅指一方利用对方处于危困状态、缺乏判断能力等情形所造成的不公平，而不包括因为受欺诈或受胁迫而造成的不公平。

易混易错

可撤销的民事法律行为和无效的民事法律行为的区别。（1）无效的条件不同。无效的民事法律行为是不附带任何条件的，不论当事人是否主张，也不论当事人之间是否有争议，该行为都是无效的，是绝对无效；可撤销的民事法律行为是相对无效，是有条件的无效。当事人提出申请并经人民法院或仲裁机构认可是该行为无效的前提条件。（2）无效的时间不同。无效的民事法律行为从行为开始时起，就不发生法律效力，对当事人就没有约束力；可撤销的民事法律行为在被撤销之前，已经发生了法律效力，对当事人就有了约束力，只有在被撤销后，才丧失法律上的效力。当然，撤销行为具有追溯力，追溯到行为开始。（3）主张无效的人不同。无效的民事法律行为，双方当事人或与该民事法律行为有利害关系的人都可以主张无效，人民法院或仲裁机构在受理的案件中发现属于无效范围的，也可以主动确认其无效；可撤销的民事法律行为，只有享有撤销权的当事人（通常是因该行为而蒙受不利的一方，如受欺诈方、受胁迫方）才可请求撤销，其他人不享有撤销权。

试题范例

1.（2020年真题）单项选择题

甲以5万元购得一块手表，甲的朋友乙发现该表系高仿品，但未告知甲。丙看见该手表有意购买，乙为让丙买下该表，对丙声称该表是绝版正品，丙信以为真，遂以5.5万元买下该表。甲与丙之间买卖合同的效力为（　　）。

A. 无效　　B. 可撤销

C. 效力待定　　D. 有效

答案：D

2. 单项选择题

甲故意将一幅古画赝品谎称真品出售，乙不明真相购买该画。甲的行为属于（　　）。

A. 无效的民事法律行为

B. 有效的民事法律行为

C. 可撤销的民事法律行为

D. 效力待定的民事法律行为

答案：C

3. 单项选择题

甲要挟乙必须购买其货物，否则将对其亲属采取不利措施，乙被迫购买了甲的货物。甲、乙签订的买卖合同的效力为（　　）。

A. 有效　　B. 无效

C. 可撤销　　D. 效力待定

答案：C

核心法条

《民法典》第155条　无效的或者被撤销的民事法律行为自始没有法律约束力。

《民法典》第156条　民事法律行为部分无效，不影响其他部分效力的，其他部分仍然有效。

《民法典》第157条　民事法律行为无效、被撤销或者确定不发生效力后，行为人因该行为取得的财产，应当予以返还；不能返还或者没有必要返还的，应当折价补偿。有过错的一方应当赔偿对方由此所受到的损失；各方都有过错的，应当各自承担相应的责任。法律另有规定的，依照其规定。

释解分析

上述条文规定的是民事法律行为无效、被撤销或者确定不发生效力的法律后果。民事法律行为无效、被撤销或者确定不发生效力的法律后果体现在：（1）民事法律行为无效、被撤销或者确定不发生效力的，该民事行为自始没有法律约束力，如果该民事法律行为属于合同行为，合同无效、被撤销或者确定不发生效力的，不影响合同中独立存在的有关解决争议方法的条款的效力。（2）民事法律行为部分无效，不影响其他部分效力的，其他部分仍然有效。（3）民事法律行为无效、被撤销或者确定不发生效力后，凡是尚未履行的，履行“义务”的一方当事人有权拒绝履行，享有“权利”的一方当事人则无权要求义务人履行，正在履行的应当终止履行。但是对于已经履行或者部分履行的，应当按照下列规则处理：①返还财产或折价补偿。民事法律行为无效、被撤销或者确定不发生效力后，行为人因该行为取得的财产，应当予以返还；不能返还或者没有必要返还的，应当折价补偿。②赔偿损失。有过错的一方应当赔偿对方由此所受到的损失；各方都有过错的，应当各自承担相应的责任。③追缴财产。当事人恶意串通，损害国家、集体或者第三人利益的，因此取得的财产收归国家所有或者返还集体、第三人。

试题范例

1. 单项选择题

甲乘坐乙的出租车，但乙声称：因冬季路滑，若出车祸概不负责。甲因事急不得不接受。则甲、乙达成的运输合同（　　）。

A. 有效　　B. 无效

C. 部分有效　　D. 效力待定

答案：C

2. 多项选择题

下列民事行为中，属于部分有效、部分无效的是（　　）。

A. 甲所立的遗嘱中有部分内容被继承人篡改

B. 患者乙与医院达成协议：因医疗事故造成乙人身伤害的，医院不负责任

C. 9岁的丙接受他人赠与的1台电脑

D. 丁因重大误解高价购得李某的家具一套

答案：AB

核心法条

《民法典》第158条　民事法律行为可以附条件，但是根据其性质不得附条件的除外。附生效条件的民事法律行为，自条件成就时生效。附解除条件的民事法律行为，自条件成就时失效。

民法学

相关法条

《民法典》第 159 条　附条件的民事法律行为，当事人为自己的利益不正当地阻止条件成就的，视为条件已经成就；不正当地促成条件成就的，视为条件不成就。

释解分析

本条规定的是附条件的民事法律行为。附条件的民事法律行为是指双方当事人在民事法律行为中设立一定的事由作为条件，以该条件的成就与否（是否发生）作为决定民事法律行为产生或解除根据的民事法律行为。附条件的民事法律行为中的“条件”具有如下特点：（1）未来性。条件应当是将来发生的事实，具有未来性。已经发生的事实不得作为民事法律行为所附的条件。（2）或然性。条件应当是将来可能发生也可能不发生的事实，具有或然性或具有不确定性。如果是肯定能发生或肯定不能发生的事实，就不能作为民事法律行为所附的条件。如果以肯定能发生或肯定不能发生的事实作为所附条件的，应当认定为没有附条件，如“地球停止转动，就借钱给你”，地球停止转动是肯定不会发生的，不能成为所附条件。（3）非法定性。条件应当是当事人选定（商定）的事实，具有非法定性。法律规定的或基于行为性质所决定的事实，不能作为民事法律行为所附的条件。就法律规定的事实不能附条件而言，例如，当事人就设定质权的行为约定，质权的设定应当自移转质物占有时生效，但根据物权的规定，质权生效须移转质物的占有，因此这里的约定实际上是物权的明确规定，因而不得成为所附条件。如果法律行为中附有法定条件，则视为未附条件。此外，就基于行为的性质所决定的事实而言，主要包括票据行为、抵销、撤销、承认、解除、行使选择权的行为、违反公序良俗原则的行为（如结婚、离婚、收养或者终止收养、接受继承或者抛弃继承、对非婚生子女的承认或否认）等，这些行为都不能附条件。（4）合法性。条件应当是合法的事实。违法的事实，不能作为民事法律行为所附的条件。如果所附条件是违背法律规定的，应当认定该民事法律行为无效。例如，甲、乙约定，如果继续非法同居，甲将房屋赠给乙。但当事人以约定不为违法行为作为生效条件的，或者以违法行为作为解除条件的，该约定的事实属于有效的附条件。例如，甲、乙约定：只要乙戒毒，甲就送给乙一把古扇。

条件的分类。（1）延缓条件和解除条件。延缓条件是指民事法律行为中所确定的民事权利和民事义务，要在所附条件成就时发生法律效力的条件。附延缓条件的效力表现在，该民事法律行为已经成立，但未生效，条件成就，该民事法律行为生效；条件不成就，则一直不生效。解除条件是指民事法律行为中所确定的民事权利和民事义务，在所附条件成就时失去法律效力的条件。附解除条件的民事法律行为，在所附条件成就以前，已经发生法律效力，行为人已经开始享受权利和承担义务，当条件成就时，权利和义务则失去法律效力；当条件不成就时，民事法律行为则仍然有效。（2）肯定条件（积极条件）和否定条件（消极条件）。肯定条件是指以某种事实的发生为其内容的条件。否定条件是指以某种事实的不发生为其内容的条件。一般而言，带有否定字眼的附条件是否定条件。无论是肯定条件还是否定条件，都既可以作为延缓条件，也可以作为解除条件。

附条件的民事法律行为的效力。附条件的民事法律行为的效力体现在：（1）附条件的民事法律行为成立以后，就已经在当事人之间产生了法律约束力，任何一方当事人都不得单方予以撤回或者单方随意变更，对于附条件的合同而言，如果任何一方单方面终止合同，就构成违约。（2）附条件的民事法律行为成立以后，当事人为自己的利益不正当地阻止条件成就的，视为条件已经成就；不正当地促成条件成就的，视为条件不成就。

易混易错

出题方式。法律硕士联考中，本内容的出题方式包括选择题、简答题和法条分析题。出题思路：简答题为附条件的民事法律行为的概念和所附条件的特点；法条分析题从条件的特点、法律效力及法条中某些术语的含义等方面命题，例如：《民法典》第 158 条中“附生效条件”和“附解除条件”的含义等。

试题范例

1.（2017 年真题）单项选择题

甲、乙约定：甲赠与乙紫砂壶一把，该合同在乙结婚时生效。该合同属于（　　）。

A. 附确定期限的合同

B. 附不确定期限的合同

C. 附延缓条件的合同

D. 附解除条件的合同

答案：C

2. 单项选择题

下列选项中，属于附条件的民事法律行为的是（ ）。

A. 甲、乙签订质押合同，约定质权自移转质物占有时设立

B. 甲、乙约定，如果甲将房屋出售，甲、乙将离婚

C. 甲、乙约定，如果下雨，甲将一把雨伞送给乙

D. 甲、乙约定，如果甲不赌博，乙将古扇赠给甲

答案：D

核心法条

《民法典》第160条 民事法律行为可以附期限，但是根据其性质不得附期限的除外。附生效期限的民事法律行为，自期限届至时生效。附终止期限的民事法律行为，自期限届满时失效。

释解分析

本条规定的是附期限的民事法律行为。附期限的民事法律行为是指双方当事人在民事法律行为中约定一定的期限，以期限的到来决定其效力发生或者终止的民事法律行为。附期限的民事法律行为所附“期限”的特点是：期限具有确定性，这是“期限”和“条件”的根本区别。具体而言，附条件的民事法律行为所附条件和附期限的民事法律行为所附期限的关键区别是，附条件的民事法律行为中的所附条件必须具有或然性，即条件的发生与否不能确定，如果所附条件是必然发生的，则是所附期限，而不是所附条件。

期限的分类。期限有延缓期限（始期）和解除期限（终期）之分。延缓期限是指在民事法律行为中规定的期限到来之前，该民事法律行为所确定的民事权利和民事义务不发生法律效力，待期限到来时，其民事权利和民事义务开始发生法律效力。如甲、乙约定，借款合同自5月1日生效。解除期限是指在民事法律行为中规定的期限到来时，该民事法律行为所确定的民事权利和民事义务的法律效力即行消灭的期限。如租赁合同期限为1年，至明年7月1日。

附期限的民事法律行为的效力。期限约定的效力在于使法律行为的效力在时间上受到限制。在期限到来之前，当事人虽然未实际取得一定的权利或者使一定的权利回复，但存在取得权利或回复权利的可能性。因此，当事人享有期待权。

试题范例

多项选择题

甲、乙订立借款5 000元的合同，但约定乙须“在合同订立15日后方能取款”。该借款合同约定的条款属于（ ）。

A. 附条件的民事法律行为

B. 附期限的民事法律行为

C. 附延缓期限的民事法律行为

D. 该民事法律行为已经成立但未生效

答案：BCD

民法学

四、代　理

核心法条

《民法典》第161条　民事主体可以通过代理人实施民事法律行为。

依照法律规定、当事人约定或者民事法律行为的性质，应当由本人亲自实施的民事法律行为，不得代理。

《民法典》第162条　代理人在代理权限内，以被代理人名义实施的民事法律行为，对被代理人发生效力。

释解分析

上述条文规定的是代理。代理是指代理人以被代理人或者自己的名义，在代理权限内与第三人（又称相对人）实施法律行为，其法律后果直接或者间接由被代理人承受的民事法律制度。代理有直接代理和间接代理之分，第162条规定的是直接代理。代理至少需要三方当事人，包括被代理人、代理人和第三人。代理适用于各种民事法律行为，如代办企业法人登记、代理民事诉讼案件、代理签订合同等。代理具有如下特征：(1) 代理人在代理权限范围内实施代理行为。这包括三层含义：①代理人须有代理权，代理权的产生或因委托，或因法定和指定，没有授权属于无权代理。②法律规定或当事人约定只能由本人实施的行为，不得代理。这些情形如婚姻登记、立遗嘱、收养子女、解除婚姻关系、演出、讲课、讲演等。③代理人在进行代理行为时，有独立的意思表示，可视具体情况而决定表示内容，这与中介人相区别。中介人是受委托人的委托，为其报告签订合同的机会或充当双方当事人的媒介，而由委托人给付报酬的人。中介人不得代委托人签订合同，此是与代理人不同之处。(2) 代理人以被代理人的名义或者代理人自己的名义进行代理行为。前者为直接代理，后者为间接代理。(3) 代理主要是实施法律行为。代理主要是为被代理人设立、变更、消灭一定民事法律关系，如代签合同、代为诉讼等。不具有法律意义的行为，如代人算账、代人抄写、代拟发言稿、代拟演讲词、代为主持会议、代为书写起诉状、代人整理资料、代人看管小孩等只能是一种事实行为，它不与第三人产生权利义务关系，不是代理。(4) 代理行为的后果直接或者间接由被代理人承担。代理的目的是为被代理人进行民事活动，代理人的行为效力当然归属于被代理人，包括设定的权利归被代理人享有，义务归被代理人承担，代理人的行为给他人造成的损害由被代理人赔偿。

易混易错

关于违法事项不得代理的规定。违法事项不得代理，如为窃贼代为销售赃物。《民法典》第167条规定，代理人知道或者应当知道代理事项违法仍然实施代理行为，或者被代理人知道或者应当知道代理人的代理行为违法未作反对表示的，被代理人和代理人应当承担连带责任。

试题范例

单项选择题

下列选项中，可以适用代理的情形是（　　）。

A. 代为授课

B. 捎口信

C. 代为生育

D. 代办法人注销登记

答案：D

核心法条

《民法典》第163条　代理包括委托代理和法定代理。

委托代理人按照被代理人的委托行使代理权。法定代理人依照法律的规定行使代理权。

相关法条

《民法典》第 165 条 委托代理授权采用书面形式的，授权委托书应当载明代理人的姓名或者名称、代理事项、权限和期限，并由被代理人签名或者盖章。

释解分析

本条将代理分为委托代理和法定代理。委托代理是指基于被代理人的委托授权而发生的代理，是最常见、最广泛适用的一种代理形式。由于委托授权行为是基于被代理人的意志而进行的，本人的意思是发生委托代理的前提条件，因此，委托代理又称为意定代理。委托代理产生的基础在于委托授权，但并不意味着委托合同是委托代理唯一的基础关系。在实践中，除了委托合同之外，基于合伙协议、雇用合同等关系也能产生委托代理。在委托代理中，授予代理权的形式可以是口头形式，也可以是书面形式。委托代理授权采用书面形式的，授权委托书应当载明代理人的姓名或者名称、代理事项、权限和期限，并由被代理人签名或者盖章。委托书授权不明的，应当确定代理行为的效力，如果构成有权代理或者表见代理，则应当由被代理人承担代理行为的法律后果；如果构成狭义的无权代理，则应当由代理人对相对人承担责任。

法定代理是指根据法律的直接规定而产生的代理。法定代理的发生不需要依赖于任何授权行为，而直接来源于法律的规定。取得法定代理人资格不需要当事人作出意思表示，一般也不需要取得被代理人的同意。法定代理主要是为无民事行为能力人和限制民事行为能力人设置的代理。由于无民事行为能力人和限制民事行为能力人本身欠缺相应的行为能力，需要由他人代理其行为，而其自身又不能委托代理人，因此在法律上有必要为其设定法定代理人。

试题范例

单项选择题

行为人不以被代理人的名义，而是以本人的名义与相对人所为民事法律行为，这种代理是（　　）。

A. 隐名代理　　B. 间接代理

C. 直接代理　　D. 共同代理

答案：B

核心法条

《民法典》第 164 条 代理人不履行或者不完全履行职责，造成被代理人损害的，应当承担民事责任。

代理人和相对人恶意串通，损害被代理人合法权益的，代理人和相对人应当承担连带责任。

《民法典》第 168 条 代理人不得以被代理人的名义与自己实施民事法律行为，但是被代理人同意或者追认的除外。

代理人不得以被代理人的名义与自己同时代理的其他人实施民事法律行为，但是被代理的双方同意或者追认的除外。

释解分析

本条规定的是代理权的行使。代理权的行使是指代理人在代理权限范围内完成代理事项的各种活动。代理人在行使代理权的过程中，应当遵守一定的规则，这些规则包括：（1）代理人应在代理权限范围内行使代理权。代理人只有在代理权限范围内进行代理行为，才能由被代理人承担法律后果，超越代理权限所为的行为，除被代理人追认的以外，对被代理人不发生法律效力，而由代理人承担责任。被代理人知道代理人超越代理权为民事活动不作否认表示的，由代理人和被代理人承担连带责任。（2）代理人应为维护被代理人的利益而行使代理权。代理人不履行或者不完全履行职责，造成被代理人损害的，应当承担民事责任。（3）代理人不得滥用代理权。滥用代理权主要有 3 种情形：①自己代理。自己代理即代理人以被代理人的名义与自己进行民事活动的行为。从效力上看，自己代理通常为无效行为，但是被代理人同意或者追认的除外。②双方代理。双方代理是指代理人以被代理人的名义与自己代理的其他人进行民事活动的行为。从效力上看，双方代理行为原则上无效，但是被代理的双方同意或者追认的除外。③代理人与相对人恶意串通。代理人和相对人恶意串通，损害被代理人合法权益的，代理人和相对人应当承担连带责任。

民法学

试题范例

单项选择题

下列情形属于滥用代理权的是（　　）。

A. 越权代理　　B. 自己代理

C. 表见代理　　D. 间接代理

答案：B

核心法条

《民法典》第 169 条　代理人需要转委托第三人代理的，应当取得被代理人的同意或者追认。

转委托代理经被代理人同意或者追认的，被代理人可以就代理事务直接指示转委托的第三人，代理人仅就第三人的选任以及对第三人的指示承担责任。

转委托代理未经被代理人同意或者追认的，代理人应当对转委托的第三人的行为承担责任；但是，在紧急情况下代理人为了维护被代理人的利益需要转委托第三人代理的除外。

释解分析

本条规定的是复代理。复代理是指代理人为了被代理人的利益需要，将其享有的代理权的全部或一部分转委托给他人行使而产生的代理。此种代理是基于转委托而形成的代理关系，所以，又称为再代理或转委托。复代理的成立条件有：(1) 转委托须事先征得被代理人的同意或事后得到追认。(2) 转委托须为了被代理人的利益。(3) 在紧急情况下，代理人为了维护被代理人的利益而转委托的，不论被代理人是否同意，均发生转委托的法律效力。所谓"紧急情况"，是指代理人有急病、通信联络中断等情况，使自己不能办理代理事项，与被代理人不能取得联系，如果不及时委托他人代理，就会给被代理人造成损失。

复代理的效力。复代理的行为效果包括：(1) 复代理人在代理权限内所从事代理行为的效果都应当由被代理人承担，如果因为超越代理权限从事代理行为，则构成无权代理。如果无权代理行为符合表见代理的构成要件，也应当由被代理人承担责任。(2) 在复代理关系产生以后，因为复代理人已经成为被代理人的代理人，因此被代理人可以就代理事务直接指示复代理人，复代理人应当严格按照被代理人的指示而不是代理人的指示行为，代理人仅就复代理人的选任以及对复代理人的指示承担责任。(3) 转委托代理未经被代理人同意或者追认的，代理人应当对转委托的第三人的行为承担责任；但是，在紧急情况下代理人为了维护被代理人的利益需要转委托第三人代理的除外。

易混易错

1. 复代理人的地位。复代理人是被代理人的代理人，而不是代理人的代理人，因此复代理的法律后果由被代理人承受。

2. 出题方式。法律硕士联考中，本部分内容的出题方式包括选择题、简答题和法条分析题。法条分析题主要围绕《民法典》第 169 条中的某些术语的含义展开考查，包括"转委托"的含义、"紧急情况"的认定，以及转委托的适用条件等。

试题范例

1. (2016 年真题) 单项选择题

甲委托乙购买某品牌新款手机并预付了购机款，乙又委托丙办理此事，但未将购机款交给丙，也未征求甲的意见。丙购得手机后交给甲，甲拒绝接受。对此，下列选项正确的是（　　）。

A. 丙系甲的指定代理人

B. 乙的转委托行为有效

C. 甲有权要求乙返还购机款

D. 丙有权要求甲支付购机款

答案：C

2. 单项选择题

下列关于复代理的表述，正确的是（　　）。

A. 复代理人是代理人的代理人

B. 转委托都必须经本人同意或追认

C. 代理人不得转委托

D. 转委托须为了被代理人的利益

答案：D

核心法条

《民法典》第 171 条　行为人没有代理权、超越代理权或者代理权终止后，仍然实施代理行为，未经被代理人追认的，对被代理人不发生效力。

相对人可以催告被代理人自收到通知之日

起三十日内予以追认。被代理人未作表示的，视为拒绝追认。行为人实施的行为被追认前，善意相对人有撤销的权利。撤销应当以通知的方式作出。

行为人实施的行为未被追认的，善意相对人有权请求行为人履行债务或者就其受到的损害请求行为人赔偿。但是，赔偿的范围不得超过被代理人追认时相对人所能获得的利益。

相对人知道或者应当知道行为人无权代理的，相对人和行为人按照各自的过错承担责任。

释解分析

本条规定的是无权代理。（狭义）无权代理是指没有代理权而以他人名义进行代理活动的民事行为。无权代理包括越权代理、没有代理权的代理和代理权终止后的代理。由于行为人实施了狭义无权代理行为以后，该行为将可能损害本人或第三人的利益，因此，法律有必要设立无权代理制度，确定在狭义无权代理的情况下，行为的效力及无权代理人的责任问题。无权代理的情形包括：（1）根本没有代理权的代理。行为人根本没有代理权却从事代理活动。（2）越权代理。行为人享有代理权，但却超越代理权限从事了本不该由其进行的代理活动。（3）代理权终止后的代理。行为人原本享有代理权，但其代理权已经终止，行为人仍以代理人的身份进行代理活动。

无权代理的效力。无权代理的效力体现在：（1）本人的追认权和拒绝权。无权代理在行为性质上属于效力待定行为。所谓效力待定，是指这种行为成立以后，并不能发生符合当事人意思表示的效力。其效力能否发生尚未确定，一般须经有权人表示承认才能生效。无权代理人与相对人之间从事的民事法律行为，只有经过本人的追认才能生效。如果未经本人的追认，无权代理行为无效。所以，在本人追认之前的行为处于一种效力不确定的中间状态。无权代理行为的“追认”，是指本人对无权代理的行为在事后予以承认的一种单方意思表示。追认具有溯及既往的效力。也就是说，一旦追认，无权代理行为便产生有权代理的法律效力。本人享有的追认权是一种形成权，本人既可以对无权代理行为予以追认，也可以拒绝追认。如果本人明确表示拒绝追认，则无权代理行为自始无效，无权代理行为对本人也不发生法律效力，无权代理人对自己的无权代理行为自负其责。（2）相对人的催告权和撤销权。相对人（第三人）可以催告本人在法定期限内对行为人实施的无权代理行为予以追认；同时，善意相对人还享有撤销权，撤销权应当在本人追认前行使。催告是指相对人催促本人在30日内明确答复是否追认无权代理行为。通常情况下，追认权的行使以催告权的行使为前提。如果没有催告，本人无从知道无权代理人以本人名义实施民事行为，也不可能作出承认和拒绝的决定。对相对人来说，如果没有经过催告程序，又不符合表见代理的构成要件，便直接请求本人对无权代理行为负责，也很难区分其是以无权代理还是表见代理规则提出的请求。可见，催告是追认权行使的必经程序。催告权也是形成权的一种。法律为保护相对人的利益，除规定相对人享有催告权以外，还有权行使撤销权。由于善意相对人在与无权代理人从事民事行为时，不知道无权代理人未获得授权，其主观上是善意无过失的，因此在相对人认为无权代理人实施的行为对其不利的情况下，有权在本人正式追认以前撤销其行为，这对保护善意相对人的利益是十分必要的。所谓撤销，是指相对人在本人未承认无权代理行为之前，可撤销其与无权代理人从事的民事行为。撤销权的行使必须具备如下要件：第一，必须在本人没有作出追认之前撤销，且撤销必须以通知的方式作出。如果本人已经承认，那么无权代理行为已经发生了有权代理的效力，自然也就不能撤销；第二，撤销权只能由善意的相对人行使。如果相对人在从事民事行为时主观上是恶意的，即明知其无代理权，而仍与其从事民事行为，则表明相对人有恶意，法律自无必要对其进行保护而允许其享有撤销权。如果无权代理人实施的民事行为未被追认，那么善意相对人有权请求行为人履行债务或者就其受到的损害请求行为人赔偿，但是赔偿的范围不得超过被代理人追认时相对人所能获得的利益，该赔偿责任如果发生于缔约之际，应当属于缔约过失责任。但如果相对人知道或者应当知道行为人无权代理的，相对人和行为人按照各自的过错承担责任。

易混易错

1. 无权代理和相关概念的区别。（1）无权代理不同于滥用代理权。滥用代理权不同于无权代理，因为无权代理是行为人实施代理行为时并没有代理权，而滥用代理权是行为人有代理权，但却滥用代理权。（2）无权代理不同于无效代理。无权代理是效力待定的民事行为，而不是无效代理，无权代理未必无效。

2. 出题方式。法律硕士联考中，本内容的出题方式包括各类题型，其中，法条分析题从《民法典》第171条有关术语出发进行考查，善意相对人请求赔偿的范围等也是法条分析题的考查方向；案例分析题往往结合合同出题。

试题范例

多项选择题

下列关于狭义无权代理的表述，正确的是（　　）。

A. 狭义无权代理是效力待定的民事行为

B. 狭义无权代理是无效的民事行为

C. 无权代理中本人的追认权是形成权

D. 无权代理的相对人享有催告权和撤销权

答案：ACD

核心法条

《民法典》第172条　行为人没有代理权、超越代理权或者代理权终止后，仍然实施代理行为，相对人有理由相信行为人有代理权的，代理行为有效。

释解分析

本条规定的是表见代理。表见代理是指行为人虽没有代理权，但第三人在客观上有理由相信其有代理权而与其实施法律行为，该法律行为的后果由本人承担的代理。表见代理在代理制度中起协调本人利益和相对人利益的作用，通过对善意第三人利益的保护而达到维护交易秩序的目的。

表见代理的构成要件。（1）代理人无代理权。由于表见代理实质上是无权代理，因此，代理人在实施代理行为时，并无本人的授权，或虽有授权，但并未授权其可实施超出特定授权范围的行为。如果代理人对所实施的行为有代理权，当然不发生表见代理。（2）该无权代理人有被授予代理权的外表或假象。如果无权代理人以被代理人名义实施法律行为，但又没有任何迹象表明其被授权，那么不存在表见代理问题，即表见代理的成立须有“外表授权”的存在。（3）相对人有正当理由相信该无权代理人有代理权。这是与第二个条件相联系的一个要件，因为虽有外表授权的存在，但如果相对人不相信，那么仍然不构成表见代理，而是狭义的无权代理。判断有无正当理由，应以一个善良人在正常情况下是否相信为判断标准。（4）相对人基于信任而与该无权代理人成立法律行为。这是判定是否构成表见代理的最终标准，虽然有以上三个要件，但最终相对人若未与该无权代理人就所谓的代理内容成立法律行为，那么也不构成表见代理。

常见的表见代理情形。（1）因表见授权表示而产生的表见代理。被代理人以直接或间接的意思表示，表明授予他人代理权，但事实上并未授权，在此情况下，相对人有理由相信该无权代理人为有权代理人，而与之为民事行为。（2）因代理授权不明而产生的表见代理。被代理人在代理授权时，未明确代理权限，或未将指明的代理权限有效告知相对人，致使相对人善意、无过失地相信代理人的越权代理为有权代理，而与之为民事行为。（3）因代理关系终止后未采取必要的措施而产生的表见代理。被代理人在代理关系终止后，应将此事实以适当的方式，有效地通知相对人，如果因为被代理人的原因，使相对人不知代理关系终止，而与原代理人为民事行为，则构成表见代理。

表见代理的法律后果。表见代理成立后，产生类似有权代理的法律后果，由被代理人承担代理行为所带来的法律后果，即享有其权利、承担其义务。当然，被代理人有权请求无权代理人赔偿因无权代理而造成的损失。

易混易错

1. 表见代理和狭义无权代理的区别。从广义上讲，表见代理也属于无权代理，狭义无权代理和表见代理的区别表现在：（1）狭义无权代理的代理人不仅在实质上没有代理权，在表面上也不能令第三人相信其有代理权；表见代理的代理人虽然在实质上没有代理权，但在表面上有足够的理由使得第三人相信其有代理权。（2）狭义无权代理属于效力待定的民事行为，而表见代理属于有效的民事行为。基于上述区别，无授权的无权代理和基于“外表授权”的表见代理在构成要件和法律效果上存在本质差别。

2. 不得主张表见代理的情形。一般而言，下列情形，相对人不得主张表见代理：（1）行为人伪造他人的公章、合同书或者授权委托书等，假冒他人的名义实施民事法律行为的。（2）被代理人的公章、合同书或者授权委托书等遗失、被盗，或者与行为人特定的职务关系已经终止，并且已经以合理方式公告或者通知，相对人应当知悉的。

3. 出题方式。法律硕士联考中，本内容的出题方式包括各类题型。出题思路：简答题如表见代理的概念和构成要件；法条分析题从表见代理的概念、构成要件及条文术语含义（例如，如何理解本条规定中“有理由相信”）等角度命题；案例分析题则结合合同的相关知识综合出题。

试题范例

1.（2017 年真题）多项选择题

某服装公司员工实施的下列行为中，该公司不予认可但仍应承担民事法律后果的有（　　）。

A. 超越代理权限与不知情的 L 公司订立买卖合同

B. 超越公司经营范围与不知情的 M 公司订立买卖合同

C. 伪造公司印章与不知情的 P 公司订立买卖合同

D. 以自己的名义将公司的电脑转让给不知情的 Q 公司

答案：AB

2. 多项选择题

下列表述正确的是（　　）。

A. 表见代理属于无权代理

B. 表见代理产生有效代理的效果

C. 无权代理即为无权处分

D. 表见代理须经本人追认生效

答案：AB

核心法条

《民法典》第 173 条　有下列情形之一的，委托代理终止：

（一）代理期限届满或者代理事务完成；

（二）被代理人取消委托或者代理人辞去委托；

（三）代理人丧失民事行为能力；

（四）代理人或者被代理人死亡；

（五）作为代理人或者被代理人的法人、非法人组织终止。

《民法典》第 174 条　被代理人死亡后，有下列情形之一的，委托代理人实施的代理行为有效：

（一）代理人不知道且不应当知道被代理人死亡；

（二）被代理人的继承人予以承认；

（三）授权中明确代理权在代理事务完成时终止；

（四）被代理人死亡前已经实施，为了被代理人的继承人的利益继续代理。

作为被代理人的法人、非法人组织终止的，参照适用前款规定。

《民法典》第 175 条　有下列情形之一的，法定代理终止：

（一）被代理人取得或者恢复完全民事行为能力；

（二）代理人丧失民事行为能力；

（三）代理人或者被代理人死亡；

（四）法律规定的其他情形。

释解分析

上述条文规定的是代理关系的终止。代理关系的终止是指代理人与被代理人之间的代理关系消灭。代理关系的终止包括委托代理关系的终止和法定代理关系的终止。

委托代理关系可因下列原因而终止：（1）代理期限届满或者代理事务完成。代理期限实际上就是授予代理权的期限。代理人只能在该期限内享有代理权。超过该期限，如果本人没有继续授权，则不应当再行使代理权。在代理事务完成之后，代理关系也没有继续存在的理由，代理关系也应终止。（2）被代理人取消委托或者代理人辞去委托。取消委托和辞去委托都是单方法律行为。代理关系是基于代理人和本人之间的相互信任关系产生的，一旦双方之间的这种信任关系不复存在，应当允许双方解除委托合同关系，从而导致代理关系终止。（3）代理人丧失民事行为能力。代理人必须具有民事行为能力，如果代理人本身不具有民事行为能力，则被代理人的根本利益不能得到保障。代理人在授予代理权时具有行为能力，但后来代理人因各种原因而不具有行为能力的，将导致代理关系终止。（4）代理人或者被代理人死亡。代理权必须由代理人亲自行使。代理人死亡后，代理关系自然终止，代理权不能发生继承。同理，被代理人死亡，代理关系也终止，但被代理人死亡后，有下列情形之一的，委托代理人实施的代理行为有效：①代理人不知道且不应当知道被代理人死亡；②被代理人的继承人予以承认；③授权中明确代理权在代理事务完成时终止；④被代理人死亡前已经实施，为了被代理人的继承人的利益继续代理。作为被代理人的法人、非法人组织终止的，参照适用前述规定。（5）作为代理人或者被代理人的法人、非法人组织终止。如果被代理人或者代理人是法人、非法人组织，法人、非法人组织因各种原因终止的，其民事主体资格不复存在，代理关系因为缺乏一方主体，也不应当继续存在。

法定代理关系的终止。有下列情形之一的，法定代理终止：（1）被代理人取得或者恢复完全民事行为能力。法定代理产生的重要原因，是被代理人不具有民事行为能力，需要由他人代理。但如果被代理人取得或者恢复完全民事行为能力，例如，未成年人年满18周岁，或者不能辨认或者不能完全辨认自己行为的成年人恢复健康等，法定代理的原因不复存在，代理关系终止。（2）代理人丧失民事行为能力。（3）代理人或者被代理人死亡。（4）法律规定的其他情形。例如，收养关系解除，收养人和被收养人之间的监护关系消灭，收养人的法定代理权也归于消灭。

试题范例

多项选择题

被代理人死亡后，下列委托代理人实施的代理行为仍然有效的是（　　）。

A. 代理人不知道且不应当知道被代理人死亡

B. 被代理人的继承人予以承认

C. 授权中明确代理权在代理事务完成时终止

D. 被代理人死亡前已经实施，为了被代理人的继承人的利益继续代理

答案：ABCD

五、诉讼时效和期间

核心法条

《民法典》第188条 向人民法院请求保护民事权利的诉讼时效期间为三年。法律另有规定的，依照其规定。

诉讼时效期间自权利人知道或者应当知道权利受到损害以及义务人之日起计算。法律另有规定的，依照其规定。但是，自权利受到损害之日起超过二十年的，人民法院不予保护，有特殊情况的，人民法院可以根据权利人的申请决定延长。

相关法条

《民法典》第189条 当事人约定同一债务分期履行的，诉讼时效期间自最后一期履行期限届满之日起计算。

《民法典》第190条 无民事行为能力人或者限制民事行为能力人对其法定代理人的请求权的诉讼时效期间，自该法定代理终止之日起计算。

《民法典》第191条 未成年人遭受性侵害的损害赔偿请求权的诉讼时效期间，自受害人年满十八周岁之日起计算。

《民法典》第594条 因国际货物买卖合同和技术进出口合同争议提起诉讼或者申请仲裁的时效期间为四年。

释解分析

本条规定的是诉讼时效期间。诉讼时效期间是指权利人请求人民法院保护其民事权利的法定期间。诉讼时效期间分为一般诉讼时效期间和最长诉讼时效期间。

一般诉讼时效期间为3年，即向人民法院请求保护民事权利的诉讼时效期间为3年。该一般诉讼时效期间具有普遍适用性，除非法律有特殊规定，例如，《民法典》第594条规定，因国际货物买卖合同和技术进出口合同争议提起诉讼或者申请仲裁的时效期间为4年。一般法定诉讼时效期间自权利人知道或者应当知道权利受到损害以及义务人之日起计算，但这是一般规则。由于实践的复杂性，在一般诉讼时效期间的起算上，还应当遵循如下具体规则：（1）当事人约定同一债务分期履行的，诉讼时效期间自最后一期履行期限届满之日起计算。未约定履行期限的合同，依照《民法典》第510条、第511条的规定，可以确定履行期限的，诉讼时效期间从履行期限届满之日起计算；不能确定履行期限的，诉讼时效期间从债权人要求债务人履行义务的宽限期届满之日起计算，但债务人在债权人第一次向其主张权利之时明确表示不履行义务的，诉讼时效期间从债务人明确表示不履行义务之日起计算。（2）无民事行为能力人或者限制民事行为能力人对其法定代理人的请求权的诉讼时效期间，自该法定代理终止之日起计算。（3）未成年人遭受性侵害的损害赔偿请求权的诉讼时效期间，自受害人年满18周岁之日起计算。（4）享有撤销权的当事人一方请求撤销合同的，应适用《民法典》第152条关于除斥期间的规定。对方当事人对撤销合同请求权提出诉讼时效抗辩的，人民法院不予支持。合同被撤销，返还财产、赔偿损失请求权的诉讼时效期间从合同被撤销之日起计算。（5）返还不当得利请求权的诉讼时效期间，从当事人一方知道或者应当知道不当得利事实及对方当事人之日起计算。（6）管理人因无因管理行为产生的给付必要管理费用、赔偿损失请求权的诉讼时效期间，从无因管理行为结束并且管理人知道或者应当知道本人之日起计算。本人因不当无因管理行为产生的赔偿损失请求权的诉讼时效期间，从其知道或者应当知道管理人及损害事实之日起计算。（7）夫妻一方隐藏、转移、变卖、毁损、挥霍夫妻共同财产，或者伪造夫妻共同债务企图侵占另一方财产的，在离婚分割夫妻共同财产时，对该方可以少分或者不分。离婚后，另一方发现有上述行为的，可以向人民法院提起诉讼，请求再次分割夫妻共同财产。当事人向人民法院提起诉讼，请求再次分割夫妻共同财产的诉讼时效为3年，从当事人发现之次日起计算。

诉讼时效期间自权利人知道或者应当知道权利受到损害以及义务人之日起计算，但是自权利受到损害之日起超过20年的，人民法院不予保护，此20年期间为最长诉讼时效期间。最长诉讼时效期间具有如下特征：（1）具有固定性。最长诉讼时效期间设立的宗旨就是要对民事权利设立一个最长的固定期限，一般超过这个最长的期限，则该民事权利不再予以保护。所以，该期间不得中止、中断。（2）在起算上不同于一般诉讼时效期间，从权利产生之日起计算。（3）不适用延长的规定，但如果有特殊情况的，人民法院可以根据权利人的申请决定延长。

试题范例

1.（2015年真题）单项选择题

甲将一批货物存放于乙的仓库，提货时发现部分货物丢失。甲要求乙赔偿损失的诉讼时效期间是（　　）。

A. 6个月　　B. 1年

C. 2年　　D. 4年

答案：无

（本题原标准答案是B项，依据是《民法通则》第136条第4项，即“寄存财物被丢失或者损毁的”，适用1年的短期诉讼时效期间，但该条款已被废止。依据《民法典》第188条第1款规定，该题表述的诉讼时效期间应为3年——编者注）

2.（2016年真题）单项选择题

2014年3月2日，甲、乙离婚并分割了共同财产。2015年3月8日，甲发现乙在离婚时将属于夫妻共有的40万元存款转移到了乙兄的银行账户中，遂向人民法院起诉，请求分割该40万元存款。本案的诉讼时效期间起算日为（　　）。

A. 2014年3月2日

B. 2014年3月3日

C. 2015年3月8日

D. 2015年3月9日

答案：D

3. 单项选择题

我国民法规定的普通诉讼时效期间为（　　）。

A. 2年　　B. 3年

C. 5年　　D. 10年

答案：B

核心法条

《民法典》第192条　诉讼时效期间届满的，义务人可以提出不履行义务的抗辩。

诉讼时效期间届满后，义务人同意履行的，不得以诉讼时效期间届满为由抗辩；义务人已经自愿履行的，不得请求返还。

《民法典》第193条　人民法院不得主动适用诉讼时效的规定。

《民法典》第197条　诉讼时效的期间、计算方法以及中止、中断的事由由法律规定，当事人约定无效。

当事人对诉讼时效利益的预先放弃无效。

释解分析

本条规定的是诉讼时效期间届满的法律后果（效力）。诉讼时效期间届满的法律后果包括：（1）诉讼时效发生的直接后果。我国对于诉讼时效的效力采取抗辩权发生主义，即诉讼时效期间届满的法律后果是产生请求权已经超过诉讼时效期间的抗辩权。具体而言，当事人可以对债权请求权提出诉讼时效抗辩。诉讼时效期间届满后，人民法院不得依据职权主动适用诉讼时效的规定，只有在当事人提出超过诉讼时效期间的抗辩时，人民法院才能依法审查是否超过诉讼时效期间。（2）义务人援引诉讼时效抗辩所产生的后果。①对义务人的效果。诉讼时效期间届满的，义务人可以提出不履行义务的抗辩。诉讼时效期间届满后，义务人同意履行或者自愿履行的，不得以诉讼时效期间届满为由抗辩；义务人已经自愿履行的，也不得依据不当得利请求返还。②对权利人的效果。诉讼时效期间届满，权利人的实体权利仍然存在，因此，权利人仍然可以接受义务人的履行，并且诉讼时效期间届满并不导致诉权的消灭，只要符合起诉条件，法院应当受理。③对法院的效果。时效利益的实现以义务人主动提出为前提。一旦义务人提出诉讼时效抗辩，法院才能审查时效是否届满的情况。人民法院不得依据职权主动适用诉讼时效的规定。

易混易错

诉讼时效期间届满的法律后果。诉讼时效期间届满的法律后果是产生请求权已经超过诉讼时效的抗辩权，而不是胜诉权消灭。理由在于：如果当事人在案件审理过程中并没有提出诉讼时效的抗辩权，应当视为时效利益的放弃（但当事人不能预先放弃诉讼时效利益），法院应当继续审理，在此情况下，当事人仍然可能胜诉。

试题范例

1.（2021年真题）多项选择题

下列关于诉讼时效的约定，无效的有（　　）。

A. 关于诉讼时效期间的约定

B. 关于诉讼时效计算方法的约定

C. 关于诉讼时效中止事由的约定

D. 关于诉讼时效中断事由的约定

答案：ABCD

2. 单项选择题

下列关于诉讼时效效力的表述，正确的是（　　）。

A. 诉讼时效期间届满后，民事实体权利消灭

B. 当事人不得在诉讼时效期间届满前预先放弃时效利益

C. 诉讼时效期间届满后，义务人不得履行义务

D. 法院得依据职权主动适用诉讼时效期间

答案：B

核心法条

《民法典》第194条　在诉讼时效期间的最后六个月内，因下列障碍，不能行使请求权的，诉讼时效中止：

（一）不可抗力；

（二）无民事行为能力人或者限制民事行为能力人没有法定代理人，或者法定代理人死亡、丧失民事行为能力、丧失代理权；

（三）继承开始后未确定继承人或者遗产管理人；

（四）权利人被义务人或者其他人控制；

（五）其他导致权利人不能行使请求权的障碍。

自中止时效的原因消除之日起满六个月，诉讼时效期间届满。

释解分析

本条规定的是诉讼时效中止。诉讼时效中止是指在诉讼时效进行中，由于出现了法定事由而暂时中止诉讼时效进行的法律制度。诉讼时效中止的事由发生后，中止事由发生前的时效期间仍然有效。因中止事由的发生而使时效期间的计算暂时停止，待中止事由消失后，时效期间继续计算，即诉讼时效中止之前已经经过的期间与中止时效的事由消失之后继续进行的期间合并计算，而中止的时间过程不计入时效期间。诉讼时效中止的适用条件有：（1）须有法定事由出现。这些事由包括：①不可抗力。但是，即使有不可抗力事由的发生，如果并没有影响权利人行使权利的，也不能产生时效中止的效果。②无民事行为能力人或者限制民事行为能力人没有法定代理人，或者法定代理人死亡、丧失民事行为能力、丧失代理权。在诉讼时效期间的最后6个月内，出现上述情况应当允许诉讼时效中止，以更好地保护上述主体的时效期间利益。③继承开始后未确定继承人或者遗产管理人。在继承开始后，继承人尚未确定或非因继承人的原因导致遗产管理人不明确，使继承人不能行使其继承权，如果此种情况正好发生在时效期间的最后6个月内，也将导致继承人或者被继承人的债权人不能行使权利，因此应当作为中止事由。自遗产管理人确定之日起，时效期间剩余6个月届满。④权利人被义务人或者其他人控制。权利人被义务人或者其他人控制，致使权利人无法主张权利的，诉讼时效中止。⑤其他导致权利人不能行使请求权的障碍。（2）须发生在诉讼时效期间的最后6个月内，包括在6个月前发生但持续到6个月内的情况。

诉讼时效中止的效力体现在，诉讼时效中止的事由消失后，权利人行使请求权的时效期间仍剩余6个月方才届满。

试题范例

（2016年真题）单项选择题

下列情形中，可引起诉讼时效中止的是（　　）。

A. 发生不可抗力

B. 债权人起诉后又撤诉

C. 债权人向公安机关报案

D. 债权人向债务人主张权利

答案：A

民法学

核心法条

《民法典》第195条　有下列情形之一的，诉讼时效中断，从中断、有关程序终结时起，诉讼时效期间重新计算：

（一）权利人向义务人提出履行请求；

（二）义务人同意履行义务；

（三）权利人提起诉讼或者申请仲裁；

（四）与提起诉讼或者申请仲裁具有同等效力的其他情形。

释解分析

本条规定的是诉讼时效中断。诉讼时效中断是指在诉讼时效进行当中，因一定事由的发生，阻碍时效进行，致使以前经过的时效期间统归无效，从中断、有关程序终结时起，其诉讼时效重新计算的制度。诉讼时效中断依法产生如下法律后果：（1）原有的已经经过的时效统归无效，已经计算的时效只要尚未届满都可以因为中断事由的出现而失去效力。引起诉讼时效中断的法定事由包括：1）权利人向义务人提出履行请求。这是指权利人主张权利，即权利人向义务人或其代理人、保证人、财产代管人等主张权利，要求其履行义务。但权利人只能向义务人或其代理人、保证人、财产代管人等提出履行请求，而不能向第三人提出履行请求，且权利人的请求必须到达义务人。具有下列情形之一的，应当认定为产生诉讼时效中断的效力：①当事人一方直接向对方当事人送交主张权利文书，对方当事人在文书上签名、盖章或者虽未签名、盖章但能够以其他方式证明该文书到达对方当事人的；②当事人一方以发送信件或者数据电文方式主张权利，信件或者数据电文到达或者应当到达对方当事人的；③当事人一方为金融机构，依照法律规定或者当事人约定从对方当事人账户中扣收欠款本息的；④当事人一方下落不明，对方当事人在国家级或者下落不明的当事人一方住所地的省级有影响的媒体上刊登具有主张权利内容的公告的，但法律和司法解释另有特别规定的，适用其规定。2）义务人同意履行义务。义务人同意履行义务即义务人认诺，义务人作出分期履行、部分履行、提供担保、请求延期履行、制定清偿债务计划等承诺或者行为的，应当认定为当事人一方“同意履行义务”。3）权利人提起诉讼或者申请仲裁。即权利人向人民法院提起诉讼或者向仲裁机构申请仲裁，诉讼时效中断。4）与提起诉讼或者申请仲裁具有同等效力的其他情形。这些情形主要包括：①申请支付令；②申请破产、申报破产债权；③为主张权利而申请宣告义务人失踪或者死亡；④申请诉前财产保全、诉前临时禁令等诉前措施；⑤申请强制执行；⑥申请追加当事人或者被通知参加诉讼；⑦在诉讼中主张抵销。（2）在时效中断后，可能会发生时效再次中断的效果，而且再次中断的次数不受限制。（3）中断原因消失或者有关程序终结时，时效期间重新计算。

易混易错

1. 诉讼时效中止和诉讼时效中断的区别。二者的根本区别在于，诉讼时效中止的发生原因是基于客观情况，诉讼时效中断的发生原因是基于主观情况。

2. 诉讼时效中断的限制。诉讼时效可以数次中断，但受到20年最长诉讼时效期间的限制。

试题范例

1.（2015年真题）单项选择题

甲欠乙10万元，时效期间届满未还。乙索要时，甲承诺2个月内偿还，但事后只给付了2万元。乙索要余款时，甲以10万元欠款已超过诉讼时效期间为由拒绝，并要求乙返还之前给付的2万元。下列选项中，正确的是（　　）。

A. 甲应偿还剩余的8万元

B. 甲承诺偿还引起诉讼时效中断

C. 甲给付的2万元属于不当得利，乙应返还

D. 甲无权要求乙返还2万元，但剩余的8万元可以不偿还

答案：A

2. 多项选择题

下列事由中，可以引起诉讼时效中断的有（　　）。

A. 起诉　　B. 申请仲裁

C. 调解　　D. 认诺

答案：ABCD

核心法条

《民法典》第196条　下列请求权不适用

诉讼时效的规定：

（一）请求停止侵害、排除妨碍、消除危险；

（二）不动产物权和登记的动产物权的权利人请求返还财产；

（三）请求支付抚养费、赡养费或者扶养费；

（四）依法不适用诉讼时效的其他请求权。

释解分析

本条规定的是诉讼时效的适用范围。诉讼时效的适用范围也就是诉讼时效的客体，即哪些权利适用诉讼时效。诉讼时效的适用范围可作如下归纳：（1）诉讼时效适用于请求权。诉讼时效适用于请求权，但下列请求权不受诉讼时效限制：①请求停止侵害、排除妨碍、消除危险；②不动产物权和登记的动产物权的权利人请求返还财产；③请求支付抚养费、赡养费或者扶养费；④依法不适用诉讼时效的其他请求权，包括所有权确认请求权、消除影响请求权、扶养请求权、离婚请求权、解除收养关系请求权、合伙财产请求权等。请求权以外的权利，如所有权、人格权等支配权不受诉讼时效的限制。但基于所有权和人格权所发生的请求权，如物权损害赔偿请求权、人身损害赔偿请求权，则应适用诉讼时效。（2）诉讼时效适用于债权请求权，如合同请求权、单方允诺请求权、不当得利返还请求权、无因管理必要费用支付请求权等。但下列债权请求权不受诉讼时效的限制：①支付存款本金及利息请求权；②兑付国债、金融债券以及向不特定对象发行的企业债券本息请求权；③基于投资关系产生的缴付出资请求权；④其他依法不适用诉讼时效规定的债权请求权。

试题范例

单项选择题

下列请求权中，不适用诉讼时效的有（　　）。

A. 离婚请求权

B. 合同请求权

C. 物权损害赔偿请求权

D. 无因管理必要费用支付请求权

答案：A

核心法条

《民法典》第 199 条　法律规定或者当事人约定的撤销权、解除权等权利的存续期间，除法律另有规定外，自权利人知道或者应当知道权利产生之日起计算，不适用有关诉讼时效中止、中断和延长的规定。存续期间届满，撤销权、解除权等权利消灭。

释解分析

本条规定的是除斥期间。除斥期间是指法律规定或者当事人约定的权利（主要是形成权）预定存在的期间。权利人在此期间不行使权利，预定期间届满，即发生该权利消灭的法律后果。除斥期间具有如下特征：（1）除斥期间是由法律明确规定的权利存续期间。也就是说，除斥期间都必须是由法律规定的期限，不可能是当事人约定的。（2）除斥期间是权利的存续期间，在该期间内权利才能存在。例如，《民法典》第 152 条规定，有下列情形之一的，撤销权消灭：①当事人自知道或者应当知道撤销事由之日起 1 年内、重大误解的当事人自知道或者应当知道撤销事由之日起 90 日内没有行使撤销权；②当事人受胁迫，自胁迫行为终止之日起 1 年内没有行使撤销权；③当事人知道撤销事由后明确表示或者以自己的行为表明放弃撤销权。当事人自民事法律行为发生之日起 5 年内没有行使撤销权的，撤销权消灭。上述规定中的“1 年”“90 日”“5 年”都是除斥期间，这些除斥期间可以督促权利人行使该权利，超过该期限权利将会丧失。（3）除斥期间的适用对象主要为形成权。因为形成权将会根据一方的意志而产生法律关系发生、变更和消灭的效果，期限的限制对他人的权利和社会公共利益都有一定的关联。因此，法律一般以除斥期间对之加以限制，从而使其在较短的时间内消灭该形成权。（4）除斥期间届满以后，法院可以主动依职权来确定该期间届满的效果。除斥期间不需要当事人主张，法院可依职权主动审查是否超过除斥期间。由于除斥期间的利益不是当事人选择的结果，因此当事人只能被动承受，不能抛弃。

除斥期间和诉讼时效都是对权利行使的一种时间限制，都具有督促权利人及时行使权利、保持社会关系稳定的作用，并且诉讼时效与除斥期间都是一定时间的经过导致一定的法律效果，但两者具有显著区别：（1）法律后果不同。除斥期间届满的法律效力是实体权利（主要是形成权）消灭，而诉讼时效期间届满的法律后果是抗辩权发生，实体权利并不消灭。诉讼时效期间届满后，义务人同意履行的，不得以诉讼时效期间届满为由抗辩；义务人已自愿履行的，不得请求返还。（2）适用范围不同。除斥期间主要适用于形成权，诉讼时效适用于请求权。（3）起算时间不同。除斥期间根据法律规定的时间或者权利发生的时间起算，诉讼时效一般从权利人知道或者应当知道权利被侵害时起算。（4）适用条件不同。除斥期间届满，人民法院可依职权主动适用有关规定而无须当事人提出主张。义务人自愿履行的，也可以请求人民法院追回。而对诉讼时效人民法院不得主动适用相关规定。（5）期间可变性不同。除斥期间是一个不变期间，法律规定多长时间就固定为多长时间，不能变动；而诉讼时效则可因各种原因而中止、中断甚至延长。

试题范例

1.（2018年真题）单项选择题

除斥期间的适用对象通常是（　　）。

A. 形成权　　B. 请求权

C. 支配权　　D. 抗辩权

答案：A

2. 单项选择题

《民法典》第1053条规定，一方患有重大疾病的，应当在结婚登记前如实告知另一方；不如实告知的，另一方可以向人民法院请求撤销婚姻。请求撤销婚姻的，应当自知道或者应当知道撤销事由之日起1年内提出。这里规定的“1年”属于（　　）。

A. 诉讼时效　　B. 除斥期间

C. 取得时效　　D. 期限

答案：B

六、物权通则

核心法条

《民法典》第207条 国家、集体、私人的物权和其他权利人的物权受法律平等保护，任何组织或者个人不得侵犯。

释解分析

本条规定的是平等保护原则。平等保护原则是民法物权的基本原则之一。民法物权的基本原则包括平等保护原则、物权法定原则（《民法典》第116条）、物权客体特定原则（《民法典》第114条第2款）和公示、公信原则（《民法典》第208条）。国家、集体、私人的物权和其他权利人的物权受法律平等保护，任何组织或者个人不得侵犯，此为平等保护原则。平等保护原则是物权编明确规定的基本原则，是民法中平等原则在物权领域的具体化。基本内容包括：（1）法律地位平等。所有民事主体在有关物权的法律规范中都具有平等地位。（2）适用规则平等。除法律有特别规定的外，各民事主体参与物权相关法律关系时平等适用民法典物权编所确立的规则。（3）保护的平等。所有民事主体受有关物权的法律规范的平等保护。

民法典明确规定"私人物权受法律平等保护"，具有现实意义，有助于改变私人物权在经济社会活动中存在保护不足的情况，这有利于从形式的平等走向实际平等，形成共识、避免歧义。

试题范例

多项选择题

平等保护原则的基本内容有（　　）。

A. 物权法律关系主体的法律地位平等

B. 国家、集体、私人物权适用规则平等

C. 民事主体的物权受到平等保护

D. 民事主体处分物权平等协商

答案：ABC

核心法条

《民法典》第116条 物权的种类和内容，由法律规定。

释解分析

本条规定的是物权法定原则。物权法定原则（物权法定主义）是指物权的类型和内容以及物权的变动方式由法律规定，而不允许当事人自行创设的原则。物权法定原则是大陆法系国家民法物权制度通行的基本原则之一。物权法定原则的内容包括物权的种类、内容、效力、公示方法和取得方式的法定，但最主要的内容有如下两项：（1）物权的种类不得创设，即当事人不得创设法律所不认可的新类型的物权，此谓"类型强制"。（2）物权的内容不得创设，即当事人不得创设与物权的法定内容相悖的物权内容，此谓"内容强制"。物权的种类和内容由法律规定，其中的"法律"仅限于全国人大及其常委会制定的法律，而不包括行政法规、地方性法规和规章。

物权实行法定主义具有如下意义：（1）有利于维护经济秩序和国计民生。物权尤其是所有权是国家社会经济组织的基础，如果由当事人任意创设，势必造成国家经济秩序的混乱，不利于国计民生。（2）有利于维护物权。物权的种类和内容由法律规定，使之明晰化，才能有效地保护物权这种绝对权利，如果任由当事人创设物权，或者改变现有物权的内容及公示方式，不仅第三人无法了解并尊重这些物权，还会给第三人造成难以预测的损害。（3）有利于产权清晰和明确交易。物权法定是产权清晰、交易明确的前提和基础，物权法定能够提高物的可转让性和可流通性，节约交易成本，维护交易安全并鼓励交易。

违反物权法定原则的法律后果是：（1）法律没有规定的物权，当事人不得自由设立，即使当事人有约定也不发生物权设定的法律效果。如不动产质权。(2) 当事人的约定部分违反内容强制的规定，但不影响其他部分效力的，物权仍得以设立，仅违反规定的内容无效。如超出用益物权法定期限的约定无效不影响用益物权的设立。(3) 违反物权法定原则的行为无效不影响当事人之间其他法律行为的效力。

易混易错

1. 物权法定不同于法定物权，不要混淆。

2. 法律硕士联考中，本内容出题方式为选择题、简答题和法条分析题。出题思路：选择题为民法物权的基本原则；简答题为物权法定原则的含义和基本内容；法条分析题为物权法定原则的含义、基本内容和立法意义，此外，本条规定中某些用语也可以成为考查方向，例如：如何理解本条规定中“法律”的具体表现形式？

试题范例

多项选择题

属于物权法定原则内容的有（　　）。

A. 物权内容法定

B. 物权类型法定

C. 物权效力法定

D. 物权公示方法法定

答案：ABCD

核心法条

《民法典》第208条　不动产物权的设立、变更、转让和消灭，应当依照法律规定登记。动产物权的设立和转让，应当依照法律规定交付。

释解分析

本条规定的是物权公示原则。物权公示原则是指物权各种变动必须以一种可以公开的能够表达这种物权变动的方式予以展示并进而决定物权变动效力的原则。这里的公示，是指物权在变动时，必须将物权变动的事实通过一定的公示方法向社会公开，从而使第三人知道物权变动的情况，以避免第三人遭受损害并保护交易安全。如果物权变动不采用一定的公示方法，某人享有某种物权，第三人并不知道，而该人向第三人主张优先权时，必然会使第三人遭受损害。在民法制度上，抵押权登记制度、房产产权转让后的登记过户制度，都是公示原则的体现。

物权公示的主要方法是：不动产物权的设立、变更、转让和消灭经过登记发生效力；动产物权的设立、转让通过交付发生效力。物权变动的关键点，不动产就是登记，动产就是交付。要了解动产属于谁，就要看谁占有它。简单地讲就是不动产看登记，动产看交付（占有）。对于机动车、船舶、航空器等特殊动产物权的变动，仍以交付为公示方式，但未经登记，不能对抗善意第三人。因此，即便是上述特殊动产，其公示方式仍为交付，登记仅为对抗性要件，即登记对抗主义。

物权一经公示，就会产生公信力。所谓公信，是指当事人变更物权时，依据法律的规定进行了公示，则即使依公示方法表现出来的物权不存在或者存在瑕疵，对于信赖该物权的存在并已从事了物权交易的人，法律仍然承认其具有与真实物权存在相同的法律效果，以保护交易安全，如动产的善意取得制度。可见，公示产生公信力，公信是公示的补充。

易混易错

法律硕士联考中，本内容出题方式为选择题、法条分析题和案例分析题。出题思路：选择题为物权公示方式的判定；法条分析题为本条规定的某些用语的含义，例如：如何理解本条规定中“登记”和“交付”的含义？此外，与本条规定有关的问题也可以成为法条分析题的出题方向，例如：根据本条规定概括说明我国物权的公示模式和公示效力；案例分析题往往将物权的公示方式结合民法典合同编的有关知识联合出题，以判断物权效力和合同效力。

试题范例

单项选择题

不动产物权的权利变动，通常以（　　）为公示方式。

A. 交付　　B. 占有

C. 登记　　D. 合意

答案：C

核心法条

《民法典》第 209 条　不动产物权的设立、变更、转让和消灭，经依法登记，发生效力；未经登记，不发生效力，但是法律另有规定的除外。

依法属于国家所有的自然资源，所有权可以不登记。

释解分析

本条规定的是不动产登记及其效力。不动产登记是不动产物权变动的法定公示手段，是物权变动的生效要件，也是物权依法承认和保护的基本依据。

不动产物权登记，最基本的效力表现为，除法律另有规定外，不动产物权的设立、变更、转让和消灭，经依法登记，发生效力；未经登记，不发生效力。例如，当事人订立了合法有效的房屋买卖合同后，只有依法办理了房屋所有权转让登记后，才发生房屋所有权变动的法律后果；不经登记，法律不认为发生了房屋所有权的变动。此外，除有相反证据证明外，法律认为记载于不动产登记簿的人是该不动产的权利人。这既是不动产物权交易安全性和公正性的需要，也是不动产物权公示原则的必然要求。因此，对信任不动产登记簿记载的权利为正确权利而取得该项权利的第三人，法律认可其权利取得有效而予以保护，但对明知不动产登记簿记载的权利有瑕疵而取得该项权利的人，法律则不予以保护。

“未经登记，不发生效力，但是法律另有规定的除外。”这里的“法律另有规定的除外”，主要包括三种情况：第一，依法属于国家所有的自然资源，所有权可以不登记。第二，《民法典》第 229 条、第 230 条和第 231 条规定的非因法律行为引起的物权变动的情形。第三，民法典并没有对不动产物权的设立、变更、转让和消灭，一概规定必须经依法登记才发生效力。例如，根据《民法典》第 333 条、第 374 条的规定，对于土地承包经营权和地役权的变动，就不以登记作为生效要件，而是将登记作为对抗性要件。但是，关于宅基地使用权的物权变动，究竟是采取登记生效主义，还是采取登记对抗主义，民法典对此并未明确。

此外，根据《民法典》第 214 条的规定，不动产物权的设立、变更、转让和消灭，依照法律规定应当登记的，自记载于不动产登记簿时发生效力。所谓不动产登记簿，是指记载不动产上的权利状况并备存于特定机关的簿册。在登记制度中，不动产登记簿具有特殊的地位，即登记簿是证明不动产物权的根据。可见，判断是否发生不动产物权变动的效力，关键要看该不动产物权的变动是否记载于不动产登记簿上。

易混易错

1. 考生要注意区分各类物权在是否办理登记上的差异。根据《民法典》的相关规定，不同类型的物权在不动产物权是否办理登记上是存在差异的。造成这种差异的理论因素在于，在物权立法上始终存在登记对抗主义和登记要件主义（登记生效主义）两种立法模式。从我国现行的物权立法上看，我国采取的是以登记要件主义作为物权转移、变更和消灭的基本原则，而以登记对抗主义作为补充。例如，对于土地承包经营权的互换、转让，地役权的设立，就采取登记对抗主义。

2. 法律硕士联考中，本内容出题方式包括各类题型。出题思路：选择题为不动产物权变动的效力和公示原则等；法条分析题出题思路与《民法典》第 208 条出题思路基本相同；案例分析题往往将不动产物权变动与民法典合同编的有关知识结合出题。

试题范例

1. 单项选择题

下列不动产物权类型中，采取登记要件主义物权变动的权利是（　　）。

A. 宅基地使用权　　B. 地役权

C. 土地承包经营权　　D. 建设用地使用权

答案：D

2. 单项选择题

对于以登记作为不动产物权变动生效要件的，该物权变动自（　　）时生效。

A. 记载于登记簿　　B. 交付

C. 物权行为成立　　D. 债权行为生效

答案：A

核心法条

《民法典》第 215 条　当事人之间订立有

民法学

关设立、变更、转让和消灭不动产物权的合同，除法律另有规定或者当事人另有约定外，自合同成立时生效；未办理物权登记的，不影响合同效力。

释解分析

本条规定的是物权变动的结果与原因行为之间的效力关系（物权效力与合同效力的区分）。不动产物权的变动只能在登记时生效，依法成立生效的合同并不必然发生物权变动的结果。有关设立、变更、转让和消灭不动产物权的合同和物权的设立、变更、转让和消灭本身是两个应当加以区分的情况。除非法律有特别规定，合同一经成立，只要不违反法律的强制性规定和社会公共利益，就可以发生效力。合同只是当事人之间的一种合意，并不必然与登记联系在一起。登记也不是针对合同的行为，而是针对物权的变动所采取的一种公示方法。如果当事人之间仅就物权的变动达成合意，而没有办理登记，合同仍然有效。例如，当事人双方订立了房屋买卖合同之后，合同就已经生效，如果没有办理登记手续，房屋所有权不能发生转移，但买受人基于有效合同而享有的占有权仍然受到保护。违约的合同当事人一方应当承担违约责任。依不同情形，买受人可以请求债务人实际履行合同，即请求出卖人办理不动产转让登记，或者请求债务人赔偿损失。

易混易错

法律硕士联考中，本内容出题方式包括选择题、法条分析题和案例分析题。选择题和案例分析题的出题方向一般集中在“一物二卖”的法律效力以及区分物权效力和合同效力上；法条分析题的出题方向一般集中在不动产物权变动的生效与不动产物权变动的关系上，此外，本条文规定中某些用语也可以成为考查方向，例如：如何理解本条规定中“除法律另有规定”和“当事人另有约定”的情形？

试题范例

1. （2018 年真题）单项选择题

甲将汽车以 15 万元的价格卖给乙并交付，后甲从乙处借回该车，并以 16 万元的价格卖给不知情的丙，同时办理了登记手续，但车仍由甲占有。乙得知后，要求甲、丙返还汽车、赔偿损失。对此，下列选项正确的是（　　）。

A. 汽车归丙所有，乙的损失由甲赔偿

B. 汽车归丙所有，乙的损失由甲、丙连带赔偿

C. 汽车归乙所有，乙有权要求甲返还汽车、赔偿损失

D. 汽车归乙所有，乙有权要求丙返还汽车、赔偿损失

答案：C

2. 单项选择题

下列有关不动产抵押权和抵押合同效力的表述，正确的是（　　）。

A. 抵押权的生效须依当事人意思表示一致时确立

B. 抵押合同生效后，抵押权须自抵押物办理登记时生效

C. 抵押合同须自办理抵押登记时生效

D. 抵押合同本身具有对抗善意第三人的物权效力

答案：B

3. 多项选择题

甲、乙签订房屋买卖合同，乙购买甲的房屋一套，并支付了价款，但未办理房屋登记过户手续。丙得知后向甲出更高的价购买该房屋，甲同意并和丙一起办理了房屋登记过户手续。则（　　）。

A. 丙最终拥有房屋的所有权

B. 甲的行为属于无权处分行为

C. 乙有权要求丙退出房屋

D. 乙有权要求甲赔偿损失

答案：AD

核心法条

《民法典》第 221 条　当事人签订买卖房屋的协议或者签订其他不动产物权的协议，为保障将来实现物权，按照约定可以向登记机构申请预告登记。预告登记后，未经预告登记的权利人同意，处分该不动产的，不发生物权效力。

预告登记后，债权消灭或者自能够进行不动产登记之日起九十日内未申请登记的，预告登记失效。

释解分析

本条规定的是预告登记。预告登记是指在当事人所期待的不动产物权变动所需要的条件缺乏或者尚未成就时，即权利取得人只对未来取得物权享有请求权时，法律为保护这一债权请求权而进行的登记。预告登记又称“预登记”或“预先登记”。预告登记是为了保全一项请求权而进行的不动产登记，该项请求权所要达到的目的，是在将来发生不动产物权的变动。由于该类登记不同于现实不动产的登记，因此，这种登记属于不动产登记的特殊类型。

当事人买卖房屋或者其他不动产物权，订立合同后，只享有合同法上的请求权，不具有排他的效力，所以当事人无法防止另一方以更高的价格出卖给他人，即所谓“一物二卖”，在这种情形下，当事人只能以对方违约为由要求损害赔偿，而无法获得指定的房屋或者其他不动产物权，从而损害了他们的利益。但当事人将他的这一请求权纳入预告登记，因预告登记具有物权的排他效力，故另一方任何违背预告登记内容的处分（如出售、设定抵押等）均为无效。这就确保了当事人将来肯定能够获得指定的房屋或者其他不动产物权。当然，预告登记不仅是为了防止“一物二卖”导致权利人利益的损害，凡是未经预告登记的权利人同意，转移不动产所有权，或者设定建设用地使用权、地役权、抵押权等其他物权的，应当认定其不发生物权效力。此外，根据现行规定，有下列情形之一的，当事人可以按照约定申请不动产预告登记：(1) 商品房等不动产预售的；(2) 不动产买卖、抵押的；(3) 以预购商品房设定抵押权的；(4) 法律、行政法规规定的其他情形。

如果债权消灭，如另外一方履行了交付义务等，预告登记的基础丧失，预告登记即行失效。另外，预告登记制度能保证当事人的利益，但如果当事人长期不行使权利，另外一方就无法处理房屋或者其他不动产，这就会严重损害另一方的利益。为了保护另一方的利益，《民法典》规定了预告登记存续的除斥期间，即自能够进行不动产登记之日起90日内不申请登记，预告登记失效。此外，债权消灭的，预告登记也失效。所谓“债权消灭”，是指买卖不动产物权的协议被认定无效、被撤销、被解除，或者预告登记的权利人放弃债权的情形。

易混易错

1. 预告登记制度所针对或者防止的处分行为不仅包括房屋买卖，也包括其他处分行为，如设定抵押权。

2. 法律硕士联考中，本内容出题方式主要是法条分析题，选择题或有涉及。法条分析题的出题方向主要集中在预告登记的效力上，此外，本条文规定中某些用语的含义，也可以成为考查方向，例如：如何理解本条规定中“保障将来实现物权”、“预告登记”和“债权消灭”的含义？

试题范例

（2016 年真题）根据以下案情，回答第 1、2 题：

2014 年 3 月 12 日，甲、乙签订房屋买卖合同，并于当日办理了预告登记。合同约定，乙于 3 月 15 日支付全款，双方于 3 月 30 日前办理过户手续。乙依约支付房款后，因甲出差双方一直未办理过户手续。7 月 10 日甲又将房屋卖给丙并办理了过户手续。

1. 单项选择题

关于两份房屋买卖合同的效力，下列选项正确的是（　　）。

A. 甲、乙之间的合同和甲、丙之间的合同有效

B. 甲、乙之间的合同有效，甲、丙之间的合同无效

C. 甲、乙之间的合同无效，甲、丙之间的合同有效

D. 甲、乙之间的合同有效，甲、丙之间的合同效力待定

答案：A

2. 单项选择题

2014 年 8 月 1 日，乙将甲诉至法院。此时（　　）。

A. 预告登记有效，但丙取得房屋所有权

B. 预告登记有效，但丙不能取得房屋所有权

C. 预告登记失效，丙取得房屋所有权

D. 预告登记失效，但丙不能取得房屋所有权

答案：C

3. 单项选择题

开发商甲与自然人乙签订房屋预售买卖合同，并办理了该房屋的预告登记。不久，开发商甲又以更高的价格将该房屋预售给自然人丙。则（　　）。

A. 乙只能要求甲承担违约责任并承担损害赔偿责任

B. 甲与丙之间签订的房屋预售买卖合同无效

C. 甲与乙之间签订的房屋预售买卖合同具有物权的效力

D. 甲与丙之间签订的房屋预售买卖合同具有物权的效力

答案：C

核心法条

《民法典》第 224 条 动产物权的设立和转让，自交付时发生效力，但是法律另有规定的除外。

释解分析

本条规定的是动产的公示方式。动产物权的变动以交付或者占有为公示方式。所谓交付，指的是物的直接占有的转移，即一方按照法律行为的要求，将物的直接占有转移给另一方的事实。占有属于动产物权静态的公示方式，而交付属于动产物权动态的公示方式。

动产物权的交付方式包括现实交付、简易交付、指示交付（返还请求权让与）和占有改定。现实交付是指出卖人将标的物的事实管领力移转于买受人，使标的物处于买受人的实际控制下，直接占有。现实交付是最常见的交付方式。《民法典》第 226 条规定了简易交付。简易交付是指出让人让与物权之前，受让人已经占有动产，让与人只须与受让人达成合意，受让人就可以取得物的所有权。《民法典》第 227 条规定了指示交付。指示交付是指出让人出让动产时，该项动产由第三人依法占有，而第三人的合法占有尚不能解除，因此出让人不需要进行现实交付，而是将对于第三人的返还请求权让与受让人，由受让人取得间接占有，以代替物的现实交付。《民法典》第 228 条规定了占有改定。占有改定是指出让标的物时，出让人基于生产、生活的需要而继续占有动产，此时双方可以通过协议，使受让人取得动产的间接占有，以代替物的现实交付。

易混易错

1. 根据《民法典》第 226 条、第 227 条和第 228 条的规定，对于简易交付，物权自法律行为生效时发生效力，即物权变动合意成立时生效。对于指示交付，返还请求权一经让与，便产生物权变动的效力。对于占有改定，自物权变动的约定生效时发生效力。

2. 法律硕士联考中，本内容出题方式包括各类题型。出题思路：选择题为动产物权的公示方式、交付类型的判定等；法条分析题为动产物权公示的效力，此外，本条文规定中某些用语及其含义也可以成为考查方向，例如：如何理解本条规定中“交付”的含义？如何理解本条规定中“法律另有规定”的情形？

试题范例

单项选择题

甲将电脑租给乙使用，然后甲又出售给丙。由于电脑的租期未满，甲无法取回电脑，甲于是将请求返还电脑的权利转让给丙，则丙取得电脑所有权的交付方式称为（　　）。

A. 现实交付　　B. 简易交付

C. 指示交付　　D. 占有改定

答案：C

核心法条

《民法典》第 229 条 因人民法院、仲裁机构的法律文书或者人民政府的征收决定等，导致物权设立、变更、转让或者消灭的，自法律文书或者征收决定等生效时发生效力。

《民法典》第 230 条 因继承取得物权的，自继承开始时发生效力。

《民法典》第 231 条 因合法建造、拆除房屋等事实行为设立或者消灭物权的，自事实行为成就时发生效力。

《民法典》第 232 条 处分依照本节规定享有的不动产物权，依照法律规定需要办理登记的，未经登记，不发生物权效力。

释解分析

这四条规定的是非因法律行为引起物权变动的效力。非因法律行为引起物权的变动是指因公法原因、继承或一定的事件或事实行为所引起的物权变动。因事件引发的物权变动，如自然人死亡或者法人终止导致物权的变动；因事实行为引发的物权变动，如先占行为、拾得遗失物或人为的添附行为等引发的物权变动。可见，非因法律行为引发的物权变动，不仅要求有某类事件或者事实行为的发生，还要具备法定条件。如先占这一事实行为引发的物权变动，不仅要求现实占有无主物这一事实行为，还要具备法律规定的其他条件，因此，非因法律行为引起物权变动需要事实行为或者事件加上法定构成要件才能引发。

依人民法院的判决、仲裁机构的法律文书或者人民政府的指令引发的物权变动，属于依据公法发生的物权变动，因能满足物权排他性的要求，故物权变动在人民法院判决、仲裁机构的法律文书生效或者人民政府指令下达时直接发生效力。在继承的情形，依据法律关系的基本原则，遗产的所有权以及其他权利在继承开始时已经发生转移，故继承中的物权变动，是在继承开始时直接生效。对于依据事实行为引发的物权变动，自事实行为成就时生效。例如建造一座房屋，即属于事实行为，建造人在房屋建成之时即取得房屋的所有权。

根据《民法典》第229～231条的规定，因法律文书、政府征收决定、继承以及合法建造房屋等，直接发生物权变动的效力，而不必遵循依法律行为而进行的物权变动应遵循的登记或者交付的公示方法，这可能会损害交易秩序，特别是非因法律行为的不动产物权变动更甚。因此，依照《民法典》第229～231条的规定享有的物权，处分该不动产时，依照法律规定需要办理登记的，未经登记，不发生物权效力。这里的“未经登记，不发生物权效力”中的登记，属于宣示登记，而不是设权登记。换句话说，此项登记并未创设物权的效力，不过在于宣示已经发生的物权变动而已。这里的“不发生物权效力”，准确地说，是不发生物权变动的效力。例如，甲继承了A楼，在尚未办理宣示登记的情况下，把A楼出卖与乙，登记机关不会给乙办理A楼的过户登记，乙不能取得A楼的所有权。只有甲先办理了宣示登记，登记机关才会给乙办理A楼的过户登记，乙才能取得A楼的所有权。

易混易错

1. 非因法律行为引起的物权变动不必采取不动产登记或交付的公示方式，因此，公示、公信原则并不适用于非因法律行为引起的物权变动。例如，对于不动产有争议，通过人民法院的生效判决或仲裁机构的生效裁决即可取得争议的不动产的所有权，而不必履行登记手续，同样，基于添附、先占或者合法建造房屋等事实行为导致物权设立的，自上述事实行为成就时即取得动产或不动产所有权，而不必履行登记或交付手续。但非因法律行为取得物权的，倘若取得物权后没有办理登记或交付，不发生物权变动效力。例如，基于合法的事实行为取得建造的房屋所有权后，没有办理登记的，则转让该房屋的行为不发生物权效力。

2. 物权变动的原因多种多样，有公法上的原因，如税收、没收、罚款、强制执行等；有私法原因，如债权行为、善意取得、先占、时效取得等，甚至事件也会引发物权变动，如地震，系不可抗力，导致房屋毁损，所有权消灭。不过，因事件引发的物权变动比较罕见。

3. 因公法原因、继承和事实行为等引发的物权变动都属于非因法律行为引发的物权变动，但是上述情形在确认物权变动的生效时间上存在差别。因公法原因（依人民法院的判决、仲裁机构的法律文书或者人民政府的指令）引发的物权变动，自法律文书或者人民政府的征收决定等生效时发生效力；因继承引发的物权变动，自继承开始时发生效力；因事实行为引发的物权变动，自事实行为成就时发生效力。

试题范例

1.（2017年真题）单项选择题

甲经政府主管部门批准，在其宅基地上盖了一栋楼房，未办理房屋登记手续。3年后甲死亡。其唯一的继承人乙将房屋卖给同村的丙，并交付丙占有使用。现该房屋的所有权人是（　　）。

A. 国家

B. 甲所在村集体组织

C. 乙

D. 丙

答案：C

2.（2020年真题）单项选择题

甲将借给乙的笔记本电脑卖给丙，甲、丙约定由丙直接向乙请求返还电脑。该电脑的交付方式属于（　　）。

A. 现实交付　　B. 占有改定

C. 简易交付　　D. 指示交付

答案：D

3. 多项选择题

下列选项中，属于因事实行为引发物权变动的是（　　）。

A. 甲通过继承取得其父的遗产

B. 乙通过时效取得制度获取物的所有权
C. 丙购买他人房屋而取得该房屋的所有权
D. 丁将自己的衣服抛弃
答案：BD
4. 单项选择题
因事实行为引发的物权变动，自（　　）起生效。
A. 事实行为成就时
B. 事实行为发生时
C. 事实行为被确认为合法时
D. 依法办理登记或者交付时
答案：A

七、所有权

核心法条

《民法典》第 240 条 所有权人对自己的不动产或者动产，依法享有占有、使用、收益和处分的权利。

释解分析

本条规定的是所有权。所有权是指所有权人对自己的不动产或者动产，依法享有占有、使用、收益和处分的权利。所有权属于完全物权、主物权、绝对权和支配权，因此，所有权是直接管领一定物的排他性权利。所有权除了具有物权的一般属性外，还具有如下特征：（1）全面性。所有权是一种最完全的权利。所有权是所有人对于其所有物进行一般的、全面的支配，是最充分的物权，它不仅包括对于物的占有、使用、收益，还包括对于物最终予以处分的权利。所有权作为一种最完全的权利，是他物权产生的基础。（2）整体性（单一性）。所有权并非占有、使用、收益、处分等各种权能的简单相加，而是一个完整的权利，所有人对于标的物有统一的支配力。（3）弹力性（归一性）。所有人在其所有的财产上为他人设定用益物权和担保物权，虽然占有、使用、收益甚至处分权能与所有人发生全部或者部分的分离，但只要没有发生使所有权消灭的事实，所有人仍然保持着对于其所有的财产的支配权，所有权并不消灭。当所有物上设定的其他权利消灭，所有权的负担除去之后，所有权将恢复其圆满状态，所有权的权能再次归于所有人。（4）排他性（独占性）。所有权人有权排除他人对所有物的干涉，并且同一标的物上只能存在一个所有权，不能同时并存两个或两个以上的所有权，即所谓"一物不能容二主"，这也是一物一权原则在所有权特征上的体现。当然，所有权的排他性并非绝对，在我国，国家可以社会公共利益、国家利益为由对所有权的排他性予以干预。（5）恒久性（永久存续性）。所有权的存在不能预定其存续期间，约定所有权存续期限是无效的。

所有权的内容是由占有、使用、收益和处分四项权能组成的。占有是所有权人对于财产实际地占领和控制，占有可以由所有人实际管领和控制，如自然人占有自己的财产，也可以由他人管领和控制，如承租人占有出租房屋。使用是依照物的性能和用途，并不毁损其物或者变更其性质而加以利用。使用权能一般由所有人行使，也可以由非所有人行使，如乘坐公共汽车。收益就是收取所有物的利益，包括孳息和利润。处分是决定财产事实上和法律上命运的权能，这是所有权内容的核心，是所有权能中最基本的权能。由于处分权能涉及所有物的命运，因此一般由所有人本人行使，但是在特定情形下，也可以由非所有人行使。如法人对其经营管理的财产实施一定的处分，定作人不按期领取定作物，承揽方有权将定作物出卖等。上述四项权能一起构成所有权的内容。

所有权的效力体现在：（1）对物的效力。所有人对物具有全面支配的权利，包括占有、使用、收益和处分，属于所有权的积极效力。（2）对人的效力。所有人有排除他人非法干涉的权利，包括返还请求权、妨害排除请求权、妨害预防请求权、恢复原状请求权等，是所有权的救济性效力。

根据我国民法典的规定，所有权分为国家所有权和集体所有权、私人所有权。（1）国家所有权。①矿藏、水流、海域属于国家所有。②无居民海岛属于国家所有，国务院代表国家行使无居民海岛所有权。③城市的土地，属于国家所有。法律规定属于国家所有的农村和城市郊区的土地，属于国家所有。④森林、山岭、草原、荒地、滩涂等自然资源，属于国家所有，但是法律规定属于集体所有的除外。⑤法律规定属于国家所有的野生动植物资源，属于国家所有。⑥无线电频谱资源属于国家所有。⑦法律规定属于国家所有的文物，属于国家所有。⑧国防资产属于国家所有。铁路、公路、电力设施、电信设施和油气管道等基础设施，依照法律规定为国家所有的，属于国家所有。（2）集体所有权。集体所有权分为农民集体所有权和城镇集体所有权。农民集体所有的不动产和动产，属于本集体成员集体所有。下列事项应当依照法定程序经本集体成员决定：①土地承包方案以及将土地发包给本集体以外的组织或者个人承包；②个别土地承包经营权人之间承包地的调整；③土地补偿费等费用的使用、分配办法；④集体出资的企业的所有权变动等事项；⑤法律规定的其他事项。(3) 私人所有权。私人对其合法的收入、房屋、生活用品、生产工具、原材料等不动产和动产享有所有权。私人的合法财产受法律保护，禁止任何组织或者个人侵占、哄抢、破坏。

易混易错

1. 所有权虽然具有排他性，但是所有权并不是没有任何限制，这表现在：第一，在所有权之上设定用益物权和担保物权之后，所有人行使所有权时要受到用益物权人或者担保物权人的制约。第二，国家因公共利益的需要，依照法律规定的权限和程序可以对集体所有的土地和组织、个人的房屋及其他不动产实行征收；国家因抢险、救灾等紧急需要，依照法律规定的权限和程序可以征用组织、个人的不动产或者动产。当然，对于征收财产的，应当依法予以补偿；对于征用的，应当返还被征用人。组织、个人的不动产或者动产被征用或者征用后毁损、灭失的，应当给予补偿。第三，所有权人行使所有权，不得妨害其他所有权人行使所有权。

2. 法律硕士联考中，本内容出题方式为选择题、简答题和法条分析题。出题思路：选择题和简答题为所有权的概念、特征和权能；法条分析题应从所有权的概念、特征、权能、法律效力等方面回答。

试题范例

(2020 年真题) 单项选择题

下列选项中，专属于国家所有的是(　　)。

A. 土地　　B. 文物

C. 野生动植物　　D. 无线电频谱资源

答案：D

核心法条

《民法典》第 271 条　业主对建筑物内的住宅、经营性用房等专有部分享有所有权，对专有部分以外的共有部分享有共有和共同管理的权利。

释解分析

本条规定的是建筑物区分所有权。建筑物区分所有权是指根据使用功能，将一栋建筑物在结构上区分为各个所有权人独自使用的部分和由多个所有权人共同使用的共同部分时，每一个所有权人享有的对其专有部分的专有权、对共有部分的共有权以及各个所有权人之间基于建筑物的管理等共同事务而产生的管理权的结合。

建筑物区分所有权的内容包括专有权、共有权和管理权。

建筑物区分所有权具有如下特征：

(1) 复合性。建筑物区分所有权由专有部分所有权、共有权及管理权三要素构成，且建筑物区分所有权人的身份也具有多重性，既是专有权人，又是共有所有人，还是管理建筑物的管理权人，此有别于单一的不动产所有权。

(2) 整体性。这是指建筑物区分所有权人的专有权、共有权及管理权，三者共为一体不可分离。在转让、继承、抵押时应将三者一起转让、继承、抵押。

(3) 专有权的主导性。在构成建筑物区分所有权的三要素中，专有权具有主导性，具体体现在：①建筑物区分所有权人取得专有部分所有权即取得共有部分共有权及管理权；②专有部分所有权的大小决定共有权及管理权的大小；③建筑物区分所有权成立登记时，只登记专有部分所有权，而共有权及管理权并不单独登记。

(4) 客体的多元性。建筑物区分所有权的客体包括专有部分与共有部分，而不是仅局限于其中一部分。

建筑物区分所有权的内容包括：

(1) 专有权即专有部分所有权，系空间所有权，是建筑物区分所有权人对专有部分可自由占有、使用、收益及处分的权利。构成专有部分须具备三个条件：①构造上的独立性（物理上的独立性，即专有部分应当在建筑构造上能够与同一建筑物中的其他部分完全隔离），从而能够明确区分。例如，房地产开发商新建商品房中都有明确的钢筋混凝土的分隔墙（四至墙界）来确保每一套房屋与其他房屋相区分，在构造上是独立的。

②利用上的独立性（功能上的独立性，即能够被单独地使用，具有独立的使用价值），可以排他使用。例如，可以用来居住、办公或存放物品。③能够登记成为特定业主所有权的客体。换言之，能够登记成为特定业主所有权的客体，是指符合不动产单元的要求，可以被依法记载于不动产登记簿上。此外，根据《最高人民法院关于审理建筑物区分所有权纠纷案件适用法律若干问题的解释》第2条的规定，建筑区划内符合上述三项条件的房屋（包括整栋建筑物），以及车位、摊位等特定空间，应当认定为专有部分。规划上专属于特定房屋，且建设单位销售时已经根据规划列入该特定房屋买卖合同中的露台等，也应当认定为专有部分。根据《民法典》第272条的规定，业主行使权利不得危及建筑物的安全，不得损害其他业主的合法权益。

（2）共有权即共有部分共有权，是建筑物区分所有权人依照法律或者管理规约的规定，对区分所有建筑物之共有部分所享有的占有、使用及收益的权利。根据我国民法典的规定，共有权的主要内容有：①业主对建筑物专有部分以外的共有部分，享有权利，承担义务；不得以放弃权利为由不履行义务。业主转让建筑物内的住宅、经营性用房，其对共有部分享有的共有和共同管理的权利一并转让。②建筑区划内的道路，属于业主共有，但是属于城镇公共道路的除外。建筑区划内的绿地，属于业主共有，但是属于城镇公共绿地或者明示属于个人的除外。建筑区划内的其他公共场所、公用设施和物业服务用房，属于业主共有。③建筑区划内，规划用于停放汽车的车位、车库的归属，由当事人通过出售、附赠或者出租等方式约定。占用业主共有的道路或者其他场地用于停放汽车的车位，属于业主共有。④建筑区划内，规划用于停放汽车的车位、车库应当首先满足业主的需要。

（3）管理权，是指建筑物区分所有权人（业主）基于一栋建筑物的构造、权利归属及使用上的密切关系而形成的、作为建筑物管理团体之成员所享有的共同管理的权利。根据我国民法典的规定，成员权的主要内容有：1）业主可以设立业主大会，选举业主委员会。2）下列事项由业主共同决定：①制定和修改业主大会议事规则；②制定和修改管理规约；③选举业主委员会或者更换业主委员会成员；④选聘和解聘物业服务企业或者其他管理人；⑤使用建筑物及其附属设施的维修资金；⑥筹集建筑物及其附属设施的维修资金；⑦改建、重建建筑物及其附属设施；⑧改变共有部分的用途或者利用共有部分从事经营活动；⑨有关共有和共同管理权利的其他重大事项。业主共同决定上述事项，应当由专有部分面积占比2/3以上的业主且人数占比2/3以上的业主参与表决。决定前述第⑥项至第⑧项规定的事项，应当经参与表决专有部分面积3/4以上的业主且参与表决人数3/4以上的业主同意。决定前述其他事项，应当经参与表决专有部分面积过半数的业主且参与表决人数过半数的业主同意。3）业主不得违反法律、法规以及管理规约，将住宅改变为经营性用房。业主将住宅改变为经营性用房的，除遵守法律、法规以及管理规约外，应当经有利害关系的业主一致同意。4）业主大会或者业主委员会的决定，对业主具有法律约束力。业主大会或者业主委员会作出的决定侵害业主合法权益的，受侵害的业主可以请求人民法院予以撤销。5）建筑物及其附属设施的维修资金，属于业主共有。经业主共同决定，可以用于电梯、屋顶、外墙、无障碍设施等共有部分的维修、更新和改造。建筑物及其附属设施的维修资金的筹集、使用情况应当定期公布。紧急情况下需要维修建筑物及其附属设施的，业主大会或者业主委员会可以依法申请使用建筑物及其附属设施的维修资金。6）建设单位、物业服务企业或者其他管理人等利用业主的共有部分产生的收入，在扣除合理成本之后，属于业主共有。7）建筑物及其附属设施的费用分摊、收益分配等事项，有约定的，按照约定；没有约定或者约定不明确的，按照业主专有部分面积所占比例确定。8）业主可以自行管理建筑物及其附属设施，也可以委托物业服务企业或者其他管理人管理。对建设单位聘请的物业服务企业或者其他管理人，业主有权依法更换。9）物业服务企业或者其他管理人根据业主的委托，依照民法典物权编有关物业服务合同的规定管理建筑区划内的建筑物及其附属设施，接受业主的监督，并及时答复业主对物业服务情况提出的询问。物业服务企业或者其他管理人应当执行政府依法实施的应急处置措施和其他管理措施，积极配合开展相关工作。10）业主应当遵守法律、法规以及管理规约，相关行为应当符合节约资源、保护生态环境的要求。对于物业服务企业或者其他管理人执行政府依法实施的应急处置措施和其他管理措施，业主应当依法予以配合。业主大会或者业主委员会，对任意弃置垃圾、排放污染物或者噪声、违反规定饲养动物、违章搭建、侵占通道、拒付物业费等损害他人合法权益的行为，有权依照法律、法规以及管理规约，请求行为人停止侵害、排除妨碍、消除危险、恢复原状、赔偿损失。业主或者其他行为人拒不履行相关义务的，有关当事人可以向有关行政主管部门报告或者投诉，有关行政主管部门应当依法处理。11）业主对建设单位、物业服务企业或者其他管理人以及其他业主侵害自己合法权益的行为，有权请求其承担民事责任。

易混易错

1. 区分所有权人在对其专有部分行使所有权时，不得危及建筑物的安全，不得损害其他业主的利益，即区分所有权人不得实施有害于共同利益的行为。具体而言：第一，区分所有权人不得对建筑物有不当毁损行为。如为了改建而拆除内部梁柱的全部或一部。第二，区分所有权人不得对建筑物有不当使用行为。如将危及建筑物安全的炸药带入，或者在建筑物内经营色情事业等。

2. 法律硕士联考中，本内容出题方式为选择题、简答题和法条分析题。出题思路：选择题为建筑物区分所有权的内容和业主的权利、义务；简答题为建筑物区分所有权的概念和特征；法条分析题一般围绕着所有权的概念、特征、业主损害其他业主合法权益所应承担的法律责任及条文规定中某些用语的含义（例如：如何理解本条规定中“专有部分”“共有部分”“共同管理”的含义）命题。

试题范例

1.（2016 年真题）多项选择题

下列选项中，可以认定为建筑物区分所有权的业主的有（　　）。

A. 基于租赁合同使用房屋的承租人

B. 依法登记取得建筑物专有部分所有权的人

C. 根据人民法院的生效判决取得建筑物专有部分所有权的人

D. 基于与建设单位之间的商品房买卖合同已合法占有建筑物专有部分的人

答案：BCD

2.（2021 年真题）单项选择题

根据我国《民法典》的规定，下列由业主共同决定的事项中，应当经参与表决专有部分面积 3/4 以上的业主且参与表决人数 3/4 以上的业主同意的是（　　）。

A. 选举业主委员会

B. 筹集建筑物的维修资金

C. 解聘物业服务企业

D. 制定和修改管理规约

答案：B

3. 多项选择题

下列选项中，属于业主对建筑物共有部分不履行义务行为的有（　　）。

A. 某业主甲装修个人房屋时拆除承重墙的行为

B. 某业主乙以不乘坐电梯为由不交纳电梯维修费的行为

C. 某业主丙以冬季不在小区居住为由不交纳供暖费的行为

D. 居住在建筑物顶层的某业主丁在其居住的屋顶安装霓虹灯广告牌的行为

答案：BCD

4. 多项选择题

甲、乙、丙、丁分别购买了某住宅楼（共四层）的一至四层住宅，并各自办理了房产证。则下列说法正确的有（　　）。

A. 甲、乙、丙、丁有权分享该住宅楼的外墙广告收入

B. 一层住户甲对三、四层间楼板不享有民事权利

C. 若甲出卖其住宅，乙、丙、丁享有优先购买权

D. 如四层住户丁欲在楼顶建一花圃，须得到甲、乙、丙同意

答案：ABD

核心法条

《民法典》第 288 条　不动产的相邻权利人应当按照有利生产、方便生活、团结互助、公平合理的原则，正确处理相邻关系。

释解分析

本条规定的是相邻关系的处理原则。相邻关系是指相互毗邻的不动产的所有人或使用人因对不动产行使所有权或使用权而发生的权利义务关系。相邻关系实质上是对财产所有人或占有人、使用人行使所有权或占有、使用权的合理延伸和必要的限制。相邻关系具有如下特征：（1）相邻

关系总是发生在两个以上权利主体之间，且权利主体只能是不动产的所有人或者使用人（包括承租人）。动产不能成立相邻关系。(2) 相邻关系的内容是相邻人间的权利、义务。(3) 相邻关系是在不动产毗邻或相近的特定条件下因对财产的使用而发生的。没有毗邻或者相近的特定条件，即便对不动产造成损失，也不能成立相邻关系，只能按照侵权处理。

相邻关系的处理原则有二：(1) 有利生产、方便生活。在生产、生活中处理好相邻关系问题，就会有利于生产的发展和生活的安定；相邻关系得到正确处理，社会正常秩序得到维护，还会有利于调动人民群众建设社会主义的积极性，促进生产的发展。(2) 团结互助、公平合理。正确处理相邻关系，还必须从团结愿望出发，本着互谅、互让的精神，通过协商，公平合理地解决纠纷。

根据我国民法典的规定，相邻关系的主要类型包括：(1) 因用水、排水产生的相邻关系（《民法典》第 290 条）。不动产权利人应当为相邻权利人用水、排水提供必要的便利。对自然流水的利用，应当在不动产的相邻权利人之间合理分配。对自然流水的排放，应当尊重自然流向。(2) 因通行产生的相邻关系（《民法典》第 291 条）。不动产权利人对相邻权利人因通行等必须利用其土地的，应当提供必要的便利。(3) 因建造、修缮建筑物和铺设管线产生的相邻关系（《民法典》第 292 条）。不动产权利人因建造、修缮建筑物以及铺设电线、电缆、水管、暖气和燃气管线等必须利用相邻土地、建筑物的，该土地、建筑物的权利人应当提供必要的便利。(4) 因建筑物通风、采光、日照产生的相邻关系（《民法典》第 293 条）。建造建筑物，不得违反国家有关工程建设标准，不得妨碍相邻建筑物的通风、采光和日照。(5) 因排污产生的相邻关系（《民法典》第 294 条）。不动产权利人不得违反国家规定弃置固体废物，排放大气污染物、水污染物、土壤污染物、噪声、光辐射、电磁辐射等有害物质。(6) 因修建施工、防险产生的相邻关系（《民法典》第 295 条）。不动产权利人挖掘土地、建造建筑物、铺设管线以及安装设备等，不得危及相邻不动产的安全。

易混易错

1. 基于相邻关系而产生的权利称为相邻权，相邻权不是独立的物权类型，相邻关系也不是独立的物权制度，而是法律对相邻各方的权利义务关系实施最低限度调节的结果，因此，相邻权不同于地役权。

2. 法律硕士联考中，本内容出题方式为选择题和简答题。出题思路：选择题为相邻关系的认定和相邻关系责任的承担方式；简答题为相邻关系的概念和特征。

试题范例

（2015 年真题）多项选择题

甲乙约定，甲租住乙的别墅 15 年。租赁期间，甲将房屋加高，使邻居丙的房屋采光受到严重影响。对此，丙（　　）。

A. 可以侵害相邻权为由要求甲排除妨碍

B. 可以侵害相邻权为由要求乙排除妨碍

C. 无权要求乙排除妨碍，因为将房屋加高系甲所为

D. 可以侵害建筑物区分所有权为由要求乙排除妨碍

答案：AB

核心法条

《民法典》第 297 条　不动产或者动产可以由两个以上组织、个人共有。共有包括按份共有和共同共有。

相关法条

《民法典》第 298 条　按份共有人对共有的不动产或者动产按照其份额享有所有权。

《民法典》第 299 条　共同共有人对共有的不动产或者动产共同享有所有权。

《民法典》第 308 条　共有人对共有的不动产或者动产没有约定为按份共有或者共同共有，或者约定不明确的，除共有人具有家庭关系等外，视为按份共有。

《民法典》第 309 条　按份共有人对共有的不动产或者动产享有的份额，没有约定或者约定不明确的，按照出资额确定；不能确定出资额的，视为等额享有。

释解分析

本条规定的是共有。共有是指两个以上的权利主体对同一项财产都享有所有权，包括按份共有和共同共有。共有具有如下特征：（1）共有关系的主体总是两个以上。（2）共有关系的客体总是同一项财产。（3）共有关系的内容包括双重权利、义务关系。（4）需要说明的是，共有关系的形成往往基于民事主体共同的生产经营目的或者生活需要，共有既可以是同一种类型所有权的联合，如两个自然人的共有；也可以是不同类型所有权的联合，如个人与集体组织的共有。因此，共有并不是国家所有权、集体所有权、私人所有权之外的一种独立的财产所有权类型。

按份共有是指两个以上的共有人，对同一项财产按照确定的各自份额，对共有财产分享权利、分担义务的一种共有关系。按份共有的基本特征是：共有人在共有关系中应当享有的权利和承担的义务，是以其在共有财产中一定份额为依据的。份额的确定规则是：有约定依约定，没有约定或者约定不明确的，按照出资额确定；不能确定出资额的，视为等额享有。

共同共有是指两个以上的所有人根据共同关系对共有财产不分份额地共同享有权利并承担义务的共有关系。共同共有具有如下特征：（1）各个共有人对共有财产共同地、平等地享有所有权，没有份额的区分。各自的份额只有在分割时才能确定。（2）各个共有人对共有财产享有平等的权利，承担平等的义务，没有权利大小或者义务多少的区分。（3）财产共同共有关系随着共有人的共同关系的存在而产生，并随着共同关系的解除而消灭。

共有人对共有的不动产或者动产没有约定为按份共有或者共同共有，或者约定不明确的，除共有人具有家庭关系等外，视为按份共有。一般而言，下列财产应当认定为共同共有财产：（1）夫妻共有财产。（2）家庭共有财产。（3）男女在同居期间或者在事实婚姻关系存续期间形成的财产。（4）被继承人死亡后遗产分割前继承人对遗产的共有关系。

易混易错

建筑物区分所有权的共有权不应当认定为按份共有或共同共有。

试题范例

单项选择题

下列共有关系，应当认定为按份共有的是（　　）。

A. 合伙企业经营积累的财产

B. 夫妻共同财产

C. 家庭共同财产

D. 男女同居期间形成的财产

答案：A

核心法条

《民法典》第300条　共有人按照约定管理共有的不动产或者动产；没有约定或者约定不明确的，各共有人都有管理的权利和义务。

《民法典》第301条　处分共有的不动产或者动产以及对共有的不动产或者动产作重大修缮、变更性质或者用途的，应当经占份额三分之二以上的按份共有人或者全体共同共有人同意，但是共有人之间另有约定的除外。

释解分析

这两条规定的是共有人的共同管理权和处分权。无论是按份共有，还是共同共有，共有人都可以按照约定管理共有的动产或者不动产；没有约定或者约定不明确的，各共有人都有管理的权利和义务。这里的“管理”，不包括处分行为和重大修缮行为，但简易修缮行为属于共同管理的范畴。例如，对共有的汽车换上车灯，或者对共有的房屋安装新的玻璃窗等，都是简易修缮行为，属于行使共同管理权的范畴。

对于共有的动产或者不动产实施处分或重大修缮行为的，要区分按份共有和共同共有。对于按份共有而言，处分共有的不动产或者动产以及对共有的不动产或者动产作重大修缮的，有约定的按约定，没有约定的，应当经占份额2/3以上的按份共有人同意。这里的“2/3”是所占“份额”的2/3，而不是按份共有人的2/3。对于共同共有而言，处分共有的不动产或者动产以及对共有的不动产或者动产作重大修缮的，应当经全体共同共有人一致同意，除非另有约定或法律另有规定。这里的法律另有规定，如《民法典》第1060条规定，夫妻一方因家庭日常生活需要而实施的民事法律行为，对夫妻双方发生效力，但是夫妻一方与相对人另有约定的除外。夫妻之间对一方可以实施的民事法律行为范围的限制，不得对抗善意相对人。据此，夫妻一方处分共有财产的，对另一方发生效力。

试题范例

1.（2017年真题）单项选择题

甲、乙、丙、丁共同出资购买一辆挖掘机，出资比例分别为55%、30%、10%、5%。对该挖掘机的转让（　　）。

A. 甲一人即可决定

B. 甲、乙二人同意即可

C. 经任意三人同意即可

D. 必须经四人一致同意

答案：B

2.（2018年真题）单项选择题

甲、乙、丙三人按35%、55%、10%的份额共有一艘渔船，乙、丙二人均有意卖掉渔船，甲坚决反对。关于出卖渔船，下列选项正确的是（　　）。

A. 乙有权单独决定出卖渔船

B. 乙、丙未经甲同意无权出卖渔船

C. 乙、丙有权基于多数份额出卖渔船

D. 乙、丙可以根据多数共有人同意出卖渔船

答案：B

3. 多项选择题

在按份共有关系存续期间，如果共有人没有约定，共有人实施的下列行为应当经占份额2/3以上的共有人同意方能实行的是（　　）。

A. 某共有关系的共有人甲将共有物予以抛弃

B. 某共有关系的共有人乙对共有的房屋设定抵押

C. 某共有关系的共有人丙将共有的房屋出售

D. 某共有关系的共有人丁将共有的古画装上塑料薄膜以防止损坏

答案：ABC

核心法条

《民法典》第303条　共有人约定不得分割共有的不动产或者动产，以维持共有关系的，应当按照约定，但是共有人有重大理由需要分割的，可以请求分割；没有约定或者约定不明确的，按份共有人可以随时请求分割，共同共有人在共有的基础丧失或者有重大理由需要分割时可以请求分割。因分割造成其他共有人损害的，应当给予赔偿。

相关法条

《民法典》第304条　共有人可以协商确定分割方式。达不成协议，共有的不动产或者动产可以分割且不会因分割减损价值的，应当对实物予以分割；难以分割或者因分割会减损价值的，应当对折价或者拍卖、变卖取得的价款予以分割。

共有人分割所得的不动产或者动产有瑕疵的，其他共有人应当分担损失。

释解分析

本条规定的是共有物的分割请求权。关于共有物的分割请求权需要区分按份共有和共同共有。

按份共有财产的每个共有人有权要求将自己的份额分出。所谓“分出”即共有物的分割，它是指按份共有人请求分割共有物的行为。按份共有人请求分割共有物应遵循以下规定：（1）如果按份共有人对于不得分割共有的不动产或动产以维持共有关系有明确约定，那么按份共有人应当遵守这一约定，不得分割共有财产，除非存在重大理由需要分割。所谓重大理由，主要是指那些对于请求分割共有财产的共有人而言具有重要的法律上和生活上的利益的理由。例如，债务人被法院宣告破产清算的，此时对于债务人与他人共有的财产应当进行分割。（2）当按份共有人没有约定不得分割共有财产或者约定不明确时，按份共有人有权随时请求分割共有财产。如果因分割共有财产造成其他共有人损害的，则请求分割的共有人应当对此承担赔偿责任。

在共同共有关系的基础丧失之前，共有人不得请求分割共有财产。共同共有是基于一定的法律关系和共同生活关系等基础关系而产生的，共有财产也是以维持这种基础关系的存在为目的的，因此，在基础关系仍然存在时，如果共同共有人可以随时请求分割共有财产，必然会破坏这种关

民法学

系的存续，所以，共同共有人原则上不得随时请求分割共有财产，除非该共有的基础丧失或者有重大理由需要分割。

共有人请求分割共有物的行为属于单方行为，一经作出，即生效力。至于共有物的分割方式，先由当事人协商，如果达不成协议的，则按照以下方法之一加以分割：第一，如果共有物能够分割且不会因此减损其价值的，应当进行实物分割并在各共有人之间按照各自的份额分配；第二，如果共有物不适合分割——主要是指难以分割或者因分割会减损其价值的，则应将共有物拍卖或变卖而分割其价金，或者采取折价的方式。

试题范例

单项选择题

甲与乙各出资10万元购买了一件古玩，双方约定5年之内不能分割该共有物，以便等待古玩升值。3年后，乙提出的下列分割古玩的请求能够得到支持的是（　　）。

A. 乙的父亲购置新房的房款不足

B. 乙的妻子需要装修房屋但钱款不够

C. 乙的儿子因患重病急需钱治病

D. 乙想将古玩分割以清偿欠款

答案：C

核心法条

《民法典》第305条　按份共有人可以转让其享有的共有的不动产或者动产份额。其他共有人在同等条件下享有优先购买的权利。

相关法条

《民法典》第306条　按份共有人转让其享有的共有的不动产或者动产份额的，应当将转让条件及时通知其他共有人。其他共有人应当在合理期限内行使优先购买权。

两个以上其他共有人主张行使优先购买权的，协商确定各自的购买比例；协商不成的，按照转让时各自的共有份额比例行使优先购买权。

释解分析

本条规定的是按份共有人对共有份额的转让权和优先购买权。按份共有人有权将自己的份额转让。所谓“转让”，是指按份共有人依法将自己在共有财产中的份额出让给其他共有人以外的相对人的行为。按份共有人转让其享有的共有的不动产或者动产份额的，应当将转让条件及时通知其他共有人，其他共有人应当在合理期限内行使优先购买权。法律这样规定主要是为了减少共有人的人数，防止因外人的介入而使共有人内部关系趋于复杂，从而简化共有物的使用关系，实现对共有物利用上的效率。

为防止优先购买权的持续存在阻碍共有人出卖其份额，对优先购买权的存续期间应予限制。根据《最高人民法院关于适用〈中华人民共和国民法典〉物权编的解释（一）》第11条的规定，优先购买权的行使期间，按份共有人之间有约定的，按照约定处理；没有约定或者约定不明的，按照下列情形确定：（1）转让人向其他按份共有人发出的包含同等条件内容的通知中载明行使期间的，以该期间为准；（2）通知中未载明行使期间，或者载明的期间短于通知送达之日起15日的，为15日；（3）转让人未通知的，为其他按份共有人知道或者应当知道最终确定的同等条件之日起15日；（4）转让人未通知，且无法确定其他按份共有人知道或者应当知道最终确定的同等条件的，为共有份额权属转移之日起6个月。但是，根据《最高人民法院关于适用〈中华人民共和国民法典〉物权编的解释（一）》第12条的规定，其他按份共有人的请求具有下列情形之一的，不予支持：（1）未在本解释第11条规定的期间内主张优先购买，或者虽主张优先购买，但提出减少转让价款、增加转让人负担等实质性变更要求；（2）以其优先购买权受到侵害为由，仅请求撤销共有份额转让合同或者认定该合同无效。

如果某一按份共有人出售其份额而数个其他共有人均欲行使优先购买权的，应当由这些主张优先购买权的共有人按照各自的份额比例行使优先购买权。两个以上其他共有人主张行使优先购买权且协商不成时，请求按照转让时各自的共有份额比例行使优先购买权的，应予支持。

试题范例

1.（2019 年真题）单项选择题

甲、乙、丙三人以 3∶2∶1 的比例按份共有一头骆驼，用于旅游服务。现甲欲将自己的份额转让给丁，乙、丙均要求以同等条件购买。甲的份额应当（　　）。

A. 由丁购买

B. 由乙、丙等额购买

C. 由甲在乙和丙中指定一人购买

D. 由乙、丙按所持份额比例购买

答案：D

2. 单项选择题

甲、乙、丙将共同拥有的房屋出租给丁，甲欲将其共有份额出卖，则（　　）。

A. 乙享有优先购买权

B. 丙不享有优先购买权

C. 丁享有优先购买权

D. 乙、丙、丁都享有优先购买权

答案：A

核心法条

《民法典》第 307 条　因共有的不动产或者动产产生的债权债务，在对外关系上，共有人享有连带债权、承担连带债务，但是法律另有规定或者第三人知道共有人不具有连带债权债务关系的除外；在共有人内部关系上，除共有人另有约定外，按份共有人按照份额享有债权、承担债务，共同共有人共同享有债权、承担债务。偿还债务超过自己应当承担份额的按份共有人，有权向其他共有人追偿。

释解分析

本条规定的是共有人因共有财产产生债权债务关系的效力。共有人因共有财产产生债权债务关系的效力，包括对外效力和对内效力两个方面。

共有人因共有财产产生债权债务关系的对外效力。不论是按份共有，还是共同共有，只要是因共有的不动产或者动产产生的债权债务，在对外关系上，共有人享有连带债权、承担连带债务，但是法律另有规定或者第三人知道共有人不具有连带债权债务关系的除外。连带的方法，是共有人享有连带债权时，任一共有人都可向第三人主张债权；共有人承担连带债务时，第三人可向任一共有人主张债权。对因共有财产产生的债权债务关系的对外效力不区分按份共有和共同共有，是为了保护善意第三人的权益。但是，当法律另有规定或者第三人知道共有人不具有连带债权债务关系时，共有人不用承担连带责任而是按照约定或者共有人享有的份额各自享有债权、承担债务。

共有人因共有财产产生债权债务关系的对内效力。因共有财产产生的债权债务关系，在共有人内部关系上，除共有人另有约定外，按份共有人按照份额享有债权、承担债务，共同共有人共同享有债权、承担债务。偿还债务超过自己应当承担份额的按份共有人，有权向其他共有人追偿。

易混易错

在对外债务上，不区分按份共有和共同共有；在对内债务上，需要区分按份共有和共同共有。对于这一点，考生要格外注意。

试题范例

单项选择题

甲、乙、丙、丁共同在某商场购买了一辆轿车，约定轿车交付后两个月内向商场履行付款义务，但四人到期仍未付款。如果每人对该辆轿车拥有四分之一所有权，则（　　）。

A. 商场只能按照四人对轿车拥有所有权的比例行使债权

B. 如果甲到期支付了全部车款，则甲有权对超过自己承担车款的部分向其他共有人按比例追偿

C. 如果乙到期支付了全部车款，则乙有权对超过自己承担车款的部分向其他共有人不分份额地行使追偿权

D. 甲、乙、丙、丁对该轿车享有的权利是均等的，故应按照比例清偿所欠商场的车款

答案：B

核心法条

《民法典》第 311 条　无处分权人将不动产或者动产转让给受让人的，所有权人有权追回；除法律另有规定外，符合下列情形的，受

让人取得该不动产或者动产的所有权：

（一）受让人受让该不动产或者动产时是善意的；

（二）以合理的价格转让；

（三）转让的不动产或者动产依据法律规定应当登记的已经登记，不需要登记的已经交付给受让人。

受让人依据前款规定取得不动产或者动产的所有权的，原所有权人有权向无处分权人请求损害赔偿。

当事人善意取得其他物权的，参照适用前两款规定。

相关法条

《民法典》第312条 所有权人或者其他权利人有权追回遗失物。该遗失物通过转让被他人占有的，权利人有权向无处分权人请求损害赔偿，或者自知道或者应当知道受让人之日起二年内向受让人请求返还原物；但是，受让人通过拍卖或者向具有经营资格的经营者购得该遗失物的，权利人请求返还原物时应当支付受让人所付的费用。权利人向受让人支付所付费用后，有权向无处分权人追偿。

《民法典》第313条 善意受让人取得动产后，该动产上的原有权利消灭。但是，善意受让人在受让时知道或者应当知道该权利的除外。

释解分析

本条规定的是善意取得。善意取得又称即时取得、善意受让，是指无处分权人在不法将其占有的他人动产或者错误登记在其名下的他人不动产让与第三人或者为第三人设定他物权时，如果第三人在取得该动产或者不动产的物权时系出于善意且符合其他条件，即取得该动产或者不动产的所有权或者他物权的制度。例如，甲有一部手机，借给好友乙使用。乙因缺钱谎称该手机为其所有，将该手机以市价出卖给不知情的同学丙。丙使用手机期间被甲发现，甲请求返还手机，双方发生争执。此时，为保护善意的交易人丙，即使乙非所有权人，丙可基于善意取得手机所有权。而甲为保护交易安全而付出丧失所有权的代价，则可请求乙赔偿损失来进行救济。善意取得具有强化占有公信力、保护交易安全的功能。在传统民法上，善意取得制度仅适用于动产所有权，而本条所规定的善意取得制度已突破了传统的做法，将不动产以及他物权也纳入了善意取得的适用范围。

动产所有权善意取得的适用条件有：（1）标的物须为占有委托物且为非禁止流通物。1）标的物须为占有委托物而非占有脱离物。所谓占有委托物，是指基于租赁、保管、借用等合同关系，由承租人、保管人、借用人等实际占有的属于出租人、委托人、出借人等人所有的动产。出租人等人丧失对这些动产的占有，是基于自己的意思。而占有脱离物则是非基于真正权利人的意思而被他人占有的，包括赃物（盗窃物及其他赃物）、遗失物、遗忘物、误取物等。占有委托物才能发生善意取得，而占有脱离物一般不发生善意取得。例如，甲将一幅古画交给乙保管，此时乙是委托占有人，乙以合理的市价将其卖给不知情的丙，乙将古画交付给丙后，丙就可以依据善意取得制度取得标的物的所有权。不过要注意两点：①对于在拍卖场所拍定占有脱离物、在信托商店购买某物品的情形，适用善意取得。②遗失物原则上不适用善意取得。根据《民法典》第312条的规定，所有权人或者其他权利人有权追回遗失物。该遗失物通过转让被他人占有的，权利人有权向无处分权人请求损害赔偿，或者自知道或者应当知道受让人之日起2年内向受让人请求返还原物；但是，受让人通过拍卖或者向具有经营资格的经营者购得该遗失物的，权利人请求返还原物时应当支付受让人所付的费用。权利人向受让人支付所付费用后，有权向无处分权人追偿。该规则对漂流物、埋藏物或隐藏物也适用。据此，遗失物、漂流物、埋藏物、隐藏物原则上不适用善意取得，只是原所有权人自其知道或者应当知道受让人有偿受让遗失物、漂流物、埋藏物、隐藏物时起，逾2年未请求返还的，受让人有权拒绝返还。对此，可理解为发生了善意取得的效果。2）标的物须为非禁止流通物。禁止流通物如毒品、管制刀具、属于《野生动物保护法》《渔业法》等保护的珍贵野生动物等，都不适用善意取得。（2）让与人系无处分权人。只有无处分权人擅自将动产转让给他人，才发生善意取得的问题。“无处分权人”大体包括以下几种情形：①基于债权的有权占有人，如承租人、借用人、保管人等；②基于他物权的有权占有人（例如质权人擅自处分质物）；③虽享有所有权但是该所有权受到限制，主要是指共有人擅自处分共有物的情形（《民法典》第 301 条）；④无权占有人；⑤其他的无处分权人。（3）受让人取得动产时出于善意。受让人受让动产时，不知道转让人无处分权，且无重大过失的，应当认定受让人为善意。受让人受让动产时，交易的对象、场所或者时机等不符合交易习惯的，应当认定受让人具有重大过失。善意判断的时点为"受让人取得动产时"，即受让人依法完成动产交付之时。（4）受让人以合理的价格受让。受让人以合理的价格受让，意味着受让人必须是有偿获得该动产的所有权，因此只有在转让人与受让人之间通过有偿合同，如买卖合同、互易合同等转让所有权时才能适用善意取得。无偿获得动产的，不得适用善意取得。是否为"合理的价格"应当根据转让标的物的性质、数量以及付款方式等具体情况，参考转让时交易地市场价格以及交易习惯等因素综合认定。至于价款是否实际交付，对善意取得不构成影响。（5）已经交付完成。已经交付完成就是指受让人依法进行了动产物权的公示。由于交付原则上是动产物权的生效要件，也是动产物权变动的公示方法，即便是船舶、机动车、民用航空器等特殊的动产，也应当以交付作为善意取得的构成要件，即：转让人将船舶、航空器和机动车等交付给受让人的，应当认定符合善意取得的条件。例如，甲有 A 车，借给乙使用。乙以市场价格将该车卖给善意的丙，丙支付全部价款后受领交付，但未办理过户登记。此时，丙可满足善意取得要件而取得 A 车的所有权。此外，这里的"交付"不包括占有改定，因为只有当受让人从出让人手中取得了对动产的占有，才能给受让人造成出让人可以像有处分权之人一样事实上支配动产的外在表象，因而才能发生善意取得制度的适用，但表现为占有改定时，由于占有改定表现为受让人取得间接占有，让与人仍然继续占有动产，是否使受让人善意取得动产所有权，则存在疑问。具体而言，善意取得制度涉及真正权利人（原权利人）和权利取得人（受让人）间的利益衡量，受让人既然是以占有改定受让占有，让与人仍继续占有标的物，此与真正权利人系信赖让与人而使之占有动产完全相同，很难说受让人的利益有较原所有权人的利益更应当受到保护的理由，更何况真正权利如所有权的保护，乃民法甚至宪法的优先价值秩序，所以，占有改定，不发生善意取得。

不动产所有权善意取得的适用条件有：（1）让与人系无处分权人但具有权利外观。（2）受让人受让该不动产是善意的。恶意取得不动产物权的，不受民法保护。受让人受让不动产时，不知道转让人无处分权，且无重大过失的，应当认定受让人为善意。如果不动产受让人知道转让人对不动产无处分权，则不能主张善意取得。下列五种情形均为不动产受让人知道转让人无处分权：①登记簿上存在有效的异议登记；②预告登记有效期内，未经预告登记的权利人同意；③登记簿上已经记载司法机关或者行政机关依法裁定、决定查封或者以其他形式限制不动产权利的有关事项；④受让人知道登记簿上记载的权利主体错误；⑤受让人知道他人已经依法享有不动产物权。真实权利人有证据证明不动产受让人应当知道转让人无处分权的，应当认定受让人具有重大过失。此外，善意判断的时点为"受让人取得不动产时"，即受让人依法完成不动产物权转移登记之时。（3）受让人以合理的价格受让。是否为"合理的价格"应当根据转让标的物的性质、数量以及付款方式等具体情况，参考转让时交易地市场价格以及交易习惯等因素综合认定。（4）已经办理了登记。这里的登记，是否区分登记生效要件主义，还是登记对抗主义，目前，本书尚无法回答。

根据《最高人民法院关于适用〈中华人民共和国民法典〉物权编的解释（一）》第 20 条的规定，具有下列情形之一，受让人主张依据《民法典》第 311 条规定取得所有权的，不予支持：（1）转让合同被认定无效；（2）转让合同被撤销。

遗失物是他人不慎丧失占有的动产。根据《民法典》第 312 条的规定，遗失物原则上不适用善意取得制度，所有权人或者其他权利人有权追回遗失物。当然，其也可以不追回遗失物，而是向无处分权人请求损害赔偿。对于遗失物的所有权人或者其他权利人不得请求返还原物，第 312 条规定了两种例外的情形：（1）遗失物通过转让被他人占有的，权利人自知道或者应当知道受让人之日起满 2 年未向受让人请求返还原物的，受让人有权拒绝返还遗失物，取得该物的所有权。此处的 2 年期间为一不变期间，不适用中止、中断和延长，因而不是诉讼时效期间。（2）受让人是通过拍卖或者向具有经营资格的经营者购得该遗失物的。对于第二种情形，权利人请求返还原物的，应当支付受让人所付的费用。权利人支付该费用后，有权向无处分权人追偿。因此，遗失物已经转让给第三人，且符合善意取得一般构成要件，所有权人在上述2年内未请求返还原物的，受让人例外善意取得遗失物所有权。不过，受让人取得遗失物的所有权不同于典型的善意取得，因为遗失物的善意取得不仅要满足《民法典》第311条规定的善意取得的适用条件，而且要满足《民法典》第312条中段规定的条件。

善意取得的法律后果是：(1) 受让人取得转让不动产或者动产的所有权，原所有权人丧失所有权。(2) 受让人依照规定取得不动产或者动产的所有权的，原所有权人有权向无处分权人请求损害赔偿。(3) 善意受让人取得动产后，该动产上的原有权利消灭。但是，善意受让人在受让时知道或者应当知道该权利的除外。例如，甲将机器设备抵押给乙，对乙设定抵押权后，甲将设备出租给丙使用。丙谎称该物为其所有，出卖给善意的丁。此时丁依善意取得设备所有权，乙的抵押权也归于消灭。但是若乙的抵押权办理了登记，丁即应知道该抵押权，则例外不消灭。不过，不动产善意取得后，其原有权利（如抵押权）不消灭，因为不动产他物权通常以登记作为生效要件，受让人应当知道该登记权利。

善意取得的对象既包括所有权，也包括他物权，如抵押权、质权等，根据本条第3款的规定，当事人善意取得其他物权的，参照适用前两款规定。

易混易错

1. 善意取得属于所有权的原始取得方式。所有权的取得方式包括原始取得和继受取得，原始取得方式有生产（含收益）、先占、添附、拾得遗失物、发现埋藏物、善意取得、时效取得、没收和国有化等；继受取得方式包括买卖、赠与、互易、继承遗产、接受遗赠等。关于先占制度，我国民法典未作规定。

2. 法律硕士联考中，本部分内容的出题方式包括各类题型。出题思路：选择题为所有权的原始取得方式和继受取得方式、善意取得的适用等。简答题为善意取得的适用条件。法条分析题包括《民法典》第311条、第312条中某些术语的含义，如“善意”“合理的价格”“遗失物”等，并结合其他相关知识出题。案例分析题为遗失物归属的确定和善意取得的适用。在法律硕士法学方向考试中，善意取得制度是论述题的重点考查方向。

试题范例

1.（2015年真题）单项选择题

下列选项中，属于所有权继受取得方式的是（　　）。

A. 添附　　B. 先占

C. 生产　　D. 遗赠

答案：D

2.（2015年真题）单项选择题

甲上晚自习时拾得一个单反相机，后相机被乙借走。乙看到悬赏200元的寻物启事，未经甲同意将相机还给了失主。下列选项中，正确的是（　　）。

A. 甲、乙均有权要求失主支付报酬

B. 仅甲有权要求失主支付报酬

C. 仅乙有权要求失主支付报酬

D. 甲、乙均无权要求失主支付报酬

答案：B

3.（2017年真题）单项选择题

甲遗失一条项链，被乙拾得。丙从乙处偷走项链，以1万元价格卖给不知情的丁并交付。那么项链的所有权人是（　　）。

A. 甲　　B. 乙

C. 丙　　D. 丁

答案：A

4.（2018年真题）单项选择题

甲将一部相机借给乙，乙擅自将相机卖给不知情的丙，丙又将相机卖给不知情的丁并交付。对此，下列说法正确的是（　　）。

A. 丁根据善意取得取得相机的所有权

B. 丁基于丙的交付取得相机的所有权

C. 丁在甲追认后方可取得相机的所有权

D. 丁在付清全部款项后方可取得相机的所有权

答案：B

5. 多项选择题

甲遗失了一条金项链，该项链被乙拾得，乙将该项链卖给了丙，则下列说法正确的是（　　）。

A. 甲在项链遗失后2年内有权向丙索要该项链

B. 甲可以要求乙赔偿损失

C. 如果丙将该项链返还给甲，甲应当向丙支付丙购买该项链时所付的费用

D. 如果甲要求乙赔偿损失，则甲丧失该项链的物权回复请求权

答案：BD

核心法条

《民法典》第 314 条 拾得遗失物，应当返还权利人。拾得人应当及时通知权利人领取，或者送交公安等有关部门。

《民法典》第 315 条 有关部门收到遗失物，知道权利人的，应当及时通知其领取；不知道的，应当及时发布招领公告。

《民法典》第 316 条 拾得人在遗失物送交有关部门前，有关部门在遗失物被领取前，应当妥善保管遗失物。因故意或者重大过失致使遗失物毁损、灭失的，应当承担民事责任。

《民法典》第 317 条 权利人领取遗失物时，应当向拾得人或者有关部门支付保管遗失物等支出的必要费用。

权利人悬赏寻找遗失物的，领取遗失物时应当按照承诺履行义务。

拾得人侵占遗失物的，无权请求保管遗失物等支出的费用，也无权请求权利人按照承诺履行义务。

《民法典》第 318 条 遗失物自发布招领公告之日起一年内无人认领的，归国家所有。

释解分析

上述条文规定的是拾得遗失物。拾得遗失物是发现他人遗失物而予以占有的法律事实。拾得遗失物属于事实行为，拾得人有无行为能力在所不问。构成拾得遗失物须具备如下条件：(1) 存在遗失物。遗失物是他人不慎丧失占有的动产。如果动产为无主物则可能适用先占。对于失散的饲养动物应推定为遗失物，适用遗失物的有关规定。(2) 遗失物被拾得。拾得遗失物就是指发现了遗失物并占有了该物。此种占有可以由占有辅助人为之，例如，机场的清洁工在卫生间内发现乘客遗失的包裹时，应认为机场属于拾得人；商场的售货员在柜台上发现顾客遗失的手机时，应认为商场为拾得人。

拾得人拾得遗失物后，应负如下义务：(1) 通知义务和返还义务。拾得人应当将遗失物返还权利人。拾得人应及时通知权利人领取，或者送交公安等有关部门。有关部门收到遗失物，知道权利人的，应当及时通知其领取；不知道的，应当及时发布招领公告。如果拾得人经有权受领拾得物的人请求而拒绝返还的，应当承担侵权责任。(2) 保管义务。拾得人在遗失物送交有关部门前，有关部门在遗失物被领取前，应当妥善保管遗失物。因故意或者重大过失致使遗失物毁损、灭失的，应当承担民事责任。此时，拾得人与失主之间形成无因管理关系。

拾得人拾得遗失物后，享有下列权利：(1) 权利人领取遗失物时，应当向拾得人或者有关部门支付保管遗失物等支出的必要费用。(2) 拾得人无权要求失主向其支付报酬，但权利人悬赏寻找遗失物的，领取遗失物时应当按照承诺履行义务。拾得人侵占遗失物的，无权请求权利人支付保管遗失物等支出的费用，也无权请求权利人按照承诺履行义务。(3) 我国物权法否认拾得人获得遗失物的所有权，但遗失物自发布招领公告之日起 1 年内无人认领的，归国家所有。

权利人悬赏寻找遗失物的，拾得人可以主张悬赏报酬。但若权利人拒绝履行义务时，拾得人不得行使留置权，因为遗失物返还义务与悬赏报酬请求权之间并非基于同一法律关系产生。

试题范例

多项选择题

甲拾得他人遗失的皮包，内装汇票一张、现金 5 000 元和一些物品。此皮包为乙所有。乙发出悬赏 2 000 元的广告，请求拾得人归还皮包。甲在归还皮包时提出的请求能够成立的是（　　）。

A. 支付报酬

B. 支付 2 000 元赏金

C. 支付保管皮包的费用

D. 支付因交付皮包而花费的公交车费

答案：BCD

核心法条

《民法典》第 322 条 因加工、附合、混合而产生的物的归属，有约定的，按照约定；没有约定或者约定不明确的，依照法律规定；法律没有规定的，按照充分发挥物的效用以及保护无过错当事人的原则确定。因一方当事人的过错或者确定物的归属造成另一方当事人损害的，应当给予赔偿或者补偿。

民法学

释解分析

本条规定的是添附。添附是指不同所有人的财产结合在一起形成一个新的财产，或者对他人财产进行加工从而产生一个新的财产的事实。添附制度从本质上来说，是要解决物的归属问题，即添附物的归属。添附包括加工、附合和混合。加工是指在他人的动产上进行改造或劳作，并生成新物的事实。例如，将丝制成绸缎。再如，在绸缎上绣上精美的图案。附合是指不同人的物密切结合，构成不可分割的一物。附合后，虽然结合的二物能够从外观上加以辨认或区分，但不经毁损不能分离或者分离费用过高。例如，砖瓦、木板附合于房屋之中。混合是指不同所有人的动产相互混杂，难以识别或分离。例如，甲的花生油和乙的花生油混在一起；茅台酒和汾酒混在一起。

根据本条的规定，因加工、附合、混合而产生的物的归属，首先，有约定的，按照约定，这体现了私法自治原则。其次，没有约定或者约定不明确的，依照法律规定；法律没有规定的，按照充分发挥物的效用以及保护无过错当事人的原则确定。因一方当事人的过错或者确定物的归属造成另一方当事人损害的，应当给予赔偿或者补偿。不过，本书认为，本条规定仍然不能解决添附后财产的归属。因此，如下所述，本书从民法理论的角度具体分析添附后财产的归属。

关于财产加工后所有权归属，具体而言：加工物的所有权原则上归材料的所有人，如果加工后增加的价值明显超过了原材料的价值，则归加工人，但加工人具有恶意的除外。根据添附规则取得添附物所有权的人应当向因此丧失原物所有权的人返还不当得利。如果加工物归材料的所有人，那么原来存在于材料上的其他权利如抵押权或质权，依然存续；而当加工人取得加工物的所有权时，材料上的其他权利归于消灭，因为加工取得所有权属于原始取得。

财产附合后所有权归属的确认规则有：(1) 对于因附合而产生的物的归属，有约定的按照约定，没有约定或者约定不明确的，依照法律规定。(2) 法律没有规定的，按照充分发挥物的效用以及保护无过错当事人的原则确定。具体而言：①动产附合于不动产，如砖瓦、木板等建材附合于房屋的，由不动产所有人即房屋所有权人取得附合物的所有权，动产所有权因此而消灭。②动产与动产附合。例如，将钻石嵌入白金指环中。再如，油漆附合于家具。如果附合的动产中有可以被视为主物的，则由该主物的所有权人取得附合物的所有权，另一动产的所有权因此而消灭，否则就由原动产所有权人按照附合时各自动产的价值按份共有附合物的所有权。例如，甲的木板与乙的木板相附合制成木箱。③不动产与不动产的附合。例如，因海水冲上泥沙而增加的土地面积。实践中，不动产与不动产的附合的情形较为少见。对于因过错而附合的行为人，如果附合行为造成不动产权利人损害时，受害人有权请求该附合之人承担（侵权或违约）损害赔偿责任。例如，承租人甲在未经出租人乙同意的情况下，擅自将乙的房屋瓷面砖全部打掉而改铺了复合木地板，就瓷面砖被毁这一损害，乙有权请求甲承担赔偿责任。再如，承租人未经出租人许可擅自对租赁物进行装修，此时出租人可以请求承租人承担违约责任。

财产混合后所有权归属准用动产附合的规则。例如，甲的咖啡和乙的咖啡伴侣混在一起，由于咖啡是主物，甲作为主物的所有权人，取得咖啡伴侣的所有权。

试题范例

单项选择题

甲因打工在外留住3年，因此将其宅基地上兴建的3间房屋交给其朋友乙打理。在甲外出期间，乙在甲已有3间房屋基础上加盖1间房屋作为其子丙的婚房。甲回来后，对加盖1间房屋的归属发生争执，认为房屋都应归自己。该加盖的1间房屋的所有权属于（　　）。

A. 甲　　B. 乙

C. 丙　　D. 甲、乙共有

答案：A

八、他物权和占有

核心法条

《民法典》第 323 条 用益物权人对他人所有的不动产或者动产，依法享有占有、使用和收益的权利。

释解分析

本条规定的是用益物权。用益物权是指权利人对他人所有的不动产或者动产依法享有的占有、使用和收益的权利。用益物权是以对他人所有的物为使用、收益的目的而设立的，因而被称为用益物权。用益物权制度是物权法律制度中一项非常重要的制度，与所有权制度、担保物权制度、占有等一同构成了物权制度的完整体系。

作为物权体系的重要组成部分，用益物权具备物权的一般特征，同时还具有自身的特性，除了具有独立性（但地役权具有从属性，不具有独立性）和不可分性外，用益物权还以对物的实际占有为前提，以使用、收益为目的。但用益物权不具有物上代位性。

用益物权还有以下几个方面的特征：

（1）用益物权是从所有权中派生出来的物权，是他物权、限制物权、定限物权，这区别于所有权，因为所有权为自物权、完全物权。用益物权的限制性表现在：①用益物权人对标的物享有占有、使用和收益权，但不享有处分权。②用益物权具有期限性。虽然用益物权设定的期限较长，但不是永久期限。③用益物权人必须根据法律的规定及合同的约定正确行使权利，不得损害所有权人的利益。

（2）用益物权以占有为前提，以使用、收益为目的，这区别于担保物权，因为担保物权并不以使用、收益为目的，而是为确保债务的履行。

（3）用益物权的客体包括动产和不动产，主要是不动产。

用益物权的效力表现在，用益物权一经成立，权利人对物即享有占有、使用和收益的权利，所有人和权利人以外的任何第三人都不得妨害用益物权人行使用益物权。

用益物权可因物的灭失以及所有权的回复（所有权人收回用益物权，用益物权人交回用益物权，用益物权的目的完成，用益物权的期限届满，用益物权人死亡、终止等）而消灭。

易混易错

1. 用益物权的类型。传统的用益物权有地上权、永佃权、典权、用益权等。我国民法典规定的用益物权类型有：土地承包经营权、建设用地使用权、宅基地使用权、居住权、地役权，以及海域使用权、探矿权、采矿权、取水权和使用水域、滩涂从事养殖、捕捞的权利等特种用益物权。

2. 物权有完全物权和定限物权（限制物权、他物权）、用益物权和担保物权、主物权和从物权、动产物权和不动产物权等不同分类。在完全物权和定限物权的分类中，只有所有权属于完全物权，其他类型的物权属于定限物权。在用益物权和担保物权的分类中，担保物权包括抵押权、质权和留置权。在主物权和从物权的分类中，所有权和用益物权（地役权除外）为主物权，而担保物权和地役权为从物权。在动产和不动产物权的分类中，一般而言，大多数用益物权以不动产为客体。担保物权中的质权和留置权的客体为动产，而所有权和抵押权的客体既可以是动产，也可以是不动产。

3. 法律硕士联考中，本内容出题方式主要为选择题，其次为简答题。出题思路：选择题为用益物权类型的判定和以动产或不动产作为权利客体的类型等；简答题为用益物权的概念和特征。

试题范例

多项选择题

下列关于用益物权的表述，正确的是（　　）。

A. 用益物权具有不可分性

B. 用益物权具有物上代位性

C. 用益物权的客体为不动产和权利

D. 用益物权登记时设立

答案：AB

核心法条

《民法典》第 331 条 土地承包经营权人依法对其承包经营的耕地、林地、草地等享有占有、使用和收益的权利，有权从事种植业、林业、畜牧业等农业生产。

相关法条

《民法典》第 332 条 耕地的承包期为三十年。草地的承包期为三十年至五十年。林地的承包期为三十年至七十年。

前款规定的承包期限届满，由土地承包经营权人依照农村土地承包的法律规定继续承包。

《民法典》第 333 条 土地承包经营权自土地承包经营权合同生效时设立。

登记机构应当向土地承包经营权人发放土地承包经营权证、林权证等证书，并登记造册，确认土地承包经营权。

《民法典》第 334 条 土地承包经营权人依照法律规定，有权将土地承包经营权互换、转让。未经依法批准，不得将承包地用于非农建设。

《民法典》第 335 条 土地承包经营权互换、转让的，当事人可以向登记机构申请登记；未经登记，不得对抗善意第三人。

《民法典》第 336 条 承包期内发包人不得调整承包地。

因自然灾害严重毁损承包地等特殊情形，需要适当调整承包的耕地和草地的，应当依照农村土地承包的法律规定办理。

《民法典》第 337 条 承包期内发包人不得收回承包地。法律另有规定的，依照其规定。

释解分析

本条规定的是土地承包经营权。土地承包经营权是指自然人或社会组织依据承包合同对于农民集体所有或者国家所有由农民集体使用的土地享有的占有、使用和收益的权利。土地承包经营权具有如下特征：（1）土地承包经营权是由土地所有权派生的一种以使用、收益为内容的物权，属于他物权中的用益物权范畴。（2）土地承包经营权的主体是承包人，包括自然人和社会组织。（3）土地承包经营权的客体是农村土地。农村土地是指农民集体所有和国家所有由农民集体使用的耕地、林地、草地以及其他用于农业的土地。权利人必须将以上土地用于从事种植业、林业、畜牧业等农业生产。（4）土地承包经营权是由发包人与承包人通过签订承包合同的方式设定的。（5）土地承包经营权是一种有期限的物权。作为用益物权的一种，土地承包经营权具有期限性，而且期限稳定。根据《民法典》第 332 条的规定，耕地的承包期为 30 年。草地的承包期为 30～50 年。林地的承包期为 30～70 年。承包期限届满，由土地承包经营权人依照农村土地承包的法律规定继续承包。例如，耕地承包期限届满后再延长 30 年，草地、林地承包期限届满后相应延长。

发包方应当与承包方签订书面承包合同，承包合同自成立之日起生效。承包方自承包合同生效时取得土地承包经营权。因此，土地承包经营权自土地承包经营权合同生效时设立。承包合同生效后，发包方不得因承办人或者负责人的变动而变更或者解除，也不得因集体经济组织的分立或者合并而变更或者解除。

土地承包经营权可以依照法律规定流转，流转的方式包括互换和转让。互换是指对属于同一集体经济组织的土地的土地承包经营权进行调换的行为。《农村土地承包法》第 33 条规定，承包方之间为方便耕种或者各自需要，可以对属于同一集体经济组织的土地的土地承包经营权进行互换，并向发包方备案。转让是指转让人（承包人）和受让人签订转让合同，将土地承包经营权移转给受让人，受让人向转让人支付对价的行为。互换不同于转让，土地承包经营权的互换，互换人为同一集体经济组织的成员，而转让的受让人既可以是本集体经济组织内的成员，也可以是本集体经济组织以外的人。因此，承包方既可以将承包地转让给同一集体经济组织的农户，也可以转让给集体经济组织以外的其他农户，但须经发包方同意。经发包方同意，承包方可以将全部或者部分的土地承包经营权转让给本集体经济组织的其他农户，由该农户同发包方确立新的承包关系，原承包方与发包方在该土地上的承包关系即行终止。土地承包经营权互换、转让的，当事人可以向登记机构申请登记。但登记并不是土地承包经营权的生效要件，而是对抗要件，因此，未经登记，不得对抗善意第三人。

土地承包经营权的流转，应当按照土地的原用途使用土地，不得借流转而改变承包地的原有用途。承包地应当用于种植业等农业生产，不得改变农用土地的用途，将其用于非农建设。比如不得在承包地上建窑、建坟或者擅自在承包地上建房、挖砂、采石、取土等。违法将承包地用于非农建设的，应当承担法律责任。

承包期内，发包人不得调整承包地，这有利于维护土地承包关系的长期稳定。但是，也应当考虑个别农户之间承包的土地需要适当调整的特殊情形，换句话说，关于在哪些情况下可以调整承包地，《民法典》第 336 条第 2 款的规定是“因自然灾害严重毁损承包地等特殊情形”，即只有在“因自然灾害严重毁损承包地等”特殊情形下，才可以适当调整承包地，而在一般情形下，不应当采取调整承包地的方法。如果个别农户之间承包的耕地和草地需要适当调整的，必须经本集体经济组织成员的村民会议 2/3 以上成员或者 2/3 以上村民代表的同意，不同意的，也不能调整。同意调整的，应报乡（镇）人民政府和县级人民政府农业农村、林业和草原等主管部门批准。需要注意的是，允许进行个别调整的土地仅限于耕地和草地，对于林地，即使在上述特殊情形下，也不允许调整。此外，因特殊情形需要对个别农户之间承包地进行调整，但若承包合同中又约定不得调整的，则应按照其约定，不得调整。

承包期内发包人不得收回承包地，例如，承包人家庭中的一人或者数人死亡的；子女升学、参军或者在城市就业的；妇女结婚，在新居住地未取得承包地的；妇女离婚或者丧偶，仍在原居住地生活或者不在原居住地生活但在新居住地未取得承包地的；承包人在农村从事各种非农业生产的，发包人都不得收回其承包地。但是，“法律另有规定的，依照其规定”，例如，《农村土地承包法》第 27 条第 2、3、4 款规定：国家保护进城农户的土地承包经营权。不得以退出土地承包经营权作为农户进城落户的条件。承包期内，承包农户进城落户的，引导支持其按照自愿有偿原则依法在本集体经济组织内转让土地承包经营权或者将承包地交回发包方，也可以鼓励其流转土地经营权。承包期内，承包方交回承包地或者发包方依法收回承包地时，承包方对其在承包地上投入而提高土地生产能力的，有权获得相应的补偿。

易混易错

土地承包经营分为家庭承包和家庭外承包。家庭承包就是集体经济组织与其成员签订承包经营合同，由集体经济组织的成员进行承包；家庭外承包就是集体经济组织成员以外的自然人、法人或者非法人组织对集体经济组织的土地进行的承包，该承包的土地限于“四荒地”，即荒山、荒沟、荒丘、荒滩。

试题范例

单项选择题

下列关于土地承包经营权的说法，正确的有（　　）。

A. 设立土地承包经营权的主体仅限于农村集体经济组织的成员

B. 土地承包经营权的设立采取登记对抗主义

C. 承包人对土地经营权不得设定抵押

D. “四荒地”承包权的设立应当采取合同方式，而不是招标、拍卖等方式

答案：B

核心法条

《民法典》第 339 条　土地承包经营权人可以自主决定依法采取出租、入股或者其他方式向他人流转土地经营权。

《民法典》第 340 条　土地经营权人有权在合同约定的期限内占有农村土地，自主开展农业生产经营并取得收益。

《民法典》第 341 条　流转期限为五年以上的土地经营权，自流转合同生效时设立。当事人可以向登记机构申请土地经营权登记；未经登记，不得对抗善意第三人。

相关法条

《民法典》第 342 条　通过招标、拍卖、公开协商等方式承包农村土地，经依法登记取得权属证书的，可以依法采取出租、入股、抵押或者其他方式流转土地经营权。

释解分析

上述条文规定的是土地经营权。为进一步深化农村土地制度改革，顺应农民保留土地承包权、流转土地经营权的意愿，将土地承包经营权分为承包权和经营权，实行所有权、承包权、经营权（以下简称“三权”）分置并行，着力推进农业现代化，是继家庭联产承包责任制后农村改革又一重大制度创新，该制度称为“三权分置”。“三权分置”是农村基本经营制度的自我完善，符合生产关系适应生产力发展的客观规律，展现了农村基本经营制度的持久活力，有利于明晰土地产权关系，更好地维护农民集体、承包农户、经营主体的权益；有利于促进土地资源合理利用，构建新型农业经营体系，发展多种形式适度规模经营，提高土地产出率、劳动生产率和资源利用率，推动现代农业发展。

土地经营权的流转方式包括出租、入股或者其他方式。出租是指土地承包经营权人（出租人）和承租人签订租赁合同，土地承包经营权继续由出租人享有，承租人不受让土地承包经营权，只是取得在承包地从事农业生产经营并获取农获物的资格，向出租人支付租金的行为。入股是指将土地经营权作价，出资到股份制企业乃至股份公司之中，使之成为企业财产的行为。《农村土地承包法》第36条规定，承包方可以自主决定依法采取出租（转包）、入股或者其他方式向他人流转土地经营权，并向发包方备案。据此，由于出租和转包具有同质性，因此不必对转包再作规定。其他流转方式，例如，《农村土地承包法》第47条第1款规定，承包方可以用承包地的土地经营权向金融机构融资担保，并向发包方备案。受让方通过流转取得的土地经营权，经承包方书面同意并向发包方备案，可以向金融机构融资担保。土地经营权人有权在合同约定的期限内占有农村土地，自主开展农业生产经营并取得收益。

为了适应“三权分置”的要求，土地经营权可以流转。对于通过出租、入股和其他流转方式流转土地经营权，流转期限为5年以上的，自流转合同生效时设立。对于该流转合同，当事人可以向登记机关申请土地经营权登记，但未经登记，不得对抗善意第三人。这表明，对于流转期限为5年以上的土地经营权，其设立采取登记对抗主义，未经登记，不能对抗善意第三人。对于流转期限不满5年的土地经营权流转合同，不必办理登记。

通过招标、拍卖、公开协商等方式承包农村土地的，土地经营权的流转方式包括出租、入股、抵押或者其他方式。这里的入股，例如，将土地经营权折股分给本集体经济组织成员后，再实行承包经营或者股份合作经营。这里的其他方式，主要是指将土地经营权进行融资担保。通过招标、拍卖、公开协商等方式取得土地经营权的，该承包人死亡，其应得的承包收益，依照民法典继承编的规定继承；在承包期内，其继承人可以继续承包。

试题范例

多项选择题

根据民法典的规定，下列土地承包权、经营权设立和流转方式中，须经登记才能产生对抗第三人效力的是（　　）。

A. 将土地经营权折价入股

B. 土地承包经营权的互换

C. 土地承包经营权的转让

D. 流转期限为5年以上的土地经营权的设立

答案：BCD

核心法条

《民法典》第344条　建设用地使用权人依法对国家所有的土地享有占有、使用和收益的权利，有权利用该土地建造建筑物、构筑物及其附属设施。

释解分析

本条规定的是建设用地使用权。建设用地使用权作为用益物权的一种，是指自然人、社会组织对国家或者集体所有的土地依法享有的利用该土地建造及保有建筑物、构筑物及其附属设施的权利。建设用地使用权具有如下特征：（1）建设用地使用权属于用益物权。（2）建设用地使用权的主体为符合法定条件的自然人和社会组织。（3）建设用地使用权的内容为在土地上建造和保有建筑物、构筑物及其附属设施，以及对建设用地使用权的处分，如出资、转让、抵押等，但不包括对土地本身的处分。（4）建设用地使用权的客体包括国有土地和集体所有的土地，其范围包括土地表面及其上下的一定空间。（5）建设用地使用权具有排他性，在同一块土地上不允许有两个以上内容相同的建设用地使用权存在。

建设用地使用权的设立和取得。(1) 以国有土地为客体的建设用地使用权的设立和取得。①设立。国有土地建设用地使用权的设立采取登记要件主义，未经登记，不产生物权效力。当事人没有按照建设用地使用权合同的约定办理设立登记的，虽然建设用地使用权没有设立，但守约方有权依据民法典合同编的规定请求违约方承担违约责任。②取得。以国有土地为客体的建设用地使用权的取得方式有两种：一是通过土地使用权的出让、转让等方式取得。其中，出让是指从国家取得土地使用权，其方式包括招标、拍卖、协议等；转让是指从土地使用权人取得土地使用权。对于以出让方式设立建设用地使用权的，当事人应当采取书面合同的方式订立，并向登记机构申请建设用地使用权登记；对于以转让方式获取建设用地使用权的，也要订立书面合同并办理变更登记。二是通过划拨方式取得。我国法律严格限制以划拨方式取得建设用地使用权，采取划拨方式的，应当遵守法律、行政法规关于土地用途的规定。采取出让、转让或划拨方式获取建设用地使用权的，都采取登记生效主义，未经登记，不发生物权效力。(2) 以集体土地为客体的建设用地使用权的设立和取得。①设立。以集体土地为客体的建设用地使用权的设立，依照《土地管理法》的规定办理。②取得。对于土地利用总体规划、城乡规划确定为工业、商业等经营性用途，并经依法登记的集体经营性建设用地，土地所有权人可以通过出让、出租等方式交由单位或者个人使用，并应当签订书面合同，载明土地界址、面积、动工期限、使用期限、土地用途、规划条件和双方其他权利义务。上述集体经营性建设用地出让、出租等，应当经本集体经济组织成员的村民会议 2/3 以上成员或者 2/3 以上村民代表的同意。通过出让等方式取得的集体经营性建设用地使用权可以转让、互换、出资、赠与或者抵押，但法律、行政法规另有规定或者土地所有权人、土地使用权人签订的书面合同另有约定的除外。集体经营性建设用地的出租，集体建设用地使用权的出让及其最高年限、转让、互换、出资、赠与、抵押等，参照同类用途的国有建设用地执行。

建设用地使用权人的权利。(1) 占有权。(2) 使用权。权利人可以对土地加以开发、经营和利用，这是建设用地使用权的权利核心。(3) 收益权。权利人可以直接利用土地以获得收益。如果是国有土地，权利人还可以将建设用地使用权合法转让、出租或者抵押以获得收益。除有相反证据证明的以外，建设用地使用权人建造的建筑物、构筑物及其附属设施的所有权属于建设用地使用权人。(4) 处分权。建设用地使用权人可以采取转让、互换、出资、赠与或者抵押等方式处分建设用地使用权。

建设用地使用权人的主要权利和义务。(1) 建设用地使用权人应当合理利用土地，不得改变土地用途；需要改变土地用途的，应当依法经有关行政主管部门批准。(2) 建设用地使用权人应当依照法律规定以及合同约定支付出让金等费用。(3) 对变动建设用地使用权的，应当履行法定的登记手续。(4) 权利消灭时，建设用地使用权人应当将土地返还给所有人，并且原则上应当恢复土地原状。出让人应当及时办理注销登记。登记机构应当收回建设用地使用权证书。

易混易错

1. 出让和划拨的区别。出让和划拨的区别表现在：(1) 性质不同。出让属于民事方式；划拨属于行政方式。(2) 是否支付对价不同。出让属于有偿方式，需要支付出让金；划拨属于无偿方式，是国家无偿将国有土地交给使用者使用。(3) 取得的权利内容不同。以出让方式取得建设用地使用权的，该建设用地使用权可以进入市场流通，即可以转让、出租、抵押和继承；以划拨方式取得建设用地使用权的，权利人只能自行使用，不得进入市场流通，即不得转让、出租、抵押和继承。当然，以划拨的土地进行流通的，必须办理划拨转出让的手续，方能进入市场流通。(4) 取得建设用地使用权的存续期限不同。以出让方式取得建设用地使用权的，具有使用期限，期限届满，或自动续期，或申请续展；以划拨方式取得建设用地使用权的，建设用地使用权的期限较长，甚至无期限。(5) 适用范围不同。以划拨方式取得建设用地使用权的，仅限于法律明文规定的情况，如国家机关用地、军事用地、城市基础设施用地、公益事业用地、国家重点扶持的能源、交通、水利等基础设施以及法律、行政法规规定的其他用地等；其余的情形只能采取出让方式获得建设用地使用权。出让和转让的区别主要表现在：以出让方式取得建设用地使用权的，国家是出让方，意向用地者为受让方；以转让方式取得建设用地使用权的，转让方是以出让方式获得建设用地使用权的受让方，从以出让方式获得建设用地使用权的受让方处获得建设用地使用权的是被转让方。此外，以划拨方式取得建设用地使用权的，一般不准转让建设用地使用权，确需转让的，需办理划拨转出让的手续，然后才能转让建设用地使用权。

2. 建设用地使用权的流转方式。建设用地使用权人有权将建设用地使用权转让、互换、出资、赠与或者抵押，但是法律另有规定的除外。建设用地使用权采取上述方式流转的，当事人应当采用书面形式订立相应的合同。使用期限由当事人约定，但是不得超过建设用地使用权的剩余期限，同时当事人向登记机关申请变更登记。

3. 关于建设用地使用权与建筑物一并处分的原则。建设用地使用权转让、互换、出资或者赠与的，附着于该土地上的建筑物、构筑物及其附属设施一并处分。建筑物、构筑物及其附属设施转让、互换、出资或者赠与的，该建筑物、构筑物及其附属设施占用范围内的建设用地使用权一并处分。

4. 住宅建设用地使用权期限届满的，自动续期。非住宅建设用地使用权期限届满后的续期，依照法律规定办理。该土地上的房屋以及其他不动产的归属，有约定的，按照约定；没有约定或者约定不明确的，依照法律、行政法规的规定办理。

试题范例

单项选择题

下列有关建设用地使用权的说法，正确的是（　　）。

A. 建设用地使用权属于他物权、担保物权

B. 住宅建设用地使用权期限届满的，使用权人应当办理续期手续

C. 建设用地使用权的设立采取登记对抗主义

D. 建设用地使用权可以设定抵押权

答案：D

核心法条

《民法典》第 362 条　宅基地使用权人依法对集体所有的土地享有占有和使用的权利，有权依法利用该土地建造住宅及其附属设施。

释解分析

本条规定的是宅基地使用权。宅基地使用权是指农村集体经济组织成员因建造自有房屋而依法对集体所有的土地享有的占有、使用的权利，是我国特有的一种用益物权。宅基地使用权具有如下特征：(1) 宅基地使用权的主体限于农村集体经济组织成员。(2) 宅基地使用权的内容限于建造、保有住宅及其附属设施。农村村民一户只能拥有一处宅基地，其宅基地的面积不得超过省、自治区、直辖市规定的标准。人均土地少、不能保障一户拥有一处宅基地的地区，县级人民政府在充分尊重农村村民意愿的基础上，可以采取措施，按照省、自治区、直辖市规定的标准保障农村村民实现户有所居。农村村民建住宅，应当符合乡（镇）土地利用总体规划、村庄规划，不得占用永久基本农田，并尽量使用原有的宅基地和村内空闲地。编制乡（镇）土地利用总体规划、村庄规划应当统筹并合理安排宅基地用地，改善农村村民居住环境和条件。农村村民出卖、出租、赠与住宅后，再申请宅基地的，不予批准。(3) 宅基地使用权的客体限于集体所有的土地，换言之，宅基地的所有权归集体。(4) 宅基地使用权的取得是无偿的且没有期限限制，故该权利具有福利性。

宅基地因自然灾害等原因灭失的，宅基地使用权消灭。对失去宅基地的村民，应当依法重新分配宅基地。宅基地重新分配，应当包括两大类情况：一是因自然灾害导致宅基地灭失；二是因集体经济组织收回宅基地或者国家征用而使农户失去宅基地。

试题范例

单项选择题

下列有关宅基地使用权的表述，正确的是（　　）。

A. 宅基地使用权可以抵押

B. 宅基地使用权可以继承

C. 宅基地使用权通过有偿方式取得

D. 农民只能拥有一处宅基地

答案：D

核心法条

《民法典》第 366 条　居住权人有权按照合同约定，对他人的住宅享有占有、使用的用益物权，以满足生活居住的需要。

《民法典》第 367 条第 1 款 设立居住权，当事人应当采用书面形式订立居住权合同。

《民法典》第 368 条 居住权无偿设立，但是当事人另有约定的除外。设立居住权的，应当向登记机构申请居住权登记。居住权自登记时设立。

《民法典》第 369 条 居住权不得转让、继承。设立居住权的住宅不得出租，但是当事人另有约定的除外。

《民法典》第 370 条 居住权期限届满或者居住权人死亡的，居住权消灭。居住权消灭的，应当及时办理注销登记。

《民法典》第 371 条 以遗嘱方式设立居住权的，参照适用本章的有关规定。

释解分析

上述条文规定的是居住权。居住权人有权按照合同约定，对他人的住宅享有占有、使用的用益物权，以满足生活居住的需要。居住权的概念起源于罗马法，最初即是作为生活保障的制度设计而存在，发挥着抚养、救助的功能。居住是人的基本需求，为此，居住权是具有人身属性的一种权利，这表明居住权在性质上属于人役权。民法上的居住权作为用益物权的一种，不包括因房屋租赁产生的居住权，不包括旅馆住宿，也不包括基于亲属关系形成的居住现象。居住权可以通过合同方式设立，也可以通过遗嘱方式设立。居住权通过合同方式设立的，应当采用书面形式，居住权合同一般包括下列条款：（1）当事人的姓名或者名称和住所；（2）住宅的位置；（3）居住的条件和要求；（4）居住权期限；（5）解决争议的方法。

由于设立居住权的目的是满足生活居住的需要，因此，居住权的设立原则上应为无偿，但是当事人另有约定的除外。居住权的设立采取登记生效主义，即设立居住权应当向登记机构申请居住权登记，居住权自登记时设立，未经登记，不发生居住权效力。居住权设立后，不得转让、继承。设立居住权的住宅也不得出租，即居住权人不能利用住宅获得收益，但是当事人另有约定的除外。换言之，居住权以不得出租为原则、可以出租为例外。居住权期限届满或者居住权人死亡的，居住权消灭。居住权消灭的，应当及时办理注销登记。

试题范例

1. 单项选择题

关于居住权，下列表述不正确的是（　　）。

A. 居住权属于人役权

B. 居住权自居住权合同生效时设立

C. 居住权不得转让、继承

D. 居住权人死亡的，居住权消灭

答案：B

2. 单项选择题

岳某是郑某的独生子，长期居住在国外，郑某居住在国内岳某名下的唯一住房内。2019 年 1 月，李某与岳某签订房屋买卖合同，约定李某购买岳某的该处房屋，李某依约支付了房款。5 月，李某取得房屋所有权证书。但郑某以对该房屋存在居住权益为由拒绝腾退房屋。李某诉至法院。对此，下列表述正确的是（　　）。

A. 郑某对争讼房屋享有居住权

B. 李某善意取得房屋所有权

C. 李某有权请求郑某排除妨害并腾退房屋

D. 因没有通知郑某，岳某出售房屋的行为无效

答案：C

核心法条

《民法典》第 372 条 地役权人有权按照合同约定，利用他人的不动产，以提高自己的不动产的效益。

前款所称他人的不动产为供役地，自己的不动产为需役地。

释解分析

本条规定的是地役权。地役权是指不动产的权利人，如所有权人或使用权人，为自己使用不动产的便利或提高自己不动产的效益而利用他人不动产的权利，如通行权、取水权、采光权、眺望权等。此处的他人不动产为供役地，自己的不动产为需役地。地役权的特征包括：（1）地役权的主体包括不动产的所有权人和使用权人。（2）地役权的内容是利用他人不动产，并对他人的权利加以限制。（3）地役权的客体是他人不动产。（4）地役权的设立目的是为供自己使用不动产之便利或效益之提高。此种“效益”既包括生

活上得到的便利，也包括经营上获得的效益，如为需役地的便利而在供役地上设立的排水、通行、铺设管线等，还包括非财产的利益，即具有精神上或者感情上的效益，如为需役地上的视野宽广而设定的眺望地役权等。在地役权关系中，需役地和供役地属于不同的土地所有权人或者土地使用权人。利用他人的不动产来提高自己的不动产的效益，是地役权设立的主要目的。所谓利用他人的不动产并不以实际占有他人的不动产为要件，而是对他人的不动产设置一定的负担。这种负担主要表现在：①容忍义务。如允许他人通行于自己的土地，以使自己行使土地的权利受到某种限制。②不妨害地役权人行使权利的义务。在某些情况下，地役权人为了使用供役地便利，需要在供役地上修建必要的附属设施，如为实现排水地役权，而要在供役地建筑一个水泵。这时，供役地权利人就不得妨害地役权人行使其权利。(5) 地役权是否有偿及存续期限依当事人约定。(6) 地役权具有从属性。地役权的从属性意味着地役权不得脱离需役地而存在，不得单独处分，必须与需役地的所有权或使用权一同转移。根据《民法典》的规定，地役权不得单独转让。土地承包经营权、建设用地使用权等转让的，地役权一并转让，但是合同另有约定的除外。此外，地役权也不得单独抵押。土地经营权、建设用地使用权等抵押的，在实现抵押权时，地役权一并转让。需役地以及需役地上的土地承包经营权、建设用地使用权等部分转让时，转让部分涉及地役权的，受让人同时享有地役权。供役地以及供役地上的土地承包经营权、建设用地使用权等部分转让时，转让部分涉及地役权的，地役权对受让人具有法律约束力。

设立地役权，当事人应当采用书面形式订立地役权合同，该合同在性质上属于双务合同、要式合同；可以有偿也可以无偿，但通常是有偿的。地役权自地役权合同生效时设立，可见，地役权在设立上采取登记对抗主义，未经登记的地役权，不得对抗善意第三人。

地役权人有下列情形之一的，供役地权利人有权解除地役权合同，地役权消灭：(1) 违反法律规定或者合同约定，滥用地役权；(2) 有偿利用供役地，约定的付款期限届满后在合理期限内经两次催告未支付费用。

已经登记的地役权变更、转让或者消灭的，应当及时办理变更登记或者注销登记。

易混易错

1. 因地役权自地役权合同生效时设立，故采登记对抗主义，而不是登记要件主义。

2. 相邻权和地役权的区别表现在：(1) 性质不同。地役权是一项独立的物权制度，而且属于用益物权；相邻权不是独立的物权制度，而是对所有权的延伸和限制。(2) 产生依据不同。地役权依据当事人之间订立的合同而产生，且地役权可以办理登记；相邻权的产生是基于法律的直接规定，且相邻权根本无须登记。(3) 内容不同。地役权可以有偿，也可以无偿；相邻权则为无偿。(4) 前提条件不同。地役权各方未必为相邻各方；相邻权则必须以不动产的相邻为条件。

3. 土地所有权人享有地役权或者负担地役权的，设立土地承包经营权、宅基地使用权等用益物权时，该用益物权人继续享有或者负担已经设立的地役权。例如，甲地和乙地分属不同集体组织所有，且两地相邻，因地理位置不同，甲地缺水，乙地则因有一片沼泽而肥沃。甲为了取水浇地，早在5年前就与乙在乙地上设立20年的取水地役权，并进行了登记，约定在乙地上挖较宽的河道引水，并每年支付一定费用。如今，甲将自己的承包地转给丙，那么，此时丙不仅是新的土地承包经营权人，还应当是享有到乙地取水的地役权人。因此，作为新的土地承包经营权人丙仍然可以继续享有剩余期限的取水地役权。反之，在上例中，如果供役地权利人乙将自己的承包地转让给丁，那么，这时的丁不仅是土地承包经营权人，还应当是提供给甲取水的供役地义务人，因此，丁继续要为甲地负担剩余年限的取水地役权。

4. 土地上已经设立土地承包经营权、建设用地使用权、宅基地使用权等用益物权的，未经用益物权人同意，土地所有权人不得设立地役权。例如，某企业的输油管线需要通过某集体所有的土地，而该土地已发包给甲，该集体不能未经土地承包经营权人甲同意，就擅自与该企业签订地役权合同。

5. 法律硕士联考中，本内容出题方式为选择题和简答题。出题思路：选择题为地役权的设立、性质、适用及其地役权法律关系的认定；简答题为地役权的概念和特征以及相邻权和地役权的区别。

试题范例

（2017年真题）根据以下案情回答第1、2小题：

甲村为了灌溉A地，与乙村签订书面合同，约定：甲村每年支付乙村4 000元，在乙村的水库取水10 000立方米；期限为20年。合同签订后，双方办理了权利登记。一年后，甲村将A地发包给丙。后丙将部分承包地转包给丁。

1. 单项选择题

甲村与乙村设定的有关取水的权利属于（　　）。

A. 地役权　　B. 相邻权

C. 租赁权　　D. 土地承包经营权

答案：A

2. 单项选择题

在丙将部分承包地转包给丁后，关于取水的权利表述正确的是（　　）。

A. 只有丙有权取水

B. 只有丁有权取水

C. 丙、丁均有权取水

D. 丙、丁均无权取水

答案：C

3. 单项选择题

下列有关地役权的表述，正确的是（　　）。

A. 地役权在设立上采取登记对抗主义

B. 地役权属于独立的主权利

C. 在地役权上不得设定抵押权

D. 地役权具有永久存续性

答案：A

4. 多项选择题

下列情形属于地役权法律关系的有（　　）。

A. 甲为了能在自己房中欣赏远处风景，便与相邻的乙约定：乙不在自己的土地上建造高层建筑，作为补偿，甲一次性支付给乙4万元

B. 自来水公司为了铺设自来水管线而占用集体组织的土地，并向该集体组织支付了3年土地占用费

C. 丙村为了取水浇地而在河流上游修建拦河坝，致使下游的丁村无法取水浇地

D. 戊为了修建厂房而向某市申请使用国有土地，并约定按期支付土地使用出让金

答案：AB

核心法条

《民法典》第386条　担保物权人在债务人不履行到期债务或者发生当事人约定的实现担保物权的情形，依法享有就担保财产优先受偿的权利，但是法律另有规定的除外。

相关法条

《民法典》第391条　第三人提供担保，未经其书面同意，债权人允许债务人转移全部或者部分债务的，担保人不再承担相应的担保责任。

释解分析

本条规定的是担保物权。担保物权是指以担保债务清偿为目的，而在债务人或者第三人的特定物或者权利上设立的定限物权。担保物权具有如下法律特征：

（1）优先受偿性。优先受偿性是担保物权最主要的效力。就特定物或权利享有担保物权的权利人可以就担保物的价值优先于债务人的普通债权人而受偿。担保物权的优先受偿性主要体现在两方面：一是优先于其他不享有担保物权的普通债权；二是担保物权之间先后顺位的问题。但是要注意，担保物权的优先受偿性不是绝对的，如果其他法律有特别的规定，则应当依照规定。

（2）从属性（附随性）。担保物权是为担保债权受偿而设定的，从属于所担保的债权。从属性主要体现在：①担保物权的成立以债权存在为前提。②担保物权不得与所担保的债权分离而单独存在，既不得与债权分离而单独让与，也不得与债权分离而为其他债权的担保。③被担保的债权消灭，担保物权亦消灭。

（3）不可分性。担保物权的不可分性是指债权人在全部债权受清偿前，可就担保物的全部行使其权利。主要体现在两方面：一是债权人在全部债权受清偿之前，得对于担保物整体主张权利；二是担保物的部分变化或债权的部分变化均不影响担保物权的整体性，即使担保物被分割或转让，或者被担保的债权得到部分清偿或被转让，担保物权人仍可以对担保物的全部行使权利以担保全

部债权的受偿。

（4）物上代位性。担保物权的物上代位性表现在，担保物毁损、灭失而受有赔偿金或者保险金等时，担保物权人得就该担保物的代替物即损害赔偿金或者保险金等行使权利。如果由于意外原因导致担保物灭失的，担保物权并不因担保物的灭失而消灭，而是在担保人所受赔偿金、补偿金或者保险金上继续存在，该赔偿金、补偿金或者保险金成为担保物权标的物的代替物。对此，《民法典》第 390 条规定，担保期间，担保财产毁损、灭失或者被征收等，担保物权人可以就获得的保险金、赔偿金或者补偿金等优先受偿。被担保债权的履行期限未届满的，也可以提存该保险金、赔偿金或者补偿金等。

担保物权是在债务人或者第三人的财产上成立的物权。债务人既可以以自己的财产，也可以以第三人的财产为债权设立担保物权。根据《民法典》的规定，担保的财产既包括现在的财产，也包括将来的财产；既包括动产，也包括不动产，甚至包括权利。此外，根据《民法典》的规定，担保物权设立后，物权担保的范围也随即确定，即担保物权的担保范围包括主债权及其利息、违约金、损害赔偿金、保管担保财产和实现担保物权的费用。当事人另有约定的，按照约定。

设立担保物权的方式有两种：一是通过合同设立，即当事人之间订立担保合同，此类担保物权包括抵押权和质权；二是根据法律的直接规定，即不需要当事人之间另行签订担保合同，而是直接根据法律的规定设立担保物权，此类担保物权仅包括一种，即留置权。以担保合同的方式设立担保物权的，担保权人就是债权人，而提供担保的既可以是主债务人，也可以是第三人。

担保物权可因下列情形而消灭：（1）主债权消灭；（2）担保物权实现；（3）债权人放弃担保物权；（4）法律规定担保物权消灭的其他情形。

易混易错

1.《民法典》规定的担保物权类型。《民法典》规定了三类担保物权：抵押权、质权和留置权，其中，抵押权和质权属于约定担保物权，而留置权属于法定担保物权。

2. 用益物权和担保物权的区别。二者的区别表现在：（1）目的不同。设置用益物权的目的在于对他人之物的使用、收益，即实现物的使用价值；担保物权则在于物的交换价值，目的是担保债权的实现。（2）权利性质不同。用益物权多为独立的主权利，其存在不必以其他权利的存在为前提条件；担保物权则具有从属性质，其存在以权利人对物之所有人或其关系人享有债权为前提。（3）标的物不同。用益物权的标的物为不动产和动产，但主要是不动产；担保物权则不尽然。（4）用益物权客体的价值形态如果发生变化，就会对权利人的使用、收益权产生直接影响，甚至导致权利消灭；担保物权标的物的价值形态发生变化，并不影响担保物权的存在。

3. 在债务人作为担保人时，担保合同的当事人是债权人和债务人；在第三人作为担保人时，担保合同的当事人是债权人和第三人。需要注意：在第三人提供担保的情形下，债权人允许债务人转移全部或者部分债务的，必须取得第三人的书面同意，未经第三人允许的，该第三人不再承担担保责任。

4. 法律硕士联考中，本内容出题方式为选择题、简答题和法条分析题。出题思路：选择题为担保物权的种类、性质、特征、消灭情形以及第三人提供担保的条件等。简答题为担保物权的概念和特征，用益物权和担保物权的区别。法条分析题应当从担保物权的概念、特征、立法意义、法律后果等几个方面作答。此外，本条规定中某些用语及其含义也可以成为考查方向，例如：如何理解本条“不履行到期债务”“发生当事人约定的实现担保物权的情形”之规定？如何理解本条规定中“优先受偿”的含义？如何理解本条规定中“法律另有规定的除外”？

试题范例

1. 单项选择题

下列有关担保物权的表述，正确的是（　　）。

A. 担保物权是以对特定财产的直接使用、收益为目的而成立的物权

B. 担保物权的设立必须采取担保合同的方式

C. 担保物权客体价值形态的变化会导致担保物权的消灭

D. 第三人提供担保财产的，担保合同的当事人为债权人和第三人

答案：D

2. 单项选择题

下列有关第三人提供担保的表述，正确的是（　　）。

A. 第三人提供担保的，如果债权人将债权转让他人的，未经第三人书面同意，第三人不再承担担保责任

B. 第三人提供担保的，如果债务人将债务转让给他人的，未经第三人同意，第三人不再承担担保责任

C. 第三人提供担保的，如果债务人将债务转让给他人的，未经第三人书面同意，第三人不再承担担保责任

D. 第三人提供担保的，债权人、债务人和担保人为担保合同的当事人

答案：C

3. 多项选择题

能够引起担保物权消灭的情形有（　　）。

A. 主债权消灭

B. 担保物权实现

C. 债权人放弃担保物权

D. 担保人另行提供担保的

答案：ABC

核心法条

《民法典》第 392 条　被担保的债权既有物的担保又有人的担保的，债务人不履行到期债务或者发生当事人约定的实现担保物权的情形，债权人应当按照约定实现债权；没有约定或者约定不明确，债务人自己提供物的担保的，债权人应当先就该物的担保实现债权；第三人提供物的担保的，债权人可以就物的担保实现债权，也可以请求保证人承担保证责任。提供担保的第三人承担担保责任后，有权向债务人追偿。

释解分析

本条规定的是人的担保和物的担保（混合共同担保）。物的担保是指以物担保债务的履行，包括物权法规定的抵押权、质权和留置权；人的担保是指以人的信誉担保债务的履行，即民法典合同编规定的保证。在实践中，可能存在被担保的债权上既有物的担保又有人的担保的情形。例如，债务人甲为担保 200 万元债务的履行，以自己价值 150 万元的房屋向债权人乙作抵押，同时让第三人丙为债权的实现提供保证。

对于既有人保又有物保的，本条区分了如下三种情况并作出规定：（1）混合共同担保时各类担保权如何行使首先应遵循当事人的约定，即债权人应当按照约定实现债权。债权人应当按照约定实现债权是指在既有人的担保又有物的担保情形下，如何行使担保权应首先遵循当事人的约定，这种约定既可以是对各类担保权行使顺序的约定，也可以是对各类担保权担保的债权份额的约定。（2）在混合共同担保时，如果就各类担保权的行使问题没有约定或者约定不明确，而物的担保是由债务人自己提供的，债权人应当先就物的担保实现债权。（3）如果同一债权担保物权与保证并存，而担保物权也是由债务人之外的第三人提供的，债权人可以就物的担保实现债权，也可以请求保证人承担保证责任。

提供担保的第三人承担保证责任后，有权向债务人追偿。提供担保的第三人即提供保证的保证人或提供担保物权的担保人。追偿即提供担保的第三人在代替债务人清偿债务之后或者债权人行使担保物权而获得清偿之后，享有的向主债务人请求偿还的权利。

易混易错

法律硕士联考中，本内容出题方式主要为法条分析题和案例分析题。出题思路：案例分析题为混合共同担保清偿顺位的判定；法条分析题主要是条文规定中某些用语的理解，例如：如何理解本条规定中“债权人应当按照约定实现债权”？如何理解本条规定中“提供担保的第三人”和“追偿”的含义？

试题范例

1.（2020 年真题）单项选择题

甲向乙借款 100 万元。为担保乙的债权，甲以一套价值 50 万元的房屋作抵押，丙以一套价值 50 万元的房屋作抵押，丁提供保证。现甲不能偿还到期债务。对此，下列说法正确的是（　　）。

A. 乙应当先就甲的房屋实现抵押权

B. 乙应当先就丙的房屋实现抵押权

C. 乙应当先请求丁承担保证责任

D. 乙可以同时请求甲、丙、丁承担按份担保责任

答案：A

2. 多项选择题

甲为了购房向银行贷款，提供自己的一辆轿

民法学

车作为抵押。同时，乙为了担保甲到期还款，也提供一辆轿车作为银行贷款的抵押。丙为甲的还款承担保证责任。如果甲到期不能清偿银行贷款，则（　　）。

A. 银行应当先就甲提供的轿车实现抵押权

B. 如果甲提供的轿车不能弥补银行贷款数额，则银行应当先行要求乙承担担保责任

C. 如果甲提供的轿车不能弥补银行贷款数额，则银行应当先行要求丙承担担保责任

D. 如果甲提供的轿车不能弥补银行贷款数额，则银行可以选择乙或者丙先行承担担保责任

答案：AB

核心法条

《民法典》第394条　为担保债务的履行，债务人或者第三人不转移财产的占有，将该财产抵押给债权人的，债务人不履行到期债务或者发生当事人约定的实现抵押权的情形，债权人有权就该财产优先受偿。

前款规定的债务人或者第三人为抵押人，债权人为抵押权人，提供担保的财产为抵押财产。

相关法条

《民法典》第402条　以本法第三百九十五条第一款第一项至第三项规定的财产或者第五项规定的正在建造的建筑物抵押的，应当办理抵押登记。抵押权自登记时设立。

《民法典》第403条　以动产抵押的，抵押权自抵押合同生效时设立；未经登记，不得对抗善意第三人。

释解分析

本条规定的是抵押权。抵押权是指债权人对于债务人或者第三人提供的不转移占有而作为债务履行担保的财产，在债务人不履行债务或者发生当事人约定的实现抵押权的情形时，得就该财产的价值优先受偿的权利。抵押权具有如下特征：（1）抵押权是一种约定担保物权，其内容为就抵押物的价值优先受偿。（2）抵押权的客体是债务人或第三人提供的特定财产，该财产可以是动产、不动产，也可以是某种财产权利。（3）抵押权是不转移占有的担保物权，在抵押期间，抵押财产仍由抵押人占有。（4）抵押权具有追及性。抵押人未经抵押权人同意转让抵押财产的，抵押权人可以行使追及权，继续实行抵押权。取得抵押财产所有权的受让人，可以代替债务人清偿其全部债务，使抵押权消灭。受让人清偿债务后可以向抵押人追偿。

抵押权属于担保物权，因而具有担保物权所具有的从属性、不可分性、物上代位性和优先受偿性等一般属性。具体而言：（1）从属性。抵押权是一种从属于债权的担保物权，抵押权的存在、转移和消灭均从属于债权，基于抵押权的从属性，抵押财产被依法继承或者赠与的，抵押权随之转移，抵押权亦不受影响。抵押权的从属性决定了抵押权不得与债权分离而单独转让或者作为其他债权的担保。债权转让的，担保该债权的抵押权一并转让，但是法律另有规定或者当事人另有约定的除外（《民法典》第407条）。（2）不可分性。抵押权的不可分性是指债权人在全部债权受清偿前，可就抵押财产的全部行使其权利。（3）物上代位性。抵押权之所以有物上代位性特征，是由抵押权属于担保物权、价值权决定的。

抵押权的设定。抵押权的设定是最为常见的抵押权产生方法，即债权人与债务人之间通过抵押合同而设定抵押权。对于不动产抵押权和以某些不动产物权设定的抵押权采取登记生效要件主义。以建筑物和其他土地附着物、建设用地使用权、海域使用权和正在建造的建筑物抵押的，应当办理登记，抵押权自登记时设立。动产抵押权采取登记对抗要件主义，即以生产设备、原材料、半成品、产品，交通运输工具和正在建造的船舶、航空器等动产抵押的，抵押权自抵押合同生效时设立。未经登记，不得对抗善意第三人，且以动产抵押的，不得对抗正常经营活动中已经支付合理价款并取得抵押财产的买受人。抵押权设定后，其效力表现在，当债务履行期限届至，债务人不能清偿到期债务的，抵押权人有权就抵押财产优先受偿。

抵押权的实现。抵押权的实现须具备如下条件：一是抵押权有效存在；二是须发生可以实现抵押权的法定或约定情形，即债务人不履行到期债务或者发生当事人约定的实现抵押权的情形。关于抵押权的实现，有两种抵押财产的变价方法：一是与抵押人协议以抵押财产折价，取得抵押财产的所有权，但此协议不得损害其他债权人的利益。否则，其他债权人可以请求人民法院撤销。

二是抵押权人与抵押人未就抵押权实现方式达成协议的，抵押权人可以请求人民法院拍卖、变卖抵押财产，并就拍卖、变卖该抵押财产所得的价款优先受偿。抵押财产折价或者变卖的，应当参照市场价格。要实现抵押权，必须向人民法院提出申请，通过拍卖、变卖的方式实现。

易混易错

1. 抵押权和租赁权的关系。抵押权设立前，抵押财产已经出租并转移占有的，原租赁关系不受该抵押权的影响。"原租赁关系不受该抵押权的影响"，是指抵押权人因实现抵押权而将被出租的抵押财产拍卖或变卖时，无论何人取得该财产，租赁权仍然存在于该抵押财产之上，承租人与抵押财产的取得人之间存在租赁合同关系。此外，只有"抵押权设立前，抵押财产已经出租并转移占有的"，原租赁关系才不受抵押权的影响。需要注意的是，倘若财产设定抵押权后又出租的，虽然民法典对此并未规定，但由于租赁权在本质上属于债权，因此，抵押权当然优先于租赁权。

2. 抵押财产的转让。抵押期间，抵押人可以转让抵押财产。当事人另有约定的，按照其约定。抵押财产转让的，抵押权不受影响。抵押人转让抵押财产的，应当及时通知抵押权人。抵押权人能够证明抵押财产转让可能损害抵押权的，可以请求抵押人将转让所得的价款向抵押权人提前清偿债务或者提存。转让的价款超过债权数额的部分归抵押人所有，不足部分由债务人清偿。

3. 抵押权的清偿顺位。同一财产向两个以上债权人抵押的，拍卖、变卖抵押财产所得的价款依照下列规定清偿：（1）抵押权已经登记的，按照登记的时间先后确定清偿顺序；（2）抵押权已经登记的先于未登记的受偿；（3）抵押权未登记的，按照债权比例清偿。上述确定抵押权顺位的标准是法定的，并且，当事人不得以其意思表示将之排除或改变。就是说，即使当事人约定了抵押权的顺位，在此类约定与上述法定规则相抵触时，仍然以法律规定的抵押权清偿顺位为准。

4. 抵押权和质权的竞合。同一财产既设立抵押权又设立质权的，拍卖、变卖该财产所得的价款按照登记、交付的时间先后确定清偿顺序。

5. 民法典对动产抵押规则的完善。动产抵押担保的主债权是抵押物的价款，标的物交付后10日内办理抵押登记的，该抵押权人优先于抵押物买受人的其他担保物权人受偿，但是留置权人除外。该规定有助于保护融资人的权利，促进融资。

6. 法律硕士联考中，本内容出题方式为选择题、简答题和法条分析题。出题思路：选择题为担保物权的类型、各类担保方式的性质、抵押权的属性。简答题为抵押权的概念和特征。法条分析题一般围绕着抵押权的概念、特征、立法意义、法律效力、条文规定中有关某些用语的含义（例如：如何理解本条规定中"当事人约定的实现抵押权的情形"？如何理解本条规定中"优先受偿"的含义）命题。

试题范例

1.（2016年真题）单项选择题

甲向乙借款5万元，以自己的汽车作抵押并办理了抵押登记。抵押期间，丙向甲表示愿意购买该车。根据我国物权法，下列选项正确的是（　　）。

A. 甲通知乙后即有权转让该车

B. 甲告知丙后即有权转让该车

C. 甲征得乙同意后有权转让该车

D. 甲在任何情况下均无权转让该车

答案：无

（注：根据《物权法》第191条规定，选C项。但根据《民法典》第406条的规定，抵押人转让抵押财产的，应当及时通知抵押权人，但是否履行通知义务并非抵押财产转让的生效要件；抵押人转让抵押财产的，也不必取得抵押权人同意，但抵押权转让的，抵押权不受影响。据此，本题无答案）

2. 单项选择题

甲将房屋出租给乙，租期为5年。1年后，甲从丙银行借款200万元，借款期限为2年，甲将该房屋抵押给银行，以担保债务履行。借款期限届满，甲无力清偿债务，丙银行欲实现抵押权。对此，下列表述正确的是（　　）。

A. 丙银行只能申请人民法院拍卖该房屋以实现抵押权

B. 甲应当在拍卖3日前通知乙

C. 若房屋拍卖给丁，甲、乙之间的租赁合同对丁有效

D. 丙银行无权申请拍卖房屋

答案：C

3. 多项选择题

甲向乙银行借款100万元，为确保按期还款，甲将其房屋抵押给乙银行并办理了抵押登记。抵押期间，甲将房屋出售给丙，并办理过户登记手

民法学

续。对此，下列表述正确的是（　　）。

A. 甲将房屋出售给丙，应当及时通知乙银行

B. 甲将房屋出售给丙，应当取得乙银行的同意

C. 丙善意取得房屋的所有权

D. 甲将房屋出售给丙后，乙银行对该房屋仍享有抵押权

答案：AD

核心法条

《民法典》第395条　债务人或者第三人有权处分的下列财产可以抵押：

（一）建筑物和其他土地附着物；

（二）建设用地使用权；

（三）海域使用权；

（四）生产设备、原材料、半成品、产品；

（五）正在建造的建筑物、船舶、航空器；

（六）交通运输工具；

（七）法律、行政法规未禁止抵押的其他财产。

抵押人可以将前款所列财产一并抵押。

释解分析

本条规定的是可以抵押的财产。抵押财产也称为“抵押权的标的物”。可以抵押的财产须为债务人或者第三人有权处分的财产，否则将构成无权处分。根据本条规定，允许抵押的财产有：（1）建筑物和其他土地附着物。土地所有权属于国家或者集体，这一最重要的不动产不能设定抵押，故本条第1款第1项只是允许“建筑物和其他土地附着物”设定抵押。建筑物和其他土地附着物，不仅包括房屋（用于居住的建筑物），还包括其他非居住用途的建筑物，如桥梁、地窖、水塔、涵洞、水道、索道、砖瓦窑、烟囱、游泳池、纪念碑等人工构筑物，以及土地上的林木、农作物等。（2）建设用地使用权。（3）海域使用权。海域使用权属于特种用益物权，在特种用益物权中，除了海域使用权允许抵押外，采矿权也可以抵押。（4）生产设备、原材料、半成品、产品。这里的“生产设备”是指企业、个人、事业单位、社会团体和非法人组织所有的用于进行某项工作或者供应某种需要所必需的机械设备、牲畜等生产器物。至于“原材料”是指企业用于生产某种产品所需要的物质，如钢铁厂冶炼所需的各类矿石、酒厂酿酒所需要的各种粮食等。半成品是指尚未加工生产完毕的产品。（5）正在建造的建筑物、船舶、航空器。本来“正在建造的建筑物”因尚未完成，不属于具有特定性的独立物，无法成为物权的客体，不能买卖，更不能进行抵押。但随着现代社会经济的发展，处于融资便利的需要，实践中出现了以正在建造的建筑物设定抵押，以获得融资的情形，如在建工程抵押、预购商品房抵押等。预售商品房抵押，即购房人在支付首期规定的房价款后，由贷款银行代其支付其余的购房款，将所预购商品房抵押给贷款银行作为偿还贷款履行担保的行为。在建工程抵押，即抵押人为取得在建工程继续建造资金的贷款，以其合法方式取得的土地使用权连同在建工程的投入资产，以不转移占有的方式抵押给贷款银行作为偿还贷款履行担保的行为。（6）交通运输工具。如机动车、船舶、航空器等。（7）法律、行政法规未禁止抵押的其他财产。这是一项兜底性条款，旨在适应不断变化的经济生活的需要。

根据本条第2款的规定，上述所列财产可以一并抵押，即将动产、不动产及其某些权利作为一个整体进行担保，比如，将厂房、机器设备、库存产成品、工业产权等财产作为总资产向银行抵押贷款。但是，将财产一并抵押时，各项财产的数量、质量、状况和价值都应当是明确的。有人认为，本条第2款规定的实际上是财团抵押（权）。所谓财团抵押权，是以企业的财团为抵押财产的抵押。所谓财团，是指由企业的建设用地使用权、地上建筑物及其附属设施、设备、知识产权等财产组成的一种集合的财产。财团既不是单纯的不动产，也不是单纯的动产，而是企业所有的不动产、动产及权利综合为一体，法律上视为一项独立的财产，于其上设立一个抵押权。这与普通抵押权的标的物为一个单一物不同，与共同抵押权的标的物为数个物或权利也有差异。从本条第2款的规定来看，财团抵押权需要通过抵押合同设立，且应以抵押登记作为抵押权的生效要件。在实务上，中国至今尚未开展把财团作为一个抵押财产办理登记的业务，当企业以其所有的不动产、动产及权利一并设立抵押权时，实际操作是就建设用地使用权抵押、建筑物及其附属设施抵押、动产抵押、知识产权抵押等分别办理抵押登记，由此形成的抵押权难以真正称之为“财团抵押权”，因此需要立法完善。财团抵押权的效力及于构成财团的各个不动产、动产及权利。

试题范例

多项选择题

下列财产或财产权利中，可以抵押的是（　　）。

A. 私有房屋

B. 建设用地使用权

C. 宅基地使用权

D. 尚未组装完成的飞机

答案：ABD

核心法条

《民法典》第396条　企业、个体工商户、农业生产经营者可以将现有的以及将有的生产设备、原材料、半成品、产品抵押，债务人不履行到期债务或者发生当事人约定的实现抵押权的情形，债权人有权就抵押财产确定时的动产优先受偿。

《民法典》第403条　以动产抵押的，抵押权自抵押合同生效时设立；未经登记，不得对抗善意第三人。

《民法典》第404条　以动产抵押的，不得对抗正常经营活动中已经支付合理价款并取得抵押财产的买受人。

《民法典》第411条　依据本法第三百九十六条规定设定抵押的，抵押财产自下列情形之一发生时确定：

（一）债务履行期限届满，债权未实现；

（二）抵押人被宣告破产或者解散；

（三）当事人约定的实现抵押权的情形；

（四）严重影响债权实现的其他情形。

释解分析

上述条文规定的是动产浮动抵押（权）。动产浮动抵押（权）也称为“企业担保”、“浮动担保”或“浮动债务负担”，是指以法律规定的动产作为一财产整体设立的动产抵押权。动产浮动抵押具有如下特征：（1）抵押人限于企业、个体工商户、农业生产经营者，故主体具有特定性。动产浮动抵押的抵押人限于企业、个体工商户和农业生产经营者（包括农村承包经营户和农民专业合作社），这是动产浮动抵押和一般抵押的主体区别，因为设定普通抵押权的抵押人包括自然人、法人或非法人组织。可见，自然人不能成为动产浮动抵押的主体。（2）抵押财产限于抵押人的动产且具有集合性，包括现有的以及将有的生产设备、原材料、半成品、产品。动产浮动抵押和一般抵押在客体上的区别有二：一是权利和不动产不能成为浮动抵押的客体，而一般抵押的客体包括动产、不动产和权利。二是一般抵押的客体限于现有的财产，而动产浮动抵押的客体不仅包括现有的财产，还包括将有的动产，换句话说，动产浮动抵押的财产之所以是浮动的，就是因为动产浮动抵押的财产包括将有的财产，因此，在动产浮动抵押期间，抵押财产并不确定，而是处于变动不居的状态。当然，一旦发生债务人不履行到期债务的情形，抵押人确定抵押权时就必须确定浮动抵押中的财产。此外，在发生其他一些情形如抵押人被宣告破产时，也必须确定浮动抵押的财产，以便于抵押权人行使权利。（3）抵押财产特定化之前可以自由转让。在一般抵押中，抵押人于抵押期间未经抵押权人的同意，不得转让抵押财产，除非受让人代为清偿债务而消灭抵押权。但是，在动产浮动抵押中，抵押人在抵押期间用于抵押的动产是不断变动的，可以流出也可以流入。申言之，抵押人可以出售、出租甚至抵押这些流动的动产。因此，动产浮动抵押的财产在特定化之前可以自由转让，但一旦浮动抵押财产被特定化，抵押人未经抵押权人同意不得随意处置。

企业、个体工商户、农业生产经营者设定动产浮动抵押的，抵押权自抵押合同生效时设立；未经登记，不得对抗善意第三人。可见，动产浮动抵押和一般动产抵押的设定同样采取登记对抗主义。设定动产浮动抵押的，即便动产浮动抵押权已经办理登记，也不得对抗正常经营活动中已经支付合理价款并取得抵押财产的买受人。

动产浮动抵押财产的确定事由有：（1）债务履行期限届满，债权未实现。这种情况下，无论抵押权人是否向抵押人提出实现抵押权的要求，抵押财产均应确定，自债务履行期限届满之日起，抵押人不得再处分抵押财产。（2）抵押人被宣告破产或者解散。此情形下，抵押人停止营业，其财产不再发生变动，抵押财产随之确定，抵押权人对抵押财产享有优先受偿的权利。（3）当事人约定的实现抵押权的情形。抵押权人为保障自己的债权得到清偿，可以与抵押人约定提前实现抵押权。例如，约定抵押人用于抵押的库存的产品数量低于库存总量的一定比例为提前实现抵押权的情形的，一旦发生了该情形，抵押财产即被确定，抵押权人可以要求实现抵押权。（4）严重影响债权实现的其他情形。所谓严重影响债权实现的其他情形，需要结合其他法律的规定并通过司法实践不断细化。例如，抵押人因经营管理不善而导致经营状况恶化或严重亏损，或抵押人为了逃避债务而故意低价转让财产或隐匿、转移财产等。上述四种情形为抵押财产确定的法定事由，发生其中任一情形的，自该情形发生时浮动抵押即转化为固定抵押，抵押财产确定，抵押人不得再处分抵押财产，抵押权人可以依法实现抵押权。

试题范例

单项选择题

下列债务人中，不能设定动产浮动抵押的是（　　）。

A. 个体工商户甲

B. 农村承包经营户乙

C. 有限责任公司丙

D. 某小区业主丁

答案：D

核心法条

《民法典》第 397 条　以建筑物抵押的，该建筑物占用范围内的建设用地使用权一并抵押。以建设用地使用权抵押的，该土地上的建筑物一并抵押。

抵押人未依据前款规定一并抵押的，未抵押的财产视为一并抵押。

相关法条

《民法典》第 417 条　建设用地使用权抵押后，该土地上新增的建筑物不属于抵押财产。该建设用地使用权实现抵押权时，应当将该土地上新增的建筑物与建设用地使用权一并处分。但是，新增建筑物所得的价款，抵押权人无权优先受偿。

释解分析

本条规定的是建筑物与建筑物占用范围内的建设用地使用权的一并抵押。本条第 1 款体现了我国法律中历来强调的一个基本原则——“房屋所有权主体与房屋占用范围内的土地使用权的主体一致”，亦即俗称的“房随地走，地随房走”的原则。本法颁布之前的许多法律中对此都有相应规定。此次，《民法典》第 356 条、第 357 条和本条进一步确认了这一原则。问题是，如果抵押人没有依照法律规定将建筑物及其占用范围内的建设用地使用权一并抵押，而是分别抵押或者仅仅抵押其中的一项财产时，应如何处理？对此，本条第 2 款规定，无论是以建筑物及其占用范围内的建设用地使用权单独抵押还是分别抵押，未抵押的财产都视为一并抵押。换言之，单独以建筑物设定的抵押权是有效的，但是其效力及于建筑物占用范围内的建设用地使用权及其他附着物；单独以建设用地使用权设定的抵押权也是有效的，其效力同样及于土地上的建筑物及其他附着物。

抵押权设定后，其效力及于抵押物的从物、从权利、添附物、孳息和代位物等，但不及于新增建筑物。根据《民法典》第 417 条的规定，债务人或者第三人有权处分的建设用地使用权可以抵押。以建设用地使用权抵押的，该土地上现有的建筑物一并抵押，抵押人未一并抵押的，未抵押的建筑物视为一并抵押。建设用地使用权抵押后，抵押人仍然有权依法对该土地进行开发，建造建筑物。对于该土地上新增的建筑物，由于其不在抵押合同约定的抵押财产的范围内，因此不属于抵押财产。为了实现抵押权，需要处分抵押的建设用地使用权实现抵押权时，虽然新增的建筑物不属于抵押财产，仍应当将其与建设用地使用权一并处分。处分新增建筑物所得的价款，抵押权人没有优先受偿的权利，只能作为普通债权人行使权利。

试题范例

（2015 年真题）单项选择题

甲向乙银行贷款，以其别墅设定抵押。之后，甲在别墅院内建造了独立车库。贷款到期，甲无力偿还。乙银行享有优先受偿权的财产（　　）。

A. 仅限于别墅

B. 包括别墅、车库

C. 包括别墅、建设用地使用权

D. 包括别墅、车库及建设用地使用权

答案：C

核心法条

《民法典》第 399 条　下列财产不得抵押：

（一）土地所有权；

（二）宅基地、自留地、自留山等集体所有土地的使用权，但是法律规定可以抵押的除外；

（三）学校、幼儿园、医疗机构等为公益目的成立的非营利法人的教育设施、医疗卫生设施和其他公益设施；

（四）所有权、使用权不明或者有争议的财产；

（五）依法被查封、扣押、监管的财产；

（六）法律、行政法规规定不得抵押的其他财产。

释解分析

本条规定的是不得抵押的财产。基于公共利益、社会政策等各种考虑，各国法律规定了一些禁止抵押的财产，我国也不例外。根据本条规定，下列财产不得抵押：（1）土地所有权。我国实行的是土地公有制，即土地只能由国家或集体所有。我国《宪法》已经明确禁止了土地所有权的转让。从我国法律的规定来看，土地所有权的转让只有一种形式，就是国家通过征收土地的集体所有变为国家所有。除此之外，任何形式的土地所有权的变化都是不允许的。正因如此，土地所有权的抵押也为法律所禁止，否则抵押权实现时必然导致土地所有权主体的变更，进而违反《宪法》的规定，破坏了我国土地公有制。（2）宅基地、自留地、自留山等集体所有土地的使用权，但是法律规定可以抵押的除外。宅基地使用权具有一定的社会保障性质，因此不能设定抵押权，不过，我国目前有一些地方在试行宅基地使用权抵押。自留地、自留山也属于农民集体所有，是农民作为保障的基本生活资料，带有社会保障性质，因此禁止自留地、自留山设定抵押。本项规定的“但是法律规定可以抵押的除外”，主要是指：①土地经营权可以设定抵押。《农村土地承包法》第 47 条第 1 款规定：承包方可以用承包地的土地经营权向金融机构融资担保，并向发包方备案。受让方通过流转取得的土地经营权，经承包方书面同意并向发包方备案，可以向金融机构融资担保。《农村土地承包法》第 53 条规定：通过招标、拍卖、公开协商等方式承包农村土地，经依法登记取得权属证书的，可以依法采取出租、入股、抵押或者其他方式流转土地经营权。②集体经营性建设用地使用权可以设定抵押。《土地管理法》第 63 条第 3 款规定：通过出让等方式取得的集体经营性建设用地使用权可以转让、互换、出资、赠与或者抵押，但法律、行政法规另有规定或者土地所有权人、土地使用权人签订的书面合同另有约定的除外。《民法典》第 398 条规定：乡镇、村企业的建设用地使用权不得单独抵押。以乡镇、村企业的厂房等建筑物抵押的，其占用范围内的建设用地使用权一并抵押。（3）学校、幼儿园、医疗机构等为公益目的成立的非营利法人的教育设施、医疗卫生设施和其他公益设施。这是因为如果允许这些设施抵押，一旦债权人实现抵押权，则必然要将这些设施拍卖或者变卖，这会对我国教育、医疗卫生等事业的发展造成损害，因此，上述设施不得抵押。（4）所有权、使用权不明或者有争议的财产。如果所有权、使用权不明或者有争议的财产设定抵押，会引起更多法律上的纠纷与争议，更会出现侵犯真正的财产所有权人或者使用权人的合法权益的情形，因此，所有权、使用权不明或者有争议的财产禁止抵押。根据《最高人民法院关于适用〈中华人民共和国民法典〉有关担保制度的解释》第 37 条第 1 款的规定，当事人以所有权、使用权不明或者有争议的财产抵押，经审查构成无权处分的，人民法院应当依照《民法典》第 311 条的规定（善意取得）处理。（5）依法被查封、扣押、监管的财产。这类财产的所有权仍属于财产所有权人，但所有权的行使受到了法律限制，因此这类财产禁止抵押。查封，是指人民法院或有权的行政机关，如产品质量监督管理部门、工商行政管理机关等，依法将被保全的财产、被执行人的财产或违反有关法律、法规的财产，贴上封条就地封存，并禁止该财产被转移或处理。查封一般是针对不易或不能移动的物品，如机器、设备、厂房等采用的，既包括不动产也包括某些动产。扣押，是指人民法院或有权的行政机关将财物就地扣留，或者易地扣留，财物所有人在扣留期间不得动用或处分。监管，是指海关依照《海关法》的有关规定，对自进境起到办结海关手续的进口货物、保税货物和其他尚未办结海关手续的进出境货物进行监督、管理，对违反《海关法》和其他有关法律法规规定的进出境货物、物品予以扣留。根据《最高人民法院关于适用〈中

民法学

华人民共和国民法典〉有关担保制度的解释》第37条第2、3款的规定，当事人以依法被查封或者扣押的财产抵押，抵押权人请求行使抵押权，经审查查封或者扣押措施已经解除的，人民法院应予支持。抵押人以抵押权设立时财产被查封或者扣押为由主张抵押合同无效的，人民法院不予支持。以依法被监管的财产抵押的，适用前款规定。(6) 法律、行政法规规定不得抵押的其他财产。"法律、行政法规规定不得抵押的其他财产"是指除《民法典》之外，其他法律、行政法规明确禁止抵押的其他财产。例如，《宗教事务条例》第54条规定：宗教活动场所用于宗教活动的房屋、构筑物及其附属的宗教教职人员生活用房不得转让、抵押或者作为实物投资。

试题范例

多项选择题

下列财产不得抵押的是（　　）。

A. 宗教活动场所用于宗教活动的房屋

B. 依法被查封的机器设备

C. 土地经营权

D. 宅基地使用权

答案：ABD

核心法条

《民法典》第401条　抵押权人在债务履行期限届满前，与抵押人约定债务人不履行到期债务时抵押财产归债权人所有的，只能依法就抵押财产优先受偿。

相关法条

《民法典》第428条　质权人在债务履行期限届满前，与出质人约定债务人不履行到期债务时质押财产归债权人所有的，只能依法就质押财产优先受偿。

释解分析

本条规定的是"流押（质）"契约（条款）。《民法典》第401条规定的是流押契约，《民法典》第428条规定的是流质契约。流押（质）契约是指担保合同当事人在担保合同中约定，在债务人不履行债务时，担保物归担保权人所有。自罗马法以来，各国法律上一般都禁止流押契约或者流质契约。法律之所以禁止流押（质）契约，是为了保护债权人、债务人和抵押人各方的利益。因为在抵押权（质权）实现前约定抵押物（质物）于债务人不履行合同时归担保权人（债权人）所有，其后物价上涨时则会损害抵押人（出质人）和抵押人（出质人）的其他债权人的利益；而在约定抵押物（质物）归债权人所有时，由于各种因素，当事人对抵押物（质物）的价值可能估计不充分，不利于保护债务人的利益。当事人约定有流押（质）条款，并非指抵押权的设定无效，换言之，当事人在担保合同中约定流押（质）条款的，不影响抵押权（质权）的设定和担保合同其他条款的效力，而且，抵押权人（质权人）所享有的优先受偿权也不受影响。

易混易错

禁止流押条款只限定于债务履行期限届满之前。债务人到期不履行债务的，抵押权人可以与抵押人协议将抵押财产折价归抵押权人所有。

试题范例

1.（2013年真题）单项选择题

甲以房屋作抵押向乙借款，并办理了抵押登记。后甲未按期归还借款，且未与乙就如何实现抵押权达成协议。根据我国物权法规定（　　）。

A. 乙有权直接取得房屋的所有权

B. 乙有权直接变卖房屋以实现抵押权

C. 乙只能委托拍卖公司拍卖房屋以实现抵押权

D. 乙可以请求人民法院拍卖、变卖房屋以实现抵押权

答案：D

2. 单项选择题

下列关于抵押权的表述，错误的是（　　）。

A. 抵押权标的物可以是动产，也可以是不动产

B. 抵押权属于担保物权

C. 抵押权属于价值权

D. 设定有流押契约的抵押合同无效

答案：D

核心法条

《民法典》第420条　为担保债务的履行，债务人或者第三人对一定期间内将要连续发生的债权提供担保财产的，债务人不履行到期债务或者发生当事人约定的实现抵押权的情形，抵押权人有权在最高债权额限度内就该担保财产优先受偿。

最高额抵押权设立前已经存在的债权，经当事人同意，可以转入最高额抵押担保的债权范围。

释解分析

本条规定的是最高额抵押权。最高额抵押权是指为了担保债务的履行，债务人或者第三人对一定期间内将要连续发生的债权提供抵押担保，债务人不履行到期债务或者发生当事人约定的实现抵押权的情形，抵押权人有权在最高额债权限度内就该担保财产优先受偿。最高额抵押权具有以下特征：（1）最高额抵押是限额抵押。设定抵押时，抵押人与抵押权人协议约定抵押财产担保的最高债权限额，无论将来实际发生的债权如何变动，抵押权人只能在最高债权额范围内对抵押财产享有优先受偿权。（2）最高额抵押是为将来发生的债权提供担保。最高额抵押权设定时，不以主债权的存在为前提，是典型的担保将来债权的抵押权。（3）最高额抵押权所担保的最高债权额是确定的，但实际发生额不确定。设定最高额抵押权时，债权尚未发生，为担保将来债权的履行，抵押人和抵押权人协议确定担保的最高数额，在此额度内对债权担保。（4）最高额抵押权是对一定期间内连续发生的债权作担保。一定期间就是指抵押权担保的期间，且在该期间内所担保的债权是连续发生的。此外，最高额抵押权设立前已经存在的债权，经当事人同意，可以转入最高额抵押担保的债权范围。

易混易错

1. 最高额抵押权不具有从属性，最高额抵押权并不以某一特定债权的存在为前提。最高额抵押担保的债权确定前，部分债权转让的，最高额抵押权不得转让，但是当事人另有约定的除外。当然，主债权全部转让的，最高额抵押权应随之转让。

2. 最高额抵押担保的债权确定前，抵押权人与抵押人可以通过协议变更债权确定的期间、债权范围以及最高债权额。但是，在同一抵押财产上还有其他抵押权人特别是后顺位的抵押权人时，变更的内容可能对他们产生一定的影响，甚至损害他们的合法权益。例如，最高额抵押权人与抵押人协议提高最高债权额，而实际发生的债权数额也高于原最高债权额，那么抵押财产的变价款用于优先清偿该最高额抵押权人的数额就会相应增加，这样就会对后顺位抵押权人实现其抵押权产生不利影响。为防止抵押权人与抵押人的变更损害其他抵押权人的利益，本条特别规定，变更的内容不得对其他抵押权人产生不利影响。

3. 最高额抵押权所担保的债权的确定事由。有下列情形之一的，抵押权人的债权确定：（1）约定的债权确定期间届满；（2）没有约定债权确定期间或者约定不明确，抵押权人或者抵押人自最高额抵押权设立之日起满2年后请求确定债权；（3）新的债权不可能发生；（4）抵押权人知道或者应当知道抵押财产被查封、扣押；（5）债务人、抵押人被宣告破产或者解散；（6）法律规定债权确定的其他情形。

4. 法律硕士联考中，本内容出题方式包括选择题、简答题和法条分析题。出题思路：选择题为最高额抵押权的特征和内容；简答题和法条分析题为最高额抵押权的概念和特征，此外，本条文规定中某些用语的含义也可以成为考查方向，例如：如何理解本条规定中的"一定期间内将要连续发生的债权"和"最高债权额限度内"的含义？

试题范例

单项选择题

下列有关最高额抵押权的表述，正确的是（　　）。

A. 主债权部分转让的，最高额抵押权随之转移

B. 最高额抵押权是对现实和将来的债权实现担保的担保物权

C. 抵押人被宣告破产，最高额抵押权所担保的债权即可确定

D. 最高额抵押权是担保借款合同的抵押担保方式

答案：C

核心法条

《民法典》第425条　为担保债务的履行，

民法学

债务人或者第三人将其动产出质给债权人占有的，债务人不履行到期债务或者发生当事人约定的实现质权的情形，债权人有权就该动产优先受偿。

前款规定的债务人或者第三人为出质人，债权人为质权人，交付的动产为质押财产。

释解分析

本条规定的是动产质权。质权分为动产质权和权利质权。动产质权是指债务人或者第三人将其动产移交给债权人占有，以此作为履行债务的担保，债务人不履行债务时，债权人有权将该动产折价或者以拍卖、变卖该动产的价款优先受清偿的担保物权。动产质权包含以下几层意思：(1) 动产质权是在债务人或者第三人交付的担保财产上设定的他物权。可见，质权以出质人移交质物的占有为必要，这是质权和抵押权最本质的区别。(2) 质权为担保物权。质权是为担保债权而设定的物权，因而是担保物权，而不是用益物权。(3) 质权是由债权人占有质权标的物的权利。在动产质权，质权人须直接占有质物，在债权受偿前，质权人有权留置质物而拒绝质物所有人的返还请求，不移转标的物的占有，质权不成立。(4) 质权为就质权标的的价值优先受偿的权利。质权虽由质权人占有质权的标的物，但质权人并不能直接以质物抵偿其债权，而只能以质权标的的价值优先于其他债权人受偿。(5) 质权具有从属性、不可分性和物上代位性等特征。

易混易错

1. 动产质权的标的只能是动产，我国法律禁止以不动产出质。质权的成立必须移转标的物的占有，这是判定质权是否成立最根本的判定标准。此外，法律、行政法规禁止转让的动产不得出质。

2. 除了当事人另有约定外，质权人有权在质权设定期间收取质押财产的孳息，但质权人对该孳息不享有所有权，只享有优先受偿权。

3. 法律硕士联考中，本内容出题方式包括选择题、法条分析题和案例分析题。出题思路：选择题为动产质权的设定、公示方式、客体、判定，权利质权的公示方式等；法条分析题一般围绕着质权的特征、效力及条文规定中有关用语的含义（例如：如何理解本条第 1 款中“占有”“发生当事人约定的实现质权的情形”和“优先受偿”的含义）命题；案例分析题围绕着动产质权的成立、公示方式、判定、效力、与抵押权的区别及结合民法典合同编有关知识等命题。

试题范例

1.（2017 年真题）单项选择题

甲为担保对乙的债务，于 2015 年 3 月 1 日与乙签订质押合同，承诺将自己的越野车质押给乙。同年 4 月 1 日甲交付越野车，但未将随车工具箱交付给乙。对此，下列说法正确的是（　　）。

A. 乙于 3 月 1 日取得质权

B. 乙对随车工具箱享有质权

C. 质押合同于 3 月 1 日生效

D. 质押合同于 4 月 1 日生效

答案：C

2. 多项选择题

以占有作为生效要件的法律行为包括（　　）。

A. 质押　　B. 抵押

C. 留置　　D. 租赁

答案：AC

3. 多项选择题

对于不动产可以存在的制度有（　　）。

A. 善意取得　　B. 登记

C. 质押　　D. 抵押

答案：ABD

核心法条

《民法典》第 440 条　债务人或者第三人有权处分的下列权利可以出质：

（一）汇票、本票、支票；

（二）债券、存款单；

（三）仓单、提单；

（四）可以转让的基金份额、股权；

（五）可以转让的注册商标专用权、专利权、著作权等知识产权中的财产权；

（六）现有的以及将有的应收账款；

（七）法律、行政法规规定可以出质的其他财产权利。

释解分析

本条规定的是权利质权。权利质权是指以债

权或者其他可让与的财产权利为质押财产的质权。虽然权利质权是以某些权利作为客体设定的质权，但是，并非所有的权利均可设定质权，只有符合以下条件的权利才能设定质权：（1）该权利必须是债务人或者第三人有权处分的权利。设定质权是一种处分行为，因此当债务人或者第三人对某一权利不享有处分权时，则不得以之设定质权。例如，甲将一张支票委托乙暂时保管。乙如果擅自以该支票为其向丙所负债务设定权利质押担保，其行为属于无权处分行为。至于丙能否取得该权利质权，要依据《民法典》第311条第1款判断是否构成善意取得。（2）该权利必须是财产权利。权利质权是一种价值权，质权人通过控制作为质权标的物的权利的交换价值而确保债权的实现，因此不具有财产价值的权利（如人格权、身份权等），不能成为权利质权的标的。此外，不作为债权因某些债权的书面证明本身无财产价值，故也不得设定权利质权。（3）该权利必须是依法可以转让的财产权利。不可转让的财产权利，则不能成为权利质权的标的。（4）以该权利设定质权不违背法律的规定以及权利质权的性质。

根据本条的规定，债务人或者第三人有权处分的下列权利可以出质：（1）汇票、本票、支票。汇票是指出票人签发的，委托付款人在见票时或者在指定日期无条件支付确定的金额给收款人或者持票人的票据。汇票分为银行汇票和商业汇票。本票是指出票人签发的，承诺自己在见票时无条件支付确定的金额给收款人或者持票人的票据。在我国，本票仅指银行本票。支票是指出票人签发的，委托办理支票存款业务的银行或者其他金融机构在见票时无条件支付确定的金额给收款人或者持票人的票据。（2）债券、存款单。债券是指由政府、金融机构或者企业为了筹措资金而依照法定程序向社会发行的，约定在一定期限内还本付息的有价证券，包括政府债券、金融债券和企业债券。存款单，也称为存单，是指存款人在银行或者储蓄机构存了一定金额的款项后，由银行或者储蓄机构开具的到期还本付息的债权凭证。（3）仓单、提单。仓单是指仓库保管人应存货人的请求而填发的有价证券。提单是指用以证明海上货物运输合同和货物已经由承运人接收或者装船，以及承运人保证据以交付货物的单证。（4）可以转让的基金份额、股权。基金份额是指向投资人公开发行的，表示持有人按其所持份额对基金财产享有收益分配权、清算后剩余财产取得权和其他相关权利，并承担相应义务的凭证。这里所称的基金，仅指证券投资基金法中规定的证券投资基金，即通过公开发售基金份额募集证券投资基金，由基金管理人管理，基金托管人托管，为基金份额持有人的利益，以资产组合方式进行证券投资活动的信托契约型基金。股权是指股东因向公司直接投资而享有的权利。只有可以转让的基金份额和股权才可以作为权利质权的标的，有的基金份额和股权依法不得转让，则不能出质。（5）可以转让的注册商标专用权、专利权、著作权等知识产权中的财产权。注册商标专用权和专利权中的财产权利，都可以作为权利质权的标的，而著作权中只有财产权才能出质，著作权中的人身权则不能出质。（6）现有的以及将有的应收账款。应收账款是指权利人因提供一定的货物、服务或者设施而获得的请求义务人付款的权利，即具有金钱给付内容的、现在或未来的债权。（7）法律、行政法规规定可以出质的其他财产权利。这是一个兜底性规定，法律、行政法规规定可以出质的其他财产权利可以为质物，表明权利质权的体系不是封闭的。不过，该项兜底性规定较为严格，限于法律、行政法规规定的财产权。

权利质权因出质标的不同，其公示方式也不同：（1）以汇票、本票、支票、债券、存款单、仓单、提单出质的，质权自权利凭证交付质权人时设立；没有权利凭证的，质权自办理出质登记时设立。法律另有规定的，依照其规定。（2）汇票、本票、支票、债券、存款单、仓单、提单的兑现日期或者提货日期先于主债权到期的，质权人可以兑现或者提货，并与出质人协议将兑现的价款或者提取的货物提前清偿债务或者提存。（3）以基金份额、股权出质的，质权自办理出质登记时设立。基金份额、股权出质后，不得转让，但是出质人与质权人协商同意的除外。出质人转让基金份额、股权所得的价款，应当向质权人提前清偿债务或者提存。（4）以注册商标专用权、专利权、著作权等知识产权中的财产权出质的，质权自办理出质登记时设立。知识产权中的财产权出质后，出质人不得转让或者许可他人使用，但是出质人与质权人协商同意的除外。出质人转让或者许可他人使用出质的知识产权中的财产权所得的价款，应当向质权人提前清偿债务或者提存。（5）以应收账款出质的，质权自办理出质登记时设立。应收账款出质后，不得转让，但是出质人与质权人协商同意的除外。出质人转让应收账款所得的价款，应当向质权人提前清偿债务或者提存。

试题范例

1.（2018 年真题）多项选择题

下列选项中，无须登记即可发生物权变动的有（　　）。

A. 甲公司将其股权出质给银行

B. 乙公司将其轮船的所有权转让给高某

C. 丙公司通过拍卖取得建设用地使用权

D. 丁农户将其土地承包经营权转让给钱某

答案：BD

2.（2019 年真题）多项选择题

甲公司分期支付乙公司货款，可用于甲公司向乙公司提供担保的财产有（　　）。

A. 甲公司的职工班车

B. 甲公司持有的丙公司股权

C. 甲公司效益最好的分公司的厂房

D. 甲公司与相邻丁公司存在争议的货场使用权

答案：ABC

核心法条

《民法典》第 447 条　债务人不履行到期债务，债权人可以留置已经合法占有的债务人的动产，并有权就该动产优先受偿。

前款规定的债权人为留置权人，占有的动产为留置财产。

释解分析

本条规定的是留置权。留置权是指债权人按照合同的约定占有债务人的动产，债务人不按照合同给付应付款项超过规定期限的，债权人可以留置该动产，并依照法律的规定将留置的财产折价或者以拍卖、变卖的价款优先受偿的担保物权。留置权属于他物权、法定担保物权。此外，留置权还具有从属性、不可分性和物上代位性。留置权具有以下特征：（1）留置权属于法定担保物权，其产生的基础是基于法律的直接规定，无须合同当事人之间有特别约定。（2）留置权的客体限于动产。（3）留置权不具有追及力，留置权人丧失留置财产的占有即丧失留置权。

留置权的成立须具备一定的条件：（1）债权人已经合法占有属于债务人所有的动产。其一，必须是动产；其二，债权人必须占有动产，占有丧失，留置权消灭；其三，必须合法占有动产。（2）债权人留置的动产，应当与债权的发生有牵连关系，即属于同一法律关系，但是企业之间留置的除外。（3）债务已届清偿期而债务人未履行债务。对于其他担保物权而言，债务到了履行期限是担保物权的行使条件，而不是成立条件。而对于留置权来说，债务到了履行期限，留置权才刚刚成立。债权人要行使留置权，还要与债务人约定留置财产后的债务履行期限，没有约定或者约定不明确的，留置权人应当给债务人 60 日以上履行债务的期限（《民法典》第 453 条）。（4）符合法律规定和当事人的约定并且不违背公序良俗，同时与留置人承担的义务不相抵触。法律规定或者当事人约定不得留置的动产，不得留置。如修理残疾人的轮椅，或修理伤病员的担架，尽管为加工承揽合同，但债权人若行使留置权则会使残疾人陷入生活的不便，亦违背公序良俗，故不能留置。

留置权可因留置标的物灭失、留置财产被征收、留置权被行使、留置权被抛弃、留置权丧失对留置物的占有以及因留置权人接受债务人另行提供的担保而消灭。

易混易错

1. 注意区分三大担保物权。抵押权、质权和留置权虽同属于担保物权，具有从属性、不可分性、物上代位性等特征，但三者在性质、标的、成立要件、公示方式、实现权利的途径等方面差异很大（见表 2－1）。

表 2－1

	抵押权	质权	留置权
性质	约定担保物权	约定担保物权	法定担保物权
标的物	动产、不动产、权利	动产、权利	动产
公示方式	登记，否则不发生物权效力或者不能产生对抗善意第三人的效力	动产质权为占有；权利质权为登记、权利凭证交付等	以占有，而不以登记为公示方式
成立要件	不移转标的物的占有	必须移转标的物的占有或者履行必要的公示方式	必须占有与债权有牵连关系的动产，且须经催告期
实现方式	申请法院实现	径直实现	经催告期后径直实现

2. 留置权人占有留置财产期间，有权收取留置财产所产生的孳息，即留置权人对收取的孳息只享有留置权及其产生的优先受偿权，并不享有所有权。

3. 法律硕士联考中，本内容出题方式包括各类题型，出题思路一般集中在留置权的特征、成立条件和效力上。此外，就法条分析题而言，条文规定中某些用语的含义也可以成为考查方向，例如：如何理解本条规定中"合法占有的债务人的动产"的含义？

试题范例

单项选择题

抵押权和动产质权的根本区别在于（ ）。

A. 是否移转标的物的占有

B. 是否为动产

C. 是否经过一定的履行期限

D. 是否以登记作为公示方式

答案：A

核心法条

《民法典》第449条 法律规定或者当事人约定不得留置的动产，不得留置。

释解分析

本条规定的是留置权产生的消极条件，也就是留置财产适用范围的限制性规定。根据本条规定，留置权产生的消极条件包括：（1）法律规定不得留置的动产，不得留置。不得留置动产的情形主要有：①通过侵权行为占有的动产，不得留置。《民法典》第447条规定只允许债权人"留置已经合法占有的债务人的动产"。②法律、行政法规禁止转让的动产，不得留置。例如，禁止流通物不得留置，因为禁止流通物无法变现。③留置动产的行为违背公序良俗的，不得留置。例如，因托运人未支付运费，承运人将运往新型冠状病毒肺炎疫区的药品和防疫用具留置；承揽人因重度残疾者未支付修理费而将其轮椅留置；留置他人待用的殡丧物品；等等。上述留置情形都因违背公序良俗而无效。（2）当事人约定不得留置的动产，不得留置。我国法律允许当事人通过约定不得留置的物而排除留置权。例如，《民法典》第783条规定：定作人未向承揽人支付报酬或者材料费等价款的，承揽人对完成的工作成果享有留置权或者有权拒绝交付，但是当事人另有约定的除外。留置权虽属于法定担保物权，但法律允许当事人通过约定加以排除。

试题范例

多项选择题

下列选项中，权利人行使留置权的行为成立的是（ ）。

A. 甲为乙送货，约定乙在货物送到后一周内支付运费，甲在货物运到后立刻要求乙支付运费，遭到乙拒绝，甲将部分货物留置

B. 甲将乙的行李存放在火车站小件寄存处，后乙取行李时认为寄存费过高而拒绝支付，寄存处将行李留置

C. 因重度残疾者乙无力支付轮椅修理费，修理者甲将乙的轮椅留置

D. 甲公司加工乙公司的机器零件，约定先付费后加工，付费和加工均已完成，但乙公司尚欠甲公司借款，甲公司将机器零件留置

答案：BD

核心法条

《民法典》第454条 债务人可以请求留置权人在债务履行期限届满后行使留置权；留置权人不行使的，债务人可以请求人民法院拍卖、变卖留置财产。

释解分析

本条规定的是债务人请求权。留置权为物权，不受所担保的债权的诉讼时效的限制。因此，留置权人在其所担保债权的诉讼时效完成后，仍可以对留置财产行使留置权。但是，如果留置权人长期持续占有留置财产而不实现，会对社会、经济生活产生不利影响，而且留置财产的价值也会受到影响，对债务人不利。因此，不能让留置权人无期限地留置财产而不行使留置权。本条基于以上原因明确规定，债务人可以请求留置权人在债务履行期限届满后行使留置权；留置权人不行使的，债务人可以请求人民法院拍卖、变卖留置财产，以消灭留置权。

易混易错

考生应当注意：根据《民法典》第419条的规定，抵押权人应当在主债权诉讼时效期间行使抵押权；未行使的，人民法院不予保护。该条规定表明，抵押权的行使受到主债权诉讼时效期间的限制，而留置权不受所担保的债权的诉讼时效的限制。

试题范例

多项选择题

下列表述正确的是（　　）。

A. 抵押权的行使受到主债权诉讼时效期间的限制

B. 留置权的行使不受主债权诉讼时效的限制

C. 债权人在债务履行期限到期时即可实现留置权

D. 债务人请求债权人实现留置权的，应当直接向人民法院提出申请

答案：AB

核心法条

《民法典》第456条　同一动产上已经设立抵押权或者质权，该动产又被留置的，留置权人优先受偿。

释解分析

本条规定的是担保竞合。实践中完全可能出现同一动产被债务人向某一债权人设定动产抵押、质押后又被其他债权人留置的情形，此为留置权与抵押权、质权的竞存。理解本条规定，应当注意两点：(1)在同一动产上，无论留置权是产生于抵押权或者质权之前，还是产生于抵押权或者质权之后，留置权的优先效力不受其产生时间的影响。(2)留置权对抵押权或者质权的优先效力不受留置权人在留置动产时是善意还是恶意的影响。简言之，同一动产上存在留置权与抵押权、质权竞存情形时，留置权一律优先于抵押权、质权而优先受偿。本条之所以赋予留置权如此强大的效力，道理大概有两点：一是留置权为法定担保物权，动产抵押权、质权为约定担保物权，如果允许动产抵押权、质权优先于留置权，就等于鼓励定作人、托运人、收货人、存货人等以其定作物、托运物、保管物、仓储物等为客体设立动产抵押权、质权，排斥留置权的运用，导致留置权功能的减弱乃至丧失，使承揽人、承运人、保管人、仓储人、行纪人等处于十分不利的境地，会影响他们（它们）从事承揽、货物运输、保管、仓储、行纪等业务的积极性。二是留置财产中一般都凝结了留置权人的劳动价值，或由留置权人提供的材料而成，如果赋予动产抵押权、质权优先于留置权的效力，而留置财产又在留置权人占有之下，留置权人可能恢复原状，从而损害留置财产的价值。因此，本条赋予留置权优先于动产抵押权、质权的效力，就会避免出现上述情况。

试题范例

1. (2020年真题)单项选择题

甲向乙借款，将自己的汽车抵押给乙，办理了抵押登记。后甲又向丙借款，将该车质押给丙。丙在占有该车期间，发现汽车有故障，送到丁厂修理。丁厂因未收到修理费而将该车留置。本案的担保物权受偿顺序是（　　）。

A. 抵押权；质权；留置权

B. 质权；留置权；抵押权

C. 留置权；抵押权；质权

D. 留置权；质权；抵押权

答案：C

2. 单项选择题

下列权利中，当然能够对抗抵押权的有（　　）。

A. 质权　　B. 留置权

C. 租赁权　　D. 执行权

答案：B

核心法条

《民法典》第458条　基于合同关系等产生的占有，有关不动产或者动产的使用、收益、违约责任等，按照合同约定；合同没有约定或者约定不明确的，依照有关法律规定。

相关法条

《民法典》第459条　占有人因使用占有的不动产或者动产，致使该不动产或者动产受到损害的，恶意占有人应当承担赔偿责任。

《民法典》第460条　不动产或者动产被占有人占有的，权利人可以请求返还原物及其孳息；但是，应当支付善意占有人因维护该不动产或者动产支出的必要费用。

《民法典》第461条　占有的不动产或者动产毁损、灭失，该不动产或者动产的权利人请求赔偿的，占有人应当将因毁损、灭失取得的保险金、赔偿金或者补偿金等返还给权利人；权利人的损害未得到足够弥补的，恶意占有人还应当赔偿损失。

《民法典》第462条　占有的不动产或者动产被侵占的，占有人有权请求返还原物；对妨害占有的行为，占有人有权请求排除妨害或者消除危险；因侵占或者妨害造成损害的，占有人有权依法请求损害赔偿。

占有人返还原物的请求权，自侵占发生之日起一年内未行使的，该请求权消灭。

释解分析

本条规定的是占有。占有是指对于物具有事实上的管领力的一种状态。从性质上看，占有是一种事实而不是权利。占有的特征有：(1) 占有的客体限于有体物，包括不动产和动产。但占有的客体不限于独立的物，对物的组成部分也可以成立占有。(2) 占有必须是对物产生了事实上的支配与控制。

占有可作如下分类：(1) 有权占有和无权占有。以占有人的占有是否具有本权为标准，占有可以分为有权占有和无权占有。有权占有是指基于本权的占有，此处的本权包括所有权、他物权、租赁权等权利。无权占有是指欠缺本权的占有，如窃贼对赃物的占有。(2) 善意占有和恶意占有。根据占有人的主观心理状态，无权占有又可分为善意占有和恶意占有。善意占有是指占有人不知道且不应当知道自己的占有没有合法根据而占有；恶意占有是指占有人知道或者应当知道自己没有合法根据而占有。区分善意占有和恶意占有的主要意义在于：①只有善意占有人方可受到善意取得制度的保护。②占有人因使用占有的不动产或者动产，致使该不动产或者动产受到损害的，恶意占有人应当承担赔偿责任。③善意占有人对于因维护占有的不动产或者动产支出的必要费用，可以要求权利人返还，而恶意占有人无此项请求权。④无权占有的不动产或者动产毁损、灭失的，占有人无论是否为善意均应返还保险金、赔偿金或者补偿金给权利人。权利人的损害未得到足够弥补的，恶意占有人还应当赔偿损失。(3) 直接占有和间接占有。依占有人是否直接占有物，可以将占有分为直接占有和间接占有。直接占有即直接对物加以管领之占有；间接占有是指虽不直接占有物，但基于一定法律关系对物加以间接支配的占有。例如，在保管合同中，保管人为直接占有人，寄存人为间接占有人；在租赁合同中，承租人为直接占有人，出租人为间接占有人；在质押合同中，质权人为直接占有人，出质人为间接占有人。(4) 自主占有和他主占有。依占有人是否具有所有的意思，可以将占有分为自主占有和他主占有。自主占有是指占有人以自己所有的意思而占有，否则即为他主占有。这里，占有人只需要具有所有的意思即可，至于占有人是真正的所有人，还是误认为自己是所有人，抑或明知自己并非所有人，在所不问。

占有的性质虽为一种事实状态而非权利，但为了维护社会秩序，合理解决当事人之间的权利义务关系，法律仍赋予占有一定的法律效力。主要有：(1) 权利推定效力。如果占有人在占有物上行使权利，则推定其享有此项权利，这就是占有的权利推定效力。根据占有的权利推定效力，在没有相反证据的情况下即推定占有人享有相应的物权或者债权。(2) 权利取得效力。占有人在符合法定要件的情况下可以取得本权，此即占有的权利取得效力。具体包括两种情形：一是善意取得所有权或者他物权；二是因占有时效的完成而取得所有权或者他物权。我国法律至今尚无关于占有时效的一般规定。(3) 保护效力。占有人的占有无论是否为有权占有，均可以对抗他人的侵犯。

根据《民法典》的规定，占有人享有以下请求权：(1) 占有物返还请求权。占有物被侵占的，占有人有权请求返还原物。占有人返还原物的请求权，自侵占发生之日起1年内未行使的，该请求权消灭。(2) 妨害排除和防止请求权。在妨害已经发生或者有妨害之虞时，占有人有权请求排除妨害或者消除危险。(3) 损害赔偿请求权。因侵占或者妨害造成损害的，占有人有权依法请求损害赔偿。

试题范例

1.（2015年真题）单项选择题

甲下班时误将同事的同款电脑当成自己的电脑带回家。甲对该电脑的占有属于（　　）。

A. 有权占有　　B. 间接占有

C. 善意占有　　D. 他主占有

答案：C

2.（2017年真题）单项选择题

甲将一批货物存放在乙的仓库，之后丙因甲拖欠其15万元货款，强行将该批货物拉走抵债。对此，下列说法正确的是（　　）。

A. 丙的行为属于自助行为

B. 丙的行为属于行使留置权

C. 乙请求丙返还货物的权利存续期间为1年

D. 甲请求丙返还货物的权利存续期间为2年

答案：C

3.（2018年真题）多项选择题

甲将拾得的手表赠与不知情的乙，乙对该手表的占有属于（　　）。

A. 有权占有　　B. 善意占有

C. 直接占有　　D. 自主占有

答案：BCD

4. 单项选择题

不动产或者动产被他人占有的，权利人主张占有物返还时，善意占有人应负的权利或义务不包括（　　）。

A. 对占有物的损害负赔偿责任

B. 对占有物所生孳息的返还义务

C. 对维护占有物支付的必要费用有请求权利人支付的权利

D. 对因占有物毁损、灭失获得的保险金予以返还的义务

答案：A

民法学

九、合同通则

核心法条

《民法典》第 464 条 合同是民事主体之间设立、变更、终止民事法律关系的协议。

婚姻、收养、监护等有关身份关系的协议，适用有关该身份关系的法律规定；没有规定的，可以根据其性质参照适用本编规定。

相关法条

《民法典》第 467 条第 1 款 本法或者其他法律没有明文规定的合同，适用本编通则的规定，并可以参照适用本编或者其他法律最相类似合同的规定。

《民法典》第 468 条 非因合同产生的债权债务关系，适用有关该债权债务关系的法律规定；没有规定的，适用本编通则的有关规定，但是根据其性质不能适用的除外。

释解分析

本条规定的是合同的概念和适用范围。合同是民事主体之间设立、变更、终止民事权利义务关系的协议。合同有广义和狭义之分。广义的合同，不仅包括有关财产关系的协议，也包括有关身份关系的协议。民法典合同编所研究的是狭义的合同，即有关财产关系的协议。除民法典合同编已确认的 19 类有名合同以外，还包括民法物权、知识产权、人格权所确认的合同，如抵押合同、质押合同、土地使用权出让和转让合同、专利权或商标权转让合同、许可合同、著作权使用合同、出版合同、肖像许可使用合同、名称权转让合同等，以及公司法、劳动法、保险法、海商法等法律所确认的合同，如出资协议、劳动合同、保险合同、海上货物运输合同等，都适用民法典合同编调整。但是，婚姻、收养、监护等有关身份关系的协议，适用有关该身份关系的法律规定。例如，离婚协议、监护协议、收养协议等，因为并不属于交易关系，不适用民法典合同编调整。对于婚姻、收养、监护等有关身份关系的协议，如果没有规定的，可以根据其性质参照适用民法典合同编规定。

合同具有以下特征：（1）合同是一种民事法律行为，以意思表示为要素并依意思表示的内容发生相应法律后果。（2）合同是双方以上当事人意思表示一致的民事法律行为，是平等当事人之间的一种协议或合意。（3）合同以设立、变更、终止民事权利义务关系为目的。

以法律上是否规定合同名称为标准，可以将合同分为有名合同和无名合同。有名合同又称为典型合同，是指法律上已经规定了合同名称及规则的合同；无名合同是指法律上尚未规定合同名称及具体规则的合同，如健身美容合同、信用卡合同、加盟协议、互联网服务合同、企业咨询合同等。有名合同与无名合同所适用的法律规则是不同的：有名合同适用法律已对其设定的规范。民法典合同编和其他法律仅对有名合同作出规定，但无法穷尽一切合同。对于无名合同，法律仍然要进行调整。对于无名合同，适用民法典关于民事法律行为的规定及合同编通则，并可以参照适用民法典合同编或者其他法律最相类似合同的规定。这里的“参照”，就是通过类推的方式适用其他法律规定。

合同之债是最常见的债。除合同之债外，还有其他债权债务关系，主要包括侵权行为之债、无因管理之债和不当得利之债。除上述债权债务关系外，单方允诺、缔约过失、遗赠等事实也能产生债权债务关系。对于上述合同之外的债权债务关系，应当适用该债权债务关系的法律规定。例如，无因管理之债适用无因管理的法律规定，不当得利之债适用不当得利的法律规定，等等。法律对上述非因合同产生的债权债务没有规定的，应当适用民法典合同编通则的有关规定，但是根据其性质不能适用的除外。

易混易错

1. 根据不同的标准，合同通常可以分为：（1）以法律上是否规定合同名称为标准，可将合同分为有名合同和无名合同。（2）以是否须具备一定形式为标准，可将合同分为要式合同和不要式合同。（3）以双方当事人是否互负给付义务为标准，可将合同分为单务合同和双务合同。（4）以合同目的是否为自己的利益订立为标准，可将合同分为为自己的利益订立的合同和为第三人利益订立的合同。（5）以合同相互间的主从关系为标准，可将合同分为主合同和从合同。

2. 各类合同的性质：买卖合同：诺成、不要式、双务、有偿；供用电、水、气、热力合同：诺成、要式、双务、有偿；赠与合同：诺成、不要式、单务、无偿；借款合同：金融机构借款合同（信贷合同）为诺成、要式、双务、有偿，民间借款合同为诺成、要式、有偿、双务，但自然人之间的民间借款合同为实践、不要式、有偿无偿取决于自然人之间的约定；保证合同：诺成、要式、单务、无偿；租赁合同：诺成、双务、有偿、要式不要式皆可；融资租赁合同：诺成、要式、双务、有偿；保理合同：诺成、要式、双务、有偿；承揽合同：诺成、不要式、双务、有偿；建设工程合同：诺成、要式、双务、有偿；运输合同：诺成、有偿、双务、要式不要式皆可；技术合同：诺成、要式、双务、有偿；保管合同：无偿保管合同为实践、不要式、单务、无偿，有偿保管合同为实践、不要式、双务、有偿；仓储合同：诺成、要式、双务、有偿；委托合同：诺成、不要式、双务、有偿无偿皆可；物业服务合同：诺成、要式、双务、有偿；行纪合同：诺成、不要式、双务、有偿；中介合同：诺成、不要式、双务、有偿；合伙合同：诺成、要式、双务、有偿。

试题范例

1.（2021 年真题）单项选择题

甲在某餐厅用餐，根据菜单点了一份标价为 98 元的菜。结账时，餐厅要求甲支付 298 元，甲则坚持以菜单为准付款，这时餐厅才发现菜单被调包。经查，菜单调包系刚刚来此就餐的某顾客所为。甲与餐厅之间债的发生原因是（　）。

A. 合同　　B. 缔约过失

C. 侵权行为　　D. 不当得利

答案：A

2. 单项选择题

下列选项中，应受民法典合同编调整的是（　）。

A. 订婚协议　　B. 收养协议

C. 监护协议　　D. 遗赠扶养协议

答案：D

核心法条

《民法典》第 465 条　依法成立的合同，受法律保护。

依法成立的合同，仅对当事人具有法律约束力，但是法律另有规定的除外。

释解分析

本条规定的是合法原则和合同相对性原则。本条第 1 款规定的是合法原则。合法原则即合同的订立符合法律、行政法规的规定，且不违背公序良俗。依法成立的合同，才能在合同当事人之间产生约束力，才能受法律保护。

本条第 2 款规定了合同关系的相对性原则。合同的相对性，在大陆法系中又称为“债的相对性”，是指合同主要在特定的合同当事人之间发生，只有合同当事人一方能基于合同向与其有合同关系的另一方提出请求或提起诉讼，而不能向与其无合同关系的第三人提出合同上的请求，也不能擅自为第三人设定合同上的义务。合同的相对性具体包括：（1）合同主体的相对性。合同主体的相对性是指合同关系只能发生在特定的主体之间，只有合同当事人一方能够向合同的另一方当事人提出合同上的请求及诉讼，而不能向与其无合同关系的第三人提出合同上的请求及诉讼。（2）合同内容的相对性。合同内容的相对性是指，除法律另有规定或者合同另有约定外，只有合同当事人才能享有某个合同所规定的权利，并承担该合同规定的义务，除合同当事人以外的任何第三人都不能主张合同上的权利。合同规定由当事人享有的权利，原则上并不及于第三人；合同约定由当事人承担的义务，一般也不能对第三人产生约束力。合同当事人无权为他人设定合同上的义务。（3）合同责任的相对性。合同责任的相对性是指合同责任只能在特定的当事人之间即合同关系的当事人之间发生，合同关系以外的人不负违约责任，合同当事人也不对其承担违约责任。违约当事人应对自己造成的违约后果承担违约责任，而不能将责任推卸给他人。在因第三人的行为造成债务不能履行的情况下，债务人仍应向债权人承担违约责任。债务人在承担违约责任以后，有权向第三人追偿。债务人只能向债权人承担违约责任，而不应向国家或者第三人承担违约责任，因为只有债权人与债务人才是合同当事人。

本条第 2 款规定中的“但是法律另有规定的除外”，指的是合同相对性的例外情形，这些例外情形主要有：（1）合同的保全，包括代位权和撤销权制度。（2）买卖不破租赁。（3）第三人侵害债权。对于第三人侵害债权制度，我国民法典合同编固守合同相对性原则，不承认第三人侵害债权制度。

试题范例

多项选择题

下列有关合同的相对性理解正确的是（　　）。

A. 王某（25 岁）欠张某 2 万元，无力偿还，张某不得向王某的父亲主张返还

B. 合同规定的由当事人享有的权利，并不及于第三人

C. 买卖不破租赁属于合同相对性的例外

D. 甲、乙订立买卖合同，约定乙收到货物验收合格后，由丙向甲按期支付货款；但丙未按期支付货款，该违约责任应当由丙承担

答案：ABC

核心法条

《民法典》第 466 条　当事人对合同条款的理解有争议的，应当依据本法第一百四十二条第一款的规定，确定争议条款的含义。

合同文本采用两种以上文字订立并约定具有同等效力的，对各文本使用的词句推定具有相同含义。各文本使用的词句不一致的，应当根据合同的相关条款、性质、目的以及诚信原则等予以解释。

释解分析

本条规定的是合同的解释。合同解释有广义和狭义之分。广义的合同解释包括确定合同成立与否、确认合同之性质、发掘合同默示条款或暗含条款以及明确合同条款含义；狭义的合同解释只是确定合同条款的含义。可见，广义的合同解释较之于狭义的合同解释有更加宽泛的对象和范围。合同的解释对象主要是合同条款。

本条第 1 款规定：当事人对合同条款的理解有争议的，应当依据本法第 142 条第 1 款的规定，确定争议条款的含义。《民法典》第 142 条第 1 款规定：有相对人的意思表示的解释，应当按照所使用的词句，结合相关条款、行为的性质和目的、习惯以及诚信原则，确定意思表示的含义。由于第 142 条第 1 款规定针对的是有相对人的意思表示的解释，因此，对合同条款的解释属于对有相对人的意思表示的解释。对合同条款的解释，首先应当按照通常的理解进行解释。其次，应当按照整体解释、目的解释、习惯解释、诚信解释对合同条款进行解释。

如果当事人使用多种文字订立同一合同的，即使当事人没有特别约定各自意思表示文本之间的关系，也可以推定各个文本所使用的词句具有相同的含义。因此，本条第 2 款规定：合同文本采用两种以上文字订立并约定具有同等效力的，对各文本使用的词句推定具有相同含义。各文本使用的词句不一致的，应当根据合同的相关条款、性质、目的以及诚信原则等予以解释。

易混易错

本内容出题方式包括选择题和法条分析题等。法条分析题的出题思路：《民法典》第 466 条规定确立的合同解释规则；如何适用合同解释规则等。

试题范例

单项选择题

《民法典》第 466 条第 2 款规定，合同文本采用两种以上文字订立并约定具有同等效力的，对各文本使用的词句推定具有相同含义。该规则确立的合同解释要求是（　　）。

A. 体系解释　　B. 目的解释

C. 习惯解释　　D. 文义解释

答案：D

核心法条

《民法典》第 471 条　当事人订立合同，可以采取要约、承诺方式或者其他方式。

民法学

释解分析

本条规定的是合同订立的方式。合同的订立是两个以上当事人互为意思表示、达成合意的过程。合同订立可以采取要约和承诺方式。要约和承诺是合同订立的基本规则，也是合同成立必须经过的两个阶段。要约是合同订立的启动点，是当事人实质进行合同订立过程的开始。承诺则是受要约人同意要约的意思表示，如果没有经过承诺，而仅停留在要约阶段，则合同未成立。此外，订立合同还可以采取其他方式，这主要是指当事人通过预约合同、格式条款、悬赏广告等方式订立合同。

试题范例

多项选择题

关于合同订立与合同成立的表述，正确的是（　　）。

A. 合同订立即合同成立

B. 合同订立包括要约和承诺两个阶段

C. 合同成立作为合同订立的一部分而存在

D. 合同订立仅强调动态过程

答案：BC

核心法条

《民法典》第 472 条　要约是希望与他人订立合同的意思表示，该意思表示应当符合下列条件：

（一）内容具体确定；

（二）表明经受要约人承诺，要约人即受该意思表示约束。

相关法条

《民法典》第 473 条　要约邀请是希望他人向自己发出要约的表示。拍卖公告、招标公告、招股说明书、债券募集办法、基金招募说明书、商业广告和宣传、寄送的价目表等为要约邀请。

商业广告和宣传的内容符合要约条件的，构成要约。

释解分析

本条规定的是要约。要约是当事人一方向对方发出的希望与对方订立合同的意思表示。发出要约的一方称为要约人，接受要约的一方称为受要约人。

要约应当具备以下要件：

（1）要约必须是特定人向相对人发出的意思表示。具体而言：①要约人必须是在客观上可以确定的人。至于要约的相对人则既可以是特定的某个人，也可以是不特定的社会公众。如商店明码标价出售的商品、自动售货机售卖的商品等，相对人虽为不特定的社会公众，但依据交易习惯，应当认定为要约。无论相对人是否特定，要约发出的形式都应当采取明示的方式，不存在默示的要约。②要约人应当是明确的，要约人不明确，承诺人无法对要约作出承诺，这样的要约等于不存在。③要约人应当具备作出要约所需的行为能力。因此，无民事行为能力人一般不能作为要约人发出要约。可见，要约只有经特定当事人表示，要约人才能明确，否则承诺人无法对要约作出承诺。

（2）要约必须以缔结合同为目的。非以缔结合同为目的的表示，如邀请朋友吃饭、婚约等，不能认定为要约。一方面，要约应当明确要约人与接到要约的人订立合同的明确意思，如果不具有订立合同的意思，就不应当视为要约。如新产品发布会、博物馆内展出的文物，因不具有订立合同的目的，不能视为要约。另一方面，要约应当有一经受要约人承诺即成立合同并受其约束的表示。

（3）要约的内容应具体明确。要约一经相对人承诺即导致合同成立。因此，要约的内容必须具体确定，至少应包括拟订立合同的必备条款，以供相对人考虑是否承诺。如果不具备合同的主要条款，不能认定为要约。例如，买卖合同不具备价款、租赁合同没有明确的租赁物，这就不能认定为要约。

（4）要约必须表明经受要约人承诺，要约人即受该意思表示约束。

要约不同于要约邀请。要约邀请，也称为要约引诱，是指一方希望他人向自己发出要约的表示。要约与要约邀请的区别表现在：①要约是一方向另一方发出的以订立合同为目的的意思表示，并且要约应当具备成立一个合同所应当具备的内容。要约邀请则是一方向另一方发出的邀请其向自己发出要约的表示。要约邀请不得完全具备合同内容条款，否则将成为一个要约而非要约邀请。②要约一经生效，则受要约人取得承诺的资格，承诺生效后，则合同成立。要约邀请则只产生对方向其发出要约的可能，对方发出要约的，尚须要约邀请人承诺才能成立合同。③要约人受其发出的生效要约的约束，而要约邀请对行为人不具有任何约束力。总而言之，要约和要约邀请的根本区别在于是否具备合同的主要条款。在理论上，上面的区别是显著的，但在实践中很难区分要约与要约邀请，为此，《民法典》第473条以列举方式确定下列情形属于要约邀请：拍卖公告、招标公告、招股说明书、债券募集办法、基金招募说明书、商业广告和宣传、寄送的价目表等。但是，商业广告和宣传的内容符合要约规定的，构成要约。

易混易错

1. 关于要约人的民事行为能力问题。一般而言，要约人应当具有完全民事行为能力，但也不尽然。具体而言，无民事行为能力人一般不能作为要约人发出要约，但在特定情形下，无民事行为能力人也可以成为要约人。例如，8岁的未成年人向商店发出购买一支铅笔的要约，由于该行为属于该未成年人能够预见行为后果的行为，因此，该要约应当认定为有效。可见，认知能力成为判断要约有效性的标准。对于限制民事行为能力人发出的要约，如果属于与其年龄、智力、精神健康状况相适应的，应当认定为有效，但对于其他行为，则须法定代理人追认后，该要约才能认定为有效。

2. 要约内容无须为合法，即便要约的内容违法，也视为一种要约，不影响合同的成立，其所导致的后果是合同不能生效。如果要约只能为合法内容，那么对合同效力作出规定就没有实际意义了。

3. 要约须向特定的当事人发出，这是一般原则，如拍卖中竞买人的应价（报价）和投标属于要约，但如果向不特定的人发出，则可能属于要约邀请而不是要约。但并不是说严格禁止要约向不特定的人发出。下列情形虽然是向不特定人发出的意思表示，但应当认定为要约，而不是要约邀请：(1) 悬赏广告；(2) 商店柜台明定价格的商品；(3) 自动售货机售卖商品；(4) 公共汽车驶入站台拉客；(5) 不能拒载的出租车在路边招揽顾客。

4. 法律硕士联考中，本内容出题方式为选择题和简答题。出题思路：选择题为区别要约和要约邀请；简答题为要约的概念和成立条件。

试题范例

1. （2019年真题）单项选择题

甲听说乙有一祖传玉石，遂前往询价，甲问：你多少钱卖？乙说：你出多少钱？甲问：15万元卖不卖？乙说：20万元可以马上拿走。甲未置可否。三天后，甲携款20万元前来购买，乙说：25万元才能卖。对此，下列选项正确的是（　　）。

A. 乙说“你出多少钱”属于要约
B. 乙说“20万元可以马上拿走”属于要约邀请
C. 甲携款20万元前来购买时合同成立
D. 乙说“25万元才能卖”属于要约

答案：D

2. 多项选择题

下列选项中，应当认定为要约的是（　　）。

A. 限制民事行为能力人向商场发出订购一条毛巾的意思表示
B. 无权处分电脑的电脑占有人向善意第三人发出的出售该电脑的意思表示
C. 要约中明确表示，受要约人无须对要约人的意思表示进行承诺
D. 表意人向相对人发出订婚的意思表示

答案：AB

核心法条

《民法典》第475条　要约可以撤回。要约的撤回适用本法第一百四十一条的规定。

《民法典》第476条　要约可以撤销，但是有下列情形之一的除外：

（一）要约人以确定承诺期限或者其他形式明示要约不可撤销；

（二）受要约人有理由认为要约是不可撤销的，并已经为履行合同做了合理准备工作。

《民法典》第477条　撤销要约的意思表示以对话方式作出的，该意思表示的内容应当在受要约人作出承诺之前为受要约人所知道；撤销要约的意思表示以非对话方式作出的，应当在受要约人作出承诺之前到达受要约人。

《民法典》第478条　有下列情形之一的，要约失效：

民法学

（一）要约被拒绝；

（二）要约被依法撤销；

（三）承诺期限届满，受要约人未作出承诺；

（四）受要约人对要约的内容作出实质性变更。

释解分析

上述条文规定的是要约的效力。要约的效力即要约具有法律约束力，其内容包括要约的生效时间、撤回、撤销和要约的失效等。

要约的生效时间适用《民法典》第137条规定，也就是说，要约属于有相对人的意思表示。要约以对话方式作出的，相对人知道其内容时生效。要约以非对话方式作出的，到达相对人时生效。要约以非对话方式作出的采用数据电文形式的，相对人指定特定系统接收数据电文的，该数据电文进入该特定系统时生效；未指定特定系统的，相对人知道或者应当知道该数据电文进入其系统时生效。当事人对采用数据电文形式的要约的生效时间另有约定的，按照其约定。

要约的撤回是指要约人在要约发出以后，到达受要约人之前，有权宣告取消要约，从而阻止要约生效。要约的撤回适用《民法典》第141条的规定，也就是说，行为人可以撤回要约，撤回要约的通知应当在要约到达相对人前或者与要约同时到达相对人。

要约的撤销是指要约人在要约到达受要约人并生效以后，将该项要约取消，从而使要约的效力归于消灭。要约可以撤销，撤销要约的意思表示以对话方式作出的，该意思表示的内容应当在受要约人作出承诺之前为受要约人所知道；撤销要约的意思表示以非对话方式作出的，应当在受要约人作出承诺之前到达受要约人。要约可以撤销，但是有下列情形之一的，要约不得撤销：（1）要约人以确定承诺期限或者其他形式明示要约不可撤销。这里的“其他形式明示要约不可撤销”，包括下列情形：①这是一个确定的要约；②要约人明确表示不撤销要约；③要约人坚持受要约人予以答复；④从行为中推定出要约系不可撤销。（2）受要约人有理由认为要约是不可撤销的，并已经为履行合同做了合理准备工作。

要约的失效是指要约丧失了法律约束力，即不再对要约人和受要约人产生约束。根据《民法典》第478条规定，有下列情形之一的，要约失效：（1）要约被拒绝；（2）要约被依法撤销；（3）承诺期限届满，受要约人未作出承诺；（4）受要约人对要约的内容作出实质性变更。

易混易错

要约的撤销与撤回都旨在使要约作废或取消要约，并且都只能在承诺作出之前实施。但两者存在一定的区别：撤回发生在要约到达受要约人前；撤销则发生在要约已经到达并生效，但受要约人尚未作出承诺的期限内。可见，要约的撤回发生在要约生效之前，要约的撤销发生于要约生效之后，但受要约人还未承诺。

试题范例

多项选择题

下列关于要约效力的表述，正确的是（　　）。

A. 要约生效后，要约不得撤销

B. 要约以非对话方式作出的，要约到达相对人时生效

C. 要约不得撤回

D. 要约人确定承诺期限的，要约不得撤销

答案：BD

核心法条

《民法典》第479条　承诺是受要约人同意要约的意思表示。

《民法典》第480条　承诺应当以通知的方式作出；但是，根据交易习惯或者要约表明可以通过行为作出承诺的除外。

《民法典》第481条　承诺应当在要约确定的期限内到达要约人。

要约没有确定承诺期限的，承诺应当依照下列规定到达：

（一）要约以对话方式作出的，应当即时作出承诺；

（二）要约以非对话方式作出的，承诺应当在合理期限内到达。

《民法典》第482条　要约以信件或者电报作出的，承诺期限自信件载明的日期或者电报交发之日开始计算。信件未载明日期的，自

投寄该信件的邮戳日期开始计算。要约以电话、传真、电子邮件等快速通讯方式作出的，承诺期限自要约到达受要约人时开始计算。

《民法典》第485条 承诺可以撤回。承诺的撤回适用本法第一百四十一条的规定。

《民法典》第486条 受要约人超过承诺期限发出承诺，或者在承诺期限内发出承诺，按照通常情形不能及时到达要约人的，为新要约；但是，要约人及时通知受要约人该承诺有效的除外。

《民法典》第487条 受要约人在承诺期限内发出承诺，按照通常情形能够及时到达要约人，但是因其他原因致使承诺到达要约人时超过承诺期限的，除要约人及时通知受要约人因承诺超过期限不接受该承诺外，该承诺有效。

《民法典》第488条 承诺的内容应当与要约的内容一致。受要约人对要约的内容作出实质性变更的，为新要约。有关合同标的、数量、质量、价款或者报酬、履行期限、履行地点和方式、违约责任和解决争议方法等的变更，是对要约内容的实质性变更。

《民法典》第489条 承诺对要约的内容作出非实质性变更的，除要约人及时表示反对或者要约表明承诺不得对要约的内容作出任何变更外，该承诺有效，合同的内容以承诺的内容为准。

释解分析

上述条文规定的是承诺及其效力。承诺是受要约人向要约人作出的同意要约的意思表示。换言之，承诺是要约人同意接受要约的条件以订立合同的意思表示。

承诺的成立要件有：（1）承诺必须是由受要约人本人或其代理人向要约人作出。首先，只有受要约人或其代理人才能作出承诺，如果要约是向数个特定人作出的，则该数个特定人均可成为承诺人；其次，不是受要约人的第三人向要约人作出“承诺”，视为发出要约；再次，承诺可以由受要约人作出，也可以由其授权的代理人作出；最后，承诺必须向要约人作出。（2）承诺必须在要约确定的期限内到达要约人，且受要约人享有的承诺权是受要约人的法定权利。此处“确定的期限”即为要约中规定的期限或者承诺期限。根据《民法典》第482条规定，承诺的期限起算分为以下几种情况：第一，要约人以信件发出要约的，承诺期限自信件载明的日期开始计算；第二，要约人以电报发出要约的，承诺期限自电报交发之日开始计算；第三，要约人以信件发出要约，信件没有载明日期的，承诺期限自投寄该信件的邮戳日期开始计算；第四，要约人以电话、传真、电子邮件等快速通讯方式发出要约的，承诺期限自要约到达受要约人时开始计算。未能在上述合理期限内作出并到达要约人的承诺，构成承诺迟延，不能成为有效期限。此外，受要约人有权在要约的有效期限内作出接受要约的答复，而不必负有必须承诺的义务。即使受要约人不承诺，也没有通知要约人的义务。因此，凡“受要约人未在承诺期限内作出的承诺视为承诺”的此类约定对受要约人不具有约束力。如果要约没有确定承诺期限的，承诺应当依照下列规定到达：①要约以对话方式作出的，如当面提出要约或者打电话提出要约，受要约人应当即时作出承诺，否则要约立即失效。②要约以非对话方式作出的，承诺应当在合理期限内到达。（3）承诺的内容应当与要约的内容一致。承诺是受要约人愿意按照要约的内容与要约人订立合同的意思表示，所以，想要取得成立合同的法律效果，承诺就必须在内容上与要约的内容一致。承诺的内容与要约的内容一致，具体表现为：承诺必须是无条件的承诺，不得限制、扩张或者变更要约的实质内容，受要约人对要约的内容作出实质性变更的，为新要约。承诺不能更改要约的实质内容，并非不能对要约的非实质性内容作出更改。对非实质内容作出更改，不影响合同的成立。此外，承诺必须明确表明受要约人要与要约人订立合同，才能因承诺而使合同成立。这就要求受要约人的承诺必须清楚明确，不能含糊。根据《民法典》第488条的规定，受要约人对要约的内容作出实质性变更的，为新要约。有关合同标的、数量、质量、价款或者报酬、履行期限、履行地点和方式、违约责任和解决争议方法等的变更，是对要约内容的实质性变更。根据《民法典》第489条的规定，承诺对要约的内容作出非实质性变更的，除要约人及时表示反对或者要约表明承诺不得对要约的内容作出任何变更外，该承诺有效，合同的内容以承诺的内容为准。（4）承诺原则上应以通知方式作出，特殊情况下依交易习惯或者要约的规定也可以以行为作出。承诺应当以通知的方式作出；但是，根据交易习惯或者要约表明可以通过行为作出承诺的除外。除法律有特别规定或者当事人事先有明确约定外，沉默不能视为承诺的形式。例如，受要约人对于要约的内容不置可否的，都视为沉默，这种沉默或者不作为推定为拒绝，不能视为承诺。

承诺的撤回是指要约人在发出承诺通知以后，在承诺正式生效之前撤回其承诺。承诺属于意思表示，因此，关于承诺的撤回，适用《民法典》第141条规定，即行为人可以撤回承诺。撤回承诺的通知应当在承诺到达相对人前或者与承诺同时到达相对人。据此，只要撤回的通知先于承诺到达或者与承诺同时到达，该撤回就是有效的。如果行为人撤回承诺的通知晚于承诺到达相对人，则不产生撤回承诺的效力。如果承诺通知已经生效，合同已经成立，受要约人当然也不能撤回承诺。

易混易错

1. 逾期承诺不同于承诺迟到，二者效力不同。《民法典》第486条（逾期承诺）规定，受要约人超过承诺期限发出承诺，或者在承诺期限内发出承诺，按照通常情形不能及时到达要约人的，为新要约；但是，要约人及时通知受要约人该承诺有效的除外。《民法典》第487条（迟到承诺）规定，受要约人在承诺期限内发出承诺，按照通常情形能够及时到达要约人，但是因其他原因致使承诺到达要约人时超过承诺期限的，除要约人及时通知受要约人因承诺超过期限不接受该承诺外，该承诺有效。

2. 承诺可以撤回，但不能撤销。

3. 招标公告、招标属于要约邀请，投标属于要约，决标（定标）、竞买人的买定为承诺。

4. 法律硕士联考中，本内容出题方式为选择题和简答题。出题思路：选择题为承诺的认定和效力；简答题为承诺的成立条件。

试题范例

1.（2020年真题）单项选择题

甲收到乙通讯公司短信，内容为：本公司为您提供实时天气预报服务，每月收费5元，如不接受此服务，请回复N。甲看后未予理睬。后甲发现乙公司向自己收取了该费用，遂要求返还。甲与乙公司之间的天气预报服务合同（　　）。

A. 不成立　　B. 无效

C. 可撤销　　D. 有效

答案：A

2. 单项选择题

下列选项中，属于承诺的是（　　）。

A. 投标　　B. 商业广告

C. 决标　　D. 拍卖的表示

答案：C

3. 单项选择题

下列关于承诺效力的表述，正确的是（　　）。

A. 承诺在有效期限内，受要约人可以撤回和撤销承诺

B. 默示和不作为在特定情况下可以构成有效的承诺

C. 迟到承诺不发生承诺的效力

D. 承诺一经作出，并送达要约人，合同即告成立，要约人不得加以拒绝

答案：D

核心法条

《民法典》第483条　承诺生效时合同成立，但是法律另有规定或者当事人另有约定的除外。

《民法典》第484条　以通知方式作出的承诺，生效的时间适用本法第一百三十七条的规定。

承诺不需要通知的，根据交易习惯或者要约的要求作出承诺的行为时生效。

相关法条

《民法典》第490条　当事人采用合同书形式订立合同的，自当事人均签名、盖章或者按指印时合同成立。在签名、盖章或者按指印之前，当事人一方已经履行主要义务，对方接受时，该合同成立。

法律、行政法规规定或者当事人约定合同应当采用书面形式订立，当事人未采用书面形式但是一方已经履行主要义务，对方接受时，该合同成立。

《民法典》第491条　当事人采用信件、数据电文等形式订立合同要求签订确认书的，签订确认书时合同成立。

当事人一方通过互联网等信息网络发布的

商品或者服务信息符合要约条件的，对方选择该商品或者服务并提交订单成功时合同成立，但是当事人另有约定的除外。

《民法典》第492条　承诺生效的地点为合同成立的地点。

采用数据电文形式订立合同的，收件人的主营业地为合同成立的地点；没有主营业地的，其住所地为合同成立的地点。当事人另有约定的，按照其约定。

《民法典》第493条　当事人采用合同书形式订立合同的，最后签名、盖章或者按指印的地点为合同成立的地点，但是当事人另有约定的除外。

释解分析

以上法条规定的是合同的成立。合同成立的条件分为一般条件和特殊条件。一般条件是所有合同成立均须具备的条件，包括有双方或多方当事人、当事人就合同必要条款达成合意、合同内容明确、合同的缔结经过要约和承诺阶段。当事人对合同是否成立存在争议，能够确定当事人名称或者姓名、标的和数量的，一般认定合同成立。但法律另有规定或当事人另有约定的除外。特殊条件是指某些合同成立必须具备的条件，如保管合同、自然人借款合同等实践性合同还必须以交付标的物作为合同成立的条件。

根据《民法典》第483条的规定，承诺生效时合同成立。但是这只是原则，如果法律另有规定或者当事人另有约定的，应当依照法律规定或者当事人的约定处理。例如，《民法典》第490条规定：当事人采用合同书形式订立合同的，自当事人均签名、盖章或者按指印时合同成立。在签名、盖章或者按指印之前，当事人一方已经履行主要义务，对方接受时，该合同成立。法律、行政法规规定或者当事人约定合同应当采用书面形式订立，当事人未采用书面形式但是一方已经履行主要义务，对方接受时，该合同成立。再如，承诺生效，在诺成合同场合使合同成立；在实践合同场合，若交付标的物在承诺生效之后，则合同自交付标的物时成立。

合同成立的时间。承诺的生效时间因是否以通知方式作出而有所不同。根据《民法典》第484条第1款的规定，承诺以通知方式作出的，其生效时间的规则适用《民法典》第137条规定。《民法典》第137条规定，以对话方式作出的意思表示，相对人知道其内容时生效。以非对话方式作出的意思表示，到达相对人时生效。以非对话方式作出的采用数据电文形式的意思表示，相对人指定特定系统接收数据电文的，该数据电文进入该特定系统时生效；未指定特定系统的，相对人知道或者应当知道该数据电文进入其系统时生效。当事人对采用数据电文形式的意思表示的生效时间另有约定的，按照其约定。据此，承诺需要通知的，生效时间应当区分是否以对话方式作出，而分别确定其生效时间。根据《民法典》第484条第2款的规定，如果承诺不需要通知，则根据交易习惯或者要约的要求，一旦受要约人作出承诺的行为，即可使承诺生效。当然，对于一些要式合同，则以履行特定的合同形式的时间为合同成立的时间。例如，法律规定需要采用书面形式的合同，则应以当事人双方签订书面合同并在合同上签名盖章后才能宣告合同成立。对需要登记的合同则从登记之日起宣告合同成立。承诺生效时合同成立，因此，原则上，承诺生效的时间就是合同成立的时间。但是，在特殊情况下，确定合同成立的时间，还应当依照《民法典》第490、491条等规定具体确定。即当事人采用合同书形式订立合同的，自当事人均签名、盖章或者按指印时合同成立。在签名、盖章或者按指印之前，当事人一方已经履行主要义务，对方接受时，该合同成立。法律、行政法规规定或者当事人约定合同应当采用书面形式订立，当事人未采用书面形式但是一方已经履行主要义务，对方接受时，该合同成立。当事人采用信件、数据电文等形式订立合同要求签订确认书的，签订确认书时合同成立。当事人一方通过互联网等信息网络发布的商品或者服务信息符合要约条件的，对方选择该商品或者服务并提交订单成功时合同成立，但是当事人另有约定的除外。

合同成立的地点。承诺生效的地点为合同成立的地点。采用数据电文形式订立合同的，收件人的主营业地为合同成立的地点；没有主营业地的，其住所地为合同成立的地点。当事人另有约定的，按照其约定。当事人采用合同书形式订立合同的，最后签名、盖章或者按指印的地点为合同成立的地点，但是当事人另有约定的除外。

易混易错

合同成立与合同生效的区别。合同成立是双

方当事人意思表示达成一致，合同生效是合同成立后在法律上获得肯定性评价，合同生效以合同成立为前提。注意：区分合同成立和合同生效的意义之一就是：合同成立后归于无效的，承担的责任为缔约过失责任；合同生效后，当事人违约的，应当承担违约责任，而不是缔约过失责任。

试题范例

1.（2017 年真题）单项选择题

甲公司于 4 月 24 日通知乙公司急需货物 10 吨，乙公司遂于 4 月 25 日按双方之间的交易惯例发货。4 月 26 日甲公司又通知乙公司不需要该批货物。对此，下列说法正确的是（　　）。

A. 乙公司的发货行为构成要约

B. 甲公司 4 月 24 日的通知构成要约邀请

C. 甲公司 4 月 26 日的通知构成要约的撤销

D. 甲公司、乙公司之间的合同于 4 月 25 日成立

答案：D

2. 单项选择题

关于合同成立的表述，正确的是（　　）。

A. 合同成立则生效

B. 当事人必须在合同书上签字盖章，合同才能成立

C. 订立合同的主体必须为完全民事行为能力人

D. 附停止条件的合同，在条件没有成就之前，合同处于成立状态

答案：D

3. 单项选择题

甲欲购买乙的一批货物，甲、乙通过微信进行磋商，在微信上达成一致，并商定最终需要签订合同确认书。甲、乙买卖合同的成立时间是（　　）。

A. 双方在微信上达成一致时

B. 乙承诺购买货物时

C. 甲、乙签订合同确认书时

D. 乙通过互联网提交订单时

答案：C

核心法条

《民法典》第 495 条　当事人约定在将来一定期限内订立合同的认购书、订购书、预订书等，构成预约合同。

当事人一方不履行预约合同约定的订立合同义务的，对方可以请求其承担预约合同的违约责任。

释解分析

本条规定的是预约合同。以合同的目的和义务是否系为将来签订一定合同为标准，可以将合同分为本合同（本约）和预约合同（预约）。本合同是指当事人之间将来应当订立的合同。预约合同是指当事人之间约定将来订立一定合同的合同，例如，当事人签订的认购书、订购书、预订书、备忘录等。在预约合同中，本合同在预约合同成立时尚未成立，预约合同的成立和生效，只是使当事人负有将来按预约合同规定的条件订立本合同的义务，而不负履行将来要订立的本合同的义务。当事人之所以订立预约合同，是因为某些事实和法律上的障碍，使之暂时不能订立合同，为了防止一方当事人将来不订立本合同，而采取订立预约合同的办法，使一方当事人预先受到订立本合同义务的约束。

尽管预约合同为预约，但也是一种合同。根据此合同，当事人应负有订立本合同的义务。如果预约的一方当事人不履行其订立本合同的义务，则另一方有权请求对方承担违反预约合同的违约责任。由于在预约合同成立时，本合同并没有订立，违反预约合同，拒绝订立本合同，另一方不能请求其承担违反本合同的责任，更不能请求其履行本合同的义务。

试题范例

1.（2021 年真题）多项选择题

甲与乙签订预订书，约定一年内订立房屋买卖合同。后乙拒绝订立买卖合同。对于乙违反预订书的行为，甲可以（　　）。

A. 请求乙承担违约责任

B. 解除预订书

C. 请求乙赔偿精神损害

D. 请求乙承担侵权责任

答案：AB

2. 多项选择题

甲拟向乙借款 10 万元，乙表示须等 10 日后才有资金，甲乃与乙达成一份备忘录，备忘录约

定："10 日后，乙于签订合同当日借给甲 10 万元，借期为 1 年，按照银行同期存款利率计算利息。"但 10 天后，乙没有履行备忘录。对此，下列表述正确的是（　　）。

A. 甲、乙之间的约定对双方不具有法律约束力

B. 甲、乙之间借款合同并未成立

C. 甲、乙之间的约定属于附期限的合同

D. 乙应当承担违约责任

答案：BD

核心法条

《民法典》第 496 条　格式条款是当事人为了重复使用而预先拟定，并在订立合同时未与对方协商的条款。

采用格式条款订立合同的，提供格式条款的一方应当遵循公平原则确定当事人之间的权利和义务，并采取合理的方式提示对方注意免除或者减轻其责任等与对方有重大利害关系的条款，按照对方的要求，对该条款予以说明。提供格式条款的一方未履行提示或者说明义务，致使对方没有注意或者理解与其有重大利害关系的条款的，对方可以主张该条款不成为合同的内容。

相关法条

《民法典》第 497 条　有下列情形之一的，该格式条款无效：

（一）具有本法第一编第六章第三节和本法第五百零六条规定的无效情形；

（二）提供格式条款一方不合理地免除或者减轻其责任、加重对方责任、限制对方主要权利；

（三）提供格式条款一方排除对方主要权利。

《民法典》第 498 条　对格式条款的理解发生争议的，应当按照通常理解予以解释。对格式条款有两种以上解释的，应当作出不利于提供格式条款一方的解释。格式条款和非格式条款不一致的，应当采用非格式条款。

释解分析

本条规定的是格式条款。格式条款是当事人为了重复使用而预先拟定，并在订立合同时未与对方协商的条款。格式条款具有如下特点：（1）格式条款是由一方为了反复使用而预先拟定的。这就是说，格式条款在订约以前就已经制定出来，而不是在双方当事人反复协商的基础上制定出来的。（2）格式条款是适用于不特定的相对人的。格式条款在订立之前，要约方总是特定的，而承诺方总是不特定的。（3）格式条款的内容具有定型化的特点。格式条款具有稳定性和不变性。（4）相对人在订约过程中居于附从地位。相对人并不参与协商过程，只能对一方制定的格式条款，概括性地予以接受，而不能就合同内容讨价还价，因而相对人在合同关系中处于附从地位。总之，格式条款的最大特点就是在订立合同时不能与对方协商。

采用格式条款的意义：格式条款由于在订约之前就已经拟定完毕，因此采用格式条款订立合同具有简化缔约程序、节约交易成本的好处，从而适应了现代市场经济高速发展的要求。

格式条款的弊端：在订约之际，由于条款已经拟定完毕，当事人"要么无条件地接受，要么走开"，在订约过程中，条款的制定者通常都是大公司、大企业，它们有可能垄断一些经营与服务事业，消费者在与其进行交易时常常别无选择，只能接受其提出的不合理条款，这就造成了格式条款的内容对相对方常常显失公平，从而打破了民法所奉行的契约自由和意思自治原则。

格式条款可以通过一定的文件表现出来，如记载于车船票、飞机票、保险单、存款单上，还可以通过价目表、店堂告示、使用须知、通知、说明等形式张贴于一定的营业场所。这些所谓的"店堂告示""通知""说明"等，常常侵犯了相对人或者消费者的权益，造成显失公平的恶果。

本条第 2 款规定：采用格式条款订立合同的，提供格式条款的一方应当遵循公平原则确定当事人之间的权利和义务，并采取合理的方式提示对方注意免除或者减轻其责任等与对方有重大利害关系的条款，按照对方的要求，对该条款予以说明。理解本款规定，需要注意如下问题：（1）格式条款订入合同，提供格式条款的一方必须提请注意。格式条款订入合同，提供格式条款一方必须提请注意格式条款，使相对方有合理机会了解其内容，同意将它订入合同。具体而言，提供格

民法学

式条款一方有义务就特定合同提请相对人注意其欲将格式条款订入合同的事实。“提请注意”必须达到一定的程度，在不同的合同类型中，法律的要求不尽相同。一般而言，向交易对方出示格式条款或者载有格式条款的合同文件，就视为已经履行了提请注意的义务。但在某些合同中，提请注意的程度要求得要高一些。（2）格式条款订入合同，须采取“合理的方式”提请注意。提供格式条款的一方对格式条款中免除或者限制其责任的内容，在合同订立时采用足以引起对方注意的文字、符号、字体等特别标识，并按照对方的要求对该格式条款予以说明的，人民法院应当认定符合本条第2款所称“采取合理的方式”。提供格式条款一方对已尽合理提示及说明义务承担举证责任。提供格式条款的一方未履行提示或者说明义务，致使对方没有注意或者理解与其有重大利害关系的条款的，对方可以主张该条款不成为合同的内容。

根据《民法典》第497条的规定，格式条款无效主要包括以下情形：（1）无民事行为能力人实施的民事法律行为；行为人与相对人以虚假的意思表示实施的民事法律行为；违反法律、行政法规的强制性规定的民事法律行为；违背公序良俗的民事法律行为；行为人与相对人恶意串通，损害他人合法权益的民事法律行为；造成对方人身损害的免责条款；因故意或者重大过失造成对方财产损失的免责条款。具有上述情形的，格式条款无效。（2）提供格式条款一方不合理地免除或者减轻其责任、加重对方责任、限制对方主要权利。免除或者减轻其责任，是指条款的制定人在格式条款中已经不合理地、不正当地免除其应当承担的责任。“加重责任”，是指格式条款中含有在通常情况下对方当事人不承担的义务。例如，要求对方对极轻微的违约行为承担违约责任。（3）提供格式条款一方排除对方主要权利。“排除对方主要权利”，是指格式条款排除对方当事人在通常情形下应当享有的主要权利。例如，在电器买卖合同中约定，所有电器一经售出，不得退换。格式条款的内容必须公平、合理，而公平、合理的标准，应依据民法的平等、自愿、公平、诚实信用等原则来确定，不得排除对方的主要权利。

格式条款的解释，是指根据一定的事实，遵循有关的原则，对格式条款的含义作出说明。根据《民法典》第498条的规定，格式条款的解释应当采取以下3项特殊的解释原则：（1）按照通常理解予以解释。（2）对条款制作人作不利的解释。（3）格式条款和非格式条款不一致时采用非格式条款。

易混易错

1. 格式条款或者格式合同不同于示范条款或者示范合同。格式条款的最大特点就是不能与对方协商，而示范条款虽然具有标准形式，但是未必不能与对方协商。

2. 法律硕士联考中，本内容出题方式包括各类题型。出题思路：简答题为格式条款的概念和特殊适用规则。法条分析题从格式条款的概念、“合理的方式”的含义、无效免责条款的内容、提示和说明义务的内容等方面考查。

试题范例

多项选择题

下列条款无效的是（　　）。

A. 违反国家对电视机实行“三包”的规定

B. 商场门口公告：“商场有权对顾客带入商场的皮包进行查看”

C. 出租车司机向乘客表示“乘坐本车，乘客受伤自负其责”

D. 修车店的注意事项：“汽车丢失，折价赔偿”

答案：ABC

核心法条

《民法典》第500条　当事人在订立合同过程中有下列情形之一，造成对方损失的，应当承担赔偿责任：

（一）假借订立合同，恶意进行磋商；

（二）故意隐瞒与订立合同有关的重要事实或者提供虚假情况；

（三）有其他违背诚信原则的行为。

相关法条

《民法典》第501条　当事人在订立合同过程中知悉的商业秘密或者其他应当保密的信息，无论合同是否成立，不得泄露或者不正当地使用；泄露、不正当地使用该商业秘密或者信息，造成对方损失的，应当承担赔偿责任。

释解分析

本条规定的是缔约过失责任。缔约过失责任，是指当事人一方因于缔约之际具有过失，导致合同不成立、无效或被撤销，而对他方承担的赔偿责任。缔约过失责任首次规定于《德国民法典》。

根据本条的规定，缔约过失责任适用于如下情形：（1）假借订立合同，恶意进行磋商。假借订立合同，就是本无与对方缔结合同的目的，但以订立合同为借口来实施欺诈。恶意进行磋商，就是指假借订立合同而与对方进行谈判、磋商，以达到损害对方利益的目的。恶意表明当事人一方根本没有缔约的意思，与对方谈判仅仅是个借口，目的在于损害对方或者他人利益。（2）故意隐瞒与订立合同有关的重要事实或者提供虚假情况。这些重要事实包括财产状况、履约能力、瑕疵、性能和使用方法等的告知义务，如果违背上述告知义务或者提供虚假情况，就构成欺诈，应当承担缔约过失责任。（3）泄露或者不正当地使用商业秘密。当事人在谈判过程中，可能会涉及商业秘密，无论合同是否成立，如果泄露或者不正当地使用商业秘密，不管是否获利，都构成缔约过失责任。这里的泄露，即将在缔约之际获取的对方的商业秘密告知第三人。不当使用商业秘密，就是违反对方的意愿而使用对方商业秘密的行为。（4）其他违背诚信原则的行为。这些行为包括：第一，因一方的过错造成合同被撤销的。如基于欺诈损害第三人利益，在第三人主张撤销权之后，已经成立的合同归于无效，合同关系视为不存在，这种合同效力的缺陷是由于一方在缔约之际有过错造成的，所以有过错的一方应当承担缔约过失责任。第二，因一方的过错造成合同无效的。合同归于无效，合同关系自此不存在，有过错的一方应当对无过错一方的损失承担缔约过失责任。第三，因一方的过错造成合同不成立的，如违反有效的要约，以及违反照顾、保护、通知、协助、如实告知等先契约义务的。例如，要约生效后，一方由于自己的原因而撤销要约或者变更要约造成了对方的损失，应当承担缔约过失责任。

缔约过失责任的实质是当事人在订立合同时违背了诚信原则，使具有缔约过失的行为人承担赔偿责任，这是诚信原则的体现。

缔约过失责任的构成要件包括：（1）一方违背诚信原则应负的先合同义务，或存在合同不成立、无效或者被撤销的事实。（2）他方受有信赖利益的损失，即他方由于违反先合同义务或导致合同的不成立、无效或者被撤销而遭受财产损失，包括直接损失和间接损失。不过，直接损失和间接损失一般以信赖利益的损失为限，不能是合同利益。（3）一方违反先合同义务或导致合同不成立、无效或者被撤销与他方所受损失之间有因果关系。（4）违反先合同义务的一方具有过失。这里的过失包括故意和过失。

具备上述条件时，有过错的一方应当赔偿他方所受损失，双方都有过错的，各自对他方承担责任。缔约过失责任的赔偿范围限于信赖利益的损失。一般包括：缔约费用；准备履行合同所支出的费用；丧失与第三人另订合同的机会所造成的损失。

易混易错

1. 缔约过失违反的义务属于先契约义务，而不是合同义务或后契约义务。

2. 缔约过失责任和违约责任的区别。（1）发生的时间不同。缔约过失责任发生于缔约之际；违约责任以合同的有效成立为前提，即发生在合同有效成立以后。（2）缔约过失责任以当事人的过错为必要；违约责任有时不以过错为构成要件。（3）缔约过失责任是对信赖利益损失的赔偿责任，该信赖利益是一种法定利益；违约责任通常要求期待利益的损失，不存在信赖的问题，而且在当事人之间可依约定承担。（4）缔约过失责任是法定责任；违约责任在当事人之间可依约定承担。（5）从损害赔偿的性质来看，对违约责任的损害赔偿，法律通常作出一定的限制；在缔约过失责任中，则没有限制性规定。

3. 法律硕士联考中，本内容出题方式为各类题型。出题思路：选择题为缔约过失责任的适用情形；简答题为缔约过失责任的概念和构成要件、缔约过失责任和违约责任的区别；法条分析题从缔约过失责任的概念、实质、适用情形、构成要件和法律后果等几个方面考查，此外，《民法典》第 500 条规定中某些用语的含义和与条文相关的知识也可以成为考查方向，例如：如何理解本条第 1 项规定中“假借”和“恶意”的含义？如何理解本条第 2 项规定的行为性质？如何理解本条第3项规定适用的情形？案例分析题则结合违约责任和其他合同制度实施综合考查。

试题范例

单项选择题

甲公司传真告诉乙公司：有某品牌电脑25台，每台7 000元，其他条件如旧，请2日内答复。乙公司当日发出传真：完全同意你方条件。但因电子线路故障，该传真第四日到达，甲公司未表态。后履行期届至，甲公司不履行义务。则（　　）。

A. 甲公司有权不履行，因合同尚未成立

B. 甲公司如果不履行，须承担缔约过失责任

C. 乙公司的传真为新要约

D. 乙公司的承诺已经生效

答案：D

核心法条

《民法典》第504条　法人的法定代表人或者非法人组织的负责人超越权限订立的合同，除相对人知道或者应当知道其超越权限外，该代表行为有效，订立的合同对法人或者非法人组织发生效力。

《民法典》第505条　当事人超越经营范围订立的合同的效力，应当依照本法第一编第六章第三节和本编的有关规定确定，不得仅以超越经营范围确认合同无效。

释解分析

上述条文规定的是法人的法定代表人或者非法人组织的负责人超越权限和当事人超越经营范围订立合同的效力。

法人的法定代表人有权代表法人从事民事活动，法定代表人根据法律和章程的规定，有权代表法人对外行为。法定代表人依法代表法人行为时，其执行职务的行为所产生的一切法律后果都应由法人承担。因此，法人的法定代表人超越权限订立的合同，除相对人知道或者应当知道其超越权限外，该合同对法人发生效力。同理，非法人组织的负责人超越权限订立的合同，除相对人知道或者应当知道其超越权限外，该合同对非法人组织发生效力。

当事人的经营范围，又称为目的范围、业务范围。在我国，从发展社会主义市场经济的需要出发，应当对当事人的经营范围的限制加以放宽，不应当简单地认定为无效。根据《民法典》第505条的规定，当事人超越经营范围订立的合同的效力，应当依照本法总则编第六章民事法律行为第三节民事法律行为的效力，以及合同编的有关规定确定。但是，当事人超越经营范围订立的合同，不得违反国家限制经营、特许经营以及法律、行政法规禁止经营的规定。

试题范例

（2016年真题）单项选择题

甲公司章程规定：公司的法定代表人为张某；公司签订金额100万元以上的合同须经董事会决议。后张某擅自以甲公司名义与不知情的乙公司签订了一份金额为150万元的合同。张某的代表行为（　　）。

A. 有效　　　　B. 可撤销

C. 无效　　　　D. 效力待定

答案：A

核心法条

《民法典》第506条　合同中的下列免责条款无效：

（一）造成对方人身损害的；

（二）因故意或者重大过失造成对方财产损失的。

释解分析

本条规定的是免责条款。免责条款是指当事人以协议排除或者限制其未来责任的合同条款。根据合同自由原则，当事人一方自愿承担不利后果或者抛弃利益，是其行使权利的自由，法律原则上不予干涉。对于当事人在损害发生后免除责任的表示，因是其自愿处分权利的表现，所以法律不加干涉。但是对于当事人在损害发生之前责任的免除，往往有一定的限制或者禁止。法律之所以禁止或者限制排除责任的约定条款，其目的在于保护弱者的地位以及维护诚实信用原则，其客观的结果则是避免或者减少损失的发生。

本条规定了两种免责条款无效：第一，造成

对方人身损害的免责条款无效。对于人身的健康和生命安全，法律给予特殊保护，并且从社会整体利益的角度考虑，如果允许免除一方当事人对另一方当事人人身损害的责任，那么就无异于纵容当事人利用合同对另一方当事人的生命进行摧残，这与保护公民的人身权利的宪法原则相违背，因此造成对方人身损害的免责条款无效。第二，因故意或者重大过失造成对方财产损失的免责条款无效。因故意或者重大过失造成对方财产损失的免责条款无效，其理由在于这种条款严重违背了诚实信用原则，如果允许这类条款存在，就意味着允许一方当事人利用这种条款欺骗对方当事人，损害对方当事人的合法利益。

易混易错

需要注意的是，只有因故意或者重大过失造成对方财产损失的免责条款才是无效的，如果免除一方当事人因一般过失而给对方当事人造成财产损失的条款，则应当认定为有效。

试题范例

1.（2021 年真题）单项选择题

某幼儿园教师组织幼儿做游戏时，小丽被小明撞倒，前额磕伤。小丽的父母向幼儿园索赔。幼儿园以入园登记表中有“若非教师人为原因导致幼儿磕碰、摔伤等伤害，幼儿园不承担责任”的内容为由拒绝赔偿。该免责条款（　　）。

A. 有效　　B. 无效

C. 可撤销　　D. 效力待定

答案：B

2. 多项选择题

下列选项中存在无效免责条款情形的有（　　）。

A. 甲企业在与乙签订劳动合同时，要求乙在招工登记表中明确注明“工伤概不负责”

B. 邮电局在电报单中订有关于“电报在投递处理过程中，因邮电局原因致使电报错误以致失效的，邮电局按规定退还报费，但不承担其他赔偿责任”

C. 出租车司机向乘客表示“乘坐本车，乘客受伤自负其责”

D. 甲将自己的电脑借给乙，口头约定“电脑损坏，乙无论如何不负损害赔偿责任”

答案：ABCD

核心法条

《民法典》第 509 条　当事人应当按照约定全面履行自己的义务。

当事人应当遵循诚信原则，根据合同的性质、目的和交易习惯履行通知、协助、保密等义务。

当事人在履行合同过程中，应当避免浪费资源、污染环境和破坏生态。

《民法典》第 510 条　合同生效后，当事人就质量、价款或者报酬、履行地点等内容没有约定或者约定不明确的，可以协议补充；不能达成补充协议的，按照合同相关条款或者交易习惯确定。

《民法典》第 511 条　当事人就有关合同内容约定不明确，依据前条规定仍不能确定的，适用下列规定：

（一）质量要求不明确的，按照强制性国家标准履行；没有强制性国家标准的，按照推荐性国家标准履行；没有推荐性国家标准的，按照行业标准履行；没有国家标准、行业标准的，按照通常标准或者符合合同目的的特定标准履行。

（二）价款或者报酬不明确的，按照订立合同时履行地的市场价格履行；依法应当执行政府定价或者政府指导价的，依照规定履行。

（三）履行地点不明确，给付货币的，在接受货币一方所在地履行；交付不动产的，在不动产所在地履行；其他标的，在履行义务一方所在地履行。

（四）履行期限不明确的，债务人可以随时履行，债权人也可以随时请求履行，但是应当给对方必要的准备时间。

（五）履行方式不明确的，按照有利于实现合同目的的方式履行。

（六）履行费用的负担不明确的，由履行义务一方负担；因债权人原因增加的履行费用，由债权人负担。

相关法条

《民法典》第 512 条　通过互联网等信息网络订立的电子合同的标的为交付商品并采用快递物流方式交付的，收货人的签收时间为交付时间。电子合同的标的为提供服务的，生成的电子凭证或者实物凭证中载明的时间为提供服务时间；前述凭证没有载明时间或者载明时间与实际提供服务时间不一致的，以实际提供服务的时间为准。

电子合同的标的物为采用在线传输方式交付的，合同标的物进入对方当事人指定的特定系统且能够检索识别的时间为交付时间。

电子合同当事人对交付商品或者提供服务的方式、时间另有约定的，按照其约定。

《民法典》第 513 条 执行政府定价或者政府指导价的，在合同约定的交付期限内政府价格调整时，按照交付时的价格计价。逾期交付标的物的，遇价格上涨时，按照原价格执行；价格下降时，按照新价格执行。逾期提取标的物或者逾期付款的，遇价格上涨时，按照新价格执行；价格下降时，按照原价格执行。

《民法典》第 514 条 以支付金钱为内容的债，除法律另有规定或者当事人另有约定外，债权人可以请求债务人以实际履行地的法定货币履行。

释解分析

上述条文规定的是合同履行原则和履行规则。《民法典》第 509 条规定的是合同履行原则。《民法典》第 510 条规定的是合同履行规则。全面履行原则，又称正确履行原则或者适当履行原则，是指当事人按照合同规定的标准及数量、质量，由适当的主体在适当的履行期限、履行地点，以适当的履行方式，全面完成合同义务的履行原则。具体而言，全面履行原则包括以下几方面的内容：（1）当事人必须正确地履行合同规定的内容。（2）当事人必须全面履行合同约定的内容。（3）当事人一般应当亲自履行合同。即合同由义务人或者其代理人亲自向权利人履行，不能由第三人代为履行，但是当事人另有约定的除外。

当事人就有关合同内容约定不明确，依据《民法典》第 510 条规定仍不能确定的，适用下列规定：（1）质量要求不明确的，按照强制性国家标准履行；没有强制性国家标准的，按照推荐性国家标准履行；没有推荐性国家标准的，按照行业标准履行；没有国家标准、行业标准的，按照通常标准或者符合合同目的的特定标准履行。这里的“通常标准”，是指在同类的交易中产品应当达到的质量标准，一般是根据合同的目的、产品的性能、产品的用途等各个方面来确定。如果合同中没有特殊的要求，则要交付的标的物的质量能够达到产品的一般质量要求，即为符合质量要求。（2）价款或者报酬不明确的，按照订立合同时履行地的市场价格履行；依法应当执行政府定价或者政府指导价的，依照规定履行。此外，《民法典》第 513 条规定，执行政府定价或者政府指导价的，在合同约定的交付期限内政府价格调整时，按照交付时的价格计价。逾期交付标的物的，遇价格上涨时，按照原价格执行；价格下降时，按照新价格执行。逾期提取标的物或者逾期付款的，遇价格上涨时，按照新价格执行；价格下降时，按照原价格执行。（3）履行地点不明确，给付货币的，在接受货币一方所在地履行；交付不动产的，在不动产所在地履行；其他标的，在履行义务一方所在地履行。如果履行地点不明确，应当依据具体情况处理：一是给付货币的，在接受货币一方所在地履行。货币结算主要通过银行转账来完成，通常交付货币的一方需要通过银行将需要支付的货款打入接受货币一方的开户行，而其开户行一般都在接受货物一方的所在地。《民法典》第 514 条规定，以支付金钱为内容的债，除法律另有规定或者当事人另有约定外，债权人可以请求债务人以实际履行地的法定货币履行。二是交付不动产的，在不动产所在地履行。不动产是特定物，当事人在订约时就必须要确定具体的不动产所在地。因此，涉及不动产的交付，应当在不动产所在地履行。三是其他标的。其他标的，在履行义务一方所在地履行。其他标的包括动产、票据、有价证券等，交付这种标的物的合同，如果履行地点不明确，则应当在履行义务一方所在地履行，将该方当事人所在地确定为履行地。（4）履行期限不明确的，债务人可以随时履行，债权人也可以随时请求履行，但是应当给对方必要的准备时间。在履行期限不明确的情况下，应当根据两个事实来确定具体的期限，一是当事人提出履行或者请求履行的期限，二是作出履行的合理的准备期限。需要指出的是，如果按照合同的性质，必须在特定时间作出履行债权人的利益才能实现的，债务人应当在该特定时间给付。例如，订购月饼，债务人应当知道必须在中秋节前交付。（5）履行方式不明确的，按照有利于实现合同目的的方式履行。例如，合同目的确定的是买受人要接受出卖人交付的机器设备，用于投入实际生产，因此，出卖人不能将机器设备分成若干部件进行交付，而应当一次性交付完整的设备。(6) 履行费用的负担不明确的，由履行义务一方负担；因债权人原因增加的履行费用，由债权人负担。履行费用包括运输费、包装费、邮寄费、装卸费、登记费、关税等。即使应由债权人负担费用，债务人也只能从清偿总额中扣除该项费用的数额，或在进行清偿后请求债权人返还费用，而不能在清偿的同时请求债权人支付费用，这主要是为了保证清偿的顺利进行。当然，如果因债权人的原因而导致债务人的履行费用增加，增加部分的费用应当由债权人负担，这主要表现在如下三个方面：第一，债权人转让债权，使债务人增加履行费用。债权人转让债权后的受让人与原转让人处于不同的地点，这样债权人转让债权就可能使债务人的履行费用增加。第二，债权人变更营业场所，增加了债务人的履行费用。第三，在原合同规定的清偿地不能作出履行，双方当事人通过约定变更履行地点或由债权人指定新的履行地点，因此增加的费用应当由债权人负担。

关于交付时间，《民法典》第 512 条规定，通过互联网等信息网络订立的电子合同的标的为交付商品并采用快递物流方式交付的，收货人的签收时间为交付时间。电子合同的标的为提供服务的，生成的电子凭证或者实物凭证中载明的时间为提供服务时间；前述凭证没有载明时间或者载明时间与实际提供服务时间不一致的，以实际提供服务的时间为准。电子合同的标的物为采用在线传输方式交付的，合同标的物进入对方当事人指定的特定系统且能够检索识别的时间为交付时间。电子合同当事人对交付商品或者提供服务的方式、时间另有约定的，按照其约定。

诚实信用原则不仅是整个合同法最重要的基本原则，在合同履行过程中亦居于最高原则之位，统率着专属于合同履行的其他原则。诚实信用原则是通过在每一制度中的具体规则而显示其存在的。具体到合同履行中，诚实信用原则对当事人履行合同提出了如下要求：(1) 当事人要按照合同约定的条款，正确、全面地履行合同。(2) 债务人不得履行有害于债权人的合同，否则，债权人有权请求撤销合同。(3) 在合同就某一有关事项没有明确规定时，债务人应当按照公平原则并考虑事实状况合理履行。(4) 债务人履行债务交付的物品有瑕疵时，债务人应及时将此情况告诉债权人。

诚实信用原则在合同履行中除了体现为以上内容外，还产生了一些合同履行当中的附随义务。对于这些附随义务，当事人也应当履行。合同履行中的附随义务根据合同的性质、目的和交易习惯可分为以下几种：(1) 及时通知义务。这主要是指当事人在履行合同约定的义务时，对于发生的妨害合同正常履行的情况，应当将情况及时告知对方当事人，以方便并保证对方当事人采取应对措施，减少损失或保证对方当事人能够行使和实现合同权利。(2) 协助义务。它要求债权人在债务人履行债务过程中，要尽可能地提供一切便利，以便于债务人全面正确地履行债务，债权人顺利地实现自己的债权。(3) 提供必要的条件，如妥善保护义务。(4) 防止损失扩大的义务。这要求在一方当事人违约后，非违约方有采取措施防止损失扩大的义务。(5) 保密义务。

易混易错

1. 合同义务有给付义务与附随义务之分，其中给付义务又分为主给付义务（主合同义务）与从给付义务（从合同义务）。所谓主给付义务，是指债之关系之固有的、必备的可以决定债的类型的基本义务。在双务合同中，主给付义务构成对待给付义务。所谓从给付义务，是指辅助主给付义务的功能实现的义务。从给付义务尽管不决定债的类型，但能够确保债权人利益获得最大的满足。从给付义务既可以基于法律的明文规定而发生，也可以基于当事人的约定而发生，还可以基于诚实信用原则及补充的合同解释而发生。所谓附随义务，是指给付义务之外的，以诚实信用原则为依据产生的协助、保护、照顾、保密等义务。此外，在债的关系中还有所谓“不真正义务”。不真正义务是法律要求民事主体谨慎对待自身利益的民事义务。依据《民法典》第 591 条的规定，合同当事人一方违约后，对方“应当采取适当措施防止损失的扩大”，即属于不真正义务。再如，《民法典》第 620 条规定，买受人收到标的物时应当在约定的检验期限内检验。没有约定检验期限的，应当及时检验。《民法典》第 621 条第 2 款规定，当事人没有约定检验期限的，买受人应当在发现或者应当发现标的物的数量或者质量不符合约定的合理期限内通知出卖人。上述买受人收到标的物及时检验以及及时通知出卖人标的物数量或质量不符合约定的义务，都是不真正义务。不真正义务并非给付义务，不是债权请求权指向的对象。当事人违反不真正义务，属于自甘冒险的行为，无须向对方承担违约责任，但由此带来的损失要由义务违反者自己承受。

2. 法律硕士联考中，本内容出题方式包括选择题和法条分析题。出题思路：选择题为各种履行方式的判定；法条分析题为合同履行原则的内容，此外，第509条规定中有关用语的含义和附随义务的规定也可以成为考查方向，例如：如何理解第509条规定中“全面履行”的含义？如何理解第509条第2款规定中“通知、协助、保密等义务”的合同义务性质和含义？

试题范例

单项选择题

下列关于正确履行原则的判定标准，正确的是（　　）。

A. 对于履行地点不明确的，在履行义务一方所在地履行

B. 对于履行期限不明确的，债权人有权要求债务人立即履行

C. 对于履行方式不明确的，由债权人事后决定履行方式

D. 对于履行费用不明确的，由履行义务一方负担

答案：D

核心法条

《民法典》第515条　标的有多项而债务人只需履行其中一项的，债务人享有选择权；但是，法律另有规定、当事人另有约定或者另有交易习惯的除外。

享有选择权的当事人在约定期限内或者履行期限届满未作选择，经催告后在合理期限内仍未选择的，选择权转移至对方。

《民法典》第516条　当事人行使选择权应当及时通知对方，通知到达对方时，标的确定。标的确定后不得变更，但是经对方同意的除外。

可选择的标的发生不能履行情形的，享有选择权的当事人不得选择不能履行的标的，但是该不能履行的情形是由对方造成的除外。

释解分析

上述条文规定的是选择之债和选择权的行使。根据合同之债的标的有无选择性，合同之债可以分为简单之债与选择之债。简单之债又称为不可选择之债，是指债的标的是单一的，当事人只能以该种标的履行而无选择余地的债；选择之债是指债的标的有数项，当事人可以选择其中之一予以履行的债。在选择之债中，当事人在数项标的中选择其中之一为标的履行。选择之债的数项标的间须互有不同的内容，才有选择的必要。例如，标的的种类、特征或期限不同等。若数项履行标的属于同一种类，而当事人着重其标的个性的，也可以成立选择之债。同时，应履行的标的须因选择而特定化，若非选择而特定的，如因条件成就而特定的，就不是选择之债。选择之债在其成立之时有数项标的，而债务人仅负有一项给付义务，因此，当事人须于数项标的中选定一项履行。也就是说，选择之债都须于标的特定化后才能履行。选择之债通过行使选择权的方式行使，选择权是指当事人就选择之债的数项标的选择一项履行的权利。选择权一经行使，选定的标的即成为履行的标的，而其余的标的随之失去效力，因此，选择权属于形成权。

标的有多项而债务人只需履行其中一项的，关于选择权的归属，根据《民法典》第515条的规定，应当依据法律规定或者合同的约定确定，或者另有交易习惯的，按照交易习惯确定。例如，合同当事人约定由债权人行使选择权的，应当按照合同的约定确定。如果法律没有明确规定，合同也没有明确约定，也没有交易习惯可以确定的，选择权应当归属于债务人。

选择之债只有经过选择才能履行，若选择权人不行使选择权，则债无法履行。因此，有选择权的一方应及时行使选择权。一般来说，选择权定有行使期限，享有选择权的当事人未在该期限内行使的，其选择权转归相对人行使；于清偿期届至时，经相对人定合理的期限进行催告，享有选择权的当事人于该期限内未行使选择权的，其选择权转归对方行使。

在选择之债的履行中，当事人行使选择权的，选择权的行使应向他方以意思表示为之，该意思表示采取通知的方式，自通知到达对方时发生效力，债务标的确定，而无须对方承诺。确定的债务标的不得变更，但是经对方同意的除外。

在可选择的债务标的之中，如果数项可供选择的给付中有部分发生履行不能的情形，则享有选择权的当事人仅能在剩余的能够履行的给付中作出选择，而不能选择不能履行的给付，但是，该不能履行的情形是由对方造成的除外。如果仅

存在一项可能的给付，则选择之债即转化为简单之债，当事人应当按照债的要求履行债务。

试题范例

1. 单项选择题

甲公司与乙、丙、丁三人组成的组合乐队订立演出合同，约定由该组合乐队在演奏会上演奏自创组合乐曲 4 至 6 首。由此成立的合同之债的类型是（　　）。

A. 特定之债　　B. 单一之债

C. 选择之债　　D. 法定之债

答案：B

2. 单项选择题

关于选择之债中选择权的行使，下列表述正确的是（　　）。

A. 当事人行使选择权，须经对方同意

B. 当事人行使选择权后，确定的债务标的不得变更

C. 选择权的行使，当事人没有约定、法律没有规定或者交易习惯不能确定的，选择权属于债权人

D. 可选择的债务标的之中发生不能履行情形的，享有选择权的当事人不得选择不能履行的标的，但是该不能履行的情形是由对方造成的除外

答案：D

核心法条

《民法典》第 522 条　当事人约定由债务人向第三人履行债务，债务人未向第三人履行债务或者履行债务不符合约定的，应当向债权人承担违约责任。

法律规定或者当事人约定第三人可以直接请求债务人向其履行债务，第三人未在合理期限内明确拒绝，债务人未向第三人履行债务或者履行债务不符合约定的，第三人可以请求债务人承担违约责任；债务人对债权人的抗辩，可以向第三人主张。

释解分析

本条规定的是债务人向第三人履行（清偿）和债务人为第三人利益履行（清偿）。本条第 1 款规定的是债务人向第三人履行，又称为“第三人代债权人接受履行”。根据合同相对性原则，合同关系发生在合同当事人之间，因此，在合同成立并生效后，当事人应当按照合同的约定履行义务，即合同债务应当由债务人履行，债权人也只能请求债务人向其履行合同。但在实践中，当事人可以约定由债务人向第三人履行债务，这种情形，就是民法上所谓债务人向第三人履行。债务人向第三人履行，并不是说第三人成为合同当事人，是第三人受债权人指令接受债务人的履行，指令第三人受领，并不是债权转让，第三人没有演变成合同的债权人，债务人仅对债权人负有义务，对第三人并不负担债务。因此，根据本条第 1 款的规定，当事人约定由债务人向第三人履行债务，债务人未向第三人履行债务或者履行债务不符合约定的，应当向债权人承担违约责任，而不能向第三人承担违约责任。因此，第三人并不能成为独立的债的关系的当事人，其只是代替债权人接受债务人的履行。

本条第 2 款规定的是债务人为第三人利益履行。根据订约人订立合同的目的是否为自己谋取利益，合同可以分为为定约人自己订立的合同和为第三人利益订立的合同。为定约人自己订立的合同，是指定约人订立合同是为自己设定权利，使自己直接取得和享有某种利益。为第三人利益订立的合同，是指订约当事人为第三人设定权利并使其取得利益的合同，该合同就是本条第 2 款规定的债务人为第三人利益履行所订立的合同。此种合同中，当事人双方约定使债务人向第三人履行债务，第三人由此取得直接请求债务人履行义务的权利。例如，甲、乙双方约定，甲订购由乙制作的蛋糕，由乙送给甲的朋友丙，丙为利益第三人。此种合同的法律特征是：第一，第三人不是订约当事人，其不必在合同上签名，也不需要通过其代理人参与缔约。但第三人却可以依据法律规定或者当事人约定，直接请求债务人向其履行债务。第二，该合同只能为第三人设定权利，而不得为其设定义务。第三，该合同的订立，事先无须通知第三人或征得第三人的同意。当然，为第三人设定的权利，该第三人可以接受，也可以不接受。如果第三人拒绝接受权利，则合同所设定的权利由为第三人利益订约的当事人自己享有。在第三人接受权利以后，第三人有权请求债务人向其作出履行，同时债权人也可以请求债务人向其作出履行。如果第三人未在合理期限内明确拒绝，债务人未向第三人履行债务或者履行债务不符合约定的，

第三人可以请求债务人承担违约责任；债务人对债权人的抗辩，可以向第三人主张。

易混易错

1. 合同的相对性原则是世界通行的合同原则，不能任意突破。但是在特别情况下可以突破，这主要表现在：第一，为第三人利益订立的合同；第二，第三人侵害债权（我国没有该规定）；第三，代位权；第四，撤销权；第五，买卖不破租赁。

2. 法律硕士联考中，本内容出题方式为各类题型。出题思路：选择题为合同相对性的认定；法条分析题从合同相对性的概念、意义、内容、法律后果等方面考查；案例分析题则将合同的相对性与民事法律关系、违约责任等结合在一起实施综合考查。

试题范例

1.（2015年真题）单项选择题

甲向某电脑公司购买一批电脑送给母校。甲指示电脑公司将电脑交给学校，并将订货情况通知了学校。后电脑公司委托某快递公司将电脑运至学校，运输过程中两台电脑毁坏。下列选项中，正确的是（　　）。

A. 甲有权要求电脑公司承担违约责任

B. 甲有权要求快递公司承担违约责任

C. 学校有权要求电脑公司承担侵权责任

D. 学校有权要求快递公司承担侵权责任

答案：A

2. 单项选择题

甲、乙签订合同，约定由丙向甲履行债务，如果丙履行债务不符合约定，则甲有权请求谁承担违约责任？（　　）

A. 丙　　B. 乙

C. 乙和丙　　D. 乙或者丙

答案：B

核心法条

《民法典》第523条　当事人约定由第三人向债权人履行债务，第三人不履行债务或者履行债务不符合约定的，债务人应当向债权人承担违约责任。

释解分析

本条规定的是第三人向债权人履行。第三人向债权人履行，是合同当事人约定由第三人向债权人履行的行为。第三人向债权人履行的，并不意味着第三人成为合同的当事人。由第三人向债权人履行，不同于债务承担，是债务人依照与债权人的约定指令第三人履行。由第三人履行，是为了提高效率，避免倒手的时间、金钱浪费。

当事人约定第三人可向债权人履行债务，在第三人向债权人履行债务时，将发生与债务人自己履行该债务同样的效果。第三人代债务人履行债务时，第三人作为合格的履行辅助人，不履行债务或者履行债务不符合约定，视为债务人不履行债务或者履行债务不符合约定，根据合同相对性原则，债务人当然应当向债权人承担违约责任。

试题范例

单项选择题

甲与乙签订一份装修合同，约定由乙的侄子丙完成装修任务，丙在装修过程中未经甲、乙同意，擅自改变了墙面颜色。则甲应当请求（　　）。

A. 丙承担违约责任

B. 乙承担违约责任

C. 乙、丙承担连带责任

D. 乙、丙承担按份责任

答案：B

核心法条

《民法典》第524条　债务人不履行债务，第三人对履行该债务具有合法利益的，第三人有权向债权人代为履行；但是，根据债务性质、按照当事人约定或者依照法律规定只能由债务人履行的除外。

债权人接受第三人履行后，其对债务人的债权转让给第三人，但是债务人和第三人另有约定的除外。

释解分析

本条规定的是代为清偿（履行）。代为清偿，又称为第三人代为履行（清偿），是指在债务人不履行债务时，第三人代债务人向债权人履行债务的行为。第三人代为履行不同于《民法典》第523条规定的第三人向债权人履行。本条规定的“第三人”具有独立的请求权，是债务人及债务履行辅助人以外的人；而第523条规定的“第三人”不具有独立的请求权，其仅仅是债务履行辅助人。

代为清偿并非在一切情况下都适用，根据本条规定，代为清偿须具备如下条件：（1）有债务人不履行债务的事实，且第三人对债务人的债务具有合法利益。第三人代为清偿，或基于债务人的委托，或基于其本身的赠与意思，或基于第三人对债务人的无因管理。但无论基于何种原因，第三人对债务人的债务须具有合法利益，没有合法利益的，第三人不能代为清偿。对于履行债务具有合法利益的第三人包括保证人、连带债务人、同一不动产的顺位在后的抵押权人等。（2）债务只能由债务人本人清偿的，第三人不得代为清偿。这包括：①根据法律规定不得由第三人代为清偿。在特定情形下，法律会对债的履行主体进行一定的限制，规定只能由债务人本人履行，而不能由债务人之外的第三人代为履行。例如，《民法典》第791条第3款规定：建设工程主体结构的施工必须由承包人自行完成。这就是法律规定的不得由第三人代为清偿的情形。②根据合同约定不得由第三人代为清偿。除法律规定的情形外，当事人还可以约定债务必须由本人履行，而不得由第三人代为履行。例如，当事人约定，承揽工作必须由承揽人完成，则不得由第三人完成。③依据合同性质不能由第三人代为清偿。某些合同具有人身专属性，如以提供劳务为内容的合同，债权人选择债务人承担债务可能是基于对其特有的资质、能力的信赖，由第三人代为清偿可能会影响债的目的的实现，因此，对此类债务而言，原则上应当由债务人本人履行。例如，聘请明星表演或者聘请名师讲座应当由债务人亲自履行，而不能由第三人代为履行。

第三人代为清偿的效力体现在，第三人代为清偿后，债务人的债务消灭，第三人得根据约定或者不当得利及无因管理规定向债务人追偿，包括代为清偿的必要费用。债权人接受第三人履行后，其对债务人的债权转让给第三人，但是债务人和第三人另有约定的除外。

试题范例

单项选择题

甲药材经销公司对乙公司负有交付药材的合同义务，丙公司是专门生产药材的公司并与甲公司有常年业务往来。丙公司和乙公司约定，由丙公司代甲公司履行，甲公司对此全不知情。对此，下列表述正确的是（　　）。

A. 虽然甲公司不知情，但丙公司的履行具有法律效力

B. 因甲公司不知情，故丙公司代为履行后对甲公司不得追偿代为履行的必要费用

C. 虽然甲公司不知情，但若丙公司履行有瑕疵的，甲公司需就此对乙公司承担违约责任

D. 虽然甲公司不知情，但若丙公司履行有瑕疵而承担违约责任的，丙公司可就该违约赔偿金向甲公司追偿

答案：A

核心法条

《民法典》第525条　当事人互负债务，没有先后履行顺序的，应当同时履行。一方在对方履行之前有权拒绝其履行请求。一方在对方履行债务不符合约定时，有权拒绝其相应的履行请求。

释解分析

本条规定的是同时履行抗辩权。同时履行抗辩权是指双务合同的当事人在没有约定履行顺序或约定应同时履行的情况下，一方当事人在对方未为对待给付之前，得拒绝履行自己债务的权利。

法律规定同时履行抗辩权的意义在于，同时履行抗辩权是法律赋予双务合同当事人的权利，目的在于保护双务合同的当事人避免因自己履行了债务而对方未为对待给付而受到损害。

同时履行抗辩权的构成要件包括：（1）须当事人就同一双务合同互负债务；（2）须双方互负的债务均届清偿期；（3）须对方未履行债务或履行债务不符合约定；（4）须对方的对待给付是可能履行的。

同时履行抗辩权制度主要适用于双务合同，如买卖、租赁、承揽等。此外，当事人因合同不成立、无效、被撤销或解除而产生的相互义务，若基于对价关系，也可主张同时履行抗辩权。

同时履行抗辩权的效力。同时履行抗辩权属于延期抗辩权，其效力主要表现在，当对方未履

民法学

行或者不适当履行对价义务时，有拒绝履行自己债务的权利，由此导致合同的履行迟延，责任由对方当事人承担。当事人一方主张同时履行抗辩权后，如果对方履行了其债务，同时履行抗辩权即归于消灭，主张同时履行抗辩权的一方应当恢复自己的履行。

易混易错

1. 同时履行抗辩权适用于双务合同，而不适用于诸如赠与合同等单务合同，此外，先履行抗辩权、不安抗辩权也仅仅适用于双务合同。

2. 同时履行抗辩权属于延期抗辩权，而不是永久性抗辩权；是法定权利，而不是约定权利。注意：双务合同的三大抗辩权和保证人享有的先诉抗辩权都属于延期抗辩权。

3. 法律硕士联考中，本内容出题方式为各类题型。出题思路：选择题为同时履行抗辩权的含义、性质和认定；法条分析题从同时履行抗辩权的概念、意义、构成条件、法律后果等方面考查；案例分析题则将同时履行抗辩权与其他民事法律制度结合在一起实施综合考查。

试题范例

单项选择题

甲、乙双方互负债务，没有先后履行顺序，如果一方在对方履行之前拒绝其履行要求，则另一方有权行使（　　）。

A. 先履行抗辩权　　B. 先诉抗辩权

C. 同时履行抗辩权　　D. 不安抗辩权

答案：C

核心法条

《民法典》第526条　当事人互负债务，有先后履行顺序，应当先履行债务一方未履行的，后履行一方有权拒绝其履行请求。先履行一方履行债务不符合约定的，后履行一方有权拒绝其相应的履行请求。

释解分析

本条规定的是先履行抗辩权（保证履行抗辩权）。先履行抗辩权是指在当事人互负债务且有先后履行顺序时，负有先履行义务的一方未履行债务或履行债务不符合约定时，后履行一方拒绝其履行请求的权利。

先履行抗辩权的作用（意义）。先履行抗辩权是法律赋予双务合同后履行当事人的权利，其目的是保护双务合同下后履行一方在对方未为先行给付义务时而受到的损害，先履行抗辩权扩张了债的效力。

先履行抗辩权成立的要件包括：（1）当事人双方基于同一双务合同互负债务；（2）双方债务均已届清偿期；（3）一方当事人应当先履行义务；（4）应当先履行的一方未履行债务或者履行债务不符合约定，如履行迟延、不完全履行、部分履行等。

先履行抗辩权属于一时抗辩权，其成立及其行使，使得后履行一方可中止履行自己的债务，以保护自己的期限利益、顺序利益，由此导致的履行迟延，由先履行一方承担。在先履行一方采取了补救措施、变违约为适当履行的情况下，先履行抗辩权消灭，后履行一方须履行债务。

易混易错

1. 先履行抗辩权和同时履行抗辩权的区别。（1）履行债务的顺序不同。先履行抗辩权发生于有先后履行顺序的双务合同中；同时履行抗辩权则没有先后履行顺序之分。（2）享有权利的主体不同。先履行抗辩权的权利主体是双务合同的后履行义务方；同时履行抗辩权的权利主体是双务合同的双方当事人。（3）适用条件不同。先履行抗辩权的适用必须是先履行债务的当事人的债务已届清偿期而不清偿；同时履行抗辩权的适用则是双方当事人的债务均已届清偿期。

2. 不要把先履行抗辩权与先诉抗辩权混淆。

3. 法律硕士联考中，本内容出题方式为各类题型。出题思路：选择题为先履行抗辩权的含义、性质和认定；法条分析题从先履行抗辩权的概念、意义、构成条件、法律后果等方面考查；案例分析题则将先履行抗辩权与其他民事法律制度结合在一起实施综合考查。

试题范例

多项选择题

属于延期抗辩权的是（　　）。

A. 同时履行抗辩权

B. 先履行抗辩权
C. 不安抗辩权
D. 先诉抗辩权
答案：ABCD

核心法条

《民法典》第 527 条　应当先履行债务的当事人，有确切证据证明对方有下列情形之一的，可以中止履行：

（一）经营状况严重恶化；

（二）转移财产、抽逃资金，以逃避债务；

（三）丧失商业信誉；

（四）有丧失或者可能丧失履行债务能力的其他情形。

当事人没有确切证据中止履行的，应当承担违约责任。

相关法条

《民法典》第 528 条　当事人依据前条规定中止履行的，应当及时通知对方。对方提供适当担保的，应当恢复履行。中止履行后，对方在合理期限内未恢复履行能力且未提供适当担保的，视为以自己的行为表明不履行主要债务，中止履行的一方可以解除合同并可以请求对方承担违约责任。

释解分析

本条规定的是不安抗辩权。不安抗辩权，是指在双务合同中，应先履行债务的一方发现后履行一方有财产状况严重恶化等情形，可能危及其债权时，在后履行一方未履行债务或者提供担保之前，有拒绝履行自己债务的权利。

不安抗辩权的作用。不安抗辩权是法律赋予双务合同中先履行债务一方当事人的权利，其目的是保护双务合同中先履行一方当事人的利益，避免因其先履行而对方无能力履行使其债权受到损害。

行使不安抗辩权应当具备以下条件：（1）主张不安抗辩权的一方当事人须有先履行之义务。后履行一方不得行使不安抗辩权。（2）须对方于合同成立后有财产状况严重恶化等情形。这些情形包括：经营状况严重恶化；转移财产，抽逃资金，以逃避债务；丧失商业信誉以及有丧失或者可能丧失履行债务能力的其他情形。（3）须对方财产状况严重恶化导致其丧失或者可能丧失履约能力。（4）须对方未履行债务或者未提供适当担保。

不安抗辩权也属于延期抗辩权，其效力表现在，先履行一方有确切证据证明对方具有法律规定的不能或不会对待履行的事由以后，可以行使不安抗辩权，暂时中止合同的履行。可见，暂时中止合同的履行乃是不安抗辩权行使的主要效果。所谓暂时中止合同的履行，是指暂停履行合同，合同并没有发生终止或解除，它对当事人仍然是有效的。因此，为了防止先履行一方滥用不安抗辩权，先履行一方必须有确切证据证明对方有不能为对待给付的现实危险，当事人没有确切证据中止履行的，应当承担违约责任。为了兼顾后履行义务人的利益，也便于其能及时提供适当担保，因此，先履行一方行使不安抗辩权，中止履行合同的，应当及时通知对方。在具备不安抗辩权的行使条件时，可要求后履行一方提供适当的担保。在后履行一方提供适当担保时，先履行一方应当恢复履行。如果先履行一方在中止履行后，对方在合理期限内未恢复履行能力并且未提供适当担保的，视为以自己的行为表明不履行合同的主要义务，先履行一方即中止履行的一方可以解除合同并可以请求对方承担违约责任。

易混易错

1. 在双务合同中，只有后履行一方经营状况严重恶化的，先履行一方才能主张不安抗辩权。如果经营状况未达到严重恶化程度，仅仅是恶化，当事人不能主张不安抗辩权。

2. 在双务合同中，转移财产、抽逃资金的目的是逃避债务，先履行一方才能主张不安抗辩权。如果转移财产、抽逃资金的目的不是逃避债务，则不能主张不安抗辩权。例如，后履行一方转移财产的目的是清偿他人的到期债务，则先履行一方不能行使不安抗辩权。

3. 主张不安抗辩权的一方不能径直解除合同，而是先中止，后解除。

4. 注意同时履行抗辩权、先履行抗辩权和不安抗辩权的区别。见表 2-2。

民
法
学

民法学

表 2-2

	同时履行抗辩权	先履行抗辩权	不安抗辩权
权利主体	双方当事人	后履行一方	先履行一方
债务履行顺序	同时履行，没有先后顺序	有先后履行顺序	有先后履行顺序
适用条件	双方当事人债务均已届清偿期	先履行一方的债务已届清偿期	经营状况严重恶化；转移财产、抽逃资金，以逃避债务；丧失商业信誉；有丧失或者可能丧失履行债务能力的其他情形
行使程序	拒绝履行	拒绝履行	先中止合同，后解除合同

5. 法律硕士联考中，本内容出题方式为各类题型。出题思路：选择题为不安抗辩权的含义、性质、适用情形；法条分析题一般围绕着不安抗辩权的概念、立法意义、构成要件、法律后果及条文中相关条款及其用语的含义命题；案例分析题则将不安抗辩权与其他民事法律制度结合在一起综合考查。

试题范例

1. (2019 年真题) 单项选择题

甲、乙签订买卖合同，约定：甲于 9 月 30 日交货，乙于 10 月 5 日付款。9 月 30 日甲得知乙经营状况严重恶化，遂通知乙暂不交货。甲行使的是（　　）。

A. 先诉抗辩权　　B. 不安抗辩权

C. 先履行抗辩权　　D. 同时履行抗辩权

答案：B

2. 单项选择题

行使不安抗辩权的情形是对方当事人（　　）。

A. 经营状况恶化　　B. 丧失履约能力

C. 抽逃资金　　D. 无偿转让财产

答案：B

3. 多项选择题

下列关于不安抗辩权制度的表述，错误的有（　　）。

A. 在赠与合同履行过程中，如果义务人不交付赠与物的，则受让人有权主张不安抗辩权

B. 如果出让方经营状况不佳，受让人可以行使不安抗辩权

C. 行使不安抗辩权的一方有权拒绝并终止自己的履行

D. 行使不安抗辩权的主体是先履行方，后履行方不享有不安抗辩权

答案：ABC

核心法条

《民法典》第 533 条　合同成立后，合同的基础条件发生了当事人在订立合同时无法预见的、不属于商业风险的重大变化，继续履行合同对于当事人一方明显不公平的，受不利影响的当事人可以与对方重新协商；在合理期限内协商不成的，当事人可以请求人民法院或者仲裁机构变更或者解除合同。

人民法院或者仲裁机构应当结合案件的实际情况，根据公平原则变更或者解除合同。

释解分析

本条规定的是情事变更规则。情事变更规则是指合同依法成立后，因不可归责于当事人的原因，合同的基础条件发生了当事人在订立合同时无法预见的、不属于商业风险的重大变化，致使合同的基础丧失或动摇，继续履行合同对于当事人一方明显不公平的，允许受不利影响的当事人变更或解除合同的规则。本条规定的情事变更规则具有重要意义。法律一经生效，就应具有相对稳定性，否则，会导致社会秩序的紊乱；法律是社会物质生活条件的反映并为之服务，当社会物质生活条件发生变化之后，法律也应随之修正。据此，合同依法成立之时，有当事人信赖的客观环境，当事人在合同中约定的权利义务应与这种客观环境相适应，在合同成立之后，该客观环境发生改变或不复存在，原来约定的权利义务与新形成的客观环境不适应，要求当事人继续履行合同就不再公平合理，只有将合同加以改变乃至解除，才符合适应性原则，才符合诚实信用原则的要求，才能实现实质的公平。

情事变更规则的适用条件有：（1）须有情事变更的事实。所谓情事，泛指作为合同成立基础或环境的客观情况，如合同订立时的供求关系。这里的变更，指上述客观情况发生了异常变动，如战争引起严重的通货膨胀。具体判断是否构成情事变更，应以是否导致合同基础丧失、是否致使合同目的落空、是否造成对价关系障碍为判断

标准。（2）情事变更发生在合同成立生效以后，履行终止以前。一方面，如果情事变更发生在合同订立时，应认为当事人已经认识到发生的事实，则合同的成立是以已变更的事实为基础的，不发生合同成立后的情事变更问题。在订约时，已变更的情事对当事人不利，而当事人仍以其为合同的内容，则表明当事人自愿承担了风险，所以事后没有表示的必要。另一方面，情事变更必须发生在合同履行完毕以前，如果在履行完毕之后才发生情事变更，因合同关系已经解除，则不适用情事变更规则。（3）情事变更非当事人所能预见。如果当事人在订约时能够预见，则表明其承担了该事件发生的风险，因此不适用情事变更规则。如果当事人对情事变更事实上没有预见，但是根据诚实信用原则当事人可以预见，则当事人仍然不能主张情事变更。（4）情事变更不可归责于双方当事人，即双方当事人没有过错。不可归责于双方当事人的事由为当事人在订立合同时无法预见、不属于商业风险的重大变化，这意味着情事变更不同于固有的商业风险。商业风险是商业活动固有的风险，一般的市场供求变化、价格涨落均属于商业风险，当事人不得依据商业风险变更或者解除合同；对商业风险，法律一般推定当事人有预见，而情事变更是当事人未预见到，也不能预见；商业风险带给当事人的损失，从法律的观点看可归责于当事人，而情事变更则不可归责于当事人。此外，民法典生效之前的立法或者司法解释中，情事变更的事实和不可抗力存在明显区别，但是，本条规定并没有将二者对立起来。换言之，不可抗力造成的后果，也可能适用情事变更规则。学者们认为合同法中的不可抗力规定不是法定免责理由，而是任意性规范，当事人可以通过约定排除、限制或者扩张。如果当事人没有约定或者约定不明确时，可作为补充性规范，弥补当事人意思表示缺漏。合同上不可抗力产生何种效力，关键看它对合同义务履行的影响程度。如果导致无法履行或者不能履行时，可免除违约责任，此时不可抗力属于免责事由；如果可以履行，但履行结果导致显失公平，可以向人民法院或者仲裁机构申请变更或者解除合同，此时不可抗力属于情事变更的事由。立法者最终采纳了学者们的观点，形成了本条规定。（5）因情事变更而使原合同的履行显失公平。情事变更发生以后，通常造成了当事人之间的利益失衡，如果继续按合同规定履行义务，将会对当事人明显有失公平，从而违背诚实信用原则和公平原则。当然，显失公平后果的出现必须是因情事变更产生的，而不是其他原因造成的。适用情事变更规则，必须把握好一个“度”，即只有在情事变更造成当事人的利益极不均衡时，假如情事变更对当事人之间的利益影响轻微，则不能适用之。

情事变更规则的法律效力体现在，发生情事变更后，受不利影响的当事人可以与对方重新协商；在合理期限内协商不成的，当事人可以请求人民法院或者仲裁机构变更或者解除合同。人民法院或者仲裁机构应当结合案件的实际情况，根据公平原则变更或者解除合同。可见，变更合同和解除合同是情事变更规则的两大法律效果。变更合同，使合同的履行公平合理。变更合同表现为增减标的数额、延期或分期履行、拒绝先为履行、变更标的物等。如果变更合同仍不能消除显失公平的结果的，允许解除合同。

试题范例

单项选择题

下列情形中，当事人可以情事变更事由解除合同的是（　　）。

A. 某甲因当地政府对其货物实施罚没收入而要求解除与包某签订的该货物的买卖合同

B. 某乙因银行贷款利率的调整而无力支付商品房首付款，遂请求解除与某开发商签订的商品房买卖合同

C. 某丙因其交付的货物价格大幅度上涨而请求解除与冉某签订的该货物的买卖合同

D. 某丁因不可抗力导致合同无法履行而请求解除与陈某签订的买卖合同

答案：B

核心法条

《民法典》第535条　因债务人怠于行使其债权或者与该债权有关的从权利，影响债权人的到期债权实现的，债权人可以向人民法院请求以自己的名义代位行使债务人对相对人的权利，但是该权利专属于债务人自身的除外。

代位权的行使范围以债权人的到期债权为限。债权人行使代位权的必要费用，由债务人负担。

相对人对债务人的抗辩，可以向债权人

主张。

《民法典》第 536 条　债权人的债权到期前，债务人的债权或者与该债权有关的从权利存在诉讼时效期间即将届满或者未及时申报破产债权等情形，影响债权人的债权实现的，债权人可以代位向债务人的相对人请求其向债务人履行、向破产管理人申报或者作出其他必要的行为。

《民法典》第 537 条　人民法院认定代位权成立的，由债务人的相对人向债权人履行义务，债权人接受履行后，债权人与债务人、债务人与相对人之间相应的权利义务终止。债务人对相对人的债权或者与该债权有关的从权利被采取保全、执行措施，或者债务人破产的，依照相关法律的规定处理。

释解分析

上述条文规定的是债权人的代位权。债权人的代位权是指当债务人怠于行使其债权或者与该债权有关的从权利而影响债权人的到期债权实现时，债权人享有的以自己名义代位行使债务人对相对人的权利的权利。《民法典》第 535 条第 1 款规定，因债务人怠于行使其债权或者与该债权有关的从权利，影响债权人的到期债权实现的，债权人可以向人民法院请求以自己的名义代位行使债务人对相对人的权利，但是该权利专属于债务人自身的除外。代位权涉及三方当事人（债权人、债务人与相对人）和两个债权（债权人对债务人的债权、债务人对相对人的债权）。代位权作为合同保全措施，其内容在于行使债务人的权利，借以保持债务人的责任财产。

债权人的代位权的成立条件包括：（1）债权人对债务人的债权合法。一般情形下，债权人应当在其债权到期时才能行使代位权，但《民法典》第 536 条对债权人在债权到期前行使代位权作出了特别规定，即：债权人的债权到期前，债务人的债权或者与该债权有关的从权利存在诉讼时效期间即将届满或者未及时申报破产债权等情形，影响债权人的债权实现的，债权人可以代位向债务人的相对人请求其向债务人履行、向破产管理人申报或者作出其他必要的行为。（2）债务人对第三人（相对人）享有债权。这里的"相对人"，包括次债务人、抵押人、质押人、保证人等。如果债务人对相对人不享有债权，则没有行使代位权的余地。至于债务人对相对人享有的债权是否到期，在所不问。（3）债务人怠于行使其债权或者与该债权有关的从权利影响债权人的到期债权的实现。这是指债务人不履行其对债权人的到期债务，又不以诉讼方式或者仲裁方式向其债务人主张其享有的具有金钱给付内容的债权，以致影响债权人的到期债权的实现。这里的"与该债权有关的从权利"，是指抵押、质押等担保物权，以及保证人承担的保证责任等。（4）债务人对第三人的债权为非专属性权利和可以强制执行的权利。通常而言，基于扶养关系、抚养关系、赡养关系、继承关系产生的给付请求权和劳动报酬、退休金、养老金、抚恤金、安置费、人寿保险、人身伤害赔偿请求权等权利属于专属于债务人自身的债权。此外，一般认为，不作为债权、劳务债权、技能债权、税金债权、罚金债权等，也不得代位行使。由于继承权具有人身专属性，也不能代位行使。

债权人的代位权必须通过诉讼方式行使，代位权的行使范围以债权人的到期债权为限，行使代位权的必要费用，由债务人负担。相对人对债务人的抗辩，可以向债权人主张。代位权的效力体现在，人民法院认定代位权成立的，由债务人的相对人向债权人履行义务，债权人接受履行后，债权人与债务人、债务人与相对人之间相应的权利义务终止。债务人对相对人的债权或者与该债权有关的从权利被采取保全、执行措施，或者债务人破产的，依照相关法律的规定处理。这里的"依照相关法律的规定"，主要指的是《企业破产法》《民事诉讼法》有关财产保全、执行或者债务人破产的相关规定。

易混易错

1. 合同保全是指法律为防止因债务人的财产不当减少或不增加而给债权人的债权带来损害，允许债权人行使代位权或撤销权，以保护其债权。民法典合同编第五章专门对合同保全制度作出规定。合同保全涉及当事人之外的相对人，其效力属于合同的对外效力。本来，合同以相对性为原则，债权人不得直接支配债务人的人身、行为及其财产，更不得直接支配相对人的人身、行为及其财产。但合同保全直接涉足相对人的行为与财产，会对相对人的行为自由造成不当干涉。那么，法律为什么突破传统的合同相对性，而赋予债权人代位权和撤销权？其立法基础在于全面衡量债权人、债务人、相对人各方面的利益关系：债权人的合法债权应当得以实现；债务人对该相对人怠于行使其权利，对债权人又陷于迟延，陷于非正当性的状态；至于相对人方面，要么是其义务本应履行却未履行（债权代位权场合），要么是无偿地或者以明显不合理的低价受让债务人的给付且主观上明知（债权撤销权场合）。因此，法律赋予债权人代位权和撤销权，以保全债权人的债权。

2. 法律硕士联考中，本内容出题方式为各类题型。出题思路：选择题和案例分析题为代位权的判定、适用及效力；简答题为代位权的概念和成立条件；法条分析题一般围绕着代位权的概念、立法意义、构成要件、法律效力及条文中相关条款和用语的含义（例如：如何理解《民法典》第535条中"该权利专属于债务人自身的除外"？如何认定代位权的行使范围）命题。

试题范例

多项选择题

下列关于债权人行使代位权的表述，正确的是（　　）。

A. 代位权是担保债权实现的方式之一

B. 对于侵权损害赔偿的债权，债权人可以行使代位权

C. 对于扶养请求权不得行使代位权

D. 养老金不能行使代位权

答案：CD

核心法条

《民法典》第538条　债务人以放弃其债权、放弃债权担保、无偿转让财产等方式无偿处分财产权益，或者恶意延长其到期债权的履行期限，影响债权人的债权实现的，债权人可以请求人民法院撤销债务人的行为。

《民法典》第539条　债务人以明显不合理的低价转让财产、以明显不合理的高价受让他人财产或者为他人的债务提供担保，影响债权人的债权实现，债务人的相对人知道或者应当知道该情形的，债权人可以请求人民法院撤销债务人的行为。

《民法典》第540条　撤销权的行使范围以债权人的债权为限。债权人行使撤销权的必要费用，由债务人负担。

《民法典》第541条　撤销权自债权人知道或者应当知道撤销事由之日起一年内行使。自债务人的行为发生之日起五年内没有行使撤销权的，该撤销权消灭。

《民法典》第542条　债务人影响债权人的债权实现的行为被撤销的，自始没有法律约束力。

释解分析

上述条文规定的是撤销权。撤销权，又称为废罢诉权、撤销诉权或者保罗诉权，是指债权人享有的依诉讼程序申请法院撤销债务人实施的损害债权行为的权利。

债权人撤销权的成立要件因债务人所为的行为系无偿或有偿的不同而有所区别。若为无偿行为，则只需具备客观要件；若为有偿行为，则需同时具备客观要件与主观要件。《民法典》第538条仅规定债权人撤销权的客观要件；而《民法典》第539条既规定了债权人撤销权的客观要件，也规定了主观要件。

根据上述规定，债权人行使撤销权的客观要件包括：（1）债务人实施了一定的处分财产的行为。根据第538条规定，一定的财产处分行为包括放弃其债权、放弃债权担保、无偿转让财产等无偿处分财产权益的行为。对于债务人恶意延长其到期债权的履行期，影响债权人的债权实现的，债权人可以请求人民法院撤销债务人的行为。第538条规定中的"放弃其债权"，既包括放弃到期债权，也包括放弃未到期债权。第538条规定中的"无偿转让财产"，主要是指将财产赠与他人。当然，此处所说的赠与是已经实际生效，如果债务人与第三人只是达成了赠与合同，还没有交付赠与物，则债权人不得请求撤销。无偿转让的财产，包括动产和不动产，也包括股权、知识产权等财产权益。（2）债务人的处分行为已发生法律效力。债权人之所以要行使撤销权，乃是因为债务人处分财产的行为已经生效，财产将要或已经发生了转移。如果债务人的行为并没有成立或生效，或者法律上属于当然无效的行为，或者该行为已经被宣告无效等，都不必由债权人行使撤销权。（3）债务人的行为影响债权人的债权实现。债务人处分财产的行为影响债权人的债权实现的，债权人才能行使撤销权。在不影响债权人的债权

的情况下，债务人处分财产的行为系正当行为，债权人不得行使撤销权。

根据上述规定，债权人行使撤销权的主观要件是相对人具有恶意，即债务人以明显不合理的低价转让财产、以明显不合理的高价受让他人财产或者为他人的债务提供担保，影响债权人的债权实现，债务人的相对人知道或者应当知道该情形。对于“明显不合理的低价”，人民法院应当以交易当地一般经营者的判断，并参考交易当时交易地的物价部门指导价或者市场交易价，结合其他相关因素综合考虑予以确认。转让价格达不到交易时交易地的指导价或者市场交易价70%的，一般可以视为明显不合理的低价；对转让价格高于当地指导价或者市场交易价30%的，一般可以视为明显不合理的高价。值得一提的是，债务人实施的财产处分行为不包括放弃继承权的行为。

撤销权的行使主体是因债务人的行为而使债权受到损害的债权人。债权人的撤销权由债权人以自己的名义行使，行使撤销权只能通过诉讼方式。之所以要求以诉讼方式行使，是因为债权人撤销权对于相对人（第三人）的利害关系重大，应由人民法院审查撤销权的主体、成立要件，以避免撤销权的滥用。

撤销权的行使范围以债权人的债权为限。撤销的范围原则上应仅及于债权保全的范围，对债务人不当处分财产的行为超过债权保全必要的部分，不应发生撤销的效力。否则，势必不正当地干涉债务人正当行为的自由。此外，债权人行使撤销权的必要费用，由债务人负担。

债权人撤销权的行使，会涉及合同之外的相对人，使交易安全制度受到相当考验，因此，《民法典》第541条规定对撤销权的行使时间予以限制，即撤销权自债权人知道或者应当知道撤销事由之日起1年内行使。自债务人的行为发生之日起5年内没有行使撤销权的，该撤销权消灭。上述规定中的“1年”“5年”期间，不是诉讼时效期间，而是除斥期间，由于撤销权为形成权，因此该期间为不变期间，不存在中止、中断和延长的情形。此外，债务人影响债权人的债权实现的行为被撤销的，自始没有法律约束力。

易混易错

1. 代位权和撤销权的区别。(1) 代位权和撤销权同属于合同的保全制度，其结果均足以发挥保全债务人责任财产的功能，但二者功能上存在差异，即代位权系以债务人的现有权为范围，对于既成的社会秩序尚无破坏，制度运作较为单纯；撤销权则不以债务人的现有权为限，其行使结果，会破坏既成秩序，制度运作考虑较为复杂。从适用条件看，代位权是债务人消极不行使对相对人享有的债权，从而危及债权人的债权；撤销权是债务人积极处分本人财产，从而损害债权人的债权。(2) 代位权是债务人怠于行使其债权时，债权人可以自己的名义代债务人行使，即债权人行使代位权是因为债务人消极不行使其到期债权；债权人行使撤销权是因为债务人以积极行为危害债权人的债权。(3) 代位权的行使不问第三人是否知晓怠于行使的事实；撤销权的行使要考虑第三人（受让人）是否知晓债务人的处分财产行为危害债权。(4) 债权人行使代位权，是因债务人怠于行使其到期债权；债权人行使撤销权，不必过问债务是否到期。

2. 法律硕士联考中，本内容出题方式为各类题型。出题思路：选择题为撤销权的适用；简答题为撤销权的概念和构成条件；法条分析题一般围绕着撤销权的概念、立法意义、成立条件、法律效力及条文中相关条款和用语的含义（例如，如何理解债权人撤销权的客观要件和主观要件？如何理解撤销权的行使范围和行使期间）命题；案例分析题一般结合民法典合同编的其他知识进行综合考查。

试题范例

1.（2019年真题）单项选择题

甲欠乙5万元逾期不还，乙要求甲马上偿还，否则就起诉。甲遂将自己仅有的财产即市价5万元的汽车以4万元卖给知情的丙，后被乙得知。对于甲和丙之间的买卖合同，下列说法正确的是（　　）。

A. 乙有权以书面通知方式撤销

B. 乙得知一年后不再享有撤销权

C. 乙有权请求确认无效

D. 乙无权撤销

答案：D

2. 多项选择题

甲公司欠乙公司30万元，一直无力偿付，现丙公司欠甲公司20万元已到期，但甲公司明示放弃对丙公司的债权。对甲公司的这一行为，乙公司可以采取的措施有（　　）。

A. 行使代位权，要求丙公司偿还20万元

B. 请求法院撤销甲公司放弃债权的行为

C. 乙公司行使权利的必要费用可向甲公司主张

D. 乙公司应当自知道或者应当知道甲公司放弃债权2年内行使权利

答案：BC

核心法条

《民法典》第545条 债权人可以将债权的全部或者部分转让给第三人，但是有下列情形之一的除外：

（一）根据债权性质不得转让；

（二）按照当事人约定不得转让；

（三）依照法律规定不得转让。

当事人约定非金钱债权不得转让的，不得对抗善意第三人。当事人约定金钱债权不得转让的，不得对抗第三人。

《民法典》第546条 债权人转让债权，未通知债务人的，该转让对债务人不发生效力。

债权转让的通知不得撤销，但是经受让人同意的除外。

《民法典》第547条 债权人转让债权的，受让人取得与债权有关的从权利，但是该从权利专属于债权人自身的除外。

受让人取得从权利不因该从权利未办理转移登记手续或者未转移占有而受到影响。

《民法典》第548条 债务人接到债权转让通知后，债务人对让与人的抗辩，可以向受让人主张。

《民法典》第549条 有下列情形之一的，债务人可以向受让人主张抵销：

（一）债务人接到债权转让通知时，债务人对让与人享有债权，且债务人的债权先于转让的债权到期或者同时到期；

（二）债务人的债权与转让的债权是基于同一合同产生。

《民法典》第550条 因债权转让增加的履行费用，由让与人负担。

释解分析

上述条文规定的是合同债权转让。合同债权转让，又称为合同债权让与或者合同债权转移，是指在不改变债的内容的前提下，债权人与第三人订立合同将其债权移转给第三人享有。其中债权人称为让与人，第三人称为受让人。债权让与可分为全部让与和部分让与。前者是指债权人将其债权全部转让给第三人享有，并在转让协议生效后退出该债之关系，使受让人成为债权人；后者是指债权人将其债权部分转让给第三人享有，但其在转让协议生效后并不退出债之关系，而是与受让人共同成为债权人。在部分的债权让与中，当转让协议对转让的债权份额有约定时，在让与人与受让人之间成立按份债权；如果双方对转让的债权份额没有约定的，则在让与人与受让人之间成立连带债权。

合同债权转让的条件包括：（1）存在有效的债权。这是合同债权转让的根本前提。如果合同根本不存在，或者已经被宣告无效或者被撤销、被解除，在此情形下，所发生的转让行为都是无效的，转让人应对善意的受让人所遭受的损失承担损害赔偿责任。可以依法转让的有效的合同债权包括：诉讼时效已经完成的债权；可撤销但尚未撤销的债权；附解除条件或附期限（始期）的债权。债权转让的前提是可转让的债权必须合法，所以，赌博之债、因无效合同所产生的“债权”不得转让。（2）让与人即原债权人与第三人达成合意且不违反法律规定。（3）债权具有可让与性。在现代社会，作为财产权的债权有自由流通的要求。设立债权让与的目的在于尊重债权人对于其债权的自由处分权，并增强债权的利用价值。但各国或地区法律从保护债务人的角度出发，对债权让与作出了一定的限制。下列债权不得转让：1）根据性质不得转让的债权。此类债权主要包括：①基于当事人之间的特定身份关系发生的债权，如抚养费、赡养费之请求权等；②基于当事人之间的信赖关系而发生的债权，如定作人对于承揽人之债权、委托人对于受托人之债权、雇佣人对于受雇人之债权等。2）按照当事人约定不得转让的债权。根据债权的性质，一些债权具有可让与性，但如债权人与债务人特别约定该债权不得转让，则债权人不得将该债权让与他人。为了保护第三人的利益，当事人约定非金钱债权不得转让的，不得对抗善意第三人。当事人约定金钱债权不得转让的，不得对抗第三人。3）依照法律规定不得转让的债权。有的债权与社会公共利益有关，因而法律禁止该类债权转让或规定该类债权转让须经有关部门批准。依照法律规定不得转让的债权包括：①因侵权行为所产生的损害赔偿

民法学

之债（不过，此类债并非合同之债）。②因劳动报酬所产生的债权。③近亲属间因亲属关系所生的债权，如抚养费、赡养费等。

债权人转让债权的，须通知债务人，未经通知的，对债务人不发生效力。在债权让与通知到达债务人后，债务人应向受让人履行债务，此时撤销债权让与的通知将严重影响受让人的利益，故除经受让人同意外，债权转让的通知不得撤销。对于通知债务人，需要注意如下四点：(1) 通知债务人，是债权让与"对债务人"发生效力的要件。即使未通知债务人，债权让与发生对内效力，受让人已经成为新的债权人。(2)"通知"无特定形式要求，书面或者口头均无不可。原债权人与受让人通知均可。(3) 未通知债务人之前，债务人对原债权人的善意清偿，仍发生债务消灭的法律后果，受让人只能请求原债权人返还不当得利。(4) 当债权人将债权让与受让人的事项通知债务人后，即使债权让与并未发生或该让与无效，债务人基于对让与通知的信赖而向该第三人所为的履行仍然有效。

合同债权转让的效力体现在，债权人转让债权的，受让人取得与债权有关的从权利，但是该从权利专属于债权人自身的除外。受让人取得从权利不因该从权利未履行转移登记手续或者未转移占有而受到影响。债务人接到债权转让通知后，债务人对让与人的抗辩，可以向受让人主张。《民法典》第549条规定，有下列情形之一的，债务人可以向受让人主张抵销：(1) 债务人接到债权转让通知时，债务人对让与人享有债权，且债务人的债权先于转让的债权到期或者同时到期；(2) 债务人的债权与转让的债权是基于同一合同产生。此外，因债权转让增加的履行费用，由让与人负担。

试题范例

1. (2021年真题) 单项选择题

甲与某影视公司签订合同，约定甲两年内完成一部电视剧剧本，影视公司支付稿酬50万元。后甲将请求支付稿酬的权利转让给乙。甲请求支付稿酬的权利（　　）。

A. 在转让通知到达影视公司时发生转让

B. 在转让合同生效时发生转让

C. 经影视公司同意才可以转让

D. 依合同性质不得转让

答案：A

2. 单项选择题

下列选项中，不属于债的移转的是（　　）。

A. 甲继承其父10万元遗产和5万元债务

B. 甲公司分立成乙、丙两公司，乙、丙两公司协议承担甲公司的债务

C. 甲将自己的10万元债权转让给其朋友乙

D. 债权人甲将债务人乙欠自己的5万元债务免除

答案：D

核心法条

《民法典》第551条　债务人将债务的全部或者部分转移给第三人的，应当经债权人同意。

债务人或者第三人可以催告债权人在合理期限内予以同意，债权人未作表示的，视为不同意。

《民法典》第552条　第三人与债务人约定加入债务并通知债权人，或者第三人向债权人表示愿意加入债务，债权人未在合理期限内明确拒绝的，债权人可以请求第三人在其愿意承担的债务范围内和债务人承担连带债务。

《民法典》第553条　债务人转移债务的，新债务人可以主张原债务人对债权人的抗辩；原债务人对债权人享有债权的，新债务人不得向债权人主张抵销。

《民法典》第554条　债务人转移债务的，新债务人应当承担与主债务有关的从债务，但是该从债务专属于原债务人自身的除外。

释解分析

上述条文规定的是合同债务移转。债务移转，又称债务承担或者债务转移，是指不改变债的内容而将债务人的全部或部分债务移转给第三人承受。债务承担可以依据法律规定而发生，也可以依据当事人之间的民事法律行为而发生，较为常见的债务移转方式是通过合同方式转移债务，即通过当事人之间的债务移转协议。债务移转以移转后原债务人是否免责为标准，可以分为免责的债务承担（移转）和并存的债务承担（移转）两种方式。在债务移转中，接受移转债务的第三人为新债务人，又称为承担人。

免责的债务承担是指原债务人将全部债务移转

给第三人承担而脱离债的关系。根据《民法典》第551条的规定，免责的债务承担的条件有：（1）须存在有效的债务。当事人移转的债务只能是有效的债务。如果债务本身不存在，或者合同订立后被宣告无效或被撤销，自不能发生债务移转的效力。（2）须有以债务移转为内容的协议。债务移转须由当事人达成移转的协议。该协议可以是第三人与债权人签订的，也可以是第三人与债务人签订的，还可以是债务人、债权人与第三人三方共同签订的。（3）须债务具有可移转性。债务移转后，债权债务关系主体发生变更，因此，所移转的债务必须具有可让与性。凡性质上不可移转的债务以及当事人约定不得移转的债务，均不具有可移转性。（4）须经债权人同意。这是债务转移的程序性条件，也是最关键的条件，即债务移转未经债权人同意的，不发生债务移转的法律效力。其原因在于，合同关系建立在债权人对债务人的履行能力了解和信任的基础上，债务人的支付能力，对于债权人权利的实现至关重要。如果债务人未经债权人同意而将债务移转给承担人，则该人无足够的资力和信用履行债务时，债权人的利益可能会遭受损失。为了保护债权人的利益不受债务人和承担人之间的债务承担合同的影响，应以债权人同意为债务承担合同对于债权人的生效要件。关于债权人同意债务转移的方式，根据《民法典》第551条第2款的规定，为了避免债务承担合同的效力久悬不决，可以定一个合理期限，债务人或者第三人可以在这个合理期限内催告债权人予以同意，债权人未作表示的，视为不同意。因此，对于债权人同意债务转移的方式，不能采取默示的形式。债权人一经同意，债务转移合同即发生法律效力。债权人拒绝同意债务转移的，债务人与第三人订立的债务移转合同归于无效。

并存的债务承担是指债务人不脱离债的关系，而由加入到债的关系的第三人与债务人共同向债权人承担债务。并存的债务承担，有的依据法律的直接规定而成立，此为法定的并存的债务承担；有的由当事人约定产生，此为约定的并存的债务承担。法定的并存的债务承担，其成立要件和法律效果均由法律直接规定，此不赘述。关于约定的并存的债务承担，其设立方式与免责的债务承担基本相同，以下直接称呼为并存的债务承担。并存的债务承担须具备如下条件：第一，债务系有效债务；第二，债务具有可移转性；第三，当事人就并存的债务承担达成合意。根据《民法典》第552条的规定，在并存的债务承担中，第三人与债务人约定加入债务并通知债权人，或者第三人向债权人表示愿意加入债务，债权人未在合理期限内明确拒绝的，债权人可以请求第三人在其愿意承担的债务范围内和债务人承担连带债务。具言之，第三人加入原债务人一方成为新债务人，使原来的单一之债转变为债务人为多数的多数人之债，故债权人与债务人之间的关系，以及各债务人之间的关系，应适用多数人之债的一般规则处理，具体如下：（1）原债务为可分之债时，如果新债务人与原债务人约定按照份额分担债务且债权人同意的，则该债务应按照按份之债来处理。（2）若债的性质为不可分之债，或者第三人与债务人并未约定按照确定的份额分担债务，则第三人与原债务人对债务承担连带责任。

合同债务承担的效力体现在，债务人转移债务的，新债务人可以主张原债务人对债权人的抗辩；原债务人对债权人享有债权的，新债务人不得向债权人主张抵销。债务人转移债务的，新债务人应当承担与主债务有关的从债务，但是该从债务专属于原债务人自身的除外。

易混易错

债权人转让合同权利的，须履行通知债务人的义务；债务人转让合同义务的，必须经过债权人同意。注意差别。

试题范例

多项选择题

下列关于债务承担的表述，正确的是（　　）。

A. 债务人转让债务的，须通知债权人

B. 债务人转让债务的，须经债权人同意

C. 债务承担须以有效债务的存在为前提

D. 债务承担后，原债务人脱离原债权债务关系

答案：BCD

核心法条

《民法典》第555条　当事人一方经对方同意，可以将自己在合同中的权利和义务一并转让给第三人。

民法学

释解分析

本条规定的是合同承受（合同权利义务的概括转移）。合同权利义务的概括转移是指合同之债的一方主体将其债权债务一并转移给第三人，使该第三人代替出让人的地位，成为债的新的当事人。合同权利义务的概括转移可以是基于法律的规定而产生，被称为法定概括转移。例如，当事人订立合同后合并的，由合并后的法人或者非法人组织行使合同权利，履行合同义务。当事人订立合同后分立的，除债权人和债务人另有约定的以外，由分立的法人或者非法人组织对合同的权利和义务享有连带债权，承担连带债务。合同权利义务的概括转移，也可以是基于当事人之间的约定而产生，被称为意定概括转移或者合同承受。本条规定的就是意定概括转移。合同权利义务的概括转移，可以是合同权利义务全部由出让人转移至受让人，即全部转移。全部转移将使受让人取代出让人的法律地位，成为合同关系的新当事人。合同权利义务的概括转移，也可以是合同权利义务的一部分由出让人转移至受让人，即一部转移。根据本条规定，合同权利义务的概括转移，须经对方当事人的同意才能生效。因为合同权利义务关系的概括转移，包括合同义务的转移即债务转移，所以当事人一方通过合同承受对合同权利义务进行概括转移的，必须取得对方的同意。

试题范例

1.（2018 年真题）多项选择题

甲公司与乙幼儿园签订空气净化器买卖合同，约定：净化器的 PM2.5 去除率应达到 95%，验收合格后付款。后乙幼儿园经甲公司同意将合同转让给丙幼儿园。丙幼儿园验收时，发现 PM2.5 去除率远未达到合同约定的标准。对此，下列说法正确的有（　　）。

A. 丙幼儿园有权解除买卖合同

B. 丙幼儿园可以对甲公司行使先履行抗辩权

C. 丙幼儿园可以请求乙幼儿园承担违约责任

D. 乙幼儿园与丙幼儿园之间的转让合同有效

答案：ABD

2. 单项选择题

甲公司欠银行贷款 100 万元，现该公司将一部分资产分离出去，另成立乙公司。则对该银行债务的清偿表述正确的是（　　）。

A. 应当由甲公司清偿债务

B. 应当由乙公司清偿债务

C. 应当由甲公司和乙公司连带清偿债务

D. 应当由甲公司和乙公司按比例清偿债务

答案：C

核心法条

《民法典》第 557 条　有下列情形之一的，债权债务终止：

（一）债务已经履行；

（二）债务相互抵销；

（三）债务人依法将标的物提存；

（四）债权人免除债务；

（五）债权债务同归于一人；

（六）法律规定或者当事人约定终止的其他情形。

合同解除的，该合同的权利义务关系终止。

相关法条

《民法典》第 558 条　债权债务终止后，当事人应当遵循诚信等原则，根据交易习惯履行通知、协助、保密、旧物回收等义务。

《民法典》第 559 条　债权债务终止时，债权的从权利同时消灭，但是法律另有规定或者当事人另有约定的除外。

《民法典》第 560 条　债务人对同一债权人负担的数项债务种类相同，债务人的给付不足以清偿全部债务的，除当事人另有约定外，由债务人在清偿时指定其履行的债务。

债务人未作指定的，应当优先履行已经到期的债务；数项债务均到期的，优先履行对债权人缺乏担保或者担保最少的债务；均无担保或者担保相等的，优先履行债务人负担较重的债务；负担相同的，按照债务到期的先后顺序履行；到期时间相同的，按照债务比例履行。

释解分析

本条规定的是合同权利义务的终止。合同权利义务的终止既包括合同关系向未来消灭，也包括合同关系溯及既往地消灭。合同权利义务终止的原因有清偿（履行）、解除、抵销、提存、免除、混同和法律规定或者当事人约定终止的其他情形，如当事人死亡、解除条件成就、终期届至等。

清偿。清偿是指债务人依法律规定或合同约定完成义务的行为。清偿和履行同义，只是清偿是从债的消灭的角度而言的，而履行是从债的效力出发强调债务的实现过程。在清偿中应注意代物清偿与清偿抵充两种特殊情形。(1) 代物清偿。代物清偿是指在债的履行过程中，债权人受领他种给付以代替原定给付而使债的关系消灭。代物清偿须具备以下条件：①有原债务存在。②经双方当事人约定，以他种给付代替原定给付。③有双方当事人关于代物清偿的合意。④债权人或其他有履行受领权的人现实地受领给付。(2) 清偿抵充。清偿抵充是指在债务人对于同一债权人负担数宗同种类的债务而债务人提供的给付不足以清偿全部债务时，决定以该给付抵充何宗债务的规则。1) 清偿抵充规则。对于清偿抵充，应当采取如下规则进行清偿：①约定抵充。它是指当事人就抵充的方法达成合意。对于清偿抵充采取私法自治原则，当事人的约定具有优先效力，即“有约定的从约定”，约定抵充优先于指定抵充和法定抵充。②指定抵充。它是指一方当事人以其单方意思确定债务人的清偿应抵充的债务。《民法典》第 560 条第 1 款规定，债务人对同一债权人负担的数项债务种类相同，债务人的给付不足以清偿全部债务的，除当事人另有约定外，由债务人在清偿时指定其履行的债务。③法定抵充。在当事人没有就抵充顺序作出约定，也没有按照债务人的指定来确定，则应当按照《民法典》第 560 条第 2 款有关法定抵充的规定来确定抵充顺序：第一，如果到期的债务和未到期的债务并存，应当先抵充已到期的债务。第二，数项债务均到期的，优先抵充对债权人缺乏担保或者担保最少的债务。第三，均无担保或者担保相等的，应当优先履行债务人负担较重的债务。第四，负担相同的，按照债务到期的先后顺序清偿。第五，到期时间相同的，按照债务比例履行。2) 清偿抵充顺序。债务人在履行主债务外还应当支付利息和实现债权的有关费用，其给付不足以清偿全部债务的，除当事人另有约定外，应当按照下列顺序履行：①实现债权的有关费用；②利息；③主债务。

抵销。抵销是指互负债务的双方当事人将两项债务相互抵充，以使双方债务在等额内消灭的行为。抵销分为法定抵销和合意抵销（约定抵销）。法定抵销是指依法律规定以当事人一方的意思表示所作的抵销；合意抵销是指按照当事人的合意所作的抵销。

提存。提存是指由于债权人的原因而无法向其交付履行标的物时，债务人将该标的物交付给提存机关以消灭债务的行为。

免除。免除是指债权人以消灭债务为目的而向债务人作出的抛弃债权的行为。

混同。混同是指债权人和债务人合为一人的事实。

解除。解除是指因一方当事人行使解除权，或者经双方协议使债归于消灭的行为。

合同终止的效力表现在：(1) 合同权利义务关系归于消灭。合同终止的事由发生以后，无论是主义务还是从义务，自合同终止的事由发生之日起消灭。合同关系消灭后，依附于主权利义务关系的从权利和从义务一并消灭，如担保物权、保证债权、违约金债权、利息债权等合同关系终止时均归于消灭。(2) 合同的权利义务终止，不影响合同中结算和清理条款的效力。(3) 债权人应当返还负债字据。负债字据是合同权利义务关系的证明，合同权利义务关系终止后，债权人应将负债字据返还给债务人。(4) 合同当事人之间发生后合同义务。合同的权利义务终止后，当事人应当遵循诚实信用原则，根据交易习惯履行通知、协助、保密等义务。

试题范例

1. (2019 年真题) 单项选择题

甲请同事吃饭，结账时发现没带钱，遂请好友乙帮忙买单，乙碍于情面付款。后乙要求甲偿还，甲拒绝。乙的付款行为属于（　　）。

A. 赠与　　B. 代为清偿

C. 无因管理　　D. 情谊行为

答案：B

2. 单项选择题

甲投资期货，向乙借款 10 万元，约定 1 年后还本付息。1 年后，甲投资失败，根本无法偿还乙的借款，乙多次索要，甲、乙经常恶语相向。甲的父亲为息事宁人，找到乙还了 10 万元。甲的父亲的行为属于（　　）。

A. 清偿抵充　　B. 代为清偿

C. 债务承担　　D. 代理清偿

答案：B

核心法条

《民法典》第562条 当事人协商一致，可以解除合同。

当事人可以约定一方解除合同的事由。解除合同的事由发生时，解除权人可以解除合同。

释解分析

本条规定的是协议解除和约定解除。本条第1款规定的是协议解除。协议解除，是指当事人通过协商一致解除合同的行为。其条件是双方达成合意。由于此种方式是在合同成立以后，通过双方协商解除合同，而不是在合同订立时约定解除权，因此又称为事后协商解除。

本条第2款规定的是约定解除。约定解除，是指当事人以合同形式约定一方当事人保留解除权，该当事人行使约定的解除权而导致合同的解除。只要不违反法律的强制性规定和不违背公序良俗，当事人可以约定一方当事人解除合同的事由。解除合同的事由发生时，解除权人可以解除合同。

核心法条

《民法典》第563条 有下列情形之一的，当事人可以解除合同：

（一）因不可抗力致使不能实现合同目的；

（二）在履行期限届满前，当事人一方明确表示或者以自己的行为表明不履行主要债务；

（三）当事人一方迟延履行主要债务，经催告后在合理期限内仍未履行；

（四）当事人一方迟延履行债务或者有其他违约行为致使不能实现合同目的；

（五）法律规定的其他情形。

以持续履行的债务为内容的不定期合同，当事人可以随时解除合同，但是应当在合理期限之前通知对方。

相关法条

《民法典》第564条 法律规定或者当事人约定解除权行使期限，期限届满当事人不行使的，该权利消灭。

法律没有规定或者当事人没有约定解除权行使期限，自解除权人知道或者应当知道解除事由之日起一年内不行使，或者经对方催告后在合理期限内不行使的，该权利消灭。

《民法典》第565条 当事人一方依法主张解除合同的，应当通知对方。合同自通知到达对方时解除；通知载明债务人在一定期限内不履行债务则合同自动解除，债务人在该期限内未履行债务的，合同自通知载明的期限届满时解除。对方对解除合同有异议的，任何一方当事人均可以请求人民法院或者仲裁机构确认解除行为的效力。

当事人一方未通知对方，直接以提起诉讼或者申请仲裁的方式依法主张解除合同，人民法院或者仲裁机构确认该主张的，合同自起诉状副本或者仲裁申请书副本送达对方时解除。

《民法典》第566条 合同解除后，尚未履行的，终止履行；已经履行的，根据履行情况和合同性质，当事人可以请求恢复原状或者采取其他补救措施，并有权请求赔偿损失。

合同因违约解除的，解除权人可以请求违约方承担违约责任，但是当事人另有约定的除外。

主合同解除后，担保人对债务人应当承担的民事责任仍应当承担担保责任，但是担保合同另有约定的除外。

释解分析

本条规定的是合同解除中的法定解除的条件。

合同一经有效成立，就具有法律效力，双方当事人都要严格遵守，认真履行，不得擅自变更或者解除合同，除非法律另有规定或者当事人另有协议或者约定，当事人不得动用合同解除权。为了鼓励一项交易的达成，除非具备本条规定的法定解除的条件，当事人不得动用解除权。

法定解除包括如下条件：（1）因不可抗力致使不能实现合同目的。这里要求不可抗力严重到致使合同目的落空的程度，方可行使法定解除权。另外，在发生不可抗力导致合同解除时，应认定双方当事人都享有解除权，其中任何一方均得以通知对方的方式行使。(2)预期违约将不履行主债务的。预期违约是指在合同履行期限届满前，一方当事人无正当理由明确表示将不履行合同义务，或者以自己的行为表明将不履行合同义务的情形，包括明示毁约和默示毁约。(3)迟延履行主债务的。一方当事人迟延履行主债务致使合同目的落空，表明债务人有严重过错，债权人有权解除合同。(4)根本违约不能实现合同目的。根本违约会严重影响订立合同时期望的经济利益，因此应允许守约方享有法定解除权。(5)法律规定的其他解除情形。除了上述条件外，如果法律另有规定的，当事人可以根据该法律规定，行使单方解除权。如在合同法总则中享有不安抗辩权的先履行方的法定解除权。在民法典合同编典型合同中，此类规定主要包括以下几种情况：①承揽合同中，定作人的单方解除权。②货运合同中，托运人的单方解除权。③委托合同中，双方当事人的随时解除委托合同的权利。④租赁合同中，承租人未经出租人同意进行转租的，出租人的解除权。根据本条第2款的规定，以持续履行的债务为内容的不定期合同，当事人在合理期限之前通知对方后可以解除。

合同解除的效力。合同一经解除，即产生如下法律效力：第一，法律规定或者当事人约定解除权行使期限，期限届满当事人不行使的，该权利消灭。法律没有规定或者当事人没有约定解除权行使期限，自解除权人知道或者应当知道解除事由之日起1年内不行使，或者经对方催告后在合理期限内不行使的，该权利消灭。第二，当事人一方依法主张解除合同的，应当通知对方。合同自通知到达对方时解除；通知载明债务人在一定期限内不履行债务则合同自动解除，债务人在该期限内未履行债务的，合同自通知载明的期限届满时解除。对方对解除合同有异议的，任何一方当事人均可以请求人民法院或者仲裁机构确认解除行为的效力。当事人一方未通知对方，直接以提起诉讼或者申请仲裁的方式依法主张解除合同，人民法院或者仲裁机构确认该主张的，合同自起诉状副本或者仲裁申请书副本送达对方时解除。第三，合同解除后，尚未履行的，终止履行；已经履行的，根据履行情况和合同性质，当事人可以请求恢复原状或者采取其他补救措施，并有权请求赔偿损失。合同因违约解除的，解除权人可以请求违约方承担违约责任，但是当事人另有约定的除外。主合同解除后，担保人对债务人应当承担的民事责任仍应当承担担保责任，但是担保合同另有约定的除外。

易混易错

1. 承揽合同、货运合同和委托合同中，行使法定解除权的主体不同。即在承揽合同中，只有定作人一方享有解除权；在货运合同中，只有托运人一方享有解除权；在委托合同中，双方当事人都享有解除权。

2. 法律硕士联考中，本内容出题方式包括选择题、简答题、法条分析题和案例分析题。出题思路：选择题为法定解除条件、民法典合同编典型合同中规定的法定解除权行使、债的消灭情形等；简答题为合同法定解除的条件；法条分析题为合同解除的概念、特征、效力等，此外，本条文中某些用语的含义、某款规定的理解等知识也可以成为考查方向；案例分析题一般不单独命题，往往结合民法典合同编的其他相关知识综合出题。

试题范例

1. 单项选择题

双方当事人都享有法定解除权的合同是（　　）。

A. 承揽合同　　B. 运输合同

C. 委托合同　　D. 租赁合同

答案：C

2. 单项选择题

甲、乙签订合同，购买乙饲养的一头怀孕母牛，但由于山洪暴发，母牛被水冲走。则对于该买卖合同（　　）。

A. 只有甲享有解除权

B. 只有乙享有解除权

C. 甲、乙都享有解除权

D. 应当通过诉讼方式行使解除权

答案：C

核心法条

《民法典》第568条　当事人互负债务，该债务的标的物种类、品质相同的，任何一方可以将自己的债务与对方的到期债务抵销；但是，根据债务性质、按照当事人约定或者依照法律规定不得抵销的除外。

当事人主张抵销的，应当通知对方。通知自到达对方时生效。抵销不得附条件或者附期限。

《民法典》第569条　当事人互负债务，

民法学

标的物种类、品质不相同的，经协商一致，也可以抵销。

释解分析

这两条规定的是抵销。抵销是指双方互负同类给付债务时，各以其债权充当债务的清偿，而使其债务与对方的债务在对等数额内相互消灭。抵销分为法定抵销和约定抵销两种情形。《民法典》第568条规定的是法定抵销，第569条规定的是约定抵销。这里分析法定抵销。法定抵销是指二人互负债务，且该债务的标的物种类、品质相同的，任何一方可以以自己的债务与对方的到期债务抵销。

抵销的意义在于，抵销作为一种债的消灭原因，免除了债务履行的麻烦，简化了履行手续，节省了履行费用，具有简便、公平的作用。

法定抵销的要件包括：（1）须双方当事人互负债务、互享债权，且双方的债权、债务都属于合法有效的债权、债务。（2）须被动债务已到期，主张抵销一方的债务是否到期在所不问。（3）须双方债务的标的物种类、品质相同。如果给付种类不同，不问其客观的价格是否同一都不允许抵销，因此抵销通常在金钱债务或者代替物债务上适用。（4）须不存在根据债务性质、按照当事人约定或者依照法律规定不得抵销的情形。抵销为单方法律行为，具备上述条件，一方当事人即享有抵销权，只需通知对方即可发生抵销的法律后果，但抵销不得附条件或者期限。

抵销的效力。无论是法定抵销，还是约定抵销，都产生如下效力：（1）双方互负的债务在对等数额内消灭。双方债务数额相同时，其互负债务均归于消灭。双方债务数额不等时，债务数额较小一方的债务消灭。对未被抵销的债务数额，债务人仍负清偿义务。（2）债权债务关系溯及最初得为抵销时消灭，从属于主债务的从债务也归于消灭。

易混易错

1. 不得适用法定抵销的情形。这类债务包括：因侵权行为所生的债务、双方当事人自己约定不得抵销的债务、法律禁止抵销的债务以及专属于人身的债务（如抚恤金）等。

2. 法律硕士联考中，本内容出题方式为选择题、简答题和法条分析题。出题思路：选择题为抵销的适用；简答题为抵销的概念和适用条件；法条分析题从法定抵销的概念、意义、适用条件和效力等方面考查，此外，《民法典》第568条规定中某些用语的含义及其理解也可以成为考查方向，例如：如何理解《民法典》第568条第1款中规定的“根据债务性质、按照当事人约定或者依照法律规定不得抵销的除外”？为什么“抵销不得附条件或者附期限”？

试题范例

多项选择题

不适用抵销的债务有（　　）。

A. 养老金

B. 抚恤金

C. 财产保险金

D. 侵权损害赔偿之债

答案：ABD

核心法条

《民法典》第570条　有下列情形之一，难以履行债务的，债务人可以将标的物提存：

（一）债权人无正当理由拒绝受领；

（二）债权人下落不明；

（三）债权人死亡未确定继承人、遗产管理人，或者丧失民事行为能力未确定监护人；

（四）法律规定的其他情形。

标的物不适于提存或者提存费用过高的，债务人依法可以拍卖或者变卖标的物，提存所得的价款。

《民法典》第571条　债务人将标的物或者将标的物依法拍卖、变卖所得价款交付提存部门时，提存成立。

提存成立的，视为债务人在其提存范围内已经交付标的物。

《民法典》第572条　标的物提存后，债务人应当及时通知债权人或者债权人的继承人、遗产管理人、监护人、财产代管人。

《民法典》第573条　标的物提存后，毁损、灭失的风险由债权人承担。提存期间，标的物的孳息归债权人所有。提存费用由债权人负担。

《民法典》第574条　债权人可以随时领取提存物。但是，债权人对债务人负有到期债务的，在债权人未履行债务或者提供担保之前，提存部门根据债务人的要求应当拒绝其领取提存物。

债权人领取提存物的权利，自提存之日起五年内不行使而消灭，提存物扣除提存费用后归国家所有。但是，债权人未履行对债务人的到期债务，或者债权人向提存部门书面表示放弃领取提存物权利的，债务人负担提存费用后有权取回提存物。

相关法条

《民法典》第 529 条　债权人分立、合并或者变更住所没有通知债务人，致使履行债务发生困难的，债务人可以中止履行或者将标的物提存。

释解分析

上述条文规定的是提存。提存有一般的提存和特殊的提存两种。一般的提存是合同权利义务终止的原因，特殊的提存最常见的是担保提存，如《民法典》第 406 条第 2 款规定的提存就是担保提存。上述条文规定的提存是一般的提存。

提存是指由于债权人的原因而无法向其交付履行标的物时，债务人将该标的物交付给提存机关以消灭债务的行为。由于债务的履行往往需要债权人的协助，如果债权人无正当理由而拒绝受领或者不能受领，债权人虽然应负受领迟延的责任，但债务人的债务并未消灭。于此场合，债务人仍应随时准备履行，为债务履行提供的担保也不能消灭，显失公平。为解决这一问题，《民法典》把提存作为合同的权利义务终止的原因。

提存涉及三方当事人，即提存人（债务人）、提存部门和债权人，因而发生提存人与提存部门、提存部门与债权人、提存人与债权人的三方法律关系。就提存人与债权人之间的关系而言，为私法上的法律关系，且提存的目的也在于消灭既存于债务人与债权人之间的债的关系，因而提存具有私法关系的因素。但提存部门为国家所设机关，接受提存标的物并为保管以及将提存物发还债权人，系公法上的义务，而且债权人与提存人之间的法律关系，系以提存部门的行为为中介，始生消灭效果，故提存又具有公法上的法律关系的因素。这两种法律关系在提存中因当事人之间的不同关系而分别存在，提存人与债权人的关系为私法关系，他们与提存部门的关系为公法关系。

提存须具备如下条件：（1）须有因债权人方面的原因使债务人难以履行债务的客观情况发生。有下列情形之一，难以履行债务的，债务人可以将标的物提存：①债权人无正当理由拒绝受领；②债权人下落不明；③债权人死亡未确定继承人、遗产管理人，或者丧失民事行为能力未确定监护人；④法律规定的其他情形。例如，债权人不在债务履行地又不能到履行地受领，债务人可以申请提存。（2）须提存的标的物适宜提存。下列标的物可以提存：①货币；②有价证券、票据、提单、权利证书；③贵重物品；④担保物（金）或者替代物；⑤其他适宜提存的标的物。不适宜提存的标的物包括：低值、易损、易耗物品；鲜活、易腐物品；需要专门技术养护的物品；超大机械设备、建设设施等。如果标的物不适宜提存或者提存费用过高，债务人依法可以拍卖或者变卖标的物，提存所得的价款。（3）须经法定程序进行。提存应按下列程序进行：①债务人应向清偿地提存机关提交提存申请。②债务人提交提存物。③提存机关授予债务人提存证书。④通知债权人受领提存物。此外，对于债权人分立、合并或者变更住所没有通知债务人，致使履行债务发生困难的，债务人可以中止履行或者将标的物提存。

债务人将标的物或者将标的物依法拍卖、变卖所得价款交付提存部门时，提存成立。提存成立的，视为债务人在其提存范围内已经交付标的物。标的物提存后，债务人应当及时通知债权人或者债权人的继承人、遗产管理人、监护人、财产代管人。

提存的效力体现在，标的物提存后，毁损、灭失的风险由债权人承担。提存期间，标的物的孳息归债权人所有。提存费用由债权人负担。债权人可以随时领取提存物。但是，债权人对债务人负有到期债务的，在债权人未履行债务或者提供担保之前，提存部门根据债务人的要求应当拒绝其领取提存物。债权人领取提存物的权利，自提存之日起 5 年内不行使而消灭，提存物扣除提存费用后归国家所有。但是，债权人未履行对债务人的到期债务，或者债权人向提存部门书面表示放弃领取提存物权利的，债务人负担提存费用后有权取回提存物。

试题范例

多项选择题

下列选项中，债务人可以将标的物提存的是（　　）。

A. 债权人无正当理由拒绝受领

B. 债权人下落不明

C. 债权人死亡未确定遗产管理人

D. 债权人丧失民事行为能力未确定监护人

答案：ABCD

核心法条

《民法典》第 576 条　债权和债务同归于一人的，债权债务终止，但是损害第三人利益的除外。

释解分析

本条规定的是混同。混同是指债权和债务同归于一人，致使债权债务关系消灭的事实。

引起混同的原因有企业合并、继承，债权人和债务人之间因转让债权或者转移债务引起债权债务发生混同而消灭。例如，企业合并使得合并前的两个企业之间的债权债务关系同归于一个企业而消灭。

混同的效力表现在，债的关系因混同而绝对地消灭，但是损害第三人利益的除外。债权的消灭，也使从权利归于消灭。

易混易错

抵销和混同的区别。（1）抵销有法定抵销和约定抵销之分，而混同则不以当事人之间的约定为必要条件。（2）抵销是在当事人之间互享债权、互负债务的情形下才能发生，而混同的情形不同，当事人之间未必互享债权、互负义务，单务之债亦可发生混同。（3）在法定抵销的情况下，当事人所互负的债务须已届清偿期，而混同则未必发生债务清偿期届至的情形。（4）在法定抵销的情形下，双方互负债务之标的物品质、种类须相同，而混同则无此项条件。（5）抵销发生互负债务消灭的后果，而混同则发生债权债务由一人承受的法律后果。

试题范例

单项选择题

甲工厂欠乙公司 100 万元，后甲工厂被乙公司兼并。甲工厂欠乙公司的债将因（　　）而归消灭。

A. 债的免除　　B. 债的混同

C. 债的抵销　　D. 债的解除

答案：B

核心法条

《民法典》第 577 条　当事人一方不履行合同义务或者履行合同义务不符合约定的，应当承担继续履行、采取补救措施或者赔偿损失等违约责任。

相关法条

《民法典》第 583 条　当事人一方不履行合同义务或者履行合同义务不符合约定的，在履行义务或者采取补救措施后，对方还有其他损失的，应当赔偿损失。

《民法典》第 585 条　当事人可以约定一方违约时应当根据违约情况向对方支付一定数额的违约金，也可以约定因违约产生的损失赔偿额的计算方法。

约定的违约金低于造成的损失的，人民法院或者仲裁机构可以根据当事人的请求予以增加；约定的违约金过分高于造成的损失的，人民法院或者仲裁机构可以根据当事人的请求予以适当减少。

当事人就迟延履行约定违约金的，违约方支付违约金后，还应当履行债务。

《民法典》第 592 条　当事人都违反合同的，应当各自承担相应的责任。

当事人一方违约造成对方损失，对方对损失的发生有过错的，可以减少相应的损失赔偿额。

释解分析

本条规定的是违约责任。违约责任是指当事人不履行或不适当履行合同义务而应承担的民事责任。

违约责任具有如下法律特征：(1) 违约责任属于民事责任。(2) 违约责任具有相对性。违约责任的相对性是由合同的相对性决定的，其含义是：一方面，违约责任是违反合同的一方当事人承担的责任，不是当事人的辅助人的责任；另一方面，合同当事人对于自己一方因第三人的原因造成的违约应承担责任，其和第三人之间的纠纷，依照法律规定或者按照约定处理。(3) 违约责任是当事人不履行合同债务而产生的责任。(4) 违约责任是一种财产性的民事责任。(5) 违约责任具有一定的任意性，可由当事人在法定范围内约定。这是由合同自由原则决定的。

违约责任的构成要件包括：(1) 当事人之间存在有效合同。(2) 客观上有违约行为。违约行为主要表现为两种情况：其一是不履行，包括实际不履行和预期违约行为，其中，实际不履行是指在合同履行期限届满之时仍然没有履行；预期违约是指在合同履行期限届满之前明确表示或者以行为表明将不履行合同。其二是不适当履行，即当事人虽有履行合同义务的行为，但履行不符合合同义务的要求。(3) 不存在免责事由。对任何一种形式的违约责任而言，上述三要件均须同时具备。当然，由于承担违约责任的方式不同，在适用某些责任方式时，除了上述三要件之外，还应具备其他一些法定或约定条件。需要注意的是，违约责任由于原则上实行无过错责任原则，因此，违约责任并不以过错作为构成要件。

违约责任的承担方式主要包括：(1) 继续履行。我国采用继续履行为主、赔偿损失为辅的经济原则。由于债务性质不同，继续履行在适用时也有所不同，具体而言：①违反金钱债务的，应继续履行。因为金钱债务不存在履行不能的问题。②违反非金钱债务的，除特殊情况外，原则上应继续履行。但有下列情形之一的除外：一是法律上或者事实上不能履约；二是债务的标的不适于强制履行或者履行费用过高；三是债权人在合理期限内未请求履行。继续履行后对方还有其他损失的，应当赔偿损失。(2) 采取补救措施。采取补救措施后对方还有其他损失的，违约方还应对损失予以赔偿。(3) 支付违约金。根据《民法典》的规定，违约金是约定的，即只在当事人有约定时才适用。当事人就迟延履行约定违约金的，违约方支付违约金后，还应当履行债务。(4) 赔偿损失。根据《民法典》的规定，损失赔偿额应当相当于因违约所造成的损失，包括合同履行后可以获得的利益；但是，不得超过违约一方订立合同时预见到或者应当预见到的因违约可能造成的损失。

违约责任承担的原则。当事人违约的，应当承担违约责任，其中承担责任的方式之一就是承担损害赔偿责任。承担损害赔偿责任应当遵循以下原则：(1) 完全赔偿原则。即当事人一方不履行合同义务或者履行合同义务不符合约定，造成对方损失的，损失赔偿额应当相当于因违约所造成的损失，包括合同履行后可以获得的利益；但是，不得超过违约一方订立合同时预见到或者应当预见到的因违约可能造成的损失。这里的损害赔偿额既包括财产上的损害赔偿额，也包括非财产上的损害赔偿额，即应对全部损害负赔偿责任。(2) 可预见性原则。可预见性原则是指违约方承担的损害赔偿责任，其范围不应超过他订立合同时预见到或者应当预见到的损失的原则，该原则是完全赔偿原则的补充。即约定的违约金低于造成的损失的，人民法院或者仲裁机构可以根据当事人的请求予以增加；约定的违约金过分高于造成的损失的，人民法院或者仲裁机构可以根据当事人的请求予以适当减少。(3) 减轻损失原则。即当事人一方违约后，对方应当采取适当措施防止损失的扩大；没有采取适当措施致使损失扩大的，不得就扩大的损失请求赔偿。(4) 过失相抵原则。即当事人都违反合同的，应当各自承担相应的责任。当事人一方违约造成对方损失，对方对损失的发生有过错的，可以减少相应的损失赔偿额。

当事人违反合同的法律后果。当事人一方不履行合同义务或者履行合同义务不符合约定的，应当承担继续履行、采取补救措施或者赔偿损失等违约责任。

易混易错

1. 违约责任的归责原则。对于违约责任，一般适用无过错责任原则，但是法律规定采取过错责任原则或者过错推定原则的，依照规定。民法典合同编典型合同分编中规定，下列情形适用过错责任原则：(1)《民法典》第 660 条第 2 款规定，应当交付的赠与财产因赠与人故意或者重大过失致使毁损、灭失的，赠与人应当承担赔偿责任。(2)《民法典》第 823 条第 1 款规定，承运人应当对运输过程中旅客的伤亡承担赔偿责任；但是，伤亡是旅客自身健康原因造成的或者承运人证明伤亡是旅客故意、重大过失造成的除外。(3)《民法典》第 897 条前半句规定，保管期间，因保管人保管不善造成保管物毁损、灭失的，保管人应当承担赔偿责任。(4)《民法典》第929条第1款规定，有偿的委托合同，因受托人的过错造成委托人损失的，委托人可以请求赔偿损失。无偿的委托合同，因受托人的故意或者重大过失造成委托人损失的，委托人可以请求赔偿损失。此外，依据《民法典》第897条后半句规定，无偿保管人证明自己没有故意或者重大过失的，不承担赔偿责任。该规则适用的是过错推定责任原则。

2. 赔礼道歉、消除影响、恢复名誉等不能成为违约责任的承担方式。

3. 法律硕士联考中，本内容出题方式为各类题型。出题思路：选择题为承担违约责任的方式、完全赔偿原则和可预见性原则；简答题为违约责任的概念和构成条件；案例分析题主要是结合其他知识实施考查，如与缔约过失责任制度一起实施综合考查；法条分析题一般围绕着违约责任的概念、特征、构成要件及条文规定中相关用语的含义（例如：如何理解本条规定中"继续履行""采取补救措施""赔偿损失"的含义）命题。此外，《民法典》第585条也可以法条分析题的形式进行考查，考查内容包括违约金的含义、增加违约金数额的确定标准、定金和违约金择一适用、条文某些用语的含义（例如：如何理解"过分高于造成的损失"）等。

试题范例

多项选择题

属于违约责任承担方式的有（　　）。

A. 赔偿损失　　B. 支付违约金

C. 继续履行　　D. 消除影响

答案：ABC

核心法条

《民法典》第578条　当事人一方明确表示或者以自己的行为表明不履行合同义务的，对方可以在履行期限届满前请求其承担违约责任。

释解分析

本条规定的是预期违约。预期违约，又称先期违约，是指一方当事人明确肯定地向另一方当事人表示不履行合同，或者在履行期限届满前以其行为表明将不履行合同的情形，包括明示毁约和默示毁约。预期违约不仅属于违约的形态之一，而且属于合同法定解除的条件之一。

法律规定预期违约的意义在于：预期违约作为合同当事人预先保护自己权益的措施，能够更好地维护债权人的利益。

预期违约的适用条件是：(1) 必须发生在合同生效后至合同履行期限届满前这段时间内。在合同生效前，当事人不承担合同义务，无所谓违约问题；在合同履行期限届满后，则发生实际违约，而不是预期违约。(2) 一方当事人必须明确肯定地表示违约或者以其行为表示违约。前者为明示毁约，后者为默示毁约。(3) 一方当事人向对方提出的违约表示，必须是表示不履行合同的主要义务。如果仅仅毁约，但不影响合同主要义务履行的，当事人不能主张预期违约。(4) 毁约没有正当理由。如果有法律规定的理由，如因不可抗力而不能履行合同，则不能主张预期违约。

预期违约的效力表现在：当事人一方明确表示或者以自己的行为表明不履行合同义务的，对方可以在履行期限届满前请求其承担违约责任。

易混易错

1. 实际违约和预期违约的区别。(1) 预期违约是在合同履行期限到来前违约，而不是在履行期限到来后违约；一般的实际违约是在履行期限到来后违约。(2) 预期违约行为表现为将来不履行义务；实际违约行为表现为现实地违反合同义务。(3) 预期违约侵害的是期待债权，而不是现实的债权；实际违约侵害的是现实债权。

2. 预期违约和不安抗辩权的区别。二者的区别是多方面的，但是最根本的区别是：预期违约是当事人主观上想要违约，而不安抗辩权是当事人没有能力履行合同义务。

3. 法律硕士联考中，本内容出题方式为各类题型。出题思路：选择题为预期违约的适用条件；简答题为预期违约的概念和构成条件；法条分析题从预期违约的概念、意义、构成要件和法律后果等方面考查。

试题范例

单项选择题

债务人以默示的形式表示不履行未到期的合

同债务，债权人可以主张（ ）。

A. 不安抗辩权 B. 预期违约

C. 缔约过失责任 D. 先履行抗辩权

答案：B

核心法条

《民法典》第 586 条 当事人可以约定一方向对方给付定金作为债权的担保。定金合同自实际交付定金时成立。

定金的数额由当事人约定；但是，不得超过主合同标的额的百分之二十，超过部分不产生定金的效力。实际交付的定金数额多于或者少于约定数额的，视为变更约定的定金数额。

《民法典》第 587 条 债务人履行债务的，定金应当抵作价款或者收回。给付定金的一方不履行债务或者履行债务不符合约定，致使不能实现合同目的的，无权请求返还定金；收受定金的一方不履行债务或者履行债务不符合约定，致使不能实现合同目的的，应当双倍返还定金。

《民法典》第 588 条 当事人既约定违约金，又约定定金的，一方违约时，对方可以选择适用违约金或者定金条款。

定金不足以弥补一方违约造成的损失的，对方可以请求赔偿超过定金数额的损失。

释解分析

上述条文规定的是定金。定金是指为担保合同的履行，根据合同标的额的一定比例，由一方当事人预先支付给另一方的一定款项。定金作为债权担保的一种方式，具有如下四个特征：（1）定金具有从属性。（2）合同以定金的交付为成立条件。（3）定金具有预先支付性。（4）定金具有双重担保性。

定金的成立条件有：（1）定金担保的主合同须有效成立。定金合同是从合同，定金所担保的合同为主合同。因此，在主合同无效或者被撤销时，定金合同也就不能发生效力。即使当事人一方已交付定金，定金担保也不成立。（2）当事人一方向对方交付定金。定金担保具有实践性，自交付定金时成立。所以，当事人虽有关于定金的约定，但未实际交付的，定金担保尚不能成立。从交付定金来说，当事人应当按照约定的时间来交付，当事人未在约定的时间交付或者交付的数额不足约定数额，而另一方当事人又接受的，视为当事人双方对定金合同的变更，定金应当从实际交付之日起于交付的实际数额上成立。当事人交付留置金、担保金、保证金、订约金、押金或者订金等，但没有约定定金性质的，当事人主张定金权利的，人民法院不予支持。因此，虽然法律认可保证金、押金、订金等的效力，但不认可它们具有定金的效力。（3）定金的数额在法定的数额以内。定金的数额由当事人约定；但是，不得超过主合同标的额的 20%，超过部分不产生定金的效力。

定金的效力表现在：（1）定金具有预先给付的效力，在债务人履行债务后，定金应当抵作价款或者收回。因为定金并不是合同的给付内容，因此在合同履行后应当返还，但定金也可以抵作价款。（2）定金具有担保的效力。担保效力是定金的主要效力和基本效力。定金的担保效力表现在定金罚则上，即交付定金的一方拒绝履行债务，或者履行债务不符合约定致使不能实现合同目的的，无权请求返还定金，即丧失定金；收受定金的一方不履行债务，或者履行债务不符合约定致使不能实现合同目的的，应当双倍返还定金。由于定金罚则以违约致使合同目的不能实现为暗含的生效条件，在当事人违反从给付义务或者附随义务时，往往不会导致合同目的落空，所以，从给付义务或者附随义务的违反一般不适用定金罚则。

违约金和定金不能并用，即当事人既约定违约金，又约定定金的，一方违约时，对方可以选择适用违约金或者定金条款。但是，违约金和损害赔偿可以并用，只不过该损害赔偿的所谓损害限于支付违约金后仍未得到填补的损失。因此，根据《民法典》第 588 条第 2 款的规定，约定的定金不足以弥补一方违约造成的损失的，对方可以请求赔偿超过定金数额的损失。

易混易错

1. 定金不同于预付款。定金和预付款虽然都可以是一方向另一方交付一定的金钱，但二者的法律性质和效力却存在很大差别。其一，定金是一种担保方式，不属于债务的履行范畴，至于在实际履行过程中定金充抵部分价金，需要付款的债务人单方作出的意思表示，甚至得有双方当事人的合意；而支付预付款当然属于价金支付债务的一部分，并且是提前履行部分债务，其作用在于使接受预付款的一方获得期限利益，支付预付款只是在客观上起到了保障相应的债权实现的作

民法学

用。其二，定金的交付形成了一个定金合同，独立于也从属于主债关系；而预付款的支付属于履行主债的一部分，不构成一个独立的合同，也无所谓支付预付款和主债务的从属关系。其三，定金一般是一次性交付；预付款可以分期支付。其四，定金的类型较多，有立约定金、成约定金、解约定金和违约定金，其作用各有差异。有的是主合同的成立要件，有的起到证明主合同存在的作用，有的是解除合同的代价，有的是签订主合同的担保。预付款原则上没有这些性质和作用。其五，当事人一方不履行主合同并达到严重程度，适用定金罚则。预付款则无此效力，而是在标的物正常交付的情况下，交付预付款的一方再补交剩余的价款。在交付标的物的一方违约的情况下，如果交付预付款的一方解除合同，则其有权请求返还预付款；如果其不解除，则有义务继续支付剩余的价款。

2. 定金不同于押金。定金和押金均属于金钱担保的范畴，都是一方按约定给付与相对人的金钱或其他代替物；在合同适当履行后，都发生返还的法律后果。但它们仍为不同的担保方式：其一，定金的交付，通常是在合同订立时或履行前，具有预先给付的特点；押金的交付，或与履行主合同同时，或与履行主合同相继进行，不是预付。其二，定金担保的对象是主合同的主给付；押金担保的对象往往是主合同的从给付。其三，定金的数额低于主合同的标的额，且不得超过法定的比例；押金的数额往往高于或等于被担保的债权额。其四，定金具有在一方违约时丧失或双倍返还的效力；押金没有双倍返还的法律效果。

试题范例

1. 多项选择题

当事人双方约定的定金数额（　　）。

A. 不得超过主合同标的额的 20%

B. 不得超过主合同标的额

C. 超过主合同标的额 20%的部分不具有定金效力

D. 超过主合同标的额的部分无效

答案：AC

2. 单项选择题

属于实践合同的是（　　）。

A. 保证合同　　B. 定金合同

C. 保理合同　　D. 保险合同

答案：B

核心法条

《民法典》**第 593 条**　当事人一方因第三人的原因造成违约的，应当依法向对方承担违约责任。当事人一方和第三人之间的纠纷，依照法律规定或者按照约定处理。

释解分析

本条规定的是因第三人的行为造成的违约。在合同订立以后，当事人一方可能因为第三人的原因造成违约，在此情况下，应当如何确定违约责任？根据本条规定，当事人一方因第三人的原因造成违约的，应当依法向对方承担违约责任。该规定实际上是进一步确认了合同责任的相对性规则。根据该规则，在因第三人的行为造成债务不能履行的情况下，债务人仍然应当向债权人承担违约责任，债权人也只能请求债务人承担违约责任。债务人在承担违约责任以后，有权向第三人追偿。这就是所谓的“债务人为第三人的行为向债权人负责的规则”。

债务人在为第三人的行为向债权人负责后，可以依据法律规定向第三人追偿。例如，第三人造成标的物毁损、灭失致使合同不能履行的，债务人可以请求第三人依法承担侵权责任。债务人也可以依据事先与第三人的合同向第三人追偿。例如，第三人不依据合同向债务人交货，使债务人不能履行其对债权人的交货义务，债务人在向债权人承担责任后，可依据其与第三人的合同请求第三人承担责任，但两个合同关系必须分开。

试题范例

单项选择题

甲与乙签订合同，将其装修房屋完毕后剩余的涂料卖给乙。在合同签订后，因装修公司内部管理出现了问题，导致甲的房屋迟迟没有装修完毕，因此甲也没有履行其与乙的合同。则下列表述正确的是（　　）。

A. 甲违约，乙可以请求甲承担违约责任

B. 乙不能请求甲承担违约责任，因为甲没有过错

C. 甲不必向乙承担违约责任

D. 乙可以请求装修公司承担违约责任

答案：C

十、典型合同

核心法条

《民法典》第 595 条 买卖合同是出卖人转移标的物的所有权于买受人，买受人支付价款的合同。

相关法条

《民法典》第 612 条 出卖人就交付的标的物，负有保证第三人对该标的物不享有任何权利的义务，但是法律另有规定的除外。

《民法典》第 615 条 出卖人应当按照约定的质量要求交付标的物。出卖人提供有关标的物质量说明的，交付的标的物应当符合该说明的质量要求。

《民法典》第 620 条 买受人收到标的物时应当在约定的检验期限内检验。没有约定检验期限的，应当及时检验。

《民法典》第 621 条 当事人约定检验期限的，买受人应当在检验期限内将标的物的数量或者质量不符合约定的情形通知出卖人。买受人怠于通知的，视为标的物的数量或者质量符合约定。

当事人没有约定检验期限的，买受人应当在发现或者应当发现标的物的数量或者质量不符合约定的合理期限内通知出卖人。买受人在合理期限内未通知或者自收到标的物之日起二年内未通知出卖人的，视为标的物的数量或者质量符合约定；但是，对标的物有质量保证期的，适用质量保证期，不适用该二年的规定。

出卖人知道或者应当知道提供的标的物不符合约定的，买受人不受前两款规定的通知时间的限制。

《民法典》第 622 条 当事人约定的检验期限过短，根据标的物的性质和交易习惯，买受人在检验期限内难以完成全面检验的，该期限仅视为买受人对标的物的外观瑕疵提出异议的期限。约定的检验期限或者质量保证期短于法律、行政法规规定期限的，应当以法律、行政法规规定的期限为准。

《民法典》第 623 条 当事人对检验期限未作约定，买受人签收的送货单、确认单等载明标的物数量、型号、规格的，推定买受人已经对数量和外观瑕疵进行检验，但是有相关证据足以推翻的除外。

《民法典》第 624 条 出卖人依照买受人的指示向第三人交付标的物，出卖人和买受人约定的检验标准与买受人和第三人约定的检验标准不一致的，以出卖人和买受人约定的检验标准为准。

释解分析

本条规定的是买卖合同的概念。买卖合同是指出卖人转移标的物的所有权于买受人，买受人支付价款的合同。买卖合同是民法典合同编典型合同中最为重要的一类有名合同。买卖合同的特征有：双务合同、有偿合同、不要式合同、诺成合同，其核心在于转移标的物的所有权。

买卖合同中出卖人的主要义务有：（1）交付标的物。出卖人只有依照合同约定或法律规定的交付方式、时间、地点、数量、标的物的状况、包装方式等交付标的物，才能算是履行了交付标的物之义务。除当事人另有约定外，标的物的从物应随同交付。（2）转移标的物的所有权。标的物的所有权自标的物交付时起转移，但是法律另有规定或者当事人另有约定的除外。（3）担保标的物无瑕疵。瑕疵包括物的质量瑕疵和权利瑕疵。关于物的瑕疵担保义务，《民法典》规定，出卖人应当按照约定的质量要求交付标的物。出卖人提供有关标的物质量说明的，交付的标的物应当符合该说明的质量要求。关于权利的瑕疵担保义务，《民法典》规定，出卖人就交付的标的物，负有保证第三人对该标的物不享有任何权利的义务，但是法律另有规定的除外。

买卖合同中买受人的主要义务有：（1）支付价款。《民法典》第 513 条规定，执行政府定价或者政府指导价的，在合同约定的交付期限内政府价格调整时，按照交付时的价格计价。逾期交付标的物的，遇价格上涨时，按照原价格执行；价格下降时，按照新价格执行。逾期提取标的物或者逾期付款的，遇价格上涨时，按照新价格执行；价格下降时，按照原价格执行。（2）受领标的物。如果出卖人不按合同约定或法律规定交付标的物，买受人有权拒绝受领；出卖人交付的标的物符合约定或法定的条件而买受人拒绝受领的，构成受领迟延。（3）及时检验标的物。若买受人发现标的物不符合约定，可以行使拒收权，但同时应负通知义务、保管义务与紧急情况下的处置义务。买受人违反及时检验标的物的义务的，应承担由此造成的损失。（4）暂时保管及应急处置拒绝受领的标的物。如果发现出卖人交付的标的物存在瑕疵，买受人有权拒绝受领该标的物，但其应承担暂时保管并应急处置标的物的义务。

试题范例

1. 单项选择题

甲与乙订立了一份合同，约定甲供给乙貂皮围脖 200 条，总价 15 万元，但合同未约定貂皮围脖的质量标准和等级，也未封存样品。甲如期发货，乙验收后支付了货款。后乙因 40 条围脖未能销出，便以产品质量不合格为由，向法院起诉，其诉讼代理人在审理过程中又主张合同无效。下列表述正确的是（　　）。

A. 合同不具备质量条款，合同未成立

B. 合同不具备质量条款，合同无效

C. 合同有效，但甲应承担违约责任

D. 合同有效，甲不应承担违约责任

答案：D

2. 多项选择题

属于实践合同的有（　　）。

A. 保管合同　　B. 赠与合同

C. 买卖合同　　D. 定金合同

答案：AD

核心法条

《民法典》第 604 条　标的物毁损、灭失的风险，在标的物交付之前由出卖人承担，交付之后由买受人承担，但是法律另有规定或者当事人另有约定的除外。

释解分析

本条规定的是买卖合同项下标的物毁损、灭失风险的承担。买卖合同中的风险一般是指因不可归责于双方当事人的事由导致标的物毁损、灭失的风险。我国法律参照德国民法的交付主义，以交付作为风险转移的标准，即标的物毁损、灭失的风险，在交付之前由出卖人承担，交付之后由买受人承担，除非法律另有规定或者当事人另有约定。这是买卖合同标的物毁损、灭失风险转移的一般规则，但是，下列情形应当适用标的物风险转移的特殊规则：（1）迟延受领时的风险负担。因买受人的原因致使标的物未按照约定的期限交付的，买受人应当自违反约定时起承担标的物毁损、灭失的风险。（2）路货买卖中标的物的风险负担。出卖人出卖交由承运人运输的在途标的物，除当事人另有约定外，毁损、灭失的风险自合同成立时起由买受人承担。（3）需要运输的标的物的风险负担。出卖人按照约定将标的物运送至买受人指定地点并交付给承运人后，标的物毁损、灭失的风险由买受人承担。交付地点不明又需运输标的物时的风险负担。当事人没有约定交付地点或者约定不明确，依据《民法典》第 603 条第 2 款第 1 项的规定标的物需要运输的，出卖人将标的物交付给第一承运人后，标的物毁损、灭失的风险由买受人承担。（4）迟延收取标的物时的风险负担。出卖人按照约定或者依据《民法典》第 603 条第 2 款第 2 项的规定将标的物置于交付地点，买受人违反约定没有收取的，标的物毁损、灭失的风险自违反约定时起由买受人承担。（5）未交付有关标的物的单证时的风险负担。出卖人按照约定未交付有关标的物的单证和资料的，不影响标的物毁损、灭失风险的转移。（6）标的物不符合质量要求的风险负担。因标的物不符合质量要求，致使不能实现合同目的的，买受人可以拒绝接受标的物或者解除合同。买受人拒绝接受标的物或者解除合同的，标的物毁损、灭失的风险由出卖人承担。（7）标的物风险负担与违约责任的分离。标的物毁损、灭失的风险由买受人承担的，不影响因出卖人履行义务不符合约定，买受人请求其承担违约责任的权利。

易混易错

1. 风险转移奉行交付原则的标的物不仅包括动产，而且包括不动产。例如，当事人双方达成商品房买卖合同，如果当事人仅办理了登记过户手续而没有交付，虽然发生所有权转移的法律效果，但是并不发生标的物风险的转移。可见，登记的物权公示公信力不同于风险转移，不要混淆。

2. 标的物毁损、灭失的风险不同于所有权的转移。一般而言，所有权转移和标的物交付是同步进行的，但是也存在不一致的情形，因此，当事人之间达成的所有权保留条款不影响标的物毁损、灭失风险的转移。

3. 标的物毁损、灭失风险的承担奉行交付主义，这是一般规则，但是如果当事人之间达成风险转移的协议，应当尊重当事人的意思自治，该协议具有排除风险转移适用一般规则的作用。例如，当事人之间约定送货上门的，送货上门要求出卖人必须将标的物运送至买受人指定的地点，这本身意味着风险必须从标的物运送至指定地点后才能发生转移，该送货上门的约定就排除了风险转移一般规则的适用。注意：当事人约定代办托运的，不影响标的物毁损、灭失风险的转移。

试题范例

1.（2020 年真题）单项选择题

甲委托乙公司将一批货物运往 A 地。后甲将运输途中的货物卖给丙，双方对风险的承担没有约定。甲、丙签订买卖合同后，该批货物毁损、灭失的风险（　　）。

A. 自买卖合同成立时起由丙承担

B. 自货物交付给乙公司时起由丙承担

C. 自货物运抵 A 地时起由丙承担

D. 自货款付清时起由丙承担

答案：A

2. 单项选择题

甲、乙公司约定，甲将 10 台电脑卖与乙，乙在收到电脑后 1 个月内付款，在乙没有付款之前，甲保留电脑的所有权。不料电脑在铁路运输给乙的途中因泥石流毁损，则该毁损的风险应由谁承担？（　　）

A. 甲　　B. 乙

C. 甲和乙　　D. 铁路运输部门

答案：B

3. 单项选择题

下列关于标的物毁损、灭失风险转移规则的表述，正确的是（　　）。

A. 当事人订立所有权保留条款的买卖合同，标的物毁损、灭失的风险自标的物交付时起转移

B. 当事人订立由出卖人代办托运的买卖合同，标的物毁损、灭失的风险自合同成立时起转移

C. 对于约定送货上门的买卖合同，标的物毁损、灭失的风险自标的物交付给承运人时起转移

D. 标的物毁损、灭失的风险由买受人承担后，不影响买受人向出卖人主张违约的权利

答案：D

核心法条

《民法典》第 630 条　标的物在交付之前产生的孳息，归出卖人所有；交付之后产生的孳息，归买受人所有。但是，当事人另有约定的除外。

释解分析

本条规定的是标的物孳息的归属。按照物权的一般原理，除法律另有规定或者当事人另有约定外，孳息由原物所有权人取得。由于买卖是标的物从出卖人转移给买受人的过程，因此，就发生标的物在买卖过程中产生的孳息归属何方的问题。买卖标的物涉及的孳息一般是天然孳息，也可能涉及法定孳息，如买卖正在出租的房屋就涉及租金的归属问题。我国民法典规定以交付时间为标的物孳息转移的时间，与孳息归原物所有人取得的原则是一致的。因为依我国民法典规定，除法律另有规定或者当事人另有约定外，标的物的所有权自交付时起转移。应当指出，本条规定属于任意性规定，当事人完全可以在合同中约定标的物产生的孳息的归属。如果当事人没有约定或者约定不明确，则适用本条的规定。

易混易错

在当事人订立有所有权保留条款的买卖合同情况下，孳息归属的确定仍然奉行交付主义，而不是所有权主义。即不论标的物的所有权是否转

移，标的物产生的孳息自交付时起归买受人所有。

试题范例

1. 单项选择题

在买卖合同中，标的物产生的孳息依（　　）确认所有权。

A. 孳息交付时间

B. 登记时间

C. 合同成立的时间

D. 买卖合同标的物交付时间

答案：D

2. 单项选择题

甲、乙二人达成买卖合同，约定甲先将山羊交付给乙，乙收到山羊后一个月内付款，在乙没有付款之前，甲保留标的物的所有权。在甲依据合同交付山羊后，山羊产下一只羊羔，但此时乙仍然没有付款，则羊羔的所有权属于（　　）。

A. 甲

B. 乙

C. 由甲和乙共同拥有

D. 由第三人丙拥有

答案：B

核心法条

《民法典》第 631 条　因标的物的主物不符合约定而解除合同的，解除合同的效力及于从物。因标的物的从物不符合约定被解除的，解除的效力不及于主物。

《民法典》第 632 条　标的物为数物，其中一物不符合约定的，买受人可以就该物解除。但是，该物与他物分离使标的物的价值显受损害的，买受人可以就数物解除合同。

《民法典》第 633 条　出卖人分批交付标的物的，出卖人对其中一批标的物不交付或者交付不符合约定，致使该批标的物不能实现合同目的的，买受人可以就该批标的物解除。

出卖人不交付其中一批标的物或者交付不符合约定，致使之后其他各批标的物的交付不能实现合同目的的，买受人可以就该批以及之后其他各批标的物解除。

买受人如果就其中一批标的物解除，该批标的物与其他各批标的物相互依存的，可以就已经交付和未交付的各批标的物解除。

释解分析

上述条文规定的是买卖合同的解除。买卖合同得基于合同解除的一般规则而解除，但也具有买卖合同解除的特殊性，即上述 3 个条文规定的 3 点特殊性。

试题范例

单项选择题

下列关于买卖合同解除的表述，正确的是（　　）。

A. 因不可抗力不能实现合同目的的，当事人可以解除买卖合同

B. 标的物的从物不符合约定而被解除的，解除的效力及于主物

C. 标的物为数物，其中一物不符合约定的，买受人可以就数物解除

D. 出卖人分批交付标的物的，出卖人对其中一批标的物不交付，买受人可以解除合同

答案：A

核心法条

《民法典》第 634 条　分期付款的买受人未支付到期价款的数额达到全部价款的五分之一，经催告后在合理期限内仍未支付到期价款的，出卖人可以请求买受人支付全部价款或者解除合同。

出卖人解除合同的，可以向买受人请求支付该标的物的使用费。

释解分析

本条规定的是分期付款买卖合同。分期付款买卖合同，是指双方当事人约定买受人于一定期限内分批支付价款的买卖合同。这里的“分期付款”，是指买受人将应付的总价款在一定期间内至少分三次向出卖人支付。在我国，分期付款买卖常常适用于房屋及高档消费品的买卖。在分期付款买卖合同中，当事人可以约定标的物所有权和风险承担的转移时间；没有约定的，该时间应当是标的物交付之日。如果买受人未支付到期价款的数额达到全部价款的 1/5，经催告后在合理期限内仍未支付到期价款的，出卖人可以请求买受

人支付全部价款或者解除合同。出卖人解除合同的，可以向买受人请求支付该标的物的使用费。

根据《最高人民法院关于审理买卖合同纠纷案件适用法律问题的解释》第 27 条第 2 款和第 28 条的规定，分期付款买卖合同的约定违反《民法典》第 634 条第 1 款的规定，损害买受人利益，买受人主张该约定无效的，人民法院应予支持。分期付款买卖合同约定出卖人在解除合同时可以扣留已受领价金，出卖人扣留的金额超过标的物使用费以及标的物受损赔偿额，买受人请求返还超过部分的，人民法院应予支持。当事人对标的物的使用费没有约定的，人民法院可以参照当地同类标的物的租金标准确定。因为分期付款买卖合同中，出卖人须先交付标的物，买受人于受领标的物后分若干次付款，因此在实践中，为避免出卖人无法收回价款的风险，当事人可以在买卖合同中约定，买受人未履行支付价款或者其他义务的，标的物的所有权属于出卖人。此为所有权保留的买卖合同。

试题范例

单项选择题

甲、乙签订购买 100 台电脑的分期付款买卖合同，总金额为 100 万元，甲分五期支付价款。若甲未支付到期价款的金额达到（　　），乙可以解除合同。

A. 10 万元　　B. 20 万元

C. 25 万元　　D. 50 万元

答案：B

核心法条

《民法典》第 635 条　凭样品买卖的当事人应当封存样品，并可以对样品质量予以说明。出卖人交付的标的物应当与样品及其说明的质量相同。

《民法典》第 636 条　凭样品买卖的买受人不知道样品有隐蔽瑕疵的，即使交付的标的物与样品相同，出卖人交付的标的物的质量仍然应当符合同种物的通常标准。

释解分析

上述条文规定的是凭样品买卖合同。凭样品买卖合同是指当事人双方约定一定的样品，出卖人交付的货物必须与样品具有相同品质的买卖。由于在凭样品买卖中交付的标的物与样品的品质是否相同决定着买卖双方的权利义务及责任，当事人应当封存样品，并可以对样品质量予以说明，以便发生纠纷时的举证和纠纷的处理。出卖人应按样品所确定的品质标准向买受人交付标的物。如果买受人以标的物的品质与样品的品质不符为由而拒绝受领标的物的，应由出卖人举证证明标的物的品质与样品的品质相符，否则应负迟延履行责任。

根据《最高人民法院关于审理买卖合同纠纷案件适用法律问题的解释》第 29 条的规定，合同约定的样品质量与文字说明不一致且发生纠纷时当事人不能达成合意，样品封存后外观和内在品质没有发生变化的，人民法院应当以样品为准；外观和内在品质发生变化，或者当事人对是否发生变化有争议而又无法查明的，人民法院应当以文字说明为准。

如果样品本身存在隐蔽瑕疵，且凭样品买卖的买受人不知道样品有隐蔽瑕疵的，无论交付的标的物是否与样品相同，出卖人都负有交付的标的物具有同种物通常标准的义务。其中所谓“隐蔽瑕疵”，是指经过一般、通常的检查不易发现的样品的品质瑕疵。买受人受领标的物后主张瑕疵担保请求权的，应由买受人就标的物的品质不符样品的品质负举证责任。

试题范例

单项选择题

某日，甲到商场购买洗衣机，在对样品进行参考后将样品封存，甲按照样品购买了一台。购回家后在使用过程中，发现该洗衣机滚轮转动不平稳，且噪声极大，于是要求商场退货。商场强调，该货物与样品一样，而且该台洗衣机是甲自己选中的，商场不承担责任。则（　　）。

A. 商场承担责任

B. 甲承担责任

C. 甲、商场协商分担责任

D. 甲、商场分担责任

答案：A

核心法条

《民法典》第 638 条 试用买卖的买受人在试用期内可以购买标的物，也可以拒绝购买。试用期限届满，买受人对是否购买标的物未作表示的，视为购买。

试用买卖的买受人在试用期内已经支付部分价款或者对标的物实施出卖、出租、设立担保物权等行为的，视为同意购买。

《民法典》第 639 条 试用买卖的当事人对标的物使用费没有约定或者约定不明确的，出卖人无权请求买受人支付。

《民法典》第 640 条 标的物在试用期内毁损、灭失的风险由出卖人承担。

释解分析

上述条文规定的是试用买卖合同。试用买卖合同是指根据合同双方当事人的约定，出卖人在合同成立时将标的物交付给买受人试验或检验，并以买受人认可该标的物为生效要件的买卖合同。买受人在试用期内享有选择权。《最高人民法院关于审理买卖合同纠纷案件适用法律问题的解释》第 30 条规定，买卖合同存在下列约定内容之一的，不属于试用买卖。买受人主张属于试用买卖的，人民法院不予支持：（1）约定标的物经过试用或者检验符合一定要求时，买受人应当购买标的物；（2）约定第三人经试验对标的物认可时，买受人应当购买标的物；（3）约定买受人在一定期限内可以调换标的物；（4）约定买受人在一定期限内可以退还标的物。

试用买卖的当事人可以约定标的物的试用期限。对试用期限没有约定或者约定不明确的，依据《民法典》第 510 条的规定确定，仍不能确定的，由出卖人确定。试用买卖的买受人在试用期内可以购买标的物，也可以拒绝购买。这表明认可（承认）为买受人的权利，而不是义务。试用期限届满，买受人对是否购买标的物未作表示的，视为购买。试用买卖的买受人在试用期内已经支付部分价款的，应当认定买受人同意购买。在试用期内，买受人对标的物实施出卖、出租、设立担保物权等非试用行为的，视为同意购买。试用买卖的当事人对标的物使用费没有约定或者约定不明确的，出卖人无权请求买受人支付。标的物在试用期内毁损、灭失的风险由出卖人承担。

试题范例

多项选择题

若无额外约定，在试用买卖合同中，应当视为买受人购买试用标的的情形有（　　）。

A. 买受人在试用期内已经支付价款的 20%

B. 买受人在试用期内对标的物予以出卖的

C. 买受人在试用期内对标的物予以出租的

D. 买受人在试用期内对标的物设定质押的

答案：ABCD

核心法条

《民法典》第 641 条 当事人可以在买卖合同中约定买受人未履行支付价款或者其他义务的，标的物的所有权属于出卖人。

出卖人对标的物保留的所有权，未经登记，不得对抗善意第三人。

《民法典》第 642 条 当事人约定出卖人保留合同标的物的所有权，在标的物所有权转移前，买受人有下列情形之一，造成出卖人损害的，除当事人另有约定外，出卖人有权取回标的物：

（一）未按照约定支付价款，经催告后在合理期限内仍未支付；

（二）未按照约定完成特定条件；

（三）将标的物出卖、出质或者作出其他不当处分。

出卖人可以与买受人协商取回标的物；协商不成的，可以参照适用担保物权的实现程序。

《民法典》第 643 条 出卖人依据前条第一款的规定取回标的物后，买受人在双方约定或者出卖人指定的合理回赎期限内，消除出卖人取回标的物的事由的，可以请求回赎标的物。

买受人在回赎期限内没有回赎标的物，出卖人可以以合理价格将标的物出卖给第三人，出卖所得价款扣除买受人未支付的价款以及必要费用后仍有剩余的，应当返还买受人；不足部分由买受人清偿。

释解分析

上述条文规定的是所有权保留。所有权保留

是指在买卖合同中，买受人虽先占有、使用标的物，但在双方当事人约定的特定条件（通常是价款的一部或全部清偿）成就之前，出卖人仍保留标的物的所有权，待条件成就后，再将所有权转移给买受人。在保留所有权的买卖中，买受人在条件成就前，享有所有权的期待权，该项权利为物权化的债权或效力扩张的债权；出卖人基于其所保留的所有权享有标的物的取回权。根据《最高人民法院关于审理买卖合同纠纷案件适用法律问题的解释》第25条的规定，买卖合同当事人主张《民法典》第641条关于标的物所有权保留的规定适用于不动产的，人民法院不予支持。据此，所有权保留仅适用于动产，不动产不得适用所有权保留，当事人约定不动产所有权保留的，会因违反物权法定原则而无效。出卖人在买卖合同中约定保留所有权的，可以办理登记，但未经登记，不得对抗善意第三人。

出卖人的取回权是指在标的物的所有权移转给买受人之前，买受人不依约定偿还价款、完成特定条件或者将标的物出卖，或者为其他处分，以致损害出卖人利益时，出卖人得取回标的物，买受人不在一定期限内回赎标的物，出卖人得将标的物再行出卖的权利。根据《民法典》第642条的规定，当事人约定出卖人保留合同标的物的所有权，在标的物所有权转移前，买受人有下列情形之一，造成出卖人损害的，除当事人另有约定外，出卖人有权取回标的物：（1）未按照约定支付价款，经催告后在合理期限内仍未支付；（2）未按照约定完成特定条件；（3）将标的物出卖、出质或者作出其他不当处分。但是需要注意的是，根据《最高人民法院关于审理买卖合同纠纷案件适用法律问题的解释》第26条第1款的规定，买受人已经支付标的物总价款的75%以上，出卖人主张取回标的物的，人民法院不予支持。

出卖人保留所有权的主要目的就是担保价款债权的实现，在买受人的行为会对出卖人的债权造成损害时，应当允许出卖人取回标的物以防止利益受损。而《民法典》第642条规定取回权的目的在于，在所有权保留中由于买受人占有、使用标的物，出卖人以保留的所有权来担保其价款债权的实现，这就造成了所有权人与标的物相分离，一旦买受人不依约支付价款，或者对标的物进行处分进而使得标的物的价值降低或状态改变，都将危害到出卖人的利益。因此当买受人未履行价款义务或未尽善良管理人应尽的注意义务时，出卖人应享有一定的救济权利，取回标的物无疑是最好的手段。出卖人的取回权并非绝对，其应受善意取得制度的限制。如果标的物被买受人处分给第三人，该第三人又符合《民法典》第311条关于善意取得的规定，则出卖人不得取回标的物。

出卖人可以与买受人协商取回标的物；协商不成的，可以参照适用担保物权的实现程序。

买受人由于对标的物的占有使用已与其形成了一定的利益关系，买受人对出卖人完全转移标的物所有权也具有一定的期待，这种利益关系及期待应予保护。出卖人取回标的物后，买受人可以在特定期间通过消除相应的取回事由而请求回赎标的物，此时出卖人不得拒绝，而应将标的物返还给买受人。可见，买受人并不是处于完全消极的地位，只要积极恰当地履行义务，买受人的利益还是能够得到保障。

回赎权是指所有权保留买卖中出卖人对标的物行使取回权后，在一定期限内买受人履行支付价款义务或完成其他条件后享有的重新占有标的物的权利。买受人行使回赎权是有条件的，即买受人须消除出卖人取回标的物的事由，例如，甲将一辆汽车出卖给乙，价款30万元，约定乙分10期支付价款，每期支付3万元，在乙支付全部价款之前，甲保留汽车的所有权。如果乙仅支付1期3万元价款便不再支付剩余价款的，甲可以取回汽车，但如果乙恢复价款支付直至支付全部价款，就表明乙消除了出卖人甲取回标的物的事由，乙有权回赎标的物。

《民法典》第643条没有对回赎期限作出规定，但是，回赎期限应由双方约定或者由出卖人指定。如果买受人在回赎期限内没有回赎标的物，出卖人可以以合理价格将标的物出卖给第三人，出卖所得价款扣除买受人未支付的价款以及必要费用后仍有剩余的，应当返还买受人；不足部分由买受人清偿。

试题范例

（2020年真题）单项选择题

甲将自己的房屋赠与好友乙，已交付但未办理过户登记。一年后，甲因急需资金，将该房卖给丙并办理了过户登记，同时约定在丙付清全款前，甲保留房屋所有权。对此，下列选项正确的是（　　）。

A. 甲仍享有房屋所有权

民法学

B. 乙继受取得房屋所有权

C. 丙善意取得房屋所有权

D. 丙继受取得房屋所有权

答案：D

核心法条

《民法典》第 648 条　供用电合同是供电人向用电人供电，用电人支付电费的合同。

向社会公众供电的供电人，不得拒绝用电人合理的订立合同要求。

释解分析

本条规定的是供用电合同的概念。供用电合同是供电人向用电人供电，用电人支付电费的合同。供用电合同具有如下特征：（1）合同的主体具有特殊性。供用电合同的供应人通常是专营的，而电的使用人往往是社会公众。（2）合同标的具有垄断经营性。电一般由国家垄断经营，故国家对其价格实行严格控制。同时，电的供给需要特定的设施才能到达使用人。（3）债务履行具有持续性。供应人供应电和使用人支付价款都处于持续状态。（4）合同目的具有公益性。供应人有强制缔约义务，其不能拒绝使用人通常、合理的要求。

在供用电合同中，供电人的主要义务有：应当按照国家规定的供电质量标准和约定安全供电的义务；中断供电时按照国家有关规定事先通知的义务；因自然灾害等原因断电时按照国家有关规定及时抢修的义务。用电人的主要义务有：及时交付电费和其他法定费用的义务；保持安全用电的义务；供电人有正当理由停电、限电时的配合和协助义务。

试题范例

单项选择题

下列选项中，不属于供用电合同特征的是（　　）。

A. 主体具有特殊性

B. 标的具有垄断经营性

C. 债务履行具有持续性

D. 合同目的具有营利性

答案：D

核心法条

《民法典》第 657 条　赠与合同是赠与人将自己的财产无偿给予受赠人，受赠人表示接受赠与的合同。

释解分析

本条规定的是赠与合同的概念。赠与合同是赠与人将自己的财产无偿给予受赠人，受赠人表示接受赠与的合同。赠与合同具有如下特征：（1）单务合同。赠与可以附义务，赠与附义务的，受赠人应当按照约定履行义务，但因该义务不是赠与的对待给付义务，故不改变赠与合同的单务性。（2）无偿合同。在附负担的赠与中，受赠人的给付与赠与人的给付无对价关系，故仍为无偿合同。（3）诺成合同。赠与人与受赠人意思表示一致，则赠与合同成立，赠与财产的交付不是合同的成立条件。（4）不要式合同。我国合同法对赠与合同的形式未作特别规定，故赠与合同是不要式合同，但赠与的财产依法需要办理登记等手续的，应当办理有关手续。

试题范例

单项选择题

下列选项中，不属于赠与合同特征的是（　　）。

A. 不要式合同　　　　B. 实践合同

C. 无偿合同　　　　D. 单务合同

答案：B

核心法条

《民法典》第 658 条　赠与人在赠与财产的权利转移之前可以撤销赠与。

经过公证的赠与合同或者依法不得撤销的具有救灾、扶贫、助残等公益、道德义务性质的赠与合同，不适用前款规定。

相关法条

《民法典》第 660 条　经过公证的赠与合同或者依法不得撤销的具有救灾、扶贫、助残等公益、道德义务性质的赠与合同，赠与人不交付赠与财产的，受赠人可以请求交付。

依据前款规定应当交付的赠与财产因赠与人故意或者重大过失致使毁损、灭失的，赠与人应当承担赔偿责任。

释解分析

本条规定的是赠与合同的任意撤销。赠与合同的任意撤销是指在赠与财产的权利转移之前，得由赠与人依其意思任意撤销赠与合同。由于赠与合同为无偿合同，赠与人并不能从受赠人处取得任何财产对价，在赠与合同成立后，若不允许赠与人撤销赠与，对赠与人未免苛刻，有失公允。但是，如果对赠与人的赠与不加任何限制，则等于赠与合同无任何约束力，这不符合诚信原则。因此，对于经过公证的赠与合同或者依法不得撤销的具有救灾、扶贫、助残等公益、道德义务性质的赠与合同，赠与人不得任意撤销。经过公证的赠与合同或者依法不得撤销的具有救灾、扶贫、助残等公益、道德义务性质的赠与合同，赠与人不交付赠与财产的，受赠人可以请求交付。受赠人请求交付而赠与人不交付的，受赠人可以向人民法院起诉，请求人民法院强制赠与人履行交付义务。赠与合同是无偿合同，但应当交付的赠与财产因赠与人故意或者重大过失致使毁损、灭失的，赠与人应当承担赔偿责任。

试题范例

单项选择题

下列选项中，属于可以撤销的赠与合同的是（　　）。

A. 经过公证的赠与合同

B. 具有扶贫性质的赠与合同

C. 具有救灾性质的赠与合同

D. 具有情感因素的赠与合同

答案：D

核心法条

《民法典》第662条　赠与的财产有瑕疵的，赠与人不承担责任。附义务的赠与，赠与的财产有瑕疵的，赠与人在附义务的限度内承担与出卖人相同的责任。

赠与人故意不告知瑕疵或者保证无瑕疵，造成受赠人损失的，应当承担赔偿责任。

释解分析

本条规定的是赠与人的瑕疵担保义务。赠与合同中，一般不要求赠与人承担瑕疵担保义务，但有如下两种例外：第一，在附义务的赠与中，赠与的财产有瑕疵的，赠与人在附义务的限度内承担与出卖人相同的责任。第二，赠与人故意不告知瑕疵或者保证无瑕疵，造成受赠人损失的，应当承担赔偿责任。这里所谓造成受赠人损失，是指受赠人因相信赠与物无瑕疵所产生的损失。

试题范例

单项选择题

小王将一台录音机赠给了小刘。小刘拿走之后，发现录音机在播放录音带时，经常出现卡带的现象。小刘便要求小王更换一台录音机。关于本案，下列表述正确的是（　　）。

A. 小王应当更换，因为录音机存在瑕疵

B. 小王不应当更换，即便录音机存在瑕疵

C. 小王应当负责修理录音机

D. 小王可以要求小刘归还录音机

答案：B

核心法条

《民法典》第663条　受赠人有下列情形之一的，赠与人可以撤销赠与：

（一）严重侵害赠与人或者赠与人近亲属的合法权益；

（二）对赠与人有扶养义务而不履行；

（三）不履行赠与合同约定的义务。

赠与人的撤销权，自知道或者应当知道撤销事由之日起一年内行使。

相关法条

《民法典》第664条　因受赠人的违法行为

民法学

致使赠与人死亡或者丧失民事行为能力的，赠与人的继承人或者法定代理人可以撤销赠与。

赠与人的继承人或者法定代理人的撤销权，自知道或者应当知道撤销事由之日起六个月内行使。

《民法典》第665条 撤销权人撤销赠与的，可以向受赠人请求返还赠与的财产。

释解分析

本条规定的是赠与的法定撤销。赠与的法定撤销，是指具备法定事由时有撤销权的人撤销赠与。赠与合同生效后，在发生法定事由时，赠与人或者赠与人的继承人或法定代理人有权撤销赠与。

赠与人撤销赠与的法定事由包括三种：（1）严重侵害赠与人或者赠与人近亲属的合法权益；（2）对赠与人有扶养义务而不履行；（3）不履行赠与合同约定的义务。在上述三种情形下，赠与人可以撤销赠与，赠与人的撤销权自知道或者应当知道撤销事由之日起1年内不行使的，撤销权消灭，该期间属于除斥期间。

赠与人的继承人或者法定代理人撤销赠与的法定事由是：因受赠人的违法行为致使赠与人死亡或者丧失民事行为能力的，赠与人的继承人或者法定代理人可以撤销赠与。但非因受赠人的违法行为而使赠与人死亡或者丧失民事行为能力的，不发生赠与的撤销。在上述撤销赠与的情形下，撤销权应当自知道或者应当知道撤销事由之日起6个月内行使，超过该期限的，撤销权消灭，该期间为除斥期间。

易混易错

赠与的法定撤销不同于任意撤销，二者的区别在于，法定撤销须具有法定事由，只要具备法定事由，不论何种赠与合同，也不论赠与财产是否发生转移，赠与人都可以撤销；任意撤销则不需要有法定事由，但须受法律限制。

试题范例

多项选择题

甲公司与乙希望小学签订赠与合同，决定捐赠给该小学价值2万元的钢琴2台，后甲公司的法定代表人更换，不同意赠与。下列说法错误的有（　　）。

A. 赠与合同属于单务合同，故甲公司可以反悔，且不承担违约责任

B. 甲公司尚未交付钢琴，故可撤销赠与

C. 乙小学有权要求甲公司交付钢琴

D. 乙小学有权要求甲公司承担缔约过失责任

答案：ABD

核心法条

《民法典》第666条 赠与人的经济状况显著恶化，严重影响其生产经营或者家庭生活的，可以不再履行赠与义务。

释解分析

本条规定的是赠与人的穷困抗辩权。所谓赠与人的穷困抗辩权，是指在赠与人具备了法律规定的条件时，有权不再履行赠与义务。赠与人的穷困抗辩权须具备以下两个条件：一是赠与人经济状况显著恶化。这种显著恶化是指赠与人的经济状况发生重大的不良变化。二是赠与人经济状况的恶化已经严重影响到其生产经营或者家庭生活。具备上述两项条件，赠与人可以不再履行赠与义务。

易混易错

虽然赠与人经济状况显著恶化已经严重影响到其生产经营，但是如果赠与物已经交付，这意味着赠与合同已经履行完毕，此时赠与人不能请求受赠人返还原物。

试题范例

1.（2021年真题）单项选择题

在受赠人请求履行时，赠与人可以不再履行赠与义务的情形是（　　）。

A. 赠与某贫困山区小学电脑，但尚未交付

B. 受赠人不履行合同约定的义务

C. 受赠人严重侵害赠与人近亲属的合法权益

D. 赠与人的经济状况显著恶化严重影响其生产经营

答案：D

2. 单项选择题

甲、乙签订赠与合同，约定甲向乙赠送电脑一部。后甲因遭遇火灾，财产全部被焚。甲由此拒绝了乙请求其履行交付电脑的义务。则（　　）。

A. 甲应当交付电脑

B. 甲可以不再履行赠与合同

C. 甲应当承担违约责任

D. 甲无权拒绝履行赠与义务

答案：B

核心法条

《民法典》第 667 条　借款合同是借款人向贷款人借款，到期返还借款并支付利息的合同。

释解分析

本条规定的是借款合同的概念。借款合同是借款人向贷款人借款，到期返还借款并支付利息的合同。借款合同具有如下特征：（1）借款合同的标的物是货币。（2）借款合同是转移货币所有权的合同。借款合同的内容一般包括借款种类、币种、用途、数额、利率、期限和还款方式等条款。（3）借款合同是要式、诺成、转移所有权的合同。（4）借款合同既可以有偿，也可以无偿，但金融机构借款合同为有偿合同。

易混易错

金融机构借款合同是有偿合同、要式合同、诺成合同。自然人之间的借款合同是否有偿取决于双方的约定。没有约定或约定不明的，视为无偿。自然人之间的借款合同是实践合同，合同自贷款人提供贷款时生效。

试题范例

1.（2020 年真题）单项选择题

银行与自然人之间的借款合同属于（　　）。

A. 实践性合同　　B. 有偿合同

C. 从合同　　D. 单务合同

答案：B

2. 单项选择题

下列关于借款合同的表述，正确的是（　　）。

A. 借款合同是有偿合同

B. 借款合同是无偿合同

C. 借款合同是转移标的物所有权的合同

D. 借款合同是不要式合同

答案：C

核心法条

《民法典》第 670 条　借款的利息不得预先在本金中扣除。利息预先在本金中扣除的，应当按照实际借款数额返还借款并计算利息。

释解分析

本条规定的是利息预先扣除的禁止。利息预先扣除是指贷款人在借款合同中规定或者在提供贷款本金时单方面决定，从约定的借款本金中预先扣除借款人应付利息的行为。在本金中预先扣除利息的行为，是一种有损借款人利益和危害社会金融秩序的行为。对于借款人而言，如果允许贷款人预先从本金中扣除利息，则借款人无法得到其预期使用的资金的数额，影响借款人对资金的利用。另外，预先扣除利息，借款人得不到约定的借款却要按照约定的借款本金支付利息，实际借款利率高于名义借款利率，借款人实际支付的借款对价超过合同约定，对借款人也是不公平的。因此，预先扣除利息的行为，损害了借款人的利益。从金融秩序角度看，预先利息扣除的行为，也会危害国家的金融管理秩序，所以，合同法明确规定，借款利息不得预先在本金中扣除；预先在本金中扣除利息的，借款人应当按照实际借款数额返还借款并计算利息。

试题范例

单项选择题

下列关于借款合同的表述，正确的是（　　）。

A. 借款利率可预先从本金中扣除

B. 自然人之间的借款合同为诺成性合同

C. 金融机构借款合同为无偿合同

D. 借款人应当按照约定的期限支付利息

答案：D

核心法条

《民法典》第 679 条 自然人之间的借款合同，自贷款人提供借款时成立。

相关法条

《民法典》第 680 条 禁止高利放贷，借款的利率不得违反国家有关规定。

借款合同对支付利息没有约定的，视为没有利息。

借款合同对支付利息约定不明确，当事人不能达成补充协议的，按照当地或者当事人的交易方式、交易习惯、市场利率等因素确定利息；自然人之间借款的，视为没有利息。

释解分析

上述条文涉及的是民间借款合同及自然人之间的借款合同。民间借款合同有多种。民间借贷，是指自然人、法人和非法人组织之间进行资金融通的行为。例如，企业之间的借贷，就属于民间借贷。民间借贷应当符合民法典有关民事法律行为生效条件的规定，不能存在民事法律行为无效的情形。根据《最高人民法院关于审理民间借贷案件适用法律若干问题的规定》第 13 条的规定，具有下列情形之一的，人民法院应当认定民间借贷合同无效：(1) 套取金融机构贷款转贷的；(2) 以向其他营利法人借贷、向本单位职工集资，或者以向公众非法吸收存款等方式取得的资金转贷的；(3) 未依法取得放贷资格的出借人，以营利为目的向社会不特定对象提供借款的；(4) 出借人事先知道或者应当知道借款人借款用于违法犯罪活动仍然提供借款的；(5) 违反法律、行政法规强制性规定的；(6) 违背公序良俗的。

本条规定的是自然人之间的借款合同。自然人之间的借款合同属于民间借贷合同的一种，其特征有：(1) 双方当事人均为自然人。(2) 自然人之间的借款合同是否有偿取决于双方的约定。(3) 自然人之间的借款合同是实践性合同，合同自贷款人提供借款时成立。除自然人之间的借款合同外，其他民间借款合同为诺成合同，自合同成立时生效，但是当事人另有约定或者法律、行政法规另有规定的除外。贷款人提供借款的情形包括：①以现金支付的，自借款人收到借款时；②以银行转账、网上电子汇款或者通过网络贷款平台等形式支付的，自资金到达借款人账户时；③以票据交付的，自借款人依法取得票据权利时；④出借人将特定资金账户支配权授权给借款人的，自借款人取得对该账户实际支配权时；⑤出借人以与借款人约定的其他方式提供借款并实际履行完成时。(4) 自然人之间的借款合同是不要式合同。

我国民法典禁止高利放贷，规定借款的利率不得违反国家有关规定。根据《最高人民法院关于审理民间借贷案件适用法律若干问题的规定》的有关规定，借贷双方没有约定利息，出借人主张支付利息的，人民法院不予支持。自然人之间借贷对利息约定不明，出借人主张支付利息的，人民法院不予支持。除自然人之间借贷的外，借贷双方对借贷利息约定不明，出借人主张利息的，人民法院应当结合民间借贷合同的内容，并根据当地或者当事人的交易方式、交易习惯、市场报价利率等因素确定利息。出借人请求借款人按照合同约定利率支付利息的，人民法院应予支持，但是双方约定的利率超过合同成立时一年期贷款市场报价利率 4 倍的除外。前款所称“一年期贷款市场报价利率”，是指中国人民银行授权全国银行间同业拆借中心自 2019 年 8 月 20 日起每月发布的一年期贷款市场报价利率。超过“合同成立时一年期贷款市场报价利率 4 倍”的部分，属于高利贷，不受法律保护。借贷双方对逾期利率有约定的，从其约定，但是以不超过合同成立时一年期贷款市场报价利率 4 倍为限。未约定逾期利率或者约定不明的，人民法院可以区分不同情况处理：(1) 既未约定借期内利率，也未约定逾期利率，出借人主张借款人自逾期还款之日起参照当时一年期贷款市场报价利率标准计算的利息承担逾期还款违约责任的，人民法院应予支持；(2) 约定了借期内利率但是未约定逾期利率，出借人主张借款人自逾期还款之日起按照借期内利率支付资金占用期间利息的，人民法院应予支持。借款合同对支付利息没有约定的，视为没有利息。借款合同对支付利息约定不明确，当事人不能达成补充协议的，按照当地或者当事人的交易方式、交易习惯、市场利率等因素确定利息；自然人之间借款的，视为没有利息。

试题范例

单项选择题

关于民间借款合同，下列说法正确的是（ ）。

A. 民间借款合同为实践合同

B. 民间借款合同为无偿合同

C. 民间借款合同双方约定的利率不得超过合同成立时1年期贷款市场报价利率4倍

D. 民间借款合同对支付利息约定不明确的，视为没有利息

答案：C

核心法条

《民法典》第681条 保证合同是为保障债权的实现，保证人和债权人约定，当债务人不履行到期债务或者发生当事人约定的情形时，保证人履行债务或者承担责任的合同。

相关法条

《民法典》第682条 保证合同是主债权债务合同的从合同。主债权债务合同无效的，保证合同无效，但是法律另有规定的除外。

保证合同被确认无效后，债务人、保证人、债权人有过错的，应当根据其过错各自承担相应的民事责任。

释解分析

本条规定的是保证合同。保证是指保证人和债权人约定，当债务人不履行债务时，保证人按照约定履行债务或承担责任的担保方式。保证和抵押、质押、定金都属于担保方式，但保证属于人的担保（人保），而抵押、质押和定金则属于物的担保（物保）。保证合同是为保障债权的实现，保证人和债权人约定，当债务人不履行到期债务或者发生当事人约定的情形时，保证人履行债务或者承担责任的合同。保证合同的当事人为保证人和债权人。保证人就是以自己的责任财产为债务人提供担保的第三人，债权人就是主债权中的债权人，同时也是保证关系中的债权人。保证合同具有如下特征：（1）保证合同是单务合同、无偿合同。在保证合同中，只有保证人承担债务，债权人不负对待给付义务，故而保证合同为单务合同。在保证合同中，保证人对债权人承担保证债务，债权人对此不提供相应对价，所以保证合同为无偿合同。（2）保证合同为诺成合同。保证合同因保证人和债权人协商一致而成立，无须另交标的物，所以为诺成合同。（3）保证合同为要式合同。保证人与债权人应当以书面形式订立保证合同。（4）保证合同具有从属性、补充性、相对独立性和明确的目的性。除涉外的不可撤销的保函等独立保证以外，主合同有效成立或将要成立，保证合同才发生效力。所以，主合同无效，保证合同也无效。但是，保证合同无效，并不必然导致主合同无效。《民法典》第682条规定，保证合同是主债权债务合同的从合同。主债权债务合同无效，保证合同无效，但是法律另有规定的除外。保证合同被确认无效后，债务人、保证人、债权人有过错的，应当根据其过错各自承担相应的民事责任。保证合同是对主合同债务的补充和加强，因而具有补充性。保证的补充性表现在只有在债务人不履行债务时，保证人才承担保证责任。保证人的保证债务与主债务虽形成主从关系，依主债务的存在而存在，但保证债务并不是主债务的一部分，而是独立于主债务的单独债务。保证的明确目的性体现在保证的设定目的在于保障债权的实现。

试题范例

多项选择题

属于单务合同的有（ ）。

A. 赠与合同

B. 保证合同

C. 无偿保管合同

D. 储蓄（存款）合同

答案：ABCD

核心法条

《民法典》第683条 机关法人不得为保证人，但是经国务院批准为使用外国政府或者国际经济组织贷款进行转贷的除外。

以公益为目的的非营利法人、非法人组织不得为保证人。

释解分析

本条规定的是保证能力。保证能力，又称为保证人资格，是指保证人订立保证合同的能力。原则上，具有相应民事行为能力的法人、非法人组织和自然人都可以作为保证人。但根据本条规定，下列组织不具有保证能力，不能作为保证人：（1）机关法人不得为保证人。机关法人的财产和经费若用于清偿保证债务，不仅与其活动宗旨不符，也会影响其职能的正常发挥。故国家机关一般不具有代偿能力，由其作为保证人并不能保证债权的实现。但是，经国务院批准为使用外国政府或者国际经济组织贷款进行转贷的除外。此外，根据《最高人民法院关于适用〈中华人民共和国民法典〉有关担保制度的解释》第5条第2款的规定，居民委员会、村民委员会提供担保的，人民法院应当认定担保合同无效，但是依法代行村集体经济组织职能的村民委员会，依照村民委员会组织法规定的讨论决定程序对外提供担保的除外。（2）以公益为目的的非营利法人、非法人组织不得为保证人。公益是不特定多数人的利益，一般是非经济利益。如果允许上述主体为保证人，则极有可能减损其用于公益目的的财产，无疑有违公益法人的宗旨。因此，以公益为目的的非营利法人、非法人组织不得为保证人。但应当看到，并非非营利法人、非法人组织不能做保证人，而仅限于“以公益为目的”的非营利法人和非法人组织不得为保证人。在实践中，有一些非营利法人，并不以公益为目的，其尚有自己的经济收入，如有些事业单位实行了企业化管理，自负盈亏；还有一些事业单位从事经营活动，对于这些非营利法人，可以作为保证人。对于非法人组织，只要不是以公益为目的，也可以作为保证人。为了进一步明确以公益为目的的非营利法人、非法人组织设立的担保合同的效力，《最高人民法院关于适用〈中华人民共和国民法典〉有关担保制度的解释》第6条规定，以公益为目的的非营利性学校、幼儿园、医疗机构、养老机构等提供担保的，人民法院应当认定担保合同无效，但是有下列情形之一的除外：（1）在购入或者以融资租赁方式承租教育设施、医疗卫生设施、养老服务设施和其他公益设施时，出卖人、出租人为担保价款或者租金实现而在该公益设施上保留所有权；（2）以教育设施、医疗卫生设施、养老服务设施和其他公益设施以外的不动产、动产或者财产权利设立担保物权。登记为营利法人的学校、幼儿园、医疗机构、养老机构等提供担保，当事人以其不具有担保资格为由主张担保合同无效的，人民法院不予支持。

此外，根据《最高人民法院关于适用〈中华人民共和国民法典〉有关担保制度的解释》第7条的规定，公司的法定代表人违反公司法关于公司对外担保决议程序的规定，超越权限代表公司与相对人订立担保合同，人民法院应当依照《民法典》第61条和第504条等规定处理：（1）相对人善意的，担保合同对公司发生效力；相对人请求公司承担担保责任的，人民法院应予支持。（2）相对人非善意的，担保合同对公司不发生效力；相对人请求公司承担赔偿责任的，参照适用本解释第17条的有关规定。法定代表人超越权限提供担保造成公司损失，公司请求法定代表人承担赔偿责任的，人民法院应予支持。第1款所称善意，是指相对人在订立担保合同时不知道且不应当知道法定代表人超越权限。相对人有证据证明已对公司决议进行了合理审查，人民法院应当认定其构成善意，但是公司有证据证明相对人知道或者应当知道决议系伪造、变造的除外。

试题范例

（2019年真题）单项选择题

下列选项中，可以作为保证人的是（　　）。

A. 个体工商户

B. 教育部直属高校

C. 企业法人的职能部门

D. 街道办事处

答案：A

核心法条

《民法典》第686条　保证的方式包括一般保证和连带责任保证。

当事人在保证合同中对保证方式没有约定或者约定不明确的，按照一般保证承担保证责任。

《民法典》第687条　当事人在保证合同中约定，债务人不能履行债务时，由保证人承担保证责任的，为一般保证。

一般保证的保证人在主合同纠纷未经审判或者仲裁，并就债务人财产依法强制执行仍不能履行债务前，有权拒绝向债权人承担保证责任，但是有下列情形之一的除外：

（一）债务人下落不明，且无财产可供执行；

（二）人民法院已经受理债务人破产案件；

（三）债权人有证据证明债务人的财产不足以履行全部债务或者丧失履行债务能力；

（四）保证人书面表示放弃本款规定的权利。

《民法典》第 688 条　当事人在保证合同中约定保证人和债务人对债务承担连带责任的，为连带责任保证。

连带责任保证的债务人不履行到期债务或者发生当事人约定的情形时，债权人可以请求债务人履行债务，也可以请求保证人在其保证范围内承担保证责任。

《民法典》第 693 条　一般保证的债权人未在保证期间对债务人提起诉讼或者申请仲裁的，保证人不再承担保证责任。

连带责任保证的债权人未在保证期间请求保证人承担保证责任的，保证人不再承担保证责任。

释解分析

上述条文规定的是保证方式。保证方式分为一般保证与连带责任保证两种。一般保证的保证人享有先诉抗辩权，承担的保证责任较轻，而连带责任保证的保证人不享有先诉抗辩权，这是一般保证和连带责任保证的关键区别。连带责任保证的保证人在保证责任的负担上与主债务人之间为连带债务人的关系，承担的保证责任较重。保证人承担何种方式的保证，由当事人在保证合同中约定，当事人对保证方式没有约定或者约定不明确的，按照一般保证承担保证责任。

当事人在保证合同中约定，债务人不能履行债务时，由保证人承担保证责任的，为一般保证。一般保证是保证人对债务人不履行债务负补充责任的一种保证方式。一般保证的保证人在主合同纠纷未经审判或者仲裁，并就债务人的财产依法强制执行仍不能履行债务前，有权拒绝承担保证责任，可见，在一般保证中，保证人享有先诉抗辩权，先诉抗辩权是指保证人在主合同纠纷未经审判或者仲裁，并就主债务人的财产强制执行而无效果前，得拒绝债权人要求其承担保证责任的请求。也就是说，在一般保证中，一般保证的保证人一般情况下仅在债务人的财产不能完全清偿债权时，才对不能清偿的部分承担保证责任。一般保证的债权人只有在主合同纠纷未经审判或者仲裁，并就主债务人的财产强制执行而仍不足以受偿时，才得请求保证人履行保证债务。否则，保证人可以拒绝承担保证责任。所以，在一般情况下，一般保证的债权人请求保证人承担保证责任的，不仅须证明债务人不履行债务的事实，而且须证明已就主债务人的财产依法强制执行后仍不能完全受偿。但是，具有下列情形之一的，保证人不享有先诉抗辩权，保证人应当承担保证责任：（1）债务人下落不明，且无财产可供执行；（2）人民法院已经受理债务人破产案件；（3）债权人有证据证明债务人的财产不足以履行全部债务或者丧失履行债务能力；（4）保证人书面表示放弃上述权利。

当事人在保证合同中约定保证人和债务人对债务承担连带责任的，为连带责任保证。连带责任保证的债务人不履行到期债务或者发生当事人约定的情形时，债权人可以请求债务人履行债务，也可以请求保证人在其保证范围内承担保证责任。可见，连带责任保证的保证人的责任重于一般保证的保证人的责任。一般保证的保证人只有在债务人不能履行债务时才承担保证责任，而连带责任保证的保证人不论债务人能否履行债务，只要债务人未履行债务，或者只要发生当事人约定的保证人应当承担保证责任的情形的，保证人就有义务承担保证责任，保证人并没有先诉抗辩权。此外，根据《最高人民法院关于适用〈中华人民共和国民法典〉有关担保制度的解释》第 25 条第 2 款和第 31 条第 2 款的规定，当事人在保证合同中约定了保证人在债务人不履行债务或者未偿还债务时即承担保证责任、无条件承担保证责任等类似内容，不具有债务人应当先承担责任的意思表示的，人民法院应当将其认定为连带责任保证。连带责任保证的债权人在保证期间内对保证人提起诉讼或者申请仲裁后，又撤回起诉或者仲裁申请，起诉状副本或者仲裁申请书副本已经送达保证人的，人民法院应当认定债权人已经在保证期间内向保证人行使了权利。

债权人行使请求保证人履行保证债务的权利，依保证方式的不同而不同。在一般保证中，债权人只有在保证期间对债务人提起诉讼或者申请仲裁，并就债务人的财产强制执行而仍不能完全受偿时，才得请求保证人承担保证责任，即一般保证的保证人享有先诉抗辩权。如果一般保证的债权人未在保证期间对债务人提起诉讼或者申请仲裁的，保证人不再承担保证责任。当然，一般保证的保证人不行使先诉抗辩权或者丧失先诉抗辩权的，债权人得请求保证人承担保证责任。在连带责任保证中，只要债务人在保证期间请求保证人承担保证责任的，保证人就得承担保证责任。如果连带责任保证的债权人未在保证期间请求保证人承担保证责任的，保证人不再承担保证责任。

试题范例

多项选择题

一般保证的保证人在就债务人的财产依法强制执行仍不能履行债务前，有权拒绝承担保证责任，但是有下列情形之一的除外（　　）。

A. 债务人下落不明，且无财产可供执行

B. 人民法院已经受理债务人破产案件

C. 债权人有证据证明债务人的财产不足以履行全部债务或者丧失履行债务能力

D. 保证人书面表示放弃先诉抗辩权

答案：ABCD

核心法条

《民法典》第 692 条　保证期间是确定保证人承担保证责任的期间，不发生中止、中断和延长。

债权人与保证人可以约定保证期间，但是约定的保证期间早于主债务履行期限或者与主债务履行期限同时届满的，视为没有约定；没有约定或者约定不明确的，保证期间为主债务履行期限届满之日起六个月。

债权人与债务人对主债务履行期限没有约定或者约定不明确的，保证期间自债权人请求债务人履行债务的宽限期届满之日起计算。

释解分析

本条规定的是保证期间。保证期间是确定保证人承担保证责任的期间。保证期间并非诉讼时效期间，因而不能中止、中断和延长。保证期间也并非除斥期间，其具有消灭债权本体的效力，因而具有自己的独立地位和价值。

保证期间事关保证人和债权人之间的债权债务能否行使或履行，也是确定保证债务和诉讼时效关系的依据，保证合同应明确约定。但是，保证人与债权人约定的保证期间未必一律有效，如果保证人与债权人约定的保证期间早于主债务履行期限或者与主债务履行期限同时届满的，视为没有约定。因为保证人和债权人约定的保证期间早于主债务履行期限或者与主债务履行期限同时届满的，则意味着保证人实际上不可能承担保证责任，故此类约定不发生效力。如果保证人与债权人没有约定或者约定不明确的，无论是一般保证，还是连带责任保证，保证期间为主债务履行期限届满之日起 6 个月。债权人与债务人对主债务履行期限没有约定或者约定不明确的，保证期间自债权人请求债务人履行债务的宽限期届满之日起计算。另据《最高人民法院关于适用〈中华人民共和国民法典〉有关担保制度的解释》第 32 条的规定，保证合同约定保证人承担保证责任直至主债务本息还清时为止等类似内容的，视为约定不明，保证期间为主债务履行期限届满之日起 6 个月。

根据《最高人民法院关于适用〈中华人民共和国民法典〉有关担保制度的解释》第 34 条第 2 款和第 35 条的规定，债权人在保证期间内未依法行使权利的，保证责任消灭。保证责任消灭后，债权人书面通知保证人要求承担保证责任，保证人在通知书上签字、盖章或者按指印，债权人请求保证人继续承担保证责任的，人民法院不予支持，但是债权人有证据证明成立了新的保证合同的除外。保证人知道或者应当知道主债权诉讼时效期间届满仍然提供保证或者承担保证责任，又以诉讼时效期间届满为由拒绝承担保证责任或者请求返还财产的，人民法院不予支持；保证人承担保证责任后向债务人追偿的，人民法院不予支持，但是债务人放弃诉讼时效抗辩的除外。

试题范例

单项选择题

甲向乙借款 10 万元，借款期限为 1 年。丙为该笔借款承担保证责任，乙、丙约定，丙承担保证责任的期间为甲、乙借款合同的履行期限。则丙承担保证责任的期间为（　　）。

A. 借款合同的履行期限

B. 借款合同履行期限届满之日起 6 个月

C. 自乙请求甲履行债务的宽限期届满之日起 6 个月

D. 借款合同履行期限届满之日起 3 年

答案：B

核心法条

《民法典》第 694 条　一般保证的债权人在保证期间届满前对债务人提起诉讼或者申请仲裁的，从保证人拒绝承担保证责任的权利消灭之日起，开始计算保证债务的诉讼时效。

连带责任保证的债权人在保证期间届满前请求保证人承担保证责任的，从债权人请求保证人承担保证责任之日起，开始计算保证债务的诉讼时效。

释解分析

本条规定的是保证债务的诉讼时效。本条第 1 款规定的是一般保证债务的诉讼时效。关于此问题，首先，在一般保证的保证期间之内，债权人请求债务人履行债务，倘若债权人在保证期间届满前没有采取提起诉讼或者申请仲裁的方式，则按照《民法典》第 693 条的规定，保证人不再承担保证责任，于此情况，因保证人不再承担保证责任，无所谓保证债务的诉讼时效问题。其次，如果债权人在保证期间届满前采取了提起诉讼或者申请仲裁的方式，则依据本条第 1 款规定，从保证人拒绝承担保证责任的权利消灭之日起，开始计算保证债务的诉讼时效。保证债务具有相对独立性，因此作为独立于主债务的债务，其诉讼时效开始计算后可以中止、中断。关于一般保证的保证债务的中止、中断，就主债务的诉讼时效和保证债务的诉讼时效的关系而言，主债务诉讼时效中止的，保证债务诉讼时效也中止；主债务诉讼时效中断的，保证债务的诉讼时效也中断。

本条第 2 款规定的是连带责任保证的诉讼时效。连带责任保证的债权人在保证期间届满前请求保证人承担保证责任的，从债权人请求保证人承担保证责任之日起，开始计算保证债务的诉讼时效。诉讼时效期间的起算点确定在“债权人请求保证人承担保证责任之日”。保证债务诉讼时效开始计算后可以中止、中断。关于连带责任保证的保证债务的中止、中断，就主债务的诉讼时效和保证债务的诉讼时效的关系而言，主债务诉讼时效中止的，保证债务的诉讼时效也中止；主债务诉讼时效中断的，保证债务的诉讼时效则不中断。

试题范例

多项选择题

张某向李某借款 100 万元，借期为 1 年，但没有约定利息。陈某对该笔借款提供保证，陈某与李某约定：“若张某不还款，陈某代张某还款。”张某到期没有还款。对此，下列表述正确的是（　　）。

A. 借款合同在张某和李某意思表示一致时生效

B. 借款合同视为不支付利息

C. 陈某的保证为一般保证

D. 陈某保证债务的诉讼时效从李某请求陈某承担保证责任之日起计算

答案：BC

核心法条

《民法典》第 695 条　债权人和债务人未经保证人书面同意，协商变更主债权债务合同内容，减轻债务的，保证人仍对变更后的债务承担保证责任；加重债务的，保证人对加重的部分不承担保证责任。

债权人和债务人变更主债权债务合同的履行期限，未经保证人书面同意的，保证期间不受影响。

《民法典》第 696 条　债权人转让全部或者部分债权，未通知保证人的，该转让对保证人不发生效力。

保证人与债权人约定禁止债权转让，债权人未经保证人书面同意转让债权的，保证人对受让人不再承担保证责任。

《民法典》第 697 条　债权人未经保证人书面同意，允许债务人转移全部或者部分债务，保证人对未经其同意转移的债务不再承担保证责任，但是债权人和保证人另有约定的除外。

第三人加入债务的，保证人的保证责任不受影响。

《民法典》第 698 条　一般保证的保证人在主债务履行期限届满后，向债权人提供债务人可供执行财产的真实情况，债权人放弃或者怠于行使权利致使该财产不能被执行的，保证人在其提供可供执行财产的价值范围内不再承担保证责任。

民法学

《民法典》第700条　保证人承担保证责任后，除当事人另有约定外，有权在其承担保证责任的范围内向债务人追偿，享有债权人对债务人的权利，但是不得损害债权人的利益。

《民法典》第701条　保证人可以主张债务人对债权人的抗辩。债务人放弃抗辩的，保证人仍有权向债权人主张抗辩。

《民法典》第702条　债务人对债权人享有抵销权或者撤销权的，保证人可以在相应范围内拒绝承担保证责任。

释解分析

上述条文规定的是保证合同的效力。主合同变更是指债权债务主体不变，而当事人之间的债务性质发生变化。例如，债权人和债务人对主合同数量、价款、币种、利率等内容所作的改变。对于主债务变更，减轻债务的，由于保证人的保证责任强度减弱，因此，保证人仍对变更后的债务承担保证责任；加重债务的，如果要求保证人按照加重后的债务承担保证责任，会不当加重保证人的负担，因此，保证人对加重的部分不承担保证责任。《民法典》第695条第2款规定，债权人和债务人变更主债权债务合同的履行期限，未经保证人书面同意的，保证期间不受影响。例如，债权人和债务人对主合同的履行期限作了变动，如果未经保证人书面同意，保证期间仍为原合同约定的期间或者法律规定的期间，即保证期间不受影响。

根据《民法典》第696条的规定，债权人将全部或者部分主债权转让给第三人的，应当通知保证人，保证人对受让人承担相应的保证责任。未经通知的，主债权转让对保证人不发生效力。因此，债权转让的，只要通知保证人即可，而不必取得保证人的同意。但是，如果保证人与债权人约定禁止债权转让的，债权人转让债权须经保证人书面同意，未经保证人书面同意的，保证人就受让的债权不再承担保证责任。

根据《民法典》第697条的规定，债权人转移主债务的全部或者部分给第三人，关于保证人是否承担保证责任，债权人和保证人有约定的，按照约定。没有约定的，债权人未经保证人书面同意，允许债务人转移全部或者部分债务，保证人对未经其同意转移的债务不再承担保证责任。但是，保证人仍应对未转移部分的债务承担保证责任。第三人加入主债务的，第三人应与债务人对主债务清偿承担连带责任，但保证人的保证责任不受影响。

根据《民法典》第698条的规定，主债权属于保证担保的范围，一般保证的保证人在主债务履行期限届满后，向债权人提供债务人可供执行财产的真实情况，债权人放弃或者怠于行使权利致使该财产不能被执行的，保证人在其提供可供执行财产的价值范围内不再承担保证责任。上述规定有利于保护一般保证人的先诉抗辩权。

追偿权又称为（代位）求偿权，是指保证人在履行保证债务后，得请求债务人偿还的权利。从债务人与债权人关系上说，保证人向债权人履行保证债务，实质上是代为清偿债务，因而，保证人作为第三人在承担保证责任后，得向债务人追偿。保证人追偿权的成立条件有：（1）保证人承担了保证责任。也就是说，保证人向债权人履行了债务。不论保证人以何种方式履行债务，也不论保证人是履行了全部债务还是部分债务，只要保证人承担了保证责任，就可以享有追偿权。保证人向债权人履行了保证债务是行使追偿权的前提条件。（2）因保证人的履行而使债务人免责。保证人履行保证债务，实质是保证人代替债务人清偿债务。因此，所谓"使债务人免责"，是指债务人对债权人的债务因保证人的履行而消灭。债务人非因保证人的保证债务的履行而免责的，保证人不享有追偿权。例如，债务人因自己的清偿行为而免责时，即使保证人又履行了保证债务，保证人也不享有向债务人追偿的权利。于此情形下，保证人只能依不当得利的规定请求债权人返还。（3）保证人履行保证债务无过错。保证人在承担保证责任上有过错的，保证人丧失追偿权。例如，保证人在债权人请求其承担保证责任时，应行使债务人的抗辩权（如时效经过抗辩权）而未行使，致使承担了不应承担的责任，在此范围内，保证人丧失向债务人追偿的权利。又如，保证人在为清偿或其他免责行为后，应当及时通知债务人，以免造成债务人重复履行，保证人在履行保证债务后怠于通知债务人，致使债务人善意地再为履行时，保证人也丧失了追偿权，而只能依不当得利的规定向债权人请求返还。（4）保证人追偿权的范围以其履行保证债务的范围为限。保证人追偿权的范围一般应当包括两部分：一部分是保证人为债务人向债权人清偿的债务额，但以债务人因其清偿受免责的数额为限。如果保证人自行履行保证责任，其实际清偿额大于主债权范围的，保证人只能在主债权范围内对债务人行使追偿权。另一部分是保证人履行保证债务所支出的必要费用，但因保证人的过错而多付出的费用不在此列。（5）保证人行使追偿权不得损害债权人利益。

保证合同具有从属性，因而主债务人对债权人所有的抗辩或其他类似的权利，保证人均可以主张。根据《民法典》第 701 条的规定，保证人可以主张债务人对债权人的抗辩。该抗辩权主要有三类：其一，权利未发生的抗辩权。例如，主合同未成立，保证人对此不知情，于此场合，保证人可对债权人主张债权未成立的抗辩权。其二，权利已消灭的抗辩权。例如，主债权因履行而消灭，保证人可对债权人主张权利已消灭，拒绝债权人的履行请求。其三，拒绝履行的抗辩权。例如，时效完成的抗辩、同时履行抗辩权、不安抗辩权、先履行抗辩权等。即使债务人放弃上述抗辩权，保证人也有权主张，因为保证人主张主债务人的抗辩权并非代为主张，而是基于保证人的地位而独立行使。

根据《民法典》第 702 条的规定，债务人对债权人享有抵销权或者撤销权的，保证人可以在相应范围内拒绝承担保证责任。具体而言，在主债务人对主合同有抵销权和撤销权时，保证人对债权人可以拒绝履行，即保证人可以将主债务人享有的撤销权或者抵销权作为自己的抗辩事由，但是保证人只能在相应的范围内拒绝承担保证责任。

试题范例

1.（2021 年真题）多项选择题

连带责任保证人享有的抗辩权包括（　　）。

A. 先诉抗辩权

B. 主债务诉讼时效期间届满的抗辩权

C. 主债务人的同时履行抗辩权

D. 主债务人的不安抗辩权

答案：BCD

2. 单项选择题

甲向银行分批贷款 10 万元，乙为甲提供保证担保。一个月后，甲提前偿还 4 万元，并将履行期限延长 3 个月。则（　　）。

A. 乙仍应对 10 万元贷款承担保证责任

B. 乙只对 6 万元贷款承担保证责任

C. 乙不再承担保证责任

D. 乙的保证期间延长 3 个月

答案：B

核心法条

《民法典》第 703 条　租赁合同是出租人将租赁物交付承租人使用、收益，承租人支付租金的合同。

《民法典》第 705 条　租赁期限不得超过二十年。超过二十年的，超过部分无效。

租赁期限届满，当事人可以续订租赁合同；但是，约定的租赁期限自续订之日起不得超过二十年。

《民法典》第 706 条　当事人未依照法律、行政法规规定办理租赁合同登记备案手续的，不影响合同的效力。

《民法典》第 707 条　租赁期限六个月以上的，应当采用书面形式。当事人未采用书面形式，无法确定租赁期限的，视为不定期租赁。

释解分析

上述条文规定的是租赁合同的概念、租赁期限和租赁合同的效力。租赁合同是出租人将租赁物交付承租人使用、收益，承租人支付租金的合同。租赁合同具有如下特征：（1）租赁合同是有期限地转移标的物使用权的合同。租赁合同以承租人取得租赁物的使用、收益为目的，因出租人仅需向承租人移转标的物的使用、收益权，并不移转标的物的所有权。根据合同法规定，租赁期限不得超过 20 年。超过 20 年的，超过部分无效。租赁期间届满，当事人可以续订租赁合同；但是，约定的租赁期限自续订之日起不得超过 20 年。（2）租赁合同是双务合同、有偿合同和诺成合同。（3）租赁合同的标的物为非消耗物。出租人提供给承租人使用的财产为租赁物，租赁物可以是不动产，也可以是动产，还可以是财产权利，但须为非消耗物。在我国，租赁合同终止时，承租人须返还原物。此外，租赁期限 6 个月以上的应当采用书面形式；当事人未采用书面形式，无法确定租赁期限的，视为不定期租赁。

租赁合同是诺成合同，只要当事人订立的租赁合同符合民事法律行为的有效条件，租赁合同就发生法律效力。实践中，租赁合同依照法律、行政法规的规定需要办理登记备案手续，但登记备案手续并非租赁合同的生效要件，当事人未办理登记备案手续的，不影响租赁合同的效力。当然，如果当事人约定以办理登记备案手续为房屋租赁合同生效条件的，从其约定。但是，当事人一方已经履行主要义务，对方接受的除外。

出租人就同一房屋订立数份租赁合同，在合同均有效的情况下，承租人均主张履行合同的，人民法院按照下列顺序确定履行合同的承租人：(1) 已经合法占有租赁房屋的；(2) 已经办理登记备案手续的；(3) 合同成立在先的。不能取得租赁房屋的承租人请求解除合同、赔偿损失的，依照民法典合同编的有关规定处理。

试题范例

1. 单项选择题

当事人约定的租赁期限不得超过（　　）。

A. 20 年　　B. 10 年

C. 25 年　　D. 15 年

答案：A

2. 单项选择题

甲分别与乙、丙、丁签订房屋租赁合同，将同一套两居室租给乙、丙、丁。甲、乙之间签订的租赁合同成立在先，甲、丙之间签订的合同已经登记备案，但丁已经搬入房屋。则承租人应当是（　　）。

A. 乙　　B. 丙

C. 丁　　D. 乙、丙、丁

答案：C

核心法条

《民法典》第 716 条　承租人经出租人同意，可以将租赁物转租给第三人。承租人转租的，承租人与出租人之间的租赁合同继续有效；第三人造成租赁物损失的，承租人应当赔偿损失。

承租人未经出租人同意转租的，出租人可以解除合同。

《民法典》第 717 条　承租人经出租人同意将租赁物转租给第三人，转租期限超过承租人剩余租赁期限的，超过部分的约定对出租人不具有法律约束力，但是出租人与承租人另有约定的除外。

《民法典》第 718 条　出租人知道或者应当知道承租人转租，但是在六个月内未提出异议的，视为出租人同意转租。

《民法典》第 719 条　承租人拖欠租金的，次承租人可以代承租人支付其欠付的租金和违约金，但是转租合同对出租人不具有法律约束力的除外。

次承租人代为支付的租金和违约金，可以充抵次承租人应当向承租人支付的租金；超出其应付的租金数额的，可以向承租人追偿。

释解分析

上述条文规定的是转租。转租是指承租人不退出租赁合同关系，而将租赁物出租给次承租人使用、收益。根据承租人的转租是否经出租人的同意，可以将转租区分为合法转租和不合法转租。承租人经出租人同意转租的，为合法转租。就出租人和承租人而言，两者的租赁关系不因转租而受影响，承租人并应就因次承租人应负责的事由所产生的损害向出租人负赔偿责任。不合法转租，是指未经出租人同意所进行的转租。承租人未经出租人同意转租的，出租人可以解除合同。

承租人经出租人同意将租赁物转租给第三人的，转租期限不能超过承租人的剩余租赁期限，否则，超过部分的约定对出租人不具有法律约束力，但是出租人与承租人另有约定的除外。

《民法典》第 716 条第 2 款规定，承租人未经出租人同意转租的，出租人可以解除合同。为督促出租人及时行使合同解除权，维护交易的稳定性，《民法典》第 718 条将出租人知道或者应当知道承租人转租，但是在 6 个月内未提出异议的，推定为出租人同意转租。该 6 个月期限的性质为除斥期间，不适用诉讼时效关于中断与中止、延长的规定。承租人未经出租人同意的转租行为，在效力上属无效行为，出租人既可起诉请求确认转租合同无效，亦可行使合同解除权。出租人解除合同后，承租人丧失租赁权，转租合同也因其赖以存在的基础不复存在而归于终止，善意的次承租人（订立转租合同时不知道也不应当知道承租人未经出租人同意转租）可以请求承租人赔偿损失。

在转租合同有效的场合，承租人拖欠租金的，次承租人可以代承租人支付其欠付的租金和违约金，否则，出租人因承租人不支付或迟延支付租金的，可以行使合同解除权。在转租合同无效的场合，如转租未经出租人同意，次承租人无代偿请求权。

次承租人代承租人支付租金和违约金后，对

承租人享有两种权利：一是充抵租金，即次承租人代为支付的租金和违约金，可以充抵次承租人应当向承租人支付的租金；二是向承租人行使追偿权，即次承租人代为支付的租金和违约金，超出其应付的租金数额的，可以向承租人追偿。

试题范例

单项选择题

出租人在租赁期内对于租赁物（　　）。

A. 不得转让给第三人

B. 可以取回自己使用

C. 可以转让给第三人，并解除租赁合同

D. 可以转让给第三人，但租赁合同对新所有人继续有效

答案：D

核心法条

《民法典》第 725 条　租赁物在承租人按照租赁合同占有期限内发生所有权变动的，不影响租赁合同的效力。

释解分析

本条规定的是租赁权物权化。租赁权属于债权，而所有权属于物权，物权具有优先于债权的效力。但租赁物在承租人按照租赁合同占有期限内发生所有权变动的，不影响租赁合同的效力。换句话说，原租赁合同对于新的所有权人仍然有效，租赁物新的所有权人无权解除租赁合同，此时租赁物所有权不能对抗租赁物债权（租赁权），这就是所谓“买卖不破租赁”原则，这一现象在民法理论上被称为“债权物权化”。由于在租赁合同中，承租人一般处于弱势地位，所以在立法上对承租人予以特殊保护是必要的。不过，租赁权具有物权化倾向并没有否定租赁权属于债权的本质。另据《最高人民法院关于审理城镇房屋租赁合同纠纷案件具体应用法律若干问题的解释》第 14 条的规定，租赁房屋在承租人按照租赁合同占有期限内发生所有权变动，承租人请求房屋受让人继续履行原租赁合同的，人民法院应予支持。但租赁房屋具有下列情形或者当事人另有约定的除外：（1）房屋在出租前已设立抵押权，因抵押权人实现抵押权发生所有权变动的；（2）房屋在出租前已被人民法院依法查封的。

试题范例

多项选择题

对合同相对性原则突破的具体表现有（　　）。

A. 第三人侵害债权

B. 债权代位权

C. 债权撤销权

D. 买卖不破租赁

答案：ABCD

核心法条

《民法典》第 726 条　出租人出卖租赁房屋的，应当在出卖之前的合理期限内通知承租人，承租人享有以同等条件优先购买的权利；但是，房屋按份共有人行使优先购买权或者出租人将房屋出卖给近亲属的除外。

出租人履行通知义务后，承租人在十五日内未明确表示购买的，视为承租人放弃优先购买权。

《民法典》第 727 条　出租人委托拍卖人拍卖租赁房屋的，应当在拍卖五日前通知承租人。承租人未参加拍卖的，视为放弃优先购买权。

《民法典》第 728 条　出租人未通知承租人或者有其他妨害承租人行使优先购买权情形的，承租人可以请求出租人承担赔偿责任。但是，出租人与第三人订立的房屋买卖合同的效力不受影响。

释解分析

上述条文规定的是承租人的优先购买权。承租人的优先购买权是指租赁合同存续期间，出租人要出卖租赁物时，承租人在同等条件下享有优先购买的权利。在租赁合同中，优先购买权的对象仅限于房屋，不适用于其他租赁物。优先购买权仅在同等条件下才享有。此处的同等条件，主要是指出价条件，包括价格、交付房价期限、方式等。优先购买权在性质上属于形成权，其实质系属对出租人选择合同对方当事人自由的限制。但是，房屋共有人行使优先购买权的，或者出租人将房屋出卖给近亲属的，承租人不得主张优先

购买权。这里的“近亲属”，限于出租人的配偶、父母、子女、兄弟姐妹、祖父母、外祖父母、孙子女、外孙子女。出租人出卖租赁房屋的，应提前通知承租人，承租人在接到通知后应及时答复，若承租人接到通知后15日内未“明确表示”购买的，则丧失优先购买权。这里的“15日”，可以理解为《民法典》第726条第1款规定的“合理期限”。

在拍卖负担有优先购买权的租赁房屋时，一般遵循如下程序：（1）拍卖通知。出租人在拍卖5日前以书面或者其他能够确认收悉的适当方式，通知优先购买权人于拍卖日到场。承租人未参加拍卖的，视为放弃优先购买权。（2）优先购买权人应按照拍卖通知或拍卖公告的要求，与其他竞买人一样进行竞买登记、缴纳竞买保证金，在拍卖日到场参加竞拍。（3）举牌应价。若承租人在出现最高应价时未作出以该价格购买的意思表示，则拍卖房屋由最高应价人购买。

出租人未通知承租人或者有其他妨害承租人行使优先购买权情形的，承租人可以请求出租人承担赔偿责任。不过，房屋承租人的优先购买权只在租赁房屋作为买卖合同法律关系的标的物时发生，在赠与、互易以及因公征用等法律关系中则不得适用，亦不能主张优先购买权的赔偿请求权。

承租人的优先购买权受到侵害时，无权请求确认出租人与第三人订立的房屋买卖合同无效。承租人虽无权以优先购买权受侵害为由请求确认出租人与第三人订立的房屋买卖合同无效，但并不意味着出租人与第三人签订的合同有效，保护其履行。出租人与第三人之间合同的效力应当依据《民法典》有关民事法律行为的效力的规定进行判断。承租人行使优先购买权主张以同等条件与出租人成立买卖合同后，应当优先保护出租人履行合同，取得房屋所有权，由此第三人无法继续履行合同的，第三人可以主张出租人承担违约责任。

易混易错

1. 享有优先购买权的民事主体。除了在租赁合同中，承租人享有优先购买权外，还有其他情形的优先购买权，包括合伙人的优先购买权、按份共有人的优先购买权、有限责任公司股东的优先购买权。

2. 优先购买权和优先受偿权不是同一概念，不能混淆。一般而言，担保物权和特种债权都具有优先受偿权。担保物权如抵押权，特种债权如建设工程合同中的承包人对工程价款享有的债权、破产企业所欠职工工资和税款等。

试题范例

1.（2017年真题）单项选择题

甲将房屋出租给乙，租期5年。半年后，甲通知乙欲出售该房屋，20天内乙未表态，甲遂将该房屋卖给丙，并办理了过户登记，乙有权（　　）。

A. 主张甲、丙之间的买卖合同无效

B. 要求甲承担违约责任

C. 主张租赁合同对丙继续有效

D. 主张优先购买权

答案：C

2. 多项选择题

根据我国法律规定，享有优先受偿权利的民事主体有（　　）。

A. 抵押权人

B. 质权人

C. 留置权人

D. 建设工程合同的承包人

答案：ABCD

3. 多项选择题

甲将私房三间出租给乙，租期2年。在租期内，甲又与丙签订私房三间的买卖合同。则下列表述中正确的是（　　）。

A. 甲与丙所签订的合同无效，因为甲未取得乙的同意

B. 甲应当出卖房屋前15日内通知乙房屋将要出售

C. 乙在同等条件下有权优先于丙购买房屋

D. 如丙购得房屋，其有权决定原甲、乙之间的房屋租赁合同是否继续执行

答案：BC

核心法条

《民法典》第731条　租赁物危及承租人的安全或者健康的，即使承租人订立合同时明知该租赁物质量不合格，承租人仍然可以随时解除合同。

释解分析

本条规定的是租赁物危及人身安全时的合同解除。租赁合同是有偿合同，不论租赁物是动产

还是不动产，出租人都负有瑕疵担保义务。对于租赁物存在轻微瑕疵的，可以通过出租人维修加以解决，但对于严重瑕疵，尤其存在危及承租人的人身安全或者健康的瑕疵，不论承租人在订立合同时是否知道该瑕疵，出租人均应当承担瑕疵担保责任，承租人可以随时解除合同，这是保证承租人人身安全和健康的需要。

易混易错

《民法典》第731条规定属于租赁合同法定解除的情形之一，除了该条规定外，《民法典》规定的租赁合同法定解除的情形还包括：(1) 承租人未按照约定的方法或者未根据租赁物的性质使用租赁物，致使租赁物受到损失的，出租人可以解除合同并请求赔偿损失（《民法典》第711条）。(2) 承租人未经出租人同意转租的，出租人可以解除合同（《民法典》第716条第2款）。(3) 承租人无正当理由未支付或者迟延支付租金的，出租人可以请求承租人在合理期限内支付；承租人逾期不支付的，出租人可以解除合同（《民法典》第722条）。(4) 有下列情形之一，非因承租人原因致使租赁物无法使用的，承租人可以解除合同：①租赁物被司法机关或者行政机关依法查封、扣押；②租赁物权属有争议；③租赁物具有违反法律、行政法规关于使用条件的强制性规定情形（《民法典》第724条）。(5) 因不可归责于承租人的事由，致使租赁物部分或者全部毁损、灭失的，承租人可以请求减少租金或者不支付租金；因租赁物部分或者全部毁损、灭失，致使不能实现合同目的的，承租人可以解除合同（《民法典》第729条）。(6) 当事人对租赁期限没有约定或者约定不明确，依据《民法典》第510条的规定仍不能确定的，视为不定期租赁；当事人可以随时解除合同，但是应当在合理期限之前通知对方（《民法典》第730条）。

试题范例

(2015年真题) 单项选择题

甲将住房出租给乙。签订合同前乙来看房，发现室内有很浓的装修气味。甲告诉乙，开开窗，过几天味道就没了。乙住了两个月后，气味依然很浓。经检测，该房屋有害气体严重超标。对此，乙（　　）。

A. 无权主张任何权利

B. 有权解除合同

C. 有权请求确认合同无效

D. 有权要求甲承担侵权责任

答案：B

核心法条

《民法典》第735条　融资租赁合同是出租人根据承租人对出卖人、租赁物的选择，向出卖人购买租赁物，提供给承租人使用，承租人支付租金的合同。

释解分析

本条规定的是融资租赁合同。融资租赁合同具有如下特征：(1) 对合同的当事人有资格限制。租赁合同的主体没有限制，不论何种民事主体都可以为出租人，而融资租赁合同因具有融资性，出租人须为经过有关机关批准有权经营融资租赁业务的法人，不具有融资租赁经营资格的，不能成为融资租赁合同的出租人。(2) 合同中的承租人向出租人支付的租金并非单纯使用租赁物的代价，而是“融资”的代价。融资租赁合同当事人之间存在租赁关系，而非买卖关系或借贷关系，这一点和租赁合同一致，但融资租赁合同承租人交付的租金不同于租赁合同的租金，它并非是承租人使用租赁物的代价，而是“融资”的代价，它实际上是承租人对出租人购买租赁物的价金本息和出租人应获得的利润等费用的分期偿还。因此，融资租赁合同中的租金标准的确定是不同的。(3) 融资租赁合同的标的物是应承租人的要求购买的，而且通常是价值较高的固定资产。出租人根据承租人对出卖人、租赁物的选择购买租赁物，这是融资租赁合同不同于租赁合同最重要的特征，也是融资租赁合同与买卖、借贷等合同的区别之一。在租赁合同中，出租人出租的租赁物或是自己现有的，或是按照自己的要求购买的，出租人购买租赁物的行为与租赁合同无关；融资租赁合同的出租人必须按照承租人的要求选择出卖人和租赁物，出租人购买物件与出租物件是联系在一起的。在买卖合同中，买受人是按照自己的意愿购买标的物，其目的是取得标的物的所有权，以满足自己的需要；在融资租赁合同中，出租人购买标的物是为了满足承租人的需要，是为“出租”才购买的。融资租赁合同标的物通常是价值较高的固定资产，因此承租人只能通过“融资”以解决资金不足的问题。(4) 融资租赁合同是双务、有偿、诺成性的要式合同，应当采用书面形式。

试题范例

(2021 年真题) 单项选择题

A 公司急需机床，因资金不足与 B 公司签订合同，约定 B 公司按照 A 公司的要求向 C 厂购买 10 台机床出租给 A 公司，由 C 厂向 A 公司交付机床；租金 800 万元，每年年末 A 公司向 B 公司支付 80 万元。租赁期届满时，机床的所有权归 A 公司。该合同为（　　）。

A. 租赁合同

B. 所有权保留的买卖合同

C. 融资租赁合同

D. 借款合同

答案：C

核心法条

《民法典》第 747 条　租赁物不符合约定或者不符合使用目的的，出租人不承担责任。但是，承租人依赖出租人的技能确定租赁物或者出租人干预选择租赁物的除外。

释解分析

本条规定的是融资租赁合同项下租赁物的瑕疵担保责任。由于融资租赁合同是承租人租赁、使用出租人的租赁物的双务、有偿合同，按照租赁合同的一般原理，出租人对租赁物的瑕疵负担保责任，但由于融资租赁合同中，出租人根据承租人对出卖人、租赁物的选择购买租赁物，出租人并不对租赁物实际占有、使用和收益，也缺乏关于租赁物是否存在瑕疵的知识和能力，况且标的物的质量条款也是由承租人与出卖人谈妥的，所以融资租赁合同的特征之一是出租人一般不负租赁物的瑕疵担保责任。出租人不承担标的物的瑕疵担保责任，这是一般情况，在例外情况下，出租人也应承担标的物的瑕疵担保责任。出租人应负瑕疵担保责任有两种情形：承租人依赖出租人的技能确定租赁物的；出租人干预选择租赁物的。在上述两种情形下，由于出租人对租赁物的选择行使了决定权，所以就应当对自己的行为承担责任。

易混易错

融资租赁合同有三方当事人：出卖人、出租人、承租人。

试题范例

多项选择题

下列关于融资租赁合同中租赁物的瑕疵担保责任的表述，正确的有（　　）。

A. 出租人一般应承担租赁物的瑕疵担保责任

B. 承租人一般应承担租赁物的瑕疵担保责任

C. 出租人和出卖人应当连带承担租赁物的瑕疵担保责任

D. 出租人干预选择租赁物的，由出租人承担租赁物的瑕疵担保责任

答案：BD

核心法条

《民法典》第 749 条　承租人占有租赁物期间，租赁物造成第三人人身损害或者财产损失的，出租人不承担责任。

释解分析

本条规定的是融资租赁合同项下租赁物造成他人人身损害或者财产损失的责任承担主体。在融资租赁合同项下，承租人占有租赁物期间造成第三人人身损害或者财产损失的，不应由出租人承担责任，而应由承租人承担责任。

易混易错

1. 承租人占有租赁物期间，租赁物造成第三人人身损害或者财产损失的，承租人承担的责任属于侵权责任，而不是违约责任。

2. 与一般的租赁合同不同，在融资租赁合同中，承租人负有租赁物的维修义务。

试题范例

单项选择题

融资租赁合同中，租赁物不符合约定的，(　　)。

A. 出租方应当承担责任

B. 出租方可以承担责任

C. 出租方不承担责任

D. 未经出租方同意不得转让租赁物

答案：C

核心法条

《民法典》第 761 条　保理合同是应收账款债权人将现有的或者将有的应收账款转让给保理人，保理人提供资金融通、应收账款管理或者催收、应收账款债务人付款担保等服务的合同。

《民法典》第 763 条　应收账款债权人与债务人虚构应收账款作为转让标的，与保理人订立保理合同的，应收账款债务人不得以应收账款不存在为由对抗保理人，但是保理人明知虚构的除外。

《民法典》第 764 条　保理人向应收账款债务人发出应收账款转让通知的，应当表明保理人身份并附有必要凭证。

《民法典》第 765 条　应收账款债务人接到应收账款转让通知后，应收账款债权人与债务人无正当理由协商变更或者终止基础交易合同，对保理人产生不利影响的，对保理人不发生效力。

《民法典》第 766 条　当事人约定有追索权保理的，保理人可以向应收账款债权人主张返还保理融资款本息或者回购应收账款债权，也可以向应收账款债务人主张应收账款债权。保理人向应收账款债务人主张应收账款债权，在扣除保理融资款本息和相关费用后有剩余的，剩余部分应当返还给应收账款债权人。

《民法典》第 767 条　当事人约定无追索权保理的，保理人应当向应收账款债务人主张应收账款债权，保理人取得超过保理融资款本息和相关费用的部分，无需向应收账款债权人返还。

释解分析

上述条文规定的是保理合同。保理是指应收账款债权人将应收账款的所有权转让于保理人，保理人支付价款并提供与应收账款转让相关服务的业务。保理合同是应收账款债权人将现有的或者将有的应收账款转让给保理人，保理人提供资金融通、应收账款管理或者催收、应收账款债务人付款担保等服务的合同。应收账款是指权利人因提供一定的货物、服务或设施而获得的请求义务人付款的权利以及依法享有的其他付款请求权。保理合同具有提供资金融通、应收账款管理或者催收，以及应收账款债务人付款担保等功能。保理合同的本质是债权让与，而且是应收账款债权的让与，因此，民法典保理合同一章没有规定的，适用合同编第六章债权转让的有关规定。保理合同的内容一般包括业务类型、服务范围、服务期限、基础交易合同情况、应收账款信息、保理融资款或者服务报酬及其支付方式等条款。保理合同应当采用书面形式。保理存在虚构的问题，因此，应收账款债权人与债务人虚构应收账款作为转让标的，与保理人订立保理合同的，应收账款债务人不得以应收账款不存在为由对抗保理人，但是保理人明知虚构的除外。

保理依是否向债务人发出应收账款债权让与通知，可区分为明保理（通知型或揭露型保理）和暗保理（不通知型或隐蔽型或保密型保理）。明保理的保理人负有通知义务，保理人向应收账款债务人发出应收账款转让通知的，应当表明保理人身份并附有必要凭证。应收账款债务人接到应收账款转让通知后，应收账款债权人与债务人无正当理由协商变更或者终止基础交易合同，对保理人产生不利影响的，对保理人不发生效力。暗保理中，保理人没有向应收账款债务人发出通知的，不影响基础合同的效力。

依应收账款承购商对供应商是否具有追索权，可以将保理区分为有追索权的保理和无追索权的保理。当事人约定有追索权保理的，保理人可以向应收账款债权人主张返还保理融资款本息或者回购应收账款债权，也可以向应收账款债务人主张应收账款债权。保理人向应收账款债务人主张应收账款债权，在扣除保理融资款本息和相关费用后有剩余的，剩余部分应当返还给应收账款债权人。当事人约定无追索权保理的，保理人应当向应收账款债务人主张应收账款债权，保理人取得超过保理融资款本息和相关费用的部分，无需

民法学

向应收账款债权人返还。

试题范例

1. 单项选择题

下列应收账款不能办理保理业务的是（　　）。

A. 销货方甲出口一批建材给进货方乙形成的应收账款

B. 乙服装厂向某中学销售学生夏季服装所形成的应收账款

C. 丙将他人享有专利权的技术转让给某公司所形成的应收账款

D. 丁公司从国外进口一批货物而形成的应收账款

答案：C

2. 单项选择题

2月1日，甲、乙两公司签订100台电脑的买卖合同，甲公司于5月1日交货，乙公司于8月1日付款100万元。6月1日，因资金周转困难，甲公司与丙银行订立无追索权的保理合同，将100万元应收账款转让给丙银行，丙银行向甲公司提供保理预付款90万元。对此，下列表述正确的是（　　）。

A. 甲公司将应收账款转让给丙银行，应当取得乙公司的同意

B. 甲公司将应收账款转让给丙银行，应当向丙银行提供相应的担保

C. 甲公司将应收账款转让给丙银行后，可以减免乙公司的债务

D. 乙公司不履行债务，丙银行既可以向甲公司求偿，也可以向乙公司求偿

答案：C

核心法条

《民法典》第770条　承揽合同是承揽人按照定作人的要求完成工作，交付工作成果，定作人支付报酬的合同。

承揽包括加工、定作、修理、复制、测试、检验等工作。

释解分析

本条规定的是承揽合同的概念。承揽合同是承揽人按照定作人的要求完成工作，交付工作成果，定作人支付报酬的合同。承揽合同具有以下特征：（1）以完成一定工作为目的。承揽合同的标的不是工作过程而是工作成果。（2）标的为承揽人应向定作人交付的工作成果，该成果具有特定性。承揽人必须根据定作人的要求完成工作成果，从而使该工作成果具有特定性。（3）承揽人的义务具有不可让与性。承揽人应当以自己的设备、技术等独立完成工作成果，一般情况下不能将承揽的工作交由第三人完成，故承揽人一般不得将自己的义务转移给他人承担。（4）是双务、有偿、诺成、不要式合同。

承揽合同可以分为以下几类：（1）加工合同。例如，用定作人提供的材料加工成特定设备，用定作人提供的半成品加工成成品，用定作人提供的衣料、木料分别加工成服装、家具，为定作人的字画、档案、扇面进行装裱等。（2）定作合同。如定作设备、服装、家具、印章等。（3）修理合同。如修理汽车、电视机、手表、自行车等。（4）复制合同。如复制字画、报纸、文件、书稿等。（5）测试、检验合同。（6）其他合同。如改制物品、印刷、翻译、复印合同等，都属于加工承揽合同。

易混易错

1. 承揽合同和委托合同的区别。（1）承揽合同的承揽人必须按照合同的约定完成并交付工作成果；委托合同的受托人并不以完成事务的一定结果为必要。也就是说，承揽合同重在劳务的结果，而委托合同重在劳务的提供。（2）承揽合同的承揽人可以将承揽的辅助工作交给第三人完成；委托合同的受托人基于人身信任关系一般不能将受托事务转托给第三人。（3）承揽合同是有偿合同；委托合同既可以有偿，也可以无偿。

2. 承揽合同和行纪合同的区别。（1）行纪合同的行纪人为委托人从事的活动为贸易活动，而承揽合同的承揽人为定作人提供的是劳动成果。（2）行纪合同的行纪人与第三人发生民事法律关系，而承揽合同不涉及第三人。

3. 承揽合同和技术合同的区别。技术合同的标的为技术成果或者提供的技术，而承揽合同的标的为劳动成果。可见，承揽合同标的物不具有新技术所要求的新颖性，合同履行过程只是与经验、技巧相结合的体力劳动过程，不是智力成果创造过程。

试题范例

单项选择题

甲将自行车存放于某小区到小区外办事，并将车钥匙交给小区住户乙，乙接受。虽小区不让停放自行车，但也不过问。该合同的性质属于（　　）。

A. 保管合同　　B. 委托合同

C. 承揽合同　　D. 行纪合同

答案：B

核心法条

《民法典》第 783 条　定作人未向承揽人支付报酬或者材料费等价款的，承揽人对完成的工作成果享有留置权或者有权拒绝交付，但是当事人另有约定的除外。

释解分析

本条规定的是承揽人的留置权。定作人未向承揽人支付报酬或者材料费等价款的，承揽人对完成的工作成果享有留置权或者有权拒绝交付，但是当事人另有约定的除外。由于留置权属于法定担保物权，故无须双方当事人在承揽合同中作出特别约定，但双方当事人可以在承揽合同中约定排除承揽人的留置权。

易混易错

建设工程合同属于承揽合同的变种，但因建设工程合同的标的物建设工程为不动产，因而不能适用留置权。

试题范例

单项选择题

下列合同中，权利人不享有留置权的是（　　）。

A. 承揽合同

B. 建设工程合同

C. 保管合同

D. 委托合同

答案：B

核心法条

《民法典》第 787 条　定作人在承揽人完成工作前可以随时解除合同，造成承揽人损失的，应当赔偿损失。

释解分析

本条规定的是定作人的任意解除权。定作人在承揽人完成工作前可以随时解除合同，造成承揽人损失的，应当赔偿损失。定作人在行使任意解除权时，不必考虑理由，但应当在承揽人完成工作前行使。

试题范例

多项选择题

下列关于承揽合同的表述，正确的有（　　）。

A. 承揽合同的承揽人享有留置权

B. 承揽合同的定作人享有合同任意解除权

C. 甲将一辆吉普车交给乙寄售并达成的合同属于承揽合同

D. 甲、乙达成的产品安装、性能调试、新产品开发合同属于承揽合同

答案：AB

核心法条

《民法典》第 788 条　建设工程合同是承包人进行工程建设，发包人支付价款的合同。

建设工程合同包括工程勘察、设计、施工合同。

释解分析

建设工程合同是指建设工程的发包方为完成工程建设任务，与承包人签订的约定由承包人按照发包方的要求完成工作并交付建设工程，由发包人支付价款的合同。建设工程合同的主要特征有：（1）主体具有限定性。承包人必须是经过批准的具有相应资质的单位。（2）标的具有特殊性，为基本建设工程，并非一般的加工定作物。（3）合同管理具有严格性。建设工程合同的订立与履行受到国家的严格管理和监督。（4）形式具有要式性。建

民法学

设工程合同必须采用书面形式，这是国家对该合同进行监管的需要。（5）建设工程合同是双务合同、有偿合同和诺成合同。

建设工程合同包括工程勘察、设计、施工合同。在建设工程合同中，勘察、设计、施工单位一方为承包方，建设单位一方为发包方。勘察、设计合同是勘察合同和设计合同的统称，系指工程的发包人或承包人与勘察人、设计人之间订立的，由勘察人、设计人完成一定的勘察、设计工作，发包人或承包人支付相应价款的合同。施工合同是指发包方（建设单位）和承包方（施工人）为完成商定的施工工程，明确相互权利、义务的协议。

试题范例

多项选择题

关于建设工程合同，下列说法正确的是（　　）。

A. 建设工程合同应当采用书面形式

B. 建设工程合同是诺成合同

C. 建设工程合同的主体具有限定性

D. 建设工程合同的标的为基本建设工程

答案：ABCD

核心法条

《民法典》第 791 条　发包人可以与总承包人订立建设工程合同，也可以分别与勘察人、设计人、施工人订立勘察、设计、施工承包合同。发包人不得将应当由一个承包人完成的建设工程支解成若干部分发包给数个承包人。

总承包人或者勘察、设计、施工承包人经发包人同意，可以将自己承包的部分工作交由第三人完成。第三人就其完成的工作成果与总承包人或者勘察、设计、施工承包人向发包人承担连带责任。承包人不得将其承包的全部建设工程转包给第三人或者将其承包的全部建设工程支解以后以分包的名义分别转包给第三人。

禁止承包人将工程分包给不具备相应资质条件的单位。禁止分包单位将其承包的工程再分包。建设工程主体结构的施工必须由承包人自行完成。

《民法典》第 793 条　建设工程施工合同无效，但是建设工程经验收合格的，可以参照合同关于工程价款的约定折价补偿承包人。

建设工程施工合同无效，且建设工程经验收不合格的，按照以下情形处理：

（一）修复后的建设工程经验收合格的，发包人可以请求承包人承担修复费用；

（二）修复后的建设工程经验收不合格的，承包人无权请求参照合同关于工程价款的约定折价补偿。

发包人对因建设工程不合格造成的损失有过错的，应当承担相应的责任。

相关法条

《最高人民法院关于审理建设工程施工合同纠纷案件适用法律问题的解释（一）》第 1 条　建设工程施工合同具有下列情形之一的，应当依据民法典第一百五十三条第一款的规定，认定无效：

（一）承包人未取得建筑业企业资质或者超越资质等级的；

（二）没有资质的实际施工人借用有资质的建筑施工企业名义的；

（三）建设工程必须进行招标而未招标或者中标无效的。

承包人因转包、违法分包建设工程与他人签订的建设工程施工合同，应当依据民法典第一百五十三条第一款及第七百九十一条第二款、第三款的规定，认定无效。

释解分析

上述条文规定的是建设工程合同的订立。建设工程合同的订立必须遵守国家规定的程序，原则上应采取招标投标的方式。建设工程的招标投标活动，应当依照有关法律的规定公开、公平、公正进行。建设工程施工合同具有下列情形之一的，应当认定无效：（1）承包人未取得建筑业企业资质或者超越资质等级的；（2）没有资质的实际施工人借用有资质的建筑施工企业名义的；（3）建设工程必须进行招标而未招标或者中标无效的。

《民法典》对建设工程合同订立中的分包和转包作出了规定。转包不同于分包：转包是指施工单位以营利为目的，将承包的工程转包给其他的施工单位，不对工程承担任何技术、质量、经济法律责任的行为；分包是指工程的承包方（含勘察人、设计人、施工人）经发包方同意后，依法将其承包的部分工程交给第三人完成的行为。《民法典》禁止转包，《最高人民法院关于审理建设工程施工合同纠纷案件适用法律问题的解释（一）》第1条第2款也确认，承包人非法转包建设工程施工合同的行为无效。《民法典》禁止违法分包，但合法的分包并不禁止。合法分包应当具备下列条件：（1）分包须经发包人同意，承包人将自己承包的部分工作交由第三人完成，第三人就其完成的工作成果与总承包人或者勘察、设计、施工承包人向发包人承担连带责任。（2）建设工程的主体结构的施工必须由承包人自行完成。承包人不得将其承包的全部建设工程转包给第三人或者将其承包的全部建设工程支解以后以分包的名义分别转包给第三人。禁止承包人将工程分包给不具备相应资质条件的单位。禁止分包单位将其承包的工程再分包。（3）分包人须具备相应建设资质条件，且只能分包一次。

建设工程施工合同无效，且建设工程经验收不合格的，按照以下情形处理：（1）修复后的建设工程经验收合格的，发包人可以请求承包人承担修复费用；（2）修复后的建设工程经验收不合格的，承包人无权请求参照合同关于工程价款的约定折价补偿。发包人对因建设工程不合格造成的损失有过错的，应当承担相应的责任。

试题范例

1.（2021年真题）单项选择题

某建筑队借用A建筑公司的资质，以A建筑公司的名义与B公司签订了建设工程施工合同。该施工合同的效力为（　　）。

A. 无效　　B. 效力待定

C. 有效　　D. 可撤销

答案：A

2. 多项选择题

发包人甲公司将工程发包给乙公司。随后，乙公司在未告知甲公司的情况下，与丙公司签订合同，将其中一部分工程交给丙公司完成。对此，下列表述正确的有（　　）。

A. 乙公司与丙公司之间的合同无效

B. 甲公司可以解除与乙公司的合同

C. 如果丙公司具有相应的建设施工资质，则乙公司与丙公司之间的合同有效

D. 在未经甲公司许可的情况下，乙公司不得将承包的工程分包给丙公司

答案：ABD

核心法条

《民法典》第807条　发包人未按照约定支付价款的，承包人可以催告发包人在合理期限内支付价款。发包人逾期不支付的，除根据建设工程的性质不宜折价、拍卖外，承包人可以与发包人协议将该工程折价，也可以请求人民法院将该工程依法拍卖。建设工程的价款就该工程折价或者拍卖的价款优先受偿。

相关法条

《最高人民法院关于审理建设工程施工合同纠纷案件适用法律问题的解释（一）》第35条　与发包人订立建设工程施工合同的承包人，依据民法典第八百零七条的规定请求其承建工程的价款就工程折价或者拍卖的价款优先受偿的，人民法院应予支持。

《最高人民法院关于审理建设工程施工合同纠纷案件适用法律问题的解释（一）》第36条　承包人根据民法典第八百零七条规定享有的建设工程价款优先受偿权优于抵押权和其他债权。

《最高人民法院关于审理建设工程施工合同纠纷案件适用法律问题的解释（一）》第37条　装饰装修工程具备折价或者拍卖条件，装饰装修工程的承包人请求工程价款就该装饰装修工程折价或者拍卖的价款优先受偿的，人民法院应予支持。

《最高人民法院关于审理建设工程施工合同纠纷案件适用法律问题的解释（一）》第38条　建设工程质量合格，承包人请求其承建工程的价款就工程折价或者拍卖的价款优先受偿的，人民法院应予支持。

《最高人民法院关于审理建设工程施工合同纠纷案件适用法律问题的解释（一）》第39条　未竣工的建设工程质量合格，承包人请求其承建工程的价款就其承建工程部分折价或者

民法学

民法学

拍卖的价款优先受偿的，人民法院应予支持。

《最高人民法院关于审理建设工程施工合同纠纷案件适用法律问题的解释（一）》第40条 承包人建设工程价款优先受偿的范围依照国务院有关行政主管部门关于建设工程价款范围的规定确定。

承包人就逾期支付建设工程价款的利息、违约金、损害赔偿金等主张优先受偿的，人民法院不予支持。

《最高人民法院关于审理建设工程施工合同纠纷案件适用法律问题的解释（一）》第41条 承包人应当在合理期限内行使建设工程价款优先受偿权，但最长不得超过十八个月，自发包人应当给付建设工程价款之日起算。

《最高人民法院关于审理建设工程施工合同纠纷案件适用法律问题的解释（一）》第42条 发包人与承包人约定放弃或者限制建设工程价款优先受偿权，损害建筑工人利益，发包人根据该约定主张承包人不享有建设工程价款优先受偿权的，人民法院不予支持。

释解分析

上述条文规定的是承包人对工程价款的优先受偿权。取得工程价款是承包人履行合同义务后享有的法定权利，给付工程价款是发包人享受了合同规定的权利后应承担的合同义务。如果发包人未按照约定支付价款的，承包人可以催告发包人在合理期限内支付价款。发包人逾期不支付的，除根据建设工程的性质不宜折价、拍卖外，承包人可以与发包人协议将该工程折价，也可以请求人民法院将该工程依法拍卖。建设工程的价款就该工程折价或者拍卖的价款优先受偿。此规定即为建设工程承包人的优先受偿权。这里的“按照建设工程的性质不宜折价、拍卖的以外”，主要是指用于正在进行的科研项目或者教学的建设工程，如学校急需使用的教室、医疗机构急用的手术室等。

因为建设工程承包人的优先受偿权在司法适用中存在较大争议，《最高人民法院关于审理建设工程施工合同纠纷案件适用法律问题的解释（一）》确立了如下规则：(1) 与发包人订立建设工程施工合同的承包人，依据《民法典》第807条的规定请求其承建工程的价款就工程折价或者拍卖的价款优先受偿的，人民法院应予支持。(2) 承包人根据《民法典》第807条规定享有的建设工程价款优先受偿权优于抵押权和其他债权。(3) 装饰装修工程具备折价或者拍卖条件，装饰装修工程的承包人请求工程价款就该装饰装修工程折价或者拍卖的价款优先受偿的，人民法院应予支持。(4) 建设工程质量合格，承包人请求其承建工程的价款就工程折价或者拍卖的价款优先受偿的，人民法院应予支持。(5) 未竣工的建设工程质量合格，承包人请求其承建工程的价款就其承建工程部分折价或者拍卖的价款优先受偿的，人民法院应予支持。(6) 承包人建设工程价款优先受偿的范围依照国务院有关行政主管部门关于建设工程价款范围的规定确定。承包人就逾期支付建设工程价款的利息、违约金、损害赔偿金等主张优先受偿的，人民法院不予支持。(7) 承包人应当在合理期限内行使建设工程价款优先受偿权，但最长不得超过18个月，自发包人应当给付建设工程价款之日起算。(8) 发包人与承包人约定放弃或者限制建设工程价款优先受偿权，损害建筑工人利益，发包人根据该约定主张承包人不享有建设工程价款优先受偿权的，人民法院不予支持。

试题范例

单项选择题

建设工程承包人应当在合理期限内行使建设工程价款优先受偿权，但是该期限最长不得超过（　　）。

A. 6个月　　B. 1年

C. 18个月　　D. 2年

答案：C

核心法条

《民法典》第809条 运输合同是承运人将旅客或者货物从起运地点运输到约定地点，旅客、托运人或者收货人支付票款或者运输费用的合同。

释解分析

本条规定的是运输合同的概念。运输合同是承运人将旅客或者货物从起运地点运输到约定地点，旅客、托运人或者收货人支付票款或者运输费用的合同。运输合同具有如下特征：(1) 标的是承运人的运输行为。承运人的工作是运送旅客或货物至目的地。（2）运输合同是双务合同和有偿合同。运输合同的双方当事人承担的义务互为条件，故运输合同为双务合同。同时，承运人从事运输业务的目的是获得收益，旅客或托运人、收货人应向承运人支付对价，故运输合同为有偿合同。（3）运输合同一般为诺成合同。在通常情况下，双方当事人意思表示一致，运输合同即可成立。（4）运输合同通常是格式合同。由于承运人要与不特定的人随时订立运输合同，为了快捷方便，事先拟定格式合同成为通例，合同形式多采用票证式和表格式。（5）承运人一般负有强制缔约义务。从事公共运输的承运人不得拒绝旅客、托运人通常、合理的运输要求。

试题范例

单项选择题

运输合同的客体是（　　）。

A. 货物　　B. 合同

C. 运输行为　　D. 货物目的地

答案：C

核心法条

《民法典》第 823 条　承运人应当对运输过程中旅客的伤亡承担赔偿责任；但是，伤亡是旅客自身健康原因造成的或者承运人证明伤亡是旅客故意、重大过失造成的除外。

前款规定适用于按照规定免票、持优待票或者经承运人许可搭乘的无票旅客。

释解分析

本条规定的是承运人的安全运送义务。运输合同生效后，承运人负有将旅客安全送达目的地的义务，即在运输中承运人应保证旅客的人身安全。对旅客在运输过程中的伤亡，承运人应承担赔偿责任；但是，伤亡是旅客自身健康原因造成的或者承运人证明伤亡是旅客故意、重大过失造成的除外。这种免责事由的规定，说明承运人应对旅客的人身伤亡承担无过错责任。承运人对旅客伤亡的赔偿责任及其免责事由的适用，不仅限于正常购票乘车的旅客，也适用于按照规定免票、持优待票或者经承运人许可搭乘的无票旅客。除上述旅客外，对于无票乘车又未经承运人许可的人员的伤亡，因没有合法有效的合同关系存在，承运人不承担赔偿责任。

试题范例

1.（2018 年真题）单项选择题

甲公交公司的司机乙为避让闯红灯的行人丙而急刹车，致乘客丁摔倒受重伤。丁的损害应由（　　）。

A. 甲公司赔偿

B. 甲公司和乙连带赔偿

C. 乙赔偿

D. 甲公司和丙连带赔偿

答案：A

2. 多项选择题

在运输过程中发生旅客伤亡的，则（　　）。

A. 应由承运人承担损害赔偿责任

B. 伤亡如果是因旅客自身健康原因造成的，承运人不承担损害赔偿责任

C. 承运人如能证明伤亡是旅客故意、重大过失造成的，则不承担损害赔偿责任

D. 承运人对无票旅客一律不承担损害赔偿责任

答案：ABC

核心法条

《民法典》第 832 条　承运人对运输过程中货物的毁损、灭失承担赔偿责任。但是，承运人证明货物的毁损、灭失是因不可抗力、货物本身的自然性质或者合理损耗以及托运人、收货人的过错造成的，不承担赔偿责任。

释解分析

本条规定的是货损责任的承担和免除。综合货物运输的实际情况，民法典合同编对承运人的赔偿责任规定如下三项免责事由：（1）不可抗力。（2）货物本身的自然性质或者合理损耗。（3）托运人、收货人的过错。

易混易错

货物因不可抗力灭失的，运费风险由承运人承担。承运人在货物依其自然性质或者合理损耗

民法学

或者因托运人、收货人的过错而致货物毁损的，承运人仍可请求支付运费。

试题范例

多项选择题

运输合同中，承运人的免责事由包括（　　）。

A. 不可抗力

B. 货物本身的自然属性

C. 货物的合理损耗

D. 收货人的过错

答案：ABCD

核心法条

《民法典》第843条　技术合同是当事人就技术开发、转让、许可、咨询或者服务订立的确立相互之间权利和义务的合同。

释解分析

本条规定的是技术合同的概念。技术合同是当事人就技术开发、转让、许可、咨询或者服务订立的确立相互之间权利和义务的合同。技术合同包括技术开发合同、技术转让合同、技术许可合同、技术咨询合同和技术服务合同。

技术开发合同是当事人之间就新技术、新产品、新工艺或者新材料及其系统的研究开发所订立的合同。其客体是尚不存在的、有待开发的技术成果。技术开发合同包括委托开发合同和合作开发合同。

技术转让合同是合法拥有技术的权利人，将现有特定的专利、专利申请、技术秘密的相关权利让与他人所订立的合同。技术转让合同包括专利权转让、专利申请权转让、技术秘密转让等合同。技术转让合同中关于提供实施技术的专用设备、原材料或者提供有关的技术咨询、技术服务的约定，属于合同的组成部分。技术转让合同应当采用书面形式。

技术许可合同是合法拥有技术的权利人，将现有特定的专利、技术秘密的相关权利许可他人实施、使用所订立的合同。技术许可合同包括专利实施许可、技术秘密使用许可等合同。技术许可合同中关于提供实施技术的专用设备、原材料或者提供有关的技术咨询、技术服务的约定，属于合同的组成部分。技术许可合同应当采用书面形式。

技术咨询合同是当事人一方以技术知识为对方就特定技术项目提供可行性论证、技术预测、专题技术调查、分析评价报告等所订立的合同。

技术服务合同是当事人一方以技术知识为对方解决特定技术问题所订立的合同，不包括承揽合同和建设工程合同。

试题范例

单项选择题

甲、乙签订合同，合同内容是开发一种新材料，双方约定了该新材料的开发时间、开发研究经费以及后续开发等问题。该合同在性质上属于（　　）。

A. 技术合同　　B. 承揽合同

C. 建设工程合同　　D. 委托合同

答案：A

核心法条

《民法典》第859条　委托开发完成的发明创造，除法律另有规定或者当事人另有约定外，申请专利的权利属于研究开发人。研究开发人取得专利权的，委托人可以依法实施该专利。

研究开发人转让专利申请权的，委托人享有以同等条件优先受让的权利。

《民法典》第860条　合作开发完成的发明创造，申请专利的权利属于合作开发的当事人共有；当事人一方转让其共有的专利申请权的，其他各方享有以同等条件优先受让的权利。但是，当事人另有约定的除外。

合作开发的当事人一方声明放弃其共有的专利申请权的，除当事人另有约定外，可以由另一方单独申请或者由其他各方共同申请。申请人取得专利权的，放弃专利申请权的一方可以免费实施该专利。

合作开发的当事人一方不同意申请专利的，另一方或者其他各方不得申请专利。

释解分析

上述条文规定的是委托开发合同和合作开发

合同的技术成果归属。委托开发合同和合作开发合同技术成果的归属，依据上述条文的规定确定。

试题范例

单项选择题

一方委托他方从事研究所完成的发明创造，在协议未作约定时，其专利申请权归（　　）享有。

A. 委托方

B. 受委托方

C. 双方共同

D. 专利主管机关指定的人

答案：B

核心法条

《民法典》第885条　技术咨询合同、技术服务合同履行过程中，受托人利用委托人提供的技术资料和工作条件完成的新的技术成果，属于受托人。委托人利用受托人的工作成果完成的新的技术成果，属于委托人。当事人另有约定的，按照其约定。

释解分析

本条规定的是技术咨询合同、技术服务合同中的成果归属。除当事人另有约定外，技术咨询合同、技术服务合同履行过程中取得的新的技术成果的归属依以下原则确定：受托人利用委托人提供的技术资料和工作条件完成的新的工作成果，属于受托人；委托人利用受托人的工作成果所完成的新的工作成果，属于委托人。

试题范例

单项选择题

在技术咨询合同履行过程中，如果当事人没有约定，委托人利用受托人提供的技术资料完成的技术成果，属于（　　）。

A. 委托人

B. 受托人

C. 委托人和受托人共有

D. 委托人和受托人按份拥有

答案：A

核心法条

《民法典》第888条　保管合同是保管人保管寄存人交付的保管物，并返还该物的合同。

寄存人到保管人处从事购物、就餐、住宿等活动，将物品存放在指定场所的，视为保管，但是当事人另有约定或者另有交易习惯的除外。

相关法条

《民法典》第889条　寄存人应当按照约定向保管人支付保管费。

当事人对保管费没有约定或者约定不明确，依据本法第五百一十条的规定仍不能确定的，视为无偿保管。

《民法典》第890条　保管合同自保管物交付时成立，但是当事人另有约定的除外。

释解分析

本条规定的是保管合同。保管合同是保管人保管寄存人交付的保管物，并返还该物的合同。寄存人到保管人处从事购物、就餐、住宿等活动，将物品存放在指定场所的，视为保管，但是当事人另有约定或者另有交易习惯的除外。保管合同中将物品交付他人保管的当事人为寄存人；保管寄托人交付的物品的当事人为保管人；保管人保管的物品，为保管合同的标的物，称为保管物。保管合同的主要特征有：（1）保管合同原则上是实践性合同。（2）保管合同是否有偿由当事人约定，没有约定或者约定不明确，依照交易习惯也无法确定时，视为无偿保管。（3）以保管行为为标的。保管合同属于劳务合同的一种，保管合同的劳务为保管寄存物。（4）保管合同是不要式合同。保管合同的成立，口头形式或书面形式均可。

保管合同为有偿时，寄存人应当按照约定向保管人支付保管费，该保管费为保管人行为的报酬。对于保管人因保管保管物所支出的必要费用，寄存人应予以偿还。寄存人和保管人对保管费没有约定或者约定不明确，依据《民法典》第510条的规定确定，仍不能确定的，视为无偿保管。

保管合同为实践合同，自保管物交付时成立。除非当事人另有约定，寄存人交付保管物是保管

民法学

合同的成立要件。

试题范例

单项选择题

王某欲外出，便同刘某商量，由刘某暂时保管一张存折，刘某同意了。对此，下列表述正确的是（　　）。

A. 王某与刘某之间存在有效的合同关系

B. 王某与刘某之间的合同不成立，因为存折尚未交付

C. 王某与刘某的合同无效

D. 王某与刘某的合同效力待定，因为尚未交付存折

答案：B

核心法条

《民法典》第 897 条　保管期内，因保管人保管不善造成保管物毁损、灭失的，保管人应当承担赔偿责任。但是，无偿保管人证明自己没有故意或者重大过失的，不承担赔偿责任。

释解分析

本条规定的是保管人的赔偿责任。一般来说，在无偿的保管合同中，保管人有故意或者重大过失时，应对保管物的毁损、灭失负赔偿责任；在保管合同为有偿时，保管人应尽善良管理人的注意，即应负抽象轻过失的责任。为充分保护消费者的利益，应注意到特定场合下的保管合同所具有的间接有偿性。商业经营场所对顾客寄存物品的保管即属此类，此时不论保管是有偿还是无偿，保管人都应尽善良管理人的注意。

试题范例

单项选择题

在无偿保管合同中，保管人承担保管不善的损害赔偿责任的主观条件是（　　）。

A. 过失

B. 重大过失

C. 无过失

D. 未能避免的过失

答案：B

核心法条

《民法典》第 904 条　仓储合同是保管人储存存货人交付的仓储物，存货人支付仓储费的合同。

相关法条

《民法典》第 905 条　仓储合同自保管人和存货人意思表示一致时成立。

《民法典》第 910 条　仓单是提取仓储物的凭证。存货人或者仓单持有人在仓单上背书并经保管人签名或者盖章的，可以转让提取仓储物的权利。

释解分析

本条规定的是仓储合同的概念。仓储合同是保管人储存存货人交付的仓储物，存货人支付仓储费的合同。仓储合同的主要特征有：（1）保管人须为专门从事仓储保管业务的人。（2）标的是保管行为。（3）仓储合同为双务、有偿、诺成、不要式合同。仓储合同自保管人和存货人意思表示一致时成立。（4）存货方主张货物已交付或行使返还请求权以仓单为凭证。这是仓储合同的重要特征。仓单是表示一定数量的货物已交付的法律文书，属于有价证券的一种，其性质为记名的物权证券。仓储合同的存货人凭仓单提取储存的货物，存货人或者仓单持有人以背书方式并经保管人签名或者盖章，可以将仓单上所载明的物品所有权转让给他人。

试题范例

单项选择题

下列选项中，并非仓储合同特征的是（　　）。

A. 诺成合同

B. 要式合同

C. 有偿合同

D. 有名合同

答案：B

核心法条

《民法典》第914条 当事人对储存期限没有约定或者约定不明确的，存货人或者仓单持有人可以随时提取仓储物，保管人也可以随时请求存货人或者仓单持有人提取仓储物，但是应当给予必要的准备时间。

《民法典》第915条 储存期限届满，存货人或者仓单持有人应当凭仓单、入库单等提取仓储物。存货人或者仓单持有人逾期提取的，应当加收仓储费；提前提取的，不减收仓储费。

《民法典》第916条 储存期限届满，存货人或者仓单持有人不提取仓储物的，保管人可以催告其在合理期限内提取；逾期不提取的，保管人可以提存仓储物。

释解分析

上述法条规定的是存货人提取仓储物的义务。当事人对储存期限没有约定或者约定不明确的，存货人或者仓单持有人可以随时提取仓储物，保管人也可以随时请求存货人或者仓单持有人提取仓储物，但是应当给予必要的准备时间。合同中约定有储存期限的，存货人或者仓单持有人应当按照合同的约定及时提取仓储物。逾期提取的，应当加收仓储费。在仓储合同储存期限届满前，保管人不得请求返还或者请求由存货人或者仓单持有人取回保管物。在存货人或者仓单持有人请求返还时，保管人不得拒绝返还，但不得减收仓储费。储存期限届满，存货人或者仓单持有人不提取仓储物的，保管人可以催告其在合理期限内提取；逾期不提取的，保管人可以提存仓储物。

试题范例

单项选择题

甲公司与乙公司约定的仓储合同存储期为100天，仓储费为2万元。甲公司在第50天便请求提取仓储物。下列表述正确的是（　　）。

A. 甲公司不能提前提取仓储物

B. 乙公司可以拒绝甲公司的提取请求

C. 甲公司构成违约

D. 乙公司应当按照原来的约定收取仓储费，即2万元

答案：D

核心法条

《民法典》第917条 储存期内，因保管不善造成仓储物毁损、灭失的，保管人应当承担赔偿责任。因仓储物本身的自然性质、包装不符合约定或者超过有效储存期造成仓储物变质、损坏的，保管人不承担赔偿责任。

释解分析

本条规定的是保管人的赔偿责任。因保管人保管不善而非因不可抗力、自然因素或者货物（包括包装）本身的性质而发生储存的货物灭失、短少、变质、损坏、污染的，保管人均应承担赔偿责任。因仓储物本身的自然性质、包装不符合约定或者超过有效储存期造成仓储物变质、损坏的，保管人不承担赔偿责任。

试题范例

单项选择题

在仓储合同中，保管人对仓储物的毁损、灭失承担赔偿责任的前提是（　　）。

A. 故意　　B. 重大过失

C. 无过错　　D. 保管不善

答案：D

核心法条

《民法典》第919条 委托合同是委托人和受托人约定，由受托人处理委托人事务的合同。

释解分析

本条规定的是委托合同的概念。委托合同是委托人和受托人约定，由受托人处理委托人事务的合同。委托合同具有如下特征：（1）受托人既可以以委托人的名义，也可以以自己的名义对外进行活动。（2）通常建立在彼此信任的基础之上，故委托人和受托人均享有单方解除合同的权利。（3）标的为受托人提供的劳务。（4）委托合同是双务、诺成、不要式合同。（5）委托合同可以是有偿合同，也可以是无偿合同。

试题范例

多项选择题

在当事人对合同是否有偿没有约定时，合同为无偿的是（　　）。

A. 保管合同

B. 委托合同

C. 自然人之间的借款合同

D. 赠与合同

答案：ABCD

核心法条

《民法典》第925条　受托人以自己的名义，在委托人的授权范围内与第三人订立的合同，第三人在订立合同时知道受托人与委托人之间的代理关系的，该合同直接约束委托人和第三人；但是，有确切证据证明该合同只约束受托人和第三人的除外。

《民法典》第926条　受托人以自己的名义与第三人订立合同时，第三人不知道受托人与委托人之间的代理关系的，受托人因第三人的原因对委托人不履行义务，受托人应当向委托人披露第三人，委托人因此可以行使受托人对第三人的权利。但是，第三人与受托人订立合同时如果知道该委托人就不会订立合同的除外。

受托人因委托人的原因对第三人不履行义务，受托人应当向第三人披露委托人，第三人因此可以选择受托人或者委托人作为相对人主张其权利，但是第三人不得变更选定的相对人。

委托人行使受托人对第三人的权利的，第三人可以向委托人主张其对受托人的抗辩。第三人选定委托人作为其相对人的，委托人可以向第三人主张其对受托人的抗辩以及受托人对第三人的抗辩。

释解分析

上述条文规定的是间接代理制度。间接代理是指代理人以自己的名义从事代理活动，该代理活动的法律效果间接归属于本人的代理制度。间接代理也属于代理制度的一种，民法典合同编在委托合同中承认了间接代理制度。间接代理和直接代理既有共性，也有区别。

委托人的自动介入。受托人以自己的名义，在委托人的授权范围内与第三人订立的合同，第三人在订立合同时知道受托人与委托人之间的代理关系的，该合同直接约束委托人和第三人，即此时委托人自动介入受托人与第三人订立的合同关系中，取代受托人的合同当事人地位。当然，在有确切证据证明该合同只约束受托人和第三人时，不发生委托人自动介入受托人和第三人之间的合同关系的后果。

委托人的介入权。委托人的介入权是指当受托人因第三人的原因对委托人不履行义务时，受托人应当向委托人披露第三人，以便委托人介入受托人与第三人之间的合同关系而直接向第三人主张权利。确认委托人的介入权制度的目的是提高权利救济效率，维护委托人的利益。委托人的介入权的行使需要具备的条件包括：（1）受托人以自己的名义与第三人订立合同；（2）第三人在订立合同时，不知道受托人和委托人之间存在代理关系；（3）受托人因第三人的原因对委托人不履行义务；（4）受托人在因第三人的原因对委托人不履行义务时，向委托人披露了第三人；（5）不存在“第三人与受托人订立合同时如果知道该委托人就不会订立合同”的情形。在委托人行使介入权时，第三人可以向委托人主张其对受托人的抗辩。

第三人的选择权。第三人的选择权是指当受托人因委托人的原因对第三人不履行义务时，受托人向第三人披露委托人，第三人因此可以选择委托人或者受托人作为相对人主张权利。第三人的选择权的行使需要具备的条件包括：（1）受托人以自己的名义与第三人订立合同；（2）第三人在订立合同时，不知道受托人和委托人之间存在代理关系；（3）受托人因委托人的原因对第三人不履行义务；（4）受托人向第三人披露了委托人。第三人可以在受托人和委托人中选择一方作为相对人主张权利，但不能同时选择受托人和委托人为共同相对人，且第三人在作出选择后不得变更选定的相对人。第三人选定委托人作为其相对人的，委托人可以向第三人主张其对受托人的抗辩以及受托人对第三人的抗辩。

试题范例

1.（2017年真题）单项选择题

甲委托乙以乙的名义为甲购买一辆汽车。乙与丙签订购车合同后，由于甲的原因不能依约向丙支付购车款，乙遂向丙披露了委托人甲。对此，下列说法正确的是（　　）。

A. 丙只能请求甲支付购车款

B. 丙只能请求乙支付购车款

C. 丙可以在甲、乙中择一请求支付购车款

D. 丙请求甲支付购车款遭拒后，可请求乙支付

答案：C

2.（2019 年真题）单项选择题

导游甲带团赴国外旅游，朋友乙委托其代购三块名表。回国时，甲代购的名表被海关检查发现，甲被罚款。对此，下列选项正确的是（　　）。

A. 乙应当承担甲支付的海关罚款

B. 甲有权要求乙分担一半的国际机票费用

C. 如手表存在质量问题，乙有权向甲主张退货

D. 甲有权要求乙支付使用甲的信用卡所享受的折扣优惠价款

答案：A

3. 多项选择题

甲委托乙代销电视机，乙分别与丙、丁签订了买卖合同，但没有说明是代甲销售。后乙将与丙、丁签订合同的事实告知甲，甲以自己的名义分别向丙和丁送交了约定数量的电视机。丙接收了电视机，丁拒收电视机并请求乙履行合同。后丁反悔，直接向甲履行了付款义务。则下列表述正确的是（　　）。

A. 若丙迟延履行付款义务，甲可以请求乙承担连带责任

B. 乙可以自己是受托人为由拒绝对丁履行交货义务

C. 丁拒收电视机并请求乙履行合同意味着选择乙作为相对人

D. 丁拒收电视机后又向甲付款的行为不发生合同履行的效力

答案：CD

核心法条

《民法典》第 929 条　有偿的委托合同，因受托人的过错造成委托人损失的，委托人可以请求赔偿损失。无偿的委托合同，因受托人的故意或者重大过失造成委托人损失的，委托人可以请求赔偿损失。

受托人超越权限造成委托人损失的，应当赔偿损失。

释解分析

本条规定的是受托人的赔偿责任。受托人的赔偿责任有三种情形：（1）在有偿的委托合同中，受托人处理委托事务有过错，致使委托人遭受损失的，应负赔偿责任。（2）在无偿的委托合同中，受托人仅就故意或者重大过失而给委托人带来的损失负赔偿责任。（3）受托人在处理委托事务时，有一定的权限范围，当受托人超越该权限而处理事务时，若给委托人造成损失，则不论有无过错，均应对委托人负赔偿责任。

试题范例

多项选择题

在无偿的委托合同中，受托人处理委托事务造成委托人损失的，应负赔偿责任的主观条件是（　　）。

A. 故意　　B. 过失

C. 重大过失　　D. 无过失

答案：AC

核心法条

《民法典》第 933 条　委托人或者受托人可以随时解除委托合同。因解除合同造成对方损失的，除不可归责于该当事人的事由外，无偿委托合同的解除方应当赔偿因解除时间不当造成的直接损失，有偿委托合同的解除方应当赔偿对方的直接损失和合同履行后可以获得的利益。

释解分析

本条规定的是委托合同当事人的任意解除权。在委托合同中，当事人双方均享有任意解除权，可以任意解除合同。该权的存在理由在于，委托合同以当事人之间的信任关系为前提，而信任关系具有一定的主观任意性，在当事人对对方当事人的信任有所动摇时，就应不问有无确凿的理由，都允许其随时解除合同。否则，即使双方勉强维持双方之间的关系，也必然招致不良后果，影响委托合同订立目的的实现。

因解除合同造成对方损失的，除不可归责于委托人或者受托人的事由外，无偿委托合同的解除方应当赔偿因解除时间不当造成的直接损失，

民法学

有偿委托合同的解除方应当赔偿对方的直接损失和合同履行后可以获得的利益。

试题范例

（2017年真题）单项选择题

根据我国合同法规定，下列当事人中，有权随时解除合同的是（　　）。

A. 委托人　　B. 承揽人

C. 出租人　　D. 赠与人

答案：A

核心法条

《民法典》第937条　物业服务合同是物业服务人在物业服务区域内，为业主提供建筑物及其附属设施的维修养护、环境卫生和相关秩序的管理维护等物业服务，业主支付物业费的合同。

物业服务人包括物业服务企业和其他管理人。

释解分析

本条规定的是物业服务合同。物业服务合同是物业服务人在物业服务区域内，为业主提供建筑物及其附属设施的维修养护、环境卫生和相关秩序的管理维护等物业服务，业主支付物业费的合同。这里的“物业服务人”包括物业服务企业和其他管理人。物业服务合同具有如下特征：（1）物业服务合同的主体地位平等，相互之间没有隶属关系。（2）作为合同一方当事人的物业服务人包括物业服务企业和其他管理人。（3）物业服务合同是以劳务为标的的合同。（4）物业服务合同是双务合同、有偿合同、诺成合同、要式合同。

试题范例

单项选择题

下列表述中，不符合物业服务合同特征的是（　　）。

A. 物业服务合同是以劳务为标的的合同

B. 物业服务合同为要式合同

C. 物业服务合同为双务合同

D. 物业服务合同为预约合同

答案：D

核心法条

《民法典》第945条　业主装饰装修房屋的，应当事先告知物业服务人，遵守物业服务人提示的合理注意事项，并配合其进行必要的现场检查。

业主转让、出租物业专有部分、设立居住权或者依法改变共有部分用途的，应当及时将相关情况告知物业服务人。

释解分析

本条规定的是业主告知、协助义务。业主装饰装修房屋的，要向物业服务人履行告知义务。装饰装修房屋是业主的权利，但这一权利的行使应以不损害他人利益和社会公共利益为前提。不当的房屋装饰装修活动会导致共用部位、共用设施、设备的损坏，不仅影响到装修房屋的结构安全和装修人自身的生命财产安全，还会影响到相邻房屋的结构安全和其他居民的生命财产安全。因此，业主需要装饰装修房屋的，应当事先告知物业服务人。物业服务人应当将房屋装饰装修中的禁止行为和注意事项告知业主。业主应当遵守物业服务人提示的合理注意事项，并配合物业服务人进行必要的现场检查。

除了业主装饰装修房屋要向物业服务人履行告知义务外，根据本条第2款的规定，有如下两种情况，业主也要向物业服务人履行告知义务：（1）业主转让、出租物业专有部分；（2）业主设立居住权或者依法改变共有部分用途。与本条第1款规定的为事先告知不同的是，本条第2款规定的为及时告知义务。

试题范例

多项选择题

某小区业主李某实施的下列事项中，应当向物业服务人履行告知义务的是（　　）。

A. 李某欲装饰装修房屋

B. 李某将其房屋出售给肖某

C. 李某将其房屋出租给魏某

D. 李某在房屋上为其保姆设立居住权

答案：ABCD

核心法条

《民法典》第946条　业主依照法定程序共同决定解聘物业服务人的，可以解除物业服务合同。决定解聘的，应当提前六十日书面通知物业服务人，但是合同对通知期限另有约定的除外。

依据前款规定解除合同造成物业服务人损失的，除不可归责于业主的事由外，业主应当赔偿损失。

释解分析

本条规定的是业主的合同任意解除权。业主依照法定程序共同决定解聘物业服务人的，可以解除物业服务合同。这是民法典赋予业主解除合同的单方法定任意解除权，换言之，只要业主依照法定程序共同决定解聘物业服务人的，就可以解除物业服务合同，而不问出于何种理由。决定解聘的，应当提前60日书面通知物业服务人，但是合同对通知期限另有约定的除外。物业服务人被解聘后，拒绝退出服务区域的，业主委员会可以作为原告向人民法院提起诉讼。物业服务人被解聘后仍提供服务，并请求业主支付物业费的，业主有权拒绝。根据本条第1款规定解除合同造成物业服务人损失的，除不可归责于业主的事由外，业主应当赔偿损失。

试题范例

多项选择题

下列合同中，当事人享有任意解除权的有（　　）。

A. 承揽合同的定作人

B. 委托合同的委托人和受托人

C. 物业服务合同的业主

D. 肖像许可使用合同的肖像权人

答案：ABCD

核心法条

《民法典》第951条　行纪合同是行纪人以自己的名义为委托人从事贸易活动，委托人支付报酬的合同。

释解分析

本条规定的是行纪合同的概念。行纪合同是行纪人以自己的名义为委托人从事贸易活动，委托人支付报酬的合同。行纪合同具有如下特征：（1）行纪人是以自己的名义办理行纪事务的，并且行纪人仅限于经过审查、登记可从事贸易活动的主体。（2）行纪人为委托人办理的事务仅限于商品的寄售、购销等贸易活动。（3）行纪合同是双务、有偿、诺成、不要式合同。

易混易错

行纪合同和委托合同的区别：（1）主体不同。行纪人是接受他人委托，专业从事贸易活动、具有法定资格的商人，而委托人未必是商人。（2）内容不同。行纪合同的内容限于交易或贸易行为，而委托合同的内容不限于交易或贸易行为。（3）是否有偿不同。行纪合同是有偿行为，委托合同既可以有偿，也可以无偿。

试题范例

单项选择题

甲将一堆西红柿交给乙代卖，乙卖完后提取5%的价款作为酬劳。乙便将西红柿摆在自己的菜摊上，随自己的菜卖了出去。甲、乙签订的合同在性质上属于（　　）。

A. 委托合同　　B. 行纪合同

C. 承揽合同　　D. 中介合同

答案：B

核心法条

《民法典》第955条　行纪人低于委托人指定的价格卖出或者高于委托人指定的价格买入的，应当经委托人同意；未经委托人同意，行纪人补偿其差额的，该买卖对委托人发生效力。

行纪人高于委托人指定的价格卖出或者低于委托人指定的价格买入的，可以按照约定增加报酬；没有约定或者约定不明确，依据本法第五百一十条的规定仍不能确定的，该利益属于委托人。

委托人对价格有特别指示的，行纪人不得违背该指示卖出或者买入。

相关法条

《民法典》第956条 行纪人卖出或者买入具有市场定价的商品，除委托人有相反的意思表示外，行纪人自己可以作为买受人或者出卖人。

行纪人有前款规定情形的，仍然可以请求委托人支付报酬。

释解分析

本条规定的是行纪人按照委托人的指示处理交易事务。在行纪合同中，行纪人应当按照委托人的指令与第三人进行交易。委托人的指令一般包括名称、规格、数量、价格和履行期限等，其中，价格指令是委托人交易指令中最重要的一项指令。委托人对行纪人下达的交易指令，是行纪人与第三人进行交易的前提。行纪人必须执行委托人的价格限定指令，即出卖物品的，卖出的价格不得低于委托人指示的最低限价；买入物品的，买入的价格不得高于委托人指示的最高限价。如果行纪人低于委托人指令价格卖出或者高于委托人指令价格买入，应当征得委托人的同意，否则属于行纪人违反委托人的价格指令的行为，委托人可以不接受该交易结果。如果行纪人低于委托人指令价格卖出或者高于委托人指令价格买入时，虽然未征得委托人的同意，但行纪人自己弥补上交易差额，则该买卖对委托人发生效力，委托人应当接受该交易结果，因为这并不会损害委托人的利益。委托人对卖出价格、买入价格有特别指示的，行纪人不得违背该价格指示卖出或者买入，即使行纪人卖出或者买入的价格有利于委托人也不得为之。

试题范例

多项选择题

下列关于行纪合同的表述，正确的有（　　）。

A. 行纪人必须按照委托人指定的价格卖出委托物

B. 行纪合同适用留置

C. 行纪合同的行纪人享有介入权

D. 在行纪合同中，行纪人本人不得成为买受人

答案：BC

核心法条

《民法典》第961条 中介合同是中介人向委托人报告订立合同的机会或者提供订立合同的媒介服务，委托人支付报酬的合同。

释解分析

本条规定的是中介合同的定义。中介合同是中介人向委托人报告订立合同的机会或者提供订立合同的媒介服务，委托人支付报酬的合同。在中介合同中，报告订约机会或者提供订约媒介服务的一方为中介人，给付报酬的一方为委托人。中介合同的主要特征有：（1）中介合同的内容是为委托人报告订约机会或者提供订约媒介服务。（2）中介合同中委托人的给付义务具有不确定性。委托人虽负有给付报酬义务，但只有中介人促成合同成立的，才可要求委托人支付报酬。（3）中介合同为诺成合同、不要式合同。

试题范例

（2018年真题）根据以下案情，回答第1、2小题：

甲与金科公司约定：甲委托金科公司为自己提供出借人的相关信息，甲在与出借人订立借款合同后向金科公司支付报酬。后根据金科公司提供的信息，甲从创富公司借款36万元并以其房产设定抵押，但一直未办理抵押登记手续。

1. 单项选择题

甲与金科公司之间的约定属于合同法中的（　　）。

A. 委托合同　　B. 行纪合同

C. 居间合同　　D. 技术咨询合同

答案：C

2. 单项选择题

甲与创富公司之间签订的房产抵押合同（　　）。

A. 有效　　B. 可撤销

C. 效力待定　　D. 无效

答案：A

3. 单项选择题

在中介合同中，中介人（　　）。

A. 是委托人的代理人

B. 是第三人的代理人

C. 是委托人、第三人的代理人

D. 不是委托人、第三人的代理人

答案：D

核心法条

《民法典》第963条　中介人促成合同成立的，委托人应当按照约定支付报酬。对中介人的报酬没有约定或者约定不明确，依据本法第五百一十条的规定仍不能确定的，根据中介人的劳务合理确定。因中介人提供订立合同的媒介服务而促成合同成立的，由该合同的当事人平均负担中介人的报酬。

中介人促成合同成立的，中介活动的费用，由中介人负担。

《民法典》第964条　中介人未促成合同成立的，不得请求支付报酬；但是，可以按照约定请求委托人支付从事中介活动支出的必要费用。

释解分析

上述条文规定的是中介人的报酬请求权和必要费用请求权。在中介合同中，委托人的主要义务是支付报酬。就报酬的支付方式，《民法典》第963条第1款规定采取约定报酬制。中介人促成合同成立的，中介活动的费用，由中介人负担。中介人作为中介合同的一方主体，若欲为委托方了解相关的订约信息、商业信息及有关人的资信状况、信誉度、知名度等情况，必定会有一定的费用支出。对于此费用的支出，若委托方和中介人事先没有明确约定由哪一方负担，那么应当由中介人负担。这是因为在一般情况下，中介人支出的中介活动的费用都已计算在中介报酬内。

中介人进行中介活动所支出的费用，为中介费用。中介费用一般包含于报酬之中。在中介成功时，即中介人促成合同成立的，中介费用未经约定不得请求委托人偿还，由中介人负担。但是，中介人未促成合同成立的，可以按照约定请求委托人支付从事中介活动支出的必要费用。

试题范例

单项选择题

中介人未促成合同成立的，（　　）。

A. 享有必要费用支付请求权

B. 享有支付报酬请求权

C. 享有活动费用请求权

D. 享有劳务支出费用请求权

答案：A

十一、准 合 同

核心法条

《民法典》第 121 条 没有法定的或者约定的义务，为避免他人利益受损失而进行管理的人，有权请求受益人偿还由此支出的必要费用。

《民法典》第 979 条 管理人没有法定的或者约定的义务，为避免他人利益受损失而管理他人事务的，可以请求受益人偿还因管理事务而支出的必要费用；管理人因管理事务受到损失的，可以请求受益人给予适当补偿。

管理事务不符合受益人真实意思的，管理人不享有前款规定的权利；但是，受益人的真实意思违反法律或者违背公序良俗的除外。

《民法典》第 980 条 管理人管理事务不属于前条规定的情形，但是受益人享有管理利益的，受益人应当在其获得的利益范围内向管理人承担前条第一款规定的义务。

《民法典》第 981 条 管理人管理他人事务，应当采取有利于受益人的方法。中断管理对受益人不利的，无正当理由不得中断。

《民法典》第 982 条 管理人管理他人事务，能够通知受益人的，应当及时通知受益人。管理的事务不需要紧急处理的，应当等待受益人的指示。

《民法典》第 983 条 管理结束后，管理人应当向受益人报告管理事务的情况。管理人管理事务取得的财产，应当及时转交给受益人。

释解分析

上述条文规定的是无因管理。无因管理是指没有法定的或者约定的义务，为避免他人利益受损失而进行管理或者服务的行为。管理他人事务的人为管理人，事务被管理的人，称为本人或受益人。无因管理发生后，在管理人与本人之间发生债权债务关系，这就是无因管理之债。其主要内容是，管理人享有请求本人偿还因管理事务而支出的必要费用的债权，本人负有偿还该项费用的债务。在性质上看，无因管理之债是法定之债。从民事法律事实的类别上看，无因管理行为属于事实行为。一般来说，在既无法定义务又无约定义务的情况下，管理他人的事务，属于干预他人事务的范畴。但是，法律所承认的无因管理，是为他人利益而主动管理他人事务的行为，是符合助人为乐、危难相助、见义勇为的道德准则的行为，因而是应该得到鼓励和受到法律保护的行为，而不应属于受到制裁的侵权行为。《民法典》第979～984 条具体规定了无因管理。

成立无因管理，须具备如下条件：（1）管理他人事务。须有管理他人事务的行为是成立无因管理的客观构成要件。掌握此要件须注意以下要点：①必须从事了管理事务。管理事务如救助溺水儿童、帮助邻居灭火等。管理的“事务”，是指有关人们生活利益的一切事项，它可以是有关财产的事项，也可以是非财产的事项。无因管理属于事实行为，因此，对于无民事行为能力人或者限制民事行为能力人实施管理的事务，也成立无因管理。②管理的事务必须是他人事务。他人事务即不是自己的事务，其范围十分广泛，包括处理、管理、保存、改良及提供各种服务和帮助等，只要是有利于避免他人损失，或有利于他人的行为，都属于管理他人事务的行为。如将郊外冻伤的行人送往医院救治。是本人事务还是他人事务的判断标准应以管理人本人的主观意思判断。如将他人的病羊误认为是自己的病羊进行救治，不能成立无因管理（反过来讲，将本人的病羊误认为是他人的病羊而救治的，同样不构成无因管理）。再如，将自己的事务误认为他人的事务而进行管理的，即使目的是为他人避免损失，也不成立无因管理。例如，甲误以为自己的花为邻居乙所有，在暴雨来临前将该花搬进自己的房屋，此时，即便甲具有为乙管理事务的意愿，也无法成立无因管理的法律关系。不过，管理人兼为自己的利益而为管理的意思，不妨碍成立无因管理，例如，修缮与邻居共用的承重墙；再如，为避免祸及自身而帮助邻居扑灭起火的房屋；又如，为了出行便利，出钱修复邻居家被台风刮倒的院墙等，也成立无因管理。他人事务既可以是有关财产性的，也可以是非财产性的，但不能是公益事业。③管理的事务为合法事务。违法事项或违背社会公德的事务，不能成立无因管理，例如为窃贼管理赃物、帮助朋友报仇雪恨、组织人员对某人进行无休止的谩骂等，都不能成立无因管理。④管理的事务不能是纯粹宗教的、道德的事务，一般性生活事务或公共性事务。上述事务如帮助他人点燃一炷香、替朋友到教堂祈祷或忏悔、未受朋友委托而帮助朋友招待客人、扶起摔倒的老人等，都不能成立无因管理。管理事务不能是公共事务，如清扫工在下完雪后清扫路面，因属于公益性事业，或者从另一方面说属于为不特定对象提供管理或服务的行为，由于债的相对性，不能成立无因管理。⑤管理的事务不能是经本人授权才能办理的事务或必须由本人亲自办理的事务。例如，甲主动代同事值夜班，这相当于无偿的事务性委托，不能成立无因管理。依照法律规定必须经本人授权才能办理的事务，必须由本人亲自办理的事务，如结婚登记，不能成立无因管理。(2) 有为他人谋利益的意思。为他人谋利益的意思，简称为管理意思，这是无因管理的主观构成要件，也是无因管理阻却违法性的根本原因。谋利益的意思是无因管理和无权代理、侵权行为的关键区别。该意思无须表示，只要管理行为在客观上避免了他人利益受损且管理人不纯粹是出于为自己谋利益的目的，就可以成立无因管理，例如帮助邻居灭火。无因管理的成立不以管理事务的效果有利于本人作为要件，即使管理的效果未达到本人追求的目的，或者管理的效果不利于本人，但只要管理人有为他人谋利益的意思，即可成立无因管理。若管理人没有使他人受益的目的而管理他人事务，可能构成侵权。(3) 没有法定的和约定的义务。无因管理中的“无因”，就是指在无因管理中，管理人管理他人事务时没有法定义务和约定义务。有无法定义务和约定义务，应当以管理人开始管理时的客观事实而定，而不以管理人的主观认识为标准。如果有法定义务，如存在赡养、扶养、监护、遗嘱执行、遗产管理等，不能成立无因管理。如果有约定义务，如当事人之间存在保管合同、委托合同等合同关系，则属于“有因”的管理。

无因管理一经成立，当事人之间即形成债的关系，管理人可以请求受益人偿还因管理事务而支出的必要费用；管理人因管理事务受到损失的，可以请求受益人给予适当补偿。管理事务不符合受益人真实意思的，管理人不享有上述权利；但是，受益人的真实意思违反法律或者违背公序良俗的除外。管理人管理事务不属于为避免他人利益受损失而管理他人事务的情形，但是受益人享有管理利益的，受益人应当在其获得的利益范围内向管理人承担义务。

管理人管理他人事务，应当采取有利于受益人的方法；中断管理对受益人不利的，无正当理由不得中断。管理人管理他人事务，能够通知受益人的，应当及时通知受益人；管理的事务不需要紧急处理的，应当等待受益人的指示。

管理结束后，管理人应当向受益人报告管理事务的情况。管理人管理事务取得的财产，应当及时转交给受益人。管理人管理事务经受益人事后追认的，从管理事务开始时起，适用委托合同的有关规定，但是管理人另有意思表示的除外。

试题范例

1. (2018 年真题) 单项选择题

下列选项中，甲的行为构成无因管理的是(　　)。

A. 甲主动将摔倒在人行道上的老人扶起

B. 甲儿时被收养，成年后赡养亲生父母

C. 甲为了出行便利，出钱修复邻居家被台风刮倒的院墙

D. 甲的狗将他人咬伤，甲误以为是好友乙的狗咬伤人而赔偿伤者

答案：C

2. (2021 年真题) 单项选择题

甲借助乙的平房居住。后该平房漏雨，甲联系不到乙，遂委托丙维修并依承诺向丙支付维修费。甲请求乙偿还维修费的依据是(　　)。

A. 无因管理　　B. 单方允诺

C. 代理行为　　D. 委托合同

答案：A

3. 单项选择题

下列选项中，适用无因管理的情形是(　　)。

A. 代人保管财物　　B. 窃贼管理赃物

C. 打扫公共场所　　D. 抢救落水儿童

答案：D

4. 多项选择题

下列选项中，可以适用无因管理的情形有(　　)。

民法学

A. 将路上突然晕倒的病人送往医院
B. 在婚礼上为新娘作伴娘
C. 管理失主丢失的牛
D. 为邻居加固房屋
答案：ACD

核心法条

《民法典》第 122 条 因他人没有法律根据，取得不当利益，受损失的人有权请求其返还不当利益。

《民法典》第 985 条 得利人没有法律根据取得不当利益的，受损失的人可以请求得利人返还取得的利益，但是有下列情形之一的除外：

（一）为履行道德义务进行的给付；

（二）债务到期之前的清偿；

（三）明知无给付义务而进行的债务清偿。

《民法典》第 986 条 得利人不知道且不应当知道取得的利益没有法律根据，取得的利益已经不存在的，不承担返还该利益的义务。

《民法典》第 987 条 得利人知道或者应当知道取得的利益没有法律根据的，受损失的人可以请求得利人返还其取得的利益并依法赔偿损失。

《民法典》第 988 条 得利人已经将取得的利益无偿转让给第三人的，受损失的人可以请求第三人在相应范围内承担返还义务。

释解分析

上述条文规定的是不当得利。不当得利是指一方没有法律根据取得不当利益而使另一方财产受损的事实。在性质上，不当得利属于事件（也有少部分是事实行为），属于法定之债。因不当得利产生的债权债务关系为不当得利之债。其中，取得不当利益的人称为受益人，是不当得利之债的债务人，负有返还不当得利的债务；财产受损失的人称为受损人或受害人，是不当得利之债的债权人，享有请求受益人返还不当得利的债权。《民法典》第 985～988 条具体规定了不当得利。

不当得利的构成要件有：（1）一方获得利益。一方获得利益是不当得利成立的要件之一。如果一方使另一方的财产受到损失，但自己并未从中获得任何利益，即使依法承担赔偿责任，也不构成不当得利。所谓获得利益，是指因为一定事实使财产总额增加。增加有积极增加和消极增加两类。财产的积极增加，是指权利的增强或义务的消灭，使财产范围扩大。财产的消极增加，是指当事人的财产本应减少却因一定事实而未减少，包括本应支付费用而没有支出，本应负担债务而没有负担或减少负担，本应在自己的财产上设定负担而后来不再设定等。（2）另一方受有损失。另一方确实受到损失是不当得利成立的另一个要件。如果一方获得利益，另一方并没有因此而受到损失，就不构成不当得利。另一方所受损失包括现有财产利益的减少（直接损失或积极损失）和财产利益本应增加而未增加（间接损失或消极损失）。(3) 一方获益和另一方受损之间有因果关系。获得利益和受到损失之间有因果关系，是指另一方的损失是因一方受益造成的。《民法典》第 122 条规定采取直接因果关系的观点，即只要另一方的损失是由取得不当利益造成的；或者如果没有其不当利益的取得，另一方就不会造成财产的损失，均应认为获得利益与受到损失之间有因果关系，构成不当得利。（4）获益没有法律根据。获益没有法律根据是不当得利成立的重要条件。如果一方获得利益和另一方受有损失有法律上的根据，不构成不当得利。“没有法律根据”指的是一方获益既无法律上的根据，亦无合同上的根据。如果有法律上的根据，例如，当事人可以主张所有物的返还、无因管理，或要求承担侵权责任时，则应分别依据物权、无因管理或侵权责任的规定解决。再如，兄姐履行了扶养弟妹的义务，这属于法律义务，不能请求不当得利返还。

不当得利之债的类型有：（1）因给付而发生的不当得利。因给付而发生的不当得利，也就是给付型不当得利，是指给付人在欠缺给付原因的情况下实施给付行为，导致受益人无法律原因而受有利益。该种不当得利又包括：1）给付原因自始不存在的给付不当得利。这种类型的不当得利包括：①民事行为不成立、无效或被撤销，当事人已完成其给付行为的，由于民事行为并无法律效力，因此该给付即属于自始没有给付原因的给付行为，给付行为人可对受领人主张不当得利返还。②非债清偿，即履行不存在的债务所引起的不当得利。所谓履行不存在的债务，既包括履行根本不曾存在过的债务，如甲欠乙 100 元，误还给丙，或甲根本不欠乙钱，却误以为欠乙，还给乙 100 元；也包括履行已经消灭的债务。2）给付原因嗣后不存在的不当得利。向他人为给付时尚存在给付原因，但履行给付行为后法律上的原因不存在或消灭的，也会构成不当得利。这种类型的不当得利包括：①因合同解除产生的不当得利。合同解除后，为给付行为的一方当事人对于其此前所为给付，如果原物仍然存在，可主张所有物返还请求权；如果原物已被消费，或由第三人合法取得，或为种类物，无法返还原物的，可主张不当得利返还请求权。②因给付目的嗣后不能实现产生的不当得利。如发生财产保险事故后，保险人依照合同给付保险金后，被保险人从第三人处取得损害赔偿而填补损害，其所受领的保险金即构成不当得利，应当予以返还。（2）非因给付而发生的不当得利。这是非给付型不当得利，是指受益人基于侵权行为、法律规定或自然事件等原因而获得利益。例如，甲未经乙的同意而出租其房屋，甲的行为构成侵权行为，甲因此获得的利益即构成不当得利。这类不当得利的情形主要有：①基于受益人的行为而发生的不当得利。例如，甲委托乙保管电脑，在保管期间，乙擅自将电脑出租给丙，对于乙获得的租金，甲可依据不当得利要求乙返还。②基于受损人的行为而发生的不当得利。例如，误将他人的牲畜为自己的牲畜而加以饲养。③基于第三人的行为而发生的不当得利。例如，乙的朋友未经乙允许便使用乙的汽车为丙装运货物。再如，甲在网上购买某商品且已经支付价款，乙窃取了甲的基本信息，并将其转让给丙，丙以甲的名义冒领该商品，此时，丙的获利即为不当得利。④基于自然事件而发生的不当得利。例如，甲的鱼跃入乙的鱼塘。⑤无权使用、消费他人之物而产生的不当得利。如甲、乙系邻居，甲的房屋临街，乙为个体户，乙擅自在甲的房屋临街的墙壁上悬挂广告达1年之久。⑥错误的强制执行。如人民法院应执行甲的财产而错误地执行了甲的邻居乙的财产。

不当得利之债的效力体现在，不当得利一经成立，当事人之间即形成债的关系，受损失的一方享有请求返还其利益的权利，获得利益的一方负有返还利益的义务。应予返还的利益，包括原物、原物所生的孳息以及利用原物所取得的其他利益。返还利益的具体范围依获益方的主观心态而定：得利人为善意时，取得的利益已经不存在的，不承担返还该利益的义务；得利人为恶意时，受损失的人可以请求得利人返还其取得的利益并依法赔偿损失。一般认为，受益方为善意时，若损失大于利益，只返还现存利益；若损失小于利益，返还利益的范围以损失为准。受益方为恶意时，应返还其取得的全部利益，若利益少于损失，还须就损失与利益之间的差额进行赔偿。受益方取得利益时为善意，而后变为恶意的，返还的范围以恶意开始剩余的利益为限。此外，得利人已经将取得的利益无偿转让给第三人的，受损失的人可以请求第三人在相应范围内承担返还义务。

试题范例

1.（2015年真题）多项选择题

甲、乙系对门邻居，同时装修房屋。某日，在甲家装修的丙公司工人丁误将乙堆放在公共过道上的瓷砖当成甲所有，贴到甲家厨房墙壁。乙可以要求（　　）。

A. 甲返还原物

B. 甲返还不当得利

C. 丙公司赔偿损失

D. 丙公司与丁承担连带责任

答案：BC

2.（2016年真题）单项选择题

下列行为中，可引起不当得利之债的是（　　）。

A. 甲偿还5万元赌债

B. 乙清偿明知超过诉讼时效期间的债务

C. 丙被他人收养，成年后给付生父母生活费

D. 丁误将邻居的装修材料用于自己房屋的装修

答案：D

3. 单项选择题

下列选项中，适用不当得利之债的是（　　）。

A. 债权人对于超过诉讼时效的债务请求债务人履行

B. 一方向对方行贿，因对方没有为其谋取到不正当利益而请求返还行贿款

C. 社保机构向对方多支付养老金额而请求对方返还多支付的金额

D. 赌博之债

答案：C

4. 多项选择题

下列选项中，适用不当得利的情形是（　　）。

A. 对从事无因管理行为的管理人支付报酬的

B. 一方向对方发货出现溢货的

C. 一方雇用杀手买凶杀人而支付金钱的

D. 银行多支付给储户利息的

答案：BD

十二、知识产权

核心法条

《著作权法》第2条第1款 中国公民、法人或者非法人组织的作品，不论是否发表，依照本法享有著作权。

相关法条

《著作权法实施条例》第6条 著作权自作品创作完成之日起产生。

释解分析

本款规定的是自动保护原则。著作权采取自动保护原则，即作品一经产生，只要具备了作品的属性即产生著作权，既不要求登记，也不要求发表，也无须在复制物上加注著作权标记。可见，不论当事人的作品是否发表，只要创作完成后，都受著作权法的保护。

试题范例

单项选择题

根据著作权法规定，下列对著作权保护的说法，正确的是（　　）。

A. 作品一经发表，才能受到著作权法保护

B. 作品创作完成，即受著作权法保护

C. 作品一经版权登记，即受著作权法保护

D. 作品一经出版，即受著作权法保护

答案：B

核心法条

《著作权法》第3条 本法所称的作品，是指文学、艺术和科学领域内具有独创性并能以一定形式表现的智力成果，包括：

（一）文字作品；

（二）口述作品；

（三）音乐、戏剧、曲艺、舞蹈、杂技艺术作品；

（四）美术、建筑作品；

（五）摄影作品；

（六）视听作品；

（七）工程设计图、产品设计图、地图、示意图等图形作品和模型作品；

（八）计算机软件；

（九）符合作品特征的其他智力成果。

释解分析

本条规定的是著作权的客体。著作权的客体是指通过作者的创作活动取得的具有一定形式的智力成果，即作品，具体包括：（1）文字作品，是指小说、诗词、散文、论文等以文字形式表现的作品。（2）口述作品，是指即兴的演说、授课、法庭辩论等以口头语言形式表现的作品。（3）音乐、戏剧、曲艺、舞蹈、杂技艺术作品，是指歌曲、交响乐等能够演唱或者演奏的带词或者不带词的作品。（4）戏剧作品，是指话剧、歌剧、地方戏等供舞台演出的作品。（5）曲艺作品，是指相声、快板书、大鼓、评书、小品等以说唱为主要表现形式的作品。（6）舞蹈作品，是指通过连续的动作、姿势、表情等表现思想情感的作品。（7）杂技艺术作品，是指杂技、魔术、马戏等通过形体动作和技巧表现的作品。（8）美术作品，是指绘画、书法、雕塑等以线条、色彩或者其他方式构成的有审美意义的平面或者立体造型艺术作品。（9）建筑作品，是指以建筑物或者构筑物形式表现的有审美意义的作品。（10）摄影作品，是指借助器械在感光材料或者其他介质上记录客观物体形象的艺术作品。（11）视听作品，是指通过机械装置能直接为人的视觉和听觉所感知的作品。（12）图形作品，是指为施工、生产绘制的工

程设计图、产品设计图，以及反映地理现象、说明事物原理或者结构的地图、示意图等图形作品。(13)模型作品，是指为展示、试验或者观测等用途，根据物体的形状和结构，按照一定比例制成的立体作品。(14)计算机软件。(15)符合作品特征的其他智力成果。

试题范例

单项选择题

依据我国《著作权法》的规定，下列智力成果中不属于作品的是（　　）。

A. 马戏　　B. 大鼓

C. 睡姿　　D. 地图

答案：C

核心法条

《著作权法》第 4 条　著作权人和与著作权有关的权利人行使权利，不得违反宪法和法律，不得损害公共利益。国家对作品的出版、传播依法进行监督管理。

《著作权法》第 5 条　本法不适用于：

（一）法律、法规，国家机关的决议、决定、命令和其他具有立法、行政、司法性质的文件，及其官方正式译文；

（二）单纯事实消息；

（三）历法、通用数表、通用表格和公式。

释解分析

这两条规定的是依法禁止出版、传播的作品和不受著作权法保护的作品。不受著作权法保护的作品分为两种情形：(1)依法禁止出版、传播的作品和违法作品，如黄色作品、淫秽录像、反动书刊等。(2)不适用于著作权法保护的作品。该类作品并非违法，具体分为三类：第一，在实质意义上尚不构成作品，但在形式上具有作品的某些性质，为了减少误解，故在法律中明文规定不受著作权法保护，历法、数表、通用表格和公式就属于此列。第二，在实质意义上已经构成作品，但是考虑到公共利益和社会利益，以及社会公众知晓等原因，著作权法对这类作品不予保护，如政府文件、法律法规、司法判决、官方译文等就属于此列。第三，单纯事实消息不受著作权法保护。单纯事实消息是指只报道一件事情的发生的过程、时间、地点和人物，不表示报道人的观点的消息。

试题范例

1. 单项选择题

根据《著作权法》的规定，下列受到著作权法保护的作品是（　　）。

A. 德国民法典　　B. 民事判决书

C. 统计图表　　D. 外国法规译著

答案：D

2. 多项选择题

根据《著作权法》的规定，下列可以作为著作权客体的作品是（　　）。

A. 国家法律　　B. 工程设计

C. 舞蹈作品　　D. 单纯事实消息

答案：BC

核心法条

《著作权法》第 10 条　著作权包括下列人身权和财产权：

（一）发表权，即决定作品是否公之于众的权利；

（二）署名权，即表明作者身份，在作品上署名的权利；

（三）修改权，即修改或者授权他人修改作品的权利；

（四）保护作品完整权，即保护作品不受歪曲、篡改的权利；

（五）复制权，即以印刷、复印、拓印、录音、录像、翻录、翻拍、数字化等方式将作品制作一份或者多份的权利；

（六）发行权，即以出售或者赠与方式向公众提供作品的原件或者复制件的权利；

（七）出租权，即有偿许可他人临时使用视听作品、计算机软件的原件或者复制件的权利，计算机软件不是出租的主要标的的除外；

（八）展览权，即公开陈列美术作品、摄影作品的原件或者复制件的权利；

（九）表演权，即公开表演作品，以及用各种手段公开播送作品的表演的权利；

（十）放映权，即通过放映机、幻灯机等技术设备公开再现美术、摄影、视听作品等的权利；

（十一）广播权，即以有线或者无线方式公开传播或者转播作品，以及通过扩音器或者其他传送符号、声音、图像的类似工具向公众传播广播的作品的权利，但不包括本款第十二项规定的权利；

（十二）信息网络传播权，即以有线或者无线方式向公众提供，使公众可以在其选定的时间和地点获得作品的权利；

（十三）摄制权，即以摄制视听作品的方法将作品固定在载体上的权利；

（十四）改编权，即改变作品，创作出具有独创性的新作品的权利；

（十五）翻译权，即将作品从一种语言文字转换成另一种语言文字的权利；

（十六）汇编权，即将作品或者作品的片段通过选择或者编排，汇集成新作品的权利；

（十七）应当由著作权人享有的其他权利。

著作权人可以许可他人行使前款第（五）项至第（十七）项规定的权利，并依照约定或者本法有关规定获得报酬。

著作权人可以全部或者部分转让本条第一款第（五）项至第（十七）项规定的权利，并依照约定或者本法有关规定获得报酬。

释解分析

本条规定的是著作权的内容。著作权的内容包括著作人身权和著作财产权。著作人身权包括发表权、署名权、修改权和保护作品完整权。著作财产权包括复制权、发行权、出租权、展览权、表演权、放映权、广播权、信息网络传播权、摄制权、改编权、翻译权、汇编权等。除了本条文规定的内容外，还需要掌握如下内容：（1）发表权具有如下特点：①发表权只能行使一次。②发表权通常不能转移。③发表权因作品而产生的权利涉及第三人的，往往还受到第三人权利的制约。（2）署名权只能是真正的作者和被视同作者的法人和非法人团体才有资格享有，其他任何组织和个人不得行使此项权利。署名权通常可以用真实姓名、笔名、别名或者隐去姓名不署的方式行使。但对于以猎取钱财为目的，将自己创作的作品冠以知名作者姓名出版发行，愚弄读者，欺骗社会，骗取非法收入的行为，属于假冒姓名，应认定为侵犯姓名权，而不应认定为侵犯署名权。（3）修改权具有如下特点：①修改是对作品的再表现，与演绎派生创作不同。②修改既可以是局部修改，也可以是全部修改。③修改作品的权利一般属于作者，但出于社会利益的实际需要，修改权也可以由他人行使。④修改权不能对抗物权。例如，作者如果想修改物权已转移他人的美术作品，必须取得该物权人的同意。但因修缮施工之需对建筑物进行允许的修改不在此限。（4）复制权，即以印刷、复印、拓印、录音、录像、翻录、翻拍、数字化等方式将作品制作一份或者多份的权利。（5）发行与复制通常连在一起使用，但复制权不同于发行权。（6）展览权与发表权联系紧密，但展览权不同于发表权，由于发表权只能行使一次，因此在美术、摄影等作品发表后，再行予以展示的，则属于行使展览权的行为，而不是行使发表权的行为。此外，展览权的行使受物权制约。展览权虽然属于著作财产权，但行使时须借助于作品载体才能实现，因而必然受到制约，因此，权利人行使展览权，应受到《著作权法》第 20 条规定的制约。（7）表演权不同于表演者权。表演权属于著作财产权，表演者权属于邻接权。（8）放映权的核心是“公开展现”，这里的“公开展现”是指个人或家庭以外的放映，这种放映是面向公众的，并且不问是否营利，只要是公开放映，就应属于著作权人的放映权范围之内。（9）改编权中的“改编”是一种再创作或派生创作、衍生创作，不是原创。此外，将原作品改编、摄制为电影等视听作品的行为也属于改编行为；改编权也不同于改编者权，因为改编权是著作权人对原作进行二度创作的权利，而改编者权是改编者经过二度创作后基于新的作品而产生的权利。（10）本条规定中“应当由著作权人享有的其他权利”主要是指注释权和整理权等权利。注释权是指被注释作品著作权人所享有的权利。整理权是指对内容零散、层次不清的已有作品或者材料进行条理化、系统化加工的权利。

试题范例

（2019 年真题）单项选择题

甲汽车公司委托乙建筑设计公司设计 4S 店，合同未约定著作权条款。后丙汽车公司请人仿照甲公司的这家 4S 店建造了一家汽车美容店，并办理了著作权登记。丙公司侵犯了（　　）。

A. 甲公司的复制权

B. 乙公司的复制权

C. 甲公司的商誉权

D. 乙公司的版式设计权

答案：B

核心法条

《著作权法》第18条　自然人为完成法人或者非法人组织工作任务所创作的作品是职务作品，除本条第二款的规定以外，著作权由作者享有，但法人或者非法人组织有权在其业务范围内优先使用。作品完成两年内，未经单位同意，作者不得许可第三人以与单位使用的相同方式使用该作品。

有下列情形之一的职务作品，作者享有署名权，著作权的其他权利由法人或者非法人组织享有，法人或者非法人组织可以给予作者奖励：

（一）主要是利用法人或者非法人组织的物质技术条件创作，并由法人或者非法人组织承担责任的工程设计图、产品设计图、地图、示意图、计算机软件等职务作品；

（二）报社、期刊社、通讯社、广播电台、电视台的工作人员创作的职务作品；

（三）法律、行政法规规定或者合同约定著作权由法人或者非法人组织享有的职务作品。

释解分析

本条规定的是职务作品著作权的归属。职务作品著作权的归属分为两种情况：（1）职务作品的著作权属于作者，但法人或者非法人组织有权在其业务范围内优先使用。作品完成2年内，未经单位同意，作者不得许可第三人以与单位使用的相同方式使用该作品。（2）职务作品的著作权属于法人和非法人组织，作者享有署名权，著作权的其他权利由法人或者非法人组织享有，法人或者非法人组织可以给予作者奖励，这类职务作品包括：①主要是利用法人或者非法人组织的物质技术条件创作，并由法人或者非法人组织承担责任的工程设计图、产品设计图、地图、示意图、计算机软件等职务作品；②报社、期刊社、通讯社、广播电台、电视台的工作人员创作的职务作品；③法律、行政法规规定或者合同约定著作权由法人或者非法人组织享有的职务作品。

试题范例

多项选择题

下列职务作品中，著作权应由法人或者非法人组织享有的是（　　）。

A. 报社工作人员创作的职务作品

B. 作者在业余时间创作的工程设计图

C. 主要是利用法人物质技术条件创作并由法人承担责任的计算机软件

D. 作者创作的美术作品

答案：AC

核心法条

《著作权法》第19条　受委托创作的作品，著作权的归属由委托人和受托人通过合同约定。合同未作明确约定或者没有订立合同的，著作权属于受托人。

释解分析

本条规定的是委托作品著作权的归属。委托作品是指由委托人委托他人创作的作品。一般说来，由委托人和受托人约定著作权的归属，在当事人没有约定的情况下，著作权属于受托人。

试题范例

单项选择题

委托作品的著作权，在当事人没有明确约定的情况下，著作权属于（　　）。

A. 委托人　　B. 第三人

C. 委托人和受托人　　D. 受托人

答案：D

核心法条

《著作权法》第20条　作品原件所有权的转移，不改变作品著作权的归属，但美术、摄影作品原件的展览权由原件所有人享有。

作者将未发表的美术、摄影作品的原件所有权转让给他人，受让人展览该原件不构成对作者发表权的侵犯。

释解分析

本条规定的是美术作品、摄影作品著作权的归属。本条规定涉及著作权和物权的分离原理。所谓著作权和物权的分离，是指著作权中作品物权的转移，不视为著作权的转移，如美术作品、摄影作品经过转让发生作品所有权转移的法律后果，但是美术作品、摄影作品的著作权并不转移。再如，作品所有权转移，但改编权、汇编权、表演权、署名权等著作权不能发生转移。不过，根据本条规定，美术、摄影作品原件所有权的转移，不视为著作权的转移，但美术、摄影作品原件的展览权由原件所有人享有。

试题范例

1.（2016年真题）单项选择题

甲购得某画家创作的一幅油画。根据我国著作权法，甲获得该作品的（　　）。

A. 著作权　　B. 复制权

C. 修改权　　D. 原件展览权

答案：D

2.（2019年真题）单项选择题

作家甲的私人书信被乙收藏。对此，下列选项正确的是（　　）。

A. 书信著作权和书信原件所有权均归甲

B. 书信著作权和书信原件所有权均归乙

C. 书信著作权归甲，书信原件所有权归乙

D. 书信著作权归乙，书信原件所有权归甲

答案：C

3.（2021年真题）单项选择题

甲受所在单位委托，创作了雕塑《文运》。乙在拍卖会上购得该雕塑后，捐赠给某高校。雕塑《文运》的著作权人是（　　）。

A. 甲　　B. 乙

C. 甲的所在单位　　D. 某高校

答案：A

4. 单项选择题

画家甲将其绘制的一幅美术作品转让给乙所有，则美术作品的展览权由（　　）享有。

A. 甲

B. 乙

C. 甲、乙共有

D. 甲、乙分别享有

答案：B

核心法条

《著作权法》第22条　作品的署名权、修改权、保护作品完整权的保护期不受限制。

释解分析

本条规定的是不受限制的著作权的权利。在著作权的各项权利中，只有署名权、修改权和保护作品完整权不受保护期的限制。对于著作权的其他各项权利，都有一个保护期的限制。对于著作权的保护期，有以下几种情形：（1）自然人的作品，其发表权、使用权和获得报酬的权利的保护期为作者终生及其死亡后50年，截止于作者死亡后第50年的12月31日；如果是合作作品，截止于最后死亡的作者死亡后第50年的12月31日。（2）法人或者非法人组织的作品、著作权（署名权除外）由法人或者非法人组织享有的职务作品，其发表权的保护期为50年，截止于作品创作完成后第50年的12月31日；使用权和获得报酬权的保护期为50年，截止于作品首次发表后第50年的12月31日，但作品自创作完成后50年内未发表的，著作权法不再保护。（3）视听作品，其发表权的保护期为50年，截止于作品创作完成后第50年的12月31日；使用权和获得报酬权的保护期为50年，截止于作品首次发表后第50年的12月31日，但作品自创作完成后50年内未发表的，著作权法不再保护。（4）图书、期刊版式设计权的保护期为10年，截止于使用该版式设计的图书、期刊首次出版后第10年的12月31日。（5）录音录像制作者对其制作的录音录像制品，享有许可他人复制、发行、出租、通过信息网络向公众传播并获得报酬的权利；权利的保护期为50年，截止于该制品首次制作完成后第50年的12月31日。（6）广播、电视作品的保护期为50年，截止于该广播、电视首次播放后第50年的12月31日。

易混易错

1. 邻接权。邻接权，又称作品传播者权，是指作品传播者对在传播作品过程中产生的成果依法享有的专有权利。邻接权包括出版者的权利、表演者的权利、录音录像制作者的权利和播放者的权利。《著作权法》第32～48条专门对邻接权

作出了规定。从广义上看，邻接权属于著作权的范畴，但从狭义上看，著作权不包括邻接权。邻接权和著作权的区别表现在：①主体不同。邻接权的主体多为法人或者其他组织，著作权的主体多为自然人。②客体不同。邻接权的客体是传播作品过程中产生的成果，著作权的客体是作品本身。③内容不同。邻接权中除表演权外一般不涉及人身权，著作权包括人身权和财产权。根据《著作权法》的规定，邻接权包括由出版者、表演者、录音录像制作者和播放者（广播、电影、电视等组织者）享有的权利。

2. 法律硕士联考中，本内容出题方式包括选择题和简答题。出题思路：选择题为著作财产权、著作人身权的类型及相关重点内容；简答题为著作权和邻接权的区别、邻接权的含义和内容。

试题范例

单项选择题

某电视台拟将他人已出版的《养殖技术》VCD光盘在该电视台的“致富”节目中播放，则该电视台（　　）。

A. 可以不经该VCD光盘制作者许可，但必须向其支付报酬

B. 既不必经该VCD光盘制作者许可，也不必向其支付报酬

C. 既须经该VCD光盘制作者许可，又必须向其支付报酬

D. 只需经该VCD光盘制作者许可，但不必向其支付报酬

答案：C

核心法条

《著作权法》第24条　在下列情况下使用作品，可以不经著作权人许可，不向其支付报酬，但应当指明作者姓名或者名称、作品名称，并且不得影响该作品的正常使用，也不得不合理地损害著作权人的合法权益：

（一）为个人学习、研究或者欣赏，使用他人已经发表的作品；

（二）为介绍、评论某一作品或者说明某一问题，在作品中适当引用他人已经发表的作品；

（三）为报道新闻，在报纸、期刊、广播电台、电视台等媒体中不可避免地再现或者引用已经发表的作品；

（四）报纸、期刊、广播电台、电视台等媒体刊登或者播放其他报纸、期刊、广播电台、电视台等媒体已经发表的关于政治、经济、宗教问题的时事性文章，但著作权人声明不许刊登、播放的除外；

（五）报纸、期刊、广播电台、电视台等媒体刊登或者播放在公众集会上发表的讲话，但作者声明不许刊登、播放的除外；

（六）为学校课堂教学或者科学研究，翻译、改编、汇编、播放或者少量复制已经发表的作品，供教学或者科研人员使用，但不得出版发行；

（七）国家机关为执行公务在合理范围内使用已经发表的作品；

（八）图书馆、档案馆、纪念馆、博物馆、美术馆、文化馆等为陈列或者保存版本的需要，复制本馆收藏的作品；

（九）免费表演已经发表的作品，该表演未向公众收取费用，也未向表演者支付报酬，且不以营利为目的；

（十）对设置或者陈列在公共场所的艺术作品进行临摹、绘画、摄影、录像；

（十一）将中国公民、法人或者非法人组织已经发表的以国家通用语言文字创作的作品翻译成少数民族语言文字作品在国内出版发行；

（十二）以阅读障碍者能够感知的无障碍方式向其提供已经发表的作品；

（十三）法律、行政法规规定的其他情形。

前款规定适用于对与著作权有关的权利的限制。

释解分析

本条规定的是著作权的合理使用制度。著作权的合理使用属于对著作权的一种限制，它是指自然人、法人或者非法人组织为了个人欣赏、评论、新闻报道、教学与科学研究以及公益事业等目的，根据《著作权法》的规定，可以不经作者同意而使用其已经发表的作品，并且不需要向其支付报酬的行为。合理使用的对象是已经发表的作品。合理使用应尊重作者的人身权利，应当指明作者姓名或者名称、作品名称，并且不得影响

该作品的正常使用，也不得不合理地损害著作权人的合法权益。

本条规定了合理使用的范围和具体方式：(1) 为个人学习、研究或者欣赏，使用他人已经发表的作品。合理使用的范围仅限于个人学习、研究或者欣赏，而不能用来出版、出租、出借和其他营业性的使用，上述合理使用限于个人使用，不能扩展至第三人或者家庭成员、单位。(2) 为介绍、评论某一作品或者说明某一问题，在作品中适当引用他人已经发表的作品。这里的“适当引用”是指引用的比例要适当，比例失当则可能转化为抄袭，引用他人的作品还要说明作品出处和作者姓名。(3) 为报道新闻，在报纸、期刊、广播电台、电视台等媒体中不可避免地再现或者引用已经发表的作品。合理使用的目的限于报道新闻，且符合引用的数量和比例，在报道中还要注明被引用作品的出处。(4) 报纸、期刊、广播电台、电视台等媒体刊登或者播放其他报纸、期刊、广播电台、电视台等媒体已经发表的关于政治、经济、宗教问题的时事性文章，但著作权人声明不许刊登、播放的除外。上述传播媒介之间相互使用社论、评论员文章，有利于方针、政策迅速、广泛地为国内外了解。(5) 报纸、期刊、广播电台、电视台等媒体刊登或者播放在公众集会上发表的讲话，但作者声明不许刊登、播放的除外。此情形，只要作者没有不许刊登或播放的明确的意思表示，法律允许进行上述使用。(6) 为学校课堂教学或者科学研究，翻译、改编、汇编、播放或者少量复制已经发表的作品，供教学或者科研人员使用，但不得出版发行。这里所说的“少量”，是指整个作品被使用的比例，使用人和使用目的仅限于教学科研人员为了教学和科学研究，但不得出版发行，更不得用于学生的学习使用。(7) 国家机关为执行公务在合理范围内使用已经发表的作品。这里的“使用”仅限于合理使用，且使用方式限于执行公务，以完成国家机关职能。(8) 图书馆、档案馆、纪念馆、博物馆、美术馆、文化馆等为陈列或者保存版本的需要，复制本馆收藏的作品。这种合理使用的“作品”，仅限于本馆收藏的作品，无论是否已经发表，均可作出此种复制，且复制的目的仅限于本馆陈列和保存版本的需要，不得用于借阅、出售或出租。(9) 免费表演已经发表的作品，该表演未向公众收取费用，也未向表演者支付报酬，且不以营利为目的。这里的“免费表演”是指非营利性表演，在某些“义演”活动中，如果不是免费表演，且出于营利目的，则不构成合理使用。(10) 对设置或者陈列在公共场所的艺术作品进行临摹、绘画、摄影、录像。把这些行为列为合理使用范围，属于国际惯例。(11) 将中国公民、法人或者非法人组织已经发表的以国家通用语言文字创作的作品翻译成少数民族语言文字作品在国内出版发行。这里“翻译作品”的出版发行仅限于国内，且译者对翻译作品享有新的著作权。(12) 以阅读障碍者能够感知的无障碍方式向其提供已经发表的作品。将此情形纳入合理使用的范围，体现了对视障人群的关爱。(13) 法律、行政法规规定的其他情形。

上述 13 种合理使用方式适用于对邻接权的限制。

核心法条

《著作权法》第 25 条 为实施义务教育和国家教育规划而编写出版教科书，可以不经著作权人许可，在教科书中汇编已经发表的作品片段或者短小的文字作品、音乐作品或者单幅的美术作品、摄影作品、图形作品，但应当按照规定向著作权人支付报酬，指明作者姓名或者名称、作品名称，并且不得侵犯著作权人依照本法享有的其他权利。

前款规定适用于对与著作权有关的权利的限制。

《著作权法》第 35 条第 2 款 作品刊登后，除著作权人声明不得转载、摘编的外，其他报刊可以转载或者作为文摘、资料刊登，但应当按照规定向著作权人支付报酬。

《著作权法》第 42 条第 2 款 录音制作者使用他人已经合法录制为录音制品的音乐作品制作录音制品，可以不经著作权人许可，但应当按照规定支付报酬；著作权人声明不许使用的不得使用。

《著作权法》第 46 条第 2 款 广播电台、电视台播放他人已发表的作品，可以不经著作权人许可，但应当按照规定支付报酬。

释解分析

上述条文规定的是著作权的法定许可。法定许可是指依照法律的明文规定，不经著作权人同意而有偿使用他人已经发表的作品的行为。法定许可是除了合理使用外对著作权的又一限制。《著作权法》规定了四种法定许可的情形。在理解法定许可制度时，要注意两点：(1) 区分合理使用和法定许可。合理使用不需要向著作权人支付报酬，而法定许可需向著作权人支付报酬。(2) 区分法定许可和强制许可使用。法定许可直接由法律规定，无须事先申请或通知著作权人；强制许可则必须事先申请和正式授予。《伯尔尼公约》和《世界版权公约》这两个有关著作权的国际公约都规定了著作权的强制许可制度，但我国《著作权法》没有规定强制许可制度。

试题范例

1. (2015 年真题) 单项选择题

甲在《雾都》杂志发表了一部小说，未作版权声明。某读者阅读后十分喜欢，遂推荐给《传奇文摘》杂志社。《传奇文摘》杂志社若转载该小说，则（　　）。

A. 不必经甲同意，但应向甲支付稿酬

B. 必须经甲同意，但不必向甲支付稿酬

C. 不必经《雾都》杂志社同意，但应向其支付稿酬

D. 必须经《雾都》杂志社同意，但不必向其支付稿酬

答案：A

2. (2018 年真题) 单项选择题

甲在报纸上发表了一篇时事性文章，未声明不允许其他媒体刊登，乙杂志社未经甲同意予以转载且未支付报酬。乙杂志社的行为不构成侵权的法律依据是（　　）。

A. 许可使用　　B. 法定许可

C. 强制许可　　D. 合理使用

答案：D

3. 单项选择题

某省电视台播放某甲已经发表的有关促进科技情报事业发展的作品，该电视台的行为（　　）。

A. 属于法定许可，但应当向某甲支付报酬

B. 属于合理使用，不需支付报酬

C. 属于强制许可使用，不需支付报酬

D. 属于侵犯著作权的侵权行为

答案：A

核心法条

《专利法》第 2 条　本法所称的发明创造是指发明、实用新型和外观设计。

发明，是指对产品、方法或者其改进所提出的新的技术方案。

实用新型，是指对产品的形状、构造或者其结合所提出的适于实用的新的技术方案。

外观设计，是指对产品的整体或者局部的形状、图案或者其结合以及色彩与形状、图案的结合所作出的富有美感并适于工业应用的新设计。

释解分析

本条规定的是专利权的客体。专利权的客体包括发明、实用新型和外观设计三种。所谓发明，是指对产品、方法或者其改进所提出的新的技术方案。所谓实用新型，是指对产品的形状、构造或者其结合所提出的适于实用的新的技术方案。所谓外观设计，是指对产品的整体或者局部的形状、图案或者其结合以及色彩与形状、图案的结合所作出的富有美感并适于工业应用的新设计。我国专利法仅仅规定这三种作为专利授权的客体。

试题范例

单项选择题

下列选项中不能认定为专利法保护的对象的是（　　）。

A. 发明　　B. 实用新型

C. 外观设计　　D. 技术设计方案

答案：D

核心法条

《专利法》第 5 条　对违反法律、社会公德或者妨害公共利益的发明创造，不授予专利权。

对违反法律、行政法规的规定获取或者利用遗传资源，并依赖该遗传资源完成的发明创造，不授予专利权。

《专利法》第 25 条　对下列各项，不授予专利权：

（一）科学发现；

（二）智力活动的规则和方法；

（三）疾病的诊断和治疗方法；

（四）动物和植物品种；

民法学

（五）原子核变换方法以及用原子核变换方法获得的物质；

（六）对平面印刷品的图案、色彩或者二者的结合作出的主要起标识作用的设计。

对前款第（四）项所列产品的生产方法，可以依照本法规定授予专利权。

释解分析

这两条规定的是不授予专利权的范围。授予专利权的客体包括发明、实用新型和外观设计。授予专利权的发明和实用新型，应当具备新颖性、创造性和实用性三个实体条件。新颖性，是指该发明或者实用新型不属于现有技术，也没有任何单位或者个人就同样的发明或者实用新型在申请日以前向国务院专利行政部门提出过申请，并记载在申请日以后公布的专利申请文件或者公告的专利文件中；创造性，是指与现有技术相比，该发明具有突出的实质性特点和显著的进步，该实用新型具有实质性特点和进步；实用性，是指该发明或者实用新型能够制造或者使用，并且能够产生积极效果。

授予外观设计的最关键的实体条件是具备新颖性。新颖性，是指授予专利权的外观设计，应当不属于现有设计，也没有任何单位或者个人就同样的外观设计在申请日以前向国务院专利行政部门提出过申请，并记载在申请日以后公告的专利文件中。

授予专利的发明、实用新型和外观设计必须是合法的发明创造，且属于专利授权的范围。

对于不属于专利授权范围的，我国法律明确规定不能授予专利权。具体而言，下列情形不能授予专利权：（1）对违反法律、社会公德或者妨害公共利益的发明创造，不授予专利权。违反法律的，如伪造货币的技术、专用于走私金条的背心、吸食鸦片的工具等；直接与公共秩序相抵触的发明创造，如逃避罚款的减速警告装置、赌具等。还有一种就是虽不违背法律和社会公共利益，但一旦被应用，就会产生较大危害的，如“万能钥匙”。（2）对违反法律、行政法规的规定获取或者利用遗传资源，并依赖该遗传资源完成的发明创造，不授予专利权。例如，对于通过遗传基因、克隆技术发明的人兽胚胎，不能授予专利权。（3）科学发现不能授予专利权，如狭义相对论、光电效应等。（4）智力活动的规则和方法不能授予专利权，如滑板评分规则、数学运算方法、财务结算办法等。（5）疾病的诊断和治疗方法不能授予专利权，如放射疗法、外科手术方法、癌症化疗方法等。（6）动物和植物品种不能授予专利权，如植物的有性、无性繁殖方法。但是对于动物和植物品种的生产方法可以授予专利权，如克隆植物品种、转基因植物品种的生产方法等。（7）原子核变换方法以及用原子核变换方法获得的物质。如通过人工核反应获得的物质、发明原子弹等不能授予专利权。（8）对平面印刷品的图案、色彩或者二者的结合作出的主要起标识作用的设计。因为该设计不具有新颖性，不能授予专利权。

易混易错

1. 虽然动物和植物品种不能授予专利权，但动物和植物品种的生产方法可以获得专利权，这一点应格外注意。

2. 法律硕士联考中，本内容出题方式包括选择题和简答题。就简答题而言，出题思路为授予专利权的实体条件。

试题范例

1. 多项选择题

下列各项中可以获得专利权的有（　　）。

A. 仿真印钞机　　B. 减肥新药

C. 放射疗法　　D. 玉米栽培法

答案：BD

2. 多项选择题

下列各项中可以获得专利权的有（　　）。

A. 逻辑推理法则

B. 血压仪

C. 遗传植物品种的生产方法

D. 测谎仪

答案：BCD

核心法条

《专利法》第6条　执行本单位的任务或者主要是利用本单位的物质技术条件所完成的发明创造为职务发明创造。职务发明创造申请专利的权利属于该单位，申请被批准后，该单位为专利权人。该单位可以依法处置其职务发明创造申请专利的权利和专利权，促进相关发明创造的实施和运用。

非职务发明创造，申请专利的权利属于发明人或者设计人；申请被批准后，该发明人或者设计人为专利权人。

利用本单位的物质技术条件所完成的发明创造，单位与发明人或者设计人订有合同，对申请专利的权利和专利权的归属作出约定的，从其约定。

《专利法》第8条　两个以上单位或者个人合作完成的发明创造、一个单位或者个人接受其他单位或者个人委托所完成的发明创造，除另有协议的以外，申请专利的权利属于完成或者共同完成的单位或者个人；申请被批准后，申请的单位或者个人为专利权人。

相关法条

《专利法实施细则》第12条　专利法第六条所称执行本单位的任务所完成的职务发明创造，是指：

（一）在本职工作中作出的发明创造；

（二）履行本单位交付的本职工作之外的任务所作出的发明创造；

（三）退休、调离原单位后或者劳动、人事关系终止后1年内作出的，与其在原单位承担的本职工作或者原单位分配的任务有关的发明创造。

专利法第六条所称本单位，包括临时工作单位；专利法第六条所称本单位的物质技术条件，是指本单位的资金、设备、零部件、原材料或者不对外公开的技术资料等。

释解分析

本条规定的是专利权的归属。专利权归属的内容包括职务发明创造、非职务发明创造、合作发明创造和委托发明创造的专利权归属。

职务发明创造是指执行本单位的任务或者主要是利用本单位的物质技术条件所完成的发明创造。由于职务发明创造和非职务发明创造难以区分，且实践中确实有在两者之间无法判定的灰色区域，因此有必要对职务发明创造的范围作出界定。职务发明创造包括执行本单位任务所完成的发明创造和主要是利用本单位物质技术条件所完成的发明创造两类：（1）执行本单位的任务所完成的发明创造包括：在本职工作中作出的发明创造；履行本单位交付的本职工作之外的任务所作出的发明创造；退休、调离原单位后或者劳动、人事关系终止后1年内作出的，与其在原单位承担的本职工作或者原单位分配的任务有关的发明创造。对于该类职务发明创造，其申请专利的权利属于单位。申请被批准后，该单位为专利权人。（2）主要是利用本单位的物质技术条件所完成的发明创造则是指利用本单位的资金、设备、零部件、原材料或者不对外公开的技术资料等所完成的发明创造。对于该类职务发明创造，单位与发明人或者设计人订有合同，对申请专利的权利和专利权的归属作出约定的，从其约定。

非职务发明创造与职务发明创造对应。对于非职务发明创造，申请专利的权利属于发明人或者设计人；申请被批准后，该发明人或者设计人为专利权人。

合作发明创造是指两个以上的单位或者个人合作完成的发明创造。对于合作发明创造，除非另有约定，申请专利的权利属于共同完成的单位或个人。若权利共有人中有一人不同意申请专利，其他权利人不得将共同发明申请专利。申请被批准后，申请的单位或个人共同享有专利权。

委托发明创造是指以合同方式委托他人完成的发明创造。对于这类发明创造的权利归属，我国专利法和民法典均采取合同优先的原则，即完全依照合同约定来确定委托发明创造专利权的归属。当合同约定不明或合同未对权利归属予以约定时，法律作了对受托方即发明人更为有利的规定，即权利归完成发明创造的一方。

试题范例

多项选择题

根据专利法规定，下列各项中属于职务发明创造的有（　　）。

A. 利用本单位物质技术条件完成的发明创造

B. 自由发明创造

C. 在本职工作中作出的发明创造

D. 调离原单位后1年内作出的，与其在原单位承担的本职工作有关的发明创造

答案：ACD

核心法条

《专利法》第 22 条 授予专利权的发明和实用新型，应当具备新颖性、创造性和实用性。

新颖性，是指该发明或者实用新型不属于现有技术；也没有任何单位或者个人就同样的发明或者实用新型在申请日以前向国务院专利行政部门提出过申请，并记载在申请日以后公布的专利申请文件或者公告的专利文件中。

创造性，是指与现有技术相比，该发明具有突出的实质性特点和显著的进步，该实用新型具有实质性特点和进步。

实用性，是指该发明或者实用新型能够制造或者使用，并且能够产生积极效果。

本法所称现有技术，是指申请日以前在国内外为公众所知的技术。

《专利法》第 23 条 授予专利权的外观设计，应当不属于现有设计；也没有任何单位或者个人就同样的外观设计在申请日以前向国务院专利行政部门提出过申请，并记载在申请日以后公告的专利文件中。

授予专利权的外观设计与现有设计或者现有设计特征的组合相比，应当具有明显区别。

授予专利权的外观设计不得与他人在申请日以前已经取得的合法权利相冲突。

本法所称现有设计，是指申请日以前在国内外为公众所知的设计。

《专利法》第 24 条 申请专利的发明创造在申请日以前六个月内，有下列情形之一的，不丧失新颖性：

（一）在国家出现紧急状态或者非常情况时，为公共利益目的首次公开的；

（二）在中国政府主办或者承认的国际展览会上首次展出的；

（三）在规定的学术会议或者技术会议上首次发表的；

（四）他人未经申请人同意而泄露其内容的。

释解分析

上述条文规定的是授予专利权的实体条件。对发明和实用新型而言，授予专利权必须具备以下实体条件：（1）新颖性。新颖性是指该发明或者实用新型不属于现有技术；也没有任何单位或者个人就同样的发明或者实用新型在申请日以前向国务院专利行政部门提出过申请，并记载在申请日以后公布的专利申请文件或者公告的专利文件中。现有技术是指申请日以前在国内外为公众所知的技术。技术公开的方式包括出版物公开、使用公开和其他方式的公开。故我国新颖性标准上采取的是绝对新颖性标准。申请专利的发明创造在申请日以前 6 个月内，有下列情形之一的，不丧失新颖性：①在国家出现紧急状态或者非常情况时，为公共利益目的首次公开的；②在中国政府主办或者承认的国际展览会上首次展出的；③在规定的学术会议或者技术会议上首次发表的；④他人未经申请人同意而泄露其内容的。（2）创造性。我国专利法对发明和实用新型的创造性要求不同。对发明而言，必须同申请日以前已有的技术相比，有突出的实质性特点和显著的进步；对实用新型而言，要求同申请日以前已有的技术相比，有实质性特点和进步。（3）实用性。我国专利法对实用性的要求是，发明或者实用新型能够制造或者使用，并且能够产生积极效果。

对外观设计而言，授予专利权的实体条件是，授予专利权的外观设计，应当不属于现有设计；也没有任何单位或者个人就同样的外观设计在申请日以前向国务院专利行政部门提出过申请，并记载在申请日以后公告的专利文件中。授予专利权的外观设计与现有设计或者现有设计特征的组合相比，应当具有明显区别。授予专利权的外观设计不得与他人在申请日以前已经取得的合法权利相冲突。现有设计是指申请日以前在国内外为公众所知的设计。

试题范例

1.（2020 年真题）单项选择题

我国专利法对发明和实用新型采用的新颖性标准是（　　）。

A. 绝对新颖性标准

B. 绝对新颖性为主，相对新颖性为补充

C. 相对新颖性标准

D. 相对新颖性为主，绝对新颖性为补充

答案：A

2. 多项选择题

申请专利的发明创造在申请日以前 6 个月内，有下列情形之一的，不丧失新颖性（　　）。

A. 在中国政府主办或者承认的国际展览会上首次展出的
B. 在规定的学术会议上首次发表的
C. 他人未经申请人同意而泄露其内容的
D. 在规定的技术会议上首次发表的
答案：ABCD

核心法条

《专利法》第 26 条　申请发明或者实用新型专利的，应当提交请求书、说明书及其摘要和权利要求书等文件。

请求书应当写明发明或者实用新型的名称，发明人的姓名，申请人姓名或者名称、地址，以及其他事项。

说明书应当对发明或者实用新型作出清楚、完整的说明，以所属技术领域的技术人员能够实现为准；必要的时候，应当有附图。摘要应当简要说明发明或者实用新型的技术要点。

权利要求书应当以说明书为依据，清楚、简要地限定要求专利保护的范围。

依赖遗传资源完成的发明创造，申请人应当在专利申请文件中说明该遗传资源的直接来源和原始来源；申请人无法说明原始来源的，应当陈述理由。

《专利法》第 27 条　申请外观设计专利的，应当提交请求书、该外观设计的图片或者照片以及对该外观设计的简要说明等文件。

申请人提交的有关图片或者照片应当清楚地显示要求专利保护的产品的外观设计。

释解分析

这两条规定的是专利申请文件。申请人向国务院专利行政部门申请专利，必须递交必要的专利申请文件。对于发明专利申请，申请人递交的专利申请文件包括 3 类：（1）发明专利请求书。这是申请人用于表达请求国务院专利行政部门对其发明授予专利权的愿望的书面文件。请求书的主要内容包括发明名称、发明人、申请人、专利代理机构、申请文件清单、附加文件清单、申请费交纳情况以及是否存在《专利法》第 24 条规定的情况等。（2）权利要求书。这是具体说明申请人就申请专利的发明创造请求专利法保护的范围的书面文件。在专利申请被批准后，权利要求书即成为具体说明专利权限范围的书面文件，因此，权利要求书是确定专利权保护范围的主要依据。一份权利要求书中至少应当包含一项独立要求，必要时还可有多项从属权利要求，而每一项权利要求，无论是独立的还是从属的，都构成一个完整的方案。在独立权利要求中至少应当记载该发明的全部必要技术特征。（3）说明书。说明书是具体阐述发明创造内容的书面文件。说明书具体载明技术领域、背景技术、发明内容、附图说明和具体实施例等。对于发明专利申请，只要具备以上三种申请文件，国务院专利行政部门便可以受理该专利申请。但一个合格的发明专利申请至少还应当有说明书摘要，摘要简要说明发明或者实用新型的技术要点。我国专利法允许在国务院专利行政部门受理申请后一定期限内补交。

实用新型专利的必要申请文件与发明专利申请基本相同。所不同的是，实用新型专利申请文件中应当包括附图，这是与实用新型本身的特点相适应的。

外观设计专利与发明和实用新型专利不同，它不是技术方案，因此不宜采用发明和实用新型所要求的必要申请文件。外观设计专利的必要申请文件包括 2 类：（1）外观设计专利请求书。请求书的内容大体与发明专利请求书相同，只是应专门注明外观设计所使用的产品和所属类别。（2）图片或者照片。图片或照片是表述外观设计的最佳方式，它可以清楚地将外观设计的特点表露无遗。

当然，除了上述必要申请文件外，还应当视申请人的具体情况递交相应的文件，但并非每件申请所必需。

试题范例

单项选择题

在申请人递交的专利申请文件中，发明、实用新型和外观设计都必须具备的文件是（　　）。

A. 权利要求书　　B. 图片或照片
C. 专利请求书　　D. 附图

答案：C

核心法条

《专利法》第 42 条　发明专利权的期限为二十年，实用新型专利权的期限为十年，外观设计专利权的期限为十五年，均自申请日起计算。

自发明专利申请日起满四年，且自实质审查请求之日起满三年后授予发明专利权的，国务院专利行政部门应专利权人的请求，就发明专利在授权过程中的不合理延迟给予专利权期限补偿，但由申请人引起的不合理延迟除外。

为补偿新药上市审评审批占用的时间，对在中国获得上市许可的新药相关发明专利，国务院专利行政部门应专利权人的请求给予专利权期限补偿。补偿期限不超过五年，新药批准上市后总有效专利权期限不超过十四年。

释解分析

本条规定的是专利权的保护期。专利权的保护期因专利权的客体的不同而不同，对于发明专利，其期限为20年，对于实用新型专利，其期限为10年，对于外观设计专利，其期限为15年，均自申请日起计算。

就发明专利而言，实践中会出现申请日之后才授予发明专利的情况，从而出现专利权期限的不合理延迟。对此，本条明确规定了专利权期限补偿的两种情形：(1) 自发明专利申请日起满4年，且自实质审查请求之日起满3年后授予发明专利权的，国务院专利行政部门应专利权人的请求，就发明专利在授权过程中的不合理延迟给予专利权期限补偿，但由申请人引起的不合理延迟除外。(2) 为补偿新药上市审评审批占用的时间，对在中国获得上市许可的新药相关发明专利，国务院专利行政部门应专利权人的请求给予专利权期限补偿。补偿期限不超过5年，新药批准上市后总有效专利权期限不超过14年。

试题范例

单项选择题

外观设计专利权的期限为（　　）。

A. 10年　　B. 15年

C. 20年　　D. 30年

答案：B

核心法条

《专利法》第64条　发明或者实用新型专利权的保护范围以其权利要求的内容为准，说明书及附图可以用于解释权利要求的内容。外观设计专利权的保护范围以表示在图片或者照片中的该产品的外观设计为准，简要说明可以用于解释图片或者照片所表示的该产品的外观设计。

释解分析

本条规定的是专利权的保护范围。专利权的保护首先需要解决的是专利权的保护范围。根据本条规定，发明或者实用新型专利权的保护范围以其权利要求的内容为准，说明书及附图可以用于解释权利要求的内容。外观设计专利权的保护范围以表示在图片或者照片中的该产品的外观设计为准，简要说明可以用于解释图片或者照片所表示的该产品的外观设计。

试题范例

（2021年真题）单项选择题

根据我国《专利法》规定，外观设计专利权的保护范围（　　）。

A. 以权利要求的内容为准

B. 以说明书记载的内容为准

C. 以申请文件的内容为准

D. 以表示在图片或者照片中的该产品的外观设计为准

答案：D

核心法条

《专利法》第75条　有下列情形之一的，不视为侵犯专利权：

（一）专利产品或者依照专利方法直接获得的产品，由专利权人或者经其许可的单位、个人售出后，使用、许诺销售、销售、进口该产品的；

（二）在专利申请日前已经制造相同产品、使用相同方法或者已经作好制造、使用的必要准备，并且仅在原有范围内继续制造、使用的；

（三）临时通过中国领陆、领水、领空的外国运输工具，依照其所属国同中国签订的协议或者共同参加的国际条约，或者依照互惠原则，为运输工具自身需要而在其装置和设备中使用有关专利的；

（四）专为科学研究和实验而使用有关专利的；

（五）为提供行政审批所需要的信息，制造、使用、进口专利药品或者专利医疗器械的，以及专门为其制造、进口专利药品或者专利医疗器械的。

《专利法》第 77 条　为生产经营目的使用、许诺销售或者销售不知道是未经专利权人许可而制造并售出的专利侵权产品，能证明该产品合法来源的，不承担赔偿责任。

释解分析

第 75 条规定的是不视为侵犯专利权的情形。对于侵犯专利权的行为，应当承担侵权责任。

但在行使专利权时，也应当受到诸多限制，除了保护期限的限制外，本条主要规定了不视为侵犯专利权的五种情形：（1）权利用尽原则。对于专利产品或者依照专利方法直接获得的产品，由专利权人或者经其许可的单位、个人售出后，使用、许诺销售、销售、进口该产品的，专利权人对这些特定产品不再享有任何意义的支配权，即购买者等对这些产品再转让或者使用等都与专利权人无关，这视为专利权耗尽。（2）先用权原则。对于在专利申请日前已经制造相同产品、使用相同方法或者已经作好制造、使用的必要准备，并且仅在原有范围内继续制造、使用的。这对于打破专利技术垄断、贯彻民法的公平原则具有重要意义。（3）临时过境原则。临时通过中国领陆、领水、领空的外国运输工具，依照其所属国同中国签订的协议或者共同参加的国际条约，或者依照互惠原则，为运输工具自身需要而在其装置和设备中使用有关专利的。需要注意：适用临时过境原则的条件是：①仅限于交通工具临时过境。如果不属于交通工具，而是捕捞船、军舰、战机、坦克等不适用临时过境原则。②船舶、飞机以及陆上交通工具进入一国领域时，为交通工具自身需要而在其设备或装置中使用有关专利技术的，不视为侵权。（4）非商业利用原则。专为科学研究和实验而使用有关专利的，以及为课堂教学而演示专利技术的行为不属于侵权行为。（5）行政审批原则。该原则仅仅适用于专利药品和专利医疗器械，即为提供行政审批所需要的信息，制造、使用、进口专利药品或者专利医疗器械的，以及专门为其制造、进口专利药品或者专利医疗器械的，不视为侵犯专利权。

第 77 条规定的是善意侵权不承担赔偿责任的情况。善意侵权是指在不知情的状态下销售、许诺销售或者使用了侵犯专利权产品的行为。

试题范例

多项选择题

下列行为中，不视为侵犯专利权的是（　　）。

A. 某天文台按照一件受专利保护的方法制造了一台天文望远镜，并将该天文望远镜用于本台观察天象的方法

B. 美国某架临时通过中国领空的民航客机，使用了某项中国专利技术

C. 某人从专利权人的实施许可人处购得专利产品，又卖给他人

D. 某厂在一国际贸易洽谈会上订购了一批侵权的专利设备用于生产

答案：BC

核心法条

《商标法》第 3 条　经商标局核准注册的商标为注册商标，包括商品商标、服务商标和集体商标、证明商标；商标注册人享有商标专用权，受法律保护。

本法所称集体商标，是指以团体、协会或者其他组织名义注册，供该组织成员在商事活动中使用，以表明使用者在该组织中的成员资格的标志。

本法所称证明商标，是指由对某种商品或者服务具有监督能力的组织所控制，而由该组织以外的单位或者个人使用于其商品或者服务，用以证明该商品或者服务的原产地、原料、制造方法、质量或者其他特定品质的标志。

集体商标、证明商标注册和管理的特殊事项，由国务院工商行政管理部门规定。

释解分析

本条规定的是受商标法保护的商标。受商标法保护的商标包括商品商标、服务商标、集体商

民法学

标和证明商标等，这里仅解析证明商标。证明商标一般是用以证明地理标志的商标，例如，香槟酒产于法国香槟地区，其他国家或者地区不能用香槟作为酒类商标的标志。此外，我国商标法还对防御商标、联合商标和驰名商标实施保护。所谓防御商标，是指同一所有人将与其注册商标相同的商标在非类似商品上分别申请注册并经核准的商标。所谓联合商标，是指同一商标所有人将类似于其主商标并使用于主商标指定的商品或者类似商品上的若干商标申请注册而形成的系列商标。所谓驰名商标，是指在市场上享有较高声誉并为相关公众所熟知的商标。在我国，驰名商标为注册商标。

易混易错

注意区分联合商标和防御商标。联合商标和防御商标的根本区别是，联合商标是不同的类似商标，防御商标是同一商标。

试题范例

多项选择题

下列选项中，应当认定为证明商标的有（　　）。

A.“上好佳”“好上佳”“好佳上”等系列商标

B. 贵州茅台

C. 苏格兰威士忌

D. 一系列以“大白兔”商标注册的奶糖

答案：BC

核心法条

《商标法》第4条　自然人、法人或者其他组织在生产经营活动中，对其商品或者服务需要取得商标专用权的，应当向商标局申请商标注册。不以使用为目的的恶意商标注册申请，应当予以驳回。

本法有关商品商标的规定，适用于服务商标。

释解分析

本条规定的是商标权的主体。商标权的主体是依法享有商标权的人。在我国，只有依照法定程序注册商标才能取得商标权。我国对商标注册采取自愿注册为主、强制注册为辅的原则，对于没有注册的商标，只要不侵犯他人商标专用权，可以使用，但不受商标法保护。因此，商标权的主体是商标注册人（商标注册权人、注册商标专用权人），包括自然人、法人或者其他组织，没有注册而使用其商标的人不能成为商标权的主体。此外，两个以上的自然人、法人或者其他组织可以共同向商标局申请注册同一商标，共同享有和行使该商标专用权。

核心法条

《商标法》第8条　任何能够将自然人、法人或者其他组织的商品与他人的商品区别开的标志，包括文字、图形、字母、数字、三维标志、颜色组合和声音等，以及上述要素的组合，均可以作为商标申请注册。

《商标法》第9条　申请注册的商标，应当有显著特征，便于识别，并不得与他人在先取得的合法权利相冲突。

商标注册人有权标明“注册商标”或者注册标记。

释解分析

这两条规定的是商标注册的积极条件。商标注册的积极条件是指获准注册的商标应具备的条件，积极条件要求商标应当具备法定的构成要素和能够区别其他经营者同类商品或服务的显著特征，简言之，可识别性和显著性是商标注册的两个积极条件。

商标的构成要素可以是文字、图形、字母、数字、三维标志、颜色组合和声音，也可以是上述这些要素的组合。过去，我国《商标法》不保护声音商标，2013年8月30日第十二届全国人民代表大会常务委员会第四次会议《关于修改〈中华人民共和国商标法〉的决定》增加声音为商标的构成要素，今后声音商标将和平面商标、立体商标（三维标志）一样受到商标法的保护，例如，诺基亚、英特尔等常见的声音标识将可以作为商标申请注册。

商标必须具有显著性特征（独特性），并便于识别。无论是文字商标、图形商标、组合商标，还是立体商标、声音商标，都必须具有显著特征，使之成为区别于他人同类商品的明显标志，但商标注册不得与他人在先取得的合法权利相冲突。例如，将“娃啥啥”申请注册商标并使用在冰淇淋、冰棍上，即便具有显著性和可识别性特征，但与他人在先取得的“娃哈哈”商标注册专用权相冲突，因足以使消费者误认误购，因此同样不能注册。

可识别性和显著性作为商标注册的积极条件，二者相互关联，商标要具有可识别性，就应当具有独特的显著性，而商标越具有显著性，就越容易识别，也就越便于人们区别同类商品或各类不同商品。

试题范例

1. 单项选择题

下列标志不能作为商标构成要素申请注册的是（　　）。

A. 声音　　B. 三维标志

C. 气味　　D. 颜色

答案：C

2. 多项选择题

根据商标法规定，申请商标注册的积极条件是（　　）。

A. 可识别性　　B. 显著性

C. 相容性　　D. 不易混同性

答案：AB

核心法条

《商标法》第 10 条　下列标志不得作为商标使用：

（一）同中华人民共和国的国家名称、国旗、国徽、国歌、军旗、军徽、军歌、勋章等相同或者近似的，以及同中央国家机关的名称、标志、所在地特定地点的名称或者标志性建筑物的名称、图形相同的；

（二）同外国的国家名称、国旗、国徽、军旗等相同或者近似的，但经该国政府同意的除外；

（三）同政府间国际组织的名称、旗帜、徽记等相同或者近似的，但经该组织同意或者不易误导公众的除外；

（四）与表明实施控制、予以保证的官方标志、检验印记相同或者近似的，但经授权的除外；

（五）同“红十字”“红新月”的名称、标志相同或者近似的；

（六）带有民族歧视性的；

（七）带有欺骗性，容易使公众对商品的质量等特点或者产地产生误认的；

（八）有害于社会主义道德风尚或者有其他不良影响的。

县级以上行政区划的地名或者公众知晓的外国地名，不得作为商标。但是，地名具有其他含义或者作为集体商标、证明商标组成部分的除外；已经注册的使用地名的商标继续有效。

《商标法》第 11 条　下列标志不得作为商标注册：

（一）仅有本商品的通用名称、图形、型号的；

（二）仅直接表示商品的质量、主要原料、功能、用途、重量、数量及其他特点的；

（三）其他缺乏显著特征的。

前款所列标志经过使用取得显著特征，并便于识别的，可以作为商标注册。

相关法条

《商标法》第 12 条　以三维标志申请注册商标的，仅由商品自身的性质产生的形状、为获得技术效果而需有的商品形状或者使商品具有实质性价值的形状，不得注册。

《商标法》第 13 条第 2、3 款　就相同或者类似商品申请注册的商标是复制、摹仿或者翻译他人未在中国注册的驰名商标，容易导致混淆的，不予注册并禁止使用。

就不相同或者不相类似商品申请注册的商标是复制、摹仿或者翻译他人已经在中国注册的驰名商标，误导公众，致使该驰名商标注册人的利益可能受到损害的，不予注册并禁止使用。

《商标法》第 15 条　未经授权，代理人或者代表人以自己的名义将被代理人或者被代表人的商标进行注册，被代理人或者被代表人提出异议的，不予注册并禁止使用。

就同一种商品或者类似商品申请注册的商标与他人在先使用的未注册商标相同或者近似，申请人与该他人具有前款规定以外的合同、业务往来关系或者其他关系而明知该他人商标存在，该他人提出异议的，不予注册。

《商标法》第 16 条第 1 款　商标中有商品

的地理标志，而该商品并非来源于该标志所标示的地区，误导公众的，不予注册并禁止使用；但是，已经善意取得注册的继续有效。

释解分析

这两条规定的是商标注册的消极条件。商标注册的消极条件又称为商标注册的禁止条件，商标注册的禁止条件包括绝对禁止条件和相对禁止条件两大类。

《商标法》第10、12、13、15、16条规定了商标注册的绝对禁止条件。使用商标，首先不得违反商标法的绝对禁止条件，即禁用条款。申请注册商标，如果违反禁用条款，使用了法律规定不得作为商标使用的标志，就不能被核准注册。即使是未注册商标，也不得违反规定使用被绝对禁止的标志。关于绝对禁止注册的标志，可以分为三类：（1）维护我国国家尊严和尊重他国及国际组织的规定。《商标法》第10条第1款第1、2、3、4、5项规定属于此类型。（2）禁止具有不良社会影响的标志作商标的规定。《商标法》第10条第1款第6、7、8项规定属于此类型。（3）关于地名作商标的禁止规定。《商标法》第10条第2款规定属于此类型。不过，对于地名作为集体商标、证明商标组成部分的不在禁止之列；对已经注册的地名商标承认既成事实，继续有效。（4）三维标志的禁用条件。《商标法》第12条规定即属于此类型。如果核准以商品自身的性质产生的形状、为获得技术效果而需有的商品形状或者使用商品具有实质性价值的形状作为标志的商标注册申请，将使同类商品生产者正常的生产活动受到限制，因为这些商品的形状是同类商品生产所无法避免的。（5）其他绝对禁止注册的情形。这些情形包括：①禁止使用他人的驰名商标（《商标法》第13条）。②不得损害被代理人或被代表人的商标利益（《商标法》第15条）。③禁止使用虚假地理标志（《商标法》第16条）。如果商标中有商品的地理标志，而该商品并非来源于该标志所表示的地区，往往会误导公众，而且对地理标志所表示地区的生产者也不公平，所以，非真实的地理标志，应当禁止使用。不过基于历史形成的原因，已经善意取得注册的继续有效。

《商标法》第11条规定了商标注册的相对禁止条件。相对禁止注册为商标的标志主要包括：（1）仅有本商品的通用名称、图形、型号的。对于商品通用的名称、图形、型号，任何人都不应一家垄断。（2）仅直接表示商品的质量、主要原料、功能、用途、重量、数量及其他特点的。需要指出的是，商标法所禁止的仅仅是“直接”表示商品的质量、主要原料、功能、用途、重量、数量及其他特点的标志，而“间接”表示或暗示商品某些特征的标志，不在禁止之列。（3）其他缺乏显著特征的。商标具有显著特征是商标注册的积极条件，缺乏显著特征的标志，因不具有独特性而无法识别，自然不能获得注册。上述情形具有相对性，即上述所列标志经过使用取得显著特征，并便于识别的，可以作为商标注册，这表明上述情形仅为相对禁止注册的情形。

试题范例

1.（2021年真题）多项选择题

下列选项中，可以作为台灯注册商标的有（　　）。

A.“金榜”牌

B.“护眼”牌

C.“照明”牌

D.“轻风”牌

答案：AD

2. 单项选择题

下列申请注册的商标，符合我国商标法规定的是（　　）。

A. 广东“藏红花”牌足浴粉

B.“麋鹿”牌鹿茸酒

C.“青稞”牌啤酒

D.“永久”牌自行车

答案：D

核心法条

《商标法》第13条　为相关公众所熟知的商标，持有人认为其权利受到侵害时，可以依照本法规定请求驰名商标保护。

就相同或者类似商品申请注册的商标是复制、摹仿或者翻译他人未在中国注册的驰名商标，容易导致混淆的，不予注册并禁止使用。

就不相同或者不相类似商品申请注册的商标是复制、摹仿或者翻译他人已经在中国注册的驰名商标，误导公众，致使该驰名商标注册人的利益可能受到损害的，不予注册并禁止使用。

相关法条

《商标法》第14条　驰名商标应当根据当事人的请求，作为处理涉及商标案件需要认定的事实进行认定。认定驰名商标应当考虑下列因素：

（一）相关公众对该商标的知晓程度；

（二）该商标使用的持续时间；

（三）该商标的任何宣传工作的持续时间、程度和地理范围；

（四）该商标作为驰名商标受保护的记录；

（五）该商标驰名的其他因素。

在商标注册审查、工商行政管理部门查处商标违法案件过程中，当事人依照本法第十三条规定主张权利的，商标局根据审查、处理案件的需要，可以对商标驰名情况作出认定。

在商标争议处理过程中，当事人依照本法第十三条规定主张权利的，商标评审委员会根据处理案件的需要，可以对商标驰名情况作出认定。

在商标民事、行政案件审理过程中，当事人依照本法第十三条规定主张权利的，最高人民法院指定的人民法院根据审理案件的需要，可以对商标驰名情况作出认定。

生产、经营者不得将"驰名商标"字样用于商品、商品包装或者容器上，或者用于广告宣传、展览以及其他商业活动中。

《商标法》第15条　未经授权，代理人或者代表人以自己的名义将被代理人或者被代表人的商标进行注册，被代理人或者被代表人提出异议的，不予注册并禁止使用。

就同一种商品或者类似商品申请注册的商标与他人在先使用的未注册商标相同或者近似，申请人与该他人具有前款规定以外的合同、业务往来关系或者其他关系而明知该他人商标存在，该他人提出异议的，不予注册。

《商标法》第32条　申请商标注册不得损害他人现有的在先权利，也不得以不正当手段抢先注册他人已经使用并有一定影响的商标。

《商标法》第45条第1款　已经注册的商标，违反本法第十三条第二款和第三款、第十五条、第十六条第一款、第三十条、第三十一条、第三十二条规定的，自商标注册之日起五年内，在先权利人或者利害关系人可以请求商标评审委员会宣告该注册商标无效。对恶意注册的，驰名商标所有人不受五年的时间限制。

释解分析

上述条文规定的是驰名商标。驰名商标是指在市场上享有较高声誉、为相关公众所熟知，并且有较强竞争力的商标。驰名商标多为注册商标，但也有未注册商标，因此，"为相关公众所熟知"是认定驰名商标的关键性条件。《商标法》第13条第1款对此作了明确规定，为相关公众所熟知的商标，持有人认为其权利受到侵害时，可以依照本法规定请求驰名商标保护。

驰名商标的认定标准。2013年修订的《商标法》第14条第1款专门规定了认定驰名商标的条件，即认定驰名商标应当考虑下列因素：（1）相关公众对该商标的知晓程度；（2）该商标使用的持续时间；（3）该商标的任何宣传工作的持续时间、程度和地理范围；（4）该商标作为驰名商标受保护的记录；（5）该商标驰名的其他因素。

驰名商标的认定机构。2013年修改后的《商标法》对驰名商标的认定采取工商、法院多轨制，即有权对商标是否驰名情况作出认定的机构包括商标局（《商标法》第14条第2款）、商标评审委员会（《商标法》第14条第3款）和人民法院（《商标法》第14条第4款）。

驰名商标的保护。我国《商标法》对驰名商标的保护有如下情形：（1）对未注册的驰名商标予以保护。根据《商标法》第13条第2款规定，就相同或者类似商品申请注册的商标是复制、摹仿或者翻译他人未在中国注册的驰名商标，容易导致混淆的，不予注册并禁止使用。（2）对已经注册的驰名商标的保护。根据《商标法》第13条第3款规定，就不相同或者不相类似商品申请注册的商标是复制、摹仿或者翻译他人已经在中国注册的驰名商标，误导公众，致使该驰名商标注册人的利益可能受到损害的，不予注册并禁止使用。此外，根据《商标法》第45条第1款规定，已经注册的商标违反《商标法》第13条第2、3款有关驰名商标保护的规定，自商标注册之日起5年内，在先权利人或者利害关系人可以请求商标评审委员会宣告该注册商标无效。对恶意注册的，驰名商标所有人不受5年的时间限制。《商标法》第45条第1款规定也表明了驰名商标具有的排他性权限。（3）对驰名商标在先权利的保护。《商标法》第32条明确规定了对驰名商标在先权利的保护，即申请商标注册不得损害他人现有的在先权利，也不得以不正当手段抢先注册他人已经使用并有一定影响的商标。《商标法》第15条第2款还具体规定了侵犯他人在先权利而不予注册的情形，即申请商标在相同或者类似商品上与他人在中国在先使用的商标相同或者近似，申请人因与该他人间具有合同、业务往来、地域关系或其他关系而明知该他人商标存在的，不予注册。(4) 禁止宣传和使用“驰名商标”。2013 年修订的《商标法》第 14 条第 5 款新增加了禁止宣传使用“驰名商标”的规定，即生产、经营者不得将“驰名商标”字样用于商品、商品包装或者容器上，或者用于广告宣传、展览以及其他商业活动中。

易混易错

2013 年修订的《商标法》加大了对驰名商标的保护力度，因而涉及的条文较多。法律硕士联考中，本内容出题方式包括选择题和简答题。就简答题而言，出题思路是驰名商标的含义和保护，对于驰名商标的保护，需要回答的内容主要是《商标法》第 13 条的规定。

试题范例

1. 单项选择题

认定驰名商标的关键性条件是（　　）。

A. 为相关公众所熟知

B. 商标使用的持续时间

C. 商标受保护的记录

D. 商标宣传工作的影响范围

答案：A

2. 多项选择题

认定驰名商标应当考虑的因素有（　　）。

A. 相关公众对该商标的知晓程度

B. 该商标使用的持续时间

C. 该商标的任何宣传工作的持续时间、程度和地理范围

D. 该商标作为驰名商标受保护的记录

答案：ABCD

核心法条

《商标法》第 39 条　注册商标的有效期为十年，自核准注册之日起计算。

释解分析

本条规定的是注册商标的保护期。注册商标的有效期为 10 年，自核准注册之日起计算。注册商标有效期满，需要继续使用的，商标注册人应当在期满前 12 个月内按照规定办理续展手续；在此期间未能办理的，可以给予 6 个月的宽展期。每次续展注册的有效期为 10 年，自该商标上一届有效期满次日起计算。期满未办理续展手续的，注销其注册商标。商标局应当对续展注册的商标予以公告。

试题范例

多项选择题

保护期为 10 年的知识产权有（　　）。

A. 实用新型专利

B. 外观设计专利

C. 商标专用权

D. 图书版式设计权

答案：ACD

核心法条

《商标法》第 42 条　转让注册商标的，转让人和受让人应当签订转让协议，并共同向商标局提出申请。受让人应当保证使用该注册商标的商品质量。

转让注册商标的，商标注册人对其在同一种商品上注册的近似的商标，或者在类似商品上注册的相同或者近似的商标，应当一并转让。

对容易导致混淆或者有其他不良影响的转让，商标局不予核准，书面通知申请人并说明理由。

转让注册商标经核准后，予以公告。受让人自公告之日起享有商标专用权。

释解分析

本条规定的是商标权的转让。商标权人有权依照商标法规定，将商标权转让给他人。商标权转让后，原商标权人的权利丧失，受让人取得商标专用权。转让注册商标的，转让人和受让人应当签订转让协议，并共同向商标局提出申请。受让人应当保证使用该注册商标的商品质量。转让注册商标经核准后，予以公告，以便为公众知晓转让商标专用权的事实。受让人自公告之日起享有商标专用权。对容易导致混淆或者有其他不良影响的转让，商标局不予核准。

试题范例

单项选择题

转让注册商标专用权的，受让人享有商标专用权的起算点是（　　）。

A. 核准之日　　B. 公告之日

C. 提出转让申请之日　　D. 达成转让协议之日

答案：B

核心法条

《商标法》第 43 条　商标注册人可以通过签订商标使用许可合同，许可他人使用其注册商标。许可人应当监督被许可人使用其注册商标的商品质量。被许可人应当保证使用该注册商标的商品质量。

经许可使用他人注册商标的，必须在使用该注册商标的商品上标明被许可人的名称和商品产地。

许可他人使用其注册商标的，许可人应当将其商标使用许可报商标局备案，由商标局公告。商标使用许可未经备案不得对抗善意第三人。

释解分析

本条规定的是商标权的使用许可。商标权人有权通过签订商标使用许可合同，许可他人使用自己的注册商标。在此种情形下，商标权人可以保留自己的使用权，此情形为排他性许可，也可以放弃使用权，此情形为独占性许可。无论哪种许可形式，商标权并未发生转移，仍属于许可人。许可人应当监督被许可人使用其注册商标的商品质量。被许可人应当保证使用该注册商标的商品质量。经许可使用他人注册商标的，必须在使用该注册商标的商品上标明被许可人的名称和商品产地。许可他人使用其注册商标的，许可人应当将其商标使用许可报商标局备案，由商标局公告。商标使用许可未经备案不得对抗善意第三人。

试题范例

单项选择题

下列关于商标使用许可的表述，正确的是（　　）。

A. 商标许可他人使用的，商标权人丧失使用权

B. 商标许可他人使用的，商标权人丧失所有权

C. 商标使用许可合同自备案时生效

D. 商标使用许可合同未经备案不得对抗善意第三人

答案：D

核心法条

《商标法》第 44 条第 1 款　已经注册的商标，违反本法第四条、第十条、第十一条、第十二条、第十九条第四款规定的，或者是以欺骗手段或者其他不正当手段取得注册的，由商标局宣告该注册商标无效；其他单位或者个人可以请求商标评审委员会宣告该注册商标无效。

《商标法》第 45 条第 1 款　已经注册的商标，违反本法第十三条第二款和第三款、第十五条、第十六条第一款、第三十条、第三十一条、第三十二条规定的，自商标注册之日起五年内，在先权利人或者利害关系人可以请求商标评审委员会宣告该注册商标无效。对恶意注册的，驰名商标所有人不受五年的时间限制。

释解分析

上述条文规定的是商标权的无效。《商标法》规定的商标权无效的情形包括：（1）已经注册的商标违反商标注册的实体条件和以欺骗手段取得商标注册的。具体情形包括：①不以使用为目的恶意取得商标注册的。②已经注册的商标违反《商标法》第 10 条关于绝对禁止注册标志的规定。③已经注册的商标违反《商标法》第 11 条关于相对禁止注册标志的规定。④已经注册的商标违反《商标法》第 12 条关于三维标志禁止注册的规定。即以三维标志申请注册商标的，仅由商品自身的性质产生的形状、为获得技术效果而需有的商品形状或者使商品具有实质性价值的形状，不得注册。⑤以欺骗手段或者其他不正当手段取得注册的。⑥商标代理机构除对其代理服务申请商标注册外的其他商标注册的。（2）已经注册的商标违反在先权利的。具体情形包括：①就相同或者类似商品申请注册的商标是复制、摹仿或者翻译他人未在中国注册的驰名商标，容易导致混淆的。②就不相同或者不相类似商品申请注册的商标是复制、摹仿或者翻译他人已经在中国注册的驰名

民法学

商标，误导公众，致使该驰名商标注册人的利益可能受到损害的。③未经授权，代理人或者代表人以自己的名义将被代理人或者被代表人的商标进行注册，被代理人或者被代表人提出异议的。就同一种商品或者类似商品申请注册的商标与他人在先使用的未注册商标相同或者近似，申请人与该他人具有前述情形以外的合同、业务往来关系或者其他关系而明知该他人商标存在，该他人提出异议的。

商标权无效的宣告。(1) 违反商标注册实体条件的无效商标权的宣告。对于存在商标权无效情形的，由商标局宣告该注册商标无效；其他单位或者个人也可以请求商标评审委员会宣告该注册商标无效。(2) 违反在先权利的无效商标权的宣告。对于存在违反在先权利商标权的无效情形，自商标注册之日起5年内，在先权利人或者利害关系人可以请求商标评审委员会宣告该注册商标无效。对恶意注册的，驰名商标所有人不受5年的时间限制。

商标权被宣告无效的法律后果。(1) 商标权被宣告无效的，由商标局予以公告，该注册商标专用权视为自始即不存在。注册商标被宣告无效的，自宣告无效之日起1年内，商标局对与该商标相同或者近似的商标注册申请，不予核准。(2) 宣告注册商标无效的决定或者裁定，对宣告无效前人民法院作出并已执行的商标侵权案件的判决、裁定、调解书和工商行政管理部门作出并已执行的商标侵权案件的处理决定以及已经履行的商标转让或者使用许可合同不具有追溯力。但是，因商标注册人的恶意给他人造成的损失，应当给予赔偿。

试题范例

多项选择题

下列情形应当认定为商标权无效的是（　　）。

A. 自行改变注册商标的

B. 带有欺骗性，容易使公众对商品的质量等特点或者产地产生误认的

C. 已经注册的商标违反在先权利的

D. 无法识别并没有显著特征的

答案：BCD

核心法条

《商标法》第49条　商标注册人在使用注册商标的过程中，自行改变注册商标、注册人名义、地址或者其他注册事项的，由地方工商行政管理部门责令限期改正；期满不改正的，由商标局撤销其注册商标。

注册商标成为其核定使用的商品的通用名称或者没有正当理由连续三年不使用的，任何单位或者个人可以向商标局申请撤销该注册商标。商标局应当自收到申请之日起九个月内做出决定。有特殊情况需要延长的，经国务院工商行政管理部门批准，可以延长三个月。

《商标法》第55条第2款　被撤销的注册商标，由商标局予以公告，该注册商标专用权自公告之日起终止。

释解分析

上述条文规定的是商标权的撤销。商标权的撤销是指因商标权人违反法律规定而被商标主管部门强制终止商标权的行为。根据新修订的《商标法》规定，商标权撤销的情形有：(1) 商标注册人在使用注册商标的过程中，自行改变注册商标、注册人名义、地址或者其他注册事项的；(2) 注册商标成为其核定使用的商品的通用名称或者没有正当理由连续3年不使用的。被撤销的注册商标，由商标局予以公告，该注册商标专用权自公告之日起终止。

试题范例

单项选择题

根据商标法规定，商标权应予撤销的情形是（　　）。

A. 恶意注册驰名商标的

B. 没有正当理由连续2年停止使用的

C. 自行改变注册商标的注册人名义的

D. 自行转让注册商标的

答案：C

核心法条

《商标法》第57条　有下列行为之一的，均属侵犯注册商标专用权：

（一）未经商标注册人的许可，在同一种商品上使用与其注册商标相同的商标的；

（二）未经商标注册人的许可，在同一种商品上使用与其注册商标近似的商标，或者在类似商品上使用与其注册商标相同或者近似的商标，容易导致混淆的；

（三）销售侵犯注册商标专用权的商品的；

（四）伪造、擅自制造他人注册商标标识或者销售伪造、擅自制造的注册商标标识的；

（五）未经商标注册人同意，更换其注册商标并将该更换商标的商品又投入市场的；

（六）故意为侵犯他人商标专用权行为提供便利条件，帮助他人实施侵犯商标专用权行为的；

（七）给他人的注册商标专用权造成其他损害的。

相关法条

《商标法》第 64 条第 2 款 销售不知道是侵犯注册商标专用权的商品，能证明该商品是自己合法取得并说明提供者的，不承担赔偿责任。

释解分析

本条规定的是商标侵权行为。根据《商标法》规定，商标侵权行为包括：（1）未经商标注册人的许可，在同一种商品上使用与其注册商标相同的商标的；（2）未经商标注册人的许可，在同一种商品上使用与其注册商标近似的商标，或者在类似商品上使用与其注册商标相同或者近似的商标，容易导致混淆的；（3）销售侵犯注册商标专用权的商品的；（4）伪造、擅自制造他人注册商标标识或者销售伪造、擅自制造的注册商标标识的；（5）未经商标注册人同意，更换其注册商标并将该更换商标的商品又投入市场的；（6）故意为侵犯他人商标专用权行为提供便利条件，帮助他人实施侵犯商标专用权行为的；（7）给他人的注册商标专用权造成其他损害的。对于侵权人实施的上述商标侵权行为，应当承担侵权责任。

此外，《商标法》第 64 条第 2 款还规定了善意侵权的情形，即销售不知道是侵犯注册商标专用权的商品，能证明该商品是自己合法取得并说明提供者的，不承担赔偿责任。在善意侵权情形下，认定侵权责任成立，但善意侵权人不负赔偿责任。

试题范例

1.（2016 年真题）多项选择题

下列行为中，构成侵犯商标权的有（　　）。

A. 甲销售伪造的注册商标标识

B. 乙擅自制造他人注册商标标识

C. 丙未经商标注册人同意，更换其注册商标并将该更换商标的商品又投入市场

D. 丁在类似商品上，将与他人注册商标近似的标志作为商品装潢使用，误导公众

答案：ABCD

2. 单项选择题

根据商标法规定，侵权人实施商标侵权行为但不负赔偿责任的情形是（　　）。

A. 销售不知道是侵犯注册商标专用权的商品，能证明该商品是自己合法取得并说明提供者的

B. 销售侵犯注册商标专用权的商品的

C. 伪造他人注册商标标识的

D. 未经商标注册人同意，更换其注册商标并将该更换商标的商品又投入市场的

答案：A

十三、人格权

核心法条

《民法典》第 990 条 人格权是民事主体享有的生命权、身体权、健康权、姓名权、名称权、肖像权、名誉权、荣誉权、隐私权等权利。

除前款规定的人格权外，自然人享有基于人身自由、人格尊严产生的其他人格权益。

释解分析

本条规定的是人格权的定义及内容。人格权是指民事主体依法享有的为维护其独立法律人格所必备的基本民事权利。人格权分为一般人格权和具体人格权。本条第 1 款规定的是具体人格权。本条第 2 款规定的是一般人格权。

具体人格权包括生命权、身体权、健康权、姓名权、名称权、肖像权、名誉权、荣誉权、隐私权、婚姻自主权和个人信息权益。具体人格权包括精神性人格权和物质性人格权。物质性人格权是以自然人的物质载体所体现的人格利益为客体，概括保障这些物质性人格利益的权利。物质性人格权包括身体权、生命权和健康权三种。精神性人格权就是以民事主体的精神性人格利益为客体，维护其不受侵害的人格权。精神性人格权包括姓名权、名称权、肖像权、名誉权、荣誉权、隐私权和个人信息权益等。

一般人格权是指民事主体基于人身自由以及人格尊严等根本人格利益而享有的人格权。一般人格权的内容通常概括为人身自由及人格尊严两个方面。人身自由，包括身体行动的自由和自主决定的自由，是自然人自主参加社会各项活动、参与各种社会关系、行使其他人身权和财产权的基本保障，是自然人行使其他一切权利的前提和基础。人格尊严，则是指人基于人的尊严在人格上所具有的不可冒犯、不可亵渎、不可侵害或不可剥夺的一种社会性精神特质。与具体人格权相比，一般人格权具有以下特征：（1）主体的普遍性。自然人、法人及非法人组织均平等地享有一般人格权。（2）权利客体的高度概括性。一般人格权的客体是高度概括的民事主体一般人格利益，是具体人格权之外的、尚未或无法具体化的人格利益，它涵盖了具体人格利益之外民事主体应当享有的所有其他人格利益。（3）所保护利益的根本性。人格平等、人格独立、人格自由和人格尊严都是民事主体之所以成为民事主体最根本的条件。（4）权利内容的不确定性。一般人格权的内容无法事先确定，也不应当事先确定。

一般人格权的功能有：（1）产生具体人格权。一般人格权是具体人格权的渊源，从一般人格权中派生出各类具体人格权，即具体人格权源于一般人格权。人格权是一个不断发展的概念。纵观人格权的发展历史，它是一个从弱到强、从少到多、逐渐壮大的权利组群。尤其是近现代民事立法上，产生了大量的具体人格权，使具体人格权达到了十几种，其种类之多，其他类型的民事权利无法相比。这些权利，无一不是依据一般人格权的渊源而产生出来的。（2）解释具体人格权。由于一般人格权的高度概括性和抽象性，使它成为具体人格权的源泉，成为对各项具体人格权具有指导意义的基本权利，决定各项具体人格权的基本性质、具体内容以及与其他具体人格权的区分界限。正因为如此，一般人格权对于具体人格权具有解释的功能。当对具体人格权进行解释时，应当以一般人格权的基本原则和基本特征为标准，有悖于一般人格权基本原理的解释应属无效。除了在学理解释上一般人格权所具有的解释功能外，它还具有在司法适用上的解释功能。在司法解释上，对于具体人格权立法应如何适用，也应依据一般人格权的基本原理进行解释，在具体人格权的法律适用上，也不得违背一般人格权基本原理的要求。（3）补充具体人格权。一般人格权是一种具有较大弹性的权利，具有高度的包容性，既可以概括现有的具体人格权，又可以产生新的人格权，还可以对尚未被具体人格权确认保护的其他人格利益，发挥其补充的功能，将这些人格利益概括在一般人格利益之中，以一般人格权进行法律保护。当这些没有被具体人格权所概括的人格利益受到侵害时，即可依侵害一般人格权确认其侵权行为，追究行为人的侵权责任，救济其人格利益损害。

易混易错

对于一般人格权而言，自然人、法人、非法人组织都普遍地、平等地享有；但是，自然人和法人、非法人组织享有人格权的类别是不同的。例如，名誉权和荣誉权，自然人和法人、非法人组织都可以享有；生命权、身体权、健康权、姓名权、肖像权、隐私权、个人信息权益等，只能由自然人享有；名称权只能由法人或者非法人组织享有。

试题范例

1. 多项选择题

下列选项中，属于具体人格权的是（　　）。

A. 个人信息权益　　B. 人格尊严

C. 隐私权　　D. 荣誉权

答案：ACD

2. 多项选择题

法人和非法人组织都可以享有的人格权有（　　）。

A. 名称权　　B. 名誉权

C. 隐私权　　D. 荣誉权

答案：ABD

核心法条

《民法典》第 993 条　民事主体可以将自己的姓名、名称、肖像等许可他人使用，但是依照法律规定或者根据其性质不得许可的除外。

释解分析

本条规定的是人格标识许可使用。使用权，又称为利用权，是指人格权所含有的权利主体以自己的意志去利用人格权的客体即人格利益，从事各种活动，以满足自身需要的权利。使用权首先表现为使用自己人格权的客体，体现个体活动的特征，以区别于他人，体现个人存在的价值，如使用姓名、名称于社会活动和商业活动，以区分个体的形象标志，等等。在社会生活中，如果民事主体不能使用人格权的客体，则不可能进行任何有效的活动。使用权还表现为使用人格权的客体，以满足自身的需要。例如，自然人利用自己的形象进行绘画、摄影、录像，从事艺术活动等，都是使用自己的人格权客体满足自身的需要。从本条规定的立法表述分析，一般而言，只有姓名、名称和肖像才能许可他人使用，至于本条规定的“等”，似乎还有其他人格权客体可以许可他人使用，但本书认为，除了肖像、姓名、名称之外，不可能再有其他任何利益可以与民事主体的人格相脱离，并被他人使用。需要注意的是，民事主体许可他人使用姓名、名称、肖像必须符合法律规定，否则不予保护。根据人格权客体性质不得许可使用的，也不得许可他人使用。

试题范例

多项选择题

下列民事权利或者客体中，可以许可他人使用的是（　　）。

A. 肖像　　B. 隐私

C. 专利权　　D. 姓名

答案：ACD

核心法条

《民法典》第 994 条　死者的姓名、肖像、名誉、荣誉、隐私、遗体等受到侵害的，其配偶、子女、父母有权依法请求行为人承担民事责任；死者没有配偶、子女且父母已经死亡的，其他近亲属有权依法请求行为人承担民事责任。

释解分析

本条规定的是死者人格利益的保护。人格权作为一种民事权利只能由活着的人享有，死者的姓名、肖像、名誉、荣誉、隐私、遗体等不再体现为一种权利，但是，民事权利以利益为内容，这种利益是社会利益和个人利益的结合，一个人死亡后，其不可能再享有实际权利中包含的个人利益，但由于权利中包含了社会利益的因素，因此，在自然人死亡后，法律仍需要对这种利益进行保护。本条采取封闭式规定的方式，列举了受法律保护的死者的人格利益包括死者的姓名、肖像、名誉、荣誉、隐私、遗体（含遗骨）等，上述人格利益以外的其他民事权益受到侵害的，无法获得救济。根据本条规定，对于侵害死者人格利益的，其配偶、子女、父母等民事主体，有权依法请求行为人承担民事责任；死者没有配偶、子女且父母已经死亡的，其他近亲属（兄弟姐妹、祖父母、外祖父母、孙子女、外孙子女）有权依法请求行为人承担民事责任。

试题范例

多项选择题

死者的下列利益依法受到民法典保护的是（　　）。

A. 肖像　　B. 个人信息权益

C. 名誉　　D. 姓名

答案：ACD

核心法条

《民法典》第996条　因当事人一方的违约行为，损害对方人格权并造成严重精神损害，受损害方选择请求其承担违约责任的，不影响受损害方请求精神损害赔偿。

释解分析

本条规定的是精神损害赔偿请求权聚合。我国原有司法解释中仅支持以侵权为由主张精神损害赔偿，对于以违约为由主张精神损害赔偿的，不予支持。但是，实际上，违约也会给当事人带来严重精神损害。例如，在医疗服务合同、婚庆服务合同、丧葬服务合同、旅游服务合同、违约侵害特定物品的特殊保管合同等情形中，存在因一方当事人违约造成另一方当事人精神损害的情况。因此，本条规定，因当事人一方的违约行为，损害对方人格权并造成严重精神损害，受损害方选择请求其承担违约责任的，不影响受损害方请求精神损害赔偿。

试题范例

1.（2020年真题）多项选择题

甲将祖父的遗像交给乙装裱，乙粗心大意，弄丢了该遗像，甲非常痛苦。甲有权要求乙（　　）。

A. 返还原物　　B. 恢复原状

C. 赔偿财产损失　　D. 赔偿精神损害

答案：CD

2. 多项选择题

甲拿着其唯一的婚纱照底片冲印，甲向冲印店表示，其对该照片含有特殊情感，愿出高价冲印并希望妥善保管。几日后甲来取底片，冲印店告知底片因保存不慎被烧毁，甲为此痛苦不堪。对此，下列表述正确的是（　　）。

A. 甲与冲印店之间形成承揽合同关系

B. 甲只能请求冲印店承担违约责任

C. 甲只能请求冲印店赔偿因底片被烧毁的损失

D. 甲有权向冲印店请求精神损害赔偿

答案：AD

核心法条

《民法典》第1001条　对自然人因婚姻家庭关系等产生的身份权利的保护，适用本法第一编、第五编和其他法律的相关规定；没有规定的，可以根据其性质参照适用本编人格权保护的有关规定。

释解分析

本条规定的是身份权的法律适用。基于人身权的取得原因，人身权可以分为人格权和身份权。身份权是指民事主体基于在特定的社会关系中的地位和资格而依法享有的民事权利。身份和身份权已经和历史上不平等、特权等含义完全无关。身份权的内容包括配偶权和亲属权。身份权具有如下特征：（1）身份权属于人身权。（2）身份权必须以一定的社会关系中的地位或者资格作为前提。（3）身份权不直接体现财产内容。根据本条规定，对自然人因婚姻家庭关系等产生的身份权利的保护，适用民法典总则编、婚姻家庭编和其他法律的相关规定；没有规定的，可以根据其性质参照适用人格权编人格权保护的有关规定。

易混易错

人格权和身份权的区别表现在：（1）权利主体不同。人格权的主体包括自然人、法人和非法人组织；身份权的主体限于自然人。（2）客体不同。人格权以人格要素为客体；身份权以基于一定身份关系形成的身份为客体。（3）取得根据不同。人格权源于民事主体的出生或成立（但荣誉权和婚姻自主权除外：荣誉权自取得荣誉称号时才能享有；婚姻自主权则在自然人达到一定年龄要求和符合行为能力的要求时才能享有）；身份权源于事件或行为。（4）权利的存续期间不同。人格权没有特别期限的限制；身份权是以一定的身份为存在的前提，并以身份的存续为权利存续的前提。

试题范例

1.（2016 年真题）单项选择题

下列权利中，属于身份权的是（　　）。

A. 名誉权　　B. 名称权

C. 隐私权　　D. 配偶权

答案：D

2. 单项选择题

下列有关自然人人格权和身份权异同的表述，不正确的是（　　）。

A. 人格权和身份权都是绝对权

B. 人格权和身份权均没有直接的财产内容

C. 人格权和身份权受到侵害后都可以请求精神损害赔偿

D. 人格权和身份权的取得都源于事件或行为

答案：D

核心法条

《民法典》第 1002 条　自然人享有生命权。自然人的生命安全和生命尊严受法律保护。任何组织或者个人不得侵害他人的生命权。

释解分析

本条规定的是生命权。生命权是指自然人享有的生命安全和生命尊严不受非法侵害的权利。生命权是自然人作为权利主体的前提条件，也是其行使其他民事权利的基础，故为自然人最基本的人格权；生命权始于出生、终于死亡，不依赖其他权利而存在，故为独立的人格权。生命权以自然人的生命安全和生命尊严为客体。生命权的内容包括生命安全维护权、生命利益支配权、生命尊严维护权。

核心法条

《民法典》第 1003 条　自然人享有身体权。自然人的身体完整和行动自由受法律保护。任何组织或者个人不得侵害他人的身体权。

释解分析

本条规定的是身体权。身体权是指自然人享有的对其肢体、器官和其他人体组织进行支配并维护其安全与完满，从而享受一定利益的权利。身体权具有以下特征：（1）身体权的主体限于自然人。（2）身体权的客体是权利人自身的物质性人格要素。（3）身体权的内容是自然人对其身体完整的维护及对肢体、器官和人体组织的支配，故身体权属于支配权。（4）身体权是不可转让的基本人格权。身体权的基本内容有：（1）保护自然人的身体完整性和完全性。（2）支配自己的肢体、器官和其他人体组织等身体组成部分。（3）行动自由。

核心法条

《民法典》第 1004 条　自然人享有健康权。自然人的身心健康受法律保护。任何组织或者个人不得侵害他人的健康权。

释解分析

本条规定的是健康权。健康权是指自然人依法享有的维护其健康，保持与利用其劳动能力并排除他人非法侵害的权利。健康权具有以下特征：（1）健康权以维护自然人的身体生理功能的正常发挥为根本利益。（2）健康权是专属于自然人的人格权，始于出生，终于死亡，在自然人的有生之年具有不可转让性。（3）健康权是绝对权、对世权。健康权包括健康维护权、劳动能力维护权、健康利益支配权三项内容。

易混易错

1. 健康权不同于生命权。侵害生命权意味着生命不可逆转地丧失，侵害健康权的结果是健康受损，健康受损后经过医治可以康复或好转。生

民法学

命权的根本利益在于维护生命安全与生命价值，健康权以维持人体的正常生命活动为根本利益。某一侵权行为侵犯的究竟是生命权还是健康权，以侵害的实际后果而不是侵权人的侵害目标为判断标准。例如，甲为报复欲致乙于死地，结果将乙打成重伤。甲侵犯的是乙的健康权而非生命权。

2. 健康权不同于身体权。对于健康权、身体权两大人格权客体，即健康和身体，应当如何区分，有的学者认为："惟身体系肉体之构造，健康则系生理之机能。"这一区分标准是简洁而适用的。侵犯身体权会损害肉体构造完整性；侵犯健康权会影响生理机能的正常运作。可见，对健康权的侵犯要比对身体权的侵犯后果严重。侵犯身体权的，不一定侵犯健康权，侵犯健康权的，一般而言，一定侵犯了身体权，但在特殊情况下，侵犯健康权的行为也并不当然侵犯身体权，比如生产假冒伪劣食品、空气污染、水源污染致人病患等，这些行为都会侵犯健康权，但身体权并未受到侵犯，因为身体完整性并未受到破坏。不过，在二者产生竞合的情况下，如果认定侵犯健康权的，不再定侵犯身体权。例如，甲将乙的耳垂扎破，但不影响听觉和生理功能的正常发挥，宜认定为侵犯身体权；倘若甲将乙的耳朵咬掉，则必然侵犯健康权。

试题范例

单项选择题

甲将乙的耳垂咬掉，但不影响听力，则甲侵犯了乙的（　　）。

A. 健康权　　B. 肖像权

C. 身体权　　D. 隐私权

答案：C

核心法条

《民法典》第 1006 条　完全民事行为能力人有权依法自主决定无偿捐献其人体细胞、人体组织、人体器官、遗体。任何组织或者个人不得强迫、欺骗、利诱其捐献。

完全民事行为能力人依据前款规定同意捐献的，应当采用书面形式，也可以订立遗嘱。

自然人生前未表示不同意捐献的，该自然人死亡后，其配偶、成年子女、父母可以共同决定捐献，决定捐献应当采用书面形式。

释解分析

本条规定的是人体捐献。完全民事行为能力人有权依法自主决定无偿捐献其人体细胞、人体组织、人体器官、遗体。任何组织或者个人不得强迫、欺骗、利诱其捐献。这里的"人体细胞、人体组织、人体器官"，针对的是自然人去世后从其遗体上摘取器官。本条规定并不涉及活体之间的器官捐献，对于活体器官捐献，我国现行法律有规定，严格限定在家庭成员之间，且须经过极其严格的审查程序。

依据本条规定，自然人捐献须出于自愿，即采取自愿捐献的方式，而且自然人同意捐献的，应当采用书面形式或者有效的遗嘱形式。自然人有权随时撤销其前面作出同意捐献的意思表示。

本条第 3 款规定赋予了逝者近亲属的人体器官捐献的决定权。自然人生前未表示不同意捐献的，该自然人死亡后，其配偶、成年子女、父母可以共同决定捐献，"共同决定捐献"表明上述近亲属之间应就人体捐献达成一致意见，只要有一人表示反对，就不能捐献，以充分尊重近亲属对逝者的情感。决定捐献应当采用书面形式。

试题范例

单项选择题

关于人体捐献，下列说法符合民法典规定的是（　　）。

A. 自然人有权决定有偿捐献其人体

B. 自然人捐献人体须出于自愿

C. 自然人生前未表示不同意捐献的，该自然人死亡后，其近亲属不得捐献其人体

D. 人体捐献可以采用口头形式

答案：B

核心法条

《民法典》第 1010 条　违背他人意愿，以言语、文字、图像、肢体行为等方式对他人实施性骚扰的，受害人有权依法请求行为人承担民事责任。

机关、企业、学校等单位应当采取合理的预防、受理投诉、调查处置等措施，防止和制止利用职权、从属关系等实施性骚扰。

释解分析

本条规定的是性骚扰。性骚扰是指以满足性欲为出发点进行骚扰的不法行为。根据本条规定，性骚扰的内容有：（1）行为方式。性骚扰的行为方式包括言语、文字、图像、肢体行为等方式，但不限于“言语、文字、图像、肢体行为”。言语方式如以下流语言挑逗对方，向其讲述个人的性经历、黄色笑话或色情文艺内容；文字方式如书写性骚扰的文字、以文字形式发布性骚扰的广告等；图像方式如布置淫秽图片、以图片方式布置性骚扰广告等；肢体行为方式如故意触摸、碰撞、亲吻对方性敏感部位等。（2）实质要件。性骚扰的实质要件是“违背他人意愿”。（3）适用范围。适用范围包括机关、企业、学校防止和制止“利用职权、从属关系等”实施性骚扰，但不限于机关、企业、学校，具有较强针对性和可执行性。机关、企业、学校等单位应当采取合理的预防、受理投诉、调查处置等措施来防止和制止性骚扰的实施，这对于保护自然人的合法权益，特别是保护自然人的人格尊严，将起到很好的作用。

试题范例

多项选择题

关于性骚扰的认定，下列表述正确的是（　　）。

A. 是否属于性骚扰，应当以是否违背他人意愿作为实质认定标准

B. 实施性骚扰的行为限于言语和肢体行为

C. 机关、企业、学校等单位有义务防止和制止利用职权、从属关系等实施性骚扰

D. 对于实施性骚扰的行为，有关单位有权采取行政拘留措施

答案：AC

核心法条

《民法典》第 1012 条　自然人享有姓名权，有权依法决定、使用、变更或者许可他人使用自己的姓名，但是不得违背公序良俗。

《民法典》第 1013 条　法人、非法人组织享有名称权，有权依法决定、使用、变更、转让或者许可他人使用自己的名称。

《民法典》第 1015 条　自然人应当随父姓或者母姓，但是有下列情形之一的，可以在父姓和母姓之外选取姓氏：

（一）选取其他直系长辈血亲的姓氏；

（二）因由法定扶养人以外的人扶养而选取扶养人姓氏；

（三）有不违背公序良俗的其他正当理由。

少数民族自然人的姓氏可以遵从本民族的文化传统和风俗习惯。

释解分析

上述条文分别规定的是姓名权、名称权和姓氏。姓名权是自然人依法享有的决定、使用、变更或者许可他人使用自己姓名，并排除他人非法侵害（如干涉、盗用、假冒等）的权利。姓名权具有如下特征：（1）姓名权是以自然人的姓名为客体的人格权。（2）姓名权是专属于自然人的人格权，与自然人的人身不可分离，既不得转让也不得抛弃。（3）自然人决定、变更姓名应当依法向有关机关办理登记手续，但是法律另有规定的除外。姓名权的内容主要包括姓名决定权、姓名使用权和许可他人使用权、姓名变更权。

名称权是法人、非法人组织依法享有的决定、使用、变更、转让或者许可他人使用其名称并排除他人非法干涉的权利。名称权具有如下特征：（1）名称权的主体是自然人以外的其他民事主体，包括法人、非法人组织。（2）名称权往往具有直接财产利益，商业名称权可以转让。（3）法人、非法人组织决定、变更、转让名称的，应当依法向有关机关办理登记手续，但是法律另有规定的除外。名称权的内容主要包括名称决定权、名称使用权、名称变更权、名称转让权和许可他人使用权。

姓氏是标示一个人的家族血缘关系的标志和符号。姓氏的选取应当符合《民法典》第 1015 条的规定，不能随意选取。首先，姓氏的选取不得违背公序良俗。其次，自然人应当随父姓或者母姓。再次，有下列情形之一的，可以在父姓和母姓之外选取姓氏：（1）选取其他直系长辈血亲的姓氏；（2）因由法定扶养人以外的人扶养而选取扶养人姓氏；（3）有不违背公序良俗的其他正当理由。此外，少数民族自然人的姓氏可以遵从本民族的文化传统和风俗习惯。

易混易错

具有一定社会知名度，被他人使用足以造成公众混淆的笔名、艺名、网名、译名、字号、姓名和名称的简称等，参照适用姓名权和名称权保护的有关规定。

试题范例

1.（2017年真题）单项选择题

甲谎称是乙公司的代理人，以乙公司的名义与丙公司签订合同。甲侵犯了乙公司的（　　）。

A. 姓名权　　B. 商标权

C. 名誉权　　D. 名称权

答案：D

2. 多项选择题

下列关于姓氏的选取，符合民法典规定的是（　　）。

A. 甲选取其母亲的姓氏

B. 乙选取其养父的姓氏

C. 丙选取其喜欢的影星的姓氏

D. 丁选取其外祖母的姓氏

答案：ABD

核心法条

《民法典》第1018条　自然人享有肖像权，有权依法制作、使用、公开或者许可他人使用自己的肖像。

肖像是通过影像、雕塑、绘画等方式在一定载体上所反映的特定自然人可以被识别的外部形象。

释解分析

本条规定的是肖像和肖像权。肖像是通过影像、雕塑、绘画等方式在一定载体上所反映的特定自然人可以被识别的外部形象。肖像权是指自然人依法制作、使用、公开或者许可他人使用自己的肖像，借此享受一定利益并排除他人非法侵害的权利。肖像权具有如下特征：(1) 肖像权是专属于自然人的人格权，其主体限于自然人。(2) 肖像权的客体是肖像人的肖像，而不是肖像的载体。(3) 肖像权是专有权。肖像权的内容是肖像权人对自己肖像的支配，具体包括肖像制作权、肖像使用权和许可使用权、肖像利益维护权。

易混易错

1. 肖像权消极权能。任何组织或者个人不得以丑化、污损，或者利用信息技术手段伪造等方式侵害他人的肖像权。未经肖像权人同意，不得制作、使用、公开肖像权人的肖像，但是法律另有规定的除外。未经肖像权人同意，肖像作品权利人不得以发表、复制、发行、出租、展览等方式使用或者公开肖像权人的肖像。

2. 肖像权的合理使用。合理实施下列行为的，可以不经肖像权人同意：(1) 为个人学习、艺术欣赏、课堂教学或者科学研究，在必要范围内使用肖像权人已经公开的肖像；(2) 为实施新闻报道，不可避免地制作、使用、公开肖像权人的肖像；(3) 为依法履行职责，国家机关在必要范围内制作、使用、公开肖像权人的肖像；(4) 为展示特定公共环境，不可避免地制作、使用、公开肖像权人的肖像；(5) 为维护公共利益或者肖像权人合法权益，制作、使用、公开肖像权人的肖像的其他行为。

3. 肖像许可使用合同解释规则。当事人对肖像许可使用合同中关于肖像使用条款的理解有争议的，应当作出有利于肖像权人的解释。

4. 肖像许可使用合同解除权。当事人对肖像许可使用期限没有约定或者约定不明确的，任何一方当事人可以随时解除肖像许可使用合同，但是应当在合理期限之前通知对方。当事人对肖像许可使用期限有明确约定，肖像权人有正当理由的，可以解除肖像许可使用合同，但是应当在合理期限之前通知对方。因解除合同造成对方损失的，除不可归责于肖像权人的事由外，应当赔偿损失。

5. 姓名许可和声音保护的参照适用。对姓名等的许可使用，参照适用肖像许可使用的有关规定。对自然人声音的保护，参照适用肖像权保护的有关规定。

试题范例

1.（2015年真题）单项选择题

甲公司擅自使用电视剧《华妃传》中华妃扮演者的剧照为某化妆品做广告，甲公司的行为侵害了（　　）。

A. 华妃扮演者的肖像权

B. 华妃扮演者的名誉权

C.《华妃传》著作权人的著作权

D.《华妃传》著作权人的邻接权

答案：A

2.（2018 年真题）单项选择题

摄影师甲以乙为模特拍摄了数百张艺术照。甲将这些照片编辑成画册，未经乙同意交出版社出版发行。甲的行为侵害了乙的（　　）。

A. 著作权　　B. 发表权

C. 肖像权　　D. 署名权

答案：C

3.（2020 年真题）单项选择题

微信名为“温柔的小蜜蜂”的用户在朋友圈中发图配文称：张某是一位糖尿病患者，服用“小蜜蜂”牌保健品后病情得到控制。李某发现该图用的是自己的生活照，且文字内容与自己毫不相干。该用户侵犯了李某的（　　）。

A. 名誉权　　B. 肖像权

C. 个人信息权益　　D. 姓名权

答案：B

4.（2021 年真题）单项选择题

甲为乙拍摄照片后将照片发到朋友圈，丙看到后觉得很有趣，遂将该照片做成搞笑表情包出售。丙侵犯了（　　）。

A. 甲的发表权　　B. 甲的隐私权

C. 乙的肖像权　　D. 乙的荣誉权

答案：C

核心法条

《民法典》第 1024 条　民事主体享有名誉权。任何组织或者个人不得以侮辱、诽谤等方式侵害他人的名誉权。

名誉是对民事主体的品德、声望、才能、信用等的社会评价。

《民法典》第 1025 条　行为人为公共利益实施新闻报道、舆论监督等行为，影响他人名誉的，不承担民事责任，但是有下列情形之一的除外：

（一）捏造、歪曲事实；

（二）对他人提供的严重失实内容未尽到合理核实义务；

（三）使用侮辱性言辞等贬损他人名誉。

《民法典》第 1026 条　认定行为人是否尽到前条第二项规定的合理核实义务，应当考虑下列因素：

（一）内容来源的可信度；

（二）对明显可能引发争议的内容是否进行了必要的调查；

（三）内容的时限性；

（四）内容与公序良俗的关联性；

（五）受害人名誉受贬损的可能性；

（六）核实能力和核实成本。

民法学

释解分析

上述条文规定的是名誉权。名誉是对民事主体的品德、声望、才能、信用等的社会评价。名誉权是指民事主体依法享有的维护其名誉，享受名誉给自己带来的利益并排除他人非法侵害的权利。名誉权具有以下特征：（1）名誉权的主体包括所有的民事主体。（2）名誉权的客体为名誉。（3）名誉权不具有直接的财产内容，但与一定的财产利益相联系。名誉权的基本内容包括名誉保有权、名誉维护权、名誉利益支配权。名誉权不得抛弃，也不得转让和继承。

名誉侵权的主要方式为侮辱、诽谤。但是，行为人行使名誉权也要受到限制，主要表现在，行为人为公共利益实施新闻报道、舆论监督等行为，影响他人名誉的，不承担民事责任，但是有下列情形之一的除外：（1）捏造、歪曲事实；（2）对他人提供的严重失实内容未尽到合理核实义务；（3）使用侮辱性言辞等贬损他人名誉。

行为人为公共利益实施新闻报道、舆论监督等行为，影响他人名誉的，不承担民事责任，对他人提供的严重失实内容未尽到合理核实义务的，仍应承担民事责任。认定行为人是否尽到合理的核实义务，应当考虑的因素包括：（1）内容来源的可信度；（2）对明显可能引发争议的内容是否进行了必要的调查；（3）内容的时限性；（4）内容与公序良俗的关联性；（5）受害人名誉受贬损的可能性；（6）核实能力和核实成本。

试题范例

1.（2015 年真题）单项选择题

某公安局官方微博公布了演员甲因容留他人

吸毒被抓的消息，一知名记者在其博客上转载该消息，并上传了甲与艺人乙、丙一起赌博的照片。该记者的行为（　　）。

A. 侵害了甲的隐私权

B. 侵害了乙、丙的肖像权

C. 侵害了乙、丙的隐私权

D. 不构成侵权

答案：D

2. (2018年真题) 单项选择题

甲将乙的照片和联系方式发到自己的微信朋友圈，声称乙欠钱不还，是个骗子。经查，甲所言与事实完全不符。甲的行为侵害了乙的（　　）。

A. 姓名权　　B. 名誉权

C. 肖像权　　D. 荣誉权

答案：B

3. 单项选择题

张某捏造其同事李某曾经因盗窃而判刑的事实，并在单位里传播。张某的行为侵犯了李某的（　　）。

A. 姓名权　　B. 荣誉权

C. 隐私权　　D. 名誉权

答案：D

核心法条

> **《民法典》第1027条**　行为人发表的文学、艺术作品以真人真事或者特定人为描述对象，含有侮辱、诽谤内容，侵害他人名誉权的，受害人有权依法请求该行为人承担民事责任。
>
> 行为人发表的文学、艺术作品不以特定人为描述对象，仅其中的情节与该特定人的情况相似的，不承担民事责任。

释解分析

本条规定的是作品名誉侵权。名誉侵权表现为以侮辱、诽谤等方式侵害他人名誉权，包括捏造、歪曲事实和使用侮辱性言辞贬损他人名誉。此外，名誉侵权还表现在，在发表的文学、艺术作品中，以真人真事或者特定人为描述对象，含有侮辱、诽谤内容侵害他人名誉权，此即为作品名誉侵权。

行为人发表的文学、艺术作品以真人真事或者特定人为描述对象，含有侮辱、诽谤内容，侵害他人名誉权的，受害人有权依法请求该行为人承担民事责任。描写真人真事的文学、艺术作品，对特定人进行侮辱、诽谤或者披露隐私损害其名誉的；或者虽未写明真实姓名和住址，但事实是以特定人或特定人的特定事实为描写对象，文中有侮辱、诽谤或者披露影射的内容，致其名誉受到损害的，应认定为侵害他人名誉权。

行为人发表的文学、艺术作品不以特定人为描述对象，仅其中的情节与该特定人的情况相似的，不应当认定为侵害他人名誉权。

试题范例

多项选择题

甲为报私愤在其创作的小说《攻城演义》中，采用名称相同、体型外貌等特征相似的方法，把作品中反面主角与乙联系起来，并加以侮辱、诽谤，使熟悉乙的读者一看便知作品中的反面主角是影射乙的，这给乙的精神造成严重伤害。对此，下列表述正确的是（　　）。

A. 甲的行为侵犯了乙的名誉权

B. 甲的行为侵犯了乙的姓名权

C. 乙有权请求甲停止侵害、恢复名誉

D. 乙有权请求甲承担精神损害赔偿

答案：ACD

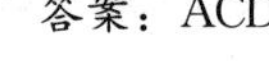

核心法条

> **《民法典》第1031条**　民事主体享有荣誉权。任何组织或者个人不得非法剥夺他人的荣誉称号，不得诋毁、贬损他人的荣誉。
>
> 获得的荣誉称号应当记载而没有记载的，民事主体可以请求记载；获得的荣誉称号记载错误的，民事主体可以请求更正。

释解分析

本条规定的是荣誉权。荣誉是特定人从特定组织获得的一种专门化和确定化的积极评价。荣誉权是指民事主体对荣誉享有的获得、保持、利用并享受所生利益的权利。荣誉权具有以下特征：(1) 权利主体包括所有的民事主体。(2) 客体是民事主体获得的荣誉。(3) 荣誉权自获取荣誉称号时起才能享有。自然人从出生时起享有人格权，但荣誉权是个例外，因为荣誉权须由有关组织授予，所以荣誉权只能从取得荣誉称号时起享有。荣誉权的基本内容包括荣誉获得权、荣誉维护权和荣誉利用权三项。

易混易错

荣誉和名誉的区别有：（1）来源不同。荣誉是由特定组织授予的，来源具有特定性；名誉是民事主体获得的生活评价，其来源是不特定的社会公众。（2）内容不同。荣誉是对民事主体的正面的、积极的、褒扬性的评价；名誉是对民事主体的客观评价，该评价可能是正面的积极的，也可能是负面的消极的，故名誉有好坏之分，而荣誉则无此区分。同时，荣誉是由一定组织依一定条件和程序给予的，是一种正式评价，表现为一定的形式，如荣誉称号；名誉则是一种带有随意性的评价，没有固定的形式。（3）涉及的范围不同。荣誉仅仅是对民事主体的某个特定方面的评价；名誉则是对某一主体的综合性评价，涉及主体的各个方面。（4）荣誉可以依照一定的程序剥夺或者撤销；名誉只可能发生改变，不可能被剥夺或者撤销。

试题范例

单项选择题

下列关于荣誉权的表述，正确的是（　　）。

A. 荣誉权是一种身份权

B. 荣誉权是特定组织给予的褒扬性评价

C. 荣誉权在民事主体出生时才能享有

D. 法人不能享有荣誉权

答案：B

核心法条

《民法典》第 1032 条 自然人享有隐私权。任何组织或者个人不得以刺探、侵扰、泄露、公开等方式侵害他人的隐私权。

隐私是自然人的私人生活安宁和不愿为他人知晓的私密空间、私密活动、私密信息。

《民法典》第 1033 条 除法律另有规定或者权利人明确同意外，任何组织或者个人不得实施下列行为：

（一）以电话、短信、即时通讯工具、电子邮件、传单等方式侵扰他人的私人生活安宁；

（二）进入、拍摄、窥视他人的住宅、宾馆房间等私密空间；

（三）拍摄、窥视、窃听、公开他人的私密活动；

（四）拍摄、窥视他人身体的私密部位；

（五）处理他人的私密信息；

（六）以其他方式侵害他人的隐私权。

释解分析

上述条文规定的是隐私权。隐私权是指自然人享有的对自己的个人隐私进行支配并排除他人非法干涉的人格权。《民法典》第 1032 条规定将“私人生活安宁”纳入隐私的内容，进一步丰富了隐私权的内涵和适用保护范围。隐私权具有以下特征：（1）隐私权的主体限于自然人，是专属于自然人的人格权利。（2）隐私权的客体是隐私。（3）隐私权是支配权，权利人既可以利用隐私，也可以放弃隐私。隐私权的基本内容包括隐私保密权、隐私保护权、隐私支配权。

根据《民法典》第 1033 条的规定，下列行为都属于侵犯隐私权的侵害行为：（1）以电话、短信、即时通讯工具、电子邮件、传单等方式侵扰他人的私人生活安宁；（2）进入、拍摄、窥视他人的住宅、宾馆房间等私密空间；（3）拍摄、窥视、窃听、公开他人的私密活动；（4）拍摄、窥视他人身体的私密部位；（5）处理他人的私密信息；（6）以其他方式侵害他人的隐私权。

易混易错

名誉权与隐私权的区别。侵犯隐私权也会同时侵犯名誉权，但二者仍然有别，二者的关键区别在于：侵犯名誉权的行为人散布的内容是虚构的、捏造的；侵犯隐私权的行为人散布的、公开的内容是真实的。

试题范例

多项选择题

甲实施的下列行为中，属于侵犯隐私权的有（　　）。

A. 甲多次给乙发送各种垃圾短信和拨打骚扰电话

B. 甲将朋友丙患有性病的事实公之于众

C. 记者甲报道了艺人丁嫖娼的事实

D. 装修工甲乘装修之际将摄像头安装在戊的卧室

答案：ABD

核心法条

《民法典》第1034条 自然人的个人信息受法律保护。

个人信息是以电子或者其他方式记录的能够单独或者与其他信息结合识别特定自然人的各种信息，包括自然人的姓名、出生日期、身份证件号码、生物识别信息、住址、电话号码、电子邮箱、健康信息、行踪信息等。

个人信息中的私密信息，适用有关隐私权的规定；没有规定的，适用有关个人信息保护的规定。

释解分析

本条规定的是个人信息权益。个人信息是以电子或者其他方式记录的能够单独或者与其他信息结合识别特定自然人的各种信息，包括自然人的姓名、出生日期、身份证件号码、生物识别信息、住址、电话号码、电子邮箱、健康信息、行踪信息等。个人信息权益是指自然人依法对其本人的个人资料信息所享有的支配并排除他人侵害的人格权。个人信息权益具有如下特征：(1) 个人信息权益是具体人格权，是以个人的信息资料作为人格要素而设立的民事权利。(2) 个人信息权益的客体是个人的资料信息等人格要素。(3) 个人信息权益的主体是自然人个人，不包括法人和非法人组织。(4) 个人信息权益的权利要求是，以自我决定权作为其权利基础，自然人的个人信息由自我掌握、自我支配，他人不得非法干涉和非法侵害，因此，个人信息权益是排他的自我支配权。

易混易错

1. 个人信息处理的原则和条件。个人信息的处理包括个人信息的收集、存储、使用、加工、传输、提供、公开等。处理个人信息的，应当遵循合法、正当、必要原则，不得过度处理，并符合下列条件：(1) 征得该自然人或者其监护人同意，但是法律、行政法规另有规定的除外；(2) 公开处理信息的规则；(3) 明示处理信息的目的、方式和范围；(4) 不违反法律、行政法规的规定和双方的约定。

2. 处理个人信息免责事由。处理个人信息，有下列情形之一的，行为人不承担民事责任：(1) 在该自然人或者其监护人同意的范围内合理实施的行为；(2) 合理处理该自然人自行公开的或者其他已经合法公开的信息，但是该自然人明确拒绝或者处理该信息侵害其重大利益的除外；(3) 为维护公共利益或者该自然人合法权益，合理实施的其他行为。

3. 个人信息主体的权利。自然人可以依法向信息处理者查阅或者复制其个人信息；发现信息有错误的，有权提出异议并请求及时采取更正等必要措施。自然人发现信息处理者违反法律、行政法规的规定或者双方的约定处理其个人信息的，有权请求信息处理者及时删除。

4. 信息处理者的信息安全保障义务。信息处理者不得泄露或者篡改其收集、存储的个人信息；未经自然人同意，不得向他人非法提供其个人信息，但是经过加工无法识别特定个人且不能复原的除外。信息处理者应当采取技术措施和其他必要措施，确保其收集、存储的个人信息安全，防止信息泄露、篡改、丢失；发生或者可能发生个人信息泄露、篡改、丢失的，应当及时采取补救措施，按照规定告知自然人并向有关主管部门报告。

试题范例

1. (2019年真题) 单项选择题

甲公司将售房过程中收集到的购房者的姓名、身份证号码、电话、家庭住址等信息打包出售。甲公司的行为侵害了购房者的（　　）。

A. 个人信息权益　　B. 身份权

C. 信用权　　D. 姓名权

答案：A

2. 多项选择题

处理个人信息应遵循的原则有（　　）。

A. 合法　　B. 正当

C. 必要　　D. 不得过度处理

答案：ABCD

十四、婚姻家庭

核心法条

《民法典》第 1046 条 结婚应当男女双方完全自愿，禁止任何一方对另一方加以强迫，禁止任何组织或者个人加以干涉。

《民法典》第 1047 条 结婚年龄，男不得早于二十二周岁，女不得早于二十周岁。

《民法典》第 1048 条 直系血亲或者三代以内的旁系血亲禁止结婚。

《民法典》第 1049 条 要求结婚的男女双方应当亲自到婚姻登记机关申请结婚登记。符合本法规定的，予以登记，发给结婚证。完成结婚登记，即确立婚姻关系。未办理结婚登记的，应当补办登记。

释解分析

上述条文规定的是结婚的条件。结婚又称为婚姻成立，是指未婚男女双方依照法律规定的条件和程序确立配偶关系，并发生配偶权的身份法律行为。结婚须具备实质要件和形式要件。

结婚的实质要件有必备条件和禁止条件。必备条件有如下三个：(1) 结婚应当男女双方完全自愿。所谓男女双方完全自愿，是指男女双方结合，建立夫妻关系，当事人双方意思表示一致且真实，而不是男方或者女方的单方意愿，更不是因某种外在情况下的被迫同意。禁止任何一方对另一方加以强迫，禁止任何组织、个人加以干涉。(2) 结婚须要求男女双方达到法定婚龄。所谓法定婚龄，是指法律规定的男女结婚必须达到的最低年龄。男女双方或者一方未达到法定婚龄的，不得结婚。法定婚龄以周岁来计算。根据《民法典》第 1047 条的规定，结婚年龄，男不得早于 22 周岁，女不得早于 20 周岁。(3) 结婚须符合一夫一妻制的规定，即任何人不得同时有两个或者两个以上的配偶。结婚的禁止条件是：直系血亲或者三代以内的旁系血亲禁止结婚。

结婚的形式条件就是结婚应当办理结婚登记，即结婚的男女双方应当亲自到婚姻登记机关申请结婚登记。符合《民法典》规定的，予以登记，发给结婚证。完成结婚登记，即确立婚姻关系。未办理结婚登记的，应当补办登记。

试题范例

1. 单项选择题

下列符合结婚合意的是（　　）。

A. 甲的父母为贪图钱财替甲答应与乙结婚

B. 甲在听取父母关于乙家境贫寒的意见后没有答应与乙结婚

C. 甲惧怕乙伤害自己的父母而答应与乙结婚

D. 甲在乙的父母的威胁下同意与乙结婚

答案：B

2. 单项选择题

关于婚姻的成立，下列说法不正确的是（　　）。

A. 男子满 22 周岁，女子满 20 周岁，才能结婚

B. 直系血亲一律不得通婚

C. 旁系血亲不得通婚

D. 结婚应当办理结婚登记

答案：C

核心法条

《民法典》第 1051 条 有下列情形之一的，婚姻无效：

（一）重婚；

（二）有禁止结婚的亲属关系；

（三）未到法定婚龄。

释解分析

本条规定的是无效婚姻。无效婚姻是指虽已办理结婚登记但因欠缺结婚实质要件而不具有法律效力的婚姻。在我国现实生活中，违法婚姻屡

禁不止，增设无效婚姻制度是全面防止违法婚姻的客观要求。根据民法典的规定，有下列情形之一的，婚姻无效：（1）重婚。所谓重婚，是指有配偶的人又与他人结婚的，或者明知他人有配偶而与其结婚的行为。重婚违反了一夫一妻制，应予禁止。（2）有禁止结婚的亲属关系。即直系血亲和三代以内旁系血亲禁止结婚。直系血亲一律不得通婚；三代以内的旁系血亲是指与己身出自同一父母或者同一祖父母、外祖父母的血亲中除直系血亲外的三代以内的血亲，例如，同源于父母的兄弟姐妹，同源于祖父母、外祖父母的辈分不同的伯、叔与侄女，姑与侄子，舅与外甥女，姨与外甥，同源于外祖父母的辈分相同的舅表兄弟姐妹、姨表兄弟姐妹。（3）未到法定婚龄。

宣告婚姻无效的请求权主体。有权向人民法院就已办理结婚登记的婚姻申请宣告婚姻无效的主体，包括婚姻当事人及利害关系人。根据《最高人民法院关于适用〈中华人民共和国民法典〉婚姻家庭编的解释（一）》第 9 条的规定，利害关系人包括：（1）以重婚为由的，为当事人的近亲属及基层组织；（2）以未到法定婚龄为由的，为未到法定婚龄者的近亲属；（3）以有禁止结婚的亲属关系为由的，为当事人的近亲属。当事人依法请求宣告婚姻无效时，无效婚姻的法定事由已经消失的，则不得宣告婚姻无效。

婚姻无效的宣告程序。我国采用的是宣告无效制，且宣告婚姻无效的程序采用诉讼程序，宣告婚姻无效的机关是人民法院。根据《民法典》并结合《最高人民法院关于适用〈中华人民共和国民法典〉婚姻家庭编的解释（一）》的规定，人民法院启动宣告婚姻无效的途径有两个：（1）根据当事人的申请。在婚姻当事人双方生存期间，只要婚姻无效的情形没有消除，请求权人都可提出宣告无效的申请；夫妻一方或者双方死亡后，生存一方或者利害关系人依据《民法典》第 1051 条的规定请求确认婚姻无效的，人民法院应当受理。人民法院受理申请宣告婚姻无效案件后，经审查确属无效婚姻的，应当依法作出宣告婚姻无效的判决。原告申请撤诉的，不予准许。对婚姻效力的审理不适用调解，应当依法作出判决。涉及财产分割和子女抚养的，可以调解。调解达成协议的，另行制作调解书；未达成调解协议的，应当一并作出判决。（2）对受理的离婚案件，法院依职权主动审查婚姻的效力。人民法院受理离婚案件后，经审查确属无效婚姻的，应当将婚姻无效的情形告知当事人，并依法作出宣告婚姻无效的判决。如果人民法院就同一婚姻关系分别受理了离婚和申请宣告婚姻无效案件，则对于离婚案件的审理，应当待申请宣告婚姻无效案件作出判决后进行。

无效婚姻的法律后果主要表现在以下几个方面：（1）身份上的后果。无效婚姻自始没有法律约束力，当事人自始不具有夫妻的权利和义务。（2）财产上的后果。无效婚姻的当事人同居期间所得的财产，由当事人协议处理；协议不成的，由人民法院根据照顾无过错方的原则判决。对重婚导致的无效婚姻的财产处理，不得侵害合法婚姻当事人的财产权益。被确认无效的婚姻，当事人同居期间所得的财产，除有证据证明为当事人一方所有的以外，按共同共有处理。（3）父母子女关系的后果。无效婚姻的当事人所生的子女，适用民法典婚姻家庭编关于父母子女的规定。如当事人双方均有抚养、教育和保护未成年子女的权利和义务；子女由一方直接抚养的，另一方应当负担一定的抚养费；一方抚养子女的，另一方享有探望子女的权利，等等。（4）损害赔偿责任。婚姻无效的，无过错方有权请求损害赔偿。

易混易错

1. 结婚时未到法定婚龄，但是发现该情形时已达到法定婚龄的，应当视为有效婚姻。

2. 亲等的计算。我国民法典的亲等计算规则采用“代数”为标准计算亲属关系的远近。“代”即辈分数，一代为一辈分。具体计算分为两种：（1）直系血亲的计算。计算自己与长辈直系血亲之间的亲属关系时，以自己作为计算起点，即自己为一代，父母为二代，祖父母外祖父母为三代，依此类推。计算自己与晚辈直系血亲的方法亦同。（2）旁系血亲的计算规则：第一，确定要计算的两个旁系血亲的同源直系血亲。第二，按照直系血亲的计算规则，分别从一方数至同源的直系血亲，记下各自的代数。第三，如果分别记下的代数相同，则取该相同的代数作为此两个旁系血亲的亲等数；如果分别记下的代数不同，则取代数多者作为此两个旁系血亲的亲等数。如祖父和本人为三等直系亲等，舅和外甥女属于三代旁系血亲。我国民法典明确规定，直系血亲或者三代以内的旁系血亲禁止结婚。

3. 实践中，表兄弟姐妹之间通婚现象较为普遍，这种婚姻称为中表婚，法律禁止三代以内旁系血亲结婚，主要禁止这类婚姻，因为中表婚属于三代以内旁系血亲通婚的一种。但超出中表婚范畴的，即便辈分不同，也可以通婚。

试题范例

1.（2017 年真题）单项选择题

甲（18 周岁）伪造身份信息与乙（23 周岁）登记结婚。有权以甲未达到法定婚龄为由申请宣告婚姻无效的利害关系人是（　　）。

A. 甲的近亲属

B. 乙的近亲属

C. 甲住所地的基层组织

D. 乙住所地的基层组织

答案：A

2.（2019 年真题）单项选择题

甲在 2005 年与乙登记结婚，2010 年又与丙登记结婚，并生有一子。2015 年甲与乙协议离婚。现甲与丙的婚姻（　　）。

A. 有效　　B. 无效

C. 可撤销　　D. 不成立

答案：B

3.（2021 年真题）单项选择题

甲的外祖父和乙的父亲是亲兄弟，甲与乙属于（　　）。

A. 二代旁系血亲

B. 三代旁系血亲

C. 四代旁系血亲

D. 五代旁系血亲

答案：C

4. 多项选择题

下列选项中，属于必然无效婚姻情形的有（　　）。

A. 表兄妹通婚

B. 重婚

C. 患有医学上认为不应当结婚的疾病

D. 未到法定婚龄

答案：ABD

核心法条

《民法典》第 1052 条　因胁迫结婚的，受胁迫的一方可以向人民法院请求撤销婚姻。

请求撤销婚姻的，应当自胁迫行为终止之日起一年内提出。

被非法限制人身自由的当事人请求撤销婚姻的，应当自恢复人身自由之日起一年内提出。

《民法典》第 1053 条　一方患有重大疾病的，应当在结婚登记前如实告知另一方；不如实告知的，另一方可以向人民法院请求撤销婚姻。

请求撤销婚姻的，应当自知道或者应当知道撤销事由之日起一年内提出。

释解分析

上述条文规定的是可撤销婚姻。可撤销婚姻是指虽已办理结婚登记，但撤销权人可基于法定事由向人民法院请求撤销的婚姻。可撤销婚姻有两种情形：一是《民法典》第 1052 条规定的胁迫结婚；二是《民法典》第 1053 条规定的不如实告知重大疾病而结婚。

因胁迫结婚的，受胁迫的一方可以向人民法院请求撤销婚姻。这里的“胁迫”，是指行为人以给另一方当事人或者其近亲属的生命、身体、健康、名誉、财产等方面造成损害为要挟，迫使另一方当事人违背真实意愿结婚的情况。因受胁迫而请求撤销婚姻的，只能是受胁迫一方的婚姻关系当事人本人。请求撤销婚姻的，应当自胁迫行为终止之日起 1 年内提出。被非法限制人身自由的当事人请求撤销婚姻的，应当自恢复人身自由之日起 1 年内提出。该“1 年”在性质上属于除斥期间，因而不适用诉讼时效中止、中断或者延长的规定。

一方患有重大疾病而结婚的，称为疾病婚。一方患有重大疾病的，如患有麻风病未经治愈，或者患有艾滋病等重大疾病，应当在结婚登记前如实告知另一方；不如实告知的，另一方可以向人民法院请求撤销婚姻。请求撤销婚姻的，应当自知道或者应当知道撤销事由之日起 1 年内提出。该“1 年”在性质上属于除斥期间，因而不适用诉讼时效中止、中断或者延长的规定。

易混易错

可撤销的民事法律行为包括欺诈、胁迫、重大误解、显失公平等情形，可撤销婚姻也属于民事法律行为的范畴，但是，根据《民法典》的规定，可撤销婚姻的事由限于胁迫结婚和不如实告知重大疾病而结婚两种情形。至于因欺诈（如虚假结婚、骗结婚）、重大误解（如人身性质认识错误）而结婚等情形，不能认定为可撤销婚姻。

试题范例

1.（2018 年真题）单项选择题

甲声称具有某海外名校学历，与乙登记结婚。半年后，乙发现甲的毕业证书系伪造。甲、乙之间的婚姻（　　）。

A. 无效

B. 有效

C. 因欺诈可撤销

D. 因重大误解可撤销

答案：B

2. 单项选择题

可撤销婚姻的法定事由是（　　）。

A. 受胁迫

B. 无表意能力

C. 人身性质认识错误

D. 虚假结婚

答案：A

核心法条

《民法典》第 1062 条　夫妻在婚姻关系存续期间所得的下列财产，为夫妻的共同财产，归夫妻共同所有：

（一）工资、奖金、劳务报酬；

（二）生产、经营、投资的收益；

（三）知识产权的收益；

（四）继承或者受赠的财产，但是本法第一千零六十三条第三项规定的除外；

（五）其他应当归共同所有的财产。

夫妻对共同财产，有平等的处理权。

释解分析

本条规定的是夫妻共同财产。夫妻共同财产制是指在婚姻关系存续期间，夫妻双方或一方所得的财产，除法律另有规定或夫妻另有约定外，均为夫妻共同所有的制度。我国法定财产制以共有制为原则，以个人所有为例外。根据本条规定，夫妻在婚姻关系存续期间所得的下列财产，为夫妻的共同财产，归夫妻共同所有：(1) 工资、奖金、劳务报酬。(2) 生产、经营、投资的收益。(3) 知识产权的收益。根据《最高人民法院关于适用〈中华人民共和国民法典〉婚姻家庭编的解释（一）》第 24 条的规定，这里的“知识产权的收益”，是指婚姻关系存续期间，实际取得或者已经明确可以取得的财产性收益。(4) 继承或者受赠的财产，但遗嘱或者赠与合同中确定只归夫或者妻一方的财产除外。(5) 其他应当归共同所有的财产。根据《最高人民法院关于适用〈中华人民共和国民法典〉婚姻家庭编的解释（一）》的规定，“其他应当归共同所有的财产”包括：①婚姻关系存续期间，一方以个人财产投资取得的收益。②婚姻关系存续期间，男女双方实际取得或者应当取得的住房补贴、住房公积金。③婚姻关系存续期间，男女双方实际取得或者应当取得的基本养老金、破产安置补偿费。④夫妻一方个人财产在婚后产生的收益，除孳息和自然增值外，应认定为夫妻共同财产。⑤由一方婚前承租、婚后用共同财产购买的房屋，登记在一方名下的，应当认定为夫妻共同财产。

关于夫妻共有财产权的行使。首先，在婚姻关系存续期间，夫妻共有财产原则上是一个不分份额的整体，是一种共同共有关系。但是值得注意的是，这种共有关系也有例外。根据《最高人民法院关于适用〈中华人民共和国民法典〉婚姻家庭编的解释（一）》第 29 条的规定，当事人结婚前，父母为双方购置房屋出资的，该出资应当认定为对自己子女个人的赠与，但父母明确表示赠与双方的除外。当事人结婚后，父母为双方购置房屋出资的，依照约定处理；没有约定或者约定不明确的，按照《民法典》第 1062 条第 1 款第 4 项规定的原则处理。其次，夫妻双方对共有财产的处理是平等的。根据《民法典》第 1062 条第 2 款的规定，夫妻对共同财产，有平等的处理权。“有平等的处理权”应当理解为：(1) 夫或妻在处理夫妻共同财产上的权利是平等的。因日常生活需要而处理夫妻共同财产的，任何一方均有权决定。(2) 夫或妻非因日常生活需要对夫妻共同财产做重要处理决定，夫妻双方应当平等协商，取得一致意见。如果一方未经另一方同意出售夫妻共同所有的房屋，第三人善意购买、支付合理对价并已办理不动产登记，另一方主张追回该房屋的，人民法院不予支持。夫妻一方擅自处分共同所有的房屋造成另一方损失，离婚时另一方请求赔偿损失的，人民法院应予支持（《最高人民法院关于适用〈中华人民共和国民法典〉婚姻家庭编的解释（一）》第 28 条）。这是善意取得制度在民法典婚姻家庭编的具体运用。

试题范例

1. 多项选择题

下列选项中，属于婚姻关系存续期间夫妻共同财产的是（ ）。

A. 一方专用的生活用品

B. 稿酬所得

C. 工资所得

D. 投资所得的收益

答案：BCD

2. 多项选择题

下列夫或妻取得的财产中，属于婚姻关系存续期间夫妻共同财产的有（ ）。

A. 甲在沿海城市打工获得的收入

B. 乙投资期货获得的收益

C. 丙许可他人使用其专利获取的专利费

D. 丁因受到人身损害获得的赔偿金

答案：ABC

核心法条

《民法典》第 1063 条 下列财产为夫妻一方的个人财产：

（一）一方的婚前财产；

（二）一方因受到人身损害获得的赔偿或者补偿；

（三）遗嘱或者赠与合同中确定只归一方的财产；

（四）一方专用的生活用品；

（五）其他应当归一方的财产。

释解分析

本条规定的是夫妻个人财产制。夫妻个人财产制是指在实行夫妻共同财产制的情况下，夫妻依法各自保留一定范围的财产为个人所有的制度。根据本条规定，下列财产为夫妻一方的个人财产：（1）一方的婚前财产。（2）一方因受到人身损害获得的赔偿或者补偿。如军人的伤亡保险金、伤残补助金、医药生活补助费属于个人财产。（3）遗嘱或者赠与合同中确定只归一方的财产。（4）一方专用的生活用品。（5）其他应当归一方的财产。根据《最高人民法院关于适用〈中华人民共和国民法典〉婚姻家庭编的解释（一）》第 31 条的规定，夫妻一方的个人财产不因婚姻关系的延续而转化为夫妻共同财产。但当事人另有约定的除外。

试题范例

多项选择题

下列选项中，属于夫或妻个人财产的有（ ）。

A. 婚前财产

B. 专利权使用费所得

C. 住院护理费

D. 经过 8 年的个人财产

答案：AC

核心法条

《民法典》第 1064 条 夫妻双方共同签名或者夫妻一方事后追认等共同意思表示所负的债务，以及夫妻一方在婚姻关系存续期间以个人名义为家庭日常生活需要所负的债务，属于夫妻共同债务。

夫妻一方在婚姻关系存续期间以个人名义超出家庭日常生活需要所负的债务，不属于夫妻共同债务；但是，债权人能够证明该债务用于夫妻共同生活、共同生产经营或者基于夫妻双方共同意思表示的除外。

释解分析

本条规定的是夫妻共同债务。夫妻共同债务是指在婚姻关系存续期间，夫妻一方或双方为共同生活或共同生产经营活动需要所负的债务。某笔债务是否属于夫妻共同债务，应从如下两个方面去考量：（1）时间性。夫妻共同债务须形成于婚姻关系存续期间。（2）用途性。通常情况下，该类债务是为了用于夫妻共同生活或共同生产经营活动。所谓“用于婚后家庭共同生活”，主要是指夫妻日常生活开销、购买婚房、装修婚房、经营共有生意等。不符合上述两点要求的，不能认定为夫妻共同债务。因此，本条第 2 款前半段规定，夫妻一方在婚姻关系存续期间以个人名义超出家庭日常生活需要所负的债务，不属于夫妻共同债务。

根据本条规定，夫妻双方共同签名或者夫妻

一方事后追认等共同意思表示所负的债务，以及夫妻一方在婚姻关系存续期间以个人名义为家庭日常生活需要所负的债务，属于夫妻共同债务。夫妻一方在婚姻关系存续期间以个人名义超出家庭日常生活需要所负的债务，不属于夫妻共同债务；但是，债权人能够证明该债务用于夫妻共同生活、共同生产经营或者基于夫妻双方共同意思表示的除外。对于夫妻共同债务，《最高人民法院关于适用〈中华人民共和国民法典〉婚姻家庭编的解释（一）》还就如何具体认定作了如下规定：债权人就一方婚前所负个人债务向债务人的配偶主张权利的，人民法院不予支持。但债权人能够证明所负债务用于婚后家庭共同生活的除外。夫妻一方与第三人串通，虚构债务，第三人主张该债务为夫妻共同债务的，人民法院不予支持。夫妻一方在从事赌博、吸毒等违法犯罪活动中所负债务，第三人主张该债务为夫妻共同债务的，人民法院不予支持。当事人的离婚协议或者人民法院生效判决、裁定、调解书已经对夫妻财产分割问题作出处理的，债权人仍有权就夫妻共同债务向男女双方主张权利。一方就夫妻共同债务承担清偿责任后，主张由另一方按照离婚协议或者人民法院的法律文书承担相应债务的，人民法院应予支持。夫或者妻一方死亡的，生存一方应当对婚姻关系存续期间的夫妻共同债务承担清偿责任。

试题范例

单项选择题

甲、乙为夫妻，共有一套房屋登记在甲名下。乙瞒着甲向丙借款100万元供个人挥霍，并瞒着甲将房屋抵押给丙，并办理了抵押登记。对此，下列表述正确的是（　　）。

A. 乙所欠债务为夫妻共同债务

B. 甲对乙所欠债务负连带清偿责任

C. 乙所欠债务属于乙个人债务，甲不负清偿责任

D. 乙将房屋抵押给丙的行为无效

答案：C

核心法条

《民法典》第1065条　男女双方可以约定婚姻关系存续期间所得的财产以及婚前财产归各自所有、共同所有或者部分各自所有、部分共同所有。约定应当采用书面形式。没有约定或者约定不明确的，适用本法第一千零六十二条、第一千零六十三条的规定。

夫妻对婚姻关系存续期间所得的财产以及婚前财产的约定，对双方具有法律约束力。

夫妻对婚姻关系存续期间所得的财产约定归各自所有，夫或者妻一方对外所负的债务，相对人知道该约定的，以夫或者妻一方的个人财产清偿。

释解分析

本条规定的是约定财产制。约定财产制是指夫妻以契约确定夫妻财产关系的制度，在适用上具有优先于法定财产制的效力。夫妻财产约定的有效条件主要包括：（1）约定的主体须为具备完全民事行为能力的夫妻双方。（2）约定的意思表示必须自愿、真实。（3）约定的内容必须合法。约定的内容不得超出夫妻财产的范围，夫妻双方可以约定婚姻关系存续期间所得的财产以及婚前财产归各自所有、共同所有或者部分各自所有、部分共同所有，但不得将国家、集体或他人的财产列入约定财产的范围。此外，约定不得违背公序良俗。（4）约定的形式必须合法。约定应当采用书面形式。

夫妻财产约定的效力包括对内效力和对外效力，即夫妻对婚姻关系存续期间所得的财产以及婚前财产的约定，对双方具有法律约束力。夫妻对婚姻关系存续期间所得的财产约定归各自所有，夫或者妻一方对外所负的债务，相对人知道该约定的，以夫或者妻一方的个人财产清偿。

试题范例

多项选择题

甲、乙系夫妻，约定8万元存折为甲所有，12万元房产为乙所有，其余10万元为二人共有。甲欠丙50万元债务，则下列夫妻债务清偿办法，符合民法典规定的是（　　）。

A. 如果丙知道该约定的，丙无权请求乙用12万元房产还债

B. 如果丙不知道该约定的，丙有权请求乙用12万元房产还债

C. 如果丙知道该约定的，乙有义务以10万元共有财产清偿债务

D. 如果丙不知道该约定的，丙有权请求甲、乙以其各自所有的财产和共同所有的财产清偿债务

答案：ABCD

核心法条

《民法典》第 1066 条 婚姻关系存续期间，有下列情形之一的，夫妻一方可以向人民法院请求分割共同财产：

（一）一方有隐藏、转移、变卖、毁损、挥霍夫妻共同财产或者伪造夫妻共同债务等严重损害夫妻共同财产利益的行为；

（二）一方负有法定扶养义务的人患重大疾病需要医治，另一方不同意支付相关医疗费用。

释解分析

本条规定的是婚姻关系存续期间夫妻共同财产的分割。婚姻关系存续期间，夫妻双方对共有财产的管理和处分不能协商一致，一方请求分割夫妻共有财产的，原则上不予支持。因为夫妻共同共有的财产是夫妻共同生活的物质基础，为维系婚姻关系，法律不支持婚内析产的主张。但现实中有夫妻一方利用管理共有财产之便，大肆侵害另一方共同财产权之现象，对此，本条规定，婚姻关系存续期间，有下列情形之一的，夫妻一方可以向人民法院请求分割共同财产：（1）一方有隐藏、转移、变卖、毁损、挥霍夫妻共同财产或者伪造夫妻共同债务等严重损害夫妻共同财产利益的行为。隐藏是指将夫妻共同财产秘密放在对方无法知道的地方。转移是指将夫妻共同财产从一处地方转移到另外一个地方，使对方无法控制和支配。变卖是指将夫妻共同财产私自出售、出典，换取现金的行为。毁损是指故意损伤、损坏夫妻共同财产，使该财产变为无价值或者无使用价值的财产。挥霍是指肆意无节制地消费夫妻共同财产。伪造夫妻共同债务是指故意制造客观上并不存在的对外欠债，或者对债务人所负担的债务夸大其数额，以图达到侵占另一方财产的目的。（2）一方负有法定扶养义务的人患重大疾病需要医治，另一方不同意支付相关医疗费用。不过，婚姻关系存续期间，除上述规定情形以外，夫妻一方请求分割共同财产的，人民法院不予支持。

试题范例

（2016 年真题）多项选择题

甲、乙系夫妻。在不损害债权人利益的情况下，甲请求分割夫妻共同财产能得到法院支持的理由有（　　）。

A. 乙伪造夫妻共同债务

B. 乙挥霍夫妻共同财产

C. 乙隐藏夫妻共同财产

D. 乙变卖夫妻共同财产

答案：ABCD

核心法条

《民法典》第 1076 条 夫妻双方自愿离婚的，应当签订书面离婚协议，并亲自到婚姻登记机关申请离婚登记。

离婚协议应当载明双方自愿离婚的意思表示和对子女抚养、财产以及债务处理等事项协商一致的意见。

《民法典》第 1077 条 自婚姻登记机关收到离婚登记申请之日起三十日内，任何一方不愿意离婚的，可以向婚姻登记机关撤回离婚登记申请。

前款规定期限届满后三十日内，双方应当亲自到婚姻登记机关申请发给离婚证；未申请的，视为撤回离婚登记申请。

释解分析

上述条文规定的是登记离婚。离婚又称为婚姻的解除，是指夫妻一方或者双方依照法律规定解除婚姻关系的法律行为。离婚包括登记离婚和诉讼离婚。《民法典》第 1076 条规定的是登记离婚。登记离婚是指夫妻双方自愿离婚，并就离婚的法律后果达成协议，经婚姻登记机关认可，即可解除婚姻关系的离婚方式。因登记离婚是依行政程序终止婚姻关系，故登记离婚又称为行政离婚。登记离婚须男女双方通过协议方式进行，因此也称为协议离婚。

根据《民法典》第 1076 条的规定，登记离婚必须符合下列条件：（1）双方当事人适格。这里有两层含义，一是双方当事人均为完全民事行为能力人，若一方属于无民事行为能力人或者限制民事行为能力的精神病人，则不能适用行政程序

的离婚方式，而只能按诉讼程序处理离婚问题；二是双方当事人必须是在中国内地登记的合法夫妻关系。非婚同居、未经登记的事实婚姻关系或不是在中国内地登记的婚姻关系，都不能以登记离婚的方式解除。（2）双方当事人必须有真实的离婚合意。登记离婚以当事人自愿离婚为前提，离婚合意应是双方当事人在平等自愿的基础上形成的真实的意思表示。（3）双方当事人对子女抚养、财产以及债务处理等事项有协商一致的意见。（4）离婚协议的内容必须合法。

为了减少轻率离婚、冲动离婚，保护未成年子女的合法权益，维护家庭稳定，《民法典》第1077条规定的是离婚冷静期：自婚姻登记机关收到离婚登记申请之日起30日内，任何一方不愿意离婚的，可以向婚姻登记机关撤回离婚登记申请。上述规定期限届满后30日内，双方应当亲自到婚姻登记机关申请发给离婚证；未申请的，视为撤回离婚登记申请。登记离婚仅适用于协议离婚，而不适用于诉讼离婚。

双方当事人达成离婚合意后，离婚协议应当经过行政程序获得批准，方发生离婚的效果。对于登记离婚的，男女双方必须到婚姻登记机关提出离婚申请。婚姻登记机关查明双方确实是自愿离婚，并已经对子女抚养、财产以及债务处理等事项协商一致的，予以登记，发给离婚证。

试题范例

单项选择题

我国民法典规定了离婚冷静期制度。该离婚冷静期制度规定的期间届满后双方应当亲自到婚姻登记机关申请发给离婚证；未申请的，视为撤回离婚登记申请。该离婚冷静期制度规定的期间为（　　）。

A. 10日　B. 15日　C. 30日　D. 60日

答案：C

核心法条

《民法典》第1079条　夫妻一方要求离婚的，可以由有关组织进行调解或者直接向人民法院提起离婚诉讼。

人民法院审理离婚案件，应当进行调解；如果感情确已破裂，调解无效的，应当准予离婚。

有下列情形之一，调解无效的，应当准予离婚：

（一）重婚或者与他人同居；

（二）实施家庭暴力或者虐待、遗弃家庭成员；

（三）有赌博、吸毒等恶习屡教不改；

（四）因感情不和分居满二年；

（五）其他导致夫妻感情破裂的情形。

一方被宣告失踪，另一方提起离婚诉讼的，应当准予离婚。

经人民法院判决不准离婚后，双方又分居满一年，一方再次提起离婚诉讼的，应当准予离婚。

释解分析

本条规定的是诉讼离婚。诉讼离婚是指夫妻一方向人民法院提起离婚诉讼，人民法院依法通过调解或判决而解除婚姻关系的一种离婚方式。在我国，当事人不能或者不愿意采用登记离婚的，都可以采用诉讼离婚。

根据本条第1款的规定，夫妻一方要求离婚的，可以由有关组织进行调解。这种不经司法程序解决离婚问题，而是由有关组织进行调解的程序就是诉讼外调解。这里的“有关组织”，如所在单位、群众团体、基层调解组织。调解一般产生三种结果：一是双方经调解和好，婚姻关系继续维持；二是通过登记离婚；三是通过诉讼离婚。诉讼外调解的性质是民间性质，其并非诉讼离婚的必经程序。诉讼外调解对当事人没有法律上的约束力，即使调解和好后，当事人还可以不经调解而直接向人民法院提起离婚诉讼。

根据本条第2款的规定，人民法院审理离婚案件，应当进行调解；如果感情确已破裂，调解无效的，应当准予离婚。据此，人民法院判决离婚需要有如下两个前提条件：（1）调解无效。调解无效是判决离婚的程序性条件，要求人民法院在判决离婚前必须先行调解，调解是人民法院审理离婚案件的必经程序，即不经调解，一般不得作出离婚判决。但也不能久调不决，应及时作出判决。（2）感情确已破裂。我国在离婚的实质条件上采取感情破裂主义，即感情确已破裂是判决离婚的实质性条件，也是判决离婚的唯一法定理由。所谓“感情确已破裂”，就是指夫妻感情已不复存在，已经不能期待夫妻双方有和好的可能。

判断夫妻感情是否确已破裂，应当从婚姻基础、婚后感情、离婚原因、夫妻关系的现状和有无和好的可能等方面综合分析。如果夫妻感情没有破裂，也不准予离婚。

夫妻感情破裂是一个抽象的概括性标准，为加强该标准的可操作性，本条规定了认定感情破裂的具体标准。本条第 3 款规定了诉讼离婚的具体判定标准：有下列情形之一，调解无效的，应当准予离婚：（1）重婚或者与他人同居。第一，重婚是指有配偶者与他人结婚的行为，包括有配偶者与他人进行结婚登记，以及有配偶者与他人以夫妻名义共同生活的事实重婚。第二，与他人同居。它是指有配偶者与婚外异性不以夫妻名义，持续、稳定地共同居住。（2）实施家庭暴力或者虐待、遗弃家庭成员。“家庭暴力”，是指行为人以殴打、捆绑、残害、强行限制人身自由或者其他手段，给其家庭成员的身体、精神等方面造成一定伤害后果的行为。持续性、经常性的家庭暴力，构成虐待。虐待，是指经常以打骂、冻饿、禁闭、有病不予治疗、强迫过度劳动、限制人身自由、凌辱人格等方法，对共同生活的家庭成员进行肉体上、精神上的摧残和折磨的行为。遗弃，是指负有扶养义务的家庭成员拒不履行扶养义务的行为。这三种行为都违反了法律规定，都是夫妻感情确已破裂的客观表现，是判决离婚的法定事由。（3）有赌博、吸毒等恶习屡教不改。构成这一离婚法定事由须满足两个条件：第一，配偶一方确有赌博、吸毒等恶习，经教育、劝说屡不改正；第二，配偶一方因恶习不履行婚姻义务，夫妻难以共同生活。另外，赌博、吸毒仅仅是一般的例示性的规定，其他恶习诸如酗酒、嫖娼、卖淫、淫乱等，屡教不改的，也作为离婚的法定事由。（4）因感情不和分居满 2 年。分居，是指配偶双方拒绝在一起共同生活，互不履行夫妻义务的行为。在主观上，配偶双方确有分居的愿望，拒绝在一起共同生活；在客观上，配偶双方的夫妻共同生活完全废止，分开生活。按照本项规定，这种状态已满 2 年，就构成离婚的法定事由。（5）其他导致夫妻感情破裂的情形。另据《最高人民法院关于适用〈中华人民共和国民法典〉婚姻家庭编的解释（一）》第 23 条的规定，夫以妻擅自中止妊娠侵犯其生育权为由请求损害赔偿的，人民法院不予支持；夫妻双方因是否生育发生纠纷，致使感情确已破裂，一方请求离婚的，人民法院经调解无效，应依照《民法典》第 1079 条第 3 款第 5 项的规定处理。除了上述 5 项法定事由外，根据本条第 4 款的规定，一方被宣告失踪，另一方提起离婚诉讼的，应当准予离婚。

根据本条第 5 款的规定，人民法院判决不准离婚后，双方又分居满 1 年，一方再次提起离婚诉讼的，这表明夫妻感情确已破裂，应当准予离婚。

试题范例

1. 单项选择题

诉讼离婚的判定标准是（　　）。

A. 夫妻中一方是否“喜新厌旧”

B. 夫妻中一方是否有赌博行为

C. 夫妻感情是否确已破裂

D. 夫妻分居是否满 1 年

答案：C

2. 单项选择题

人民法院判决不准离婚，夫妻中一方再次起诉离婚的，应当准予离婚的情形是（　　）。

A. 夫妻双方又分居满 1 年

B. 另一方染上酗酒恶习

C. 另一方久病缠身

D. 另一方下落不明

答案：A

核心法条

《民法典》第 1081 条　现役军人的配偶要求离婚，应当征得军人同意，但是军人一方有重大过错的除外。

释解分析

本条规定的是对军人婚姻的特殊保护，即现役军人的配偶要求离婚，应当征得军人同意，但是军人一方有重大过错的除外。这里的“军人一方有重大过错”，可以依据《民法典》第 1079 条第 3 款前 3 项规定及军人有其他重大过错导致夫妻感情破裂的情形予以判断：（1）重婚或者与他人同居；（2）实施家庭暴力或者虐待、遗弃家庭成员；（3）有赌博、吸毒等恶习屡教不改；（4）其他严重违背社会公德，并对夫妻感情造成严重伤害的行为，如强奸妇女、奸淫幼女、嫖娼等违法犯罪行为，也可以认定为有重大过错。

民法学

核心法条

《民法典》第 1082 条 女方在怀孕期间、分娩后一年内或者终止妊娠后六个月内，男方不得提出离婚；但是，女方提出离婚或者人民法院认为确有必要受理男方离婚请求的除外。

释解分析

本条规定的是男方离婚请求权的限制。为了保护妇女和子女的合法权益，有必要在一定期间内对男方的离婚请求权进行限制。女方在怀孕期间、分娩后 1 年内或者终止妊娠后 6 个月内，男方不得提出离婚。如果男方在此期间提起离婚诉讼，人民法院不予受理。在上述法定期间经过之后，男方仍有权请求离婚。但是，女方提出离婚或者人民法院认为确有必要受理男方离婚请求的除外。这里的"确有必要受理男方离婚请求的"，主要是指：一是在此期间双方确实存在不能继续共同生活的重大而紧迫的事由，一方对他方有危及生命、人身安全的可能；二是女方与他人通奸而怀孕、夫方也不否认双方感情确已破裂，双方矛盾尖锐会危及到一方及婴儿生命的情形。

试题范例

单项选择题

在婚姻关系存续期间，女方存在下列情形，男方可以提出离婚的是（　　）。

A. 女方患重病期间

B. 女方在怀孕期间

C. 女方在分娩后 1 年内

D. 女方在终止妊娠后 6 个月内

答案：A

核心法条

《民法典》第 1086 条 离婚后，不直接抚养子女的父或者母，有探望子女的权利，另一方有协助的义务。

行使探望权利的方式、时间由当事人协议；协议不成的，由人民法院判决。

父或者母探望子女，不利于子女身心健康的，由人民法院依法中止探望；中止的事由消失后，应当恢复探望。

释解分析

本条规定的是探望权。探望权是指父母离婚后，不与未成年子女共同生活的一方，享有对该未成年子女进行看望以及接待的一种身份权。探望权必须以一方不与子女一起生活为前提，且一方是否再婚均不影响探望权的行使。探望包括直接见面、短期的共同生活在一起，也包括交往，如互通书信、互通电话、赠送礼物、交换照片等。对于探望不利于子女身心健康的，人民法院可以中止探望权的行使。探望权可因下列情形而终止：(1) 未成年子女死亡。(2) 子女成年。(3) 探望权的权利人死亡。

易混易错

1. 中止探望权必须经过人民法院判决，任何单位和个人都无权中止探望权。

2. 中止探望权不同于探望权的终止，注意区分。

试题范例

多项选择题

下列关于探望权的表述，正确的有（　　）。

A. 探望权的行使必须以支付必要的抚育费为前提条件

B. 互通电话属于行使探望权的方式之一

C. 子女成年的，探望权消灭

D. 中止探望权必须经过人民法院判决

答案：BCD

核心法条

《民法典》第 1088 条 夫妻一方因抚育子女、照料老年人、协助另一方工作等负担较多义务的，离婚时有权向另一方请求补偿，另一方应当给予补偿。具体办法由双方协议；协议不成的，由人民法院判决。

释解分析

本条规定的是经济补偿请求权。经济补偿请

求权是指在夫妻离婚时，因抚育子女、照料老年人、协助另一方工作等负担较多义务的一方请求另一方给予经济上补助的权利。该制度表明，我国民法典直接肯定了家务劳动的经济价值。经济补偿请求权是法律上的一种救助手段，即给予对家庭承担了较多义务的一方以物质上的帮助。经济补偿请求权的适用条件有：（1）须一方在共同生活中对家庭承担了更多的义务；（2）必须于离婚之时提出请求。

经济补偿请求权的具体办法由双方协议；协议不成的，由人民法院判决。

试题范例

多项选择题

经济补偿请求权的适用条件包括（　　）。

A. 夫妻约定实行分别财产制

B. 对补偿有书面形式约定

C. 提出一方在共同生活中对家庭承担了更多的义务

D. 提出一方必须于离婚之时提出请求

答案：CD

核心法条

《民法典》第 1089 条　离婚时，夫妻共同债务应当共同偿还。共同财产不足清偿或者财产归各自所有的，由双方协议清偿；协议不成的，由人民法院判决。

释解分析

本条规定的是离婚时夫妻共同债务清偿。夫妻关系存续期间，为夫妻共同生活所负的债务，如为买房、为子女择校所交赞助费、为老人治病欠下的债等，都是为履行抚养、赡养及改善生活欠下的债务，离婚时，应当共同偿还。共同财产不足清偿，或者财产归各自所有的，由双方协议清偿；协议不成的，由人民法院判决。此外，需要注意的是，当事人的离婚协议或者人民法院的判决书、裁定书、调解书已经对夫妻财产分割问题作出处理的，债权人仍有权就夫妻共同债务向夫妻双方主张权利。一方就共同债务承担连带清偿责任后，基于离婚协议或者人民法院的法律文书向另一方主张追偿的，人民法院应当支持。据此规定，凡被确定为夫妻共同债务的，应由夫妻双方对债权人承担连带责任。但如果属于夫或妻个人债务的，应由夫或妻本人以其个人财产承担清偿责任，离婚时不得请求以夫妻共同财产清偿。

试题范例

（2016 年真题）单项选择题

甲、乙婚后开了一家便利店，由乙经营。2013 年 6 月起二人分居，同年 9 月乙向丙借款用于便利店的经营，2014 年 12 月甲、乙离婚。不久，丙请求乙偿还到期欠款，乙拒绝。该债务应由（　　）。

A. 甲、乙承担按份责任

B. 甲、乙承担连带责任

C. 乙承担全部责任

D. 乙承担责任，甲承担补充责任

答案：B

核心法条

《民法典》第 1090 条　离婚时，如果一方生活困难，有负担能力的另一方应当给予适当帮助。具体办法由双方协议；协议不成的，由人民法院判决。

释解分析

本条规定的是经济帮助请求权。经济帮助请求权是指夫妻离婚时，生活确有困难的一方，请求有条件的另一方给予适当帮助的权利。本条确立了经济帮助请求权制度，确立该制度的意义在于对生活困难的一方给予经济上的帮助，目的是消除生活困难的一方在离婚问题上的经济顾虑，使其充分行使离婚自由的权利。经济帮助请求权的适用条件有：（1）请求帮助的一方确实有生活困难。一方生活困难，是指依靠个人财产和离婚时分得的财产无法维持当地基本生活水平。（2）请求帮助一方的生活困难存在于离婚时。（3）提供帮助的一方有经济负担能力。

试题范例

多项选择题

经济帮助请求权的适用条件包括（　　）。

A. 请求帮助的一方确实生活困难
B. 请求帮助一方的生活困难存在于离婚时
C. 提供帮助的一方有经济负担能力
D. 请求帮助的一方欠有巨额债务
答案：ABC

核心法条

《民法典》第1091条 有下列情形之一，导致离婚的，无过错方有权请求损害赔偿：
（一）重婚；
（二）与他人同居；
（三）实施家庭暴力；
（四）虐待、遗弃家庭成员；
（五）有其他重大过错。

释解分析

本条规定的是离婚损害赔偿请求权。离婚损害赔偿请求权是指因夫妻一方的法定过错行为导致离婚的，无过错方得向有过错方请求赔偿的权利。离婚损害赔偿请求权的适用条件有：（1）须当事人双方具有法律认可的夫妻身份。（2）须一方具有法定过错。根据本条规定，有下列情形之一，导致离婚的，无过错方有权请求损害赔偿：①重婚；②与他人同居；③实施家庭暴力；④虐待、遗弃家庭成员；⑤有其他重大过错。本书认为，其他重大过错如通奸、卖淫、嫖娼、赌博、吸毒等屡教不改（目前这些情形是否属于重大过错，存有争议）。（3）须因一方的法定过错而离婚。（4）须无过错方因离婚而受到损害。损害包括物质损害和精神损害。（5）须请求权人无法定过错。如果双方都有法定过错，则任何一方都不能以对方有过错为由请求离婚损害赔偿。

离婚损害赔偿请求权，作为法律赋予无过错方离婚时所享有的权利，要得以实现，必须依法行使，但有必要加以限制。根据《最高人民法院关于适用〈中华人民共和国民法典〉婚姻家庭编的解释（一）》的规定，对离婚损害赔偿请求权限制的情形有：（1）承担损害赔偿责任的主体，为离婚诉讼当事人中无过错方的配偶。人民法院判决不准离婚的案件，对于当事人基于《民法典》第1091条提出的损害赔偿请求，不予支持。在婚姻关系存续期间，当事人不起诉离婚而单独依据《民法典》第1091条提起损害赔偿请求的，人民法院不予受理。（2）人民法院受理离婚案件时，应当将《民法典》第1091条等规定中当事人的有关权利义务，书面告知当事人。在适用《民法典》第1091条时，应当区分以下不同情况：①符合《民法典》第1091条规定的无过错方作为原告基于该条规定向人民法院提起损害赔偿请求的，必须在离婚诉讼的同时提出。②符合《民法典》第1091条规定的无过错方作为被告的离婚诉讼案件，如果被告不同意离婚也不基于该条规定提起损害赔偿请求的，可以就此单独提起诉讼。③无过错方作为被告的离婚诉讼案件，一审时被告未基于《民法典》第1091条规定提出损害赔偿请求，二审期间提出的，人民法院应当进行调解；调解不成的，告知当事人另行起诉。双方当事人同意由第二审人民法院一并审理的，第二审人民法院可以一并裁判。④当事人在婚姻登记机关办理离婚登记手续后，以《民法典》第1091条规定为由向人民法院提出损害赔偿请求的，人民法院应当受理。但当事人在协议离婚时已经明确表示放弃该项请求的，人民法院不予支持。⑤夫妻双方均有《民法典》第1091条规定的过错情形，一方或者双方向对方提出离婚损害赔偿请求的，人民法院不予支持。

试题范例

多项选择题

甲、乙系夫妻。下列情形中，乙起诉离婚，同时可以请求损害赔偿的有（　　）。
A. 甲经常虐待乙
B. 甲与婚外异性非法同居
C. 甲伪造夫妻共同债务
D. 甲毁损夫妻共同财产
答案：AB

核心法条

《民法典》第1093条 下列未成年人，可以被收养：
（一）丧失父母的孤儿；
（二）查找不到生父母的未成年人；
（三）生父母有特殊困难无力抚养的子女。

释解分析

本条规定的是被收养人的条件。只有未成年人，才能被收养，因为成年人一般已具有独立生活能力，不需要他人抚养。换言之，不仅不满14周岁的未成年人可以被收养，14周岁至18周岁的未成年人，也可以被收养，即但凡未成年人，都可以被收养。此外，未成年人成为被收养人，还需具备如下条件：（1）丧失父母的孤儿。孤儿是指其父母已经死亡或者人民法院宣告其父母已经死亡的未成年人。（2）查找不到生父母的未成年人。（3）生父母有特殊困难无力抚养的子女。所谓有特殊困难，是指生父母因身体健康或者经济方面的原因，遭遇特殊的困难，丧失了抚养子女的能力，致使其未成年子女陷于得不到生父母抚养的境地。

核心法条

《民法典》第1094条　下列个人、组织可以作送养人：

（一）孤儿的监护人；

（二）儿童福利机构；

（三）有特殊困难无力抚养子女的生父母。

释解分析

本条规定的是送养人的条件。送养人的条件有：（1）孤儿的监护人。孤儿的监护人可以是其祖父母、外祖父母、成年的兄、姐等近亲属，也可以是担任该孤儿监护人的个人或者组织。（2）儿童福利机构。民政部门或者其他组织设立的儿童福利机构是监护机关，可以作为送养人。（3）有特殊困难无力抚养子女的生父母。生父母应当履行抚养、教育、保护子女的法定义务，不得随意送养，但有特殊困难无力抚养子女的生父母，可以作为送养人。

核心法条

《民法典》第1098条　收养人应当同时具备下列条件：

（一）无子女或者只有一名子女；

（二）有抚养、教育和保护被收养人的能力；

（三）未患有在医学上认为不应当收养子女的疾病；

（四）无不利于被收养人健康成长的违法犯罪记录；

（五）年满三十周岁。

释解分析

本条规定的是收养人的条件。收养应当有利于被收养的未成年人的抚养、成长，必然要求收养人应是有资格、有能力正常行使和履行父母的权利义务，具备抚养、教育、保护子女的条件的成年人。根据本条规定，收养人应当同时具备下列条件：（1）无子女或者只有1名子女。无子女包括没有亲生子女和养子女。（2）有抚养、教育和保护被收养人的能力。首先，收养人应当具有完全民事行为能力；其次，收养人要有抚养、教育、保护被收养人的能力，包括有抚养、教育和保护被收养人的经济条件、身体条件和教育能力，能够履行父母的职责，使被收养的未成年人健康成长。（3）未患有在医学上认为不应当收养子女的疾病。患有医学上认为不应当收养子女的疾病的，不得收养子女。（4）无不利于被收养人健康成长的违法犯罪记录。出于对未成年人健康成长的考虑，收养人应当没有不利于被收养人健康成长的违法犯罪记录。（5）年满30周岁。这是对收养人年龄限制的最低要求。

核心法条

《民法典》第1099条　收养三代以内旁系同辈血亲的子女，可以不受本法第一千零九十三条第三项、第一千零九十四条第三项和第一千一百零二条规定的限制。

华侨收养三代以内旁系同辈血亲的子女，还可以不受本法第一千零九十八条第一项规定的限制。

释解分析

本条规定的是收养三代以内旁系同辈血亲的子女的条件。出于对近亲属间收养的历史传统的

民法学

考虑，对于收养三代以内旁系同辈血亲的子女，具有其特殊性，即此类收养可以放宽的条件有：(1) 可以不受生父母有特殊困难无力抚养的子女的限制；(2) 可以不受送养人应是有特殊困难无力抚养子女的生父母的限制；(3) 可以不受无配偶者收养异性子女的，收养人与被收养人的年龄应当相差 40 周岁以上的限制；(4) 华侨收养三代以内旁系同辈血亲的子女，还可以不受收养人须无子女或者只有 1 名子女的限制。

核心法条

《民法典》第 1100 条 无子女的收养人可以收养两名子女；有子女的收养人只能收养一名子女。

收养孤儿、残疾未成年人或者儿童福利机构抚养的查找不到生父母的未成年人，可以不受前款和本法第一千零九十八条第一项规定的限制。

释解分析

本条规定的是收养子女的人数。无子女的收养人可以收养 2 名子女；有子女的收养人只能收养 1 名子女。这是收养人收养数额的限制条件。收养孤儿、残疾未成年人或者儿童福利机构抚养的查找不到生父母的未成年人，可以不受上述规定和收养人无子女或者只有 1 名子女的限制。由于此类收养具有援助弱者的人道主义性质，是分担国家和社会责任的积极行为，应当鼓励和支持。

核心法条

《民法典》第 1101 条 有配偶者收养子女，应当夫妻共同收养。

释解分析

本条规定的是共同收养。以收养人的人数为标准，可以分为共同收养和单独收养。收养人为一人的，为单独收养，它包括独身收养和已婚夫妻单方收养。无配偶者收养子女的，为独身收养。根据本条规定，共同收养仅限于夫妻双方收养子女，非夫妻者则禁止两人或者两人以上共同收养。如果有配偶者收养子女，应当夫妻共同收养。

核心法条

《民法典》第 1102 条 无配偶者收养异性子女的，收养人与被收养人的年龄应当相差四十周岁以上。

释解分析

本条规定的是无配偶者收养异性子女的条件。无配偶者收养异性子女的，收养人与被收养人的年龄应当相差 40 周岁以上。这是出于伦理道德上的考虑和保护被收养的女性的需要。

试题范例

单项选择题

无配偶的男性收养女性，收养人与被收养人之间的年龄相差应当为（　　）。

A. 30 周岁　　B. 35 周岁

C. 40 周岁　　D. 45 周岁

答案：C

核心法条

《民法典》第 1103 条 继父或者继母经继子女的生父母同意，可以收养继子女，并可以不受本法第一千零九十三条第三项、第一千零九十四条第三项、第一千零九十八条和第一千一百条第一款规定的限制。

释解分析

本条规定的是继父母收养继子女的条件。《民法典》第 1072 条第 2 款规定：继父或者继母和受其抚养教育的继子女间的权利义务关系，适用本法关于父母子女关系的规定。这就使与继父母形成扶养关系的继子女与生父母和继父母形成双重的父母子女间的权利义务关系。为了避免因双重权利义务导致相互推诿，减少纠纷的发生，本条作了可以由继父母收养继子女的规定。当事人可以根据双方意愿和家庭的实际情况，将继子女收养为养子女。根据本条规定，继父或者继母收养继子女，应当经继子女的生父母同意，这是继父母收养继子女的前提条件。本条规定的继父母收养继子女的条件有所放宽，放宽之处表现在：（1）继父母收养继子女不受生父母有特殊困难无力抚养的子女的限制；（2）继父母收养继子女不受收养人有特殊困难无力抚养子女的生父母的限制；（3）继父母收养继子女不受《民法典》第1098条关于收养人条件的限制；（4）继父母收养继子女不受无子女的收养人可以收养2名子女和有子女的收养人只能收养1名子女的限制。

试题范例

1.（2017年真题）单项选择题

下列情形中，收养关系可以成立的是（ ）。

A. 甲（男，28周岁，未婚）收养2周岁的孤儿

B. 乙（女，50周岁，离异）收养自己15周岁的亲侄子

C. 丙（女，60周岁，丧偶）收养自己19周岁的继女

D. 丁（女，45周岁，有配偶）单独收养自己5周岁的外甥

答案：B

2.（2020年真题）单项选择题

下列选项中，属于继父或继母收养继子女的条件是（ ）。

A. 继子女不满14周岁

B. 继父母无子女

C. 经生父母同意

D. 生父母有特殊困难无力抚养子女

答案：C

核心法条

《民法典》第1105条 收养应当向县级以上人民政府民政部门登记。收养关系自登记之日起成立。

收养查找不到生父母的未成年人的，办理登记的民政部门应当在登记前予以公告。

收养关系当事人愿意签订收养协议的，可以签订收养协议。

收养关系当事人各方或者一方要求办理收养公证的，应当办理收养公证。

县级以上人民政府民政部门应当依法进行收养评估。

释解分析

本条规定的是收养登记、收养公告、收养协议、收养公证、收养评估。收养关系成立的形式要件是指收养人、送养人将收养、送养的意愿表现于外部的法定形式，旨在确立并公示合法的收养关系，维护收养关系的稳定，防止不法收养。收养关系的形式要件就是办理收养登记，未办理收养登记的，收养关系不发生法律效力。办理收养登记的部门是县级以上人民政府民政部门，收养关系自登记之日起成立。

收养关系当事人愿意签订收养协议的，可以签订收养协议。收养关系当事人各方或者一方要求办理收养公证的，应当办理收养公证。由于《民法典》以收养登记作为收养关系的成立要件，只要当事人办理了收养登记，收养关系即依法成立，因而收养协议或者收养公证并非收养成立的必备形式，属于法定形式要件之外的选择性形式，是否签订收养协议或者办理收养公证不影响收养的效力。此外，县级以上人民政府民政部门应当依法进行收养评估。

试题范例

单项选择题

关于收养，下列表述正确的是（ ）。

A. 收养7周岁以上的未成年人，应当征得被收养人的同意

B. 县级以上人民政府民政部门是办理收养登记的法定机关

C. 收养关系自办理公证之日起成立

D. 继父母只能收养1名继子女

答案：B

核心法条

《民法典》第1111条 自收养关系成立之日起，养父母与养子女间的权利义务关系，适用本法关于父母子女关系的规定；养子女与养父母的近亲属间的权利义务关系，适用本法关

民法学

于子女与父母的近亲属关系的规定。

养子女与生父母以及其他近亲属间的权利义务关系，因收养关系的成立而消除。

释解分析

本条规定的是收养的效力。本条第1款规定的是收养的拟制效力。收养关系成立的目的是使本无直系血亲关系的当事人之间发生父母子女关系，故其主要效力在于设立法律拟制的亲子关系。收养成立后，收养人与被收养人之间即确立养父母与养子女的身份关系，相互间产生父母子女间的权利义务关系。而且，收养的拟制效力还及于养父母的近亲属和养子女的后代。具体而言，收养的拟制效力有三：(1) 收养人与被收养人之间产生法律拟制的父母子女关系。自收养关系成立之日起，养子女取得与养父母的婚生子女完全相同的法律地位。这是收养关系发生的最根本的效力。(2) 养子女与养父母的近亲属间产生拟制血亲关系。例如，养子女与养父母的父母发生拟制养祖孙关系，适用《民法典》关于祖孙间的权利义务关系的规定；养子女与养父母的其他子女(包括婚生子女、养子女、形成抚养关系的继子女) 系养兄弟姐妹关系，适用《民法典》关于兄弟姐妹间的权利义务关系的规定。(3) 养子女的后代与养父母以及其他近亲属间产生拟制血亲关系。例如，被继承人的养子女的生子女、被继承人的养子女的养子女可以代位继承。

本条第2款规定的是收养的解消效力。收养的解消效力是指收养关系成立后，养子女与生父母以及其他近亲属间的权利义务关系，因收养关系的成立而消除。《民法典》对收养的效力采取完全收养制。收养关系一经成立，养子女即完全融入养父母的家庭，同时与生父母以及其他近亲属断绝一切权利义务关系。

收养关系的成立虽然消除了养子女与生父母以及其他亲属间的权利义务关系，但他们之间原本客观存在的自然血缘关系不会因收养而消除，仍是自然血亲，因此，《民法典》关于直系血亲或者三代以内旁系血亲禁止结婚的规定仍然适用。

核心法条

《民法典》第1114条 收养人在被收养人成年以前，不得解除收养关系，但是收养人、送养人双方协议解除的除外。养子女八周岁以上的，应当征得本人同意。

收养人不履行抚养义务，有虐待、遗弃等侵害未成年养子女合法权益行为的，送养人有权要求解除养父母与养子女间的收养关系。送养人、收养人不能达成解除收养关系协议的，可以向人民法院提起诉讼。

《民法典》第1115条 养父母与成年养子女关系恶化、无法共同生活的，可以协议解除收养关系。不能达成协议的，可以向人民法院提起诉讼。

《民法典》第1116条 当事人协议解除收养关系的，应当到民政部门办理解除收养关系登记。

《民法典》第1117条 收养关系解除后，养子女与养父母以及其他近亲属间的权利义务关系即行消除，与生父母以及其他近亲属间的权利义务关系自行恢复。但是，成年养子女与生父母以及其他近亲属间的权利义务关系是否恢复，可以协商确定。

《民法典》第1118条 收养关系解除后，经养父母抚养的成年养子女，对缺乏劳动能力又缺乏生活来源的养父母，应当给付生活费。因养子女成年后虐待、遗弃养父母而解除收养关系的，养父母可以要求养子女补偿收养期间支出的抚养费。

生父母要求解除收养关系的，养父母可以要求生父母适当补偿收养期间支出的抚养费；但是，因养父母虐待、遗弃养子女而解除收养关系的除外。

释解分析

上述条文规定的是收养关系的解除。当事人可以通过协议解除及因违法行为而解除收养关系，即收养人在被收养人成年以前，不得解除收养关系，但是收养人、送养人双方协议解除的除外。养子女8周岁以上的，应当征得本人同意。收养人不履行抚养义务，有虐待、遗弃等侵害未成年养子女合法权益行为的，送养人有权要求解除养父母与养子女间的收养关系。送养人、收养人不能达成解除收养关系协议的，可以向人民法院提起诉讼。收养关系还可以因养父母与养子女关系恶化而解除，即养父母与成年子女关系恶化、无法共同生活的，可以通过协议的方式解除收养关系。不能达成协议的，可以向人民法院提起诉讼。对此应根据双方的实际情况，本着维护收养关系当事人合法权益的原则，决定是否予以解除。当事人通过协议解除收养关系的，应当到民政部门办理解除收养关系登记。

收养关系解除在身份上的效力体现在：收养关系解除后，养子女与养父母以及其他近亲属间的权利义务关系即行消除。收养关系解除后，养子女与生父母以及其他近亲属间的权利义务关系自行恢复，此即当然恢复，无须双方同意。收养关系解除后，成年养子女与生父母以及其他近亲属间的权利义务关系是否恢复，可以协商确定。如果双方经协商同意恢复的，可以恢复；如果双方均不同意或者一方不同意恢复的，也可以不恢复。收养关系解除后，经养父母抚养的成年养子女，对缺乏劳动能力又缺乏生活来源的养父母，应当给付生活费。因养子女成年后虐待、遗弃养父母而解除收养关系的，养父母可以要求养子女补偿收养期间支出的抚养费。生父母要求解除收养关系的，养父母可以要求生父母适当补偿收养期间支出的抚养费；但是，因养父母虐待、遗弃养子女而解除收养关系的除外。

试题范例

（2019年真题）单项选择题

下列关于收养关系解除的说法中，正确的是（　　）。

A. 养父母遗弃未成年养子女的，养子女有权要求解除收养关系

B. 养父母虐待未成年养子女的，送养人有权要求解除收养关系

C. 在被收养人成年以前，收养人经民政部门同意可以解除收养关系

D. 养父母与未成年养子女关系恶化，无法共同生活的，可以协议解除收养关系

答案：B

民法学

十五、继　　承

核心法条

《民法典》第 1121 条　继承从被继承人死亡时开始。

相互有继承关系的数人在同一事件中死亡，难以确定死亡时间的，推定没有其他继承人的人先死亡。都有其他继承人，辈分不同的，推定长辈先死亡；辈分相同的，推定同时死亡，相互不发生继承。

释解分析

本条规定的是继承开始的时间及死亡先后的推定。继承的开始是指继承法律关系的发生。继承开始的时间是引起继承法律关系产生的法律事实出现的时间。引起继承法律关系产生的法律事实是自然人的死亡（生理死亡和宣告死亡）。因此，继承开始的时间就是自然人死亡的时间。

对相互有继承关系的数人在同一事件中死亡，应如何确定死亡的先后顺序？根据本条第 2 款规定，相互有继承关系的数人在同一事件中死亡，难以确定死亡时间的，推定没有其他继承人的人先死亡。都有其他继承人，辈分不同的，推定长辈先死亡；辈分相同的，推定同时死亡，相互不发生继承。例如，王某与李某系夫妻，二人带女儿外出旅游，发生车祸全部遇难，但无法确定死亡的先后时间。本案中，死亡人各有继承人，因辈分不同，故推定长辈即王某、李某夫妻先于晚辈女儿死亡；王某、李某夫妻为同辈，推定同时死亡，相互不发生继承；王某与李某先死亡时，女儿可作为第一顺序继承人继承夫妻二人遗产。可见，本条确定了死亡在先和同时死亡相结合的推定制。也就是说，对没有继承人的死亡人和长辈的死亡人（各死亡人都有继承人）实行的是死亡在先的推定制；而对同辈的死亡人（各死亡人都有继承人）实行的则是同时死亡推定制。该规定体现了保护继承人利益和遵循自然法则的原则。

试题范例

多项选择题

甲、乙、丙、丁、戊、己、庚同在一车祸中丧生，甲、乙系夫妻关系，丙、丁系甲、乙子女，戊为丙之子，己为丁之妻，庚为戊之子。假如没有其他人参与继承，则下列有关继承权的表述，正确的是（　　）。

A. 应当首先推定甲、乙先死，同时认定甲、乙之间不发生继承关系

B. 应当首先推定戊先死亡

C. 己享有对甲所留遗产份额的转继承权

D. 庚享有对乙的代位继承权

答案：AC

核心法条

《民法典》第 1122 条　遗产是自然人死亡时遗留的个人合法财产。

依照法律规定或者根据其性质不得继承的遗产，不得继承。

释解分析

本条规定的是遗产。遗产是自然人死亡时遗留的个人合法财产。如自然人的收入、房屋、储蓄和生活用品、林木、牲畜和家禽、文物、图书资料、法律允许自然人所有的生产资料、自然人的著作权、专利权中的财产权利，以及有价证券、合法的债权债务、承包经营收益、担保权等，都可以作为遗产。遗产的特征有：（1）时间上的特定性。自然人死亡前，其财产不能作为遗产。所以自然人死亡的时间是划定遗产的时间界限。遗产只能根据自然人死亡时其财产状况来确定。（2）内容上的财产性。遗产是自然人死亡时遗留的个人合法财产，具有财产性质。具有非财产属性的权益不能作为遗产，如人身权，当自然人死亡时，随主体的死亡而消灭。（3）范围上的限定性。遗产

只能是死亡自然人的个人财产，如死亡自然人与他人共有的财产，不是死者的部分就不属于遗产。(4) 性质上的合法性。遗产只能是死亡自然人的合法财产，如果是死者生前非法侵占的他人财产或非法所得，则不得作为遗产。(5) 法律上的可转让性。遗产为依照法律规定能够转让给他人所有的财产。

本条规定采取概括式的方式，只要是自然人合法取得的财产，都属于遗产，从而改变了已经废止的《继承法》采取的“列举＋概括”规定遗产范围的立法方式，纠正了对遗产列举无法涵盖遗产全部范围的弊端，扩大了遗产的范围，将数据、虚拟财产（如游戏装备、武器、宝藏等网络虚拟物；Q币、游戏币等网络虚拟货币）、股权和其他投资性权利等都纳入遗产的范围，这种立法模式无疑是正确的。

根据本条规定，依照法律规定或者根据其性质不得继承的遗产，不得继承。例如，宅基地、宅基地使用权、国有资源的使用权、土地承包经营权、居住权、人格权，以及与被继承人人身密不可分的人身权利等，不能作为遗产继承。

试题范例

1. (2020年真题) 单项选择题

画家甲丧偶后，独自抚养儿子乙。某日，甲将自己的一幅画作交给朋友丙保管，嘱托丙待自己去世后烧毁该画作。甲去世后，丙违背甲的嘱托，将画作交拍卖公司拍卖，得款50万元。该50万元应当（　　）。

A. 归乙所有　　B. 归丙所有

C. 由乙、丙平分　　D. 归国家所有

答案：A

2. 多项选择题

下列财产可以作为遗产继承的是（　　）。

A. 网络虚拟货币　　B. 投资性权利

C. 知识产权收益　　D. 应收账款债权

答案：ABCD

3. 多项选择题

下列财产应当认定为遗产的是（　　）。

A. 自然人甲死亡时遗留的私房

B. 自然人乙死亡时遗留的存款

C. 自然人丙死亡时遗留的稿费

D. 自然人丁死亡时遗留的宅基地使用权

答案：ABC

核心法条

《民法典》第1123条　继承开始后，按照法定继承办理；有遗嘱的，按照遗嘱继承或者遗赠办理；有遗赠扶养协议的，按照协议办理。

释解分析

本条规定的是遗赠扶养协议的优先效力。遗赠扶养协议的优先效力，表现为遗赠扶养协议是遗产处理的依据，在遗产处理时排斥遗嘱继承和法定继承。根据本条规定，双方有遗赠扶养协议的，按照协议处理；没有遗赠扶养协议，死者有遗嘱继承人或者法定继承人要求继承的，按照遗嘱继承或者法定继承办理。

试题范例

单项选择题

甲有一子乙、一女丙，甲立有遗嘱，指定其子乙继承其全部遗产。不久，甲又自书遗嘱，将其全部遗产遗赠给其好友丁。因甲年迈多病，甲与戊养老院签订遗赠扶养协议，协议约定甲死后其全部遗产归戊养老院所有。甲死后，其遗产应归（　　）。

A. 乙　　B. 丙　　C. 丁　　D. 戊养老院

答案：D

核心法条

《民法典》第1124条　继承开始后，继承人放弃继承的，应当在遗产处理前，以书面形式作出放弃继承的表示；没有表示的，视为接受继承。

受遗赠人应当在知道受遗赠后六十日内，作出接受或者放弃受遗赠的表示；到期没有表示的，视为放弃受遗赠。

释解分析

本条规定的是继承权和受遗赠权的接受和放弃。继承的接受是指继承人作出的同意继承被继承人遗产的意思表示。继承权的放弃，是指继承人在继承开始后、遗产分割前作出的放弃继承被继承人遗产的权利的意思表示。继承权的放弃是继承人作出的单方民事法律行为，无须征得任何人的同意。根据本条第 1 款的规定，继承开始后，继承人放弃继承的，应当在遗产处理前，以书面形式作出放弃继承的表示。这表明，放弃继承应当以书面形式为之，且是明示方式，口头放弃继承的，不发生放弃继承的法律效力。继承开始后，继承人对放弃继承没有表示的，视为接受继承。这表明，接受继承的，口头、书面形式没有限制，且接受继承的形式，明示、默示均可。

根据本条第 2 款的规定，受遗赠权与遗嘱继承权的行使方式不同。受遗赠人接受遗赠的，应于法定期间内作出接受遗赠的明示的意思表示，即受遗赠人应当在知道受遗赠后 60 日内，作出接受或者放弃受遗赠的表示；到期没有表示的，视为放弃受遗赠。这里规定的“60 日”应为受遗赠的除斥期间，因为从知道受遗赠后 60 日内未作出接受的表示，即视为放弃，即丧失受遗赠权。因此，受遗赠人接受遗赠的，应当在知道受遗赠后 60 日内作出接受遗赠的明确的意思表示。而遗嘱继承人自继承开始至遗产分割前未明确表示放弃继承的，即视为接受继承，放弃遗嘱继承权必须于此期间内作出明确的意思表示。本条规定表明，接受遗赠须采取明示方式，但放弃受遗赠明示、默示方式均可。

试题范例

（2018 年真题）多项选择题

志愿者甲经常照顾孤寡老人乙。2015 年 3 月 20 日，乙病故，遗嘱执行人丙告诉甲，乙遗赠给甲 3 万元和一套古籍。5 月 15 日，甲明确表示拒绝接受古籍。5 月 18 日，甲联系丙，表示撤销此前拒绝接受古籍的行为。5 月 28 日，甲请求丙执行遗嘱，丙（　　）。

A. 应将 3 万元交付给甲

B. 应将古籍交付给甲

C. 无须向甲交付 3 万元

D. 无须向甲交付古籍

答案：CD

核心法条

《民法典》第 1125 条　继承人有下列行为之一的，丧失继承权：

（一）故意杀害被继承人；

（二）为争夺遗产而杀害其他继承人；

（三）遗弃被继承人，或者虐待被继承人情节严重；

（四）伪造、篡改、隐匿或者销毁遗嘱，情节严重；

（五）以欺诈、胁迫手段迫使或者妨碍被继承人设立、变更或者撤回遗嘱，情节严重。

继承人有前款第三项至第五项行为，确有悔改表现，被继承人表示宽恕或者事后在遗嘱中将其列为继承人的，该继承人不丧失继承权。

受遗赠人有本条第一款规定行为的，丧失受遗赠权。

释解分析

本条规定的是继承权的丧失。继承权的丧失是指因发生法定事由，依法取消继承人继承被继承人遗产的资格。根据本条规定，继承权丧失的法定事由有：（1）继承人故意杀害被继承人。这是一种严重的犯罪行为，不论其是否受到刑事追究，都丧失继承权。继承权的丧失事关继承人的重大利益，构成故意杀害被继承人丧失继承权的事由须具备以下三个条件：一是须继承人实施的；二是须有杀害被继承人的行为；三是须继承人主观上有杀害的故意，过失致被继承人死亡的，不丧失继承权。（2）继承人为争夺遗产而杀害其他继承人。继承人故意杀害其他继承人，是指继承人中的一人或数人出于争夺遗产的动机而杀害居于同一继承顺序的其他继承人，或者杀害先于自己继承顺序的继承人，或者杀害被继承人在遗嘱中指定的继承人。实施杀害行为的继承人无知，认为后一顺序的继承人会妨害他继承全部遗产而杀害了后一顺序继承人的，也丧失继承权。构成继承人为争夺遗产杀害其他继承人的行为，须具备以下两个条件：一是继承人杀害的对象是其他继承人；二是继承人杀害的目的是争夺遗产。（3）继承人遗弃被继承人，或者虐待被继承人情节严重。继承人遗弃被继承人，是指继承人对没有劳动能力又没有生活来源和没有独立生活能力的被继承人拒不履行扶养义务。遗弃被继承人的，丧失继承权。继承人虐待被继承人，是指继承人在被继承人生前对其以各种手段进行身体上或者精神上的摧残或者折磨。继承人虐待被继承人情节严重的，丧失继承权。（4）继承人伪造、篡改、隐匿或者销毁遗嘱，情节严重。被继承人的合法遗嘱受法律保护，任何人不能非法改变被继承人通过遗嘱表现出来的生前意愿。伪造、篡改、隐匿或者销毁被继承人的遗嘱，违背了被继承人生前的真实意愿，继承人实施这类行为往往是从利己的目的出发，为使自己多得或者独得遗产，会侵害其他继承人的合法权益。这是违反社会道德和法律的行为，对于这种行为应当进行制裁，通过使其丧失继承权，维护遗嘱人的合法利益。继承人伪造、篡改、隐匿或者销毁遗嘱，情节严重的，才丧失继承权。继承人伪造、篡改、隐匿或者销毁遗嘱，侵害了缺乏劳动能力又没有生活来源的继承人的利益的，属于情节严重。（5）继承人以欺诈、胁迫手段迫使或者妨碍被继承人设立、变更或者撤回遗嘱，情节严重。继承人以欺诈、胁迫手段迫使或者妨碍被继承人设立、变更或者撤回遗嘱，须情节严重才丧失继承权。

继承人有本条第 1 款第 3 项至第 5 项行为，确有悔改表现，被继承人表示宽恕或者事后在遗嘱中将其列为继承人的，该继承人不丧失继承权。受遗赠人有故意杀害被继承人行为的，丧失受遗赠权。

试题范例

多项选择题

继承人丧失继承权的情形有（　　）。

A. 继承人遗弃被继承人的

B. 继承人因过失致使被继承人死亡的

C. 被继承人死亡时，继承人没有表示是否接受继承的

D. 继承人虐待被继承人情节严重的

答案：AD

核心法条

《民法典》第 1127 条 遗产按照下列顺序继承：

（一）第一顺序：配偶、子女、父母；

（二）第二顺序：兄弟姐妹、祖父母、外祖父母。

继承开始后，由第一顺序继承人继承，第二顺序继承人不继承；没有第一顺序继承人继承的，由第二顺序继承人继承。

本编所称子女，包括婚生子女、非婚生子女、养子女和有扶养关系的继子女。

本编所称父母，包括生父母、养父母和有扶养关系的继父母。

本编所称兄弟姐妹，包括同父母的兄弟姐妹、同父异母或者同母异父的兄弟姐妹、养兄弟姐妹、有扶养关系的继兄弟姐妹。

释解分析

本条规定的是法定继承的继承人范围和继承顺序。法定继承是指直接根据法律规定的继承人范围、继承顺序以及遗产分配原则，由法定继承人继承被继承人遗产的法律制度。法定继承具有如下特征：（1）法定继承基于一定的身份关系产生。（2）法定继承是对遗嘱继承的补充。（3）法定继承是对遗嘱继承的限制。（4）法定继承具有法定性、强行性。

法定继承人的范围是指在适用法定继承的继承方式时，哪些人能够作为被继承人遗产的继承人。法定继承人包括：配偶、子女、父母、兄弟姐妹、祖父母、外祖父母。“子女”包括婚生子女、非婚生子女、养子女和有扶养关系的继子女；“父母”包括生父母、养父母和有扶养关系的继父母；“兄弟姐妹”包括同父母的兄弟姐妹、同父异母或者同母异父的兄弟姐妹、养兄弟姐妹、有扶养关系的继兄弟姐妹；“祖父母、外祖父母”包括自然血亲的祖父母、外祖父母，也包括拟制血亲的养祖父母、养外祖父母，有扶养关系的继祖父母、继外祖父母。

遗产按照下列顺序继承：第一顺序：配偶、子女、父母；第二顺序：兄弟姐妹、祖父母、外祖父母。继承开始后，由第一顺序继承人继承，第二顺序继承人不继承；没有第一顺序继承人继承的，由第二顺序继承人继承。在第一顺序中，应当注意两个问题：（1）养子女与生父母间的权利义务关系因收养关系的成立而消除。因此，收养关系一经成立，养子女与养父母互为遗产继承人，而与生父母不再互为遗产继承人。（2）继子女与生父母间的权利和义务，不因与继父母形成扶养关系而消除。因此，继子女不仅与有扶养关系的继父母互为遗产继承人，而且与生父母也互为遗产继承人。在第二顺序中应当注意的是，继兄弟姐妹之间的继承权，因继兄弟姐妹之间的扶

民法学

养关系而发生。没有扶养关系的，不能互为第二顺序继承人。继兄弟姐妹之间相互继承了遗产的，不影响其继承亲兄弟姐妹的遗产。

试题范例

1.（2015 年真题）多项选择题

甲与妻子乙协议离婚，约定 8 周岁儿子由乙抚养，甲支付抚养费。后甲与有一女儿的丙再婚，并在婚后继续给付儿子抚养费。十年后，丙因病去世。丙去世时，其近亲属还有姐姐丁。有权继承丙遗产的人有（　　）。

A. 甲

B. 甲的儿子

C. 丙的女儿

D. 丁

答案：AC

2.（2021 年真题）单项选择题

甲、乙系夫妻，育有一子丙。甲的父亲去世后，甲的母亲李某与甲的弟弟丁一起生活。1990 年起李某为照看丙，开始与甲家共同生活。2010 年甲因病去世，李某伤心过度而中风，乙一直照顾李某。2018 年李某去世，留下存款 6 万元。该 6 万元（　　）。

A. 全部由丁继承

B. 只能由乙、丙继承

C. 只能由丙、丁继承

D. 应当由乙、丙、丁继承

答案：D

核心法条

《民法典》第 1128 条　被继承人的子女先于被继承人死亡的，由被继承人的子女的直系晚辈血亲代位继承。

被继承人的兄弟姐妹先于被继承人死亡的，由被继承人的兄弟姐妹的子女代位继承。

代位继承人一般只能继承被代位继承人有权继承的遗产份额。

释解分析

本条规定的是代位继承。代位继承是指被继承人的子女或兄弟姐妹先于被继承人死亡，应由被继承人的子女或兄弟姐妹继承的遗产份额，由被继承人的子女的直系晚辈血亲或兄弟姐妹的子女继承的法律制度。在代位继承中，先于被继承人死亡的子女或兄弟姐妹称为被代位继承人，被继承人的子女的直系晚辈血亲或兄弟姐妹的子女称为代位继承人。

代位继承是法定继承中的一种特殊现象，只适用于法定继承，不适用于遗嘱继承。如果遗嘱继承人系被继承人的子女或兄弟姐妹，且先于遗嘱人死亡，就不能发生代位继承，遗嘱中指定该继承人继承的遗产应按法定继承处理。

代位继承须具备的条件有：（1）须被代位继承人先于被继承人死亡。（2）须被代位继承人是被继承人的子女或兄弟姐妹。在我国，被代位继承人既包括被继承人的子女，也包括被继承人的兄弟姐妹，所以我国的代位继承既适用于直系血亲，也适用于旁系血亲。（3）须被代位继承人未丧失继承权。若被代位继承人丧失继承权，不仅本人不能参加继承，他人也不能代位继承。根据《最高人民法院关于适用〈中华人民共和国民法典〉继承编的解释（一）》第 17 条的规定，继承人丧失继承权的，其晚辈直系血亲不得代位继承。如该代位继承人缺乏劳动能力又没有生活来源，或者对被继承人尽赡养义务较多的，可以适当分给遗产。（4）须代位继承人是被代位继承人的直系晚辈血亲。直系晚辈血亲包括自然血亲和拟制血亲。根据《最高人民法院关于适用〈中华人民共和国民法典〉继承编的解释（一）》的规定，被继承人的孙子女、外孙子女、曾孙子女、外曾孙子女都可以代位继承，代位继承人不受辈数的限制。被继承人的养子女、已形成扶养关系的继子女的生子女可以代位继承；被继承人亲生子女的养子女可以代位继承；被继承人养子女的养子女可以代位继承；与被继承人已形成扶养关系的继子女的养子女也可以代位继承。丧偶儿媳对公婆、丧偶女婿对岳父母尽了主要赡养义务，无论其是否再婚，其作为第一顺序继承人时，不影响其子女代位继承。

代位继承的效力体现在，具备代位继承条件的，即可发生代位继承，代位继承人取代被代位继承人的继承地位参与继承，代位继承人一般只能继承被代位继承人有权继承的遗产份额。因此，若代位继承人为数人，则只能共同继承被代位继承人有权继承的份额。代位继承人缺乏劳动能力又没有生活来源，或者对被继承人尽过主要赡养义务的，分配遗产时，可以多分。

试题范例

多项选择题

刘某生有一子一女，子女均已成家，子甲生女乙，女丙生子丁、戊。刘某一直对两外孙格外偏爱，曾多次私下表示死后把遗产赠与丁、戊。某年，丙不幸遇难，刘某在料理完丙的丧事后也死亡。经查，刘某有两处房产，股票、债券若干，总价值60万元。甲、乙、丁、戊就遗产分割发生纠纷。则（　　）。

A. 丁、戊可代位继承刘某的遗产

B. 刘某的遗产由甲全部继承

C. 甲可以继承刘某的遗产

D. 甲可以继承丙的遗产

答案：AC

核心法条

《民法典》第1129条　丧偶儿媳对公婆，丧偶女婿对岳父母，尽了主要赡养义务的，作为第一顺序继承人。

释解分析

本条规定的是丧偶儿媳和丧偶女婿的继承权。丧偶儿媳对公婆，丧偶女婿对岳父母，尽了主要赡养义务的，作为第一顺序继承人。这种规定为我国民法典所独有，称得上是中国特色，受到广泛好评。儿媳或者女婿继承公婆或者岳父母的遗产，应当具备一定的条件：第一，必须存在丧偶的情形；第二，必须丧偶儿媳对公婆或者丧偶女婿对岳父母尽了主要赡养义务。只要儿媳或者女婿符合了这两个条件，其就可以作为第一顺序继承人参与继承，取得遗产，而且不论有无代位继承人代位继承，也不论是否再婚。

试题范例

1.（2017年真题）多项选择题

甲、乙系夫妻，有一子丙。丙与丁结婚，生有一女戊。2008年丙去世，丁与庚再婚，二人一起照顾甲、乙的生活起居。2015年5月甲去世，对甲的遗产的继承，第一顺序继承人有（　　）。

A. 乙　　B. 丁　　C. 戊　　D. 庚

答案：ABC

2. 单项选择题

丧偶女婿可以作为第一顺序法定继承人的条件是（　　）。

A. 没有再婚

B. 尽了主要赡养义务

C. 尽了赡养义务

D. 其子女是否丧失代位继承权

答案：B

3. 单项选择题

被继承人有一子一女，均于继承开始前死亡，被继承人的配偶、父母也先于被继承人死亡。其子留有子女甲、乙、丙，其女留有子丁，被继承人的儿媳戊对其尽了主要赡养义务。在被继承人没有立遗嘱的情况下，下列关于继承遗产的表述，正确的是（　　）。

A. 甲、乙、丙、丁和戊各分得遗产的五分之一

B. 甲、乙、丙、丁共同继承遗产的二分之一，戊继承遗产的二分之一

C. 甲、乙、丙、戊共同继承遗产的二分之一，丁继承遗产的二分之一

D. 甲、乙、丙共同继承遗产的三分之一，丁和戊分别继承遗产的三分之一

答案：D

核心法条

《民法典》第1133条　自然人可以依照本法规定立遗嘱处分个人财产，并可以指定遗嘱执行人。

自然人可以立遗嘱将个人财产指定由法定继承人中的一人或者数人继承。

自然人可以立遗嘱将个人财产赠与国家、集体或者法定继承人以外的组织、个人。

自然人可以依法设立遗嘱信托。

释解分析

本条规定的是遗嘱继承、遗赠、遗嘱信托。遗嘱是指自然人生前按照法律规定处分自己的财产及安排有关事务，并于死亡后发生法律效力的单方民事法律行为。遗嘱具有如下特征：（1）遗嘱是单方民事法律行为。（2）遗嘱是死后生效的民事法律行为。（3）遗嘱是遗嘱人亲自所为的民事法律行为。（4）遗嘱是要式民事法律行为。

遗嘱继承是指继承人按照被继承人生前所立的合法有效遗嘱继承被继承人遗产的法律制度。遗嘱继承具有如下特征：(1) 遗嘱继承须以存在有效遗嘱为前提。(2) 遗嘱继承直接体现被继承人的遗愿。(3) 遗嘱继承是对法定继承的排斥。(4) 遗嘱继承的效力优于法定继承。

遗赠是指自然人以遗嘱的方式将其个人财产赠与国家、集体或者法定继承人以外的组织、个人，并于其死后生效的民事法律行为。在遗赠中，立遗嘱的自然人为遗赠人，被指定接受赠与财产的人为受遗赠人，遗嘱指定赠与的财产为遗赠财产或者遗赠物。遗赠具备遗嘱所具有的法律特征，是单方民事法律行为、是死后生效的民事法律行为、是要式民事法律行为以及是遗赠人亲自所为的民事法律行为。

遗赠和遗嘱继承的区别主要表现在以下三个方面：(1) 受遗赠人与遗嘱继承人的法律地位不同。受遗赠人不是继承人，没有继承权；而遗嘱继承人是继承人，享有继承权。(2) 受遗赠人与遗嘱继承人的范围不同。受遗赠人必须是法定继承人以外的人，既可以是自然人，也可以是国家或者集体；而遗嘱继承人只能是法定继承人以内的人，并且只能是自然人。(3) 对遗赠和遗嘱继承的接受、放弃的方式不同。继承开始后，受遗赠人应当在知道受遗赠后 60 日内，作出接受或者放弃受遗赠的表示；到期没有表示的，视为放弃受遗赠。遗嘱继承人在继承开始后、遗产处理前，没有以书面形式表示放弃遗嘱继承的，视为接受继承。

遗嘱信托是指通过遗嘱这种法律行为而设立的信托，也称为死后信托。当委托人以立遗嘱的方式，把财产交付信托时，就是所谓的遗嘱信托，也就是委托人预先以立遗嘱方式，将财产的规划内容，包括交付信托后遗产的管理、分配、运用及给付等，详订于遗嘱中。等到遗嘱生效时，再将信托财产转移给受托人，由受托人依据信托的内容，也就是委托人遗嘱所交办的事项，管理处分信托财产。与金钱、不动产或有价证券等个人信托业务比较，遗嘱信托最大的不同点在于，遗嘱信托是在委托人死亡后契约才生效。遗嘱信托不同于遗托。遗托，又称为附负担的遗赠或者附义务的遗赠，是指遗嘱人在遗嘱中向遗嘱继承人或者受遗赠人附加提出的应当履行某项义务的要求。例如，甲遗赠给乙房屋，但受遗赠人乙须负有扶养甲的祖母的义务，此为遗托。遗托是遗嘱继承和遗赠的附加义务。

试题范例

多项选择题

甲关于其遗产处理的遗嘱中，符合民法典规定的是（　　）。

A. 甲死后将其全部存款赠给贫困地区的居民

B. 甲将所有字画赠给挚友乙

C. 甲的宅基地由儿子丙继承

D. 甲的土地承包经营的收益由女儿丁继承

答案：ABD

核心法条

《民法典》第 1134 条　自书遗嘱由遗嘱人亲笔书写，签名，注明年、月、日。

《民法典》第 1135 条　代书遗嘱应当有两个以上见证人在场见证，由其中一人代书，并由遗嘱人、代书人和其他见证人签名，注明年、月、日。

《民法典》第 1136 条　打印遗嘱应当有两个以上见证人在场见证。遗嘱人和见证人应当在遗嘱每一页签名，注明年、月、日。

《民法典》第 1137 条　以录音录像形式立的遗嘱，应当有两个以上见证人在场见证。遗嘱人和见证人应当在录音录像中记录其姓名或者肖像，以及年、月、日。

《民法典》第 1138 条　遗嘱人在危急情况下，可以立口头遗嘱。口头遗嘱应当有两个以上见证人在场见证。危急情况消除后，遗嘱人能够以书面或者录音录像形式立遗嘱的，所立的口头遗嘱无效。

《民法典》第 1139 条　公证遗嘱由遗嘱人经公证机构办理。

《民法典》第 1140 条　下列人员不能作为遗嘱见证人：

（一）无民事行为能力人、限制民事行为能力人以及其他不具有见证能力的人；

（二）继承人、受遗赠人；

（三）与继承人、受遗赠人有利害关系的人。

《民法典》第 1142 条　遗嘱人可以撤回、变更自己所立的遗嘱。

立遗嘱后，遗嘱人实施与遗嘱内容相反的民事法律行为的，视为对遗嘱相关内容的撤回。

立有数份遗嘱，内容相抵触的，以最后的遗嘱为准。

释解分析

上述条文规定的是遗嘱。遗嘱是指自然人生前按照法律规定处分自己的财产及安排有关事务，并于死亡后发生法律效力的单方民事法律行为。遗嘱的形式是指遗嘱人处分自己身后财产及安排有关事务的意思表示的方式。《民法典》规定的遗嘱形式有自书遗嘱、代书遗嘱、打印遗嘱、录音录像遗嘱、口头遗嘱和公证遗嘱。遗嘱人只能按照上述遗嘱形式订立遗嘱。自书遗嘱是指遗嘱人亲笔书写的遗嘱，因此又称为亲笔遗嘱。自书遗嘱必须由遗嘱人亲笔书写，签名并注明年、月、日。代书遗嘱是指由遗嘱人口述，由他人代为书写、记录的遗嘱。代书遗嘱应当有两个以上见证人在场见证，由其中一人代书，并由遗嘱人、代书人和其他见证人签名，注明年、月、日。打印遗嘱是通过打印方式设立的遗嘱，就是使用电子设备书写电子文档后，通过打印机等设备输出书面文档，由遗嘱人和见证人完成签名、见证等程序而订立的遗嘱。打印遗嘱应当有两个以上见证人在场见证。遗嘱人和见证人应当在遗嘱每一页签名，注明年、月、日。录音录像遗嘱是指用录音录像设备录下遗嘱人的口述遗嘱或带有肖像的口述遗嘱。以录音录像形式立遗嘱，应当有两个以上见证人在场见证。遗嘱人和见证人应当在录音录像中记录其姓名或者肖像，以及年、月、日。口头遗嘱，又称为口授遗嘱，是指遗嘱人在危急情况下以口头方式设立的遗嘱。口头遗嘱应当有两个以上见证人在场见证。危急情况消除后，遗嘱人能够以书面或者录音录像形式立遗嘱的，所立的口头遗嘱无效。公证遗嘱是指经公证机构公证的遗嘱。公证遗嘱由遗嘱人经公证机构办理。

遗嘱见证人是指订立遗嘱时，亲临遗嘱制作现场，并对遗嘱真实性予以证明的第三人。根据民法典继承编规定，遗嘱人订立代书遗嘱、打印遗嘱、录音录像遗嘱、口头遗嘱时都须有两个以上见证人在场见证。下列人员不能作为遗嘱见证人：（1）无民事行为能力人、限制民事行为能力人以及其他不具有见证能力的人；（2）继承人、受遗赠人；（3）与继承人、受遗赠人有利害关系的人。

遗嘱的撤回是指遗嘱人在订立遗嘱后又通过一定的方式将原来的遗嘱取消的行为。遗嘱人可以撤回、变更自己所立的遗嘱。立遗嘱后，遗嘱人实施与遗嘱内容相反的民事法律行为的，视为对遗嘱相关内容的撤回。立有数份遗嘱，内容相抵触的，以最后的遗嘱为准。

试题范例

1.（2018 年真题）单项选择题

2005 年，甲立公证遗嘱，将自己的一套房屋留给儿子乙。后甲与丙结婚，生有一子丁。2008 年，甲立自书遗嘱，指定前述房屋由丙、丁二人共同继承。2017 年，甲去世。该房屋（　　）。

A. 应按照公证遗嘱由乙继承

B. 应按照自书遗嘱由丙、丁共同继承

C. 应由乙、丙、丁依法定继承共同继承

D. 属于甲和丙的共同财产，应当先析产后继承

答案：B

（注：本题原标准答案为 A 项，鉴于《民法典》取消了公证遗嘱的效力优先性，因此，本题关于继承问题应当按照自书遗嘱处理，故 B 项为正确答案——编者注）

2.（2021 年真题）单项选择题

2010 年，甲立自书遗嘱一份，表示自己的房屋由儿子乙继承，屋内的紫檀家具由孙子丙继承。2018 年甲将房屋卖给任某，得款 120 万元，并办理了过户登记手续，后甲病故。对此，下列表述正确的是（　　）。

A. 甲所立自书遗嘱的内容全部被撤回

B. 甲立遗嘱后不得出卖遗嘱处分的财产

C. 乙有权基于遗嘱继承权取得卖房款 120 万元

D. 丙有权基于遗赠取得紫檀家具

答案：D

3. 多项选择题

下列人员不能作为遗嘱见证人的有（　　）。

A. 代位继承人　　　　B. 继承人的合伙人

C. 受遗赠人　　　　　D. 继承人的债权人

答案：ABCD

核心法条

《民法典》第 1143 条　无民事行为能力人或者限制民事行为能力人所立的遗嘱无效。

民法学

遗嘱必须表示遗嘱人的真实意思，受欺诈、胁迫所立的遗嘱无效。

伪造的遗嘱无效。

遗嘱被篡改的，篡改的内容无效。

释解分析

本条规定的是遗嘱的无效。遗嘱无效是指遗嘱因违反法律规定而不能发生法律效力，遗嘱人在遗嘱中的意思不能实现，不能发生遗嘱人所预期的法律后果。根据本条规定，遗嘱无效主要有以下几种情况：(1) 无民事行为能力人或者限制民事行为能力人所立的遗嘱无效。(2) 遗嘱必须表示遗嘱人的真实意思，受欺诈、胁迫所立的遗嘱无效。(3) 伪造的遗嘱无效。(4) 遗嘱被篡改的，篡改的内容无效。

试题范例

单项选择题

甲立有一份遗嘱，22岁时甲因患精神病被宣布为无民事行为能力人，则该遗嘱的效力为（　　）。

A. 有效　　B. 无效

C. 效力待定　　D. 可撤销

答案：A

核心法条

《民法典》第1145条　继承开始后，遗嘱执行人为遗产管理人；没有遗嘱执行人的，继承人应当及时推选遗产管理人；继承人未推选的，由继承人共同担任遗产管理人；没有继承人或者继承人均放弃继承的，由被继承人生前住所地的民政部门或者村民委员会担任遗产管理人。

《民法典》第1146条　对遗产管理人的确定有争议的，利害关系人可以向人民法院申请指定遗产管理人。

《民法典》第1147条　遗产管理人应当履行下列职责：

（一）清理遗产并制作遗产清单；

（二）向继承人报告遗产情况；

（三）采取必要措施防止遗产毁损、灭失；

（四）处理被继承人的债权债务；

（五）按照遗嘱或者依照法律规定分割遗产；

（六）实施与管理遗产有关的其他必要行为。

《民法典》第1148条　遗产管理人应当依法履行职责，因故意或者重大过失造成继承人、受遗赠人、债权人损害的，应当承担民事责任。

《民法典》第1149条　遗产管理人可以依照法律规定或者按照约定获得报酬。

释解分析

上述条文规定的是遗产管理人。遗产管理是指对遗产负责保存和管理的制度。在继承开始后，为了保护遗产不被损毁或者丧失，必须确定遗产管理人，对遗产进行管理。遗产管理人是指对遗产负责保存和管理的人。对遗产管理人可以采取以下方式确定：遗嘱执行人为遗产管理人；没有遗嘱执行人的，继承人应当及时推选遗产管理人；继承人未推选的，由继承人共同担任遗产管理人；没有继承人或者继承人均放弃继承的，由被继承人生前住所地的民政部门或者村民委员会担任遗产管理人。对遗产管理人的确定存在争议的，利害关系人可以向人民法院申请指定遗产管理人。遗产管理人可以依照法律规定或者按照约定获得报酬。

遗产管理人应当履行下列职责：(1) 清理遗产并制作遗产清单；(2) 向继承人报告遗产情况；(3) 采取必要措施防止遗产毁损、灭失；(4) 处理被继承人的债权债务；(5) 按照遗嘱或者依照法律规定分割遗产；(6) 实施与管理遗产有关的其他必要行为。遗产管理人应当依法履行职责，因故意或者重大过失造成继承人、受遗赠人、债权人损害的，应当承担民事责任。

试题范例

多项选择题

遗产管理人的职责有（　　）。

A. 处理被继承人的债权债务

B. 向继承人报告遗产情况

C. 清理遗产并制作遗产清单

D. 采取必要措施防止遗产毁损

答案：ABCD

核心法条

《民法典》第 1152 条　继承开始后，继承人于遗产分割前死亡，并没有放弃继承的，该继承人应当继承的遗产转给其继承人，但是遗嘱另有安排的除外。

释解分析

本条规定的是转继承。转继承是指继承开始后，继承人于遗产分割前死亡，本该由该继承人继承的遗产转由其法定继承人承受。实际接受遗产的继承人称为转继承人，于继承开始后遗产分割前死亡的继承人称为被转继承人。

转继承应当具备的条件有：（1）被转继承人于被继承人死亡后、遗产分割前死亡；（2）被转继承人未丧失继承权，也未放弃继承权；（3）被转继承人生前未立另有安排的遗嘱。

试题范例

单项选择题

甲因生病死亡，不久其子乙也在分割甲的遗产前死亡。那么下列人员中可以依照民法典规定继承甲的遗产的是（　　）。

A. 乙

B. 乙的儿子丙可以转继承甲的遗产

C. 乙的叔叔

D. 乙的女儿可以代位继承甲的遗产

答案：B

核心法条

《民法典》第 1153 条　夫妻共同所有的财产，除有约定的外，遗产分割时，应当先将共同所有的财产的一半分出为配偶所有，其余的为被继承人的遗产。

遗产在家庭共有财产之中的，遗产分割时，应当先分出他人的财产。

释解分析

本条规定的是遗产的确定：先析产、后继承原则。被继承人死亡后，其遗产也就与他人的财产混在一起，因此，在分割遗产时，就应当首先把遗产与他人的财产区分开。只有这样，才能保证遗产分割的正确性，保护继承人和其他财产所有人的合法权益。首先，共同继承财产与夫妻共同财产的分析。根据本条第 1 款的规定，夫妻共同所有的财产，除有约定的外，遗产分割时，应当先将共同所有的财产的一半分出为配偶所有，其余的为被继承人的遗产。其次，共同继承财产与家庭共同财产的分析。根据本条第 2 款的规定，遗产在家庭共有财产之中的，遗产分割时，应当先分出他人的财产。上述析产过程，就确定了家庭共同财产中的遗产部分，分出来为遗产范围。

试题范例

多项选择题

甲、乙系夫妻，婚后育有一子丙、一女丁。甲在婚前有住房一套，婚后二人有存款 70 万元。甲立有遗嘱，将 5 万元存款指定女儿丁继承。不久，甲死亡。关于甲死亡时遗留的财产的分割，下列表述正确的是（　　）。

A. 甲的住房由乙、丙、丁共同继承

B. 乙可继承 40 万元存款

C. 丙可继承 15 万元存款

D. 丁可继承 15 万元存款

答案：AD

核心法条

《民法典》第 1158 条　自然人可以与继承人以外的组织或者个人签订遗赠扶养协议。按照协议，该组织或者个人承担该自然人生养死葬的义务，享有受遗赠的权利。

释解分析

本条规定的是遗赠扶养协议。遗赠扶养协议是指由遗赠人与扶养人签订的，由扶养人对遗赠人负生养死葬的义务，遗赠人将自己财产的一部或全部在其死后转移给扶养人所有的协议。扶养人不限于自然人，还包括集体所有制组织或其他组织，但自然人中的法定继承人不能作抚养人，国家也不能作抚养人。遗赠扶养协议具有以下特征：（1）遗赠扶养协议是双方民事法律行为。遗赠扶养协议属于合同，须双方当事人意思表示一

民法学

致才能成立。(2)遗赠扶养协议是有偿民事法律行为。遗赠人所享有的被扶养的权利，是以死后遗赠指定的财产为代价，扶养人获得遗赠财产的权利是以对遗赠人负生养死葬的义务为代价。(3)遗赠扶养协议双方当事人义务履行的时间具有错时性。扶养人在遗赠人（被扶养人）生前履行扶养义务，而遗赠人于其死后才转移遗赠的财产。所以，在遗赠人死亡前，扶养人不得要求遗赠人将财产归于自己。(4)遗赠扶养协议具有优先于遗嘱继承和遗赠的执行效力。被继承人生前与他人订有遗赠扶养协议，同时又立有遗嘱的，继承开始后，如果遗赠扶养协议与遗嘱没有抵触，遗产分别按协议和遗嘱处理；如果有抵触，则遗产按协议处理。

遗赠扶养协议的效力体现在，遗赠扶养协议是双务合同，双方当事人的权利义务具有对应性。其中，扶养人对被扶养人负有生养死葬的义务，被扶养人负有将其财产遗赠给扶养人的义务。扶养人与被扶养人订有遗赠扶养协议，扶养人无正当理由不履行，导致协议解除的，不能享有受遗赠的权利，其支付的供养费用一般不予补偿；被扶养人无正当理由不履行，导致协议解除的，则应当偿还扶养人已支付的供养费用。

遗赠扶养协议与遗赠的区别主要有：(1)行为的性质不同。遗赠扶养协议是双方、双务、有偿民事法律行为；遗赠是单方、单务、无偿民事法律行为。(2)行为的形式不同。遗赠扶养协议采用合同形式；遗赠采用遗赠形式。(3)主体的范围不同。遗赠扶养协议的扶养人限于法定继承人以外的个人或者组织，不包括国家；而遗赠中的受遗赠人除法定继承人以外的个人或者组织外，还包括国家。(4)主体资格不同。遗赠扶养协议的遗赠人与扶养人订立协议时须均为完全民事行为能力人；而遗赠人须为完全民事行为能力人，但不要求受遗赠人为完全民事行为能力人。(5)法律效力不同。遗赠扶养协议具有优先于遗嘱继承和遗赠的执行效力；而遗赠的执行不优先于遗嘱继承，二者的法律效力是相同的。

试题范例

1.（2021年真题）单项选择题

张某在丈夫去世后，与其保姆李某签订了遗赠扶养协议，张某的子女得知后不认可该遗赠扶养协议的效力。该遗赠扶养协议的效力为（　）。

A. 有效　　B. 无效

C. 可撤销　　D. 效力待定

答案：A

2. 单项选择题

下列关于遗赠扶养协议的效力的表述，正确的是（　）。

A. 扶养人不履行协议导致协议解除的，不能享有受遗赠的权利，但是其已经支付的供养费用应当予以适当补偿

B. 遗赠人无正当理由不履行协议导致协议解除的，应当偿还扶养人已经支付的供养费用

C. 遗赠扶养协议是与遗赠并行适用的遗产转移方式

D. 遗赠扶养协议是遗赠人死后生效的单务法律行为

答案：B

核心法条

《民法典》第1161条　继承人以所得遗产实际价值为限清偿被继承人依法应当缴纳的税款和债务。超过遗产实际价值部分，继承人自愿偿还的不在此限。

继承人放弃继承的，对被继承人依法应当缴纳的税款和债务可以不负清偿责任。

《民法典》第1162条　执行遗赠不得妨碍清偿遗赠人依法应当缴纳的税款和债务。

《民法典》第1163条　既有法定继承又有遗嘱继承、遗赠的，由法定继承人清偿被继承人依法应当缴纳的税款和债务；超过法定继承遗产实际价值部分，由遗嘱继承人和受遗赠人按比例以所得遗产清偿。

释解分析

上述条文规定的是遗产债务的清偿。遗产债务的清偿须遵循民法典规定的清偿原则。遗产债务的清偿原则有限定继承原则、清偿债务优先于执行遗赠原则、保留必留份原则和连带责任原则。

《民法典》第1161条规定了限定继承原则，即继承人以所得遗产实际价值为限清偿被继承人依法应当缴纳的税款和债务。超过遗产实际价值部分，继承人自愿偿还的不在此限。不过，继承人放弃继承的，对被继承人依法应当缴纳的税款和债务可以不负清偿责任。

《民法典》第 1162 条规定了清偿债务优先于执行遗赠原则。为了防止遗赠人通过遗赠逃避对其债权人的债务，保护债权人的合法权益，对遗赠行为加以限制是必要的。根据本条规定，在遗赠和清偿债务的顺序上，清偿债务优先于执行遗赠。只有在清偿债务之后，还有剩余遗产时，遗赠才能得到执行。如果遗产已经不足以清偿债务，则遗赠就不能执行。

遗产债务的清偿办法有两种：一是先清偿债务后分割遗产。按照这种方式，共同继承人首先从遗产中清算出遗产债务，并将清算出的相当于遗产债务数额的遗产交付给债权人；然后，根据各继承人应继承的份额，分配剩余遗产。二是先分割遗产后清偿债务。先分割遗产后清偿债务是一种分别清偿方式。按照这种清偿方式，共同继承人首先根据他们应当继承的遗产份额，分割遗产，同时分摊遗产债务；然后，各继承人根据自己分摊的债务数额向债权人清偿。如果遗产已被分割，而遗产债务还没有清偿的，如果既有法定继承又有遗嘱继承、遗赠的，由法定继承人清偿被继承人依法应当缴纳的税款和债务；超过法定继承遗产实际价值部分，由遗嘱继承人和受遗赠人按比例以所得遗产清偿。

试题范例

多项选择题

遗产债务的清偿原则有（　　）。

A. 限定继承原则

B. 保留必留份原则

C. 连带承担债务责任原则

D. 清偿债务优先于遗赠的原则

答案：ABCD

十六、侵权责任

核心法条

《民法典》第 1164 条 本编调整因侵害民事权益产生的民事关系。

释解分析

本条规定的是侵权责任编的调整范围。侵权责任编调整因侵害民事权益产生的民事关系。行为人侵害本编所保护的民事权益的，应当承担侵权责任。侵权责任是指行为人因其侵权行为而依法应当承担的民事法律责任。侵权责任编所保护的民事权益，包括：生命权、身体权、健康权、姓名权、名誉权、荣誉权、肖像权、隐私权、婚姻自主权、个人信息权益、人身自由权、人格尊严权，监护权、配偶权等各类亲属权，所有权、用益物权、担保物权、著作权、专利权、商标专用权、发现权、集成电路布图设计权、地理标志权、植物新品种权、商业秘密权、股权、继承权、受遗赠权等人身、财产权益。死者和胎儿的人格利益也受侵权责任编保护。

本编仅调整因侵害民事权益产生的民事关系，因此，下列权利不受本编保护：民法债权，宪法规定中公民的基本权利如平等权、选举权、政治权利、受教育权、劳动权、监督权等，以及各类诉讼权利等。

试题范例

1.（2017 年真题）多项选择题

下列民事权益中，受我国侵权责任法保护的有（　　）。

A. 婚姻自主权　　B. 担保物权

C. 股权　　D. 商业秘密

答案：ABCD

2. 单项选择题

下列民事权利不属于民法典侵权责任编保护范围的是（　　）。

A. 抵押权　　B. 股权

C. 债权　　D. 死者名誉权

答案：C

核心法条

《民法典》第 1165 条 行为人因过错侵害他人民事权益造成损害的，应当承担侵权责任。

依照法律规定推定行为人有过错，其不能证明自己没有过错的，应当承担侵权责任。

释解分析

本条规定的是过错责任原则、一般侵权责任的构成要件和过错推定责任原则。民事责任的归责原则有过错责任原则（含过错推定责任原则）和无过错责任原则两大类。在侵权责任领域，过错责任原则是基本的归责原则。过错责任原则是指以行为人的过错作为归责根据的原则。过错责任原则具有以下特征：（1）过错责任原则是一种主观归责原则。它以行为人的主观心理状态作为确定和追究责任的绝对标准，即“有过错有责任”“无过错无责任”。而过错一般表现为行为人主观上的故意和过失两种情形。（2）过错责任原则以行为人的过错作为责任的构成要件。侵权责任的成立必须具备法律所规定的所有要件，在适用过错责任原则的场合，行为人的主观过错是必备要件之一。（3）过错责任原则适用于一般侵权行为。侵权行为有一般侵权行为和特殊侵权行为之分。特殊侵权行为适用无过错责任原则，法律对这类侵权行为有专门规定。特殊侵权行为之外的侵权行为，就属于一般侵权行为。（4）过错责任原则对确定责任范围具有决定性作用。行为人过错的大小决定了损害赔偿责任的轻重。

本条第 1 款既是对过错责任原则的规定，也是对一般侵权行为构成要件的规定。根据本款，一般侵权责任的构成要件受到侵权责任归责原则的影响，在过错责任原则下，需要行为人有过错；在无过错责任原则下，则不考虑行为人有无过错（包括故意和过失）。无论哪种归责原则下，都需要有行为（包括作为和不作为）、损害事实以及二者之间的因果关系这三个构成要件。过错责任原则表明，一般侵权责任应以过错作为其最终归责根据。一般侵权责任的构成要件有：（1）加害行为。它是指行为人实施的加害于被侵权人民事权益的不法行为。（2）损害事实。它是指被侵权人的人身权利、财产权利以及其他利益所遭受的不利后果。损害事实具有可补救性和可确定性等特征。损害包括财产损害和非财产损害，非财产损害又包括人身损害和精神损害。不利后果包括现实已经存在的不利后果和存在现实威胁的不利后果。（3）因果关系。它是指加害行为与损害事实之间的引起与被引起的关系。（4）主观过错。它是指侵权人的一种可归责的心理状态，表现为故意和过失两种形式。

本条第 2 款规定的是过错推定责任原则。所谓过错推定责任原则，是指依照法律规定推定行为人有过错，行为人不能证明自己没有过错的，应当承担侵权责任。过错推定责任原则的实质就是从侵害事实中推定行为人有过错，免除了受害人对过错的举证责任，加重了行为人的证明责任，更有利于保护受害一方的利益，也更有效地制裁侵权行为。过错推定责任原则不是独立的归责原则，而是过错责任原则的补充。

易混易错

1. 过错推定责任原则适用于致害人主观上存在过错，但这种过错仅是一种推定，致害人认为自己没有过错，必须举证予以证明才能免责。根据民法典侵权责任编的规定，适用过错推定责任原则的主要情形有：（1）无民事行为能力人在教育机构中受到损害的侵权责任。（2）动物园动物的损害责任。（3）建筑物和物件损害责任。

2. 法律硕士联考中，本内容出题方式主要为选择题、简答题和法条分析题。出题思路：选择题为过错责任原则和过错推定责任原则的适用；简答题为一般侵权民事责任的构成要件；法条分析题从过错责任原则和过错推定责任原则的含义、适用范围等方面考查。

试题范例

1. 单项选择题

下列情形适用过错推定责任原则的是（　　）。

A. 医疗事故责任

B. 生产者应当承担的产品损害责任

C. 妨碍通行物的致害责任

D. 林木折断的损害责任

答案：D

2. 单项选择题

下列情形中不属于一般侵权责任构成要件的是（　　）。

A. 过错

B. 作为

C. 损害事实

D. 行为与损害事实之间存在因果关系

答案：B

核心法条

《民法典》第 1166 条　行为人造成他人民事权益损害，不论行为人有无过错，法律规定应当承担侵权责任的，依照其规定。

释解分析

本条规定的是无过错责任原则。无过错责任原则是指不论行为人有无过错，只要行为人损害他人民事权益，就应依法承担民事责任的原则。无过错责任原则具有以下特征：（1）无过错责任原则不以行为人有过错作为责任的构成要件。在侵权责任构成要件方面，就没有了主观要件的要求。凡适用无过错责任原则的，都不考虑侵权人的过错。就是说，无论侵权人有无过错，都要承担侵权责任。（2）无过错责任原则的适用必须有法律的明确规定。无过错责任原则不是普遍适用于所有侵权行为，而是只适用于法律规定的几种特殊侵权行为。（3）无过错责任原则仍然存在免责事由。即使适用无过错责任原则，如果损害是出于受害人自身原因或是其故意造成的，也会依法免除行为人的责任。

无过错责任原则适用于特殊侵权行为，法律对其有专门规定。依据我国《民法典》，无过错责任原则主要适用于以下侵权行为：（1）产品质量不合格致人损害；（2）机动车交通事故中机动车一方致非机动车或行人的损害；(3) 环境污染、破坏生态致人损害；(4) 高度危险作业致人损害；(5) 饲养的动物致人损害；(6) 用人者的雇员在工作中致人损害；(7) 被监护人致人损害。

既然无须考虑侵权人有无过错，所以在适用无过错责任原则时就免除了被侵权人对侵权人过错的举证和证明责任，侵权人也不得以证明自己没有过错而主张免责。但作为侵权责任的构成要件，除主观要件不需举证外，对其他三个要件被侵权人还是要证明的，仍要证明侵权行为、损害后果以及二者之间的因果关系（因果关系推定的除外）。

易混易错

1. 无过错责任原则的适用并不是绝对的，在适用无过错责任原则的案件中，行为人可以向人民法院主张法定的不承担责任或减轻责任的事由。例如，产品责任案件中，产品制造者可以证明产品投入流通时，引起损害的缺陷尚不存在而免除自己的侵权责任；从事高空、高压、地下挖掘活动，使用高速轨道运输工具造成他人损害的，免责事由是受害人故意或者不可抗力，被侵权人对损害的发生有重大过失的，可以减轻经营者的责任。

2. 法律硕士联考中，本内容出题方式包括选择题、简答题和法条分析题。出题思路：选择题一般集中在无过错责任原则的适用范围上；简答题为无过错责任原则的含义和主要适用情形；法条分析题除了无过错责任原则的主要适用情形外，还包括条文规定中某些用语的理解，例如：如何理解本条规定中“过错”的含义？其对侵权责任的构成有何影响？如何理解本条“法律规定”中“法律”的表现形式？

试题范例

单项选择题

下列情形总体上适用无过错责任原则的是（　　）。

A. 遗失高度危险物致害责任

B. 堆放物倒塌的损害责任

C. 地下工作物的致害责任

D. 机动车交通事故责任

答案：A

核心法条

《民法典》第1168条　二人以上共同实施侵权行为，造成他人损害的，应当承担连带责任。

释解分析

本条规定的是共同侵权行为。共同侵权行为是指二人以上共同故意或者共同过失侵害他人民事权益的行为。共同侵权行为的构成要件有：(1) 主体的复数性。是指侵权人为二人或者二人以上。(2) 意思上的联络性。是指数个行为人对加害行为具有共同故意、共同过失或者故意和过失的混合。(3) 损害结果的单一性。是指共同侵权行为所导致的损害结果是一个不可分割的整体。

共同侵权的民事责任，包括外部和内部两个方面的关系。从外部关系上讲，共同侵权行为人对共同侵权行为所产生的损害后果承担连带责任，即每个共同侵权人都有义务向债权人清偿全部债务。从内部关系讲，还存在共同侵权民事责任的分配和追索，即确定每一个共同行为人应承担的责任份额，并在共同行为人之一人赔偿了全部损失后，其有权向其他行为人追索，直到追索完毕。

易混易错

1. 共同侵权不仅在一般的过错责任原则中适用，在无过错责任原则、过错推定责任原则中同样适用。

2. 法律硕士联考中，本内容出题方式包括各类题型。出题思路：选择题和案例分析题为共同侵权的认定；简答题为共同侵权的概念和特征；法条分析题从共同侵权的概念、特征、种类及其效力四个方面考查。

试题范例

单项选择题

下列情形构成共同侵权的是（　　）。

A. 甲唆使乙家的狗将丙咬伤，甲、乙构成对丙的共同侵权

B. 甲雇用乙装修房屋，乙在装修房屋时导致丙人身伤害，甲、乙构成对丙的共同侵权

C. 甲、乙、丙各在马路上放三个“二踢脚”，

点燃后，其中一枚飞向人群，将行人丁炸伤，但不知是三人中谁的“二踢脚”，甲、乙、丙构成对丁的共同侵权

D. 商店甲将冰箱卖给顾客乙，后冰箱因漏电击伤乙，冰箱制造者为丙，但漏电是仓储者丁所致，甲、丙、丁构成对乙的共同侵权

答案：C

核心法条

《民法典》第 1169 条　教唆、帮助他人实施侵权行为的，应当与行为人承担连带责任。

教唆、帮助无民事行为能力人、限制民事行为能力人实施侵权行为的，应当承担侵权责任；该无民事行为能力人、限制民事行为能力人的监护人未尽到监护责任的，应当承担相应的责任。

释解分析

本条规定的是教唆、帮助侵权。教唆行为是指利用言词对他人进行开导、说服，或者通过刺激、利诱、怂恿等方法使该他人从事侵权行为。帮助行为是指通过对他人以帮助，以便使该人实行侵权行为。教唆、帮助侵权属于共同侵权的形态之一。教唆行为与帮助行为的区别在于，教唆行为的特点是教唆人本人不亲自实施侵权行为，而是唆使他人产生侵权意图并实施侵权行为；帮助行为可能并不对加害行为起决定性作用，只是对加害行为起促进作用。

本条第 1 款规定的是教唆、帮助完全民事行为能力人实施侵权行为。教唆、帮助完全民事行为能力人实施侵权行为需要满足以下三个构成要件：(1) 教唆人、帮助人实施了教唆、帮助行为。(2) 教唆人、帮助人具有教唆、帮助的主观意图。一般来说，教唆行为与帮助行为都是教唆人、帮助人故意作出的；教唆人、帮助人能够意识到其作出的教唆、帮助行为所可能造成的损害后果。在帮助侵权中，如果被帮助人不知道存在帮助行为，并不影响帮助行为的成立。(3) 被教唆人、被帮助人实施了相应的侵权行为。这一要件要求教唆行为、帮助行为与被教唆人、被帮助人实施的侵权行为之间具有内在的联系。如果被教唆人、被帮助人实施的侵权行为与教唆行为、帮助行为没有任何联系，而是行为人另外实施的，那么，就该行为所造成的损害不应要求教唆人、帮助人承担侵权责任。这一点与《刑法》中的教唆犯罪存在明显区别，在《刑法》中，即使被教唆人没有按照教唆人的意图实施犯罪行为，教唆人的教唆行为仍然可能构成教唆未遂的犯罪。根据本款规定，教唆人、帮助人实施教唆、帮助行为的法律后果是，教唆人、帮助人与行为人承担连带责任。受害人可以请求教唆人、帮助人或者行为中的一人或数人赔偿全部损失。

本条第 2 款规定的是教唆、帮助无民事行为能力人或者限制民事行为能力人实施侵权行为。在理解该款时应当注意两点：(1) 教唆人、帮助人明知被教唆人、被帮助人为无民事行为能力人或者限制民事行为能力人，仍然实施教唆、帮助行为的，应当承担侵权责任。即便教唆人、帮助人不知道被教唆人、被帮助人为无民事行为能力人或者限制民事行为能力人的，也应当由教唆人、帮助人承担侵权责任。(2) 如果被教唆、被帮助的无民事行为能力人或者限制民事行为能力人的监护人未尽到监护职责的，应当承担相应的责任。尽管无民事行为能力人、限制民事行为能力人是由于受到他人教唆或者帮助实施侵权行为，其行为已经给他人造成了损害，但考虑到无民事行为能力人或者限制民事行为能力人是在他人教唆或帮助的情形下实施侵权行为的，如果一概要求监护人也承担责任，显然过苛，因此该款规定，只有当监护人没有尽到监护责任的，才应当承担相应的责任。

试题范例

单项选择题

甲教唆乙入室打丙，乙入室将丙打伤，乙乘机将丙的一部电脑带走。则（　　）。

A. 对乙拿走电脑的行为，甲、乙应对丙承担侵权损害赔偿责任

B. 对乙打伤丙的行为，甲、乙应当对丙承担连带侵权责任

C. 乙应当对丙受到的人身伤害和财产损失单独承担侵权责任

D. 甲、乙应当就丙的人身伤害和财产损失承担共同侵权责任

答案：B

核心法条

《民法典》第1170条 二人以上实施危及他人人身、财产安全的行为，其中一人或者数人的行为造成他人损害，能够确定具体侵权人的，由侵权人承担责任；不能确定具体侵权人的，行为人承担连带责任。

释解分析

本条规定的是共同危险行为。共同危险行为，又称准共同侵权行为，是指二人或者二人以上共同实施危及他人人身或财产安全的行为并造成损害后果，但不能确定谁是实际侵权人的情形。

共同危险行为的构成要件有：(1) 主体的复数性。是指危险行为人为二人或者二人以上。(2) 行为的同一性。数个危险行为人实施的侵权行为是相同的。(3) 时间上的同时性或相继性。如果数个危险行为人所实施的行为不是同时发生或相继发生，则不会成立共同危险行为。(4) 行为的危险性。这种危险性表现为，每个人的行为都有可能侵害他人的民事权益，且这种可能性是现实存在的。(5) 行为的独立性。每个人都单独实施了危险行为，彼此之间无关联或者结合关系。(6) 实际侵权人的不确定性。(7) 损害结果的单一性。

共同危险行为的法律后果。二人以上实施共同危险行为且不能确定具体侵权人的，由该数人对受害人承担连带责任。

易混易错

法律硕士联考中，本内容出题方式包括各类题型。出题方向一般集中在共同危险行为的概念、构成、认定等方面。就法条分析题而言，除了上述考查内容外，条文规定中某些用语的理解，也可以成为考查方向，例如：如何理解本条中规定的“能够确定具体侵权人”的含义？其对行为人承担侵权责任有何影响？如何理解本条规定中的“连带责任”？

试题范例

1.（2016年真题）单项选择题

甲、乙分别在山上伐木，为图方便各自将伐下的原木从山上滚下，不料其中一根木头砸伤了山下的行人丙，且无法确定是谁推下的这根木头。丙的损害应由（　　）。

A. 甲、乙承担按份责任

B. 甲、乙承担连带责任

C. 甲、乙、丙分担

D. 丙自己承担

答案：B

2.（2018年真题）单项选择题

甲（10周岁）、乙（11周岁）、丙（12周岁）翻越高速公路天桥旁水泥护栏后，趴在防护网上往高速公路抛掷石块击打过往车辆，其中一石块击中司机丁致其重伤，但无法确认该石块是谁投掷。丁的损害应由（　　）。

A. 甲、乙、丙连带赔偿

B. 高速公路管理机构赔偿

C. 甲、乙、丙的监护人连带赔偿

D. 甲、乙、丙的监护人和高速公路管理机构连带赔偿

答案：C

3. 多项选择题

共同危险行为人不承担侵权责任的免责事由是（　　）。

A. 法院能够确定具体侵权人

B. 加害人无法确定具体侵权人

C. 实施危险的人能够证明其行为与损害结果之间不存在因果关系

D. 共同危险行为人主观上都没有过错

答案：AC

核心法条

《民法典》第1171条 二人以上分别实施侵权行为造成同一损害，每个人的侵权行为都足以造成全部损害的，行为人承担连带责任。

《民法典》第1172条 二人以上分别实施侵权行为造成同一损害，能够确定责任大小的，各自承担相应的责任；难以确定责任大小的，平均承担责任。

释解分析

这两条规定的是无意思联络的数人侵权行为。无意思联络的数人侵权行为是指二人以上虽无共同故意或者共同过失，但其侵害行为直接结合发生同一损害后果的侵权行为。无意思联络的数人侵权分

为承担连带责任的分别侵权和承担按份责任的分别侵权。无意思联络的数人侵权行为的构成要件有：（1）主体的复数性。是指侵权人为二人或者二人以上。（2）无意思联络。（3）数个行为人分别实施了侵权行为。（4）损害结果的单一性。数个侵权行为的结合所导致的损害结果是一个不可分割的整体，或者是分别实施的侵权行为造成了同一损害。

无意思联络承担连带责任的分别侵权须符合如下条件：（1）有两个以上的侵权行为人。（2）他们之间没有意思联络，是分别实施侵权行为。如果有意思联络，则属于共同加害行为；虽然没有意思联络而分别实施侵权行为，但只有其中一人或数人的行为现实地造成他人的损害，现无法查明具体侵权人的，则是共同危险行为。可见，存在共同加害行为和共同危险行为的情形下，不适用第 11 条之规定。（3）给受害人造成了同一损害。所谓“同一损害”是指各个侵权行为人的行为给同一受害人造成了相同的损害后果。如果损害后果不相同，虽然同时发生在相同的受害人身上，也只是属于多个侵权行为的并发，各个加害人应当就自身行为的损害后果承担相应的责任，而不能责令他们就全部损害承担连带责任。（4）每个人的侵权行为都足以造成全部的损害。这是指同时发生的两个以上的原因造成了损害结果的发生，但是其中任何一个原因足以导致同一或性质相同的损害结果的发生。无意思联络承担连带责任的分别侵权的法律后果是：一旦满足上述条件，数个行为人必须对造成的损害承担连带责任。

无意思联络承担按份责任的分别侵权须符合如下条件：（1）有两个以上的侵权行为人。（2）他们之间没有意思联络，是分别实施侵权行为。（3）数个行为相互结合给受害人造成了同一损害。无意思联络承担按份责任的分别侵权和无意思联络承担连带责任的分别侵权的关键区别在于，虽然数人分别实施的侵权行为都给受害人造成了同一损害，但是并非每个加害人的行为都足以造成全部损害。换言之，就是任何一个行为都不足以造成此种损害，只有这些行为共同作用之后才能产生该损害。无意思联络承担按份责任的分别侵权的法律后果是：一旦满足上述条件，各个侵权人承担按份责任，即能够确定责任大小的，各自承担相应的责任；难以确定责任大小的，平均承担责任。

试题范例

1.（2015 年真题）单项选择题

甲超速驾驶汽车，乙逆行骑摩托车。两车相撞，摩托车飞至人行道，将行人丙砸伤。丙的损害应由（　　）。

A. 甲单独承担责任

B. 乙单独承担责任

C. 甲、乙承担连带责任

D. 甲、乙承担按份责任

答案：C

（2020 年真题）根据以下案情，回答第 2、3 小题。

傍晚，甲驾驶拖拉机在乡村公路上行驶，乙招手搭车，甲让其上车，并告知车上有一口空棺材。不久下起大雨，乙钻进棺材避雨，过了一会儿睡着了。后又有丙请求搭车，甲也让她上了车。乙醒后手托棺材盖露出头来透气，丙吓得大喊“有鬼”，跳下车，致左腿骨折。

2. 单项选择题

甲让乙搭车的行为属于（　　）。

A. 事实行为

B. 无因管理

C. 情谊行为

D. 合同行为

答案：C

3. 单项选择题

丙的损害应由（　　）。

A. 甲承担责任

B. 乙承担责任

C. 甲和乙承担按份责任

D. 丙自己承担

答案：D

4. 单项选择题

甲公司和乙公司分别向河水中排放污水，结果导致丙公司养殖的水产品全部死亡。从性质上看，甲公司和乙公司的侵权行为是（　　）。

A. 共同加害行为

B. 共同危险行为

C. 无意思联络承担连带责任的分别侵权

D. 无意思联络承担按份责任的分别侵权

答案：C

5. 单项选择题

甲、乙不约而同地向仇人丙开枪，甲命中丙的手臂，乙命中丙的大腿，丙因两处受伤流血过多而死亡。从侵权损害赔偿的角度看，下列表述正确的是（　　）。

A. 甲、乙的行为属于共同危险行为，应当承担连带责任

B. 甲、乙的行为属于共同加害行为，应当承

民法学

担连带责任

C. 甲、乙的行为属于无意思联络的分别侵权，应当承担按份责任

D. 甲、乙的行为属于无意思联络的分别侵权，应当承担连带责任

答案：C

核心法条

《民法典》第 1173 条　被侵权人对同一损害的发生或者扩大有过错的，可以减轻侵权人的责任。

释解分析

本条规定的是过失相抵。过失相抵是指根据受害人的过错程度依法减轻或者免除加害人赔偿责任的制度。过失相抵的主要特点有：一是过失相抵需要综合考虑加害人过错与受害人过错；二是过失相抵适用的前提是受害人对损害的发生或者扩大具有过错；三是过失相抵的结果是导致责任被减轻或者免除。例如，《民法典》第 1240 条规定，从事高空、高压、地下挖掘活动或者使用高速轨道运输工具造成他人损害的，经营者应当承担侵权责任；但是，能够证明损害是因受害人故意或者不可抗力造成的，不承担责任。被侵权人对损害的发生有重大过失的，可以减轻经营者的责任。上述规定中的"重大过失"，即以过失相抵进行抗辩。

易混易错

侵权责任的抗辩事由分为正当理由和外来原因两大类。正当理由着眼于加害行为本身的合法性或合理性进行抗辩，即承认某行为是损害发生的原因，但主张行为的实施有合法的根据的抗辩事由。正当理由主要包括依法执行职务、正当防卫、紧急避险、受害人同意和自助行为。外来原因是指行为人将损害发生的全部或部分原因归结于某种外部事件或他人的行为，从而主张其行为不构成或不单独构成法律上应负责的原因。外来原因包括不可抗力、意外事件、受害人过错和第三人过错。本条规定的是过失相抵。《民法典》明确规定的抗辩事由有过失相抵、受害人故意、第三人过错、自助行为等。

试题范例

单项选择题

作为外来原因的侵权责任抗辩事由的是(　　)。

A. 正当防卫　　B. 紧急避险

C. 受害人同意　　D. 受害人过错

答案：D

核心法条

《民法典》第 1174 条　损害是因受害人故意造成的，行为人不承担责任。

释解分析

本条规定的是受害人故意。受害人故意是指受害人明知自己的行为会发生损害自己的后果，而希望或放任此种结果的发生。故意包括直接故意或间接故意，直接故意如受害人故意摸高压线自杀，间接故意如盗窃高压线导致身亡。受害人故意即损害结果的发生完全是由于受害人的故意行为造成的，该行为是损害结果发生的唯一原因。如果有证据证明损害是由于受害人故意造成的，但也有证据证明损害的发生行为人也有故意或重大过失的，则适用过失相抵的规定。如甲冲上高速公路自杀，恰逢乙醉酒驾车，乙此时有重大过失，适用过失相抵。受害人故意属于免责事由之一。

易混易错

受害人故意不仅适用于过错责任原则，也适用于无过错责任原则。根据民法典侵权责任编的规定，适用受害人故意的主要情形有：(1) 民用核设施或者运入运出核设施的核材料发生核事故造成他人损害的，民用核设施的营运单位应当承担侵权责任；但是，能够证明损害是因战争、武装冲突、暴乱等情形或者受害人故意造成的，不承担责任。(2) 民用航空器造成他人损害的，民用航空器的经营者应当承担侵权责任；但是，能够证明损害是因受害人故意造成的，不承担责任。(3) 占有或者使用易燃、易爆、剧毒、高放射性、强腐蚀性、高致病性等高度危险物造成他人损害的，占有人或者使用人应当承担侵权责任；但是，能够证明损害是因受害人故意或者不可抗力造成的，不承担责任。被

侵权人对损害的发生有重大过失的，可以减轻占有人或者使用人的责任。(4) 饲养的动物造成他人损害的，动物饲养人或者管理人应当承担侵权责任；但是，能够证明损害是因被侵权人故意或者重大过失造成的，可以不承担或者减轻责任。

试题范例

单项选择题

受害人故意可以作为免责事由的侵权行为是(　　)。

A. 禁止饲养的烈性犬等危险动物造成他人损害的

B. 因环境污染造成他人损害的

C. 民用航空器的经营人造成他人损害的

D. 非法占有高度危险物造成他人损害的

答案：C

核心法条

《民法典》第 1175 条　损害是因第三人造成的，第三人应当承担侵权责任。

释解分析

本条规定的是第三人过错。第三人过错是指损害完全或者部分是由于第三人过错造成的，从而免除或者减轻自己责任的抗辩事由。损害完全是因第三人造成的，或者损害部分是因第三人造成的，让被告承担全部责任是不公平的，因此，应当把第三人过错作为免责事由之一。

试题范例

多项选择题

甲在骑车下班途中，碰巧乙和丙在路边厮打，乙突然把丙推向非机动车道，甲躲闪不及，将丙撞伤。对此，下列表述错误的是(　　)。

A. 甲、乙构成共同侵权，应当对丙的损害承担连带责任

B. 甲可以第三人过错作为抗辩事由免责

C. 丙的损害应由乙承担赔偿责任

D. 甲、乙构成分别侵权，应当对丙的损害承担按份责任

答案：BC

核心法条

《民法典》第 1179 条　侵害他人造成人身损害的，应当赔偿医疗费、护理费、交通费、营养费、住院伙食补助费等为治疗和康复支出的合理费用，以及因误工减少的收入。造成残疾的，还应当赔偿辅助器具费和残疾赔偿金；造成死亡的，还应当赔偿丧葬费和死亡赔偿金。

释解分析

本条规定的是人身损害赔偿范围。人身损害赔偿是指行为人侵害他人生命健康权益造成致伤、致残、致死等后果，对受害人承担金钱赔偿责任的一种民事法律救济制度。本条分三个层次规定了人身损害赔偿的范围：(1) 侵害他人造成人身损害的一般赔偿范围。根据本条规定，侵害他人造成人身损害的，应当赔偿医疗费、护理费、交通费、营养费、住院伙食补助费等为治疗和康复支出的合理费用，以及因误工减少的收入。(2) 造成残疾的赔偿范围。根据本条规定，侵害他人造成残疾的，除应当赔偿医疗费、护理费、交通费、营养费、住院伙食补助费等为治疗和康复支出的合理费用，以及因误工减少的收入外，还应当赔偿辅助器具费和残疾赔偿金。(3) 造成死亡的赔偿范围。根据本条规定，侵害他人造成死亡的，除应当赔偿医疗费、护理费、交通费等合理费用外，还应当赔偿丧葬费和死亡赔偿金。

试题范例

(2015 年真题) 多项选择题

甲医院误将患者乙的左肾切除。甲医院有义务赔偿乙的(　　)。

A. 精神损害

B. 后续治疗费用

C. 护理费和交通费

D. 因误工减少的收入

答案：ABCD

核心法条

《民法典》第 1182 条　侵害他人人身权益

造成财产损失的，按照被侵权人因此受到的损失或者侵权人因此获得的利益赔偿；被侵权人因此受到的损失以及侵权人因此获得的利益难以确定，被侵权人和侵权人就赔偿数额协商不一致，向人民法院提起诉讼的，由人民法院根据实际情况确定赔偿数额。

释解分析

本条规定的是侵害人身权益造成财产损失的赔偿数额的确定。侵害他人人身权益造成财产损失的，应当按照如下情形进行赔偿：(1) 按照所受损失赔偿。对于侵害他人名誉权、荣誉权、姓名权、肖像权、名称权和隐私权等人身权益造成财产损失的，应当按照其实际损害赔偿。(2) 按照所获得的利益赔偿。一些侵害他人人身权益造成的财产损失，有时候很难确定，尤其是某人的名称权益、隐私权益等受到侵害，很难确定财产损失。因此，当侵害他人人身权益，但财产损失难以确定的情况下，根据本条规定，侵权人因此获得利益的，按照其获得的利益赔偿。(3) 获利难以计算的赔偿。本条规定中“侵权人因此获得的利益难以确定，被侵权人和侵权人就赔偿数额协商不一致，向人民法院提起诉讼的，由人民法院根据实际情况确定赔偿数额”，这表达了三层含义：一是侵权人没有获利或者获利难以计算的情况下，当事人可以就赔偿数额进行协商；二是赋予被侵权人获得赔偿的请求权，侵权人不能因为没有获利或者获利难以计算就不负赔偿责任；三是赔偿数额由人民法院根据侵权人的过错程度、具体侵权行为和方式、造成的后果和影响等确定。

核心法条

《民法典》第 1183 条 侵害自然人人身权益造成严重精神损害的，被侵权人有权请求精神损害赔偿。

因故意或者重大过失侵害自然人具有人身意义的特定物造成严重精神损害的，被侵权人有权请求精神损害赔偿。

释解分析

本条规定的是精神损害赔偿。精神损害赔偿是指自然人的人身权益或者具有人身意义的特定物受到侵害，并造成严重精神损害时，受害人本人、本人死亡后其近亲属有权请求侵权人给予损害赔偿的民事法律制度。精神损害赔偿的适用条件有：(1) 提起精神损害赔偿的主体限于自然人，法人和非法人组织不能提起精神损害赔偿诉讼。(2) 提起精神损害赔偿诉讼的对象限于对他人人身权益造成损害，侵害财产权益（如物权、债权、知识产权、继承权等财产权益）不在精神损害赔偿的范围之内。但下列两种情形可以主张精神损害赔偿：①非法利用、损害遗体、遗骨，或者以违反社会公共利益、社会公德的其他方式侵害遗体、遗骨。②根据本条第 2 款的规定，因故意或者重大过失侵害自然人具有人身意义的特定物造成严重精神损害的，被侵权人有权请求精神损害赔偿。(3) 必须造成严重的精神损害才能提起精神损害赔偿。偶尔的痛苦和一时的不快乐不能提起精神损害赔偿诉讼。

根据本条第 1 款的规定，侵害自然人人身权益造成严重精神损害的，被侵权人有权请求精神损害赔偿。具体而言，下列情形可以适用精神损害赔偿：(1) 生命权、健康权、身体权遭受非法侵害；(2) 姓名权、肖像权、名誉权、荣誉权遭受非法侵害；(3) 人格尊严权、人身自由权遭受非法侵害；(4) 隐私权遭受非法侵害；(5) 非法使被监护人脱离监护，导致亲子关系或者近亲属间的亲属关系遭受严重损害。对于物权、债权、知识产权、继承权等遭受侵害，当事人不得主张精神损害赔偿。

人民法院确定精神损害赔偿数额的依据有：(1) 侵权人的过错程度，法律另有规定的除外；(2) 侵害的手段、场合、行为方式等具体情节；(3) 侵权行为所造成的后果；(4) 侵权人的获利情况；(5) 侵权人承担责任的经济能力；(6) 受诉法院所在地平均生活水平。法律、行政法规对残疾赔偿金、死亡赔偿金等有明确规定的，适用法律、行政法规的规定。

试题范例

多项选择题

张某因病住院，医生手术时误将一肾脏摘除。张某向法院起诉，请求医院赔偿治疗费用和精神损害抚慰金。法院审理期间，张某术后感染医治无效死亡。对此，下列表述正确的是（　　）。

A. 医院侵犯了张某的健康权

B. 张某的继承人有权继承张某的医疗赔偿请求权

C. 张某的继承人有权继承张某的精神损害抚慰金请求权

D. 张某死后其配偶、父母和子女有权另行起诉，请求医院赔偿自己的精神损害

答案：ABCD

核心法条

《民法典》第 1184 条　侵害他人财产的，财产损失按照损失发生时的市场价格或者其他合理方式计算。

释解分析

本条规定的是财产损失计算方法。侵害他人财产的，损害赔偿的计算方法有两种：（1）财产损失按照损失发生时的市场价格计算。也就是说，因侵权导致财产损失的，以财产损失发生的那个时间的市场价格计算。财产完全毁损、灭失的，要按照该物在市场上所对应的标准全价计算；如果该物已经使用多年的，其全价应当是市场相对应的折旧价格。（2）财产损失以其他合理方式计算。如果按照损失发生时的市场价格计算不能保护受害人的合法权益，则采取其他方式计算。其他方式包括按照起诉时的市场价格、裁判时的市场价格或者侵权行为发生地的市场价格计算等。

试题范例

（2016 年真题）单项选择题

根据我国侵权责任法，侵害他人财产的，如果财产损失按照市场价格计算，则市场价格的确定时间为（　　）。

A. 损失发生时

B. 被侵权人提起诉讼时

C. 侵权行为实施时

D. 被侵权人知道损失发生时

答案：A

核心法条

《民法典》第 1185 条　故意侵害他人知识产权，情节严重的，被侵权人有权请求相应的惩罚性赔偿。

释解分析

本条规定的是侵害知识产权的惩罚性赔偿。惩罚性赔偿，又称为惩戒性赔偿，是加害人给付受害人超过其实际损害数额的一种金钱赔偿，是一种集补偿、惩罚、遏制等功能于一身的赔偿制度。适用惩罚性赔偿不但要求有损害后果及因果关系，还要求其必须依附于一般的损害赔偿。根据本条规定，知识产权属于无形财产，如果故意侵害他人知识产权，情节严重，按照实际损失进行赔偿仍然难以弥补损失的，被侵权人有权请求相应的惩罚性赔偿。

试题范例

单项选择题

下列财产损失或者人身损害中，被侵权人有权请求惩罚性赔偿的是（　　）。

A. 甲的古董花瓶被乙砸碎

B. 甲侵犯乙的著作权，获利巨大

C. 甲饲养的狗将过路人乙咬伤

D. 甲使用知名企业的名称促销自己的产品

答案：B

核心法条

《民法典》第 1186 条　受害人和行为人对损害的发生都没有过错的，依照法律的规定由双方分担损失。

释解分析

本条规定的是法定分担损失规则。法定分担损失是指受害人和行为人对损害的发生都没有过错，依照法律规定由双方分担损失。这项规则不是侵权责任的承担问题，因为不存在侵权行为。实际上它体现的是公平观念，是公平原则在损害赔偿制度中的运用。

适用法定分担损失规则应同时满足下列条件：（1）当事人双方对损害的发生均无过错。这个条件将该规则与过失相抵、见义勇为适当补偿等规

则区别开来。(2)损害不属于适用无过错责任原则的情形。(3)分担损失不是必须平均分担。这项规则的适用，需要综合考虑受害人的损害，双方当事人的财产状况及其他相关情况等因素，才能得出双方分担的结果。

试题范例

多项选择题

法定分担损失主要考虑的因素包括（　　）。

A. 双方当事人的经济状况

B. 损害事实

C. 社会舆论

D. 社会公平观念

答案：ABCD

核心法条

《民法典》第1188条　无民事行为能力人、限制民事行为能力人造成他人损害的，由监护人承担侵权责任。监护人尽到监护职责的，可以减轻其侵权责任。

有财产的无民事行为能力人、限制民事行为能力人造成他人损害的，从本人财产中支付赔偿费用；不足部分，由监护人赔偿。

释解分析

本条规定的是监护人责任。监护人责任是指监护人对其所监护的被监护人造成他人损害所承担的侵权责任。监护人责任具有以下特征：(1)监护人责任是替代责任。行为人是被监护人，责任人是监护人。无民事行为能力人、限制民事行为能力人造成他人损害的，由监护人承担侵权责任。(2)监护人责任为无过错责任。监护人承担的是无过错责任，只要被监护人的行为构成侵权行为，监护人就应当承担侵权责任。如果监护人尽到了监护职责，也只能减轻其责任，但不能免责。此外，委托他人监护的，监护人仍承担无过错责任。(3)承担损害赔偿责任时，应优先使用被监护人的财产。有财产的被监护人造成他人损害的，先从本人财产中支付赔偿费用。不足部分，才由监护人赔偿。这是完全补充责任，即只要被监护人的财产不能承担赔偿责任，不足部分都应当由监护人承担，该不足部分的补充责任不是“相应的补充责任”。此外，无民事行为能力人或者限制民事行为能力人的父母离婚的，不影响监护责任的承担。也就是说，夫妻离婚后，未成年子女侵害他人权益的，同该子女共同生活的一方应当承担民事责任；如果独立承担民事责任确有困难的，可以责令未与该子女共同生活的一方共同承担民事责任。

试题范例

单项选择题

下列关于监护人责任的说法，不正确的是（　　）。

A. 无民事行为能力人造成他人损害，由其监护人承担责任

B. 有财产的限制民事行为能力人造成他人损害的，从本人财产中支付赔偿费用；不足部分，由监护人赔偿

C. 有财产的无民事行为能力人造成他人损害的，从本人财产中支付赔偿费用；不足部分，由监护人承担相应的补充责任

D. 无民事行为能力人或者限制民事行为能力人的父母离婚的，不影响监护责任的承担

答案：C

核心法条

《民法典》第1189条　无民事行为能力人、限制民事行为能力人造成他人损害，监护人将监护职责委托给他人的，监护人应当承担侵权责任；受托人有过错的，承担相应的责任。

释解分析

本条规定的是委托监护。委托监护是指监护人将其全部或者部分监护职责委托给他人，由他人临时履行监护职责。委托监护的特征有：(1)监护人将监护职责委托给他人。监护人可以将部分监护职责委托给他人，也可以将全部监护职责委托给他人，但并不能因此免除监护人的监护职责。(2)作为被监护人的无民事行为能力人或者限制民事行为能力人造成他人损害。这里的损害包括人身损害和财产损害。(3)无民事行为能力人或者限制民事行为能力人造成他人损害的，由监护人承担侵权责任。如果受托人无过错的，受托人不承担侵权责任；如果受托人有过错的，应当承

担相应的责任。这里的“相应的责任”不同于“相应的补充责任”，二者的区别在于：根据《民法典》的规定，立法措辞为“相应的补充责任”的，存在追偿权的问题（在《民法典》生效之前的民事立法中，凡是规定“相应的补充责任”的，并不存在追偿权的问题，但《民法典》规定“相应的补充责任”的，则承担相应的补充责任的一方可以向侵权人追偿）；立法措辞为“相应的责任”的，则不存在追偿权的问题。

试题范例

1.（2015 年真题）单项选择题

甲出差，委托同事乙照看其 9 周岁的儿子丙。某日，乙将丙单独留在家中，自己出去打麻将。丙在玩耍时将邻居小孩丁打伤。丁的损害应由（　　）。

A. 甲单独承担责任

B. 乙单独承担责任

C. 甲、乙承担连带责任

D. 甲承担责任，乙承担相应的补充责任

答案：无

（本题原标准答案为 C 项；但是，根据《民法典》第 1189 条的规定，本题无答案。注意：“相应的补充责任”不同于“相应的责任”——编者注）

2. 单项选择题

甲出差，委托同事乙照看 10 周岁的儿子小明。某日，乙将小明独自留在家中，自己出去蹦迪。小明在玩耍时将邻居小孩小文打伤。小文的损害（　　）。

A. 由甲承担

B. 由乙承担

C. 由甲、乙承担连带责任

D. 由甲承担，乙承担相应的责任

答案：D

核心法条

《民法典》第 1190 条　完全民事行为能力人对自己的行为暂时没有意识或者失去控制造成他人损害有过错的，应当承担侵权责任；没有过错的，根据行为人的经济状况对受害人适当补偿。

完全民事行为能力人因醉酒、滥用麻醉药品或者精神药品对自己的行为暂时没有意识或者失去控制造成他人损害的，应当承担侵权责任。

释解分析

本条规定的是完全民事行为能力人暂时丧失意识后侵权责任的规定。过错是行为人承担侵权责任的要件。过错的前提是行为人有意识能力。如果行为人丧失了意识，就无过错可言。完全民事行为能力人造成他人损害的，应当承担侵权责任自不待言。但是，完全民事行为能力人造成他人损害时，如果处于无意识或者失去控制，此时是否应当承担侵权责任？根据本条规定，这可以分为三种情况：（1）完全民事行为能力人基于过错暂时丧失了意思能力或者失去控制能力，造成他人损害的，应当承担侵权责任。（2）完全民事行为能力人非基于过错而是由于其他原因暂时丧失意思能力或控制能力，造成他人损害的，行为人不承担侵权责任。但是，毕竟行为人的行为与受害人的损害之间存在因果关系，此时应当适用公平责任原则。因此，没有过错的，应当根据行为人的经济状况对受害人适当补偿。（3）完全民事行为能力人因醉酒、滥用麻醉药品或者精神药品暂时丧失意思能力或控制能力，造成他人损害的，应当承担侵权责任。在此种情形下，行为人对损害的发生存在过失，应当承担赔偿责任。例如，醉酒驾车导致的机动车交通事故致人损害。

试题范例

单项选择题

甲患有心脏病，需要每天按时服药，医生禁止其进行剧烈活动。但是，甲未按医嘱服药，并外出跑步，导致心脏病发作，丧失意识后摔倒并撞伤了乙。对此，下列表述正确的是（　　）。

A. 甲对乙的损害，应当承担侵权责任

B. 甲对乙造成的人身伤害，适用公平责任的归责原则

C. 甲应当适当补偿乙遭受的损失

D. 甲对乙的损害，不承担侵权责任

答案：A

核心法条

《民法典》第 1191 条 用人单位的工作人员因执行工作任务造成他人损害的，由用人单位承担侵权责任。用人单位承担侵权责任后，可以向有故意或者重大过失的工作人员追偿。

劳务派遣期间，被派遣的工作人员因执行工作任务造成他人损害的，由接受劳务派遣的用工单位承担侵权责任；劳务派遣单位有过错的，承担相应的责任。

释解分析

本条第 1 款规定的是用人单位责任。用人单位责任是指用人单位的工作人员因执行工作任务造成他人损害的，由用人单位承担的侵权责任。本款规定中的用人单位，包括企业、事业单位、国家机关、社会团体等，也包括个体经济组织等。本款主要调整的是个人劳务关系以外的用人单位的责任，对于个人之间形成的劳务关系的问题，《民法典》第 1192 条已专门作出了规定。用人单位责任具有如下特征：（1）用人单位责任是替代责任。（2）用人单位责任为无过错责任。（3）用人单位责任以用人单位与直接侵权人存在特定关系为前提。（4）用人单位责任是用人单位对工作人员在执行职务时致害行为承担的责任。（5）用人单位承担侵权责任后，可以向有故意或者重大过失的工作人员追偿。

本条第 2 款规定的是劳务派遣责任。劳务派遣是指劳务派遣单位与用工单位签订派遣协议，将工作人员派遣至用工单位，在用工单位指挥、监督下提供劳动的劳务关系。劳务派遣责任是指在劳务派遣期间，被派遣的工作人员因执行工作任务造成他人损害的，由接受劳务派遣的用工单位承担侵权责任、劳务派遣单位承担相应的责任的侵权责任。劳务派遣责任的承担分为两种：（1）接受派遣用工单位的责任。劳务派遣期间，被派遣的工作人员因执行工作任务造成他人损害的，由接受劳务派遣的用工单位承担侵权责任。之所以在劳务派遣责任中不由劳务派遣单位承担责任，而由用工单位承担责任，原因在于用工单位在支配工作人员的劳动，工作人员是在用工单位的指挥、监督下，直接为用工单位进行劳动。如果工作人员在执行派遣劳务的工作过程中致人损害有故意或者重大过失的，则在用工单位承担了赔偿责任之后，有权向有故意或者重大过失的工作人员追偿。（2）劳务派遣单位的责任。被派遣的工作人员因执行工作任务造成他人损害，派遣单位有过错的，由于派遣单位与被派遣的工作人员之间存在劳动关系，劳务派遣单位应当承担相应的责任。这里所谓的相应的责任，并非补充责任，而是与其过错相应的责任。

试题范例

1.（2018 年真题）单项选择题

甲在某酒店公用洗手间滑倒，摔碎了眼镜。经查：甲滑倒系因酒店清洁工乙清洁不彻底，地面湿滑所致。甲的损失应由（　　）。

A. 甲自己承担

B. 酒店承担全部责任

C. 酒店和乙承担按份责任

D. 酒店和乙承担连带责任

答案：B

2.（2019 年真题）单项选择题

甲雇乙粉刷楼房外墙。乙工作时，丙驾驶的摩托车失控撞向脚手架，致乙从脚手架上跌落，摔成重伤。乙对自己的损害（　　）。

A. 只能要求甲承担赔偿责任

B. 只能要求丙承担赔偿责任

C. 可以要求甲、丙承担按份责任

D. 可以要求甲、丙承担连带责任

答案：D

3.（2020 年真题）单项选择题

甲物业公司委托乙清洁公司清洁其管理的某住宅楼外墙，乙公司指派的员工丙因操作不当，致清洁工具从高处掉落，砸中业主丁的汽车。丁的损害应由（　　）。

A. 甲公司承担责任

B. 乙公司承担责任

C. 甲公司和乙公司承担连带责任

D. 乙公司和丙承担连带责任

答案：B

4. 单项选择题

下列关于劳务派遣单位和用工单位责任的表述，正确的是（　　）。

A. 被派遣的员工因执行职务造成他人损害的，应当由劳务派遣单位和用工单位承担连带责任

B. 被派遣的员工因执行职务造成他人损害

的，如果劳务派遣单位有过错，劳务派遣单位承担主要责任

C. 被派遣的员工因执行职务造成他人损害的，派遣单位没有过错的，不承担民事责任

D. 被派遣的员工因执行职务造成他人损害的，应当由用工单位和该派遣的员工承担连带责任

答案：C

核心法条

《民法典》第1192条 个人之间形成劳务关系，提供劳务一方因劳务造成他人损害的，由接受劳务一方承担侵权责任。接受劳务一方承担侵权责任后，可以向有故意或者重大过失的提供劳务一方追偿。提供劳务一方因劳务受到损害的，根据双方各自的过错承担相应的责任。

提供劳务期间，因第三人的行为造成提供劳务一方损害的，提供劳务一方有权请求第三人承担侵权责任，也有权请求接受劳务一方给予补偿。接受劳务一方补偿后，可以向第三人追偿。

释解分析

本条规定的是个人劳务使用人责任。个人劳务使用人责任，又称个人之间因劳务产生的侵权责任，是指在个人之间提供劳务关系的情况下，提供劳务一方因劳务造成他人损害时，接受劳务一方对他人承担的侵权责任。个人劳务关系中的侵权责任分为三种情形：（1）提供劳务一方因劳务造成第三人损害的情形，对于该情形，提供劳务一方的劳动成果由接受劳务一方享有，提供劳务一方因劳务造成他人损害的，产生的责任也应由接受劳务一方承担；该责任属于替代责任，适用无过错责任原则。（2）提供劳务一方因劳务自身受到损害的情形，对于该情形，要根据提供劳务一方和接受劳务一方各自的过错来分配责任；该责任适用过错责任原则。（3）提供劳务期间，因第三人的行为造成提供劳务一方损害的，提供劳务一方有权请求第三人承担侵权责任，也有权请求接受劳务一方给予补偿。接受劳务一方补偿后，可以向第三人追偿。

试题范例

单项选择题

甲雇用钟点工乙在家擦玻璃，乙不慎将窗台上的花盆踢到楼下砸伤路人丙。丙的损害应由（ ）。

A. 甲承担赔偿责任

B. 乙承担赔偿责任

C. 甲、乙承担连带赔偿责任

D. 甲承担赔偿责任，乙承担相应的责任

答案：A

核心法条

《民法典》第1193条 承揽人在完成工作过程中造成第三人损害或者自己损害的，定作人不承担侵权责任。但是，定作人对定作、指示或者选任有过错的，应当承担相应的责任。

释解分析

本条规定的是定作人指示过失责任。定作人指示过失责任是指承揽人在执行承揽合同过程中，因执行定作人的有过失内容的定作或指示而不法侵害他人权利造成损害，应由定作人承担损害赔偿责任的侵权责任。定作人指示过失责任适用过错责任原则。定作人指示过失责任的特征有：（1）当事人之间存在具有承揽性质的合同关系。（2）侵权行为是在执行承揽合同的过程中发生的。（3）承揽人给第三人造成了损害，或者承揽人造成了自己的损害。（4）造成损害的行为人是承揽人而不是定作人。（5）承担责任的是定作人。

定作人指示过失责任不同于个人劳务使用人责任：（1）主体不同。定作人指示过失责任既可发生于自然人之间，也可发生在自然人、法人与非法人组织之间；个人劳务使用人责任发生于自然人之间。（2）客体不同。定作人指示过失责任涉及的承揽合同，其标的为“完成某项任务”；个人劳务使用人责任涉及的是个人劳务关系，其标的为“一定时间内提供劳务的行为”。（3）责任不同。定作人指示过失责任涉及的承揽合同中，承揽人在完成工作过程中造成第三人损害或者自己损害的，定作人只在其存在过错时对定作、指示或者选任承担指示过失的赔偿责任；个人劳务使用人责任涉及的个人劳务关系中，提供劳务一方在执

行劳务中造成他人损害的，应当由接受劳务一方承担责任。

试题范例

多项选择题

甲公司经营空调买卖业务，并负责售后免费安装。乙为专门从事空调安装的个体户。甲公司因安装人员不足，临时叫乙自备工具为客户丙安装空调，并约定了报酬。乙在安装空调中因操作不慎坠楼身亡。对此，下列说法正确的是（　　）。

A. 甲公司和乙之间是临时雇佣合同关系

B. 甲公司和乙之间是承揽合同关系

C. 丙对乙的死亡应承担赔偿责任

D. 甲公司对乙的死亡不承担赔偿责任

答案：BD

核心法条

《民法典》第1194条　网络用户、网络服务提供者利用网络侵害他人民事权益的，应当承担侵权责任。法律另有规定的，依照其规定。

《民法典》第1195条　网络用户利用网络服务实施侵权行为的，权利人有权通知网络服务提供者采取删除、屏蔽、断开链接等必要措施。通知应当包括构成侵权的初步证据及权利人的真实身份信息。

网络服务提供者接到通知后，应当及时将该通知转送相关网络用户，并根据构成侵权的初步证据和服务类型采取必要措施；未及时采取必要措施的，对损害的扩大部分与该网络用户承担连带责任。

权利人因错误通知造成网络用户或者网络服务提供者损害的，应当承担侵权责任。法律另有规定的，依照其规定。

《民法典》第1196条　网络用户接到转送的通知后，可以向网络服务提供者提交不存在侵权行为的声明。声明应当包括不存在侵权行为的初步证据及网络用户的真实身份信息。

网络服务提供者接到声明后，应当将该声明转送发出通知的权利人，并告知其可以向有关部门投诉或者向人民法院提起诉讼。网络服务提供者在转送声明到达权利人后的合理期限内，未收到权利人已经投诉或者提起诉讼通知的，应当及时终止所采取的措施。

《民法典》第1197条　网络服务提供者知道或者应当知道网络用户利用其网络服务侵害他人民事权益，未采取必要措施的，与该网络用户承担连带责任。

释解分析

上述条文规定的是网络侵权责任。网络侵权责任是指对发生在互联网上的各种侵害他人民事权益的行为而应承担的侵权责任。相比传统侵权行为，网络侵权的特殊性由网络技术的特殊性决定。网络侵权责任包括网络用户、网络服务提供者的侵权责任，网络用户、网络服务提供者的连带责任。

《民法典》第1194条规定的是网络用户、网络服务提供者的侵权责任，即网络用户、网络服务提供者利用网络侵害他人民事权益的，应当承担侵权责任。法律另有规定的，依照其规定。《民法典》第1195条规定的是提示规则，即网络用户与网络服务提供者的连带责任。具言之，就是网络用户利用网络服务实施侵权行为的，权利人有权通知网络服务提供者采取删除、屏蔽、断开链接等必要措施。通知应当包括构成侵权的初步证据及权利人的真实身份信息。网络服务提供者接到通知后，应当及时将该通知转送相关网络用户，并根据构成侵权的初步证据和服务类型采取必要措施；未及时采取必要措施的，对损害的扩大部分与该网络用户承担连带责任。权利人因错误通知造成网络用户或者网络服务提供者损害的，应当承担侵权责任。法律另有规定的，依照其规定。《民法典》第1196条规定的是不侵权声明，即网络用户接到转送的通知后，可以向网络服务提供者提交不存在侵权行为的声明。声明应当包括不存在侵权行为的初步证据及网络用户的真实身份信息。网络服务提供者接到声明后，应当将该声明转送发出通知的权利人，并告知其可以向有关部门投诉或者向人民法院提起诉讼。网络服务提供者在转送声明到达权利人后的合理期限内，未收到权利人已经投诉或者提起诉讼通知的，应当及时终止所采取的措施。《民法典》第1197条规定的是已知规则，即网络服务提供者与网络用户承担连带责任。具言之，网络服务提供者知道或者应当知道网络用户利用其网络服务侵害他人民事权益，未采取必要措施的，与该网络用户承担连带责任。

试题范例

多项选择题

下列情形构成网络侵权的是（　　）。

A. 通过网络大量发送垃圾邮件

B. 盗用他人的网络虚拟货币

C. 利用技术手段攻击他人网络

D. 为他人提供缓存服务

答案：ABC

核心法条

《民法典》第 1198 条　宾馆、商场、银行、车站、机场、体育场馆、娱乐场所等经营场所、公共场所的经营者、管理者或者群众性活动的组织者，未尽到安全保障义务，造成他人损害的，应当承担侵权责任。

因第三人的行为造成他人损害的，由第三人承担侵权责任；经营者、管理者或者组织者未尽到安全保障义务的，承担相应的补充责任。经营者、管理者或者组织者承担补充责任后，可以向第三人追偿。

释解分析

本条规定的是违反安全保障义务的侵权责任。违反安全保障义务的侵权责任是指依照法律规定或者约定负有安全保障义务的人违反安全保障义务，直接或间接地造成他人人身或者财产权益损害，应当承担损害赔偿的侵权责任。这里的“安全保障义务”，是指宾馆、商场、银行、车站、机场、体育场馆、娱乐场所等经营场所、公共场所的经营者、管理者或者群众性活动的组织者，在合理限度范围内应尽的使他人免受损害的义务。违反安全保障义务的侵权责任的主要内容有：（1）负有安全保障义务的主体。负有安全保障义务的主体是宾馆、商场、银行、车站、机场、体育场馆、娱乐场所等经营场所、公共场所的经营者、管理者或者群众性活动的组织者。（2）加害行为。此种责任中的加害行为表现为负有安全保障义务的主体违反了法定的作为义务，应当履行作为的安全保障义务而未履行，即不作为。（3）归责原则。违反安全保障义务的侵权责任适用过错责任原则。安全保障义务就其性质而言属于注意义务。未尽到适当的注意义务，即应认定为过错的存在。

违反安全保障义务的侵权责任的主要类型有：（1）设施、设备违反安全保障义务。经营场所或者公共场所的设施、设备，没有国家的强制标准，不符合行业标准或者达到进行此等经营活动所需要达到的安全标准，存在缺陷或者瑕疵，造成他人损害的，构成设施、设备未尽安全保障义务的侵权责任。例如，商场在通道上安装的玻璃门未设置警示标志，一般人很难发现是一扇门，顾客通过时撞在门上受到伤害。对此，商场应当承担违反安全保障义务的侵权责任。（2）服务管理违反安全保障义务。经营场所或者公共场所的经营者、管理者或者群众性活动的组织者在服务管理方面违反安全保障义务，造成他人损害的，构成服务管理违反安全保障义务的侵权责任。（3）对儿童违反安全保障义务。对儿童的保护适用特别标准，经营场所或者公共场所的经营者、管理者或者群众性活动的组织者必须竭力做到保护儿童的安全。经营场所或者公共场所的经营者、管理者或者群众性活动的组织者对儿童违反安全保障义务，造成儿童损害的，应当承担赔偿责任。（4）防范、制止侵权行为违反安全保障义务。对于他人负有安全保障义务的经营场所或者公共场所的经营者、管理者或者群众性活动的组织者，在防范和制止他人侵害方面未尽义务，造成受保护人损害的，也构成违反安全保障义务的侵权责任，这是一种特定的类型。

根据本条规定，违反安全保障义务的侵权责任包括两种情况：（1）直接责任。在没有第三人的行为介入的情况下，宾馆、商场、银行、车站、机场、体育场馆、娱乐场所等经营场所、公共场所的经营者、管理者或者群众性活动的组织者，未尽到安全保障义务，造成他人损害的，应当承担直接的侵权责任。（2）补充责任。在损害是由第三人的行为所致的情况下，由第三人承担侵权责任；经营者、管理者或者组织者未尽到安全保障义务的，承担相应的补充责任。经营者、管理者或者组织者承担补充责任后，可以向第三人追偿。

易混易错

法律硕士联考中，本内容出题方式包括各类题型，出题方向一般集中在违反安全保障义务侵

民法学

权责任的责任主体、认定、归责原则等。就法条分析题而言，除了上述考查内容外，条文规定中某些用语的含义也可以成为考查方向，例如：如何理解本条第1款中规定的“安全保障义务”的含义？如何理解本条第2款中规定的“相应的补充责任”的含义？如何确定违反安全保障义务侵权责任的承担？

试题范例

1. （2015年真题）单项选择题

甲在某饭店醉酒闹事，饭店员工和就餐顾客纷纷躲闪，顾客乙躲闪不及被甲打伤。乙的损害应由（　　）。

A. 甲单独承担责任

B. 甲和饭店承担连带责任

C. 饭店承担责任，甲承担相应的补充责任

D. 甲承担责任，饭店承担相应的补充责任

答案：D

2. 单项选择题

在违反安全保障义务的侵权责任中，安全保障义务人应当承担相应的补充责任的情形是（　　）。

A. 甲到餐厅就餐，因餐厅地板滑腻导致甲摔倒受伤

B. 乙在商场门口躲雨时遇到歹徒抢劫

C. 丙在宾馆住宿期间，因宾馆没有完善的保安措施导致丙被外来人员殴打

D. 机场因大雾天气被关闭，致使乘客丁无法按时登机

答案：C

核心法条

《民法典》第1199条　无民事行为能力人在幼儿园、学校或者其他教育机构学习、生活期间受到人身损害的，幼儿园、学校或者其他教育机构应当承担侵权责任；但是，能够证明尽到教育、管理职责的，不承担侵权责任。

《民法典》第1200条　限制民事行为能力人在学校或者其他教育机构学习、生活期间受到人身损害，学校或者其他教育机构未尽到教育、管理职责的，应当承担侵权责任。

《民法典》第1201条　无民事行为能力人或者限制民事行为能力人在幼儿园、学校或者其他教育机构学习、生活期间，受到幼儿园、学校或者其他教育机构以外的第三人人身损害的，由第三人承担侵权责任；幼儿园、学校或者其他教育机构未尽到管理职责的，承担相应的补充责任。幼儿园、学校或者其他教育机构承担补充责任后，可以向第三人追偿。

释解分析

上述条文规定的是教育机构的侵权责任。教育机构的侵权责任是指在学校、幼儿园和其他教育机构的教育、教学活动中或者在负有管理责任的校舍、场地、其他教育教学设施、生活设施中，由于幼儿园、学校或者其他教育机构未尽教育、管理职责，致使学习或者生活的无民事行为能力人和限制民事行为能力人遭受损害或者致他人损害的，学校、幼儿园或者其他教育机构应当承担的与其过错相应的侵权责任。教育机构的侵权责任的类型有无民事行为能力人在教育机构中受到损害的责任、限制民事行为能力人在教育机构中受到损害的责任和无民事行为能力人、限制民事行为能力人在教育机构中受到第三人侵害时的责任。

《民法典》第1199条规定的是无民事行为能力人在教育机构中受到损害的责任。对于无民事行为能力人在教育机构中受到损害的，采用过错推定责任原则。具体而言，被侵权人主张幼儿园、学校或者其他教育机构承担侵权责任，应当证明违法行为、损害事实和因果关系要件，证明成立的，直接推定幼儿园、学校或者其他教育机构有过错。幼儿园、学校或者其他教育机构主张无过错的，举证责任倒置，由自己举证证明自己没有过错。幼儿园、学校或者其他教育机构不能证明自己没有过错的，应当承担侵权责任；能够证明尽到教育、管理职责的，不承担侵权责任。

《民法典》第1200条规定的是限制民事行为能力人在教育机构中受到损害的责任。限制民事行为能力人在学校或者其他教育机构学习、生活期间受到人身损害，学校或者其他教育机构未尽到教育、管理职责的，应当承担责任。据此，对于限制民事行为能力人在教育机构中受到损害的，采用过错责任原则。有过错的承担赔偿责任；没有过错的不承担赔偿责任。确定过错，须由被侵权人承担举证责任。

《民法典》第1201条规定的是在教育机构内第三人侵权时的责任分担。无民事行为能力人或者限制民事行为能力人在幼儿园、学校或者其他教育机构学习、生活期间，受到幼儿园、学校或者其他教育机构以外的人员人身损害的，由侵权人承担侵权责任；幼儿园、学校或者其他教育机构未尽到管理职责的，承担相应的补充责任。据此，第三人造成无民事行为能力人或者限制民事行为能力人损害的，由第三人承担侵权责任。如果第三人能够承担全部赔偿责任，由第三人承担全部赔偿责任，不存在幼儿园、学校或者其他教育机构承担相应补充责任的问题。本条第一句后半段规定是在第三人无力承担赔偿责任的情形下，幼儿园、学校或者其他教育机构才承担"未尽到管理职责"的"相应"的补充责任。

试题范例

1.（2016年真题）单项选择题

某高校学生甲、乙在学校操场上打篮球时，乙投篮，球反弹将甲的头部砸伤。甲的损害应由（　　）。

A. 甲自己承担

B. 乙承担全部责任

C. 该高校承担全部责任

D. 该高校与乙共同承担责任

答案：A

2.（2017年真题）多项选择题

小明在父母离异后跟随母亲生活。某日午休时，小明在幼儿园与小朋友小刚打闹，幼儿园老师余某因外出接电话而未能发现和制止，小明将小刚的头打伤。对于小刚的损害，不应承担责任的有（　　）。

A. 小明的母亲

B. 幼儿园

C. 小明的父亲

D. 余某

答案：ACD

3. 单项选择题

甲有一子（12岁），为初中二年级学生，在上体育课期间与同学乙发生口角，追打乙，对此，体育老师丙未加制止，致使乙摔伤，共花去医药费4 800元。这一费用（　　）。

A. 由甲承担

B. 由学校承担

C. 由甲承担，学校在过错范围内也应承担侵权责任

D. 主要由学校承担，甲承担补充性责任

答案：C

4. 多项选择题

甲（8岁）在学校上课期间，教室的吊灯突然脱落，将甲的手臂砸伤，花去医药费2 000元。对此，下列表述正确的有（　　）。

A. 甲的父母有权要求学校承担建筑物致人损害的侵权责任

B. 甲的父母有权要求学校承担未尽管理、保护义务的侵权责任

C. 学校应当对甲的损害给予适当赔偿

D. 授课教师应当对甲的损害给予适当赔偿

答案：AB

核心法条

《民法典》第1202条　因产品存在缺陷造成他人损害的，生产者应当承担侵权责任。

释解分析

本条规定的是产品责任中的生产者责任。产品生产者责任必须具备三个要件：（1）产品存在缺陷。（2）缺陷产品造成受害人损害。（3）缺陷产品与损害事实之间存在因果关系。

产品生产者责任适用无过错责任的归责原则，生产者不能以自己对产品存在缺陷没有过错而免责，但生产者能够证明存在下列情形的，可以免责：（1）未将产品投入流通的。（2）产品投入流通时，引起损害的缺陷尚不存在的。（3）将产品投入流通时的科学技术水平尚不能发现缺陷存在的。

试题范例

单项选择题

根据《民法典》的有关规定，因生产者原因造成消费者损失的，产品生产者适用（　　）。

A. 过错责任原则

B. 过错推定责任原则

C. 无过错责任原则

D. 法定分担损失规则

答案：C

核心法条

《民法典》第1203条 因产品存在缺陷造成他人损害的，被侵权人可以向产品的生产者请求赔偿，也可以向产品的销售者请求赔偿。

产品缺陷由生产者造成的，销售者赔偿后，有权向生产者追偿。因销售者的过错使产品存在缺陷的，生产者赔偿后，有权向销售者追偿。

释解分析

本条规定的是被侵权人请求损害赔偿的途径和先行赔偿人的追偿权。从本条规定可以看出，生产者和销售者的责任是不真正连带责任。所谓不真正连带责任，是指多数行为人对一个受害人施加加害行为，或者不同的行为人的不同的行为致使受害人的权利受到损害，各个行为人产生的同一内容的侵权责任，各负全部赔偿责任，并因行为人之一的履行而使全体责任人的责任归于消灭的侵权责任形态。在产品侵权责任中，生产者和销售者之间的责任就是不真正连带责任。不论受害人向人民法院起诉生产者还是销售者，只要生产或者销售的产品有缺陷，造成了损害，就应当由被告承担责任。如果起诉的是销售者，而产品缺陷又是由生产者造成的，可以向生产者求偿。

根据本条第1款的规定，因产品存在缺陷造成他人损害的，被侵权人可以向产品的生产者请求赔偿，也可以向产品的销售者请求赔偿。具体而言：第一，被侵权人对于产品生产者或者销售者均享有损害赔偿请求权，可以从中选择一个作为侵权人。对此，被侵权人享有选择权，法官应当完全尊重被侵权人的选择。在这种情况下责任人承担的责任，是中间责任而不是最终责任。第二，不论是生产者还是销售者承担中间责任，都适用无过错责任原则。这个归责原则，对生产者没有意义，因为生产者无论承担中间责任还是最终责任，都适用无过错责任。而对于销售者则不同，承担最终责任为过错责任，承担中间责任为无过错责任。在被侵权人主张销售者承担中间责任时，销售者不得以自己对产品缺陷的产生无过错进行抗辩。第三，不真正连带责任不分份额，在一般情况下，不能让生产者与销售者承担不同的份额，既不能按份承担，也不能连带承担，而只能选择其一承担。除非产品缺陷的产生是由生产者和销售者共同造成的，不过，如果是这样则成立共同侵权，这种情形当然是连带责任。

产品责任不真正连带责任的对内关系，就是承担中间责任的一方向应当承担最终责任的一方的追偿关系。这就是本条第2款规定的内容。要点是：第一，“产品缺陷由生产者造成的，销售者赔偿后，有权向生产者追偿”，是销售者对产品的产生没有过错，而产品缺陷是由生产者造成的，在被侵权人向销售者主张损害赔偿请求权使其承担了中间责任之后，销售者有权向生产者追偿。生产者应当承担最终责任，向销售者赔偿损失。第二，“因销售者的过错使产品存在缺陷的，生产者赔偿后，有权向销售者追偿”，是销售者对产品缺陷的产生有过错，即销售者因其过错造成产品缺陷，而被侵权人主张让对产品缺陷产生没有过错的生产者承担中间责任，生产者承担了中间责任之后，对销售者享有使其承担最终责任的追偿权。生产者行使该追偿权，可以向销售者追偿，请求其承担最终责任，赔偿生产者因此造成的损失。

试题范例

1.（2020年真题）单项选择题

王某在甲汽车销售店购买了乙公司制造的汽车。某日，王某驾驶该车在高速公路上正常行驶，安全气囊突然弹开，导致车辆失控，王某受伤。王某（　　）。

A. 只能向甲请求赔偿

B. 只能向乙请求赔偿

C. 只能请求甲和乙按份赔偿

D. 可向甲请求赔偿，也可向乙请求赔偿

答案：D

2. 单项选择题

甲从乙商场开设的定点烟花爆竹销售点购买一桶烟花，甲在除夕夜燃放该烟花时被炸伤。该烟花系丙公司生产的劣质烟花。对于甲的损害（　　）。

A. 甲有权请求乙商场、丙公司承担连带责任

B. 乙商场、丙公司构成共同侵权

C. 乙商场无过错，甲无权请求乙商场赔偿

D. 甲既可以请求乙商场赔偿，也可以请求丙公司赔偿

答案：D

核心法条

《民法典》第1204条　因运输者、仓储者等第三人的过错使产品存在缺陷，造成他人损害的，产品的生产者、销售者赔偿后，有权向第三人追偿。

释解分析

本条规定的是生产者、销售者对第三人的追偿权。根据过错责任原则，行为人应当对因自己的过错产生的损害负赔偿责任。因此，因运输者、仓储者等第三人导致产品缺陷造成他人损害的，应当承担赔偿责任。但受害人无权直接要求仓储者或者运输者承担侵权责任，如果属于运输者或者仓储者的过错所致的损害，应当由生产者或者销售者向运输者或者仓储者追偿。从归责原则上看，对于运输者、仓储者适用过错责任原则，只有在运输者或仓储者存在过错的情况下，才存在追偿权的问题。

试题范例

多项选择题

因缺陷产品造成他人损害的，对受害人负赔偿责任的是（　　）。

A. 仓储者　　B. 生产者

C. 销售者　　D. 运输者

答案：BC

核心法条

《民法典》第1206条　产品投入流通后发现存在缺陷的，生产者、销售者应当及时采取停止销售、警示、召回等补救措施；未及时采取补救措施或者补救措施不力造成损害扩大的，对扩大的损害也应当承担侵权责任。

依据前款规定采取召回措施的，生产者、销售者应当负担被侵权人因此支出的必要费用。

释解分析

本条规定的是跟踪观察缺陷产品责任。生产者将产品投入流通之后，还负有跟踪观察义务，即必须对所生产产品的性能以及实际使用效果不间断地进行了解，必要时应做出警告直至召回产品。如果产品生产者对于投放市场的产品没有尽到跟踪观察义务，应当发现而没有发现产品存在的缺陷，或者已经发现产品存在缺陷而没有及时召回，或者没有进行必要的警示说明，致使消费者受到侵害，构成跟踪观察缺陷，应当承担侵权责任。受害人可以据此对抗“将产品投入流通时的科学技术尚不能发现缺陷存在”的免责事由。在产品被推向市场时的科学技术水平尚不能发现该产品是否存在缺陷的，生产者应当负有跟踪观察义务，发现缺陷应当停止销售、及时召回，应当发现而没有发现或者已经发现没有停止销售或者及时召回，就构成跟踪观察缺陷。如果未及时采取补救措施或者补救措施不力造成损害扩大的，对扩大的损害也应当承担侵权责任。生产者、销售者采取召回措施的，应当负担被侵权人因此支出的必要费用。

试题范例

多项选择题

下列选项中，属于产品责任的承担方式的有（　　）。

A. 赔偿损失

B. 停止侵害、排除妨碍、消除危险

C. 停止销售、警示、召回

D. 惩罚性赔偿

答案：ABCD

核心法条

《民法典》第1207条　明知产品存在缺陷仍然生产、销售，或者没有依据前条规定采取有效补救措施，造成他人死亡或者健康严重损害的，被侵权人有权请求相应的惩罚性赔偿。

释解分析

本条规定的是产品责任的惩罚性赔偿。设立产品责任的惩罚性赔偿制度，目的在于参酌英美法系关于惩罚性赔偿金制度的做法以惩罚不法行为，维护消费者的合法权益。恶意产品责任的惩罚性赔偿责任的构成要件有：（1）明知产品存在缺陷。明知产品存在缺陷，是生产者或者销售者已经确定地知道生产的或者销售的产品存在缺陷，具有损害他人生命或者健康的危险。在客观上，该产品确实存在缺陷，有造成他人生命健康损害的危险；在主观上，则生产者或者销售者已经明确地知道该产品存在缺陷，有造成他人生命健康损害的危险。（2）仍然生产、销售或者没有采取有效补救措施。仍然生产、销售，是生产者或者销售者继续将缺陷产品投入流通，并且希望其流通到消费者的手中。没有采取有效补救措施，是指生产者、销售者明知投入流通的产品存在缺陷而仍然不采取停止销售、警示、召回等补救措施。（3）造成他人生命健康损害。造成他人生命健康损害，是所有侵权行为人承担人身损害赔偿责任的要件，恶意产品责任当然须具备本要件。所不同的是，恶意产品责任的人身损害后果其实在恶意产品责任人的主观意料之中，不出其所料。因此，确定其承担惩罚性赔偿责任是必要的。

试题范例

1.（2016 年真题）多项选择题

明知产品存在缺陷仍然实施某些行为，造成他人死亡或者健康严重损害的，被侵权人有权请求相应的惩罚性补偿。这些行为包括（　　）。

A. 生产　　B. 销售

C. 运输　　D. 保管

答案：AB

2. 单项选择题

下列产品侵权行为中，适用惩罚性赔偿的是（　　）。

A. 销售者明知产品存在缺陷仍然销售，造成消费者重大财产损失的

B. 销售者明知产品属于侵害商标专用权的产品仍然销售，给商标专用权人造成重大财产损失的

C. 销售者明知产品属于侵犯他人肖像权的产品而予以销售牟利，给权利人人格利益造成损害的

D. 销售者明知产品存在缺陷仍然销售，造成消费者死亡的

答案：D

3. 多项选择题

甲从乙商场购买了由丙公司生产的有质量缺陷的热水器，在使用中被炸成重伤。则（　　）。

A. 乙商场侵犯了甲的身体权

B. 甲有权提起精神损害赔偿诉讼

C. 甲有权提起缺陷产品侵权的惩罚性赔偿诉讼

D. 丙公司依法赔偿了甲的损失后，无权向乙商场追偿

答案：BCD

核心法条

《民法典》第 1208 条　机动车发生交通事故造成损害的，依照道路交通安全法律和本法的有关规定承担赔偿责任。

相关法条

《道路交通安全法》第 76 条　机动车发生交通事故造成人身伤亡、财产损失的，由保险公司在机动车第三者责任强制保险责任限额范围内予以赔偿；不足的部分，按照下列规定承担赔偿责任：

（一）机动车之间发生交通事故的，由有过错的一方承担赔偿责任；双方都有过错的，按照各自过错的比例分担责任。

（二）机动车与非机动车驾驶人、行人之间发生交通事故，非机动车驾驶人、行人没有过错的，由机动车一方承担赔偿责任；有证据证明非机动车驾驶人、行人有过错的，根据过错程度适当减轻机动车一方的赔偿责任；机动车一方没有过错的，承担不超过百分之十的赔偿责任。

交通事故的损失是由非机动车驾驶人、行人故意碰撞机动车造成的，机动车一方不承担赔偿责任。

释解分析

本条规定的是机动车交通事故责任。机动车交通事故责任是指因在道路上驾驶机动车，过失或意外造成人身伤亡、财产损失而应承担的损害赔偿责任。本条所称的“道路交通安全法律的有关规定”指的是《道路交通安全法》第 76 条的规定。根据《道路交通安全法》第 76 条的规定，机动车交通事故责任包括三类：机动车第三者责任强制保险责任；机动车之间交通事故赔偿责任；机动车与非机动车驾驶人、行人发生交通事故的赔偿责任。无论何种责任，都首先由保险公司在

机动车第三者责任强制保险责任限额范围内予以赔偿，如果赔偿责任超过了机动车第三者责任强制保险责任限额范围，再由有责任的机动车一方承担赔偿责任。

本条所指《道路交通安全法》第 76 条，主要有两层含义：（1）对于强制保险的赔偿适用无过错责任原则和赔偿责任限额原则。①机动车的所有人或者管理人应当首先办理机动车交通事故责任强制保险，对于机动车所有人或者管理人没有按规定投保强制保险，既要承担相关行政部门给予的行政责任，又要在发生交通事故后承担全部民事赔偿责任。②无论机动车交通事故中责任人是否有过错，保险公司都需要承担赔偿责任，即归责原则适用无过错责任原则，只有道路交通事故的损失是由受害人故意造成，保险公司才可以免责。③机动车交通事故责任强制保险赔偿适用赔偿责任限额原则。④机动车交通事故造成的损失，既可以是人身伤害，也可能是财产损失。一般来说，机动车第三者责任强制险仅对人身伤害承担赔偿责任，而不对财产损失承担赔偿责任。（2）在强制保险责任限额范围内赔偿后不足部分按照以下规定赔偿：①机动车之间发生交通事故的赔偿责任。机动车之间发生交通事故的，由有过错的一方承担赔偿责任；双方都有过错的，按照各自的比例分担责任。这表明，机动车之间发生交通事故的，适用过错责任原则，没有过错的，不承担赔偿责任。②机动车与非机动车驾驶人、行人之间发生交通事故的赔偿责任。机动车与非机动车驾驶人、行人之间发生交通事故，非机动车驾驶人、行人没有过错的，由机动车一方承担赔偿责任；有证据证明非机动车驾驶人、行人有过错的，根据过错程度适当减轻机动车一方的赔偿责任；机动车一方没有过错的，承担不超过 10%的赔偿责任。这表明，机动车与非机动车驾驶人、行人之间发生交通事故，主要适用过错推定责任原则，同时，机动车一方还要承担一部分无过错责任。

交通事故的损失是由非机动车驾驶人、行人故意碰撞机动车造成的，机动车一方不承担赔偿责任。非机动车驾驶人、行人故意碰撞机动车的情形包括非机动车驾驶人、行人自杀、自伤、有意冲撞（碰瓷）等行为。

试题范例

1.（2017 年真题）单项选择题

甲驾车正常行驶，乙酒后驾车闯红灯，两车相撞，致甲的车撞伤正在执勤的交警丙。丙的损害应由（　　）。

A. 甲承担全部责任

B. 乙承担全部责任

C. 甲、乙承担连带责任

D. 甲承担次要责任，乙承担主要责任

答案：B

2. 单项选择题

机动车之间发生交通事故适用的原则是（　　）。

A. 过错责任原则

B. 无过错责任原则

C. 过错推定责任原则

D. 过失相抵原则

答案：A

核心法条

《民法典》第 1209 条　因租赁、借用等情形机动车所有人、管理人与使用人不是同一人时，发生交通事故造成损害，属于该机动车一方责任的，由机动车使用人承担赔偿责任；机动车所有人、管理人对损害的发生有过错的，承担相应的赔偿责任。

释解分析

本条规定的是租赁、借用机动车交通事故责任。将机动车出租、出借给他人，会使机动车与其所有人分离，机动车承租人或者借用人为使用人、实际控制人的情况在实际生活中比较常见。根据本条规定，租赁、借用机动车交通事故责任的具体适用规则是：（1）机动车出租人、出借人对于出租或者出借后的机动车发生交通事故造成的损害，只要是属于机动车一方责任的，出租人或者出借人不承担责任。（2）机动车所有人也就是出租人或者出借人对于发生交通事故造成损害有过错的，应当承担相应的赔偿责任。（3）确定机动车所有人有过错，主要是：一是出借人没有驾驶资质，不具备驾驶技能；二是出借人明知出借的机动车存在故障；三是其他过错，如明知醉酒仍将机动车出借。（4）机动车所有人、管理人对损害的发生有过错的，才承担相应的赔偿责任。所谓相应的责任，就是机动车所有人对于损害的发生，按照自己的过错程度或者原因力，承担与其相适应的责任比例，而不是全部责任。

易混易错

雇佣驾驶的机动车交通事故责任。如果机动车由受雇驾驶员驾驶，驾驶员造成的侵权责任应当由雇主承担，不论雇主是机动车的所有权人还是承租人等非所有权人。

试题范例

1.（2018年真题）单项选择题

甲将自己的汽车借给乙使用。某日，乙酒后驾驶该车撞伤丙。丙的损害应由（　　）。

A. 甲全部赔偿

B. 乙全部赔偿

C. 甲、乙连带赔偿

D. 甲、乙按份赔偿

答案：B

2. 单项选择题

甲将自己的“宝来”汽车借给其未取得驾照的朋友乙驾驶，乙在驾驶途中将人行道上行走的丙撞伤。对于丙的损害（　　）。

A. 由乙单独承担责任

B. 由甲单独承担责任

C. 甲、乙构成共同侵权，二人共同承担责任

D. 由乙承担责任，甲也应当承担相应的责任

答案：D

核心法条

《民法典》第1210条　当事人之间已经以买卖或者其他方式转让并交付机动车但是未办理登记，发生交通事故造成损害，属于该机动车一方责任的，由受让人承担赔偿责任。

释解分析

本条规定的是转让并交付但未办理登记的机动车交通事故责任。我国对机动车买卖进行登记过户，采取的是登记对抗主义，即交付就已经发生所有权转移的效力，仅仅是不得对抗已经登记的善意第三人而已。因此，在机动车买卖未过户的情况下，只要交付，其所有权就已经发生了转移，登记过户只是针对买卖合同对抗第三人的效力，未登记过户并不影响所有权转移和风险负担。对于当事人之间已经以买卖或者其他方式转让并交付机动车但是未办理登记，发生交通事故造成损害，属于该机动车一方责任的，就应当由受让人承担赔偿责任。具体而言，适用本条规定的条件有：（1）当事人之间已经以买卖或者其他方式转让并交付机动车。交付就是转移机动车所有权。（2）双方当事人未办理所有权转移登记。（3）转让的机动车发生交通事故。在交通事故中，转让的机动车也就是事实车主的机动车，是肇事一方的车辆。（4）交通事故责任属于机动车一方责任，即事实车主的责任。符合上述四个条件，由受让人即机动车的事实车主承担赔偿责任，登记车主也就是机动车出让人不承担责任。

试题范例

单项选择题

甲将汽车卖给乙，但未办理汽车登记过户手续，乙开车途中将在人行道上行走的丙撞成重伤。则下列表述正确的是（　　）。

A. 汽车的所有权属于甲

B. 因汽车转让未办理登记过户手续，故该汽车买卖合同无效

C. 丙的损失由甲赔偿

D. 丙的损失由乙赔偿

答案：D

核心法条

《民法典》第1211条　以挂靠形式从事道路运输经营活动的机动车，发生交通事故造成损害，属于该机动车一方责任的，由挂靠人和被挂靠人承担连带责任。

释解分析

本条规定的是挂靠机动车交通事故责任。本条明确了挂靠被挂靠人从事道路运输经营活动的机动车发生交通事故的处理。以挂靠形式从事道路运输经营活动的机动车，发生交通事故造成损害，属于该机动车一方责任的，由挂靠人和被挂靠人承担连带责任。

核心法条

《民法典》第1212条　未经允许驾驶他人机动车，发生交通事故造成损害，属于该机动车一方责任的，由机动车使用人承担赔偿责任；机动车所有人、管理人对损害的发生有过错的，承担相应的赔偿责任，但是本章另有规定的除外。

释解分析

本条规定的是未经允许驾驶他人机动车交通事故责任。未经允许驾驶他人机动车，发生交通事故造成损害，属于该机动车一方责任的，应当由机动车使用人承担侵权责任，机动车所有人或者管理人不承担责任。机动车所有人或者管理人对损害的发生存在过错的，也应承担相应的赔偿责任，但是本章另有规定的除外。

核心法条

《民法典》第1213条　机动车发生交通事故造成损害，属于该机动车一方责任的，先由承保机动车强制保险的保险人在强制保险责任限额范围内予以赔偿；不足部分，由承保机动车商业保险的保险人按照保险合同的约定予以赔偿；仍然不足或者没有投保机动车商业保险的，由侵权人赔偿。

释解分析

本条规定的是交通事故责任承担主体赔偿顺序。机动车交通事故赔偿实行保险优先原则。机动车发生交通事故，首先是由机动车强制保险赔付。在强制保险范围内，不问过错，只按照机动车强制保险的规则进行赔付即可。机动车强制保险赔付不足部分，由承保机动车商业保险的保险人按照保险合同的约定予以赔偿；仍然不足或者没有投保机动车商业保险的，适用民法典侵权责任规则，由侵权人赔偿。

核心法条

《民法典》第1214条　以买卖或者其他方式转让拼装或者已经达到报废标准的机动车，发生交通事故造成损害的，由转让人和受让人承担连带责任。

释解分析

本条规定的是拼装或者已经达到报废标准的机动车交通事故责任。根据《道路交通安全法》的规定，任何单位或者个人不得拼装机动车。国家实行机动车强制报废制度。拼装和已达到报废标准的机动车，由于其不能达到机动车上路行驶的安全标准，上路行驶极易发生交通事故，因此，对以买卖、赠与等方式转让拼装的或者已经达到报废标准的机动车，发生交通事故造成损害的，适用无过错责任的归责原则且没有法定的免责事由，并由买卖、赠与等转让人、赠与人和受赠人承担连带责任。

试题范例

单项选择题

拼装或者已经达到报废标准的机动车交通事故责任适用的归责原则是（　　）。

A. 过错责任原则

B. 无过错责任原则

C. 过错推定责任原则

D. 公平责任原则

答案：B

核心法条

《民法典》第1215条　盗窃、抢劫或者抢夺的机动车发生交通事故造成损害的，由盗窃人、抢劫人或者抢夺人承担赔偿责任。盗窃人、抢劫人或者抢夺人与机动车使用人不是同一人，发生交通事故造成损害，属于该机动车一方责任的，由盗窃人、抢劫人或者抢夺人与机动车使用人承担连带责任。

保险人在机动车强制保险责任限额范围内垫付抢救费用的，有权向交通事故责任人追偿。

释解分析

本条规定的是盗抢机动车交通事故责任。盗窃、抢劫或者抢夺机动车，机动车处于非法持有者的完全控制之下，机动车所有人对机动车既不存在实际的运行支配，又没有对机动车享有运行利益，因此，盗窃、抢劫或者抢夺的机动车发生交通事故造成损害的，由盗窃人、抢劫人或者抢夺人承担赔偿责任，机动车所有人不承担赔偿责任。但是，盗窃人、抢劫人或者抢夺人与机动车使用人不是同一人，发生交通事故造成损害，属于该机动车一方责任的，由盗窃人、抢劫人或者抢夺人与机动车使用人承担连带责任。保险人在机动车强制保险责任限额范围内垫付抢救费用的，有权向交通事故责任人追偿。

试题范例

多项选择题

下列关于盗抢机动车发生交通事故的说法，正确的有（　　）。

A. 盗抢的机动车发生交通事故，盗抢人承担侵权责任

B. 盗抢的机动车发生交通事故，由保险公司承担赔偿责任

C. 盗抢的机动车发生交通事故，机动车所有人不承担侵权责任

D. 盗抢的机动车发生交通事故，盗抢人与机动车使用人不是同一人的，使用人不承担侵权责任

答案：AC

核心法条

《民法典》第1216条　机动车驾驶人发生交通事故后逃逸，该机动车参加强制保险的，由保险人在机动车强制保险责任限额范围内予以赔偿；机动车不明、该机动车未参加强制保险或者抢救费用超过机动车强制保险责任限额，需要支付被侵权人人身伤亡的抢救、丧葬等费用的，由道路交通事故社会救助基金垫付。道路交通事故社会救助基金垫付后，其管理机构有权向交通事故责任人追偿。

释解分析

本条规定的是肇事后逃逸的责任承担。关于发生交通事故后机动车驾驶人逃逸的责任承担，分为三个内容：（1）机动车驾驶人发生交通事故后逃逸，该机动车参加强制保险的，由保险人在机动车强制保险责任限额范围内予以赔偿。（2）机动车不明、该机动车未参加强制保险或者抢救费用超过机动车强制保险责任限额，需要支付被侵权人人身伤亡的抢救、丧葬等费用的，由道路交通事故社会救助基金垫付。（3）道路交通事故社会救助基金垫付后，其管理机构有权向交通事故责任人追偿。

核心法条

《民法典》第1217条　非营运机动车发生交通事故造成无偿搭乘人损害，属于该机动车一方责任的，应当减轻其赔偿责任，但是机动车使用人有故意或者重大过失的除外。

释解分析

本条规定的是好意同乘的责任承担。好意同乘的责任承担的适用规则为：（1）须为非营运机动车发生交通事故。非营运机动车是不以营利为目的的机动车。非营运机动车不得参加营运活动，否则将受到处罚，如要参加营运，需到机动车登记地公安机关交通管理部门车辆管理所办理变更机动车性质。例如，去售楼处的免费车、去购物中心的免费巴士、机场的摆渡车等，都是非营运车辆。好意同乘担责的前提必须是非营运机动车发生交通事故。（2）须为无偿搭乘。所谓无偿搭乘，就是运行人没有在运营成本之外获取额外报酬的情况。实践中，搭乘人出于谢意给予礼物或提供、分担了油费、过路费，仍然属于无偿搭乘。但是，滴滴顺风车运营会产生费用，不适用本条规定。（3）无偿搭乘造成搭乘人损害，属于机动车一方责任的，应当减轻（而不是免除）其赔偿责任，但是机动车使用人有故意或者重大过失的除外。

核心法条

《民法典》第1218条　患者在诊疗活动中

受到损害，医疗机构或者其医务人员有过错的，由医疗机构承担赔偿责任。

释解分析

医疗损害责任是指因医疗机构及其医疗人员的过错致使患者在诊疗活动中受到损害，由医疗机构承担的赔偿责任。医疗损害责任的构成要件包括：(1) 医疗机构及其医务人员具有违法的诊疗行为。如误诊、贻误治疗、不当手术、使用不合格医疗材料等。(2) 患者遭受非正常的损害。一般情况下的医疗行为都具有侵袭性，但这种侵袭必须是正常医疗行为导致的正常损害。如果超出了合理范围，就会导致非正常损害的发生。(3) 违法的诊疗行为与损害后果之间具有因果关系。(4) 医疗机构和医务人员有过错。如违反告知同意义务、违反医疗机构的注意义务。

医疗损害责任的归责原则。从归责原则上看，医疗损害责任适用过错责任原则，即患者在诊疗活动中受到损害，医疗机构或者其医务人员有过错的，由医疗机构承担赔偿责任；医务人员在诊疗活动中未尽到与当时的医疗水平相应的诊疗义务，造成患者损害的，医疗机构应当承担赔偿责任。

但患者的损害是因下列情形造成的，适用过错推定责任的归责原则，即推定医疗机构有过错：(1) 违反法律、行政法规、规章以及其他有关诊疗规范的规定。但是，医疗机构或者其医务人员也有过错的，应当承担相应的赔偿责任。(2) 隐匿或者拒绝提供与纠纷有关的病历资料。(3) 遗失、伪造、篡改或者违法销毁病历资料。

医疗损害责任主要包括以下内容：(1) 医务人员的说明、告知义务。医务人员在诊疗活动中应当向患者说明病情和医疗措施。需要实施手术、特殊检查、特殊治疗的，医务人员应当及时向患者具体说明医疗风险、替代医疗方案等情况，并取得其明确同意；不能或者不宜向患者说明的，应当向患者的近亲属说明，并取得其明确同意。如果医务人员违反了上述说明、告知义务，便会导致患者在不知情的情况下被动实施了医疗措施，则侵犯了患者的知情同意权，因此造成患者损害的，医疗机构应当承担赔偿责任。不过，根据民法典侵权责任编的规定，因抢救生命垂危的患者等紧急情况，不能取得患者或者其近亲属意见的，经医疗机构负责人或者授权的负责人批准，可以立即实施相应的医疗措施。这是紧急情况下不负说明、告知义务的例外性规定。(2) 因药品、消毒产品、医疗器械的缺陷，或者输入不合格的血液造成患者损害的，患者可以向药品上市许可持有人、生产者、血液提供机构请求赔偿，也可以向医疗机构请求赔偿。患者向医疗机构请求赔偿的，医疗机构赔偿后，有权向负有责任的药品上市许可持有人、生产者、血液提供机构追偿。(3) 医疗机构及其医务人员填写、妥善保管和提供病历资料的义务。医疗机构及其医务人员应当按照规定填写并妥善保管住院志、医嘱单、检验报告、手术及麻醉记录、病理资料、护理记录等病历资料。患者要求查阅、复制上述病历资料的，医疗机构应当及时提供。(4) 对患者隐私权的保护。医疗机构及其医务人员应当对患者的隐私和个人信息保密。泄露患者的隐私和个人信息，或者未经患者同意公开其病历资料的，应当承担侵权责任。(5) 禁止过度检查。医疗机构及其医务人员不得违反诊疗规范实施不必要的检查。

医疗机构不承担责任的情形。患者在诊疗活动中受到损害，有下列情形之一的，医疗机构不承担赔偿责任：(1) 患者或者其近亲属不配合医疗机构进行符合诊疗规范的诊疗。但是，医疗机构及其医务人员也有过错的，应当承担相应的赔偿责任。(2) 医务人员在抢救生命垂危的患者等紧急情况下已经尽到合理诊疗义务。(3) 限于当时的医疗水平难以诊疗。

试题范例

1. 单项选择题

甲在乙医院治疗期间，因输入不合格的血液导致氨血症，该血液是由丙血站提供给乙医院的。对于甲造成的损害（　　）。

A. 与丙血站无关，乙医院承担赔偿责任

B. 与乙医院无关，丙血站承担赔偿责任

C. 乙医院与丙血站承担连带赔偿责任

D. 乙医院与丙血站承担按份赔偿责任

答案：C

2. 多项选择题

推定医疗机构有过错的情形有（　　）。

A. 违反法律、行政法规、规章以及其他有关诊疗规范的规定

B. 隐匿与纠纷有关的病历资料

C. 伪造、篡改或者销毁病历资料

D. 拒绝提供与纠纷有关的病历资料

答案：ABCD

民法学

3. 多项选择题

医疗机构不承担赔偿责任的情形有（　　）。

A. 患者不配合医疗机构进行符合诊疗规范的诊疗

B. 医务人员在抢救生命垂危的患者等紧急情况下已经尽到合理诊疗义务

C. 近亲属不配合医疗机构进行诊疗

D. 限于当时的医疗水平难以诊疗

答案：ABD

核心法条

《民法典》第1229条　因污染环境、破坏生态造成他人损害的，侵权人应当承担侵权责任。

相关法条

《民法典》第1230条　因污染环境、破坏生态发生纠纷，行为人应当就法律规定的不承担责任或者减轻责任的情形及其行为与损害之间不存在因果关系承担举证责任。

《民法典》第1231条　两个以上侵权人污染环境、破坏生态的，承担责任的大小，根据污染物的种类、浓度、排放量，破坏生态的方式、范围、程度，以及行为对损害后果所起的作用等因素确定。

《民法典》第1232条　侵权人违反法律规定故意污染环境、破坏生态造成严重后果的，被侵权人有权请求相应的惩罚性赔偿。

《民法典》第1233条　因第三人的过错污染环境、破坏生态的，被侵权人可以向侵权人请求赔偿，也可以向第三人请求赔偿。侵权人赔偿后，有权向第三人追偿。

释解分析

本条规定的是环境污染和生态破坏责任。环境污染和生态破坏责任是指污染环境、破坏生态造成他人财产或者人身损害而应承担的侵权责任。环境污染和生态破坏责任适用无过错责任原则。环境污染和生态破坏责任的构成要件有：（1）有污染环境、破坏生态的行为。（2）发生损害。（3）污染环境、破坏生态行为与损害之间存在因果关系。

民事诉讼法一般实行“谁主张，谁举证”的证据原则。但是，根据《民法典》第1230条的规定，因污染环境、破坏生态发生纠纷，行为人应当就法律规定的不承担责任或者减轻责任的情形及其行为与损害之间不存在因果关系承担举证责任。这表明环境污染和生态破坏责任实行因果关系举证责任倒置，这是由环境污染和生态破坏责任的性质决定的。

在环境污染和生态破坏责任中，存在适用市场份额规则的情形，即两个以上侵权人污染环境、破坏生态的，不能确定究竟是谁的污染环境、破坏生态的行为造成的损害，但都存在造成损害的可能性，因此适用市场份额规则确定各自的责任，即根据污染物的种类、浓度、排放量，破坏生态的方式、范围、程度，以及行为对损害后果所起的作用等因素确定。同时，每一个可能造成损害的侵权人承担按份责任。

侵权人违反法律规定故意污染环境、破坏生态造成严重后果的，被侵权人有权请求相应的惩罚性赔偿。如果污染环境、破坏生态是由于第三人过错引起的，被侵权人可以向侵权人请求赔偿，也可以向第三人请求赔偿。侵权人赔偿后，有权向第三人追偿。这里的“第三人”，应当是与侵权人之间无意思联络，如果存在意思联络，则构成共同侵权。从《民法典》第1233条的规定看，污染环境、破坏生态是由第三人的行为引起的，第三人和侵权人承担的责任形态是不真正连带责任。

试题范例

1.（2017年真题）单项选择题

甲工厂、乙工厂分别位于某河流的上游和中游。两工厂单独排放的废水均不会造成损害，但废水汇集后导致下游丙的鱼塘的鱼大量死亡。对于丙的损失（　　）。

A. 甲、乙均不承担责任

B. 甲、乙承担按份责任

C. 甲、乙承担连带责任

D. 甲、乙、丙三方分担

答案：B

2.（2020年真题）单项选择题

两个以上污染者污染环境造成他人损害的，污染者承担（　　）。

A. 按份责任　　　　B. 连带责任

C. 过错责任　　　　D. 公平责任

答案：A

核心法条

《民法典》第1236条　从事高度危险作业造成他人损害的，应当承担侵权责任。

《民法典》第1237条　民用核设施或者运入运出核设施的核材料发生核事故造成他人损害的，民用核设施的营运单位应当承担侵权责任；但是，能够证明损害是因战争、武装冲突、暴乱等情形或者受害人故意造成的，不承担责任。

《民法典》第1238条　民用航空器造成他人损害的，民用航空器的经营者应当承担侵权责任；但是，能够证明损害是因受害人故意造成的，不承担责任。

《民法典》第1239条　占有或者使用易燃、易爆、剧毒、高放射性、强腐蚀性、高致病性等高度危险物造成他人损害的，占有人或者使用人应当承担侵权责任；但是，能够证明损害是因受害人故意或者不可抗力造成的，不承担责任。被侵权人对损害的发生有重大过失的，可以减轻占有人或者使用人的责任。

《民法典》第1240条　从事高空、高压、地下挖掘活动或者使用高速轨道运输工具造成他人损害的，经营者应当承担侵权责任；但是，能够证明损害是因受害人故意或者不可抗力造成的，不承担责任。被侵权人对损害的发生有重大过失的，可以减轻经营者的责任。

《民法典》第1241条　遗失、抛弃高度危险物造成他人损害的，由所有人承担侵权责任。所有人将高度危险物交由他人管理的，由管理人承担侵权责任；所有人有过错的，与管理人承担连带责任。

《民法典》第1242条　非法占有高度危险物造成他人损害的，由非法占有人承担侵权责任。所有人、管理人不能证明对防止非法占有尽到高度注意义务的，与非法占有人承担连带责任。

《民法典》第1243条　未经许可进入高度危险活动区域或者高度危险物存放区域受到损害，管理人能够证明已经采取足够安全措施并尽到充分警示义务的，可以减轻或者不承担责任。

释解分析

上述条文规定的是高度危险责任。高度危险责任是指因从事高度危险作业造成他人损害或者保有高度危险物品致人损害而应承担的侵权责任。高度危险责任总体上适用无过错责任原则。高度危险责任的构成要件有：（1）行为人从事了高度危险作业行为。（2）须有损害事实或损害后果。（3）行为人从事的高度危险作业与损害后果之间存在因果关系。

高度危险责任包括两种类型：（1）高度危险作业致人损害责任。高度危险作业是指从事高空、高压、高速、易燃、剧毒及放射性等对周围的人身或者财产安全具有高度危险性的活动。该类高度危险责任包括：①民用核设施或者核材料事故致人损害责任。民用核设施或者运入运出核设施的核材料发生核事故造成他人损害的，民用核设施的营运单位应当承担侵权责任；但是，能够证明损害是因战争、武装冲突、暴乱等情形或者受害人故意造成的，不承担责任。②民用航空器致人损害责任。民用航空器造成他人损害的，民用航空器的经营者应当承担侵权责任；但是，能够证明损害是因受害人故意造成的，不承担责任。③从事高度危险活动致人损害责任。从事高空、高压、地下挖掘活动或者使用高速轨道运输工具造成他人损害的，经营者应当承担侵权责任；但是，能够证明损害是因受害人故意或者不可抗力造成的，不承担责任。被侵权人对损害的发生有重大过失的，可以减轻经营者的责任。（2）高度危险物品致人损害责任。高度危险物品是指具有易燃、易爆、剧毒、高放射性、强腐蚀性、高致病性等危险性的物品。该类高度危险责任包括：①占有或者使用高度危险物致人损害责任。占有或者使用易燃、易爆、剧毒、高放射性、强腐蚀性、高致病性等高度危险物造成他人损害的，占有人或者使用人应当承担侵权责任；但是，能够证明损害是因受害人故意或者不可抗力造成的，不承担责任。被侵权人对损害的发生有重大过失的，可以减轻占有人或者使用人的责任。②遗失、抛弃高度危险物致人损害责任。遗失、抛弃高度危险物造成他人损害的，由所有人承担侵权责任。所有人将高度危险物交由他人管理的，由管理人承担侵权责任；所有人有过错的，与管理人承担连带责任。③非法占有高度危险物致人损害责任。非法占有高度危险物造成他人损害的，由非法占有人承担侵权责任。所有人、管理人不能证明对防止非法占有尽到高度注意义务的，与非法占有人承担连带责任。④高度危险区域损害责任。未经许可进入高度危险活动区域或者高度危险物存放区域受到损害，管理人能够证明已经采取足够安全措施并尽到充分警示义务的，可以减轻或者不承担责任。

易混易错

注意不同类型的高度危险责任的免责事由：(1) 民用核设施或者核材料事故致人损害责任：战争、武装冲突、暴乱、受害人故意。(2) 民用航空器致人损害责任：受害人故意。(3) 从事高度危险活动致人损害责任：受害人故意、不可抗力；重大过失可以减轻责任。(4) 占有或者使用高度危险物致人损害责任：受害人故意、不可抗力；重大过失可以减轻责任。(5) 高度危险区域损害责任：管理人能够证明已经采取足够安全措施并尽到充分警示义务。

试题范例

1. 多项选择题

占有或者使用高度危险物致人损害责任的免责或者减责的事由有（　　）。

A. 受害人故意　　B. 受害人重大过失

C. 不可抗力　　D. 意外事件

答案：ABC

2. 多项选择题

在高度危险责任中，以受害人故意作为免责事由的是(　　)。

A. 民用核设施致害责任

B. 民用航空器致害责任

C. 高度危险物致害责任

D. 高空、高压、地下挖掘、高速轨道运输工具损害责任

答案：ABCD

核心法条

《民法典》第 1245 条　饲养的动物造成他人损害的，动物饲养人或者管理人应当承担侵权责任；但是，能够证明损害是因被侵权人故意或者重大过失造成的，可以不承担或者减轻责任。

《民法典》第 1247 条　禁止饲养的烈性犬等危险动物造成他人损害的，动物饲养人或者管理人应当承担侵权责任。

《民法典》第 1248 条　动物园的动物造成他人损害的，动物园应当承担侵权责任；但是，能够证明尽到管理职责的，不承担侵权责任。

《民法典》第 1249 条　遗弃、逃逸的动物在遗弃、逃逸期间造成他人损害的，由动物原饲养人或者管理人承担侵权责任。

《民法典》第 1250 条　因第三人的过错致使动物造成他人损害的，被侵权人可以向动物饲养人或者管理人请求赔偿，也可以向第三人请求赔偿。动物饲养人或者管理人赔偿后，有权向第三人追偿。

释解分析

上述条文规定的是饲养动物损害责任。饲养动物损害责任是指饲养的动物致人损害，动物饲养人或者管理人依法承担的侵权责任。饲养动物损害责任总体上适用无过错责任原则，但对于个别的饲养动物损害责任，例如，动物园的动物致人损害的，适用过错推定责任原则。饲养动物致人损害的责任形态为对物的替代责任，也就是说，饲养的动物造成他人损害的，由动物的饲养人或者管理人承担侵权责任。但是，能够证明损害是因被侵权人故意或者重大过失造成的，可以不承担或者减轻责任。饲养动物损害责任的构成要件有：(1) 须为饲养的动物。(2) 须有动物的加害行为。(3) 须有造成他人损害的事实。(4) 须有动物的加害行为与损害之间的因果关系。

饲养动物损害责任的具体规则有：(1) 禁止饲养的烈性犬等危险动物造成他人损害的，是饲养动物损害责任中最为严格的绝对责任，适用无过错责任原则，并且没有规定免责或者减责的事由。对于饲养危险动物造成他人损害的，动物饲养人或者管理人应当承担侵权责任。(2) 动物园的动物造成他人损害的，适用过错推定责任原则。动物园的动物造成他人损害的，首先推定动物园具有过错，动物园主张自己没有过错的，实行举证责任倒置，必须证明自己已经尽到管理职责。能够证明尽到管理职责的，为无过错，免除侵权赔偿责任；不能证明的，为有过错，应当承担赔偿责任。(3) 遗弃、逃逸的动物，是指动物饲养人或者管理人将动物遗弃或者动物逃逸。对于逃逸的动物，由于所有权关系没有变化，由所有权人或者管理人承担侵权责任。对于遗弃的动物，尽管原所有人放弃了该动物的所有权，但是遗弃

动物造成他人损害正是由于其抛弃行为所致，因此动物原饲养人或者管理人应当承担侵权责任。（4）因第三人的过错致使动物造成他人损害的，被侵权人可以向动物饲养人或者管理人请求赔偿，也可以向第三人请求赔偿。动物饲养人或者管理人赔偿后，有权向第三人追偿。

试题范例

1.（2021年真题）单项选择题

动物园的动物造成他人损害，动物园不承担责任的情形是（　　）。

A. 动物园能够证明尽到管理职责

B. 动物园能够证明损害系被侵权人重大过失造成

C. 动物园能够证明该致损动物并非危险动物

D. 动物园能够证明损害系第三人的过错造成

答案：A

2. 单项选择题

甲携带饲养的狗乘坐电梯，没有给狗带嘴套，小孩乙拿出香肠去喂小狗，被狗咬伤。则乙的损害由（　　）。

A. 乙的监护人承担

B. 甲承担

C. 甲承担，乙的监护人未尽监护职责的，也应当承担适当责任

D. 甲和乙的监护人共同承担

答案：B

3. 多项选择题

饲养动物致人损害的侵权责任中，饲养人或者管理人的免责事由有（　　）。

A. 饲养人或者管理人没有过错

B. 受害人故意

C. 受害人重大过失

D. 第三人过错

答案：BC

核心法条

《民法典》第1252条　建筑物、构筑物或者其他设施倒塌、塌陷造成他人损害的，由建设单位与施工单位承担连带责任，但是建设单位与施工单位能够证明不存在质量缺陷的除外。建设单位、施工单位赔偿后，有其他责任人的，有权向其他责任人追偿。

因所有人、管理人、使用人或者第三人的原因，建筑物、构筑物或者其他设施倒塌、塌陷造成他人损害的，由所有人、管理人、使用人或者第三人承担侵权责任。

释解分析

本条规定的是建筑物等倒塌、塌陷致害责任。建筑物等倒塌、塌陷致害责任是指建筑物、构筑物或者其他设施因存在设置缺陷或者管理缺陷致人损害，建设单位或施工单位承担的物件损害责任。建筑物等倒塌、塌陷致害责任的承担分为两种情形：（1）建筑物、构筑物或者其他设施倒塌、塌陷造成他人损害的，由建设单位与施工单位承担连带责任。建设单位、施工单位赔偿后，有其他责任人的，有权向其他责任人追偿。“其他责任人”包括勘测单位、设计单位、监理单位等。这种情形针对的是“设置缺陷”造成损害，但是建设单位与施工单位能够证明不存在质量缺陷的除外。（2）因所有人、管理人、使用人或者第三人的原因，建筑物、构筑物或者其他设施倒塌、塌陷造成他人损害的，由所有人、管理人、使用人或者第三人承担侵权责任。这种情形针对的是“管理缺陷”造成损害。

易混易错

建筑物和物件损害责任是指建筑物的建设单位、施工单位和物件的所有人、管理人或者其他主体对其所管领的建筑物或物件致人损害应当承担的侵权责任。建筑物和物件损害责任是替代责任，因为建筑物和物件致人损害的基础是物而非人的行为。建筑物和物件损害责任的归责原则是过错责任原则，适用过错推定。由于建筑物和物件损害责任适用过错推定责任原则，因而对免责事由应当严格限制，只有不可抗力、受害人以及第三人的原因造成损害才能免责。建筑物和物件损害责任的赔偿权利主体是受害人，可以直接向该赔偿法律关系的责任主体索赔。按照《民法典》的规定，建筑物和物件损害责任的赔偿责任主体是建筑物的建设单位、施工单位和物件的所有人、管理人和其他占有人，原则上其他占有人不对物件损害他人承担赔偿责任。建筑物和物件损害责任的类型有：建筑物等倒塌、塌陷致害责任；建筑物等脱落、坠落致害责任；堆放物倒塌、滚落

民法学

或者滑落致害责任；妨碍通行物致害责任；林木折断、倾倒或者果实坠落致害责任；地下施工致害责任和地下工作物致害责任。

试题范例

单项选择题

下列选项中，属于建筑物等倒塌致害责任的责任主体是（　　）。

A. 施工单位　　B. 设计单位

C. 勘测单位　　D. 监理单位

答案：A

核心法条

《民法典》第1253条　建筑物、构筑物或者其他设施及其搁置物、悬挂物发生脱落、坠落造成他人损害，所有人、管理人或者使用人不能证明自己没有过错的，应当承担侵权责任。所有人、管理人或者使用人赔偿后，有其他责任人的，有权向其他责任人追偿。

释解分析

本条规定的是建筑物等脱落、坠落致害责任。建筑物等脱落、坠落致害责任是指建筑物、构筑物或者其他设施及其搁置物、悬挂物因设置或保管不善而脱落、坠落等，给他人人身或财产造成损害，物件所有人、管理人或者使用人应当承担的物件损害责任。从本条规定看，所有人、管理人或者使用人不能证明自己没有过错的，对他人损害应当承担侵权责任，这表明该责任适用过错推定责任原则。与本条规定的致害物不同之处在于，《民法典》第1252条规定的致害物是建筑物、构筑物或者其他设施，强调致害物的“整体倒塌、塌陷”导致的损害；本条规定的致害物是建筑物、构筑物或者其他设施及其搁置物、悬挂物，强调致害物的“脱落、坠落”，不是建筑物等的整体倒塌、塌陷。本条规定的建筑物、构筑物或者其他设施包括房屋、烟囱、电视塔、水塔、电线杆、纪念碑、桥梁、涵洞、窗户、天花板、楼梯、电梯等。在这些物件上安放的搁置物、悬挂物，以及自然悬挂物，如房屋悬挂的冰柱，也是这种侵权责任的致害物。

建筑物等脱落、坠落致害责任的责任主体是建筑物、构筑物或者其他设施及其搁置物、悬挂物的所有人、管理人或者使用人。根据本条规定，所有人、管理人或者使用人赔偿后，有其他责任人的，有权向其他责任人追偿。这里的其他责任人，就是这样一种情形：建筑物、构筑物或者其他设施上的搁置物、悬挂物并非建筑物、构筑物或者其他设施的所有人、管理人或者使用人放置的，而是其他人放置的，也就是说，建筑物、构筑物或者其他设施的所有人、管理人或者使用人与搁置物、悬挂物的所有人、管理人或者使用人并非同一人。对此情形，应当按照本条规定，先由建筑物、构筑物或者其他设施的所有人、管理人或者使用人承担赔偿责任；建筑物、构筑物或者其他设施的所有人、管理人或者使用人在承担赔偿责任之后，有权向搁置物、悬挂物的所有人、管理人或者使用人追偿。

试题范例

1.（2015年真题）单项选择题

甲承租乙的房屋。某日，甲在阳台上修剪花草，顺手将剪刀放在阳台边上，不料剪刀被大风吹落，扎伤行人丙。丙的损害应由（　　）。

A. 甲单独承担责任

B. 乙单独承担责任

C. 丙自行承担

D. 甲、乙共同承担责任

答案：A

2.（2020年真题）单项选择题

某地多日暴雪，甲在公交站等车时，站台顶棚因积雪过多塌落，将甲砸伤。该公交站站台系乙公司设计、丙公交公司管理。甲的损害应由（　　）。

A. 本人承担

B. 乙公司赔偿

C. 丙公司赔偿

D. 乙公司和丙公司共同赔偿

答案：C

3. 多项选择题

承揽人甲为房屋所有人乙安装防盗网，因防盗网安装不牢固，后来坠落将行人丙砸伤，丙花去医疗费3 000余元。则下列表述正确的是（　　）。

A. 丙有权要求乙赔偿损失

B. 乙有权要求甲承担违约责任

C. 丙有权要求甲赔偿损失

D. 乙赔偿丙的损失后，有权向甲追偿

答案：ABD

核心法条

《民法典》第1254条 禁止从建筑物中抛掷物品。从建筑物中抛掷物品或者从建筑物上坠落的物品造成他人损害的，由侵权人依法承担侵权责任；经调查难以确定具体侵权人的，除能够证明自己不是侵权人的外，由可能加害的建筑物使用人给予补偿。可能加害的建筑物使用人补偿后，有权向侵权人追偿。

物业服务企业等建筑物管理人应当采取必要的安全保障措施防止前款规定情形的发生；未采取必要的安全保障措施的，应当依法承担未履行安全保障义务的侵权责任。

发生本条第一款规定的情形的，公安等机关应当依法及时调查，查清责任人。

释解分析

本条规定的是高空抛物责任。高空抛物责任是指从建筑物中抛掷物品或者从建筑物上坠落的物品造成他人损害的，由侵权人依法应当承担的侵权责任。典型的高空抛物案件如某小区的某栋高层住宅中抛出烟灰缸、菜板子或者玻璃杯，将楼下的行人砸伤。根据本条第1款的规定，禁止从建筑物中抛掷物品，将拒绝高空抛物明定为一种法律义务。从建筑物中抛掷物品或者从建筑物上坠落的物品造成他人损害的，由侵权人依法承担侵权责任；经调查难以确定具体侵权人的，除能够证明自己不是侵权人的外，由可能加害的建筑物使用人给予补偿，这里的“补偿”表明侵权人承担的责任是补偿责任，而不是赔偿责任。可能加害的建筑物使用人补偿后，有权向侵权人追偿。这样规定，是为了更好地预防损害，制止人们高空抛物。

根据本条第2款的规定，物业服务企业等建筑物管理人应当采取必要的安全保障措施防止前款规定情形的发生；未采取必要的安全保障措施的，应当依法承担未履行安全保障义务的侵权责任。该款规定一方面可以更加充分有力地保障受害人权益的救济，另一方面可以调动社会力量，以“综合施策”方式构建高空抛物的共治机制。

对于高空抛物造成他人损害的，公安等机关应当依法及时调查，并将调查作为认定“难以确定具体侵权人”的前置程序，这有利于运用公安等机关的专业能力，发现客观真相。公安等机关须查清责任人，对责任人依法给予治安管理处罚；构成犯罪的，应当依法追究刑事责任。

核心法条

《民法典》第1255条 堆放物倒塌、滚落或者滑落造成他人损害，堆放人不能证明自己没有过错的，应当承担侵权责任。

释解分析

本条规定的是堆放物倒塌、滚落或者滑落致害责任。堆放物倒塌、滚落或者滑落致害责任是指由于堆放物倒塌、滚落或者滑落，致使他人人身或者财产权益受到损害，由所有人或者管理人承担赔偿责任的物件损害责任。堆放物倒塌、滚落或者滑落致害责任适用过错推定责任原则，受害人请求赔偿，无须举证证明堆放物的所有人、管理人或者使用人对损害有过错，只须举证证明自己的人身损害事实，该人身损害事实为物件所有人、管理人或者使用人的堆放物所致，且所有人、管理人或者使用人对物件的支配关系，即从损害事实中推定所有人、管理人或者使用人在主观上有过错。所有人、管理人或者使用人主张自己无过错的，应当举证证明。不能证明或者证明不足，则推定成立，即应承担人身损害赔偿责任；确能证明的，免除其人身损害赔偿责任。

试题范例

单项选择题

堆放物倒塌、滚落或者滑落致害责任适用的原则是（　　）。

A. 过错责任原则

B. 无过错责任原则

C. 过错推定责任原则

D. 减轻损失原则

答案：C

核心法条

《民法典》第1256条 在公共道路上堆放、倾倒、遗撒妨碍通行的物品造成他人损害的，由行为人承担侵权责任。公共道路管理人不能证明已经尽到清理、防护、警示等义务的，应当承担相应的责任。

释解分析

本条规定的是妨碍通行物致害责任。妨碍通行物致害责任是指在公共道路上堆放、倾倒、遗撒妨碍通行的物品造成他人损害的，行为人应当承担损害赔偿等责任的物件损害责任。妨碍通行物致害责任适用过错推定责任原则。妨碍通行物致害责任的责任主体是在公共道路上堆放、倾倒、遗撒妨碍通行的物品的行为人。但是，行为人对遗撒的事实并不知情，且无法找到，此时，公共道路管理人不能证明已经尽到清理、防护、警示等义务的，应当承担相应的责任。

试题范例

单项选择题

冬季某日，甲市政公司所属的热力井不断向道路上散发出大量蒸气，乙在驾驶长途客运车经过时，因被散发的蒸气挡住视线而撞上道旁建筑，致使乘客丙受伤，车辆机盖受损。则（　　）。

A. 甲市政公司应当对乘客损害和车辆受损承担侵权责任

B. 甲市政公司承担责任的归责原则是过错责任原则

C. 甲市政公司、客运公司、丙应本着公平原则的精神分担损失

D. 甲市政公司和客运公司对丙的损害构成共同侵权

答案：A

核心法条

《民法典》第 1257 条　因林木折断、倾倒或者果实坠落等造成他人损害，林木的所有人或者管理人不能证明自己没有过错的，应当承担侵权责任。

释解分析

本条规定的是林木折断、倾倒或者果实坠落致害责任。林木折断、倾倒或者果实坠落致害责任是指因林木折断、倾倒或者果实坠落等造成他人人身损害、财产损害的，由林木的所有人或者管理人承担损害赔偿责任的物件损害责任。林木折断、倾倒或者果实坠落致害责任适用过错推定责任原则，其责任主体是林木的所有人或者管理人。林木的所有人是林木折断、倾倒或者果实坠落致害责任的最直接的赔偿责任主体。当林木非由所有人直接占有、管理、使用时，其赔偿责任主体不再是林木的所有人，而是林木的管理人。

试题范例

单项选择题

甲驾驶机动车撞到由某市公路管理总段管理的护木树上，造成树木倾斜。第二日，该树倾倒将行人乙砸伤。则乙的损失（　　）。

A. 由市公路管理总段承担损害赔偿责任

B. 由甲承担损害赔偿责任

C. 由甲和市公路管理总段共同承担损害赔偿责任

D. 由甲、乙、市公路管理总段合理分担

答案：A

核心法条

《民法典》第 1258 条　在公共场所或者道路上挖掘、修缮安装地下设施等造成他人损害，施工人不能证明已经设置明显标志和采取安全措施的，应当承担侵权责任。

窨井等地下设施造成他人损害，管理人不能证明尽到管理职责的，应当承担侵权责任。

释解分析

本条规定的是地下施工和地下工作物致害责任。本条第 1 款规定的是地下施工致害责任。地下施工致害责任是指在公共场所或者道路上挖掘、修缮安装地下设施等造成他人损害，施工人不能证明已经设置明显标志和采取安全措施的，应当承担的侵权责任。这里的“施工”，如挖掘道路、增设管线、修缮下水道、架设电线等活动。这里的“设置明显标志和采取安全措施”，首先要求设置的警示标志必须具有明显性，要足以引起他人对施工现场的注意，而且警示标志能够足以防止

事故的发生，否则不能免责。其次，采取安全措施是指施工人采取设置警示标志以外的措施，以避免潜在的受害人接触危险。这种安全措施不仅应当针对一般的人是安全的，而且针对特殊的人群，如盲人、聋哑人、未成年人也应当是安全的。再次，施工人要保证警示标志的稳固并负责对其进行维护，使警示标志持续地存在于施工期间。施工人是否设置了明显标志和采取了安全措施，应以事故发生时的状态为准。如果施工人在施工开始时设置了明显标志和采取了安全措施，但其后这些标志和措施失灵或者被破坏，因此造成损害的，施工人仍应当承担侵权责任。最后，设置明显标志和采取安全措施这两种作为义务应当同时履行，只履行其中一项义务而未履行另一项义务的，其行为仍属于未尽法律规定的作为义务，其行为仍然具有违法性，造成损害的，仍然应当承担侵权责任。地下施工致害责任的责任主体是施工人，只要施工人在施工过程中具有过失造成他人损害的，就应当承担侵权责任。

本条第 2 款规定的是地下工作物致害责任。地下工作物致害责任是指窨井等地下设施造成他人损害，管理人不能证明尽到管理职责的，应当承担的侵权责任。窨井是指上下水道或者其他地下管线工程中，为便于检查或疏通而设置的井状构筑物。其他设施包括地窖、水井、下水道、防空洞及其他地下坑道。地下工作物致害责任的责任主体是管理人，由于地下设施复杂，且有可能属于不同单位管理，因此，明确具体的管理人十分必要。地下设施致害责任属于一种不作为侵权。

本条第 2 款规定与第 1 款规定的区别在于：第 1 款规定的地下工作物是正在施工中的地下工作物，即露天开个大口子进行施工；第 2 款规定的窨井等地下工作物是使用中的地下工作物，工作物是隐蔽工程，而不是露天开个口子。同样都是窨井，前者是窨井等在修缮、安装过程中造成他人损害，后者是窨井等在使用中而不是修缮、安装过程中造成他人损害。因此，前者是施工中“没有设置明显标志和采取安全措施”，后者是“管理人不能证明尽到管理职责”，对前后两种工作物致害责任的要求是不同的。

试题范例

1. 单项选择题

甲携带 5 岁的儿子乙在某市公园玩耍时，乙踩漏了建设多年的防空洞铁皮顶棚，掉进 5 米深的深洞中。经查，该防空洞属于市人防办管理，施工单位是丙公司。对此，下列表述正确的是（　　）。

A. 甲未尽监护职责，应当对乙的损害负责

B. 市人防办应当对乙的损害承担赔偿责任

C. 丙公司对乙的损害承担赔偿责任

D. 市人防办和丙公司对乙的损害承担连带责任

答案：B

2. 多项选择题

下列情形适用过错推定责任原则的是（　　）。

A. 地上物脱落、坠落致害责任

B. 地下施工致害责任

C. 地下工作物致害责任

D. 堆放物倒塌致害责任

答案：ACD

第三部分

中国宪法学

一、宪法的特征和历史发展

核心法条

《宪法》序言第 13 段 本宪法以法律的形式确认了中国各族人民奋斗的成果，规定了国家的根本制度和根本任务，是国家的根本法，具有最高的法律效力。全国各族人民、一切国家机关和武装力量、各政党和各社会团体、各企业事业组织，都必须以宪法为根本的活动准则，并且负有维护宪法尊严、保证宪法实施的职责。

《宪法》第 5 条第 2、3、4、5 款 国家维护社会主义法制的统一和尊严。

一切法律、行政法规和地方性法规都不得同宪法相抵触。

一切国家机关和武装力量、各政党和各社会团体、各企业事业组织都必须遵守宪法和法律。一切违反宪法和法律的行为，必须予以追究。

任何组织或者个人都不得有超越宪法和法律的特权。

《宪法》第 64 条 宪法的修改，由全国人民代表大会常务委员会或者五分之一以上的全国人民代表大会代表提议，并由全国人民代表大会以全体代表的三分之二以上的多数通过。

法律和其他议案由全国人民代表大会以全体代表的过半数通过。

释解分析

上述条文规定的是我国宪法的形式特征。我国宪法的形式特征包括内容的根本性、效力的最高性和制定、修改程序的特殊性三点。

宪法内容的根本性。宪法规定国家的根本任务和根本制度，是对国家和社会生活的宏观规范和调整，宪法规定的内容是有关国家制度和社会制度的基本原则和主要问题，是国家的总章程。宪法内容的根本性表现在宪法规范国家生活和社会生活的总体运行规则，以及各种政治参与主体诸如国家机关、各政党、各种政治力量和公民的政治地位和权利义务界限。

宪法效力的最高性。宪法是国家的根本法、母法，具有最高的法律效力。宪法效力的最高性体现在对法的最高效力和对人的最高效力两个方面。就对法的最高效力而言，宪法是其他一般法律的立法基础，一切法律、行政法规和地方性法规不得同宪法相抵触，有与宪法相抵触都属无效。就对人的最高效力而言，全国各族人民、一切国家机关和武装力量、各政党和各社会团体、各企业事业组织，都必须以宪法为根本的活动准则，任何组织和个人不得享有超越于宪法之上的特权，一切违反宪法和法律的行为，必须予以追究。

宪法制定、修改程序的特殊性。在制定程序上，宪法比其他法律更为严格，我国宪法是在 1954 年第一届全国人民代表大会第一次会议上制定的；在修改程序上，只有全国人民代表大会才有权修改宪法，而且通过程序十分严格。根据我国宪法规定，宪法的修改，由全国人民代表大会常务委员会或者 1/5 以上的全国人民代表大会代表提议，并由全国人民代表大会以全体代表的 2/3 以上的多数通过，而法律和其他议案由全国人民代表大会以全体代表的过半数通过即可。宪法修正案通过后由全国人民代表大会以公告的形式公布实施。宪法修正案与宪法正文具有同等的法律效力。

易混易错

1. 宪法的特征是与一般法律相比较而言的，而且仅限于成文宪法国家；在不成文宪法国家里，宪法与普通法律没有区别，宪法的特征也就是普通法律的特征，不存在宪法的特殊性。

2. 涉及宪法特征的相关知识包括宪法的形式特征、宪法的本质特征和宪法规范的特征。宪法的形式特征有三点：（1）内容的根本性；（2）效力的最高性；（3）制定、修改程序的特殊性。宪法的本质特征有三点：（1）宪法是公民权利的保障书；（2）宪法是民主制度法律化的基本形式；（3）宪法是各种政治力量对比关系的集中体现。宪法规范的特征有四点：（1）内容的政治性；（2）效力的最高性；（3）立法的原则性；（4）实施的多层次性。注意对比记忆。

3. 宪法的产生与发展历程与宪法特征密切相关。宪法是近代资本主义经济发展的必然产物，是社会政治历史条件发展到一定阶段的必然结果。近代意义上的宪法起源于英国、法国、美国等资本主义国家。英国是世界上最早实行宪政的国家，属于不成文宪法国家，英国宪法由宪法性法律、宪法惯例和宪法判例等构成。英国宪法以人民主权思想为指导，突出议会至上的特点。美国宪法是世界上第一部成文宪法，由宪法正文和 27 条宪法修正案组成。美国宪法体现了权力分立和制衡的特点。法国宪法是欧洲大陆的第一部成文宪法，该部宪法以《人权宣言》作为序言，体现了保障人权的特点。从现代宪法发展趋势看，体现了如下特点：（1）各国宪法越来越强调对人权的保障，不断扩大公民权利范围。（2）政府权力的扩大，是社会发展的必然。（3）各国越来越重视建立违宪审查制度来维护宪法的最高权威。（4）宪法领域从国内法扩展到国际法。

4. 宪法关系。宪法规范所调整的法律关系即宪法法律关系或宪法关系。宪法规范所调整的社会关系的特点有：（1）宪法关系所涉及的领域非常广泛，几乎包括国家和社会生活的各个方面，而且均属于宏观的或者原则性方面的社会关系。（2）宪法关系的一方通常总是国家或国家机关。因为宪法是国家的根本法，根据宪法所调整的社会关系一般必然有国家的参与，国家也依法承担相应的义务或享有权利。宪法关系的类型有：（1）国家与公民之间的关系；（2）国家与其他社会主体之间的关系；（3）国家机关之间的关系；（4）国家机关内部之间的关系。在上述 4 个宪法关系中，国家与公民之间的关系是宪法调整的核心关系。

5. 我国现行的宪法结构。我国现行宪法是由 1982 年宪法和 5 个宪法修正案构成的。1982 年宪法主要继承了 1954 年宪法好的传统与基本原则，废弃了 1975 年宪法与 1978 年宪法中不适宜的内容。1982 年宪法是由序言、第一章总纲（含经济制度）、第二章公民的基本权利和义务、第三章国家机构和第四章国旗、国歌、国徽、首都构成的。从性质和形式上看，1982 年宪法属于刚性宪法、成文宪法、民定宪法、社会主义类型的宪法。

6. 我国宪法修正案的主要内容。我国自 1988 年开始采取修正案方式修改宪法，到目前为止，已经进行了 5 次修改，通过了 1988 年宪法修正案、1993 年宪法修正案、1999 年宪法修正案、2004 年宪法修正案和 2018 年宪法修正案，共计 52 条。宪法修正案的主要内容有：（1）1988 年宪法修正案。①增加规定“国家允许私营经济在法律规定的范围内存在和发展。私营经济是社会主义公有制经济的补充。国家保护私营经济的合法权利和利益，对私营经济实行引导、监督和管理”。②删去不得出租土地的规定，增加规定“土地的使用权可以依照法律的规定转让”。（2）1993 年宪法修正案。①明确把“我国正处于社会主义初级阶段”“建设有中国特色的社会主义”“坚持改革开放”写进《宪法》序言。②在《宪法》序言中增加了“中国共产党领导的多党合作和政治协商制度将长期存在和发展”。③在总纲中把家庭联产承包责任制作为农村集体经济组织的基本形式确定下来，以取代“人民公社”。④在总纲中以“社会主义市场经济”取代“计划经济”，并对相关内容作了修改。⑤把县级人民代表大会的任期由 3 年改为 5 年。（3）1999 年宪法修正案。①将邓小平理论写入宪法序言。即明确把“我国将长期处于社会主义初级阶段”、“沿着建设有中国特色社会主义的道路”、在“邓小平理论指引下”、“发展社会主义市场经济”写进《宪法》。②总纲中明确规定“中华人民共和国实行依法治国，建设社会主义法治国家”。③总纲中规定“国家在社会主义初级阶段，坚持公有制为主体、多种所有制经济共同发展的基本经济制度，坚持按劳分配为主体、多种分配方式并存的分配制度”。以此规定取代“农村集体经济组织实行家庭承包经营为基础、统分结合的双层经营体制”。④将国家对个体经济和私营经济的基本政策合并修改为“在法律规定范围内的个体经济、私营经济等非公有制经济，是社会主义市场经济的重要组成部分”“国家保护个体经济、私营经济的合法的权利和利益。国家对个体经济、私营经济实行引导、监督和管理”。⑤将镇压“反革命的活动”修改为镇压“危害国家安全的犯罪活动”。（4）2004 年宪法修正案。1）对宪法序言的修改。①“三个代表”入宪。②增加“三个文明”协调发展的内容（物质文明、政治文明和精神文明的协调发展）。③在统一战线表述中增加“社会主义事业的建设者”内容。2）对经济制度的修改。①完善征用制度。在原有的对土地实行征用的基础上，区分为“土地征用”和“土地征收”，并增加了在土地征用和土地征收的同时，应当给予“补偿”的规定。②进一步明确国家对发展非公有制经济的方针。将原有的对非公有制经济的“引导、监督和管理”，改为“鼓励、支持和引导非公有制经济的发展，并对非公有制经济依法实行监督和管理”。③完善对私有财产的保护。将原有的国家保护公民合法财产的所有权，改为公民合法的私有财产不受侵犯，国家为了公共利益的需要，可以依照法律规定对公民的私有财产实行征收和征用并给予补偿。④增加建立健全社会保障制度的规定。规定国家建立健全同经济发展水平相适应的社会保障制度。3）对公民基本权利和义务的修改。规定公民的合法的私有财产不受侵犯。4）对国家机构的修改。①完善全国人民代表大会组成的规定。在全国人大代表的组成上增加特别行政区选出代表的规定。②关于紧急状态的规定。将原有的戒严改为“宣布进入紧急状态”。③关于国家主席职权的规定。即在国家主席的职能方面，增加规定“进行国事活动”，扩大了国家主席的职权。④修改乡镇政权任期的规定。将乡级人大的任期由原有的3年改为5年。⑤将作为国家音乐象征的“中华人民共和国国歌”载入宪法。即我国的国歌就是义勇军进行曲。（5）2018年宪法修正案。1）对“序言”的修改。对宪法序言的修改主要有如下内容：①确立“科学发展观、习近平新时代中国特色社会主义思想”，和马克思列宁主义、毛泽东思想、邓小平理论、“三个代表”重要思想共同成为指引国家政治和社会生活的指导思想。②增加推动“物质文明、政治文明、精神文明、社会文明、生态文明协调发展”的内容。即：“推动物质文明、政治文明、精神文明、社会文明、生态文明协调发展，把我国建设成为富强民主文明和谐美丽的社会主义现代化强国，实现中华民族伟大复兴。”③在爱国统一战线的表述中增加“致力于中华民族伟大复兴的爱国者”。即：“在长期的革命、建设、改革过程中，已经结成由中国共产党领导的，有各民主党派和各人民团体参加的，包括全体社会主义劳动者、社会主义事业的建设者、拥护社会主义的爱国者、拥护祖国统一和致力于中华民族伟大复兴的爱国者的广泛的爱国统一战线，这个统一战线将继续巩固和发展。”④在民族政策的表述中增加“和谐”的社会主义民族关系的内容。即：“平等团结互助和谐的社会主义民族关系已经确立，并将继续加强。”⑤新增“坚持和平发展道路，坚持互利共赢开放战略，发展同各国的外交关系和经济、文化交流，推动构建人类命运共同体”的内容。2）对“总纲”的修改。对总纲的修改主要有如下内容：①增加“中国共产党领导是中国特色社会主义最本质的特征”的内容。②在国家机构体系中增加“监察机关”的内容，即：“国家行政机关、监察机关、审判机关、检察机关都由人民代表大会产生，对它负责，受它监督。”③增加国家“倡导社会主义核心价值观”的内容。④增加“国家工作人员就职时应当依照法律规定公开进行宪法宣誓”的内容。3）对“国家机构”的修改。对国家机构的修改主要有如下内容：①取消国家主席、副主席任期届数的限制，即“中华人民共和国主席、副主席每届任期同全国人民代表大会每届任期相同”，删除“连续任职不得超过两届”的内容。②增加“监察委员会”的相关内容。在第三章“国家机构”中新增第七节“监察委员会”（第123～127条），就监察委员会的产生、组成、性质、地位、工作原则和领导体制等作出规定。③将“法律委员会”修改为“宪法和法律委员会”。

7. 宪法可以从不同角度进行分类。依据宪法是否具有统一法典形式，可以分为成文宪法和不成文宪法；依据宪法的效力和修改程序是否与普通法律相同和以宪法有无严格的制定和修改机关以及程序，可以分为刚性宪法和柔性宪法；依据制定宪法的机关，可以分为钦定宪法、协定宪法和民定宪法；依据宪法的阶级本质和赖以建立的经济基础的不同，可以分为资本主义类型宪法和社会主义类型宪法。

8. 法律硕士联考中，本内容出题方式包括各类题型。就简答题而言，宪法的本质特征，宪法的形式特征，宪法规范的特征，2004年宪法修正案对宪法序言、国家机构、公民财产权的修改等内容都可以成为考查方向。就分析题而言，通过给出宪法相关条文或者普通法律条文，让考生对比分析宪法的特征。

试题范例

1.（2015年真题）单项选择题

关于宪法规范，下列说法正确的是（ ）。

A. 宪法规范比普通法律规范更具原则性、概括性

B. 宪法规范内容上的政治性决定了违宪主体不承担法律后果

C. 宪法规范主要调整国家与公民之间、公民与公民之间的关系

D. 宪法规范在我国的表现形式主要有宪法典、宪法相关法、宪法惯例和宪法判例

答案：A

2.（2015年真题）单项选择题

根据2004年宪法修正案，爱国统一战线中增加的社会群体是（　　）。

A. 全体社会主义劳动者

B. 社会主义事业的建设者

C. 拥护社会主义的爱国者

D. 拥护祖国统一的爱国者

答案：B

3.（2015年真题）单项选择题

下列选项中，不符合宪法发展的世界性趋势的是（　　）。

A. 甲国修改宪法以扩大公民基本权利的范围

B. 乙国国会拒绝将国际人权法作为本国的宪法渊源

C. 丙国为维护宪法的最高权威设立专门违宪审查机构

D. 丁国最高法院判决，为应对经济危机而扩大政府权力的某部法律合宪

答案：B

4.（2015年真题）多项选择题

在我国，宪法的根本法地位表现在（　　）。

A. 法律效力上，宪法具有最高法律效力

B. 修改程序上，宪法比普通法律更为严格

C. 内容上，宪法规定国家最根本、最重要的制度

D. 宪法的解释上，宪法只能由全国人大进行解释

答案：ABC

5.（2016年真题）单项选择题

下列关于我国1999年宪法修正案内容的表述，正确的是（　　）。

A. 明确了土地使用权可依法转让

B. 首次规定了公民合法的财产权受法律保护

C. 确立了按劳分配为主体、多种分配方式并存的分配制度

D. 增加了推动物质文明、政治文明和精神文明协调发展的内容

答案：C

6.（2016年真题）单项选择题

下列关于宪法规范的表述，正确的是（　　）。

A. 宪法规范的效力高于法律、法规的效力

B. 宪法规范不调整国家和无国籍人之间的关系

C. 宪法规范因具有权威性而无需进行宪法解释

D. 宪法规范具有政治性，只能通过立法具体化

答案：A

7.（2016年真题）多项选择题

我国宪法规定，国家尊重和保障人权。下列关于该条款的表述，正确的有（　　）。

A. 该条款在八二宪法制定时予以明确规定

B. 该条款对于理解基本权利具有指导作用

C. 该条款为未列举基本权利提供了规范基础

D. 该条款为国家设定了尊重、保障和实现人权的义务

答案：BCD

8.（2017年真题）单项选择题

2004年全国人民代表大会对宪法进行了修改。下列选项中，属于此次修改内容的是（　　）。

A. 国家尊重和保障人权

B. 中华人民共和国实行依法治国，建设社会主义法治国家

C. 县、市、市辖区的人民代表大会每届任期由三年改为五年

D. 中国共产党领导的多党合作和政治协商制度将长期存在和发展

答案：A

9.（2017年真题）单项选择题

下列选项中，不属于宪法所调整的社会关系的是（　　）。

A. 国家与公民之间的关系

B. 公民与公民之间的关系

C. 国家机关之间的关系

D. 国家机关内部之间的关系

答案：B

10.（2018年真题）单项选择题

下列文件中，被马克思称为“世界上第一个人权宣言”的是（　　）。

A. 1215年的英国《自由大宪章》

B. 1689年的英国《权利法案》

C. 1776年的北美《独立宣言》

D. 1789年的法国《人权和公民权利宣言》

答案：C

11.（2018年真题）单项选择题

关于我国宪法的效力，下列表述不正确的是（　　）。

A. 现行宪法首次明确规定宪法“具有最高的法律效力”

B. 一切法律、行政法规和地方性法规都不得同宪法相抵触

C. 国家机关和武装力量、各政党都必须以宪法为根本的活动准则

D. 法院审理案件时一般不得直接引用宪法，故宪法对法院的审判活动没有拘束力

答案：D

12.（2018年真题）单项选择题

通过宪法修正案对宪法部分内容予以修改和完善，是宪法修改的一种方式。我国采用这一方式开始于（　　）。

A. 1979年

B. 1982年

C. 1988年

D. 2004年

答案：C

13.（2019年真题）单项选择题

下列关于宪法分类的表述，正确的是（　　）。

A. 刚性宪法和柔性宪法的区分由宪法学家罗文斯坦最早提出

B. 成文宪法和不成文宪法的划分标准是宪法是否具有成文的形式

C. 以制定宪法的机关为标准，可将宪法分为民定宪法和共和宪法

D. 根据宪法的经济基础和阶级本质，可将宪法分为资本主义宪法和社会主义宪法

答案：D

14.（2021年真题）单项选择题

下列关于英国宪法的表述，正确的是（　　）。

A. 英国宪法是议会共和制的体现

B. 宪法修正案是英国宪法的组成部分

C. 英国宪法是欧洲第一部成文宪法，以保障人权为特点

D. 英国宪法是资产阶级在不同历史时期，同封建贵族斗争、妥协的产物

答案：D

15.（2021年真题）单项选择题

2018年全国人民代表大会对现行宪法进行了修改，下列表述属于此次修改内容的是（　　）。

A. 土地的使用权可以依照法律的规定转让

B. 国家建立健全同经济发展水平相适应的社会保障制度

C. 中国共产党领导的多党合作和政治协商制度将长期存在

D. 推动物质文明、政治文明、精神文明、社会文明、生态文明的协调发展

答案：D

16.（2021年真题）多项选择题

下列关于宪法发展趋势的表述，正确的有（　　）。

A. 成文宪法成为世界上绝大部分国家采取的宪法形式

B. 宪法保障的公民基本权利的范围随时代发展而逐渐扩展

C. 宪法领域从国内法扩展到国际法，国际条约已成为各国宪法的正式渊源

D. 各国宪法一方面授政府更多权力，另一方面设定多种监督机制防止权力滥用

答案：ABD

核心法条

《宪法》第27条第3款　国家工作人员就职时应当依照法律规定公开进行宪法宣誓。

《全国人民代表大会常务委员会关于实行宪法宣誓制度的决定》（简称《宪法宣誓制度的决定》）第1条　各级人民代表大会及县级以上各级人民代表大会常务委员会选举或者决定任命的国家工作人员，以及各级人民政府、监察委员会、人民法院、人民检察院任命的国家工作人员，在就职时应当公开进行宪法宣誓。

《宪法宣誓制度的决定》第2条　宣誓誓词如下：我宣誓：忠于中华人民共和国宪法，维护宪法权威，履行法定职责，忠于祖国、忠于人民，恪尽职守、廉洁奉公，接受人民监督，为建设富强民主文明和谐美丽的社会主义现代化强国努力奋斗！

相关法条

《宪法宣誓制度的决定》第3条　全国人民代表大会选举或者决定任命的中华人民共和国主席、副主席，全国人民代表大会常务委员会委员长、副委员长、秘书长、委员，国务院总理、副总理、国务委员、各部部长、各委员会主任、中国人民银行行长、审计长、秘书长，中华人民共和国中央军事委员会主席、副主席、委员，国家监察委员会主任，最高人民法院院长，最高人民检察院检察长，以及全国人民代表大会专门委员会主任委员、副主任委员、委员等，在依照法定程序产生后，进行宪法宣誓。宣誓仪式由全国人民代表大会会议主席团组织。

《宪法宣誓制度的决定》第4条 在全国人民代表大会闭会期间，全国人民代表大会常务委员会任命或者决定任命的全国人民代表大会专门委员会个别副主任委员、委员，国务院部长、委员会主任、中国人民银行行长、审计长、秘书长，中华人民共和国中央军事委员会副主席、委员，在依照法定程序产生后，进行宪法宣誓。宣誓仪式由全国人民代表大会常务委员会委员长会议组织。

《宪法宣誓制度的决定》第5条 全国人民代表大会常务委员会任命的全国人民代表大会常务委员会副秘书长，全国人民代表大会常务委员会工作委员会主任、副主任、委员，全国人民代表大会常务委员会代表资格审查委员会主任委员、副主任委员、委员等，在依照法定程序产生后，进行宪法宣誓。宣誓仪式由全国人民代表大会常务委员会委员长会议组织。

《宪法宣誓制度的决定》第6条 全国人民代表大会常务委员会任命或者决定任命的国家监察委员会副主任、委员，最高人民法院副院长、审判委员会委员、庭长、副庭长、审判员和军事法院院长，最高人民检察院副检察长、检察委员会委员、检察员和军事检察院检察长，中华人民共和国驻外全权代表，在依照法定程序产生后，进行宪法宣誓。宣誓仪式由国家监察委员会、最高人民法院、最高人民检察院、外交部分别组织。

《宪法宣誓制度的决定》第7条 国务院及其各部门、国家监察委员会、最高人民法院、最高人民检察院任命的国家工作人员，在就职时进行宪法宣誓。宣誓仪式由任命机关组织。

《宪法宣誓制度的决定》第9条 地方各级人民代表大会及县级以上地方各级人民代表大会常务委员会选举或者决定任命的国家工作人员，以及地方各级人民政府、监察委员会、人民法院、人民检察院任命的国家工作人员，在依照法定程序产生后，进行宪法宣誓。宣誓的具体组织办法由省、自治区、直辖市人民代表大会常务委员会参照本决定制定，报全国人民代表大会常务委员会备案。

释解分析

宪法宣誓制度在国外由来已久。自1919年德国《魏玛宪法》首次确认国家公职人员就职宣誓制度以后，德国、意大利、新加坡、芬兰、希腊、荷兰、葡萄牙、南非等国的宪法中都明确规定，官员任职前要进行忠于宪法的宣誓。一般来说，宣誓者都是担任国家重要职务的公职人员，如国家元首、议会议员、总理或首相及各级行政官员、司法官员以及其他公职人员。我国现行《宪法》第27条第3款（2018年宪法修正案第40条）正式确立了宪法宣誓制度。

宣誓誓词如下：我宣誓：忠于中华人民共和国宪法，维护宪法权威，履行法定职责，忠于祖国、忠于人民，恪尽职守、廉洁奉公，接受人民监督，为建设富强民主文明和谐美丽的社会主义现代化强国努力奋斗！

根据《宪法宣誓制度的决定》的规定，凡经人大及其常委会选举或者决定任命的国家工作人员正式就职时公开向宪法宣誓。宣誓主体可以包括下列人员：（1）国家主席、副主席；（2）全国人民代表大会常务委员会的组成人员；（3）国务院总理及副总理、国务委员、各部部长、各委员会主任、审计长、秘书长；（4）中央军委主席和中央军事委员会其他组成人员；（5）地方各级人民代表大会代表，地方各级人民代表大会常务委员会主任、副主任、秘书长和委员；（6）地方各级人民政府组成人员，包括省长、副省长，自治区主席、副主席，市长、副市长，自治州州长、副州长，县长、副县长，镇长、副镇长，乡长、副乡长；（7）国家监察委员会主任、副主任、委员；（8）最高人民法院、地方各级人民法院和专门法院院长、副院长、审判委员会委员；（9）最高人民检察院、地方各级人民检察院和专门检察院检察长、副检察长、检察委员会委员。

宪法宣誓制度的建立有利于维护宪法的最高法律地位、法律权威和法律效力，有利于激励和教育国家工作人员忠于宪法、遵守宪法、维护宪法，是我国宪法实施制度的完善和最新发展。

试题范例

1.（2017年真题）多项选择题

根据全国人大常委会关于实行宪法宣誓制度的决定，下列人员中，在就职时应当进行宪法宣誓的有（　　）。

A. 中华人民共和国教育部部长

B. 北京市人民检察院副检察长

C. 上海市人民政府办公厅会计

D. 中华人民共和国驻外全权代表

答案：ABD

2. 单项选择题

下列关于我国宪法宣誓制度的表述，正确的是（　　）。

A. 宪法宣誓制度为我国所首创

B. 宣誓可以分为单独宣誓和集体宣誓

C. 宣誓人包括国家工作人员和人大代表

D. 国务院各部门的宣誓仪式由国务院组织

答案：B

二、宪法的基本原则

核心法条

《宪法》序言第13段 本宪法以法律的形式确认了中国各族人民奋斗的成果，规定了国家的根本制度和根本任务，是国家的根本法，具有最高的法律效力。全国各族人民、一切国家机关和武装力量、各政党和各社会团体、各企业事业组织，都必须以宪法为根本的活动准则，并且负有维护宪法尊严、保证宪法实施的职责。

《宪法》第2条 中华人民共和国的一切权力属于人民。

人民行使国家权力的机关是全国人民代表大会和地方各级人民代表大会。

人民依照法律规定，通过各种途径和形式，管理国家事务，管理经济和文化事业，管理社会事务。

《宪法》第3条第2、3款 全国人民代表大会和地方各级人民代表大会都由民主选举产生，对人民负责，受人民监督。

国家行政机关、监察机关、审判机关、检察机关都由人民代表大会产生，对它负责，受它监督。

《宪法》第5条 中华人民共和国实行依法治国，建设社会主义法治国家。

国家维护社会主义法制的统一和尊严。

一切法律、行政法规和地方性法规都不得同宪法相抵触。

一切国家机关和武装力量、各政党和各社会团体、各企业事业组织都必须遵守宪法和法律。一切违反宪法和法律的行为，必须予以追究。

任何组织或者个人都不得有超越宪法和法律的特权。

《宪法》第27条第2款 一切国家机关和国家工作人员必须依靠人民的支持，经常保持同人民的密切联系，倾听人民的意见和建议，接受人民的监督，努力为人民服务。

《宪法》第33条第3款 国家尊重和保障人权。

《宪法》第41条第1款 中华人民共和国公民对于任何国家机关和国家工作人员，有提出批评和建议的权利；对于任何国家机关和国家工作人员的违法失职行为，有向有关国家机关提出申诉、控告或者检举的权利，但是不得捏造或者歪曲事实进行诬告陷害。

《宪法》第130条 人民法院审理案件，除法律规定的特别情况外，一律公开进行。被告人有权获得辩护。

《立法法》第8条 下列事项只能制定法律：

（一）国家主权的事项；

（二）各级人民代表大会、人民政府、人民法院和人民检察院的产生、组织和职权；

（三）民族区域自治制度、特别行政区制度、基层群众自治制度；

（四）犯罪和刑罚；

（五）对公民政治权利的剥夺、限制人身自由的强制措施和处罚；

（六）税种的设立、税率的确定和税收征收管理等税收基本制度；

（七）对非国有财产的征收、征用；

（八）民事基本制度；

（九）基本经济制度以及财政、海关、金融和外贸的基本制度；

（十）诉讼和仲裁制度；

（十一）必须由全国人民代表大会及其常务委员会制定法律的其他事项。

《立法法》第9条 本法第八条规定的事项尚未制定法律的，全国人民代表大会及其常务委员会有权作出决定，授权国务院可以根据实际需要，对其中的部分事项先制定行政法规，但是有关犯罪和刑罚、对公民政治权利的剥夺和限制人身自由的强制措施和处罚、司法制度等事项除外。

《立法法》第10条 授权决定应当明确授权的目的、事项、范围、期限以及被授权机关实施授权决定应当遵循的原则等。

授权的期限不得超过五年，但是授权决定另有规定的除外。

被授权机关应当在授权期限届满的六个月以前，向授权机关报告授权决定实施的情况，并提出是否需要制定有关法律的意见；需要继续授权的，可以提出相关意见，由全国人民代表大会及其常务委员会决定。

《立法法》第 12 条　被授权机关应当严格按照授权决定行使被授予的权力。

被授权机关不得将被授予的权力转授给其他机关。

释解分析

上述条文规定的是宪法基本原则。我国宪法并没有专门章节规定宪法基本原则，只能通过上述条文的相应规定来管窥我国宪法规定的基本原则。我国宪法基本原则包括人民主权原则、基本人权原则、法治原则和权力制约与监督原则。

《宪法》第 2 条规定从整体上体现了人民主权原则。近代意义上的主权观念是由法国人博丹在《共和六书》中提出来的，作为学说是由法国著名思想家卢梭首创，但作为一项宪法原则却是由美国宪法首次确立的。从世界宪政发展史上看，主权经历了由君主主权向议会主权，再由议会主权向人民主权的两次转变过程。第二次转变使美国宪法最终确立人民主权原则。人民主权原则认为，国家是人民根据自由意志缔结契约的产物，所以国家的最高权力应该属于人民而不是君主。在宪法原则中，人民主权原则是核心原则。我国宪法第 2 条有 3 款内容，这 3 款内容从整体上体现了人民主权原则。

《宪法》第 33 条第 3 款（2004 年宪法修正案第 24 条）规定具体体现了基本人权原则。从世界宪政发展史来看，基本人权原则最初是作为对抗封建等级和王权专制的对立物而产生的。在封建社会末期，法国著名思想家卢梭提出了天赋人权学说，其核心内容是：每个人都具有与生俱来的自由和平等权，这种权利是不能被剥夺的。在资产阶级革命取得胜利以后，这样的政治宣言就被写入宪法之中。基本人权原则最早确立于美国宪法，然后法国宪法也确立了该原则。我国宪法也确立了基本人权原则。从我国现行宪法结构上看，我国宪法将“公民的基本权利和义务”一章置于“总纲”之后、“国家机构”之前，从而彰显了公民基本权利作为国家权力来源的宪法价值，体现了基本人权原则。2004 年宪法修正案首次引入“人权”概念，并增加了国家尊重和保障人权的内容。

《宪法》序言第 13 段、《宪法》第 5 条规定概括性地体现了法治原则（其中第 1 款规定，即“中华人民共和国实行依法治国，建设社会主义法治国家”之规定是该原则的核心内容），《宪法》第 130 条和《立法法》第 8、9、10、12 条规定则是宪法法治原则的延伸性规定。从世界法制史来看，法治原则源远流长，自古希腊亚里士多德以来就开始了对法治的系统探讨。英国的洛克、斯宾诺莎和潘恩都对法治学说作出了贡献。潘恩认为，在专制政府中国王便是法律，同样，在自由国家中法律便应成为国王，而且不应该有其他的情况。但为了预防以后发生滥用至高权威的流弊，那就不妨在典礼结束时推翻国王这一称号，把它分散给有权享受这种称号的人民。此后，西方国家纷纷在宪法中确立法治原则。我国历史上法治的观念淡薄，直到清末统治者才开始逐渐意识到法治的重要性，但由于多种历史原因，我国法治进程几度被中断，直到 1999 年宪法修正案明确规定“中华人民共和国实行依法治国，建设社会主义法治国家”，这才从总体上确立了我国宪法的法治原则。此外，《宪法》序言第 13 段规定也属于我国宪法对法治原则的宣告。作为宪法的基本原则之一，法治原则的基本内容包括宪法优位、法律保留和司法独立三项，这三项内容在我国宪法规定中都有所体现：（1）宪法优位（内容含法律优位）。宪法优位即宪法是国家的最高法律，法律必须受宪法拘束。也就是说，全国人大及其常委会制定的法律，必须受到宪法的约束，而不能与宪法相抵触，否则无效。宪法优位还进一步要求在行政和立法机关之间的关系上要遵循法律优位原则，也就是说行政机关的一切行政行为或其他活动都不得与法律相抵触。作为抽象行政行为的行政法规和行政规章必须在法律规定的范围之内作出。（2）法律保留。法律保留原则是指关于公民基本权利的限制等专属立法事项，应当由立法机关通过法律来规定，行政机关不得代为规定，行政机关实施的行政行为必须要有法律的授权，不得与法律相抵触。我国《立法法》第 8、9、10、12 条规定具体体现了法律保留原则，其中，《立法法》第 8 条规定是法律保留原则的核心内容。从严格意义上讲，法律保留事项不得授权行政机关代为行使，但依据我国《立法法》第 9 条规定，对于法律保留事项，如果尚未制定法律的，全国人民代表大会及其常务委员会有权作出决定，授权国务院可以根据实际需要，对其中的部分事项先制定行政法规，但是有关犯罪和刑罚、对公民政治权利的剥夺和限制人身自由的强制措施和处罚、司法制度等事项除外。可见，我国对于法律保留事项，仅对公民政治权利的剥夺和限制人身自由的强制措施和处罚、司法制度等事项不得授权行使。此外，对于可以授权行使的法律保留事项，《立法法》第 10、12 条作出了严格的限制性规定，即授权决定应当明确授权的目的、事项、范围、期限以及被授权机关实施授权决定应当遵循的原则等。授权的期限不得超过 5 年，但是授权决定另有规定的除外。被授权机关应当在授权期限届满的 6 个月以前，向授权机关报告授权决定实施的情况，并提出是否需要制定有关法律的意见；需要继续授权的，可以提出相关意见，由全国人民代表大会及其常务委员会决定。被授权机关应当严格按照授权决定行使被授予的权力。被授权机关不得将被授予的权力转授给其他机关。(3) 审判独立。审判独立是指法官在审判案件时不受任何干涉或压迫，只服从于宪法和法律。

《宪法》第 2 条第 1 款、第 3 条第 2、3 款、第 27 条第 2 款、第 41 条第 1 款规定体现的是权力制约与监督原则。从世界宪政发展史来看，近代分权学说最初是由英国的洛克倡导而提出的，他认为国家权力应当分为立法权、行政权和对外联盟权，这实际上是立法与行政两权分立；孟德斯鸠在洛克学说的基础上进一步完善了分权理论，提出了著名的三权分立学说，美国宪法则使其成为一项具有可操作性的宪法原则和制度。法国《人权宣言》还宣布："凡权利无保障和分权未确立的社会，就没有宪法"。后来该原则成为资本主义国家宪法文本所确立的一项普遍的宪法原则。我国宪法在三个方面体现了权力制约原则：(1) 人民对国家权力的制约监督。《宪法》第 2 条第 1 款规定，中华人民共和国的一切权力属于人民。第 3 条第 2 款规定，全国人民代表大会和地方各级人民代表大会都由民主选举产生，对人民负责，受人民监督。第 27 条第 2 款规定，一切国家机关和国家工作人员必须依靠人民的支持，经常保持同人民的密切联系，倾听人民的意见和建议，接受人民的监督，努力为人民服务。(2) 公民权利对国家权力的制约监督。我国宪法规定了公民的基本权利，这些基本权利意味着国家对这些基本权利的行使不得干预和予以保护的义务。此外，宪法还明确了公民对于任何国家机关和国家工作人员，有批评和建议的权利。(3) 国家机关内部制约监督。宪法规定了不同国家机关之间、国家机关内部不同的监督方式。《宪法》第 3 条第 3 款规定，国家行政机关、监察机关、审判机关、检察机关都由人民代表大会产生，对它负责，受它监督。第 127 条规定，监察委员会依照法律规定独立行使监察权，不受行政机关、社会团体和个人的干涉。监察机关办理职务违法和职务犯罪案件，应当与审判机关、检察机关、执法部门互相配合，互相制约。第 140 条规定，人民法院、人民检察院和公安机关办理刑事案件，应当分工负责，互相配合，互相制约，以保证准确有效地执行法律。

易混易错

1. 宪法的基本原则中，法治原则同时也是中国国家机构的组织和活动原则（见表 3－1）。

表 3－1

宪法的基本原则	中国国家机构的组织和活动原则
人民主权原则	民主集中制原则
基本人权原则	责任制原则
法治原则	法治原则
权力制约与监督原则	监督原则

2. 各国宪法所确立的宪法原则并不相同，例如，美国宪法所确立的宪法基本原则包括人民主权原则和有限政府原则、权力分立和制约与平衡原则、联邦与州的分权原则、对军队的文职控制原则等。但人民主权原则、基本人权原则、法治原则和权力制约与监督原则基本上是各国宪法通行规定的宪法原则。

3. 法律硕士联考中，本内容出题方式包括各类题型。就简答题而言，宪法的基本原则、宪法法治原则的内容及在我国宪法中的具体体现等都可以成为命题方向。就分析题而言，通过给出我国宪法基本原则的条文，分析某些条文所体现出的我国宪法的基本原则，通过给出的相关材料（如英国思想家洛克《政府论》、法国思想家卢梭《社会契约论》、孟德斯鸠《论法的精神》等），分析权力制约与监督、人民主权等原则的内涵、内容和在我国宪法中的体现等。

试题范例

1.（2015 年真题）单项选择题

根据我国立法法，下列事项尚未制定法律的，全国人大及其常委会可授权国务院先行制定行政法规的是（　　）。

A. 犯罪和刑罚

B. 对公民政治权利的剥夺

C. 对非国有财产的征收

D. 限制人身自由的强制措施和处罚

答案：C

2.（2018 年真题）单项选择题

为治理交通拥堵，某市制定地方性法规《道路交通管理条例》，规定行人闯红灯罚款 20 元，累计 10 次处以行政拘留。下列有关该条例的表述，正确的是（　　）。

A. 该条例有权规定对行人闯红灯的行为处以罚款

B. 该条例只有在获得全国人大常委会授权后才可设定行政拘留

C. 只有该市人民代表大会有权制定该条例，该市人大常委会无权制定

D. 法院可以根据被处罚人的审查要求撤销该条例

答案：A

3.（2019 年真题）单项选择题

根据我国宪法和法律，设区的市的人大及其常委会可以制定地方性法规。下列事项中，属于该立法权限的是（　　）。

A. 环境保护

B. 税收征收管理

C. 外贸基本制度

D. 本级人民政府的职权

答案：A

4.（2021 年真题）单项选择题

下列关于我国宪法中人民主权原则的理解，正确的是（　　）。

A.“一切权力属于人民”体现了人民主权原则

B. 人民主权原则要求国家机构实行集体领导体制

C. 人民行使国家权力的机关是人民代表大会和政治协商会议

D. 人民主权原则意味着人民通过各种途径对国家进行直接管理

答案：A

5. 多项选择题

（　　）都由人民代表大会产生，对它负责，受它监督。

A. 国家行政机关

B. 国家审判机关

C. 国家军事机关

D. 国家检察机关

答案：ABD

三、宪法的变迁

核心法条

《宪法》第 67 条第 1 项 全国人民代表大会常务委员会行使下列职权：

（一）解释宪法，监督宪法的实施；

…………

相关法条

《立法法》第 45 条 法律解释权属于全国人民代表大会常务委员会。

法律有以下情况之一的，由全国人民代表大会常务委员会解释：

（一）法律的规定需要进一步明确具体含义的；

（二）法律制定后出现新的情况，需要明确适用法律依据的。

《立法法》第 46 条 国务院、中央军事委员会、最高人民法院、最高人民检察院和全国人民代表大会各专门委员会以及省、自治区、直辖市的人民代表大会常务委员会可以向全国人民代表大会常务委员会提出法律解释要求。

释解分析

上述条文规定的是宪法解释和立法解释。宪法解释是指在宪法实施过程中，享有宪法解释权的国家机关依照法定的程序对宪法的含义、内容和界限所作的说明和补充。宪法解释体制属于国家宪政体制的重要组成部分，因国家的不同而有差异，目前世界上的宪法解释体制包括立法机关解释体制、司法机关解释体制和专门机关解释体制。我国宪法的解释属于立法机关解释体制。

我国采取立法机关解释体制首先确立于 1978 年宪法，现行《宪法》第 67 条第 1 项再次以根本法的形式确认了我国宪法解释的机关是全国人大常委会。由于全国人大作为最高的国家权力机关既有制宪权，也有立法权，而全国人大常委会是全国人大的组成部分，拥有解释宪法的权力，使得宪法解释具有立法性质和普遍的约束力，并使宪法解释工作成为一种经常性的行为。从一定的意义上讲，全国人大常委会比其他的国家机关更了解宪法的原意和精神，因而，这种解释体制具有一定的合理性。但我国立法解释体制也存在一定的问题，如宪法解释缺乏具体的规范化程序，因此，在我国目前还应当建立和完善一些具体的解释程序，用法律将宪法解释进一步规范化。

与宪法解释体制相关的还有立法解释。根据宪法和立法法规定，宪法和所有法律的解释权属于全国人大常委会，这样一方面保证了最基础的立法解释权仍然集中于国家最高权力机关，同时又适应了法律解释工作经常性的需要。对于法律有以下情况之一的，也由全国人大常委会解释：(1) 法律的规定需要进一步明确具体含义的；(2) 法律制定后出现新的情况，需要明确适用法律依据的。此外，为了使事后的立法解释得以启动，立法法规定，国务院、中央军事委员会、最高人民法院、最高人民检察院和全国人民代表大会各专门委员会以及省、自治区、直辖市的人民代表大会常务委员会可以向全国人民代表大会常务委员会提出法律解释要求。全国人大常委会的立法解释与法律具有同等法律效力。

易混易错

1. 宪法解释体制。(1) 立法机关解释体制。该解释体制就是由制定宪法的机关作为解释宪法的机关。该解释体制的特点是，立法机关负责解释宪法。这种解释体制源于英国。(2) 司法机关解释体制。该解释体制即由司法机关负责解释宪法。该解释体制的特点是，司法机关对宪法解释采取不告不理，但在审理案件中一旦有必要将宪法条文应用于具体案件，法院就有权解释宪法。该宪法解释体制源于美国，日本、加拿大、澳大利亚以及拉美国家等也采用这一解释体制。

(3) 专门机关解释体制。该解释体制即由专门机关解释宪法。这一解释体制源于法国，德国、俄罗斯、奥地利、意大利、西班牙、韩国等也采取这一解释体制。

2. 宪法解释的方法。在宪法实施过程中，为了探求宪法规范的意涵，往往要采用相应的方法对宪法进行解释。宪法解释的方法包括文义解释、目的解释和体系解释。文义解释是根据宪法规范所使用的文字的字面意思而进行解释的方法，又称字面解释。目的解释是通过探求制宪者的原意来解释宪法的方法。目的解释主要依据制宪过程中的历史资料，比如制宪会议的记录、制宪者对宪法的解读等。目的解释有时又被称为原意解释。体系解释是根据宪法规范在宪法典中的位置，与其他规范的关联，从整体的角度来确定解释对象的含义与内容的解释方法。

3. 在我国，修宪机关与宪法解释机关不同，我国的修宪机关是全国人民代表大会，宪法解释机关是全国人大常委会。

4. 法律硕士联考中，本内容出题方式包括各类题型。就简答题而言，我国的宪法解释体制、我国的法律解释体制等可以成为考查方向。就分析题而言，通过给出相关条文和材料要求考生判断宪法解释体制的类型、方式和采取某种解释体制的原因等。

试题范例

1. (2016 年真题) 单项选择题

下列国家中，采用专门机关模式进行违宪审查的是（　　）。

A. 美国

B. 德国

C. 英国

D. 日本

答案：B

2. (2017 年真题) 单项选择题

关于宪法解释，下列表述正确的是（　　）。

A. 非正式的宪法解释可以具有宪法效力

B. 语义解释是从宪法制定的特定背景入手进行的解释

C. 法国宪法委员会对宪法的解释属于专门机关的解释

D. 我国人民法院对宪法规范的解释属于正式解释

答案：C

核心法条

《宪法》第 64 条第 1 款　宪法的修改，由全国人民代表大会常务委员会或者五分之一以上的全国人民代表大会代表提议，并由全国人民代表大会以全体代表的三分之二以上的多数通过。

释解分析

本条款规定的是我国宪法的修改。宪法修改是指有权修改宪法的机关依据法定的程序对宪法规范予以补充、调整、删除，以保证宪法的内容与社会的发展相适应。宪法修改有两种形式：第一，全面修改。全面修改是对宪法的重新制定，我国 1954 年制定第一部宪法以来，此后的 1975 年宪法、1978 年宪法和 1982 年宪法都是对前一部宪法的全面修改。第二，部分修改。部分修改是对宪法的部分条款加以改变，或者增加一些新的条款，而不改动其他条款的一种修改方式。美国自 1787 年宪法制定以后一直采用部分修改的方式，用宪法修正案来完善宪法中的某些不足。我国目前也采用部分修改的方式，改变或者增加一些条款，使宪法能够适应转型时期社会发展的需要。现行宪法经过了 5 次修改，通过了 52 条宪法修正案。

我国的宪法修改制度包括以下 3 个方面的内容：(1) 修宪机关。《宪法》第 62 条第 1 项规定，全国人民代表大会行使修改宪法的职权。(2) 修宪提案主体。《宪法》第 64 条第 1 款中规定，宪法的修改，由全国人民代表大会常务委员会或者 1/5 以上的全国人民代表大会代表提议。(3) 修宪通过程序。《宪法》第 64 条第 1 款中规定，修宪由全国人民代表大会以全体代表的 2/3 以上的多数通过。

从现行宪法的修改来看，中国共产党中央委员会的宪法修改建议对我国的宪法修改制度和宪法修改实践具有重要的意义。

易混易错

1. 宪法修改不同于宪法制定。从权力形态看，制宪权和修宪权属于不同层次的权力形态。一般而言，制宪权是原始的制宪权，即是原生性权力，在国家政权性质没有改变的情况下，无论宪法进行怎样的变化，无论是修改、解释还是其他形式的变迁，都不会导致制宪权变化的问题。修宪权是依据制宪权而产生的一种权力，是一种从制宪权派生出来的派生性权力，可以理解为制度化的制宪权，通常由宪法确定其行使的主体、程序和限制等方面的内容。当一个国家通过全民投票决定宪法修改时，这种国民投票也是一种源于制宪权的修改宪法行为，但不可能是原始的制宪权。有时制宪权与修宪权行使的主体相同，但其行为的性质不同。从制定机构看，我国的制宪机构是第一次全国人民代表大会第一次会议，修宪机构是全国人民代表大会。

2. 美国是世界上第一个采取修正案方式修改宪法的国家。

3. 本内容的出题方式包括各类题型。简答题和法学方向论述题的出题方式为我国宪法的修改制度；分析题的出题思路：通过材料的分析，说明我国宪法修改的方式及修宪程序、修宪主体等。

试题范例

1.（2016 年真题）单项选择题

下列关于宪法修改的表述，正确的是（　　）。

A. 宪法的修改机关和宪法的制定机关相同

B. 由公民提议修宪是现代法治国家的通例

C. 宪法修正案一般需要由议会过半数通过

D. 我国宪法修改权由全国人民代表大会行使

答案：D

2.（2019 年真题）单项选择题

下列关于宪法修改的表述，正确的是（　　）。

A. 宪法修改权的主体是修宪机关

B. 我国宪法修改的程序和普通法律相同

C. 我国宪法修改的机关是全国人大常委会

D. 宪法修改有全面修改和部分修改两种形式

答案：D

核心法条

《宪法》序言第 13 段　本宪法以法律的形式确认了中国各族人民奋斗的成果，规定了国家的根本制度和根本任务，是国家的根本法，具有最高的法律效力。全国各族人民、一切国家机关和武装力量、各政党和各社会团体、各企业事业组织，都必须以宪法为根本的活动准则，并且负有维护宪法尊严、保证宪法实施的职责。

《宪法》第 5 条第 3、5 款　一切法律、行政法规和地方性法规都不得同宪法相抵触。

任何组织或者个人都不得有超越宪法和法律的特权。

《宪法》第 41 条第 1、2 款　中华人民共和国公民对于任何国家机关和国家工作人员，有提出批评和建议的权利；对于任何国家机关和国家工作人员的违法失职行为，有向有关国家机关提出申诉、控告或者检举的权利，但是不得捏造或者歪曲事实进行诬告陷害。

对于公民的申诉、控告或者检举，有关国家机关必须查清事实，负责处理。任何人不得压制和打击报复。

《宪法》第 53 条　中华人民共和国公民必须遵守宪法和法律，保守国家秘密，爱护公共财产，遵守劳动纪律，遵守公共秩序，尊重社会公德。

释解分析

上述条文规定的是我国违宪审查的依据。宪法监督是宪法保障的核心内容，在方式上主要表现为违宪审查。违宪审查制度是指由特定的机关对立法行为以及其他行为进行审查并处理的一种制度。违宪审查制度可以采取不同的模式，具体包括普通法院模式、专门机关模式和立法机关模式。我国在 1954 年宪法中确立了宪法监督制度，采取立法机关模式。

宪法是最高法，在整个法律体系中具有最高的效力，这是保障宪法实施的前提条件。宪法序言庄严地宣告了宪法是我国的根本法，具有最高法律效力。宪法规定全国各族人民、一切国家机关和武装力量、各政党和各社会团体、各企业事业组织，都必须以宪法为根本的活动准则，并且负有维护宪法尊严、保证宪法实施的职责。《宪法》第 5 条还规定，一切法律、行政法规和地方性法规都不得同宪法相抵触。任何组织或者个人都不得有超越宪法和法律的特权。上述规定为中国建立宪法监督制度奠定了宪法基础。《宪法》第 41 条规定还赋予了公民广泛的诉权，包括针对违宪的立法和行为提起审查的权利。《宪法》第 53 条将遵守宪法规定为每一个公民的基本义务。上述规定为我国违宪审查制的运行提供了宪法依据。

易混易错

1. 违宪审查模式。（1）普通法院模式。1803年美国通过马伯里诉麦迪逊一案创立了普通法院违宪审查模式，此后，日本、加拿大、澳大利亚、墨西哥等拉丁美洲国家等效法，建立起普通法院实施违宪审查的模式。（2）专门机关模式。奥地利首次创立该违宪审查模式，但专门机关的名称不一样，德国、波兰、西班牙、俄罗斯等国称为宪法法院；法国称为宪法委员会。（3）立法机关模式。立法机关模式最先产生于英国，我国也采取这一模式。

2. 违宪审查方式。违宪审查方式包括事先审查和事后审查，事后审查包括附带性审查和宪法诉愿。注意区别事先审查、附带性审查和宪法诉愿的具体运行规则。

3. 我国宪法监督制度存在的问题和完善。（1）存在的问题。我国的宪法监督制度在具体的运作中还存在着一些问题，完善该项制度是社会主义法治建设的需要。首先，《全国人民代表大会组织法》《立法法》规定了全国人大各专门委员会具体审查相关立法的合宪性的职责。但全国人大设有10个专门委员会，这导致违宪审查权的行使过于分散。其次，就违宪审查的对象来看，主要是对行政法规、地方性法规、自治条例和单行条例等进行违宪审查，而对法律、规章等法律形式如何进行违宪审查缺乏明确的规定。最后，关于违宪审查的启动程序、审理程序和审理结果方面的规定相对比较抽象。（2）完善。建立能够真正维护国家法制统一、约束政府权力、保障公民自由的宪法监督机制。在具体模式上，可以设立全国人大专门委员会性质的宪法委员会专职行使宪法监督的职责。

试题范例

（2015年真题）单项选择题

美国1803年马伯里诉麦迪逊案（Marbury v. Madison）所确立的制度是（　　）。

A. 联邦制　　B. 司法独立

C. 议会至上　　D. 司法审查

答案：D

核心法条

《宪法》第62条第2项　全国人民代表大会行使下列职权：

…………

（二）监督宪法的实施；

…………

《宪法》第67条第1项　全国人民代表大会常务委员会行使下列职权：

（一）解释宪法，监督宪法的实施；

…………

《全国人民代表大会组织法》第37条第8项　各专门委员会的工作如下：

…………

（八）审议全国人民代表大会常务委员会交付的被认为同宪法、法律相抵触的国务院的行政法规、决定和命令，国务院各部门的命令、指示和规章，国家监察委员会的监察法规，省、自治区、直辖市和设区的市、自治州的人民代表大会及其常务委员会的地方性法规和决定、决议，省、自治区、直辖市和设区的市、自治州的人民政府的决定、命令和规章，民族自治地方的自治条例和单行条例，经济特区法规，以及最高人民法院、最高人民检察院具体应用法律问题的解释，提出意见；

…………

《宪法》第99条第1款　地方各级人民代表大会在本行政区域内，保证宪法、法律、行政法规的遵守和执行；依照法律规定的权限，通过和发布决议，审查和决定地方的经济建设、文化建设和公共事业建设的计划。

释解分析

上述条文规定的是我国的违宪审查机关和对违宪的审议。我国的违宪审查机关是全国人民代表大会及其常务委员会，以全国人民代表大会作为我国的违宪审查机关，这是沿用了1954年宪法和1978年宪法的做法，而全国人大常委会作为违宪审查的专门机关，这为违宪审查工作的经常性开展提供了宪法依据。

全国人大的宪法监督。全国人大监督宪法实施的对象包括全国人大常委会、国务院、国家监察委员会、最高人民法院、最高人民检察院和中央军委。每年全国人大开会时，上述机构都要向其汇报工作。全国人大还有权罢免全国人大常委会的组成人员，国家主席、副主席，国务院和中央军委的组成人员，国家监察委员会主任，最高人民法院院长和最高人民检察院检察长，这也是其履行宪法监督职责的重要方式。

全国人大常委会的宪法监督。由于全国人大开会期间任务繁重，因此宪法把宪法监督的职责主要赋予了全国人大常委会，使其拥有充分的监督权。全国人大常委会的监督权主要体现在：（1）全国人大常委会有解释宪法的权力，这是全国人大常委会实现其宪法监督职能的重要方式和手段。（2）在全国人大闭会期间，全国人大常委会在监督对象上具有广泛性。（3）全国人大常委会有解释法律的权力。解释法律也是宪法监督的重要方式。

地方各级人大及其常委会保障宪法在本地方的实施。具体表现在：（1）县级以上地方各级人大有权改变或者撤销本级人大常委会不适当的决定。（2）县级以上的地方各级人大常委会有权监督本级人民政府、监察委员会、人民法院和人民检察院的工作，有权审查并撤销本级人民政府的不适当的决定和命令。县级以上地方人大及其常委会的这些权力和全国人大及其常委会宪法监督权在性质上是一样的，只不过这是在地方层次上行使的。

为了使我国的违宪审查制落到实处，《全国人民代表大会组织法》第 37 条具体规定了各专门委员会可以对国务院的行政法规、决定和命令，国务院各部门的命令、指示和规章，国家监察委员会的监察法规，省、自治区、直辖市和设区的市、自治州的人民代表大会及其常务委员会的地方性法规和决定、决议，省、自治区、直辖市和设区的市、自治州的人民政府的决定、命令和规章，民族自治地方的自治条例和单行条例，经济特区法规，以及最高人民法院、最高人民检察院具体应用法律问题的解释，提出意见。为了保证宪法实施，我国宪法规定，地方各级人民代表大会在本行政区域内，保证宪法、法律、行政法规的遵守和执行。

试题范例

单项选择题

我国的违宪审查机关是（　　）。

A. 全国人大及其常委会

B. 全国人大法律委员会

C. 全国人大主席团

D. 全国人大及其专门委员会

答案：A

核心法条

《宪法》第 5 条第 3 款　一切法律、行政法规和地方性法规都不得同宪法相抵触。

《立法法》第 87 条　宪法具有最高的法律效力，一切法律、行政法规、地方性法规、自治条例和单行条例、规章都不得同宪法相抵触。

《立法法》第 104 条第 1、2、3 款　最高人民法院、最高人民检察院作出的属于审判、检察工作中具体应用法律的解释，应当主要针对具体的法律条文，并符合立法的目的、原则和原意。遇有本法第四十五条第二款规定情况的，应当向全国人民代表大会常务委员会提出法律解释的要求或者提出制定、修改有关法律的议案。

最高人民法院、最高人民检察院作出的属于审判、检察工作中具体应用法律的解释，应当自公布之日起三十日内报全国人民代表大会常务委员会备案。

最高人民法院、最高人民检察院以外的审判机关和检察机关，不得作出具体应用法律的解释。

《法规、司法解释备案审查工作办法》第 2 条　对行政法规、监察法规、地方性法规、自治州和自治县的自治条例和单行条例、经济特区法规（以下统称法规）以及最高人民法院、最高人民检察院作出的属于审判、检察工作中具体应用法律的解释（以下统称司法解释）的备案审查，适用本办法。

释解分析

上述条文规定的是我国的违宪审查对象。我国《宪法》第 5 条第 3 款规定的违宪审查对象包括法律、行政法规和地方性法规。《立法法》第 87 条规定的违宪审查对象不仅包括法律、行政法规和地方性法规，还包括自治条例、单行条例和规章。根据 2015 年第十二届全国人大第三次会议通过的新修订《立法法》第 104 条规定，最高人民法院和最高人民检察院的司法解释也纳入违宪审查的对象。此外，《法规、司法解释备案审查工作办法》规定的违宪审查对象包括行政法规、监察法规、地方性法规、自治条例和单行条例、经济特区法规和司法解释。

试题范例

1.（2021年真题）单项选择题

合宪性审查是加强我国宪法实施和监督的重要制度。下列选项中，不属于合宪性审查对象的是（　　）。

A. 单行条例　　B. 地方性法规

C. 司法解释　　D. 村规民约

答案：D

2. 多项选择题

根据我国宪法和法律的规定，我国的违宪审查对象包括（　　）。

A. 法律　　B. 行政法规

C. 部门规章　　D. 司法解释

答案：ABCD

核心法条

《立法法》第87条　宪法具有最高的法律效力，一切法律、行政法规、地方性法规、自治条例和单行条例、规章都不得同宪法相抵触。

《立法法》第88条　法律的效力高于行政法规、地方性法规、规章。

行政法规的效力高于地方性法规、规章。

《立法法》第89条　地方性法规的效力高于本级和下级地方政府规章。

省、自治区的人民政府制定的规章的效力高于本行政区域内的设区的市、自治州的人民政府制定的规章。

《立法法》第90条　自治条例和单行条例依法对法律、行政法规、地方性法规作变通规定的，在本自治地方适用自治条例和单行条例的规定。

经济特区法规根据授权对法律、行政法规、地方性法规作变通规定的，在本经济特区适用经济特区法规的规定。

《立法法》第91条　部门规章之间、部门规章与地方政府规章之间具有同等效力，在各自的权限范围内施行。

《立法法》第92条　同一机关制定的法律、行政法规、地方性法规、自治条例和单行条例、规章，特别规定与一般规定不一致的，适用特别规定；新的规定与旧的规定不一致的，适用新的规定。

《立法法》第93条　法律、行政法规、地方性法规、自治条例和单行条例、规章不溯及既往，但为了更好地保护公民、法人和其他组织的权利和利益而作的特别规定除外。

《立法法》第94条　法律之间对同一事项的新的一般规定与旧的特别规定不一致，不能确定如何适用时，由全国人民代表大会常务委员会裁决。

行政法规之间对同一事项的新的一般规定与旧的特别规定不一致，不能确定如何适用时，由国务院裁决。

《立法法》第95条　地方性法规、规章之间不一致时，由有关机关依照下列规定的权限作出裁决：

（一）同一机关制定的新的一般规定与旧的特别规定不一致时，由制定机关裁决；

（二）地方性法规与部门规章之间对同一事项的规定不一致，不能确定如何适用时，由国务院提出意见，国务院认为应当适用地方性法规的，应当决定在该地方适用地方性法规的规定；认为应当适用部门规章的，应当提请全国人民代表大会常务委员会裁决；

（三）部门规章之间、部门规章与地方政府规章之间对同一事项的规定不一致时，由国务院裁决。

根据授权制定的法规与法律规定不一致，不能确定如何适用时，由全国人民代表大会常务委员会裁决。

释解分析

上述条文规定的是法律效力等级及适用。法的效力就是法的强制力和拘束力。法作为一种社会行为规范，是以国家强制力作为后盾来保证实施的，公民必须遵守执行，否则就会受到国家强制力的制裁。但同样是法律规范，因其制定机关、制定程序和依据不同，其效力等级也是不一样的。在我国，全国人民代表大会制定和修改宪法；全国人大及其常委会制定法律；国务院制定行政法规；省级人民代表大会及其常务委员会、设区的市及自治州的人民代表大会及其常务委员会可以制定地方性法规；经济特区的人民代表大会及其常务委员会可以制定特区法规和地方性法规；自治区、自治州、自治县的人民代表大会可以制定自治条例和单行条例；国务院各部、委员会、中国人民银行、审计署和具有行政管理职能的直属

中国宪法学

机构，省级政府，设区的市、自治州的政府可以制定规章。

宪法是国家法律体系的核心。在宪法统率下，法律、行政法规、地方性法规、自治条例和单行条例、规章构成我国的法律体系。在我国，宪法是核心，它的地位高于法律，具有最高法律效力。《宪法》序言和《宪法》第5条第3款规定：全国各族人民、一切国家机关和武装力量、各政党和各社会团体、各企业事业组织，都必须以宪法为根本的活动准则，并且负有维护宪法尊严、保证宪法实施的职责。一切法律、行政法规和地方性法规都不得同宪法相抵触。和宪法抵触的都是无效的。

法律的效力高于行政法规、地方性法规和规章。在宪法之下，全国人大及其常委会制定的法律的效力等级最高。根据宪法规定，全国人大及其常委会是最高国家权力机关，行使国家立法权。全国人大及其常委会制定的法律是制定行政法规、地方性法规、规章的依据。因此，法律的效力高于行政法规、地方性法规和规章。与法律相抵触的行政法规、地方性法规和规章是无效的。

行政法规的效力高于地方性法规、规章。行政法规是由国务院制定的，国务院是最高国家行政机关，它统一领导国务院各部门和地方政府的工作，国务院制定的行政法规是制定规章的依据，因此，行政法规的效力高于规章。行政法规的效力也高于地方性法规，这是因为：（1）我国是单一制国家，地方的权力不是基于人民的自治权，而是来自中央的授权，地方没有中央不能干预的保留权力。（2）行政法规是依据宪法和法律制定的，在全国范围内实施，而地方性法规只在一定行政区域内有效，为保证中央对地方实现统一领导，保证国家法制的统一，行政法规的效力应当高于地方性法规。

地方性法规的效力高于本级和下级地方政府规章。地方性法规是地方人大及其常委会制定的规范性文件，地方政府规章是地方政府制定的规范性文件。按照我国宪法确立的政治体制，地方人大及其常委会是地方国家权力机关，地方政府是地方国家权力机关的执行机关，它由本级人大选举产生，对本级人大负责，受本级人大监督。地方人大制定的地方性法规，地方政府要负责贯彻实施。在地方性法规与地方政府规章的关系上，地方性法规是制定地方政府规章的依据之一，地方性法规的效力要高于地方政府规章，这也反映了权力机关和执行机关的关系。

上级政府规章的效力高于下级政府规章。省、自治区人民政府规章是省、自治区人民政府按照规章制定程序制定的规范性文件，它在全省、自治区范围内有效。设区的市、自治州的人民政府规章是设区的市、自治州的人民政府按照规章制定程序制定的规范性文件，它在设区的市、自治州所辖区域内有效。从规章的效力范围上说，省、自治区政府规章比其所辖的设区的市、自治州的政府规章要广。从上下级政府的关系上说，上级政府领导下级政府，省、自治区人民政府领导其所辖的设区的市、自治州的人民政府。因此，省、自治区的人民政府制定的规章的效力高于本行政区域内的设区的市、自治州的人民政府制定的规章。需要注意的是，设区的市包括经济特区所在地的市，经济特区所在地的市的人民政府制定的规章在效力上也低于其所在的省的人民政府制定的规章。

自治条例和单行条例具有优先适用的效力。自治条例和单行条例不同于一般的地方性法规，虽然它也是地方国家权力机关制定的，但它在不同宪法规定相抵触的情况下，可以变通法律、行政法规。例如，全国人大及其常务委员会制定的刑法、民法典、民事诉讼法、妇女权益保障法等法律规定，民族自治地方可以变通或者补充法律的规定。由此可见，自治条例和单行条例具有优先适用的效力。

经济特区法规具有优先适用的效力。经济特区法规是经济特区所在地的人民代表大会及其常务委员会根据全国人大的授权制定的。为了适应改革开放，发展经济的需要，全国人大先后授权广东、福建、海南和深圳、厦门、珠海、汕头等省、市的地方人大及其常委会制定经济特区法规。经济特区法规遵循宪法的规定，在不同法律和行政法规的基本原则相抵触的前提下，根据具体情况和实际需要制定。特区法规享有的权限比一般地方性法规的权限要大，它可以变通法律、行政法规和地方性法规，将国家给予经济特区的特殊政策具体化，在改革开放方面作出探索试验性规定，这是授权制定经济特区法规的目的所在。因此，对其所作的变通规定，在经济特区范围内，它具有优先适用的效力。需要注意的是，深圳、珠海、汕头、厦门四个经济特区也可以制定一般性的地方性法规，但一般性的地方性法规，由于其效力低于法律、行政法规和省人大及其常委会制定的地方性法规，因而不能作变通规定，也不得优先适用。

部门规章之间具有同等效力。由于国务院部

门和直属机构都是国务院的组成部分，它们根据自己的管理权限制定的规章的效力是相同的。部门规章与地方政府规章之间也具有同等效力。虽然国务院部门对地方政府相应的部门有指导或领导关系，但在行政领导关系上，国务院部门是国务院的组成部门，地方政府是地方行政机关，都归国务院领导，因此，它们制定的规章没有高低、上下之分，效力是一样的。

在同一机关制定的规范性文件不一致时，应当依据特别规定优于一般规定（特别法优于一般法），新的规定优于旧的规定（新法优于旧法），适用“特别法优于一般法”和“新法优于旧法”的原则有一个重要的前提，就是两个法要属于同一位阶，即应为同一机关制定的同一位阶的法律、行政法规、地方性法规、自治条例和单行条例、规章。如果两个规范性文件出自不同位阶的制定机关，则应当适用《立法法》第87条至第89条规定的“上位法优于下位法”的适用规则。

无论是法律、行政法规、地方性法规、自治条例和单行条例还是规章，不论其效力是高还是低，都没有溯及既往的效力，这是一个原则，但是，任何原则都是相对的，都可能有例外。对于法不溯及既往原则来说，主要是从轻例外，即当新的法律规定减轻行为人的责任或增加公民的权利时，作为法律不溯及既往原则的一种例外，新法就可以溯及既往。从轻例外通常适用于公法领域，如在刑法溯及力问题上，各国较为普遍地采取从旧兼从轻原则。《立法法》第93条也规定，为了更好地保护公民、法人和其他组织的权利和利益，法律规范可以有溯及力。

同一机关制定的规范性文件，特别规定优于一般规定，新的规定优于旧的规定，这是《立法法》第92条确立的两项适用规则。由于这两项规则是并列的，没有谁先谁后的关系，因而这两项规则会发生冲突，需要予以解决。《立法法》第94条规定，法律之间对同一事项的新的一般规定与旧的特别规定不一致，不能确定如何适用时，由全国人民代表大会常务委员会裁决。行政法规之间对同一事项的新的一般规定与旧的特别规定不一致，不能确定如何适用时，由国务院裁决。

虽然《立法法》确立了规范性文件之间的效力等级以及决定规范性文件冲突的适用规则，但仅此还不足以解决所有的规范性文件之间的冲突。《立法法》第95条规定，地方性法规、规章之间不一致时，由有关机关依照下列规定的权限作出裁决：（1）同一机关制定的新的一般规定与旧的特别规定不一致时，由制定机关裁决。（2）地方性法规与部门规章之间对同一事项的规定不一致，不能确定如何适用时，由国务院提出意见，国务院认为应当适用地方性法规的，应当决定在该地方适用地方性法规的规定；认为应当适用部门规章的，应当提请全国人民代表大会常务委员会裁决。（3）部门规章之间、部门规章与地方政府规章之间对同一事项的规定不一致时，由国务院裁决。根据授权制定的法规与法律规定不一致，不能确定如何适用时，由全国人民代表大会常务委员会裁决。

试题范例

单项选择题

A省人大常委会制定的地方性法规与教育部制定的规章都对同一事项作出规定，但存在冲突，不能确定如何适用。若认定适用教育部制定的规章，则下列说法正确的是（　　）。

A. 由最高人民法院裁决

B. 由最高人民检察院裁决

C. 由国务院裁决

D. 由国务院提请全国人大常委会裁决

答案：D

核心法条

《立法法》第98条　行政法规、地方性法规、自治条例和单行条例、规章应当在公布后的三十日内依照下列规定报有关机关备案：

（一）行政法规报全国人民代表大会常务委员会备案；

（二）省、自治区、直辖市的人民代表大会及其常务委员会制定的地方性法规，报全国人民代表大会常务委员会和国务院备案；设区的市、自治州的人民代表大会及其常务委员会制定的地方性法规，由省、自治区的人民代表大会常务委员会报全国人民代表大会常务委员会和国务院备案；

（三）自治州、自治县的人民代表大会制定的自治条例和单行条例，由省、自治区、直辖市的人民代表大会常务委员会报全国人民代表大会常务委员会和国务院备案；自治条例、单行条例报送备案时，应当说明对法律、行政法规、地方性法规作出变通的情况；

中国宪法学

（四）部门规章和地方政府规章报国务院备案；地方政府规章应当同时报本级人民代表大会常务委员会备案；设区的市、自治州的人民政府制定的规章应当同时报省、自治区的人民代表大会常务委员会和人民政府备案；

（五）根据授权制定的法规应当报授权决定规定的机关备案；经济特区法规报送备案时，应当说明对法律、行政法规、地方性法规作出变通的情况。

《立法法》第99条第3款 有关的专门委员会和常务委员会工作机构可以对报送备案的规范性文件进行主动审查。

《立法法》第104条第2款 最高人民法院、最高人民检察院作出的属于审判、检察工作中具体应用法律的解释，应当自公布之日起三十日内报全国人民代表大会常务委员会备案。

释解分析

违宪审查程序包括事前主动审查程序和事后被动审查程序。上述条文规定的是违宪审查的备案和批准程序（事前主动审查程序）。事前主动审查程序的基本内容包括：（1）国务院有权根据宪法和法律，制定行政法规，但行政法规必须报全国人民代表大会常务委员会备案。（2）省、自治区、直辖市的人民代表大会及其常务委员会根据本行政区域的具体情况和实际需要，在不同宪法、法律、行政法规相抵触的前提下，可以制定地方性法规。设区的市的人民代表大会及其常务委员会根据本市的具体情况和实际需要，在不同宪法、法律、行政法规和本省、自治区的地方性法规相抵触的前提下，可以对城乡建设与管理、环境保护、历史文化保护等方面的事项制定地方性法规，法律对设区的市制定地方性法规的事项另有规定的，从其规定。设区的市的地方性法规须报省、自治区的人民代表大会常务委员会批准后施行。除省、自治区的人民政府所在地的市，经济特区所在地的市和国务院已经批准的较大的市以外，其他设区的市开始制定的地方性法规应报全国人民代表大会常务委员会和国务院备案。自治州的人民代表大会及其常务委员会可以行使设区的市制定地方性法规的职权。（3）省、自治区的人民代表大会常务委员会对报请批准的地方性法规，应当对其合法性进行审查，同宪法、法律、行政法规和本省、自治区的地方性法规不抵触的，应当在4个月内予以批准。省、自治区的人民代表大会常务委员会在对报请批准的设区的市的地方性法规进行审查时，发现其同本省、自治区的人民政府的规章相抵触的，应当作出处理决定。除省、自治区的人民政府所在地的市，经济特区所在地的市和国务院已经批准的较大的市以外，其他设区的市开始制定地方性法规的具体步骤和时间，由省、自治区的人民代表大会常务委员会综合考虑本省、自治区所辖的设区的市的人口数量、地域面积、经济社会发展情况以及立法需求、立法能力等因素确定。（4）民族自治地方的人民代表大会有权依照当地民族的政治、经济和文化的特点，制定自治条例和单行条例。自治区的自治条例和单行条例，报全国人民代表大会常务委员会批准后生效。自治州、自治县的自治条例和单行条例，报省、自治区、直辖市的人民代表大会常务委员会批准后生效。自治条例和单行条例可以依照当地民族的特点，对法律和行政法规的规定作出变通规定，但不得违背法律或者行政法规的基本原则，不得对宪法和民族区域自治法的规定以及其他有关法律、行政法规专门就民族自治地方所作的规定作出变通规定。自治条例、单行条例报送备案时，应当说明对法律、行政法规、地方性法规作出变通的情况。（5）部门规章和地方政府规章报国务院备案；地方政府规章应当同时报本级人民代表大会常务委员会备案；设区的市、自治州的人民政府制定的规章应当同时报省、自治区的人民代表大会常务委员会和人民政府备案。（6）根据授权制定的法规应当报授权决定规定的机关备案；经济特区法规报送备案时，应当说明对法律、行政法规、地方性法规作出变通的情况。（7）最高人民法院、最高人民检察院制定的司法解释，应当自公布之日起30日内报送全国人大常委会备案。

有关的专门委员会和常务委员会工作机构可以对报送备案的规范性文件进行主动审查。

易混易错

根据原《立法法》规定，有权制定地方性法规的机关仅限于省、自治区、直辖市、较大的市的人大及其常委会，较大的市是指省、自治区人民政府所在地的市、经济特区所在地的市和经国务院批准的较大的市。根据2015年新修订的《立法法》规定，有权制定地方性法规的机关包括省、自治区、直辖市、设区的市、自治州的人大及其常委会。可见，依据新修订的《立法法》规定，有权制定地方性法规的机关已经扩展到设区的市，但不设区的市无权制定地方性法规。此外，尽管2015年新修订的《立法法》将制定地方性法规的机关扩展到设区的市、自治州的人大及其常委会，但设区的市、自治州制定地方性法规的事项仅限于城乡建设与管理、环境保护、历史文化保护等方面的事项。而省、自治区的人民政府所在地的市，经济特区所在地的市和国务院已经批准的较大的市已经制定的地方性法规，涉及城乡建设与管理、环境保护、历史文化保护等方面的事项范围以外的，继续有效。

试题范例

1.（2016年真题）单项选择题

关于较大的市的人大及其常委会制定的地方性法规的备案，下列表述正确的是（　　）。

A. 直接报国务院备案

B. 报省、自治区政府备案

C. 报省、自治区人大常委会备案

D. 经省、自治区人大常委会批准后，报全国人大常委会和国务院备案

答案：D

注：本题是按照修订之前的《立法法》命题的。

2.（2021年真题）单项选择题

关于设区的市的人民政府制定的地方政府规章，下列表述正确的是（　　）。

A. 地方政府规章由市长决定并予以公布

B. 为加强历史文化保护，地方政府规章可作出对本地文化产业实行免税的规定

C. 没有上位法依据，地方政府规章不得设定减损公民权利或增加其义务的规范

D. 制定地方性法规条件不成熟的，可先制定地方政府规章，实施至法规制定为止，部门规章应当经部务会议或者委员会会议决定

答案：C

3. 多项选择题

下列哪些说法是不正确的？（　　）

A. 地方性法规均应报全国人大常委会备案

B. 自治条例和单行条例仅报全国人大常委会备案即可

C. 较大的市的人大常委会不能制定地方性法规

D. 我国违宪审查程序包括主动审查程序和被动审查程序

答案：ABC

4. 多项选择题

根据《立法法》规定，设区的市的人民代表大会及其常务委员会可以就下列事项制定地方性法规的是（　　）。

A. 城乡建设与管理

B. 环境保护

C. 外商投资保护

D. 历史文化保护

答案：ABD

核心法条

《立法法》第99条第1、2款　国务院、中央军事委员会、最高人民法院、最高人民检察院和各省、自治区、直辖市的人民代表大会常务委员会认为行政法规、地方性法规、自治条例和单行条例同宪法或者法律相抵触的，可以向全国人民代表大会常务委员会书面提出进行审查的要求，由常务委员会工作机构分送有关的专门委员会进行审查、提出意见。

前款规定以外的其他国家机关和社会团体、企业事业组织以及公民认为行政法规、地方性法规、自治条例和单行条例同宪法或者法律相抵触的，可以向全国人民代表大会常务委员会书面提出进行审查的建议，由常务委员会工作机构进行研究，必要时，送有关的专门委员会进行审查、提出意见。

《全国人民代表大会组织法》第37条第8项　各专门委员会的工作如下：

…………

（八）审议全国人民代表大会常务委员会交付的被认为同宪法、法律相抵触的国务院的行政法规、决定和命令，国务院各部门的命令、指示和规章，国家监察委员会的监察法规，省、自治区、直辖市和设区的市、自治州的人民代表大会及其常务委员会的地方性法规和决定、决议，省、自治区、直辖市和设区的市、自治州的人民政府的决定、命令和规章，民族自治地方的自治条例和单行条例，经济特区法规，以及最高人民法院、最高人民检察院具体应用法律问题的解释，提出意见；

…………

《立法法》第100条 全国人民代表大会专门委员会、常务委员会工作机构在审查、研究中认为行政法规、地方性法规、自治条例和单行条例同宪法或者法律相抵触的，可以向制定机关提出书面审查意见、研究意见；也可以由法律委员会与有关的专门委员会、常务委员会工作机构召开联合审查会议，要求制定机关到会说明情况，再向制定机关提出书面审查意见。制定机关应当在两个月内研究提出是否修改的意见，并向全国人民代表大会法律委员会和有关的专门委员会或者常务委员会工作机构反馈。

全国人民代表大会法律委员会、有关的专门委员会、常务委员会工作机构根据前款规定，向制定机关提出审查意见、研究意见，制定机关按照所提意见对行政法规、地方性法规、自治条例和单行条例进行修改或者废止的，审查终止。

全国人民代表大会法律委员会、有关的专门委员会、常务委员会工作机构经审查、研究认为行政法规、地方性法规、自治条例和单行条例同宪法或者法律相抵触而制定机关不予修改的，应当向委员长会议提出予以撤销的议案、建议，由委员长会议决定提请常务委员会会议审议决定。

《立法法》第101条 全国人民代表大会有关的专门委员会和常务委员会工作机构应当按照规定要求，将审查、研究情况向提出审查建议的国家机关、社会团体、企业事业组织以及公民反馈，并可以向社会公开。

释解分析

上述条文规定的是违宪审查的启动和审查程序（被动审查程序）。违宪审查的启动和审查须经过如下程序：（1）启动程序。国务院、中央军委、最高人民法院、最高人民检察院和各省、自治区、直辖市的人大常委会认为行政法规、地方性法规、自治条例和单行条例同宪法或者法律相抵触的，可以向全国人大常委会书面提出进行审查的要求。其他国家机关和社会团体、企业事业组织以及公民认为行政法规、地方性法规、自治条例和单行条例同宪法或者法律相抵触的，可以向全国人大常委会书面提出进行审查的建议。对最高人民法院、最高人民检察院制定的司法解释，如果国务院等国家机关和社会团体、企业事业组织以及公民认为同宪法或者法律相抵触，可以向全国人大常委会书面提出审查要求或者审查建议。可见，我国宪法监督的启动包括有关国家机关和社会组织、个人两类，但提出的性质有所不同，前者提出的是“要求”，而后者只能是“建议”。这对全国人大常委会最终能否“立案”并启动审查程序会有较大影响。（2）受理程序。国务院、中央军委、最高人民法院、最高人民检察院和各省级人大常委会认为法规、条例同宪法或者法律相抵触，向全国人大常委会提出书面审查要求的，有关部门通过接收、登记后，批转有关专门委员会会同法制工作委员会进行审查。上述机关以外的其他国家机关、社会团体、企业事业组织以及公民认为法规、条例同宪法或者法律相抵触，向全国人大常委会提出审查建议的，由全国人大常委会法制工作委员会负责接收、登记，并进行研究；必要时，经报批后送有关专门委员会进行审查。（3）审查程序。全国人民代表大会专门委员会、常务委员会工作机构在审查、研究中认为国务院的行政法规、决定和命令，国务院各部门的命令、指示和规章，国家监察委员会的监察法规，省、自治区、直辖市和设区的市、自治州的人民代表大会及其常务委员会的地方性法规和决定、决议，省、自治区、直辖市和设区的市、自治州的人民政府的决定、命令和规章，民族自治地方的自治条例和单行条例，经济特区法规，以及最高人民法院、最高人民检察院具体应用法律问题的解释同宪法或者法律相抵触的，可以向制定机关提出书面审查意见、研究意见；也可以由法律委员会与有关的专门委员会、常务委员会工作机构召开联合审查会议，要求制定机关到会说明情况，再向制定机关提出书面审查意见。制定机关应当在2个月内研究提出是否修改的意见，并向全国人民代表大会法律委员会和有关的专门委员会或者常务委员会工作机构反馈。（4）对违宪的处理（“终审”程序）。全国人民代表大会法律委员会、有关的专门委员会、常务委员会工作机构向制定机关提出审查意见、研究意见，制定机关按照所提意见对行政法规、地方性法规、自治条例和单行条例等进行修改或者废止的，审查终止。全国人民代表大会法律委员会、有关的专门委员会、常务委员会工作机构经审查、研究认为行政法规、地方性法规、自治条例和单行条例等同宪法或者法律相抵触而制定机关不予修改的，应当向委员长会议提出予以撤销的议案、建议，由委员长会议决定提请常务委员会会议审议决定。

试题范例

（2017年真题）单项选择题

根据现行宪法和立法法，下列关于宪法监督的表述，正确的是（　　）。

A. 全国人大及其常委会均有权监督宪法的实施

B. 全国人大法律委员会认为司法解释同宪法相互抵触，可予以撤销

C. 公民认为地方性法规同宪法相抵触，可向全国人大书面提出审查要求

D. 全国人大常委会有权改变或撤销国务院制定的同宪法相抵触的行政法规

答案：A

核心法条

《宪法》第62条第12项　全国人民代表大会行使下列职权：

…………

（十二）改变或者撤销全国人民代表大会常务委员会不适当的决定；

…………

《宪法》第67条第7、8项　全国人民代表大会常务委员会行使下列职权：

…………

（七）撤销国务院制定的同宪法、法律相抵触的行政法规、决定和命令；

（八）撤销省、自治区、直辖市国家权力机关制定的同宪法、法律和行政法规相抵触的地方性法规和决议；

…………

《宪法》第89条第13、14项　国务院行使下列职权：

…………

（十三）改变或者撤销各部、各委员会发布的不适当的命令、指示和规章；

（十四）改变或者撤销地方各级国家行政机关的不适当的决定和命令；

…………

《宪法》第99条第2款　县级以上的地方各级人民代表大会……有权改变或者撤销本级人民代表大会常务委员会不适当的决定。

《宪法》第104条　县级以上的地方各级人民代表大会常务委员会……撤销本级人民政府的不适当的决定和命令；撤销下一级人民代表大会的不适当的决议……

《宪法》第108条　县级以上的地方各级人民政府领导所属各工作部门和下级人民政府的工作，有权改变或者撤销所属各工作部门和下级人民政府的不适当的决定。

《宪法》第116条　……自治区的自治条例和单行条例，报全国人民代表大会常务委员会批准后生效。自治州、自治县的自治条例和单行条例，报省或者自治区的人民代表大会常务委员会批准后生效……

相关法条

《立法法》第96条　法律、行政法规、地方性法规、自治条例和单行条例、规章有下列情形之一的，由有关机关依照本法第九十七条规定的权限予以改变或者撤销：

（一）超越权限的；

（二）下位法违反上位法规定的；

（三）规章之间对同一事项的规定不一致，经裁决应当改变或者撤销一方的规定的；

（四）规章的规定被认为不适当，应当予以改变或者撤销的；

（五）违背法定程序的。

《立法法》第97条　改变或者撤销法律、行政法规、地方性法规、自治条例和单行条例、规章的权限是：

（一）全国人民代表大会有权改变或者撤销它的常务委员会制定的不适当的法律，有权撤销全国人民代表大会常务委员会批准的违背宪法和本法第七十五条第二款规定的自治条例和单行条例；

（二）全国人民代表大会常务委员会有权撤销同宪法和法律相抵触的行政法规，有权撤销同宪法、法律和行政法规相抵触的地方性法规，有权撤销省、自治区、直辖市的人民代表大会常务委员会批准的违背宪法和本法第七十五条第二款规定的自治条例和单行条例；

（三）国务院有权改变或者撤销不适当的部门规章和地方政府规章；

（四）省、自治区、直辖市的人民代表大会有权改变或者撤销它的常务委员会制定的和

批准的不适当的地方性法规；

（五）地方人民代表大会常务委员会有权撤销本级人民政府制定的不适当的规章；

（六）省、自治区的人民政府有权改变或者撤销下一级人民政府制定的不适当的规章；

（七）授权机关有权撤销被授权机关制定的超越授权范围或者违背授权目的的法规，必要时可以撤销授权。

释解分析

上述条文规定的是应予改变或者撤销法律、法规、自治条例和单行条例、规章的情形及权限（含我国的违宪审查机制）。应予改变或者撤销法律、法规、自治条例和单行条例、规章的情形有：（1）超越权限的。不同机关制定的规范性文件的效力是不同的，《宪法》或《立法法》分别对全国人大及其常委会、国务院、自治地方的人大、地方人大及其常委会、国务院各部门和地方政府的立法权限作了比较明确的划分，如规定全国人大制定基本法律，全国人大常委会制定非基本法律等。制定机关应当在自己权限的范围内行使权力，超越权限进行的立法，应属无效，应当由有关机关改变或者撤销。（2）下位法违反上位法规定的。根据《立法法》第 88 条至第 91 条规定，法律是上位法，行政法规、地方性法规和规章是下位法；行政法规是上位法，地方性法规和规章是下位法；地方性法规是上位法，本级和下级地方政府规章是下位法；上级地方政府规章是上位法，下级地方政府规章是下位法。如果下位法与上位法冲突，下位法就不能适用，就应当改变或者撤销。（3）规章之间对同一事项的规定不一致，经裁决应当改变或者撤销一方的规定的。部门规章之间、部门规章与地方政府规章之间都有同等效力，它们在各自权限范围内施行。如果它们对同一事项的规定不一致，由国务院裁决，确定应当适用哪个规章。对违法或不适当的规章，国务院应当予以改变或者撤销。（4）规章的规定被认为不适当，应当予以改变或者撤销的。制定规章是一种抽象行政行为，它同时要遵循合法性和合理性原则。规章不合法的，要改变或者撤销；规章不适当的，也应当改变或者撤销。（5）违背法定程序的。程序合法是规范性文件有效的一个前提条件，制定机关应当严格依照立法法以及其他法律规定的程序，否则，制定出来的规范性文件就是无效的。

根据上述规定，全国人大有权改变或者撤销全国人大常委会不适当的决定；全国人大常委会有权撤销国务院制定的同宪法、法律相抵触的行政法规、决定和命令，并有权撤销省、自治区、直辖市国家权力机关制定的同宪法、法律和行政法规相抵触的地方性法规和决议；国务院有权改变或者撤销各部、各委员会发布的不适当的命令、指示和规章，并有权改变或者撤销地方各级国家行政机关的不适当的决定和命令；县级以上的地方各级人大有权改变或者撤销本级人大常委会不适当的决定；县级以上的地方各级人大常委会有权撤销本级人民政府的不适当的决定和命令，并有权撤销下一级人大的不适当的决议；县级以上的地方各级人民政府领导所属各工作部门和下级人民政府的工作，有权改变或者撤销所属各工作部门和下级人民政府的不适当的决定；自治区的自治条例和单行条例，报全国人民代表大会常务委员会批准后生效，自治州、自治县的自治条例和单行条例，报省或者自治区的人民代表大会常务委员会批准后生效。

易混易错

1. 注意“改变”和“撤销”在适用上的区别。一般而言，上下级之间具有领导关系的，既可以适用“改变”，也可以适用“撤销”；上下级之间具有监督关系的，只能“撤销”，不能“改变”。此外，“改变”的只是规范性文件的部分条款，“撤销”的是整个规范性文件。

2. 法律硕士联考中，本内容出题方式包括各类题型。就简答题而言，我国违宪审查制度存在的问题和完善措施、我国违宪监督制度的具体内容、全国人大常委会的违宪审查结果等可以成为考查方向。就分析题而言，考查内容和方式包括但不限于如下内容：（1）通过给出宪法相关条文（含我国宪法条文和外国宪法条文）对比分析各类违宪审查模式的类型、运行方式及其特点；（2）通过给出相关法律规定和相关材料要求考生回答某法规的违宪之处和处理办法、提出违宪审查建议的主体等。

试题范例

1.（2017 年真题）多项选择题

甲省乙市是设区的市，乙市政府依法制定公布了《乙市环境保护办法》。下列有关该办法的表述，正确的有（　　）。

A. 该办法应当报国务院、省人大常委会、省政府、市人大常委会备案

B. 该办法与环境保护部的规章具有同等效力，在各自权限范围内施行

C. 市人大常委会认为该办法的规定不适当，应当提请省人大常委会撤销

D. 如该办法与省政府规章不一致，应适用省政府规章

答案：ABD

2.（2018 年真题）单项选择题

下列法规或条例中，须报全国人大常委会批准后生效的是（　　）。

A. 重庆市人大常委会制定的地方性法规

B. 广西壮族自治区人民代表大会制定的单行条例

C. 河北省张家口市人大常委会制定的地方性法规

D. 吉林省延边朝鲜族自治州人民代表大会制定的自治条例

答案：B

3.（2018 年真题）单项选择题

关于全国人大常委会的立法监督权，下列表述正确的是（　　）。

A. 全国人大常委会有权改变同法律相抵触的地方性法规

B. 全国人大常委会可以撤销或改变同法律相抵触的行政法规

C. 部门规章与地方政府规章对同一事项规定不一致的，由全国人大常委会裁决

D. 根据授权制定的法规与法律规定不一致的，由全国人大常委会裁决

答案：D

4.（2019 年真题）单项选择题

某市中级人民法院在审理一起姓名权案件时，认为《婚姻法》第二十二条“子女可以随父姓，可以随母姓”的规定需要进一步明确具体含义，于是中止审理，逐级报送至最高人民法院。根据我国宪法和法律，下列做法正确的是（　　）。

A. 该市中级人民法院可以援引宪法作为裁判依据

B. 最高人民法院应就进一步明确该条的具体含义作出司法解释

C. 该市中级人民法院应直接报送全国人大常委会，根据请示结果作出判决

D. 最高人民法院可向全国人大常委会提出对该条进行法律解释的要求

答案：D

四、中国的国体与政体

核心法条

《宪法》序言第6段 中华人民共和国成立以后，我国社会逐步实现了由新民主主义到社会主义的过渡。生产资料私有制的社会主义改造已经完成，人剥削人的制度已经消灭，社会主义制度已经确立。工人阶级领导的、以工农联盟为基础的人民民主专政，实质上即无产阶级专政，得到巩固和发展。

《宪法》第1条 中华人民共和国是工人阶级领导的、以工农联盟为基础的人民民主专政的社会主义国家。

社会主义制度是中华人民共和国的根本制度。中国共产党领导是中国特色社会主义最本质的特征。禁止任何组织或者个人破坏社会主义制度。

释解分析

上述条文规定的是我国的国体。国体即国家性质、国家的阶级本质，是指各个阶级在国家中的地位，具体来讲就是哪个阶级是统治阶级，哪个阶级是被统治阶级，哪个阶级是联盟的对象。国家性质是国家制度的核心。

我国的国体是人民民主专政，人民民主专政虽然在某些形式上不同于一般意义上的无产阶级专政，但其实质与无产阶级专政是一致的，这是因为：(1) 工人阶级掌握领导权、成为领导力量是无产阶级专政和人民民主专政的根本标志。(2) 无产阶级专政与人民民主专政都以工农联盟为阶级基础。(3) 无产阶级专政与人民民主专政的历史使命是一样的。(4) 无产阶级专政与人民民主专政都承担相同的国家职能。

从无产阶级专政和人民民主专政的一致性反映了人民民主专政的阶级结构：(1) 工人阶级是领导力量。(2) 工农联盟是阶级基础。(3) 知识分子是依靠力量。(4) 统一战线是重要特色。

我国的根本制度是社会主义制度。新中国成立后，我国社会逐步实现了由新民主主义到社会主义的过渡，并最终建立了社会主义制度。

易混易错

1. 要区分国家制度与国体。国家制度包括国体、政体、选举制度、地方制度等内容。国体是国家制度的一个组成部分。

2. 要区分国体与政体。国体是国家性质，政体是表现国家权力的政权组织形式，国体与政体之间是内容与形式的关系。

3. 要区分根本制度、根本政治制度、根本经济制度等。我国的根本制度是社会主义制度，我国的根本政治制度是人民代表大会制度（即我国政体），我国的根本经济制度是公有制为主体、多种所有制经济共同发展的社会主义市场经济制度。

试题范例

1. （2019年真题）单项选择题

根据我国宪法，中国特色社会主义最本质的特征是（　　）。

A. 社会主义公有制

B. 中国共产党领导

C. 全面依法治国

D. 人民代表大会制度

答案：B

2. 多项选择题

国家制度包括（　　）。

A. 国体　　B. 政体

C. 选举制度　　D. 地方制度

答案：ABCD

核心法条

《宪法》第2条第2、3款 人民行使国家权力的机关是全国人民代表大会和地方各级人民代表大会。

人民依照法律规定，通过各种途径和形式，管理国家事务，管理经济和文化事业，管理社会事务。

《宪法》第3条第1、2、3款　中华人民共和国的国家机构实行民主集中制的原则。

全国人民代表大会和地方各级人民代表大会都由民主选举产生，对人民负责，受人民监督。

国家行政机关、审判机关、监察机关、检察机关都由人民代表大会产生，对它负责，受它监督。

《宪法》第57条　中华人民共和国全国人民代表大会是最高国家权力机关。它的常设机关是全国人民代表大会常务委员会。

《宪法》第96条第1款　地方各级人民代表大会是地方国家权力机关。

释解分析

上述条文规定的是我国的政体。政体即政权组织形式，主要是指特定社会的统治阶级采用一定的原则和方式组织实现国家权力的机关体系，确定各机关之间的相互关系。政体主要有君主制与共和制两大类。共和制在形式上主要表现为总统制（如美国、墨西哥等拉美国家）、议会共和制（如德国、意大利等）、半总统制（如法国、韩国、俄罗斯、波兰等原东欧国家）和人民代表制。君主制主要有议会君主制（如英国、日本、瑞典等）和二元君主制（如沙特阿拉伯、卡塔尔、巴林等）。我国的政体是人民代表大会制度，属于共和制政体。

人民代表大会制度是马克思主义关于政权组织形式的基本理论同中国具体实际情况相结合的产物，是人民通过选举的方式，选举代表组成各级国家权力机关，由各级国家权力机关产生其他的国家机关，其他国家机关对权力机关负责，权力机关对人民负责的一种制度。人民代表大会制度的形成就是以民主集中制为原则，同时民主集中制也成为人民代表大会的组织活动原则。

人民代表大会制度是我国的根本政治制度：(1）人民代表大会制度直接全面地反映了我国的阶级本质。(2）人民代表大会制度产生于我国的革命斗争中，是其他制度赖以建立的基础。(3）人民代表大会制度反映了我国政治生活的全貌，是人民实现民主管理的最好方式。

人民代表大会制度是适合我国国情的政治制度，具有优越性：（1）便于人民参加国家管理；（2）便于集中统一行使国家权力；（3）能在保证中央统一领导下充分发挥地方的主动性和积极性。但我国的人民代表大会制度也亟待完善：（1）进一步理顺党与人大的关系，改善党对人大的领导；（2）进一步完善以人民代表大会制度为基础的宪政体制；（3）进一步加强人大的自身建设；（4）进一步规范权力运用的具体程序。

易混易错

1. 要区分国体与政体之间的关系，即内容与形式的关系。政体从属于国体，政体对国体具有反作用。

2. 要知道政体、根本政治制度实际指的是一回事。

3. 我国人民代表大会制度的组织原则是民主集中制原则，而中国国家机构的组织和活动原则有三个，即民主集中制原则、责任制原则和法治原则。

4. 考试的时候本内容容易出选择题和简答题，包括人民代表大会制度的概念、特征和组织原则等。

试题范例

单项选择题

下列关于政权组织形式的理解，正确的是（　　）。

A. 我国实行人民代表大会制度的政权组织形式

B. 政权组织形式决定国家结构形式

C. 政权组织形式是指国家各组成部分之间的纵向权力配置关系

D. 现代国家政权组织形式主要有议会君主制和共和制

答案：A

核心法条

《宪法》第6条　中华人民共和国的社会主义经济制度的基础是生产资料的社会主义公有制，即全民所有制和劳动群众集体所有制。

社会主义公有制消灭人剥削人的制度，实行各尽所能、按劳分配的原则。

国家在社会主义初级阶段，坚持公有制为主体、多种所有制经济共同发展的基本经济制度，坚持按劳分配为主体、多种分配方式并存的分配制度。

《宪法》第14条 国家通过提高劳动者的积极性和技术水平，推广先进的科学技术，完善经济管理体制和企业经营管理制度，实行各种形式的社会主义责任制，改进劳动组织，以不断提高劳动生产率和经济效益，发展社会生产力。

国家厉行节约，反对浪费。

国家合理安排积累和消费，兼顾国家、集体和个人的利益，在发展生产的基础上，逐步改善人民的物质生活和文化生活。

国家建立健全同经济发展水平相适应的社会保障制度。

《宪法》第15条 国家实行社会主义市场经济。

国家加强经济立法，完善宏观调控。

国家依法禁止任何组织或者个人扰乱社会经济秩序。

释解分析

上述条文规定的是我国的经济制度。经济制度是指一个国家通过宪法和法律调整而形成的、以生产资料所有制和各种基本经济关系为内容的规则和政策的总称。我国的经济制度主要包括三个方面：一是所有制形式；二是分配制度；三是经济体制。在我国，所有制形式是公有制为主体、多种所有制经济共同发展；分配制度是按劳分配为主体、多种分配方式并存，这种分配方式是由我国的经济发展水平决定的；经济体制是实行社会主义市场经济体制。

在经济制度中，所有制的问题是其核心内容。我国实行社会主义公有制，即全民所有制和集体所有制。在公有制经济中，全民所有制经济即国有经济是国民经济的主导力量，国家对其采取的政策是保障国有经济的巩固和发展；劳动群众集体所有制经济是公有制经济中的重要组成部分，我国还对农村集体经济组织实行家庭承包经营为基础、统分结合的双层经营体制，国家对集体经济采取的政策是国家保护城乡集体经济组织的合法的权利和利益，鼓励、指导和帮助集体经济的发展。

易混易错

1. 要知道公有制的范围，即全民所有制经济和劳动群众集体所有制经济，以及混合所有制经济中的国有和集体成分（见表3-2）。

2. 要知道集体所有制经济包括农村集体所有制经济和城镇集体所有制经济（见表3-2）。

表3-2

全民所有制经济	生产资料和生产成果归社会的全体人民所公有，由代表全体人民的国家占有生产资料的一种所有制形式
集体所有制经济	由集体经济组织内的劳动者共同占有生产资料和生产成果的一种公有制经济，包括农村集体所有制经济和城镇集体所有制经济

3. 要知道社会主义市场经济仍有国家经济计划，仍有国家宏观调控。

4. 要知道国家建立健全同经济发展水平相适应的社会保障制度。

5. 法律硕士联考中，本内容出题方式主要是选择题和简答题。就简答题而言，我国宪法规定的所有制形式、分配原则等都可以成为考查方向。

试题范例

1.（2019年真题）单项选择题

下列关于我国社会主义公有制的表述，正确的是（　　）。

A. 国有经济是国民经济的重要组成部分

B. 集体所有制经济是公有制经济的主导力量

C. 农村实行集体所有制，城镇实行全民所有制

D. 社会主义公有制包括全民所有制和劳动群众集体所有制

答案：D

2.（2021年真题）单项选择题

根据现行宪法和法律，农村集体经济组织实行的经营体制是（　　）。

A. 独立的家庭经营体制

B. 三级所有、队为基础的经营体制

C. 土地承包权和经营权不得分离的经营体制

D. 家庭承包经营为基础、统分结合的双层经

营体制

答案：D

3. 单项选择题

（　　）消灭人剥削人的制度，实行各尽所能、按劳分配的原则。

A. 社会主义　　B. 社会主义公有制

C. 社会主义经济　　D. 社会主义社会

答案：B

核心法条

《宪法》第9条　矿藏、水流、森林、山岭、草原、荒地、滩涂等自然资源，都属于国家所有，即全民所有；由法律规定属于集体所有的森林和山岭、草原、荒地、滩涂除外。

国家保障自然资源的合理利用，保护珍贵的动物和植物。禁止任何组织或者个人用任何手段侵占或者破坏自然资源。

《宪法》第10条　城市的土地属于国家所有。

农村和城市郊区的土地，除由法律规定属于国家所有的以外，属于集体所有；宅基地和自留地、自留山，也属于集体所有。

国家为了公共利益的需要，可以依照法律规定对土地实行征收或者征用并给予补偿。

任何组织或者个人不得侵占、买卖或者以其他形式非法转让土地。土地的使用权可以依照法律的规定转让。

一切使用土地的组织和个人必须合理地利用土地。

释解分析

上述条文规定的是我国的自然资源制度。在我国，只能属于国家所有的自然资源包括矿藏、水流、城市的土地以及野生动植物资源；既可以属于国家所有也可以依照法律规定属于集体所有的自然资源包括森林、山岭、草原、荒地、滩涂；农村和城市郊区的土地以及宅基地和自留地、自留山，属于集体所有。

易混易错

1. 农村和城市郊区的土地如有法律规定也可属于国家所有，如国有农场的土地。

2. 水资源属于国家所有，但农村集体所有的水塘、水库除外。

3. 林木除依法属于国家所有或农村集体所有以外，农民在宅基地、自留地、自留山种植的林木归个人所有。

4. 要搞清征收和征用的区别。征收是改变其所有权，征用只改变其使用权。

5. 法律硕士联考中，本内容出题方式包括选择题和简答题。就简答题而言，我国宪法规定的土地制度是主要考查方向。

试题范例

1.（2015年真题）多项选择题

根据我国宪法，下列自然资源既可属于国家所有，也可属于集体所有的有（　　）。

A. 矿藏　　B. 水流

C. 森林　　D. 草原

答案：CD

2.（2016年真题）单项选择题

东风地质队在白兔村勘探时，发现高某承包的竹园地下有丰富的钨矿。此钨矿的所有权属于（　　）。

A. 国家　　B. 白兔村

C. 高某　　D. 东风地质队

答案：A

3.（2017年真题）多项选择题

根据现行宪法，下列关于土地所有权、使用权的表述，正确的有（　　）。

A. 城市土地属于国家所有

B. 宅基地和自留地、自留山属于集体所有

C. 土地所有权可以依照法律规定转让

D. 国家可以依照法律或者法规对土地实行征收或者征用并给予赔偿

答案：AB

4.（2019年真题）单项选择题

根据我国宪法，下列自然资源专属国家所有的是（　　）。

A. 农村的土地　　B. 荒地、滩涂

C. 矿藏、水流　　D. 森林、山岭

答案：C

5.（2021年真题）单项选择题

根据我国宪法，下列关于自然资源制度的表述，正确的是（　　）。

A. 森林专属集体所有

B. 土地、矿藏、水流专属国家所有

中国宪法学

C. 山岭、草原、荒地和滩涂，可以属于集体所有

D. 为了保护生物多样性，国家禁止自然资源的开发利用

答案：C

核心法条

《宪法》第 11 条 在法律规定范围内的个体经济、私营经济等非公有制经济，是社会主义市场经济的重要组成部分。

国家保护个体经济、私营经济等非公有制经济的合法的权利和利益。国家鼓励、支持和引导非公有制经济的发展，并对非公有制经济依法实行监督和管理。

《宪法》第 18 条 中华人民共和国允许外国的企业和其他经济组织或者个人依照中华人民共和国法律的规定在中国投资，同中国的企业或者其他经济组织进行各种形式的经济合作。

在中国境内的外国企业和其他外国经济组织以及中外合资经营的企业，都必须遵守中华人民共和国的法律。它们的合法的权利和利益受中华人民共和国法律的保护。

释解分析

上述条文规定的是我国的非公有制经济。我国的非公有制经济包括个体经济、私营经济和三资企业等形式。个体经济是城乡个体劳动者占有少量的生产资料，以自己从事生产劳动为基础的一种经济形式；私营经济是生产资料归私人所有，存在着雇佣劳动关系的一种经济形式；三资企业是在我国境内的外国企业、中外合资企业、中外合作企业。（见表 3－3）

表 3－3

个体经济	城乡个体劳动者占有少量的生产资料，以自己从事生产劳动为基础
私营经济	生产资料归私人所有，存在着雇佣劳动关系
三资企业	在我国投资或与我国的企业、经济组织进行经济合作的外国的企业、经济组织和个人

易混易错

1. 要知道非公有制经济是社会主义市场经济的重要组成部分，而不是补充。

2. 要知道国家对非公有制经济的政策是鼓励、支持和引导其发展，并对其依法实行监督和管理。

试题范例

1.（2015 年真题）单项选择题

根据我国宪法，下列关于非公有制经济的表述，不正确的是（　　）。

A. 国家保护非公有制经济的合法的权利和利益

B. 非公有制经济是我国国民经济中的主导力量

C. 非公有制经济是社会主义市场经济的重要组成部分

D. 国家鼓励、支持和引导非公有制经济的发展，并对非公有制经济依法实行监督和管理

答案：B

2.（2016 年真题）多项选择题

根据我国宪法，下列关于非公有制经济的表述，正确的有（　　）。

A. 非公有制经济包括个体经济、私营经济和集体所有制经济

B. 非公有制经济是社会主义市场经济的重要组成部分

C. 国家对非公有制经济依法实行监督和管理

D. 国家保障非公有制经济的巩固和发展

答案：BC

3. 多项选择题

国家（　　）非公有制经济的发展。

A. 鼓励　B. 支持　C. 引导　D. 监督

答案：ABC

核心法条

《宪法》序言第 7 段 中国新民主主义革命的胜利和社会主义事业的成就，是中国共产党领导中国各族人民，在马克思列宁主义、毛泽东思想的指引下，坚持真理，修正错误，战胜许多艰难险阻而取得的。我国将长期处于社会主义初级阶段。国家的根本任务是，沿着中国特色社会主义道路，集中力量进行社会主义

现代化建设。中国各族人民将继续在中国共产党领导下，在马克思列宁主义、毛泽东思想、邓小平理论、“三个代表”重要思想、科学发展观、习近平新时代中国特色社会主义思想指引下，坚持人民民主专政，坚持社会主义道路，坚持改革开放，不断完善社会主义的各项制度，发展社会主义市场经济，发展社会主义民主，健全社会主义法治，贯彻新发展理念，自力更生，艰苦奋斗，逐步实现工业、农业、国防和科学技术的现代化，推动物质文明、政治文明、精神文明、社会文明、生态文明协调发展，把我国建设成为富强民主文明和谐美丽的社会主义现代化强国，实现中华民族伟大复兴。

释解分析

上述条文中规定有物质文明、政治文明、精神文明、社会文明、生态文明协调发展的内容。“八二宪法”规定了物质文明和精神文明的协调发展，2004 年宪法修正案将“政治文明”写进宪法后，就使三种形式的文明连成一体；2018 年宪法修正案又将“社会文明”和“生态文明”写入宪法，指出：推动物质文明、政治文明、精神文明、社会文明、生态文明协调发展，把我国建设成为富强民主文明和谐美丽的社会主义现代化强国，实现中华民族伟大复兴。

社会主义社会应该是物质文明、政治文明、精神文明、社会文明和生态文明全面发展的社会，实现现代化的过程是包括经济、政治、文化、社会和生态发展在内的全面进步的过程。在物质文明、政治文明、精神文明、社会文明和生态文明中，任何一个文明都是不可或缺的，强调物质文明、政治文明、精神文明、社会文明、生态文明协调发展，在当代中国具有特别重要的意义。

试题范例

单项选择题

规定物质文明、政治文明、精神文明、社会文明、生态文明协调发展的宪法修正案是（　　）。

A. 1993 年宪法修正案

B. 1999 年宪法修正案

C. 2004 年宪法修正案

D. 2018 年宪法修正案

答案：D

核心法条

《宪法》第 19 条 国家发展社会主义的教育事业，提高全国人民的科学文化水平。

国家举办各种学校，普及初等义务教育，发展中等教育、职业教育和高等教育，并且发展学前教育。

国家发展各种教育设施，扫除文盲，对工人、农民、国家工作人员和其他劳动者进行政治、文化、科学、技术、业务的教育，鼓励自学成才。

国家鼓励集体经济组织、国家企业事业组织和其他社会力量依照法律规定举办各种教育事业。

国家推广全国通用的普通话。

《宪法》第 20 条 国家发展自然科学和社会科学事业，普及科学和技术知识，奖励科学研究成果和技术发明创造。

《宪法》第 21 条 国家发展医疗卫生事业，发展现代医药和我国传统医药，鼓励和支持农村集体经济组织、国家企业事业组织和街道组织举办各种医疗卫生设施，开展群众性的卫生活动，保护人民健康。

国家发展体育事业，开展群众性的体育活动，增强人民体质。

《宪法》第 22 条 国家发展为人民服务、为社会主义服务的文学艺术事业、新闻广播电视事业、出版发行事业、图书馆博物馆文化馆和其他文化事业，开展群众性的文化活动。

国家保护名胜古迹、珍贵文物和其他重要历史文化遗产。

《宪法》第 24 条 国家通过普及理想教育、道德教育、文化教育、纪律和法制教育，通过在城乡不同范围的群众中制定和执行各种守则、公约，加强社会主义精神文明的建设。

国家倡导社会主义核心价值观，提倡爱祖国、爱人民、爱劳动、爱科学、爱社会主义的公德，在人民中进行爱国主义、集体主义和国际主义、共产主义的教育，进行辩证唯物主义和历史唯物主义的教育，反对资本主义的、封建主义的和其他的腐朽思想。

释解分析

上述条文规定的是中国的精神文明建设。精

神文明是人类精神生活的进步状态。精神文明建设主要包括教育科学文化建设和思想道德建设两个方面。教育科学文化建设的内容包括教育、科学、卫生、体育、文艺等。思想道德建设包括理想教育、道德教育、文化教育、纪律和法制教育，以及社会主义核心价值观和爱祖国、爱人民、爱劳动、爱科学、爱社会主义的公德等。

易混易错

1. 要区分精神文明与政治文明。政治文明是人类政治生活的进步状态，其标志是：法治、公开、公正、秩序、人权保障等。

2. 无论是精神文明，还是政治文明，都是由物质文明决定的。

3. 法律硕士联考中，本内容出题方式包括选择题和简答题。就简答题而言，我国《宪法》总纲关于教育政策规定的主要内容是主要考查方向，答案就是我国《宪法》第19条的5款规定。

试题范例

单项选择题

国家举办各种学校，（　　），并且发展学前教育。

A. 普及初等教育，发展中等教育、职业教育和高等教育

B. 普及初等义务教育，发展中等教育、职业教育和高等教育

C. 普及中小学教育，发展职业教育和高等教育

D. 普及中等教育，发展职业教育和高等教育

答案：B

五、我国的选举制度

核心法条

《宪法》第34条 中华人民共和国年满十八周岁的公民，不分民族、种族、性别、职业、家庭出身、宗教信仰、教育程度、财产状况、居住期限，都有选举权和被选举权；但是依照法律被剥夺政治权利的人除外。

《宪法》第97条第1款 省、直辖市、设区的市的人民代表大会代表由下一级的人民代表大会选举；县、不设区的市、市辖区、乡、民族乡、镇的人民代表大会代表由选民直接选举。

《宪法》第102条 省、直辖市、设区的市的人民代表大会代表受原选举单位的监督；县、不设区的市、市辖区、乡、民族乡、镇的人民代表大会代表受选民的监督。

地方各级人民代表大会代表的选举单位和选民有权依照法律规定的程序罢免由他们选出的代表。

相关法条

《选举法》第2条 全国人民代表大会和地方各级人民代表大会代表的选举工作，坚持中国共产党的领导，坚持充分发扬民主，坚持严格依法办事。

《选举法》第3条 全国人民代表大会的代表，省、自治区、直辖市、设区的市、自治州的人民代表大会的代表，由下一级人民代表大会选举。

不设区的市、市辖区、县、自治县、乡、民族乡、镇的人民代表大会的代表，由选民直接选举。

《选举法》第4条 中华人民共和国年满十八周岁的公民，不分民族、种族、性别、职业、家庭出身、宗教信仰、教育程度、财产状况和居住期限，都有选举权和被选举权。

依照法律被剥夺政治权利的人没有选举权和被选举权。

《选举法》第5条 每一选民在一次选举中只有一个投票权。

《选举法》第17条 全国人民代表大会代表名额，由全国人民代表大会常务委员会根据各省、自治区、直辖市的人口数，按照每一代表所代表的城乡人口数相同的原则，以及保证各地区、各民族、各方面都有适当数量代表的要求进行分配。

省、自治区、直辖市应选全国人民代表大会代表名额，由根据人口数计算确定的名额数、相同的地区基本名额数和其他应选名额数构成。

全国人民代表大会代表名额的具体分配，由全国人民代表大会常务委员会决定。

《选举法》第18条 全国少数民族应选全国人民代表大会代表，由全国人民代表大会常务委员会参照各少数民族的人口数和分布等情况，分配给各省、自治区、直辖市的人民代表大会选出。人口特少的民族，至少应有代表一人。

《选举法》第26条 本行政区域内各选区每一代表所代表的人口数应当大体相等。

《选举法》第27条第2款 精神病患者不能行使选举权利的，经选举委员会确认，不列入选民名单。

《选举法》第31条 全国和地方各级人民代表大会代表实行差额选举，代表候选人的人数应多于应选代表的名额。

由选民直接选举人民代表大会代表的，代表候选人的人数应多于应选代表名额三分之一至一倍；由县级以上的地方各级人民代表大会选举上一级人民代表大会代表的，代表候选人的人数应多于应选代表名额五分之一至二分之一。

《选举法》第40条第1款 全国和地方各级人民代表大会代表的选举，一律采用无记名投票的方法。选举时应当设有秘密写票处。

《全国人民代表大会常务委员会关于县级以下人民代表大会代表直接选举的若干规定》

…………

三、精神病患者不能行使选举权利的，经选举委员会确认，不行使选举权利。

四、因反革命案或者其他严重刑事犯罪案被羁押，正在受侦查、起诉、审判的人，经人民检察院或者人民法院决定，在被羁押期间停止行使选举权利。

五、下列人员准予行使选举权利：

（一）被判处有期徒刑、拘役、管制而没有附加剥夺政治权利的；

（二）被羁押，正在受侦查、起诉、审判，人民检察院或者人民法院没有决定停止行使选举权利的；

（三）正在取保候审或者被监视居住的；

（四）正在被劳动教养的；

（五）正在受拘留处罚的。

以上所列人员参加选举，由选举委员会和执行监禁、羁押、拘留或者劳动教养的机关共同决定，可以在流动票箱投票，或者委托有选举权的亲属或者其他选民代为投票。被判处拘役、受拘留处罚或者被劳动教养的人也可以在选举日回原选区参加选举。

…………

释解分析

上述条文规定的是我国选举制度的基本原则。我国选举制度主要遵循以下原则："三位一体"的选举原则，选举权的普遍性原则，选举权的平等性原则，直接选举与间接选举并用的原则，差额选举的原则，秘密投票的原则。

"三位一体"的选举原则。"三位一体"的选举原则就是指全国人民代表大会和地方各级人民代表大会代表的选举工作，坚持中国共产党的领导，坚持充分发扬民主，坚持严格依法办事。"三位一体"的选举原则更好地体现了坚持党对选举工作的领导。

选举权的普遍性原则。选举权的普遍性原则是指依照宪法规定，除法律规定的基本条件外，不受任何其他条件限制而享有选举权的基本原则。选举权的普遍性原则是当代民主国家普遍具有的最重要的选举原则，普遍性原则意味着参加选举的限制条件应在最小范围，而参加选举的人数应在最大范围。根据《宪法》和《选举法》的规定，凡年满 18 周岁的中华人民共和国公民，不分民族、种族、性别、职业、家庭出身、宗教信仰、教育程度、财产状况、居住期限，都有选举权和被选举权，但依法被剥夺政治权利的人除外。据此，在我国享有选举权的基本条件有三：一是具有中国国籍，是中华人民共和国公民；二是年满 18 周岁；三是依法享有政治权利。另据 1983 年《全国人民代表大会常务委员会关于县级以下人民代表大会代表直接选举的若干规定》，对于被判处有期徒刑、拘役、管制而没有附加剥夺政治权利的人；对于被羁押，正在受侦查、起诉、审判，人民检察院或者人民法院没有决定停止行使选举权利的人，均准予行使选举权。对于精神病患者，享有选举权利，但不列入选举名单。换句话说，精神病患者有行使选举权的权利能力，但不具有行使选举权的行为能力，在法律上并不能剥夺其选举权。可见，在我国享有选举权的公民的范围是极其广泛的。

选举权的平等性原则。选举权的平等性原则是指在选举中，一切选民具有同等的法律地位，法律在程序上对所有的选民同等对待，选民所投的选票具有同等的法律效力的原则。选举权的平等性原则是公民平等权在选举制度中的表现，其要求有：除法律有特别的规定外，选民平等地享有选举权和被选举权（《宪法》第 34 条、《选举法》第 4 条）；在一次选举中，选民平等地拥有投票权；每一代表所代表的选民人数相同（《选举法》第 5 条、第 26 条）。根据我国国体、政体的实际情况，实行城乡按相同人口比例选举人大代表，应当体现以下原则要求：一是保障公民都享有平等的选举权，实行城乡按相同人口比例选举代表，体现人人平等（《选举法》第 17 条）；二是保障各地方在国家权力机关有平等的参与权，各行政区域不论人口多少，都应有相同的基本名额数，都能选举一定数量的代表，体现地区平等（《选举法》第 17 条）；三是保障各民族都有适当数量的代表，人口再少的民族，也要有一名代表，体现民族平等（《选举法》第 18 条）。

直接选举与间接选举并用的原则。直接选举是指由选民直接投票选举人民代表大会代表的一种选举。间接选举是指由下一级人民代表大会代表选举上一级人民代表大会代表的一种选举。根据《宪法》第 97 条第 1 款、《选举法》第 3 条规定，我国在县级以及县级以下实行直接选举，县级以上实行间接选举。我国直接选举和间接选举的含义、范围见表 3-4。

表 3-4

名称	含义	范围
直接选举	选民直接投票选举	不设区的市、市辖区、县、自治县、乡、民族乡、镇的人民代表大会代表
间接选举	下一级国家代表机关选举上一级国家代表机关	全国人民代表大会代表，省、自治区、直辖市、设区的市、自治州的人民代表大会代表

差额选举的原则。差额选举是与等额选举相对应的一种选举方式。所谓等额选举，是指民意机关代表或公职人员选举中候选人的人数与应选代表名额相等的选举。所谓差额选举，是指民意机关代表或公职人员选举中候选人的人数多于应选代表名额的选举。《选举法》第 31 条具体规定了差额选举及实施差额选举的办法。

秘密投票的原则。秘密投票也称为无记名投票，与记名投票相对应，是选民不署自己的姓名，亲自书写选票并投入密封票箱的一种投票方法。《选举法》第 40 条第 1 款确立了秘密投票的原则，并规定"选举时应当设有秘密写票处"。

易混易错

1. 依照《刑法》第 54 条的规定，剥夺政治权利是剥夺下列权利：(1) 选举权和被选举权；(2) 言论、出版、集会、结社、游行、示威自由的权利；(3) 担任国家机关职务的权利；(4) 担任国有公司、企业、事业单位和人民团体领导职务的权利。

2. 第七次选举法修改的主要内容：(1) 增加一条，明确"三位一体"的选举原则。即第 2 条："全国人民代表大会和地方各级人民代表大会代表的选举工作，坚持中国共产党的领导，坚持充分发扬民主，坚持严格依法办事。"(2) 上调基层人大代表基数。本次选举法修正，将县一级人大代表基数由 120 名调增至 140 名，即将第 11 条改为第 12 条，第 1 款第 3 项修改为："（三）不设区的市、市辖区、县、自治县的代表名额基数为一百四十名，每五千人可以增加一名代表；人口超过一百五十五万的，代表总名额不得超过四百五十名；人口不足五万的，代表总名额可以少于一百四十名"。将乡镇一级人大代表基数由 40 名调增至 45 名，即将第 1 款第 4 项修改为："（四）乡、民族乡、镇的代表名额基数为四十五名，每一千五百人可以增加一名代表；但是，代表总名额不得超过一百六十名；人口不足二千的，代表总名额可以少于四十五名。"(3) 重新确定代表名额的报备时限。将第 13 条改为第 14 条，增加一款，作为第 2 款："依照前款规定重新确定代表名额的，省、自治区、直辖市的人民代表大会常务委员会应当在三十日内将重新确定代表名额的情况报全国人民代表大会常务委员会备案。"(4) 将第 57 条第 2 款所规定的"国家工作人员有前款所列行为的，还应当依法给予行政处分"改为第 58 条第 2 款："国家工作人员有前款所列行为的，还应当由监察机关给予政务处分或者由所在机关、单位给予处分。"这进一步明确了公职人员破坏选举的处分主体。

试题范例

多项选择题

下列选项中，属于第七次选举法修改的主要内容的是（　　）。

A. 上调基层人大代表基数
B. 明确"三位一体"的选举原则
C. 重新确定代表名额的报备时限
D. 进一步明确公职人员破坏选举的处分主体

答案：ABCD

核心法条

《选举法》第 9 条　全国人民代表大会常务委员会主持全国人民代表大会代表的选举。省、自治区、直辖市、设区的市、自治州的人民代表大会常务委员会主持本级人民代表大会代表的选举。

不设区的市、市辖区、县、自治县，乡、民族乡、镇设立选举委员会，主持本级人民代表大会代表的选举。不设区的市、市辖区、县、自治县的选举委员会受本级人民代表大会常务委员会的领导。乡、民族乡、镇的选举委员会受不设区的市、市辖区、县、自治县的人民代表大会常务委员会的领导。

省、自治区、直辖市、设区的市、自治州的人民代表大会常务委员会指导本行政区域内县级以下人民代表大会代表的选举工作。

释解分析

本条规定的是主持选举工作的组织。我国主持选举工作的组织有两种：一是在实行间接选举的地方，包括全国人大，省、自治区、直辖市的人大，设区的市和自治州的人大，由人大常委会主持本级人大代表的选举；二是在实行直接选举的地方，包括不设区的市、市辖区、县、自治县、乡、民族乡、镇，设立选举委员会主持本级人大代表的选举。

试题范例

1. 单项选择题

A县B乡选举委员会的领导机构是（　　）。

A. B乡人大　　B. A县人大

C. A县人大常委会　　D. A县选举委员会

答案：C

2. 单项选择题

全国人民代表大会代表的选举由（　　）主持。

A. 全国人民代表大会常务委员会代表资格审查委员会

B. 全国人民代表大会常务委员会

C. 全国人民代表大会常务委员会秘书处

D. 全国人民代表大会主席团

答案：B

核心法条

《选举法》第11条　选举委员会履行下列职责：

（一）划分选举本级人民代表大会代表的选区，分配各选区应选代表的名额；

（二）进行选民登记，审查选民资格，公布选民名单；受理对于选民名单不同意见的申诉，并作出决定；

（三）确定选举日期；

（四）了解核实并组织介绍代表候选人的情况；根据较多数选民的意见，确定和公布正式代表候选人名单；

（五）主持投票选举；

（六）确定选举结果是否有效，公布当选代表名单；

（七）法律规定的其他职责。

选举委员会应当及时公布选举信息。

释解分析

本条规定的选举委员会的7项职责，可以归纳为3个方面：（1）选举准备阶段的职责。主要包括划分选区、分配代表名额、组织进行选民登记、审核选民资格、公布选民名单和确定选举日等。（2）了解核实初步代表候选人情况和确定正式代表候选人阶段的职责。主要是了解核实被提名推荐的代表候选人的基本情况，确定其是否真实有效，在了解核实的基础上组织选民进行酝酿协商，根据较多数选民的意见，确定正式代表候选人的名单并予以公布。（3）投票选举阶段的职责。主要是根据当地实际情况，组织选民以选举大会、投票站或者流动票箱等形式参加投票选举，确定选举有效性并及时公布选举结果。此外，本条中规定的选举委员会的其他职责属于兜底性条款。

为加强对选举委员会履行职责的监督，保证选举组织工作的公正、公开和透明，本条第2款规定了选举委员会应当及时公布选举信息，这里的选举信息包括了选举法规定的选举委员会应当公布的各种与选举有关的信息，如选民名单、选举日期、代表候选人名单、当选代表名单等。

核心法条

《选举法》第25条　不设区的市、市辖区、县、自治县，乡、民族乡、镇的人民代表大会的代表名额分配到选区，按选区进行选举。选区可以按居住状况划分，也可以按生产单位、事业单位、工作单位划分。

选区的大小，按照每一选区选一名至三名代表划分。

释解分析

本条规定的是划分选区。选区是以一定的人口数为基础进行直接选举，产生人民代表的区域，也是人大代表联系选民的基本单位。在直接选举的地方，即不设区的市、市辖区、县、自治县、乡、民族乡、镇，人大代表的名额分配到各个选区，由选民按选区直接投票选举。

试题范例

多项选择题

县乡两级的选区划分的依据是（　　）。

A. 居住状况

B. 生产单位

C. 事业单位

D. 工作单位

答案：ABCD

核心法条

《选举法》第 27 条　选民登记按选区进行，经登记确认的选民资格长期有效。每次选举前对上次选民登记以后新满十八周岁的、被剥夺政治权利期满恢复政治权利的选民，予以登记。对选民经登记后迁出原选区的，列入新迁入的选区的选民名单；对死亡的和依照法律被剥夺政治权利的人，从选民名单上除名。

精神病患者不能行使选举权利的，经选举委员会确认，不列入选民名单。

《选举法》第 28 条　选民名单应在选举日的二十日以前公布，实行凭选民证参加投票选举的，并应当发给选民证。

释解分析

上述条文规定是选民登记。选民登记是对选民资格的法律认可，直接关系到公民是否有选举权和被选举权，以及是否能行使选举权。在我国，凡年满 18 周岁并且没有被剥夺政治权利的中国公民都应列入选民名单。

核心法条

《选举法》第 29 条　对于公布的选民名单有不同意见的，可以在选民名单公布之日起五日内向选举委员会提出申诉。选举委员会对申诉意见，应在三日内作出处理决定。申诉人如果对处理决定不服，可以在选举日的五日以前向人民法院起诉，人民法院应在选举日以前作出判决。人民法院的判决为最后决定。

释解分析

本条规定的是选民对公布的选民名单有异议时的处理办法，即选民可以向选举委员会提出申诉。如对申诉结果不服，可以向人民法院提起诉讼。

易混易错

1. 要知道对选民名单有异议时的处理办法，即向选举委员会提出申诉。

2. 要知道选举委员会处理申诉意见的期限为 3 天。对申诉结果不服，可以在选举日的 5 天以前向法院起诉。法院应在选举日以前作出最后的判决。两个时间期限容易混淆。

3. 法律硕士联考中，本内容出题方式以选择题为主，也可能作为分析题的一个小问题出现。

试题范例

（2017 年真题）单项选择题

张某长期在外打工，返乡时恰逢乡人大换届选举。根据选举法，张某可以向法院起诉的情形是（　　）。

A. 选举委员会宣布张某当选无效

B. 选举委员会未将张某列入选民名单

C. 张某和其他选民联名提出代表候选人被拒绝

D. 选举委员会不同意张某委托其他选民代为投票

答案：B

核心法条

《选举法》第 30 条　全国和地方各级人民代表大会的代表候选人，按选区或者选举单位提名产生。

各政党、各人民团体，可以联合或者单独推荐代表候选人。选民或者代表，10 人以上联名，也可以推荐代表候选人。推荐者应向选举委员会或者大会主席团介绍代表候选人的情况。接受推荐的代表候选人应当向选举委员会或者大会主席团如实提供个人身份、简历等基本情况。提供的基本情况不实的，选举委员会或者大会主席团应当向选民或者代表通报。

各政党、各人民团体联合或者单独推荐的代表候选人的人数，每一选民或者代表参加联名推荐的代表候选人的人数，均不得超过本选区或者选举单位应选代表的名额。

《选举法》第31条 全国和地方各级人民代表大会代表实行差额选举，代表候选人的人数应多于应选代表的名额。

由选民直接选举人民代表大会代表的，代表候选人的人数应多于应选代表名额三分之一至一倍；由县级以上的地方各级人民代表大会选举上一级人民代表大会代表的，代表候选人的人数应多于应选代表名额五分之一至二分之一。

《选举法》第33条 县级以上的地方各级人民代表大会在选举上一级人民代表大会代表时，代表候选人不限于各该级人民代表大会的代表。

《选举法》第34条 选举委员会或者人民代表大会主席团应当向选民或者代表介绍代表候选人的情况。推荐代表候选人的政党、人民团体和选民、代表可以在选民小组或者代表小组会议上介绍所推荐的代表候选人的情况。选举委员会根据选民的要求，应当组织代表候选人与选民见面，由代表候选人介绍本人的情况，回答选民的问题。但是，在选举日必须停止代表候选人的介绍。

释解分析

上述条文规定的是代表候选人的提出。全国和地方各级人民代表大会的代表候选人，按选区或者选举单位提名产生。选民或者代表，10人以上联名，也可以推荐代表候选人。各政党、各人民团体，可以联合或者单独推荐代表候选人。

各级人民代表大会代表的选举均实行差额选举，差额选举是指代表候选人的人数应多于应选代表名额的选举。

选举委员会或者人民代表大会主席团应当向选民或者代表介绍代表候选人的情况。推荐代表候选人的政党、人民团体和选民、代表可以在选民小组或者代表小组会议上介绍所推荐的代表候选人的情况。选举委员会根据选民的要求，应当组织代表候选人与选民见面，由代表候选人介绍本人的情况，回答选民的问题。但是，在选举日必须停止代表候选人的介绍。

选举委员会根据选民的要求，应当组织代表候选人与选民见面，由代表候选人介绍本人的情况，回答选民的问题。代表候选人与选民见面的制度，有助于进一步扩大选民的知情权，提高透明度。

试题范例

（2015年真题）单项选择题

某县举行人大代表换届选举，甲欲通过选民联名推荐的方式参选人大代表，其须获得联名推荐的最低选民人数要求是（　　）。

A. 3人以上　　B. 10人以上

C. 20人以上　　D. 30人以上

答案：B

核心法条

《选举法》第37条 在选民直接选举人民代表大会代表时，选民根据选举委员会的规定，凭身份证或者选民证领取选票。

《选举法》第38条 选举委员会应当根据各选区选民分布状况，按照方便选民投票的原则设立投票站，进行选举。选民居住比较集中的，可以召开选举大会，进行选举；因患有疾病等原因行动不便或者居住分散并且交通不便的选民，可以在流动票箱投票。

《选举法》第39条 县级以上的地方各级人民代表大会在选举上一级人民代表大会代表时，由各该级人民代表大会主席团主持。

《选举法》第41条 选举人对于代表候选人可以投赞成票，可以投反对票，可以另选其他任何选民，也可以弃权。

《选举法》第44条 每次选举所投的票数，多于投票人数的无效，等于或者少于投票人数的有效。

每一选票所选的人数，多于规定应选代表人数的作废，等于或者少于规定应选代表人数的有效。

《选举法》第45条 在选民直接选举人民代表大会代表时，选区全体选民的过半数参加投票，选举有效。代表候选人获得参加投票的选民过半数的选票时，始得当选。

县级以上的地方各级人民代表大会在选举上一级人民代表大会代表时，代表候选人获得全体代表过半数的选票时，始得当选。

获得过半数选票的代表候选人的人数超过应选代表名额时，以得票多的当选。如遇票数相等不能确定当选人时，应当就票数相等的候选人再次投票，以得票多的当选。

获得过半数选票的当选代表的人数少于应选代表的名额时，不足的名额另行选举。另行选举时，根据在第一次投票时得票多少的顺序，按照本法第三十条规定的差额比例，确定候选人名单。如果只选一人，候选人应为二人。

依照前款规定另行选举县级和乡级的人民代表大会代表时，代表候选人以得票多的当选，但是得票数不得少于选票的三分之一；县级以上的地方各级人民代表大会在另行选举上一级人民代表大会代表时，代表候选人获得全体代表过半数的选票，始得当选。

释解分析

上述条文规定的是投票选举。在实行直接选举的地方，由选举委员会主持投票选举工作，选举委员会应当根据各选区选民分布状况，按照方便选民投票的原则设立投票站，进行选举。选民居住比较集中的，可以召开选举大会，进行选举；因患有疾病等原因行动不便或者居住分散并且交通不便的选民，可以在流动票箱投票。县级以上的地方各级人民代表大会在选举上一级人民代表大会代表时，由各该级人民代表大会主席团主持。

每次选举所投的票数，多于投票人数的无效，等于或者少于投票人数的有效；每一选票所选的人数，多于规定应选代表人数的作废，等于或者少于规定应选代表人数的有效。同时，在直接选举的地方，选区全体选民的过半数参加投票，选举有效。代表候选人获得参加投票的选民过半数的选票时，始得当选。在实行间接选举的地方，代表候选人获得全体代表过半数的选票时才能当选。

如果获得过半数选票的代表候选人的人数超过应选代表名额时，以得票多的当选。如遇票数相等不能确定当选人时，应当就票数相等的候选人再次投票，以得票多的当选。获得过半数选票的当选代表的人数少于应选代表的名额时，不足的名额另行选举。另行选举县级和乡级的人民代表大会代表时，代表候选人以得票多的当选，但是得票数不得少于选票的1/3；县级以上的地方各级人民代表大会在另行选举上一级人民代表大会代表时，代表候选人获得全体代表过半数的选票，始得当选。

试题范例

（2019年真题）单项选择题

根据选举法，下列关于直接选举的表述，正确的是（　　）。

A. 县级人大代表的选举由县级人大常委会主持

B. 当选人数少于应选代表名额的，应重新投票

C. 选举所投的票数多于投票人数的，该次选举无效

D. 代表候选人获得全体选民过半数的选票，始得当选

答案：C

核心法条

《选举法》第42条　选民如果在选举期间外出，经选举委员会同意，可以书面委托其他选民代为投票。每一选民接受的委托不得超过三人，并应当按照委托人的意愿代为投票。

释解分析

上述条文规定的是委托投票。一般而言，选民可以直接参加原户口所在地选举，但如果选民外出，就很难参加原户口所在地的选举。为了解决上述问题，本条规定，选民如果外出，经选举委员会同意，可以通过委托投票方式参加选举，但必须符合下列条件：（1）委托投票仅适用于选民外出的情形。（2）委托选举必须采取书面形式。（3）每一选民接受的委托不得超过3人。（4）受托人应当按照委托人的意愿代为投票。上述条件必须同时具备。当然，委托投票存在不合理之处，因为委托投票在理论上与一人一票原则相冲突，而且在实践中也容易滥用。

试题范例

单项选择题

甲外出打工不能回原籍参加镇人大代表的选举。甲的下列做法符合选举法规定的是（　　）。

中国宪法学

A. 甲可以口头委托在原籍的朋友乙代为投票
B. 甲可以委托同时在外打工的丙代为投票
C. 甲可以书面委托原籍的同事丁按照甲的意愿代为投票
D. 甲可以经选举委员会同意由甲委托的人代为投票

答案：C

核心法条

《选举法》第49条　全国和地方各级人民代表大会的代表，受选民和原选举单位的监督。选民或者选举单位都有权罢免自己选出的代表。

《选举法》第50条　对于县级的人民代表大会代表，原选区选民五十人以上联名，对于乡级的人民代表大会代表，原选区选民三十人以上联名，可以向县级的人民代表大会常务委员会书面提出罢免要求。

罢免要求应当写明罢免理由。被提出罢免的代表有权在选民会议上提出申辩意见，也可以书面提出申辩意见。

县级的人民代表大会常务委员会应当将罢免要求和被提出罢免的代表的书面申辩意见印发原选区选民。

表决罢免要求，由县级的人民代表大会常务委员会派有关负责人员主持。

《选举法》第51条　县级以上的地方各级人民代表大会举行会议的时候，主席团或者十分之一以上代表联名，可以提出对由该级人民代表大会选出的上一级人民代表大会代表的罢免案。在人民代表大会闭会期间，县级以上的地方各级人民代表大会常务委员会主任会议或者常务委员会五分之一以上组成人员联名，可以向常务委员会提出对由该级人民代表大会选出的上一级人民代表大会代表的罢免案。罢免案应当写明罢免理由。

县级以上的地方各级人民代表大会举行会议的时候，被提出罢免的代表有权在主席团会议和大会全体会议上提出申辩意见，或者书面提出申辩意见，由主席团印发会议。罢免案经会议审议后，由主席团提请全体会议表决。

县级以上的地方各级人民代表大会常务委员会举行会议的时候，被提出罢免的代表有权在主任会议和常务委员会全体会议上提出申辩意见，或者书面提出申辩意见，由主任会议印发会议。罢免案经会议审议后，由主任会议提请全体会议表决。

《选举法》第52条　罢免代表采用无记名的表决方式。

《选举法》第53条　罢免县级和乡级的人民代表大会代表，须经原选区过半数的选民通过。

罢免由县级以上的地方各级人民代表大会选出的代表，须经各该级人民代表大会过半数的代表通过；在代表大会闭会期间，须经常务委员会组成人员的过半数通过。罢免的决议，须报送上一级人民代表大会常务委员会备案、公告。

释解分析

上述条文规定的是对代表的监督和罢免。全国和地方各级人民代表大会的代表，受选民和原选举单位的监督。选民或原选举单位都有权罢免自己选出的代表。罢免是对代表的一种很有效的监督措施，该制度在一定意义上能保证代表忠实地表达人民的意愿。根据上述条文的规定，罢免直接选举所产生的代表，须经原选区过半数的选民通过；罢免间接选举所产生的代表，须经各该级人民代表大会过半数的代表通过，在代表大会闭会期间，须经各该级人大常委会组成人员的过半数通过。罢免代表采用无记名的表决方式。被提出罢免的代表可以出席会议或书面提出申辩意见。罢免的决议，须报送上一级人大常委会备案、公告。

试题范例

单项选择题

提出罢免县级人大代表要求的法定人数条件是（　　）。

A. 原选区选民100人以上联名
B. 原选区选民50人以上联名
C. 原选区选民30人以上联名
D. 原选区选民10人以上联名

答案：B

核心法条

《选举法》第55条　全国人民代表大会代

表，省、自治区、直辖市、设区的市、自治州的人民代表大会代表，可以向选举他的人民代表大会的常务委员会书面提出辞职。常务委员会接受辞职，须经常务委员会组成人员的过半数通过。接受辞职的决议，须报送上一级人民代表大会常务委员会备案、公告。

县级的人民代表大会代表可以向本级人民代表大会常务委员会书面提出辞职，乡级的人民代表大会代表可以向本级人民代表大会书面提出辞职。县级的人民代表大会常务委员会接受辞职，须经常务委员会组成人员的过半数通过。乡级的人民代表大会接受辞职，须经人民代表大会过半数的代表通过。接受辞职的，应当予以公告。

释解分析

本条规定的是代表的辞职。全国人大代表，省、自治区、直辖市、设区的市、自治州的人大代表可以向选举他的人大常委会书面提出辞职。常委会接受辞职，须经常委会组成人员的过半数通过。接受辞职的决议，须报送上一级人大常委会备案、公告。县级人大代表可以向本级人大常委会书面提出辞职。乡级人大代表可以向本级人大书面提出辞职。县级的人大常委会接受辞职，须经常委会组成人员的过半数通过。乡级的人大接受辞职，须经人大过半数的代表通过。接受辞职的，应当予以公告。

易混易错

法律硕士联考中，从整体上看，选举法和选举制度的出题方式包括各类题型。就简答题而言，选举制度的基本功能、选举制度的基本原则、选举法关于代表辞职的规定等内容都可以成为考查方向。就分析题而言，选举法和选举制度属于出分析题的高发区，有关公民是否享有选举权、选举程序、对选举的申诉、代表的辞职和罢免等，都可以成为分析题的考查方向，特别是有关违反选举程序的规定，出题频率较高。

试题范例

（2015 年真题）单项选择题

根据我国选举法，设区的市的人大代表提出辞职，正确的做法是（　　）。

A. 向本级人大常委会口头提出

B. 向本级人大会议主席团书面提出

C. 向选举他的人民代表大会口头提出

D. 向选举他的人民代表大会的常委会书面提出

答案：D

核心法条

《全国人民代表大会和地方各级人民代表大会代表法》（简称《全国和地方各级人大代表法》）第 49 条　代表有下列情形之一的，其代表资格终止：

（一）地方各级人民代表大会代表迁出或者调离本行政区域的；

（二）辞职被接受的；

（三）未经批准两次不出席本级人民代表大会会议的；

（四）被罢免的；

（五）丧失中华人民共和国国籍的；

（六）依照法律被剥夺政治权利的；

（七）丧失行为能力的。

试题范例

（2019 年真题）多项选择题

根据我国宪法和法律，人大代表出现下列情形，其代表资格应终止的有（　　）。

A. 赵某辞职被接受

B. 钱某加入外国国籍但定居北京

C. 孙某因刑事案件被羁押正在接受侦查

D. 李某未经批准两次不出席本级人大会议

答案：ABD

六、爱国统一战线和中国人民政治协商会议

核心法条

《宪法》序言第10段 社会主义的建设事业必须依靠工人、农民和知识分子，团结一切可以团结的力量。在长期的革命、建设、改革过程中，已经结成由中国共产党领导的，有各民主党派和各人民团体参加的，包括全体社会主义劳动者、社会主义事业的建设者、拥护社会主义的爱国者、拥护祖国统一和致力于中华民族伟大复兴的爱国者的广泛的爱国统一战线，这个统一战线将继续巩固和发展。

释解分析

上述条文规定的是爱国统一战线。统一战线是我国新民主主义革命和社会主义革命时期，中国共产党为取得革命和建设胜利而与各革命阶级组成的政治联盟，是我国人民民主专政的优势和特色，曾被誉为中国革命胜利的“三大法宝”之一。现阶段我国的统一战线被称为爱国统一战线，它是由中国共产党领导的，有各民主党派和各人民团体参加的，包括全体社会主义劳动者、社会主义事业的建设者、拥护社会主义的爱国者、拥护祖国统一和致力于中华民族伟大复兴的爱国者的政治联盟。这一时期的爱国统一战线有如下特点：(1) 以中国共产党的领导为最高原则；(2) 以政治协商为主要工作方式；(3) 以爱国主义为政治基础和界限范围；(4) 以“三大任务”(服务于现代化建设、服务于祖国统一、服务于世界和平) 为奋斗目标；(5) 以中国人民政治协商会议为组织形式。

试题范例

1. 单项选择题

爱国统一战线的组织形式是（　　）。

A. 人民代表大会　　B. 人民政协

C. 党委　　D. 常务会议

答案：B

2. 单项选择题

在爱国统一战线构成中，属于2018年宪法修正案新增的是（　　）。

A. 社会主义事业的建设者

B. 致力于中华民族伟大复兴的爱国者

C. 拥护社会主义的爱国者

D. 拥护祖国统一的爱国者

答案：B

核心法条

《宪法》序言第10段 中国人民政治协商会议是有广泛代表性的统一战线组织，过去发挥了重要的历史作用，今后在国家政治生活、社会生活和对外友好活动中，在进行社会主义现代化建设、维护国家的统一和团结的斗争中，将进一步发挥它的重要作用。中国共产党领导的多党合作和政治协商制度将长期存在和发展。

释解分析

上述条文规定的是中国人民政治协商会议。中国人民政治协商会议是我国具有广泛代表性的爱国统一战线组织，是在中国共产党领导下，同各民主党派及其他爱国人士进行政治协商的机关，也是我国的统一战线组织形式。

中国人民政治协商会议不属于国家机构体系，不是国家机关，也不同于一般的人民团体，而是爱国统一战线和多党合作的重要形式。中国人民政治协商会议的职能是政治协商、民主监督、参政议政。实现其职能的途径有：(1) 通过各种形式参与有关国家事务和地方事务重要问题的讨论。(2) 密切联系各方面人士，向党和国家机关反映各界人民群众的意见和要求，宣传和贯彻执行宪法和法律，协助党和政府贯彻各项政策，维护和巩固安定团结的政治局面。(3) 组织政协委员进

行视察、参观和调查活动，向有关机关或其他组织提出建议和批评。（4）积极开展同台湾同胞和各界人士的联系，促进祖国和平统一。（5）调整和处理爱国统一战线各方面的关系和人民政协会议内部合作的重要事项。（6）组织和推动政协委员的学习活动。（7）积极开展人民外交活动，为维护世界和平作出贡献。

试题范例

1.（2016 年真题）多项选择题

下列关于中国人民政治协商会议的表述，正确的有（　　）。

A. 政协是中国人民的爱国统一战线组织

B. 政协是国家机关，属于国家机构体系的组成部分

C. 政协是人民团体开展民主自治、民主决策的重要形式

D. 政协具有政治协商、民主监督、参政议政的职能

答案：AD

2.（2018 年真题）单项选择题

关于中国人民政治协商会议，下列表述正确的是（　　）。

A. 中国人民政治协商会议由选民选举产生，对选民负责

B. 中国人民政治协商会议与全国人民代表大会共同行使国家立法权

C. 现行宪法在“国家机构”一章中规定了中国人民政治协商会议的参政议政职能

D. 1949 年中国人民政治协商会议通过了《共同纲领》，行使了一定范围的制宪权

答案：D

七、行政区划制度

核心法条

《宪法》第30条 中华人民共和国的行政区域划分如下：

（一）全国分为省、自治区、直辖市；

（二）省、自治区分为自治州、县、自治县、市；

（三）县、自治县分为乡、民族乡、镇。

直辖市和较大的市分为区、县。自治州分为县、自治县、市。

自治区、自治州、自治县都是民族自治地方。

《宪法》第62条第13、14项 全国人民代表大会行使下列职权：

…………

（十三）批准省、自治区和直辖市的建置；

（十四）决定特别行政区的设立及其制度；

…………

《宪法》第89条第15项 国务院行使下列职权：

…………

（十五）批准省、自治区、直辖市的区域划分，批准自治州、县、自治县、市的建置和区域划分；

…………

《宪法》第107条第3款 省、直辖市的人民政府决定乡、民族乡、镇的建置和区域划分。

释解分析

上述条文规定的是我国的行政区划制度。行政区划是“行政区域划分”的简称，指统治阶级为了便于管理，兼顾地理条件、历史传统、风俗习惯、经济联系、民族分布等因素，把国家领土作不同层次、大小划分的领土结构。

易混易错

1. 行政区划是人为的，而非自然形成。

2. 我国存在三种不同的行政单位：一般行政单位、民族自治地方、特别行政区。

3. 行政区划基本上是三级，即省（自治区、直辖市）、县（自治县、县级市）、乡（民族乡、镇），在有自治州和中心城市（地级市）管县的情况下，则为四级。

4. 根据《国务院行政区划管理条例》，行政区划变更的法律程序为：（1）省、自治区、直辖市的设立、撤销、更名，报全国人民代表大会批准。（2）下列行政区划的变更由国务院审批：①省、自治区、直辖市的行政区域界线的变更，人民政府驻地的迁移，简称、排列顺序的变更；②自治州、县、自治县、市、市辖区的设立、撤销、更名和隶属关系的变更以及自治州、自治县、设区的市人民政府驻地的迁移；③自治州、自治县的行政区域界线的变更，县、市、市辖区的行政区域界线的重大变更；④凡涉及海岸线、海岛、边疆要地、湖泊、重要资源地区及特殊情况地区的隶属关系或者行政区域界线的变更。（3）县、市、市辖区的部分行政区域界线的变更，县、不设区的市、市辖区人民政府驻地的迁移，国务院授权省、自治区、直辖市人民政府审批；批准变更时，同时报送国务院备案。（4）乡、民族乡、镇的设立、撤销、更名，行政区域界线的变更，人民政府驻地的迁移，由省、自治区、直辖市人民政府审批。（5）依照法律、国家有关规定设立的地方人民政府的派出机关的撤销、更名、驻地迁移、管辖范围的确定和变更，由批准设立该派出机关的人民政府审批。

5. 法律硕士联考中，本内容出题方式为选择题和简答题。就简答题而言，我国现行的行政区划及决定权限和我国行政区划的划分原则是主要考查方向。

试题范例

1.（2016年真题）多项选择题

根据现行宪法，下列关于我国行政区域划分的表述，正确的有（　　）。

A. 全国分为省、自治区、直辖市、经济特区

B. 省、自治区、直辖市分为自治州、县、自治县、市

C. 民族自治地方包括自治区、自治州和自治县

D. 县、自治县分为乡、民族乡、镇

答案：CD

2. (2018年真题) 单项选择题

为加快地区经济发展，四川省拟将某县改设为区。有权批准该区设立的国家机关是（　　）。

A. 四川省人民代表大会

B. 民政部

C. 国务院

D. 全国人大常委会

答案：C

3. 多项选择题

国务院行使的职权有（　　）。

A. 批准省的建置

B. 批准省的区域划分

C. 批准县的建置

D. 批准县的区域划分

答案：BCD

八、民族区域自治制度

核心法条

《宪法》第4条第3款　各少数民族聚居的地方实行区域自治，设立自治机关，行使自治权。各民族自治地方都是中华人民共和国不可分离的部分。

释解分析

本条款规定的是民族区域自治。民族区域自治的含义包括：（1）民族自治地方是中华人民共和国范围内的一个行政区域，是中华人民共和国不可分离的部分；民族自治地方的自治机关是中央政府统一领导下的一级地方政权。（2）民族区域自治必须以少数民族聚居区为基础，是民族自治与区域自治的结合。（3）民族自治机关除行使宪法规定的地方国家政权机关的职权外，还依法行使广泛的自治权。

易混易错

1. 民族区域自治与特别行政区自治有所区别：

（1）民族区域自治是在中央政府的统一领导下，为解决民族问题而实行的；特别行政区则实行“一国两制”，是为祖国统一而实行的。中央对民族自治地方和特别行政区的干预程度不同。

（2）民族区域自治以少数民族聚居区为基础，建立相应的自治地方，行使宪法和法律授予的自治权；特别行政区则实行高度自治，适用于港、澳、台地区，有立法权、行政管理权、独立的司法权和终审权。

（3）民族自治地方依法设立自治机关，行使民族自治权和地方国家机关职权；特别行政区则实行当地人管理，自治程度高于民族自治地方，中央对特别行政区的事务管理得比较少。

（4）民族自治地方施行国家的各项法律、政策，但可以变通执行或停止执行，同时还可以制定自治条例和单行条例；特别行政区所施行的法律自成体系，除特别行政区基本法外，极少数全国性法律在特别行政区实施，其他法律均不在特别行政区实施。

2. 民族自治地方包括自治区、自治州和自治县，民族乡不属于自治地方。

试题范例

单项选择题

不属于民族自治地方的有（　　）。

A. 自治区

B. 自治州

C. 自治县

D. 民族乡

答案：D

核心法条

《宪法》第112条　民族自治地方的自治机关是自治区、自治州、自治县的人民代表大会和人民政府。

《宪法》第113条　自治区、自治州、自治县的人民代表大会中，除实行区域自治的民族的代表外，其他居住在本行政区域内的民族也应当有适当名额的代表。

自治区、自治州、自治县的人民代表大会常务委员会中应当有实行区域自治的民族的公民担任主任或者副主任。

《宪法》第114条　自治区主席、自治州州长、自治县县长由实行区域自治的民族的公民担任。

释解分析

上述法条规定的是民族自治机关。民族自治机关是在民族自治地方设立的，既行使地方国家机关职权，又行使自治权的国家机关，包括自治区、自治州和自治县的人民代表大会和人民政府。

易混易错

1. 自治区、自治州和自治县的人民法院和人民检察院不是民族自治机关。

2. 自治区、自治州、自治县的人民代表大会常务委员会中应当有实行区域自治的民族的公民担任主任或者副主任。

3. 自治区主席、自治州州长、自治县县长由实行区域自治的民族的公民担任。

4. 根据民族区域自治法的规定，民族自治地方的自治机关所属工作部门的干部中，要尽量配备实行区域自治的民族和其他少数民族的人员。

试题范例

1.（2015 年真题）单项选择题

下列选项中，属于民族自治地方自治机关的是（　　）。

A. 内蒙古自治区人民检察院

B. 青海省门源回族自治县人民代表大会

C. 湖南省湘西土家族苗族自治州中级人民法院

D. 广西壮族自治区桂林市雁山区草坪回族乡人民政府

答案：B

2.（2015 年真题）多项选择题

根据我国宪法和法律，下列职务中只能由实行区域自治的民族的公民担任的有（　　）。

A. 自治区主席

B. 自治州人大常委会主任

C. 自治州人民检察院检察长

D. 自治县县长

答案：AD

3. 多项选择题

下列属于民族自治机关的是（　　）。

A. 自治区人民政府

B. 自治州人民代表大会

C. 自治县人民法院

D. 自治县人民检察院

答案：AB

核心法条

《宪法》第 115 条　自治区、自治州、自治县的自治机关行使宪法第三章第五节规定的地方国家机关的职权，同时依照宪法、民族区域自治法和其他法律规定的权限行使自治权，根据本地方实际情况贯彻执行国家的法律、政策。

《宪法》第 116 条　民族自治地方的人民代表大会有权依照当地民族的政治、经济和文化的特点，制定自治条例和单行条例。自治区的自治条例和单行条例，报全国人民代表大会常务委员会批准后生效。自治州、自治县的自治条例和单行条例，报省或者自治区的人民代表大会常务委员会批准后生效，并报全国人民代表大会常务委员会备案。

《宪法》第 117 条　民族自治地方的自治机关有管理地方财政的自治权。凡是依照国家财政体制属于民族自治地方的财政收入，都应当由民族自治地方的自治机关自主地安排使用。

《宪法》第 118 条　民族自治地方的自治机关在国家计划的指导下，自主地安排和管理地方性的经济建设事业。

国家在民族自治地方开发资源、建设企业的时候，应当照顾民族自治地方的利益。

《宪法》第 119 条　民族自治地方的自治机关自主地管理本地方的教育、科学、文化、卫生、体育事业，保护和整理民族的文化遗产，发展和繁荣民族文化。

《宪法》第 120 条　民族自治地方的自治机关依照国家的军事制度和当地的实际需要，经国务院批准，可以组织本地方维护社会治安的公安部队。

《宪法》第 121 条　民族自治地方的自治机关在执行职务的时候，依照本民族自治地方自治条例的规定，使用当地通用的一种或者几种语言文字。

《立法法》第 75 条第 2 款　自治条例和单行条例可以依照当地民族的特点，对法律和行政法规的规定作出变通规定，但不得违背法律或者行政法规的基本原则，不得对宪法和民族区域自治法的规定以及其他有关法律、行政法规专门就民族自治地方所作的规定作出变通规定。

释解分析

上述条文规定的是民族自治权及其内容。自

中国宪法学

治权是民族区域自治制度的核心，是民族自治地方的自治机关管理本地方、本民族内部事务的自主权，该权力是由宪法明确规定的由民族自治地方享有的权力，并非“剩余权力”或“固有权力”。自治权的主要内容包括：(1) 制定自治条例和单行条例。民族自治地方的人民代表大会有权依照当地民族的政治、经济和文化的特点，制定自治条例和单行条例。自治区的自治条例和单行条例，报全国人大常委会批准后生效；自治州、自治县的自治条例和单行条例，报省、自治区、直辖市的人大常委会批准后生效，并报全国人大常委会备案。民族自治地方的自治机关制定自治条例和单行条例的权力是民族自治权的核心内容。一般来说，自治条例和单行条例可以在以下两个方面对法律、行政法规作出变通规定：一是国家法律明确授权可以变通的事项。如刑法等法律中明确规定民族自治地方可以根据该法规定的基本原则制定变通或补充规定。二是国家立法虽未明确授权，但是不完全适合本民族自治地方实际情况的规定。但根据《立法法》第 75 条第 2 款规定，自治条例和单行条例不能作变通规定的范围包括以下几个方面：①自治条例和单行条例不得对法律和行政法规的基本原则作出变通规定。比如，不能对民法典婚姻家庭编一夫一妻制作出变通，不能对民法基本原则中的诚实信用原则进行变通等。②自治条例和单行条例不得对宪法和民族区域自治法作出变通规定。宪法是我国的根本法，民族区域自治法是实施宪法规定的民族区域自治制度的基本法律，对宪法和民族区域自治法的规定不得变通。③自治条例和单行条例不得对其他有关法律、行政法规专门就民族自治地方所作的规定作出变通规定。例如，自治条例和单行条例不得对《选举法》第 12 条第 3 款规定进行变通，因为《选举法》第 12 条第 3 款规定是专门就民族自治地方所作的规定。(2) 贯彻执行国家的法律和政策。根据本地方的实际情况，贯彻执行国家的法律和政策，对于上级国家机关的决议、决定、命令和指示，如有不适合民族自治地方实际情况的，自治机关可以报经上级国家机关批准变通执行或停止执行。(3) 管理地方财政。民族自治地方的自治机关有管理地方财政的自治权。凡是依照国家财政体制属于民族自治地方的财政收入，都应当由民族自治地方的自治机关自主地安排使用。(4) 安排和管理地方经济建设事业的自主权。民族自治地方的自治机关可以根据本地方的特点和需要，制定经济建设的方针、政策和计划，自主地安排和管理地方性的经济建设事业。(5) 管理本地方的教育、科学、文化、卫生、体育事业的自主权。民族自治地方的自治机关自主地管理本地方的教育、科学、文化、卫生、体育事业，保护和整理民族的文化遗产，发展和繁荣民族文化。(6) 依照法律规定，组织维护本地方社会治安的公安部队。民族自治地方的自治机关依照国家的军事制度和当地的实际需要，经国务院批准，可以组织本地方维护社会治安的公安部队。(7) 其他方面的职权。例如，民族自治地方的自治机关在执行职务的时候，依照本民族自治地方自治条例的规定，使用当地通用的一种或者几种语言文字。

易混易错

1. 制定自治条例和单行条例是民族自治地方自治权的最核心内容。自治条例是指由民族自治地方的人民代表大会制定的，有关本地方实行区域自治的组织和活动原则、自治机关的构成和职权以及其他各种有关重大问题的规范性文件。单行条例是指民族自治地方的人民代表大会在自治权的范围内，根据当地民族的政治、经济和文化特点，制定的关于某一方面具体事项的规范性文件。注意如下差别：民族自治地方的人民代表大会有权制定自治条例和单行条例；民族自治地方中的自治区人大及其常委会还有权制定地方性法规。注意：自治条例和单行条例是民族自治地方的人民代表大会制定的，不是人民代表大会常务委员会制定的。

2. 如果上级国家机关的决议、命令不适合民族自治地方的实际情况，经上级国家机关批准，自治机关可以变通或者停止执行。

3. 民族自治地方的自治机关组织维护社会治安的公安部队，需经国务院批准。

4. 民族自治地方的自治机关在执行职务的时候，可以使用当地通用的一种或者几种语言文字。

5. 根据《宪法》第 99 条第 3 款的规定，民族乡的人民代表大会可以依照法律规定的权限采取适合民族特点的具体措施。

6. 法律硕士联考中，从整体上看，民族区域自治制度这部分内容的出题方式包括各类题型。就简答题而言，民族自治地方自治机关及其特点、自治权、我国实行民族区域自治制度的优越性等内容是主要考查方向。就分析题而言，一般是通过给出相关材料，要求考生分析材料中所提及的自治机关的自治权限，或者要求考生分析材料中的自治机关所采取的某些措施是否符合宪法规定作出判断。有关民族区域自治制度的分析题往往会结合宪法学的其他知识，如法规制定权限、地方国家机关等内容综合出题。

试题范例

1.（2017 年真题）单项选择题

根据现行宪法和法律，下列关于民族区域自治制度的表述，正确的是（　　）。

A. 民族自治地方包括自治区、自治州、自治县和民族乡

B. 民族自治地方的人大常委会主任应当由实行区域自治的民族的公民担任

C. 自治州和自治县的自治条例和单行条例，均须报省级人大常委会批准后生效

D. 自治条例和单行条例不得对法律和行政法规的规定作出变通规定

答案：C

2.（2018 年真题）单项选择题

下列选项中，属于民族自治地方行使自治权的是（　　）。

A. 自治区人民代表大会制定地方性法规

B. 自治区人民政府变通执行国家的政策

C. 自治州人民法院审理破坏民族团结的案件

D. 自治县人民检察院对政府工作人员涉嫌贪污的行为立案侦查

答案：B

3.（2021 年真题）单项选择题

下列关于民族自治地方立法的表述，正确的是（　　）。

A. 自治县人大无权制定自治条例和单行条例

B. 自治州人大常委会可以制定地方性法规和单行条例

C. 自治区不能全部适用刑法规定的，可由自治区人大常委会制定变通规定

D. 自治州人大可以制定地方性法规

答案：D

4. 单项选择题

自治州、自治县的自治条例和单行条例，报省或者自治区的人民代表大会常务委员会批准后生效，并报（　　）备案。

A. 全国人民代表大会

B. 全国人民代表大会常务委员会

C. 国务院

D. 省或者自治区的人民政府

答案：B

中国宪法学

九、特别行政区制度

核心法条

《宪法》第31条 国家在必要时得设立特别行政区。在特别行政区内实行的制度按照具体情况由全国人民代表大会以法律规定。

《宪法》第62条第14项 全国人民代表大会行使下列职权：

…………

（十四）决定特别行政区的设立及其制度；

…………

释解分析

上述条文是创设特别行政区制度的宪法依据。特别行政区是指在统一的中华人民共和国范围内，根据我国宪法和法律所设立的具有特殊的法律地位，实行特别的政治、经济制度，直辖于中央人民政府的行政区域。特别行政区是统一的中华人民共和国境内的一级行政区域，直辖于中央人民政府，受中央人民政府统一管辖，是为了通过和平方式解决历史遗留的港澳台问题而设立的特殊的地方行政区域。它是“一国两制”方针的具体体现，是马克思主义国家学说结合中国具体情况的创造性运用。

根据我国宪法规定，特别行政区的设立及其实行的制度属于全国人大的职权，这为我国特别行政区的设立及其实行的具体制度提供了宪法依据。我国设立的特别行政区包括香港特别行政区和澳门特别行政区。

试题范例

单项选择题

根据我国宪法规定，设立香港和澳门特别行政区的权力属于（　　）。

A. 全国人大

B. 全国人大常委会

C. 特别行政区基本法起草委员会

D. 国务院

答案：A

核心法条

《香港特别行政区基本法》第2条 全国人民代表大会授权香港特别行政区依照本法的规定实行高度自治，享有行政管理权、立法权、独立的司法权和终审权。

《香港特别行政区基本法》第3条 香港特别行政区的行政机关和立法机关由香港永久性居民依照本法有关规定组成。

《香港特别行政区基本法》第5条 香港特别行政区不实行社会主义制度和政策，保持原有的资本主义制度和生活方式，五十年不变。

《香港特别行政区基本法》第8条 香港原有法律，即普通法、衡平法、条例、附属立法和习惯法，除同本法相抵触或经香港特别行政区的立法机关作出修改者外，予以保留。

《香港特别行政区基本法》第106条 香港特别行政区保持财政独立。

香港特别行政区的财政收入全部用于自身需要，不上缴中央人民政府。

中央人民政府不在香港特别行政区征税。

相关法条

《澳门特别行政区基本法》第2条 中华人民共和国全国人民代表大会授权澳门特别行政区依照本法的规定实行高度自治，享有行政管理权、立法权、独立的司法权和终审权。

《澳门特别行政区基本法》第3条 澳门特别行政区的行政机关和立法机关由澳门特别行政区永久性居民依照本法有关规定组成。

《澳门特别行政区基本法》第5条　澳门特别行政区不实行社会主义的制度和政策，保持原有的资本主义制度和生活方式，五十年不变。

《澳门特别行政区基本法》第8条　澳门原有的法律、法令、行政法规和其他规范性文件，除同本法相抵触或经澳门特别行政区的立法机关或其他有关机关依照法定程序作出修改者外，予以保留。

《澳门特别行政区基本法》第104条　澳门特别行政区保持财政独立。

澳门特别行政区财政收入全部由澳门特别行政区自行支配，不上缴中央人民政府。

中央人民政府不在澳门特别行政区征税。

释解分析

上述条文规定的是特别行政区的特点。特别行政区的主要特点有：（1）特别行政区享有高度的自治权。特别行政区享有的高度自治权，有立法权、行政管理权、独立的司法权和终审权。除此之外，特别行政区财政独立、使用自己的货币，其收入全部用于自己的需要，中央人民政府不在特别行政区征税。（2）特别行政区保留原有的资本主义制度和生活方式50年不变。（3）特别行政区由当地人管理。特别行政区的行政机关和立法机关由该区永久性居民依照基本法的规定组成，实行“港人治港”“澳人治澳”。（4）特别行政区原有的法律基本不变。在特别行政区，除了基本法附件上所列举的法律外，全国性的法律一般不在特别行政区内适用，特别行政区继续适用原有的、不与基本法相抵触的法律。

易混易错

1. 特别行政区的高度自治权与我国民族自治地方的自治权有区别。（详见本书民族区域自治制度中的“民族区域自治与特别行政区自治有所区别”部分的阐述）

2. 法律硕士联考中，本内容出题方式包括选择题、简答题和分析题，简答题如简述特别行政区的概念和特点。

试题范例

单项选择题

下列关于特别行政区特点的表述，正确的是（　　）。

A. 特别行政区享有的自治权与民族自治地方享有的自治权具有一致性

B. 特别行政区由当地人管理

C. 特别行政区的财政收入上缴中央人民政府

D. 特别行政区原有法律一律予以保留

答案：B

核心法条

《香港特别行政区基本法》第7条　香港特别行政区境内的土地和自然资源属于国家所有，由香港特别行政区政府负责管理、使用、开发、出租或批给个人、法人或团体使用或开发，其收入全归香港特别行政区政府支配。

相关法条

《澳门特别行政区基本法》第7条　澳门特别行政区境内的土地和自然资源，除在澳门特别行政区成立前已依法确认的私有土地外，属于国家所有，由澳门特别行政区政府负责管理、使用、开发、出租或批给个人、法人使用或开发，其收入全部归澳门特别行政区政府支配。

释解分析

上述法条规定的是特别行政区境内的土地和自然资源的归属权。特别行政区境内的土地和自然资源为国家所有（澳门特别行政区成立以前已经依法确认的属于私有土地的除外），但由特别行政区政府管理和经营，其经营收入由特别行政区政府支配。

易混易错

特别行政区是中华人民共和国领土不可分割

的组成部分，其境内的土地和自然资源当然属于国家所有。

核心法条

《香港特别行政区基本法》第12条 香港特别行政区是中华人民共和国的一个享有高度自治权的地方行政区域，直辖于中央人民政府。

《香港特别行政区基本法》第13条 中央人民政府负责管理与香港特别行政区有关的外交事务。

中华人民共和国外交部在香港设立机构处理外交事务。

中央人民政府授权香港特别行政区依照本法自行处理有关的对外事务。

《香港特别行政区基本法》第14条第1、3款 中央人民政府负责管理香港特别行政区的防务。

中央人民政府派驻香港特别行政区负责防务的军队不干预香港特别行政区的地方事务。香港特别行政区政府在必要时，可向中央人民政府请求驻军协助维持社会治安和救助灾害。

《香港特别行政区基本法》第15条 中央人民政府依照本法第四章的规定任命香港特别行政区行政长官和行政机关的主要官员。

《香港特别行政区基本法》第16条 香港特别行政区享有行政管理权，依照本法的有关规定自行处理香港特别行政区的行政事务。

《香港特别行政区基本法》第17条第1款 香港特别行政区享有立法权。

《香港特别行政区基本法》第18条 在香港特别行政区实行的法律为本法以及本法第八条规定的香港原有法律和香港特别行政区立法机关制定的法律。

全国性法律除列于本法附件三者外，不在香港特别行政区实施。凡列于本法附件三之法律，由香港特别行政区在当地公布或立法实施。

全国人民代表大会常务委员会在征询其所属的香港特别行政区基本法委员会和香港特别行政区政府的意见后，可对列于本法附件三的法律作出增减，任何列入附件三的法律，限于有关国防、外交和其他按本法规定不属于香港特别行政区自治范围的法律。

全国人民代表大会常务委员会决定宣布战争状态或因香港特别行政区内发生香港特别行政区政府不能控制的危及国家统一或安全的动乱而决定香港特别行政区进入紧急状态，中央人民政府可发布命令将有关全国性法律在香港特别行政区实施。

《香港特别行政区基本法》第19条第1款 香港特别行政区享有独立的司法权和终审权。

《香港特别行政区基本法》第20条 香港特别行政区可享有全国人民代表大会和全国人民代表大会常务委员会及中央人民政府授予的其他权力。

《香港特别行政区基本法》第158条第1款 本法的解释权属于全国人民代表大会常务委员会。

《香港特别行政区基本法》第159条第1款 本法的修改权属于全国人民代表大会。

相关法条

《澳门特别行政区基本法》第12条 澳门特别行政区是中华人民共和国的一个享有高度自治权的地方行政区域，直辖于中央人民政府。

《澳门特别行政区基本法》第13条 中央人民政府负责管理与澳门特别行政区有关的外交事务。

中华人民共和国外交部在澳门设立机构处理外交事务。

中央人民政府授权澳门特别行政区依照本法自行处理有关的对外事务。

《澳门特别行政区基本法》第14条 中央人民政府负责管理澳门特别行政区的防务。

澳门特别行政区政府负责维持澳门特别行政区的社会治安。

《澳门特别行政区基本法》第15条 中央人民政府依照本法有关规定任免澳门特别行政区行政长官、政府主要官员和检察长。

《澳门特别行政区基本法》第16条 澳门特别行政区享有行政管理权，依照本法有关规定自行处理澳门特别行政区的行政事务。

《澳门特别行政区基本法》第 17 条　澳门特别行政区享有立法权。

澳门特别行政区的立法机关制定的法律须报全国人民代表大会常务委员会备案。备案不影响该法律的生效。

全国人民代表大会常务委员会在征询其所属的澳门特别行政区基本法委员会的意见后，如认为澳门特别行政区立法机关制定的任何法律不符合本法关于中央管理的事务及中央和澳门特别行政区关系的条款，可将有关法律发回，但不作修改。经全国人民代表大会常务委员会发回的法律立即失效。该法律的失效，除澳门特别行政区的法律另有规定外，无溯及力。

《澳门特别行政区基本法》第 18 条　在澳门特别行政区实行的法律为本法以及本法第八条规定的澳门原有法律和澳门特别行政区立法机关制定的法律。

全国性法律除列于本法附件三者外，不在澳门特别行政区实施。凡列于本法附件三的法律，由澳门特别行政区在当地公布或立法实施。

全国人民代表大会常务委员会在征询其所属的澳门特别行政区基本法委员会和澳门特别行政区政府的意见后，可对列于本法附件三的法律作出增减。列入附件三的法律应限于有关国防、外交和其他依照本法规定不属于澳门特别行政区自治范围的法律。

在全国人民代表大会常务委员会决定宣布战争状态或因澳门特别行政区内发生澳门特别行政区政府不能控制的危及国家统一或安全的动乱而决定澳门特别行政区进入紧急状态时，中央人民政府可发布命令将有关全国性法律在澳门特别行政区实施。

《澳门特别行政区基本法》第 19 条第 1 款　澳门特别行政区享有独立的司法权和终审权。

《澳门特别行政区基本法》第 20 条　澳门特别行政区可享有全国人民代表大会、全国人民代表大会常务委员会或中央人民政府授予的其他权力。

《澳门特别行政区基本法》第 143 条第 1 款　本法的解释权属于全国人民代表大会常务委员会。

《澳门特别行政区基本法》第 144 条第 1 款　本法的修改权属于全国人民代表大会。

释解分析

上述条文规定的是特别行政区的法律地位（特别行政区与中央人民政府的关系）和特别行政区高度自治权的主要内容。

特别行政区的法律地位。特别行政区是中华人民共和国的一个享有高度自治权的地方行政区域，直辖于中央人民政府，中央人民政府与特别行政区的关系是单一制国家结构形式内中央与地方之间的关系。特别行政区享有高度的自治权，但不享有主权，也不是一个独立的政治实体，其法律地位相当于省、自治区、直辖市。要明确特别行政区的法律地位，还应当解决的是两者之间的权力划分。根据上述条文规定，中央对特别行政区行使的权力主要有：（1）负责管理与特别行政区有关的外交事务。（2）负责管理特别行政区的防务。（3）任命特别行政区的行政长官和行政机关的主要官员。（4）决定特别行政区进入紧急状态。（5）修改特别行政区基本法。特别行政区基本法属于适用于全国的基本法律，应当由全国人大制定、修改。（6）解释特别行政区基本法。全国人大常委会有对特别行政区基本法的解释权。

特别行政区的高度自治权。特别行政区实行高度自治，享有广泛的自治权，包括：（1）行政管理权。特别行政区依基本法的规定自行处理特别行政区的行政事务，包括经济、财政、金融、贸易、工商业、土地、航运、民航、教育、科学、文化、体育、宗教、劳工和社会服务等事项。（2）立法权。特别行政区基本法是特别行政区内其他立法的基础和法律依据。特别行政区的立法机关依据基本法的规定，有权制定适用于特别行政区的法律。特别行政区的立法机关制定的法律须报全国人大常委会备案。备案不影响该法律的生效。（3）独立的司法权和终审权。特别行政区法院独立进行审判，不受任何干涉，在特别行政区发生的案件由特别行政区法院进行审理，特别行政区终审法院享有终审权。

易混易错

1. 特别行政区是中华人民共和国的一个地方行政区域，直辖于中央人民政府，但它与省、自治区、直辖市相比，享有高度的自治权。

2. 特别行政区基本法只能由全国人大修改，而其他基本法律（普通基本法律）的修改主体可以是全国人大，也可以是全国人大常委会，但全国人大常委会对基本法律的修改不得违背基本原则。

3. 在特别行政区，除了基本法附件上所列举的法律外，全国性法律一般不在特别行政区内适用，特别行政区继续适用原有的、不与基本法相抵触的法律。适用于特别行政区的全国性法律包括《国籍法》《国徽法》《外交特权与豁免条例》《领事特权与豁免条例》《外国中央银行财产司法强制措施豁免法》《香港（或澳门）特别行政区驻军法》《中华人民共和国政府关于领海的声明》《关于中华人民共和国国都、纪年、国歌、国旗的决议》《关于中华人民共和国国庆日的决议》。

4. 法律硕士联考中，本内容出题方式包括选择题和简答题，简答题如简述特别行政区的法律地位和高度自治权的主要内容。

试题范例

1.（2016 年真题）单项选择题

根据香港特别行政区基本法，下列选项中，属于中央对特别行政区行使的权力是（　　）。

A. 在特别行政区征税

B. 任命特别行政区法院的法官

C. 批准特别行政区立法会通过的法律

D. 任命特别行政区行政机关的主要官员

答案：D

2. 多项选择题

下列选项中，属于中央人民政府对特别行政区行使的权力有（　　）。

A. 决定特别行政区进入紧急状态

B. 修改特别行政区基本法

C. 解释特别行政区基本法

D. 享有对特别行政区法院受理案件的终审权

答案：ABC

核心法条

《香港特别行政区基本法》第 43 条　香港特别行政区行政长官是香港特别行政区的首长，代表香港特别行政区。

香港特别行政区行政长官依照本法的规定对中央人民政府和香港特别行政区负责。

《香港特别行政区基本法》第 44 条　香港特别行政区行政长官由年满四十周岁，在香港通常居住连续满二十年并在外国无居留权的香港特别行政区永久性居民中的中国公民担任。

《香港特别行政区基本法》第 45 条第 1 款

香港特别行政区行政长官在当地通过选举或协商产生，由中央人民政府任命。

《香港特别行政区基本法》第 46 条　香港特别行政区行政长官任期五年，可连任一次。

《香港特别行政区基本法》第 48 条　香港特别行政区行政长官行使下列职权：

（一）领导香港特别行政区政府；

（二）负责执行本法和依照本法适用于香港特别行政区的其他法律；

（三）签署立法会通过的法案，公布法律；

签署立法会通过的财政预算案，将财政预算、决算报中央人民政府备案；

（四）决定政府政策和发布行政命令；

（五）提名并报请中央人民政府任命下列主要官员：各司司长、副司长，各局局长，廉政专员，审计署署长，警务处处长，入境事务处处长，海关关长；建议中央人民政府免除上述官员职务；

（六）依照法定程序任免各级法院法官；

（七）依照法定程序任免公职人员；

（八）执行中央人民政府就本法规定的有关事务发出的指令；

（九）代表香港特别行政区政府处理中央授权的对外事务和其他事务；

（十）批准向立法会提出有关财政收入或支出的动议；

（十一）根据安全和重大公共利益的考虑，决定政府官员或其他负责政府公务的人员是否向立法会或其属下的委员会作证和提供证据；

（十二）赦免或减轻刑事罪犯的刑罚；

（十三）处理请愿，申诉事项。

《香港特别行政区基本法》第 49 条　香港特别行政区行政长官如认为立法会通过的法案不符合香港特别行政区的整体利益，可在三个月内将法案发回立法会重议，立法会如以不少于全体议员三分之二多数再次通过原案，行政长官必须在一个月内签署公布或按本法第五十条的规定处理。

《香港特别行政区基本法》第 50 条　香港特别行政区行政长官如拒绝签署立法会再次通过的法案或立法会拒绝通过政府提出的财政预

算案或其他重要法案，经协商仍不能取得一致意见，行政长官可解散立法会。

行政长官在解散立法会前，须征询行政会议的意见。行政长官在其一任任期内只能解散立法会一次。

《香港特别行政区基本法》第76条　香港特别行政区立法会通过的法案，须经行政长官签署、公布，方能生效。

相关法条

《澳门特别行政区基本法》第45条　澳门特别行政区行政长官是澳门特别行政区的首长，代表澳门特别行政区。

澳门特别行政区行政长官依照本法规定对中央人民政府和澳门特别行政区负责。

《澳门特别行政区基本法》第46条　澳门特别行政区行政长官由年满四十周岁，在澳门通常居住连续满二十年的澳门特别行政区永久性居民中的中国公民担任。

《澳门特别行政区基本法》第47条第1款　澳门特别行政区行政长官在当地通过选举或协商产生，由中央人民政府任命。

《澳门特别行政区基本法》第48条　澳门特别行政区行政长官任期五年，可连任一次。

《澳门特别行政区基本法》第50条　澳门特别行政区行政长官行使下列职权：

（一）领导澳门特别行政区政府；

（二）负责执行本法和依照本法适用于澳门特别行政区的其他法律；

（三）签署立法会通过的法案，公布法律；

签署立法会通过的财政预算案，将财政预算、决算报中央人民政府备案；

（四）决定政府政策，发布行政命令；

（五）制定行政法规并颁布执行；

（六）提名并报请中央人民政府任命下列主要官员：各司司长、廉政专员、审计长、警察部门主要负责人和海关主要负责人；建议中央人民政府免除上述官员职务；

（七）委任部分立法会议员；

（八）任免行政会委员；

（九）依照法定程序任免各级法院院长和法官，任免检察官；

（十）依照法定程序提名并报请中央人民政府任命检察长，建议中央人民政府免除检察长的职务；

（十一）依照法定程序任免公职人员；

（十二）执行中央人民政府就本法规定的有关事务发出的指令；

（十三）代表澳门特别行政区政府处理中央授权的对外事务和其他事务；

（十四）批准向立法会提出有关财政收入或支出的动议；

（十五）根据国家和澳门特别行政区的安全或重大公共利益的需要，决定政府官员或其他负责政府公务的人员是否向立法会或其所属的委员会作证和提供证据；

（十六）依法颁授澳门特别行政区奖章和荣誉称号；

（十七）依法赦免或减轻刑事罪犯的刑罚；

（十八）处理请愿、申诉事项。

《澳门特别行政区基本法》第51条　澳门特别行政区行政长官如认为立法会通过的法案不符合澳门特别行政区的整体利益，可在九十日内提出书面理由并将法案发回立法会重议。立法会如以不少于全体议员三分之二多数再次通过原案，行政长官必须在三十日内签署公布或依照本法第五十二条的规定处理。

《澳门特别行政区基本法》第52条　澳门特别行政区行政长官遇有下列情况之一时，可解散立法会：

（一）行政长官拒绝签署立法会再次通过的法案；

（二）立法会拒绝通过政府提出的财政预算案或行政长官认为关系到澳门特别行政区整体利益的法案，经协商仍不能取得一致意见。

行政长官在解散立法会前，须征询行政会的意见，解散时应向公众说明理由。

行政长官在其一任任期内只能解散立法会一次。

《澳门特别行政区基本法》第53条　澳门特别行政区行政长官在立法会未通过政府提出的财政预算案时，可按上一财政年度的开支标准批准临时短期拨款。

《澳门特别行政区基本法》第78条　澳门特别行政区立法会通过的法案，须经行政长官签署、公布，方能生效。

中国宪法学

释解分析

上述条文规定的是特别行政区的行政长官和政治体制——行政主导。

特别行政区行政长官。(1) 性质和地位。特别行政区行政长官是特别行政区的首长，代表特别行政区，同时行政长官又是行政机关的行政首长，领导特别行政区政府。行政长官一方面依照基本法的规定对中央人民政府负责，另一方面对特别行政区负责。此外，作为行政机关的行政首长，他还要对立法会负责。(2) 产生、任期、资格。行政长官在特别行政区通过选举或协商产生，由中央人民政府任命。每届任期 5 年，可连任 1 次。香港特别行政区行政长官由年满 40 周岁，在香港通常居住连续满 20 年并在外国无居留权的香港特别行政区永久性居民中的中国公民担任。澳门特别行政区行政长官由年满 40 周岁，在澳门通常居住连续满 20 年的澳门特别行政区永久性居民中的中国公民担任。(3) 职权。《香港特别行政区基本法》第 48 条、《澳门特别行政区基本法》第 50 条对此作了详细规定。在行使职权方面，香港、澳门特别行政区行政长官基本是相同的，但也有一些不同，如对主要官员的任命（《香港特别行政区基本法》第 48 条第 5 项和《澳门特别行政区基本法》第 50 条第 6 项），此外，澳门特别行政区行政长官还有权委任部分立法会议员等。

从上述条文中可以看出，特别行政区实行行政主导的政治体制。行政主导的主要表现是：(1) 行政长官在特别行政区处于特殊地位，是特别行政区的首长，代表特别行政区；(2) 法律草案、预算案及其他重要议案由特别行政区政府向立法会提出；(3) 特别行政区政府向立法会提出的议案优先列入议程；(4) 立法会通过的法案须经行政长官签署、公布，方能生效；(5) 行政长官对立法会通过的法案有相对否决权；(6) 行政长官有权根据法律规定的程序解散立法会；(7) 其他。例如，行政长官可以依照法律的规定，批准临时短期拨款，有权决定政府官员或者其他公务人员是否向立法会作证和提供证据等。

易混易错

1. 特别行政区政治体制可以概括为：行政主导、司法独立、行政与立法互相制约与配合。

2. 要注意区分香港特别行政区和澳门特别行政区行政长官任职条件的差别，例如，香港特别行政区行政长官须在外国无居留权，而澳门特别行政区行政长官则无此限制。此外，还要注意特别行政区行政机关主要官员任职条件的差别。依据特别行政区基本法规定，特别行政区主要官员由在香港或者澳门通常居住连续满 15 年并在外国无居留权（《澳门特别行政区基本法》没有此项规定）的特别行政区永久性居民中的中国公民担任。

3. 法律硕士联考中，本内容出题方式为选择题和简答题，简答题如简述特别行政区行政主导的表现。

试题范例

（2019 年真题）单项选择题

下列关于香港特别行政区行政长官的表述，正确的是（　　）。

A. 行政长官必须年满四十五周岁
B. 行政长官由当地选举产生，由立法会任命
C. 行政长官在其一任任期内可以解散立法会两次
D. 行政长官是香港特别行政区的首长，代表香港特别行政区

答案：D

核心法条

《香港特别行政区基本法》第 49 条　香港特别行政区行政长官如认为立法会通过的法案不符合香港特别行政区的整体利益，可在三个月内将法案发回立法会重议，立法会如以不少于全体议员三分之二多数再次通过原案，行政长官必须在一个月内签署公布或按本法第五十条的规定处理。

《香港特别行政区基本法》第 50 条　香港特别行政区行政长官如拒绝签署立法会再次通过的法案或立法会拒绝通过政府提出的财政预算案或其他重要法案，经协商仍不能取得一致意见，行政长官可解散立法会。

行政长官在解散立法会前，须征询行政会议的意见。行政长官在其一任任期内只能解散立法会一次。

《香港特别行政区基本法》第 52 条　香港特别行政区行政长官如有下列情况之一者必须辞职：

（一）因严重疾病或其他原因无力履行职务；

（二）因两次拒绝签署立法会通过的法案而解散立法会，重选的立法会仍以全体议员三分之二多数通过所争议的原案，而行政长官仍拒绝签署；

（三）因立法会拒绝通过财政预算案或其他重要法案而解散立法会，重选的立法会继续拒绝通过所争议的原案。

《香港特别行政区基本法》第 55 条第 1 款　香港特别行政区行政会议的成员由行政长官从行政机关的主要官员、立法会议员和社会人士中委任，其任免由行政长官决定。行政会议成员的任期应不超过委任他的行政长官的任期。

《香港特别行政区基本法》第 56 条第 2 款　行政长官在作出重要决策、向立法会提交法案、制定附属法规和解散立法会前，须征询行政会议的意见，但人事任免、纪律制裁和紧急情况下采取的措施除外。

《香港特别行政区基本法》第 73 条第 9 项　香港特别行政区立法会行使下列职权：

…………

（九）如立法会全体议员的四分之一联合动议，指控行政长官有严重违法或渎职行为而不辞职，经立法会通过进行调查，立法会可委托终审法院首席法官负责组成独立的调查委员会，并担任主席。调查委员会负责进行调查，并向立法会提出报告。如该调查委员会认为有足够证据构成上述指控，立法会以全体议员三分之二多数通过，可提出弹劾案，报请中央人民政府决定；

…………

《香港特别行政区基本法》第 74 条　香港特别行政区立法会议员根据本法规定并依照法定程序提出法律草案，凡不涉及公共开支或政治体制或政府运作者，可由立法会议员个别或联名提出。凡涉及政府政策者，在提出前必须得到行政长官的书面同意。

相关法条

《澳门特别行政区基本法》第 51 条　澳门特别行政区行政长官如认为立法会通过的法案不符合澳门特别行政区的整体利益，可在九十日内提出书面理由并将法案发回立法会重议。立法会如以不少于全体议员三分之二多数再次通过原案，行政长官必须在三十日内签署公布或依照本法第五十二条的规定处理。

《澳门特别行政区基本法》第 52 条　澳门特别行政区行政长官遇有下列情况之一时，可解散立法会：

（一）行政长官拒绝签署立法会再次通过的法案；

（二）立法会拒绝通过政府提出的财政预算案或行政长官认为关系到澳门特别行政区整体利益的法案，经协商仍不能取得一致意见。

行政长官在解散立法会前，须征询行政会的意见，解散时应向公众说明理由。

行政长官在其一任任期内只能解散立法会一次。

《澳门特别行政区基本法》第 54 条　澳门特别行政区行政长官如有下列情况之一者必须辞职：

（一）因严重疾病或其他原因无力履行职务；

（二）因两次拒绝签署立法会通过的法案而解散立法会，重选的立法会仍以全体议员三分之二多数通过所争议的原案，而行政长官在三十日内拒绝签署；

（三）因立法会拒绝通过财政预算案或关系到澳门特别行政区整体利益的法案而解散立法会，重选的立法会仍拒绝通过所争议的原案。

《澳门特别行政区基本法》第 57 条第 1 款　澳门特别行政区行政会的委员由行政长官从政府主要官员、立法会议员和社会人士中委任，其任免由行政长官决定。行政会委员的任期不超过委任他的行政长官的任期，但在新的行政长官就任前，原行政会委员暂时留任。

《澳门特别行政区基本法》第 58 条　澳门特别行政区行政会由行政长官主持。行政会的会议每月至少举行一次。行政长官在作出重要决策、向立法会提交法案、制定行政法规和解散立法会前，须征询行政会的意见，但人事任免、纪律制裁和紧急情况下采取的措施除外。

行政长官如不采纳行政会多数委员的意见，应将具体理由记录在案。

《澳门特别行政区基本法》第 71 条第 7 项　澳门特别行政区立法会行使下列职权：

…………

（七）如立法会全体议员三分之一联合动

中国宪法学

议，指控行政长官有严重违法或渎职行为而不辞职，经立法会通过决议，可委托终审法院院长负责组成独立的调查委员会进行调查。调查委员会如认为有足够证据构成上述指控，立法会以全体议员三分之二多数通过，可提出弹劾案，报请中央人民政府决定；

…………

《澳门特别行政区基本法》第75条 澳门特别行政区立法会议员依照本法规定和法定程序提出议案。凡不涉及公共收支、政治体制或政府运作的议案，可由立法会议员个别或联名提出。凡涉及政府政策的议案，在提出前必须得到行政长官的书面同意。

释解分析

上述条文规定的是特别行政区政治体制——行政与立法的关系。特别行政区行政和立法的关系可以概括为行政对立法的制衡、立法会对行政长官的制衡和行政与立法的配合三个方面。

行政对立法的制衡。根据《香港特别行政区基本法》第49条、第50条、第74条和《澳门特别行政区基本法》第51条、第52条、第75条规定，行政对立法的制衡体现在：(1) 行政长官可以拒绝签署立法会通过的法案，并可在3个月内将法案发回立法会重新审议。(2) 如果行政长官拒绝签署立法会再次通过的法案，或者立法会拒绝通过政府提出的财政预算案或者其他重要法案，经协商仍不能取得一致意见，行政长官可解散立法会，但在其任期内只能解散立法会1次。(3) 立法会议员所提出的法律草案，凡涉及政府政策者，在提出前必须得到行政长官的书面同意。

立法会对行政长官的制衡。根据《香港特别行政区基本法》第49条、第50条、第52条、第73条第9项和《澳门特别行政区基本法》第51条、第52条、第54条、第71条第7项规定，立法会对行政长官的制衡体现在：行政长官发回重新审议的法案，如获得立法会以不少于全体议员2/3多数再次通过，行政长官必须在1个月内签署公布，否则行政长官可解散立法会。在以下两种情况下，立法会可迫使行政长官辞职：一是行政长官因两次拒绝签署立法会通过的法案而解散立法会，重新选举的立法会仍以全体议员2/3多数通过所争议的原案，而行政长官仍拒绝签署；二是行政长官因立法会拒绝通过财政预算案或其他重要法案而解散立法会，重新选举的立法会继续拒绝通过所争议的原案。基本法还规定，行政长官如果有严重违法或渎职行为，经法定程序，立法会可以提出弹劾案，报中央人民政府决定。

行政与立法的配合。根据《香港特别行政区基本法》第55条第1款、第56条第2款和《澳门特别行政区基本法》第57条第1款、第58条规定，行政与立法的配合体现在：香港和澳门特别行政区的行政会议的成员，由行政长官从行政机关的主要官员、立法会议员和社会人士中委任；行政长官在作出重要决策、向立法会提交法案、制定附属立法（或行政法规）和解散立法会之前，须征询行政会议（行政会）的意见；行政长官如不采纳行政会议（行政会）多数成员的意见，应将具体理由记录在案。

试题范例

单项选择题

根据特别行政区基本法规定，下列选项体现了行政对立法制衡的是（　　）。

A. 特别行政区行政会议或行政会的成员由行政长官委任

B. 特别行政区行政长官发回重新审议的法案，如获得立法会以不少于全体议员2/3多数再次通过，行政长官必须在1个月内签署公布，否则行政长官可解散立法会

C. 特别行政区立法会议员所提出的法律草案，凡涉及政府政策者，在提出前必须得到行政长官的书面同意

D. 特别行政区行政长官如不采纳行政会议或行政会多数成员的意见，应将具体理由记录在案

答案：C

核心法条

《香港特别行政区基本法》第80条 香港特别行政区各级法院是香港特别行政区的司法机关，行使香港特别行政区的审判权。

《香港特别行政区基本法》第81条 香港特别行政区设立终审法院、高等法院、区域法院、裁判署法庭和其他专门法庭。高等法院设上诉法庭和原讼法庭。

原在香港实行的司法体制，除因设立香港特别行政区终审法院而产生变化外，予以保留。

《香港特别行政区基本法》第 88 条　香港特别行政区法院的法官，根据当地法官和法律界及其他方面知名人士组成的独立委员会推荐，由行政长官任命。

《香港特别行政区基本法》第 90 条　香港特别行政区终审法院和高等法院的首席法官，应由在外国无居留权的香港特别行政区永久性居民中的中国公民担任。

除本法第八十八条和第八十九条规定的程序外，香港特别行政区终审法院的法官和高等法院首席法官的任命或免职，还须由行政长官征得立法会同意，并报全国人民代表大会常务委员会备案。

相关法条

《澳门特别行政区基本法》第 82 条　澳门特别行政区法院行使审判权。

《澳门特别行政区基本法》第 84 条第 1 款　澳门特别行政区设立初级法院、中级法院和终审法院。

《澳门特别行政区基本法》第 86 条　澳门特别行政区设立行政法院。行政法院是管辖行政诉讼和税务诉讼的法院。不服行政法院裁决者，可向中级法院上诉。

《澳门特别行政区基本法》第 88 条　澳门特别行政区各级法院的院长由行政长官从法官中选任。

终审法院院长由澳门特别行政区永久性居民中的中国公民担任。

终审法院院长的任命和免职须报全国人民代表大会常务委员会备案。

《澳门特别行政区基本法》第 90 条　澳门特别行政区检察院独立行使法律赋予的检察职能，不受任何干涉。

澳门特别行政区检察长由澳门特别行政区永久性居民中的中国公民担任，由行政长官提名，报中央人民政府任命。

检察官经检察长提名，由行政长官任命。

检察院的组织、职权和运作由法律规定。

释解分析

上述条文规定的是特别行政区司法机关。香港和澳门特别行政区法院行使特别行政区司法权和终审权。香港特别行政区设立终审法院、高等法院、区域法院、裁判署法庭和其他专门法庭。澳门特别行政区设立初级法院（包括行政法院）、中级法院和终审法院，初级法院还可根据需要设立若干专门法庭。

香港特别行政区法院的法官，根据当地法官和法律界及其他方面知名人士组成的独立委员会推荐，由行政长官任命。香港特别行政区终审法院和高等法院的首席法官，应由在外国无居留权的香港特别行政区永久性居民中的中国公民担任。澳门特别行政区各级法院的院长由行政长官从法官中选任。终审法院院长由澳门特别行政区永久性居民中的中国公民担任。澳门特别行政区检察院独立行使法律赋予的检察职能，不受任何干涉。澳门特别行政区检察长由澳门特别行政区永久性居民中的中国公民担任，由行政长官提名，报中央人民政府任命。检察官经检察长提名，由行政长官任命。

易混易错

注意如下差别：香港地区属于英美法系，因此未设置单独的检察机关，其检察职能属于香港特别行政区政府律政司，律政司属于行政机关，而不是司法机关。澳门地区属于大陆法系，因而设立独立的检察机关，属于司法机关。此外，澳门地区还设有行政法院，属于初级法院，受理行政诉讼和税务诉讼。

试题范例

1.（2015 年真题）单项选择题

根据我国特别行政区基本法，下列表述正确的是（　　）。

A. 特别行政区的立法须报全国人大常委会和国务院备案

B. 特别行政区享有高度自治权，行政长官只对特别行政区负责

C. 对特别行政区终审法院的判决不服，可以上诉至最高人民法院

D. 中央人民政府授权特别行政区依照基本法自行处理有关的对外事务

答案：D

2.（2017年真题）多项选择题

根据澳门特别行政区基本法，下列表述正确的有（　　）。

A. 特别行政区行政长官在任职期内不得具有外国居留权

B. 特别行政区检察长由行政长官提名，报中央人民政府任命

C. 特别行政区境内的土地和自然资源，全部属于国家所有

D. 特别行政区永久性居民和非永久性居民都享有选举权和被选举权

答案：AB

3.（2018年真题）单项选择题

关于香港特别行政区司法机关，下列表述正确的是（　　）。

A. 香港特区法院由普通法院和行政法院组成

B. 香港特区法院对国防等国家行为无管辖权

C. 香港特区终审法院接受最高人民法院的监督

D. 香港特区法院的法官必须是特区永久性居民中的中国公民

答案：B

4. 单项选择题

澳门特别行政区受理税务诉讼的司法机关是（　　）。

A. 初级法院　　B. 中级法院

C. 终审法院　　D. 行政法院

答案：D

5. 多项选择题

下列选项中，属于香港特别行政区司法机关的是（　　）。

A. 律政司　　B. 裁判署法庭

C. 终审法院　　D. 行政法院

答案：BC

十、基层群众自治制度

核心法条

《宪法》第111条 城市和农村按居民居住地区设立的居民委员会或者村民委员会是基层群众性自治组织。居民委员会、村民委员会的主任、副主任和委员由居民选举。居民委员会、村民委员会同基层政权的相互关系由法律规定。

居民委员会、村民委员会设人民调解、治安保卫、公共卫生等委员会，办理本居住地区的公共事务和公益事业，调解民间纠纷，协助维护社会治安，并且向人民政府反映群众的意见、要求和提出建议。

释解分析

本条规定的是基层群众性自治组织。基层群众性自治组织是依照宪法和有关法律的规定，以城乡居（村）民一定的居住地为纽带和范围设立，并由居（村）民选举产生的成员组成的，实行自我管理、自我教育、自我服务的社会组织。

易混易错

1. 基层群众性自治组织是非政权性的自治组织，不属于国家政权。

2. 基层群众性自治组织具有基层性、相对独立性和自治性的特点。

3. 在我国，基层群众性自治组织主要包括城市的居民委员会和农村的村民委员会。

4. 基层群众性自治组织不同于政府派出机关。行政公署是省、自治区的人民政府的派出机关；区公所是县、自治县的人民政府的派出机关；街道办事处是市辖区、不设区的市的人民政府的派出机关。

5. 法律硕士联考中，本内容出题方式包括各类题型。就简答题而言，基层群众性自治组织的含义和特点、居民委员会和村民委员会的任务、基层群众性自治组织的完善等都可以成为考查方向。就分析题而言，基层群众性自治组织的组成、居民和村民的权利保障、居民委员会和村民委员会的自治权限、基层群众性自治组织和基层政府的关系等方面都可以成为考查方向。因此，熟悉《城市居民委员会组织法》和《村民委员会组织法》的相关重点内容是解答这些分析题的关键。本书限于篇幅，未能将全部条文列出，考生可以参照考试大纲、相关习题和法律规定对这部分内容消化吸收。

试题范例

1.（2015年真题）单项选择题

下列关于城市居民委员会的说法，不正确的是（　　）。

A. 居民委员会一般在100户至700户的范围内设立

B. 居民委员会每届任期3年，其成员不得连选连任

C. 居民委员会可根据需要，设立人民调解、治安保卫、公共卫生等委员会

D. 居民委员会是城市居民自我管理、自我教育、自我服务的基层群众性自治组织

答案：B

2.（2016年真题）单项选择题

2014年9月，王村举行村委会选举。下列人员中，应当列入参选村民名单的是（　　）。

A. 王二，户籍在李村，半年前入赘王村

B. 王五，户籍在王村，在纽约唐人街打工，久无音讯

C. 王七，户籍在王村，嫁入李村，已登记和参加李村选举

D. 王九，户籍在王村，在北京经商，多次表示要参选村委会主任

答案：D

3.（2017年真题）单项选择题

根据现行宪法和法律，下列关于村民委员会的表述，正确的是（　　）。

A. 乡镇政府可直接设立村民委员会，报县政

府批准

B. 户籍在本村但不在本村居住的外嫁女，可以参加本村的村委会选举

C. 村民委员会可以制定和修改村民自治章程，并报乡镇政府备案

D. 乡镇政府领导、支持和帮助村民委员会的工作

答案：B

4.（2019 年真题）单项选择题

根据村民委员会组织法，下列关于村务监督机构的表述，正确的是（　　）。

A. 村务监督机构有权撤销村委会的决定

B. 村务监督机构成员在村民代表中推选产生

C. 村务监督机构负责村民民主理财和村务公开工作

D. 村务监督机构成员向村民会议和村民代表会议负责

答案：D

5.（2021 年真题）单项选择题

根据宪法和法律，关于居委会的设立和组成，下列表述正确的是（　　）。

A. 居委会按照便于行政管理的原则而设立

B. 居委会的设立由不设区的市、市辖区的人民政府决定

C. 居委会主任选举产生，连续任职不能超两届

D. 居委会可以设若干居民小组，小组长由居委会主任指定

答案：B

十一、公民与国籍

核心法条

《宪法》第33条第1款 凡具有中华人民共和国国籍的人都是中华人民共和国公民。

释解分析

本条款规定的是公民和国籍。公民也称为国民，是指具有某个国家国籍的自然人。任何自然人要成为中国公民，除应具有中国国籍外，没有其他资格要求。

国籍是指一个人隶属于某个国家的法律上的身份。一个人具有某个国家的国籍，就被认为是该国的公民或国民，就享有该国宪法和法律规定的权利并应向该国履行宪法和法律规定的义务。

易混易错

1. 公民与人民不同。（1）性质不同。公民是法律概念，与外国人和无国籍人相对应；人民是政治概念，与敌人相对应。（2）法律地位不同，并导致权利实现程度不同。人民不但享有宪法权利，而且能够完全实现宪法权利；公民则不同，其中一些人可能由于依法被剥夺政治权利而不能完全实现宪法权利。（3）范围不同。公民的范围要比人民的范围更广泛，除包括人民以外，还包括人民的敌人。（4）适用对象不同。公民通常所表达的是个体的概念，人民所表达的是群体的概念。

2. 公民权是人们享有的宪法规定的公民的基本权利和义务的统称。公民权与人权的区别表现在：（1）二者性质不同。人权是一个政治概念，在实践中不断发展，不同的人可以对人权有各自的理解和解释。公民权是一个法律概念，其含义和保护方式有着法律的界定，人权的内容一旦入宪而成为公民权，就具有了固定含义，只能依法解释和保护。（2）二者不能简单等同。可以笼统地讲公民权就是人权，这是因为它体现着人权的内在要求。然而，人权和公民权从性质到形式差异很大，人权的一个方面的要求可能具体化为公民权的若干项权利，而公民权的一项权利也可能同时体现着人权的多方面要求，二者不能一一对等。（3）人权与公民权相比，还具有阶级性、民族性、地域性、时代性和国际性的特点。

3. 我国宪法使用的是“公民的基本权利”这样的表述，这表明基本权利的主体首先是公民，但不限于公民，享有宪法规定的基本权利的主体还包括法人、其他组织和外国公民等。

试题范例

1.（2016年真题）多项选择题

下列关于公民这一概念的表述，正确的有（　　）。

A. 公民概念通常在个体意义上使用

B. 公民是享有基本权利的唯一主体

C. 公民与人民具有相同的内涵外延

D. 凡具有中国国籍的人都是中国公民

答案：AD

2. 单项选择题

公民与人民相比，（　　）。

A. 公民与人民的范围相同

B. 公民的范围比人民的范围大

C. 公民的范围比人民的范围小

D. 公民的范围不包括人民

答案：B

核心法条

《国籍法》第3条 中华人民共和国不承认中国公民具有双重国籍。

《国籍法》第4条 父母双方或一方为中国公民，本人出生在中国，具有中国国籍。

《国籍法》第5条 父母双方或一方为中国公民，本人出生在外国，具有中国国籍；但父母双方或一方为中国公民并定居在外国，本人出生时即具有外国国籍的，不具有中国国籍。

《国籍法》第6条　父母无国籍或国籍不明，定居在中国，本人出生在中国，具有中国国籍。

《国籍法》第7条　外国人或无国籍人，愿意遵守中国宪法和法律，并具有下列条件之一的，可以经申请批准加入中国国籍：

一、中国人的近亲属；

二、定居在中国的；

三、有其他正当理由。

《国籍法》第8条　申请加入中国国籍获得批准的，即取得中国国籍；被批准加入中国国籍的，不得再保留外国国籍。

《国籍法》第9条　定居外国的中国公民，自愿加入或取得外国国籍的，即自动丧失中国国籍。

释解分析

上述条文规定的是出生国籍和继有国籍。出生国籍是指因出生而取得国籍。继有国籍是指因加入而取得国籍。见表3-5。

表3-5

出生国籍	血统主义原则	确定国籍时以一个人出生时父母的国籍为准
	出生地主义原则	确定国籍时以一个人的出生地所属的国家为准
	血统主义与出生地主义相结合的原则	我国对国籍采用以血统主义为主、出生地主义为辅的原则
继有国籍	前提	(1) 申请人必须愿意遵守中国的宪法和法律；(2) 必须是出于本人的自愿
	法定条件	(1) 申请人为中国公民的近亲属；(2) 本人定居在中国；(3) 有其他正当理由

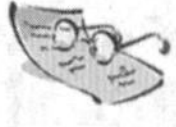

易混易错

1. 我国不承认中国公民具有双重国籍。

2. 加入中国国籍的，不得再保留外国国籍。

3. 在香港和澳门的特殊情况下，中国公民可以保留其在外国的居留权。

试题范例

1.（2017年真题）多项选择题

根据我国宪法和国籍法，下列关于国籍的表述，正确的有（　　）。

A. 张某出生在中国，其母亲是中国人，父亲是法国人，张某具有中国国籍

B. 中国公民李某公派德国学习期间生下赵某，赵某具有中国国籍

C. 杨某为国家工作人员，其可以加入外国国籍

D. 秦某加入了加拿大国籍，其可以保留中国国籍

答案：AB

2. 多项选择题

外国人或无国籍人，愿意遵守中国宪法和法律，并具有下列（　　）条件之一的，可以经申请批准加入中国国籍。

A. 中国人的近亲属

B. 定居在中国的

C. 有其他正当理由

D. 享有在中国政治避难的权利

答案：ABC

核心法条

《宪法》第33条第4款　任何公民享有宪法和法律规定的权利，同时必须履行宪法和法律规定的义务。

《宪法》第51条　中华人民共和国公民在行使自由和权利的时候，不得损害国家的、社会的、集体的利益和其他公民的合法的自由和权利。

释解分析

上述条文规定的是公民权利和义务的一致性。这种一致性的表现是：(1) 公民既享受宪法和法律规定的权利，又必须履行宪法和法律规定的义务；(2) 公民的某些宪法权利和义务是相互结合的；(3) 权利和义务在整体上是相互促进的；(4) 权利享有上附有限制条件。

易混易错

1. 公民的权利和义务的一致性，不表明不履

行义务就不能享有权利，也不表明享有权利就必须履行义务。

2. 基本权利的限制。基本权利的限制，或者源于不同权利之间的冲突，或者因为公共利益的保护。宪法作为一国法律秩序的基石，必然要对权利冲突或者公共利益保护进行相应的安排，对基本权利的行使进行相应的规制。基本权利限制的形式有基本权利的宪法限制和基本权利的法律限制。基本权利的宪法限制，比如，我国《宪法》规定公民有宗教信仰自由，但任何人不得利用宗教进行破坏社会秩序、损害公民身体健康、妨碍国家教育制度的活动。基本权利的法律限制即法律保留。对基本权利进行限制，在立法上除要符合法律保留原则外，还应遵守下列原则：（1）明确性原则。法律对公民基本权利所作的限制，必须内容明确，可以成为公民行动的合理预期。如果法律条文过于宽泛、笼统和模糊，在接受宪法审查的时候，此类法律往往会被宣告为违宪而无效。（2）比例原则。比例原则要求为公共利益而限制公民基本权利的时候，必须要在手段和目的之间进行利益衡量。限制基本权利的目的必须具有宪法正当性。它包括3个方面的内容：①手段合适性，所采用手段必须适合目的之达成；②限制最小化，立法所采取的是对基本权利影响、限制最小的手段；③狭义比例原则，要求手段达成的公共目的与造成的损害之间具有适当的比例关系，即均衡法。

3. 法律硕士联考中，本内容的出题方式包括各类题型，简答题如简述基本权利的限制原则，分析题如对基本权利限制的情形及是否符合限制原则作出分析。

试题范例

（2017年真题）多项选择题

关于公民基本权利的限制，下列表述正确的有（　　）。

A. 限制基本权利必须以宪法和法律为依据

B. 限制基本权利时需要严格遵守比例原则

C. 限制基本权利的主要目的是维护公共利益

D. 对基本权利的限制必须内容明确，使其可以成为公民行动的合理预期

答案：ABCD

十二、平 等 权

核心法条

《宪法》第4条第1款 中华人民共和国各民族一律平等。国家保障各少数民族的合法的权利和利益，维护和发展各民族的平等团结互助和谐关系。禁止对任何民族的歧视和压迫，禁止破坏民族团结和制造民族分裂的行为。

《宪法》第5条第5款 任何组织或者个人都不得有超越宪法和法律的特权。

《宪法》第33条第2、4款 中华人民共和国公民在法律面前一律平等。

任何公民享有宪法和法律规定的权利，同时必须履行宪法和法律规定的义务。

《宪法》第36条第2款 任何国家机关、社会团体和个人不得强制公民信仰宗教或者不信仰宗教，不得歧视信仰宗教的公民和不信仰宗教的公民。

《宪法》第48条 中华人民共和国妇女在政治的、经济的、文化的、社会的和家庭的生活等各方面享有同男子平等的权利。

国家保护妇女的权利和利益，实行男女同工同酬，培养和选拔妇女干部。

释解分析

上述条文规定的是平等权，可以分为一般平等权条款和具体平等权条款。反映一般平等权的条款包括《宪法》第33条第2、4款和第5条第5款规定。其余条款都是具体平等权条款，这些具体平等权条款可以归纳为：(1) 民族平等权（《宪法》第4条第1款）。(2) 选举平等权（《宪法》第34条）。(3) 宗教信仰平等权（《宪法》第36条第2款）。(4) 性别平等权（男女平等权）（《宪法》48条）。

上述平等权条款揭示了平等权的如下含义：(1) 平等权的主体是全体公民。(2) 平等权是公民的基本权利，是国家的基本义务。(3) 平等权意味着公民平等地享有权利、履行义务。(4) 平等权是贯穿于公民其他权利的一项权利，它通过男女平等权、民族平等权、受教育平等权和宗教信仰平等权等而具体化。

平等权既是我国公民的一项基本权利，也是我国宪法的基本原则。保护公民的平等权是宪法的基本要求。

易混易错

1. 平等权是指法律内容上的平等，而不是指法律适用上的平等和立法上的平等。

2. 平等是指依照法律规定同等对待，不是指权利和义务的对等。

3. 我国宪法规定，我国公民在法律面前一律平等，从而确立了平等权，但平等权并不意味着对所有公民采取无差别待遇，只要存在差别待遇的合理理由，就应当承认这种差别，这就是合理差别。合理差别并不违反平等权的要求。合理差别包括：(1) 由于年龄上的差异所采取的责任、权利等方面上的合理差别；(2) 依据人的生理差异所采取的合理差别；(3) 依据民族的差异所采取的合理差别；(4) 依据经济上的能力以及所得的差异所采取的纳税负担上的轻重的合理差别，如个人所得税法采取的超额累进税率征税方法；(5) 对从事特定职业的权利主体的特殊义务的加重和特定权利的限制，如国家工作人员必须接受公民的监督、批评和建议，以及在高等学府任教的学历条件等。需要注意的是，宪法学中提到的是否合理差别和是否存在歧视性对待所针对的对象是政府，而不是公民个人，例如，某餐馆不准衣衫褴褛者入内就餐，因餐馆不是政府，因此餐馆差别对待的做法不是宪法学讨论的问题，如果某人以餐馆存在歧视性做法起诉的，也只能依据民法有关规定处理。此外，判断政府的措施是合理差别还是违反平等保护的歧视性做法的标准是：(1) 政府进行差别对待的目的必须是实现正当的而且是重大的利益；(2) 这种差别对待必须是实现其所宣称的正当目标的合理的乃至是必不可少的手段；(3) 政府负有举证责任。

4. 法律硕士联考中，本内容出题方式包括各类题型。出题思路：选择题一般集中在平等权的内容（男女平等权、民族平等权、受教育平等权和宗教信仰平等权）、合理差别的类型及判断政府的措施是合理差别还是违反平等保护的歧视性做法的标准等；简答题为平等权与合理差别的内涵；分析题一般是给出条文对平等权的内容及含义进行判断，或者以案例的形式对侵犯平等权的行为进行判定并说明理由。

试题范例

1.（2016 年真题）多项选择题

下列关于平等权的表述，正确的有（　　）。

A. 平等权是我国公民的基本权利

B. 国家对公民的平等权负有保障义务

C. 平等权意味着公民平等地享有权利、履行义务

D. 平等权反对特权和歧视，也不允许存在任何差别对待

答案：ABC

2.（2017 年真题）单项选择题

我国现行宪法规定，公民在法律面前一律平等。下列关于"平等"的理解，正确的是（　　）。

A. 平等本质上是权利与义务的对等

B. 形式上的平等与实质上的平等是一回事

C. 平等指立法上的平等而非法律适用上的平等

D. 平等既是一项宪法原则，又是公民的一项基本权利

答案：D

3.（2021 年真题）单项选择题

下列关于我国宪法上平等的理解，不正确的是（　　）。

A. 平等权是公民的一项基本权利

B. 男女平等、民族平等都是平等权的具体体现

C. 平等权不仅反对显性歧视，而且反对隐性歧视

D. 平等权意味着平等保护，不得设置任何差别对待

答案：D

十三、政治权利

核心法条

《宪法》第34条 中华人民共和国年满十八周岁的公民，不分民族、种族、性别、职业、家庭出身、宗教信仰、教育程度、财产状况、居住期限，都有选举权和被选举权；但是依照法律被剥夺政治权利的人除外。

释解分析

本条规定的是公民的选举权。选举权是公民选择代表机关代表和国家公职人员的权利；被选举权是公民被推举为代表机关代表或国家公职人员的权利。二者通常合称为选举权。

核心法条

《宪法》第35条 中华人民共和国公民有言论、出版、集会、结社、游行、示威的自由。

释解分析

本条规定的是选举权和被选举权之外的政治权利，包括言论自由，出版自由，集会、游行、示威自由，结社自由。

言论自由是指公民通过口头等形式表达其意见和观点的自由，它是公民政治权利最重要的内容之一。从表现形式上来看，广义的言论自由还包括借助于绘画、摄影、雕塑、出版、影视、广播、戏剧等手段来展现自己的意见和观点的自由。该政治权利确立于1954年宪法。言论自由不是毫无限制的，因此有必要通过法律的形式对言论自由加以最低限制。具体而言，对言论自由的最低限制表现在：(1) 公民在行使言论自由时不得侵害他人的隐私权和名誉权，否则可能构成民事侵权。(2) 淫秽言论会受到限制或者禁止。(3) 煽动仇恨和挑衅言论会受到约束或者限制。

出版自由是言论自由的扩展表现，是广义的言论自由，它主要是指公民有在宪法和法律规定的范围内，通过出版物系统地表达自己的意见和思想的权利。它主要媒介物是书籍、报纸、传单、广播、电视等。我国从《共同纲领》到历部《宪法》，都确立了出版自由。

集会是指聚集于露天公共场所，发表意见、表达意愿的活动；游行是指在公共道路、露天公共场所列队行进、表达共同意愿的活动；示威是指在露天公共场所或者公共道路上以集会、游行、静坐等方式，表达要求、抗议或者支持、声援等共同意愿的活动。集会、游行、示威自由是现代民主制度的要求，但由于集会、游行、示威属于较为激烈的表达意志的方式，因此有必要对其通过法律规定加以限制。

结社自由是指公民为了一定的宗旨而组织成社会团体的自由。结社自由是言论自由的进一步发展，也是若干公民集合起来方能实现的自由权。我国宪法和有关法律对社会团体依照其登记的章程进行的活动实施保护就是结社自由的体现。

易混易错

1. 各国对言论自由的限制方式包括预防制和追惩制。

2. 我国目前对社会团体的成立实行核准登记制度。

3. 世界各国对集会、游行、示威的限制方式包括登记制、许可制和追惩制。我国对集会、游行、示威的限制方式采取许可制。

4. 集会、游行、示威自由都来自公民的请愿权。见表3-6。

表3-6

	起源	共同点	区别
集会自由	公民的请愿权	表达强烈意愿； 公共场所行使； 多个公民共同行使	临时性集合在一起
游行自由			和平地行进或静坐
示威自由			显示决心和力量

5. 法律硕士联考中，本内容出题方式主要是

选择题和简答题。就简答题而言，我国宪法关于公民政治权利的规定是主要考查方向。就分析题而言，一般是给出一段材料，分析材料中公民所享有的政治权利的类型、对政治权利的侵害情况及其处理等。

试题范例

1.（2016 年真题）单项选择题

下列关于言论自由的表述，不正确的是（　　）。

A. 言论自由是公民政治权利的重要内容

B. 保障言论自由为各国宪法所普遍承认

C. 规制言论自由的方式主要有预防制和追惩制

D. 行使言论自由时侵害他人名誉权的，构成违宪

答案：D

2.（2017 年真题）单项选择题

下列选项中，属于我国现行宪法规定的公民政治权利的是（　　）。

A. 结社自由

B. 通信自由

C. 劳动者休息的权利

D. 受教育权

答案：A

3. 多项选择题

下列选项中，属于非营利性的社团的是（　　）。

A. 政党　　B. 宗教团体

C. 慈善团体　　D. 文艺团体

答案：ABCD

十四、宗教信仰自由

核心法条

《宪法》第 36 条　中华人民共和国公民有宗教信仰自由。

任何国家机关、社会团体和个人不得强制公民信仰宗教或者不信仰宗教，不得歧视信仰宗教的公民和不信仰宗教的公民。

国家保护正常的宗教活动。任何人不得利用宗教进行破坏社会秩序、损害公民身体健康、妨碍国家教育制度的活动。

宗教团体和宗教事务不受外国势力的支配。

释解分析

本条规定的是宗教信仰自由。宗教信仰自由是指每个公民既有信仰宗教的自由，也有不信仰宗教的自由；有信仰这种宗教的自由，也有信仰那种宗教的自由；在同一宗教里面，有信仰这个教派的自由，也有信仰那个教派的自由；有过去信教而现在不信教的自由，也有过去不信教而现在信教的自由。我国的宗教信仰自由确立于 1954 年宪法。

宗教信仰自由是公民个人的权利，信仰与不信仰宗教由公民个人选择，任何国家机关、社会团体和个人都不得强制公民信仰宗教或不信仰宗教，不得歧视信仰宗教的公民和不信仰宗教的公民。

国家保护正常的宗教活动，宗教活动应当是公开的、有组织的活动，正常的宗教活动还应当在宗教场所进行，由宗教组织和宗教教徒自理，受法律保护。但宗教活动不得妨碍社会秩序，不得干预国家行政、司法，不得妨碍国家的教育制度，不得利用宗教活动进行损害公民身体健康的活动。

在宗教对外友好关系方面，我国坚持自传、自教、自治的“三自”方针，积极发展宗教方面的国际友好往来，但同时抵制外国宗教中敌对势力的渗透。

易混易错

法律硕士联考中，本内容出题方式主要是选择题和简答题。就简答题而言，我国宪法关于公民宗教信仰自由的规定是主要考查方向。

试题范例

多项选择题

任何（　　）不得强制公民信仰宗教或者不信仰宗教，不得歧视信仰宗教的公民和不信仰宗教的公民。

A. 国家机关

B. 社会团体

C. 个人

D. 企事业单位

答案：ABC

十五、人身自由

核心法条

《宪法》第37条 中华人民共和国公民的人身自由不受侵犯。

任何公民，非经人民检察院批准或者决定或者人民法院决定，并由公安机关执行，不受逮捕。

禁止非法拘禁和以其他方法非法剥夺或者限制公民的人身自由，禁止非法搜查公民的身体。

释解分析

本条规定的是公民的人身自由。公民的人身自由是指公民的身体不受非法侵犯，即不受非法的限制、搜查、拘留和逮捕。

易混易错

1. 公民的人身自由有广义、狭义两方面，广义的人身自由还包括与狭义人身自由相关联的人格尊严、住宅不受侵犯，与公民个人私生活有关的通信自由和通信秘密等权利和自由。

2. 非法拘禁是指违法或者违反法定程序，以拘留、监禁等方法剥夺或限制公民人身自由的行为。

3. 以其他方法非法剥夺或者限制公民的人身自由，是指在违反实体及程序法律的情况下，以非法管制、拘役、软禁以及非法讯问、跟踪盯梢等方法限制、剥夺公民人身自由的行为。

4. 非法搜查公民的身体，是指司法机关违反法定程序，或依法不享有搜查权的机关、组织或个人，对公民强行搜身，或者强迫公民自己证明自身清白和暴露身体的行为。

试题范例

（2019年真题）多项选择题

根据我国宪法，公民人身自由的内容包括（　　）。

A. 住宅不受侵犯

B. 人身自由不受侵犯

C. 人格尊严不受侵犯

D. 通信自由和通信秘密受法律保护

答案：ABCD

核心法条

《宪法》第38条 中华人民共和国公民的人格尊严不受侵犯。禁止用任何方法对公民进行侮辱、诽谤和诬告陷害。

释解分析

本条规定的是公民的人格尊严。人格尊严是指公民作为平等的人的资格和权利，应受到国家和社会的承认和尊重。

试题范例

多项选择题

中华人民共和国公民的人格尊严不受侵犯。禁止用任何方法对公民进行（　　）。

A. 侮辱　　B. 诽谤

C. 诬告陷害　　D. 诬蔑

答案：ABC

核心法条

《宪法》第39条 中华人民共和国公民的住宅不受侵犯。禁止非法搜查或者非法侵入公民的住宅。

释解分析

本条规定的是公民的住宅不受侵犯。住宅不受侵犯是指任何机关、团体的工作人员或者其他个人，未经法律许可或未经户主等居住者的同意，不得随意进入、搜查或查封公民的住宅。

易混易错

1. 住宅的概念是广义的，不仅包括公民的私人住宅，还包括公民临时居住的招待所、旅店等。

2. 侵占、损毁公民住宅的行为既对公民的民事财产权利构成侵犯，也对公民人身自由权利构成侵犯。

3. 若国家机关因特殊需要对公民住所进行检查时，需遵循法定程序，必须遵守宪法和法律的相关规定。

核心法条

《宪法》第40条 中华人民共和国公民的通信自由和通信秘密受法律的保护。除因国家安全或者追查刑事犯罪的需要，由公安机关或者检察机关依照法律规定的程序对通信进行检查外，任何组织或者个人不得以任何理由侵犯公民的通信自由和通信秘密。

释解分析

本条规定的是公民的通信自由和通信秘密。通信自由是指公民与其他主体之间传递消息和信息不受国家非法限制的自由。通信秘密是指公民的通信（包括电报、电传、电话和邮件等信息传递形式），他人不得隐匿、毁弃、拆阅或者窃听。

易混易错

1. 公安机关（包括国家安全机关）和检察部门可以依法对公民的通信内容进行检查，以维护社会秩序，保卫国家安全。

2. 法律硕士联考中，从整体上看，人身自由这部分内容的出题方式包括各类题型。就简答题而言，我国宪法规定的公民人身自由的主要内容是主要考查方向。就分析题而言，这部分内容属于分析题的高频考区，出题方式往往是给出材料，要求考生判断材料中公民的人身自由、人格尊严、住宅、通信自由和通信秘密受到侵犯的情形和救济措施。此外，人身自由这部分内容还经常和宪法学其他知识综合出分析题，例如，将人身自由和有关机关执法活动的原则、宪法原则（如法治原则中的法律保留原则、基本人权原则）、违宪审查制等结合出题。

试题范例

（2018年真题）单项选择题

在甲、乙离婚案件的审理过程中，甲以怀疑乙有婚外情为由，请求法院向移动通信公司调取乙的通话记录清单作为证据。根据现行宪法，下列表述正确的是（　　）。

A. 甲只能雇用私人侦探调取乙的通话记录清单

B. 法院为查明事实，有权要求移动通信公司提供用户的通话记录清单

C. 移动通信公司为保护用户，有权拒绝任何机构对通信内容进行调查

D. 通话记录清单属于公民通信秘密的范围，移动通信公司有保护通信秘密的义务

答案：D

十六、财产权和社会文化权利

核心法条

《宪法》第 13 条 公民的合法的私有财产不受侵犯。

国家依照法律规定保护公民的私有财产权和继承权。

国家为了公共利益的需要，可以依照法律规定对公民的私有财产实行征收或者征用并给予补偿。

释解分析

本条规定的是公民的财产权。财产权是指公民对其合法财产享有的不受非法侵犯的权利。

易混易错

1. 财产权的范围不限于生活资料，还包括生产资料；不限于所有权，还包括所有权以外的与财产有关的权利。

2. 对公民的私有财产权，国家有义务加以保护；对公民合法的私有财产权，国家也不得侵犯。

3. 国家在必要时对公民的私有财产进行征收或者征用，只能基于“公共利益的需要”。

4. 法律硕士联考中，本内容出题方式包括各类题型。就简答题而言，主要包括 2 道：(1) 简述我国宪法关于公民财产权的规定；(2) 简述国家对公民财产征收或者征用的条件。就分析题而言，一般是给出一段材料，分析材料中公民财产权受到侵犯的情形、宪法依据及救济途径，或者分析材料中国家征收或者征用财产是否合法及理由等。

试题范例

1. (2015 年真题) 多项选择题

根据我国宪法关于公民私有财产的规定，下列表述正确的有（　　）。

A. 公民的合法的私有财产不受侵犯

B. 国家机关不得没收任何公民的私有财产

C. 公民的私有财产受法律保护，并可依法继承

D. 国家为了公共利益的需要，可依法对公民的私有财产实行征收或征用并给予补偿

答案：ACD

2. (2019 年真题) 单项选择题

根据我国宪法和法律，下列关于公民财产权的表述，正确的是（　　）。

A. 公民行使财产权，不得损害公共利益

B. 2004 年宪法修正案规定，公民的私有财产神圣不可侵犯

C. 公民财产权规定在宪法第二章“公民的基本权利和义务”中

D. 国家为经济发展的需要，可依法对私有财产进行征收并赔偿

答案：A

核心法条

《宪法》第 42 条 中华人民共和国公民有劳动的权利和义务。

国家通过各种途径，创造劳动就业条件，加强劳动保护，改善劳动条件，并在发展生产的基础上，提高劳动报酬和福利待遇。

劳动是一切有劳动能力的公民的光荣职责。国有企业和城乡集体经济组织的劳动者都应当以国家主人翁的态度对待自己的劳动。国家提倡社会主义劳动竞赛，奖励劳动模范和先进工作者。国家提倡公民从事义务劳动。

国家对就业前的公民进行必要的劳动就业训练。

释解分析

本条规定的是公民的劳动权。劳动权是指有

劳动能力的公民，有获得工作和取得劳动报酬的权利，在一定意义上就是指受雇权和从事生产活动的权利。

试题范例

单项选择题

下列关于劳动权的表述，不正确的是（　　）。

A. 劳动权具有自由权与社会权的综合性质

B. 劳动权既是权利，也是义务

C. 劳动权具有平等性

D. 取得报酬权是劳动权的核心内容

答案：D

核心法条

《宪法》第43条　中华人民共和国劳动者有休息的权利。

国家发展劳动者休息和休养的设施，规定职工的工作时间和休假制度。

释解分析

本条规定的是劳动者的休息权。

易混易错

1. 休息权附属于劳动权，是劳动权的必要补充。

2. 没有劳动权就不能享有休息权，有劳动权就必有休息权。

3. 非劳动者也需要休息，但不属于宪法权利。

4. 休息权的目的在于保护劳动者的身体健康，提高劳动效率。

核心法条

《宪法》第44条　国家依照法律规定实行企业事业组织的职工和国家机关工作人员的退休制度。退休人员的生活受到国家和社会的保障。

释解分析

本条规定的是退休人员的生活保障权。退休制度是指达到一定年龄的劳动者离开劳动岗位，进行休息或休养，并按规定领取一定的退休金、离休金或退休保险金的制度。退休权与休息权有同质性，也是附属于劳动权的权利。

易混易错

1. 退休权是劳动者永久离开劳动岗位后的权利，休息权是劳动过程中的权利。

2. 退休权须达到一定年龄或履行劳动职责若干年后才享有，休息权以是否受雇为条件。

3. 退休原因多为年老、疾病、不适宜继续参加劳动等，休息多为恢复体力的需要。

4. 退休金是劳动报酬的一部分，休息时所发工资有雇主或国家预支的性质。

试题范例

多项选择题

根据我国现行宪法规定，下列选项中，实行退休制度的是（　　）。

A. 企事业组织的职工

B. 国家机关工作人员

C. 农村承包经营户

D. 个体工商户

答案：AB

核心法条

《宪法》第45条　中华人民共和国公民在年老、疾病或者丧失劳动能力的情况下，有从国家和社会获得物质帮助的权利。国家发展为公民享受这些权利所需要的社会保险、社会救济和医疗卫生事业。

国家和社会保障残废军人的生活，抚恤烈士家属，优待军人家属。

国家和社会帮助安排盲、聋、哑和其他有残疾的公民的劳动、生活和教育。

释解分析

本条规定的是物质帮助权。物质帮助权是公民因特定原因不能通过其他正当途径获得必要的物质生活手段时，从国家和社会获得生活保障、享受社会福利的一种权利。

易混易错

物质帮助权的范围：老年人、患疾病公民、丧失劳动能力公民。

试题范例

1.（2019年真题）单项选择题

下列关于社会保障权的表述，正确的是（　　）。

A. 社会保障权包括退休人员生活保障权、物质帮助权等内容

B. 1999年宪法修正案强化了对公民社会保障权的保护

C. 国家不负有保障社会保障权实现的义务

D. 社会保障权是一种消极权利

答案：A

2.（2021年真题）单项选择题

下列关于社会权利的表述，正确的是（　　）。

A. 社会权利的目标是为了更好地实现社会效率

B. 国家在社会权利的行使过程中应当保持中立

C. 社会权利只有在社会主义国家才成为基本权利

D. 我国公民的社会权利主要包括劳动权、休息权和社会保障权

答案：D

核心法条

《宪法》第46条　中华人民共和国公民有受教育的权利和义务。

国家培养青年、少年、儿童在品德、智力、体质等方面全面发展。

释解分析

本条规定的是受教育的权利和义务。公民受教育的权利和义务，是指公民在国家和社会提供的各类学校和机构中学习科学文化知识的权利，以及在一定条件下依法接受各种形式的教育的义务。

易混易错

受教育既是权利又是义务。

试题范例

1.（2018年真题）多项选择题

外来务工人员刘某在为其子办理小学入学报名手续的过程中，被要求到户籍所在地派出所开具无犯罪记录证明。刘某不同意开具证明，学校因此拒绝其子入学。根据现行宪法，在这一事件中，刘某之子受到侵犯的基本权利有（　　）。

A. 沉默权　　B. 平等权

C. 财产权　　D. 受教育权

答案：BD

2.（2019年真题）多项选择题

某村5名初中生辍学，家长听之任之。镇政府对家长进行了批评教育，要求他们送子女返校读书。根据我国宪法和法律，下列表述正确的有（　　）。

A. 学生家长应保障子女接受义务教育

B. 受教育既是公民的权利，也是公民的义务

C. 镇政府有保障适龄儿童、少年接受义务教育的职责

D. 子女教育应由家长负责，镇政府的行为侵犯了家长的监护权

答案：ABC

核心法条

《宪法》第47条　中华人民共和国公民有进行科学研究、文学艺术创作和其他文化活动的自由。国家对于从事教育、科学、技术、文学、艺术和其他文化事业的公民的有益于人民的创造性工作，给以鼓励和帮助。

释解分析

本条规定的是文化方面的权利和自由。科学研究自由是指公民在从事社会科学和自然科学的研究时，有选择研究课题、研究和探讨问题、交流学术观点、发表个人学术见解的自由。文艺创作自由是指公民发挥个人的文学艺术创作才能，创作各种形式的文学艺术作品的自由。

易混易错

1. 除了科学研究自由和文艺创作自由，我国公民还享有从事体育活动以及其他有益于身心健

中国宪法学

康和社会精神财富积累的活动的自由。

2. 法律硕士联考中，从整体上看，社会经济文化权利这部分内容的出题方式包括各类题型。就简答题而言，我国宪法对公民财产实施征收、征用并补偿的条件，我国宪法关于社会保障权的基本内容等都可以成为考查方向。就分析题而言，这部分内容属于高频考区，有些公民基本权利既可以单独出题，例如，劳动权、休息权、受教育权，也可以结合其他基本权利综合出题，例如将劳动权、休息权、受教育权和平等权、人身自由权结合出题，还可以结合宪法学其他知识综合出题，如公民基本权利和宪法原则、执法原则、违宪审查制等结合出题，典型的分析题如将受教育权和平等权、违宪审查制等知识结合综合出题。

试题范例

1.（2021 年真题）单项选择题

下列关于文化教育权的表述，不正确的是（　　）。

A. 文化教育权的实现有利于促进科学文化事业的发展

B. 文化教育权属于消极权利

C. 公民有进行科研、文艺创作和其他文化活动的自由

D. 公民受教育权是公民接受文化、科学、品德等方面教育的权利

答案：B

2. 单项选择题

根据我国宪法，下列关于文化权利的理解，不正确的是（　　）。

A. 对于从事基因重组的研究的控制不符合我国宪法的要求

B. 我国公民有从事科学研究的权利

C. 公民有权自由地从事文艺创作活动并发表成果

D. 观赏文化艺术珍品和欣赏文艺作品的活动属于从事文化活动的权利范围

答案：A

十七、监督权

核心法条

《宪法》第41条 中华人民共和国公民对于任何国家机关和国家工作人员，有提出批评和建议的权利；对于任何国家机关和国家工作人员的违法失职行为，有向有关国家机关提出申诉、控告或者检举的权利，但是不得捏造或者歪曲事实进行诬告陷害。

对于公民的申诉、控告或者检举，有关国家机关必须查清事实，负责处理。任何人不得压制和打击报复。

由于国家机关和国家工作人员侵犯公民权利而受到损失的人，有依照法律规定取得赔偿的权利。

释解分析

本条规定的是监督权（诉愿权）。监督权是批评权、建议权、检举权、控告权、申诉权和取得国家赔偿权的总称，监督权的核心包括批评权和建议权。批评权是公民对于国家机关及其工作人员的缺点和错误，有权提出要求其克服改正的意见；建议权是公民对国家机关的工作，有权提出自己的主张和建议；检举权是公民对国家机关工作人员的违法失职行为向有关机关进行检举的权利；控告权主要是指公民对违法失职的国家机关及其工作人员的侵权行为提出指控，请求有关机关对违法失职者给予制裁的权利；申诉权是指公民对国家机关作出的决定不服，可向有关国家机关提出请求，要求重新处理的权利；取得国家赔偿权是指国家机关和国家机关工作人员违法行使职权侵犯公民的合法权益造成损害时，受害人有取得国家赔偿的权利。

易混易错

1. 我国公民取得赔偿分为行政赔偿和刑事赔偿两种形式，不包括民事赔偿或其他赔偿形式。

2. 法律硕士联考中，本内容出题方式包括各类题型。就简答题而言，我国宪法规定的公民监督权的主要内容，取得国家赔偿权的含义、种类和意义是主要考查方向。就分析题而言，这部分内容属于高频考区，出题方式就是通过给出材料，要求考生就材料中公民行使监督权的类型、方式等进行判断，监督权还可以结合宪法学其他知识综合出分析题，例如将监督权和违宪审查制、国家机关组织活动原则、人大代表的特殊身份保障等知识结合出题。

试题范例

单项选择题

公民对国家机关作出的决定不服，可向有关国家机关提出请求，要求重新处理的权利是（　　）。

A. 控告权　　B. 检举权

C. 建议权　　D. 申诉权

答案：D

十八、公民的基本义务

核心法条

《宪法》第52条 中华人民共和国公民有维护国家统一和全国各民族团结的义务。

《宪法》第53条 中华人民共和国公民必须遵守宪法和法律，保守国家秘密，爱护公共财产，遵守劳动纪律，遵守公共秩序，尊重社会公德。

《宪法》第54条 中华人民共和国公民有维护祖国的安全、荣誉和利益的义务，不得有危害祖国的安全、荣誉和利益的行为。

《宪法》第55条 保卫祖国、抵抗侵略是中华人民共和国每一个公民的神圣职责。

依照法律服兵役和参加民兵组织是中华人民共和国公民的光荣义务。

《宪法》第56条 中华人民共和国公民有依照法律纳税的义务。

《宪法》第42条第1款 中华人民共和国公民有劳动的权利和义务。

《宪法》第46条第1款 中华人民共和国公民有受教育的权利和义务。

《宪法》第49条 婚姻、家庭、母亲和儿童受国家的保护。

夫妻双方有实行计划生育的义务。

父母有抚养教育未成年子女的义务，成年子女有赡养扶助父母的义务。

禁止破坏婚姻自由，禁止虐待老人、妇女和儿童。

释解分析

上述条文规定的是我国公民的基本义务。根据宪法的规定，我国公民的基本义务有五项：维护国家统一和全国各民族团结的义务；遵守宪法和法律，保守国家秘密，爱护公共财产，遵守劳动纪律，遵守公共秩序，尊重社会公德的义务；维护祖国的安全、荣誉和利益的义务；保卫祖国、抵抗侵略的职责和依照法律服兵役、参加民兵组织的义务；依照法律纳税的义务。此外，公民有劳动的义务；受教育的义务；夫妻双方有实行计划生育的义务；父母有抚养教育未成年子女的义务，成年子女有赡养扶助父母的义务。

易混易错

1. 劳动和受教育既是权利也是义务。

2. 依法纳税是公民的一项基本义务。税收属于法律保留事项，所谓法律保留，即关于公民基本权利的限制和义务之规定，属于专属立法事项，应由立法机关通过法律来规定，行政机关不得作出规定。法律保留属于宪法法治原则的内容之一。根据《立法法》第8条规定，税收只能由法律规定。此处的法律仅限于全国人大及其常委会制定的法律。

3. 法律硕士联考中，本内容出题方式以选择题为主，也可能作为分析题的部分内容出现。

试题范例

多项选择题

（　　）受国家的保护。夫妻双方有实行计划生育的义务。父母有抚养教育未成年子女的义务，成年子女有赡养扶助父母的义务。

A. 婚姻　　B. 家庭

C. 母亲　　D. 儿童

答案：ABCD

核心法条

《宪法》第55条 保卫祖国、抵抗侵略是中华人民共和国每一个公民的神圣职责。

依照法律服兵役和参加民兵组织是中华人民共和国公民的光荣义务。

《兵役法》第1条 根据中华人民共和国宪法第五十五条“保卫祖国、抵抗侵略是中华人民共和国每一个公民的神圣职责。依照法律服兵役和参加民兵组织是中华人民共和国公民的光荣义务”和其他有关条款的规定，制定本法。

《兵役法》第2条 中华人民共和国实行义务兵与志愿兵相结合、民兵与预备役相结合的兵役制度。

《兵役法》第3条 中华人民共和国公民，不分民族、种族、职业、家庭出身、宗教信仰和教育程度，都有义务依照本法的规定服兵役。

有严重生理缺陷或者严重残疾不适合服兵役的人，免服兵役。

依照法律被剥夺政治权利的人，不得服兵役。

释解分析

上述条文规定的是我国公民有依法服兵役、参加民兵组织的基本义务。

易混易错

1. 凡年满18周岁的我国公民，不分民族、种族、职业、家庭出身、宗教信仰和教育程度，都有义务服兵役。但是有两种情况除外：有严重生理缺陷或者严重残疾不适合服兵役的人，免服兵役；依照法律被剥夺政治权利的人，不得服兵役。

2. 我国实行义务兵与志愿兵相结合、民兵与预备役相结合的兵役制度。

十九、外国人的权利保护

核心法条

《宪法》第32条第2款 中华人民共和国对于因为政治原因要求避难的外国人，可以给予受庇护的权利。

释解分析

本条款规定的是庇护权。庇护权是指一国公民因为政治原因请求另一国准予其进入该国居留，或已进入该国请求准予在该国居留，经该国政府批准，因而享有受庇护的权利。

易混易错

1. 受庇护权只给予提出申请要求的外国人。
2. 外国人向我国政府提出避难要求，必须是出于政治原因。
3. 我国政府对提出的避难要求，可以同意，也可以不同意。
4. 被给予受庇护的权利的外国人，不被引渡或者驱逐。

试题范例

单项选择题

中华人民共和国保护在中国境内的外国人的（　　），在中国境内的外国人必须遵守中华人民共和国的法律。

A. 权利和利益

B. 合法权利和利益

C. 权利

D. 利益

答案：B

二十、中国国家机构的组织和活动原则

核心法条

《宪法》第3条第1款 中华人民共和国的国家机构实行民主集中制的原则。

《宪法》第27条第1款 一切国家机关实行精简的原则，实行工作责任制，实行工作人员的培训和考核制度，不断提高工作质量和工作效率，反对官僚主义。

《宪法》第5条第4款 一切国家机关和武装力量、各政党和各社会团体、各企业事业组织都必须遵守宪法和法律。一切违反宪法和法律的行为，必须予以追究。

释解分析

上述条文规定的是中国国家机构的组织和活动原则，即民主集中制原则、法治原则、责任制原则。

民主集中制是一种民主与集中相结合的制度，是在民主基础上的集中和在集中指导下的民主的结合。法治原则要求中国国家机构在其组织和活动中都要依法办事，不以个别领导人的个人意志为转移，也不能以政策代替法律。责任制原则是指中国国家机构及其工作人员，对其决定、行使职权、履行职责所产生的结果，都必须承担责任。

易混易错

1. 责任制原则包括集体负责制和个人负责制两种形式。集体负责制是指机关的全体组成人员和领导成员在重大问题的决策或决定上权利平等，全体成员集体讨论，并按照少数服从多数的原则作出决定，集体承担责任。个人负责制是指在决策问题上由首长个人作出决定并承担相应责任的决策形式。

2. 中国国家机构的组织和活动原则还有民族平等和民族团结的原则、效率原则、联系群众原则、党的领导原则等。

3. 国家机构具有阶级性、历史性、特殊的强制性、组织性和协调性5个特点。

4. 法律硕士联考中，本内容出题方式包括选择题和简答题。就简答题而言，其出题方向集中在国家机构的特点、组织和活动原则上。

试题范例

多项选择题

中央和地方的国家机构职权的划分，遵循在中央的统一领导下，充分发挥地方的（　　）的原则。

A. 主动性　　B. 积极性
C. 自主性　　D. 能动性

答案：AB

二十一、全国人民代表大会和全国人大常委会

核心法条

《宪法》第57条 中华人民共和国全国人民代表大会是最高国家权力机关。它的常设机关是全国人民代表大会常务委员会。

《宪法》第58条 全国人民代表大会和全国人民代表大会常务委员会行使国家立法权。

释解分析

上述条文规定的是全国人民代表大会的性质和地位。全国人民代表大会是最高国家权力机关，又是国家的立法机关，它在整个国家机关体系中处于最高地位。最高国家权力机关意味着它是国家权力的最高体现者，集中代表全国各族人民的意志和利益，行使国家的立法权和决定国家生活中的其他重大问题。全国人大在我国国家机关体系中居于首要地位，其他任何国家机关都不能超越于全国人大之上，也不能与它并列。全国人大及其常委会通过的法律和决议，其他国家机关都必须遵照执行。

易混易错

全国人大常委会是全国人大的常设机关，也是行使国家立法权的机关。它隶属于全国人大，必须服从全国人大的领导和监督，向全国人大负责并报告工作。它在全国人大闭会期间行使国家权力，履行经常性的立法权和监督权。

试题范例

1. 多项选择题

全国人民代表大会由（　　）和军队选出的代表组成。

A. 省

B. 自治区

C. 直辖市

D. 特别行政区

答案：ABCD

2. 单项选择题

各少数民族都应当有（　　）的代表参加全国人民代表大会。

A. 一名

B. 适当名额

C. 至少一名

D. 一定名额

答案：B

核心法条

《宪法》第61条 全国人民代表大会会议每年举行一次，由全国人民代表大会常务委员会召集。如果全国人民代表大会常务委员会认为必要，或者有五分之一以上的全国人民代表大会代表提议，可以临时召集全国人民代表大会会议。

全国人民代表大会举行会议的时候，选举主席团主持会议。

《宪法》第64条 宪法的修改，由全国人民代表大会常务委员会或者五分之一以上的全国人民代表大会代表提议，并由全国人民代表大会以全体代表的三分之二以上的多数通过。

法律和其他议案由全国人民代表大会以全体代表的过半数通过。

《全国人民代表大会组织法》第11条 全国人民代表大会每次会议举行预备会议，选举本次会议的主席团和秘书长，通过本次会议的议程和其他准备事项的决定。

主席团和秘书长的名单草案，由全国人民代表大会常务委员会委员长会议提出，经常务委员会会议审议通过后，提交预备会议。

《全国人民代表大会组织法》第12条 主席团主持全国人民代表大会会议。

主席团推选常务主席若干人，召集并主持主席团会议。

主席团推选主席团成员若干人分别担任每次大会全体会议的执行主席，并指定其中一人担任全体会议主持人。

《全国人民代表大会组织法》第14条　主席团处理下列事项：

（一）根据会议议程决定会议日程；

（二）决定会议期间代表提出议案的截止时间；

（三）听取和审议关于议案处理意见的报告，决定会议期间提出的议案是否列入会议议程；

（四）听取和审议秘书处和有关专门委员会关于各项议案和报告审议、审查情况的报告，决定是否将议案和决定草案、决议草案提请会议表决；

（五）听取主席团常务主席关于国家机构组成人员人选名单的说明，提名由会议选举的国家机构组成人员的人选，依照法定程序确定正式候选人名单；

（六）提出会议选举和决定任命的办法草案；

（七）组织由会议选举或者决定任命的国家机构组成人员的宪法宣誓；

（八）其他应当由主席团处理的事项。

《全国人民代表大会组织法》第16条　全国人民代表大会主席团，全国人民代表大会常务委员会，全国人民代表大会各专门委员会，国务院，中央军事委员会，国家监察委员会，最高人民法院，最高人民检察院，可以向全国人民代表大会提出属于全国人民代表大会职权范围内的议案。

《全国人民代表大会组织法》第17条　一个代表团或者三十名以上的代表联名，可以向全国人民代表大会提出属于全国人民代表大会职权范围内的议案。

《全国人民代表大会议事规则》第3条　全国人民代表大会会议由全国人民代表大会常务委员会召集。每届全国人民代表大会第一次会议，在本届全国人民代表大会代表选举完成后的两个月内，由上届全国人民代表大会常务委员会召集。

《全国人民代表大会议事规则》第4条　全国人民代表大会会议有三分之二以上的代表出席，始得举行。

《全国人民代表大会议事规则》第6条第1款　全国人民代表大会常务委员会在全国人民代表大会会议举行的一个月前，将开会日期和建议会议讨论的主要事项通知代表，并将准备提请会议审议的法律草案发给代表。

《全国人民代表大会议事规则》第16条　国务院的组成人员，中央军事委员会的组成人员，国家监察委员会主任，最高人民法院院长和最高人民检察院检察长，列席全国人民代表大会会议；其他有关机关、团体的负责人，经全国人民代表大会常务委员会决定，可以列席全国人民代表大会会议。

《全国人民代表大会议事规则》第17条第1款　全国人民代表大会会议公开举行。

《全国人民代表大会议事规则》第19条　全国人民代表大会在必要的时候，可以举行秘密会议。举行秘密会议，经主席团征求各代表团的意见后，由有各代表团团长参加的主席团会议决定。

《全国人民代表大会议事规则》第23条　主席团，全国人民代表大会常务委员会，全国人民代表大会各专门委员会，国务院，中央军事委员会，国家监察委员会，最高人民法院，最高人民检察院，可以向全国人民代表大会提出属于全国人民代表大会职权范围内的议案，由主席团决定列入会议议程。

一个代表团或者三十名以上的代表联名，可以向全国人民代表大会提出属于全国人民代表大会职权范围内的议案，由主席团决定是否列入会议议程，或者先交有关的专门委员会审议、提出是否列入会议议程的意见，再决定是否列入会议议程，并将主席团通过的关于议案处理意见的报告印发会议。专门委员会审议的时候，可以邀请提案人列席会议、发表意见。

代表联名或者代表团提出的议案，可以在全国人民代表大会会议举行前提出。

《全国人民代表大会议事规则》第25条　列入会议议程的议案，提案人应当向会议提出关于议案的说明。议案由各代表团进行审议，主席团可以并交有关的专门委员会进行审议、提出报告，由主席团审议决定提请大会全体会议表决。

《全国人民代表大会议事规则》第59条　大会全体会议表决议案，由全体代表的过半数通过。

宪法的修改，由全体代表的三分之二以上的多数通过。

表决结果由会议主持人当场宣布。

会议表决时，代表可以表示赞成，可以表示反对，也可以表示弃权。

《全国人民代表大会议事规则》第 60 条 会议表决议案采用无记名按表决器方式。如表决器系统在使用中发生故障，采用举手方式。

宪法的修改，采用无记名投票方式表决。

预备会议、主席团会议表决的方式，适用本条第一款的规定。

《全国人民代表大会议事规则》第 63 条 全国人民代表大会通过的宪法修正案，以全国人民代表大会公告予以公布。

《全国人民代表大会议事规则》第 64 条 全国人民代表大会通过的法律，由中华人民共和国主席签署主席令予以公布。

释解分析

上述条文规定的是全国人民代表大会的会议制度和工作方式。全国人民代表大会的工作方式是举行会议。全国人民代表大会会议每年举行一次，由全国人民代表大会常务委员会召集。全国人民代表大会常务委员会在全国人民代表大会会议举行的 1 个月前，将开会日期和建议会议讨论的主要事项通知代表，并将准备提请会议审议的法律草案发给代表。全国人民代表大会会议公开举行，全国人民代表大会会议有 2/3 以上的代表出席，始得举行。如果全国人民代表大会常务委员会认为必要，或者有 1/5 以上的全国人民代表大会代表提议，可以临时召集全国人民代表大会会议。全国人民代表大会每次会议举行预备会议，选举本次会议的主席团和秘书长，通过本次会议的议程和其他准备事项的决定。主席团和秘书长的名单草案，由全国人民代表大会常务委员会委员长会议提出，经常务委员会会议审议通过后，提交预备会议。主席团处理下列事项：（1）根据会议议程决定会议日程；（2）决定会议期间代表提出议案的截止时间；（3）听取和审议关于议案处理意见的报告，决定会议期间提出的议案是否列入会议议程；（4）听取和审议秘书处和有关专门委员会关于各项议案和报告审议、审查情况的报告，决定是否将议案和决定草案、决议草案提请会议表决；（5）听取主席团常务主席关于国家机构组成人员人选名单的说明，提名由会议选举的国家机构组成人员的人选，依照法定程序确定正式候选人名单；（6）提出会议选举和决定任命的办法草案；（7）组织由会议选举或者决定任命的国家机构组成人员的宪法宣誓；（8）其他应当由主席团处理的事项。主席团主持全国人民代表大会会议。全国人民代表大会在必要的时候，可以举行秘密会议。举行秘密会议，经主席团征求各代表团的意见后，由有各代表团团长参加的主席团会议决定。国务院的组成人员，中央军事委员会的组成人员，国家监察委员会主任，最高人民法院院长和最高人民检察院检察长，列席全国人民代表大会会议；其他有关机关、团体的负责人，经全国人民代表大会常务委员会决定，可以列席全国人民代表大会会议。

全国人民代表大会通过法律案以及其他议案，选举和罢免国家领导人都要经过以下四个阶段：（1）提出议案。全国人民代表大会主席团，全国人民代表大会常务委员会，全国人民代表大会各专门委员会，国务院，中央军事委员会，国家监察委员会，最高人民法院，最高人民检察院，可以向全国人民代表大会提出属于全国人民代表大会职权范围内的议案。一个代表团或者 30 名以上的代表联名，可以向全国人民代表大会提出属于全国人民代表大会职权范围内的议案。（2）审议议案。对国家机关提出的议案，由主席团决定是否列入大会议程；对代表团和代表提出的议案，则由主席团审议决定是否列入大会议程，或者先交有关专门委员会审议，提出是否列入大会议程的意见，再决定是否列入大会议程。（3）表决通过议案。议案由各代表团进行审议，主席团可以并交有关的专门委员会进行审议、提出报告，由主席团审议决定提请大会全体会议表决。会议表决议案采用无记名按表决器方式。如表决器系统在使用中发生故障，采用举手方式。宪法的修改，采用无记名投票方式表决。大会全体会议表决议案，由全体代表的过半数通过。宪法的修改，由全体代表的 2/3 以上的多数通过。（4）公布法律、决议。全国人民代表大会通过的宪法修正案，以全国人民代表大会公告予以公布。全国人民代表大会通过的法律，由中华人民共和国主席签署主席令予以公布。

易混易错

法律硕士联考中，本内容出题方式包括选择题和简答题。就简答题而言，考查方向主要包括：(1) 全国人民代表大会的会议制度；(2) 全国人民代表大会会议期间议案的提出和审议的主要内容。

试题范例

(2015 年真题) 多项选择题

下列选项中，可以向全国人大提出法律案的有（　　）。

A. 全国人大财经委员会

B. 全国人大主席团

C. 30 名以上全国人大代表联名

D. 全国人大解放军代表团

答案：ABCD

核心法条

《宪法》第 65 条　全国人民代表大会常务委员会由下列人员组成：

委员长，

副委员长若干人，

秘书长，

委员若干人。

全国人民代表大会常务委员会组成人员中，应当有适当名额的少数民族代表。

全国人民代表大会选举并有权罢免全国人民代表大会常务委员会的组成人员。

全国人民代表大会常务委员会的组成人员不得担任国家行政机关、监察机关、审判机关和检察机关的职务。

《宪法》第 68 条　全国人民代表大会常务委员会委员长主持全国人民代表大会常务委员会的工作，召集全国人民代表大会常务委员会会议。副委员长、秘书长协助委员长工作。

委员长、副委员长、秘书长组成委员长会议，处理全国人民代表大会常务委员会的重要日常工作。

《全国人民代表大会组织法》第 25 条　常务委员会的委员长、副委员长、秘书长组成委员长会议，处理常务委员会的重要日常工作：

（一）决定常务委员会每次会议的会期，拟订会议议程草案，必要时提出调整会议议程的建议；

（二）对向常务委员会提出的议案和质询案，决定交由有关的专门委员会审议或者提请常务委员会全体会议审议；

（三）决定是否将议案和决定草案、决议草案提请常务委员会全体会议表决，对暂不交付表决的，提出下一步处理意见；

（四）通过常务委员会年度工作要点、立法工作计划、监督工作计划、代表工作计划、专项工作规划和工作规范性文件等；

（五）指导和协调各专门委员会的日常工作；

（六）处理常务委员会其他重要日常工作。

《全国人民代表大会组织法》第 29 条　委员长会议，全国人民代表大会各专门委员会，国务院，中央军事委员会，国家监察委员会，最高人民法院，最高人民检察院，常务委员会组成人员十人以上联名，可以向常务委员会提出属于常务委员会职权范围内的议案。

《立法法》第 44 条　常务委员会通过的法律由国家主席签署主席令予以公布。

《全国人民代表大会常务委员会议事规则》第 3 条　全国人民代表大会常务委员会会议一般每两个月举行一次；有特殊需要的时候，可以临时召集会议。

常务委员会会议由委员长召集并主持。委员长可以委托副委员长主持会议。

《全国人民代表大会常务委员会议事规则》第 4 条　常务委员会会议必须有常务委员会全体组成人员的过半数出席，才能举行。

《全国人民代表大会常务委员会议事规则》第 7 条　常务委员会举行会议的时候，国务院、中央军事委员会、最高人民法院、最高人民检察院的负责人列席会议。

不是常务委员会组成人员的全国人民代表大会专门委员会主任委员、副主任委员、委员，常务委员会副秘书长、工作委员会主任、副主任，有关部门负责人，列席会议。

《全国人民代表大会常务委员会议事规则》第 8 条　常务委员会举行会议的时候，各省、自治区、直辖市的人民代表大会常务委员会主任或者副主任一人列席会议，并可以邀请有关的全国人民代表大会代表列席会议。

《全国人民代表大会常务委员会议事规则》第 11 条　委员长会议可以向常务委员会提出属于常务委员会职权范围内的议案，由常务委员会会议审议。

国务院，中央军事委员会，最高人民法

院，最高人民检察院，全国人民代表大会各专门委员会，可以向常务委员会提出属于常务委员会职权范围内的议案，由委员长会议决定提请常务委员会会议审议，或者先交有关的专门委员会审议、提出报告，再决定提请常务委员会会议审议。

常务委员会组成人员十人以上联名，可以向常务委员会提出属于常务委员会职权范围内的议案，由委员长会议决定提请常务委员会会议审议，或者先交有关的专门委员会审议、提出报告，再决定是否提请常务委员会会议审议；不提请常务委员会会议审议的，应当向常务委员会会议报告或者向提案人说明。

《全国人民代表大会常务委员会议事规则》第32条 表决议案由常务委员会全体组成人员的过半数通过。

表决结果由会议主持人当场宣布。

释解分析

上述条文规定的是全国人民代表大会常务委员会的会议制度和工作程序。全国人民代表大会常务委员会的会议有两种形式：一是由全体组成人员组成的全体会议。二是由委员长、副委员长、秘书长组成的委员长会议。全国人民代表大会常务委员会会议一般每两个月举行一次；有特殊需要的时候，可以临时召集会议。常务委员会会议由委员长召集并主持。委员长可以委托副委员长主持会议。常务委员会会议必须有常务委员会全体组成人员的过半数出席，才能举行。常务委员会举行会议的时候，国务院、中央军事委员会、最高人民法院、最高人民检察院的负责人列席会议。不是常务委员会组成人员的全国人民代表大会专门委员会主任委员、副主任委员、委员，常务委员会副秘书长、工作委员会主任、副主任，有关部门负责人，列席会议。常务委员会举行会议的时候，各省、自治区、直辖市的人民代表大会常务委员会主任或者副主任一人列席会议，并可以邀请有关的全国人民代表大会代表列席会议。委员长会议处理常务委员会的下列重要日常工作：(1) 决定常务委员会每次会议的会期，拟订会议议程草案，必要时提出调整会议议程的建议；(2) 对向常务委员会提出的议案和质询案，决定交由有关的专门委员会审议或者提请常务委员会全体会议审议；(3) 决定是否将议案和决定草案、决议草案提请常务委员会全体会议表决，对暂不交付表决的，提出下一步处理意见；(4) 通过常务委员会年度工作要点、立法工作计划、监督工作计划、代表工作计划、专项工作规划和工作规范性文件等；(5) 指导和协调各专门委员会的日常工作；(6) 处理常务委员会其他重要日常工作。

全国人民代表大会常务委员会在举行会议、审议及通过法律案和其他议案、选举和罢免国家机构领导人时，均须遵守以下四个程序：(1) 提出议案。在全国人民代表大会常务委员会会议期间，委员长会议，全国人民代表大会各专门委员会，国务院，中央军事委员会，国家监察委员会，最高人民法院，最高人民检察院，常务委员会组成人员 10 人以上联名，可以向常务委员会提出属于常务委员会职权范围内的议案。(2) 审议议案。国家机关提出的议案，由委员长会议决定提请常务委员会会议审议，或者先交有关专门委员会审议，提出报告，再决定是否提请常务委员会会议审议。(3) 表决通过议案。议案经过审议后，由常务委员会会议表决通过。表决议案由常务委员会全体组成人员的过半数通过。(4) 决定公布。常务委员会通过的法律由国家主席签署主席令予以公布。

易混易错

1. 要注意全国人大和全国人大常委会会议上提案权主体的差异。

2. 法律硕士联考中，本内容出题方式包括选择题和简答题。就简答题而言，考查方向主要包括：(1) 全国人大常委会的会议制度；(2) 全国人民代表大会常务委员会组成人员的规定及其意义；(3) 全国人大常委会议案的提出和审议的主要内容。

试题范例

1. (2015 年真题) 多项选择题

下列关于全国人大常委会组成人员的表述，正确的有（　　）。

A. 全国人大常委会由委员长、副委员长、秘书长和委员组成

B. 全国人大常委会组成人员中应有适当名额的少数民族代表

C. 全国人大常委会组成人员不得担任国家行政机关、审判机关和检察机关的职务

D. 全国人大常委会组成人员得连选连任，但委员长、副委员长连续任职不得超过两届

答案：ABCD

2.（2021年真题）单项选择题

根据我国宪法，下列选项中属于全国人大常委会职权的（　　）。

A. 解释宪法，监督宪法的实施

B. 选举国家监察委员会主任

C. 批准省、自治区和直辖市的建置

D. 制定、修改刑事、民事基本法

答案：A

核心法条

《宪法》第70条　全国人民代表大会设立民族委员会、宪法和法律委员会、财政经济委员会、教育科学文化卫生委员会、外事委员会、华侨委员会和其他需要设立的专门委员会。在全国人民代表大会闭会期间，各专门委员会受全国人民代表大会常务委员会的领导。

各专门委员会在全国人民代表大会和全国人民代表大会常务委员会领导下，研究、审议和拟订有关议案。

《宪法》第71条　全国人民代表大会和全国人民代表大会常务委员会认为必要的时候，可以组织关于特定问题的调查委员会，并且根据调查委员会的报告，作出相应的决议。

调查委员会进行调查的时候，一切有关的国家机关、社会团体和公民都有义务向它提供必要的材料。

相关法条

《全国人民代表大会组织法》第34条　全国人民代表大会设立民族委员会、宪法和法律委员会、监察和司法委员会、财政经济委员会、教育科学文化卫生委员会、外事委员会、华侨委员会、环境与资源保护委员会、农业与农村委员会、社会建设委员会和全国人民代表大会认为需要设立的其他专门委员会。各专门委员会受全国人民代表大会领导；在全国人民代表大会闭会期间，受全国人民代表大会常务委员会领导。

各专门委员会由主任委员、副主任委员若干人和委员若干人组成。

各专门委员会的主任委员、副主任委员和委员的人选由主席团在代表中提名，全国人民代表大会会议表决通过。在大会闭会期间，全国人民代表大会常务委员会可以任免专门委员会的副主任委员和委员，由委员长会议提名，常务委员会会议表决通过。

《全国人民代表大会组织法》第35条　各专门委员会每届任期同全国人民代表大会每届任期相同，履行职责到下届全国人民代表大会产生新的专门委员会为止。

《全国人民代表大会组织法》第36条　各专门委员会主任委员主持委员会会议和委员会的工作。副主任委员协助主任委员工作。

各专门委员会可以根据工作需要，任命专家若干人为顾问；顾问可以列席专门委员会会议，发表意见。

顾问由全国人民代表大会常务委员会任免。

《全国人民代表大会组织法》第37条　各专门委员会的工作如下：

（一）审议全国人民代表大会主席团或者全国人民代表大会常务委员会交付的议案；

（二）向全国人民代表大会主席团或者全国人民代表大会常务委员会提出属于全国人民代表大会或者全国人民代表大会常务委员会职权范围内同本委员会有关的议案，组织起草法律草案和其他议案草案；

（三）承担全国人民代表大会常务委员会听取和审议专项工作报告有关具体工作；

（四）承担全国人民代表大会常务委员会执法检查的具体组织实施工作；

（五）承担全国人民代表大会常务委员会专题询问有关具体工作；

（六）按照全国人民代表大会常务委员会工作安排，听取国务院有关部门和国家监察委员会、最高人民法院、最高人民检察院的专题汇报，提出建议；

（七）对属于全国人民代表大会或者全国人民代表大会常务委员会职权范围内同本委员会有关的问题，进行调查研究，提出建议；

（八）审议全国人民代表大会常务委员会交付的被认为同宪法、法律相抵触的国务院的行政法规、决定和命令，国务院各部门的命令、指示和规章，国家监察委员会的监察法

规，省、自治区、直辖市和设区的市、自治州的人民代表大会及其常务委员会的地方性法规和决定、决议，省、自治区、直辖市和设区的市、自治州的人民政府的决定、命令和规章，民族自治地方的自治条例和单行条例，经济特区法规，以及最高人民法院、最高人民检察院具体应用法律问题的解释，提出意见；

（九）审议全国人民代表大会主席团或者全国人民代表大会常务委员会交付的质询案，听取受质询机关对质询案的答复，必要的时候向全国人民代表大会主席团或者全国人民代表大会常务委员会提出报告；

（十）研究办理代表建议、批评和意见，负责有关建议、批评和意见的督促办理工作；

（十一）按照全国人民代表大会常务委员会的安排开展对外交往；

（十二）全国人民代表大会及其常务委员会交办的其他工作。

《全国人民代表大会组织法》第 41 条 全国人民代表大会或者全国人民代表大会常务委员会可以组织对于特定问题的调查委员会。调查委员会的组织和工作，由全国人民代表大会或者全国人民代表大会常务委员会决定。

《全国人民代表大会议事规则》第 51 条 全国人民代表大会认为必要的时候，可以组织关于特定问题的调查委员会。

《全国人民代表大会议事规则》第 52 条 主席团、三个以上的代表团或者十分之一以上的代表联名，可以提议组织关于特定问题的调查委员会，由主席团提请大会全体会议决定。

调查委员会由主任委员、副主任委员若干人和委员若干人组成，由主席团在代表中提名，提请大会全体会议通过。调查委员会可以聘请专家参加调查工作。

《全国人民代表大会议事规则》第 53 条 调查委员会进行调查的时候，一切有关的国家机关、社会团体和公民都有义务如实向它提供必要的材料。提供材料的公民要求调查委员会对材料来源保密的，调查委员会应当予以保密。

调查委员会在调查过程中，可以不公布调查的情况和材料。

《全国人民代表大会议事规则》第 54 条 调查委员会应当向全国人民代表大会提出调查报告。全国人民代表大会根据调查委员会的报告，可以作出相应的决议。

全国人民代表大会可以授权全国人民代表大会常务委员会在全国人民代表大会闭会期间，听取调查委员会的调查报告，并可以作出相应的决议，报全国人民代表大会下次会议备案。

释解分析

上述条文规定的是全国人大专门委员会。全国人大专门委员会分为常设性委员会和临时性委员会两种。

常设性委员会。全国人大各专门委员会是从代表中选举产生的按照专业分工的工作机构。全国人民代表大会设立民族委员会、宪法和法律委员会、监察和司法委员会、财政经济委员会、教育科学文化卫生委员会、外事委员会、华侨委员会、环境与资源保护委员会、农业与农村委员会、社会建设委员会和全国人民代表大会认为需要设立的其他专门委员会。各专门委员会受全国人民代表大会领导；在全国人民代表大会闭会期间，受全国人民代表大会常务委员会领导。各专门委员会不是独立行使职权的国家机关，对外不能发号施令，它只是帮助全国人大及其常委会研究、审议和拟定有关议案的辅助性机构。各专门委员会在讨论其所属的专门问题之后，虽然也作决议，但这种决议必须经过全国人大或全国人大常委会审议通过之后，才具有国家权力机关所作决定的效力。在此之前，它只是向全国人大或全国人大常委会提供审议的意见或报告。各专门委员会由主任委员、副主任委员若干人和委员若干人组成。各专门委员会的主任委员、副主任委员和委员的人选由主席团在代表中提名，全国人民代表大会会议表决通过。在大会闭会期间，全国人民代表大会常务委员会可以任免专门委员会的副主任委员和委员，由委员长会议提名，常务委员会会议表决通过。《全国人民代表大会组织法》具体规定了专门委员会的任务（工作）。

临时性委员会。临时性委员会是指全国人民代表大会或者全国人民代表大会常务委员会认为必要的时候所组织的关于特定问题的调查委员会，它是最高国家权力机关及其常设机关的临时性的辅助工作机构。调查委员会的组织和工作，由全国人民代表大会或者全国人民代表大会常务委员会决定。它的任期没有固定时间，是根据所调查的任务而定。调查任务完成，临时机构的任期也就结束；调查任务没有完成，临时机构就继续存在下去，其任期不受每届人大任期的限制。全国人大主席团、3个以上的代表团或者1/10以上的代表联名，可以提议组织关于特定问题的调查委员会，由主席团提请大会全体会议决定。调查委员会由主任委员、副主任委员若干人和委员若干人组成，由主席团在代表中提名，提请大会全体会议通过。调查委员会可以聘请专家参加调查工作。调查委员会进行调查的时候，一切有关的国家机关、社会团体和公民都有义务如实向它提供必要的材料。提供材料的公民要求调查委员会对材料来源保密的，调查委员会应当予以保密。调查委员会在调查过程中，可以不公布调查的情况和材料。调查委员会应当向全国人民代表大会提出调查报告。全国人民代表大会根据调查委员会的报告，可以作出相应的决议。全国人民代表大会可以授权全国人民代表大会常务委员会在全国人民代表大会闭会期间，听取调查委员会的调查报告，并可以作出相应的决议，报全国人民代表大会下次会议备案。

易混易错

县级以上的地方各级人民代表大会及其常委会可以组织关于特定问题的调查委员会。

试题范例

1.（2016年真题）单项选择题

下列关于全国人大专门委员会的表述，正确的是（　　）。

A. 全国人大专门委员会根据工作需要可聘请若干顾问，出席会议，参加表决

B. 全国人大专门委员会的委员人选，由主席团在代表中提名，大会通过

C. 全国人大现设有法律委员会、预算工作委员会等九个专门委员会

D. 全国人大专门委员会是全国人大的具体办事机构

答案：B

2.（2018年真题）多项选择题

根据现行宪法和法律，下列关于全国人大专门委员会的表述，正确的有（　　）。

A. 专门委员会受全国人大及其常委会的领导

B. 专门委员会有权向全国人大提出同本委员会有关的议案

C. 专门委员会有权审查和撤销同法律相抵触的地方性法规

D. 专门委员会副主任委员由主任委员提名，由全国人大常委会通过

答案：AB

3.（2021年真题）多项选择题

下列关于全国人大专门委员会的表述，正确的有（　　）。

A. 专门委员会是全国人大的专门性工作机构

B. 专门委员会委员由全国人大主席团在代表中提名，大会通过

C. 专门委员会委员不得担任国家行政机关、监察机关、审判机关和检察机关的职务

D. 十三届全国人大设有宪法和法律委员会、特定问题调查委员会等专门委员会

答案：AB

核心法条

《宪法》第62条　全国人民代表大会行使下列职权：

…………

（四）选举中华人民共和国主席、副主席；

（五）根据中华人民共和国主席的提名，决定国务院总理的人选；根据国务院总理的提名，决定国务院副总理、国务委员、各部部长、各委员会主任、审计长、秘书长的人选；

（六）选举中央军事委员会主席；根据中央军事委员会主席的提名，决定中央军事委员会其他组成人员的人选；

（七）选举国家监察委员会主任；

（八）选举最高人民法院院长；

（九）选举最高人民检察院检察长；

…………

《宪法》第63条　全国人民代表大会有权罢免下列人员：

（一）中华人民共和国主席、副主席；

（二）国务院总理、副总理、国务委员、各部部长、各委员会主任、审计长、秘书长；

（三）中央军事委员会主席和中央军事委员会其他组成人员；

（四）国家监察委员会主任；

（五）最高人民法院院长；

（六）最高人民检察院检察长。

中国宪法学

《全国人民代表大会组织法》第18条 全国人民代表大会常务委员会委员长、副委员长、秘书长、委员的人选，中华人民共和国主席、副主席的人选，中央军事委员会主席的人选，国家监察委员会主任的人选，最高人民法院院长和最高人民检察院检察长的人选，由主席团提名，经各代表团酝酿协商后，再由主席团根据多数代表的意见确定正式候选人名单。

《全国人民代表大会组织法》第19条 国务院总理和国务院其他组成人员的人选、中央军事委员会除主席以外的其他组成人员的人选，依照宪法的有关规定提名。

《全国人民代表大会组织法》第20条 全国人民代表大会主席团、三个以上的代表团或者十分之一以上的代表，可以提出对全国人民代表大会常务委员会的组成人员，中华人民共和国主席、副主席，国务院和中央军事委员会的组成人员，国家监察委员会主任，最高人民法院院长和最高人民检察院检察长的罢免案，由主席团提请大会审议。

释解分析

上述条文规定的是全国人民代表大会选举、决定和罢免国家领导人的权力。全国人民代表大会常务委员会委员长、副委员长、秘书长、委员的人选，中华人民共和国主席、副主席的人选，中央军事委员会主席的人选，国家监察委员会主任的人选，最高人民法院院长和最高人民检察院检察长的人选，由主席团提名，经各代表团酝酿协商后，再由主席团根据多数代表的意见确定正式候选人名单，最后由主席团把确定的候选人名单交付大会表决，由大会选举中华人民共和国主席、副主席；根据中华人民共和国主席的提名，决定国务院总理的人选；根据国务院总理的提名，决定国务院副总理、国务委员、各部部长、各委员会主任、审计长、秘书长的人选；选举中央军事委员会主席；根据中央军事委员会主席的提名，决定中央军事委员会其他组成人员的人选；选举国家监察委员会主任、最高人民法院院长和最高人民检察院检察长。全国人民代表大会主席团、3个以上的代表团或者1/10以上的代表，可以提出对全国人民代表大会常务委员会的组成人员，中华人民共和国主席、副主席，国务院和中央军事委员会的组成人员，国家监察委员会主任，最高人民法院院长和最高人民检察院检察长的罢免案，由主席团提请大会审议表决，并经全体代表过半数同意后，予以罢免。

试题范例

多项选择题

下列国家领导人人选中，由主席团确定正式候选人名单并经全国人民代表大会选举产生的有（　　）。

A. 国务院总理

B. 国家监察委员会主任

C. 最高人民法院院长

D. 国家副主席

答案：BCD

核心法条

《宪法》第73条 全国人民代表大会代表在全国人民代表大会开会期间，全国人民代表大会常务委员会组成人员在常务委员会开会期间，有权依照法律规定的程序提出对国务院或者国务院各部、各委员会的质询案。受质询的机关必须负责答复。

《全国人民代表大会组织法》第21条 全国人民代表大会会议期间，一个代表团或者三十名以上的代表联名，可以书面提出对国务院以及国务院各部门、国家监察委员会、最高人民法院、最高人民检察院的质询案。

《全国人民代表大会组织法》第30条 常务委员会会议期间，常务委员会组成人员十人以上联名，可以向常务委员会书面提出对国务院以及国务院各部门、国家监察委员会、最高人民法院、最高人民检察院的质询案。

释解分析

上述条文规定的是全国人大及其常委会的质询案。质询案的内容包括质询案提案权主体、质询对象、质询内容等。这里要注意全国人大和全国人大常委会举行会议时，质询案提案权主体的差别。

核心法条

《宪法》第 67 条　全国人民代表大会常务委员会行使下列职权：

…………

（九）在全国人民代表大会闭会期间，根据国务院总理的提名，决定部长、委员会主任、审计长、秘书长的人选；

（十）在全国人民代表大会闭会期间，根据中央军事委员会主席的提名，决定中央军事委员会其他组成人员的人选；

（十一）根据国家监察委员会主任的提请，任免国家监察委员会副主任、委员；

（十二）根据最高人民法院院长的提请，任免最高人民法院副院长、审判员、审判委员会委员和军事法院院长；

（十三）根据最高人民检察院检察长的提请，任免最高人民检察院副检察长、检察员、检察委员会委员和军事检察院检察长，并且批准省、自治区、直辖市的人民检察院检察长的任免；

…………

《全国人民代表大会组织法》第 31 条　常务委员会在全国人民代表大会闭会期间，根据国务院总理的提名，可以决定国务院其他组成人员的任免；根据中央军事委员会主席的提名，可以决定中央军事委员会其他组成人员的任免。

《全国人民代表大会组织法》第 32 条　常务委员会在全国人民代表大会闭会期间，根据委员长会议、国务院总理的提请，可以决定撤销国务院其他个别组成人员的职务；根据中央军事委员会主席的提请，可以决定撤销中央军事委员会其他个别组成人员的职务。

释解分析

上述条文规定的是全国人大常委会的任免权。在全国人大闭会期间，全国人大常委会根据国务院总理的提名，可以决定国务院其他组成人员（副总理、国务委员、各部部长、各委员会主任、审计长、秘书长）的任免；根据委员长会议、国务院总理的提请，可以决定撤销国务院其他个别组成人员的职务；根据中央军事委员会主席的提名，可以决定中央军事委员会其他组成人员的任免；根据中央军事委员会主席的提请，可以决定撤销中央军事委员会其他个别组成人员的职务。全国人大常委会根据国家监察委员会主任的提请，任免国家监察委员会副主任、委员；根据最高人民法院院长的提请，任免最高人民法院副院长、审判员、审判委员会委员和军事法院院长；根据最高人民检察院检察长的提请，任免最高人民检察院副检察长、检察员、检察委员会委员和军事检察院检察长，并且批准省、自治区、直辖市的人民检察院检察长的任免。

试题范例

多项选择题

下列人员中，既可由全国人大也可由全国人大常委会产生的是（　　）。

A. 中华人民共和国副主席

B. 国务院副总理

C. 中央军事委员会副主席

D. 最高人民检察院副检察长

答案：BC

核心法条

《宪法》第 74 条　全国人民代表大会代表，非经全国人民代表大会会议主席团许可，在全国人民代表大会闭会期间非经全国人民代表大会常务委员会许可，不受逮捕或者刑事审判。

释解分析

本条规定的是全国人大代表的人身保护权。全国人民代表大会代表，非经全国人民代表大会主席团许可，在全国人民代表大会闭会期间非经全国人民代表大会常务委员会许可，不受逮捕或者刑事审判。全国人民代表大会代表如果因为是现行犯被拘留，执行拘留的公安机关应当立即向全国人民代表大会主席团或者全国人民代表大会常务委员会报告。

易混易错

1. 县级以上的地方各级人民代表大会代表，非经本级人民代表大会主席团许可，在大会闭会期间，非经本级人民代表大会常务委员会许可，不受逮捕或者刑事审判。如果因为是现行犯被拘留，执行拘留的公安机关应当立即向该级人民代表大会主席团或者常务委员会报告。

2. 法律硕士联考中，本内容出题方式可以是选择题、简答题和分析题。

核心法条

《宪法》第 75 条 全国人民代表大会代表在全国人民代表大会各种会议上的发言和表决，不受法律追究。

释解分析

本条规定的是全国人大代表的言论免责权。全国人民代表大会代表、全国人民代表大会常务委员会的组成人员，在全国人民代表大会和全国人民代表大会常务委员会各种会议上的发言和表决，不受法律追究。

易混易错

地方各级人民代表大会代表、常务委员会组成人员，在人民代表大会和常务委员会会议上的发言和表决，不受法律追究。

核心法条

《全国和地方各级人大代表法》第 3 条 代表享有下列权利：

（一）出席本级人民代表大会会议，参加审议各项议案、报告和其他议题，发表意见；

（二）依法联名提出议案、质询案、罢免案等；

（三）提出对各方面工作的建议、批评和意见；

（四）参加本级人民代表大会的各项选举；

（五）参加本级人民代表大会的各项表决；

（六）获得依法执行代表职务所需的信息和各项保障；

（七）法律规定的其他权利。

《全国和地方各级人大代表法》第 4 条 代表应当履行下列义务：

（一）模范地遵守宪法和法律，保守国家秘密，在自己参加的生产、工作和社会活动中，协助宪法和法律的实施；

（二）按时出席本级人民代表大会会议，认真审议各项议案、报告和其他议题，发表意见，做好会议期间的各项工作；

（三）积极参加统一组织的视察、专题调研、执法检查等履职活动；

（四）加强履职学习和调查研究，不断提高执行代表职务的能力；

（五）与原选区选民或者原选举单位和人民群众保持密切联系，听取和反映他们的意见和要求，努力为人民服务；

（六）自觉遵守社会公德，廉洁自律，公道正派，勤勉尽责；

（七）法律规定的其他义务。

释解分析

上述条文规定的是全国人大代表的权利和义务。上述条文以列举方式规定了全国人大代表的权利和义务。此外，《全国和地方各级人大代表法》还在第四章专章规定了代表执行职务的保障，即代表享受适当补贴和物质便利的权利。《全国和地方各级人大代表法》第 3 条、第四章和《宪法》第 74 条（人身保护权）、第 75 条（言论免责权）规定共同构成了代表的特殊身份保障。

易混易错

法律硕士联考中，本内容出题方式包括各类题型。就简答题而言，全国人大代表的权利（特殊身份保障）和义务是主要考查方向。此外，有关全国人大代表的权利，还可以细化出一些简答题，例如有关全国人大代表的人身特别保护权和言论免责权，也可以成为考查方向。考生应当结合宪法学有关知识和《全国和地方各级人大代表法》的有关条文对上述简答题熟练掌握。

试题范例

（2018 年真题）单项选择题

关于全国人民代表大会代表，下列表述正确的是（　　）。

A. 全国人大代表在各种会议上的发言，不受法律追究

B. 全国人大代表在全国人大开会期间可提出对国务院的质询案

C. 罢免全国人大代表须经全国人大常委会组成人员的过半数通过

D. 全国人大代表被行政拘留的，应向全国人大主席团或全国人大常委会备案

答案：B

核心法条

《宪法》第62条　全国人民代表大会行使下列职权：

（一）修改宪法；

（二）监督宪法的实施；

（三）制定和修改刑事、民事、国家机构的和其他的基本法律；

（四）选举中华人民共和国主席、副主席；

（五）根据中华人民共和国主席的提名，决定国务院总理的人选；根据国务院总理的提名，决定国务院副总理、国务委员、各部部长、各委员会主任、审计长、秘书长的人选；

（六）选举中央军事委员会主席；根据中央军事委员会主席的提名，决定中央军事委员会其他组成人员的人选；

（七）选举国家监察委员会主任；

（八）选举最高人民法院院长；

（九）选举最高人民检察院检察长；

（十）审查和批准国民经济和社会发展计划和计划执行情况的报告；

（十一）审查和批准国家的预算和预算执行情况的报告；

（十二）改变或者撤销全国人民代表大会常务委员会不适当的决定；

（十三）批准省、自治区和直辖市的建置；

（十四）决定特别行政区的设立及其制度；

（十五）决定战争和和平的问题；

（十六）应当由最高国家权力机关行使的其他职权。

《宪法》第67条　全国人民代表大会常务委员会行使下列职权：

（一）解释宪法，监督宪法的实施；

（二）制定和修改除应当由全国人民代表大会制定的法律以外的其他法律；

（三）在全国人民代表大会闭会期间，对全国人民代表大会制定的法律进行部分补充和修改，但是不得同该法律的基本原则相抵触；

（四）解释法律；

（五）在全国人民代表大会闭会期间，审查和批准国民经济和社会发展计划、国家预算在执行过程中所必须作的部分调整方案；

（六）监督国务院、中央军事委员会、国家监察委员会、最高人民法院和最高人民检察院的工作；

（七）撤销国务院制定的同宪法、法律相抵触的行政法规、决定和命令；

（八）撤销省、自治区、直辖市国家权力机关制定的同宪法、法律和行政法规相抵触的地方性法规和决议；

（九）在全国人民代表大会闭会期间，根据国务院总理的提名，决定部长、委员会主任、审计长、秘书长的人选；

（十）在全国人民代表大会闭会期间，根据中央军事委员会主席的提名，决定中央军事委员会其他组成人员的人选；

（十一）根据国家监察委员会主任的提请，任免国家监察委员会副主任、委员；

（十二）根据最高人民法院院长的提请，任免最高人民法院副院长、审判员、审判委员会委员和军事法院院长；

（十三）根据最高人民检察院检察长的提请，任免最高人民检察院副检察长、检察员、检察委员会委员和军事检察院检察长，并且批准省、自治区、直辖市的人民检察院检察长的任免；

（十四）决定驻外全权代表的任免；

（十五）决定同外国缔结的条约和重要协定的批准和废除；

（十六）规定军人和外交人员的衔级制度和其他专门衔级制度；

（十七）规定和决定授予国家的勋章和荣誉称号；

（十八）决定特赦；

（十九）在全国人民代表大会闭会期间，如果遇到国家遭受武装侵犯或者必须履行国际间共同防止侵略的条约的情况，决定战争状态的宣布；

（二十）决定全国总动员或者局部动员；

（二十一）决定全国或者个别省、自治区、直辖市进入紧急状态；

（二十二）全国人民代表大会授予的其他职权。

相关法条

《立法法》第45条 法律解释权属于全国人民代表大会常务委员会。

法律有以下情况之一的，由全国人民代表大会常务委员会解释：

（一）法律的规定需要进一步明确具体含义的；

（二）法律制定后出现新的情况，需要明确适用法律依据的。

《立法法》第46条 国务院、中央军事委员会、最高人民法院、最高人民检察院和全国人民代表大会各专门委员会以及省、自治区、直辖市的人民代表大会常务委员会可以向全国人民代表大会常务委员会提出法律解释要求。

《立法法》第49条 法律解释草案表决稿由常务委员会全体组成人员的过半数通过，由常务委员会发布公告予以公布。

《立法法》第50条 全国人民代表大会常务委员会的法律解释同法律具有同等效力。

释解分析

上述条文规定的是全国人大和全国人大常委会的职权。全国人大的职权主要有：（1）修改宪法，监督宪法的实施；（2）制定和修改基本法律；（3）选举、决定和罢免国家领导人；（4）决定国家重大问题；（5）最高监督权；（6）其他职权。

全国人大常委会的职权主要有：（1）宪法解释权和宪法监督权；（2）立法权和法律解释权；（3）国家重大事项的决定权；（4）任免权；（5）监督权；（6）其他职权。

法律解释权是全国人大常委会享有的重要权力。根据《立法法》规定，国务院、中央军委、最高人民法院、最高人民检察院和全国人大各专门委员会以及省、自治区、直辖市的人大常委会可以向全国人大常委会提出法律解释要求。根据我国《宪法》和《立法法》规定，全国人大常委会法律解释权的内容包括：（1）全国人大常委会有权解释宪法和法律。全国人大常委会所解释的法律不限于它自己所制定的法律，也包括由全国人民代表大会制定的法律。（2）全国人大常委会对各地区、各部门提出的法律条文本身需要进一步明确界限或作补充规定的，由秘书长交全国人民代表大会法律委员会会同有关的专门委员会研究，并征求有关部门的意见，提出解释的方案，经全国人大常委会审议，作出法律解释。对于法律制定后出现新的情况，需要明确适用法律依据的，全国人大常委会也有权进行法律解释。（3）属于审判工作、检察工作中法律的具体应用问题，分别由最高人民法院和最高人民检察院作出解释。最高人民法院和最高人民检察院的解释如果有原则性分歧，报请全国人大常委会解释或决定。（4）属于人大工作中法律的具体应用问题，由全国人大常委会有关部门拟出答复意见，经秘书长召集有关人员开会研究决定后答复。

易混易错

1. 从理论上讲，全国人大常委会的权力全国人大都享有。

2. 全国人大常委会没有行政区域建置和区域划分方面的职权。

3. 法律硕士联考中，本内容出题方式包括各类题型。就简答题而言，本部分内容是高频考区，涉及的简答题包括但不限于如下内容：（1）全国人大及其常委会的法律制定权；（2）我国宪法关于紧急状态的规定；（3）全国人大常委会的法律解释权；（4）全国人大及其常委会的监督权；（5）全国人大常委会的人事任免权；（6）全国人大常委会的违宪审查权。

试题范例

1.（2015年真题）单项选择题

根据我国宪法和法律，下列关于紧急状态的表述，正确的是（　　）。

A. 特别行政区进入紧急状态由全国人大常委会决定

B. 个别省、自治区、直辖市进入紧急状态由国务院决定

C. 全国或个别省、自治区、直辖市进入紧急状态由全国人大决定

D. 省、自治区、直辖市的范围内部分地区进入紧急状态由全国人大常委会决定

答案：A

2.（2017年真题）单项选择题

根据现行宪法，下列人员中由全国人民代表大会选举产生的是（　　）。

A. 国家副主席

B. 最高人民法院副院长

C. 国务院副总理

D. 最高人民检察院副检察长

答案：A

3.（2018年真题）单项选择题

下列人员中，既可由全国人民代表大会也可由全国人大常委会产生的是（　　）。

A. 中华人民共和国副主席

B. 国务院副总理

C. 中央军事委员会副主席

D. 最高人民法院副院长

答案：C

4.（2019年真题）单项选择题

根据我国宪法，法律可分为基本法律和基本法律以外的其他法律。下列关于基本法律的表述，正确的是（　　）。

A. 基本法律具有最高的法律效力

B. 全国人大常委会有权制定和修改基本法律

C. 限制人身自由的强制措施，只能由基本法律予以规定

D. 物权法、刑事诉讼法和民族区域自治法都属于基本法律

答案：D

二十二、国家主席

核心法条

《宪法》第79条 中华人民共和国主席、副主席由全国人民代表大会选举。

有选举权和被选举权的年满四十五周岁的中华人民共和国公民可以被选为中华人民共和国主席、副主席。

中华人民共和国主席、副主席每届任期同全国人民代表大会每届任期相同。

《宪法》第84条 中华人民共和国主席缺位的时候，由副主席继任主席的职位。

中华人民共和国副主席缺位的时候，由全国人民代表大会补选。

中华人民共和国主席、副主席都缺位的时候，由全国人民代表大会补选；在补选以前，由全国人民代表大会常务委员会委员长暂时代理主席职位。

释解分析

上述条文规定的是国家主席的产生和任期。国家主席是我国的国家元首，是国家主权的代表，对外代表中华人民共和国和全体中国公民。国家主席在国家机关体系中占有十分重要的地位。

国家主席、副主席的任职条件。国家主席、副主席的任职条件是：（1）国家主席、副主席人选必须是有选举权和被选举权的中华人民共和国公民。（2）必须年满45周岁。国家主席、副主席由全国人大选举产生。具体程序是：由全国人大主席团提出国家主席和副主席的候选人名单，然后经各代表团酝酿协商，再由主席团根据多数代表的意见确定正式候选人名单，最后由主席团把确定的候选人名单交付大会表决，由大会选举产生国家主席和副主席。国家主席、副主席的任期同全国人大每届任期相同，都是5年。国家主席和副主席可以由全国人大罢免。

国家主席缺位时，由副主席继任；副主席缺位时，由全国人大补选；国家主席、副主席都缺位时，由全国人大补选，在补选以前，由全国人大常委会委员长暂时代理主席职位。

试题范例

单项选择题

根据现行宪法规定，国家主席缺位时，应当（　　）。

A. 由副主席暂时代理主席职位

B. 由全国人大补选

C. 由全国人大常委会委员长暂时代理主席职位

D. 由副主席继任

答案：D

核心法条

《宪法》第80条 中华人民共和国主席根据全国人民代表大会的决定和全国人民代表大会常务委员会的决定，公布法律，任免国务院总理、副总理、国务委员、各部部长、各委员会主任、审计长、秘书长，授予国家的勋章和荣誉称号，发布特赦令，宣布进入紧急状态，宣布战争状态，发布动员令。

《宪法》第81条 中华人民共和国主席代表中华人民共和国，进行国事活动，接受外国使节；根据全国人民代表大会常务委员会的决定，派遣和召回驻外全权代表，批准和废除同外国缔结的条约和重要协定。

释解分析

上述条文规定的是国家主席的职权，即国家主席根据全国人大及其常委会的决定，任免国家机关的负责人，宣布人大的各类决定，对外代表国家进行一系列的国事活动等。

易混易错

我国的国家元首职权由全国人大常委会和国家主席结合起来行使。我们的国家元首是集体国家元首，国家主席只是其中一部分，是重要组成部分。

试题范例

1.（2015年真题）单项选择题

国家主席无须根据全国人大和全国人大常委会的决定独立行使的职权是（　　）。

A. 发布特赦令

B. 宣布战争状态

C. 接受外国使节

D. 任免国务院组成人员

答案：C

2.（2017年真题）单项选择题

2015年8月29日，全国人大常委会决定：在中国人民抗日战争暨世界反法西斯战争胜利70周年之际，对部分服刑罪犯予以特赦。根据宪法，发布特赦令的是（　　）。

A. 国家主席

B. 全国人大常委会委员长

C. 国务院总理

D. 中央军委主席

答案：A

3.（2018年真题）多项选择题

下列选项中，国家主席需要根据全国人大或全国人大常委会的决定行使的职权有（　　）。

A. 会晤外国总统

B. 授予国家勋章和荣誉称号

C. 发布动员令

D. 批准同外国缔结的重要协定

答案：BCD

二十三、国 务 院

核心法条

《宪法》第 85 条 中华人民共和国国务院，即中央人民政府，是最高国家权力机关的执行机关，是最高国家行政机关。

《宪法》第 86 条第 1、2 款 国务院由下列人员组成：

总理，

副总理若干人，

国务委员若干人，

各部部长，

各委员会主任，

审计长，

秘书长。

国务院实行总理负责制。各部、各委员会实行部长、主任负责制。

《宪法》第 87 条 国务院每届任期同全国人民代表大会每届任期相同。

总理、副总理、国务委员连续任职不得超过两届。

《宪法》第 88 条 总理领导国务院的工作。副总理、国务委员协助总理工作。

总理、副总理、国务委员、秘书长组成国务院常务会议。

总理召集和主持国务院常务会议和国务院全体会议。

释解分析

上述条文规定的是国务院的性质、地位、组成、任期和领导体制。

性质和地位。国务院是最高国家权力机关的执行机关，是最高国家行政机关。国务院在全国行政机关系统中居最高地位。它统一领导地方各级人民政府的工作，统一领导和管理国务院各部委的工作。国务院由最高国家权力机关组织产生，必须对全国人大及其常委会负责并报告工作。

组成和任期。国务院由下列人员组成：总理，副总理若干人，国务委员若干人，各部部长，各委员会主任，审计长，秘书长。国务院每届任期为 5 年。总理、副总理、国务委员连续任职不得超过两届。

领导体制。国务院实行总理负责制，其具体内容包括：（1）由总理提名组织国务院，总理有向全国人大及其常委会提出任免国务院其他组成人员的议案的权利。（2）总理领导国务院的工作，副总理、国务委员协助总理工作，其他组成人员都在总理领导下工作，向总理负责。（3）总理召集和主持国务院常务会议和国务院全体会议。总理、副总理、国务委员、秘书长组成国务院常务会议。总理对于所议事项有最后决定权，并对决定的后果承担全部责任。国务院总理还有权对国务院各部委的设立、合并和撤销向全国人大及其常委会提出意见或建议。（4）国务院发布的行政法规、决定和命令、向全国人大及其常委会提出的议案、任免国务院有关人员的决定，都由总理签署。

易混易错

法律硕士联考中，本内容出题方式包括选择题和简答题。就简答题而言，国务院的领导体制及总理负责制的主要内容是主要考查方向。

试题范例

（2016 年真题）多项选择题

根据我国宪法，下列关于国务院的表述，正确的有（　　）。

A. 国务院实行集体负责制

B. 国务院是最高国家权力机关的执行机关

C. 国务院每届任期同全国人大每届任期相同

D. 国务院常务会议由总理、副总理、国务委员、秘书长、审计长组成

答案：BC

核心法条

《宪法》第89条　国务院行使下列职权：

（一）根据宪法和法律，规定行政措施，制定行政法规，发布决定和命令；

（二）向全国人民代表大会或者全国人民代表大会常务委员会提出议案；

（三）规定各部和各委员会的任务和职责，统一领导各部和各委员会的工作，并且领导不属于各部和各委员会的全国性的行政工作；

（四）统一领导全国地方各级国家行政机关的工作，规定中央和省、自治区、直辖市的国家行政机关的职权的具体划分；

（五）编制和执行国民经济和社会发展计划和国家预算；

（六）领导和管理经济工作和城乡建设、生态文明建设；

（七）领导和管理教育、科学、文化、卫生、体育和计划生育工作；

（八）领导和管理民政、公安、司法行政等工作；

（九）管理对外事务，同外国缔结条约和协定；

（十）领导和管理国防建设事业；

（十一）领导和管理民族事务，保障少数民族的平等权利和民族自治地方的自治权利；

（十二）保护华侨的正当的权利和利益，保护归侨和侨眷的合法的权利和利益；

（十三）改变或者撤销各部、各委员会发布的不适当的命令、指示和规章；

（十四）改变或者撤销地方各级国家行政机关的不适当的决定和命令；

（十五）批准省、自治区、直辖市的区域划分，批准自治州、县、自治县、市的建置和区域划分；

（十六）依照法律规定决定省、自治区、直辖市的范围内部分地区进入紧急状态；

（十七）审定行政机构的编制，依照法律规定任免、培训、考核和奖惩行政人员；

（十八）全国人民代表大会和全国人民代表大会常务委员会授予的其他职权。

释解分析

本条规定的是国务院的职权。国务院的职权主要有：（1）法规制定权；（2）提案权；（3）领导权；（4）管理权；（5）任免权；（6）行政区域划分权；（7）紧急状态决定权；（8）其他职权。

易混易错

1. 行政法规是由国务院制定和实施的最高等级的规范性法律文件，是为行政管理和执行法律而制定的，通常采取“条例”的形式。决定是对于具体行政事务发布的行政文件，一种是具有普遍约束力的决定，另一种是只对特定事项作出的决定。命令是只对特定事项或特定人作出的行政措施。

2. 国务院即中央人民政府，统一领导地方各级人民政府的工作，统一领导和管理国务院各部委的工作。因此，各部、各委员会发布的不适当的命令、指示和规章，地方各级国家行政机关的不适当的决定和命令，国务院都可以改变或者撤销。

3. 法律硕士联考中，本内容出题方式包括选择题和简答题。就简答题而言，国务院的某些职权可以成为考查方向，但在考试中，国务院的职权一般较少单独命题，而是将国务院的某一职权结合宪法学其他知识综合命题，例如：简述我国宪法有关紧急状态的规定，这个简答题的答案就涉及国务院的部分职权，即国务院仅对部分地区享有紧急状态决定权。再例如，简述我国宪法有关行政区划决定权限的规定，该简答题也涉及国务院的部分职权，即国务院有批准省、自治区、直辖市的区域划分，批准自治州、县、自治县、市的建置和区域划分的权限，该简答题的其他部分答案就要结合宪法学其他知识进行补充。

试题范例

（2017年真题）单项选择题

根据现行宪法，有权批准省、自治区、直辖市的区域划分的机关是（　　）。

A. 全国人民代表大会

B. 全国人大常委会

C. 国务院

D. 民政部

答案：C

核心法条

《宪法》第91条　国务院设立审计机关，对国务院各部门和地方各级政府的财政收支，对国家的财政金融机构和企业事业组织的财务收支，进行审计监督。

审计机关在国务院总理领导下，依照法律规定独立行使审计监督权，不受其他行政机关、社会团体和个人的干涉。

《宪法》第109条 县级以上的地方各级人民政府设立审计机关。地方各级审计机关依照法律规定独立行使审计监督权，对本级人民政府和上一级审计机关负责。

释解分析

上述条文规定的是审计机关。国务院审计署是国家最高审计机关，同时也是国务院的组成部门。审计署在国务院总理的领导下，主管全国的审计工作，对国务院负责并报告工作。地方各级审计机关实行双重领导体制，在本级行政首长和上一级审计机关的领导下，负责本行政区域内的审计工作，对本级人民政府和上一级审计机关负责并报告工作。

易混易错

1. 审计机关属于行政机关。

2. 审计署在国务院总理领导下工作，不受其他行政机关的干涉，但要受到人大的监督。

试题范例

1.（2017年真题）单项选择题

根据我国地方组织法，下列关于地方各级审计机关的表述，不正确的是（　　）。

A. 县级以上地方各级人民政府设立审计机关

B. 省级审计机关的设立需要报请国务院批准

C. 地方各级审计机关只对本级人民政府负责

D. 地方各级审计机关依照法律规定独立行使审计监督权

答案：C

2. 多项选择题

国务院审计机关对国务院各部门和地方各级政府的财政收支，对国家的（　　）的财务收支，进行审计监督。

A. 财政金融机构

B. 企业事业组织

C. 公共服务机构

D. 社会组织

答案：AB

二十四、中央军委

核心法条

《宪法》第93条 中华人民共和国中央军事委员会领导全国武装力量。

中央军事委员会由下列人员组成：

主席，

副主席若干人，

委员若干人。

中央军事委员会实行主席负责制。

中央军事委员会每届任期同全国人民代表大会每届任期相同。

《宪法》第94条 中央军事委员会主席对全国人民代表大会和全国人民代表大会常务委员会负责。

释解分析

上述条文规定的是中央军事委员会。(1)性质和地位。中央军事委员会是我国宪法规定的统一领导国家武装力量的中央国家机关，是国家的最高军事领导机关，也是我国国家机构的重要组成部分。中央军委主席由全国人大选举产生并对全国人大负责；全国人大有权罢免中央军委主席和其他组成人员，所以，中央军委从属于最高国家权力机关。(2)组成。中央军委由主席、副主席若干人和委员若干人组成。中央军委主席由全国人大选举产生。全国人大根据中央军委主席提名，决定中央军委其他组成人员的人选。在全国人大闭会期间，根据中央军委主席的提名，决定中央军委其他组成人员的人选。全国人大有权罢免中央军委主席和中央军委其他组成人员。(3)任期。中央军委的任期同全国人大相同，均为5年。但是，由于中央军委的特殊性，现行宪法对中央军委主席连续任职的届数没有作出明确的限制。(4)领导体制。中央军委实行主席负责制，中央军委主席有权对中央军委职权范围内的事项作出最后决策。

试题范例

(2016年真题)单项选择题

根据我国宪法，下列关于中央军事委员会的表述，正确的是(　　)。

A. 中央军事委员会在中央国家机关体系中居于最高地位

B. 中央军事委员会主席由国家主席提名，全国人大决定

C. 中央军事委员会每届任期五年，连续任职不得超过两届

D. 中央军事委员会实行主席负责制，中央军委主席对全国人大及其常委会负责

答案：D

二十五、监察委员会

核心法条

《宪法》第 123 条 中华人民共和国各级监察委员会是国家的监察机关。

《宪法》第 124 条 中华人民共和国设立国家监察委员会和地方各级监察委员会。

监察委员会由下列人员组成：

主任，

副主任若干人，

委员若干人。

监察委员会主任每届任期同本级人民代表大会每届任期相同。国家监察委员会主任连续任职不得超过两届。

监察委员会的组织和职权由法律规定。

《宪法》第 125 条 中华人民共和国国家监察委员会是最高监察机关。

国家监察委员会领导地方各级监察委员会的工作，上级监察委员会领导下级监察委员会的工作。

《宪法》第 126 条 国家监察委员会对全国人民代表大会和全国人民代表大会常务委员会负责。地方各级监察委员会对产生它的国家权力机关和上一级监察委员会负责。

《宪法》第 127 条 监察委员会依照法律规定独立行使监察权，不受行政机关、社会团体和个人的干涉。

监察机关办理职务违法和职务犯罪案件，应当与审判机关、检察机关、执法部门互相配合，互相制约。

释解分析

上述条文规定的是监察委员会。监察委员会是根据 2018 年宪法修正案设置的国家机构。

性质和地位。根据 2018 年宪法修正案，国家设立国家监察委员会和地方各级监察委员会。各级监察委员会是国家的监察机关。监察委员会既不是行政机关，也不是司法机关，而是独立行使监察职能的国家机构。

组成和任期。监察委员会由下列人员组成：主任，副主任若干人，委员若干人。国家监察委员会主任由全国人民代表大会选举产生，国家监察委员会副主任、委员由国家监察委员会主任的提请任免。监察委员会主任每届任期同本级人民代表大会每届任期相同。国家监察委员会主任连续任职不得超过两届。

领导体制和工作机制。国家监察委员会是最高监察机关。国家监察委员会领导地方各级监察委员会的工作，上级监察委员会领导下级监察委员会的工作。国家监察委员会对全国人民代表大会和全国人民代表大会常务委员会负责。地方各级监察委员会对产生它的国家权力机关和上一级监察委员会负责。

监察委员会和其他国家机关的关系。监察委员会依照法律规定独立行使监察权，不受行政机关、社会团体和个人的干涉。监察机关办理职务违法和职务犯罪案件，应当与审判机关、检察机关、执法部门互相配合，互相制约。

试题范例

1. （2019 年真题）单项选择题

根据我国宪法和法律，下列关于监察委员会的表述，不正确的是（　　）。

A. 国家监察委员会是最高监察机关

B. 上级监察委员会监督下级监察委员会的工作

C. 各级监察委员会是行使国家监察职能的专责机关

D. 监察委员会依法独立行使监察权，不受行政机关、社会团体和个人的干涉

答案：B

2. 单项选择题

下列关于我国监察机关的表述，正确的是（　　）。

A. 人民检察院是我国的监察机关

B. 国家监察委员会主任、副主任和委员由全国人大选举产生
C. 国家监察委员会独立行使监察权和侦查权
D. 监察机关办理职务违法和职务犯罪案件，应当与审判机关、检察机关、执法部门互相配合，互相制约

答案：D

二十六、人民法院和人民检察院

核心法条

《宪法》第128条 中华人民共和国人民法院是国家的审判机关。

《宪法》第134条 中华人民共和国人民检察院是国家的法律监督机关。

释解分析

上述条文规定的是我国的司法机关及其性质。我国的司法机关是人民法院和人民检察院。

人民法院是国家的审判机关，是适用法律的专门机关，独立行使国家审判权。人民法院根据法律规定受理并处理具体案件，依据事实和法律作出判断，保障法律的实施，维护法律尊严，实现打击敌人、惩罚犯罪、保护人民、调解纠纷的国家职能。人民检察院是国家的法律监督机关。法律监督，又称为检察监督，是通过人民检察院行使检察权，对国家机关及其工作人员和公民是否遵守法律进行监督，保障法律的正确实施。

易混易错

1. 人民法院的工作原则和基本制度。工作原则不同于基本制度。人民法院的工作原则有：(1) 依法独立行使审判权原则；(2) 审判案件在适用法律上一律平等原则；(3) 被告人有权获得辩护原则；(4) 使用本民族语言文字进行诉讼原则。人民法院的基本制度有：(1) 合议制度；(2) 回避制度；(3) 公开审判制度；(4) 两审终审制；(5) 审判监督制度；(6) 审判委员会制度；(7) 司法责任制。

2. 人民检察院的工作原则。(1) 依法独立行使检察权原则；(2) 行使检察权在适用法律上一律平等原则；(3) 司法公正原则；(4) 司法公开原则；(5) 司法责任制原则；(6) 使用本民族语言文字进行诉讼原则。

试题范例

1. (2015年真题) 多项选择题

下列选项中，属于我国人民法院审判工作原则的有（　　）。

A. 两审终审原则

B. 群众路线原则

C. 平等适用法律原则

D. 被告人有权获得辩护原则

答案：CD

2. (2016年真题) 单项选择题

根据我国宪法和法律，下列关于人民法院审判工作制度的表述，正确的是（　　）。

A. 人民法院实行陪审制

B. 人民法院审判案件，实行两审终审制

C. 上级人民法院领导下级人民法院的审判工作

D. 人民法院设立审判监督庭，专门讨论重大疑难案件

答案：B

3. 多项选择题

人民法院审理案件，除法律规定的特别情况外，（　　）。

A. 一律公开进行

B. 公开或不公开进行

C. 被告人必须获得辩护

D. 被告人有权获得辩护

答案：AD

核心法条

《宪法》第131条 人民法院依照法律规定独立行使审判权，不受行政机关、社会团体和个人的干涉。

《宪法》第136条 人民检察院依照法律规定独立行使检察权，不受行政机关、社会团体和个人的干涉。

释解分析

上述条文规定的是人民法院依法独立行使审判权原则和人民检察院依法独立行使检察权原则。

人民法院依照法律规定独立行使审判权，不受行政机关、社会团体和个人的干涉。这一原则要求人民法院在审判工作中要以事实为根据、以法律为准绳，独立进行审判，实事求是地对案件作出公正判决和裁定，不受任何组织、领导及其他个人的干涉。人民法院在办理各种案件的活动中，只服从法律，严格依法办事，在职权范围内的活动必须独立进行。依法独立行使审判权原则，是社会主义法制的一项重要原则。审判工作贯彻这一原则有利于保证国家审判权的统一行使，保证国家法律的统一执行，保证审判工作的正常进行，保证案件正确判决。

人民检察院依照法律规定独立行使检察权，不受行政机关、社会团体和个人的干涉。这是检察机关的一项重要原则，也是检察机关进行法律监督、实现检察职能的重要保证。人民检察院独立行使检察权，有利于维护社会主义法制的统一实施，保证案件得到公正处理。

易混易错

1. 人民法院独立行使审判权和人民检察院独立行使检察权，并不是不受任何监督。人民法院和人民检察院要向同级人大及其常委会负责并报告工作，接受同级人大及其常委会的监督。

2. 人民法院要接受人民检察院的监督。

3. 人民法院和人民检察院要接受人民群众的监督。

试题范例

多项选择题

我国最高人民法院要向最高国家权力机关负责，其表现是（　　）。

A. 向全国人大及其常委会报告工作

B. 必要时请全国人大常委会解释法律

C. 接受全国人大及其常委会的质询

D. 接受全国人大常委会对未决个案的监督

答案：ABC

核心法条

《宪法》第 132 条　最高人民法院是最高审判机关。

最高人民法院监督地方各级人民法院和专门人民法院的审判工作，上级人民法院监督下级人民法院的审判工作。

《宪法》第 133 条　最高人民法院对全国人民代表大会和全国人民代表大会常务委员会负责。地方各级人民法院对产生它的国家权力机关负责。

《宪法》第 137 条　最高人民检察院是最高检察机关。

最高人民检察院领导地方各级人民检察院和专门人民检察院的工作，上级人民检察院领导下级人民检察院的工作。

《宪法》第 138 条　最高人民检察院对全国人民代表大会和全国人民代表大会常务委员会负责。地方各级人民检察院对产生它的国家权力机关和上级人民检察院负责。

释解分析

上述条文规定的是人民法院之间以及人民法院与人大之间的关系，人民检察院之间以及人民检察院与人大之间的关系。人民法院之间是监督与被监督的关系，最高人民法院和上级人民法院所进行的监督，主要是审判监督，即通过案件的审理来纠正下级人民法院在认定事实和适用法律上的错误。人民检察院之间是领导与被领导的关系，这种领导包括人员的任免、业务领导。人大与人民法院之间、人大与人民检察院之间也是监督与被监督的关系，人民法院和人民检察院要向同级人大及其常委会负责并报告工作，接受同级人大及其常委会的监督。

易混易错

1. （1）人民检察院的领导体制实行双重从属制，即最高人民检察院领导地方各级人民检察院和专门人民检察院的工作，上级人民检察院领导下级人民检察院的工作。最高人民检察院对全国人大及其常委会负责并报告工作，地方各级人民检察院对本级人大及其常委会负责并报告工作。地方各级人民检察院检察长的任免，须报上一级人民检察院检

中国宪法学

察长提请本级人民代表大会常务委员会批准，这一规定也体现了双重领导体制。（2）最高人民检察院检察长由全国人民代表大会选举和罢免，副检察长，检察委员会委员和检察员由检察长提请全国人民代表大会常务委员会任免，全国人民代表大会及其常务委员会审议最高人民检察院的工作报告，对最高人民检察院进行各种形式的监督等；地方各级人民检察院检察长由本级人民代表大会选举和罢免，副检察长、检察委员会委员和检察员由检察长提请本级人民代表大会常务委员会任免，地方各级人民代表大会及其常务委员会审议同级人民检察院的工作报告，对人民检察院的工作进行各种形式的监督等。（3）地方各级人民检察院检察长的任免，须报上一级人民检察院检察长提请本级人民代表大会常务委员会批准。省、自治区、直辖市人民检察院分院检察长、副检察长、检察委员会委员和检察员，由省、自治区、直辖市人民检察院检察长提请本级人民代表大会常务委员会任免。全国人民代表大会常务委员会和省、自治区、直辖市人民代表大会常务委员会根据本级人民检察院检察长的建议，可以撤换下级人民检察院检察长、副检察长和检察委员会委员。

2. 人民法院的组织系统。人民法院由最高人民法院、地方各级人民法院和专门人民法院构成。（1）最高人民法院。最高人民法院是我国的最高审判机关，依法行使国家最高审判权，同时监督地方各级人民法院和专门人民法院的工作。最高人民法院可以设巡回法庭，审理最高人民法院依法确定的案件。巡回法庭是最高人民法院的组成部分。巡回法庭的判决和裁定即最高人民法院的判决和裁定。（2）地方各级人民法院。分为三级：①高级人民法院，包括：省高级人民法院、自治区高级人民法院和直辖市高级人民法院。②中级人民法院，包括：省、自治区辖市的中级人民法院，在直辖市内设立的中级人民法院，自治州中级人民法院，在省、自治区内按地区设立的中级人民法院。③基层人民法院，包括：县、自治县人民法院，不设区的市人民法院，市辖区人民法院。（3）专门人民法院。专门人民法院是设在特定部门或对特定案件设立的审判机关，专门人民法院审理的案件是特定的案件。目前我国设立的专门人民法院包括军事法院和海事法院、知识产权法院、金融法院等。军事法院是设在军队中的审判机关，分为高级、中级、基层三级。海事法院是设在一定沿海、沿江港口城市的审理海事、海商案件的审判机关，在审级上相当于中级人民法院，其审判工作受所在地高级人民法院监督，当事人对海事法院的判决、裁定不服的上诉案件，由当地高级人民法院管辖。

3. 人民检察院的组织系统。人民检察院由最高人民检察院、地方各级人民检察院和军事检察院等专门人民检察院组成。（1）最高人民检察院。最高人民检察院是国家最高检察机关，领导全国人民检察院的工作。最高人民检察院对最高人民法院的死刑复核活动实行监督；对报请核准追诉的案件进行审查，决定是否追诉。最高人民检察院可以对属于检察工作中具体应用法律的问题进行解释。最高人民检察院可以发布指导性案例。（2）地方各级人民检察院。地方各级人民检察院分为：①省级人民检察院，包括省、自治区、直辖市人民检察院；②设区的市级人民检察院，包括省、自治区辖市人民检察院，自治州人民检察院，省、自治区、直辖市人民检察院分院；③基层人民检察院，包括县、自治县、不设区的市、市辖区人民检察院。省级人民检察院和设区的市级人民检察院根据检察工作需要，经最高人民检察院和省级有关部门同意，并提请本级人民代表大会常务委员会批准，可以在辖区内特定区域设立人民检察院，作为派出机构。（3）专门人民检察院。专门人民检察院是在最高人民检察院领导下，在特定的组织系统内设定的检察机关。专门人民检察院主要有军事检察院等。专门人民检察院的设置、组织、职权和检察官任免，由全国人民代表大会常务委员会规定。

试题范例

1.（2015 年真题）单项选择题

下列关于我国司法制度的表述，正确的是（　　）。

A. 人民检察院属于司法行政机关

B. 最高人民法院院长由全国人大常委会任免

C. 人民法院上下级之间是指导与被指导关系

D. 人民检察院上下级之间是领导与被领导关系

答案：D

2.（2017 年真题）单项选择题

根据现行宪法和法律，下列关于人民法院的表述，正确的是（　　）。

A. 人民法院审判案件一律公开进行

B. 最高人民法院院长得连选连任，不受任期限制

C. 地方各级人民法院对上一级人民法院负责并报告工作

D. 人民法院依法独立行使审判权，不受行政机关、社会团体和个人的干涉

答案：D

3.（2018年真题）单项选择题

关于我国专门人民法院，下列表述正确的是（　　）。

A. 知识产权法院的设立由全国人大常委会决定

B. 中国人民解放军军事法院院长由中央军事委员会任命

C. 海事法院负责审理海事和海商领域的刑事和民事案件

D. 我国设立专门的行政法院以保障行政案件的独立公正审理

答案：A

4.（2021年真题）多项选择题

根据我国宪法和法律，下列关于人民检察院职权的表述，正确的有（　　）。

A. 依照法律规定提起公益诉讼

B. 对公安机关的侦查活动是否合法，实行监督

C. 对人民法院的审判活动是否合法，实行监督

D. 对职务犯罪案件作出不起诉决定，须经上一级人民检察院批准

答案：ABCD

5. 多项选择题

在少数民族聚居或者多民族共同居住的地区，应当用当地通用的语言进行审理，（　　）应当根据实际需要使用当地通用的一种或者几种文字。

A. 起诉书　　B. 判决书

C. 布告　　D. 其他文书

答案：ABCD

核心法条

《宪法》第140条　人民法院、人民检察院和公安机关办理刑事案件，应当分工负责，互相配合，互相制约，以保证准确有效地执行法律。

释解分析

本条规定的是人民法院、人民检察院和公安机关的关系。三机构应分工负责、互相配合和互相制约，三者密切相关，只有分工负责，才能互相配合、互相制约；只有互相制约，才能保证办案质量。

易混易错

1. 这里的公安机关是泛指，还包括国家安全机关、监狱管理机关等。

2. 本条仅适用于办理刑事案件过程中。

3. 法律硕士联考中，从整体上看，人民法院和人民检察院这部分内容的出题方式包括各类题型。就简答题而言，我国人民法院的审判工作原则、我国人民法院的基本制度、上下级人民检察院的关系及其表现、人民检察院的领导体制、人民检察院的工作原则等都可以成为考查方向。就分析题而言，人民法院和人民检察院的领导体制、职权及人事任免等可以成为考查方向。例如：给出材料要求考生回答检察长的任免、最高法出台的某规定是否符合宪法规定、检察院的做法是否正确等，这些问题一般都涉及法院、检察院的领导体制、职权和人事任免问题。

试题范例

单项选择题

人民法院、人民检察院和公安机关办理（　　），应当分工负责，互相配合，互相制约，以保证准确有效地执行法律。

A. 民事案件

B. 刑事案件

C. 行政案件

D. 治安案件

答案：B

二十七、国家领导人的任期

核心法条

《宪法》第66条第2款 委员长、副委员长连续任职不得超过两届。

《宪法》第87条第2款 总理、副总理、国务委员连续任职不得超过两届。

《宪法》第124条第3款 监察委员会主任每届任期同本级人民代表大会每届任期相同。国家监察委员会主任连续任职不得超过两届。

《宪法》第129条第2款 最高人民法院院长每届任期同全国人民代表大会每届任期相同，连续任职不得超过两届。

《宪法》第135条第2款 最高人民检察院检察长每届任期同全国人民代表大会每届任期相同，连续任职不得超过两届。

相关法条

《宪法》第79条第3款 中华人民共和国主席、副主席每届任期同全国人民代表大会每届任期相同。

《宪法》第93条第4款 中央军事委员会每届任期同全国人民代表大会每届任期相同。

《宪法》第98条 地方各级人民代表大会每届任期五年。

《宪法》第106条 地方各级人民政府每届任期同本级人民代表大会每届任期相同。

释解分析

上述条文规定的是国家领导人的任职限制。连续任职不得超过两届的有全国人大常委会委员长、副委员长，国务院总理、副总理、国务委员，国家监察委员会主任，最高人民法院院长，最高人民检察院检察长。其他国家领导人没有任职限制。

易混易错

1. 中央军委主席没有任职限制。根据2018年宪法修正案规定，国家主席、副主席也没有任职限制。

2. 地方各级人大常委会主任、副主任，地方各级人民政府行政首长，地方各级人民法院院长，地方各级人民检察院检察长没有任职限制。

3. 法律硕士联考中，本内容出题方式以选择题为主。

二十八、地方国家机关

核心法条

《宪法》第 95 条 省、直辖市、县、市、市辖区、乡、民族乡、镇设立人民代表大会和人民政府。

地方各级人民代表大会和地方各级人民政府的组织由法律规定。

自治区、自治州、自治县设立自治机关。自治机关的组织和工作根据宪法第三章第五节、第六节规定的基本原则由法律规定。

《宪法》第 96 条 地方各级人民代表大会是地方国家权力机关。

县级以上的地方各级人民代表大会设立常务委员会。

《宪法》第 97 条第 1 款 省、直辖市、设区的市的人民代表大会代表由下一级的人民代表大会选举；县、不设区的市、市辖区、乡、民族乡、镇的人民代表大会代表由选民直接选举。

《宪法》第 98 条 地方各级人民代表大会每届任期五年。

《宪法》第 101 条 地方各级人民代表大会分别选举并且有权罢免本级人民政府的省长和副省长、市长和副市长、县长和副县长、区长和副区长、乡长和副乡长、镇长和副镇长。

县级以上的地方各级人民代表大会选举并且有权罢免本级监察委员会主任、本级人民法院院长和本级人民检察院检察长。选出或者罢免人民检察院检察长，须报上级人民检察院检察长提请该级人民代表大会常务委员会批准。

《宪法》第 103 条 县级以上的地方各级人民代表大会常务委员会由主任、副主任若干人和委员若干人组成，对本级人民代表大会负责并报告工作。

县级以上的地方各级人民代表大会选举并有权罢免本级人民代表大会常务委员会的组成人员。

县级以上的地方各级人民代表大会常务委员会的组成人员不得担任国家行政机关、监察机关、审判机关和检察机关的职务。

《宪法》第 104 条 县级以上的地方各级人民代表大会常务委员会讨论、决定本行政区域内各方面工作的重大事项；监督本级人民政府、监察委员会、人民法院和人民检察院的工作；撤销本级人民政府的不适当的决定和命令；撤销下一级人民代表大会的不适当的决议；依照法律规定的权限决定国家机关工作人员的任免；在本级人民代表大会闭会期间，罢免和补选上一级人民代表大会的个别代表。

《地方各级人民代表大会和地方各级人民政府组织法》第 18 条第 1、2 款 地方各级人民代表大会举行会议的时候，主席团、常务委员会、各专门委员会、本级人民政府，可以向本级人民代表大会提出属于本级人民代表大会职权范围内的议案，由主席团决定提交人民代表大会会议审议，或者并交有关的专门委员会审议、提出报告，再由主席团审议决定提交大会表决。

县级以上的地方各级人民代表大会代表十人以上联名，乡、民族乡、镇的人民代表大会代表五人以上联名，可以向本级人民代表大会提出属于本级人民代表大会职权范围内的议案，由主席团决定是否列入大会议程，或者先交有关的专门委员会审议，提出是否列入大会议程的意见，再由主席团决定是否列入大会议程。

《地方各级人民代表大会和地方各级人民政府组织法》第 26 条第 1、2 款 县级以上的地方各级人民代表大会举行会议的时候，主席团、常务委员会或者十分之一以上代表联名，可以提出对本级人民代表大会常务委员会组成人员、人民政府组成人员、人民法院院长、人民检察院检察长的罢免案，由主席团提请大会审议。

乡、民族乡、镇的人民代表大会举行会议的时候，主席团或者五分之一以上代表联名，可以提出对人民代表大会主席、副主席，乡长、副乡长，镇长、副镇长的罢免案，由主席团提请大会审议。

《立法法》第72条第1、2、5、6款 省、自治区、直辖市的人民代表大会及其常务委员会根据本行政区域的具体情况和实际需要，在不同宪法、法律、行政法规相抵触的前提下，可以制定地方性法规。

设区的市的人民代表大会及其常务委员会根据本市的具体情况和实际需要，在不同宪法、法律、行政法规和本省、自治区的地方性法规相抵触的前提下，可以对城乡建设与管理、环境保护、历史文化保护等方面的事项制定地方性法规，法律对设区的市制定地方性法规的事项另有规定的，从其规定。设区的市的地方性法规须报省、自治区的人民代表大会常务委员会批准后施行。省、自治区的人民代表大会常务委员会对报请批准的地方性法规，应当对其合法性进行审查，同宪法、法律、行政法规和本省、自治区的地方性法规不抵触的，应当在四个月内予以批准。

自治州的人民代表大会及其常务委员会可以依照本条第二款规定行使设区的市制定地方性法规的职权……

省、自治区的人民政府所在地的市，经济特区所在地的市和国务院已经批准的较大的市已经制定的地方性法规，涉及本条第二款规定事项范围以外的，继续有效。

释解分析

上述条文规定的是地方国家机关的设立依据和地方国家机关及其常设机关。地方国家机关包括地方各级人民代表大会和地方各级人民政府。根据《宪法》第95条规定，地方国家机关依据宪法设立，地方国家机关的组织由组织法加以规定，民族自治机关由宪法和民族区域自治法加以规定。

1. 县级以上地方各级人民代表大会

性质和地位。地方各级人民代表大会是指省、自治区、直辖市、自治州、市、县、市辖区、乡、民族乡、镇的人民代表大会。它们是本行政区域内的国家权力机关，本行政区域内的同级人民政府、监察委员会、人民法院和人民检察院都由其产生，对它负责，受它监督。它们同全国人民代表大会一起构成中国国家权力机关体系。

组成和任期。地方各级人大由人民选举的代表组成。乡、民族乡、镇、县、自治县、不设区的市、市辖区的人大代表由选民直接选举产生；省、自治区、直辖市、自治州、设区的市的人大代表由下级人大选举产生。地方各级人民代表大会每届任期5年。

主要职权。地方各级人大行使下列职权：(1) 地方性法规的制定权。省、自治区、直辖市的人民代表大会及其常务委员会根据本行政区域的具体情况和实际需要，在不同宪法、法律、行政法规相抵触的前提下，可以制定地方性法规。地方性法规可以就下列事项作出规定：①为执行法律、行政法规的规定，需要根据本行政区域的实际情况作具体规定的事项；②属于地方性事务需要制定地方性法规的事项。对于《立法法》第8条规定的法律保留事项，地方性法规不得作出规定。设区的市、自治州也可以制定地方性法规，但限于对城乡建设与管理、环境保护、历史文化保护等方面的事项，法律对设区的市制定地方性法规的事项另有规定的，从其规定。但省、自治区的人民政府所在地的市，经济特区所在地的市和国务院已经批准的较大的市已经制定的地方性法规，涉及城乡建设与管理、环境保护、历史文化保护等方面的事项范围以外的，继续有效。(2) 地方重大事项的决定权。(3) 选举和罢免权。具体规定参见《宪法》第101条。罢免案的内容具体参见《地方各级人民代表大会和地方各级人民政府组织法》第26条第1、2款。(4) 监督权。具体包括监督由其产生的国家机关，有权改变或者撤销本级人民代表大会常务委员会不适当的决定等。(5) 其他职权。包括提案权和质询案。其中，提案权的内容具体参见《地方各级人民代表大会和地方各级人民政府组织法》第18条第1、2款。

会议制度。地方各级人大的工作方式主要是举行会议。会议至少每年举行一次。县级以上的地方各级人大会议由本级人大常委会召集，乡级的人大会议由上一次的人大会议主席团负责召集。地方各级人大举行会议时由主席团主持，县级以上的地方各级人民政府组成人员和人民法院院长、人民检察院检察长、乡级的人民政府领导人列席本级人大会议。

2. 县级以上地方各级人大常委会

性质和地位。县级以上的地方各级人大常委会是本级人大闭会期间行使地方国家权力机关的机关，是本级国家权力机关的组成部分。它从属于本级人大，对本级人大负责并报告工作。

组成和任期。县级以上的地方各级人民代表大会常务委员会由主任、副主任若干人和委员若干人组成，对本级人民代表大会负责并报告工作。县级以上的地方各级人民代表大会常务委员会的组成人员不得担任国家行政机关、监察机关、审判机关和检察机关的职务。

主要职权。地方各级人大常委会行使下列职权：(1) 重大事项决定权。(2) 人事任免权。(3) 监督权。重大事项决定权、人事任免权和监督权的内容具体参见《宪法》第104条。(4) 制定地方性法规的权力。该内容与地方各级人大制定地方性法规的权力相同。(5) 主持或领导本级人民代表大会代表的选举。

会议制度。地方各级人大常委会由主任召集，每2个月至少举行一次。地方各级人大常委会决议需全体组成人员过半数通过。

试题范例

(2016年真题) 单项选择题

根据我国宪法和法律，下列关于地方各级人民代表大会的表述，不正确的是（　　）。

A. 地方各级人民代表大会都是地方国家权力机关

B. 地方各级人民代表大会会议每年至少举行一次

C. 地方各级人民代表大会会议由本级人大常委会召集

D. 地方各级人大进行选举和通过决议，以全体代表过半数通过

答案：C

核心法条

《地方各级人民代表大会和地方各级人民政府组织法》第11条　地方各级人民代表大会会议每年至少举行一次。经过五分之一以上代表提议，可以临时召集本级人民代表大会会议。

《地方各级人民代表大会和地方各级人民政府组织法》第12条　县级以上的地方各级人民代表大会会议由本级人民代表大会常务委员会召集。

《地方各级人民代表大会和地方各级人民政府组织法》第13条　县级以上的地方各级人民代表大会每次会议举行预备会议，选举本次会议的主席团和秘书长，通过本次会议的议程和其他准备事项的决定。

预备会议由本级人民代表大会常务委员会主持。每届人民代表大会第一次会议的预备会议，由上届本级人民代表大会常务委员会主持。

县级以上的地方各级人民代表大会举行会议的时候，由主席团主持会议。

县级以上的地方各级人民代表大会会议设副秘书长若干人；副秘书长的人选由主席团决定。

《地方各级人民代表大会和地方各级人民政府组织法》第14条　乡、民族乡、镇的人民代表大会设主席，并可以设副主席一人至二人。主席、副主席由本级人民代表大会从代表中选出，任期同本级人民代表大会每届任期相同。

乡、民族乡、镇的人民代表大会主席、副主席不得担任国家行政机关的职务；如果担任国家行政机关的职务，必须向本级人民代表大会辞去主席、副主席的职务。

乡、民族乡、镇的人民代表大会主席、副主席在本级人民代表大会闭会期间负责联系本级人民代表大会代表，根据主席团的安排组织代表开展活动，反映代表和群众对本级人民政府工作的建议、批评和意见，并负责处理主席团的日常工作。

《地方各级人民代表大会和地方各级人民政府组织法》第15条第1款　乡、民族乡、镇的人民代表大会举行会议的时候，选举主席团。由主席团主持会议，并负责召集下一次的本级人民代表大会会议。乡、民族乡、镇的人民代表大会主席、副主席为主席团的成员。

《地方各级人民代表大会和地方各级人民政府组织法》第16条　地方各级人民代表大会每届第一次会议，在本届人民代表大会代表选举完成后的两个月内，由上届本级人民代表大会常务委员会或者乡、民族乡、镇的上次人民代表大会主席团召集。

《地方各级人民代表大会和地方各级人民政府组织法》第17条　县级以上的地方各级人民政府组成人员和人民法院院长、人民检察

中国宪法学

院检察长，乡级的人民政府领导人员，列席本级人民代表大会会议；县级以上的其他有关机关、团体负责人，经本级人民代表大会常务委员会决定，可以列席本级人民代表大会会议。

《地方各级人民代表大会和地方各级人民政府组织法》第18条 地方各级人民代表大会举行会议的时候，主席团、常务委员会、各专门委员会、本级人民政府，可以向本级人民代表大会提出属于本级人民代表大会职权范围内的议案，由主席团决定提交人民代表大会会议审议，或者并交有关的专门委员会审议、提出报告，再由主席团审议决定提交大会表决。

县级以上的地方各级人民代表大会代表十人以上联名，乡、民族乡、镇的人民代表大会代表五人以上联名，可以向本级人民代表大会提出属于本级人民代表大会职权范围内的议案，由主席团决定是否列入大会议程，或者先交有关的专门委员会审议，提出是否列入大会议程的意见，再由主席团决定是否列入大会议程。

列入会议议程的议案，在交付大会表决前，提案人要求撤回的，经主席团同意，会议对该项议案的审议即行终止。

《地方各级人民代表大会和地方各级人民政府组织法》第19条 县级以上的地方各级人民代表大会代表向本级人民代表大会及其常务委员会提出的对各方面工作的建议、批评和意见，由本级人民代表大会常务委员会的办事机构交有关机关和组织研究处理并负责答复。

乡、民族乡、镇的人民代表大会代表向本级人民代表大会提出的对各方面工作的建议、批评和意见，由本级人民代表大会主席团交有关机关和组织研究处理并负责答复。

《地方各级人民代表大会和地方各级人民政府组织法》第28条第1款 地方各级人民代表大会举行会议的时候，代表十人以上联名可以书面提出对本级人民政府和它所属各工作部门以及人民法院、人民检察院的质询案。质询案必须写明质询对象、质询的问题和内容。

释解分析

上述条文规定的是地方各级人民代表大会的会议制度。地方各级人民代表大会的工作方式主要是召开会议。地方各级人民代表大会会议每年至少举行1次；经1/5以上代表提议，可以临时召集本级人民代表大会会议。县级以上的地方各级人民代表大会会议由本级人民代表大会常务委员会召集，由主席团主持会议。乡、民族乡、镇的人民代表大会举行会议时，选举主席团。由主席团主持会议，并负责召集下一次的本级人民代表大会会议。县级以上的地方各级人民政府组成人员和人民法院院长、人民检察院检察长，乡级的人民政府领导人员，列席本级人民代表大会会议；县级以上的其他有关机关、团体负责人，经本级人民代表大会常务委员会决定，可以列席本级人民代表大会会议。

地方各级人民代表大会举行会议的时候，主席团、常务委员会、各专门委员会、本级人民政府，可以向本级人民代表大会提出属于本级人民代表大会职权范围内的议案，由主席团决定提交人民代表大会会议审议，或者并交有关的专门委员会审议、提出报告，再由主席团审议决定提交大会表决。县级以上的地方各级人民代表大会代表10人以上联名，乡、民族乡、镇的人民代表大会代表5人以上联名，可以向本级人民代表大会提出属于本级人民代表大会职权范围内的议案，由主席团决定是否列入大会议程，或者先交有关的专门委员会审议，提出是否列入大会议程的意见，再由主席团决定是否列入大会议程。列入会议议程的议案，在交付大会表决前，提案人要求撤回的，经主席团同意，会议对该项议案的审议即行终止。除议案外，代表向本级人民代表大会及其常务委员会提出的对各方面工作的建议、批评和意见，由本级人民代表大会常务委员会的办事机构或乡、民族乡、镇的人民代表大会主席团交有关机关和组织研究处理并负责答复。

地方各级人民代表大会举行会议的时候，代表10人以上联名可以书面提出对本级人民政府和它所属各工作部门以及人民法院、人民检察院的质询案。质询案由主席团决定交由受质询机关在主席团会议、大会全体会议或者有关的专门委员会会议上口头答复，或者由受质询机关书面答复。

试题范例

1.（2017年真题）多项选择题

根据我国地方组织法，下列关于地方各级人民代表大会的表述，正确的有（　　）。

A. 省人民代表大会会议每年至少举行一次

B. 市人民代表大会举行会议的时候，由主席

团主持

C. 县人民法院院长列席本级人民代表大会会议

D. 乡人大主席负责召集下一次本级人民代表大会会议

答案：ABC

2. 多项选择题

地方各级人民代表大会举行会议时，代表10人以上联名可以提出质询案。下列机关应当接受质询的是（　　）。

A. 本级人民政府

B. 本级人民政府工作部门

C. 人民法院

D. 人民检察院

答案：ABCD

核心法条

《地方各级人民代表大会和地方各级人民政府组织法》第28条第1款　地方各级人民代表大会举行会议的时候，代表十人以上联名可以书面提出对本级人民政府和它所属各工作部门以及人民法院、人民检察院的质询案。质询案必须写明质询对象、质询的问题和内容。

《地方各级人民代表大会和地方各级人民政府组织法》第47条第1款　在常务委员会会议期间，省、自治区、直辖市、自治州、设区的市的人民代表大会常务委员会组成人员五人以上联名，县级的人民代表大会常务委员会组成人员三人以上联名，可以向常务委员会书面提出对本级人民政府、人民法院、人民检察院的质询案。质询案必须写明质询对象、质询的问题和内容。

释解分析

上述条文规定的是地方各级人大及其常委会的质询案。质询案的主要内容包括质询对象、质询的问题和内容。这里主要注意地方人大举行会议的时候或常委会会议期间，提出质询案的主体。

核心法条

《地方各级人民代表大会和地方各级人民政府组织法》第35条　县级以上的地方各级人民代表大会代表，非经本级人民代表大会主席团许可，在大会闭会期间，非经本级人民代表大会常务委员会许可，不受逮捕或者刑事审判。如果因为是现行犯被拘留，执行拘留的公安机关应当立即向该级人民代表大会主席团或者常务委员会报告。

释解分析

本条规定的是县级以上的地方各级人大代表的人身特别保护权。在地方各级人大开会期间，非经本级人大主席团许可，在地方各级人大闭会期间，非经本级人大常委会许可，县级以上的地方各级人大代表不受逮捕或者刑事审判。如果因为是现行犯被拘留，执行拘留的公安机关应当立即向该级人民代表大会主席团或者常务委员会报告。

易混易错

县级以上的地方各级人大代表享有特殊的身份权利保障，与全国人大代表的特殊身份保障规定的内容类似，县级以上的地方各级人大代表享有的特殊身份保障包括出席会议，提出议案，提出质询案，提出罢免案，人身特别保护权，言论免责权，享受适当补贴和物质便利的权利等。

试题范例

（2015年真题）单项选择题

2014年春节期间，县人大代表刘某因酒后交通肇事逃逸，涉嫌犯罪，县公安局拟对其实施逮捕。对此，下列做法中正确的是（　　）。

A. 公安局可自行决定并实施逮捕

B. 公安局经县人民法院决定后可实施逮捕

C. 公安局经县人民检察院批准后可实施逮捕

D. 非经县人大常委会许可，公安局不得实施逮捕

答案：D

核心法条

《宪法》第105条　地方各级人民政府是地方各级国家权力机关的执行机关，是地方各

级国家行政机关。

地方各级人民政府实行省长、市长、县长、区长、乡长、镇长负责制。

《宪法》第106条 地方各级人民政府每届任期同本级人民代表大会每届任期相同。

《宪法》第108条 县级以上的地方各级人民政府领导所属各工作部门和下级人民政府的工作，有权改变或者撤销所属各工作部门和下级人民政府的不适当的决定。

《宪法》第110条 地方各级人民政府对本级人民代表大会负责并报告工作。县级以上的地方各级人民政府在本级人民代表大会闭会期间，对本级人民代表大会常务委员会负责并报告工作。

地方各级人民政府对上一级国家行政机关负责并报告工作。全国地方各级人民政府都是国务院统一领导下的国家行政机关，都服从国务院。

释解分析

上述条文规定的是县级以上的地方各级人民政府。县级以上的地方各级人民政府是指省、自治区、直辖市、自治州、设区的市、县、自治县、不设区的市、市辖区的人民政府。

性质、地位、任期和领导体制。地方各级人民政府是地方国家权力机关的执行机关，是地方各级国家行政机关。地方各级人民政府由同级人大产生，对同级人大及其常委会负责并报告工作。地方各级人民政府是国务院统一领导下的国家行政机关。地方各级人民政府每届任期为5年。地方各级人民政府实行行政首长负责制。

主要职权。县级以上的地方各级人民政府的主要职权包括：(1) 执行本级人大及其常委会的决议和上级国家行政机关的决定和命令；执行国民经济和社会发展计划以及预算。(2) 规定行政措施，发布决定和命令。(3) 领导所属各工作部门和下级人民政府的工作。(4) 管理本行政区域内的经济、教育、科学、文化、卫生、体育、环保、城乡建设和财政、民政、公安、民族事务、司法行政、计划生育等行政工作。(5) 依照法律规定任免、培训、考核和奖惩国家行政机关工作人员。(6) 改变或撤销所属工作部门的决定、指示和下级人民政府的不适当的决定和命令。(7) 保护公民各方面的权利。(8) 办理上级国家行政机关交办的其他事项。

试题范例

单项选择题

下列关于我国地方各级人民政府的表述，正确的是（　　）。

A. 地方各级人民政府有权制定地方政府规章

B. 地方各级人民政府都是国务院统一领导下的国家行政机关

C. 地方各级人民政府实行集体负责制

D. 地方各级人民政府可以设立若干派出机关

答案：B

核心法条

《国务院组织法》第8条 国务院各部、各委员会的设立、撤销或者合并，经总理提出，由全国人民代表大会决定；在全国人民代表大会闭会期间，由全国人民代表大会常务委员会决定。

《地方各级人民代表大会和地方各级人民政府组织法》第64条 地方各级人民政府根据工作需要和精干的原则，设立必要的工作部门。

县级以上的地方各级人民政府设立审计机关。地方各级审计机关依照法律规定独立行使审计监督权，对本级人民政府和上一级审计机关负责。

省、自治区、直辖市的人民政府的厅、局、委员会等工作部门的设立、增加、减少或者合并，由本级人民政府报请国务院批准，并报本级人民代表大会常务委员会备案。

自治州、县、自治县、市、市辖区的人民政府的局、科等工作部门的设立、增加、减少或者合并，由本级人民政府报请上一级人民政府批准，并报本级人民代表大会常务委员会备案。

释解分析

上述条文规定的是国务院各部门和地方人民政府各工作部门及其设立、撤销或者合并。国务院各部、各委员会的设立、撤销或者合并，经总理提出，由全国人民代表大会决定；在全国人民代表大会闭会期间，由全国人民代表大会常务委员会决定。地方各级人民政府根据工作需要和精干的原则，设立必要的工作部门。县级以上的地方各级人民政府设立审计机关。地方各级审计机关依照法律规定独立行使审计监督权，对本级人民政府和上一级审计机关负责。省、自治区、直辖市的人民政府的厅、局、委员会等工作部门的设立、增加、减少或者合并，由本级人民政府报请国务院批准，并报本级人民代表大会常务委员会备案。自治州、县、自治县、市、市辖区的人民政府的局、科等工作部门的设立、增加、减少或者合并，由本级人民政府报请上一级人民政府批准，并报本级人民代表大会常务委员会备案。

试题范例

1.（2018 年真题）单项选择题

关于县级以上地方各级人民政府的组成部门，下列表述正确的是（　　）。

A. 各组成部门由同级人民代表大会决定设立

B. 地方审计机关独立行使审计监督权，只对上一级审计机关负责

C. 各组成部门受本级人民政府的领导，并且受上级主管部门的业务指导或领导

D. 民族自治地方人民政府组成部门的负责人，由实行区域自治的民族的公民担任

答案：C

2. 单项选择题

国务院××部被撤销，有权作出该决定的机关是（　　）。

A. 国务院

B. 全国人大或全国人大常委会

C. 国务院编制委员会

D. 国务院常务会议

答案：B

核心法条

《地方各级人民代表大会和地方各级人民政府组织法》第 68 条　省、自治区的人民政府在必要的时候，经国务院批准，可以设立若干派出机关。

县、自治县的人民政府在必要的时候，经省、自治区、直辖市的人民政府批准，可以设立若干区公所，作为它的派出机关。

市辖区、不设区的市的人民政府，经上一级人民政府批准，可以设立若干街道办事处，作为它的派出机关。

释解分析

本条规定的是县级以上的地方各级人民政府的派出机关。省、自治区的人民政府在必要的时候，经国务院批准，可以设立若干派出机关，省、自治区人民政府的派出机关是行政公署，简称“行署”；县、自治县的人民政府在必要的时候，经省、自治区、直辖市的人民政府批准，可以设立若干区公所，作为它的派出机关；市辖区、不设区的市的人民政府，经上一级人民政府批准，可以设立若干街道办事处，作为它的派出机关。

易混易错

1. 派出机关包括行政公署、区公所和街道办事处。不要将派出机关和基层群众性自治组织混淆，居民委员会和村民委员会是基层群众性自治组织，而不是派出机关。此外，不要将派出机关和派出所、社区委员会等混淆，派出所和社区委员会等并非派出机关。

2. 法律硕士联考中，从整体上看，地方国家机关这部分内容的出题方式包括选择题和分析题。就分析题而言，地方性法规的制定机关、地方人大及其常委会和地方人民政府的权限等是主要考查方向，例如，给出相关材料要求考生判断某市人大及其常委会是否有权制定地方性法规、某市政府的做法是否正确等。

试题范例

多项选择题

下列选项中，属于地方各级人民政府设立的派出机关的有（　　）。

A. 行政公署

B. 街道办事处

C. 区公所

D. 社区委员会

答案：ABC

中国宪法学

附一　中国法制史经典古文释解

一、西　　周

经典古文

《礼记·大传》:“一曰亲亲;二曰尊尊。亲亲故尊祖,尊祖故敬宗,敬宗故收族,收族故宗庙严,宗庙严故重社稷,重社稷故爱百姓,爱百姓故刑罚中,刑罚中故庶民安,庶民安故财用足,财用足故百志成,百志成故礼俗刑,礼俗刑然后乐。”

命题角度

该段文字反映的是西周时期礼的基本原则及作用。礼渊源于原始社会的祭祀活动,原是一种社会习俗,经夏、商、西周改造整理后,成为调整奴隶制社会关系的规范。

基本含义

该段文字的基本含义是:第一谓之“亲亲”,就是亲近以父母为首的亲属;第二谓之“尊尊”,就是尊敬以君主为首的贵族。只有“亲亲”,才能尊崇祖先;尊崇祖先才能敬仰宗族;敬仰宗族,才能团结全体贵族;团结全体贵族,才能宗庙严;宗庙严才能重视社稷;重视社稷才能爱护百姓;爱护百姓才能刑罚公正;刑罚公正才能使人民安定;人民安定才能财富充足;财富充足才能众志成城;众志成城才能形成礼仪风俗;礼仪风俗形成了,才能达到天下大治。

释解分析

西周统治者总结商纣倒行逆施、众叛亲离导致商朝灭亡的教训,认为立法、施政必须贯彻“亲亲”“尊尊”等礼的基本原则。所谓“亲亲”,就是强调男女有别,长幼有序,每个人都亲爱自己的亲属,特别是亲敬以父权家长、族长、宗主为中心的亲属。因此,“亲亲”实际是一条以孝为核心,同时体现男尊女卑关系的宗法伦理原则,旨在维护家庭、家族及宗族内部的伦理道德秩序。“尊尊”则要求下级对上级、小宗对大宗、臣民对君主绝对服从与尊敬,严守社会等级秩序,严禁违法僭越。因此,“尊尊”实际是一条以忠为核心的等级差别原则,旨在维护整个国家的君臣贵贱秩序。

规定“亲亲”“尊尊”制度的意义在于,只有实行“尊尊”“亲亲”,才能实现巩固统治、维护奴隶主贵族专政的根本目的。

经典古文

《礼记·曲礼》:“道德仁义,非礼不成;教训正俗,非礼不备;分争辨讼,非讼不决;君臣上下,父子兄弟,非礼不定;宦学事师,非礼不亲;班朝、治军、三官、行法,非礼威严不行;祈祷祭祀,供给鬼神,非礼不诚不庄。”

命题角度

该段文字反映了西周时期礼的性质和作用。

基本含义

该段文字的基本含义是:伦理道德和仁义,没有礼的规范就不能形成;教化礼训和正定风俗,没有礼的规范就不能完备;分歧争议以及诉讼活动,没有礼的作用就不能决定;君王臣下,父子兄弟,没有礼的规范就无法界定;从学拜师,没有礼的规范就难以亲定;朝制列班、军事治理、官吏管理、执法,没有礼的规范则无法运行;搞祭祀活动,没有礼的规范就不会诚实庄重。

释解分析

该段文字表明,在西周时期,礼作为一种积

极规范，对社会生活的各个方面都起着实际的调整作用。当时上至国家根本方针、组织制度，下至社会成员的生活，都受到礼的制约。礼已经渗透到社会各个领域，起着广泛的调整作用。

这段文字也表明，西周时期的礼已经具备了法的性质和作用。

经典古文

《汉书·贾谊传》："礼者禁于将然之前，而法者禁于已然之后。"

《后汉书·陈宠传》："礼之所去，刑之所取，失礼则入刑，相为表里者也。"

命题角度

这两段文字反映了西周时期礼与刑的关系。刑有刑法和刑罚两种含义，无论是刑法还是刑罚，都起源于战争。战争需要以誓词动员士兵，以命令整肃军队。所以，动员士兵的誓词、整肃军队的命令等规范，便成了最初的刑法。在远古时代，战争的双方不仅在战场上搏斗、厮杀，而且在战争之后，战胜者还往往动用杀头、残害肢体等与战争具有同一性质的暴力手段迫害战败者，刑罚便由此产生。上述古文谈到的刑，一般指的是九刑。

基本含义

这两段文字的基本含义是：礼侧重于事前的预防，刑侧重于事后的处罚。凡是礼所允许的，也就是刑所不禁止的；凡是礼所不允许的，也就是刑所严禁的，超出礼的制约范围，则进入刑的惩罚范围，二者互为表里。

释解分析

这两段文字表明礼与刑的作用不同。礼是要求人们自觉遵守的规范，侧重于积极的预防；刑则是对犯罪行为的制裁，侧重于事后的处罚。由于礼的作用在于强调道德教化，刑则强调惩罚镇压，道德教化不起作用才使用刑罚镇压，故二者是互为表里、相辅相成的。

礼作为法的重要内容之一，不仅以刑的强制力为后盾保障贯彻实施，而且其本身也包含着刑的规范要求。因此，尽管礼与刑的规范的侧重点不同，但在确认并维护奴隶制国家基本的政治制度和社会制度、巩固宗法等级制度方面却是一致的。

经典古文

《礼记·曲礼上》："礼不下庶人，刑不上大夫。"孔颖达疏："礼不下庶人者，谓庶人贫无物为礼"；"刑不上大夫者，制五刑三千之科条不设大夫犯罪之目也"，"非谓都不刑其身也，其有罪则以八议议其轻重耳"。

命题角度

该段文字反映的是西周时期礼与刑的适用及关系问题。

基本含义

该段文字的基本含义是：礼仪规范不适用于庶人，如何处刑不适用于大夫及大夫以上的贵族。孔颖达解释道：礼仪规范不适用于庶人，因为贫贱的庶人没有贵族能够享受的礼仪；如何处刑不适用于大夫及大夫以上的贵族，因为制定的五刑、科条三千没有设定有关大夫的犯罪。但并不是说大夫及大夫以上的犯罪不处刑，只不过犯罪后根据八议来确定其罪行的轻重罢了。

释解分析

所谓"礼不下庶人"，首先，制定礼的主要目的是调整社会的宗法等级秩序，不同的社会关系适用不同的礼进行调整，不同社会阶层的人适用不同等级的礼；各级贵族享有的礼，庶民百姓不得享有。其次，各级贵族的活动主要靠礼进行规范，而普通民众的行为则用刑罚来威慑。由于礼本身是一种强制性的行为规范，所以，"礼不下庶人"绝不是说礼的规范对庶人没有约束力。所谓"刑不上大夫"，首先，刑罚的制定主要不是针对大夫及大夫以上各级贵族，而是为了防范平民百姓。其次，不同社会等级的人实行同罪异罚，大夫以上各级贵族违法犯罪，一般不适用普通平民百姓所适用的刑罚。所以，大夫及大夫以上贵族犯罪不适用一般刑罚，而并非一律不适用刑罚。

贵族作为特权阶层在适用刑罚时，适用“八议”之法，实行临时决议减免，这体现了特权法的性质。

“礼不下庶人，刑不上大夫”不仅是西周“礼治”的特点，也是指导西周立法、司法的重要原则。

经典古文

《尚书·吕刑》：“五刑之疑有赦，五罚之疑有赦，其审克之。”孔安国传：“刑疑，赦从罚；罚疑，赦从免。”

《礼记·王制》：“附从轻，赦从重”；“疑狱氾（音犯——编者注）与众共之，众疑，赦之”。

命题角度

这两段文字反映了西周时期罪疑从轻、罪疑从赦的刑罚适用原则。所谓罪疑从轻、罪疑从赦，即对定罪量刑有疑义或者有争论的案件，实行从轻处罚或者予以赦免的原则。

基本含义

这两段文字的基本含义是：对犯有五刑之罪而又有疑问的，则定五罚之罪；对定五罚之罪而又有疑问的，则不予论处，以求恰当地定罪量刑。

对介于轻重之间的犯罪，按照轻罪判处轻刑；对误判重罪的人，须赦免其重罪；对疑难案件须与众人共同讨论，如果众人都有疑问，则不予论罪。

释解分析

这两段文字表明，西周时期凡是对定罪量刑有疑义或者有争论的案件，都从轻处断或者予以赦免，这体现了西周时期在刑罚运用上的慎重，有利于防止和减少无罪处刑和轻罪重刑的现象。

罪疑从轻、罪疑从赦的刑罚适用原则是西周时期刑法原则的重大发展，也是“明德慎罚”立法指导思想在刑事立法上的具体体现。

经典古文

《尚书·康诰》：“人有小罪非眚（音省——编者注），乃惟终，自作不典；式尔，有厥罪小，乃不可不杀。乃有大罪非终，乃惟眚灾，适尔，既道极厥辜，时乃不可杀。”

命题角度

该段文字反映了西周时期区分故意和过失、惯犯和偶犯的刑罚适用原则。

基本含义

该段文字的基本含义是：一个人虽犯了小罪，却不是由于过失，而是一贯犯罪，就是自行不法，即使其罪很小，但不可不杀；反之，一个人罪虽大，但是不是惯犯，又出于过失，虽然按照断狱的道理处罚其罪，但是罪不至死。在这段文字中，过失被称为“眚”，故意被称为“非眚”，偶犯被称为“非终”，惯犯被称为“惟终”。

释解分析

该段文字表明，在西周时期，故意犯罪和过失犯罪、惯犯与偶犯在观念上已有所区别。凡是故意犯罪及惯犯都要从重处罚，过失犯罪及偶犯则可减轻处罚，这一原则说明西周时期在刑法理论上已经达到一定的水平。

这种以犯罪主观动机和客观危害结果为依据定罪量刑、区别对待的原则的确立，是我国刑法史上的重大发展，对后世刑罚适用原则产生了深远的影响。

经典古文

《周礼·天官·小宰》：“听称责以傅别。”郑玄注：“称则责贷予，傅别为券书也。听讼责者，以券书决之。傅，傅著约束于文书；别，别为两，两家各得一也。”

命题角度

该段文字反映了西周时期的契约制度——借

贷契约。西周时期的借贷契约称为“傅别”。

基本含义

该段文字的基本含义是：处理称责纠纷的依据是傅别。郑玄解释道：“称责”就是指借贷，“傅别”是券书。审理债务纠纷，以“傅别”为证据。“傅”就是指将借贷的内容写在文书之中，“别”就是指将这样的券书一分为二，债权人和债务人各拿一半。

释解分析

该段文字表明，西周时期已经存在了商品交易的借贷关系，表明了西周时期借贷关系的活跃和相应诉讼案件的增多。借贷的出现适应了西周时期调整民事、经济关系的法律需要，也证明了西周时期民事法律规范的较大发展。

“傅别”是借贷关系成立的凭证，如债权人和债务人发生纠纷，则又是诉讼的证据。

经典古文（2016 年法学方向真题涉及该古文）

《礼记·昏义》：“昏礼者，将合二姓之好，上以事宗庙，而下以继后世也，故君子重之。是以昏礼，纳采、问名、纳吉、纳征、请期，皆主人筵几于庙，而拜迎于门外，入揖让而升，听命于庙，所以敬慎重正昏礼也。”

命题角度

该段文字反映了西周时期的婚姻成立制度。西周时期婚姻成立，须先后经过六道烦琐的程序，这六道程序被称为“六礼”，即纳采、问名、纳吉、纳征、请期和亲迎。六礼发源于原始社会末期，经过夏、商的发展，至西周臻于完备，六礼是中国古代聘娶婚的渊源。

基本含义

该段文字的基本含义是：举行婚礼，要促成两方之好，对上可以侍奉宗庙，对下可以传承后世，因此君子都很重视。举行婚礼，须经过纳采、问名、纳吉、纳征、请期，主人都要在宗庙摆筵，且在门外迎拜、作揖、礼让，并在宗庙举拜，以表明慎重和对婚礼的重视。

释解分析

该段文字表明，西周时期的婚姻制度贯穿着宗法伦理道德精神和男尊女卑的家庭关系。西周时期婚姻成立制度的完备，不仅表明了礼的成熟，而且表明了西周的统治者对巩固宗法等级制度、稳定家庭关系的重视。

六礼表明西周时期的婚姻制度完全是买卖包办性质，妇女不仅没有自主择婚的权利与自由，而且是父母用钱财进行买卖交易的商品，这体现了宗法关系、男尊女卑和迷信思想。

六礼不仅在西周的婚姻制度中占有重要地位，而且对后世的婚姻制度产生了重要的影响。

经典古文（2016 年法学方向真题涉及该古文）

《大戴礼记·本命》：“妇有七去：不顺父母去，无子去，淫去，妒去，有恶疾去，多言去，窃盗去。不顺父母去，为其逆德也；无子，为其绝世也；淫，为其乱族也；妒，为其乱家也；有恶疾，为其不可与共粢（音疵——编者注）盛也；口多言，为其离亲也；窃盗，为其反义也。”

命题角度

该段文字反映了西周时期的婚姻解除制度（休妻制度）——七出（七去）。所谓“七出”，就是丈夫休弃妻子的七种法定情形。

基本含义

该段文字的基本含义是：妻子有下列七种情形之一的，丈夫即可将妻子休弃：不孝顺父母的；无子的；淫乱的；有严重疾病的；多嘴多舌的；妒忌的；偷盗的。不孝顺父母的属于道德沦丧；无子的会断绝后嗣；淫乱的会破坏伦常秩序；妒忌的影响家庭关系；有严重疾病的无法共同生活；多嘴多舌的会离间亲属感情；偷盗的会背信弃义。

释解分析

“七出”制度对于维护家庭男尊女卑和夫权统治，并进而维护统治阶级的统治和家族政治意义重大，这对维护当时婚姻关系的稳定性也起到了非常重要的作用。

但是，“七出”是丈夫休弃妻子的七种片面借口，实际上是以法律的形式确认丈夫单方面休弃妻子的权利，“七出”使得离婚的主动权完全掌握在丈夫的手中，这必然从法律上对女子进行束缚，从而进一步剥夺女子在社会关系中应有的地位。“七出”是保障丈夫单方面利益的法律规范，是维护男尊女卑等级秩序的礼制制度。

“七出”制度不仅在西周得以贯彻，而且也影响到后世的婚姻立法。后世的婚姻立法在婚姻解除的范围上，大体没有超出“七出”的范围。

经典古文（2016年法学方向真题涉及该古文）

《大戴礼记·本命》：“妇有三不去：有所取无所归不去，与更三年丧不去，前贫贱后富贵不去。”何休注：“妇人有……三不去。尝更三年丧不去，不忘恩也；贱取贵不去，不背德也；有所受无所归不去，不穷穷也。”

命题角度

该段文字反映了西周时期的婚姻解除限制制度——“三不去”。所谓“三不去”，就是限制“七出”的三种法定情形。

基本含义

该段文字的基本含义是：妻子有下列三种情形之一的，可以免遭被休弃的命运：妻子被休弃后无家可归的；与丈夫一同为公婆服过三年大丧的；娶妻时贫贱而经夫妻同甘苦后来变得富贵的。何休对此解释道：妻子有三种不被休弃的情形：与丈夫一同为公婆守孝三年，由于不能忘记恩情，不能休弃；娶妻时贫贱而后变得富贵，由于不能违背伦常德教，不能休弃；若妻子被休弃而无家可归，由于会断绝生路，不能休弃。

释解分析

“三不去”制度在一定程度上限制了丈夫的婚姻解除权，这对于稳定婚姻家庭关系、维护礼制具有积极意义。

“三不去”虽然构成对“七出”的限制，但解除婚姻关系的主动权始终掌握在男方手中；只要丈夫想抛弃妻子，就可以随意找到借口。所以，“三不去”不能改变丈夫单方面的利益，不意味着对妻子权利的真正保护。“三不去”的最终目的在于维护夫权统治和“礼仪”制度。

“三不去”制度不仅在西周时期得以贯彻，而且影响到后世的立法。后世对婚姻解除限制的规定，大体没有超出“三不去”的范围。

经典古文

《周礼·秋官·小司寇》：“以五声听狱讼，求民情，一曰辞听，二曰色听，三曰气听，四曰耳听，五曰目听。”郑玄疏：“观其出言，不直则烦；观其颜色，不直则赧然；观其气息，不直则喘；观其听聆，不直则惑；观其眸子，不直则眊（音冒——编者注）然。”

命题角度

该段文字反映了西周时期的五听制度。所谓“五听”，就是西周时期司法官审理案件时，判断当事人陈述真伪的五种方式。

基本含义

该段文字的基本含义是：以五种察言观色的方式审理案件，以便据此来分析案情，一是辞听，二是色听，三是气听，四是耳听，五是目听。郑玄解释道：观察受审者的言辞，理亏则言语烦乱或自相矛盾；观察其表情，心虚则惊慌失措；观察其呼吸，理屈则紧张喘息；观察其听觉，心里有鬼往往反应迟钝；观察其眼睛，无理则双目失神。

释解分析

“五听”是西周时期司法官审理案件判断当事人陈述真伪的五种方式，该审理方式是我国古代司法实践的经验总结，也是运用心理分析进行审判活动的一种尝试，因此，“五听”获取证据的审讯方式在我国司法心理学史上留下重重的一笔。此外，与夏商时期落后的“天罚”“神判”相比，这毕竟是一个历史进步。单就要求审判官注意观察当事人各种异常表现来看，具有可借鉴之处。

当然，完全依赖察言观色的方式审理案件，往往导致主观唯心主义的司法擅断，有时也会人为地制造一些冤假错案。

“五听”制度作为审理案件的方式，被后世所沿用，影响深远。

二、战　国

经典古文

《晋书·刑法志》：“悝（音亏——编者注）撰次诸国法，著《法经》。以为王者之政，莫急于盗贼，故其律始于《盗》《贼》。盗贼须劾（音合——编者注）捕，故著《网》《捕》二篇。其轻狡、越城、博戏、借假不廉、淫侈、逾制以为《杂律》，又以《具法》具其加减，是故所著六篇而已，然皆罪名之制也。”

命题角度

该段文字反映的是战国时期《法经》的制定及内容。

基本含义

该段文字的基本含义是：李悝总结各诸侯国的立法经验，制定了《法经》。他认为进行统治没有比盗贼问题更重要、更迫切，因此《法经》将《盗法》和《贼法》列于篇首；只要有盗贼犯罪，就必须囚捕查办，因此又制定《网法》和《捕法》二篇；对于盗窃兵符玺印或者议论国家法令等政治狡诡行为、翻越城池或者偷渡关津行为、赌博欺诈行为、贪污贿赂等腐败行为、奢侈淫靡行为、越级享用不该享有的特权或者器物服饰等，纳入《杂法》；又制定《具法》按照不同情形给予加刑或者减刑。因此所制定的《法经》为六篇，但都属于罪名方面的规定。

释解分析

《法经》是战国时期魏相李悝制定的我国历史上第一部比较系统的封建成文法典。从律典体例、篇章结构、立法宗旨、内容实质等各个方面，《法经》成为一个具有划时代意义的重要标志，对后世两千多年的各代立法产生了深远的影响。首先，《法经》是战国时期政治变革的重要成果，也是战国时期封建立法的典型代表和全面总结。其次，《法经》的体例和内容，为后世封建立法的完善奠定了重要基础。其创立的六篇体例和内容大都为后世所继承和发展，从而开创了中华法系独树一帜的立法先河。因此，《法经》在中国法制史上占有十分重要的地位。

当然，从内容上看，法经的本质在于维护封建地主阶级专政，保护地主的私有财产和奴隶制残余，因此，《法经》不过是地主阶级实现其政治、经济统治的目的和工具。

三、秦　朝

经典古文

《睡虎地秦墓竹简·法律答问》：“公室告何也？非公室告何也？贼杀伤、盗他人为公室告；子盗父母，父母擅杀、刑、髡（音昆——编者注）子及奴妾不为公室告。子告父母，臣妾告主，非公室告，勿听。”

命题角度

该段文字反映的是秦朝对起诉权的限制制度——“公室告”和“非公室告”。

基本含义

该段文字的基本含义是：公室告是什么？非公室告是什么？杀伤他人或者盗窃他人，是公室告；子女盗窃父母，父母擅自杀死、残伤、髡剃子女及奴妾不是公室告。子女控告父母以及奴妾控告主人的案件，为非公室告，官府不予受理。

释解分析

秦朝对于起诉权限作了严格的限制，不能乱告。秦朝将控告分为“公室告”和“非公室告”，对于公室告的案件，官府必须受理；对于非公室告的案件，官府不予受理，如果控告人坚持告诉，还要追究控告人的刑事责任。

秦朝区分“公室告”和“非公室告”，有助于秦律集中把矛头指向危害封建统治秩序的盗贼案件。

秦朝将控告分为“公室告”和“非公室告”，而且严格限制起诉权，实际上是封建伦理尊卑关系和主奴等级关系在诉讼制度上的反映。

经典古文

《睡虎地秦墓竹简·封诊式·讯狱》：“凡讯狱，必先尽听其言而书之，各展其辞，虽知其訑（音义——编者注）勿庸辄诘（音杰——编者注）。其辞已尽书而无解，乃以诘者诘之。诘之又尽听其解辞，又视其它无解者以复诘之。诘之极而数訑，更言不服，其律当笞掠者，乃笞掠。笞掠之必书曰：爰（音元——编者注）书：以某数更言，毋解辞，笞讯者。”

命题角度

该段文字反映的是秦朝的审理制度。

基本含义

该段文字的基本含义是：凡是审理刑事案件，必须首先听取两造（两造即为原告和被告——编者注）的口供并详细记录，使他们各自陈述，虽然知道有人在欺骗，也不要立即发问。如果其供述完毕而案情仍不清楚，则对不清楚之处再行追问，同时再详细听取并记录其辩解之辞。然后，再就其未能解释清楚的问题继续追问。追问到最后，如果当事人仍然一再欺骗，乃至改变口供拒不服罪，依法可以施行拷打时，则对其施行拷打。拷打时必须写明：“报告：因为某人多次变更口供，且不能说明变更的理由，所以对某人施行刑讯。”

释解分析

该段文字表明，秦朝较为重视刑事案件的审理，提倡不经过刑讯而获取口供。秦朝统治者认识到，不使用刑讯所得到的口供较为可靠，因而对刑讯既承认其合法性，但又不提倡，这在某种程度上能够抑制刑讯逼供。

当然，由于秦朝法制残酷，并奉行有罪推定的原则，所以根本不能杜绝实践中刑讯的广泛适用。

经典古文（2012年法学方向真题）

材料1：《法律答问》：“甲盗，赃值千钱，乙知其盗，受分赃不盈一钱，问乙何论？同论。”

材料2：《法律答问》：“甲盗钱以买丝，寄乙，乙受，弗知盗，乙何论也？毋论。”

命题角度

这两段文字反映的是盗贼按赃值定罪和盗窃罪成立共犯的条件。依据《秦律·法律答问》记载，对于犯盗窃罪的，按照赃值定罪，成立盗窃共犯应以是否有共同故意和是否分赃作为依据。材料中提到的“法律答问”，在性质上属于法律解释，与秦律具有同等法律效力。

基本含义

这两段文字的基本含义是：甲盗窃，获得赃值千钱的赃物，乙分赃不满1钱，对乙应如何论处？乙应与甲同罪。甲盗窃钱以购买丝料，并将丝料寄给乙，乙接受丝料，但并不知道丝料是甲盗窃所得，对乙应如何论处？不予追究。

释解分析

这两段文字说明，参与盗窃所得分赃的，应与正犯承担同样的法律责任。但对于盗窃罪并不知情的，不应承担法律责任。因此，秦律规定的盗窃罪成立共犯的要件有：（1）有无犯意（是否知情）；（2）是否分赃。

四、汉　朝

经典古文

《汉书·刑法志》：“……当黥（音情——编者注）者，髡钳为城旦舂；当劓（音义——编者注）者，笞（音吃——编者注）三百；当斩左趾者，笞五百；当斩右趾……弃市。”“是后，外有轻刑之名，内实杀人。斩右趾者又当死。斩左趾者笞五百，当劓者笞三百，率多死。”“景帝元年，下诏曰：‘加笞与重罪无异，幸而不死，不可为人。其定律：笞五百曰三百，笞三百曰二百。’又曰：‘笞者，所以教之也，其定箠（音垂——编者注）令。’”

命题角度

该段文字反映的是汉文帝、汉景帝的刑制改革。汉文帝刑制改革的诱因虽是缇（音题——编者注）萦上书，但汉文帝刑制改革是历史发展的必然结果。

基本含义

该段文字的基本含义是：当处黥刑的，改处剃光头戴戒具筑城或者舂米的刑罚（髡钳城旦舂）；当处劓刑的，改处笞三百的刑罚；当处斩左趾的刑罚，改处笞五百的刑罚；当处斩右趾的刑罚，改处死刑（弃市）。（该刑制改革）实施以后，名义上改处轻刑，实际上扩大了死刑。将斩左趾为笞五百，将劓刑改为笞三百，受刑人大多死去。因此，汉景帝元年下诏：增加笞数与死刑没有区别，即便不死，也不能自行起居。为此将笞五百改为笞三百，笞三百改为笞二百。又说：笞是用来惩教犯人的刑罚，应该制定关于笞刑的《箠令》。

释解分析

汉文帝刑制改革的内容就是改墨刑（黥刑）为髡钳城旦舂；改劓刑为笞三百；改剕刑中的斩左趾为笞五百、斩右趾为弃市（死刑）。这次改革的弊端有三：第一，斩右趾改为弃市（死刑），实际上是由轻改重；第二，宫刑未改；第三，笞数过多，往往有的犯人在行刑过程中被打死。因此，汉景帝在汉文帝改制基础上又进行了笞制改革。包括：第一，减少笞数，将笞五百与笞三百分别降为笞三百与笞二百，后又再度减为笞二百与笞一百。第二，明确规定了笞杖的材料、质量、长度、宽窄、厚薄等规格，而且严格限定了笞打的部位与行刑的程序。

汉文帝时期进行的刑制改革就是对以往的奴隶制五刑制度的改革，这次改革揭开了从肉刑到劳役刑过渡的序幕。汉文帝、汉景帝的刑制改革，是奴隶制五刑向封建制五刑转变的标志，在中国封建法制史上具有划时代意义。

经典古文（2010 年法学方向真题）

《汉书·张释之传》：上行出中渭桥，有人从桥下走，乘舆马惊。于是使骑捕之，属廷尉。释之治问。曰：“县人来，闻跸，匿桥下。久，以为行过，既出，见车骑，即走耳。”释之奏当：“此人犯跸，当罚金。”上怒曰：“此人亲惊吾马，马赖和柔，令他马，固不败伤我乎？而廷尉乃当之罚金！”释之曰：“法者，天子所与天下公共也。今法如是，更重之，是法不信于民也。且方其时，上使使诛之则已。今已下廷尉，廷尉，天下之平也，壹顷，天下用法皆为之轻重，民安所措其手足？唯陛下察之。”上良久曰：“廷尉当是也。”

命题角度

本段文字反映的是汉代的“犯跸”案。犯跸是冒犯皇帝出行车架仪仗的行为，在汉代应处以罚金。

基本含义

这段文字的基本含义是：汉文帝的车驾行进到一个桥上，突然有一个人从桥下走出来。汉文帝的马受了惊，于是派人逮捕惊了车驾的人，交给廷尉处理。廷尉张释之审问该人，他说：“小人在路上听说皇帝的车驾要来，就躲在桥下避让。等了很久，以为车驾已经走了，就从桥下出来，结果正碰见车驾，就立刻闪避。”张释之上奏说：“此人犯跸，应当判处罚金。”汉文帝大怒说：“此人惊吓了我的马，幸亏我的马性情柔顺，若是其他的马受惊，非让我受伤不可。廷尉居然才判处他罚金！”张释之回答说：“法律是天子与百姓共有的天下公器。法律规定就是犯跸应处罚金，如果加重处罚，法律就失去信用了。况且如果是您逮捕犯跸者时就下令杀了他也就罢了，而您却把他交给廷尉处理。廷尉执掌天下的公平，一旦廷尉有失公平，全国的司法都会轻重失衡，老百姓就不知所措了。希望陛下能够体谅。”汉文帝过了很久才说：“廷尉的判决是正确的。”

释解分析

历史的教训以及黄老学说“明法”思想的影响，使得汉初的统治者比较注意明法守身，不以个人意志破坏法律的一致性。汉文帝便是其中的代表，他与廷尉张释之的几次冲突，表现了一位帝王很可贵的“法信于民”的法律意识。张释之所谓“法者，天子所与天下公共也”“廷尉，天下之平也”都值得好好体会。

汉代廷尉张释之依法审理案件的事例，可以提供的历史借鉴有：(1) 法律是人人都必须遵守的行为规则；(2) 案件应当由专门的司法机关进行审理，司法机关在审理案件过程中必须做到公平、公正；(3) 公正的法律只有得到公正的执行，才能够取信于民。

经典古文（2013 年法学方向真题）

《后汉书·列女传》：酒泉庞淯母者，赵氏之女也，字娥。父为同县人所杀，而娥兄弟三人，时俱病物故，仇乃喜而自贺，以为莫己报也。娥阴怀感愤，乃潜备刀兵，常帷车以候仇家。十余年不能得。后遇于都亭，刺杀之。因诣县自首。曰：“父仇已报，请就刑戮。”禄福长尹嘉义之，解印绶欲与俱亡。娥不肯去。曰：“怨塞身死，妾之明分；结罪理狱，君之常理。何敢苟生，以枉公法！”后遇赦得免。州郡表其闾。太常张奂嘉叹，以束帛礼之。

命题角度

本段文字反映的是汉代的自首、礼法结合、孝道和赦宥。汉代继承了秦代的“自出”（自首）制度。赵娥替父报仇，发扬孝道，被当时称颂，并得赦宥，体现了汉律礼法结合的特点。

基本含义

本段文字的基本含义是：酒泉庞淯之母，赵姓之女，字娥。赵娥的父亲被同县人杀害了，而赵娥的三个兄弟当时都病死了，仇人于是很欢喜地庆祝，以为不会有人找自己报仇了。赵娥暗地极为愤慨，于是偷偷地准备刀兵，常常坐帷车来等候仇家。十多年不能下手。后来在都亭相遇，便刺杀了仇人。之后到县里自首。口中说：“父仇已报，请求刑戮。”禄福长尹嘉认为赵娥很有义气，便解下印绶想和她一起逃走。赵娥不肯离去，说道：“怨恨塞心，以致身死，这是妾之名分；结罪审理案件，这是你的常理。怎敢苟且偷生，来曲枉公理法度。”后来遇赦得免于死罪。州郡表彰她所在的闾里。太常张奂嘉奖惊叹，用束帛之礼待她。

释解分析

我国是一个讲求孝道的国度，“百善孝为先”，甚至帝王还“以孝治天下”，即使是杀了人，只要是因为孝道，也可法外开恩，不受法律的制裁，尤其是女子，历朝历代皆然。赵娥的行为是为报父仇的故意杀人行为。此行为在汉代应以杀人罪判处死刑，但却得到了赦宥。为什么赵娥杀人，不受惩罚反受褒奖？追根溯源，是因为“为父报仇”是一种貌似正义的行为，一直受到倡导。《礼记·曲礼上》曰：“父之仇，弗与共戴天。”《周礼·地官·朝士》曰：“凡报雠（仇）者，书于士，杀之无罪。”《春秋公羊传·隐公十一年》曰：“子不复仇，非子也。”汉董仲舒《春秋繁露·王道》亦曰：“《春秋》之义，臣不讨贼，非臣也，子不复仇，非子也。”宋元马端临《文献通考》卷六十六曰：“复仇固人之至情，以立臣子之大义也。仇而不复则人道灭绝，天理沦亡……”因此，报杀父之仇是为知礼也。尤其是女子，为尽孝道，有如此胆略，更让一些固守封建旧礼教的人称道。

礼法结合是中国传统法律的典型特征。(1) 所谓“出礼而入刑”，体现了礼法之间的互补关系。(2) 儒家伦理主张孝道，杀父之仇不共戴天。(3) 本案中，围绕赵娥的杀人行为，伦理认同而法律严惩，体现了在处理为报父仇杀人的问题上情、理、法之间的冲突。(4) 在以后各朝中，此类行为往往因统治者提倡孝道而受到宽宥。

汉朝继承了秦朝的自首制度，唐朝对自首制度的完善主要体现在：(1) 明确了关于自首构成的法定条件，并区分自首和自新；(2) 对“自首不实”和“自首不尽”作了详细规定；(3) 规定对某些后果无法挽回的犯罪，不适用自首减免刑罚；(4) 规定自首者虽可免罪，但赃物须按法律规定如数偿还。

经典古文

《春秋繁露·精华》："春秋之听狱也，必本其事而原其志。志邪者不待成，首恶者罪特重，本直者其论轻。"

《盐铁论·刑德》："春秋之治狱，论心定罪，志善而违于法者，免；志恶而合于法者，诛，时有出于律之外者。"

命题角度

这两段文字反映的是汉朝特有的审判原则——"春秋决狱"。所谓"春秋决狱"，就是以儒家的经典，特别是《春秋》一书的"微言大义"作为司法审判依据特别是疑难案件的审判依据的审判方式。"春秋决狱"渊源于儒家经典——《春秋》"重志"的做法。该审判方式沿用于三国两晋南北朝，到了隋唐，因法律儒家化的任务已经完成，礼法合一的法典正式形成，春秋决狱也完成了历史使命。

基本含义

这两段文字的基本含义是：断狱必先根据犯罪事实，判断犯罪者的心理状态或目的、动机。对动机违背《春秋》精神的，即使犯罪未遂也应当论罪，尤其对首犯要处以重刑；如果目的、动机纯正，即使违法，也可以从轻发落。以此断案，不时有超出律外来定罪的。

释解分析

这两段文字说明，以《春秋》作为司法断案的依据，使得判决具有一定的随意性，如此断案的目的就是正名分、尊王室、诛乱臣贼子、提倡宗法等级，其基本精神就在于"论心定罪"，不过这在法律不健全的情况下也起到了补充作用。

董仲舒所倡导的"春秋决狱"是汉朝司法审判制度逐渐儒家化的重要标志之一，是礼法并用在司法领域中的反映。在"经义"断狱的过程中，形成了一些具体的儒家法律观点，对决狱断案贯彻儒家思想起了指导作用，也为后世封建法律进一步体现儒家法律观点创造了前提。

经典古文

《后汉书·章帝纪》："律十二月立春，不以报囚。(月令）冬至以后，在顺阳助生之文，而无鞫（音居——编者注）狱断刑之政。朕咨访儒雅，稽之典籍，以为王者生杀，宜顺时气。"

《盐铁论·论菑（音资——编者注)》："春夏生长，利以行仁。秋冬杀藏，利以施刑。"

命题角度

这两段文字反映的是汉朝的刑罚执行制度——秋冬行刑。秋冬行刑，是指中国古代将死刑的执行安排在秋冬两季进行的制度。这种做法起源于先秦，《周礼》中就有相关的记载，而先秦阴阳五行家的"赏以春夏，刑以秋冬"(《左传·襄公二十六年》）的理论，则是这种思想最完整的体现。

基本含义

这两段文字的基本含义是：依据法律规定，十二月立春后，不报批死刑。冬至以后，由于此时属于顺阳助生的时候，所以也不能审理刑案。我（指汉章帝——编者注）咨询察访有识之士，引证典籍，认为统治者执行的死刑案件，应当顺应时令。

春夏两季，万物生长，有利于施行仁政。秋冬两季，草木凋零，万物隐蔽，有利于执行死刑。

释解分析

汉朝在刑罚执行上实行秋冬行刑，表明当时的人们已经认识到，死刑执行必须合乎天意，如若违背天意，就会遭到惩罚。

汉朝在刑罚执行上实行秋冬行刑，也与考虑不误农时有关。因为秋冬一般为农闲季节，此时断狱行刑，不致耽误农业生产，这对巩固统治秩序是有利的。

汉朝实行秋冬行刑，是汉朝法律儒家化在刑罚执行上的反映，该制度对后世影响深远。

五、三国两晋南北朝

经典古文

《晋书·刑法志》："峻礼教之防，准五服以制罪。""服制若近，以尊犯卑，处刑则轻，以卑犯尊，处刑则重；服制若远，以尊犯卑，处刑则重，以卑犯尊，处刑则轻。若财产转让有犯，服制若近，处罚若轻。"

命题角度

该段文字反映了"准五服以制罪"制度。所谓准五服以制罪，是指对于九族之内亲属相互侵害的犯罪行为，要根据五等丧服所表示的远近亲疏关系定罪量刑的制度。中国传统的父系家族血缘亲属的范围，通常包括上至高祖、下至玄孙的九代世系，统称九族，在此范围内的直系血亲与旁系亲属均为有服亲属，按服制规定应为死者服丧，依据服丧期限的长短、丧服质地的粗细及制作的不同，服制分为斩衰（服丧 3 年）、齐衰（服丧 1 年）、大功（服丧 9 个月）、小功（服丧 5 个月）、缌麻（服丧 3 个月）五等，故称"五服"。"准五服以制罪"制度最早确立于《晋律》。

基本含义

该段文字的基本含义是：为了发挥礼教的防范作用，依据五服来定罪量刑。亲属相犯，如果服制越近，尊亲属犯卑亲属的，处刑就越轻，卑亲属犯尊亲属的，处刑就越重；如果服制越远，尊亲属犯卑亲属的，处刑就越重，卑亲属犯尊亲属的，处刑就越轻。如果在财产转让时相犯，服制越近，处罚则越轻。

释解分析

准五服以制罪的刑法原则的确立，依照的是儒家强调的三纲五常的伦理道德标准，体现了"父为子纲""夫为妻纲"的父权、夫权思想，旨在维护上下、尊卑、贵贱、亲疏的社会等级秩序。因此，它实际是将儒家礼的原则引入刑事立法原则之中，作为定罪量刑的首要依据。这显然是引礼入律、融礼于法的产物，是罪刑确立标准进一步儒家化的重要表现。

准五服以制罪原则自《晋律》确立后，一直沿用到清朝。元朝制定的《元典章》甚至首创五服图，而明、清刑律在正文之前附有"五服图"，以便司法机关量刑时参考。可见，该制度对后世封建刑事立法和司法实践产生了深远的影响。

经典古文

《隋书·刑法志》："一曰反逆，二曰大逆，三曰叛，四曰降，五曰恶逆，六曰不道，七曰不敬，八曰不孝，九曰不义，十曰内乱。其犯此十者，不在八议论赎之限。"

命题角度

该段文字反映的是"重罪十条"。所谓"重罪十条"，是指直接危害封建统治阶级根本利益的十种严重犯罪的统称。

基本含义

该段文字的基本含义是：一是反逆，二是大逆，三是叛，四是降，五是恶逆，六是不道，七是不敬，八是不孝，九是不义，十是内乱。凡是犯这十种罪之一的，不得享受八议和适用赎刑特权。"重罪十条"首次规定在《北齐律》中。

释解分析

《北齐律》在总结历代立法经验基础上，首创"重罪十条"罪名。它将涉及封建等级制度和儒家伦理等方面内容的罪名集中在一起，作为最严重的犯罪，予以最严厉的法律制裁。其基本宗旨在于维护儒家强调的三纲五常和道德礼教，从而维护封建统治的基本秩序。

"重罪十条"将儒家礼的内容引入刑律，使其与法律内容结合起来，促进了礼律的进一步融合，加剧了法律的儒家化。

"重罪十条"也对后世封建刑事立法产生了深远的影响，隋朝在"重罪十条"的基础上首创"十恶"，并为后世所沿用。

经典古文

《魏书·刑罚志》："当死者，部案奏闻。以死不可复生，惧监官不能平，狱成皆呈，帝亲临问，无异辞怨言乃绝之。诸州国之大辟，皆先谳（音验——编者注）报乃施行。"

命题角度

该段文字反映的是死刑复奏制度。所谓死刑复奏制度，是指司法机关执行死刑必须奏报皇帝批准的制度。该制度首次确立于三国曹魏时期。

基本含义

该段文字的基本含义是：应当处死刑的，要将案件及时奏闻朝廷，由于人死不能再生，担心司法官不能公正断案，所以审判完毕后都要呈报皇帝，皇帝亲自过问，如果没有疑问或者冤屈方可执行。各地死刑案件都要上报才能执行。

释解分析

死刑复奏制度创立于三国曹魏时期，完善于南北朝北魏时期。此时期开始逐步完善死刑复奏制度，说明统治阶级开始慎重对待死刑和处理死刑案件，是慎刑思想在司法领域的反映。

死刑复奏制度的实施也说明皇帝对大案要案实施直接的控制，有助于加强中央集权。

死刑复奏制度直接影响到后世的司法审判与刑罚执行制度，这为隋唐时期的死刑三复奏和死刑五复奏打下了基础。

经典古文（2007 年真题）

《晋书·刑法志》："旧律（指汉律）因秦《法经》，就增三篇，而《具律》不移，因在第六。罪条例既不在始，又不在终，非篇章之义。故（新律）集罪例以为《刑名》，冠于律首。"

命题角度

该段文字反映了汉、魏时期法典体例的发展演变。综观封建成文法典发展，法典体例大致经历了如下发展变化：从战国时期的《法经》，经过汉代的《九章律》，魏晋南北朝的《魏律》《晋律》《北魏律》，直至《北齐律》，封建成文法典总则才得以完善，篇章体例也出现了定型化。虽然明、清两代法典确立了 7 篇的编纂格局，但以名例律作为总则的情况始终没有发生变化。清末沈家本修订《大清新刑律》，封建成文法典在编纂体例上才发生根本性的变化。

基本含义

该段文字的基本含义是：汉律（狭义上指的是《九章律》——编者注）在《秦律》和《法经》编纂体例的基础上，新增三篇，可是《具律》的位置并没有发生变化，排在第六篇，这使得汉律存在《具律》的体例编排上既不在首又不在尾的弊端，这种篇章结构不符合篇章体例的安排，因此，魏律将《具律》改为《刑名》，放在法典的篇首。

释解分析

战国时期李悝制定的《法经》包括盗、贼、囚、捕、杂、具 6 篇。第六篇《具法》相当于近代刑法的总则篇，其位置位于律尾。汉朝的《九章律》在《法经》六篇的基础上增加了户、兴、厩三篇，篇目为 9 篇，这使得类似于刑法总则篇的《具律》的位置既不在首，又不在尾。三国曹魏《新律》（又称为《曹魏律》）将《具律》改为《刑名》，置于律首，从而改变了以往刑法总则篇的位置既不靠前又不靠后的弊端。《曹魏律》还定篇目为 18 篇，从而弥补了旧律文荒事寡的弊端，使得法典在编纂体例上朝着科学性方面迈出了关键的一步。西晋《泰始律》将《刑名》分为《刑名律》和《法例律》两篇。南北朝《北齐律》又将《刑名律》和《法例律》合并为《名例律》，自此，我国的封建成文法典总则都以《名例律》命名，并一直沿用到清朝。到了唐朝，唐律定篇目 12 篇。在唐后期，唐朝又颁布了《大中刑律统类》，定篇目为 12 篇，将条文按照性质分为 121 门，并将性质相同的敕、令、格、式附在律文之后，这是唐律在法典篇目上的又一变化，这一变化影响了五代、宋、辽、金、元的立法。到了明代，明太祖朱元璋定法典篇目为7篇，它一改唐、宋律的传统体例，按封建国家机关吏、户、礼、兵、刑、工六部职掌分门归类，定为六律，仍以“名例律”冠于各篇之首，总合为7篇，这是中国古律篇目沿革上的一大变化，为清律所继承。《大明律》其条文简于唐律，精神严于宋律，是我国封建社会后期一部具有代表性的法典，直接对清朝和东南亚邻国的封建立法产生很大影响。清末沈家本颁布《大清新刑律》，该刑法典采取总则和分则的编排体例，从而取代了以《名例律》作为刑法总则的历史。

六、唐　朝

经典古文（2020年真题）

《新唐书·刑法志》：太宗以英武定天下，然其天姿仁恕。初即位，有劝以威刑肃天下者，魏徵以为不可，因为上言王政本于仁恩，所以爱民厚俗之意，太宗欣然纳之，遂以宽仁治天下，而于刑法尤慎。四年，天下断死罪二十九人。六年，亲录囚徒，闵死罪者三百九十人，纵之还家，期以明年秋即刑；及期，囚皆诣朝堂，无后者，太宗嘉其诚信，悉原之。

命题角度

这段文字反映的是“德本刑用”的立法指导思想和录囚制度。“德本刑用”即“德礼为政教之本，刑罚为政教之用”的法制指导思想。录囚起源于汉代，是指由皇帝或上级司法机关通过对囚徒的复核审录，监督和检查下级司法机关的决狱情况，以平反冤狱，疏理滞狱。

基本含义

这段文字的基本含义是：唐太宗以英雄神武定天下，但其生性宽仁。即位之初，有人劝太宗以严刑治理天下，魏徵表示反对，因为治理天下要靠仁慈施恩，要爱民。唐太宗欣然接受魏徵的意见，便以宽仁治理天下，这在刑法适用上表现突出。贞观四年，天下判死刑者二十九人。贞观六年，唐太宗亲录囚徒，判死刑者三百九十人，唐太宗出于怜悯之心，将这些人都放回家，等到明年秋后行刑；到期后，囚徒都按期返回，唐太宗对这些囚徒的诚信大加赞赏，就全部释放了他们。

释解分析

唐太宗采纳魏徵的意见，以宽仁治天下，并最终确立了“德礼为政教之本，刑罚为政教之用”的法制指导思想。录囚是皇帝或上级司法机关通过对囚徒的复核审录，监督和检查下级司法机关的决狱情况，以平反冤狱、疏理滞狱。唐太宗纵囚是其以宽仁治天下、明法慎刑政策的具体体现，同时也反映了皇帝对司法权的控制。

【经典古文】（2020年法学方向真题）

《新唐书·刑法志》：广州都督党（姓氏）仁弘尝率乡兵二千助高祖起，封长沙郡公。仁弘交通豪酋，纳金宝，没降獠为奴婢，又擅赋夷人。既还，有舟七十。或告其赃，法当死。帝（太宗）哀其老且有功，因贷为庶人，乃召五品以上，谓曰：“赏罚所以代天行法，今朕宽仁弘死，是自弄法以负天也。人臣有过，请罪于君，君有过，宜请罪于天……”房玄龄等曰：“宽仁弘不以私而以功，何罪之请？”百僚顿首三请，乃止。

命题角度

该段文字反映了唐朝的八议和坐赃致罪。八议是指法律规定的八种人（亲、故、贤、能、功、贵、勤、宾）犯罪后，不适用普通诉讼审判程序，一般司法机关也无权直接审理，必须上报皇帝进行议决，予以宽宥处理。八议源于《周礼》中的“八辟”之法，是“刑不上大夫”的礼制原则在刑事领域中的体现，在汉代始称“八议”，但八议作为制度，始创于三国曹魏，并一直沿用至清末。清末沈家本颁布《大清新刑律》，正式废除八议制度。

基本含义

这段文字的基本含义是：广州都督党仁弘曾带领乡兵二千人帮助唐高祖（李渊）起事，被封为长沙郡公。党仁弘交接豪强，收受贿赂，将投降署獠没为奴婢，又擅自从夷人处征赋。后被人告发，因贪赃应判处死刑。因党仁弘年迈且有功，唐太宗不忍处死，试图免为庶人，于是就召集五品以上官员集议，对他们说：“国家的大法，是做人君的从上天那里接受的，具有至高无上的权威，不可以看作私有之物任情决断而失信于天下。现在我偏爱党仁弘而想赦免他的死罪，是破坏国家法律的行为，上负于天。我想在南郊铺草而跪，每天只吃一餐素食，向上天谢罪。"房玄龄等大臣苦劝不可，他们说："生杀之权本来为皇帝所专有，何必要自相贬责呢?"太宗不答应，坚持要向上天谢罪，大臣们都跪倒在地，坚持请求太宗放弃这一打算，太宗才降手诏，表示尊重大家的意见，不再举行谢罪的仪式。

释解分析

党仁弘被控犯赃罪，应处死刑。唐太宗宽贷了党仁弘的死罪，免为庶人。因其对国家有大功勋，属于八议中的"议功"。八议是指议亲、议故、议贤、议能、议功、议贵、议勤、议宾，此八类贵族官僚犯罪，可受到减免刑罚等优待。应八议者犯死罪，先由司法官将其罪行和符合议的条件上奏，再由大臣集议并提出处理意见，最后由皇帝裁决；犯流刑以下罪，依律减一等处刑。犯"十恶"者，不在八议之列。八议源于西周"八辟"，曹魏时期正式入律。八议是古代优遇贵族官僚的特权法律制度，至唐趋于系统化和完备化，对后世立法影响极大。

经典古文

《唐律疏议·名例律》："诸犯私罪，以官当徒者，五品以上，一官当徒二年；九品以上，一官当徒一年。若犯公罪者，各加一年当。以官当流者，三流同比徒四年。""诸以官当徒者，罪轻不尽其官，留官收赎；官少不尽其罪，余罪收赎。"

命题角度

该段文字反映的是唐律规定的官当制度和区分公罪和私罪的刑法原则。所谓官当，是指官僚贵族犯罪后，允许其用官品或者其爵位折抵刑罚的制度。官当制度始创于南北朝北魏时期，沿用于南北朝、隋、唐、宋时期，元、明、清摒弃了该制度。区分公罪和私罪的原则最早确立于《开皇律》，唐朝沿用。

基本含义

该段文字的基本含义是：官吏犯私罪，五品以上的，一官可以折抵徒刑二年；九品以上的，一官可以折抵徒刑一年。如果犯公罪，一官可以多折抵一年。如果是以官品抵当流罪的，原则上是三等流刑同比徒刑四年。以官品折抵徒刑如果仍有余刑不尽的，可以用铜作赎刑。因官当而失掉官职的人，一年后可以比原官职降一等任用。

释解分析

唐律关于官当制度的规定，区分了公罪和私罪，对于公罪，折抵刑罚年限较私罪长，说明了唐朝对官当的适用区分了情形，这对于官吏秉公执法和调动官吏的积极性起到了一定的作用。此外，官当制度使得封建特权制度化、法律化，从而限制了贵族官僚的肆意妄为，并有助于皇帝行使最高司法权，将对贵族、官僚生杀予夺的权力集于己手。

官当制度是典型的官僚贵族特权法，集中反映了统治阶级以法律形式维护自身利益的意志和要求，充分暴露了唐律维护封建统治阶级利益的本质。同时，按照唐律，官当仅适用于折抵徒罪和流罪，而不适用于死罪。这表明，官当的实施以不能影响封建统治秩序为限。

经典古文（2015 年法学方向真题）

《唐律疏议·名例律》："诸年七十以上，十五以下，及废疾，犯流罪以下，收赎。八十以上，十岁以下，及笃（音赌——编者注）疾，犯反、逆、杀人应死者，上请；盗及伤人者，亦收赎。余皆勿论。九十以上，七岁以下，虽有死罪，不加刑。"

命题角度

该段文字反映的是唐律有关刑事责任年龄和老幼废疾减刑的刑罚适用原则。这一原则渊源于西周的"三赦之法"，后世历代予以发展。

基本含义

该段文字的基本含义是：凡是年龄在 70 岁以

上、15岁以下，以及轻病残者，犯流罪以下的，适用赎刑。80岁以上、10岁以下，以及重病残者，犯谋反、谋大逆和杀人罪应处死刑的，须上请；犯盗罪以及伤人罪，也适用赎刑。其他犯罪均不论处。年龄在90以上、7岁以下，即使犯死罪，也不处刑。

释解分析

唐朝关于刑事责任年龄和老幼废疾减刑原则的规定，体现了唐朝用刑宽缓持平的特点，也体现了唐朝法制的开明。该原则有利于稳定统治秩序和社会秩序。

唐朝关于该原则的规定，体现了唐朝法律的完善和立法技术的高超。

经典古文

《唐律疏议·名例律》：“诸犯罪未发而自首者，原其罪。其轻罪虽发，因首重罪者，免其重罪；即因问所劾之罪而别言余罪者，亦如之……即自首不实及不尽者，以不实不尽之罪罪之；至死者，听减一等。其知人欲告及亡叛而自首者，减罪二等坐之；即亡叛者，虽不自首，能还归本所者，亦同。其于人损伤，于物不可赔偿，即事发逃亡，若越度关及奸，并私习天文者，并不在自首之例。”

命题角度

该段文字反映了唐朝的自首制度。自首制度在秦汉时期就已经存在，唐朝继承了历代自首减免刑罚的原则，并使之进一步完备。

基本含义

该段文字的基本含义是：凡是犯罪未被告发而自首的，免其罪；因轻罪被告发而自首其重罪的，免其重罪；因此罪被审而另言别罪的，免其别罪……自首不真实或者不彻底的，按照其所隐瞒的罪行和情节处刑，但是应当处死刑的，减刑一等；知道他人将要告发，或者同伙亡叛将要案发而自首的，减刑二等，亡叛的虽未自首，但是能够返回当初亡叛之处的，减罪二等。但是对于杀伤他人、不能返还原物、案发后逃亡、无公文过关以及强奸和私自研习天文的，不在自首范围内。

释解分析

唐律关于自首及其处断原则的规定，意在巩固封建统治，稳定社会秩序，以达到长治久安的目的。

唐律关于自首原则无比详尽的规定，不仅表明唐朝刑罚适用原则的重大发展和法律的完善，也说明了唐朝用刑持平和立法技术的高超。

经典古文（2006年真题）

《唐律疏议·名例律》：“诸同居，若大功以上亲及外祖父母、外孙，若孙之妇，夫之兄弟及兄弟妻，有罪相为隐；部曲、奴婢为主隐，皆勿论；即漏露其事及擿（音提——编者注）语消息，亦不坐。其小功以下相隐，减凡人三等。若犯谋叛以上者，不用此律。”

命题角度

该段文字反映的是唐律的“同居相为隐”原则。所谓“同居相为隐”，是指亲属之间隐匿犯罪不向官府告发或者作证而不负刑事责任的刑法原则。该制度渊源于孔子“子为父隐，父为子隐，直在其中也”的思想，汉朝称“亲亲得相首匿”原则，与“亲亲得相首匿”原则的区别在于，同居相为隐在亲属容隐的范围上有所扩大，规定也进一步条理化。

基本含义

该段文字的基本含义是：凡是同财共居者，如果大功以上亲属以及外祖父母、外孙、孙媳妇、夫的兄弟和兄弟妻，都可以互相容隐其犯罪，部曲、奴婢可为其主人隐匿犯罪，都不以犯罪论处，即使为犯罪者通报消息，使之得以隐避、逃亡，也不负刑事责任。小功以下亲属之间互相容隐，其罪刑以减凡人三等处理。但谋反、谋大逆、谋叛者，不用此律。

释解分析

这种主张亲属之间相互隐匿犯罪而不负刑事责任的原则，源于儒家思想，是法律儒家化的标志之一，它旨在维护封建伦理，巩固封建家庭，归根结底是为了加强封建统治。

对于谋反、谋叛、谋大逆这三类严重危害封建统治秩序的犯罪亲属间不得隐匿的规定，表明儒家伦理道德观与封建政权的根本利益发生矛盾时，国家利益是高于一切的。

经典古文（2014 年真题）

材料 1：《汉书·宣帝纪》："父子之亲，夫妇之道，天性也。虽有患祸，犹蒙死而存之。诚爱结于心，仁厚之至也，岂能违之哉！自今子首匿父母，妻匿夫，孙匿大父母，皆勿坐。其父母匿子，夫匿妻，大父母匿孙，罪殊死，皆上请廷尉以闻。"

材料 2：《唐律疏议·名例律》："诸同居，若大功以上亲及外祖父母、外孙，若孙之妇，夫之兄弟及兄弟妻，有罪相为隐；部曲、奴婢为主隐，皆勿论；即泄露其事及擿语消息，亦不坐。其小功以下相隐，减凡人三等。若犯谋叛以上者，不用此律。"

命题角度

材料 1 反映的是亲亲得相首匿原则（亲亲相隐、亲属相隐），即直系三代血亲之间和夫妻之间，除犯谋反、大逆以外的罪行，均可因互相隐匿犯罪行为而免于刑罚。此原则的理论基础是孔子的"父为子隐，子为父隐，直在其中也"（《论语·子路》）的思想。汉朝有关亲属相隐的法律规定，意味着孔子的道德观念已经转化为法律原则了。材料 2 反映的是同居相为隐原则（同居相隐不为罪、同居相为隐），即亲属之间隐匿犯罪不向官府告发作证而不负刑事责任的制度。该制度是对"亲亲得相首匿原则"的继承，并有所发展。

基本含义

上述文字的基本含义是：父子亲缘、夫妇伦理是天之常理，即便存在祸患，也至死永存，如此忠诚友爱、无微不至的宽仁厚德，怎能违背？从今后，子女首谋藏匿父母，妻子首匿丈夫，孙子女首匿祖父母，都不负刑事责任。父母隐匿子女、丈夫隐匿妻子、祖父母隐匿孙子女的犯罪，若是死刑案件，都应上请廷尉，由廷尉决定是否追究首匿者的罪责。

凡是同财共居者，如果是大功以上亲属以及外祖父母、外孙、孙媳妇、夫的兄弟和兄弟的妻子，都可以相互容隐其犯罪，部曲、奴婢可以为主人隐匿犯罪，都不以犯罪论处，即使为犯罪者通风报信，使之得以隐匿、逃亡，也不负刑事责任。小功以下亲属之间相互容隐犯罪，其罪行可比照凡人减三等处理。但犯谋反、谋叛、谋大逆之罪的，不得相隐。

释解分析

亲亲相隐或同居相为隐，都源于儒家思想，是法律儒家化的标志之一，亲属相隐不告发的制度旨在维护封建伦理，巩固封建家庭，归根结底是为了加强封建统治。同时，汉代谋反、大逆不得隐，唐代谋反、谋叛、谋大逆不得相为隐，表明儒家伦理道德观与封建政权的根本利益发生冲突时，国家的利益是高于一切的。

唐代在继承汉代亲亲相隐的基础上对该制度发展成为同居相为隐，这种发展具体表现在：(1) 扩大了亲属隐匿的范围，甚至包括部曲、奴婢为主人隐匿。(2) 取消了尊长隐匿卑幼的限制，无须上请。(3) 对所隐匿案件的性质作了限制。对于谋叛以上危害皇权专制的重罪案件，亲属之间不允许隐匿。

经典古文

《唐律疏议·名例律》："诸共犯罪者，以造意为首，随从者减一等。若家人共犯，止坐尊长；侵损于人者，以凡人首从论。即共监临主守为犯，虽造意者，仍以监守为首，凡人以常从论……即共犯谋反、谋大逆、谋叛、强盗、强奸，亦无首从。"

命题角度

该段文字反映的是唐朝关于共同犯罪处刑的原则。

基本含义

该段文字的基本含义是：凡是共同犯罪的，应当以造意者为首犯，随从者即从犯减一等处刑。

一家之中所进行的共同犯罪，不论谁造意，只坐男性尊长；负责官员与外部人员共同犯罪，虽由外部人员造意，但仍以负责官员为首犯，外部人员为从犯。但是对于共犯谋反、谋大逆、谋叛、强盗、强奸等重罪，则不分首从，一律按正犯处刑。

释解分析

该段文字表明，唐朝已经区分共同犯罪中的首犯与从犯。同时，在特定情况下，共同犯罪又不以造意犯为首犯。这意味着唐朝对于共同犯罪的量刑情节已经有深刻的认识，说明唐朝刑法原则的重大发展。

特定情形不分首从的规定体现了唐朝对危害统治秩序和社会秩序的大罪的关切。

唐律关于共同犯罪的规定，体现了唐朝高超的立法技术。

经典古文

《唐律疏议·名例律》："诸犯罪已发及已配而更为罪者，各重其事。""诸盗经断后，仍更行盗，前后三犯徒者，流二千里，三犯流者绞。"

命题角度

该段文字反映的是唐律的更犯或累犯加重原则。唐律称累犯，即是更犯，是指在犯罪已被告发、审判和刑罚执行期间重新犯罪的情形。

基本含义

该段文字的基本含义是：凡是盗罪经决断后，仍然继续行盗，如果前后三次所犯之罪均应处徒刑的，就不以其中的一个重罪处罚，而是处以上一种刑罚的流刑二千里。如果前后三次所犯三罪均应处流刑的，则处绞刑。

释解分析

唐朝法律所指的累犯，是指盗犯，且是指三次以上应处徒刑或流刑而言。因其多次犯罪，屡教不改，危害很大，故唐律规定累犯加重处罚。

唐朝法律对于累犯作出详细的规定，反映了唐朝统治阶级对于盗罪的高度重视。盗罪对于历代封建王朝来说，危害都是很大的，因为盗罪会动摇封建统治的根基，这也是历代王朝对盗罪严加防范的主要原因。

但是，在唐朝以前，还没有像唐律这样对盗罪作出详尽的规定，并且把该罪的处罚上升为一项刑罚的适用原则，这的确说明了唐朝高超的立法技术。

经典古文

《唐律疏议·名例律》："诸二罪以上俱发，以重者论；等者从一。若一罪先发，已经论决，余罪后发，其轻若等，勿论；重者更论之，通计前罪，以充后数。"

命题角度

该段文字反映了唐律"合并论罪"的刑法适用原则，即对于犯数罪的，实行"二罪以上俱发，以重者论"的原则。

基本含义

该段文字的基本含义是：凡是一个人所犯的两种以上的罪被告发，按照其中最重的一种罪处刑；如果所犯各罪轻重相等，则按照其中的一罪处刑；如果判决先发之罪后，又得知判决前还有其他的罪的，如果后发的罪等于已经判决的罪，则维持原判；如果后发的罪重于已经判决的罪，则按照后发的罪论处，已经判决的罪折入后发的罪中。

释解分析

唐朝法律关于合并论罪的规定，在处理上类似于现代刑法"数罪并罚"的处理原则。这种处理原则，不仅区分了犯罪的不同情形，而且明确了重罪的处理办法，这为犯二罪以上数罪如何量刑提供了切实可行的判断标准。同时，"诸二罪以上俱发，以重者论"的刑法适用原则，对于明确犯数罪的法律适用也具有积极的意义。

该刑法适用原则一般适用于犯罪已经被告发或者已经判决的更犯，对于这类犯罪的处断原则作出规定，说明唐朝统治者对于更犯的严重关切，这有利于统治秩序的有序、稳定。

唐律对于"合并论罪"无比详尽的规定，表明了唐朝高超的立法技术。

经典古文（2010 年真题）

《唐律疏议·名例律》："诸断罪而无正条，其应出罪者，则举重以明轻；其应入罪者，则举轻以明重。"

命题角度

该段文字规定的是唐律适用的类推原则，即对于唐律中没有明文规定的犯罪行为，如何比照有关类似条款定罪量刑的问题。

基本含义

该段文字的基本含义是：对唐律中无明文规定但又需予以惩处的犯罪行为，凡应减轻处刑的，应列举重罚条款的类似规定，比照从轻处断；凡应加重处刑的，则应列举轻罚条款的类似规定，比照从重处断。

释解分析

类推原则具体适用规则是：一是应"出罪"的，采用"举重明轻"的办法，即应免除刑事责任的，则举出一个更为严重却没有被判罪的行为作为例证。如主人打伤夜间无故闯入自家的人，律文没有明确规定该如何处置。但是可以援引唐律"夜无故入人家，主人杀死者，勿论"一条作为根据。既然主人杀死无故闯入者不构成犯罪，那么打伤闯入者更不构成犯罪。二是应"入罪"的，采用"举轻明重"的办法，即应定罪的，则举出一个明显轻微而被定罪的行为作为例证。如杀死期亲尊长（期亲一说为姻亲；另一说为服丧一年的亲属，即依丧服制应服齐衰期年之服的亲戚。凡本宗为祖父母、伯叔父母、兄弟、嫡孙、在室姑、姊妹、众子、长子妇、侄、在室侄女，以及夫父母在者为妻、妾为其父母、正妻子、在室已女，已嫁为祖父母、父母，皆服丧一年），唐律没有规定如何定罪，但是唐律规定：谋杀期亲尊长者斩。既然谋杀者便处以极刑，已杀者更是难逃身首异处的下场了。

类推原则的规定体现了对司法官适用类推断狱的严格要求，反映了唐朝立法对于类推的基本价值取向：既予以认可，以发挥其对现行律典的灵活补充作用；又予以规范和限制，以防其破坏国家法制。

经典古文（2011 年法学方向真题）

《唐律疏议·名例律》（卷六）：诸化外人，同类自相犯者，各依本俗法；异类相犯者，以法律论。

《疏议》曰："化外人"，谓蕃夷之国，别立君长者，各有风俗，制法不同。其有同类自相犯者，须问本国之制，依其俗法断之。异类相犯者，若高丽之与百济相犯之类，皆以国家法律，论定刑名。

命题角度

上述文字规定的是化外人有犯及其疏议。化外人是指"蕃夷之国"的人，就是外国人。

基本含义

上述文字的基本含义是：同属一国的侨民之间的犯罪，按其本国法律处断；不同国家侨民相犯，则依据唐律处断。《疏议》对此解释道："化外人"，属于藩夷国民，有自己的君长，风俗各异，制度也不同。若有同一国的人相犯，应依本国制度处断。不同国家国民相犯，如高丽人和百济人相犯，依唐律规定论处。

释解分析

唐律对于同一国籍的外国侨民在唐朝管辖领域内犯罪，实行属人主义原则；不同国籍的侨民在唐朝管辖领域内相犯，实行属地主义原则。唐律关于化外人处罚的规定，既反映了尊重外国人风俗习惯，以便于公平、妥善地解决外国人犯罪问题，又体现了维护国家主权的法律意识。

"疏议"是对律文的解释，与律文具有同等的法律效力。唐律的本条"疏议"既具体解释了"化外人"的概念，明确了律文适用的对象，又对律条所规定的"化外人"有犯的两种情形作了详细说明，其目的在于阐明律意，以便于准确地适用律文。

经典古文（2013 年真题）

《唐律疏议·断狱律》："诸疑罪，各依所犯，以赎论。即疑狱，法官执见不同者，得为异议，议不得过三。罪有疑难谳，从赎。疑，谓虚实之证等，是非之理均；或事涉疑似，旁无证见；或旁有闻证，是非似疑之类。"

命题角度

该段文字反映的是疑罪各依所犯以赎论。该原则最早起源于西周时期的"罪疑从轻、罪疑从赦"的定罪量刑原则，经历代发展，唐朝沿用并完善。

基本含义

该段文字的基本含义是：对于有疑点的犯罪，各自按照犯人所犯的罪，适用赎刑。对于疑难案件，法官意见不同的，可以展开辩论，但参与审判的法官的不同判决意见不得超过三种。罪有疑问，难以定案的，适用赎刑。所谓"疑"，就是指证明犯罪事实存在与否的证据等是均匀的，或者涉及的犯罪事实似有似没有，但旁无佐证，或旁有闻证，但事实却似是而非等情形。

释解分析

唐朝适用疑罪从赦从赎的原则，是慎用刑罚在司法领域的体现，也体现了封建统治阶级维护社会长治久安的治国意愿。

经典古文

《唐律疏议·斗讼律》："诸斗殴杀人者，绞。以刃及故杀人者，斩。""诸过失杀伤人者，各以其状，以赎论（谓耳目所不及，思虑所不致；共举重物，力所不致；若乘高履危足跌及因击禽兽，以至杀伤之属，皆是）。"

命题角度

该段文字反映的是唐律区分故意和过失的原则和"过失杀"的规定。"过失杀"属于"六杀"之一。所谓"六杀"，是唐律以主观动机为根据，将杀人罪分为谋杀、故杀、斗杀、误杀、过失杀和戏杀七种杀人的行为。

基本含义

该段文字的基本含义是：凡属斗殴杀人的，处绞刑。凡是用兵刃以及故意杀人的，处斩刑。各类过失杀人、伤人的行为，应当根据行为人的主观动机及具体情况为根据，允许以铜赎罪（耳目所不能顾及的，考虑不到造成伤害的；共同举重物而力量不够造成伤害的，以及失足跌倒或者击打禽兽导致的死伤等，都属于过失杀）。

释解分析

唐律在量刑的规定上注意区分故意犯罪和过失犯罪，一般是故意犯罪处刑从重，过失犯罪处刑从轻。这表明唐律已经注意行为人的主观心理动机对量刑产生的影响，体现了唐朝对刑法原则的重大发展。

同时，唐律对于过失犯罪的情形也作出了明确的区分，即对其杀伤人的行为结果没有预见，原无杀伤人的动机和目的，而因疏忽大意或者过于自信的过失造成的（"耳目所不及，思虑所不致"等），表明行为人没有犯罪的故意，因此应当减免刑罚，并允许以铜赎罪。这表明，唐律区分了疏忽大意的过失和过于自信的过失两种情形，并按照情形分别处断，进一步体现了唐律对行为人过失状态下的高度认识。

唐律对故意和过失、疏忽大意的过失和过于自信的过失进行了区分，并规定了恰当的量刑标准，这体现了唐律结构严谨、立法技术高超的特点。

经典古文

《唐律疏议·斗讼律》："手足殴伤人限十日，以他物殴伤人限二十日，以刃及汤火伤人者三十日，折跌肢体及破骨者五十日。限内死者，各依杀人论；其在限外及虽在限内，以他故死者，各依本殴伤法。"

命题角度

该段文字反映了唐朝实行的保辜制度。所谓

保辜制度，就是以一定的期限来决定致害人负伤害罪还是杀人罪罪责的制度。

基本含义

该段文字的基本含义是：用手足斗殴伤人，辜限期为10日，用别的物体殴打导致伤害，辜限期为20日，因刀或者烫、烧致伤的，辜限期为30日，导致骨折以及肢体破损的，辜限期为50日。如果受害人在辜限期内死亡的，各依杀人罪论处；如果是在辜限期外或者虽然在限内，但是由于其他原因死亡的，则各依殴伤法中的伤害罪论处。

释解分析

唐朝法律关于保辜制度的规定，对于判明斗殴与死亡间的关系以及确定应负的刑事责任具有十分重要的意义。一方面，伤害越重，辜限期越长，这对于正确地认定加害人的法律责任、做到罪刑相适应具有重要意义。另一方面，保辜制度要求行为人对被害人采取积极的医疗措施，使之早日康复以减轻自身的罪责，这对减轻犯罪后果、缓和社会矛盾起到了良好的作用。同时，保辜制度的规定也有利于稳定封建统治秩序。

唐律对于保辜制度无比详尽的规定，表明了唐朝高超的立法技术。

经典古文

《唐律疏议·贼盗律》："谋反及大逆者，皆斩。子年十六以上皆绞，十五以下及母女、妻妾、祖孙、兄弟、姊妹，若部曲、资财、田宅并没官；男夫年八十及笃疾，妇人年六十及废疾者并免；伯叔父母、兄弟之子皆流三千里，不限籍之同异。即虽谋反，辞理不能动众，威力不足率人者，亦皆斩；父子、母女、妻妾流三千里，资财不在没限。其谋大逆者，绞。诸口陈欲反之言，心无真实之计，而无状可寻者，流二千里。"

命题角度

该段文字反映了唐律规定的十恶之罪——谋反、大逆。谋反、大逆属于"十恶"罪中处刑最重的罪。

基本含义

该段文字的基本含义是：凡属于谋反、大逆，本犯不分首从都处斩刑，本犯的父亲及16岁以上的儿子都处绞刑，其他家属或者没入官府为奴婢，或者处流刑三千里，家财也没入官府。谋反的，即便言语道理不能煽动群众，威信、力量不能统领人们，也一律处斩，其父、子、母、女、妻、妾一并流放三千里；对口说要造反的话语，本心无造反的意图，同时也找不到真正造反证据的人，也流放二千里。

释解分析

该段文字表明，唐律将谋反、大逆之罪置于"十恶"的前列，表现了统治阶级对这些犯罪的高度重视；同时，从处刑上看，凡是涉及谋反、大逆的犯罪，最高处斩刑，最低处流刑二千里，处刑极重。这也说明，由于这些罪直接危害君主专制制度，出于对封建君主专制统治的极力维护，唐律规定的处刑极重，所以，谋反、大逆之罪，为"常赦所不原"。

唐律关于谋反、大逆的规定，不适用八议、官当、同居相为隐等原则。

唐律关于谋反、大逆等制度的规定，体现了唐朝立法技术的高超。

经典古文

《唐律疏议·名例律》："谓告言、詈（音立——编者注）言、诅詈祖父母、父母，绞；祖父母、父母在，别籍异财，徒三年；供养有缺，徒二年；居父母丧，身自嫁娶、作乐、释服从吉，徒三年；闻祖父母、父母丧，匿不举哀，流二千里；诈称祖父母、父母死，徒三年。"

命题角度

该段文字是唐朝法律对于"不孝"罪的规定。"不孝"罪最早起源于夏朝，《北齐律》将其列为"重罪十条"之一，《开皇律》将其列为"十恶"大罪之一。

基本含义

该段文字的基本含义是：控告、咒骂祖父母、父母，处绞刑；父母尚在而分家析财，另立门户的，处徒刑三年；同居的父母死亡而出嫁娶妻、办喜事，或者脱去丧服改着吉服，处徒刑三年；闻祖父母、父母死亡而隐匿不发丧，处流刑二千里；诈称祖父母、父母死亡的，处徒刑三年。

释解分析

不孝罪属于十恶大罪之一，由于这种犯罪直接侵害了封建伦理纲常，危害家庭关系，所以唐朝法律把它列为十恶之一，并予以严惩。从规定上看，该罪处刑较重，最低徒二年，最高是绞刑。

不孝罪的规定反映了唐朝法律不仅在定罪量刑上区分了情节的轻重，而且体现了“依礼制律，礼法合一”的特点，反映了唐朝法律“一准乎礼”的特色。

经典古文

《唐律疏议·杂律》：“诸坐赃致罪者，一尺笞二十，一疋（音雅——编者注，一疋就是一匹的意思）加一等；十疋徒一年，十疋加一等，罪止徒三年。”疏议曰：“赃罪正名，其数有六，谓受财枉法、不枉法、受所监临、强盗、窃盗并坐赃。然坐赃者，谓非监临主司，因事受财，而罪由此赃，故名坐赃致罪。”

命题角度

上述文字反映的是唐律的六赃犯罪之一——“坐赃”。唐律的六赃是指犯赃罪的六种情形：受财枉法、受财不枉法、受所监临、强盗、窃盗和坐赃。惩办贪污犯罪一直属于各朝刑法打击的重点，明朝制定的《大明律》还首次在律典中附载“六赃图”，以供司法官员查检。

基本含义

上述文字的基本含义是：凡是坐赃犯罪的，一尺处笞刑二十，一匹依律加一等处刑（此处加一等就是笞二十——编者注）；十匹处徒刑一年，二十匹加一等处刑（此处加一等就是徒一年半——编者注）；最高处徒刑三年。

《唐律疏议》解释道：“六赃”包括受财枉法（官吏收受当事人贿赂而为其曲法妄断，开脱罪责）、受财不枉法（虽收受当事人钱财，但不属于曲法妄断）、受所监临（主管官员私受所部吏员及百姓的财物）、强盗、窃盗和坐赃。然而对于六赃之一的坐赃，是指非监临官利用不正当手段获取本不当得的财物，因此称为坐赃犯罪。

释解分析

唐律将赃罪区分为六种情形，并具体规定了坐赃犯罪，区分了坐赃犯罪的量刑幅度，使得对贪污受贿的处罚在法律上有法可依。

唐律规定六赃犯罪以惩办贪官污吏，净化官吏队伍，但规定六赃犯罪的根本目的在于维护封建统治，稳定统治秩序。

经典古文（2015 年真题）

材料 1：《唐律疏议·杂律》：“诸负债违契不偿，一匹以上，违二十日，笞二十，二十日加一等，罪止杖六十。三十匹，加二等；百匹，又加三等。各令备（赔）偿。”

材料 2：《唐杂令》：“诸公私以财物出举者，任依私契，官不为理。每月取利不得过六分，积日虽多，不得过一倍……又不得回利为本。

诸以粟麦出举，还为粟麦者，任依私契，官不为理。仍以一年为断，不得因旧本更令生利，又不得回利为本。”

命题角度

上述文字是唐朝关于借贷契约的规定。唐朝的借贷契约分为出举契约（有息借贷契约）和负债契约（无息借贷契约）两种。

基本含义

上述文字的基本含义是：对于违反无息借贷契约的，若到期不还，一匹以上，过期 20 日的笞二十，20 日仍不偿还的加一等处刑，但最高杖六十。三十匹加二等，百匹加三等处刑，且债务仍需偿还。

关于有息借贷契约，依约定处理，官府不予干涉。约定每月收取的利息不得超过 6 分，且公私出举的利息上限不得超过本金的 1 倍。

对于以粟麦作为标的出举，约定归还粟麦的，依约定处理，官府不予干涉。但放贷期限以 1 年为限，且不得利生利、利滚利。

释解分析

唐代财产关系活跃，民间借贷契约规定较为完备。唐代对契约关系的调整注重民间习惯的作用，并尊重当事人的意愿。对于出举契约，唐律规定了利率上限，以防止高利贷盘剥，保护债务人的利益。对于负债契约，唐律十分注重债权人利益的保护，对于违反无息借贷契约的债务人，依据其所贷钱财的多少和所拖日的长短，规定了不同刑等的刑罚。

经典古文（2014 年法学方向真题）

《唐律疏议·杂律》：“诸买奴婢、马牛驼骡驴，已过价……立券之后，有旧病者三日内听悔，无病欺者市如法。”

《疏议》曰：“若立券之后，有旧病，而买时不知，立券后始知者，三日内听悔。三日外无疾病，故相欺罔而欲悔者，市如法，违者笞四十；若有病欺，不受悔者，亦笞四十。”

命题角度

上述文字体现的是唐朝奴婢和畜产买卖中的标的物瑕疵担保责任制度。

基本含义

上述文字的基本含义是：凡买卖女婢、马牛驼骡驴的，在议价和订约之后，买卖物体带有旧病的，三日内可以反悔（即解除契约），如果没有旧病或隐瞒行为的，应依契约并按市价处理。《疏议》对此解释道：如果在立约之后，有瑕疵（即旧病），而买时并不知情，立约后才知道的，可以三日内反悔。三日外若无疾病，买方借他故而反悔的，笞四十。卖方应受悔而不受悔的，笞四十。

释解分析

《唐律疏议》正条确认了奴婢和畜产买卖中的标的物瑕疵担保责任制度。疏议对律文规定的适用条件作了进一步的阐释，同时对买卖双方的法律责任作出补充规定。唐律的这一规定，有利于规范买卖行为，明确法律责任，保障交易秩序；维护契约公平、合法、合理。

经典古文（2008 年真题）

唐《户令》：“诸应分田宅者，及财物，兄弟均分。妻家所得之财，不在分限。兄弟亡者，子承父分。兄弟俱亡，则诸子均分。其未娶妻者，别与聘财。姑姊妹在室者，减聘财之半。寡妻妾无男者，承夫分。”

唐《丧葬令》：“诸身丧户绝者，所有部曲、客女、奴婢、店宅、资财，并令近亲转易货卖，将营葬事及量营功德之外，余财并与女。”

命题角度

这两段文字反映的是唐朝的财产继承制度（含户绝财产的继承办法）。

基本含义

这两段文字的基本含义是：凡对于田宅及其他财产的继承，实行诸子均分制。但诸子从妻家所得的财物不在平分之列。如果已有兄弟早死，则由亡人之子代位继承。已有兄弟全部死亡的，由亡人之子代位均分。尚未娶妻的，另行分得聘财。尚未出嫁的在室女，虽无继承权，但可分得相当于未婚兄弟聘财一半的财产，以作嫁妆。丧偶妻妾又没有子女的，按照继承丈夫的遗产处理。

身亡绝户的，其奴仆、店宅等财产由其近亲变卖，用以料理其后事；尚有剩余财产的，剩余的财产由其女继承。

释解分析

唐朝对于财产的继承实行诸子平分制，并承认代位继承。出嫁女不享有继承权，但在室女可获得兄弟聘财一半的嫁妆之财。同时，唐律对“绝户财产”的继承办法也作了详尽的规定。这些规定，集中体现了唐朝法律对尊卑等级关系和男女在继承上不平等的维护。

经典古文（2004 年真题）

《唐律疏议·断狱律》：“诸制敕断罪，临时处分，不为永格者，不得引为后比。若辄引，致罪有出入者，以故失论……诸断罪皆须具引律令格式正文，违者笞三十。”

命题角度

该段文字是唐律中关于法官必须按照律、令、格、式定罪的法官责任制度（断罪具引律令格式）的法律规定。

基本含义

该段文字的基本含义是：在引用各种法律形式审判案件时，凡是属于临时性法规，而且没有经过立法程序上升为法律“永格”的，不得作为认定的依据，如果任意引用而致断罪有出入者，属故意，以故意出入罪论处；属过失，以过失出入罪论……各种案件在判决时，都必须引用律、令、格、式的正文，违反的处笞刑三十。

释解分析

法官依律、令、格、式断罪责任制度的法律规定，实际上是限制类推原则和比附制度在法律上的适用，这对于统一法律解释和适用以及司法官员作出公正的判决具有重要的意义。

依律、令、格、式定罪的意义在于，它有利于官吏奉公守法，反对任凭个人喜怒断罪，反对法外特权，坚持法律的统一适用，坚持秉公执法，而且有利于维护封建国家统治这个大局，因而属于中国法律传统的民主性精华。但是在专制制度下，援法定罪只是正面的规定，司法官的擅断和广泛的类推比附都是不可避免的。

唐律对于依律、令、格、式定罪的法律规定，不但表明唐朝立法技术高超，法律语言精练，而且说明唐朝法律的完善。

经典古文（2018年法学方向真题涉及该古文）

《唐律疏议·杂律》：诸违令者，笞五十；谓令有禁制而律无罪名者。别式，减一等。

【疏】议曰：“令有禁制”，谓《仪制令》“行路，贱避贵，去避来”之类，此是“令有禁制，律无罪名”，违者，得笞五十。“别式减一等”，谓《礼部式》“五品以上服紫，六品以下服朱”之类，违式文而著服色者，笞四十，是名“别式减一等”。物仍没官。

命题角度

上述文字是唐朝关于“违令罪”的规定。违令罪即不遵守法令的行为。从历史渊源看，早在秦汉时期即有“不应得为”的规定。西晋时进一步明确了“律以正罪名，令以存事制”的律令分工原则。《唐律疏议·杂律》专门设置“违令”罪和“别式”罪。《宋刑统》亦沿袭唐律的规定，设置“违令”“违制”“不应为”等罪名。纵观唐、宋、明、清律，当中都设有违令罪、违制罪及不应为罪，以处罚有关不服从的行为。

基本含义

上述文字的基本含义是：凡违反令的，笞五十；这里所说的“令”即禁止性规定但律并没有规定罪名的情形。违反“式”的规定的，减一等（笞四十）。【疏】议对“令有禁制”的解释是：按照《仪制令》的规定，走路，贱要避贵，去要避来，这就是所谓“法令有禁止性规定，而律典无正文规定”，违者，笞五十。【疏】议对“别式减一等”的解释是：按照《礼部式》的规定，诸如“五品以上官员着紫色袍，六品以下官员服朱色袍”之类，穿着服色违反式文规定的，笞四十，这就是“别式减一等”。违反令、式所涉财物没为官府。

释解分析

这段文字主要规定违反“令”和“式”的法律责任，即违令，处笞五十，别（违）式，处笞四十（减一等）。

疏议是对律文进行的解释和补充，与律文具有同等的法律效力。本条律文的疏议主要是通过例举的方法，对律文中何为“违令”、何为“别式”进行解释，以统一法律的适用。

律、令、格、式是唐代四种基本的法律形式。律是关于定罪量刑的基本法典，令是有关国家政权组织制度与行政管理活动的法规，式是国家机关的公文程式和活动细则。三者既相互联系，又发挥着不同作用。违反令、式，一断于律。几种法律形式并用，使法律的运用既有相对稳定性，又有一定灵活性，形成一个周密的法律体系。

“违令有罪则入律”是律令关系的核心内容，是指令设计了一种行为模式（必须做什么或者禁止做什么），律对于违反令文规定的行为予以科刑。但由于令条多，而律条相对于令条而言比较少，为此，唐代立法者便在唐律中设计了一条兜底性条款，即《唐律疏议·杂律》“违令”条规定：诸违令者，笞五十；（谓令有禁制而律无罪名者）别式，减一等。【疏】议曰：“令有禁制”，谓《仪制令》“行路，贱避贵，去避来”之类，此是“令有禁制，律无罪名”，违者，得笞五十。亦即：凡是违反“令”的明文规定，又没有相应的专条律文进行惩处者，则将被科以违令罪，适用“笞五十”的刑罚。可见，违令罪作为兜底条款，是一种“补充性规定”，只适用于违犯一般行政管理制度的被视为较轻的犯罪行为。违犯重大行政管理制度的被视为较重的犯罪行为，都由律典设专篇或专条作出规定。

经典古文

《唐律疏议·断狱律》：“诸应讯囚者，必先以情，审察辞理，反复参验；犹未能决，事须讯问者，立案同判，然后拷讯。违者，杖六十。”

命题角度

该段文字反映的是唐朝的审讯制度。

基本含义

该段文字的基本含义是：审判官在审讯时须先按照规定的“五听”观察被告的心理活动，判断其口供的真伪。对按照“五听”不能决断的案件，可以实行拷讯。违反上述规定的，处杖刑六十。

释解分析

唐朝法律认定证据，特别是为了取得口供，允许实施拷讯，并规定了拷讯的程序和要求。拷讯制度的确体现了封建法律的残酷性和野蛮性，但将其限制在法律允许的范围内，也是一种历史的进步。

经典古文（第二段为2018年真题）

《唐律疏议·断狱律》：“死罪囚，决前一日二复奏，次日又三复奏。谓奏画已讫（音起——编者注），应行刑者，皆三复奏讫，然始下决。若不待复奏报下而决者，流二千里，复奏讫毕，听三日乃行刑，若限未满而行刑者，徒一年，即过限，违一日杖一百，二日加一等。但犯恶逆以上罪及部曲杀主罪，行一复奏。”

《新唐书·刑法志》：（贞观）五年，河内人李好德坐妖言下狱，大理丞张蕴古以为好德病狂瞀，法不当坐。治书侍御史权万纪劾蕴古相州人，好德兄厚德方为相州刺史，故蕴古奏不以实。太宗怒，遽斩蕴古，既而大悔，因诏“死刑虽令即决，皆三覆（复）奏”。久之，谓群臣曰：“死者不可复生。昔王世充杀郑颋而犹能悔，近有府史取赇不多，朕杀之，是思之不审也。决囚虽三覆奏，而顷刻之间，何暇思虑？自今宜二日五覆奏……”

命题角度

该段文字反映的是唐朝的死刑复奏制度。三国曹魏时期最早确立了死刑复奏制度。

基本含义

第一段文字的基本含义是：人犯在死刑执行前一日，应该复奏两次，次日再复奏三次，复奏完毕后，应当执行死刑的，都应当三复奏，然后执行死刑。如果不等到奏报便执行死刑的，处流刑二千里。复奏完毕后，听奏三日才能行刑，如果期限未满而行刑的，徒一年。超过期限奏报的，多一日处杖刑一百，多二日加一等处刑（此处加一等为徒一年——编者注）。但是如果是犯恶逆以上的罪以及部曲杀害主人的罪，行一复奏即可。

第二段文字的大致含义是：唐太宗贞观五年（公元631年——编者注），河内人李好德有妖妄之言，唐太宗诏令将其下狱治罪。大理寺丞张蕴古奏称，李好德有疯癫病，按照法律不应当治罪。治书侍御史权万纪弹劾张蕴古说，张蕴古的籍贯在相州，李好德之兄李厚德为相州刺史，张蕴古是有意袒护李好德，所以张蕴古说李好德有疯癫之症是不符合事实的。唐太宗说：“我曾经囚禁一个人在狱中，张蕴古和他下棋，这次若又放纵李好德，就是败坏我的法度。”于是下令将张蕴古斩杀于东市。事后，唐太宗后悔了。于是定制，凡判处死刑的，即使立即执行的，仍要三复奏。后来，又对臣下说：“人命至重，人死不能复生。近来决囚，片刻之间，还没有来得及考虑，三奏已经完毕。从今以后，在二日内要五复奏。地方则三复奏。”同时还规定，行刑者在行刑前不能喝酒吃肉。教坊也停止教习，诸州死刑实行三复奏，当日仍素食，务要符合撤乐、减膳的礼制。

释解分析

从死刑复奏制度的适用上看，该制度说明唐朝对于死刑执行的重视。该制度不仅体现了司法执行中的慎刑思想，而且有利于缓和阶级矛盾。

同时，对于犯恶逆以上的大罪以及部曲杀主人的罪只行一复奏也说明对于该制度的适用必须以不妨碍封建君主专制统治和封建伦理纲常为限。

第二段表述的“错杀张蕴古案”是引发复奏制度的一个直接原因，也体现了唐初统治者“慎刑”的思想。按照当时的法律，凡口出妖妄之言者，若其言无害于时，杖一百；若其言有涉于国家、君主，并对其有损害者，处绞刑。但唐律同时规定：“诸年七十以上、十五以下及废疾，犯流罪以下，收赎。八十以上、十岁以下及笃疾，犯反、逆、杀人应死者，上请。”而根据其疏文解释说：“《周礼》‘三赦’之法：一曰幼弱，二曰老旄，三曰蠢愚。今十岁合于‘幼弱’，八十是为‘老旄’，笃疾‘蠢愚’之类，并合三赦之法。”可见疯癫之症合于笃疾，所以张蕴古奏称李好德为疯癫人，不能如常人一样处罚。但是在处死张蕴古后，基于慎刑思想，唐太宗觉得如此判处死刑太武断，于是引发了复奏入律。先是三复奏，后又改为五复奏，并规定了复奏的具体时间，从而避免死刑的主观化。

经典古文（2011 年真题）

《唐律疏议·断狱律》“官司出入人罪”条：“诸官司入人罪者，若入全罪，以全罪论。从轻入重，以所剩论。刑名易者，从笞入杖，从徒入流，亦以所剩论。从笞杖入徒流，从徒流入死罪，亦以全罪论。其出罪者，各如之。即断罪失于入者，各减三等；失于出者，各减五等。”

“诸狱结竟，徒以上，各呼囚及其家属，具告罪名，仍取囚服辩。若不服者，听其自理，更为详审。违者，笞五十；死罪，杖一百。”

命题角度

上述文字反映的是唐朝的判决制度——出入人罪及“服辩”。唐代规定法官“出入人罪”应当承担刑事责任，对徒罪以上的判决须询问被告是否“服辩”，并允许其申诉。“出罪”即重罪轻判或有罪不判；“入罪”则相反，是轻罪重判或无罪断成有罪。

基本含义

上述文字的基本含义是：凡是法官入人罪的，如果是入全罪（无罪断成有罪），以全罪论处（如果故意入罪，以全罪论即为诬告反坐——编者注）；如果是轻罪断成重罪，以所剩之罪论处。更改刑名的，将判处笞刑之罪断成杖刑之罪的，将徒刑之罪断成流刑之罪的，也以所剩之罪论处（例如，将判处徒刑之罪故意断成判处流刑之罪的，则以判处流刑之罪减为判处徒刑之罪的余刑诬告反坐——编者注）。将判处笞杖刑之罪断成判处徒流刑之罪的，或将判处徒流刑之罪断成死罪的，也以全罪论处。凡是法官出人罪的，依照上述规定处理。但如果断罪是出于过失而入罪的，则减其误定罪之刑的三等处罚；如果断罪是出于过失而出罪的，则减其误定之罪所处之刑的五等处罚。

对于审理完毕的判处徒罪以上的判决，必须向被告及其家属宣读，并问被告是否服从判决，称为“服辩”，如果被告不服从判决，允许其申诉。司法官根据其申诉，重新审理。违反上述规定的，笞五十，对于判处死罪，如果违反上述规定的，杖一百。

释解分析

唐朝为保证司法审判的公正、合法，规定了法官“出入人罪”应当承担刑事责任，即故意出入人罪的，诬告反坐；过失出入人罪的，减故意者三至五等处罚。简而言之，就是失入罪重，失出罪轻。此外，“服辩”制度还体现了司法的慎重，体现了慎刑思想。“出入人罪”和“服辩”制度说明了唐朝司法制度的完善。

七、宋　朝

经典古文

《宋史·刑法志一》：“熙宁四年，立《盗贼重法》。凡劫盗罪当死者，籍其家赀以赏告人，妻子编置千里……虽非重法之地，而囊橐

（音驮——编者注）重法之人，以重法论……若复杀官吏，及累杀三人，焚舍屋百间，或群行州县之内，劫掠江海船筏之中，非重地，亦以重论。”

命题角度

该段文字反映的是宋朝的《盗贼重法》。

基本含义

该段文字的基本含义是：宋神宗熙宁四年（公元1071年——编者注），制定《盗贼重法》。凡是犯有劫盗罪应当判处死刑的，没收其家财以奖赏告发人，并将其妻子、子女流放到千里之外安置……即使在非重法地隐藏重法之人，亦以重法论处……如果杀害官吏，以及累计杀害三人，焚毁房屋百间，或者结伙在州县内行盗，在江海船筏中劫掠，虽非发生在重法之地，也同样以重法论处。

释解分析

《盗贼重法》是宋神宗熙宁年间制定的从重打击盗贼，即从重打击劫盗、窃盗、谋反、杀人等犯罪的法律。

《盗贼重法》的制定，反映了宋朝社会矛盾的加剧和统治者对人民镇压的加强。

划定重法地，以非常之刑进行惩罚的做法，不仅加重了对盗贼犯罪的惩处，还打破了正常的法律秩序，对封建社会中后期的刑罚制度产生了恶劣的影响。然而刑罚威吓主义不能彻底地铲除盗贼，反而是愈治盗贼愈多，愈治社会愈乱。

经典古文

《宋刑统·名例律》和《宋史·刑法志一》：“加役流折脊杖二十，配役三年；流三千里折脊杖二十，配役一年。徒三年折脊杖二十……杖后释放。杖一百折臀杖二十……杖后释放。笞五十折臀杖十……杖后释放。”

沈家本《刑法分考》：“流罪得免远徙，徒罪得免役年，笞杖得免决数。”

命题角度

上述文字反映的是宋朝的折杖法。所谓折杖法，就是将流、徒、杖、笞之刑分别折成杖刑以减轻刑罚的法律规定。

基本含义

上述文字的基本含义是：加役流折成脊杖二十，就地配役三年；流三千里折成脊杖二十，就地配役一年。徒三年折成脊杖二十，杖毕释放……杖一百折成臀杖二十……杖毕释放。笞五十折成臀杖十，杖毕释放。

折杖法的实施，使得犯流罪的免于迁徙，犯徒罪的免于劳役，笞杖刑减少了笞杖数。

释解分析

宋朝创立折杖法是用决杖来代替笞、杖、徒、流四刑，采用折杖法对于纠正刑罚越来越严酷的趋势、缓和社会阶级矛盾起到一定作用。但是，其中的刑种和刑等设置并不合理，轻重悬殊，难免有画蛇添足之感。

折杖法虽然体现了省刑、轻刑的特点，但是折杖法在适用上是有严格限制的，即折杖法不适用于死刑、反逆、强盗等重刑或重罪，对于重大犯罪不适用折杖法表明坚决维护统治阶级根本利益是封建制法的根本原则。

经典古文（2017年法学方向真题）

《宋史·刑法志三》（卷二百一）：苏州民张朝之从兄以枪戳死朝父，逃去，朝执而杀之。审刑、大理当朝十恶不睦，罪死。案既上，参知政事王安石言：“朝父为从兄所杀，而朝报杀之，罪止加役流，会赦，应原。”帝从安石议，特释朝不问。

命题角度

本段文字体现的是十恶罪的认定和赦宥制度。十恶创制于隋，唐宋至清沿用。关于赦宥，前已述及。

基本含义

本段文字的基本含义是：苏州人张朝的从兄

将张朝的父亲杀死并逃走，张朝抓住他并将其杀死。审刑院和大理寺经审理认为，张朝构成十恶罪中的不睦，应当处死。案件奏报经朝议，参知政事王安石认为，张朝的父亲被其从兄杀死，张朝罪重应判处加役流，遇赦应免其罪。皇帝采纳王安石的建议，经特赦免除张朝罪行。

释解分析

张朝与被害人是五服之内的近亲，近亲之内相杀伤的，重于凡人相犯的杀伤罪，罪入十恶中的不睦。十恶罪列于五刑之首，通常被判处死刑。十恶罪适用刑罚的重要原则是“为常赦所不原”，犯十恶者不得适用议、请、减、赎、当、免等优免措施。依宋朝法律的规定，为父复仇杀人的，罪止加役流。本案中，张朝系为父复仇而杀人，经朝议无死罪，故不属于不睦。案犯张朝既不属于十恶犯罪，又经皇帝特赦，故免其罪责。

八、元　朝

经典古文

《元史·刑法志》：“犯强窃盗贼、伪造宝钞、略卖人口、发冢、放火、犯奸及诸死罪，并从有司归问。其斗讼、婚田、良贱、钱债、财产、宗从继绝及科差不公自相告言者，从本管理问。若事关民户者，从有司约会归问，并从有司追逮。”

命题角度

这段文字反映的是元朝的约会制度。约会是元朝的一种诉讼管辖制度，即当遇到不同户籍、不同民族及僧侣之间发生刑名诉讼时，官府要出面将相关户籍的直属上司请来共同审理。

基本含义

本段文字的大致内容是：凡犯强盗、窃盗、伪造宝钞、贩卖人口、发掘坟墓、放火、犯奸及死罪等重大刑事案件，不适用约会制度，均由地方行政机构管辖。凡斗讼、婚田、良贱、钱债、财产等不同民族的户与民户之间发生的所有民事案件，以及不同民族之间的户与民户之间发生的一般刑事案件，由地方行政机构通知其他户的管理机构约定共同管理。

释解分析

元朝的约会管辖由地方行政机关主导，有利于控制诉讼管辖范围，对于一般刑事案件和不同户之间采取约会管辖，体现了统一的多民族国家的多重治理。各民族官员及各职业团体的官员共同参与，有利于调和不同民族的法律原则和习俗，维护各自群体的利益，防止某一衙门徇情枉法。但约会制度也存在弊端，约会制度不但导致诉讼拖延，而且多重机构或者各类团体参与诉讼，损害了司法权威，破坏了法制的统一。

经典古文（2019 年真题）

《元史·刑法志》：诸老废笃疾，事须争诉，止令同居亲属深知本末者代之。若谋反大逆，子孙不孝，为同居所侵侮，必须自陈者听。

诸致仕得代官，不得已与齐民讼，许其亲属家人代诉，所司毋侵挠之。

诸妇人辄代男子告辨争讼者，禁之。若果寡居，及虽有子男，为他故所妨，事须争讼者，不在禁例。

命题角度

这段文字反映的是元朝的诉讼代理制度。元朝诉讼制度有所发展，开始出现了诉讼代理制度。

基本含义

元朝对于年老或残疾的人参与诉讼的；退休或暂时离任的官员，与民人诉讼的，均可适用诉讼代理制度。但元律禁止妇女为男子的诉讼代理人。但是，寡居的妇女，若家中子男有受妨碍事由不能参加诉讼，且争议须经诉讼解决的，可代为诉讼。

释解分析

元朝从实际出发，较为详细地规定了诉讼代理制度，维护了一些特殊人群的诉讼权利，是中国古代诉讼制度的重要发展和完善。

九、明　　朝

经典古文

《明史·刑法志一》："建文帝即位，谕刑官曰：'《大明律》，皇祖所亲定，命朕细阅，较前代往往加重，盖刑乱国之典，非百世通行之道也。'"

《明史·刑法志二》："盖太祖用重典以惩一时，而酌中制以垂后世，故猛烈之治，宽仁之诏，相辅而行，未尝偏废也。"

命题角度

这两段文字反映的是明朝刑乱国用重典和礼刑并用的立法思想。

基本含义

这两段文字的基本含义是：建文帝即位，对刑官说：《大明律》是皇祖朱元璋亲自过问制定的，他命令我详细过目，并告诫说，刑罚和前代相比，总是后代比前代重，不过刑乱国用重典，并非始终通行的做法。

明太祖用重典只不过是权宜之计，统治趋于稳固时，则应改用"中制"治理国家，因此，重典治国、礼仪规范，相辅相成，都不能偏废。

释解分析

明太祖朱元璋在总结历史经验的基础上，提出了"刑乱国用重典"的立法指导思想，在该立法思想的指导下制定的《大明律》比前代法典规定的刑罚重得多，以此来最大限度地发挥刑罚的威慑力。

不过，朱元璋很清楚，前代制定的法典如果过重，后代势必更重，因此告诫建文帝，刑乱国用重典并非通行的做法，但是，在专制主义日益强化的情况下，刑罚势必加重，从而导致明朝中后期乱用重典，加剧了社会的动荡和人民的反抗。

明太祖在强调刑乱国用重典的同时，并没有否定"中制"治理天下和礼仪规范在治国中的作用，他强调礼刑不可偏废，相辅相成。当然，刑与礼可以"或先或后"，"或缓或急"，要因时而异。但无论如何，礼刑并用的目的是共同为明朝的封建统治服务。

经典古文（2012 年真题）

薛允升《唐明律合编·祭祀》："事关典礼及风俗教化等事，唐律均较明律为重；贼、盗及有关帑（音躺——编者注）项、钱粮等事，明律则又较唐律为重。"

命题角度

该段文字反映了明朝"轻其所轻、重其所重"的刑法适用原则。

基本含义

该段文字的基本含义是：明律相对唐律而言，在有违伦常教化犯罪的处刑上明显偏轻；而对于直接危害封建统治、封建君主的盗贼、贪污等犯罪，处刑都普遍加重。这是明律相对唐律而言的"轻其所轻、重其所重"的刑法原则。

释解分析

明朝确立"轻其所轻、重其所重"的刑法适用原则是有深刻的历史原因的：首先，宋、明理学使儒家的纲常礼教对人们行为的法外约束力愈来愈大，这种背景下，对有关伦常礼教犯罪的处罚减轻，能集中刑法的打击目标，缓和社会的反抗情绪。其次，随着君权的加强和社会矛盾的日益加剧，贼盗大案直接冲击着封建专制统治的基础，加大对此类犯罪的打击力度，也是"重典治国"的体现。

经典古文

《大明律》："凡律自颁降日为始，若犯在已前者，并依新律拟断。"其注云："此书言犯罪在先，颁律后事发，并依新定律条拟断，益尊王之制，不得复用旧律也。"

命题角度

该段文字反映了明朝在刑法适用上的法律溯及既往和从新原则。

基本含义

该段文字的基本含义是：凡是法律自颁布之日起施行，如果犯罪行为在法律颁布之前发生，新的法律颁布之后，案件就应当依照新的法律来定罪量刑，而不能适用旧律来进行处断。这种处断的目的就是要遵照先代留下的遗制。

释解分析

该段文字表明，汉、唐以来，在刑法适用的原则上一直强调从轻原则，尤其唐律规定了从旧从轻的原则。而明朝为之一变，在适用原则上采取从重从新原则，即法律采取溯及既往的处断原则。这主要与朱元璋推行“重典治吏”和“刑乱国用重典”的立法指导思想有关。推行法律溯及既往和从新原则有利于明朝强化国家机器，而改以往从旧原则为从新原则，也引起了明朝法律适用的重大变化。

明朝采取法律溯及既往和从新原则，在惩治贪污与官吏渎职，防止臣下结党营私与内外交结方面具有一定的意义。但是采用从新原则容易导致滥施刑威，加剧社会矛盾，也表明专制主义在封建社会晚期的恶性发展。

经典古文

对比性分析：

《唐律疏议·名例律》：“诸本条别有制，与例不同者，依本条。”

《大明律附例·名例律》：“凡律自颁降日为始，若犯在已前者，并依新律拟断。”

命题角度

这两段文字反映了唐朝和明朝刑法适用原则的差别。即唐朝采取从旧从轻原则，明朝采取从重从新原则。

基本含义

这两段文字的基本含义是：按照唐律的规定，各篇的律条各有具体的内容，其与名例律的原则规定有所不同时，以各该篇的具体律条为依据。按照明律的规定，凡是法律自颁布之日起施行，如果犯罪行为在法律颁布之前发生，新的法律颁布之后，案件就应当依照新的法律来定罪量刑，而不能适用旧律来进行处断。

释解分析

这两段文字表明，汉、唐以来，在刑法适用的原则上一直强调从轻原则，尤其是唐律规定了采取从旧从轻的原则。而明朝为之一变，在刑法适用原则上采取从重从新原则，即法律具有溯及既往的效力。这主要与朱元璋推行“重典治吏”和“刑乱国用重典”的立法指导思想有关。推行法律溯及既往和从新原则有利于明朝强化国家机器，而改以往从旧原则为从新原则，也引起了明朝法律适用的重大变化。

明朝在刑法适用原则上采取法律溯及既往和从重从新原则，导致了明朝法律适用的变化，也表明专制主义在封建社会晚期的恶性发展。

经典古文

对比性分析：

《唐律疏议·名例律》：“谓告言、詈言、诅詈祖父母、父母，绞；祖父母、父母在，别籍异财，徒三年；供养有缺，徒二年；居父母丧，身自嫁娶、作乐、释服从吉，徒三年；闻祖父母、父母丧，匿不举哀，流二千里；诈称祖父母、父母死，徒三年。”

《大明律·户律》：“闻父母丧匿不举哀，处杖六十，徒一年；祖父母、父母在，别籍异财，处杖一百；告祖父母，诬告者，处绞刑；如实有其罪处杖一百，徒三年。如告谋反、谋大逆、谋叛，及窝藏奸细、母杀父……之罪，如属实，告者无罪。”

命题角度

这两段文字对唐朝和明朝关于不孝罪的对比，反映了明律和唐律相比，在定罪量刑上体现了“轻其所轻、重其所重”的刑法适用原则。

基本含义

这两段文字的基本含义是：按照《唐律疏议》的规定，对于控告、咒骂祖父母、父母的，处绞刑；父母尚在而分家析财，另立门户的，处徒刑三年；同居的父母死亡而出嫁娶妻、办喜事，或者脱去丧服改着吉服的，处徒刑三年；闻祖父母、父母死亡而隐匿不发丧的，处流刑二千里；诈称祖父母、父母死亡的，处徒刑三年。但是，按照《大明律》的规定，知道父母死亡而隐匿不发丧，处杖刑六十，并处徒刑一年。祖父母、父母尚在而分家析财，另立门户的，处杖刑一百，诬告祖父母的，处绞刑，不是诬告，则处杖一百，并处徒刑三年；若受控告的人犯有谋反、谋大逆、谋叛以及窝藏奸细、母亲杀父亲的犯罪，控告的人无罪。可见，对于不孝罪的处断，唐朝法律要重于明朝法律。

释解分析

明朝在刑法上确立“轻其所轻、重其所重”原则是有深刻的历史原因的。一方面，宋、明理学使儒家的纲常礼教对人们行为的法外约束力愈来愈大；这种背景下，对有关伦常礼教犯罪的处罚减轻，能集中刑法的打击目标，缓和人民的反抗情绪。而在唐朝，皇权还没有达到极度膨胀的程度，法律也就不会作出这样的规定。况且，唐朝的典礼教化对人们行为的约束也没有达到明朝能够使人们自我限制的程度。所以，“轻其所轻、重其所重”也就成为唐律和明律差异的刑法原则。另一方面，随着君权的加强和社会矛盾的日益加剧，贼盗大案直接冲击着封建专制统治的基础，加大对此类犯罪的打击力度，也是“重典治国”的体现。而在唐朝，虽然盗贼大案仍为统治阶级打击的重点，但是处刑不如明朝重，这也说明，唐朝的皇权专制主义还没有达到明朝极度膨胀的程度。

明律对妨害礼教罪处刑的减轻和对贼盗罪处刑的加重，也反映了封建社会后期重刑轻礼的时代特点。这一特点之所以形成，不仅是由于专制主义和皇权极端强化，也是封建社会后期商品经济的发展以及统治者统治经验积累的结果。

经典古文

《大明律·吏律》：“凡诸衙门官吏及士庶人等若有上言宰执大臣美政才德者，即是奸党，务要鞫（音居——编者注）问穷究来历明白，犯人处斩，妻子为奴，财产入官。若宰执大臣知情与同罪，不知者不坐。”

命题角度

该段文字是明朝对奸党罪的规定。奸党罪是明太祖朱元璋为了防范臣下不轨而规定的罪名，基本内容是打击臣下结党营私、排斥异己。奸党罪首创于明朝。

基本含义

该段文字的基本含义是：凡是各衙门官员以及百姓上书吹捧当政大臣的美政、才德，就构成奸党，对于该情形，务必要审问其来历，穷追不舍，查清大臣是幕后指使还是知情不奏。对于上言大臣德政的，犯人处斩，妻子没官为奴，财产一并没官。如果该被吹捧的大臣知情的与其同罪，不知情的，不以犯罪论处。

释解分析

鉴于历代臣下结党营私造成皇权削弱，统治集团内部矛盾，导致国亡民乱的教训，明朝朱元璋首创奸党罪，罗列了奸党罪的种种表现。上言大臣德政即为奸党罪的表现之一。奸党罪在防止臣下结党营私、加强专制主义皇权方面发挥了关键作用，这也是重典治吏的体现。

奸党罪的创立，反映了皇帝对臣下的防范猜忌之心以及皇帝和臣下在封建社会晚期矛盾的加深，这也是明朝不遗余力地打击臣下、加强皇权的原因。

然而，奸党罪不仅不能解决专制主义本身的痼疾，反而在一定程度上加剧了统治的黑暗，并酿成宦官专权之祸，从而危害了封建统治。这是朱元璋始料不及的。

经典古文

《大明律·吏律》：“凡奸邪进谗言，左使杀人者，斩。若犯罪律该处死，其大臣小官巧言谏免，暗邀人心者，亦斩。若在朝官员交接

> 朋党，紊乱朝政者，皆斩。妻子为奴，财产入官。若刑部及大小各衙门官吏不执法律，听从上司官主使，出入人罪者，罪亦如之。凡诸衙门官吏若与内官及近侍人员互相交接泄漏事情夤（音银——编者注）缘作弊而符同奏启者，皆斩。妻子流二千里安置。”

命题角度

该段文字反映了明朝设立奸党罪严防臣下结党，以加强皇权的立法宗旨。奸党罪为明朝首创，清朝沿用。

基本含义

该段文字的基本含义是：凡是妄进谗言，排斥异己，企图使朝廷杀死不该杀的人的，处斩刑。如果依据律文规定，所犯的罪应当处死，而大小官员巧言劝谏免除处罚并私下收买，企图使朝廷杀死不该杀的人，也处斩刑。如果在朝官员交结朋党，紊乱朝政的，处斩刑，并处没收财产，妻子没官为奴。如果刑部及其大小各衙门的司法官吏不依法律，而是听从上司主使，故意出入人罪的，一并处死。凡是各衙门司法官吏与皇帝身边的官员互相勾结，泄露机密，共同作弊，以牟取私利的，一并处斩，妻子处流刑二千里。

释解分析

该段文字反映了明朝“重典治吏”的立法指导思想，而“重典治吏”在刑事立法上的表现就是特设奸党罪。《大明律》规定了奸党罪的种种表现。“重典治吏”对于加强吏治、督促官吏依法办事具有一定的意义。明朝是我国历史上用刑残酷的一个王朝。奸党罪的处刑一般都是重罪重罚，且有些专条没有刑罚上的确定性，这样也就变为封建统治者随意杀戮功臣宿将的任意性规范。这些规定反映了皇帝对臣下的猜忌防范之心。“重典治吏”分化了统治阶级的力量，且株连广泛，人人自危，不利于封建统治。

明朝设立奸党罪严防臣下结党营私，其根本目的在于加强皇权，排斥异己，保证皇帝的大权不致旁落。奸党罪的创设，体现了封建社会晚期专制主义皇权的恶性膨胀。但是，封建统治阶级内部的争权夺利，并非律条的规定就能禁绝。明朝中期，随着宦官势力的进一步发展，造成的宦官专权，使得“奸党”专条成为具文。

经典古文（2017 年真题）

> 【明】朱元璋《教民榜文》：民间户婚、田土、斗殴相争，一切小事，不许辄便告官，务要经由本管里甲、老人理断。若不经由者，不问虚实，先将告人杖断六十，仍发回里甲、老人理断。

命题角度

本段文字体现的是教民榜文。教民榜文是明太祖朱元璋于洪武三十一年（公元 1398 年）颁行的，旨在“申明教化”，推行“明刑弼教”，并巩固和扩大里老的司法审判权而亲自制定的特别刑事法规。朱元璋时期发布的榜文包含了很多教育百姓遵纪守法的说教内容，所以又称“教民榜文”。榜文的法律效力和大诰一样也比《大明律》高，而且处罚比律重，使用律外酷刑。

基本含义

本段文字的基本含义是：民间涉及户婚、田土、斗殴相争，一切小事，不许动辄到官府控诉，必须经本管辖区内的里甲、老人审理决断。如果未经里老决断的，不问案情是否属实，先将控告人杖六十，仍发回里甲、老人审理决断。

释解分析

明初设置此种程序，有利于发挥家族、宗族组织的纠纷调处功能，对乡民实行教化，以达到息讼的目的，稳定社会秩序。这一程序在一定程度上限制了民众的诉权。

经典古文（2019 年法学方向真题）

> 《大明律》卷第一“断罪无正条”：“凡律令该载不尽事理，若断罪而无正条者，引律比附。应加应减，定拟罪名，转达刑部，议定奏闻。若辄断决，致罪有出入者，以故失论。”

命题角度

这段文字反映的是明朝的引律比附制度——“断罪无正条”。比附是指在法律没有明文规定的情况下，司法官员可比照最相类似的律文定罪量刑。其适用条件是：律令无明文规定，而行为又具有明显的社会危害性，应以犯罪论处。

基本含义

这段文字的基本含义是：凡是律令规定得不够详尽，断罪没有正式条文的，可以比附断罪，初审官员根据比附原则定罪量刑，上呈转达刑部，由刑部议定后，上奏皇帝决定。司法官员违反比附规定，随意裁判，导致“出罪”（重罪轻判或有罪判作无罪）或“入罪”（轻罪重判或无罪判作有罪）的，区分故意或过失，分别追究法律责任。

释解分析

比附作为一种法律适用方法或技术，是中国古代法律传统之一。《大明律》于“断罪无正条”下确立比附制度，有利于缓和因律条抽象程度不足而导致的律文僵化之弊，增强律文的适应性；立法严格限定比附的适用条件，旨在防止司法官员的擅断，也适应了皇帝控制司法权之需。

经典古文

《明史·刑法志二》：“若亭疑谳决，而囚有番异，则改调隔别衙门问拟。二次番异不服，则具奏，会九卿鞫之，谓之圆审。至三四讯不服，而后请旨决焉。”

命题角度

该段文字反映了明朝的九卿圆审（九卿会审）制度。

基本含义

该段文字的基本含义是：如果案件已经审理完毕，而犯人仍然翻异不服的，则应当改由其他司法机关重新审理。如果第二次审理后犯人仍然翻异不服的，就应当具拟奏报皇帝，由皇帝命令三法司，会同吏、户、礼、兵、工五部尚书和通政使司等九卿会审，称为“圆审”。如果三次或者四次审理犯人仍然不服，则奏请皇帝裁决。

释解分析

明律规定，对于特别重大的案件，或者经过反复审判而人犯仍然翻异不服的案件，由九卿官员会同审理。明朝的九卿圆审制度是慎刑思想在司法领域的反映，该会审制度有利于皇帝对司法活动进行控制和监督，有利于避免和纠正冤假错案，因此被统治者作为实行“仁政”的招牌。

然而，在专制主义的封建社会晚期，九卿会审制度不能从根本上避免冤假错案，特别在明朝，由于宦官专权、厂卫干预司法，九卿会审往往流于形式。

经典古文

《明史·英宗纪》：“自天顺三年为始，每年霜降后，但有该决重囚，著三法司奏请会官人等，从实审录，庶不冤枉，永为实例。”

《明史·刑法志二》：“天顺三年令每岁霜降后，三法司同公、侯、伯会审重囚，谓之朝审。历朝遂遵行之。”

命题角度

这两段文字反映了明朝的朝审制度。

基本含义

这两段文字的基本含义是：明英宗天顺三年（公元 1459 年——编者注）下令：每年霜降后，大理寺、刑部、都察院三法司会同参与会审的其他官员，翔实审理案件，以防冤假错案的发生，并永远成为定制。

明英宗天顺三年下令：每年霜降后，三法司会同公、侯、伯等会审官员审理大案重囚，称之为朝审。英宗以后的各代都遵行该制度。

释解分析

明朝对于涉及重囚的大案，实行由三法司会同公、侯、伯等官员共同审理，该会审制度称为朝审。明朝的朝审制度是慎刑思想在司法领域的反映，该会审制度有利于皇帝对司法活动进行控制和监督，有利于避免和纠正冤假错案，因此被统治者当作实行“仁政”的招牌。

然而，在专制主义的封建社会晚期，朝审制度不能从根本上避免冤假错案，特别在明朝，由于宦官专权、厂卫干预司法，朝审往往流于形式。朝审的实质是君主专制主义中央集权极度强化在司法审判方面的反映。

经典古文

《明史·刑法志二》：“成化十七年，命司礼太监一员会同三法司上官，于大理寺审录，谓之大审。南京则命内守备行之。自此定例，每五年辄大审。”

命题角度

该段文字反映的是明朝的大审。

基本含义

该段文字的基本含义是：明宪宗成化十七年（公元1481年——编者注），命令一名司礼太监（太监的一种——编者注）会同大理寺、刑部、都察院长官，在大理寺处审录囚犯，称之为大审。在南京，则命令内守备（官员名称——编者注）官员施行。从此以后，大审成为定制，每五年举行一次。

释解分析

大审是一种定期由皇帝委派太监会同三法司官员录囚的制度，开始于明英宗正统年间，到明宪宗时成为定制。大审是明朝独有的会审制度。

大审和其他会审制度一样，都属于慎刑思想在司法领域的反映，大审的实行也有利于皇帝控制司法。

但是大审参与的官员较多，不可避免地造成多方干预司法的现象。此外，宦官参与会审，以至于家奴横行，肆意妄为，最终导致司法腐败，冤假错案层出不穷。

经典古文（2005年真题）

《明史·刑法志三》：“刑法有创之自明，不衷古制者：廷杖、东西厂、锦衣卫、镇抚司狱是已。是数者，杀人至惨而不丽于法。踵而行之，至末造而极。举朝野命，一听武夫、宦竖之手，良可叹也。”“东厂之设，始于成祖。锦衣卫之狱，太祖尝用之……厂与卫相倚，故言者并称厂卫。”

命题角度

该段文字反映的是明朝厂卫干预司法的情况。

基本含义

该段文字的基本含义是：自刑法创立以来，明朝不遵循古制之处，诸如盛行廷杖制、设立东厂、西厂、锦衣卫和专管诏狱的南北镇抚司。许多案件中，杀人手段残忍，且不遵循法律，如此接连不断，到了明朝末期达到了登峰造极的地步。朝野上下，任由武夫、宦官横行，真是可悲可叹。东厂设立于明成祖时期，太祖曾一度使用锦衣卫诏狱……厂卫相互作用，因此一提及便合称厂卫。

释解分析

厂，指东厂、西厂和内行厂，是由太监组成的特务机构，专管大案、重案。卫，指锦衣卫，掌缉捕、刑狱和诏狱。

厂卫并非国家正式的司法机关，而是在皇帝的纵容下，由权倾一时的大宦官等操纵，用来迫害异己、制造白色恐怖的工具。厂卫特务从事侦缉、审判等司法活动，涉足司法活动的各个环节，实际权力远在三法司和其他中央机关之上。

厂卫不仅从事侦缉、监视活动，还直接参与司法审判，特设法庭，任意刑讯逼供，制造的惨案、冤案屡见不鲜，其所使用的刑罚大多是法外之刑，而且异常残忍，法外酷刑致人死亡也不负任何责任。

明朝厂卫特务组织干预司法活动，是封建君

主专制极端发展、统治者滥用权力的结果。它完全破坏了封建社会正常的法制状态，加速了明朝的灭亡。

十、清　朝

经典古文(第二段引文为2009年真题)

《清朝通志·刑法略四》："其刑部见监重犯每岁一次朝审。刑部于霜降后，摘叙紧要情节，刊刷招册，送九卿各官如秋审例。霜降后十日在金水桥西会同详审，分情实、缓决、可衿，具题请旨。其情实者，俟命下之日刑科三复奏，皆经御定。大学士承旨硃笔勾决，其余仍监固。"

《清史稿·刑法志三》："朝审原于明天顺三年，令每岁霜降后，但有该决重囚，三法司会同公、侯、伯从实审录。秋审亦原于明之奏决单，冬至前会审决之。顺治元年，刑部左侍郎党崇雅奏言：'旧制凡刑狱重犯，自大逆、大盗决不待时外，余俱监候处决。在京有热审、朝审之便，每至霜降后方请旨处决。在外直省，亦有三司秋审之例，未尝一丽死刑辄弃于市。望照例区别，以昭钦恤。'此有清言秋、朝审之始。嗣后逐渐举行，而法益加密。初制分情实、缓决、矜、疑，然疑狱不经见。雍正以后，加入留养承祀，区为五类。"

《清史稿·刑法志三》："秋审本上，入缓决者，得旨后，刑部将戏杀、误杀、擅杀之犯，奏减杖一百，流三千里，窃赃满贯，三犯窃赃至五十两以上之犯，奏减云、贵、两广极边、烟瘴充军，其余仍旧监固，俟秋审三次后查办……入可矜者，或减流，或减徒。留养承祀者，将该犯枷号两月，责四十板释放。案系斗杀，追银二十两给死者家属养赡。"

命题角度

上述文字反映的是清朝的秋审制度，该制度是清朝最重要的死刑复审制度。秋审是清朝各部、院、寺长官于每年秋季复审各省死刑案件的制度，秋审审理的对象是各省上报的斩监候、绞监候案件，每年秋八月在天安门金水桥西由九卿、詹事、科道以及军机大臣、内阁大学士等重要官员会同审理。秋审源于汉、唐的秋冬行刑之制，是从明朝的奏决单制度演变而来的，但秋审最直接的渊源是明朝的朝审制度。

基本含义

上述文字的基本含义是：刑部对关押的重犯每年一次朝审。刑部在霜降后，简要摘录关键情节，编制成册，送给九卿官员备阅，供秋审参考。霜降后秋八月，在天安门外金水桥西由九卿会同审理，将审理结果分为情实、缓决、可衿，会审以后向皇帝具题处理结果。对于情实的，在下令处决之日经过三复奏，都要由皇帝御定。大学士按照旨意以朱砂笔勾决，其余情形仍免死收监。

朝审开始于明朝天顺三年，这一年下令：每年霜降后，遇有重案囚犯，大理寺、刑部、都察院会同参与会审的其他官员，翔实审理案件，以防冤假错案的发生。秋审源于明朝的奏决单，冬至前会审决断，清朝顺治元年（公元1644年），刑部左侍郎党崇雅在奏折上说："依照旧制，凡是监狱关押的重犯，除了大逆、大盗决不待时的以外，其余都收监等待处决。在京师有热审、朝审的便利，每到霜降后才可以请旨处决。在外所辖各省，也有三法司（大理寺、刑部、都察院）三司会审的适用，对于死刑重犯，也没有一例处决的。希望照例区别，以体恤皇恩。"这就是秋审、朝审的起源，清朝以后逐渐适用秋审、朝审，而且法律规定得更加详细缜密。制度施行之初分为情实、缓决、矜、疑四种，然而疑狱很少见。雍正以后，加入留养承祀，区分为五类。

经过秋审，认定为缓决的，得到旨意后，刑部将犯有戏杀、误杀、擅杀的罪犯，奏请减刑，处杖刑一百，并流三千里。对于犯盗窃罪的，如果三次实施盗窃且赃值在50两以上的罪犯，奏请减刑，发配至云南、贵州、两广等极边、烟瘴地区充军，其余的罪犯仍旧收监，待三次秋审后处理……对于认定为可矜的，或减为流刑，或减为徒刑。对于认定为留养承祀的，将该犯枷号示众两个月，并责打四十大板后释放。案件如果属于斗杀，则向死者家属赔偿20两白银作为养赡之用。

释解分析

秋审案件经过复审程序后，分为五种情况处理：第一，情实：指罪情属实、罪名恰当者，奏请执行死刑。第二，案情虽然属实，但危害性不大者，可再押监候处理，留待下年秋审。凡是经过三次秋审的，可以认定为缓决，可免死减刑为流三千里，或者减刑发往极边、烟瘴地区充军。第三，可矜：指案情属实，但情有可原，予以免死并减等发落。第四，可疑：指案情事实尚未完全搞清的，则驳回原省再审。第五，留养承祀：指案情属实，罪名恰当，但罪犯为独子而祖父母、父母年老无人奉养，或符合“孀妇独子”等条件的，则经皇帝批准，可改判重杖一顿，枷号示众两个月。秋审的判决虽然依据法律，但也可以参考犯罪的时间及地区的政治统治的需要，强调灵活运用法律镇压重大犯罪。

凡是经过秋审复核的案件，一般均限于情节不十分严重的案件。因此，秋审制度的创立，既不会放纵重大犯罪，还便于减免统治阶级内部个别人的犯罪处罚。由于重案的判决是否得当常常会引起社会的反响，所以，清朝统治者十分重视秋审，称之为“国家大典”。

秋审是清朝刑事审判制度臻于完备的重要标志。秋审不仅有助于统一法律适用，而且对中央和地方的司法活动起到了监督检查的作用。秋审还有利于准确打击犯罪，发挥刑罚的威慑力。秋审保证了皇帝对最高司法权的控制，同时又宣扬了统治者的仁政德治，体现了“恤刑”精神。

附二　法理学经典论述题释解

第一部分　法的核心（本质、特征、作用）

概说

由于法的核心（本质、特征、作用）部分是理解法理学其他部分的基础，因此该部分可以作为论述题考查。本部分在2000年考过一次后在2010年又以论述题的形式考查法治建设对和谐社会的保障。今后对该部分的考查可能集中在法的本质和特征方面，又由于法硕联考法理学论述题总体看是以综合考查的方式进行的（虽然近三年有一定变化），而法的本质和特征又是理解法理学其他知识的基础，因此往往将其与法治建设、法与社会等知识结合起来，将法的本质和特征作为分析相关问题的角度或工具来综合命题。故考生复习时应予注意。

论述题目

从法与和谐社会关系的角度论述中国法在构建和谐社会中的地位和作用。

命题角度

法的作用与和谐社会的关系。

答案要点

（1）法与和谐社会的一般关系。

就其本质而言，社会主义和谐社会应当是一个法治社会，构建社会主义和谐社会的过程就是建设社会主义法治国家的过程。①这是由和谐社会本身的特点所决定的。和谐社会就是要充分调动各种积极因素，发挥人民群众的主动性和创造性，有效解决各种社会矛盾和纠纷，确保社会的团结稳定，确保不断满足广大人民群众日益增长的物质文化需要，确保以人民群众的根本利益作为一切工作的出发点和落脚点，正确反映和兼顾各方面群众的利益，达到人与人之间、个人与政府之间、人与社会之间以及人与自然之间的和谐一致和共同发展。和谐社会的建立，要求人们的行为必须协调有序，要求政府必须在职权和责任范围内活动，要求社会必须依照既定的规则运行，形成一种秩序井然、和谐发展的状态。只有依照法律规则来治理社会，人们和政府的行为才会有章可循，有法可依，社会才会有和谐的基础。②这是由法律本身的特点所决定的。作为法治社会最主要的规则，法律是所有社会规范中最具有明确性、确定性和国家强制性的规范，法律规范的这些特征使得法律成为社会控制的主要手段。因此，法治可以而且应该成为社会和谐发展的基石和保障，社会主义和谐社会的本质应该是一个法治社会。

（2）当代中国法在构建和谐社会中的地位。

法律是整个社会关系调节器的重心，在构建和谐社会的进程中居于支配地位，起着关键作用。我们所要构建的是社会主义和谐社会，其基本特征是民主法治、公平正义、诚信友爱、充满活力、安定有序、人与自然和谐相处。社会主义和谐社会的这些基本特征是相互联系、相互作用的。和谐社会绝不会自发地生成，也不会自然地实现。和谐社会的构建必须借助于法律制度的推动与保障。如果法律制度完善而且合理，社会成员就可能和睦相处，社会关系就可能和谐顺畅。反之，如果法律制度欠缺失当，社会成员之间则必然冲突频发，社会关系必然扭曲动荡。

（3）社会主义法对构建和谐社会的保障。

主要体现在四个方面：①法对构建社会主义和谐社会的保障作用体现在立法方面。有法可依是社会主义法制的首要要求，也是实行社会主义法治的前提，有了完备的法律体系作保障，才能更好地引导、规范和约束公民和政府的行为，使之依法办事，循章而为，为构建和谐社会创造良好的基础。②法对构建社会主义和谐社会的保障体现在司法方面。公正、高效的司法是构建和谐社会的有力保障。司法往往被视为社会公正的最后一道防线，而社会公正则是和谐社会的内在要求。只有建立一个公正、高效的司法体制，真正形成公平和公正的社会环境，各个社会阶层的人民群众才能各得其所，和谐相处，才能实现社会安定。③法对构建社会主义和谐社会的保障体现在守法方面。社会成员遵纪守法、政府严格依法办事是构建和谐社会的内在要求。全体社会成员的守法意识和政府依法行政的法律意识的不断提高是构建社会主义和谐社会的主要条件。④法对构建和谐社会的保障还体现在法律监督方面。法律监督可以通过对立法、司法和守法三个方面的作用来间接保障和促进构建和谐社会的进程。

释解分析

本题实际上是考查法的作用的实质与和谐社会的关系。法的作用的实质是法的两方面本质的反映，是法作用于社会生活各种现象的共同点所在。因此，法在构建和谐社会中的地位和作用也必然要体现这种共同点。在论述本题时实际上可转化为法在构建和谐社会中的地位和作用如何体现法的两方面本质，这样转化后既便于理解，又能防止在作答中跑题。

论述题目

结合我国实际，论述法的社会作用。

命题角度

法的社会作用的两方面内容及其关系。

答案要点

1. 法的社会作用包括相互联系的两方面：

（1）维护阶级统治。维护阶级统治是指统治阶级利用国家制定和实施法律，使自己在社会生活中的统治地位合法化，使阶级冲突和矛盾保持在统治阶级的根本利益所允许的界限之内，建立有利于统治阶级的社会关系和社会秩序。表现在：1）调整统治阶级与被统治阶级之间的关系。一方面，统治阶级用法律在经济上确认和维护自己赖以存在的经济基础，在政治上维护统治阶级对被统治阶级的政治统治（包括镇压），在思想意识形态上维护有利于统治阶级的思想、道德和意识形态。另一方面，统治阶级在一定条件和限度内，也在法律中规定一些对被统治阶级有利的条款，向被统治阶级作出让步，以维护其根本的利益。2）调整统治阶级内部的关系。统治阶级也需要用法律来规定和确认他们自己内部各阶层、集团的相互关系，以此建立起个人意志服从整个阶级意志的关系，通过这种服从，确保其成员的权利的实现，解决其内部因财产、婚姻等问题而引起的矛盾和纠纷，保证其内部和谐一致。3）调整统治阶级与其同盟者之间的关系。因为统治阶级与其同盟者之间存在着共同的利益，又有着利益冲突，统治阶级需要用法律的形式确定与其同盟者之间的关系，适当给予同盟者在政治、经济上的某些权利和利益，同时对同盟者滥用其权利，甚至与统治阶级进行政治对抗的行为，实行法律上的制裁。

（2）执行社会公务。法律在执行社会公共事务上的作用具体表现在下列方面：1）维护人类社会的基本生活条件，包括维护最低限度的社会治安，保障社会成员的基本人身安全，保障食品卫生、生态平衡、环境与资源合理利用、交通安全，等等。2）维护生产和交换条件，即通过立法和实施法律来维护生产管理、保障基本劳动条件、调节各种交易行为等。3）促进公共设施建设，组织社会化大生产，即通过一系列法律来规划、组织像兴修水利、修筑道路桥梁以及开办工业、组织农业生产等活动，对这些活动实行管理。4）确认和执行技术规范，包括执行工艺和使用机器设备的标准，规定产品、服务的质量和标准，对高度危险物品（易燃易爆品、枪支弹药）和危险作业（高空作业、高压作业、机动作业）的控制和管理，对消费者权益的保护等。5）促进教育、科学和文化事业的发展，如通过法律对人们的受教育权加以保护，鼓励兴办教育和科技发明，保护人类优秀的文化遗产，要求政府兴办各种图书馆、博物馆等文化设施。

2. 法的两方面社会作用的关系：总起来讲，执行社会公务的法律，在主要方面体现着社会性（非政治性），但按照马克思主义法学的观点，它在本质上与法律在维护阶级统治方面的作用并不矛盾。因为，至少从统治阶级的角度看，调整和维护社会公共事务方面的法律，在根本上与维护政治统治的法律是一致的。同时，尽管二者是手段与目的的关系，即法的执行社会公务职能是手段，维护阶级统治是目的，但是这一关系并非等同于法的规范作用与社会作用之间的手段与目的的关系，即所有的法律都要通过规范作用来实现社会作用，但并不是所有的法律都要通过执行社会公务的职能来维护阶级统治，也就是说有一部分法律直接维护阶级统治，还有一部分法律通过直接执行社会公务来间接维护阶级统治。这里考生要特别注意的是，法律的作用多种多样，但法律作用的目的最终却只有一个——维护阶级统治，这是由法的本质决定的。

释解分析

法的社会作用作为法的作用的目的包含相互联系的两个方面，准确理解它们的表现至关重要。特别关键的是要深刻领会这两方面作用的关系，尤其是它们的统一性。

论述题目

结合中国法治建设的实际，论述当代中国社会主义法在社会治理中的作用。

命题角度

社会主义法与社会治理的关系。

答案要点

在当代中国，“社会治理”被认为是对“社会管理”的超越和升华。它是指在党的领导下，由政府主导，吸纳社会组织等多方面治理主体参与对社会公共事务依法治理的活动；是以实现和维护人民利益为核心，发挥多元治理主体的作用，针对国家治理中的社会问题，完善社会福利、保障改善民生，运用法治思维与法治方式化解社会矛盾，促进社会公平，推动社会有序发展的过程。因此，社会治理也被认为是新时代确立的一种以人民为中心的科学的法治化多元治理方式。

中国社会主义法在社会治理中有着不可替代的地位。在进行经济建设的同时，必须同时加强社会主义法治建设。随着科技创新涌现、自我意识加强、社会物质增长，社会治理必须要有一个体现人民群众共同利益，且可保证社会平等公正，维护个体利益及社会秩序的规则。社会主义法治作为一种“规则之治”，其使命就是处理好社会中各种错综复杂的利益关系，解决好各种可能出现的社会冲突和矛盾。具体来说，当代中国社会主义法在社会治理中的作用如下：

第一，从经济与社会发展的角度看，社会主义法是解决社会复杂矛盾、维护社会稳定的利器。经济不断发展，会导致贫富差距加大等一系列社会问题，导致各种利益关系矛盾凸显，要化解这些矛盾，最好的解决方式就是将这些问题纳入法治轨道。唯有用法治的方式来实现公正、维护正义，使社会矛盾化解，才能从根本上防止严重的社会问题出现，实现长治久安。

第二，从政治运行角度看，社会主义法是政治权力认可并制定的行为规则。社会主义法治是党通过领导国家的立法、司法、行政机关，制定、贯彻、落实良法，将人民的意志集合为国家意志，并运用国家的强制力加以实施。没有法律制度，庞大而复杂的国家机器就无法准确高效地运转。

第三，从社会治理和法治本质看，执法为民是社会主义法治的本质要求。法治作为一种社会治理形式，其最根本的目的就是使公民的权利得到实现。执法为民是法治精神的具体实施，为了人民，依靠人民，这也是社会治理永远不变的宗旨和实质。

第四，从价值追求看，社会主义法坚定不移地追求社会公平正义。法律面前人人平等，是法治国家的一条基本准则，公平正义是社会主义法治的价值追求。实现公平正义，首先要从程序正义来实现，也就是司法过程的公正，它是从立法公正通往现实公正的路径。

第五，从公众参与看，社会主义法广泛引导社会参与。通过法治，厘清社会权力边界，科学界定政府、社会组织、社区居民在社会治理中的权利和义务；规范政府的社会管理权力，提升社会组织、社区居民参与社会治理的地位、权利，完善其法定程序，实现政府社会治理权责体系的明晰化、科学化和法治化。提升社会组织的治理效能，激发社会活力，形成政府与社会合作共治的新格局。

第六，从法治德治角度看，社会主义法与道德相互支撑。一方面，在立法中明确政府的社会治理责任，实现社会治理权责关系明晰化，提升治理效能，激发社会活力；另一方面，建设法治的同时不能忽视中国的道德传统，要从中国的道德文化中发掘出与法治相适应的文化因素，进一步完善现有的法治模式。

释解分析

依法治国作为治国理政的基本方式，在推进国家治理体系和治理能力现代化中具有基础性地位和作用。在社会治理过程中，通过推进国家与社会治理法治化，保障宪法和法律认真贯彻落实，使法治现代化成为全面实现建设富强民主文明和谐美丽的社会主义现代化强国的根本保障。

论述题目

从法的本质和特征方面论述法的局限性。

命题角度

法的本质和特征与法的局限性的关系。

答案要点

（1）法的局限性表现在：1）调整对象的有限性。法律调整的对象是人的行为，法律调整的范围不是无限的，法律只是众多社会调整手段中的一种。法律是调整社会关系的重要手段，但并不是唯一手段，有些社会关系需要由法与其他手段并行调整，有些社会关系法只起辅助作用，有些社会关系甚至还不宜采取法律的手段加以调整。2）法自身的特性与社会生活现实之间存在矛盾——法律自身特点产生的局限性：①法律是规范，不是规律本身，它总是体现着人的意志。不管是出于阶级目的，还是立法者认识上的局限，法律总会存在着某种不合理、不科学的地方。②法律是概括性的规范，它不能在一切问题上都做到天衣无缝、缜密周延，也不能处处做到个别正义。③法律具有稳定性和保守性，它往往落后于现实生活的变化。④法律是讲究程序的规范，有时不能对紧迫的社会事件作出及时应对和处理。3）受制约性。①法律的制定和实施受人的因素的制约。法律是通过法定程序制定并经由大量的人力、物力来执行的。如果没有高素质的立法者，就不可能有良好的法律。如果没有具有良好法律素质和职业道德的专业队伍，法律再好，其作用也是难以发挥的。而且，人们和社会的精神条件（法治意识等）以及文化氛围、权利义务观念、程序意识等都直接制约和影响着法律作用的发挥。②法律的实施受政治、经济、文化等社会因素的制约。法律总是十分依赖其外部条件，其作用总是容易受社会因素的制约。其中主要的因素有经济体制、政治体制、执法机关的工作状况、各级领导干部及普通公民的法律观、传统法律文化，等等。

（2）马克思主义关于法的本质的学说认为，法具有阶级性、国家意志性。法律是统治阶级或取得胜利并掌握国家政权的阶级的意志的体现。这对法的影响表现在：①由于意志是主观对客观的反映，这就必然会产生偏差，从而导致主观反映与客观事实（物质生活条件）的不一致，从而使法不能准确地反映客观规律。②由于反映到法律上的统治阶级意志具有整体性、统一性，既不是统治阶级内部各党派、集团之利益也非其简单相加；这种意志也具有根本性、相关性，即体现为法律的统治阶级意志与统治阶级的政治统治和根本经济利益相关联；同时这种意志又具有妥协性，即除了统治阶级内部外，统治阶级和被统治阶级之间的斗争状况也要影响这种意志；这种意志又具有受限性，即便是最后形成的统治阶级意志要变成国家意志还要受到种种限制。上述这种意志的各种性质表明法调整的范围具有很大的局限性，对物质生活条件的反映具有有限性，不可能完全合乎客观规律。由于这种反映需要一个过程和时间，决定了法总是具有滞后性，不能及时反映已经变化了的客观事实。

（3）从法的特征方面看：①法具有规范性、概括性、普遍性，使得法在追求统一的同时会造成适用上的偏差和个案、个体的不公正，即法律的规定是抽象的，很难顾及个体的差异，并缺乏灵活性；②法具有权利义务性，这就使得部分社会关系尽管重要但由于受认识水平的限制很难及时上升为法律关系；③法具有国家意志性和国家强制性表明法律在一定程度上具有“专横性”，这往往为法的实施的不公正性制造了隐患；④法具有程序性决定了法必然缺乏灵活性、效率性。

总之，法的本质决定了法必然有其局限性，这一点在法的特征方面反映得淋漓尽致。因此才需要尽量克服法的局限性，同时也要承认其他社会规范的地位和作用，使其与法紧密配合，以达到对社会关系进行调整的目的。

释解分析

法的本质和特征决定了法本身既具有极大的优势也必然有其局限性，因此论述本题的关键是如何从法的本质和特征中寻找法的局限性，实际上法的每个特征都包含了法的局限性。

论述题目

结合我国当前法治建设的实际，论述社会主义法律价值体系及其在法治建设中的体现（实现）。

命题角度

社会主义法律的主要价值及其表现。

答案要点

社会主义法律价值体系是由社会主义社会中一组与法律的制定和实施相关的价值所组成的系统，它是社会主义法律制度的内在精神，是社会主义核心价值在法律领域的集中体现。社会主义法律是由秩序、自由、平等、人权、正义、效率等核心价值构成的价值系统。

1. 法律的秩序价值就是法律通过调整建立起来的人与人、人与社会之间相对稳定、和谐有序的状态所起的作用，其在法治建设中的体现为：(1) 法律有助于建立相应的社会秩序。法律制度通常依照人们所向往的理想社会秩序来设计，法律不仅通过赋予社会主体一定的权利和自由来引导社会主体的各种行为，还通过给社会主体施加一定的义务与责任的方式，使之对自身的行为加以必要的克制与约束，以建立相应的社会秩序。(2) 法律有助于维护相应的社会秩序。法律既有助于维护合理的政治统治秩序和权力运行秩序，也有助于维护正常的经济秩序和社会生活秩序。

2. 法律的自由价值就是法律保障在法律容许范围内主体自由选择的权利，其在法治建设中的体现是：(1) 法律确认自由。一是以权利和义务规定来设定主体享有自由的范围，即把自由法律化为权利。法律在把自由确认为权利的同时，也就确定了自由的范围，国家通过对权利的保护来实现自由。二是以权利和义务来设定主体自由的实现方式。(2) 法律保障自由。法律保障自由的方式具有多样性：首先，法律通过划定国家权力本身的合理权限范围，明确规定公权力正当行使的程序，排除各种非法妨碍，以保障社会主体的自由免受公权力的侵害；其次，法律对每个主体享有的自由进行界定和限制，防止主体之间对各自自由的相互侵害，防止社会主体超越权利滥用自由；再次，法律禁止主体任意放弃自由；最后，法律为各种对主体自由的非法侵害确立救济手段与救济程序。

近代以来，法律在实践中对于主体自由的保障体现为两个方面：一方面排除国家权力对于某些个人自由的干预，即保障主体的自由免受侵害，特别是在私权领域，保障个人的生活选择不受公权力的干预。另一方面保障主体可以合法地享有行使各项权利的自由。国家通过法律为个人的发展提供平等机会，使个人能自由地追求自己的合法目标；同时，国家还必须为保障个人的积极自由，提供必要的帮助。

3. 法律的平等价值就是保障社会主体能够获得同等的待遇，包括形式平等与实质平等的价值，法律具有平等价值，法律一般是通过立法、执法和司法等活动来确认和保障平等的实现。(1) 法律把平等宣布为一项基本的法律原则。平等贯穿于一个国家的整个法律体系，在宪法、民法、程序法领域均确立了平等原则。(2) 法律确认和保障主体法律地位的平等。主体地位平等是法律形式平等的最重要的体现，也是实质平等的前提。(3) 法律确认和保障社会财富、资源、机会与社会负担的平等分配。法律将其转化为法律上的权利和义务，从而实现比例上的、机会上的各类平等。(4) 法律公平地分配社会责任。责任自负原则，责任与处罚相称原则，责任的归结以过错责任为主、无过错责任为辅的原则等，都是责任平等分配的体现。

4. 法的人权价值就是法律对作为主体的人的肯定，即对独立且平等的人的尊严的尊重所具有的价值，法律对人权的作用主要体现在确认和保护人权的实现。法律对人权的确认、宣布和保护，可以分为两个层次：其一，是对人权的国内法保护。同其他保护手段相比，此种保护具有明显优势。首先，它设定了人权保护的一般标准，从而避免了其他保护（如政策）手段的随机性和相互冲突的现象；其次，人权的法律保护以国家强制力为后盾，因而具有国家强制性和权威性、普遍有效性。其二，是对人权的国际法保护。人权的实现归根结底应该建立在世界各国平等合作、和睦共处的基础上。在国际上，人权的国际标准要通过国际公约来规定和体现；国际人权的实现，不能离开国际法的支持和保障。

5. 法律的正义价值就是保障作为社会基本结构的社会体制的公正所具有的价值，其在法治建设中体现为：（1）法律通过将社会生活的主要领域及其重要的社会关系纳入法律之内，使正义融入法律规范和制度之中，使正义的原则和要求规范化、明确化，从而实现法治化治理，严格依法办事，全面促进和保障社会正义。（2）通过法律权利和法律义务机制，将正义要求具体化为权利和义务，公正地、权威地分配资源、社会利益和负担，并设定公正的程序来保障，使实体正义与程序正义得以通过立法来落实。（3）通过法律实施，发挥法律的特殊强制性，惩罚非正义行为，以促进和保障正义的实现。

6. 法律的效率价值就是指法律所具有或应当具有促进社会财富增长和活动便利并满足人们对物质的需求和便利条件的价值，其在社会主义法治建设中的实现方式包括：（1）通过确认和维护人权，调动生产者的积极性，促进生产力的进步。（2）确认并保障主体的物质利益，从而鼓励主体增进物质利益。（3）确认和保护产权关系，鼓励人们为着效益的目的而占有、使用或转让财产。（4）确认、保护、创造最具有效率的经济运作模式，使之容纳更多的生产力。（5）承认和保护知识产权，使人类创造性的智力成果最大化的发展。（6）通过设立法律责任、赔偿与惩罚等机制，使社会上的违法、犯罪行为最大限度地减少，从而使人们的人身安全与社会财富总量不受损害或少受损害，从而使社会效率得到一定程度的保障。

释解分析

由于价值是客体对主体的满足程度，法的价值就是法对人类、对社会生活所起的作用。因此，只有明确了法律发挥了哪些效果以及如何发挥效果，我们才能有意识地在立法和法律适用中运用法律，充分发挥其应有的效果。因此，掌握法的各方面价值的表现是正确理解法的价值的核心和关键。

论述题目

联系当前实际，论述法的价值的特点、冲突及其解决。

命题角度

法的价值的特点与法的价值的冲突之间的关系。

答案要点

法的价值是指人们对于法律的需要和实践过程中所体现出来的法的积极意义和有用性，其特征表现在：（1）法的价值是阶级性和社会性的统一。从主体角度看，法的价值是以人为主体的价值关系，具有阶级性与社会性。人是社会发展的产物，又是特定阶级的一员，人的这种双重身份决定了人在实践中所认识和需要的法的价值的双重属性。从客体角度看，法的价值的客体，即法律本身也具有双重属性。法既是统治阶级意志的反映，也必须承担社会公共职能。（2）法的价值是主观性与客观性的统一。法的价值的主观性是指法的价值是以主体的需要为基准或参照的，法律的价值是以主体的需要为转移的，因而具有主观的性质。但是人的需要不是凭空出现的，因而法的价值的客观性是指法的价值是不以人的意志为转移的，而是由主体在社会关系中的地位以及主体的社会实践所决定的，是在一定社会实践中形成和发展起来并最终受一定物质生活条件所制约的，这是法的价值的客观性基础。法的价值的主观性与客观性的统一源于法律主体的社会实践。（3）法的价值是统一性与多样性的统一。法的价值的多样性是指法的价值因时代、社会、阶级、群体而呈现出来的差别性、多样性和多元化。法的价值基于主体的需求而产生，但主体的需要却是多种多样而且不断发展的，这就必然导致法律在满足主体需要方面也会相应地多样化，从而使法的价值呈现出复杂多样的状态。法的价值的统一性是指法所蕴含的某种共同的价值标准，具有统一性。由于生活在同一时代、同一社会，甚至生活在不同时代、不同社会的人们总有某种共同的价值追求，从而使法的价值呈现出统一性。

法的各种价值包括基本价值之间有时会发生社会矛盾，从而导致价值之间的相互冲突。法的价值冲突的表现形式有：（1）正义与效率的冲突。正义自古以来就是社会制度的首要价值，每个人都拥有一种基于正义的不可侵犯性；效率是市场经济的必然规律，是降低交易成本、实现资源有效配置的基本标准，促进效率的增长是法的重要任务。二者均不可偏废，但现实中，要保证社会正义的实现，在很大程度上就必须以牺牲效率为代价；要提高效率，往往难以保证正义。（2）自由与秩序的冲突。自由与秩序之间也存在矛盾，因为自由更偏向个人权利，秩序则更强调国家权力。自由难免有打破既定秩序的倾向，秩序也会在一定程度上压抑自由以维持平衡，因此二者之间冲突在所难免。为此，存在着自由优先论和秩序优先论两种不同的观点。（3）自由与平等的冲突。自由与平等是极其重要的法的价值，总的来说，二者并不矛盾。但在一些特别的情况下，自由与平等却可能出现冲突，或可能因自由而损失平等，或因平等而损失自由，自由和平等不可兼得。法律自由价值和平等价值的冲突首先表现在立法、执法和守法等法律运行的各个环节。（4）秩序与正义的冲突。秩序与正义作为法律的价值来说一般是可以协调地并存的，然而二者之间也难免会相互冲突。在特定的情况下，秩序也会与正义相背离，为了正义而不得不牺牲一定的秩序，或为了秩序而不得不牺牲一定的正义。

由于立法不可能穷尽社会生活的一切形态，在个案中更可能因为特殊情形存在而使价值冲突难以解决，因而必须形成相关的平衡或解决冲突的规则或原则。一般而言，解决法的价值冲突应当遵循如下原则：（1）价值位阶原则。该原则又称为优先性原则。由于法的价值在不同的价值形态上往往有所偏重，在法的不同价值形态发生冲突时可借助于优先性的安排对冲突加以解决。当法的基本价值之间发生冲突时，在先的价值优先于在后的价值；当法的基本价值与非基本价值发生冲突时，基本价值优先于非基本价值。（2）个案平衡原则。即指在处于同一位阶上的法律价值之间发生冲突时，要基于个案的基本情况作出适当的平衡，同时，要综合考虑主体之间的特定情形、需求和利益，便利个案的解决能够适当兼顾双方的利益。（3）比例原则。即指为保护某种较为优越的法律价值不可避免侵犯某一法益时，不得逾越达到此目的所必要的程度。（4）人民利益原则。这是当代中国社会主义法律价值体系中的根本价值原则，即以是否满足最广大人民的根本利益为标准，来解决一些存在重大疑难的法律价值冲突问题。它也可以作为价值位阶原则的补充和保障。

从法的价值冲突解决的实践中，上述各种原则往往需要加以综合运用，才能更好地解决法的各种价值之间的冲突。

释解分析

法的价值的三个特点均具有两面性，这也是法的价值本身具有两面性的体现，同时又由于法的价值是一个体系，具有多元性，这些价值既具有统一性，其统一性在于其整体性和最终性，又在具体和特定环境下不可避免存在矛盾和冲突。比如效率和公平，从整体性和最终性意义看，其具有统一性，但在特定阶段、特定情形下，追求效率可能会丧失公平，追求公平可能会牺牲效率。这就决定了在运用法的价值时，必须既坚持整体，又要考虑具体，在二者之间寻求一个平衡点。

第二部分　法的本体

概说

法的本体部分（包括法律规则、法的体系、法的渊源与分类、法律解释与推理、法律关系、法律责任）一般不以论述题的形式出现，但有四个知识点（法律规则与法律原则、权利与义务、法律事实和法律关系的法定性、法律责任）不排除将来考论述题的可能。

论述题目

结合实际，论述我国社会主义法律体系的主要特色与内容。

命题角度

法律体系的特点和内容。

答案要点

1. 特色：

（1）中国特色社会主义法律体系是自觉建构的成文法体系。当代中国的法律体系是产生于我国社会主义经济基础之上，并为我国社会主义经济基础服务的上层建筑之一，其根源于我国社会主义初级阶段的实际国情。

（2）中国特色社会主义法律体系是承载着当代中国核心价值追求的法律体系。从性质和内容上看，当代中国社会主义法律体系体现了“以人为本”“和谐社会”和“科学发展观”的要求，反映了广大人民的根本利益和共同意志，与我国现阶段经济、政治、文化和社会发展的要求相适应，为我国社会主义建设提供了法律保障。这一法律体系的本质是以人为本，反映人民的共同意志，保障人民的根本利益；这一法律体系与国家经济发展和社会进步相适应，为国家的科学发展、和谐发展提供法律保障。

（3）中国特色社会主义法律体系是由统一而多层次的法律规范构成的法律体系。从形式上看，我国当代法律体系是以宪法为核心和统帅的法律体系。宪法规定了国家和社会的基本制度和公民的基本权利义务，是国家的根本大法，具有最高的法律效力。以宪法为核心，我国已经逐步健全了有关民事、刑事、行政、社会和诉讼程序的基本法律制度。

（4）中国特色社会主义法律体系是一个包容开放发展的法律体系。一方面，我国正处在社会转型时期，法律体系必须随社会关系的发展而发展，体现出一定阶段性和前瞻性；另一方面，随着依法治国方略的逐步实施，我们也在不断总结法律调整经验的基础上，进一步发展立法的内容和技术，使法律体系更为科学和完善。

2. 内容：

目前，以宪法为核心，以法律为主干，包括行政法规、地方性法规等规范性文件在内的，由七个法律部门、三个层次法律规范构成的中国特色社会主义法律体系已经形成。国家的经济、政治、文化和社会生活基本的、主要的方面已经做到了有法可依，为全面落实依法治国方略、构建社会主义和谐社会、实现全面建设小康社会的宏伟目标，奠定了坚实的法律基础，具体包括：

（1）宪法是我国的根本法，是治国安邦的总章程，是保持国家统一、民族团结、经济发展、社会进步和长治久安的法律基础，为建设中国特色社会主义提供了根本制度保障。

（2）发展社会主义民主政治的法律不断健全。人民代表大会制度、中国共产党领导的多党合作和政治协商制度、民族区域自治制度、基层群众自治制度等不断完善和发展，公民的基本权利得到尊重和保障。

（3）规范和保障社会主义市场经济的法律不断完善。改革开放以来，我国陆续制定了《民法通则》等民事法律。

（4）促进社会主义社会建设和文化事业的法律不断完善。制定劳动法、劳动合同法、就业促进法、安全生产法、职业病防治法等，规范、调整用人单位和劳动者权利义务关系，依法促进就业，保护劳动者人身安全和身体健康。制定社会保险法，建立和完善社会保障制度，保障公民的生存权和发展权。

（5）促进社会主义生态文明建设的法律不断完善。适应建设资源节约型和环境友好型社会，实现可持续发展的要求，环境法制建设不断加强。

论述题目

从法的本质和特征的角度论述法律事实和法律关系的法定性。

命题角度

法的本质和特征与法律事实和法律关系的法定性的关系。

答案要点

（1）法律关系的法定性是指法律关系是根据法律规范建立的一种社会关系，法律规范是法律关系产生的前提。法律关系不同于法律规范调整或保护的社会关系，法律关系是法律规范的实现形式。法律事实的法定性是指法律所明确规定的那些引起法律关系产生、变更、消灭的行为和事件，必须是一种具有法律意义的事实。法律关系和法律事实的法定性，表明众多的事实和事实关系中，只有那些被法律所确认、规定、保护的事实和事实关系才是法律事实和法律关系。

（2）从法的本质方面看，由于法具有阶级意志性，所以哪些事实和事实关系要受到法律调整和保护具有价值导向性，即要符合维护阶级统治的需要，所以，为法律所调整的事实和事实关系只能是一部分事实和事实关系，即主要的可以用权利义务关系表述的事实关系。一般的事实和事实关系法律要么不予干预，而由其他社会规范去调整，要么通过法律所调整的社会关系的实现来影响、引导这些事实和事实关系。

（3）从法的特征看：①法的规范性是人们行为的标准和规则，只有明确的法律，才能为人们所遵守。事实和事实关系的法定性，实际上是法律对重要事实、事实关系在法律上拟制的产物，使事实和事实关系固定化、确定化，从而为人们遵循这些规则提供条件。②法具有国家意志性，表明法具有普遍性、统一性、权威性，这就表明法一定要通过一定方式在众多的事实和事实关系中抽出一部分加以确定和认可，从而上升为国家意志，以便人们普遍遵守并追究违法者的责任。③法具有权利义务性，表明上升为法律事实和法律关系的事实和事实关系不仅是重要的，而且是能够用权利和义务这种精确的方式确定下来的，即不但要有必要性，更要有可能性，否则就没有办法用法律来调整，因此只能是部分事实和事实关系才能上升为法律事实和法律关系。④法具有程序性，这要求法律关系的产生和运行需要一套确定的模式，以降低个别交易的成本。

释解分析

法律事实和法律关系的法定性是理解法律事实和法律关系的难点，也是关键，而要理解这一法定性必须要从法的本质和特征入手。可见，彻底理解法的本质和特征是理解法理难点问题的钥匙。

论述题目

论述法律原则与法律规则的关系及法律原则在社会主义法治建设中的意义。

命题角度

法律原则与法律规则的关系与社会主义法治建设。

答案要点

（1）法律原则与法律规则的关系。

1）联系：法律原则是法律规则的来源和基础，法律规则是法律原则的具体化。

2）区别：第一，在内容上。法律规则的规定是明确具体的，它着眼于主体行为及各种条件（情况）的共性；其明确具体的目的是削弱或防止法律适用上的“自由裁量”。与此相比，法律原则的着眼点不仅限于行为及条件的共性，而且关注它们的个别性。其要求比较笼统、模糊，它不预先设定明确的、具体的假定条件，更没有设定明确的法律后果。它只对行为或裁判设定一些概括性的要求或标准（即使是有关权利和义务的规定，也是不具体的），但并不直接告诉人们应当如何去实现或满足这些要求或标准，故在适用时具有较大的余地供法官选择和灵活应用。第二，在适用范围上。法律规则的内容具体明确，它们只适用于某一类型的行为。法律原则对人的行为及其条件有更大的覆盖面和抽象性，它们是对从社会生活或社会关系中概括出来的某一类行为、某一法律部门甚或全部法律体系均通用的价值准则，具有宏观的指导性，其适用范围比法律规则宽广。第三，在适用方式上。法律规则是以“全有或全无的方式”应用于个案当中的：如果一条规则所规定的事实是既定的，或者这条规则是有效的，在这种情况下，必须接受该规则所提供的解决办法；或者该规则是无效的，在这种情况下，该规则对裁决不起任何作用。法律原则的适用则不同，它不是以“全有或全无的方式”应用于个案当中的，因为不同的法律原则具有不同的“强度”，而且这些不同强度的原则甚至相互冲突的原则都可能存在于一部法律之中。第四，在作用上。法律规则具有比法律原则强度大的显示性特征，即相对于原则，法官更不容易偏离规则作出裁决。因此可以说，法律规则形成了法律制度中坚硬的部分，没有规则，法律制度就缺乏硬度。但另一方面，法律原则也是法律制度、规范中必不可少的部分，它们是法律规则的本源和基础；它们可以协调法律体系中规则之间的矛盾，弥补法律规则的不足与局限，它们甚至可以直接作为法官裁判的法律依据；同时，法律原则通过在法律运行中引入（法官）“自由裁量”（衡量或平衡）因素，不仅能够保证个案的个别正义，避免法律规则“一律适用”可能造成的实质不公正，而且使法律制度具有一定的弹性张力，在更大程度上使法律制度保持安定性和稳定性。总之，法律制度在法律原则的支持下，能够比制度的全部规则化具有更强适应性。

（2）法律原则在社会主义法治建设中的意义。

1）法律原则对法律规则的作用。第一，法律原则是法律制度、规范中必不可少的部分，它们是法律规则的本源和基础；它们可以协调法律体系中规则之间的矛盾，弥补法律规则的不足与局限。第二，法律原则的作用是法律规则所不能替代的，法律原则为法律规则和概念提供基础或出发点，对法律的制定具有指导意义，对理解法律规则也具有指导意义，例如，无罪推定原则成为众多诉讼规则的出发点和基础。

2）法律原则对裁判的作用。如前所述，法律规则具有比法律原则强度大的显示性特征，即相对于原则，法官更不容易偏离规则作出裁决，法官甚至可以把法律规则直接作为裁判的法律依据；

同时，法律原则通过在法律运行中引入（法官）“自由裁量”（衡量或平衡）因素，不仅能够保证个案的个别正义，避免法律规则“一律适用”可能造成的实质不公正，而且使法律制度具有一定的弹性张力，在更大程度上使法律制度保持稳定性。另外，法律原则有时可以作为疑难案件的断案依据，以纠正严格执行实在法可能带来的不公。总之，法律制度在法律原则的支持下，能够比制度的全部规则化具有更强的硬度和适应性。

3）对守法的作用。普通人可能没有明确了解法律规则，但在法律原则的指导下也能做到基本守法。

释解分析

法律原则与法律规则的关系是法治建设中的又一重大关系，是法律运行的整个过程始终必须面对的问题，正确认识并处理这一关系是法治建设中的重要环节。在论述这种法治建设中的重要关系问题时一般分两步：一是重点论述主要关系；二是回答处理好这种关系的意义。

论述题目

结合实际，论述我国法律解释的必要性。

命题角度

法律解释与法的特征适用的关系。

答案要点

法律解释的必要性是由法律调整的特殊性及其运作的规律所决定的，它有助于解决法律实施中原则性与灵活性、一般与具体的矛盾，是完备立法的需要。

（1）由于法律具有概括性、抽象性的特点，因此需要法律解释化抽象为具体，变概括为特定。法律规范是抽象的、概括的行为规则，只能规定一般的适用条件、行为模式和法律后果，它不可能也不应该对一切问题都作出详尽无遗的规定。在法律实施过程中，要把一般的法律规定适用于千差万别的具体情况，对各种具体的行为、事件和社会关系作出处理，就必须对法律作出必要的解释。

（2）由于人们在认识能力、认识水平以及利益与动机上的差别，因此会对同一法律规定有不同的理解，特别是对法律规定中一些专门术语有不同的理解。法律规范是以严格的、专门的法律概念、术语表述出来的，有时会与实际生活用语含义不同，不易为人们所理解。同时，由于社会主体的社会地位、生活环境和文化水平等特定原因，对于同一法律规范往往会产生不同的理解，这就需要有权威性的法律解释，来统一人们的理解，保证法的实施的统一性。

（3）由于立法缺憾，需要通过法律解释改正、弥补法律规定的不完善。法律规范是由不同的国家机关创制的，分属于不同的法律部门，在现实的法律运作过程中，属于不同法律部门的各种法律规范之间，有时会发生各种各样的矛盾或冲突；而且，在任何法律体系中都不可避免地存在着应规定的未作规定、规定不够准确清晰或界限不明等诸如此类的法律漏洞，为了弥补法律漏洞、使法律规范得以实施，有效地进行法律调整，法律解释就是必不可少的手段。

（4）通过法律解释解决法律的稳定性与社会发展之间的矛盾。法律规范是相对稳定、定型的规则，而社会生活却是不断发展变化的。要把相对确定的法律规定适用于不断变化的法律实际，就需要对法律规范作出必要的解释，以期在保证法律体系和基本原则的稳定性的同时，能够适时根据法律规范的基本原则、精神和规定，对新情况、新问题作出符合实际的处理。

（5）通过法律解释普及法律知识，开展法制教育。在中国目前这样的民主法制还不健全的社会主义初级阶段，由法学工作者和法律界人士进行的，旨在普及法律知识、开展法制宣传教育的法律解释工作，对推进依法治国、建设社会主义法治国家的伟大进程具有十分重要的意义。

释解分析

法的解释是法的抽象性特征和法的滞后性等局限性及法的适用的特点的必然结果，其对克服法的局限性、更好适用法律、充分发挥法的作用有重大意义。学习法的解释的必要性时，应该将其与法的特点、局限性、适用等结合起来。

论述题目

在我国法律解释体制框架内，论述司法解释的内涵与主要作用。

命题角度

司法解释的含义及功能。

答案要点

司法解释是国家最高司法机关对司法工作中具体应用法律问题所作的解释。司法解释分为最高人民法院的审判解释和最高人民检察院的检察解释。审判解释是指由最高人民法院对人民法院在审判过程中具体应用法律问题所作的解释。我国的审判解释权由最高人民法院统一行使，地方各级人民法院都没有对法律的审判解释权。检察解释是指由最高人民检察院对人民检察机关在检察工作中具体应用法律问题进行的解释。如果审判解释与检察解释有原则性分歧，则应报请全国人民代表大会常务委员会解释或决定。在司法实践中，审判机关和检察机关为了更好地协调和配合，统一认识，提高工作效率，对如何具体应用法律的问题，有时采用联合解释的形式，共同发布司法解释文件。

司法解释的基本作用是为司法机关适用法律审理案件提供说明。这种作用具体表现为：

(1) 对法律规定不够具体而使理解和执行有困难的问题进行解释，赋予比较概括、原则的规定以具体内容。

(2) 通过法律解释适应变化了的社会情况。法律调整应当与社会现实相协调，应当随社会的发展而赋予某类行为以相应的法律意义，作出适合社会发展的评价。

(3) 对适用法律中的疑问进行统一的解释。包括：一种情况是在适用法律过程中对具体法律条文理解不一致，通过解释，统一认识，正确司法；另一种情况是为统一审理标准，针对某一类案件、某一问题或某一具体个案，就如何理解和执行法律规定而作出的统一解释。

(4) 对各级法院之间应如何依据法律规定相互配合审理案件，确定管辖以及有关操作规范问题进行解释。

(5) 通过解释活动，弥补立法的不足。

释解分析

司法解释作为最重要的法律解释，是法律从制定到实施过程的桥梁，其对于准确理解和适用法律，保障司法的统一，实现公平正义有重要作用。

论述题目

论述权利和义务的相互关系及正确处理这一关系在法治建设中的意义。

命题角度

权利和义务与法治建设的关系。

答案要点

(1) 法律权利是法律规定作为法律关系主体即权利主体或享有权利人（公民、法人、其他组织以至国家），具有自己这样行为或不这样行为，或要求他人这样或不这样行为的能力或资格。法律权利的实现离不开义务的履行，它反映着主体在社会关系中独立自主和相互协作的关系的状态。人是社会生活的主体，也是社会发展的主体，同时，人又是社会发展所要保护和实现的目标。在社会生活中，每个人都有生存的需求，有满足自己基本利益和需求的愿望，人的生活需求既是一切社会活动的动机，也是权利概念存在的前提。但是，由于社会分工和利益资源的制约，每个人自身利益的实现和满足又离不开他人的协作和帮助，每个人必须为社会承担一定的责任，这就构成了义务概念存在的客观基础。二者的相互关系具体表现在：①从人类不同的发展阶段看，权利与义务有过离合关系。②从逻辑结构上看，权利和义务是对立统一的关系。③从整体数量上看，权利与义务具有量上的等值关系。④从价值功能上看，权利与义务具有互补关系。⑤从法律运行的角度看，权利与义务具有制约关系。⑥从法律调整的价值取向上看，权利与义务具有主从关系。

(2) 正确处理这一关系在法治建设中的意义。①从立法的角度看，立法的科学性原则要求法律规则的制定要正确设定主体的权利和义务，只有如此才能从立法上平衡主体间的利益，才能保证立法尊重客观实际，根据社会经济、政治和文化发展的客观需要，正确反映客观规律的要求。②从法律实施的角度看，司法的平等原则要求公民都必须平等地遵守我国的法律，同时依法平等地享有法定的权利和承担法定义务，不允许任何人有超越法律之上的特权；任何公民的合法权益，都平等地受到法律的保护，他人不得侵犯；任何公民的违法犯罪行为，都应平等地依法受到法律追究和制裁，决不允许任何人有超越法律之上的特权。公民在适用法律上一律平等原则是上述法律平等原则在司法过程中的具体体现。

(3) 从建设法治国家途径看，建设法治国家的实质条件要求建设权利与义务相互关系的制度。这方面的制度建设主要包括：①权利应受到平等的保障。②义务必须法律化和合理化。法律义务的内容必须公平合理，法律义务的设定必须由立法机关通过正当程序来进行，并且其具体规定要明确，不含歧义。③义务与权利的相对性，没有无权利的义务，也没有无义务的权利。④权利与义务相统一的原则应当被广泛遵守和执行。

释解分析

由于法治建设是一个系统工程，涉及很多关系的处理，其中权利和义务的相互关系及其正确处理是法治建设中的基本问题，因此如何正确认识并处理这一关系就成为法治建设中必须关注的问题。解答本题的关键是如何把权利和义务的相互关系与法治的相关知识联系起来，并找出其联结点。

第三部分　法的运行

概说

由于法的运行（立法、司法、执法、守法、法律监督）是法律运作的环节，是动态意义上的法律，因此与法理学的任何一部分都有紧密的联系。故论述题几乎都与此有关，尤其是与法治建设的关系最紧密。因此，考生必须学会应用法的运行的各环节的有关知识分析其他问题。

论述题目

结合我国社会主义法治建设的实际，论述法律制定的基本原则。

命题角度

立法的基本原则的全面认识。

答案要点

(1) 合宪性与法制统一原则。合宪性原则是指法律制定必须符合宪法的精神和规定。其内容包括：第一，立法主体的合宪性，是指在所有法律的制定过程中，法律制定主体都必须有宪法赋予的立法权力，或经过特别授权，且其制定的法律的内容必须是属于该职权范围，不能越权制定法律。第二，内容的合宪性，是指制定出来的法律内容要符合宪法原则、宪法精神和宪法具体规定，不得有同宪法原则、宪法精神、宪法规定相违背、相冲突、相抵触的内容。第三，程序的合宪性，是指所有法律的制定过程都要依照法定程序进行。

法制统一原则是立法合宪性原则的继续，它要求立法机关所创设的法律应内部和谐统一，做到整个法律体系内各项法律、法规之间相衔接且相互一致、相互协调。坚持这一原则要求：1）必须统一立法尺度，一切法律制定都必须以宪法为根据，不能违背宪法，地方法规不能与中央法规相抵触。2）应当注意各个部门法之间的相互补充和相互配合，但又要防止重复。3）应避免不同类别法律规范之间的矛盾，或同一类法律规范之间的矛盾。

(2) 科学性原则。科学性原则是指制定法律必须从实际出发，尊重客观规律，总结借鉴与科学预见相结合。坚持这一原则首先要求立法必须从现实的国情出发，符合国情；其次要尊重客观实际，根据社会经济、政治和文化发展的客观需要，正确反映客观规律的要求；再次立法还应合理地吸收、借鉴历史的和外国的经验。科技法律的大量增加要求立法必须增强科学性。

(3) 民主性原则。立法的民主原则，就是指在立法过程中，要体现和贯彻人民主权思想，贯彻和实现人民参与国家事务管理，集中和反映人民的智慧、利益、要求和愿望，使立法与人民群众相结合，使立法机关与人民群众参与相结合。立法民主性原则的内容应该包括两个方面：一是立法内容的民主性；二是立法过程和立法程序的民主性。立法内容的民主性是指法律制定必须从最大多数人的最根本利益出发。它是由我国社会主义的性质决定的。我国宪法规定的公民基本权利体现了民主立法的原则，但要使立法的内容更充分地体现民主原则，还要用其他法律将宪法规定的公民权利具体化。立法过程和立法程序的民主性，要求首先是立法主体的组成要民主，其次是立法主体的活动要民主，最后是立法过程要公开。

释解分析

立法的基本原则是立法的指导思想和基本准则，是法的本质的必然要求，与执法、司法、法治的基本原则均联系紧密，因此必须结合这些内容深刻领会和掌握。

论述题目

从法的本质的角度论述立法的科学性和民主性原则。

命题角度

法的本质在立法的科学性和民主性原则中的体现。

答案要点

马克思主义法学关于法的本质的学说可以概括为两方面：法的阶级意志性和法的物质制约性。其中，法的物质制约性主要包含以下要点：

（1）法的内容、产生、变更都是由统治阶级所处的社会物质生活条件所决定。即决定法律本身及运动的因素从最终意义上讲是社会物质生活条件，主要是生产关系（经济基础）而并非统治阶级的意志，因此法律具有符合规律性的一面，这里的客观规律就是社会物质生活条件，法一定要反映这一条件，而不可能脱离这一条件。

（2）法的效果和生命力取决于统治阶级对客观历史条件、客观规律的反映程度。法是物质生活条件这一客观规律的反映，但这一反映由于是主观见之于客观的过程，并不能保证时刻准确，特别是由于统治阶级的意志本身有可能偏离客观规律，又加上统治阶级的意志具有整体性、统一性、相关性、妥协性，故最终反映到法律上的物质生活条件并非与客观规律相一致，这一反映的准确度、近似度就决定了法的效果和生命力。

因此，为了保障法的效果和生命力，在制定法律时首先就必须从实际出发，尊重客观规律，总结借鉴与科学预见相结合，即坚持科学性原则，要求：1）立法必须尊重客观实际，根据社会经济、政治和文化发展的客观需要，正确反映客观规律的要求。2）立法还应合理地吸收、借鉴历史的和外国的经验。3）科技法律的大量增加要求立法必须增强科学性。其次是法律制定必须从最大多数人的最根本利益出发，即坚持民主性原则，要求立法的内容要民主、立法过程和立法程序要民主，包括要求立法主体的组成要民主；立法主体的活动要民主：在立法程序的各个阶段中，在法律案的提出、审议、通过和公布活动中都体现民主思想；立法过程要公开：公布法律草案，公布审议的各种观点，及时报道法律草案的辩论活动。

释解分析

法的本质的两个方面是理解和解释法律制度、法律运行的基础和依据，立法的科学性、民主性突出地体现了法的物质制约性本质。因为这一本质的核心是法要准确地反映客观社会现实，而这正是立法科学性的要求，要做到这一点，其中的一个重要保障和途径是坚持立法的民主性。

论述题目

试从立法与执法、司法的综合角度论述法制的统一性原则。

命题角度

法制的统一性原则在立法与执法、司法中的表现。

答案要点

法制统一原则是现代社会法治国家所共同提倡和遵守的一个重要原则，法制的统一性是实行法治的基本前提。它的基本内涵首先是合宪性原则，即一切法律、法规、规范性文件以及非规范性法律文件的制定，必须符合宪法的规定或者不违背宪法的规定。其次，在所有法律渊源中，下位法的制定必须有宪法和上位法作为依据，否则该下位法不能具有法律效力。再次，在不同类法律渊源中、同一类法律渊源中和同一个法律文件中，规范性法律文件不得相互抵触。第四，各个法律部门之间的规范性法律文件不得冲突、抵触或重复，应该相互协调和补充。

在立法上体现法制统一原则就是要求立法机

关所创设的法律应内部和谐统一，做到整个法律体系内各项法律、法规之间的衔接和相互一致、相互协调。首先，必须统一立法尺度，一切法律制定都必须以宪法为根据，不能违背宪法，地方法规不能与中央法规相抵触。其次，应当注意各个部门之间的相互补充和相互配合，但又要防止重复。最后，应避免不同类别法律规范之间的矛盾，或同一类法律规范之间的矛盾。司法是指特定国家机关适用法律的活动。广义的司法既包括行政机关执行法律的活动，也包括司法机关适用法律的活动。狭义的司法仅指司法机关适用法律的活动。

法制统一原则在执法环节上的体现是坚持依法行政原则，国家行政机关在全部行政管理中要严格依法办事，使国家的行政管理活动完全建立在法治的基础上。做到：执法的主体合法；执法的内容合法；执法的程序必须合法。

法制统一原则在司法环节上的体现，主要是：1）法律普遍得到遵守。如果允许有人超越法律，那么就一定允许有人毁掉法律，这时候立法已没有实际意义，如果相同情况在司法上可以有不同的对待，那么就意味着不同情况也可以实行同等对待，这时候，法律平等连最后的修饰也没有了。如果遵守法律只是一部分人的义务，那么践踏法律就一定是另一部分人的特权。在特权存在的社会里是没有法治的。2）强调司法独立，不仅对于保证司法的公正有很大的作用，而且对于法制统一也具有很大的影响。

关于司法独立的问题，主要有以下内容：1）司法权的专属性。2）行使职权的独立性。3）行使职权的合法性。

释解分析

法制统一原则作为现代社会法治国家所共同提倡和遵守的一个重要原则，它体现在法律运行的各个环节，本题要求从立法、执法、司法的综合角度论述法制的统一性，其实就是法制统一原则在立法、执法、司法中的表现。考生应该先答出法制统一原则的基本内涵，然后再寻找立法与司法中的相关知识对法制统一原则作出论述。

论述题目

联系我国法治现状，论述立法民主原则的内容、要求及意义。

命题角度

对立法民主原则的全面认识。

答案要点

（1）立法的民主原则，是指在立法过程中，要体现和贯彻人民主权思想，集中和反映人民的智慧、利益、要求和愿望，使立法机关与人民群众相结合，使立法活动与人民群众参与相结合。

（2）立法民主性原则的内容和要求。立法民主性原则的内容应该包括两个方面，对应相应的要求：一是立法内容的民主性；二是立法过程和立法程序的民主性。立法内容的民主性是指法律制定必须从最大多数人的最根本利益出发。它是由我国社会主义的性质决定的。我国宪法规定的公民基本权利体现了民主立法的原则，但要使立法的内容更充分地体现民主原则，还要用其他法律将宪法规定的公民权利具体化。立法过程和立法程序的民主性，首先要求立法主体的产生要民主。其次是立法主体的活动要民主，即立法主体活动的民主化，就是在立法程序的各个阶段中，在法律案的提出、审议、通过和公布活动中都体现民主思想。再次是立法过程要公开，立法过程公开化包括：公布法律草案，公布审议的各种观点，及时报道法律草案的辩论活动。最后，立法民主原则还要求树立民主观念、完善民主制度、注意民主和集中相结合、扩大公民参与。

（3）立法民主原则的意义：有利于立法正确地反映人民的意志；有利于全面了解各种不同的利益要求，使立法内容更加科学合理，进而提高立法质量和立法水平；有利于增强民众的民主参与意识，增加政府立法的透明度。

释解分析

从民主与法治的关系看，由于民主是法治的前提和基础，因此整个法治建设都需要民主作为支撑。作为法治建设的重要环节——立法，民主原则是其所应坚持的基本原则之一，也只有这样，才能制定符合社会主义法治建设要求的法律体系。

论述题目

“法律是治国之重器，良法是善治之前

提。”请论述良法的标准，并结合实际，谈谈如何打造良法。

命题角度

良法的标准与良法的形成（立法）。

答案要点

（1）良法的标准包括：①形式标准，法律体系完备、表述清晰、上下统一，内部无矛盾，不溯及既往等；②实质标准，法律应该体现人民的意志，维护人民的利益，尊重和保护人权，体现现代法治所追求的公平、自由、正义等价值。

（2）打造良法需要做到：①必须坚持民主立法，通过民主的立法程序，让社会各界均能在立法中表达自己的关切，从而吸收一切合理的意见；②必须坚持科学立法，立法要从社会现实和具体国情出发，法律的内容要符合社会发展规律，同时保持适当的前瞻性；③必须完善立法监督与审查制度，加强立法备案、批准，防止出现“恶法”或“劣法”。

释解分析

良法是善治之前提，首先必须明确良法的标准，为了达到这种标准，应当坚持立法的三大原则——民主性、科学性和法制统一（完善立法监督与审查制度）。

论述题目

结合我国社会主义法治建设的实际，论述现代司法的基本原则。

命题角度

司法的基本原则的全面认识。

答案要点

（1）公民在适用法律上一律平等原则。

公民在适用法律上一律平等原则是指各级国家司法机关及其司法人员在处理案件、行使司法权时，对于任何公民，在适用法律上一律平等。“法律面前人人平等”是我国社会主义司法的基本原则之一。坚持此原则的重要意义表现在：实行这项原则是发展社会主义市场经济的必然要求；实行这项原则是建设社会主义民主政治的重要保证；实行这项原则是建设社会主义精神文明的必要条件；实行这项原则是建设社会主义法治国家的题中应有之意。坚持此原则要求在法的适用中贯彻这一原则，要求在法制实践中坚决反对封建特权思想，要求司法工作者在司法活动中必须忠实于事实、忠实于法律、忠实于人民，同时要正确认识这一原则与资产阶级的法律面前人人平等原则的区别和联系。

（2）司法机关依法独立行使职权原则。

司法机关依法独立行使职权原则，也称司法独立原则，是指司法机关在办案过程中，依照法律规定独立行使司法权。具体包括：司法权的专属性，行使职权的独立性、行使职权的合法性。司法机关依法独立行使职权原则是我国宪法规定的一条根本性原则，也是我国有关组织法和诉讼法规定的司法机关适用法律的一个基本原则。它是发扬社会主义民主、维护国家法制统一的需要；是保证司法机关正确适用法律的前提和正常行使职权的基本条件；也是维护社会主义司法公正的重要条件。该原则要求国家的司法权只能由国家的司法机关统一行使，其他任何组织和个人都无权行使此项权力；要求司法机关行使司法权只服从法律，不受行政机关、社会团体和个人的干涉；要求司法机关行使司法权时，必须严格依照法律规定和法律程序办事，准确适用法律。同时，坚持司法机关依法独立行使职权原则，并不意味着司法机关行使司法权可以不受任何监督和约束。司法权如同其他任何权力一样，都要接受党的领导和监督、国家权力机关的监督，司法机关的上、下级之间以及同级之间也存在监督和约束，接受行政机关、企事业单位、社会团体、民主党派和人民群众的监督，还要接受舆论的监督。

（3）以事实为根据，以法律为准绳原则。

以事实为根据，就是司法机关对案件作出处理决定，只能以被合法证据证明了的事实和依法推定的事实作为适用法律的依据。以事实为根据的目的在于否定司法人员的主观臆断。以法律为准绳，就是指司法机关在司法过程中，要严格按照法律规定办事，把法律作为处理案件的唯一标准和尺度。在查办案件的全过程中，都要按照法定权限和法定程序，依据法律的有关规定，确定案件性质，区分合法与违法、一般违法和犯罪等，并根据案件的性质，给予恰当正确的裁决。以法律为准绳，意味着在整个司法活动中，在审理案件中，法律是最高的标准，这是社会主义法治对司法提出的必然要求。认真贯彻这项原则，首先要求在司法工作中，应当坚持实事求是、从实际出发的思想路线，重证据，重调查研究，不轻信口供；其次要求在司法工作中，坚持维护社会主义法律的权威和尊严，不仅要严格遵守实体法的规定，而且要严格执行程序法的各项规定；另外，还要求在司法工作中，正确处理依法办事与坚持党的政策的指导作用的关系。一方面，不能将坚持依法办事和坚持党的政策的指导作用对立起来；另一方面，也不能以政策改变代替法律甚至取消法律，而是应当将两者统一起来。

释解分析

司法的基本原则是立法的指导思想和基本准则，是法的本质的必然要求，与立法、执法、法治的基本原则均联系紧密，因此必须结合这些内容深刻领会和掌握。同时，从考试形式看，不仅会将这些原则放在同一题目中考查，而且会联系其他相关考点就每一个原则进行单独考查。

论述题目

结合宪法和中国法制史的有关知识论述“以事实为根据，以法律为准绳”的司法原则。

命题角度

“以事实为根据，以法律为准绳”的司法原则在宪法和中国法制史上的体现。

答案要点

以事实为根据，是指司法机关对案件作出处理决定，只能以被合法证据证明了的事实和依法推定的事实作为适用法律的依据。前一种事实属于客观事实的范围，它是已经被具有证明力的并且合法的证据所确认的事实。后一种事实是在案件客观事实真相无法查明的情况下，依照法律中有关举证责任和法律原则推定的事实。尽管这种事实可能与客观事实有所不同，但是，在法律上能够引起同样的效果。以事实为根据的目的在于否定司法人员的主观臆断。以法律为准绳，是指司法机关在司法过程中，要严格按照法律规定办事，把法律作为处理案件的唯一标准和尺度。在查办案件的全过程中，都要按照法定权限和法定程序，依据法律的有关规定，确定案件性质，区分合法与违法、一般违法和犯罪等，并根据案件的性质，给予正确的裁决。以法律为准绳，意味着在整个司法活动中，法律是最高的标准，这是社会主义法治对司法提出的必然要求。

从中国法制史的角度看，在我国古代法中虽然也规定了诸如“断罪具引律令格式”“一断于法”“缘法而治”以及法官责任等制度，反映了“以事实为根据，以法律为准绳”的司法原则，体现了我国古代法律制度中固有的民主性精华，但同时又规定了诸如“比附断罪”“举轻以明重，举重以明轻”等不依据事实和法律断案的制度。由此可见，我国古代司法由于缺乏民主性保障，以事实为根据、以法律为准绳的司法原则不可能得到真正实现。

从宪法的角度看，宪法中法治原则的基本含义就是按照法律来治理国家、建立秩序，法律面前人人平等，任何组织或个人均不得有法律之外的特权。法治原则是宪法的根本要求，宪法本身就意味着法治。法治原则的内容表现为强调公民在法律上一律平等，公民的基本权利与自由应得到法律的保护，反对特权和权力的滥用等基本精神。社会主义民主立宪也奉行法治原则，无论是“法制”还是“法治”，实质上都是要求依法治国。在我国，依法治国的原则具体表现为“有法可依、有法必依、执法必严、违法必究”，其核心是依法办事，不允许有超越宪法和法律的特权。我国宪法还将依法治国原则直接规定在宪法中，公开宣示和保障宪法的最高法律效力和反对法外特权。

释解分析

本题考查法理学基本原理在实证法上的应用，具有很大灵活性和综合性。论述时首先应将论题转化为：“以事实为根据，以法律为准绳”的司法原则在宪法和中国法制史上的体现，先答“以事实为根据，以法律为准绳”的司法原则，然后与宪法和中国法制史上与此相关的知识点联系。

论述题目

论述现阶段我国坚持司法机关独立行使职权与坚持党的领导、党的政策的关系。

命题角度

司法机关独立行使职权与坚持党的领导、党的政策的关系。

答案要点

司法机关独立行使职权与坚持党的领导、党的政策是统一的整体，二者不矛盾。

司法机关依法独立行使职权原则，也称司法独立原则，是指司法机关在办案过程中，依照法律规定独立行使司法权。这是我国宪法规定的一条根本性原则，也是我国有关组织法和诉讼法规定的司法机关适用法律的一个基本原则。该原则要求国家的司法权只能由国家的司法机关统一行使，其他任何组织和个人都无权行使此项权力；要求司法机关行使司法权只服从法律，不受行政机关、社会团体和个人的干涉；要求司法机关行使司法权时，必须严格依照法律规定和法律程序办事，准确适用法律。坚持司法机关依法独立行使职权原则，并不意味着司法机关行使司法权可以不受任何监督和约束。司法权如同其他任何权力一样，都要接受监督和制约。不受监督和制约的权力（包括司法权力），会导致腐败。对司法权的监督表现在以下几个方面：其一，司法权要接受党的领导和监督，这是司法权正确行使的政治保证。其二，司法权要接受国家权力机关的监督。司法权由国家权力机关产生，并对国家权力机关负责。因此，国家权力机关有权监督司法权的行使，司法机关也有义务接受国家权力机关的监督。其三，司法机关的上、下级之间以及同级之间也存在监督和约束，这种监督和约束是通过一系列制度来体现和实现的。其四，司法权也要接受行政机关、企事业单位、社会团体、民主党派和人民群众的监督，还要接受舆论的监督。这些监督形式和监督机制，有利于更好地行使司法权，并防止司法权的滥用等司法腐败现象和行为。

从社会主义法与执政党政策的相互作用看，执政党政策与社会主义法在本质上的一致性以及在外部形式和调整方式上的不同特点决定了二者的相互关系。第一，执政党政策是社会主义法的核心内容。执政党所提出的主张和措施从根本上说体现了人民群众的共同意志和利益。党本身就是形成和表达人民共同意志的重要机构。它能够比较迅速地体察到社会关系的新发展，尽快地制定出相应的对策。社会中的法律需要也往往首先被执政党认知，在一定意义上，我们可以说，政策是人民意志通往法律的道路。作为执政党，共产党有能力把自己的政策上升为法律，且通过政策的法律化来实现自己的政治领导。法律受党的政策的指导，并不意味着法律只是简单地、被动地把政策“翻译”为法律条文。实际上，立法过程中有大量的创造性工作要做，如通过有广泛代表性的人民代表对多种意见、利益的衡量和选择，进一步丰富、完善党的政策，使政策的原则性规定具体化，使之与法的整体结构相协调，使政策获得相应的专门法律机制的支持。第二，社会主义法是贯彻执政党政策、完善和加强党的领导的不可或缺的基本手段。执政党政策只有被制定为法律，才能上升为国家意志，获得更有力的实施保障。政策的法律化，使政策借助法律调整所特有的方式和机制，而得到更好的贯彻。这一过程也意味着党的领导方式的转变。第三，执政党政策充分发挥作用，能够促进社会主义法的实现。执政党政策的贯彻，能够规范党的领导方式，提高党组织的工作能力，提高党员的素质和水平，尤其会促使各级领导干部带头遵纪守法。政策的强化也有可能压制法的发展。问题的关键在于贯彻什么样的政策。第四，正确认识社会主义法与执政党政策的关系，要求既不把二者割裂、对立起来，也不把二者简单等同。在倡导法治的名义下，把政策与法对立起来，认为政策是法治化的阻碍，这种观点没有认识到或否认了党的政策对法治化进程的指导作用。把二者等同起来，认为“党的政策就是法，是我们最好的法”的观点导致的后果便是以政策取代法律，否定法律的作用。正确认识这二者的关系，就是要看到二者之间的互补性。它们实际上是在功能上互补的两种社会调整方式。

释解分析

在我国，如何处理司法机关独立行使职权与坚持党的领导、党的政策的关系始终是司法实践中必须面对的问题。论述本题时首先应正确认识司法机关独立行使职权的真正含义，从其相对性上寻找与坚持党的领导、党的政策的一致性。

论述题目

论述依法行政原则及坚持这一原则在法治建设中的意义。

命题角度

依法行政原则及坚持这一原则在法治建设中的意义。

答案要点

(1) 依法行政原则的含义及内容。

依法行政原则亦称合法性原则、行政法治原则，是社会主义法治原则在执法领域的具体体现，是国家行政机关执法的最高准则。国家行政机关在全部行政管理中要严格依法办事，使国家的行政管理活动完全建立在法治的基础上。具体来说要做到以下几点：1) 执法的主体合法。国家行政机关的设立及其职权必须有法律依据，必须在法律规定的职权范围内活动，越权违法，越权无效。2) 执法的内容合法。执法活动是根据法律的规定进行的，采用的具体方式也要符合法律的规定。3) 执法的程序必须合法。要严格按照法定的步骤、顺序以及时限进行执法，不得任意改变、省略和超越。

(2) 坚持这一原则在法治建设中的意义。

合法性原则是现代法治国家行政活动的一条最基本的原则。国家行政机关依法办事是国家机关进化的结果，也是近现代各国制度文明的一个突出标志。坚持这一原则的理由在于：1) 指导国家行政机关正确实施管理活动。国家行政机关的执法活动涉及面广，内容庞杂，关系到国计民生和社会发展的一切方面，具有普遍性和社会性。不按法律规则和程序办事，整个国家机器将处于混乱无序的状态，其后果不堪设想。只有依法行政，行政执法活动才能始终保持正确的方向。2) 有利于防止行政权力的滥用。执法具有主体特殊、范围广泛、活动带有强制性和主动性的特点，因而权力易被滥用，有可能滋生腐败，走向执法宗旨的反面。坚持合法性原则，既能使行政机关充分行使行政权力，对社会进行有效的管理，又能对权力进行有效的制约和监督。

释解分析

由于现代法治建设最重要的原则是权力制约和权利保障，而依法行政原则是执法符合这些法治原则的基本保障，因此，理解依法行政原则在执法中的重要性必须放在整个法治基本原则的位置上进行。

论述题目

从执法的特征的角度论述依法行政原则及其在法治建设中的意义。

命题角度

执法的特征与依法行政原则的关系。

答案要点

(1) 依法行政原则，亦称合法性原则、行政法治原则，是社会主义法治原则在执法领域的具体体现，是国家行政机关执法的最高准则。该原则的含义是，国家行政机关在全部行政管理中要严格依法办事，使国家的行政管理活动完全建立在法治的基础上。具体来说：第一，执法的主体合法。国家行政机关的设立及职权必须有法律依据，必须在法律规定的职权范围内活动，越权违法，越权无效。第二，执法的内容合法。执法活动是根据法律的规定进行的，采用的具体方式也要符合法律的规定。第三，执法的程序必须合法。要严格按照法定的步骤、顺序以及时限进行执法，不得任意改变、省略和超越。坚持依法行政原则的意义在于，这一原则是现代法治国家行政活动的一条最基本的原则。国家行政机关依法办事是国家机关进化的结果，也是近现代各国制度文明的一个突出标志。

坚持这一原则的理由在于：首先，指导国家行政机关正确实施管理。国家行政机关的执法活动涉及面广，内容庞杂，关系到国计民生和社会发展的一切方面，具有普遍性和社会性。不按法律规则和程序办事，整个国家机器将处于混乱无序的状态，其后果不堪设想。只有依法行政，行政执法活动才能始终保持正确的方向。其次，有利于防止行政权力的滥用。由于行政执法具有主体特殊、范围广泛、活动带有强制性和主动性的特点，权力易被滥用，有可能滋生腐败，走向执法宗旨的反面。坚持合法性原则，既能使行政机关充分行使行政权力，对社会进行有效的管理，又能对权力进行有效的制约和监督。

(2) 从执法的特征来看：1) 由于执法主体具有特定性，因此只有依法行政才能从主体上保证执法活动符合法律的规定，才不会造成滥执法、越权执法现象。2) 执法活动是对社会实行全方位的组织和管理，对社会生活的影响日渐深刻，这就要求执法活动必须依法进行，只有这样才能有效控制执法活动的界限，防止公权力对私权利的侵犯。3）从执法的单方性、主动性上看，由于行政机关代表国家，在行政法律关系中处于支配地位，其意思表示和处分行为对该法律关系具有决定性的意义，因此很容易造成单方意志的无限行使，从而造成对相对人的不公平待遇，所以只有依法行政，才能规范单方意志。4）由于执法具有灵活性，行政行为有一定自由裁量的余地，很容易出现滥用自由裁量权的情况，所以必须要严格依法进行。

释解分析

解答本题的关键是理解为何要强调依法行政原则，从根源上说这是由执法的特征决定的。因此，要从执法的特征上发现必须依法行政的原因。

论述题目

论述执法的基本原则及其相互关系。

命题角度

执法的基本原则之间的相互关系。

答案要点

执法的基本原则包括依法行政原则、合理性原则、效率原则、正当程序原则、比例原则、诚实守信原则、权责统一原则，这些原则相互联系、相互作用，共同保障执法的合法性，促进法治国家的实现。

（1）依法行政原则。依法行政原则亦称合法性原则、行政法治原则，是社会主义法治原则在执法领域的具体体现，是国家行政机关执法的最高准则。国家行政机关在全部行政管理中要严格依法办事，使国家的行政管理活动完全建立在法治的基础上。具体来说要做到以下几点：1）执法的主体合法。国家行政机关的设立及其职权必须有法律依据，必须在法律规定的职权范围内活动，越权违法，越权无效。2）执法的内容合法。执法活动是根据法律的规定进行的，采用的具体方式也要符合法律的规定。3）执法的程序必须合法。要严格按照法定的步骤、顺序以及时限进行执法，不得任意改变、省略和超越。可见，从依法行政原则所包含的内容看，这一原则是执法其他原则的前提和基础。

（2）合理性原则。执法的合理性原则是指执法主体在执法活动中，特别是在行使自由裁量权进行行政管理时，必须做到适当、合理、公正，即符合法律的基本精神和目的，具有客观、充分的事实根据和法律依据，与社会生活常理相一致。其与合法性原则的关系：在遵循执法合理性原则时还要注意恰当处理“合理”与“合法”的关系。合法是合理的前提，合理是建立在合法基础上的。但是在某一项法律规范已经不适合社会实际情况，而国家又未明令废止时，行政执法主体可以根据法的精神，依照法定程序进行一定变通以适应社会需要。

（3）效率原则。坚持这一原则就是要求国家行政机关在对社会实行组织和管理的过程中，在依法行政的前提下，必须最大限度地发挥其效能，以最小的投入取得最大的行政效率和效益。效率原则强调在执法时，要做到迅速、准确和有效。与司法活动相比，行政执法更注重效率，只有这样才能使国家行政机关的执法活动适应日常组织指挥和协调工作的需要，保证社会各项事业的顺利发展。

（4）正当程序原则。执法的正当程序原则是指执法机关在实施行政执法行为的过程中，必须遵循法定的步骤、方式、形式、顺序和时限，目的是使执法行为公平、公开、民主，保障公民、法人和其他组织的合法权益，促进行政权行使的合法性和合理性，提高行政效率。

（5）比例原则。执法的比例原则是指行政机关实施行政行为应兼顾行政目标的实现和保护相对人的权益，如果为了实现行政目标可能对相对人权益造成某种不利影响时，应使这种不利影响限制在尽可能小的范围和限度，使二者处于适度的比例。其内涵分为三个方面：第一是妥当性（适当性）原则，指行政行为对于实现行政目的、目标是适当的。第二是必要性原则，指行政行为应以达到行政目的、目标为限，不能给相对人权益造成过度的不利影响，即行政的行使只能限于必要的度，以尽可能使相对人权益遭受最小的侵害。第三是比例性原则，指行政行为的实施应衡量其目的达到的利益与侵犯相对人的权益二者孰轻孰重。只有前者重于后者时，其行为才具合理性，行政行为在任何时候均不应给予相对人权益以超过行政目的、目标本身价值的损害。

（6）诚实守信原则。其内涵分为两个方面：第一是行政信息真实原则。行政机关公布的信息应当全面、准确、真实。无论是向普通公众公布的信息，还是向特定人或者组织提供的信息，行政机关都应当对其真实性承担法律责任。第二是保护公民信赖利益原则。非因法定事由并经法定程序，行政机关不得撤销、变更已经生效的行政决定；因国家利益、公共利益或者其他法定事由需要撤回或者变更行政决定的，应当依照法定权限和程序进行，并对行政管理相对人因此而受到的财产损失依法予以补偿。

（7）权责统一原则。其内涵分为两个方面：第一是行政效能原则。行政机关依法履行经济、社会和文化事务管理职责，要由法律、法规赋予其相应的执法手段，保证政令有效。第二是行政责任原则。行政机关违法或者不当行使职权，应当依法承担法律责任。这一原则的基本要求是行政权力和法律责任的统一，即执法有保障、有权必有责、用权受监督、违法受追究、侵权须赔偿。

释解分析

执法作为法律实施的重要环节，逐渐形成了以依法行政原则为核心，包括合理性原则、效率原则、正当程序原则在内的四个基本原则，这些原则相互联系、相互作用，共同保障执法的合法性，促进法治国家的实现。因此，考生在学习时不但应当掌握各原则的基本内容，也要注意在它们的联系中加深理解。

论述题目

试论司法权的性质及其保障。

命题角度

司法权的性质及其保障。

答案要点

司法又被称为“法的适用”或“法律适用”，是指国家司法机关依照法定职权和程序，具体适用法律处理各种案件的专门活动。这种专门活动是以国家名义实现其司法权的活动，属于国家的基本职能之一，在国家全部活动中占有极其重要的地位。司法不同于国家行政机关、社会组织和公民实施法律的活动，其特征表现在：

（1）司法权的被动性。

行政权在运行时具有主动性，而司法权则具有被动性。行政权总是积极主动地干预人们的社会活动和个人生活，而司法权以“不告不理”为原则，非因诉方、控方请求不作主动干预。在没有人要求作出判断的时候，是没有判断权的。否则，其判断结论在法律上属于无效行为。

（2）司法权的中立性。

行政权在它面临各种社会矛盾时，其态度具有鲜明的倾向性，而司法权则具有中立性。司法中立是指法院以及法官的态度不受其他因素，包括政府、政党、媒体等影响，至少在个案的判断过程中不应当受这些非法律因素影响。行政权鲜明的倾向性往往来源于这样的事实：政府总是更关心自己的行政目标和效率。因为行政权代表国家，具有官方性。司法权则是权利的保护者。如果同一机构忽而忙于维护国家利益，忽而又将国家利益弃置一边、忙于维护正义，显然极不协调。只有判断者的态度是中立的，才可能作出公正、准确的判断。

（3）司法权的形式性。

行政权更注重权力结果的实质性，而司法权更注重权力过程的形式性。相对于国家权力的目标，诸如政治局势稳定、经济效益增长、道德秩序健康、民众生活安宁等，行政权结果的实质性是指行政主体期望和追求百分之百地符合这些目标（尽管这是无法实现的）。司法权并不直接以这些实质目标为自己的目的，它是以既定规则为标准，以现有诉讼中的证据为条件，以相对间隔于社会具体生活的程序为方式，作出相对合理的判断，以接近上述那些目标。当然，这绝不意味着行政执法不具有程序性要求，只是司法过程对于程序的要求更严格、更具体、更精确。

（4）司法权的专属性。

行政权具有可转授性，司法权具有专属性。行政权在行使主体方面，可以根据行政事务的重要程度、复杂程度指派行政人员或授权给非政府人员处理，比如委托给民间组织、自治组织处理原本属于政府的事务。对于司法权而言，承担裁判职能的主体只能是特定的少数人，而不应当是其他任何人，其职权是专属的。因此，司法权不可转授，除非诉方或控方将需要裁判的事项交给其他组织，如仲裁机构。

（5）司法权的终极性。

行政权的效力具有非终极性，司法权的效力具有终极性。行政权虽然具有强大的管理能力，但是它是否合法、合理，不能由行政权主体自己进行判断，而是需要由行使裁判权的司法机关进行判断，司法审查权由此应运而生。行政处理虽然具有效力上的“先定力”“执行力”，但是一旦被司法审查，那么其效力随审查结果而定。行政权只有在少数场合才具有终极性，如我国专利权终局认定权属国务院专利行政部门。司法权的终极性意味着它是最终的判断权、最权威的判断权。

释解分析

司法权的性质及其保障是司法权的一个核心问题，司法权的性质主要体现在司法权的特点上，其中最典型的是独立性，可以以此展开然后自然导出这种独立性的保障，实际上要结合司法机关依法独立行使职权原则论述。

论述题目

结合我国社会主义法治建设的实际，论述司法的基本原则。

命题角度

司法基本原则的全面认识。

答案要点

（1）司法法治原则。这项原则的基本含义是：以事实为根据，就是指司法机关审理一切案件，都只能以与案件有关的事实作为依据，而不能以主观臆断作依据。以法律为准绳，就是指司法机关在司法过程中，要严格按照法律规定办事，把法律作为处理案件的唯一标准和尺度。贯彻这项原则要求：一是在司法工作中，应当坚持实事求是、从实际出发的思想路线，重证据，重调查研究，不轻信口供。二是在司法工作中，坚持维护社会主义法律的权威和尊严，不仅要严格遵守实体法的规定，而且要严格执行程序法的各项规定。三是在司法工作中，正确处理依法办事与坚持党的政策的指导作用的关系。一方面，不能将二者对立起来；另一方面，要将二者统一起来，不能以政策改变、代替法律甚至取消法律。

（2）司法平等原则。司法平等原则即公民在法律面前一律平等原则。1）其基本含义是：首先，在我国，法律对于全体公民，不分民族、种族、性别、职业、社会出身、宗教信仰、财产状况等，都是统一适用的，所有公民依法享有同等的权利并承担同等的义务。其次，任何权利受到侵犯的公民一律平等地受到法律的保护，不能歧视任何公民。再次，在民事诉讼和行政诉讼中，要保证诉讼当事人享有平等的诉讼权利，不能偏袒任何一方当事人；在刑事诉讼中，要切实保障诉讼参与人依法享有的诉讼权利。最后，对任何公民的违法犯罪行为，都必须追究法律责任，依法给予相应的法律制裁，不允许有不受法律约束或凌驾于法律之上的特殊公民，任何超出法律之外的特殊待遇都是违法的。2）实行这项原则的意义在于：这是发展社会主义市场经济的必然要求，是建设社会主义民主政治的重要保证，是社会主义精神文明的必要条件，也是建设社会主义法治国家的题中应有之义。3）在法的适用中贯彻这一原则，要求在法治实践中坚决反对封建特权思想，要求司法工作者在司法活动中必须忠于事实、忠于法律、忠于人民。

（3）司法独立原则。1）这项原则的基本含义是：首先，司法权的专属性，即国家的司法权只能由国家各级审判机关和检察机关统一行使，其他任何机关、团体和个人都无权行使此项权利；其次，司法权行使的独立性，即人民法院、人民检察院依照法律独立行使自己的职权，不受行政机关、社会团体和个人的非法干涉；最后，司法权行使的合法性，即司法机关审理案件必须严格依照法律规定，正确适用法律，不得滥用职权，枉法裁判。2）实行这项原则的意义在于：它是发扬社会主义民主、维护国家法制统一的需要，是保证司法机关正确适用法律的前提和正常行使职权的基本条件，也是维护社会主义司法公正的重要条件。3）坚持司法机关依法独立行使职权，并不意味着司法机关行使司法权可以不受任何监督和约束。对司法权的监督表现在以下几个方面：第一，司法权要接受党的领导和监督，这是司法权正确行使的政治保证。第二，司法权要接受国家权力机关的监督，司法权由国家权力机关产生，并对国家权力机关负责。因此，国家权力机关有权监督司法权的行使，司法机关也有义务接受国家权力机关的监督。第三，司法机关的上、下级之间以及同级之间也存在监督和约束，这种监督和约束是通过司法制度中的一系列制度来体现和实现的。第四，司法权也要接受行政机关、监察机关、企事业单位、社会团体、民主党派和人民群众的监督，还要接受舆论的监督。这些种类广泛的监督形式和监督机制，有利于更好地行使司法权，并防止司法权的滥用等司法腐败现象和行为。

（4）司法责任原则。这是指司法机关和司法人员在行使司法权过程中侵犯了公民、法人和其他社会组织的合法权益，造成严重后果而应承担的一种责任制度。司法责任原则是根据权力与责任相统一的法治原则而提出的权力约束机制。司法机关和司法人员接受人民的委托，行使国家的司法权，掌握着重大的责任。按照权力与责任相一致的原则，一方面对司法机关和司法人员行使国家司法权给予法律保障，另一方面对司法机关及其司法人员的违法和犯罪行为给予严惩。只有将司法权力与司法责任结合起来，才能更好地增强司法机关和司法人员的责任感，防止司法过程中的违法行为，并对违法行为进行法律制裁，以更好地维护社会主义司法的威信和社会主义法制的权威和尊严。

（5）司法公正原则。司法公正原则是指司法机关及其司法人员在司法活动的过程和结果中应坚持和体现公平和正义的原则。司法公正是社会正义的重要组成部分，它包括实体公正和程序公正。实体公正主要是指司法裁判的结果公正，当事人的权益得到了充分的保障，违法犯罪者受到了应得的惩罚和制裁。程序公正主要是指司法过程的公正，司法程序具有正当性，当事人在司法过程中受到公平公正的对待。司法活动的合法性、独立性、有效性，裁判人员的中立性，当事人地位的平等性以及裁判结果的公正性，都是司法公正的必然要求和体现。司法公正是司法的生命和灵魂，是司法的本质要求和终极价值准则。追求司法公正是司法的永恒主题，也是民众对司法的期望。当今中国正在进行司法改革，它包括制度、程序和体制的改革以及建立现代司法制度，其最终目的就是实现司法公正，并通过司法公正维护和促进社会公正。

释解分析

司法的基本原则是司法的指导思想和基本准则，是法的本质的必然要求，与立法、执法、法治的基本原则紧密相关，因此必须结合这些内容深刻领会和掌握。同时，从考试形式看，不仅会单独考查这些原则，也会联系其他相关考点就每一个原则进行单独考查。

论述题目

结合我国社会主义法治建设的实际，论述司法体制改革及其对提高司法公信力的意义。

命题角度

司法体制改革与提高司法公信力的关系。

答案要点

（1）司法体制改革是指在宪法规定的司法体制基本框架内，国家司法机关和国家司法制度实现自我创新、自我完善和自我发展，建设中国特色社会主义现代司法体系和司法制度。司法体制改革的概念与内涵，涵盖了国家司法机关、国家司法制度、宪法规定的司法体制基本框架、司法体制的自我创新、自我完善、自我发展，建设中国特色社会主义现代司法体系和司法制度等各项要素。

（2）司法体制改革事关党和国家事业大局，必须树立科学的司法改革观，在司法改革中坚持正确的方向和原则：一是坚持正确的政治方向。坚持党的领导是我国社会主义司法制度的根本特征和政治优势。深化司法体制改革，必须在党的统一领导下进行，坚持党的领导，关键是坚持党对政法工作的领导，坚持党管政法干部的原则，坚持走中国特色社会主义司法改革之路，努力创造更高水平的社会主义司法文明。二是坚持以宪法为根本遵循。我国宪法以国家根本法的形式确立了司法制度的基本框架和司法活动的基本规矩，是组织实施司法体制改革的根本遵循。深化司法体制改革，不仅不能违反宪法的规定，更重要的是把宪法的规定落实到位。三是坚持以提高司法公信力为根本尺度。推进司法体制改革，必须坚持以提高司法公信力为根本尺度，以矛盾纠纷得到公正的解决、合法权益得到有效的维护为目标，确保取得人民满意的改革实效。四是坚持符合国情和遵循规律相结合。深化司法体制改革，必须从社会主义初级阶段的基本国情出发，既认真借鉴人类法治文明的有益成果，又不照抄照搬外国的司法制度；既勇于改革创新，又不超越经济社会发展阶段盲目冒进。深化司法体制改革，必须坚持从司法规律出发设计改革方案，善于运用司法规律破解改革难题，确保改革成果经得起历史和实践的检验。五是坚持统筹兼顾。司法体制改革的系统性、整体性、协同性强，必须在中央统一领导下自上而下有序推进。既要加强中央顶层设计，又要鼓励各地因地制宜地开展试点；既要坚持整体推进，又要善于抓住重点事项进行攻坚，以重点事项突破带动改革的全面开展。六是坚持依法有序推进。凡是同现行法律规定不一致的改革举措，必须先提请立法机关修改现行法律规定，然后再开展改革。修改现行法律规定的条件尚不成熟的，应及时提请立法机关进行授权，在授权范围内进行改革试点。

(3) 当前司法改革的主要任务有以下几个方面：一是保证公正司法、提高司法公信力。重点包括推进以审判为中心的诉讼制度改革，改革法院案件受理制度，探索建立检察机关提起公益诉讼制度，实行办案质量终身负责制和错案责任倒查问责制，完善人民陪审员和人民监督员制度等。探索设立跨行政区划的人民法院和人民检察院，办理跨地区案件。完善行政诉讼体制机制，合理调整行政诉讼案件管辖制度，切实解决行政诉讼立案难、审理难、执行难等突出问题。二是增强全民法治观念、推进法治社会建设。重点包括发展中国特色社会主义法治理论，把法治教育纳入国民教育体系和精神文明创建内容，完善守法诚信褒奖机制和违法失信行为惩戒机制，推进公共法律服务体系建设，构建对维护群众利益具有重大作用的制度体系，完善多元化纠纷解决机制等。三是加强法治工作队伍建设。重点包括完善法律职业准入制度，加快建立符合职业特点的法治工作人员管理制度，建立法官、检察官逐级遴选制度，健全法治工作部门和法学教育研究机构人员双向交流与互聘机制，深化律师管理制度改革。

释解分析

司法体制改革与提高司法公信力的关系表现为：一方面，提高司法公信力是司法体制改革的根本尺度、基本目标和核心任务；另一方面，司法体制改革是提高司法公信力的基本途径和关键环节。必须以提高司法公信力为司法体制改革的根本方向和重点任务，在司法体制改革中提高司法公信力。

论述题目

结合我国社会主义法治建设的实际，论述司法责任制原则及其对提高司法公信力的意义。

命题角度

落实司法责任制与提高司法公信力的关系。

答案要点

(1) 党的十九大报告指出，要深化司法体制综合配套改革，全面落实司法责任制，努力让人民群众在每一个司法案件中感受到公平正义。司法公正的实现，离不开德才兼备的高素质司法队伍；全面落实司法责任制改革的各项要求，也需要加强司法队伍建设。

(2) 全面落实司法责任制改革的各项要求，也需要加强司法队伍建设。司法责任制改革被视为司法体制改革的关键，司法责任制改革作为必须紧紧牵住的“牛鼻子”，针对“审者不判、判者不审”问题对症下药，明确要求法官、检察官对案件质量负责。通过改革，形成以法官、检察官依法独立办案为前提，以法官、检察官员额制为配套，以完善法官、检察官职业保障为条件，以主客观相统一为追责原则的司法权力运行机制。

对于全面落实司法责任制，需要完善一系列配套性措施，如完善法官、检察官入额遴选办法，加强编制和员额的省级统筹、动态调整，有条件的地方探索跨院入额；配套建立员额退出实施办法，让办案绩效不符合要求的法官、检察官退出员额；科学配置办案团队，专业化与扁平化相结合；推广科学分案办法，以随机分案为主、指定分案为辅；加强领导干部办案情况分级考核和定期通报；多措并举增补辅助人员，努力做到省级层面达到1∶1比例配置；对司法辅助事务进行内部集约化管理和外部社会化购买；利用信息化、大数据等辅助法官办案，建立类案与关联案件检索机制；对边疆民族地区，有序确定放权事项和步骤，研究制定边疆民族地区人员招录、待遇保障等特殊政策，加大民族地区双语法官、检察官培训力度，加强边疆民族地区人才培养。

释解分析

司法责任制改革被视为司法体制改革的关键，也是提高司法公信力的基础和制度保障；司法责任制改革必将推动司法水平的进一步提高，从根本上增强司法公信力。

论述题目

结合我国社会主义法治建设的实际，论述人权司法保障制度的完善及其对提高司法公信力的意义。

命题角度

完善人权司法保障制度与提高司法公信力的关系。

答案要点

完善人权司法保障制度是我国司法体制改革的重要组成部分，也是建设公正高效权威的社会主义司法制度的重要内容。完善人权司法保障制度要正确处理打击犯罪与保护人权、程序公平与实体公正、追求公正与注重效率的关系，确保人民群众有尊严地参加诉讼，及时得到公正的裁判结果。

一是完善人权司法保障要注重对法治原则的遵循。法治原则要求良法善治，坚持法律面前人人平等。加强对人权的司法保障要以宪法和法律为依据，逐步健全人权司法保障的法律法规，完善制度设计，细化保障措施。在司法活动中，要切实遵守人权保障的相关法律规定，着力提升司法理念、加强保障力度、完善监督制约，做到尊重人权与防止侵权有机结合，充分发挥社会主义司法制度的优越性。

二是完善人权司法保障要体现对基本人权的尊重。国家尊重和保障人权是宪法的明确要求，要始终贯彻尊重和保障人权的理念，切实保护公民的人身权利、财产权利、民主权利等合法权益。司法活动直接涉及公民的人身、自由、人格尊严、财产权益等基本权利，要以完善人权司法保障改革为契机，不断提升人权司法保障的制度化、法治化水平。

三是完善人权司法保障要突出对司法权力的制约。在司法活动中，当事人及诉讼参与人的权利相对于司法机关的公权力，处于弱势地位，容易受到侵犯。完善人权司法保障就要强化对司法权力的限制和制约，防止滥用权力侵犯人权。要完善外部监督制约，认真贯彻《宪法》和《刑事诉讼法》关于司法机关“分工负责、互相配合、互相制约”的基本原则，完善内部监督制约，改革人民陪审员制度，健全人民监督员制度，推进审判公开、检务公开，为公民维护自身权利提供坚实的制度保障。

四是完善人权司法保障要强化对诉讼权利的保障。树立理性、平和、文明、规范的执法理念，严禁刑讯逼供、体罚虐待。充分保障犯罪嫌疑人、被告人的辩护权、辩解权等诉讼权利，要重视其辩护辩解的内容，对涉及无罪、罪轻的辩护意见要认真核实。完善律师执业权利保障机制，发挥律师在依法维护公民和法人合法权益方面的重要作用。

五是完善人权司法保障要加强对公民权利的救济。完善人权司法保障，既要有效防止侵权行为的发生，又要切实保障公民权利在受到侵犯后，能及时得到有效救济。不论是民事诉讼、行政诉讼还是刑事诉讼，司法活动本身就是对公民权利最有效的救济手段。

释解分析

完善人权司法保障制度是我国司法体制改革的重要组成部分，也是建设公正高效权威的社会主义司法制度的重要内容，是提高司法公信力的重要途径和方式。

论述题目

结合中国法治建设的实际谈谈你对司法公正与提高司法公信力的认识。

命题角度

司法公正、提高司法公信力与深化司法体制改革的关系。

答案要点

深化司法体制改革，建设公正高效权威的社会主义司法制度，是推进国家治理体系和治理能力现代化的重要举措。其中，公正是法治的生命线。司法公正对社会公正具有重要引领作用，司法不公对社会公正具有致命的破坏作用。必须完善司法管理体制和司法权力运行机制，规范司法行为，加强对司法活动的监督，努力让人民群众在每一个司法案件中感受到公平正义。公正司法事关人民切身利益，事关社会公平正义，事关全面推进依法治国。要坚持司法体制改革的正确方向，坚持以提高司法公信力为根本尺度，坚持符合国情和遵循司法规律相结合。

保证公正司法、提高司法公信力在当前有六个方面的改革要求。一是完善确保依法独立公正行使审判权和检察权的制度。主要有：建立领导干部干预司法活动、插手具体案件处理的记录、通报和责任追究制度，健全尊重法院裁判制度，建立健全司法人员履行法定职责保护机制等举措。二是优化司法职权配置。主要有：推动实行审判权和执行权相分离的体制改革试点，统一刑罚执行体制，探索实行法院、检察院司法行政事务管理权和审判权、检察权相分离，最高人民法院设立巡回法庭，探索设立跨行政区划的人民法院和人民检察院，探索建立检察机关提起公益诉讼制度等举措。三是推进严格公正司法。主要有：推进以审判为中心的诉讼制度改革，实行办案质量终身负责制和错案责任倒查问责制等举措。四是保障人民群众参与司法。主要有：完善人民陪审员制度，构建开放、动态、透明、便民的阳光司法机制等举措。五是加强人权司法保障。主要有：健全落实罪刑法定、疑罪从无、非法证据排除等法律原则的法律制度。完善对限制人身自由司法措施和侦查手段的司法监督等举措。六是加强对司法活动的监督。主要有：完善检察机关行使监督权的法律制度，完善人民监督员制度。建立终身禁止从事法律职业制度等举措。

释解分析

司法公正是法治的生命线，也是提高司法公信力的前提和基础，保证公正司法、提高司法公信力就需要不断深化司法体制改革，破除体制机制障碍，为公正司法、提高司法公信力创造条件。

论述题目

运用法理学的知识，并适当结合我国现行宪法和古代法律制度的有关规定，论述当代中国公民在法律适用上一律平等原则。

命题角度

当代中国公民在法律适用上一律平等原则在宪法和古代法律制度中的体现。

答案要点

中国宪法明确规定：中华人民共和国公民在法律面前一律平等。公民在法律适用上一律平等原则是宪法这一规定在法律适用上的具体体现和要求。

公民在法律适用上一律平等原则的内容包括三个方面：第一，司法机关在适用法律时对一切公民应平等对待。第二，一切公民都依法平等地享有法律权利，承担法律义务。第三，司法机关平等地保护公民的合法权益，追究公民的违法犯罪行为。

中国古代法律制度中，虽然也规定有诸如“断罪具引律令格式”“一断于法”等适用法律上的平等原则和制度，但同时又规定了“礼不下庶人，刑不上大夫”“八议”“官当”“准五服以治罪”等法律适用上的不平等的原则和制度，封建社会中的许多特权思想在当代司法实践中仍然存在。

在司法实践中，要充分贯彻这项原则，必须坚决反对封建特权思想，与各种违背平等原则的行为作斗争；司法工作必须忠于事实，严格依法办事，平等适用法律。

公民在适用法律上一律平等原则是反对特权、实现权利平等的重要保障，对培养公民的法律意识、树立法律信仰具有重要意义；认真贯彻这项原则是建设社会主义法治国家的应有之义。

释解分析

运用法理学的知识，结合我国现行宪法和古代法律制度的有关规定，论述当代中国公民在法律适用上一律平等原则，也就是法理学上中国公民在法律适用上一律平等原则在我国现行宪法和古代法律制度的有关体现。这种题是典型的依据给定的角度论述一个问题，实际上是要论述的命题在给定角度上的体现，答题时需要先简单展开命题然后再从不同的角度上论述，在进行论述时一定要紧扣论题，在给定的角度上寻求与论题有关的知识作答。

论述题目

结合实际，论述我国法律监督的现实意义。

命题角度

法律监督的意义。

答案要点

法律监督又称法制监督，有广义、狭义两种理解。狭义的法律监督是指有关国家机关依照法定职权和程序，对立法、执法和司法活动的合法性所进行的监察和督促。广义的法律监督是指由所有的国家机关、社会组织和公民对各种法律活动的合法性所进行的监察和督促。由于我国的法律监督包括国家监督和社会监督，因此是在广义上研究和使用法律监督这一概念。

我国法律监督的现实意义表现在：

(1) 法律监督是社会主义民主政治的保障和重要组成部分。为了防止滥用权力，防止腐败，保证少数管理者始终按大多数不能直接参加管理的人的意志办事，就要将权力置于监督之下，从而保障民主政治的安全。同时，法律监督是普通公民参与民主政治的重要方式。

(2) 法律监督是依法治国、建设社会主义法治国家的保证。以权力的合理划分与相互制约为核心的法律监督，使得行政机关和司法机关这些职能机关及其工作人员在制度上无法滥用权力，因而是保证司法机关、执法机关严格依法办事、恪尽职守、廉洁自律的关键。同时，有效的法律监督对于监察、督促所有国家机关、社会组织和公民遵守宪法和法律，依法办事，也具有十分重要的意义。

(3) 法律监督是建立和完善社会主义市场经济的需要。法律监督可以一方面维护各经济主体最大限度地发挥自己的经济活力，另一方面检察、督促他们根据法律的指引合理、合法、有效地从事各种经济活动，维护社会利益，促进社会主义市场经济健康发展。

由于我国法制建设的起步较晚，法制建设的各个方面都还不够完善，因此在我国，加强法律监督具有特别的现实意义。

论述题目

结合实际，论述我国司法解释的基本作用。

命题角度

司法解释的作用。

答案要点

(1) 在我国，司法解释分为最高人民法院的审判解释和最高人民检察院的检察解释。审判解释是指由最高人民法院对人民法院在审判过程中具体应用法律问题所作的解释。我国的审判解释权由最高人民法院统一行使，地方各级人民法院都没有对法律的审判解释权。检察解释是指由最高人民检察院对检察机关在检察工作中具体应用法律问题所进行的解释。在司法实践中，审判机关和检察机关为了更好地协调和配合，统一认识，提高工作效率，对如何具体应用法律的问题，有时采用联合解释的形式，共同发布司法解释文件。

(2) 司法解释的基本作用：为司法机关适用法律审理案件提供说明。这种作用具体表现为：第一，对法律规定不够具体而使理解和执行有困难的问题进行解释，赋予比较概括、原则的规定以具体内容。第二，通过法律解释适应变化了的社会情况。法律调整应当与社会现实相协调，应当随社会的发展而赋予某类行为以相应的法律意义，作出适合社会发展的评价。第三，对适用法律中的疑问进行统一的解释。其中包括几种情况：在适用法律过程中对具体法律条文理解不一致，通过解释，统一认识，正确司法；为统一审理标准，针对某一类案件、某一问题或某一具体个案，就如何理解和执行法律规定而作出的统一解释。第四，对各级法院之间应如何依据法律规定相互配合审理案件，确定管辖以及有关操作规范问题进行解释。第五，通过解释活动，弥补立法的不足。由于种种原因，在法律实践中，曾经存在法律没有规定、立法前后不一致、立法不配套、实体法与程序法不一致以及立法滞后的问题。最高司法机关在这些情况下所作的司法解释，对弥补立法的不足、保证司法工作顺利进行发挥着重要作用。

(3) 由于我国现阶段法制还不够健全，立法相对滞后，司法队伍整体素质不高，因此为尽可能准确适用法律，确保法制的统一性和司法的公正性，就必须加强司法解释，充分发挥司法解释的作用。

第四部分　法与社会、法治

概说

由于法与社会、法治的关系是研究法律的目的，直接与现实问题紧密相关，因此这几年成为考论述题的热点。又由于建设社会主义法治国家是我国法治建设的目标，故今后考论述题多会与此有关，考生务必注意。

论述题目

论述社会主义法治理念的特点及内涵。

命题角度

社会主义法治理念的内容。

答案要点

(1) 社会主义法治理念。所谓法治理念，是体现法治内在要求的一系列观念、信念、理想和价值的集合体，是指导和调整法治国家立法、执法、司法、守法和法律监督的方针和原则。

(2) 作为与人治相对立的治国方略，凡法治国家的法治理念都具有某些共性，如法的权威性、注重权利保障和权力制约、讲究程序正义等。但是，由于不同国家经济体制、政治体制、文化传统、意识形态和其他主客观条件的不同，在法治理念的某些方面又存在差别。社会主义法治理念，就是由中国社会主义初级阶段的社会性质和发展程度以及改革开放的客观要求所决定的。把握社会主义法治理念，必须从中国社会主义国体和政体出发，立足于社会主义市场经济和民主政治发展的时代要求，以科学发展观和社会主义和谐社会思想为指导，深刻地认识社会主义法治的内在要求、精神实质和基本规律，系统地反映符合中国国情和法治文明发展方向的核心观念、基本信念和价值取向。

(3) 我国社会主义法治理念的基本内涵可以概括为依法治国、执法为民、公平正义、服务大局、党的领导五个方面。

1) 依法治国。依法治国是社会主义法治的核心内容，是中国共产党领导人民治理国家的基本方略。树立依法治国的理念，就是在全社会和全体公民，特别是执法者中养成自觉尊重法律、维护法律权威、严格依法办事的思想意识，使广大人民群众在党的领导下依照宪法和法律规定，通过各种途径和形式管理国家事业，管理经济文化事业，管理社会事务，保证国家各项工作依法进行，逐步实现社会主义民主政治的规范化、程序化和法制化。

2) 执法为民。执法为民理念是社会主义法治理念体系的重要组成部分。概括地说，执法为民就是按照邓小平理论和“三个代表”重要思想的本质要求，把实现好、维护好、发展好最广大人民的根本利益，作为政法工作的根本出发点和落脚点，在各项政法工作中切实做到以人为本、执法公正、一心为民。在当前形势下，政法机关全面践行执法为民理念，还要重点实现以下几个方面的要求：求真务实；甘当公仆；文明执法；清正廉洁。

3) 公平正义。公平正义是自古以来人类社会共同的、不懈的向往和追求，也是社会主义法治的价值追求，是构建社会主义和谐社会的重要任务。只有树立公平正义的理念，才能使宪法规定的建设社会主义法治国家的任务落到实处，才能真正维护人民的利益，促进社会和谐发展。公平正义是政法工作的生命线，树立公平正义理念，需要准确把握以下四个主要方面的内容：合法合理；平等对待；及时高效；程序公正。

4) 服务大局。政法工作服务大局，就是要保障社会主义经济建设、政治建设、文化建设与和谐社会建设，为全面建设小康社会，建设富强、民主、文明的社会主义国家，创造和谐稳定的社会环境和公正高效的法治环境。为此，要处理好三个关系：一要处理好服务大局与严格依法履行职责的关系；二要处理好全局利益与局部利益的关系；三要处理好执法的法律效果和社会效果之间的关系。

5）党的领导。坚持党的领导，就要加强党的执政能力建设，巩固党的执政地位。具体到政法部门和广大政法干警，就要切实增强党的领导的观念，坚持马克思主义的指导地位，自觉贯彻执行党的路线方针政策，不断加强党组织和党员队伍建设。牢固树立坚持党的领导的理念，要正确认识和处理三个关系：正确认识坚持党的领导、人民当家作主和依法治国的关系；正确认识贯彻落实党的方针政策与执行国家法律的关系；正确认识坚持党的领导与司法机关依法独立行使职权的关系。

释解分析

社会主义法治理念作为一种意识是社会主义法制建设的目标和方向，因此在指导法治良好运行、健全社会主义法制、实现依法治国方面具有重大意义。它来源于我国法治建设的实际，又反作用于法治建设，与具体制度有紧密联系，因此要与法的运行过程以及法治建设的各个方面结合起来理解和运用。

论述题目

结合我国社会主义法治建设的实际，论述全面推进依法治国的重大意义、根本任务及基本要求。

命题角度

全面推进依法治国的重大意义及基本要求。

答案要点

（1）依法治国，就是广大人民群众在党的领导下，依照宪法和法律的规定，通过各种途径和形式管理国家事务，管理经济文化事业，管理社会事务，保证国家各项工作都依法进行，逐步实现社会主义民主的制度化、法律化，使这种制度和法律不因领导人的改变而改变，不因领导人看法和注意力的改变而改变。

（2）依法治国，建设社会主义法治国家，是党领导人民治理国家的基本方略，其根本目的是保证人民充分行使当家作主的权利，维护人民当家作主的地位，具有如下重大意义：第一，依法治国是坚持和发展中国特色社会主义的本质要求和重要保障。第二，依法治国是实现国家治理体系和治理能力现代化的必然要求。第三，依法治国事关我们党执政兴国，事关人民幸福安康，事关党和国家长治久安。第四，全面建成小康社会、实现中华民族伟大复兴的中国梦，全面深化改革、完善和发展中国特色社会主义制度，必须要依法治国。第五，提高党的执政能力和执政水平，必须全面推进依法治国。

（3）依据党的十八届四中全会决定，依法治国的根本任务主要有以下七个方面：第一，坚持走中国特色社会主义法治道路，建设中国特色社会主义法治体系。第二，完善以宪法为核心的中国特色社会主义法律体系，加强宪法实施。第三，深入推进依法行政，加快建设法治政府。第四，保证公正司法，提高司法公信力。第五，增强全民法治观念，推进法治社会建设。第六，加强法治工作队伍建设。第七，加强和改进党对全面推进依法治国的领导。

（4）全面推进依法治国这一根本方略，必须做到：第一，维护宪法和法律的尊严，坚持法律面前人人平等。任何人、任何组织都没有超越法律的特权。第二，逐步建立和完善我国的社会主义法律体系。进一步加强立法工作，提高立法质量，把立法同改革和发展的重大决策结合起来。第三，完善行政执法制度和司法制度。坚持依法行政，公正司法。为此要积极推进行政和司法改革，从制度上保证行政机关的廉洁和效率，保证司法机关独立公正地行使检察权和审判权。加强对执法、司法机关及其工作人员的监督。第四，大力开展普法教育，广泛进行法制宣传，不断提高广大干部和人民群众的法律意识和法治观念，特别是提高各级领导干部的法治意识，不断运用法治思维与法治方式，提升依法办事的能力，形成良好的社会法治环境。

总之，只有坚持依法治国、依法执政、依法行政共同推进，坚持法治国家、法治政府、法治社会一体建设，在“科学立法、严格执法、公正司法、全民守法”这一新时期法治方针指引下，才能将我国建成社会主义法治国家，促进国家治理体系和治理能力现代化。

释解分析

全面推进依法治国是新时期我国法治建设的

重大战略部署，具有重要的理论和实践意义，包含明确的根本任务及基本要求，必须结合我国社会主义法治建设的实际进行。

论述题目

结合我国社会主义法治建设的实际，论述当代中国法在社会治理中的作用。

命题角度

当代中国法的社会作用。

答案要点

更加注重发挥法治在国家治理和社会管理中的重要作用，既是深刻总结我国法治发展历程得出的宝贵经验，也是新形势下全面贯彻落实依法治国基本方略的现实要求，具有丰富的思想理论性和很强的现实针对性，对推进社会主义法治建设具有重大意义。

（1）法制的统一、尊严和权威，是实施依法治国、发挥法治作用的前提和保障。改革开放以来，我国积极推动社会主义法治建设，法治在国家治理和社会管理中的作用越来越突显，法制的统一、尊严和权威得到极大维护。但必须看到，我国法制的统一、尊严和权威方面仍然面临着一些不容忽视的突出问题：有的公职人员目无法纪、徇私枉法、以权压法、以言代法，有些地方和部门有法不依、执法不严、违法不究，一些公民还没有完全树立社会主义法治理念，等等。这些问题的存在，不仅破坏了社会主义法制的统一，也严重损害了法制的尊严与权威。

（2）加强宪法和法律实施，有助于实现社会治理。我国已经形成了中国特色社会主义法律体系，总体上解决了无法可依的问题，加强宪法和法律的实施显得更为重要和紧迫。加强宪法和法律的实施，关键是要坚持法律面前一律平等的原则，彻底消除封建社会“刑不上大夫”等特权思想和现象，使宪法和法律真正成为全社会一体遵循的行为规范。

（3）深化司法体制改革，确保司法公正，有助于实现社会治理。司法是公平正义的最后一道防线，如果司法防线出现漏洞，则社会公平正义就得不到保障，直接打击人民对司法的信心，影响法制的尊严和权威。确保司法公正，必须深化司法体制改革，建设公正高效权威的社会主义司法制度。要按照公正司法和严格执法的要求，完善司法的机构设置、职权划分和管理制度，从制度上确保审判机关和检察机关依法独立公正行使审判权和检察权。要改革和完善司法工作机制，提高司法效率，克服官僚主义和工作拖延推诿，严格依照法定期限办事办案，及时有效地为群众办实事、解难事，促进又好又快地实现社会公平正义。要加强对司法机关和工作人员的监督，坚决克服司法领域中的知法犯法、徇私枉法等现象，最大限度杜绝错判案件的发生。

（4）弘扬法治精神，有助于人们在社会治理中树立社会主义法治观念。法治观念是人们对法治的尊崇和信仰，是建立法治社会、发挥法治作用的思想基础。维护法制的统一、尊严和权威，必须加强法治教育，弘扬法治精神，牢固树立法律至上的观念。封建意识在我国公民中根深蒂固，官本位、特权思想盛行，这决定了要在全社会牢固树立社会主义法治观念，绝不是一件轻而易举的事，远比建立一套司法制度、颁布一套法律体系要困难得多，而是一项具有长期性、战略性和基础性意义的系统工程。要大力弘扬法治精神，把法治观念体现到经济建设、政治建设、文化建设、社会建设和生态文明建设等各个领域，融入到人民群众生活的各个方面。

释解分析

法的社会作用是法的作用的核心，当代中国法在保障和促进新时期社会发展中的作用的一个重要方面是法在社会治理中的作用，对推进社会主义法治建设具有重大意义。

论述题目

结合我国社会主义法治建设的实际，论述法律体现和保障全新的社会发展理念。

命题角度

当代中国法与社会发展。

答案要点

当前，我国经济发展已经进入新常态，作为社会发展调整器的法律应该积极适应社会的变动，保障和促进新时期的社会发展，这就要求法律体现和保障全新的社会发展理念。

第一，依法实施创新驱动发展战略。将创新摆在第一位，是因为创新是引领发展的第一动力。发展动力决定发展速度、效能、可持续性。对我国这么大体量的经济体来讲，如果动力问题解决不好，要实现经济持续健康发展和“两个翻番”是难以做到的。当然，协调发展、绿色发展、开放发展、共享发展都有利于增强发展动力，但核心在创新。抓住了创新，就抓住了牵动经济社会发展全局的“牛鼻子”。

第二，依法增强社会发展的整体协调性。“有上则有下，有此则有彼。”唯物辩证法认为，事物是普遍联系的，事物及事物各要素相互影响、相互制约，整个世界是相互联系的整体，也是相互作用的系统。坚持唯物辩证法，就要从客观事物的内在联系去把握事物，去认识问题、处理问题。马克思主义经典作家十分重视并善于运用唯物辩证法来认识和探索人类社会发展中的矛盾运动规律。比如，马克思把社会再生产分为生产资料生产和消费资料生产两大部类，认为两大部类之间必须保持一定比例关系才能保证社会再生产顺利实现。

第三，依法推进人与自然和谐共生的绿色发展观。绿色发展，就其要义来讲，是要解决好人与自然和谐共生问题。人类发展活动必须尊重自然、顺应自然、保护自然，否则就会遭到大自然的报复，这个规律谁也无法抗拒。因此，依法绿色发展成为必然选择。

第四，依法形成对外开放的发展新体制。我国40多年来的发展成就得益于对外开放。一个国家能不能富强，一个民族能不能振兴，最重要的就是看这个国家、这个民族能不能顺应时代潮流，掌握历史前进的主动权。因此，应依法形成对外开放的发展新体制。

第五，依法践行以人民为中心的共享发展思想。这是党的十八届五中全会首次提出来的，体现了我们党全心全意为人民服务的根本宗旨，体现了人民是推动发展的根本力量的唯物史观。这也符合人民主体地位的法律原则。

释解分析

社会发展的全新理念是社会发展到一定阶段后人们认识社会发展的思想成果，作为社会发展助推器的法律，应当助推五大社会发展理念，体现和保障创新、协调、绿色、开放、共享的社会发展。

论述题目

论述法律与经济基础的关系及正确认识这一关系的意义。

命题角度

法律与经济基础的关系。

答案要点

1. 法律与经济基础的一般关系。

(1) 相互联系。

法律是上层建筑的组成部分，它与经济基础之间的关系是形式与内容的关系。一方面，法律只能在经济基础所蕴含的可能性范围内选择，而不能任意地选择；法律的性质、内容和发展趋势等，都主要是由其赖以建立的经济基础的状况和要求所决定的。另一方面，法律虽然根源于经济基础，但作为一种超经济的力量，对经济基础既具有依赖性，又具有一定的反作用和相对独立性。

(2) 相互作用。

1) 经济基础对法律的决定作用。

经济基础对法律的决定作用主要体现为三个方面：①经济基础决定法律的性质。生产关系在社会历史中具有不同的类型。根据生产资料所有制的性质的不同，生产关系可以区分为两种基本类型，即以生产资料公有制为基础的生产关系和以生产资料私有制为基础的生产关系。每一类型的生产关系又具有多种类别与具体形式。法的性质正是由生产资料所有制的性质决定的。由此，法可划分为奴隶制法、封建制法、资本主义法和社会主义法。其中社会主义法以生产资料公有制为基础，与以生产资料私有制为基础的前三种历史类型的法具有本质的不同。②经济基础决定法律的基本内容。世界各国法律的内容林林总总、千姿百态，但核心部分不外是对一定的生产关系的确认，这是一条贯穿于人类法律史的主线。③经济基础的发展变化决定法律的发展变化。相对于上层建筑来说，经济基础更为活跃。当以生产资料所有制为核心内容的生产关系的性质发生变化以后，作为上层建筑组成部分的法的性质迟早亦将发生变化。也就是说，新旧生产关系的更替，必然导致法的性质的变化。

2）法律对经济基础的反作用。

在法律与经济基础的关系中，法律并不是消极地被决定的，而是在归根结底决定于一定的经济基础的同时，又服务于该经济基础，对该经济基础具有能动的反作用。法律对经济基础的反作用包括下列四个方面：①法律对经济基础具有选择和确认作用。在一个社会中，实际上存在着的生产关系往往不是单一的，而是多样的。这是因为一个社会的生产力发展水平往往具有地域或领域方面的不平衡性。那么在多样的生产关系中，哪一个能够居于统治地位而构成该社会的经济基础？这就与法律的选择与确认具有一定的关系。通过选择和确认，特定生产关系在社会中获得合法性和神圣性。②法律对经济基础具有加速或延缓其发展的作用。法律虽然不能决定生产关系的产生，但却能加速或延缓其发展。当然，法律虽然可以加速或延缓经济基础的进程，却不能改变社会生产关系运动的总的方向和趋势。③法律对经济基础具有保障和促进作用。对于符合统治阶级利益的需求的生产关系，法律通过把具体的生产关系制度化，通过权利义务的配置，通过奖励和制裁的实施，起到促进和保障作用。④法律对生产关系的某些方面具有否定、阻碍或限制作用。在一个社会制度完全确立之后，法的这种作用也经常发生。因为社会上会不断滋生不符合统治阶级利益需要的生产关系，对这类关系，体现统治阶级根本利益需要的法律会根据具体情况进行否定、排除或适当限制。对于符合统治阶级根本利益需要的生产关系，法律一般起着保障和发展作用；反之，对于不符合统治阶级根本利益要求的生产关系，法律一般就沿着这种生产关系发展的相反方向起否定和排除作用。但是对于整个经济的发展来说，这种作用的最终效果还要取决于生产关系与生产力的关系的性质以及法律自身的形式合理性水平。

2. 正确认识这一关系的重要性。

在法律思想史上，马克思主义法学第一次科学地阐明了法律与经济基础的一般关系，并且强调法的关系正像国家的形式一样，根源于物质的生活关系，只有从这种关系出发，才能合理地解释法律以及全部上层建筑的内容、形式及其历史。这正是那些非马克思主义法学流派所竭力否认的，也正是这一点，构成了马克思主义法学与一切非马克思主义法学的原则区别。

释解分析

法律与经济基础的关系是法与其他社会现象关系中最核心的关系，马克思主义法学正是从这一关系中发现了法的社会物质生活条件之本质。因此，正确、全面理解法律与经济基础的关系在法理学上有十分重要的意义，考生应当结合法的历史、本质等方面深刻理解。

论述题目

论述法与市场经济的关系及其在法治建设中的意义。

命题角度

法与市场经济的关系及其在法治建设中的意义。

答案要点

社会主义市场经济与其他现代市场经济一样，也与法有着密切的联系，实质上就是法治经济。法律对社会主义市场经济的作用主要表现在：第一，社会主义市场经济是主体独立的经济，市场主体的行为需要法律来规范，市场主体的地位需要法律来确认和保障；第二，市场经济关系是契约关系，现代市场经济运行过程中的各种活动，几乎都是通过契约来实现的，契约关系是一种法的关系，具有法律约束力，也需要法律来确认和保障；第三，市场经济是自由竞争、平等竞争的经济，法律就是竞争的规则；第四，市场经济的运行需要有正常的秩序，需要有正常的市场进入、市场交易秩序，这些都离不开法律的作用；第五，市场经济还是开放性经济，要求主权国家不仅要完善国内法律体系，而且要善于运用国际法律、规则和惯例等。另外，法律在社会主义市场经济宏观调控方面还发挥着重要作用，主要表现在对市场经济运行的引导、促进、保障和必要的制约方面。

市场经济对法治的推动作用，可以概括为下列三个方面：①市场经济的运行和发展，有助于培育和激发人们追求自由、平等、财产等权利的法律积极性，而自由、平等、财产等权利又是法治的价值目标。自由、平等、财产等权利意识的增长，是法治实现程度的基本标志之一。②市场经济的运行和发展需要大量的规则调整，从而促进了法律规范体系的健全和完善，而健全、完备的法律体系又是法治的制度基础。③市场经济培育了社会的自治能力，造就了一支从外部制约政府权力的经济力量。这支力量的存在和发展，有助于规制政府权力，从而实现国家、社会和个人之间的平衡，保证国家权力机关及其公职人员严格依法办事。

释解分析

社会主义市场经济实质上就是法治经济。法治国家的条件之一就是完善的市场经济体制。对于任何形态的经济来说，规则都是必要的。但只有在市场经济充分发展的社会中，依法治国才能实现；当然，反过来依法治国本身又是市场经济得以充分发展和有序运行的必要条件。

论述题目

论述社会主义法治建设中“依法治国”与“以德治国”的关系。

命题角度

法治与德治的关系。

答案要点

中国历史上的儒法两家曾经就法治还是德治（礼治）是治国之本进行过争论，现代社会的法律与道德也仍然有着不可分割的联系，法律与道德作为社会上层建筑的重要组成部分，各有其特点、优势和不足，可以相互渗透、相互促进、相互补充。治理国家既要依靠法律，也要依靠道德，因此中国共产党第十五次全国代表大会后陆续提出了“依法治国”和“以德治国”的理念，社会主义法治建设中必须正确处理“依法治国”与“以德治国”的关系。

（1）依法治国与以德治国是两种不同的治国方法。

法治与德治是两种不同的治国理念，德治的中心含义是指应当通过对社会成员的道德教化来治理国家。法治强调将国家权力的行使和社会成员的活动纳入完备的法律规则系统，把社会关系纳入法律的轨道，用带有权威性、强制性的法律规范或严刑峻法治理社会。因此，依法治国与以德治国是两种不同的治国方法。

（2）依法治国与以德治国的统一性。

虽然依法治国与以德治国是两种不同的治国方法，但不意味着两者具有天然的对立性，相反，法治和德治作为社会控制的两种手段，具有各自独特的优势和局限，并且这种优势和局限往往呈现一种互补的关系，二者的统一性表现在：

1）具有相同的本质和任务。从历史上看，中国历史上的儒法两家曾经就法治还是德治（礼治）是治国之本进行过争论。这种儒法之争的分歧并不是根本性的，两者都是为了维护和巩固封建统治，礼法结合成为中国封建社会统治的独特模式。

2）相互作用、相互补充。现代意义上的法治是指按照体现人民意志、反映社会发展规律的法律来治理国家，法治与民主紧密相连；现代意义上的德治不再局限于运用儒家的道德理念来治理国家。现代社会的法律与道德仍然有着不可分割的联系，法律与道德作为社会上层建筑的重要组成部分，各有其特点、优势和不足，可以相互渗透、相互促进、相互补充。治理国家既要依靠法律，也要依靠道德，因此中国共产党第十五次全国代表大会后陆续提出了“依法治国”和“以德治国”的理念。

3）相同的目标。在当代中国法治与德治有着目标的一致性，在终极目标上都是为了要营造一个协调和谐、健康有序、持续发展的氛围。法律与道德的协调发展，是建设社会主义和谐社会、实现可持续发展的重要保证。

（3）依法治国与以德治国关系的协调。

由于依法治国与以德治国所依赖的工具分别是法律和道德，而法律和道德的一般关系表现为既有相同和统一的一面，也有差别和冲突的一面。因此，依法治国与以德治国同样具有这种两面性。又由于治理国家的过程中，依法治国与以德治国都是不可或缺的手段，就必须协调好二者的关系，以最大限度发挥各自所长和整体配合效应，避免因相互矛盾而抵销或削弱其作用的发挥。

论述题目

论述法律与道德的冲突及协调。

命题角度

法律与道德的冲突及协调。

答案要点

（1）法律与道德的冲突。

法律和道德作为两种不同的社会调控措施，具有不同的特点，在共同调整社会关系的过程中也会发生冲突。

1）一定社会中的道德是多元的，不同阶级都有自己的道德理念，即使是在统治阶级内部，不同阶层、集团和群体的具体道德观念也有不同特点和要求，而国家法律则是统一的，这样，在多元的道德观念和统一严格的法律规范之间就可能产生矛盾和冲突。

2）法律和道德的发展方式不同。道德是社会生活中自发产生并由舆论确立并发展的，法律则是国家机关制定或认可的，有时道德的发展先于法律，法律表现得较为滞后，有时先进的法律又可能是道德发展的先导因素。法律和道德在发展上的这种“时差”也会引起二者的冲突。

3）由于法律和道德在调整对象范围、规范性特点和程度方面的不同，导致二者在一定场合下也可能发生冲突。在中国文化传统中，这可以概括为“情”与“法”，或“情理”与“法理”的冲突。有时一个行为可能合乎情理，但却不合法（法律不允许或者不受法律保护）。反之也可能出现一个受法律保护的行为，却不符合道德规范的要求。

（2）法律与道德关系的协调。

由上可见，由于各自的特点所限，法律与道德的矛盾不能完全避免，但如果冲突频繁，则不仅必然影响二者的社会效果，甚至可能导致道德或法律上的虚无主义。因此，社会主义法制建设中必须采取相关措施，协调二者的关系，尽量预防和减少冲突，主要可以通过以下途径：

1）在立法时应当充分考虑一定时期社会主义道德的基本要求，将其作为法律制定的价值基础，防止与道德对立的“恶法”出现。

2）在执法和司法过程中，执法和司法主体应当在合法的前提下，在自由裁量范围内尽量考虑道德要求，使法律的适用不仅合法，而且合乎情理。

3）在法制建设和道德建设中，重视法治宣传和全体社会成员的法律意识培养，批判与社会主义现代化建设不相容的旧的道德理念，加强人们对于法律制度和法治理念的认同感。法律与道德的协调发展，是建设社会主义和谐社会、实现可持续发展的重要保证。

释解分析

以法治国与以德治国作为法治建设中两种基本的治国方略是由法与道德这两种最基本的社会规范之紧密关系决定的。因此，把握这两种治国方略之关系的关键是厘清法与道德的关系。

论述题目

论述社会主义法与社会主义道德的关系。

命题角度

社会主义法与社会主义道德的关系。

答案要点

作为上层建筑重要组成部分的社会主义法与社会主义道德之间具有极为密切的联系，二者相互渗透、相互作用、相互促进。

（1）社会主义道德对法律的作用。

1）社会主义道德是社会主义法律制定的价值指导。社会主义法的创制以道德为指导，体现了法的合理性、正义性。社会主义道德通过对社会关系和人的行为的正义与非正义的衡量，把它转换为法律上的权利和义务，把合理与否转换为合法与否，构成权利义务关系。社会主义法要保持合法性与合理性的一致，必须以道德为导向。另外，社会主义立法以道德为指导，不能脱离社会现实的道德基础，要受实际道德水平的制约。

2）社会主义道德对法的实施的促进作用。社会主义法的实施需要国家强制力的保证，也需要社会主义道德的驱动。①良好的道德状况有助于法的更有效实现。执法人员执行法律，运用国家强制力，既依靠法律制度的保证，也要有执法人员内在素质的保证，包括道德素质因素。执法人员具有高度的职业道德，公正无私，刚直不阿，有助于正确合法地执行法律。执法人员在“自由裁量权”范围内直接按照合理性原则处理问题时，道德素质更为重要。②法律遵守要依靠人民群众的舆论道义支持。道德觉悟的提高是顺利实施法律的重要条件，否则将助长对法律的机会主义态度。社会道德风尚会提高维护社会主义法的自觉性和积极性。

3）社会主义道德可以弥补社会主义法在调整社会关系方面的不足。对于由于社会主义法不健全而留下的空白，可以由社会主义道德加以弥补。还有由于社会主义法本身的局限性，对法律不调整的社会关系，可以由社会主义道德加以调整。

（2）社会主义法律对道德建设的作用。

1）社会主义法以法律规范的形式把社会主义道德的某些原则和要求加以确认，使之具有法的属性。遵守法律化的社会主义道德成为法律上的义务，从而使它获得强有力的保障。违反它，既是违反道德规范也是违反法律规范，既要受到道德谴责又要受到法律追究，这样就能够更好地实现社会主义道德。

2）社会主义法是进行社会主义道德教育的重要方式。社会主义法对道德方面的教育作用，不仅表现在对违法犯罪行为的制裁方面，而且还表现在对先进行为、模范遵守法律的公民的表彰奖励方面。社会主义法对那些为国家和社会作出积极贡献的行为，以及对为保护人民利益和国家财产作出贡献的公民予以奖励，对那些为了公共利益而受到损失的公民给予必要的补偿等，从而鼓励人们的道德行为，培养人们的道德情操，以形成良好的社会风尚。

释解分析

社会主义法与社会主义道德的关系既反映了法律和道德的一般关系，也有其特殊性，尤其是充分反映了法律和道德相互影响、相互作用的各个方面，考生应当结合法律和道德的一般关系来理解这种特殊关系。

论述题目

论述法与道德的关系及这一关系在法治建设中的意义。

命题角度

法与道德的关系与法治建设。

答案要点

法律与道德的一般关系：

（1）联系。

法律与道德相互影响、相互渗透、相互作用。

1）道德是法律的基础和评价标准。

第一，道德是法律的理论基础。

第二，道德是法律的价值基础，是判断、评价法律的价值尺度。

第三，道德是法律运作的社会基础。

第四，道德是法律的补充，它具有弥补法律漏洞的作用。

2）法律是传播道德、保障道德实施的有效手段。

第一，通过立法，将社会中的道德理念、信念、基本原则和基本要求法律化、制度化、规范化，赋予社会的道德价值观念以法律的强制力，进一步强化、维护、实现道德规范。

第二，法律是道德的承载者，它弘扬、发展一定社会的道德理念、信条和原则，促进社会道德的更新和变革。

第三，法律是形成新的道德风貌、新的精神文明的强大力量。法律通过自身特殊的制度性机制，推动道德的更新与进步，促进精神文明的发展，从而改造人和人性，改造社会，是其积极的社会使命和功能。

总之，法律与道德是人类生存的两大支柱，人类社会和文明要求法律与道德并举并重，相互配合，相互协调。只有法律与道德的互助共生，才能真正形成和保持和谐稳定的社会秩序。

（2）区别。

1）法律与道德起源和存在的时间不同。法律是由国家制定和认可的，法律的产生必须以阶级的分化和国家的建立为前提；道德是人们在交往中自然演进形成的，只要人们结成社会进行生产和生活，道德就必然会出现并发挥作用。因此，从起源上看，法律的出现晚于道德。

2）法律与道德的形成方式不同。法律是由国家机关制定或认可的，或者是在审判过程中形成的；道德是在人们长期的相互交往与合作的过程中逐步演进而形成的。

3）法律与道德的表现形式不同。法律规范的内容通常是以明确的权利、义务的形式表现出来，通过权利、义务的方式调整社会秩序；道德规范的要求往往是模糊的、不确定的，其内容也主要表现为义务或责任，而不是权利。

4）法律与道德的适用范围虽有交叉但不完全相同。在法律发达的现代社会中，法律与道德的适用范围有所交叉，但亦有所分工。主要表现在两方面：一是法律一般只能约束人的外在的行为，道德则既要约束人的行为又要干预人的内心世界。二是有些法律调整的社会关系与道德无关，如程序性的法律关系、组织性的法律关系等。有些道德问题是法律不宜涉及的，如感情问题、友谊问题等。即使在两者共同调整的领域，二者的侧重点和调整方式亦有所不同。法律通常只对其中严重的、需要动用国家强制力的行为作出反应，而道德的反应则不限于此。法律与道德的适用范围表现为两个相交的圆，有交叉，但不完全重叠。当然，道德调整的范围远大于法律。

5）法律与道德的外部约束力不同。和道德相比，法律的实施有两个特点：一是法律规范自身包含着明确的责任措施；二是法的实施有特定的组织机构，并以国家强制力为保障。道德规范自身并没有明确的责任规定，更没有违反道德后如何制裁的规定。道德通常不借助国家政权的保障得到实现，而是靠行为人关于是与非、对与错、光荣与耻辱的信念，靠社会舆论的评价以及社会的传统习惯等保障实现的。

（3）法与道德的关系在法治建设中的意义。

1）从法的制定上看：第一，道德是法律的理论基础。第二，道德是法律的价值基础，是判断、评价法律的价值尺度。第三，道德是法律的补充，它具有弥补法律漏洞的作用。

2）从法的实施上看：道德是法律运作的社会基础。法律权威、力量、合法性的发挥和实现是建立在道德这一基石之上的。法治的形成和实现都离不开道德信念的支持，人们的道德水平越高，守法的程度也越高，选择法律所认可的合法行为的程度也越高。在具体的法律运作过程中，人们的道德信念和道德水平的高低，特别是法官、律师、检察官、警察的道德信念、原则、水平的状态，直接影响法律的实施和实现。

释解分析

由于法治建设是一个系统工程，涉及很多关系的处理，其中法与道德的关系是一对基本关系。论述本题时应该明确法治建设的过程必然伴随正确处理二者关系的过程。

论述题目

论述我国社会主义法治的基本理念及其在社会主义法治建设中的意义。

命题角度

社会主义法治的基本理念的意义。

答案要点

（1）我国社会主义法治理念的基本内涵可以概括为依法治国、执法为民、公平正义、服务大局、党的领导五个方面。

1）依法治国。依法治国，是社会主义法治的核心内容，是中国共产党领导人民治理国家的基本方略。树立依法治国的理念，就是在全社会和全体公民、特别是执法者中养成自觉尊重法律、维护法律权威、严格依法办事的思想意识，使广大人民群众在党的领导下依照宪法和法律规定，通过各种途径和形式管理国家事务，管理经济文化事业，管理社会事务，保证国家各项工作的依法进行，逐步实现社会主义民主政治的规范化、程序化和法制化。

2）执法为民。执法为民理念是社会主义法治理念体系的重要组成部分。概括地说，执法为民就是按照邓小平理论和“三个代表”重要思想的本质要求，把实现好、维护好、发展好最广大人民的根本利益，作为政法工作的根本出发点和落脚点，在各项政法工作中切实做到以人为本、执法公正、一心为民。在当前形势下，政法机关全面践行执法为民理念，还要重点实现以下几个方面的要求：求真务实；甘当公仆；文明执法；清正廉洁。

3）公平正义。公平正义是自古以来人类社会共同的、不懈的向往和追求，也是社会主义法治的价值追求，是构建社会主义和谐社会的重要任务。只有树立公平正义的理念，才能使宪法规定的建设社会主义法治国家的任务落到实处，才能真正维护人民的利益，促进社会和谐发展。公平正义是政法工作的生命线，树立公平正义理念，需要准确把握以下四个主要方面的内容：合法合理；平等对待；及时高效；程序公正。

4）服务大局。政法工作服务大局，就是要保障社会主义经济建设、政治建设、文化建设与和谐社会建设，为全面建设小康社会，建设富强、民主、文明的社会主义国家，创造和谐稳定的社会环境和公正高效的法治环境。为此，要处理好三个关系：一要处理好服务大局与严格依法履行职责的关系；二要处理好全局利益与局部利益的关系；三要处理好执法的法律效果和社会效果之间的关系。

5）党的领导。坚持党的领导，就要加强党的执政能力建设，巩固党的执政地位。具体到政法部门和广大政法干警，就要切实增强党的领导的观念，坚持马克思主义的指导地位，自觉贯彻执行党的路线方针政策，不断加强党组织和党员队伍建设。牢固树立坚持党的领导的理念，要正确认识和处理三个关系：①正确认识坚持党的领导、人民当家作主和依法治国的关系；②正确认识贯彻落实党的方针政策与执行国家法律的关系；③正确认识坚持党的领导与司法机关依法独立行使职权的关系。

（2）社会主义法治理念在社会主义法治建设中的意义。从上可见，这些法治理念是体现法治内在要求的一系列观念、信念、理想和价值的集合体，是指导和调整法治国家立法、执法、司法、守法和法律监督的方针和原则，其在社会主义法治建设中的意义表现在：

1）在立法方面，就是要坚持立法的统一性、民主性、科学性。因为法治的基本理念要求具有完备的法律体系，从而为依法治国奠定基础；要达到公平正义就必须保证立法的民主性、科学性。

2）在执法方面，就是坚持依法行政、讲求效率、正当程序原则。因为执法为民要求：求真务实、甘当公仆、文明执法、清正廉洁；公平正义要求：合法合理、平等对待、及时高效、程序公正。

3）在司法方面，就是要坚持公民在适用法律上一律平等，司法机关依法独立行使职权，以事实为根据、以法律为准绳的司法原则。只有这样，才能做到依法治国、公平正义，也才能正确处理司法机关依法独立行使职权与坚持党的领导的关系，从而达到执法为民、服务大局。

4）在守法方面，依法治国的理念，即在全社会和全体公民中养成自觉尊重法律、维护法律权威、严格依法办事的思想意识，能够促使人们提高守法的自觉性，反过来又有助于依法治国基本方略的实现。

释解分析

法治理念，是体现法治内在要求的一系列观念、信念、理想和价值的集合体，是指导和调整法治国家立法、执法、司法、守法和法律监督的方针和原则。社会主义法治理念，是从中国社会主义国体和政体出发，立足于社会主义市场经济和民主政治发展的时代要求，以科学发展观和社会主义和谐社会思想为指导，深刻地认识社会主义法治的内在要求、精神实质和基本规律，系统地反映符合中国国情和法治文明发展方向的核心观念、基本信念和价值取向，必然和社会主义国家的立法、执法、司法、守法和法律监督紧密结合在一起。因此，应当将社会主义法治理念与社会主义法治建设联系起来掌握。

论述题目

从政治与法律相互作用的角度论述我国社会主义法治基本理念的内在统一性。

命题角度

社会主义法治基本理念的内在统一性在政治与法律相互作用中的体现。

答案要点

（1）法律与政治作为上层建筑中的两个基本要素既有区别也有紧密的联系，法律与政治的相互作用表现在：

1）政治对法律的作用。一般认为，由于政治在上层建筑中居主导地位，因而总体上法律的产生和实现往往与一定的政治活动相关，反映和服务于一定的政治，政治活动和政治关系的发展变化必然在一定程度或意义上影响法律的内容或价值追求的发展变化。

2）法律对政治的作用。法律作为上层建筑相对独立的部分，对政治并非无所作为。特别是在近现代，可以说，法律在多大程度上离不开政治，政治也便在多大程度上离不开法律，法律对政治具有确认、调整和影响作用。具体表现为下面几个方面：①法律与政治体制。权力的配置和行使都须以法律为依据，从而构建政治体制并保障政治体制的良好运行。②法律与政治功能。法律不仅贯穿经济关系反映和凝聚为政治关系的过程，且将利益和各种社会资源的权威性分配以规范、程序和技术性形式固定下来，使之具有形式上共同认同的性质，并因此具有形式上的正统性。

③法律与政治角色的行为。法律对于国家机构、政治组织、利益集团等政治角色行为和活动的程序性和规范性控制，以及20世纪初期开始的政党法治化趋势，都表明了法律对重要政治角色行为控制、调整的必然性和必要性。④法律与政治运行和发展。政治运行的规范化，政治发展中政治生活的民主化（如政治过程的透明、公民政治参与的途径等）和政治体系的完善化，离开法律的运作都无从谈起。

（2）我国社会主义法治理念的基本内涵可以概括为依法治国、执法为民、公平正义、服务大局、党的领导五个方面。之所以要依法治国是由法律本身的特点（规范性、普遍性、稳定性、国家强制性等）和法律对政治的作用决定的。只有执法为民、公平正义才能促进法的顺利实现，才能达到法作用于社会的目的，从而达到稳定大局、服务大局、实现和谐社会的政治目的。依法治国、执法为民、服务大局与党的领导是统一的，执政党政策是社会主义法的核心内容，社会主义法是贯彻执政党政策、完善和加强执政党的领导的不可或缺的基本手段。因此，只有依法治国才能更好地坚持党的领导，只有坚持党的领导才能更好地实现依法治国。执法为民、公平正义是依法治国的基本要求，服务大局、党的领导是依法治国的基本保障。

因此，我国社会主义法治理念的基本内涵的五个方面是一个统一的整体，是法律与政治相互关系的集中反映。

释解分析

由于社会主义法治基本理念是社会主义法治建设的目标和重要内涵，因此其五个方面必然具有内在统一性，这种统一性主要体现在政治与法律相互作用中。因此，考生在正确学习社会主义法治基本理念时特别注意将五个方面之间的关系放在政治与法律相互作用中去理解。

论述题目

论述在我国确立法律至上法治原则的重大意义及法律至上法治原则的基本要求。

命题角度

法治原则与我国法治建设。

答案要点

（1）意义。

1）法律至上是法治区别于人治的根本标志，也是法治的首要条件。由于法律至上原则是指法律具有至高无上的地位与权威（其中宪法至上是该原则的核心），因此它是法治中最基本的重要原则。

不确立法律至上，即使法律完全建立在民主基础上，也仅仅是纸上的法律，人权保障、法律面前人人平等、政府权力制约的原则均无法实现。

2）具体到我国，由于我国长期以来缺乏法治观念和法治意识，在建设社会主义法治的过程中，确立法律至上的法治原则更具有现实意义。

（2）要求。

法律至上是法治作为一种治国方略最基本的要求。“法律至上”首先意味着在治理国家的规范体系，包括道德、宗教、政策、习俗等当中，法律居于首要地位，具有最高权威。其次，在法与国家权力的关系中，一切国家职权均来自宪法和法律，行政机关、司法机关的职能活动都必须依法实施，不得违反宪法和法律。再次，在法律与国家领导人的关系中，法律高于领导者的个人意志，法律不能因为领导人的改变而改变，不得由于领导人看法和注意力的改变而改变。最后，在执政党与法律的关系当中，执政党必须在宪法和法律范围内活动，在国家活动中，执政党应当将自己的重要政策通过立法机关经由法定程序制定为法律，并领导人民模范地遵守和执行法律。

释解分析

法律至上作为法治的首要原则在我国法治建设中的确有重大意义，应该在掌握其本身的重要性的基础上，充分突出其在我国的特殊意义，也要掌握该原则的基本要求。法律至上原则的命题一般限于这两方面。

论述题目

结合宪法、中国法制史的有关知识论述权力制约的法治原则。

命题角度

权力制约的法治原则在宪法、中国法制史的体现。

答案要点

（1）权力制约的法治原则是指：1）法治所强调的对国家权力进行制约，是权力之间的相互制约，既包括立法权、行政权和司法权之间的制约，也包括各项具体职权之间的制约，例如，不同级别的审判权之间的制约，在审判活动中审判员和书记员之间的制约，等等。2）法治原则特别强调对国家行政权力的制约，要求严格依法行政。因为行政机关执掌着大量日常公共生活的组织指挥权能，代表公权力，通过各种抽象和具体行政行为直接干预公民和社会组织的活动，行政权力行使的广泛性、主动性和强制性、单方面性等都使得对行政权的约束成为法治的重点。

（2）坚持权力制约原则的意义。权力制约对于实现依法治国、贯彻依法办事原则具有十分重要的意义。因为要保证一种职权严格遵守法律、依法办事，就必须借助另一种职权的制约和督促。让权力之间互相监督，是维护法的权威、保证国家权力的执行者不违背法律的有力措施，这一点也为西方法治国家的实践经验所证实。

（3）从宪法的角度看，权力制约原则表现为：1）在国家政权组织形式上，以权力机关为核心，产生并监督其他国家机关，其他机构对之负责。2）在国家机构设置上，除权力机关外的其他机关相互制约，如行政机关与司法机关间的制约。

（4）从中国法制史的角度看，权力制约原则反映在许多方面，如隋、唐、宋时期，三法司相互制约：大理寺主持审判，刑部复核，御史台监察等，这种权力制约对于减少冤假错案具有重大意义。

释解分析

由于权力制约的法治原则是法治的基本原则之一，必然在实证法上有所体现。论述本题时应将其转化为权力制约的法治原则在宪法、中国法制史的体现。

论述题目

结合中国特色社会主义法治体系论述全面推进依法治国的总目标和基本原则。

命题角度

社会主义法治体系与全面推进依法治国的总目标和基本原则。

答案要点

依法治国，建设社会主义法治国家，是党领导人民治理国家的基本方略，其根本目的是保证人民充分行使当家作主的权利，维护人民当家作主的地位，具有如下重大意义：第一，依法治国是坚持和发展中国特色社会主义的本质要求和重要保障。第二，依法治国是实现国家治理体系和治理能力现代化的必然要求。第三，依法治国事关我们党执政兴国，事关人民幸福安康，事关党和国家长治久安。第四，全面建成小康社会、实现中华民族伟大复兴的中国梦，全面深化改革、完善和发展中国特色社会主义制度，必须要依法治国。第五，提高党的执政能力和执政水平，必须全面推进依法治国。面对新形势新任务，我们党要更好地统筹国内国际两个大局，更好地维护和运用我国发展的重要战略机遇期，更好地统筹社会力量、平衡社会利益、调节社会关系、规范社会行为，使我国社会在深刻变革中既生机勃勃又井然有序，实现经济发展、政治清明、文化昌盛、社会公正、生态良好，实现我国和平发展的战略目标，必须更好地发挥法治的引领和规范作用。

（1）依法治国，就是广大人民群众在党的领导下，依照宪法和法律的规定，通过各种途径和形式管理国家事务，管理经济文化事业，管理社会事务，保证国家各项工作都依法进行，逐步实现社会主义民主的制度化、法律化，使这种制度和法律不因领导人的改变而改变，不因领导人看法和注意力的改变而改变。

（2）全面推进依法治国的总目标是，建设中国特色社会主义法治体系，建设社会主义法治国家。这就是，在中国共产党领导下，坚持中国特色社会主义制度，贯彻中国特色社会主义法治理论，形成完备的法律规范体系、高效的法治实施体系、严密的法治监督体系、有力的法治保障体系，形成完善的党内法规体系，坚持依法治国、依法执政、依法行政共同推进，坚持法治国家、法治政府、法治社会一体建设，实现科学立法、严格执法、公正司法、全民守法，促进国家治理体系和治理能力现代化。

（3）实现依法治国的总目标，必须坚持以下基本原则：第一，坚持中国共产党的领导。党的领导是中国特色社会主义最本质的特征，是社会主义法治最根本的保证。第二，坚持人民主体地位。人民是依法治国的主体和力量源泉，人民代表大会制度是保证人民当家作主的根本政治制度。必须坚持法治建设为了人民、依靠人民、造福人民、保护人民，以保障人民根本权益为出发点和落脚点，保证人民依法享有广泛的权利和自由、承担应尽的义务，维护社会公平正义，促进共同富裕。第三，坚持法律面前人人平等。平等是社会主义法律的基本属性。任何组织和个人都必须尊重宪法法律权威，都必须在宪法法律范围内活动，都必须依照宪法法律行使权力或权利、履行职责或义务，都不得有超越宪法法律的特权。第四，坚持依法治国和以德治国相结合。必须坚持一手抓法治、一手抓德治，既重视发挥法律的规范作用，又重视发挥道德的教化作用，以法治体现道德理念、强化法律对道德建设的促进作用，以道德滋养法治精神、强化道德对法治文化的支撑作用，实现法律和道德相辅相成、法治和德治相得益彰。第五，坚持从中国实际出发。必须从我国基本国情出发，同改革开放不断深化相适应，总结和运用党领导人民实行法治的成功经验，围绕社会主义法治建设重大理论和实践问题，推进法治理论创新。

释解分析

全面推进依法治国的总目标是建设中国特色社会主义法治体系，建设社会主义法治国家，而要实现这一目标，就必须坚持一些基本原则。

论述题目

结合我国社会主义法治建设的实际，论述全面依法治国的基本格局。

命题角度

全面依法治国的基本格局之全面认识。

答案要点

坚持中国特色社会主义法治道路，既要建成一套高效严密、统一协调的法治体系，更要以此为前提，实现科学立法、严格执法、公正司法、全民守法，促进国家治理体系和治理能力现代化，建成社会主义法治国家。

（1）科学立法是法治的前提。科学立法，一要尊重客观规律，不仅要按照客观经济规律尤其是市场经济的价值规律、市场和自由关系的内在规定性等来及时进行法律的废、改、立，而且要充分反映社会规律，将社会文化以及民主政治建设和生态文明发展规律及时用法律的形式加以固定和强化，使改革发展稳定工作在良法体系的规范和保障下科学地推进。二要体现民意。立法应当回应人民群众的真实关切和心愿，而不是部门利益至上、利用立法搞地方保护主义。人民性是法律的最根本特征，也是衡量法律质量的根本标准。三要切合实际。立法必须立足现实，以解决现实问题和现实利益诉求为导向，既要有预见性和超前性，又要增强针对性和务实性。四要完善程序。民主立法是科学立法的保障，科学民主的立法程序是良法产生的基本途径，拓宽立法渠道、加强开门立法，为科学立法奠定基础。五要符合科学。立法应当按照科学的法治原理和原则加以完善，既要将人类法治发展史上凝聚的宝贵法治遗产，如罪刑法定、无罪推定和非法证据排除等及时吸纳到立法之中，又要增强可操作性和逻辑性，明确具体的适用条件、行为模式和法律后果，克服权利义务关系不明、责任抽象、有效性不足的局限性。

（2）严格执法是对行政机关的正当要求，是指行政机关应当严格、严明和严肃地执行国家法律。所谓严格是指行政机关及其工作人员严守法定的实质标准和程序要求，坚持在法律的轨道内按照法律的规格和标准行使行政权力、执行法律法规；所谓严明是指执法作风端正、执法纪律严明，坚决消除“慵、懒、散”，杜绝乱作为、瞎折腾；所谓严肃是对执法态度、执法精神方面的要求，执法者应当奉行法治精神、严肃认真地履行执法职责，确保公正执法、文明执法、理性执法。法律的生命力在于实施，法律的权威也在于实施，严格执法是全面推进依法治国的重要内容。

（3）公正司法是对司法机关的基本要求。司法是正义的最后防线，也是法治的生命线。司法不公，则权利受损；司法不公，则社会不稳；司法不公，则法治不存。司法公信力是法治的基本要求，也是社会主体普遍关注的重点。司法不公的深层次原因在于司法体制不完善、司法职权配置和权力运行机制不科学、人权司法保障制度不健全。所以，必须完善司法管理体制和司法权力运行机制，规范司法行为，加强对司法活动的监督，努力让人民群众在每一个司法案件中感受到公平正义。

（4）全民守法是法治建设的基础工程，法治根系于社会大众对法律的信守和遵从。全民守法是指全体社会成员和一切国家机关、政党、社会团体、企事业组织，都必须尊重宪法法律权威，都必须在宪法法律范围内活动，都必须依照宪法法律行使权力或权利、履行职责或义务，都不得有超越宪法法律的特权。必须维护国家法制统一、尊严、权威，切实保证宪法法律有效实施，绝不允许任何人以任何借口任何形式以言代法、以权压法、徇私枉法。

（5）人才强法，加强法治队伍建设和法治人才培养。从法律大国向法治大国和法治强国的发展是治国强国的强大保障，而法治人才则是其中的主体性力量。无论是法律的制定，还是法律的实施，抑或法律的监督，在全面推进依法治国的每一个层面，都需要高素质的法治人员。法治以坚持人民主体地位为重要原则，法治的本源性主体是人民，但法治的执行性主体则是国家机关尤其是立法执法司法机关。法治的高度政治性、专业性和专门性以及技术性，要求必须重视法治专门人才的建设，发挥法治人才的作用。

释解分析

依法治国的基本格局的界定是建设社会主义法治国家、全面依法治国的前提和基础，只有明确依法治国的基本格局，才能正确选择建设社会主义法治国家、全面依法治国的基本路径和实现方式。

论述题目

试从立法与司法的综合角度论述法制的统一性。

命题角度

法制的统一性在立法与司法中的体现。

答案要点

立法又称为法律制定或者法的创制，是指有立法权的国家机关或经授权的国家机关，在法定的职权范围内，依照程序，制定、补充、修改和废止法律和其他规范性法律文件以及认可法律的一项专门性活动。

在我国，广义的立法泛指有关国家机关，按照法定的职权和程序制定具有法律效力的各种规范性文件的活动。立法主体既包括最高国家机关和它的常设机关，也包括授权的地方各级权力机关，以及行政机关。狭义的立法，专指国家最高权力机关和它的常设机关，依照法定的权限和程序制定规范性法律文件的活动。

法制的统一性是实行法治的基本前提。在立法上体现法制统一原则就是要求立法机关所创设的法律应内部和谐统一，做到整个法律体系内各项法律、法规之间的衔接和相互一致、相互协调。首先，必须统一立法尺度，一切法律都必须以宪法为根据，不能违背宪法，地方法规不能与中央法规相抵触。其次，应当注意各个部门法之间的相互补充和相互配合，但又要防止重复。最后，应避免不同类别法律规范之间的矛盾，或同一类法律规范之间的矛盾。

司法是指特定国家机关适用法律的活动。广义的司法既包括行政机关执行法律的活动，也包括司法机关适用法律的活动。狭义的司法仅指司法机关适用法律的活动。

法制统一原则在司法环节上的体现，主要是法律得到普遍遵守。如果允许有人超越法律，那么就一定允许有人毁掉法律，这时候立法已经没有实际意义。如果相同情况在司法上可以有不同的对待，那么就意味着不同情况也可以实行相同对待，这时候，法律平等连最后的修饰也没有了。如果遵守法律只是一部分人的义务，那么践踏法律就一定是另一部分人的特权。在特权社会里是没有法治的。

释解分析

法制统一原则作为现代社会法治国家所共同提倡和遵守的一个重要原则，它体现在法律运行的各个环节。本题要求从立法与司法的综合角度论述法制的统一性，其实就是法制统一原则在立法与司法中的表现。考生应该先答出法制统一原则的基本内涵，然后再寻找立法与司法中的相关知识对法制统一原则作出论述。

论述题目

论述民主与法治的关系及其在法治建设中的体现。

命题角度

民主与法治的关系与法治建设。

答案要点

(1) 民主与法治的一般关系。

一方面，法治是一种以民主宪政为核心的政治法律制度，法治与民主息息相关，没有民主就没有法治。作为一种政治法律制度，法治必须建立在民主基础上。法治的根蒂，在于人民掌握主权，通过自由表决和选举组成代议制立宪政府；法治的效能，在于人民制定的宪法和法律能够保障和限定公民自由权利，促进大众政治参与向广度和深度扩展；法治的活力，在于人民对于所委托的少数管理者及由他们组成的权力机构，通过法律和各种形式的分权与制衡制度，保持有效的控制和监督，保证公共权力的合法权威和合理运行；法治的形态，在于确立严格的依法治理的操作运行程序，这种程序必须符合民主的最一般规定和基本原则。因此，民主化是实现法治的先决条件。另一方面，从民主的发展史来看，民主理念要在国家统治中得到实现，离不开法治。法治用程序保障了民主制的正常运行，没有法治及相关的意识形态建设，民主政治就缺乏根本，甚至会走向反面，法治的确立有助于培养与民主相适应的思想和道德。法治将民主制度化、法律化，为民主创造一个可操作的、稳定的运行和发展空间，把民主容易偏向激情的特性引导到理性的轨道，为民主的健康发展保驾护航。在法治社会中，民主是法治不可分割的一部分，法治支持民主，民主也兼容法治。既不能抛开民主片面地强调法治，也不能脱离法治的轨道片面地强调民主。

(2) 社会主义民主和社会主义法治的关系。

社会主义民主和社会主义法治是相互依存、相互包含、相互支持、相互促进的，社会主义民主是社会主义法治的前提和基础，社会主义法治是社会主义民主的体现和保障。

(3) 在法治建设中的体现。

1) 民主在法治建设中的体现就是坚持权力制约原则。首先，法治内在地要求对国家权力进行合理的分配和有效的制约。一个国家由谁来掌握统治权，政权机构如何组织，权力如何分配和制约，按照什么原则和规则来运转和行使，社会各种力量通过什么方式和途径来参与政治生活等问题，是法治国家权力结构的基本问题。能否实现法治，也取决于其权力结构中是否实行分配和制约。按法治要求对国家权力所进行的分配，通常是根据职能的不同，把国家机关划分为立法机关、司法机关和行政机关三种类型。其次，法治的目的在于利用法律的刚性特点实现“规则之治”，防止国家权力的专横、恣意和腐败，维护社会的稳定性、透明度和可预期性，保障公民的权利和自由。但是，假如国家权力不实行一定的分配，由一个机关甚至一个人既制定法律又解释法律和适用法律，那么法律就完全失去了其刚性的特征，该机关或个人就无须遵守法律，它或他完全可以根据自己的方便和利益恣意地制定法律、解释法律和适用法律。于是，法律就不能实现对国家权力的规制，专横、恣意、腐败就不能避免，社会的稳定性、透明度和可预期性就得不到维护，公民的基本权利与自由就失去了基本的保障。因此要保证一种职权严格遵守法律、依法办事，就必须借助另一种职权的制约和督促。即要充分发扬民主，让权力之间互相监督，这是维护法的权威、保证国家权力的执行者不违背法律的有力措施。

2) 在立法方面，民主与法治的关系体现为立法中的民主性原则。立法中的民主性原则应该包括两个方面：第一，立法内容的民主性。立法内容的民主性是指法律制定必须从最大多数人的最根本利益出发。这是由我国社会主义的性质决定的。第二，立法过程和立法程序的民主性。首先，要求立法主体的组成要民主。其次，立法主体的活动要民主。再次，立法过程要公开。

3) 在法的实施方面体现为：第一，依法行政原则。要求国家行政机关在全部行政管理中要严格依法办事，使国家的行政管理活动完全建立在法治的基础上。具体来说要做到以下几点：首先，执法的主体合法。国家行政机关的设立及其职权必须有法律依据，必须在法律规定的职权范围内活动，越权违法，越权无效。其次，执法的内容合法。执法活动是根据法律的规定进行的，采用的具体方式也要符合法律的规定。再次，执法的程序必须合法。要严格按照法定的步骤、顺序以及时限进行执法，不得任意改变、省略和超越。第二，司法机关依法独立行使职权原则的相对性。坚持司法机关依法独立行使职权原则，并不意味着司法机关行使司法权可以不受任何监督和约束。司法权如同其他任何权力一样，都要接受监督和制约。对司法权的监督表现在以下几个方面：首先，司法权要接受党的领导和监督，这是司法权正确行使的政治保证。其次，司法权要接受国家权力机关的监督，司法权由国家权力机关产生，并对国家权力机关负责。因此，国家权力机关有权监督司法权的行使，司法机关也有义务接受国家权力机关的监督。再次，司法机关的上、下级之间以及同级之间也存在监督和约束，这种监督和约束是通过司法制度中的一系列制度来体现和实现的。最后，司法权也要接受行政机关、监察机关、企事业单位、社会团体、民主党派和人民群众的监督，还要接受舆论的监督。这些种类广泛的监督形式和监督机制，有利于更好地行使司法权，并防止司法权的滥用等司法腐败现象和行为。

释解分析

民主与法治的关系是法治建设中的重大关系，真正的民主是法治意义上的民主，真正的法治是民主意义上的法治。因此，在论述这种法治建设中的重要关系问题时一般分两步：一是重点论述主要关系；二是回答处理好这种关系的意义。

论述题目

结合我国社会主义法治建设的实际，论述社会主义民主与社会主义法治的关系及在我国社会主义现代化建设的实践中如何正确认识和处理这一关系。

命题角度

社会主义民主与社会主义法治的关系。

答案要点

社会主义民主与社会主义法治相互影响、相互作用，表现在：

（1）社会主义民主是社会主义法治的前提和基础。社会主义民主对社会主义法治的积极作用主要表现在：1）从民主作为一种国家制度来看，社会主义民主是社会主义法治的政治前提和基础；2）从民主作为一种公共决策方法和机制来看，社会主义民主决定着法的创制的质量；3）社会主义民主是社会主义法治的力量源泉；4）社会主义民主在促进社会主义法治发展方面也有重大作用。

（2）社会主义法治是社会主义民主的体现和保障。社会主义民主内在地需要法治，要求法治原则贯穿于民主发展的全过程，应当通过发展来积极推进民主的进程。社会主义法治对社会主义民主的积极作用主要表现在：1）社会主义法治确认人民群众当家作主的地位，确认国家的基本民主体制及其活动原则的合法性；2）社会主义法治确认和保障广大人民群众享有广泛的民主权利和自由，为政治参与提供畅通的渠道；3）社会主义法治确认和规范社会主义民主的范围，并为其实现规定了程序、原则和方法；4）社会主义法治通过制裁违法犯罪行为体现和保障社会主义民主。

基于这种关系，在社会主义现代化法治建设实践中，应当正确认识和处理社会主义民主与社会主义法治的关系：

（1）正确认识二者关系：社会主义民主与社会主义法治是密切结合、不可分割的。离开民主，法治就会变成专制，民主就会落空，代之而起的将是无政府主义的泛滥甚至动乱的出现。由此，离开社会主义民主的法治绝不是社会主义法治，离开社会主义法治的民主也绝不是社会主义民主。必须正确地认识和处理民主和法治的关系，把民主建设和法治建设统一起来，逐步通过民主法治化和法治民主化的途径，促进民主和法治的同步发展。

（2）正确处理二者关系。就我国社会主义现代化建设来说，一个基本调整和发展规律是从不完善到初步完善的过程，因此必须做到：1）本土化：在引进西方民主经验的时候，必须考查它特定的孕育背景，仔细研究它与本国国情的契合条件，防止西方极端个人主义和无政府主义乘虚而入。2）稳步走：在增强民主参与意识的同时增强法治观念，逐步扩大自由、完善民主，让社会在稳定的环境中逐步实现民主政治。

这样，社会主义民主与社会主义法治相互结合、相互促进，我国才能实现依法治国，建设社会主义法治国家，人民当家作主才能得到最终保障。

释解分析

社会主义民主与社会主义法治的关系是社会主义法治建设中的重大问题，贯穿于法治建设的全过程，必须深刻认识和处理二者关系。

论述题目

从法律运行的角度论述法治国家的标准和要求。

命题角度

法治国家的标准和要求在法的运行各环节的体现。

答案要点

法律运行是指法的制定、实施（执法、司法、守法）、法律监督等一系列过程。法治国家的实现基础是良好的法律运行状态。法律运行的各环节在法治国家的标准和要求方面表现为：

(1) 法治国家的标志。

1) 从立法上看——完备而良善的法律体系。

①从形式上看，重要的社会关系必须由法律调整；法律规范必须明确、肯定、具体，具有可诉性和可操作性；法律体系应当结构严谨、内部和谐、内容完备，各部门法之间、各种不同渊源的规范性法律文件之间要彼此衔接、和谐一致。②从内容上看，立法必须体现民主政治、权利保障和权力制约原则。

2) 从法的实施看——高素质的执法司法人员、严格的执法体制和公正的司法体制。

①在行政执法体制建设上，应当建立行政权力分配和制约制度，包括行政权力的具体分配及职责的制度、规范行政行为的制度、公务员制度、行政程序制度、行政赔偿制度等。②在司法体制方面，必须健全和完善保障司法独立和公正的各项制度，如司法人事和经费独立制度、独立审判的相关制度等。

3) 从法律监督看——健全的法律监督制度。

法律监督是实现法治的必要保障，离开有效的监督，国家权力很容易日益膨胀而摆脱法律的约束。为此必须进一步完善各种法律监督机制，并为监督活动的实施提供可靠的途径和保障条件。

4) 从守法的角度看——较高的全民法律意识。

法治社会的基础归根结底在于民众。广大公民自觉行使权利、履行义务的动机和行为是依法治国最根本的动力所在。

5) 从法治的目标和结果看——实现一种良好的法律秩序。

(2) 法治国家的实现要求。

要推进依法治国这一基本方略的实施，必须做到：第一，立法方面——逐步建立和完善我国的社会主义法律体系。进一步加强立法工作，提高立法质量，把立法同改革和发展的重大决策结合起来。第二，法的实施方面：1) 维护宪法和法律的尊严，坚持法律面前人人平等。任何人、任何组织都没有超越法律的特权。2) 完善行政执法制度和司法制度。坚持依法行政，公正司法。为此要积极推进行政和司法改革，从制度上保证行政机关的廉洁和效率，保证司法机关独立公正地行使检察权和审判权。加强对执法、司法机关及其工作人员的监督。第三，守法方面——大力开展普法教育，广泛进行法制宣传，不断提高广大干部和人民群众的法律意识和法制观念，特别是提高各级领导干部的法制观念和依法办事能力，形成良好的社会法治环境。

通过上述三方面，最终建立一种良好的法律秩序，以实现法治的目标和结果。

释解分析

法治国家的标准和要求的几个方面，实际上是其在法的运行各环节的体现，因此，在学习这些标准和要求时，应当将其与立法、司法、执法、守法及法的监督等法运行各环节联系起来掌握。

论述题目

> 结合我国社会主义法治建设的实际，论述建设现代法治国家的前提条件和建成法治国家的标志。

命题角度

我国法治建设的前提条件和建成法治国家的标志及其关系。

答案要点

建设现代法治国家的前提条件包括：(1) 完善的市场经济体制。对于任何形态的经济来说，规则都是必要的。但只有在市场经济充分发展的社会中，依法治国才能实现，这是因为市场经济对法治具有推动作用，表现在：1) 市场经济的运行和发展，有助于培育和激发人们追求自由、平等、财产等权利的法律积极性，而自由、平等、财产等权利又是法治的价值目标。自由、平等、财产等权利意识的增长，是法治实现程度的基本标志之一。2) 市场经济的运行和发展需要大量的规则调整，从而促进了法律规范体系的健全和完善，而健全、完备的法律体系又是法治的制度基础。3）市场经济培育了社会的自治能力，造就了一支从外部制约政府权力的经济力量。这支力量的存在和发展，有助于规制政府权力，从而实现国家、社会和个人之间的平衡，保证国家权力机关及其公职人员严格依法办事。

（2）高度民主的政治体制。民主政体是法治国家的根本的政治基础，法治是民主政体发展的必然要求和结果。这是因为：1）民主政体为法治国家提供价值基础和理论基础。法治国家保障人权和维护社会公共利益的价值观念来源于民主观念，通过法律规制国家权力的理论依据来源于天赋人权、主权在民的民主原则。2）民主政体为法治国家提供制度基础。法治是指法律的运行原则，而这种原则是以民主政体为依托的，这是因为：①法治的良法基础，是靠少数服从多数的代议制度和立法程序来保障的；②法律的实施是靠国家权力来保证的，而国家权力又是依靠民主原则确立的；③在法治发达国家，法律通过宪政制度来规制国家权力、提升法律的权威，而权力制衡、宪政制度又是法治发达国家民主政体的基本内容；④社会公众通过形式多样的渠道参政议政，是国家机关及其公职人员严格依法办事、防止权力腐败和恣意的有力保障；⑤民主政体严格限制国家权力的膨胀，大力培育和发展市民社会的自治能力，这也有助于防止国家权力的专横和促进依法治国目标的实现。

（3）全民较高的文化素养。1）法治需要科学精神的支持，与人治需要愚昧、无知、迷信和愚忠等非理性文化支持相反，法治国家需要理性文化作为其观念基础。2）法治国家要求权利观念深入人心，并在社会中得到普及和弘扬。3）法治国家的实现还需要发达的制度意识和规则意识。有了正确的制度意识，有助于把社会关系的重大领域制度化、法制化，维护社会的稳定性和可预期性；有助于正确处理制度与人、尤其是领导人的关系，防止因为领导人的变更或因为领导人注意力的转变而随意破坏制度或成例，保证任何人的活动都在法律和制度的范围内进行。法治本身就是一种规则之治，它与一般的规则之治的区别在于，法律是通过民主程序上升为国家意志并由国家的权威和强制力保证实施的特殊规则。显然，规则意识的深入人心，是法治国家存在和运行不可缺少的条件。

上述只是建设现代法治国家的前提条件，但具备这些条件还不意味着是一个法治国家，建设法治国家是一个漫长的过程，现代法治国家的标志是：（1）完备而良善的法律体系。从形式上看，重要的社会关系必须由法律调整；法律规范必须明确、肯定、具体，具有可诉性和可操作性；法律体系应当结构严谨、内部和谐、内容完备，各部门法之间、各种不同渊源的规范性法律文件之间要彼此衔接、和谐一致。从内容上看，立法必须体现民主政治、权利保障和权力制约原则。（2）健全高效的法律运行机制，主要包括：1）在法律实施方面——严格的执法体制和公正的司法体制。在行政执法体制建设上，应当建立行政权力分配和制约制度，包括行政权力的具体分配及职责的制度、规范行政行为的制度、公务员制度、行政程序制度、行政赔偿制度等。在司法体制方面，必须健全和完善保障司法独立和公正的各项制度，如司法人事和经费独立制度、独立审判的相关制度等。2）在法律监督方面——健全的法律监督制度。法律监督是实现法治的必要保障，离开有效的监督，国家权力很容易日益膨胀而摆脱法律的约束。为此必须进一步完善各种法律监督机制，并为监督活动的实施提供可靠的途径和保障条件。（3）高素质的法律职业队伍。作为一种高度规范化和专业化的社会调整手段，法律的实施离不开专业人员——法律职业者的工作，高素质的法律职业群体是法治国家的组织保证。（4）较高的全民法律意识。法治社会的基础归根结底在于民众，广大公民自觉行使权利、履行义务的动机和行为是依法治国最根本的动力所在。（5）良好的法律秩序。法治的目标和结果是实现良好的法律秩序，因此法治最终表现为一种良好的法律秩序。

释解分析

法治国家是现代国家基本的努力方向，法治国家的建设是一个十分艰巨而漫长的过程，建成现代法治国家需要满足必要的要求。因此，对建设法治国家的前提条件和基本标志需要明确界定，这是法治建设过程中必须深刻明确的问题。

论述题目

从法律与民主关系的角度论述建设社会主义法治国家的民主政治条件。

命题角度

社会主义法治国家的前提之一：民主政治条件。

答案要点

（1）法律与民主的紧密联系。

民主与法治都是人类文明进步一直追求的价值目标，现代民主制可能是最易与法治原则融合的制度。1）法治离不开民主。法治是一种以民主宪政为核心的政治法律制度，法治与民主息息相关，没有民主就没有法治。作为一种政治法律制度，法治必须建立在民主基础上。表现在：①法治的根蒂，在于人民掌握主权，通过自由表决和选举组成代议制立宪政府；②法治的效能，在于人民制定的宪法和法律能够保障和限定公民自由权利，促进大众政治参与向广度和深度扩展；③法治的活力，在于人民对于所委托的少数管理者及由他们组成的权力机构，通过法律和各种形式的分权与制衡制度，保持有效的控制和监督，保证公共权力的合法权威和合理运行；④法治的形态，在于确立严格的依法治理的操作运行程序，这种程序必须符合民主的最一般规定和基本原则，因此，民主化是实现法治的先决条件。2）民主离不开法治。从民主的发展史来看，民主理念要在国家统治中得到实现，离不开法治。①法治用程序保障了民主制的正常运行，没有法治及相关的意识形态建设，民主政治就缺乏根本，甚至会走向反面，法治的确立有助于培养与民主相适应的思想和道德。②法治将民主制度化、法律化，为民主创造一个可操作的、稳定的运行和发展空间，把民主容易偏向激情的特性引导到理性的轨道，为民主的健康发展保驾护航。

在法治社会中，民主是法治不可分割的一部分，法治支持民主，民主也兼容法治。既不能抛开民主片面地强调法治，也不能脱离法治的轨道片面地强调民主。

（2）建设社会主义法治国家的民主政治条件——高度民主的政治体制。

民主政体是法治国家的根本的政治基础，法治是民主政体发展的必然要求和结果。这是因为：1）民主政体为法治国家提供价值基础和理论基础。法治国家保障人权和维护社会公共利益的价值观念来源于民主观念，通过法律规制国家权力的理论依据来源于天赋人权、主权在民的民主原则。2）民主政体为法治国家提供制度基础。法治是指法律的运行原则，而这种原则是以民主政体为依托的，这是因为：①法治的良法基础，是靠少数服从多数的代议制度和立法程序来保障的；②法律的实施是靠国家权力来保证的，而国家权力又是依靠民主原则确立的；③在法治发达国家，法律通过宪政制度来规制国家权力、提升法律的权威，而权力制衡、宪政制度又是法治发达国家民主政体的基本内容；④社会公众通过形式多样的渠道参政议政，是国家机关及其公职人员严格依法办事、防止权力腐败和恣意的有力保障；⑤民主政体严格限制国家权力的膨胀，大力培育和发展市民社会的自治能力，这也有助于防止国家权力的专横和促进依法治国目标的实现。

释解分析

社会主义法治国家实现的前提条件之一是民主政治条件，实际上是社会主义法治与社会主义民主关系在法治建设中的体现。因此，必须把社会主义法治国家实现的民主政治条件与社会主义法治与社会主义民主的关系结合起来掌握。

论述题目

从法与法律意识关系的角度论述法治国家实现的文化条件。

命题角度

法与文化的关系在法治建设中的体现。

答案要点

（1）法与法律意识的一般关系。

1）法律现象是法律意识形成的基础和源泉。

一定社会的法律意识与该社会的法律体系之间存在直接的联系。法律体系本身是法律意识反映的对象，法律体系的现实状况必然对社会成员法律意识的形成产生影响，因此，法律现象是法律意识形成的基础和源泉。

2）法律意识对法律的能动作用。法律意识又不完全依赖于它所反映的对象，它可以根据一定法律理想和观念对现实法律体系作出评价，并指导法律体系的发展和完善。在社会法律制度发生变革的时期，法律意识的这种能动作用更为突出，主要表现在：①渗透到法律制度、法律调整过程中，成为法律制度的有机组成部分，在一定条件下可以起到法的作用。在一定的条件下，特别是在一个国家法律制度不完备、缺乏明确法律规定时，统治阶级的法律意识往往直接起到法律作用。②制约和影响着法律实践活动。

第一，既渗透到法的制定和实施中，成为法律调整全过程时刻不可脱离的因素，又可独立于法律调整，发挥社会意识形式所固有的思想教育作用，灌输统治阶级的法律意识形态、价值观，普及法律知识、文化，为实现法律调整、实行法治创造良好的思想、心理条件。

第二，在法律的创制过程中，立法者的法律意识直接影响着法律创制活动的效果。如果立法者能正确认识和反映一定社会关系的客观要求，进而有效地进行创制法律的活动，那么这样的法律就会促进经济的发展和社会的进步。

第三，在法律适用的过程中，司法人员法律意识的水平对于适用法律的活动以及案件的审判影响很大。它直接关系司法人员能否准确理解法律规范的精神实质，能否合法、公正地审理案件，能否有效地维护国家利益和公民权利。

第四，新的法律意识往往会成为社会变革的推动力量。法律实践还是一个生动现实的过程，在一个急剧变化的社会里，随着从传统社会向现代社会的转型，法律也必然要发生变化。

（2）从法与法律意识关系的角度看法治国家实现的文化条件——全民较高的文化素养。

从上述法律意识的作用可以看出，法律意识在法治建设中具有重大作用，其对实现法治国家的意义还表现在法律意识创造实现法治国家的文化条件——全民较高的文化素养。这是因为法律意识是法律文化的重要组成部分，法与法律意识的关系实际上基本代表了法与文化的紧密关系，法律文化作为一个整体，其与社会的关系是：一方面受到经济基础的制约，反映社会发展的客观需要和统治阶级的意志，具有阶级性；法律现实是法律文化的载体，法律文化蕴含其中，法律文化并不体现在脱离现实的法律规则中，而是体现在在实际生活中起着作用、指导人们的法律活动的实际规则中。另一方面又具有相对独立性，法治建设离不开法律文化的影响和指导，表现在：1）法治需要科学精神的支持，与人治需要愚昧、无知、迷信和愚忠等非理性文化支持相反，法治国家需要理性文化作为其观念基础。2）法治国家要求权利观念深入人心，并在社会中得到普及和弘扬。3）法治国家的实现还需要发达的制度意识和规则意识。有了正确的制度意识，有助于把社会关系的重大领域制度化、法制化，维护社会的稳定性和可预期性；有助于正确处理制度与人、尤其是领导人的关系，防止因为领导人的变更或因为领导人注意力的转变而随意破坏制度或成例，保证任何人的活动都在法律和制度的范围内进行。法治本身就是一种规则之治，它与一般的规则之治的区别在于，法律是通过民主程序上升为国家意志并由国家的权威和强制力保证实施的特殊规则。显然，规则意识的深入人心，是法治国家存在和运行不可缺少的条件。

释解分析

社会主义法治国家实现的前提条件之一是全民较高的文化素养，实际上是法与文化的关系在社会主义法治建设中的体现，而法与法律意识的关系是法与文化之关系的代表。因此，应当把社会主义法治国家实现的文化条件和社会主义法与法律意识的关系结合起来，充分认识法与法律意识的相互影响和相互作用，才能真正理解社会主义法治国家实现的文化条件。

论述题目

联系当前实际，论述现代法治应遵循的基本原则。

命题角度

法治基本原则的全面认识。

答案要点

法治是一种治国方略，是依法办事的原则，是将国家权力的行使和社会成员的活动纳入完备的法律规则系统。法治要求“法律的统治”，意味着公权力的取得和行使必须按照法定的程序和要求，现代法治的根本意义在于通过制约国家公权力的运行从而达到确认和保障公民的基本权利和自由，实现公民对国家和社会事务的管理。现代法治必须遵守的基本原则包括法律至上原则、权利保障原则、权力制约原则、正当程序原则。

法律至上原则是指法律具有至高无上的地位和权威的法治原则，其中宪法至上是该原则的核心。法律至上原则是法治作为一种治国方略最基本的要求，是法治区别于人治的根本标志，也是法治的首要条件，是法治中最基本的重要原则。

权利保障原则是指法治国家要实现尊重和保障人权、法律面前人人平等和权利义务相一致的价值目标。其中充分尊重和扩展人权是法治的终极性目的价值，法律面前人人平等是民主和法治的基本要求，坚持权利义务相一致是法治原则的重要保障。

权力制约原则是指国家权力要进行合理的分配和有效的制约，这是法治国家权力结构的基本问题。此原则之所以强调权力的分配和制约，是因为法治的目的就在于运用法律防止国家权力的专横、恣意和腐败，保障公民的权利和自由。权力制约原则特别强调对国家行政权力的制约，要求严格依法行政。

正当程序原则是指国家机关在行使公权力时，应当按照公正的程序采取公正的方法进行，任何公权力的行使都必须经过正当的程序以确保结果的公正，具体包括回避制度和程序公正。随着全面依法治国方略的确立和实施，以自然公正为法律基础的正当程序原则正在被广泛地应用到立法、行政、司法等社会生活领域。

释解分析

法治的基本原则是整个法治建设的指导思想和基本准则，是法的本质的必然要求，贯穿于立法、执法、司法等法律运行的各个环节和整个过程，因此必须结合这些内容深刻领会和掌握。同时，从考试形式看，不仅会将这些原则放在同一题目中考查，而且会联系其他相关考点就每一个原则进行单独考查。

论述题目

结合我国法治建设的实际，论述权利保障的法治原则及其在法治建设中的表现。

命题角度

权利保障的法治原则在法治建设中的体现。

答案要点

权利保障原则体现着现代法治在内容上的根本性要求。该原则的内容主要包括国家尊重和保障人权、法律面前人人平等和权利与义务相一致。

（1）充分尊重和保障人权是法治的终极性的目的价值。从一定意义上说，法治的所有价值目标都可以归结为国家充分尊重和保障人权，促进公民自由意识和能力的提高。通过法治而保障人权，是人的自由发展历程中的重要环节。对国家权力的法律限制本身就是对人权的有力保障。法律至上性的最终目标也是为人的权利和自由发展服务的。因此，可以说，充分尊重和保障人权是法治的终极性的目的价值。

（2）法律面前人人平等是民主和法治的基本要求。在专制制度下，人被分成不同等级，人们的权利和自由依身份的不同而有差别。现代法治原则首先要求法律适用上的平等，即在执法和司法过程中，对一切公民权利和自由平等保护，对一切主体义务平等要求，对违法行为平等地追究法律责任，不承认任何法外特权。其次，法律面前人人平等还要求在立法上平等分配各种社会资源。与自由竞争时代的法治相比，现代法治的发展趋势表现为既讲求形式上的平等，也通过形式平等内容的发展逐步推进实质上的平等。此外，平等还意味着尊重社会主体的多元价值观和生活方式，消除歧视与偏见。

（3）法治原则要求在法的制定和实施过程中贯彻主体的权利与义务相一致原则。一方面，确认和保障主体的权利和自由是法治的根本目的；另一方面，权利和义务又具有一致性，没有无权利的义务，也没有无义务的权利，这是平等原则的必然要求。对国家权力而言，在资源分配上不能将权利分配给一部分人，而将义务分配给另一部分人；对社会主体而言，在行使权利时，也必须尊重他人和社会的相应权利，不能只享有权利而不承担义务。

权利保障的法治原则在执法过程中主要体现为执法的合理性原则、正当程序原则、比例原则三个方面。合理性原则是指执法主体在执法活动中，特别是在行使自由裁量权进行行政管理时，必须做到适当、合理、公正，即符合法律的基本精神和目的，具有客观、充分的事实根据和法律依据，与社会生活常理相一致。要求各种行政措施的采取都要在合法的条件下，同时做到符合科学规律、社会公德、法律目的和公共利益。正当程序原则是指执法机关在实施行政执法行为时，必须严格遵循法定的职权和工作步骤、方式、顺序和时限。程序要求是执法正当性的重要表现，其目的是保证执法行为的公平性、公开性、民主性、合法性和权威性，保护公民、法人和其他主体的合法权益。比例原则是指行政机关实施行政行为应兼顾行政目标的实现和相对人权益的保护，如果为了实现行政目标可能对相对人权益造成某种不利影响时，应使这种不利影响限制在尽可能小的范围和限度，使二者处于适度的比例。其内涵分为三个方面：第一是妥当性（适当性）原则，指行政行为对于实现行政目的、目标是适当的。第二是必要性原则，指行政行为应以达到行政目的、目标为限，不能给相对人权益造成过度的不利影响，即行政的行使只能限于必要的度，以尽可能使相对人权益遭受最小的侵害。第三是比例性原则，指行政行为的实施应衡量其目的达到的利益与侵犯相对人的权益二者孰轻孰重。只有前者重于后者时，其行为才具合理性。行政行为在任何时候均不应给予相对人权益以超过行政目的、目标本身价值的损害。

权利保障的法治原则在司法过程中主要体现为司法法治原则、司法平等原则、司法公正原则三个方面。司法法治原则要求：一是在司法工作中，应当坚持实事求是、从实际出发的思想路线，重证据，重调查研究，不轻信口供。二是在司法工作中，坚持维护社会主义法律的权威和尊严，不仅要严格遵守实体法的规定，而且要严格执行程序法的各项规定。司法平等原则即公民在法律面前一律平等原则，本身就是权利保障法治原则的集中体现，首先，在我国，法律对于全体公民，不分民族、种族、性别、职业、社会出身、宗教信仰、财产状况等，都是统一适用的，所有公民依法享有同等的权利并承担同等的义务。其次，任何权利受到侵犯的公民一律平等地受到法律的保护，不能歧视任何公民。再次，在民事诉讼和行政诉讼中，要保证诉讼当事人享有平等的诉讼权利，不能偏袒任何一方当事人；在刑事诉讼中，要切实保障诉讼参与人依法享有的诉讼权利。在法的适用中贯彻这一原则，要求在法治实践中坚决反对封建特权思想，要求司法工作者在司法活动中必须忠于事实、忠于法律、忠于人民。司法公正是社会正义的重要组成部分，它包括实体公正和程序公正。实体公正主要是指司法裁判的结果公正，当事人的权益得到了充分的保障，违法犯罪者受到了应得的惩罚和制裁。程序公正主要是指司法过程的公正，司法程序具有正当性，当事人在司法过程中受到公平公正的对待。司法活动的合法性、独立性、有效性，裁判人员的中立性，当事人地位的平等性以及裁判结果的公正性，都是司法公正的必然要求和体现。

释解分析

法治的基本原则体现在法律运行的各个环节，权利保障的法治原则也贯穿于立法和法律实施的整个过程，是法律实施的最核心的原则和方向，需要在法律运行的具体环节深刻理解法治原则。

论述题目

联系我国实际论述法律意识的培养与提高对我国法治建设的影响以及社会主义法律意识的培养。

命题角度

法律意识的培养、提高与法治建设。

答案要点

法律意识是社会意识的一种特殊形式，泛指人们对法律，特别是对本国现行法律的思想、观点、心理或态度等的总称。法律意识的培养与提高对我国法治建设有重要的影响：

(1) 就法律意识的培养与提高与法治的关系而言，培养和提高全民族的法律意识，是建设法治国家的必然要求。就占统治地位的法律意识而言，它既渗透到法的制定和实施之中，成为法律调整全过程时刻不可脱离的因素；又可独立于法律调整，发挥社会意识形式所固有的思想教育作用，灌输统治阶级的法律意识形态、价值观，普及法律知识、文化，为实现法律调整、实行法治创造良好的思想、心理条件。

(2) 在法的制定过程中，法律意识起着认识社会发展的客观需要的作用。一个国家的法的形成、法律制度的完善，归根到底取决于该国经济和社会发展的客观需要，任何立法者都不能不顾客观条件任意创制法律规范，但这并不否认法律意识在法的形成中的重要作用。如果有客观需要而认识不到这种需要，与这种需要相适应的法律规范不可能自然而然地产生；如果已经认识到了这种客观需要，但找不到满足这种需要的方法、手段，或者选择了错误的法律手段，也不可能使客观需要得到满足。因此，有正确的法律意识，是使客观需要转化为法律规范的重要条件。

（3）国家机关及其工作人员法律意识的培养与提高，是执法和司法中正确适用法律的思想保证。在法律实施过程中，法律意识起到调整作用，使人们的行为与法律规范相协调。法律意识在国家机关及其工作人员将法律规范运用到具体问题、具体案件的活动即法的适用中，起着重要作用。国家机关工作人员法律意识水平的高低决定着他们对法律精神实质的理解程度，并将直接关系到他们处理案件的正确、合法与否。对于执法人员来说，一方面应该努力提高政治素质，做到大公无私、不畏权势、秉公办案，敢于同一切违法乱纪的现象作斗争；另一方面又要在办案的过程中不断提高业务素质，提高法律水平，学会使用法律武器。

（4）法律意识的培养与提高是全社会成员遵守法律的重要思想保证。法律意识在公民、社会组织遵守和执行法律规范的过程中也起着重要作用。如果公民、社会组织不能正确理解法律，理解法律所体现的价值观，就不可能自觉地、正确地实施法律。法律意识能使人们的行为同现行法的规定相符或不相符，当人们受到与占统治地位的法律意识相违背的法律意识的指引或者缺乏法律知识时，往往做出与现行法不一致的行为，甚至做出违法的行为也不知道是违法。占统治地位的法律意识则指引人们做出与现行法要求相一致的行为，促使人们自觉遵守和严格执行法律，同违法犯罪现象作斗争。

（5）法律意识是法律文化的基本构成要素，而社会成员较高的法律文化素养是法治国家的条件之一。就厉行法治、依法治国的需要来说，科学精神、权利观念、制度与规则意识等理性文化有着特别重要的意义。只有当这些文化在社会中得到普及和弘扬的时候，法治国家的理想才会变成现实。

从上述可以看出，在我国社会主义条件下，大力培养公民的社会主义法律意识，对于坚持和实行依法治国、建设社会主义法治国家，具有十分重要的意义。良好的法律意识，有助于保障公民的普遍守法；有助于推进依法行政；有助于维护司法公正与司法权威；有助于加强法律监督，保障法律的有效实施。但是从我国法律运行的实际看，近年来，全国每年交通事故高发，而司机的酒驾、超载和超速驾驶，行人无视红绿灯的“中国式过马路”等行为都是导致交通事故发生的重要原因。这些实例说明，良好的法律意识对法律实施具有重要意义，因为法律的生命在于实施，法律实施的效果与公民的法律意识密切相关，当前我国公民的法律意识有待提高。社会主义法律意识不能自发形成，只有经过有意识的教育、培养，社会主义法律意识才能由法律心理阶段上升为法律思想体系阶段。培养社会主义法律意识的必要性，不仅在于它无法自发形成，而且在于我国社会主义初级阶段的特殊国情。

社会主义法律意识的培养包括两方面的内容：一是宣传和灌输马克思主义法律观、价值观；二是普法教育。前者是培养社会主义法律意识在质的方面的要求，后者是培养社会主义法律意识在量的方面的要求，二者相辅相成，缺一不可。宣传和灌输马克思主义法律观、价值观，要求我们自觉抵制封建主义、资本主义法律意识以及其他错误思想的不良影响，以马克思主义为指导，树立正确的法律观与价值观。普法教育，要求开展法制宣传、普及法律常识、重视法制教育、加强法学研究，要求广大干部群众掌握一定程度的法律知识，养成学法、知法、守法、用法的习惯，增强主人翁责任感，强化民主意识，坚决同一切违法犯罪现象作斗争。培养社会主义法律意识，重在公民意识，要培养广大公民的主人翁观念、权利义务观念、自由纪律观念、平等观念。

释解分析

本题看似考查法律意识与法治建设的关系，实际主要考查法律意识的作用，当然法律意识的作用可能并不仅限于对法治建设的影响，但由于法治建设是一个综合性概念，它包含了法律运行的所有环节和法律文化，因此本题实际隐含着对法治建设与法律文化之关系的考查，考生只有对二者关系熟悉才能全面答题。其实只要明确法律意识作为社会意识的一种意识是法律文化的一部分，而实现法治国家的条件里就有一项是全民较高的文化素养，这样考生就很自然把二者联系起来了。由本题可见，近几年考论述题均具有综合性，跨章节纵向联系的特点，要求考生必须学会体系化把握知识点，培养综合联系知识点的能力。

论述题目

党的十八届四中全会《决定》指出，“法律的权威源自人民的内心拥护和真诚信仰”，同时强调，“必须弘扬社会主义法治精神，建设社会主义法治文化，增强全社会厉行法治的积极性和主动性，形成守法光荣、违法可耻的社会氛围，使全体人民都成为社会主义法治的忠实崇尚者、自觉遵守者、坚定捍卫者”。

结合我国社会主义法治建设的实际，论述弘扬社会主义法治精神对建设社会主义法治文化的重大意义及其实现途径。

命题角度

弘扬社会主义法治精神与建设社会主义法治文化的关系。

答案要点

(1) 弘扬社会主义法治精神对建设社会主义法治文化的重大意义。全面推进依法治国，科学立法是前提、严格执法是保障、公正司法是生命线，法治建设的成效如何则要看全民守法的情况如何。历史发展表明，只有法律成为人们自觉遵守的规则，内化于心、外化于行，法的意义、法的精神才能真正展现出来，法治的理想才能最终落地。因此，在全面推进依法治国的过程中，“全民守法”对于弘扬法治精神和法治文化具有特殊重要的意义。

(2) 要达到“全民守法”的目标，必须以法治政府的建立促进法治社会的发育，以司法的严谨、执法的严格来培育公民守法的自觉性。这就要求我们，一方面要加快建设职能科学、权责法定、执法严明、公开公正、廉洁高效、守法诚信的法治政府；另一方面要充分发挥司法公正对于社会公正的引领作用，并在此基础上，推进覆盖城乡居民的公共法律服务体系建设，健全依法维权和化解纠纷机制、利益表达机制、协商沟通机制、救济救助机制，畅通群众利益协调、权益保障法律渠道。只有让人民群众在每一件具体的司法案件中建立对法治的信心、在日常工作生活中感觉到法律的权威，他们对法律的态度才能由认识到遵守，由信任到信仰。推动社会主义法治文化和法治精神建设，还离不开类型多样的法治宣传与教育。从 20 世纪 80 年代至今，我国已经完成了以全体公民为教育对象的多个“法治宣传教育五年规划”，普法内涵不断丰富、领域不断拓宽，已经成为推进依法治国、建设社会主义法治国家的一项重要基础性工作。

释解分析

在全面推进依法治国的过程中，法治精神和法治文化具有特殊重要意义。弘扬社会主义法治精神是建设社会主义法治的重要内容，其以全民守法为标记，需要通过法治政府的建立促进法治社会的发育，以司法的严谨、执法的严格来培育公民守法的自觉性，以及类型多样的宣传与教育。

论述题目

结合我国实际，论述法律至上的法治原则及其在法治建设中的体现。

命题角度

法治基本原则在法治建设中的体现。

答案要点

(1) 法律至上就是指法律具有极大权威，没有任何人或组织可以凌驾于法律之上，法律至上是检验真假法治的一个基本标准。法律至上具体表现在：无论何种形态的社会，总有一个至高无上的权威存在。如果公众心目中认同的最高权威不是法律，那么这个社会就肯定不是法治社会。法律至上意味着：1）在国家生活中法律应当有至上的效力和最高的尊严，国家机关的一切职权根源于法律，而且依法行使。2）国家行政机关、司法机关应受立法机关的监督和制约，其决定不得与立法机关的一般性决策相冲突，否则无效。3）政党必须在法律的范围内活动，政党的政策不得违反宪法和法律。4）当国家领导人个人的意志与法律规定出现矛盾时，法律必须高于领导人个人意志，否则，就会使法律和国家政策因为领导人个人意志或情绪的转变而改变，出现人治政体下经常发生的领导人更替过程中的政局波动和政治危机。

(2) 从立法的角度看，法律至上就是：1) 必须坚持立法的合宪性与法律统一原则。首先要从立法上保证法律自身具有正确的方向，内部和谐统一，相互一致，相互协调，为实现法治奠定基础。这就要求立法必须在主体、内容和程序上都合宪，从而统一立法尺度。同时注意各个部门法之间互补和互融以及注意不同类别法律之间的矛盾。2) 坚持科学性原则。法律作为一种社会规范和行为规则，它要为国家、社会及普通公民确立一种合理的组织结构、规范的行为模式、正确的价值选择以合理吸收、借鉴历史和外国经验。3) 坚持民主性原则。立法过程的民主性直接影响立法的质量，因此，法律只有从最大多数人的最根本利益出发，才能获得普遍的服从。

(3) 从执法的角度看，法律至上就是要严格依法行政，从而保证国家行政权得以合法运行，即要坚持执法主体、内容、程序均合法，这样才能防止专断和腐败，从而为法律至上观念的确立提供最基本的保证。

(4) 从司法的角度看，法律至上就是要坚持公民在法律适用上一律平等的原则，这是法律至上的基本要求。人人平等意味着公民都必须平等地遵守法律，同时依法平等地享有法定的权利和承担法定的义务，不允许任何人有超越法律的特权；任何公民的合法权益都平等地受到法律保护，任何公民的违法犯罪行为都应平等地依法受到法律制裁和追究，决不允许任何人有超越法律的特权。坚持这一原则，对于切实保障公民在适用法律上的平等权利，反对特权思想和行为，惩治司法腐败行为，维护法制的权威、尊严和统一，从而树立法律至上的观念，具有重要意义。法律至上要求坚持司法机关依法独立行使职权原则，即司法机关在办案过程中，依照法律规定独立行使司法权，其他任何组织和个人都无权行使；司法机关行使司法权只服从法律，不受行政机关干预。法律至上也要求坚持以事实为根据，以法律为准绳。以事实为根据，就是司法机关对案件作出处理决定，只能以被合法证据证明了的事实和依法推定的事实作为适用法律的依据。以法律为准绳，就是指司法机关在司法过程中，要严格按照法律规定办事，把法律作为处理案件的唯一标准和尺度。

释解分析

法律至上作为一种法治观念必然要体现在法律运行的各环节即立法、司法、执法方面。回答这种给定角度来论述一个主题的问题时，可分两步走：一是解析论题；二是回答主题在所给角度的表现。

论述题目

从立法、执法、司法的角度论述权力制约的法治原则。

命题角度

权力制约的法治原则在立法、执法、司法中的体现。

答案要点

(1) 权力制约的法治原则就是对国家权力进行制约，既包括立法权、行政权和司法权之间的制约，也包括各项具体职权之间的制约，例如，不同级别的审判权之间的制约。法治与国家权力的结构及运行方式、限度等问题的关系十分密切。法治内在地要求对国家权力进行合理的分配和有效的制约。一个国家由谁来掌握统治权，政权机构如何组织，权力如何分配和制约，按照什么原则和规则来运转和行使，社会各种力量通过什么方式和途径来参与政治生活等问题，是法治国家权力结构的基本问题。能否实现法治，也取决于其权力结构中是否实行分配和制约。按法治要求对国家权力所进行的分配，通常是根据职能的不同，把国家机关划分为立法机关、司法机关和行政机关三种类型。之所以必须强调这种分配，是因为法治的目的，在于利用法律的刚性特点实现规则之治，防止国家权力的专横、恣意和腐败，维护社会的稳定性、透明度和可预期性，保障公民的权利和自由。法治所强调的对国家权力进行制约，是权力之间的相互制约，既包括立法权、行政权和司法权之间的制约，也包括各项具体职权之间的制约，例如，不同级别的检察权之间的制约，在审判活动中审判员和书记员之间的制约等。权力制约对于实现依法治国、贯彻依法办事原则具有十分重要的意义。因为要保证一种职权严格遵守法律、依法办事，就必须借助另一种职权的制约和督促。让权力之间互相监督，是维护法的权威、保证国家权力的执行者不违背法律的有力措施，这一点也为西方法治国家的实践经验所证实。法治原则特别强调对国家行政权力的制约，要求严格依法行政，因为行政机关执掌着大量日常公共事务的组织指挥权能，代表公权力，通过各种抽象和具体行政行为直接干预公民和社会组织的活动，行政权力行使的广泛性、主动性、强制性和单方面性等都使得对行政权的约束成为法治的重点。

（2）权力制约的法治原则在立法上的表现就是：1）坚持立法的合宪性和法制统一原则，即在行使立法权时要以宪法为根据，同时保证各立法主体和立法对象统一协调，实际上是对立法权的制约；2）要坚持民主性原则，即立法过程要反映最大多数人的利益，内容、程序都要有民主性、科学性，民主性的过程就是对立法权的制约和限制。

（3）从执法的角度看，就是要求坚持依法行政。依法行政原则亦称合法性原则、行政法治原则，是社会主义法治原则在执法领域的具体体现，是国家行政机关执法的最高准则。其含义是：国家行政机关在全部行政管理中要严格依法办事，使国家的行政管理活动完全建立在法治的基础上。具体来说：第一，执法的主体合法。国家行政机关的设立及职权必须有法律依据，必须在法律规定的职权范围内活动，越权违法，越权无效。第二，执法的内容合法。执法活动是根据法律的规定进行的，采用的具体方式也要符合法律的规定。第三，执法的程序必须合法。

（4）从司法的角度看，就是要：1）坚持法律面前人人平等原则，防止司法权的滥用和法律适用的偏差。2）坚持司法机关依法独立行使职权的同时，要认识到司法权同其他任何权力一样，都要接受监督和制约。不受监督和制约的权力（包括司法权力）会导致腐败。对司法权的监督表现在以下几个方面：其一，司法权要接受党的领导和监督，这是司法权正确行使的政治保证。其二，司法权要接受国家权力机关的监督，司法权由国家权力机关产生，对国家权力机关负责。因此，国家权力机关有权监督司法权的行使，司法机关也有义务接受国家权力机关的监督。其三，司法机关的上、下级之间以及同级之间也存在监督和约束，这种监督和约束是通过司法制度中的一系列制度来体现和实现的。其四，司法权也要接受行政机关、监察机关、企事业单位、社会团体、民主党派和人民群众的监督，还要接受舆论的监督。这些种类广泛的监督形式和监督机制，有利于更好地行使司法权，并防止司法权的滥用等司法腐败现象和行为。3）坚持“以事实为根据，以法律为准绳”的原则。以事实为根据，就是司法机关对案件作出处理决定，只能以被合法证据证明了的事实和依法推定的事实作为适用法律的依据。以法律为准绳，就是指司法机关在司法过程中，要严格按照法律规定办事，把法律作为处理案件的唯一标准和尺度。

释解分析

这种题是典型的依据给定的角度论述一个问题，实际上是要论述的命题在给定角度上的体现，答题时需要先简单展开命题然后再从不同的角度上论述，在进行论述时一定要紧扣论题，在给定的角度上寻求与论题有关的知识作答。

论述题目

结合我国法治建设的实际，谈谈你对法治思维及其与法治方式之关系的认识。

命题角度

法治方式与法治思维是内在和外在的关系。

答案要点

“法治思维”是指按照社会主义法治的逻辑来观察、分析和解决社会问题的思维方式，它是将法律规定、法律知识、法治理念付诸实施的认识过程。法治思维说到底是将法律作为判断是非和处理事务的准绳，它要求崇尚法治、尊重法律，善于运用法律手段解决问题和推进工作。运用法治思维解决问题，要求国家工作人员，特别是领导干部，在行使国家公权力时，无论是决策，还是执行，都应始终关注至少以下五个方面的内容，即目的是否合法、权限是否合法、内容是否合法、手段是否合法以及程序是否合法。此外，法治思维还可以从以下方面进行理解：

第一，法治思维是规则思维。规则思维要求制定良好的法律，并贯彻它、遵守它。

第二，法治思维是平等思维。平等思维要求每一个人都抛弃特权思想，自觉将自己置于法律的监督和制约之下，任何人不得凌驾于法律之上，不得有法外特权。

第三，法治思维是权力受制约思维。权力受制约思维要求制定科学的制度机制，使权力得到制约，使权力行使具有明确边界。

第四，法治思维是程序思维。程序思维要求分析问题特别是处理问题按照法定程序进行。必须遵循规律，为公权力的行使设立科学、合理的程序，并确立违反程序的制裁性后果，从而防止破坏法定程序的行为。

法治方式与法治思维是内在和外在的关系，法治方式就是法治思维实际作用于人的行为的外在表现。法治思维影响和决定着法治方式。在市场经济条件下，人们的思想观念多元、多变，各种利益分歧、矛盾冲突相互交织，只有社会主义法治才能有效整合各方利益、化解各种冲突，为社会和谐、稳定奠定坚实基础。在整个改革过程中，都要高度重视运用法治思维和法治方式，发挥法治的引领和推动作用。各级领导干部要提高运用法治思维和法治方式深化改革、推动发展、化解矛盾、维护稳定的能力，努力推动形成办事依法、遇事找法、解决问题用法、化解矛盾靠法的良好法治环境，在法治轨道上推动各项工作。

释解分析

法治方式与法治思维紧密相关，法治方式就是法治思维实际作用于人的行为的外在表现，在整个改革过程中，都要高度重视运用法治思维和法治方式在法治轨道上推动各项工作。

论述题目

结合材料谈谈你对全面依法治国之全面的认识。

命题角度

依法治国的系统性、全面性。

答案要点

依法治国是一个系统工程，必须全面推进。

(1) 坚持依法治国、依法执政、依法行政共同推进。

依法治国是党和人民治国理政的根本方略，是以法律权威至上为核心、以权力制约为机制、以人权保障为目标的治理模式。中国特色社会主义法治国家所要推进的依法治国，其主体是广大人民群众，其内涵则与社会主义法治的含义相同。

依法执政是中国共产党的执政方式在新时期的重要转变，是指党依据宪法和法律以及党内法规体系治国理政和管党治党，实现党和国家政治生活的法律化、制度化、规范化。全面推进依法治国、建设社会主义法治国家，关键在于执政党依法民主科学执政。

依法行政是指各级政府在党的领导下，依法行使行政管理权和依法执行法律。无论是哪一层级的政府及其部门，其权力的设定、取得、运行和监督都必须依法进行，确保始终不偏离法治的轨道。其基本要求是，以合法性原则为基本指导，坚持法定职责必须为、法无授权不可为、违法行为必追究。为此，应当改革行政执法体制，推进综合执法、严格执法责任，构建权责统一、权威高效、程序严谨的依法行政体制，切实防止选择性执法、多头执法、违法执法，牢固树立权力来源于人民、权力依据法律授予、权力为了人民并受人民监督的法治观念。

依法治国、依法执政和依法行政是相互联系、相辅相成的关系，具有价值取向的一致性、基本要求的统一性、运行机制的关联性。依法治国是全局、依法执政是核心、依法行政是关键，三者缺一不可、不可偏废，应当通盘谋划、共同推进。

(2) 坚持法治国家、法治政府、法治社会一体建设。

法治国家是全面推进依法治国的根本目标。法治国家是指依法赋予、运行和制约国家权力、通过公正司法和严格执法来维护法律权威并实现人民权利的国家存在形式。一个成熟的法治国家首先是依法治理的国家。主要包括：其一，法律之治是法治国家的第一要件；其二，权力制约，依法制约公共权力；其三，注重程序；其四，法律权威；其五，人权保障；其六，良法善治。

法治政府是政府依据宪法法律设立、政府权力法定、政府决策和行为严格依据法律程序进行并对其后果承担相应责任的政府。政府依法行政和严格执法，是法治的重心。法治政府是有限政府，其权力受到法律的界分和限定，不能超越法律的界限运行；法治政府是责任政府，有权必有责，有责必承担；法治政府是人民政府，以人的基本自由和权利为依归；法治政府是程序政府，一切重大决策和行动都必须通过公众参与、专家论证、风险评估、合法性审查和集体讨论决定；法治政府是阳光政府，实行信息公开，赋予社会大众广泛的知情权和参与权，以民主决策和民主监督来实现公开公正、保障政府的法治本色；法治政府是诚信政府，应当自觉维护法律权威、自觉履行职责，为政令畅通、政民和谐奠定基础。

法治社会是社会依法治理、社会成员人人崇尚法治和信仰法治、社会组织依法自治、社会秩序在法治下和谐稳定的社会。社会是人与人之间相互关系的总和，法治社会是与法治国家相互关联、相辅相成的。没有法治社会，便没有法治国家。因此，全面推进依法治国，必须推进法治社会建设。具体包括：第一，全社会树立法治意识；第二，社会组织多层次多领域依法治理；第三，党和国家依据宪法法律治理社会。

总之，法治国家、法治政府和法治社会三者内在统一、相互融合、相互促进，共同成长为社会主义法治国家。

释解分析

依法治国是一个系统工程，必须全面推进，达到依法治国、依法执政、依法行政共同推进，法治国家、法治政府和法治社会三者内在统一。

图书在版编目（CIP）数据

法律硕士联考重要法条释解/朱力宇，孟唯主编．--北京：中国人民大学出版社，2021.5
ISBN 978-7-300-29328-8

Ⅰ.①法… Ⅱ.①朱…②孟… Ⅲ.①法律解释－中国－研究生－入学考试－自学参考资料 Ⅳ.①D920.5

中国版本图书馆 CIP 数据核字（2021）第 078091 号

法律硕士联考重要法条释解
主　编　朱力宇　孟　唯
副主编　白文桥　郭志京
Falü Shuoshi Liankao Zhongyao Fatiao Shijie

出版发行	中国人民大学出版社		
社　　址	北京中关村大街 31 号	**邮政编码**	100080
电　　话	010－62511242（总编室）		010－62511770（质管部）
	010－82501766（邮购部）		010－62514148（门市部）
	010－62515195（发行公司）		010－62515275（盗版举报）
网　　址	http://www.crup.com.cn		
	http://www.1kao.com.cn（中国 1 考网）		
经　　销	新华书店		
印　　刷	涿州市星河印刷有限公司		
规　　格	185 mm×260 mm　16 开本	**版　　次**	2021 年 5 月第 1 版
印　　张	44.25	**印　　次**	2021 年 5 月第 1 次印刷
字　　数	1 375 000	**定　　价**	89.00 元